U0916744

资治通鉴全本新注

（全十四册）

第十册

卷一八九至卷二〇九（唐纪五至唐纪二十五）

[宋] 司马光 编著
张大可 注释

華中科技大學出版社
http://press.hust.edu.cn
中国·武汉

第十册目录

卷一八九 唐纪五

唐高祖武德四年（621 年）

【起重光大荒落（辛巳，621 年）三月，尽十二月，不满一年】

【大事提要】

本卷记事起公元 621 年三月，讫十二月，凡十个月，时当唐高祖武德四年。是年，秦王李世民建立了盖世之功，他以少击众，连破河北窦建德之军和王世充东都之众，消灭了窦建德、王世充这两个枭雄，河南、河北悉平。唐军乘胜扩大战果，江南萧铣授首，淮南、江东为杜伏威所平，北方突厥犯边屡败。唐王室已基本统一了天下。可惜李世民和唐高祖未能宽大处理窦建德、萧铣、孟海公的部属众将，又收捕窦建德部属过急，以至逼反刘黑闼、徐圆朗，于是战火又起于河北、山东。特别是窦建德优抚唐降将，李世勣、李神通皆不杀，而唐高祖不赦窦建德等人，大为失策。罪大恶极之王世充却被赦免，而为仇家所杀，殊不可解。

此时李世民已功高震主，又大力网罗文武之才，设文学馆，会聚房玄龄、杜如晦等十八学士，极一时之盛。

高祖神尧大圣光孝皇帝中之中

武德四年（辛巳，618 年）

三月，庚申[1]，以靺鞨渠帅[2]突地稽为燕州[3]总管。

太子建成获稽胡千余人，释其酋帅数十人，授以官爵，使还，招其余党，刘仚成[4]亦降。建成诈称增置州县，筑城邑，命降胡年二十以上皆集，以兵围而杀之，死者六千余人，仚成觉变，亡奔梁师都。

行军总管刘世让攻窦建德黄州[5]，拔之。洺州严备，世让不得进。会突厥将入寇，上召世让还。

窦建德所署普乐[6]令平恩[7]程名振[8]来降，上遥除[9]名振永宁[10]令，使将兵徇河北。名振夜袭邺[11]，俘其男女千余人。去邺八十里，阅妇人乳有湩者[12]，九十余人，悉纵遣[13]之，邺人感其仁，为之饭僧[14]。

突厥颉利可汗承父兄之资[15]，士马雄盛[16]，有凭陵[17]中国之志。妻隋义成公主[18]，公主从弟善经[19]，避乱在突厥，与王世充使者王文素[20]共说颉利曰："昔启民为兄弟所逼，脱身奔隋，赖文皇帝[21]之力，有此土宇[22]，子孙享之。今唐天子非文皇帝子孙，可汗宜奉杨政道[23]以伐之，以报文皇帝之德。"颉利然之[24]。上以中国未宁，待突厥甚厚，而颉利求请无厌[25]，言辞骄慢。甲戌[26]，突厥寇汾阴[27]。

唐兵围洛阳，掘堑筑垒[28]而守之。城中乏食，绢一匹直[29]粟三升，布十匹直盐一升，服饰珍玩，贱如土芥[30]。民食草根木叶皆尽，相与澄取浮泥[31]，投米屑[32]作饼食之，皆病，身肿脚弱[33]，死者相枕倚于道。皇泰主之迁民入宫城[34]也，凡三万家，至是无三千家。虽贵为公卿，糠覈[35]不充，尚书郎[36]以下，亲自负戴[37]，往往馁死。

窦建德使其将范愿[38]守曹州，悉发孟海公[39]、徐圆朗[40]之众，西救洛阳。至滑州，王世充行台仆射韩洪[41]开门纳之。己卯[42]，军于酸枣[43]。

壬午[44]，突厥寇石州[45]，刺史王集击却之。

（以上为第一段，写突厥既受唐室羁縻，又不断扰边，援助反唐的割据势力，刘武周败亡后，突厥又策应王世充。）

【注释】

[1]庚申：三月二日。 [2]靺鞨：古族名。北魏时称勿吉，隋唐时称靺鞨。分布在松花江、牡丹江流域及黑龙江中下游，东至日本海。渠帅：大帅、首领。 [3]燕州：州名。治所在今辽宁朝阳市。 [4]刘佡（xiān）成：稽胡首领。 [5]黄州：州名。治所在今湖北武汉市新洲区。 [6]普乐：县名。县治在今河北鸡泽县南。 [7]平恩：县名。治所在今河北曲周县东南。 [8]程名振（?—662）：洺州平恩（今河北曲周县东南）人。隋大业末仕窦建德为普乐令，归唐，授永宁令。历洺州刺史、平壤道行军总管等，号为名将。传见《旧唐书》卷八十三、《新唐书》卷一百一十一。 [9]除：任。 [10]永宁：县名。县治在今河南洛宁县东。 [11]邺：县名。县治在今河南安阳市。 [12]乳有湩（dòng）者：乳有乳汁，即可哺乳其婴儿者。湩，乳汁。 [13]纵遣：释放并遣归。 [14]饭僧：设斋祈福。 [15]颉利可汗承父兄之资：颉利为启民可汗之子，始毕、处罗可汗之弟，故曰承父兄之资。 [16]士马雄盛：士兵战马非常强盛。 [17]凭陵：

仗势侵犯。［18］义成公主（?—630）：隋朝宗室女。文帝时以她嫁突厥启民可汗。启民死，又连嫁始毕、处罗、颉利可汗。贞观四年（630），李靖灭突厥，被杀。事迹见《隋书》卷八十四《突厥传》。［19］杨善经：义成公主叔伯兄弟。［20］王文素：王世充部属。曾被世充遣往突厥，怂恿突厥南侵。事迹见《新唐书》卷二百一十五《突厥传》。［21］文皇帝：即隋朝开国皇帝杨坚（541—604）：弘农华阴（今陕西华阴市）人。公元581年至604年在位。传见《隋书》卷一。［22］土宇：疆土。［23］杨政道：隋炀帝之孙。当时与萧后同在突厥，事迹见《隋书》卷五十九《齐王暕传》。［24］然之：同意。［25］求请无厌：贪求不足。［26］甲戌：三月十六日。［27］汾阴：县名。县治在今山西万荣县西南。［28］掘堑筑垒：挖沟堑、筑墙垒。［29］直：通"值"。［30］土芥：泥土草芥。［31］浮泥：浮在水上的泥。［32］投米屑：掺以米屑。［33］身肿脚弱：身体肿胀而两脚软弱。［34］迁民入宫城：隋义宁元年（617）四月，皇泰主迁民入宫城。［35］糠覈（hé）：麦糠中的粗屑。［36］尚书郎：官名。尚书省各曹的侍郎、郎中等官，通称为尚书郎。［37］负戴：负，以肩背；戴，用头顶。［38］范愿：窦建德将领。［39］孟海公（?—621）：隋末农民起义军首领。济阴（今山东曹县西北）人。事迹见《旧唐书》卷五十四《窦建德传》。［40］徐圆朗（?—623）：隋末农民起义军首领。鲁郡（今山东曲阜）人。传见《旧唐书》卷五十五、《新唐书》卷八十六。［41］韩洪：王世充行台仆射。事迹见《旧唐书》卷五十四《窦建德传》。［42］己卯：三月二十一日。［43］酸枣：县名。县治在今河南延津县。［44］壬午：三月二十四。［45］石州：州名。治所在今山西离石县。

窦建德陷管州，杀刺史郭士安；又陷荥阳[1]、阳翟[2]等县，水陆并进，泛舟运粮[3]，溯河[4]西上。王世充之弟徐州行台世辩遣其将郭士衡将兵数千会之，合十余万，号三十万，军于成皋[5]之东原，筑宫板渚[6]，遣使与王世充相闻[7]。

先是，建德遗秦王世民书，请退军潼关[8]，返郑侵地[9]，复修前好。世民集将佐议之，皆请避其锋，郭孝恪曰："世充穷蹙，垂将面缚[10]，建德远来助之，此天意欲两亡之[11]也。宜据武牢[12]之险以拒之，伺间而动，破之必矣！"记室[13]薛收[14]曰："世充保据东都，府库充实，所将之兵，皆江、淮精锐，即日之患[15]，但乏[16]粮食耳。以是之故[17]，为我所持[18]，求战不得，守则难久。建德亲帅大众，远来赴援，亦当极其精锐[19]，若纵之至此，两寇合从[20]，转[21]河北[22]之粟以馈[23]洛阳，则战争方始，偃兵[24]无日，混一[25]之期，殊未有涯[26]也。今宜分兵守洛阳，深沟高垒，世充出兵，慎勿与战，大王亲帅骁锐，先据成皋，厉兵训士[27]，以待其至，以逸待劳[28]，决可克也。建德既破，世充自下，不过二旬，两主就缚[29]矣！”世民善之。收，道衡[30]之子也。

萧瑀、屈突通、封德彝皆曰：“吾兵疲老，世充凭守坚城，未易猝拔[31]，建德席胜[32]而来，锋锐气盛，吾腹背受敌，非完策也，不若退保新安[33]，以承其弊[34]。”世民曰：“世充兵摧[35]食尽，上下离心，不烦力攻[36]，可以坐克。建德新破海公，将骄卒惰[37]，吾据武牢，扼其咽喉。彼若冒险争锋，吾取之甚易。若狐疑[38]不战，旬月之间[39]，世充自溃。城破兵强，气势自倍，一举两克，在此行矣。若不速进，贼入武牢，诸城新附，必不能守；两贼并力[40]，其势必强，何弊之承[41]！吾计决矣！”通等又请解围据险以观其变，世民不许。中分麾下[42]，使通等副齐王元吉围守东都，世民将骁勇[43]三千五百人东趣武牢。时正昼[44]出兵，历北邙，抵河阳，趋[45]巩[46]而去。王世充登城望见，莫之测也，竟不敢出。

癸未[47]，世民入武牢；甲申[48]，将骁骑五百，出武牢东二十余里，觇[49]建德之营。缘道[50]分留从骑，使李世勣、程知节、秦叔宝分将之，伏于道旁，才余四骑，与之偕进[51]。世民谓尉迟敬德曰：“吾执弓矢，公执槊相随，虽百万众若我何[52]！”又曰：“贼见我而还，上策也。”去建德营三里所，建德游兵遇之，以为斥候[53]也。世民大呼曰：“我秦王也。”引弓[54]射之，毙其一将。建德军中大惊，出五六千骑逐之，从者咸失色[55]。世民曰：“汝弟前行[56]，吾自与敬德为殿[57]。”于是按辔徐行，追骑将至，则引弓射之，辄毙[58]一人。追者惧而止，止而复来，如是再三，每来必有毙者，世民前后射杀数人，敬德杀十许人，追者不敢复逼。世民逡巡[59]稍却以诱之，入于伏内[60]，世勣等奋击，大破之，斩首三百余级，获其骁将殷秋、石瓒以归。乃为书报建德，谕以“赵、魏之地，久为我有，为足下[61]所侵夺。但以淮安见礼，公主得归[62]，故相与坦怀释怨。世充顷与足下修好，已尝反复[63]，今亡在朝夕，更饰辞[64]相诱，足下乃以三军之众，仰哺他人[65]，千金之资，坐供外费[66]，良非[67]上策。今前茅[68]相遇，彼遽崩摧[69]，郊劳未通[70]，能无怀愧。故抑止锋锐，冀闻择善[71]，若不获命[72]，恐虽悔难追。”

（以上为第二段，写窦建德倾巢出动救王世充。）

【注释】

[1]荥阳：县名。县治在今河南荥阳市。[2]阳翟：县名。县治在今河南禹州市。[3]泛舟运粮：用船只运粮。[4]溯河：逆流而上。[5]成皋：县名。县治在今河南荥阳市西北汜水镇。[6]板渚：古津渡名。为板城渚口的简称。在今河南荥阳市汜水镇东北黄河侧。[7]相闻：互通消息。[8]潼关：关名。在陕西省潼关县境。[9]返郑侵地：返还所侵占的郑的土地。[10]面缚：双手反缚于背后。[11]两亡之：灭亡他们两位。[12]武牢：唐讳虎，改虎牢为武牢。[13]记室：官名。掌书记之官。[14]薛收（591—624）：唐官员。字伯褒。唐初为秦王府主簿，为李世民掌管书檄文令事。又授天策府记室参军。参与平刘黑闼有功，封汾阴县男。传见《旧唐书》卷七十三、《新唐书》卷九十八。[15]即日之患：目前之患。[16]但乏：只缺。[17]以是之故：因为这个原因。[18]为我所持：才被我军把握住。[19]极其精锐：尽其精锐。[20]合从：联合在一起。[21]转：转运。[22]河北：此泛指黄河以北。[23]馈：以物送人。[24]偃兵：息兵。[25]混一：同一，即统一。[26]殊未有涯：没有边际。殊，同犹。[27]厉兵训士：训练士卒。[28]以逸待劳：逸，安闲；劳，疲劳。指养精蓄锐，痛击远来进犯的疲惫之敌。[29]两主就缚：谓世充、建德将被活捉。[30]道衡（540—609）：隋朝大臣，后为炀帝所杀。传见《隋书》卷五十七。[31]猝拔：骤然夺取。[32]席胜：借胜利之势。[33]新安：郡名。治所在今河南新安县。[34]以承其弊：趁着其衰败。[35]兵摧：兵败。[36]不烦力攻：不需要并力攻击。[37]将骄卒惰：将校骄傲，士卒怠惰。[38]狐疑：犹豫。[39]旬月之间：一个月之间。[40]并力：合力。[41]何弊之承：有何疲敝可乘。[42]中分麾下：将队伍一分为二。麾下，将帅的部下。[43]骁勇：勇敢之士。[44]正昼：大白天。[45]趋：往。[46]巩：县名。县治在今河南巩义市东北。巩在东都之东。时世民大军据都城西北以临世充而围之。故出兵向武牢，历北邙，抵河阳（今河南孟州市）而趋巩。[47]癸未：三月二十五日。[48]甲申：三月二十六日。[49]觇（chān）：偷看，侦察。[50]缘道：沿途。[51]偕进：同行，俱进。[52]若我何：能将我怎样。[53]斥候：侦察敌情的士兵。[54]引弓：拉开弓。[55]咸失色：都惊骇得面无人色。[56]汝弟前行：你只管往前走。弟，副词，只管。[57]殿：行军走在最后的。[58]辄跳：便跳。[59]逡（qūn）巡：有顾虑而徘徊或退却。[60]入于伏内：进入埋伏区。[61]足下：对人的敬称。[62]淮安见礼，公主得归：武德二年，窦建德尽取赵魏，虏淮安王神通及同安公主，待淮安王以客礼，次年八月，遣公主归。[63]世充顷与足下修好，已尝反复：王世充近来与您结好，过去曾反复无常。[64]饰辞：花言巧语。[65]仰哺他人：指依靠别人生存。意为受制于人。[66]千金之资，坐供外费：《兵法》云：“兴师十万，日费千金。”外费，兴师在外之费。此句指窦建德大量的钱财在兴师中耗费。[67]良

非：实在不是。［68］前茅：这里指先头部队。［69］彼遽崩摧：他（指王世充）立即就会败亡。［70］郊劳未通：古时，诸侯相见有郊劳之礼。此指建德来救世充，阻于唐兵，使命不得通。郊劳，到郊外迎接、慰劳。［71］冀闻择善：希望你择善而从。［72］若不获命：如果不能获得应允。

立秦王世民之子泰为卫王。

夏，四月，己丑[1]，丰州总管张长逊[2]入朝。时言事者[3]多云，长逊久居丰州，为突厥所厚，非国家之利[4]。长逊闻之，请入朝，上许之。会[5]太子建成北伐稽胡[6]，长逊帅所部会之，因入朝，拜右武候将军。益州行台左仆射窦轨帅巴、蜀兵来会秦王击王世充，以长逊检校益州行台右仆射。

己亥[7]，突厥颉利可汗寇雁门，李大恩击走之。

壬寅[8]，王世充骑将杨公卿、单雄信引兵出战，齐王元吉击之，不利，行军总管卢君谔战死。

太子还长安。

王世充平州[9]刺史周仲隐以城来降。

戊申[10]，突厥寇并州。初，处罗可汗与刘武周相表里[11]，寇并州；上遣太常卿郑元璹[12]往谕以祸福，处罗不从。未几，处罗遇疾卒，国人疑元璹毒之，留不遣[13]。上又遣汉阳公瑰[14]赂颉利可汗以金帛，颉利欲令瑰拜，瑰不从，亦留之。又留左骁卫大将军[15]长孙顺德[16]。上怒，亦留其使者。瑰，孝恭之弟也。

甲寅[17]，封皇子元方[18]为周王，元礼[19]为郑王，元嘉[20]为宋王，元则[21]为荆王，元茂[22]为越王。

窦建德迫于武牢不得进，留屯累月[23]，战数不利，将士思归。丁巳[24]，秦王世民遣王君廓将轻骑千余抄其粮运[25]，又破之，获其大将军张青特。

凌敬[26]言于建德曰："大王悉兵济河[27]，攻取怀州、河阳[28]，使重将守之，更鸣鼓建旗，逾太行，入上党[29]，徇汾、晋，趣蒲津[30]，如此有三利：一则蹈[31]无人之境，取胜可以万全；二则拓地[32]收众，形势益强；三则关中震骇，郑围自解。为今之策，无以易此[33]。"建德将[34]从之，而王世充遣使告急相继于道，王琬、长孙安世[35]朝夕涕泣，请救洛阳，又阴以金玉啖[36]建德诸将，以挠其谋。诸将皆曰："凌敬书生，安知战事，其言岂可用也！"建德乃谢敬曰："今众心甚锐[37]，天赞[38]我也，因之决战，必将大捷，不得从公言。"敬固争之，建德怒，令扶出[39]。其妻曹氏谓建德曰："祭酒之言[40]不可违也。今大王自滏口[41]乘唐国之虚，连营渐进以取山北[42]，又因突厥西抄关中，唐必还师自救，郑围何忧不解！若顿兵[43]于此，老师费财[44]，欲求成功，在于何日？"建德曰："此非女子所知！吾来救郑，郑今倒悬[45]，亡在朝夕[46]，吾乃舍之而去，是畏敌而弃信也，不可。"

（以上为第三段，写窦建德初战不利而恼羞成怒，拒谏不纳善策，表现了政治上的不成熟。）

【注释】

[1]己丑：四月二日。[2]张长逊（?—637）：栎阳（今陕西西安市临潼区北）人。隋五原太守。入唐，累官遂夔二总管，政以惠称。传见《旧唐书》卷五十七、《新唐书》卷八十八。[3]时言事者：指当时议论政事的人。[4]非国家之利：对国家没有好处。[5]会：正赶上。[6]稽胡：中国古代民族名。源于南匈奴。南北朝时居今山西、陕西北部山谷间。隋唐以来渐与汉族相融合。[7]己亥：四月十二日。[8]壬寅：四月十五日。[9]平州：州名。治所在今河南洛阳市东北。其所据胡注为：洛州河阴县，古平阴也。王世充当于此置平州。[10]戊申：四月二十一日。[11]相表里：表指外，里指内。相表里，谓相互配合，内外相应。[12]郑元璹（?—646）：郑州荥泽（今河南郑州市）人。字德芳。隋末为郡守。归唐拜太常卿、鸿胪卿。多次充使入蕃，有干略。后为宜州刺史，封沛国公。传见《旧唐书》卷六十二、《新唐书》卷一百。[13]留不遣：滞留不遣回。[14]汉阳公瑰：李瑰，高祖从父兄子。武德元年，封汉阳郡公。五年，进爵为王。出使突厥，抚慰岭南，皆有功。贞观四年拜宣州刺史，加散骑常侍，卒。传见《旧唐书》卷六十、《新唐书》卷七十八。[15]骁卫大将军：将军名号。隋唐置左右骁卫府，置上将军各一人，大将军各一人，将军各二人。[16]长孙顺德：太宗文德皇后之族叔。素为高祖所亲厚。从征累有战功，高祖拜左骁卫大将军，封薛国公。传见《旧唐书》卷五十八、《新唐书》卷一百零五。[17]甲寅：四月二十七日。[18]元方（?—629）：唐高祖第九子。[19]元礼（?—672）：高祖第十子。[20]元嘉（617—688）：高祖第十一子。[21]元则（?—651）：高祖第十二子。以上诸子传均见《旧唐书》卷六十四、《新唐书》卷七十九。[22]元茂：两《唐书》不见其传。[23]留屯累月：扎营连月。[24]丁巳：四月三十日。[25]抄其粮运：抄掠其运粮队。[26]凌敬：窦建德谋臣，署为国子祭酒。建德救王世充，凌敬陈解围之策，建德不纳，遂致败。事迹见《旧唐书》卷

五十四《窦建德传》。 [27]悉兵济河：全军渡河。 [28]河阳：县名。县治在今河南孟州市南。 [29]上党：县名。县治在今山西长治市。 [30]蒲津：古关名。本临晋关，汉武帝改名，简称蒲关。在今陕西大荔县朝邑镇东黄河上。 [31]蹈：踏。 [32]拓地：拓辟土地。 [33]无以易此：无策可以与此相比。即此为唯一之良策。 [34]将：将要，打算。 [35]长孙安世（?—621）：长孙无忌堂兄。仕王世充，署为内史令。东都平，死于狱中。事迹见《旧唐书》卷六十五《长孙无忌传》。 [36]啖（dàn）：以利益引诱人。 [37]甚锐：很锐利。 [38]赞：助。 [39]令扶出：下令强行扶出。 [40]祭酒之言：指窦建德国子祭酒凌敬之言。 [41]滏（fǔ）口：古隘道名。"太行八陉"之一。在今河北磁县西北石鼓山。 [42]山北：据胡注，建德都洺州，时在山南。并、代、汾、晋，皆属山北。指今山西一带。 [43]顿兵：停留军队。 [44]老师费财：军队疲怠，财物消耗。老，衰竭，疲怠。 [45]倒悬：比喻处境的痛苦和危急，像人被倒挂着一样。 [46]亡在旦夕：以言时间之短促。

谍者[1]告曰："建德伺唐军刍[2]尽，牧马于河北[3]，将袭武牢。"五月，戊午[4]，秦王世民北济河，南临广武[5]，察敌形势，因留马千余匹，牧于河渚[6]以诱之，夕还武牢。己未[7]，建德果悉众而至，自板渚出牛口[8]置陈，北距大河[9]，西薄[10]汜水[11]，南属鹊山[12]，亘[13]二十里，鼓行而进[14]。诸将皆惧，世民将数骑升高丘[15]而望之，谓诸将曰："贼起山东，未尝见大敌，今度险而嚣[16]，是无纪律，逼城而陈[17]，有轻我心；我按甲[18]不出，彼勇气自衰，陈久卒饥，势将自退，追而击之，无不克者。与公等约，甫过[19]日中，必破之矣！"

建德意轻唐军，遣三百骑涉汜水，距唐营一里所止。遣使与世民相闻曰："请选锐士数百与之剧[20]。"世民遣王君廓将长槊二百以应之，相与交战，乍进乍退，两无胜负，各引还。王琬[21]乘隋炀帝骢马[22]，铠仗甚鲜[23]，迥出陈前以夸众[24]。世民曰："彼所乘真良马也！"尉迟敬德请往取之，世民止之曰："岂可以一马丧猛士。"敬德不从，与高甑生、梁建方三骑直入其陈，擒琬，引其马驰归，众无敢当[25]者。世民使召河北马，待其至乃出战。

建德列陈，自辰至午[26]，士卒饥倦，皆坐列[27]，又争饮水，逡巡[28]欲退。世民命宇文士及将三百骑经建德陈西，驰而南上，戒之曰："贼若不动，尔宜引归，动则引兵东出！"士及至陈前，陈果动，世民曰："可击矣！"时河渚马亦至，乃命出战。世民帅轻骑先进，大军继之，东涉汜水，直薄其陈。建德群臣方朝谒，唐骑猝来，朝臣趋就建德，建德召骑兵使拒唐兵，骑兵阻朝臣不得过，建德挥朝臣令却[29]，进退之间，唐兵已至，建德窘迫，退依东陂[30]。窦抗[31]引兵击之，战小不利。世民帅骑赴之，所向皆靡。淮阳王道玄[32]挺身陷陈，直出其后，复突陈而归，再入再出，飞矢集其身如猬毛[33]，勇气不衰，射人，皆应弦而仆。世民给以副马，使从己。于是诸军大战，尘埃涨天[34]。世民帅史大奈[35]、程知节、秦叔宝、宇文歆等卷旆[36]而入，出其陈后，张唐旗帜，建德将士顾[37]见之，大溃，追奔三十里，斩首三千余级。

建德中槊，窜匿[38]于牛口渚。车骑将军白士让、杨武威逐之，建德坠马，士让援槊欲刺之，建德曰："勿杀我，我夏王也，能富贵汝[39]。"武威下擒之，载以从马[40]，来见世民。世民让之曰："我自讨王世充，何预汝事[41]，而来越境，犯我兵锋[42]！"建德曰："今不自来，恐烦远取。"建德将士皆溃去，所俘获五万人，世民即日散遣之，使还乡里。

封德彝入贺，世民笑曰："不用公言，得有今日。智者千虑，不免一失乎！"德彝甚惭。

建德妻曹氏与左仆射齐善行将数百骑遁归洺州。

（以上为第四段，写秦王李世民大破窦建德军。）

【注释】

[1]谍者：侦探消息的人。即侦探、间谍。[2]刍（chú）：喂牲口用的草。[3]牧马于河北：指唐军言。唐军牧草已尽，必须牧马于河北。[4]戊午：五月一日。[5]广武：古城名。故址在今河南荥阳市东北广武山上。有东、西两城，相距约二百步，中隔广武涧。此为西广武。[6]渚（zhǔ）：水中的小块陆地，小洲。[7]己未：五月二日。[8]牛口：即牛口渚。在今河南荥阳市西北汜水镇附近黄河南岸。[9]北距大河：北到黄河。[10]薄：靠近。[11]汜水：水名。发源于河南巩义市东南，北流经荥阳汜水镇西，注入黄河。[12]南属鹊山：南连接鹊山。鹊山：地名。在今河南荥阳市西南。[13]亘（gèn）：横贯，延续不断。[14]鼓行而进：击鼓进军。[15]升高丘：登上高丘。[16]嚣：喧哗。[17]逼城而陈：接近城池布阵。[18]甲：甲兵，武装的军队。[19]甫过：刚过。[20]与之剧：与之游戏。剧同"戏"。[21]王琬：王世充兄子。世充称帝，封为代王。武德四年（621）被李世民所擒。事迹见《旧唐书》卷五十四《窦建德传》、《新唐书》卷八十五《王世充传》。[22]骢（cōng）马：青白色的马。[23]甚鲜：鲜

丽而光彩夺目。［24］迥出阵前以夸众：远立在阵前以夸示众卒。［25］当：抵挡。［26］自辰至午：从早晨到正午。辰为早七时至九时，午为十一时至下午一时。［27］坐列：队伍都坐在地上。［28］逡巡：有所顾虑而徘徊或不敢前进。［29］挥朝臣令却：指挥朝臣，令其后退。［30］陂（bēi）：山坡，斜坡。［31］窦抗（?—621）：字道生。在隋以帝甥早贵，累迁幽州总管。高祖时曾为左武候大将军等。传见《旧唐书》卷六十一、《新唐书》卷九十五。［32］李道玄（603—622）：高祖从父兄子，封淮阳王。传见《旧唐书》卷六十、《新唐书》卷七十八。［33］如猬毛：像刺猬的毛一样。比喻中箭之多。［34］涨天：满天。［35］史大奈（?—638）：本西突厥特勤（特勤为可汗子弟的官衔）。入隋事炀帝，署为金紫光禄大夫。后隶唐高祖，以功多赐姓史。秦王时封窦国公，官至右武卫大将军。传见《旧唐书》卷一百九十四下、《新唐书》卷一百一十。［36］旆（pèi）：古时末端形状像燕尾的旗。［37］顾：回头看。［38］窜匿：逃窜藏匿。［39］我夏王也，能富贵汝：我是夏王。若将我献上，你们可以得到富贵。［40］从马：跟随的马。［41］何预汝事：干你什么事。［42］兵锋：兵士之锋锐。

甲子[1]，世充偃师、巩县皆降。

乙丑[2]，以太子左庶子郑善果为山东道抚慰大使[3]。

世充将王德仁[4]弃故洛阳城[5]而遁，亚将[6]赵季卿以城降。秦王世民囚窦建德、王琬、长孙安世、郭士衡[7]等至洛阳城下，以示世充。世充与建德语而泣，仍遣[8]安世等入城言败状。世充召诸将议突围，南走襄阳，诸将皆曰："吾所恃者夏王[9]，夏王今已为擒，虽得出，终必无成。"丙寅[10]，世充素服帅其太子、群臣、二千余人诣军门[11]降。世民礼接之，世充俯伏流汗[12]。世民曰："卿常以童子见处[13]，今见童子，何恭之甚邪？"世充顿首[14]谢罪。于是部分[15]诸军，先入洛阳，分守市肆[16]，禁止侵掠，无敢犯者。

丁卯[17]，世民入宫城，命记室房玄龄先入中书、门下省，收隋图籍制诏，已为世充所毁，无所获。命萧瑀、窦轨等封府库，收其金帛，颁赐将士。收世充之党罪尤大者[18]段达、王隆[19]、崔洪丹、薛德音[20]、杨汪[21]、孟孝义、单雄信、杨公卿、郭什柱、郭士衡、董叡、张童儿、王德仁、朱粲、郭善才等十余人斩于洛水之上。初，李世勣与单雄信友善，誓同生死。及洛阳平，世勣言雄信骁健绝伦，请尽输己之官爵[22]以赎之，世民不许。世勣固请不能得，涕泣而退。雄信曰："我固知汝不办事[23]。"世勣曰："吾不惜余生，与兄俱死；但既以此身许国[24]，事无两遂。且吾死之后，谁复视[25]兄之妻子乎？”乃割股肉以啖雄信，曰：“使此肉随兄为土[26]，庶几不负昔誓也！”士民疾[27]朱粲残忍，竞投瓦砾[28]击其尸，须臾如冢[29]。囚韦节、杨续[30]、长孙安世等十余人送长安。士民无罪为世充所囚者，皆释之，所杀者祭而诔之[31]。

初，秦王府属杜如晦叔父淹事王世充。淹素与如晦兄弟不协，谮[32]如晦兄杀之，又囚其弟楚客，饿几死，楚客终无怨色。及洛阳平，淹当死，楚客涕泣请如晦救之，如晦不从。楚客曰：“曩者[33]叔已杀兄，今兄又杀叔，一门之内，自相残而尽，岂不痛哉！”欲自刭[34]，如晦乃为之请于世民，淹得免死。

秦王世民坐阊阖门[35]，苏威请见，称老病不能拜。世民遣人数[36]之曰：“公隋室宰相，危不能扶，使君弑[37]国亡。见李密、王世充皆拜伏[38]舞蹈[39]。今既老病，无劳[40]相见。”及至长安，又请见，不许。既老且贫，无复官爵[41]，卒于家，年八十二。

秦王世民观隋宫殿，叹曰：“逞侈心[42]，穷人欲[43]，无亡得乎[44]！”命撤端门楼[45]，焚乾阳殿[46]，毁则天门[47]及阙[48]；废诸道场[49]，城中僧尼，留有名德者各三十人，余皆返初[50]。

（以上为第五段，写王世充覆灭，秦王李世民入洛阳善后。）

【注释】

[1]甲子：五月七日。[2]乙丑：五月八日。[3]大使：官名。帝王特派的临时使节。唐贞观初，特派巡视各地的使节也称大使。[4]王德仁（?—621）：隋末群雄之一。事迹见《旧唐书》卷五十三《李密传》、《新唐书》卷八十五《王世充传》。[5]故洛阳城：指汉魏故都之城，在今河南洛阳市白马寺东。[6]亚将：副将。[7]郭世衡：王世充部将。武德四年（621）被李世民所杀。事迹见《新唐书》卷八十五《王世充传》。[8]仍遣：因而派遣。[9]夏王：指窦建德。武德元年（618）称夏王，改年号为五凤，国号夏。[10]丙寅：五月九日。[11]军门：军营之门。[12]俯伏流汗：低头伏地，满头大汗。[13]常以童子见处：常以（我为）童子相待。童子，指幼稚无知的儿童。[14]顿首：叩头，头叩地而拜。古代九拜之一。[15]部分：部署。[16]市肆：市中店铺。[17]丁卯：五月十日。[18]世充之党罪尤大者：其中杨公卿、董睿、张童儿，《旧唐书·王世充传》作阳公卿、董濬、张童仁。[19]王隆：王世充部将。与世充同宗族。世充称帝，署为淮阳王。事迹见《旧唐书》卷五十四《王世充传》。[20]薛德音：薛道衡从子，有隽才，以文学知名。仕隋为著作佐郎。王世充称帝，署为黄门侍郎。事迹见《旧唐书》

卷五十四《王世充传》。[21]杨汪：字元度。弘农华阴（今陕西华阴市）人。隋朝名臣。传见《隋书》卷五十六。[22]输己之官爵：捐弃自己的官爵。[23]不办事：办不了事。[24]许国：许给了国家。[25]视：看望、照顾。[26]随兄为土：随兄之死而同变为土。[27]疾：痛恨。[28]瓦砾（lì）：砾瓦石块。[29]须臾如冢：转眼间砖石堆积如坟冢。[30]杨续：杨恭仁弟。贞观中，为郓州刺史。传见《旧唐书》卷六十二。[31]祭而诔之：祭奠并为文哀悼之。诔，本指叙述死者生前事迹，表示哀悼。这里的诔，意为哀其无罪而死。[32]谮（zèn）如晦兄杀之：诬陷杜如晦的哥哥，使之被杀。[33]曩（nǎng）者：以往，从前。[34]刭（jǐng）：用刀割脖子。[35]阊阖门：据胡注云，西晋建都洛阳，其城西面北来第三门为阊阖门。而隋营东都、《唐六典》中则无阊阖门的记载，"盖唐改之也"。[36]数：责。[37]弑：臣杀死君主或子女杀死父母。[38]拜伏：伏地而拜。[39]舞蹈：古代臣子朝见皇帝时的一种仪节。[40]无劳：不必劳驾。[41]无复官爵：再无官爵。[42]逞侈心：放纵奢侈之心。[43]穷人欲：享尽人欲。[44]无亡得乎：想不亡国怎么可能呢？[45]端门楼：东都皇城南面有三门，中门为端门。端门上的城楼曰端门楼。[46]乾阳殿：宫殿名。在东都宫城之内。后来唐在隋乾阳殿遗址重建乾元殿。[47]则天门：东都宫城南面有三门，中门为应天门，盖隋之则天门。[48]阙：宫门前两边供瞭望的楼称为阙。[49]道场：佛教礼拜、诵经、行道的场所。又隋代寺院名。大业九年（613），诏改天下寺曰道场。[50]返初：还俗。

前真定[1]令周法明[2]，法尚[3]之弟也，隋末结客[4]，袭据黄梅[5]，遣族子孝节攻蕲春[6]，兄子绍则攻安陆[7]，子绍德攻沔阳[8]，皆拔之。庚午[9]，以四郡来降。

壬申[10]，齐善行[11]以洺、相、魏等州来降。时建德余众走至洺州，欲立建德养子[12]为主，征兵以拒唐；又欲剽掠居民，还向海隅[13]为盗。善行独以为不可，曰："隋末丧乱，故吾属[14]相聚草野，苟求生耳[15]。以夏王之英武，平定河朔[16]，士马精强，一朝为擒，易如反掌，岂非天命有所属[17]，非人力所能争邪！今丧败如此，守亦无成[18]，逃亦不免，等为亡国[19]，岂可复遗毒于民！不若委心[20]请命于唐，必欲得缯[21]帛者，当尽散府库之物，勿复残民也！"于是运府库之帛数十万段，置万春宫[22]东街，以散将卒，凡三昼夜乃毕。仍布兵守坊巷[23]，得物者即出，无得更入人家[24]。士卒散尽，然后与仆射裴矩、行台曹旦，帅其百官，奉建德妻曹氏及传国八玺[25]并破宇文化及所得珍宝请降于唐。上以善行为秦王左二护军[26]，仍厚赐之。

初，窦建德之诛宇文化及也，隋南阳公主有子曰禅师，建德虎贲郎将于士澄问之曰："化及大逆，兄弟之子皆当从坐[27]，若不能舍禅师，当相为留之[28]。"公主泣曰："虎贲既隋室贵臣[29]，兹事何须见问。"建德竟杀之。公主寻请为尼。及建德败，公主将归长安，与宇文士及遇于洛阳，士及请与相见，公主不可。士及立于户外，请复为夫妇。公主曰："我与君仇家，今所以不手刃君者[30]，但谋逆之日，察君不预知[31]耳。"诃[32]令速去。士及固请，公主怒曰："必欲就死[33]，可相见也。"士及知不可屈，乃拜辞而去。

乙亥[34]，以周法明为黄州总管。

戊寅[35]，王世充徐州行台杞王世辯[36]以徐、宋等三十八州诣河南道安抚大使任瓌[37]请降；世充故地悉平[38]。

窦建德博州[39]刺史冯士羡复推淮安王神通为慰抚山东使，徇下[40]三十余州；建德之地悉平。

己卯[41]，代州[42]总管李大恩[43]击苑君璋[44]，破之。

（以上为第六段，写王世充、窦建德所领之地全部降唐，河南、河北被平定。）

【注释】

[1]真定：县名。县治在今河北正定县。 [2]周法明（?—623）：隋末群雄之一。初附李密。武德四年（621）降唐，署为黄州总管。武德六年（623）被张善安袭杀。事迹见《旧唐书》卷五十三《李密传》。 [3]法尚：周法明之兄。字德迈。初事陈，为将军。入隋，多立战功。炀帝时，转刺史，太守，进位金紫光禄大夫，拜左武卫将军。传见《隋书》卷六十五。 [4]结客：结交宾客。 [5]黄梅：县名。县治在今湖北黄梅县西北。 [6]蕲春：县名。县治在今湖北蕲春县北。 [7]安陆：县名。县治在今湖北安陆市西北。 [8]沔阳：郡名。治所在今湖北仙桃市西南沔城。 [9]庚午：五月十三日。 [10]壬申：五月十五日。 [11]齐善行：初为窦建德所署左仆射。建德败，率官属等降唐。贞观时为夔州（今重庆市奉节县东）都督。事迹见《旧唐书》卷五十四《窦建德传》。 [12]养子：收养他人之子为己子。 [13]海隅：海边。 [14]吾属：我们这些人。 [15]苟求生耳：苟且以求活命。耳：助词，罢了。 [16]河朔：即河北。 [17]所属：所归。 [18]守亦无成：守亦不能成功。 [19]等为亡国：同样是亡国。 [20]委心：将心交给。 [21]缯：帛的总名。 [22]万春宫：此宫为窦建德所筑。 [23]守坊巷：把守坊巷的入口处。 [24]人家：民家。 [25]八玺：皇帝的印称为玺。据《隋书·礼仪志》：皇帝有八玺。其中神玺、传国玺，皆宝而不用。又有六玺。其一"皇帝行玺"，封命诸侯及三公用之。其二"皇帝之

玺”，与诸侯及三公书用之。其三“皇帝信玺”，发诸夏之兵用之。其四“天子行玺”，封命蕃国之君用之。其五“天子之玺”，与蕃国之君书用之。其六“天子信玺”，征蕃国之兵用之。六玺皆用白玉作成。方一寸五分，高一寸，螭兽钮。武德二年，建德破化及，得八玺及珍宝。［26］秦王左二护军：秦王所统，置左三府、右三府，各有统军、扩军。［27］从坐：从而坐罪。［28］当相为留之：当为你留住他的生命。［29］贵臣：显贵之臣。［30］手刃君者：亲手杀你。［31］不预知：事先不知道。［32］诃：亦作呵，大声斥责。［33］必欲就死：一定要想找死。［34］乙亥：五月十八日。［35］戊寅：五月二十一日。［36］王世辩：又名王辩。王世充从弟（即叔伯兄弟）。从世充征战，为虎贲郎将。武德四年，世充称帝，封为杞王、徐州行台。事迹见《旧唐书》卷五十四《王世充传》。［37］任瓌（?—629）：字玮。庐州合肥（今安徽合肥市）人。在隋任韩城尉。入唐，授谷州刺史。王世充数攻新安，瓌拒破之，以功累封管国公。后平徐圆朗、辅公祏多有功。传见《旧唐书》卷五十九、《新唐书》卷九十。［38］故地悉平：旧有辖地全部平定。［39］博州：州名。治所在今山东聊城市。［40］徇下：带兵巡行占领地方。［41］己卯：五月二十二日。［42］代州：州名。治所在今山西代县。［43］李大恩（?—622）：本姓胡。原为窦建德行台尚书令。武德四年（621）降唐。事迹见《旧唐书》卷一百九十四《突厥传》。［44］苑君璋：马邑（今山西朔州市）人。初从颉利，后降唐，拜安州都督，封芮国公。传见《旧唐书》卷五十五、《新唐书》卷九十二。

突厥寇边，长平靖王叔良督五将击之，叔良中流矢；师旋，六月，戊子[1]，卒于道。

戊戌[2]，孟海公余党蒋善合以郓州[3]，孟啖鬼以曹州[4]来降。啖鬼，海公之从兄也。

庚子[5]，营州[6]人石世则执总管晋文衍，举州叛，奉靺鞨突地稽为主[7]。

黄州总管周法明攻萧铣安州[8]，拔之，获其总管马贵迁。

乙巳[9]，以右骁卫将军盛彦师为宋州[10]总管，安抚河南。

乙卯[11]，海州[12]贼帅臧君相以五州来降，拜海州总管。

秋，七月，庚申[13]，王世充行台王弘烈、王泰、左仆射豆卢行褒、右仆射苏世长[14]以襄州[15]来降。上与行褒、世长皆有旧，先是，屡以书招之，行褒辄杀使者[16]；既至长安，上诛行褒而责世长。世长曰：“隋失其鹿，天下共逐之。陛下既得之矣，岂可复忿同猎之徒[17]，问争肉[18]之罪乎！”上笑而释之，以为谏议大夫。尝从校猎[19]高陵[20]，大获禽兽，上顾群臣曰："今日畋，乐乎？"世长对曰："陛下游猎，薄废[21]万机，不满十旬[22]，未足为乐！"上变色，既而笑曰："狂态复发邪？"对曰："于臣则狂[23]，于陛下甚忠。"尝侍宴披香殿[24]，酒酣，谓上曰："此殿炀帝之所为邪？"上曰："卿谏似直而实多诈，岂不知此殿朕所为，而谓之炀帝乎[25]？"对曰："臣实不知，但见其华侈如倾宫、鹿台[26]，非兴王[27]之所为故也。若陛下为之，诚非所宜[28]。臣昔侍陛下于武功，见所居宅仅庇风雨，当时亦以为足。今因[29]隋之宫室，已极侈矣，而又增之，将何以矫[30]其失乎？"上深然之。

甲子[31]，秦王世民至长安。世民被黄金甲，齐王元吉、李世勣等二十五将从其后，铁骑[32]万匹，前后部鼓吹[33]，俘王世充、窦建德及隋乘舆、御物[34]献于太庙[35]，行饮至[36]之礼以飨之。

乙丑[37]，高句丽[38]王建武遣使入贡[39]。建武，元[40]之弟也。

上见王世充而数之，世充曰："臣罪固当诛，然秦王许臣不死。"丙寅[41]，诏赦世充为庶人[42]，与兄弟子侄处蜀[43]；斩窦建德于市。

丁卯[44]，以天下略定，大赦百姓，给复一年[45]。陕、鼎、函、虢、虞、芮六州[46]，转输劳费[47]，幽州管内[48]，久隔寇戎[49]，并给复二年。律、令、格、式[50]，且用开皇旧制。赦令既下，而王、窦余党[51]尚有远徙者，治书侍御史[52]孙伏伽[53]上言："兵、食可去，信不可去[54]，陛下已赦而复徙之，是自违本心[55]，使臣民何所凭依。且世充尚蒙宽宥[56]，况于余党，所宜纵释[57]。"上从之。

王世充以防夫[58]未备，置雍州廨舍[59]。独孤机[60]之子定州刺史修德[61]帅兄弟至其所，矫称敕呼[62]郑王；世充与兄世恽[63]趋出，修德等杀之。诏免修德官。其余兄弟子侄等，于道亦以谋反诛。

（以上为第七段，写窦建德、王世充之死。秦王李世民凯旋还京。）

【注释】

[1]戊子：六月二日。 [2]戊戌：六月十二日。 [3]郓（yùn）州：州名。治所在今山东郓城县东。 [4]曹州：州名。治所在今山东菏泽市。 [5]庚子：六月十四日。 [6]营州：州名。治所在今辽宁朝阳市。 [7]奉靺鞨突地稽为主：《旧唐书·靺鞨传》，"有酋帅突地稽者，隋末率其部千余家内属，处之于营州，炀帝授以辽西太守。武德初遣间使朝贡，以其部落置燕州，仍以突

地稽为总管。”故石世则叛后，遂奉以为主。［8］安州：州名。治所在今湖北安陆市。［9］乙巳：六月十九日。［10］宋州：州名。治所在今河南商丘市。［11］乙卯：六月二十九日。［12］海州：州名。治所在今江苏连云港市西南海州镇。［13］庚申：七月五日。［14］苏世长：武功（今陕西武功县）人。唐高祖时擢拜谏议大夫。传见《旧唐书》卷七十五、《新唐书》卷一百零三。［15］襄州：州名。治所在今湖北襄阳市。［16］辄杀使者：凡来使者皆杀之。辄，总是，就。［17］同猎之徒：一同打猎之人。［18］争肉：指争鹿。为避重复，改鹿为肉。［19］校（jiào）猎：用木栏遮阻，猎取禽兽。［20］高陵：县名。唐京兆府所属畿县，位于唐长安城东北八十里。县治在今陕西西安市高陵区西南。［21］薄废：荒废。薄：淡薄。［22］十旬：一旬为十天。十旬为一百天。［23］于臣则狂：对于臣来说是狂乱。［24］披香殿：宫殿名。据程大昌《雍录》云："庆善宫有披香殿。"又云："庆善宫，高祖旧第也。在武功渭水北。"按下文世长言"昔侍于武功"，"见所居宅仅庇风雨"。则此披香殿不应在武功之庆善宫，而应是高祖在长安新筑。［25］而谓之炀帝乎：而说它是炀帝所造的呢？［26］倾宫、鹿台：均为商纣王所筑。［27］兴王：兴业之王。［28］诚非所宜：实在不适宜。［29］因：沿用，承袭。［30］矫：矫正。［31］甲子：七月九日。［32］铁骑：指骑兵。［33］鼓吹：军乐。［34］御物：皇帝所用之物。［35］太庙：帝王为祭祀其祖先而建立的庙。［36］饮至：古时有朝、会、盟、伐诸事，既归而饮于宗庙，谓之饮至。［37］乙丑：七月十日。［38］高句（gōu）丽：一作高句骊，也称句丽、句骊、高丽。古国名。相传公元前 37 年朱蒙创立，辖境相当于今鸭绿江及其支流浑江流域一带。［39］入贡：进贡品。［40］元：高元，高丽王。［41］丙寅：七月十一日。［42］庶人：平民百姓。［43］处蜀：徙居于蜀。［44］丁卯：七月十二日。［45］给复一年：免百姓一年之赋役。［46］陕、鼎、函、虢、虞、芮六州：陕，州名。治所在今河南三门峡市陕州区。鼎，州名。治所在今河南灵宝市北故函谷关地。函，州名。治所在今河南洛宁县东北。虢，州名。治所在今河南卢氏县。虞，州名。治所在今山西运城市东北安邑。芮，芮城县。县治在今山西芮城县东张村。［47］转输劳费：转运辛劳费财。［48］管内：辖境之内。［49］久隔寇戎：久为戎狄寇盗所阻隔。［50］律、令、格、式：律、令，法令。格、式，古代规定官署办事规则和公文程式的行政法规。隋以后，律、令、格、式并行。［51］王、窦余党：王世充、窦建德的残余党羽。［52］治书侍御史：官名。汉宣帝令侍御史二人治书侍侧，后因以置之，称治书侍御史。负责评议狱案，论断罚罪轻重。魏晋至隋多治置。唐改为御史中丞。［53］孙伏伽（？—658）：贝州武城（今河北清河县西北）人。唐武德初拜治书侍御史，累迁大理寺卿。后出为陕州刺史。传见《旧唐书》卷七十五、《新唐书》卷一百零三。［54］兵、食可去，信不可去：此语出自《论语·颜渊》。意思是说，治理国家，军备、粮食可以失去，但人民的信任决不可失去。［55］自违本心：违背自己想要赦免的本心。［56］宽宥（yòu）：宽恕、宽赦。［57］纵释：释放。［58］防夫：守卫之卒。［59］雍州廨舍：在长安外郭城朱雀街西之光德坊，后改为京兆府廨。［60］独孤机：曾仕越王侗。王世充称帝，机谋归唐，被世充所杀。事迹见《新唐书》卷八十五《王世充传》。［61］修德：即独孤修德。独孤机之子。唐羽林将军。事迹见《新唐书》卷八十五《王世充传》。［62］矫称敕呼：诈称诏命召唤。［63］世恽（?—621）：王世充之兄。事迹见《新唐书》卷八十五《王世充传》。

隋末钱币滥薄[1]，至裁皮糊纸为之，民间不胜其弊。至是，初行开元通宝钱，重二铢四参[2]，积十钱重一两，轻重大小最为折衷[3]，远近便之。命给事中[4]欧阳询[5]撰其文并书，回环可读[6]。

以屈突通为陕东道大行台右仆射，镇洛阳；以淮阳王道玄为洛州[7]总管。李世勣父盖竟无恙而还[8]，诏复其官爵。窦轨[9]还益州。轨将兵征讨，或经旬月不解甲。性严酷，将佐有犯，无贵贱[10]立斩之，鞭挞[11]吏民，常流血满庭，所部重足屏息[12]。

癸酉[13]，置钱监于洛、并、幽、益等诸州，秦王世民、齐王元吉赐三炉，裴寂赐一炉，听铸钱[14]。自余敢盗铸者，身死，家口配没[15]。

河北既平，上以陈君宾[16]为洺州刺史。将军秦武通[17]等将兵屯洺州，欲使分镇东方诸州；又以郑善果等为慰抚大使，就洺州选补[18]山东州县官。

窦建德之败也，其诸将多盗匿库物[19]，及居闾里[20]，暴横为民患，唐官吏以法绳之[21]，或加捶挞，建德故将皆惊惧不安。高雅贤[22]、王小胡[23]家在洺州，欲窃其家以逃，官吏捕之，雅贤等亡命至贝州。会上征建德故将范愿、董康买、曹湛及雅贤等，于是愿等相谓曰："王世充以洛阳降唐，其将相大臣段达、单雄信等皆夷灭[24]；吾属[25]至长安，必不免矣。吾属自十年以来，身经百战，当死久矣，今何惜余生，不以之立事[26]。且夏王得淮安王，遇以客礼，唐得夏王即杀之。吾属皆为夏王所厚，今不为之报仇，将无以见天下之士！"乃谋作乱，卜之，以刘氏为主吉[27]，因相与之[28]漳南，见建德故将刘雅，以其谋告之。雅曰："天下适[29]安定，吾将老于耕桑[30]，不愿复起兵！"众怒，且恐泄其谋，遂杀之。故汉东公刘黑闼，时屏居漳南[31]，诸将往诣[32]之，告以其谋，黑闼欣然从之。黑闼方种蔬，即杀耕牛与之共饮食定计，聚众得百人。甲戌[33]，袭漳南县据之。是时，诸道有事则置行台尚书省，无事则罢之。朝廷闻黑闼作乱，乃置山东道行台[34]于洺州，魏、冀、定、沧并置总管府。丁丑[35]，以淮安王神通为山东行台右仆射。

辛巳[36]，褒州[37]道安抚使郭行方攻萧铣鄀州[38]，拔之。

孟海公与窦建德同伏诛，戴州刺史孟啖鬼不自安，挟海公之子义以曹、戴二州反，以禹城[39]令蒋善合为腹心；善合与其左右同谋斩之。

八月，丙戌朔[40]，日有食之。

丁亥[41]，命太子安抚北边。

丁酉[42]，刘黑闼陷鄃县[43]，魏州刺史权威、贝州刺史戴元祥与战，皆败死，黑闼悉取其余众及器械。窦建德旧党稍稍[44]出归之，众至二千人，为坛于漳南，祭建德，告以举兵之意，自称大将军。诏发关中步骑三千，使将军秦武通[45]、定州总管蓝田[46]李玄通[47]击之；又诏幽州总管李艺引兵会击黑闼。

癸卯[48]，突厥寇代州，总管李大恩遣行军总管王孝基拒之，举军[49]皆没。甲辰[50]，进围崞县[51]。乙巳[52]，王孝基自突厥逃归，李大恩众少，据城自守，突厥不敢逼，月余引去。

上以南方寇盗尚多，丙午[53]，以左武候将军[54]张镇周为淮南道行军总管，大将军陈智略为岭南道行军总管，镇抚之。

丁未[55]，刘黑闼陷历亭[56]，执屯卫将军王行敏，使之拜，不可，遂杀之。

（以上为第八段，写窦建德旧将刘黑闼反于河北。）

【注释】

[1]钱币滥薄：钱币恶滥又薄又小。 [2]二铢四参：按《汉书·律历志》：权轻重者不失黍絫（lěi）。应劭注：十黍为絫，十絫为铢。二铢四絫为二百四十黍。“参”，当作“絫”，盖属笔误。黍、絫，均为古代重量单位名。 [3]折衷：增损而得其中。 [4]给事中：官名。隋、唐属门下省的要职，在侍中及门下侍郎之下，职掌驳正政令的违失。 [5]欧阳询（557—641）：唐书法家。字信本，潭州临湘（今湖南长沙市）人。传见《旧唐书》卷一百八十九、《新唐书》卷一百九十八。 [6]回环可读：意为无论怎么读，其义皆通。《旧唐书·食货志》云：“其词先上后下，次左后右读之，自上及左，回环读之，其义亦通。” [7]洛州：州名。治所在今河南洛阳市东北。 [8]盖竟无恙而还：李盖于武德二年十月在黎阳被窦建德所虏，现平安返回。 [9]窦轨（?—630）：窦威兄子。字士则。传见《旧唐书》卷六十一、《新唐书》卷九十五。 [10]无贵贱：无论贵

贱。［11］挞：打。［12］重足屏息：形容非常恐惧的样子。重足：双脚并拢。屏息：屏住呼吸。［13］癸酉：七月十八日。［14］听铸钱：任其自铸钱以牟利。［15］家口配没：家人籍没并流放。［16］陈君宾：唐初良吏。传见《旧唐书》卷一百八十五、《新唐书》卷一百九十七。［17］秦武通：唐初战将。从太宗讨平割据势力，多有功。［18］就洺州选补：于洺州就近选补。［19］库物：公库财物。［20］闾里：乡里。［21］以法绳之：以法律制裁。绳：按一定的标准去衡量，纠正。［22］高雅贤：原为窦建德部将。建德败，降唐。复反叛，投刘黑闼。武德五年（622）黑闼称王，以雅贤为左领军。［23］王小胡：原为窦建德部属，后投刘黑闼。黑闼称王，署王小胡为左领军。高雅贤、王小胡事迹均见《新唐书》卷八十六《刘黑闼传》。［24］夷灭：诛灭。［25］吾属：我辈。［26］立事：建立事业。指成就大事。［27］主吉：最吉利。［28］因相与之：因而一同到。［29］适：方才。［30］吾将老于耕桑：我打算将余生放在耕桑上。［31］屏居漳南：屏绝人事，匿居漳南。漳南县，在今河北故城县东北。［32］诣：前往，去到。［33］甲戌：七月十九日。［34］行台：官署名。东汉以后，中央政务由三公改归台省，台省设于地方之派出机构，谓之行台。隋与唐初，称行台省。置令、仆射等官，总理一方军政。［35］丁丑：七月二十二日。［36］辛巳：七月二十六日。［37］褒州：据胡注，“褒州”当作“襄州”。［38］鄀（ruò）州：州名。治所在今湖北荆门市西北。［39］禹城：县名。县治在今山东禹城市西南。［40］丙戌朔：八月一日。［41］丁亥：八月二日。［42］丁酉：八月十二日。［43］鄃（shū）县：县名。县治在今山东夏津县附近。［44］稍稍：渐渐。［45］秦武通：唐初将领，曾任朔州总管。事迹见《旧唐书》卷一百九十四《突厥传》。［46］蓝田：县名。县治在今陕西蓝田县。［47］李玄通：蓝田人。为隋鹰扬郎将。降高祖，拜定州总管。传见《旧唐书》卷一百八十七、《新唐书》卷一百九十一。［48］癸卯：八月十八日。［49］举军：全军。［50］甲辰：八月十九日。［51］崞（guō）县：县名。县治在今山西原平市北崞阳镇。［52］乙巳：八月二十日。［53］丙午：八月二十一日。［54］武候将军：官名。隋置左右武候府，寻改为左右武候卫。唐初因之。掌宫中及京城巡警，为禁卫之一。左右武候卫置大将军各一人，正三品；将军各二人，从三品。龙朔二年（662），左右武候卫，改为左右金吾卫。［55］丁未：八月二十二日。［56］历亭：县名。县治在今山东武城县东北。

初，洛阳既平，徐圆朗[1]请降，拜兖州总管，封鲁郡公。刘黑闼作乱，阴与圆朗通谋。上使葛公[2]盛彦师安集[3]河南，行至任城；辛亥[4]，圆朗执彦师，举兵反。黑闼以[5]圆朗为大行台元帅，兖、郓、陈、杞、伊、洛、曹、戴等八州豪右[6]皆应之。圆朗厚礼彦师，使作书与其弟，令举虞城[7]降。彦师为书曰：“吾奉使无状[8]，为贼所擒，为臣不忠[9]，誓之以死；汝善侍老母，勿以吾为念。”圆朗初色动[10]，而彦师自若。圆朗乃笑曰："盛将军有壮节[11]，不可杀也。"待之如旧。

河南道安抚大使任瓌行至宋州，属[12]圆朗反，副使柳濬[13]劝瓌退保汴州，瓌笑曰："柳公何怯也！"圆朗又攻陷楚丘[14]，引兵将围虞城，瓌遣部将崔枢[15]、张公谨[16]自鄢陵帅诸豪右质子[17]百余人守虞城。濬曰："枢与公谨皆王世充将，诸州质子父兄皆反，恐必为变。"瓌不应。枢至虞城，分质子使与土人合队共守城。贼稍近，质子有叛者，枢斩其队帅。于是诸队帅皆惧，各杀其质子，枢不禁，枭其首于门外，遣使白瓌。瓌阳[18]怒曰："吾所以使与质子俱者，欲招其父兄耳，何罪而杀之！"退谓濬曰："吾固知崔枢能办此也。县人既杀质子，与贼深仇，吾何患乎！"贼攻虞城，果不克而去。

初，窦建德以鄱阳[19]崔元逊[20]为深州[21]刺史，及刘黑闼反，元逊与其党数十人谋于野，伏[22]甲士于车中，以禾覆其上，直入听事，自禾中呼噪而出，执刺史裴晞杀之，传首黑闼。

九月，乙卯[23]，文登[24]贼帅淳于难请降，置登州[25]，以难为刺史。

突厥寇并州，遣左屯卫大将军[26]窦琮[27]等击之。戊午[28]，突厥寇原州[29]，遣行军总管尉迟敬德等击之。

辛酉[30]，徐圆朗自称鲁王。

（以上为第九段，写徐圆朗反于山东。）

【注释】

[1]徐圆朗（?—623）：隋叛将。兖州（今山东济宁市兖州区）人。降唐，任兖州总管，封鲁郡公。传见《旧唐书》卷五十五、《新唐书》卷八十六。 [2]葛公：《旧唐书·刘黑闼传》附《徐圆朗传》作葛国公。盖以古地名为封号。[3]安集：安定集聚。[4]辛亥：八月二十六日。[5]以：任命。 [6]豪右：豪门大族。 [7]虞城：县名。县治在今河南虞城县北旧县城西南。 [8]奉使无状：接受任命没有成绩。 [9]不忠：不能尽忠。 [10]初色动：起初发怒变色。 [11]壮节：壮烈之志节。 [12]属：接着。 [13]柳濬：唐初河南道安抚副使。 [14]楚丘：县名。县治在今山东曹县东南。 [15]崔枢：原为王世充所署洧州刺史。武德元年（618）归唐，累迁刺史、司农卿等。事迹见《旧唐书》卷六十八《张公谨传》。 [16]张公谨：字弘慎，王世充长史。武德元年与崔枢一起投唐，李世民引为幕府，玄武门事变建功。后官至代州、襄州都督。 [17]质

子：犹人质。古时派往别国（或别处）去作抵押的人，多为王子或世子，故名“质子”。［18］阳：佯，假装。［19］鄱阳：郡名。治所在今江西鄱阳县。［20］崔元逊：刘黑闼部将。武德四年（621）杀深州刺史裴晞，叛附于黑闼，被署为深州刺史。事迹见《新唐书》卷八十六《刘黑闼传》。［21］深州：州名。治所在今河北饶阳县。按《新唐书》卷八十六载，崔元逊为饶阳（今河北饶阳县）人。《资治通鉴》作“鄱阳”，盖为笔误。［22］伏：埋伏。［23］乙卯：九月一日。［24］文登：县名。县治在今山东威海市文登区。［25］登州：州名。治所在今山东烟台市牟平区。［26］左屯卫大将军：官名。左屯卫为禁卫军之一，大将军为其长官，正三品。［27］窦琮：窦轨弟。武德初为左屯卫大将军。传见《旧唐书》卷六十一、《新唐书》卷九十五。［28］戊午：九月四日。［29］原州：州名。治所在今宁夏固原市。［30］辛酉：九月七日。

隋末，歙州[1]贼汪华[2]据黟[3]、歙等五州，有众一万，自称吴王。甲子[4]，遣使来降；拜歙州总管。

隋末，弋阳[5]卢祖尚[6]纠合壮士以卫乡里，部分严整，群盗畏之。及炀帝遇弑，乡人奉之为光州[7]刺史；时年十九，奉表[8]于皇泰主。及王世充自立，祖尚来降，丙子[9]，以祖尚为光州总管。

己卯[10]，诏括天下户口[11]。

徐圆朗寇济州，治中[12]吴伋论击走之。

癸未[13]，诏以太常[14]乐工皆前代因罪配没[15]，子孙相承，多历年所[16]，良可哀愍[17]；宜并蠲除[18]为民，且令执事[19]，若仕宦入流[20]，勿更追集[21]。

甲申[22]，灵州总管杨师道[23]击突厥，破之。师道，恭仁之弟也。

诏发巴、蜀兵，以赵郡王孝恭为荆湘道[24]行军总管，李靖摄行军长史[25]，统十二总管，自夔州[26]顺流东下；以庐江王瑗为荆郢道行军元帅，黔州[27]刺史田世康出辰州[28]道，黄州总管周法明出夏口[29]道，以击萧铣。是月，孝恭发夔州。时峡江[30]方涨，诸将请俟水落进军，李靖曰：“兵贵神速。今吾兵始集，铣尚未知，若乘江涨，倏忽[31]抵其城下，掩其不备，此必成擒，不可失也！”孝恭从之。

淮安王神通将关内兵至冀州[32]，与李艺兵合。又发邢、洺、相、魏、恒、赵等兵合五万余人，与刘黑闼战于饶阳[33]城南，布陈十余里；黑闼众少，依堤单行而陈[34]以当之。会风雪，神通乘风击之，既而风返，神通大败，士马军资失亡三分之二。李艺居西偏，击高雅贤[35]，破之，逐奔[36]数里，闻大军不利，退保藁城[37]；黑闼就击之，艺亦败，薛万均、万彻皆为所虏，截发[38]驱之。万均兄弟亡归，艺引兵归幽州。黑闼兵势大振。

（以上为第十段，写唐高祖发巴蜀兵讨萧铣。刘黑闼在河北大败唐军。）

【注释】

［1］歙（shè）州：州名。治所在今安徽歙县。［2］汪华：隋末歙州地方割据者。据本郡称王十年，被杜伏威所获。武德四年降唐。事迹见《旧唐书》卷五十六《杜伏威传》。［3］黟（yī）：县名。县治在今安徽黟县。［4］甲子：九月十日。［5］弋阳：郡名。治所在今河南光山县。［6］卢祖尚（?—628）：乐安（今河南光山县）人。字季良。贞观中为交州刺史。传见《旧唐书》卷六十九、《新唐书》卷九十四。［7］光州：州名。治所在今河南光山县。［8］奉表：上表。［9］丙子：九月二十二日。［10］己卯：九月二十五日。［11］括天下户口：调查统计天下户口。［12］治中：官名。汉代设置，为州刺史的助理。因主众曹文书，居中治事，故名治中。隋为郡的佐官，唐改为司马。［13］癸未：九月二十九日。［14］太常：官名。掌礼乐社稷、宗庙礼仪，兼掌选试博士，历代相沿，其职权则专为司祭礼乐之官。［15］皆前代因罪配没：按六朝时，多以籍没之人，配为乐户。在唐代，仍以籍没者配充。［16］年所：年代。［17］愍（mǐn）：同“怜”。［18］蠲（juān）除：免除。［19］且令执事：姑且令各事其业。［20］若仕宦入流：入流谓入九品之流内者，此为唐代特殊术语。全句意为若仕宦已至流内之九品以上者。［21］勿更追集：不要再追召集合。［22］甲申：九月三十日。［23］杨师道（?—647）：字景猷。高祖时，官太常卿。贞观中拜侍中，后迁中书令，罢为吏部尚书。传见《旧唐书》卷六十二、《新唐书》卷一百。［24］荆湘道：荆州南郡，湘州长沙郡。荆湘道，以南朝荆、湘所部言之。下荆郢道类此。［25］行军长史：官名。唐于出征之将帅及节度使之下置行军长史，作为长官之副，总管府内事务。［26］夔州：州名。治所在今重庆市奉节县。［27］黔州：州名。治所在今重庆市彭水县。［28］辰州：州名。治所在今湖南沅陵县。［29］夏口：地名。在今湖北武汉市黄鹄山上。为历代兵家争夺之地。［30］峡江：长江自重庆市奉节县瞿塘峡以下，谓之峡江。［31］倏（shū）忽：极快地，忽然。［32］冀州：州名。治所在今河北衡水市冀州区。［33］饶阳：县名。县治在今河北饶阳县东北。［34］依堤单行而陈：依滹沱河之堤防，而单行为阵。［35］高雅贤：原为窦建德部将。建德败，降唐，复反叛，投刘黑闼。武德五年（622）黑闼称王，以雅贤为左领军。事迹见《旧唐书》卷五十五《刘黑闼传》。［36］逐奔：追逐奔亡。［37］藁（gǎo）城：县名。县治在今河北石家庄市藁城区。［38］截发：截断其头发。

上以秦王功大，前代官皆不足以称之，特置天策上将[1]，位在王公上。冬，十月，以世民为天策上将，领司徒、陕东道大行台尚书令[2]，增邑二万户[3]，仍开天策府[4]，置官属。以齐王元吉为司空。世民以海内[5]浸平[6]，乃开馆于宫西，延[7]四方文学之士，出教[8]以王府属杜如晦[9]、记室房玄龄、虞世南、文学褚亮[10]、姚思廉[11]、主簿李玄道[12]、参军[13]蔡允恭[14]、薛元敬[15]、颜相时[16]、咨议典签苏勖、天策府从事中郎于志宁[17]、军咨祭酒苏世长、记室薛收[18]、仓曹李守素[19]、国子助教陆德明、孔颖达，信都[20]盖文达[21]、宋州总管府户曹[22]许敬宗[23]，并以本官兼文学馆学士[24]，分为三番[25]，更日[26]直宿[27]，供给珍膳[28]，恩礼优厚。世民朝谒[29]公事之暇，辄至馆中，引[30]诸学士讨论文籍[31]，或夜分[32]乃寝。又使库直[33]阎立本图像[34]，褚亮为赞[35]，号十八学士。士大夫[36]得预其选者，时人谓之"登瀛州[37]"。允恭，大宝[38]之弟子；元敬，收之从子[39]；相时，师古之弟；立本，毗[40]之子也。

初，杜如晦为秦王府兵曹参军，俄迁陕州长史。时府僚多补外官[41]，世民患之。房玄龄曰："余人不足惜，至于杜如晦，王佐之才[42]，大王欲经营四方，非如晦不可。"世民惊曰："微公言[43]，几失[44]之。"即奏为府属。与玄龄常从世民征伐，参谋帷幄[45]，军中多事，如晦剖决如流[46]。世民每破军克城，诸将佐争取宝货，玄龄独收采[47]人物，致之[48]幕府。又将佐有勇略者，玄龄必与之深相结[49]，使为世民尽死力。世民每令玄龄入奏事，上叹曰："玄龄为吾儿陈事，虽隔千里，皆如面谈。[50]"

（以上为第十一段，写秦王李世民网罗人才，部属猛将如云，又设文学馆网罗天下文士，有十八学士，人才济济，房玄龄、杜如晦为之魁。）

【注释】

[1]天策上将：官名。李渊以秦王世民平王世充及窦建德，功殊今古，特拜为天策上将军，位在王公上，并开府。及世民为太子，乃废。 [2]领司徒、陕东道大行台尚书令：兼任司徒府事和陕东道大行台尚书令。领，兼任。 [3]增邑二万户：唐诸王食邑万户，现增邑至二万户。[4]天策府：胡注："天策府置长史、司马各一人，从事中郎二人，并掌通判府事。军咨祭酒二人，

谋军事，赞相礼仪，应接宾客。典签四人，掌宣传导引之事。主簿二人，掌省覆教命。录事二人，记室参军事二人，掌书疏表启，宣行教命。功、仓、兵、骑、铠、士六曹参军各二人，参军事六人。”［5］海内：四海之内，指全国。［6］浸平：渐平。［7］延：延聘。［8］教：诸侯王公的文告称为教。［9］王府属：王府僚属。房玄龄（579—648）：唐初大臣，杰出政治家。字乔，齐州临淄（今山东淄博）人。贞观元年（627），为中书令，后为尚书左仆射，监修国史。传见《旧唐书》卷六十六、《新唐书》卷九十六。［10］褚亮（560—647）：唐初学者。字希明。原籍阳翟（今河南禹州市），徙居钱塘（今浙江杭州市）。历陈、隋、唐三朝。入唐，初授秦王文学；从太宗征伐，参与计谋；贞观中，官至散骑常侍，封阳翟县侯，并为文学馆学士。传见《旧唐书》卷七十二、《新唐书》卷一百零二。［11］姚思廉（557—637）：唐初史学家。字简之。本吴兴（今属浙江）人，后迁往关中，为万年（今陕西西安市东部）人。在隋为代王侑侍读。入唐，世民引文学馆学士。贞观时，官至散骑常侍。传见《旧唐书》卷七十三、《新唐书》卷一百零二。［12］李玄道：陇西人。世居郑州。贞观初累迁给事中，封姑臧县男，出为幽州长史。佐都督王君廓。后为常州刺史。传见《旧唐书》卷七十二、《新唐书》卷一百零二。［13］参军：官名。唐制，诸卫及王府官俱有录事参军事，外府州亦分别置司录及录事参军，皆简称参军。［14］蔡允恭：江陵（今湖北江陵县）人。仕隋历起居舍人。后太宗引为秦府参军，贞观初除太子洗马。传见《旧唐书》卷一百九十上、《新唐书》卷二百零一。［15］薛元敬：薛收从子。武德中为天策府记室参军。传见《旧唐书》卷七十三、《新唐书》卷九十八。［16］颜相时：颜师古弟。字睿。贞观中累迁谏议大夫。有诤臣之风，转礼部侍郎。传见《旧唐书》卷七十三、《新唐书》卷一百九十八。［17］于志宁（588—665）：唐初大臣。字仲谧。京兆高陵（今陕西西安市高陵区）人。传见《旧唐书》卷七十八、《新唐书》卷一百零四。［18］薛收（591—624）：薛道衡子。字伯褒。高祖时，为秦王府主簿。授天策府记室参军。传见《旧唐书》卷七十三、《新唐书》卷九十八。［19］李守素：赵州（今河北赵县）人。秦王署天策府仓曹参军。传见《旧唐书》卷七十二、《新唐书》卷一百零二。［20］信都：县名。县治在今河北衡水市冀州区。［21］盖文达（?—644）：信都（今河北衡水市冀州区）人。贞观初由秦王文学馆学士擢谏议大夫。传见《旧唐书》卷一百八十九、《新唐书》卷一百九十八。［22］户曹：官名。唐时于府置户曹参军，于州置司户参军，于县置司户，掌户口籍帐之事。［23］许敬宗（592—672）：字延族，杭州新城（今浙江杭州市富阳区西南）人。太宗时官至中书侍郎。高宗时，任礼部尚书，转升侍中。显庆三年（658），任中书令。传见《旧唐书》卷八十三、《新唐书》卷二百二十三。［24］学士：官名。南北朝以后，以学士为司文学撰述之官。唐初诸王及节帅亦可置学士，以师友相待，无定员、品秩。开元时始置学士院，官员称翰林学士，亦本为文学侍从之臣，因接近皇帝，往往参与机要。［25］番：次。［26］更日：隔日。［27］直：通“值”。［28］供给珍膳：古代官吏于寺署治事时，由公家供以饮食。［29］朝谒：朝参谒君。［30］引：接引。［31］文籍：文章典籍。［32］夜分：夜半。［33］库直：官名。隶属于亲事府。诸亲王府并置亲事府，掌守卫陪从。以六七品官之子，年在十八以上者为亲事。凡王公以下文武职事三品以上带勋官者，给予差用。［34］阎立本图像：《旧唐书·阎立德传》附《阎立本传》：“立本虽有应务之才，而尤善图画，工于写真，秦府十八学士图，及贞观中凌烟阁功臣图，并立本之迹也，时人咸称其妙。”由此可知，立本之十八学士图在艺术上的价值，又图像即画像。［35］为赞：作赞辞。［36］士大夫：对封建地主阶级的文人、士族的称呼。［37］登瀛州：相传海中有三神山，蓬莱、方丈、瀛州，人不能至，至则成仙。登瀛州犹登仙籍。［38］大宝：即蔡大宝。北周时人。字敬位。有智谋，谋属文。辅后梁主萧詧，累官尚书仆射。詧称帝江陵，征为侍中、尚书令。传见《周书》卷四十八。［39］从子：侄子。［40］毗：即阎毗。隋朝大臣。炀帝时拜朝请大夫，从征辽东。毗性巧思，善书画。传见《隋书》卷六十八。［41］外官：朝外之官，指地方官。［42］王佐之才：弼佐创建王业之才。［43］微公言：如果不是您的提醒。［44］几失：差点失去。［45］帷幄：军帐。［46］剖决如流：剖析决断快如流水。［47］收采：录用。［48］致之：献之于。［49］深相结：深相交结。［50］如面谈：如同面谈一般详明。

李玄道尝事[1]李密为记室，密败，官属为王世充所虏，惧死，皆达曙不寐[2]。独玄道起居自若，曰：“死生有命，非忧可免！”众服其识量[3]。

庚寅[4]，刘黑闼陷瀛州，杀刺史卢士叡[5]。观州[6]人执刺史雷德备[7]，以城降之。

辛卯[8]，萧铣鄂州[9]刺史雷长颖[10]以鲁山[11]来降。

赵郡王孝恭帅战舰二千余艘东下，萧铣以江水方涨，殊不为备[12]；孝恭等拔其荆门、宜都二镇[13]，进至夷陵[14]。铣将文士弘将精兵数万屯清江[15]，癸巳[16]，孝恭击走之，获战舰三百余艘，杀溺死者万计[17]，追奔至百里洲[18]。士弘收兵复战，又败之，进入北江[19]。铣江州[20]总管盖彦举以五州来降。

毛州[21]刺史赵元恺性严急，下不堪命[22]。丁卯[23]，州民董灯明等作乱，杀元恺以应刘黑闼。

盛彦师自徐圆朗所逃归。王薄因说[24]青、莱[25]、密[26]诸州，皆下之。

萧铣之罢兵营农[27]也，才留宿卫数千人，闻唐兵至，文士弘[28]败，大惧，仓猝征兵，皆在江、岭之外[29]，道涂阻远，不能遽集[30]，乃悉见兵出拒战[31]。孝恭将击之，李靖止之曰：“彼救败之师，策非素立[32]，势不能久，不若且泊南岸[33]，缓之一日，彼必分其兵，或留拒我，或归自守，兵分势弱，我乘其懈而击之，蔑不胜矣[34]。今若急之，彼则并力死战，楚兵剽锐[35]，未易当[36]也。”孝恭不从，留靖守营，自帅锐师出战，果败走，趣南岸。铣众委舟[37]收掠军资，人皆负重，靖见其众乱，纵兵奋击，大破之，乘胜直抵江陵，入其外郭[38]，又攻水城，拔之，大获舟舰，李靖使孝恭尽散之江中。诸将皆曰：“破敌所获，当藉其用，奈何弃以资敌？”靖曰：“萧铣之地，南出岭表，东距洞庭[39]。吾悬军深入，若攻城未拔，援军四集，吾表里受敌，进退不获，虽有舟楫[40]，将安用之？今弃舟舰，使塞江[41]而下，援兵见之，必谓江陵已破，未敢轻进，往来觇伺[42]，动淹旬月[43]，吾取之必矣。”铣援兵见舟舰，果疑不进。其交州[44]刺史丘和[45]、长史高士廉、司马杜之松将朝江陵[46]，闻铣败，悉诣孝恭降[47]。

孝恭勒兵围江陵，铣内外阻绝，问策于中书侍郎岑文本[48]，文本劝铣降。铣乃谓群下曰：“天不祚[49]梁，不可复支[50]矣。若必待力屈[51]，则百姓蒙患[52]，奈何以我一人之故陷百姓于涂炭[53]乎！”乙巳[54]，铣以太牢[55]告[56]于太庙[57]，下令开门出降，守城者皆哭。铣帅群臣缌缞布帻[58]诣军门，曰：“当死者唯铣耳，百姓无罪，愿不杀掠。”孝恭入据其城，诸将欲大掠，岑文本说孝恭曰：“江南之民，自隋末以来，困于虐政，重以群雄虎争[59]，今之存者，皆锋镝[60]之余，跂踵延颈[61]以望真主[62]。是以萧氏君臣、江陵父老决计归命[63]，庶几有所息肩[64]。今若纵兵俘掠，恐自此以南，无复向化[65]之心矣！”孝恭称善，遽禁止之。诸将又言：“梁之将帅与官军拒斗死者，其罪既深，请籍没其家[66]，以赏将士。”李靖曰：“王者之师，宜使义声先路[67]。彼为其主斗死，乃忠臣也，岂可同叛逆之科[68]籍其家乎！”于是城中安堵[69]，秋毫无犯。南方州县闻之，皆望风款附[70]。铣降数日，援兵至者十余万，闻江陵不守，皆释甲而降。

孝恭送铣于长安，上数之，铣曰：“隋失其鹿，天下共逐之。铣无天命，故至此；若以为罪，无所逃死[71]！”竟斩于都市[72]。诏以孝恭为荆州总管；李靖为上柱国，赐爵永康县公，仍使之安抚岭南，得承制拜授[73]。

先是，铣遣黄门侍郎江陵刘洎略地岭表，得五十余城，未还而铣败，洎以所得城来降，除南康州[74]都督府长史。

戊申[75]，徐圆朗昌州治中刘善行以须昌[76]来降。

庚戌[77]，诏陕东道大行台尚书省自令、仆至郎中[78]、主事[79]，品秩[80]皆与京师同，而员数差少[81]，山东行台及总管府、诸州并隶焉。其益州、襄州、山东、淮南、河北等道令、仆以下，各降京师一等[82]，员数又减焉。行台尚书令得承制补署。其秦王、齐王府官之外，各置左右六护军府[83]，及左右亲事帐内府[84]。

（以上为第十二段，写唐军平定江南，萧铣覆灭。）

【注释】

[1]尝事：曾做过。 [2]达曙不寐：彻夜不眠。达曙，至旦。 [3]识量：见识器量。 [4]庚寅：十月六日。 [5]卢士叡（?—621）：隋末，率数百人从高祖起兵，拜右光禄大夫、瀛州刺史。刘黑闼破瀛州，被杀。传见《新唐书》卷一百九十一。 [6]观州：州名。治所在今河北景县东北。 [7]雷德备：人名。唐初观州刺史。 [8]辛卯：十月七日。 [9]鄂州：州名。治所在今湖北武汉市武昌区。 [10]雷长颖：《新唐书》卷八十七《萧铣传》作雷长颍，为萧铣部将、鄂州刺史。武德四年以鲁山降唐。 [11]鲁山：在今湖北武汉市汉阳区东。 [12]殊不为备：丝毫不防备。殊，非常，很。 [13]荆门、宜都二镇：镇名。萧铣置荆门、宜都两镇于峡州夷道县。在今湖北宜都市西北。 [14]夷陵：县名。县治在今湖北宜昌市。 [15]清江：郡名。治所在今湖北长阳县西。 [16]癸巳：十月九日。 [17]杀溺死者万计：杀死及溺死者，以万为单位计数。 [18]百里洲：地名。在今湖北枝江市南。 [19]北江：百里洲在枝江县江中，江水至此分流，出百里洲而东流者，因谓之北江。 [20]江州：州名。唐武德二年（619）置，治所在今湖北宜都市。 [21]毛州：胡注："魏州馆陶县旧置毛州，隋大业初，州废，窦建德复置，唐因之，领魏州之馆陶、冠氏，博州之堂邑，贝州之临清、清水。" [22]下不堪命：部下不能忍受。 [23]丁卯：十月无此日。疑为丁酉，十月十三日。 [24]因说：因而游说。 [25]莱：州名。治所在今山东莱州市。 [26]密：州名。治所在今山东诸城市。 [27]罢兵营农：停止打仗，经营农业。 [28]文士弘：隋末江淮地方割据者萧铣的一名将领，作战勇猛，被称为健将。事迹见《新唐书》卷八十七《萧铣传》。 [29]江、岭之外：谓在江南及岭南。 [30]遽（jù）集：立即集中起来。 [31]悉见兵出拒战：全部出现有的兵抗战。见，同"现"。 [32]策非素立：不是早有计划。素，

一向，向来。［33］南岸：江陵南岸即马头岸。［34］蔑不胜矣：没有不战胜的。［35］剽锐：剽悍骁锐。［36］当：抵挡。［37］委舟：弃舟。［38］外郭：外城。古代城多为二重，外重则称为郭城。［39］洞庭：即今湖南洞庭湖。［40］楫：舟旁拨水之具，长者曰棹（zhào），短者曰楫。［41］塞江：充塞江上。［42］觇（chān）伺：观测等待。［43］动淹旬月：一动要延迟旬月。［44］交州：州名。治所在今越南河内市西北。［45］丘和（551—637）：洛阳（今河南洛阳市）人。后徙郿（今陕西眉县）。唐高祖时，拜稷州刺史。传见《旧唐书》卷五十九、《新唐书》卷九十。［46］将朝江陵：将往江陵。［47］悉诣孝恭降：全部向孝恭投降。［48］岑文本（595—645）：字景仁。棘阳（今河南南阳市南）人。贞观中，擢中书舍人，官至中书令。传见《旧唐书》卷七十、《新唐书》卷一百零二。［49］祚：赐福。［50］支：支持。［51］力屈：无力而后屈服。［52］蒙患：受难。［53］涂炭：烂泥和炭火。比喻极困苦的境遇。［54］乙巳：十月二十一日。［55］太牢：谓牛、羊、豕三牲。［56］告：祭告。［57］太庙：帝王祭祀其祖先而建立的庙。［58］缌（sī）缞（cuī）布帻（zé）：旧时的丧服，用麻布制成。缌，细麻布。缞，以粗麻布为之，披于胸前。帻，包发之巾。缌缞布帻，为亡国者谢罪的穿戴。［59］重以群雄虎争：加以群雄如虎相争。［60］锋镝：锋刃箭镞。［61］跂（qì）踵延颈：抬起脚后跟，伸长脖子。［62］真主：此为隋唐称新兴天子的一种称谓，一时甚为风行。［63］决计归命：决心归附。［64］息肩：释去负荷，得以休息。［65］向化：指向唐，即甘愿降唐。［66］籍没其家：据其家簿籍所载之人口财物，逐一没收。［67］义声先路：仁义之声先闻于远方。［68］同叛逆之科：同惩处叛逆之律。［69］安堵：安居。［70］款附：纳诚归附。［71］逃死：逃避死罪。［72］都市：都邑之市，亦即京城之市。［73］得承制拜授：可承制任命官职。即先行拜授，然后上表，而诏除之。［74］南康州：州名。治所在端溪县（今广东德庆县）。［75］戊申：十月二十四日。［76］须昌：县名。县治在今山东东平县西北。胡注，“圆朗盖以郓州之须昌置昌州。”［77］庚戌：十月二十六日。［78］郎中：官名。唐时尚书省各部都沿置郎中，分掌各司事务，为尚书、侍郎、丞以下的高级部员。［79］主事：官名。隋代诸省各设主事令史，炀帝大业三年（607）省去令史名称，只称主事，每十个令史设一主事。唐沿置，为各部雇员，不在正规职官之内。［80］品秩：官吏的品级俸禄。［81］差少：较少。［82］各降京师一等：此处承上文，是说品秩各降京师一等。［83］左右六护军府：据胡注，左右六护军府，仅在秦王、齐王府设置。［84］亲事帐内府：亲事府，官署名。唐代于亲王亲府内置亲事府，掌统亲事以守卫陪从。帐内府，官署名。唐代于亲王府内置帐内府，掌统帐内以为仪卫陪从。其帐内以八品：九品官之子年十八以上者为之。亲王亲事府及帐内府各置典军二人，正五品上，副典军二人，从五品上。

闰月，乙卯[1]，上幸稷州[2]；己未[3]，幸武功旧墅[4]；壬戌[5]，猎于好畤[6]；乙丑[7]，猎于九嵕[8]；丁卯[9]，猎于仲山[10]；戊辰[11]，猎于清水谷[12]，遂幸三原[13]；辛未[14]，幸周氏陂。壬申[15]，还长安。

十一月，甲申[16]，上祀圜丘[17]。

杜伏威使其将王雄诞击李子通，子通以精兵守独松岭[18]。雄诞遣其将陈当[19]将千余人，乘高据险以逼之，多张旗帜，夜则缚炬火[20]于树，布满山泽。子通惧，烧营走保杭州[21]；雄诞追击之，又败之于城下。庚寅[22]，子通穷蹙请降。伏威执子通并其左仆射乐伯通送长安，上释之。

先是，汪华据黟、歙，称王十余年，雄诞还军击之，华拒之于新安洞口[23]，甲兵甚锐。雄诞伏精兵于山谷，帅羸弱数千犯其陈，战才合，阳不胜，走还营，华进攻之，不能克，会日暮，引还，伏兵已据其洞口，华不得入，窘迫请降。

闻人遂安[24]据昆山[25]，无所属[26]，伏威使雄诞击之，雄诞以昆山险隘，难以力胜，乃单骑造[27]其城下，陈国威灵[28]，示以祸福，遂安感悦，帅诸将出降。

于是伏威尽有淮南、江东之地，南至岭，东距海。雄诞以功除歙州总管，赐爵宜春[29]郡公。

壬辰[30]，林州[31]总管刘旻[32]击刘仚成[33]，大破之。仚成仅以身免，部落皆降。

李靖度岭，遣使分道招抚诸州，所至皆下。萧铣桂州[34]总管李袭志[35]帅所部来降，赵郡王孝恭即以袭志为桂州总管，明年入朝。以李靖为岭南抚慰大使，检校桂州总管，引兵下九十六州，得户六十余万。

（以上为第十三段，写杜伏威为唐拓展淮南、江东之地，李靖安集岭南。）

【注释】

[1]乙卯：闰十月二日。[2]稷州：州名。武德三年，以京兆之武功、好畤、盩厔置稷州。[3]己未：闰十月六日。[4]墅：别墅。[5]壬戌：闰十月九日。[6]好畤：县名。县治在今陕西永寿县西南。[7]乙丑：闰十月十二日。[8]九嵕（zōng）：山名。在今陕西礼泉县东北。[9]丁卯：闰十月十四日。[10]仲山：在今陕西泾阳县西北。[11]戊辰：闰十月十五

日。[12]清水谷:《隋志》:“京兆宜君县有清水。”[13]三原:县名。县治在今陕西三原县东北。[14]辛未:闰十月十八日。[15]壬申:闰十月十九日。[16]甲申:十一月一日。[17]上祀圜丘:《贞观礼》:“冬至祀昊天上帝于圜丘。”[18]独松岭:地名。在今浙江安吉县东南。[19]陈当:胡注:“陈当之下合有‘世’字,盖唐史避太宗讳,去‘世’字也。”[20]炬火:火把。[21]杭州:州名。治所在今浙江杭州市。[22]庚寅:十一月七日。[23]新安洞口:唐歙州为隋之新安郡。新安洞口即歙州隘道之口。[24]闻人遂安:姓闻人,名遂安。[25]昆山:山名。在今江苏省昆山市。[26]无所属:无所从属。[27]造:至。[28]陈国威灵:陈述唐朝的威灵。[29]宜春:郡名。治所在今江西宜春市。[30]壬辰:十一月九日。[31]林州:州名。治所在今广西桂平市南。[32]旻(mín):音“民”。[33]佡(xiān):音“仙”。[34]桂州:州名。治所在今广西桂林市。[35]李袭志:狄道(今甘肃临洮县)人。字重光。武德时拜上柱国,历官桂州都督。传见《旧唐书》卷五十九、《新唐书》卷九十一。

壬寅[1],刘黑闼陷定州,执总管李玄通,黑闼爱其才,欲以为大将,玄通不可。故吏有以酒肉馈之者,玄通曰:“诸君哀吾幽辱[2],幸以酒肉来相开慰[3],当为诸君一醉。”酒酣,谓守者曰:“吾能剑舞,愿假吾刀。”守者与之,玄通舞竟太息曰[4]:“大丈夫受国厚恩,镇抚方面[5],不能保全所守,亦何面目视息世间[6]哉!”即引刀自刺,溃腹[7]而死。上闻,为之流涕,拜其子伏护为大将。

庚戌[8],杞州人周文举[9]杀刺史王文矩[10],以城应徐圆朗。

幽州大饥,高开道许以粟赈之。李艺遣老弱诣开道就食,开道皆厚遇之。艺喜,于是发民三千人,车数百乘,驴马千余匹往受粟,开道悉留之,告绝[11]于艺,复称燕王[12],北连突厥,南与刘黑闼相结,引兵攻易州不克,大掠而去。又遣其将谢稜[13]诈降于艺,请兵援接,艺出兵应之。将至怀戎[14],稜袭击破之。开道与突厥连兵数入为寇,恒、定、幽、易咸被其患[15]。

十二月,乙卯[16],刘黑闼陷冀州,杀刺史麴稜。黑闼既破淮安王神通,移书[17]赵、魏[18],故窦建德将卒争杀唐官吏以应黑闼。庚申[19],遣右屯卫大将军义安王孝常将兵讨黑闼。黑闼将兵数万进逼宗城[20],黎州总管李世勣先屯宗城,弃城走保洺州。甲子[21],黑闼追击世勣等,破之，杀步卒五千人，世勣仅以身免。丙寅[22]，洺州土豪翻城应黑闼。黑闼于城东南告天及祭窦建德而后入；后旬日，引兵攻拔相州，执刺史房晃，右武卫将军张士贵[23]溃围走。黑闼南取黎、卫二州，半岁之间，尽复建德旧境。又遣使北连突厥，颉利可汗遣俟斤[24]宋邪那帅胡骑从之。右武卫将军秦武通、洺州刺史陈君宾[25]、永宁[26]令程名振[27]皆自河北遁归长安。

丁卯[28]，命秦王世民、齐王元吉讨黑闼。

昆弥[29]遣使内附。昆弥，即汉之昆明也。嶲州[30]治中吉弘纬通南宁[31]，至其国说之，遂来降。

己巳[32]，刘黑闼陷邢州、赵州；庚午[33]，陷魏州，杀总管潘道毅；辛未[34]，陷莘州[35]。

壬申[36]，徙宋王元嘉为徐王。

（以上为第十四段，写刘黑闼连败唐军，尽有河北之地。）

【注释】

[1]壬寅：十一月十九日。 [2]哀吾幽辱：哀怜我被囚受辱。 [3]开慰：开导劝慰。 [4]舞竟太息曰：舞毕叹息道。 [5]方面：一方一面。 [6]视息世间：意为活在世上。 [7]溃腹：剖腹。 [8]庚戌：十一月二十七日。 [9]周文举：杞州（今河南杞县）人。隋末群雄之一。大业末据淮阳（今河南周口市淮阳区）起兵，号柳州军。武德四年（621）杀杞州刺史，附于徐圆朗。次年降唐。事迹见《新唐书·高祖纪》。 [10]王文矩：唐初杞州刺史。 [11]告绝：宣告绝交。 [12]复称燕王：《旧唐书·高开道传》："武德元年，自立为燕王。"后废罢。故此云复称燕王。 [13]谢稜：隋末农民起义军首领高开道部将。事迹见《旧唐书》卷五十五《高开道传》。 [14]怀戎：县名。县治在今河北涿鹿县西南桑干河南岸。 [15]咸被其患：皆遭受其祸害。 [16]乙卯：十二月三日。 [17]移书：传递文书。 [18]赵、魏：皆为战国时国名。赵国都城在今河北邯郸市。魏国都城在今河南开封市。此指河北、河南大界而言。 [19]庚申：十二月八日。 [20]宗城：县名。县治在今河北威县东。 [21]甲子：十二月十二日。 [22]丙寅：十二月十四日。 [23]张士贵：卢氏（今河南卢氏县）人。贞观中迁左领军大将军，进爵虢国公。传见《旧唐书》卷八十三、《新唐书》卷九十二。 [24]俟斤：突厥部族首领的官名。 [25]陈君宾：唐初良吏。贞观初为邓州刺史，后为少府少监。终虔州刺史。传见《旧唐书》卷一百八十五、《新唐书》卷二百九十七。 [26]永宁：据胡注，"永宁"当作"永年"。 [27]程名振（?—662）：平恩

（今河北曲周县）人。高祖时授永年令，太宗时拜右骁卫将军，平壤道行军总管。传见《旧唐书》卷八十三、《新唐书》卷一百十一。［28］丁卯：十二月十五日。［29］昆弥：中国古代民族名。汉至唐主要分布在今云南西部和中部，东至贵州西部，北及四川西南部分地区。［30］嶲（xī）州：州名。治所在今四川西昌市。［31］南宁：州名。治所在今云南曲靖市西。［32］己巳：十二月十七日。［33］庚午：十二月十八日。［34］辛未：十二月十九日。［35］莘（shēn）州：州名。治所在今山东莘县。［36］壬申：十二月二十日。

【点评】

本卷点评，着重评价农民起义首领窦建德和枭雄王世充。

一、农民起义首领窦建德。窦建德，贝州漳南（在今山东省武城县东北）人。隋末起义，数年间拥有河北之地。大业十三年（617）正月，窦建德在河间乐寿县（今河北献县）筑坛祭天，自称长乐王。随后改国号为夏，自称夏王，以洺州为都城。唐武德二年（619），王世充在洛阳废掉隋越王杨侗，自立为帝，窦建德于是“建天子旌旗，出入警跸，下书言诏”，俨然以夏国皇帝身份出现，但仍未正式称帝。

武德四年（621），逐鹿中原最大的三家势力均在北方。李渊据关中，基本荡平了西北的割据势力，建立了唐朝，势力最强。王世充据河南，国号郑，称皇帝。窦建德据河北，国号夏。三方势力，形成了三足鼎立的局势。当唐军大举东出，王世充不足以抵抗，于是求救于夏王窦建德，而窦建德避免唇亡齿寒，倾全力救郑。在三足鼎立的形势下想要争胜，弱小的两方联合对抗最强的一方，这种策略是完全正确的。问题是窦建德如何救援王世充，战术策略也不能有误。夏政权内部，君臣发生了尖锐的分歧。

夏王祭酒凌敬认为起义军应该先渡过黄河，攻下怀州河阳，派大将把守，然后再进兵，越过太行山，进入上党，攻取河东，这样做有三大好处：第一，击其空虚，可以广地，军队不受损；第二，扩大兵源财源；第三，威胁关中，唐军自救，郑围自解。无疑这是最正确的战术策略。这一策略将造成唐军被夹攻，顾首顾不了尾。王世充的使者用金玉贿赂窦建德的将领，唆使他们破坏凌敬的建议，要求夏王正面攻击唐军。窦建德刚愎自用，又侥幸一战取胜，拒绝了凌敬的建议，把凌敬强行逐出门外，终止讨论。窦建德的妻子曹氏倒是有远见，劝告丈夫采纳凌敬的建议，窦建德也听不进去，说：“这不是你们女人应知道的事，我已答应援救郑国，不可失信于人。”于是率领大军逼近唐军，对峙于武牢关，列阵汜水，长达二十多里。

夏军的这一阵势，正中唐军李世民的下怀，李世民登上武牢城观察敌情，对部将们说：“山东士兵，没有纪律，傲慢轻敌，等他们饥渴力竭之时出击，一定能打败他们。”到了中午，夏军果然饥渴难耐，大家争着抢水喝。李世民发起了全线攻击，很快把夏军冲得七零八落，全线溃退，窦建德被活捉。本来王世充还可以抵抗一阵，由于援军的全军覆没，郑军丧失了斗志，王世充很快投降。李世民一战消灭了两个强敌，可以说是窦建德的一招不慎，使自己国破身亡，也加速了王世充的灭亡，教训是极为深刻的。

在隋末农民起义军中，窦建德的军队是最有成就的一支起义军，夏政权的政绩也最好。史称夏王“劝课农桑，境内无盗，商旅野宿”，颇有一番升平气象。窦建德的军队，战斗力也很强。漫天王王须拔、历山飞魏刀儿、孟海公、宇文化及等均被窦建德吞灭，为什么与唐军交战，夏军就一触即溃，全军覆没呢？概括起来，有四大原因。第一，傲慢轻敌，犯兵家大忌。宇文化及这支穷寇，虽然被李密与窦建德轮番攻击并消灭，但宇文化及也给李密、窦建德带来了重创。李密因胜而骄败于王世充，窦建德因胜而骄败于李世民。这都是骄兵必败。古往今来，多少良将吃了这个亏，窦建德也没有例外。第二，窦建德援郑，亲率大军，御驾亲征。御驾亲征在第一线，是军队的极大拖累。窦建德带领百官，暴露在第一线，给唐军带来了可乘之机。第三，窦建德刚愎自用是致命的失败之因。窦建德不听凌敬之言，只是一个表面现象。窦建德在称王之后，如同秦末的陈胜一样，逐渐背离了农民的感情，疏远了同生共死的患难兄弟。窦建德为了让部下忠于自己，竟然矫情饰志，打起了忠于隋朝的旗帜。窦建德破了聊城，擒拿了宇文化及，不是先安抚百姓，而是以臣子的身份参拜萧皇后，重用隋朝的降官。隋河间郡丞王琮顽固对抗农民军，窦建德的部属恨之入骨。王琮投降后，窦建德称他为“义士”，授他做瀛州刺史，还下令军中敢为难王琮者，“罪三族”。窦建德攻克了相州、卫州、黎阳，俘虏了李渊的左武卫大将军李世勣、皇妹同安长公主、淮安王李神通，窦建德待为贵宾，把同安长公主、淮安王李神通礼送出境。对李世勣，让他继续带兵，镇守黎阳。而李世勣却处心积虑要谋杀窦建德，最后反叛出逃。窦建德又俘获了侵犯境内的唐赵州刺史张昂、邢州刺史陈君实、大使张道源等人，也认为他们是唐朝的“忠确士”，全部释放了他们。可是窦建德对自己的部将听谗诛杀，却毫不手软。窦建德的大将王伏宝，勇略超群，功勋卓著，群帅出于嫉妒，诬陷他谋反，窦建德不加调查，就把他杀了。王伏宝临死前一再申诉：“我是无辜的，大王为什么听信谗言，斩断自己的左右手呢！”窦建德竟置之不顾。窦建德的纳言宋正本，为人坦率，“好直谏”，窦建德也把他杀了。窦建德如此敌我不分，令将士寒心，君臣离心离德，这样的队伍，还能打胜仗吗？第四，唐军战斗力最强，秦王李世民军队战斗力正处于巅峰，上下一心，眼见胜利在望，士气高昂，锐不可当，窦建德正好撞上了，焉能不败？

窦建德出身于农民，政治上仍然不成熟。上述失败之因，本来是可以化解的，窦建德却用粗暴的态度对待凌敬的建言和妻子的规劝，谁还敢再说话呢？一个孤家寡人，等待他的只有一条路，那就是失败。

窦建德被俘，他的妻子率领夏国百官投唐。然而唐朝并不礼遇窦建德。武德四年七月，李世民把窦建德押到长安斩首，其死时年仅四十九岁。

二、再论枭雄王世充。王世充，字行满，本为西域少数民族人。王世充祖父叫支颓耨，举家迁到新丰县，在今陕西临潼东定居。颓耨死，其妻携子收改嫁霸城人王粲做妾。王收仕隋，历任怀汴二州长史。王世充因父亲关系当上左翊卫，迁御府直长、兵部员外郎等职。大业初年任民部尚书，后转江都郡丞。

史载王世充头发卷曲，声似豺音，性奸诈多疑，爱好学习，尤喜兵法，通晓龟策、推步之术。他任江都郡丞，营建江都宫，备极壮丽。隋炀帝到江南，王世充百般献媚，投其所好，大受宠信。

大业九年（613），杨玄感反隋，吴人朱燮、晋陵管崇拥众十万响应。王世充招募江都万余人参与镇压，他招纳降者，与之焚香盟誓，不杀俘虏，一些入海为盗的散兵，闻讯来降。王世充受降三万余人，然后突然翻脸，将三万多降兵全部活埋，残暴之极，令人发指。王世充就是这样一个凶残的屠夫。大业十二年（616），他奉炀帝之命率领江都兵入援东都，屯兵洛口，与瓦岗军李密交战。王世充战败，退回东都，屯于含嘉城，龟缩不出。大业十四年（618），宇文化及弑炀帝，东都群臣拥立炀帝之子越王杨侗为帝，王世充为吏部尚书，封郑国公。宇文化及领兵北上，李密首当其冲，为了避免两线作战，李密接受杨侗招安，全力讨伐宇文化及，在黎阳大败宇文化及，准备入朝东都。招安李密，计出内史令元文都、卢楚。王世充害怕元文都等人得势，更担心李密入朝，威胁自己的权势，于是发动兵变，杀害了元文都、卢楚等人，阻止李密入朝。李密还金墉城，重新与隋朝开战。就这样，隋朝中兴的一线希望被王世充彻底葬送了。

李密打败宇文化及，精兵良将损失惨重，却反而得胜而骄，不把王世充看在眼里，结果偃师一战，李密全军覆没，不得已而降唐。王世充杀元文都以后，就大权独揽，任尚书、左仆射，总督内外军事。打败李密之后，加官太尉、尚书令，十分骄狂，史称："王世充篡形已成。"武德二年（619）四月，王世充逼宫杨侗禅让，正式僭伪称帝，国号郑。不久，王世充暗杀了杨侗，以绝众望。

王世充待人不诚。李密战败，许多大将投降，罗士信、秦叔宝、程知节等知名当世。王世充表示优礼，甚至与罗士信同寝共食。罗士信有一匹骏马，王世充的侄儿索要，罗士信不给，王世充就夺之赐予侄儿。罗士信怀恨在心。程知节看不惯王世充的奸诈，对秦叔宝说："王公器度浅狭而不实，好与人盟誓，此乃老妇之道，哪里是拨乱之主？"当唐军东出，这几个人都转而投了唐朝。一个残暴、奸诈、僭伪的人，自然不是唐军的对手，等到窦建德战败，王世充部属纷纷降唐，王世充想突围，没有人跟随，无可奈何也出降，做了李世民的俘虏。王世充经营了三年的郑政权宣告结束。

王世充被押到长安，被唐高祖废为庶人，发配到蜀地，临行前，被仇人定州刺史独孤修德所杀。

王世充大奸似忠，是一个典型的历史小丑。像王世充这种人，能言善辩，确也有几分本领，能够打败李密，堪称一个枭雄。王世充不但懂军事，还能说出一套欺世盗名的理论迷惑一时。《旧唐书·王世充传》的作者评论说："世充奸人，遭适昏主，上则谀佞诡俗以取荣名，下则强语言饰非以制群论。"把这种人物描绘得惟妙惟肖。不仅仅是历史上，即使是生活中也不乏像王世充这样的丑类。因此，历史上的反面人物，也告诫人们，时时处处提防"王世充"，这就是这个历史小丑留给我们的反思。

卷一九〇　唐纪六

唐高祖武德五年至七年（622—624年）

【起玄黓敦牂（壬午，622年），尽阏逢涒滩（甲申，624年）五月，凡二年有奇】

【大事提要】

本卷记事起公元622年，讫公元624年五月，凡两年又五个月史事，时当唐高祖武德五年至七年。此时期的最大事件是刘黑闼反于河北，再次掀起了滔天大浪，影响所及，全国动荡。当窦建德败亡，王世充出降，南方杜伏威归服，萧铣破灭，全国基本平定。由于唐王室急于惩恶，未能处理好对窦建德、王世充部属的归降，逼之过急，刘黑闼于是反于河北，窦建德旧境全线响应，继之徐圆朗反，杜伏威旧部辅公祏反，岭南各地皆反，北方突厥侵扰，西北吐谷浑亦推波助澜，于是全国又处于大战乱。主战场在河北，秦王李世民、太子李建成与齐王李元吉相继征讨，唐朝用了两年多时间，才又重新平定叛乱，教训是极其深刻的。唐武德七年颁律，制定官吏制度和租庸调法，政治开始步入正轨，治平之世曙光初现。

高祖神尧大圣光孝皇帝中之下

武德五年（壬午，622年）

春，正月，刘黑闼自称汉东王，改元天造[1]，定都洺州。以范愿为左仆射，董康买[2]为兵部尚书，高雅贤为右领军；征王琮[3]为中书令，刘斌[4]为中书侍郎；窦建德时文武[5]悉复本位[6]。其设法[7]行政，悉师建德，而攻战勇决过之。

丙戌[8]，同安[9]贼帅殷恭邃[10]以舒州[11]来降。

丁亥[12]，济州[13]别驾[14]刘伯通执刺史窦务本[15]，以州附徐圆朗。

庚寅[16]，东盐州[17]治中[18]王才艺杀刺史田华[19]，以城应刘黑闼。

秦王世民军至获嘉[20]，刘黑闼弃相州，退保洺州。丙申[21]，世民复取相州，进军肥乡[22]，列营洺水之上以逼之。

萧铣既败，散兵多归林士弘，军势复振。

己酉[23]，岭南俚帅[24]杨世略[25]以循、潮二州[26]来降。

唐使者王义童下泉、睦、建三州[27]。

幽州总管李艺将所部兵数万会秦王世民讨刘黑闼，黑闼闻之，留兵万人，使范愿守洺州，自将兵拒艺。夜，宿沙河[28]，程名振载鼓六十具，于城西二里堤上急击之，城中地皆震动。范愿惊惧，驰告黑闼；黑闼遽还，遣其弟十善与行台张君立[29]将兵一万击艺于鼓城[30]。壬子[31]，战于徐河[32]，十善、君立大败，所失亡八千人。

洺水[33]人李去惑据城来降，秦王世民遣彭公王君廓将千五百骑赴之，入城共守。二月，刘黑闼引兵还攻洺水，癸亥[34]，行至列人[35]；秦王世民使秦叔宝邀击，破之。

豫章[36]贼帅张善安以虔、吉[37]等五州来降，拜洪州[38]总管。

戊辰[39]，金乡[40]人阳孝诚叛徐圆朗，以城来降。

己巳[41]，秦王世民复取邢州。辛未[42]，井州[43]人冯伯让以城来降。

丙子[44]，李艺取刘黑闼定、栾、廉、赵四州[45]，获黑闼尚书刘希道，引兵与秦王世民会洺州。

刘黑闼攻洺水甚急。城四旁皆有水，广五十余步，黑闼于城东北筑二甬道[46]以攻之；世民三引兵救之，黑闼拒之，不得进。世民恐王君廓不能守。召诸将谋之，李世勣曰："若甬道达城下，城必不守。"行军总管郯勇公[47]罗士信请代君廓守之。世民乃登城南高冢，以旗招君廓，君廓帅其徒力战，溃围而出；士信帅左右二百人乘之[48]入城，代君廓固守。黑闼昼夜急攻，会大雪，救兵不得往，凡八日，丁丑[49]，城陷。黑闼素闻[50]其勇，欲生之，士信词色不屈，乃杀之，时年二十。

（以上为第一段，写李世民与李艺联兵大举征讨刘黑闼，唐军屡胜，而刘黑闼仍在洺水得势，罗士信战没。）

【注释】

［1］天造：年号。其意盖为天所授命。［2］董康买：窦建德部将。建德败，归刘黑闼。事迹见《旧唐书》卷五十五、《新唐书》卷八十六《刘黑闼传》。［3］王琮：原为隋河间郡丞，后降窦建德，授瀛州刺史。建德败，归刘黑闼。事迹见两《唐书·刘黑闼传》。［4］刘斌：隋代诗人。隋末归窦建德，署为中书舍人。建德败，又归刘黑闼，专掌文翰。传见《隋书》卷七十六。［5］文武：指文武官员。［6］本位：原来的官职。［7］设法：制定法令。［8］丙戌：正月四日。［9］同安：郡名。治所在今安徽潜山市。［10］殷恭邃：隋末群雄之一。武德五年（622）降唐。事迹见《新唐书》卷一《高祖纪》。［11］舒州：州名。治所在今安徽潜山市。隋代的同安郡，唐初改为舒州。［12］丁亥：正月五日。［13］济州：州名。治所在今山东聊城市茌平区西南。［14］别驾：官名。为州刺史的佐吏。隋唐改别驾为长史。［15］窦务本：唐初济州刺史。武德五年(622)被属吏所执，以州附徐圆朗。事迹见《新唐书·高祖纪》。［16］庚寅：正月八日。［17］东盐州：州名。治所在今河北盐山县南。［18］治中：官名。为州刺史的助理。因主众曹文书，居中治事，故名治中。隋为郡的佐官，唐改为司马。［19］田华：唐初东盐州刺史。武德五年（622）被属吏所杀。事迹见《新唐书·高祖纪》。［20］获嘉：县名。县治在今河南获嘉县。［21］丙申：正月十四日。［22］肥乡：县名。县治在今河北邯郸市肥乡区。［23］己酉：正月二十七日。［24］俚帅：俚人的统帅。俚人，古族名。东汉至隋唐屡见于史籍，常与僚并称。主要分布在今广东西南沿海及广西东南等地。［25］杨世略：隋末群雄之一。大业末据循、潮二州起兵，武德五年（622）正月降唐。事迹见《新唐书》卷八十七《林士弘传》。［26］循、潮二州：循州，治所在今广东惠州市东北。潮州，治所在今广东潮州市潮安区。［27］泉、睦、建三州：泉州，治所在今福建福州市。睦州，治所在今浙江淳安县西。建州，治所在今福建建瓯市。［28］沙河：县名。县治在今河北沙河市。［29］张君立：刘黑闼部将，后投高开道。又与开道爱将张金树同杀开道。寻被金树所杀。事迹见《旧唐书》卷五十五《高开道传》。［30］鼓城：县名。治所在今河北晋州市。［31］壬子：正月三十日。［32］徐河：徐河在清苑（今河北保定市）北。［33］洺水：县名。县治在今河北曲周县东南。［34］癸亥：二月十一日。［35］列人：县名。县治在今河北邯郸市肥乡区东北。［36］豫章：郡名。治所在今江西南昌市。［37］虔、吉：州名。虔州，治所在今江西赣州市。吉州，治所在今江西吉水县东北。［38］洪州：州名。治所在今江西南昌市。［39］戊辰：二月十六日。［40］金乡：县名。县治在今山东嘉祥县南。［41］己巳：二月十七日。［42］辛未：二月十九日。［43］井州：州名。治所在今河北井陉县西北。［44］丙子：二月二十四日。［45］定、栾、廉、赵四州：定州，治所在今河北定州市。栾州，治所在今河北隆尧县东。廉州，治所在今河北石家庄市藁城区。［46］甬道：两旁立墙之道。［47］郯（tán）勇公：爵位名。［48］乘之：乘其溃围混战之际。［49］丁丑：二月二十五日。［50］素闻：久闻。

戊寅[1]，汴州总管王要汉[2]攻徐圆朗杞州，拔之，获其将周文举。

庚辰[3]，延州[4]道行军总管段德操[5]击梁师都石堡城[6]，师都自将救之；德操与战，大破之，师都以十六骑遁去。上益[7]其兵，使乘胜进攻夏州，克其东城，师都以数百人保西城。会突厥救至，诏德操引还。

辛巳[8]，秦王世民拔洺水。三月，世民与李艺营于洺水之南，分兵屯水北。黑闼数挑战，世民坚壁不应，别遣奇兵绝其粮道。壬辰[9]，黑闼以高雅贤为左仆射，军中高会[10]。李世勣引兵逼其营，雅贤乘醉，单骑逐之，世勣部将潘毛刺之坠马，左右继至，扶归，未至营而卒。甲午[11]，诸将复往逼其营，潘毛为王小胡所擒。黑闼运粮于冀、贝、沧、瀛诸州，水陆俱进，程名振以千余人邀之，沈其舟，焚其车。

宋州总管盛彦师帅齐州总管王薄攻须昌[12]，征军粮于潭州[13]；刺史李义满[14]与薄有隙，闭仓不与。及须昌降，彦师收义满，系齐州狱，诏释之。使者未至，义满忧愤，死狱中。薄还，过潭州，戊戌[15]夜，义满兄子武意执薄，杀之；彦师亦坐死[16]。

上遣使赂突厥颉利可汗，且许结婚。颉利乃遣汉阳公瓌、郑元璹、长孙顺德[17]等还，庚子[18]，复遣使来修好，上亦遣其使者特勒[19]热寒、阿史那德等还。并州总管刘世让屯雁门，颉利与高开道、苑君璋合众攻之。月余，乃退。

甲辰[20]，以隋交趾[21]太守丘和为交州总管，和遣司马高士廉[22]奉表请入朝，诏许之，遣其子师利迎之。

秦王世民与刘黑闼相持六十余日。黑闼潜师袭李世勣营，世民引兵掩其后以救之，为黑闼所围，尉迟敬德帅壮士犯围[23]而入，世民与略阳公道宗乘之得出。道宗，帝之从子[24]也。世民度黑闼粮尽，必来决战，乃使人堰洺水上流[25]，谓守吏曰："待我与贼战，乃决[26]之。"丁未[27]，黑闼帅步骑二万南渡洺水，压唐营而陈，世民自将精骑击其骑兵，破之，乘胜蹂[28]其步兵。黑闼帅众殊死战，自午至昏，战数合，黑闼势不能支。王小胡谓黑闼曰："智力尽矣，宜早亡去。"遂与黑闼先遁，余众不知，犹格战[29]。守吏决堰，洺水大至，深丈余，黑闼众大溃，斩首万余级，溺死数千人，黑闼与范愿等二百骑奔突厥，山东悉平。

高开道寇易州，杀刺史慕容孝干。

夏，四月，己未[30]，隋鸿胪卿宁长真[31]以宁越、郁林[32]之地请降于李靖，交、爱[33]之道始通，以长真为钦州[34]总管。

（以上为第二段，写刘黑闼兵败逃入突厥，河北大体平定，岭南高士廉归附。）

【注释】

[1]戊寅：二月二十六日。[2]王要汉：隋末据汴州起兵，曾降于王世充。武德五年（622）归唐，署为汴州总管。事迹见《旧唐书》卷一百八十七《夏侯端传》。[3]庚辰：二月二十八日。[4]延州：州名。治所在今陕西延安市东延河东岸。[5]段德操：唐初延州总管，善用兵。武德初年，多次重创入寇的梁师都及突厥步骑。事迹见《旧唐书》卷五十六《梁师都传》。[6]石堡城：镇名。在今陕西靖边县东。[7]益：增加。[8]辛巳：二月二十九日。[9]壬辰：三月十一日。[10]高会：大会。[11]甲午：三月十三日。[12]须昌：县名。县治在今山东东平县西北。[13]潭州：据胡注，潭州当作“谭州”。武德二年（619）置，治所在今山东济南市章丘区西。[14]李义满（?—622）：齐州平陵（今山东济南市章丘区西）人。隋末为齐郡通守。唐武德二年（619）降于唐。高祖于平陵置谭州，拜义满为谭州刺史。事迹见《旧唐书》卷一百八十五《李君球传》。[15]戊戌：三月十七日。[16]彦师亦坐死：盛彦师也因李义满之死而被杀。[17]长孙顺德：太宗文德皇后之族叔，素为高祖所亲厚。从征累有战功，高祖拜左骁卫大将军，封薛国公。传见《旧唐书》卷五十八、《新唐书》卷一百零五。[18]庚子：三月十九日。[19]特勒：应作特勤。突厥语，官名。为突厥回纥可汗子弟的官衔。[20]甲辰：三月二十三日。[21]交趾：郡名。治所在今越南河内市。[22]高士廉（575—647）：名俭，以字显。武德中为右庶子。进益州大都督府长史。入为吏部尚书，封许国公，迁右仆射。传见《旧唐书》卷六十五、《新唐书》卷九十五。[23]犯围：突围，冲破包围。[24]从子：侄子。[25]堰洺水上流：于洺水上游筑堰以遏水流。[26]决：开。[27]丁未：三月二十六日。[28]蹂：蹂躏。[29]格战：紧张激烈的战斗。[30]己未：四月八日。[31]宁长真：隋末岭南地方渠帅。炀帝时授鸿胪卿。隋亡，附于萧铣。武德初降唐。高祖授钦州都督。传见《新唐书》卷二百二十二《南蛮传》。[32]宁越、郁林：郡名。宁越郡，治所在今广西钦州市东北钦江西北岸。郁林郡，治所在今广西贵港市东南郁江南岸。[33]交、爱：州名。交州，治所在今越南河内市西北。爱州，治所在今越南清化省清化市。[34]钦州：州名。治所在今广西钦州市东北钦江西北岸。钦州即宁越郡。

以夔州总管赵郡王孝恭为荆州总管。

徐圆朗闻刘黑闼败，大惧，不知所出。河间[1]人刘复礼说圆朗曰：“有刘世彻[2]者，其才不世出[3]，名高东夏[4]，且有非常之相，真帝王之器。将军若自立，恐终无成；若迎世彻而奉之，天下指挥可定。”圆朗然之，使复礼迎世彻于浚仪[5]。或说圆朗曰：“将军为人所惑，欲迎刘世彻而奉之，世彻若得志，将军岂有全地[6]乎！仆不敢远引前古，将军独不见翟让之于李密[7]乎？”圆朗复以为然。世彻至，已有众数千人，顿于城外[8]，以待圆朗出迎，圆朗不出，使人召之，世彻知事变，欲亡走，恐不免，乃入谒；圆朗悉夺其兵，以为司马，使徇谯、杞二州，东人[9]素闻其名，所向皆下，圆朗遂杀之。

秦王世民自河北引兵将击圆朗，会上召之，使驰传[10]入朝，乃以兵属齐王元吉。庚申[11]，世民至长安，上迎之于长乐[12]。世民具陈取圆朗形势，上复遣之诣黎阳，会大军趋济阴[13]。

丁卯[14]，废山东行台。

壬申[15]，代州总管定襄王李大恩为突厥所杀。先是，大恩奏称突厥饥馑，马邑可取，诏殿内少监独孤晟[16]将兵与大恩共击苑君璋，期[17]以二月会马邑；失期[18]不至，大恩不能独进，顿兵新城[19]。颉利可汗遣数万骑与刘黑闼共围大恩，上遣右骁卫大将军李高迁[20]救之。未至，大恩粮尽，夜遁，突厥邀之，众溃而死，上惜之。独孤晟坐减死徙边。

丙子[21]，行台民部尚书史万宝攻徐圆朗陈州[22]，拔之。

戊寅[23]，广州贼帅邓文进[24]、隋合浦太守宁宣[25]、日南[26]太守李晙[27]并来降。

五月，庚寅[28]，瓜州土豪王干斩贺拔行威[29]以降，瓜州平。

突厥寇忻州[30]，李高迁击破之。

六月，辛亥[31]，刘黑闼引突厥寇山东，诏燕郡王李艺击之。

癸丑[32]，吐谷浑寇洮、旭、叠三州[33]，岷州总管李长卿击破之。

乙卯[34]，遣淮安王神通击徐圆朗。

丁卯[35]，刘黑闼引突厥寇定州。

秋，七月，甲申[36]，为秦王世民营弘义宫[37]，使居之。世民击徐圆朗，下十余城，声震淮、泗[38]，杜伏威惧，请入朝。世民以淮、济[39]之间略定，使淮安王神通、行军总管任瓌、李世勣攻圆朗；乙酉[40]，班师。

丁亥[41]，杜伏威入朝，延升御榻[42]，拜太子太保，仍兼行台尚书令，留长安，位在齐王元吉上，以宠异[43]之。以阚稜[44]为左领军将军。

李子通谓乐伯通曰："伏威既来，江东未定，我往收旧兵，可以立大功。"遂相与亡至蓝田关[45]，为吏所获，俱伏诛。

刘黑闼至定州，其故将曹湛、董康买亡命在鲜虞[46]，复聚兵应之。甲午[47]，以淮阳王道玄为河北道行军总管以讨之。

丙申[48]，迁州[49]人邓士政执刺史李敬昂[50]以反。

（以上为第三段，写李世民移兵山东讨徐圆朗，刘黑闼引突厥入寇，卷土重来。）

【注释】

[1]河间：郡名。治所在今河北河间市。 [2]刘世彻：彭城（今江苏徐州市）人。才干出众。徐圆朗欲奉之。后听信谗言，忌而杀之。传见《隋书》卷六十三。 [3]其才不世出：其才能特高，非每代所有。 [4]东夏：指山东、河北一带。 [5]浚仪：县名。县治在今河南开封市。 [6]全地：安全之地。 [7]翟让之于李密：李密先为翟让部将。后翟让推李密为主，称魏公。随着地位的变化，李密用阴谋手段杀害了翟让。 [8]顿于城外：停驻城外。 [9]东人：山东人。 [10]驰传：传，传车。驰传，谓乘传车而急驰。 [11]庚申：四月九日。 [12]长乐：长乐坡在长安城东。 [13]济阴：郡名。治所在今山东菏泽市。 [14]丁卯：四月十六日。 [15]壬申：四月二十一日。 [16]独孤晟：唐初大臣。武德初署为殿内少监。事迹见《旧唐书》卷一百九十四、《新唐书》卷二百一十五《突厥传》。 [17]期：约定。 [18]失期：过了约定的期限。 [19]新城：据胡注，新城当在朔州（今山西朔州市）南。 [20]李高迁（?—654）：岐州岐山（今陕西岐山县东南）人。唐初将领。执高君雅有功，以右三统军从下霍邑。后累迁西麟州刺史。传见《旧唐书》卷五十七、《新唐书》卷八十八。 [21]丙子：四月二十五日。 [22]陈州：州名。治所在今河南周口市淮阳区。 [23]戊寅：四月二十七日。 [24]邓文进：隋末群雄之一，据广州（今广东广州市）起兵。武德五年（622）降唐。事迹见《新唐书·高祖纪》。 [25]宁宣：隋末岭南地方头目。隋亡，附于萧铣。武德初降唐。事迹见《新唐书》卷二百二十二《南蛮传》。 [26]日南：郡名。治所在今越南义安省荣市。 [27]李晙：隋末日南郡太守。武德五年（622）降唐。事迹见《新唐书》卷七十二《宰相世系表》二上。 [28]庚寅：五月九日。 [29]贺拔行威（?—622）：瓜州（今甘肃敦煌市西）少数民族首领。唐初为瓜州刺史。后叛乱，战败降唐。为瓜州民所杀。事迹见《旧唐书》卷六十二、《新唐书》卷一百《杨恭仁传》。 [30]忻州：州名。治所在今山西忻州市。 [31]辛亥：六月一日。 [32]癸丑：六月三日。 [33]洮、旭、叠三州：洮州，治所在今甘肃临潭县；旭州，治所当在甘肃庆阳市；叠州，治所在今甘肃迭部县。 [34]乙卯：六月五日。

[35]丁卯：六月十七日。[36]甲申：七月五日。[37]弘义宫：后改为大安宫。在宫城外西侧。[38]淮、泗：淮水、泗水流域。[39]淮、济：淮水、济水。[40]乙酉：七月六日。[41]丁亥：七月八日。[42]延升御榻：引坐于帝床之上。[43]宠异：优宠异于众人。[44]阚稜（?—623）：章丘（今山东济南市章丘区）人。杜伏威据江淮，以战功署左将军。从伏威入朝，拜越州都督。传见《旧唐书》卷五十六、《新唐书》卷九十二。[45]蓝田关：一名蓝关。在今陕西商洛市西北。[46]鲜虞：县名。县治在今河北定州市东南。[47]甲午：七月十五日。[48]丙申：七月十七日。[49]迁州：州名。治所在今湖北竹山县。[50]李敬昂：唐初迁州刺史。事迹见《新唐书·高祖纪》。

丁酉[1]，隋汉阳太守冯盎承李靖檄[2]，帅所部来降，以其地为高、罗、春、白、崖、儋、林、振八州[3]，以盎为高州总管，封耿国公。先是[4]，或说[5]盎曰："唐始定中原，未能及远，公所领二十州地已广于赵佗[6]，宜自称南越王。"盎曰："吾家居此五世[7]矣，为牧伯者不出吾门[8]，富贵极矣，常惧不克负荷[9]，为先人羞，敢效[10]赵佗自王一方乎！"遂来降。于是岭南悉平。

八月，辛亥[11]，以洛、荆、交、并、幽五州为大总管府。

改葬隋炀帝于扬州雷塘[12]。

（以上为第四段，写岭南全境归附。）

【注释】

[1]丁酉：七月十八日。[2]承李靖檄：承接李靖檄文。[3]高、罗、春、白、崖、儋、林、振八州：高州治所在今广东阳江市西；罗州，治所在今广东化州市；春州，治所在今广东阳春市；白州，治所在今广西博白县；崖州，治所在今海南海口市琼山区东南；儋州，治所在今海南儋州市；林州，治所在今广西桂平市南；振州，治所在今海南三亚市崖州区。[4]先是：先此。为追述旧事惯用语。[5]或说：有人游说。[6]赵佗（?—前137）：南越国王。真定（今河北正定县）人。秦末为南海郡（治所在今广东广州市）尉。秦亡后，他并据南海、桂林、象郡，建立南越国。西汉初，封为南越王。事迹见《汉书》卷九十五《南粤传》。[7]吾家居此五世：冯氏居高州良德（今广东高州市东北），始于梁简文帝大宝元年（550）。自冯业以三百人浮海奔宋，留居此地以来，至冯盎已历五世。[8]为牧伯者不出吾门：当州牧、方伯者，无不出自我们冯家。[9]不克负荷：不能承担。[10]敢效：岂敢效法。[11]辛亥：八月二日。[12]雷塘：又作雷陂。在今江苏扬州市城北。

甲戌[1]，吐谷浑寇岷州，败总管李长卿。诏益州行台右仆射窦轨、渭州[2]刺史且[3]洛生救之。

乙卯[4]，突厥颉利可汗寇边，遣左武卫将军段德操、云州总管李子和[5]将兵拒之。子和本姓郭，以讨刘黑闼有功，赐姓。丙辰[6]，颉利十五万骑入雁门，己未[7]，寇并州，别遣兵寇原州[8]；庚子[9]，命太子出幽州[10]道，秦王世民出秦州[11]道以御之。李子和趋云中[12]，掩击可汗，段德操趋夏州[13]，邀[14]其归路。

辛酉[15]，上谓群臣曰："突厥入寇而复求和，和与战孰利[16]？"太常卿郑元璹曰："战则怨深，不如和利[17]。"中书令封德彝曰："突厥恃犬羊之众[18]，有轻中国之意，若不战而和，示之以弱，明年将复来。臣愚以为不如击之，既胜而后与和，则恩威兼著[19]矣！"上从之。

己巳[20]，并州大总管襄邑王神符[21]破突厥于汾东；汾州[22]刺史萧颉破突厥，斩首五千余级。

吐谷浑寇洮州[23]，遣武州[24]刺史贺亮御之。

丙子[25]，突厥寇廉州；戊寅[26]，陷大震关[27]。上遣郑元璹诣颉利。是时，突厥精骑数十万，自介休至晋州，数百里间，填溢[28]山谷。元璹见颉利，责以负约[29]，与相辨诘[30]，颉利颇惭。元璹因说颉利曰："唐与突厥，风俗不同，突厥虽得唐地，不能居也。今虏掠所得，皆入国人[31]，于可汗何有[32]？不如旋师，复修和亲，可无跋涉[33]之劳，坐受金币[34]，又皆入可汗府库，孰与[35]弃昆弟积年之欢[36]，而结子孙无穷之怨乎！"颉利悦，引兵还。元璹自义宁[37]以来，五使突厥，几死者数焉。

九月，癸巳[38]，交州刺史权士通、弘州总管宇文歆、灵州总管杨师道击突厥于三观山，破之。乙未[39]，太子班师。丙申[40]，宇文歆邀突厥于崇岗镇，大破之，斩首千余级。壬寅[41]，定州总管双士洛[42]击突厥于恒山[43]之南，丙午[44]，领军[45]将军安兴贵击突厥于甘州，皆破之。

刘黑闼陷瀛州，杀刺史马匡武。盐州[46]人马君德以城叛附黑闼。高开道寇蠡州[47]。

（以上为第五段，写突厥颉利可汗大举入寇，唐军战败突厥，复与之和亲。）

【注释】

[1]甲戌：八月二十五日。[2]渭州：州名。治所在今甘肃陇西县东南。[3]且（jū）：姓。[4]乙卯：八月六日。[5]李子和（?—664）：同州蒲城（今陕西蒲城县）人。本姓郭。从太宗平刘黑闼有功，高祖赐姓李氏。传见《旧唐书》卷五十六、《新唐书》卷九十二。[6]丙辰：八月七日。[7]己未：八月十日。[8]原州：州名。治所在今宁夏固原市。[9]庚子：据章校，十二行本"子"作"申"；乙十一行本同；孔本同；退斋校同。庚申，八月十一日。[10]幽州：据胡注，幽州当作"豳州"。豳州，治所在今陕西彬州市。[11]秦州：据胡注，秦州当作"泰州"。泰州，治所在今山西河津市东南。[12]云中：郡名。治所在今内蒙古托克托县东北。[13]夏州：州名。治所在今陕西靖边县东北白城子。[14]邀：截击。[15]辛酉：八月十二日。[16]和与战孰利：和谈与作战哪样有利。[17]不如和利：不如议和有利。[18]恃犬羊之众：可作两解。既可解作依恃犬羊众多；又可解作对突厥辱骂的鄙称。[19]恩威兼著：恩德与威势兼而有之。[20]己巳：八月二十日。[21]襄邑王神符（578—651）：高祖从父弟。武德元年，进封襄邑郡王。传见《旧唐书》卷六十、《新唐书》卷七十八。[22]汾州：州名。治所在今山西汾阳市。[23]吐谷浑寇洮州：据章校，十二行本"寇"作"陷"，乙十一行本同；孔本同；退斋校同。[24]武州：州名。治所在今甘肃陇南市武都区东南。[25]丙子：八月二十七日。[26]戊寅：八月二十九日。[27]大震关：关名。在今甘肃清水县东陇山东坡。[28]填溢：充满、充塞。[29]负约：违背约誓。[30]辨诘：辩论诘难。[31]皆入国人：皆归国人。[32]于可汗何有：于可汗何利之有。[33]跋涉：草行曰跋，水行曰涉。[34]金币：黄金币帛。[35]孰与：与……比，哪一个……；哪里比得上。[36]弃昆弟积年之欢：放弃兄弟累年的欢好。[37]义宁：隋恭帝杨侑年号（617—618）。[38]癸巳：九月十五日。[39]乙未：九月十七日。[40]丙申：九月十八日。[41]壬寅：九月二十四日。[42]双士洛：姓双，名士洛。唐武德初定州总管，破突厥有功。事迹见《新唐书》卷八十六《刘黑闼传》。[43]恒山：五岳之北岳，在今河北曲阳县西北，与山西接壤处。避汉文帝讳，改名常山。[44]丙午：九月二十八日。[45]领军：官名。隋有左右领军府，与十二府中的其他十府同掌禁卫兵。唐有左、右领军卫，与十六卫中的其他十四卫同掌禁卫兵，设上将军、大将军及将军。[46]盐州：州名。治所在今陕西定边县。[47]蠡州：州名。治所在今河北蠡县。

冬，十月，己酉[1]，诏齐王元吉讨刘黑闼于山东。壬子[2]，以元吉为领军大将军、并州大总管。癸丑[3]，贝州刺史许善护与黑闼弟十善战于鄃县[4]，善护全军皆没。甲寅[5]，右武候将军桑显和击黑闼于晏城[6]，破之。观州[7]刺史刘会以城叛附黑闼。

契丹寇北平[8]。

甲子[9]，以秦王世民领左、右十二卫[10]大将军。

乙丑[11]，行军总管淮阳壮王道玄与刘黑闼战于下博[12]，军败，为黑闼所杀。时道玄将兵三万，与副将史万宝不协[13]；道玄帅轻骑先出犯陈，使万宝将大军继之。万宝拥兵不进，谓所亲曰："我奉手敕云，淮阳小儿，军事皆委老夫。今王轻脱[14]妄进，若与之俱，必同败没，不如以王饵贼[15]，王败，贼必争进，我坚陈以待之，破之必矣。"由是道玄独进败没。万宝勒兵将战，士卒皆无斗志，军遂大溃，万宝逃归。道玄数从秦王世民征伐，死时年十九，世民深惜之，谓人曰："道玄常从吾征伐，见吾深入贼陈，心慕效[16]之，以至于此。"为之流涕。世民自起兵以来，前后数十战，常身先士卒，轻骑深入，虽屡危殆[17]而未尝为矢刃所伤。

林士弘遣其弟鄱阳王药师攻循州，刺史杨略与战，斩之，其将王戎以南昌州[18]降。士弘惧，己巳[19]，请降。寻复走保安成[20]山洞，袁州[21]人相聚应之；洪州总管若干则遣兵击破之。会士弘死，其众遂散。

淮阳王道玄之败也，山东震骇，洺州总管庐江王瑗弃城西走，州县皆叛附于黑闼，旬日间，黑闼尽复故地，乙亥[22]，进据洺州。十一月，庚辰[23]，沧州刺史程大买为黑闼所迫，弃城走。齐王元吉畏黑闼兵强，不敢进。

（以上为第六段，写刘黑闼尽复故地与徐圆朗合势，齐王李元吉征讨，畏懦不敢进。）

【注释】

［1］己酉：十月一日。［2］壬子：十月四日。［3］癸丑：十月五日。［4］鄃县：县名。治所在今山东夏津县。［5］甲寅：十月六日。［6］晏城：县名。县治在今河北辛集市西。［7］观州：州名。治所在今河北景县东北。［8］北平：郡名。治所在今河北卢龙县。［9］甲子：十月十六日。［10］十二卫：隋文帝时置十二府，统禁卫兵。后扩充为十六卫。唐沿隋制，名称略有改变。其十六卫是：左右卫、左右骁骑、左右武卫、左右威卫、左右领军卫、左右金吾卫、左右监门卫、左右千牛卫。其中左右监门卫、左右千牛卫不领府兵，其余领府兵者为唐代的十二卫。［11］乙丑：十月十七日。［12］下博：县名。县治在今河北深州市东南。［13］不协：不和谐。

[14]轻脱：轻躁佻脱。 [15]以王饵贼：以王（指道玄）为贼之诱饵，借以获贼。 [16]慕效：景慕而效法。 [17]危殆：危险困殆。 [18]南昌州：治所在今江西永修县。 [19]己巳：十月二十一日。 [20]安成：县名。县治在今江西安福县。 [21]袁州：州名。治所在今江西宜春市。 [22]乙亥：十月二十七日。 [23]庚辰：十一月三日。

上之起兵晋阳也，皆秦王世民之谋，上谓世民曰："若事成，则天下皆汝所致，当以汝为太子。"世民拜且辞。及为唐王，将佐亦请以世民为世子，上将立之，世民固辞而止。太子建成，性宽简[1]，喜酒色游畋；齐王元吉，多过失；皆无宠于上。世民功名日盛，上常有意以代建成，建成内不自安[2]，乃与元吉协谋[3]，共倾世民，各引树党友[4]。

上晚年多内宠，小王且二十人[5]，其母竞交结诸长子以自固[6]。建成与元吉曲意事诸妃嫔，谄谀[7]赂遗，无所不至，以求媚于上。或言蒸[8]于张婕妤、尹德妃，宫禁深秘[9]，莫能明也。是时，东宫、诸王公、妃主之家及后宫亲戚横长安中，恣[10]为非法，有司不敢诘[11]。世民居承乾殿[12]，元吉居武德殿[13]后院，与上台[14]、东宫昼夜通行，无复禁限[15]。太子、二王出入上台，皆乘马、携弓刀杂物，相遇如家人礼。太子令、秦·齐王教[16]与诏敕并行，有司莫知所从，唯据得之先后为定。世民独不奉事诸妃嫔，诸妃嫔争誉[17]建成、元吉而短[18]世民。

世民平洛阳，上使贵妃等数人诣洛阳选阅[19]隋宫人及收府库珍物。贵妃等[20]私从世民求宝货[21]及为亲属求官，世民曰："宝货皆已籍奏[22]，官当授贤才有功者。"皆不许，由是益怨。世民以淮安王神通有功，给田数十顷。张婕妤之父因婕妤求之于上，上手敕赐之，神通以教[23]给在先，不与。婕妤诉于上曰："敕赐妾父田，秦王夺之以与神通。"上遂发怒，责世民曰："我手敕不如汝教邪！"他日，谓左仆射裴寂曰："此儿久典兵[24]在外，为书生所教，非复昔日子也。"尹德妃父阿鼠骄横，秦王府属杜如晦[25]过其门，阿鼠家童数人曳如晦坠马，殴之，折一指，曰："汝何人，敢过我门而不下马！"阿鼠恐世民诉于上，先使德妃奏云："秦王左右陵暴[26]妾家。"上复怒责世民曰："我妃嫔家犹为汝左右所陵，况小民乎！"世民深自辩析，上终不信。

世民每侍宴宫中，对诸妃嫔，思太穆皇后[27]早终，不得见上有天下，或歔欷流涕，上顾[28]之不乐。诸妃嫔因密共谮世民曰："海内幸无事，陛下春秋高[29]，唯宜相娱乐，而秦王每独涕泣，正是憎疾妾等，陛下万岁后[30]，妾母子必不为秦王所容，无孑遗[31]矣！"因相与泣，且曰："皇太子仁孝，陛下以妾母子属[32]之，必能保全。"上为之怆然。由是无易太子意，待世民浸疏[33]，而建成、元吉日亲矣。

（以上为第七段，写李世民功高震主，太子李建成与齐王李元吉合谋谗毁李世民。政坛潜伏危机。）

【注释】

［1］宽简：宽大，不苛求。［2］内不自安：心不自安。［3］协谋：合谋。［4］引树党友：招罗树立党羽友朋。［5］小王且二十人：据胡注，高祖二十二男，尹德妃生酆（fēng）王元亨，莫嫔生荆王元景，孙嫔生汉王元昌，宇文昭仪生韩王元嘉、鲁王灵夔，瞿嫔生邓王元裕，杨嫔生江王元祥，小杨嫔生舒王元名，郭婕妤生徐王元礼，刘婕妤生道王元庆，杨美人生虢王元凤，张美人生霍王元轨，张宝林生郑王元懿，柳宝林生滕王元婴，王才人生彭王元则，鲁才人生密王元晓，张氏生周王元方，凡十七人。且者，将及未及之辞。［6］以自固：以巩固自己的地位。［7］谄谀：谄媚阿谀。［8］蒸：通"烝"。古指同母辈通奸。下淫于上为烝。［9］宫禁深秘，莫能明也：宫禁深邃秘密，外间不能明其内幕。［10］恣：纵恣。［11］诘：责问。［12］承乾殿：即承庆殿。长安太极宫内殿之一。［13］武德殿：武德殿为太极宫内的重要宫殿。位于两仪殿之东，东宫之西。［14］上台：谓皇帝所居住的地方。［15］禁限：禁止限隔。［16］太子令、秦·齐王教：太子所下命令为令，秦、齐二王所下者为教，皇帝颁发的命令为诏敕。［17］誉：称赞。［18］短：诋毁。［19］选阅：阅视而选择。［20］贵妃等：唐制，皇后而下有贵妃、淑妃、德妃、贤妃，是为夫人。昭仪、昭容、昭媛、修仪、修容、修媛、充仪、充容、充媛，是为九嫔。婕妤、美人、才人各九，合二十七，是为世妇。宝林、御女、采女各二十七，合八十一，是为御妻。［21］宝货：珍宝财货。［22］籍奏：登入簿籍而上奏讫。［23］教：指秦王之教。［24］典兵：掌兵。［25］杜如晦（585—630）：字克明，京兆杜陵（今陕西西安市长安区东）人。太宗时，累官至尚书右仆射，封荣国公。传见《旧唐书》卷六十六、《新唐书》卷九十六。［26］陵暴：欺凌侵暴。［27］太穆皇后：窦皇后谥太穆，高祖未即位先崩，建成、世民、玄霸、元吉，皆其所生。［28］顾：视。［29］春秋高：年龄高。［30］万岁后：即死后。人寿无过万岁者，故言万岁后，即死后。［31］无孑（jié）遗：言必皆诛翦，没有孑然见遗者。［32］属：嘱托。［33］浸疏：稍渐疏远。

太子中允[1]王珪[2]、洗马[3]魏徵说太子曰："秦王功盖天下，中外归心；殿下[4]但以年长位居东宫，无大功以镇服海内。今刘黑闼散亡之余，众不满万，资粮匮乏[5]，以大军临之，势如拉朽，殿下宜自击之以取功名，因结纳山东豪杰，庶可自安。”太子乃请行于上，上许之。珪，頍[6]之兄子也。甲申[7]，诏太子建成将兵讨黑闼，其陕东道大行台及山东道行军元帅、河南。河北诸州并受建成处分[8]，得以便宜从事。

乙酉[9]，封宗室略阳公道宗等十八人为郡王。道宗，道玄从父弟也，为灵州总管，梁师都遣弟洛儿引突厥数万围之，道宗乘间出击，大破之。突厥与师都相结，遣其郁射设入居故五原[10]，道宗逐出之，斥地[11]千余里。”上以道宗武干如魏任城王彰[12]，乃立为任城郡王。

丙申[13]，上幸宜州[14]。

己亥[15]，齐王元吉遣兵击刘十善于魏州，破之。

癸卯[16]，上校猎于富平[17]。

刘黑闼拥兵而南，自相州以北州县皆附之，唯魏州总管田留安勒兵拒守。黑闼攻之，不下，引兵南拔元城[18]，复还攻之。

十二月，庚戌[19]，立宗室孝友等八人为郡王。孝友，神通之子也。

丙辰[20]，上校猎于华池[21]。

戊午[22]，刘黑闼陷恒州，杀刺史王公政。

庚申[23]，车驾至长安。

癸亥[24]，幽州大总管李艺复廉、定二州。

甲子[25]，田留安击刘黑闼，破之，获其莘州[26]刺史孟柱，降将卒六千人。是时，山东豪杰多杀长吏[27]以应黑闼，上下相猜，人益离怨；留安待吏民独坦然无疑，白[28]事者无问亲疏，皆听直入卧内[29]，每谓吏民曰：“吾与尔曹[30]俱为国御贼，固宜同心协力，必欲弃顺从逆者[31]，但自斩吾首去。”吏民皆相戒曰：“田公推至诚以待人，当共竭死力报之，必不可负[32]。”有苑竹林者，本黑闼之党，潜有异志。留安知之，不发其事，引置左右，委以管钥[33]；竹林感激，遂更归心[34]，卒收其用[35]。以功进封道国公。

乙丑[36]，并州刺史成仁重击范愿，破之。

刘黑闼攻魏州未下，太子建成、齐王元吉大军至昌乐[37]，黑闼引兵拒之，再陈，皆不战而罢。魏徵言于太子曰："前破黑闼，其将帅皆悬名处死[38]，妻子系虏[39]；故齐王之来，虽有诏书赦其党与[40]之罪，皆莫之信。今宜悉解其囚俘，慰谕遣之，则可坐视离散矣！"太子从之。黑闼食尽，众多亡，或缚其渠帅以降。黑闼恐城中兵出，与大军表里击之，遂夜遁。至馆陶[41]，永济桥[42]未成，不得度。壬申[43]，太子、齐王以大军至，黑闼使王小胡背水而陈，自视[44]作桥成，即过桥西，众遂大溃，舍仗[45]来降。大军度桥追黑闼，度者才千余骑，桥坏，由是黑闼得与数百骑亡去。

上以隋末战士多没于高丽，是岁，赐高丽王建武书，使悉遣还；亦使州县索高丽人在中土者，遣归其国。建武奉诏，遣还中国民前后以万数。

（以上为第八段，写太子李建成与齐王李元吉征讨刘黑闼以建功固位。）

【注释】

[1]中允：官名。汉太子属官有中盾（读曰允），职在中庶子下、洗马上。唐改为中允，于左右春坊各置一人。掌侍从礼仪，驳正启奏，并监药及通判坊局事。[2]王珪（570—639）：字叔玠，郿（今陕西眉县）人。初事建成。太宗诏为谏议大夫，推诚纳善，每存规益。迁侍中，与房玄龄、李靖、温彦博、戴胄、魏徵同辅政。官终礼部尚书。传见《旧唐书》卷七十、《新唐书》卷九十八。[3]洗马：官名。秦置，汉沿置，亦称先马、前马，为太子太傅、太子少傅的属官。太子出行则为前导，为先驱、侍从、使者的意思。隋唐时洗马变为专掌太子宫图书之官。[4]殿下：君主时代对太子或亲王的尊称。[5]匮（kuì）乏：缺乏，不足。[6]王颎（kuǐ）（550—604）：隋经学家。字景文。文帝时为国子博士。坐事发配岭南。死于隋文帝被弑、汉王谅发兵反时。传见《隋书》卷七十六。[7]甲申：十一月七日。[8]处分：处置。[9]乙酉：十一月八日。[10]五原：地名。在宁夏盐池县境内。[11]斥地：开拓土地。[12]魏任城王彰：三国魏曹操之子曹彰。字子文。少善射御，从战征伐，所向有功。[13]丙申：十一月十九日。[14]宜州：州名。治所在今陕西铜川市耀州区。[15]己亥：十一月二十二日。[16]癸卯：十一月二十六日。[17]富平：县名。县治在今陕西富平县。[18]元城：县名。县治在今山东莘县西南。[19]庚戌：十二月三日。[20]丙辰：十二月九日。[21]华池：县名。县治在今陕西三原县。[22]戊午：十二月十一日。[23]庚申：十二月十三日。[24]癸亥：十二月十六日。[25]甲子：十二月十七日。[26]莘州：州名。治所在今山东莘县。[27]长吏：古代指地位较高的官员，一般指朝廷命官。[28]白：告，陈。[29]听直入卧内：听任直接进入卧室。[30]尔曹：尔辈。[31]弃顺从

逆者：放弃正道跟从叛逆的人。［32］负：违背，背弃。［33］委以管钥：委派他掌管钥匙。［34］遂更归心：遂改而归心。［35］卒收其用：终获重用。卒，副词，终于；收，获。［36］乙丑：十二月十八日。［37］昌乐：县名。县治在今河南南乐县。［38］悬名处死：张榜公布其姓名，并处以死刑。［39］系虏：绑缚，囚禁。［40］党与：党徒，同党。［41］馆陶：县名。县治在今河北馆陶县。［42］永济桥：隋炀帝凿永济渠，约在今河南北部和河北南部。渠上之桥名永济桥。此指永济渠所经河北馆陶县时所筑之永济桥。［43］壬申：十二月二十五日。［44］自视：亲自监视。［45］舍仗：舍弃兵仗。

六年（癸未，623年）

春，正月，己卯[1]，刘黑闼所署饶州刺史诸葛德威执黑闼，举城降。时太子遣骑将刘弘基追黑闼，黑闼为官军所迫，奔走不得休息，至饶阳[2]，从者才百余人，馁甚。德威出迎，延黑闼入城，黑闼不可；德威涕泣固请，黑闼乃从之。至城旁市中憩[3]止，德威馈之食；食未毕，德威勒兵执之，送诣太子，并其弟十善斩于洺州。黑闼临刑叹曰："我幸在家钼菜[4]，为高雅贤辈所误至此！"

壬午[5]，嶲州[6]人王摩沙举兵，自称元帅，改元进通，遣骠骑将军卫彦[7]讨之。

庚子[8]，以吴王杜伏威为太保[9]。

二月，庚戌[10]，上幸骊山[11]温汤[12]；甲寅[13]，还宫。

平阳昭公主[14]薨。戊午[15]，葬公主，诏加前后部[16]鼓吹、班剑[17]四十人，武贲甲卒[18]。太常奏："礼，妇人无鼓吹。"上曰："鼓吹，军乐也。公主亲执金鼓[19]，兴义兵以辅成[20]大业，岂与常妇人比乎！"

丙寅[21]，徐圆朗穷蹙，与数骑弃城走，为野人[22]所杀，其地悉平。

林邑王梵志遣使入贡。初，隋人破林邑[23]，分其地为三郡[24]。及中原丧乱，林邑复国，至是始入贡。

幽州总管李艺请入朝；庚午[25]，以艺为左翊卫大将军。

废参旗等十二军[26]。

三月，癸未[27]，高开道掠文安[28]、鲁城[29]，骠骑将军平善政邀击，破之。

（以上为第九段，写刘黑闼、徐圆朗覆灭，高开道勾连突厥，仍在河北对抗唐朝。）

【注释】

[1]己卯：正月三日。 [2]饶阳：县名。县治在今河北饶阳县东北。 [3]憩（qì）：休息。 [4]我幸在家钼菜：我原在家中种植蔬菜。钼，同“锄”。 [5]壬午：正月六日。 [6]嶲州：州名。治所在今四川西昌市。 [7]卫彦：唐初将领。高祖时为骠骑将军。事迹见《新唐书》卷一《高祖纪》。 [8]庚子：正月二十四日。 [9]太保：官名。古以太师、太傅、太保为三公。 [10]庚戌：二月四日。 [11]骊山：在今陕西西安市临潼区东南。有温泉，唐玄宗在此建华清宫。 [12]温汤：温泉。古称热水为汤。 [13]甲寅：二月八日。 [14]平阳昭公主：高祖第三女，太穆皇后所生。 [15]戊午：二月十二日。 [16]前后部：前部、后部，共为二部。 [17]班剑：班，列也。持剑成列，夹道而行。 [18]武贲甲卒：武贲，即虎贲。唐讳“虎”字，改为“武”。谓勇猛之士。甲卒，着重装、穿铠甲的精锐之士卒。 [19]金鼓：古时金属制的打击乐器。 [20]辅成：辅佐而成。 [21]丙寅：二月二十日。 [22]野人：一作鄙人，田野之人。古时称四郊以外地区为“野”或“鄙”。 [23]隋人破林邑：指隋炀帝大业元年（605）派刘方经略林邑。林邑王梵志弃城走入海，隋大胜而还。 [24]三郡：即比景、海阴、林邑。比景，在今越南广平省宋河下游。海阴，在今越南承天省广田县东香江与浦江合流处。林邑，在今越南广南省维川县。 [25]庚午：二月二十四日。 [26]十二军：唐武德初，分关中为十二道，皆置府。武德三年，更以万年道为参旗军，长安道为鼓旗军，富平道为玄戈军，醴泉道为井钺军，同州道为羽林军，华州道为骑官军，宁州道为折威军，岐州道为平道军，豳州道为招摇军，西麟州道为苑游军，泾州道为天纪军，宜州道为天节军。武德六年，因天下已定，遂废参旗等十二军。 [27]癸未：三月七日。 [28]文安：县名。县治在今河北文安县。 [29]鲁城：县名。县治在今河北沧县东北。

庚子[1]，梁师都[2]将贺遂、索同以所部[3]十二州来降。

乙巳[4]，前洪州总管张善安反，遣舒州[5]总管张镇周等击之。

夏，四月，吐谷浑寇芳州[6]，刺史房当树奔松州[7]。

张善安陷孙州[8]，执总管王戎而去。

乙丑[9]，鄜州道行军总管段德操击梁师都，至夏州，俘其民畜而还。

丙寅[10]，吐谷浑寇洮、岷二州。

丁卯[11]，南州[12]刺史庞孝恭、南越州[13]民宁道明、高州首领冯暄俱反，陷南越州，进攻姜州[14]；合州[15]刺史宁纯引兵救之。

壬申[16]，立皇子元轨为蜀王、凤为豳[17]王、元庆为汉王。

癸酉[18]，以裴寂为左仆射，萧瑀为右仆射，杨恭仁为吏部尚书兼中书令，封德彝为中书令。

五月，庚辰[19]，遣岐州刺史柴绍救岷州。

庚寅[20]，吐谷浑及党项寇河州[21]，刺史卢士良击破之。

丙申[22]，梁师都将辛獠儿引突厥寇林州。

戊戌[23]，苑君彰将高满政寇代州，骠骑将军林宝言击走之。

癸卯[24]，高开道引奚骑寇幽州，长史王诜击破之。刘黑闼之叛也，突地稽[25]引兵助唐，徙其部落于幽州之昌平城；高开道引突厥寇幽州，突地稽将兵邀击，破之。

六月，戊午[26]，高满政以马邑来降。先是，前并州总管刘世让[27]除广州总管，将之官[28]，上问以备边之策，世让对曰："突厥比数[29]为寇，良以马邑为之中顿[30]故也。请以勇将戍崞城[31]，多贮金帛，募有降者厚赏之，数出骑兵掠其城下，蹂其禾稼，败其生业[32]，不出岁余，彼无所食，必降矣。"上然其计，曰："非公，谁为勇将！"即命世让戍崞城，马邑病之[33]。是时，马邑人多不愿属突厥，上复遣人招谕苑君璋。高满政说苑君璋尽杀突厥戍兵降唐，君璋不从。满政因众心所欲，夜袭君璋，君璋觉之，亡奔突厥，满政杀君璋之子及突厥戍兵二百人而降。

壬戌[34]，梁师都以突厥寇匡州[35]。

丁卯[36]，苑君璋与突厥吐屯设寇马邑，高满政与战，破之。以满政为朔州总管，封荣国公。

瓜州总管贺若怀广[37]按部[38]至沙州，值州人张护、李通反，怀广以数百人保子城[39]；凉州总管杨恭仁遣兵救之，为护等所败。

癸酉[40]，柴绍与吐谷浑战，为其所围，虏乘高射之，矢下如雨。绍遣人弹胡琵琶，二女子对舞。虏怪之，驻弓矢相与聚观，绍察其无备，潜遣精骑出虏陈后，击之，虏众大溃。

秋，七月，丙子[41]，苑君璋以突厥寇马邑，右武候大将军李高迁及高满政御之，战于腊河谷[42]，破之。

张护、李通杀贺拔怀广，立汝州[43]别驾窦伏明为主，进逼瓜州；长史赵孝伦击却之。

高开道掠赤岸镇[44]及灵寿[45]、九门[46]、行唐[47]三县而去。

丁丑[48]，冈州[49]刺史冯士翙[50]据新会[51]反，广州刺史刘感讨降之，使复其位。

辛巳[52]，高开道所部[53]弘阳、统汉二镇来降。

癸未[54]，突厥寇原州；乙酉[55]，寇朔州。李高迁为虏所败，行军总管尉迟敬德将兵救之。己亥[56]，遣太子将兵屯北边，秦王世民屯并州，以备突厥。八月，丙辰[57]，突厥寇真州[58]，又寇马邑。

（以上为第十段，写西疆吐谷浑、北方突厥侵扰，边境不宁。）

【注释】

[1]庚子：三月二十四日。 [2]梁师都（?—628）：隋末割据者。夏州朔方（今陕西榆林市横山区）人。大业十三年（617）起兵反隋，自称皇帝，国号梁，年号永隆。传见《旧唐书》卷五十六、《新唐书》卷八十七。 [3]所部：所管理的领属区。 [4]乙巳：三月十九日。 [5]舒州：州名。治所在今安徽潜山市。 [6]芳州：州名。唐武德元年（618）置，治所在今甘肃迭部县东南。 [7]松州：州名。唐武德元年（618）置，治所在今四川松潘县。 [8]孙州：州名。唐武德五年（622）置。治所在今江西南昌市西南。 [9]乙丑：四月二十日。 [10]丙寅：四月二十一日。 [11]丁卯：四月二十二日。 [12]南州：州名。治所在今广西博白县。 [13]南越州：州名。即越州。治所在今广西合浦县东北。加南字，以别会稽之越州。 [14]姜州：州名。治所在今广西灵山县南安金村。 [15]合州：州名。治所在今广东雷州市。 [16]壬申：四月二十七日。 [17]豳：音“宾”。 [18]癸酉：四月二十八日。 [19]庚辰：五月五日。 [20]庚寅：五月十五日。 [21]河州：州名。治所在今甘肃临夏市。 [22]丙申：五月二十一日。 [23]戊戌：五月二十三日。 [24]癸卯：五月二十八日。 [25]突地稽：靺鞨酋帅。炀帝时授金紫光禄大夫、辽西太守。贞观初，拜右卫将军，赐姓李氏。传见《旧唐书》卷一百九十九下。 [26]戊午：六月十四日。 [27]刘世让（?—623）：字元钦，醴泉（今陕西礼泉县）人。仕隋为征仕郎。高祖入长安，授安定道行军总管。后授广州总管。传见《旧唐书》卷六十九、《新唐书》卷九十四。 [28]将之官：将要上任。[29]比数：近来屡次。[30]中顿：中途有城有粮，可以驻食。唐人多言供顿或置顿。[31]崞（guō）城：地名。在今山西原平市。 [32]生业：赖以为生之业。 [33]病之：以其为患。 [34]壬戌：六月十八日。 [35]匡州：州名。治所在今陕西吴堡县西北。 [36]丁卯：六月二十三日。 [37]贺若怀广：人名。贺若，复姓。 [38]按部：巡行（自己）所统辖的地区。[39]子城：内城。 [40]癸酉：六月二十九日。 [41]丙子：七月二日。 [42]腊河谷：地名。在今山西朔州市北。 [43]汝州：据胡注，“汝”当作“沙”。 [44]赤岸镇：地名。在今河北曲阳县西北。 [45]灵寿：县名。县治在今河北灵寿县。 [46]九门：县名。县治在今河北石家庄市藁城区西北。 [47]行唐：县名。县治在今河北行唐县。 [48]丁丑：七月三日。 [49]冈州：州名：治所在今广东江门市新会区北。 [50]翊：音“喙”。 [51]新会：县名。县治在今广东江

门市新会区北。[52]辛巳：七月七日。[53]所部：统辖，统率。[54]癸未：七月九日。[55]乙酉：七月十一日。[56]己亥：七月二十五日。[57]丙辰：据章校，十二行本“丙”作“甲”；乙十一行本同。甲辰，八月一日。[58]真州：据胡注，《旧志》：“武德二年，置绥州总管府，管云、银、真等十一州。真州盖置于银州真乡县。”真乡县，故城在今陕西佳县西。

壬子[1]，淮南道行台仆射辅公祏反。初，杜伏威与公祏相友善，公祏年长，伏威兄事之[2]，军中谓之伯父，畏敬与伏威等。伏威浸[3]忌之，乃署其养子阚稜为左将军，王雄诞为右将军，潜夺其兵权。公祏知之，怏怏不平，与其故人左游仙阳为学道、辟谷[4]以自晦[5]。及伏威入朝，留公祏守丹杨[6]，令雄诞典兵为之副，阴谓雄诞曰：“吾至长安，苟不失职[7]，勿令公祏为变。”伏威既行，左游仙说公祏谋反；而雄诞握兵，公祏不得发。乃诈称得伏威书，疑雄诞有贰心，雄诞闻之不悦，称疾不视事[8]；公祏因夺其兵，使其党西门君仪谕以反计。雄诞始寤[9]而悔之，曰：“今天下方平，吴王[10]又在京师，大唐兵威，所向无敌，奈何无故自求族灭乎！雄诞有死而已，不敢闻命。今从公为逆，不过延百日之命[11]耳，大丈夫安能爱斯须[12]之死而自陷于不义乎！”公祏知不可屈，缢杀之。雄诞善抚士卒，得其死力，又约束[13]严整；每破城邑，秋毫无犯，死之日，江南军中及民间皆为之流涕。公祏又诈称伏威不得还江南，贻书[14]令其起兵，大修铠仗[15]，运粮储[16]。寻[17]称帝于丹杨，国号宋，修陈故宫室而居之，署置百官，以左游仙为兵部尚书、东南道大使、越州总管，与张善安[18]连兵，以善安为西南道大行台。

己未[19]，突厥寇原州。

乙丑[20]，诏襄州道行台仆射赵郡王孝恭以舟师趣江州[21]，岭南道大使李靖以交、广、泉、桂之众趣宣州[22]，怀州总管黄君汉出谯、亳，齐州总管李世勣出淮、泗以讨辅公祏。孝恭将发，与诸将宴集，命取水，忽变为血，在坐者皆失色，孝恭举止自若，曰：“此乃公祏授首[23]之征也！”饮而尽之，众皆悦服。

丙寅[24]，吐谷浑内附。

辛未[25]，突厥陷原州之善和镇；癸酉[26]，又寇渭州。

高开道以奚侵幽州，州兵击却之。

九月[27]，太子[28]班师。

戊子[29]，辅公祏遣其将徐绍宗寇海州[30]，陈政通寇寿阳。

邛州[31]獠反，遣沛公郑元璹讨之。

庚寅[32]，突厥寇幽州。

壬辰[33]，诏以秦王世民为江州道行军元帅。

乙未[34]，窦伏明以沙州降。

（以上为第十一段，写辅公祏不满杜伏威降唐，复反于淮南。）

【注释】

［1］壬子：八月九日。［2］兄事之：以兄礼相待。［3］浸：渐。［4］辟谷：不食谷粒。［5］自晦：自隐才能，不显声名。［6］丹杨：即丹阳。县名。县治在今江苏南京市江宁区。［7］苟不失职：如果不丢掉爵职。［8］视事：视阅文书，即理事。［9］寤：觉悟。［10］吴王：杜伏威封吴王。［11］延百日之命：延缓百日的生命。形容亡期不久将至。［12］斯须：须臾，短暂。［13］约束：管理。［14］贻书：与书札。［15］铠仗：铠甲器仗。［16］粮储：粮粟及军用储积之物。［17］寻：不久。［18］张善安：方与（今山东鱼台县）人。萧铣取豫章，善安夺其地，据以归国。授洪州总管。传见《旧唐书》卷五十六、《新唐书》卷八十七。［19］己未：八月十六日。［20］乙丑：八月二十二日。［21］江州：州名。治所在今江西九江市。［22］宣州：州名。治所在今安徽宣城市。［23］授首：献出首级，亦即被杀。［24］丙寅：八月二十三日。［25］辛未：八月二十八日。［26］癸酉：八月三十日。［27］九月：据章校，十二行本“月”下有“丙子”二字；乙十一行本同；孔本同；张校同。丙子，九月三日。［28］太子：指李建成。［29］戊子：九月十五日。［30］海州：州名。治所在今江苏连云港市。［31］邛州：州名。治所在今四川邛崃市东南。［32］庚寅：九月十七日。［33］壬辰：九月十九日。［34］乙未：九月二十二日。

高昌王麹伯雅卒，子文泰立。

丙申[1]，渝州[2]人张大智反，刺史薛敬仁弃城走。

壬寅[3]，高开道引突厥二万骑寇幽州。

突厥恶弘农公刘世让为己患，遣其臣曹般陁来，言世让与可汗通谋，欲为乱，上信之。冬，十月，丙午[4]，杀世让，籍其家。

秦王世民犹在并州，己未[5]，诏世民引兵还。

上幸华阴。

张大智侵涪州[6]，刺史田世康等讨之，大智以众降。

初，上遣右武候大将军李高迁助朔州总管高满政守马邑，苑君璋引突厥万余骑至城下，满政击破之。颉利可汗怒，大发兵攻马邑。高迁惧，帅所部二千人斩关宵遁[7]，虏邀[8]之，失亡者半。颉利自帅众攻城，满政出兵御之，或一日战十余合。上命行军总管刘世让救之，至松子岭[9]，不敢进，还保崞城。会颉利遣使求婚，上曰："释马邑之围，乃可议婚。"颉利欲解兵，义成公主固请攻之。颉利以高开道善为攻具[10]，召开道，与之攻马邑甚急。颉利诱满政使降，满政骂之。粮且尽，救兵未至，满政欲溃围走朔州，右虞候[11]杜士远以虏兵盛，恐不免，壬戌[12]，杀满政降于突厥，苑君璋复杀城中豪杰与满政同谋者三十余人。上以满政子玄积为上柱国，袭爵。丁卯[13]，突厥复请和亲，以马邑归唐；上以将军秦武通为朔州总管。

突厥数为边患，并州大总管府长史窦静[14]表请于太原置屯田[15]以省馈运[16]；议者以为烦扰，不许。静切论[17]不已，敕征静入朝，使与裴寂、萧瑀、封德彝相论难[18]于上前，寂等不能屈[19]，乃从静议，岁收谷数千斛，上善之，命检校并州大总管。静，抗之子也。十一月，辛巳[20]，秦王世民复请增置屯田于并州之境，从之。

黄州[21]总管周法明将兵击辅公祏，张善安据夏口[22]，拒之。法明屯荆口镇[23]，壬午[24]，法明登战舰饮酒，善安遣刺客数人诈乘鱼艓[25]而至，见者不以为虞，遂杀法明而去。

甲申[26]，舒州总管张镇周等击辅公祏将陈当世于猷州[27]之黄沙[28]，大破之。

丁亥[29]，上校猎于华阴。己丑[30]，迎劳秦王世民于忠武顿[31]。

十二月，癸卯[32]，安抚使李大亮诱张善安，执之。大亮击善安于洪州，与善安隔水而陈，遥相与语。大亮谕以祸福，善安曰："善安初无反心，正为将士所误；欲降又恐不免。"大亮曰："张总管有降心，则与我一家[33]耳。"因单骑渡水入其陈，与善安执手共语，示无猜间。善安大悦，遂许之降。既而善安将数十骑诣大亮营，大亮止其骑于门外，引善安入，与语。久之，善安辞去，大亮命武士执之，从骑皆走。善安营中闻之，大怒，悉众而来，将攻大亮。大亮使人谕之曰："吾不留总管。总管赤心归国，谓我曰：'若还营，恐将士或有异同[34]，为其所制[35]。'故自留不去耳，卿辈何怒于我！"其党复大骂曰："张总管卖我以自媚于人。"遂皆溃去。大亮追击，多所虏获。送善安于长安，善安自称不与辅公祏交通，上赦其罪，善遇之；及公祏败，得所与往还书[36]，乃杀之。

甲寅[37]，车驾至长安。

己巳[38]，突厥寇定州，州兵击走之。

庚申[39]，白简、白狗羌[40]并遣使入贡。

（以上为第十二段，写突厥百约百叛，再度扰边。安抚使李大亮智擒辅公祏大将张善安。）

【注释】

[1]丙申：九月二十三日。 [2]渝州：州名。治所在今重庆市。 [3]壬寅：九月二十九日。 [4]丙午：十月四日。 [5]己未：十月十七日。 [6]涪州：州名。治所在今重庆市涪陵区。 [7]斩关宵遁：斩开城门趁夜逃走。 [8]邀：截击。 [9]松子岭：在今山西朔州市东南。 [10]善为攻具：善做攻城之器具。 [11]虞候：古官名。隋代东宫禁卫官，掌管侦察、巡逻等事务。唐代后期有都虞候，为藩镇的亲信武官。 [12]壬戌：十月二十日。 [13]丁卯：十月二十五日。 [14]窦静（?—635）：字元休。高祖时擢并州大总管府长史，太宗时迁夏州都督，再迁民部尚书。传见《旧唐书》卷六十一、《新唐书》卷九十五。 [15]屯田：军队屯扎而从事垦殖。 [16]以省馈运：以便节省（朝廷）赠送物资和运输的烦劳。 [17]切论：恳切论辩。[18]论难：辩论诘难。 [19]寂等不能屈：裴寂等人的说法不能使之信服。 [20]辛巳：十一月九日。 [21]黄州：州名。治所在今湖北黄冈市南。 [22]夏口：在今湖北武汉市黄鹄山上，为历代兵家争夺之地。 [23]荆口镇：据胡注，盖当荆江之口置镇。其地在今湖南岳阳县北，为洞庭湖水入长江之处。 [24]壬午：十一月十日。 [25]鱼艓（dié）：打鱼的小船。 [26]甲申：十一月十二日。 [27]猷州：州名。治所在今安徽泾县西。 [28]黄沙：城名。在今安徽泾县东南。 [29]丁亥：十一月十五日。 [30]己丑：十一月十七日。 [31]忠武顿：地名。在今陕西华阴市东。 [32]癸卯：十二月二日。 [33]一家：一家人。 [34]或有异同：或有不同之见。[35]制：牵制。 [36]得所与往还书：查到他与辅公祏往来的书信。 [37]甲寅：十二月十三日。[38]己巳：十二月二十八日。 [39]庚申：是月无"庚申"，应作"庚午"。庚午，十二月二十九日。 [40]白简、白狗羌：据胡注，"白简"恐当作"白兰"。白兰、白狗羌，均为中国古代部落名，

属于羌人的支系。分布在今青海南部及四川西部地区，从事游牧，风俗略同党项，与党项羌关系较密。白兰羌，吐蕃谓之丁零，有兵万人。白狗羌有兵千人。唐武德六年（623）白兰、白狗羌同遣使入贡。

七年（甲申，624年）

春，正月，依周、齐旧制，每州置大中正[1]一人，掌知[2]州内人物，品量[3]望第[4]，以本州门望[5]高者领之，无品秩[6]。

壬午[7]，赵郡王孝恭击辅公祏别将于枞阳[8]，破之。

庚寅[9]，邹州[10]人邓同颖杀刺史李士衡反。

丙申[11]，以白狗等羌地置维、恭二州[12]。

二月[13]，辅公祏遣兵围猷州[14]，刺史左难当婴城自守[15]。安抚使李大亮引兵击公祏，破之。赵郡王孝恭攻公祏鹊头镇[16]，拔之。

丁未[17]，高丽王建武遣使来请班历[18]。遣使册[19]建武为辽东郡王[20]、高丽王；以百济[21]王扶余璋为带方郡王，新罗[22]王金真平为乐浪郡王。

始州獠[23]反，遣行台仆射窦轨讨之。

己酉[24]，诏："诸州有明一经以上未仕者[25]，咸以名闻[26]；州县及乡皆置学[27]。"

壬子[28]，行军副总管权文诞破辅公祏之党于猷州[29]，拔其枚洄[30]等四镇。

丁巳[31]，上幸国子监[32]，释奠[33]；诏诸王公子弟各就学。

戊午[34]，改大总管为大都督府[35]。

己未[36]，高开道将张金树杀开道来降。开道见天下皆定，欲降，自以数反覆不敢[37]；且恃突厥之众，遂无降意。其将卒皆山东人，思乡里，咸有离心。开道选勇敢士数百，谓之假子[38]，常直[39]阁内，使金树领之。故刘黑闼将张君立亡[40]在开道所，与金树密谋取开道。金树遣其党数人入阁内，与假子游戏，向夕[41]，潜断其弓弦，藏刀槊于床下，合暝[42]，抱之趋出，金树帅其党大噪，攻开道阁，假子将御之，弓弦皆绝，刀槊已失，争出降；君立亦举火于外与相应，内外惶扰[43]。开道知不免，乃擐甲[44]持兵[45]坐堂上，与妻妾奏乐酣饮，众惮其勇，不敢逼。天且明，开道缢妻妾及诸子，乃自杀。金树陈兵，悉收假子斩之，并杀君立，死者五百余人。遣使来降，诏以其地置妫州[46]。壬戌[47]，以金树为北燕州[48]都督。

（以上为第十三段，写张金树杀高开道降唐，河北平定。）

【注释】

[1]中正：官名。三国魏在各州郡置中正官，负责考查本州人才品德，分成九等，作为选任官吏的依据。晋、南北朝沿用。 [2]掌知：掌管。 [3]品量：品评衡量。 [4]望第：资望门第。[5]门望：门第声望。 [6]无品秩：六朝之大中正，皆无品秩及利禄。 [7]壬午：正月十一日。[8]枞（zōng）阳：县名。县治在今安徽枞阳县。 [9]庚寅：正月十九日。 [10]邹州：州名。唐初以齐州之邹平、长山置邹州，治所在今山东邹平市北。 [11]丙申：正月二十五日。 [12]维、恭二州：维州，治所在今四川理县东北；恭州，治所在今四川马尔康市东。 [13]二月：据章校，十二行本“月”下有“辛丑”二字；乙十一行本同；孔本同。辛丑，二月一日。 [14]猷州：州名。治所在今安徽泾县西。 [15]婴城自守：绕城池据守。 [16]鹊头镇：据《新唐书·地理志》，宣州南陵县（今安徽池州市贵池区西南）有鹊头镇。 [17]丁未：二月七日。 [18]请班历：请求赐历，以便奉正朔。班历，班赐历法。 [19]册：册封。 [20]郡王：爵位名。唐代郡王为次于亲王一等的爵号。除皇室外，臣下也得封郡王。 [21]百济：朝鲜古国。传说朱蒙子温祚创立。约1世纪兴起于汉江流域。都于汉江南岸慰礼城。后成为半岛西南部的强国。继而与新罗、高句丽鼎足而立。七世纪中叶统一于新罗。 [22]新罗：朝鲜古国。相传前57年朴赫居世建国。后至4世纪中叶成为半岛南部的强国。首都庆州。7世纪中叶统一半岛大部，为最盛时期。 [23]始州獠：始州地区的少数民族。始州，州名。治所在今四川剑阁县。 [24]己酉：二月九日。 [25]明一经以上未仕者：通晓一经以上而未出仕做官的人。一经，指五经之一。 [26]咸以名闻：皆以其姓名上奏。 [27]置学：设置学校。 [28]壬子：二月十二日。 [29]猷州：州名。治所在今安徽泾县西。 [30]枚洄：镇名。在今安徽泾县。 [31]丁巳：二月十七日。 [32]国子监：古代的中央教育管理机构，简称“国学”。唐代国子监总辖国子、太学、四门、律学、书学、算学等学。 [33]释奠：古代学校的一种典礼，陈设酒食以祭奠先圣先师。 [34]戊午：二月十八日。[35]改大总管为大都督府：《旧唐书·职官志》三：“大都督府。魏黄初二年，始置都督诸州军事之名，后代因之，至隋改为总管府，武德四年又改为都督。督一员，从二品。” [36]己未：二月十九日。 [37]自以数反覆不敢：高开道既降而复叛，自知有反复之罪，故不敢来降。 [38]假子：义子。 [39]直：通“值”，值班宿卫。 [40]亡：逃亡。 [41]向夕：傍晚。 [42]合瞑：等到夜色深黑。又指深夜入睡之后。 [43]惶扰：惶恐扰攘。 [44]擐（huàn）甲：穿铠甲。

[45]持兵：执兵器。 [46]妫州：州名。治所在今河北涿鹿县西南桑干河南岸。 [47]壬戌：二月二十二日。 [48]北燕州：州名。治所在今河北涿鹿县西南桑干河南岸。

戊辰[1]，洋、集二州[2]獠反，陷隆州晋城[3]。

是月，太保吴王杜伏威薨。辅公祏之反也，诈称伏威之命以绐[4]其众。及公祏平，赵郡王孝恭不知其诈，以状闻；诏追除伏威名，籍没其妻子[5]。及太宗即位，知其冤，赦之，复其官爵。

三月，初定令[6]，以太尉、司徒、司空为三公[7]，次尚书、门下、中书、秘书、殿中、内侍为六省[8]，次御史台[9]，次太常至太府为九寺[10]，次将作监[11]，次国子学[12]，次天策上将府[13]，次左、右卫至左、右领卫为十四卫[14]；东宫置三师[15]、三少[16]、詹事[17]及两坊[18]、三寺[19]、十率府[20]；王、公置府佐、国官[21]，公主置邑司[22]，并为京职事官[23]。州、县、镇、戍为外职事官[24]。自开府仪同三司至将仕郎，二十八阶，为文散官[25]；骠骑大将军至陪戎副尉三十一阶，为武散官[26]；上柱国至武骑尉十二等，为勋官[27]。

丙戌[28]，赵郡王孝恭破辅公祏于芜湖，拔梁山[29]等三镇。辛卯[30]，安抚使任瓌拔扬子城[31]，广陵城[32]主龙龛降。

丁酉[33]，突厥寇原州。

戊戌[34]，赵郡王孝恭克丹杨。

先是，辅公祏遣其将冯慧亮、陈当世将舟师三万屯博望山[35]，陈正通、徐绍宗将步骑三万屯青林山[36]，仍于梁山连铁锁以断江路，筑却月城[37]，延袤[38]十余里，又结垒江西以拒官军。

孝恭与李靖帅舟师[39]次舒州[40]，李世勣帅步卒一万渡淮，拔寿阳[41]，次硖石[42]。慧亮等坚壁不战，孝恭遣奇兵绝其粮道，慧亮等军乏食，夜，遣兵薄[43]孝恭营，孝恭坚卧不动。孝恭集诸将议军事，皆曰："慧亮等拥强兵，据水陆之险，攻之不可猝拔，不如直指[44]丹杨，掩[45]其巢穴，丹杨既溃，慧亮等自降矣！"孝恭将从其议，李靖曰："公祏精兵虽在此水陆二军，然所自将亦不为少，今博望诸栅[46]尚不能拔，公祏保据石头[47]，岂易取哉！进攻丹杨，旬月不下，慧亮蹑[48]吾后，腹背受敌，此危道也。慧亮、正通皆百战余贼[49]，其心非不欲战，正以公祏立计使之持重[50]，欲以老我师[51]耳。我今攻其城以挑[52]之，一举可破也！”孝恭然之，使羸兵先攻贼营而勒精兵结陈以待之。攻垒者不胜而走，贼出兵追之，行数里，遇大军，与战，大破之。阚稜免胄[53]谓贼众曰：“汝曹不识我邪？何敢来与我战！”贼多稜故部曲[54]，皆无斗志，或有拜者，由是遂败。孝恭、靖乘胜逐北，转战百余里，博山、青林两戍[55]皆溃，慧亮、正通等遁归，杀伤及溺死者万余人。李靖兵先至丹杨，公祏大惧，拥兵数万，弃城东走，欲就[56]左游仙于会稽，李世勣追之。公祏至句容[57]，从兵能属者才五百人，夜，宿常州[58]，其将吴骚等谋执之。公祏觉之，弃妻子，独将腹心数十人，斩关走。至武康[59]，为野人所攻，西门君仪战死，执公祏，送丹杨枭首，分捕余党，悉诛之，江南皆平。

己亥[60]，以孝恭为东南道行台右仆射，李靖为兵部尚书。顷之，废行台，以孝恭为扬州大都督，靖为府长史。上深美[61]靖功，曰：“靖，萧、辅之膏肓[62]也。”阚稜功多，颇自矜伐[63]。公祏诬稜与己通谋。会赵郡王孝恭籍没贼党田宅，稜及杜伏威、王雄诞田宅在贼境者，孝恭并籍没之；稜自诉理[64]，忤[65]孝恭，孝恭怒，以谋反诛之。

（以上为第十四段，写辅公祏覆灭，淮南平定，杜伏威等蒙冤。）

【注释】

[1]戊辰：二月二十八日。 [2]洋、集二州：洋州，治所在今陕西西乡县。集州，治所在今四川南江县。 [3]隆州晋城：隆州，州名。治所在今四川阆中市。晋城，县名。县治在今四川南部县西北。 [4]绐（dài）：欺哄。 [5]籍没其妻子：即以其妻子为官奴婢。籍没，旧指登记并没收其所有的财产。 [6]初定令：唐初官制沿隋制，自此，始颁行唐朝新定的官制。 [7]三公：以太尉、司徒、司空为三公，又称三司。正第一品。唐代三公已无实际职务，仅用作大臣的最高荣衔。 [8]六省：唐代指尚书、门下、中书、秘书、殿中、内侍六省。 [9]御史台：官署名。为封建国家的监察机关，长官为御史大夫。 [10]九寺：九卿的官署。北齐以太常、光禄、卫尉、宗正、太仆、大理、鸿胪、司农、太府为九寺，各寺长官称寺卿。以后各代沿用。 [11]将作监：官署名。掌土木工匠之政。 [12]国子学：古代的中央教育管理机关和最高学府。唐代国子监下辖国子、太学、四门等学。国子学招收三品以上官僚的子弟。 [13]天策上将府：唐初李渊以秦王世民平王世充、窦建德，功殊今古，以往的位号不足以为称，乃特拜为天策上将军，位在王公

上，并开府。及世民为太子，乃废。［14］十四卫：十二卫及左、右监门卫为十四卫。［15］三师：北魏以后称太师、太傅、太保为三师，品级列为正一品，但仅为虚衔，无实职。［16］三少：官名。亦称“三孤”，即少保、少傅、少师三官之合称。［17］詹事：官名。秦始置，掌皇后、太子家事。唐置詹事府，掌东宫（太子宫）众务，犹朝廷之尚书省，有太子詹事一人，正三品，少詹事一人，正四品上。［18］两坊：官署名。隋有门下、典书二坊，唐改为左、右春坊，属东宫。春坊官有庶子、中允、赞善等。［19］三寺：家令寺、率更寺、仆寺。［20］十率府：左、右卫率，左、右宗卫率，左、右虞候率，左、右监门率，左、右内率。［21］王、公置府佐、国官：亲王府置府佐官与国官。据《旧唐书·职官志》载，亲王府佐有：傅、咨议参军、友、文学、东西阁祭酒、长史、司马、掾、属、主簿、史、记室、录事参军、录事、参军有功、仓、户、兵、骑、法、士等七曹参军、参军事、行参军、典签。亲王国官有：国令、大农尉及丞、录事、典卫、舍人、学官长、食官长、厩牧长、典府长。［22］公主置邑司：公主邑司官有：令、丞、主簿、谒者、舍人、家吏。掌管家财出入，田园征封之事。［23］职事官：表示官员所任实际职务的称号，与散官表示官员等级的称号相对而言。［24］外职事官：外指京外，乃对京城而言。［25］自开府仪同三司至将仕郎，二十八阶，为文散官：文散官，开府仪同三司从一品，特进正二品，光禄大夫从二品，金紫光禄大夫正三品，银青光禄大夫从三品，正议大夫正四品上，通议大夫正四品下，太中大夫从四品上，中大夫从四品下，中散大夫正五品上，朝议大夫正五品下，朝请大夫从五品上，朝散大夫从五品下，朝议郎正六品上，承议郎正六品下，奉议郎从六品上，通直郎从六品下，朝请郎正七品上，宣德郎正七品下，朝散郎从七品上，宣议郎从七品下，给事郎正八品上，征事郎正八品下，承奉郎从八品上，承务郎从八品下，儒林郎正九品上，登仕郎正九品下，文林郎从九品上，将仕郎从九品下。［26］骠骑大将军至陪戎副尉三十一阶，为武散官：骠骑大将军，从一品；辅国大将军，正二品；镇军大将军，从二品；寇军大将军、怀化大将军，正三品上；怀化将军，正三品下；云麾将军、归德大将军，从三品上；归德将军，从三品下；忠武将军，正四品上；壮武将军、怀化中郎将，正四品下；宣威将军，从四品上；明威将军、归德中郎将，从四品下；定远将军，正五品上；宁远将军、怀化郎将，正五品下；游骑将军，从五品上；游击将军、归德郎将，从五品下；昭武校尉，正六品上；昭武副尉、怀化司阶，正六品下；振威校尉，从六品下；致果校尉、正七品上；致果副尉、怀化中候，正七品下；翊麾校尉，从七品上；翊麾副尉、归德中候，从七品下；宣节校尉，正八品上；宣节副尉、怀化司戈，正八品下；御侮校尉，从八品上；御侮副尉、归德司戈，从八品下；仁勇校尉，正九品上；仁勇副尉、怀化执戟长上，正九品下；陪戎校尉，从九品上；陪戎副尉、归德执戟长上，从九品下。［27］上柱国至武骑尉十二等，为勋官：勋级，十有二转为上柱国，视正二品；十有一转为柱国，视从二品；十转为上护军，视正三品；九转为护军，视从三品；八转为上轻车都尉，视正四品；七转为轻车都尉，视从四品；六转为上骑都尉，视正五品；五转为骑都尉，视从五品；四转为骁骑尉，视正六品；三转为飞骑尉，视从六品；二转为云骑尉，视正七品；一转为武骑尉，视从七品。［28］丙戌：三月十六日。［29］梁山：山名。在今安徽和县南长江西岸西梁山。［30］辛卯：三月二十一日。［31］扬子城：在今江苏扬州市。［32］广陵城：在今江苏扬州市。［33］丁酉：三月二十七日。［34］戊戌：三月二十八日。［35］博望山：又名天门山、东梁山。在今安徽当涂县西南。［36］青林山：即今安徽当涂县东南青山。［37］却月城：即钩月城。［38］延袤（mào）：绵延周长。［39］舟师：水军。［40］舒州：州名。治所在今安徽潜山市。［41］寿阳：县名。县治在今安徽寿县。［42］硖石：山名。在今安徽凤台县与寿县之间。［43］薄：迫，近。［44］直指：直向。［45］掩：掩袭。［46］栅：竖木为栅，以为营垒。［47］石头：山名。在今南京市西。［48］蹑：追随。［49］百战余贼：身经百战之贼。［50］正以公祏立计使之持重：只是因为辅公祏的设计使他们不轻举妄动。持重，不轻举妄动。［51］老我师：令我们的军队疲劳。［52］挑：挑战。［53］免胄：脱下头盔。［54］故部曲：旧部下。［55］两戍：两地的防守。［56］就：归附。［57］句容：县名。县治在今江苏句容市。［58］常州：州名。治所在今江苏常州市。［59］武康：县名。县治在今浙江德清县西千秋镇。［60］己亥：三月二十九日。［61］深美：非常赞美。［62］靖，萧、辅之膏肓：谓萧铣、辅公祏皆为李靖所杀。膏肓，为致死之疾。［63］矜伐：矜夸和居功，即夸耀自己的才能、功绩或恩惠。［64］诉理：诉讼申理。［65］忤：违逆。

夏，四月，庚子朔[1]，赦天下。是日，颁新律令[2]，比开皇旧制增新格五十三条。

初定均田租、庸、调法：丁、中之民[3]，给田一顷，笃疾[4]减什之六，寡妻妾减七，皆以什之二为世业[5]，八为口分[6]。每丁岁入租，粟二石[7]。调随土地所宜，绫、绢、絁、布[8]。岁役二旬[9]；不役则收其佣[10]，日三尺[11]；有事而加役者，旬有五日，免其调；三旬，租、调俱免。水旱虫霜为灾，什损四以上免租，损六以上免调，损七以上课役[12]俱免。凡民赀[13]业分九等[14]。百户为里，五里为乡，四家为邻，四邻为保。在城邑者为坊，田野者为村。食禄之家[15]，无得与民争利[16]；工商杂类，无预士伍[17]。男女始生为黄[18]，四岁为小，十六为中，二十为丁，六十为老。岁造计帐[19]，三年造户籍[20]。

丁未[21]，党项寇松州。

庚申[22]，通事舍人[23]李凤起击万州反獠[24]，平之。

五月，辛未[25]，突厥寇朔州。

甲戌[26]，羌与吐谷浑同寇松州，遣益州行台左仆射窦轨自翼州[27]

道，扶州[28]刺史蒋善合自芳州道击之。

丙戌[29]，作仁智宫于宜君[30]。

丁亥[31]，窦轨破反獠于方山[32]，俘二万余口。

（以上为第十五段，写唐颁律令，制租庸调法。）

【注释】

[1]庚子朔：四月一日。 [2]颁新律令：颁布施行新的刑律。隋律严苛，唐高祖武德元年废除隋《大业律令》，颁新格五十三条，以约法缓刑，至此修订颁行。此后还有修订，贞观十一年，公元637年，由房玄龄等最后修成《唐律》500条。高宗时由长孙无忌等撰《唐律义疏》三十卷，行于世，是中国古代流传下来的唯一律书。 [3]丁、中之民：丁男、中男。 [4]笃疾：重疾者。[5]世业：谓永世之田产，不需交还公家。 [6]八为口分：谓十分之八为口分之田。 [7]岁入租，粟二石：每岁纳入官家的田租为粟米二石。 [8]调随土地所宜，绫、绢、絁、布：调则随乡土的生产，岁输绢二匹，绫絁二丈，布加五分之一，绵三两，麻三斤。 [9]岁役二旬：凡丁男每年要服役二十天。 [10]收其佣：收其佣值。 [11]日三尺：每日绢三尺。 [12]课役：租调劳役。[13]赀：同“资”。 [14]九等：上、中、下各有三等，共九等。 [15]食禄之家：食俸禄者，即官吏。 [16]无得与民争利：不能与民争利。其含意为不得兼营工商二业。 [17]无预士伍：不得参与士人之流。 [18]始生为黄：黄，黄口。原指雏鸟，此指幼儿。 [19]岁造计帐：每年编造关于人口田赋数目状况的簿册。[20]户籍：户口的簿籍。[21]丁未：四月八日。[22]庚申：四月二十一日。 [23]通事舍人：官名。唐代中书省有通事舍人，掌朝见引纳之事。 [24]万州反獠：万州（今重庆市万州区）地区造反的少数民族。 [25]辛未：五月二日。 [26]甲戌：五月五日。 [27]翼州：州名。治所在今四川茂县北。 [28]扶州：州名。治所在今四川九寨沟县东北。 [29]丙戌：五月十七日。 [30]宜君：县名。县治在今陕西宜君县西南。 [31]丁亥：五月十八日。 [32]方山：地名。在今四川苍溪县东北。

【点评】

本卷点评，评析刘黑闼与杜伏威。

一、刘黑闼。贝州漳南（县治在今山东武城县东北）人，出身贫苦农民。刘黑闼年轻时不务正业，喜欢饮酒赌博，颇有豪气，与窦建德友善。隋末，刘黑闼为群盗，后投瓦岗李密为裨将，李密失败，刘黑闼投降王世充，因不满王世充的为人，不久脱离王世充，转投窦建德，窦建德立授以将军头衔，封为汉东郡公，委以心腹重任。刘黑闼骁勇善战，诡计多端，常能出其不意，打败强敌，军中服其神勇。窦建德失败，刘黑闼潜伏彰南种菜，闭门不出，静观时变。

此时，唐高祖征召窦建德故将范愿、董康买、曹湛、高雅贤等人赴长安。范愿等人商议说："王世充以洛阳投降李渊，他的部下杨公卿、单雄信等都被害，我们去长安，肯定性命难保，夏王从前捉住唐将宗室淮安王李神通，优礼送还，可李渊抓住夏王却加以杀害。我们不替夏王报仇，没有脸面见天下人。"于是窦建德旧将找到刘黑闼，决定重新起事。刘黑闼一伙只有一百多人，个个死战，一举拿下漳南县。贝州刺史、魏州刺史合兵来攻，也被刘黑闼打败，一时声威大振，窦建德旧境河北、山东全境叛唐，徐圆朗也在山东起兵响应。武德五年（622）正月，刘黑闼正式称汉东王，以洺州为都城，建年号为天造。任命范愿为左仆射，董康买为兵部尚书，高雅贤为右领军，窦建德旧时文武官员，一律复职。唐王朝发大军讨伐，秦王李世民、太子李建成、齐王李元吉相继统兵，费了九牛二虎之力，才把刘黑闼扑灭。

刘黑闼反隋，是被迫起义，农民军的行为是推翻暴政，深得民众拥护，追随窦建德成了大气候。刘黑闼再起反唐，已经不是反暴政，以河北、山东一隅之力对抗欣欣向荣的新王朝，失败是肯定的。不过刘黑闼第二次起事是为了逃死，所以赢得了窦建德夏政权的全境响应。李唐王朝平定天下，应当宽大为怀，不应暴虐降人，一招不慎，带来大乱，给新王朝的建立者提供了深刻的教训，给后来李世民的宽怀政治提供借鉴。刘黑闼以悲剧结局，无所称道。但他反隋的义举，以及英勇善战的业绩，使他仍不失为一位英雄。

二、杜伏威。齐州章丘（今属济南）人，家贫，少年为盗，与同乡好友辅公祏遭官府追捕，被迫起义。隋大业九年（613），杜伏威率众进入章丘长白山，投靠在长白山起义的左才相。同年，杜伏威又脱离左才相，率众南下转战淮南。两三年间，杜伏威的势力大增，在江淮间成为南方最大的起义势力。大业十三年（617），隋炀帝到江南，派出官军征讨，被杜伏威打败，江淮义军声威大振。杜伏威乘胜破高邮，占历阳，据丹阳，成为南方最大的反隋势力。杜伏威自称总管，任命辅公祏为长史。这时江淮杜伏威军、山东瓦岗军、河北窦建德军，是反隋的三大支农民起义军。因此，杜伏威是隋王朝的主要掘墓人之一。

杜伏威不仅军事才能杰出，而且很有治政才能。他占领丹阳后，便下令"薄赋敛"，减轻贫民的负担；治军严厉，军士对百姓秋毫无犯。杜伏威严惩贪官污吏，凡贪赃枉法的官吏，无论罪行轻重，一律处斩。他所到之处，当地百姓，无不交口称誉。

但杜伏威政治上仍然极不成熟，他壮大后并无称雄天下之志，而在武德元年（618），隋炀帝被弑后，上表隋皇泰主杨侗称臣，接受招安，被拜为东道大总管，封为楚王。第二年，唐高祖遣使招抚杜伏威，他又接受了唐朝的封赐，受唐东南道行台尚书令、淮南安抚大使、吴王等官爵。杜伏威还接受了唐朝的赐姓为李氏。武德五年（622），杜伏威亲自入朝长安，向唐投降，可谓识其大体。武德六年（623），辅公祏乘杜伏威远离义军，在南京举兵反唐称帝，不久被唐军讨平。辅公起兵，假借杜伏威之名以号令部众，杜伏威因之遭到株连。武德七年（624），杜伏威在长安被毒杀，祸害殃及全家，妻子被籍没。唐太宗即位，贞观元年（627）为杜伏威平反，复其官爵，葬以公礼。

翟让瓦岗军、窦建德河北军、杜伏威江淮军是推翻隋王朝的三大农民起义军主力，他们推动了历史的前进，功绩不可磨灭。但农民固有的局限性，导致他们政治上的不成熟，翟让、窦建德、杜伏威三位领袖全部以悲剧终。瓦岗的继承者李密仍以悲剧结局。

卷一九一 唐纪七

唐高祖武德七年至九年（624—626 年）

【起阏逢涒滩（甲申，624 年）六月，尽柔兆阉茂（丙戌，626 年）八月，凡二年有奇】

【大事提要】

本卷记事起公元 624 年六月，讫公元 626 年八月，凡两年又三个月，时当唐高祖武德七年至九年。此时期，唐王朝已统一全国，唯有北疆突厥不断犯边，连续两次大规模入侵，均被李世民以大勇大智，兵不血刃屈突厥，与颉利可汗盟誓，使突厥退兵。群雄已灭，唐统治集团高层争权矛盾日益激化，太子李建成与齐王李元吉合谋陷害秦王李世民。由于李世民功高震主，唐高祖倒向太子一边，形势逼使李世民于唐高祖武德九年，公元 626 年六月四日发动玄武门之变，诛杀太子李建成和齐王李元吉，武力夺权。六月七日，李世民进位为太子，六月十六日唐高祖退位为太上皇，八月九日，李世民正式即皇帝位，完成了政变夺权，是为唐太宗。

高祖神尧大圣光孝皇帝下之上

武德七年（甲申，624 年）

六月，辛丑[1]，上幸仁智宫[2]避暑。

辛亥[3]，泷州、扶州[4]獠[5]作乱，遣南尹州都督李光度[6]等击平之。

丙辰[7]，吐谷浑寇扶州[8]，刺史蒋善合[9]击走之。

壬戌[10]，庆州都督杨文干[11]反。

初，齐王元吉劝太子建成除秦王世民，曰："当为兄手刃之！"世民从上幸元吉第，元吉伏护军宇文宝[12]于寝内，欲刺世民；建成性颇仁厚，遽止之。元吉愠曰："为兄计耳，于我何有！"

建成擅募长安及四方骁勇二千余人为东宫卫士，分屯左、右长林[13]，号长林兵。又密使右虞候率[14]可达志[15]从燕王李艺[16]发幽州突骑[17]三百，置宫东诸坊，欲以补东宫长上[18]。为人所告，上召建成责之，流可达志于嶲州。

杨文干尝宿卫东宫，建成与之亲厚，私使募壮士送长安。上将幸仁智宫，命建成居守，世民、元吉皆从。建成使元吉就图世民，曰："安危之计，决在今岁。"又使郎将尔朱焕、校尉桥公山[19]以甲遗文干。二人至豳州，上变[20]，告太子使文干举兵，使[21]表里相应；又有宁州人杜凤举[22]亦诣宫言状。上怒，托他事，手诏召建成，令诣行在。建成惧，不敢赴。太子舍人徐师謩[23]劝之据城举兵；詹事主簿[24]赵弘智[25]劝之贬损车服，屏从者，诣上谢罪，建成乃诣仁智宫。未至六十里，悉留其官属于毛鸿宾堡[26]，以十余骑往见上，叩头谢罪，奋身自掷，几至于绝[27]。上怒不解，是夜，置之幕下[28]，饲以麦饭[29]，使殿中监陈福防守，遣司农卿宇文颖[30]驰召文干。颖至庆州[31]，以情告之，文干遂举兵反。上遣左武卫将军钱九陇[32]与灵州都督杨师道击之。

甲子[33]，上召秦王世民谋之，世民曰："文干竖子[34]，敢为狂逆，计府僚已应擒戮；若不尔，正应遣一将讨之耳。"上曰："不然。文干事连建成，恐应之者众。汝宜自行，还，立汝为太子。吾不能效隋文帝自诛其子，当封建成为蜀王。蜀兵脆弱，他日苟能事汝，汝宜全之；不能事汝，汝取之易耳！"

上以仁智宫在山中，恐盗兵猝[35]发，夜，帅宿卫[36]南出山外，行数十里，东宫官属[37]继至，皆令三十人为队，分兵围守之。明日，复还仁智宫。

世民既行，元吉与妃嫔更迭为建成请，封德彝复为之营解于外，上意遂变，复遣建成还京师居守。惟责以兄弟不睦，归罪于太子中允[38]王珪、左卫率[39]韦挺[40]、天策兵曹[41]参军杜淹，并流于嶲州。挺，冲之子也。初，洛阳既平，杜淹久不得调，欲求事建成。房玄龄以淹多狡数[42]，恐其教导建成，益为世民不利，乃言于世民，引入天策府。

突厥寇代州之武周城[43]，州兵击破之。

秋，七月，己巳[44]，苑君璋以突厥寇朔州，总管秦武通[45]击却之。

杨文干袭陷宁州，驱掠吏民出据百家堡[46]。秦王世民军至宁州，其党皆溃。癸酉[47]，文干为其麾下所杀，传首京师。获宇文颖，诛之。

（以上为第一段，写唐室李建成、李世民争太子之位，已从暗斗转为明争，兄弟已成水火不容之势。第一回合李建成败阵。）

【注释】

［1］辛丑：六月三日。［2］仁智宫：李渊所建行宫。在今陕西铜川市玉华村北玉华山。［3］辛亥：六月十三日。［4］泷州、扶州：州名。泷州，治所在今广东罗定市南。扶州，此指南扶州，治所在今广东信宜市西南镇隆镇。［5］獠（lǎo）：又作僚，魏晋以后对川、陕、黔、滇、桂、湘、粤等省少数民族的泛称。这里指泷州、扶州一带的少数民族。［6］李光度：本隋永平郡（治今广西藤县）太守，蛮酋出身，降唐授南尹州（治今广西贵港市）刺史。事迹见《旧唐书》卷五十九《李袭志传》、卷六十七《李靖传》等。［7］丙辰：六月十八日。［8］扶州：州名。此指北扶州。治所在今重庆市南岸区东北。［9］蒋善合：曾在隋末割据于郓州（治今山东郓城县东），武德四年（621）降唐。事迹见《旧唐书》卷六十一、《新唐书》卷九十五《窦威传》附《窦轨传》等。［10］壬戌：六月二十四日。［11］杨文干（?—624）：李建成亲信。反叛后的第二个月即为庆州人所杀。事迹见《旧唐书》卷七十六、《新唐书》卷八十《李建成传》。［12］宇文宝：李元吉亲信。事迹见《旧唐书》卷六十四、《新唐书》卷七十九《李元吉传》。［13］长林：宫门名。东宫有左右长林门。［14］虞候率：东宫左右虞候率府长官。掌侦察、巡逻等禁卫事。［15］可达志：李建成亲信。《新唐书·李建成传》谓可达志为“左虞候率”。可达，复姓。［16］李艺：即罗艺。［17］突骑：谓能冲突军阵的骑士。［18］长上：唐制，凡卫官都要轮番宿卫，长上者，则谓番代周期较长的卫士。又，唐官职中有武散阶九品“怀化执戟长上”和“归德执戟长上”等。［19］尔朱焕、桥公山：李建成亲信。事迹见《旧唐书》卷六十四、《新唐书》卷七十九《李建成传》。尔朱，复姓，源出羯族。［20］上变：向朝廷密告谋反之类的紧急事变。［21］使：据章校，“使”作“欲”。［22］杜凤举：《新唐书》卷七十九作“杜凤”。宁州（治今甘肃宁县）人。疑贞观中助吐谷浑讨内乱的鄯州刺史杜凤举即其人。［23］徐师謩：李建成亲信。事迹见《新唐书》卷七十九、卷二百零一。［24］詹事主簿：官名。东宫詹事府掌印和考核文书簿籍的官员。［25］赵弘智：洛州新安（今河南新安县）人。官至国子祭酒，崇贤学士。《艺文类聚》的修撰人之一，并有文集二十卷。传见《旧唐书》卷一百八十八、《新唐书》卷一百零六。［26］毛鸿宾堡：北魏将毛鸿宾筑，在今陕西铜川市耀州区西南。［27］绝：气绝，死亡。［28］幕下：帐幕之下。［29］麦饭：以麦为饭，谓饭粗粝。［30］宇文颖（?—624）：代（今山西大同市北）人。曾参加瓦岗军。降唐后，封化政郡公。同李元吉厚善。事迹见《新唐书》卷七十九《李元吉传》。［31］庆州：州名。治所在今甘肃庆阳市。［32］钱九陇：唐初功臣。字永业，湖州长城（今浙江长兴县）人。官至右监门大将军，封巢国公。传见《旧唐书》卷五十七、《新唐书》卷八十八。［33］甲子：六月二十六日。

[34]竖子：僮仆，小子，卑贱的称谓。 [35]猝（cù）：突然，出其不意。 [36]宿卫：于宫禁值宿警卫。此谓禁军卫士。 [37]属：据章校，“属”下有“将卒”二字。 [38]太子中允：官名。东宫左右春坊长官左右庶子之副。协助左右庶子掌侍从礼仪、驳正启奏，并监药及通判坊局事。 [39]左卫率：东宫左卫率府长官。 [40]韦挺（591—648）：唐初大臣。雍州万年（今陕西西安市东部）人。父冲，隋文帝时大臣，官至民部尚书，封义丰县侯。挺为冲少子，贞观中，拜御史大夫，封扶阳县男。传见《旧唐书》卷七十七、《新唐书》卷九十八。掌兵仗、仪卫。 [41]天策兵曹：官名。即秦王李世民天策上将府掌管军事的官员。 [42]狡数：诡诈有心计。 [43]武周城：古城塞名。即今山西左云县城。 [44]己巳：七月一日。 [45]秦武通：唐初大将。曾从李世民讨刘武周、刘黑闼和东突厥。事迹见《旧唐书》卷五十五《刘武周传》、卷一百九十四《突厥传》等。 [46]百家堡：在今甘肃庆阳市马岭镇西北。 [47]癸酉：七月五日。

丁丑[1]，梁师都行台白伏愿来降。

戊寅[2]，突厥寇原州；遣宁州刺史鹿大师救之，又遣杨师道趋大木根山[3]。庚辰[4]，突厥寇陇州；遣护军尉迟敬德击之。

吐谷浑寇岷州。辛巳[5]，吐谷浑、党项寇松州[6]。

癸未[7]，突厥寇阴盘[8]。

甲申[9]，扶州刺史蒋善合击吐谷浑于松州赤磨镇[10]，破之。

己丑[11]，突厥吐利设[12]与苑君璋寇并州。

甲午[13]，车驾还京师。

或说上曰：“突厥所以屡寇关中者，以子女玉帛皆在长安故也。若焚长安而不都，则胡寇自息矣。”上以为然，遣中书侍郎宇文士及逾南山[14]至樊、邓[15]，行[16]可居之地，将徙都之。太子建成、齐王元吉、裴寂皆赞成其策，萧瑀等虽知其不可而不敢谏。秦王世民谏曰：“戎狄为患，自古有之。陛下以圣武龙兴[17]，光宅中夏[18]，精兵百万，所征无敌，奈何以胡寇扰边，遽迁都以避之，贻四海之羞，为百世之笑乎！彼霍去病[19]汉廷一将，犹志灭匈奴；况臣忝[20]备藩维，愿假数年之期，请系颉利之颈，致之阙下。若其不效，迁都未晚。”上曰：“善。”建成曰：“昔樊哙[21]欲以十万众横行匈奴中，秦王之言得无似之！”世民曰：“形势各异，用兵不同，樊哙小竖[22]，何足道乎！不出十年，必定漠北[23]，非[24]虚言也！”上乃止。建成与妃嫔因共谮[25]世民曰：“突厥虽屡为边患，得赂[26]即退。秦王外托御寇之名，内欲总兵权，成其篡夺之谋耳！”

上校猎城南，太子、秦、齐王皆从，上命三子驰射角胜[27]。建成有胡马，肥壮而喜蹶[28]，以授世民曰：“此马甚骏，能超数丈涧，弟善骑，试乘之。”世民乘以逐鹿，马蹶，世民跃立于数步之外，马起，复乘之，如是者三，顾谓宇文士及曰：“彼欲以此见杀，死生有命，庸何[29]伤乎！”建成闻之，因令妃嫔谮之于上曰：“秦王自言，我有天命，方为天下主，岂有浪死[30]！”上大怒，先召建成、元吉，然后召世民入，责之曰：“天子自有天命，非智力可求；汝求之一何[31]急邪！”世民免冠顿首，请下法司[32]案验。上怒不解，会有司奏突厥入寇，上乃改容劳勉世民，命之冠带，与谋突厥。闰月，己未[33]，诏世民、元吉将兵出豳州以御突厥，上饯之于兰池[34]。上每有寇盗，辄命世民讨之，事平之后，猜嫌益甚。

初，隋末京兆韦仁寿[35]为蜀郡司法书佐[36]，所论囚至市[37]，犹西向为仁寿礼佛然后死。唐兴，爨弘达[38]帅西南夷内附，朝廷遣使抚之，类皆贪纵，远民患之，有叛者。仁寿时为嶲州都督长史，上闻其名，命检校南宁州[39]都督，寄治越嶲，使之岁一至其地慰抚之。仁寿性宽厚，有识度，既受命，将兵五百人至西洱河[40]，周历数千里，蛮、夷豪帅皆望风归附，来见仁寿。仁寿承制置七州[41]、十五县，各以其豪帅为刺史、县令，法令清肃，蛮、夷悦服。将还，豪帅皆曰：“天子遣公都督南宁，何为遽去？”仁寿以城池未立为辞。蛮、夷即相帅为仁寿筑城，立廨舍[42]，旬日[43]而就。仁寿乃曰：“吾受诏但令巡抚，不敢擅留。”蛮、夷号泣送之，因各遣子弟入贡。壬戌[44]，仁寿还朝，上大悦，命仁寿徙镇南宁，以兵戍[45]之。

苑君璋引突厥寇朔州。

八月，戊辰[46]，突厥寇原州。

己巳[47]，吐谷浑寇鄯州。

壬申[48]，突厥寇忻州[49]，丙子[50]，寇并州；京师戒严。戊寅[51]，寇绥州[52]，刺史刘大俱[53]击却之。

是时，颉利、突利二可汗举国入寇，连营南上，秦王世民引兵拒之。会关中久雨，粮运阻绝，士卒疲于征役，器械顿弊[54]，朝廷及军中咸以为忧。世民与虏遇于豳州，勒兵将战。己卯[55]，可汗帅万余骑奄至[56]城西，陈于五陇阪[57]，将士震恐。世民谓元吉曰："今虏骑凭陵[58]，不可示之以怯，当与之一战，汝能与我俱[59]乎？"元吉惧曰："虏形势如此，奈何轻出，万一失利，悔可及乎！"世民曰："汝不敢出，吾当独往，汝留此观之。"世民乃帅骑驰诣虏陈[60]，告之曰："国家与可汗和亲，何为负约，深入我地！我秦王也，可汗能斗，独出与我斗；若以众来，我直以此百骑相当耳。"颉利不之测[61]，笑而不应。世民又前，遣骑告突利曰："尔往与我盟，有急相救；今乃引兵相攻，何无香火之情[62]也！"突利亦不应。世民又前，将渡沟水，颉利见世民轻出，又闻香火之言，疑突利与世民有谋，乃遣止世民曰："王不须渡，我无他意，更欲与王申固盟约耳。"乃引兵稍却[63]。

是后霖雨[64]益甚，世民谓诸将曰："虏所恃者弓矢耳，今积雨弥时[65]，筋胶俱解，弓不可用，彼如飞鸟之折翼；吾屋居火食，刀槊[66]犀利，以逸制劳，此而不乘[67]，将复何待！"乃潜师夜出，冒雨而进，突厥大惊。世民又遣说突利以利害，突利悦，听命[68]。颉利欲战，突利不可，乃遣突利与其夹毕特勒[69]阿史那思摩[70]来见世民，请和亲，世民许之。思摩，颉利之从叔也。突利因自托于世民，请结为兄弟；世民亦以恩意抚之，与盟而去。

（以上为第二段，写突厥入寇，秦王李世民以大勇精神不战而屈突厥之兵，与颉利可汗定盟，化解了一场大战。）

【注释】

[1]丁丑：七月九日。[2]戊寅：七月十日。[3]大木根山：山名。又名东木根山，在今内蒙古兴和县西北。鲜卑拓跋氏先人曾居此。据章校，"山"下有"邀其归路"四字。[4]庚辰：七月十二日。[5]辛巳：七月十三日。[6]松州：州名。治所在今四川松潘县。[7]癸未：七月十五日。[8]阴盘：县名。县治在今甘肃平凉市南四十里铺镇。[9]甲申：七月十六日。[10]赤磨镇：在今四川松潘县东北。[11]己丑：七月二十一日。[12]吐利设：东突厥典兵大将，姓阿史那。设，突厥别部典兵者谓"设"，亦作"杀"、"箭"等。[13]甲午：七月二十六日。

[14]南山：山名。今陕西西安市南终南山。 [15]樊、邓：地区名。即樊城（今湖北襄阳市）、邓州（治今河南邓州市）一带。 [16]行：巡视。 [17]圣武龙兴：圣武，亦作英武，称颂帝王之词；龙兴，比喻帝业的创立。 [18]光宅中夏：谓安定天下。光，广。宅，安。中夏，中原，引申为天下。 [19]霍去病（前140—前117）：汉武帝时名将。曾六次出击匈奴，解除匈奴对汉王朝的威胁。传见《史记》卷一百一十一、《汉书》卷五十五。 [20]忝（tiǎn）：辱，有愧于。常作谦词用。 [21]樊哙（?—前189）：汉初大将。沛县（今江苏沛县）人。官至左丞相。封舞阳侯。传见《史记》卷九十五、《汉书》卷四十一。 [22]小竖：小子，竖子。侮称。 [23]漠北：一作幕北。指蒙古高原大沙漠以北地区。 [24]非：据章校，“非”下有“敢”字。 [25]谮：进谗言，说人坏话。 [26]赂：赠送或贿赂财物。 [27]角胜：即决胜，较量，比输赢。 [28]蹶（juě）：尥（liào）蹶子，用后腿踢人。 [29]庸何：岂可，哪能。 [30]浪死：白白死去，无意义地丧命。 [31]一何：怎么，为什么。 [32]法司：执法机构。 [33]闰月，己未：闰七月二十一日。 [34]兰池：在今陕西咸阳市东。秦始皇引渭水为池，并筑兰池宫，由是得名。 [35]韦仁寿：唐初良吏。雍州万年人。官至南宁州都督，以善抚云南诸蛮著称。传见《旧唐书》卷一百八十五上、《新唐书》卷一百九十七。 [36]司法书佐：州郡执法官吏，即法曹司法参军。 [37]市：闹市，买卖场所，此谓处决死囚的地方。 [38]爨弘达：西爨蛮首领。拜昆州（今云南昆明市）刺史。事迹见《新唐书》卷二百二十二下。 [39]南宁州：州名。初寄治成都、越巂（今四川西昌市），后移治所于今云南曲靖市西。 [40]西洱河：一名叶榆泽。即今云南西部洱海。 [41]承制置七州：承制，顺承天子旨意。七州，据《旧唐书》卷四十一等为西宁、豫、西平、利、南云、磨、南笼州，这些州散布于今云南、川南及贵州部分地区。 [42]廨舍：官员办公所在的屋宇。 [43]旬日：十天。 [44]壬戌：闰七月二十四日。 [45]戍：驻守边疆。 [46]戊辰：八月一日。 [47]己巳：八月二日。 [48]壬申：八月五日。 [49]忻州：州名。治所在今山西忻州市。 [50]丙子：八月九日。 [51]戊寅：八月十一日。 [52]绥州：州名。治所在今陕西绥德县。 [53]刘大俱：大俱抗突厥事见《新唐书》卷一《高祖纪》。 [54]顿弊：“顿”同“钝”；弊，破败。 [55]己卯：八月十二日。 [56]奄至：铺天盖地而来，急遽到来。 [57]五陇阪：山坡名。在今陕西彬州市南。 [58]凭陵：进迫，侵犯。 [59]俱：一并，共同。 [60]陈：“阵”的本字。 [61]不之测：对方不可猜度。之，谓秦王。 [62]香火之情：结拜兄弟的情谊。 [63]稍却：小撤，渐退。 [64]霖雨：连阴久雨不止。 [65]弥时：长久。 [66]槊（shuò）：兵器名。即长矛。 [67]乘：趁，因；因势，乘隙。 [68]听命：听从指示命令。 [69]夹毕特勒：东突厥可汗子弟官号。特勒，应作特勤。 [70]阿史那思摩：东突厥贵族。贞观四年（630）降唐，拜右武候大将军、化州都督。贞观十三年（639）被太宗册立为可汗，后因失众，入朝宿卫。卒，陪葬昭陵。

庚寅[1]，岐州刺史柴绍破突厥于杜阳谷[2]。

壬申[3]，突厥阿史那思摩入见[4]，上引升御榻，慰劳之。思摩貌类胡[5]，不类突厥，故处罗疑其非阿史那种，历处罗、颉利世，常为夹毕特勒，终不得典兵为设。既入朝，赐爵和顺王。

丁酉[6]，遣左仆射裴寂使于突厥。

九月，癸卯[7]，日南[8]人姜子路反，交州都督王志远击破之。

癸卯[9]，突厥寇绥州，都督刘大俱击破之，获特勒[10]三人。

冬，十月，己巳[11]，突厥寇甘州。

辛未[12]，上校猎于鄠之南山[13]；癸酉[14]，幸终南[15]。

吐谷浑及羌人寇叠州，陷合川[16]。

丙子[17]，上幸楼观[18]，谒老子祠[19]；癸未[20]，以太牢[21]祭隋文帝陵[22]；十一月，丁卯[23]，上幸龙跃宫[24]；庚午[25]，还宫。

太子詹事裴矩权检校侍中[26]。

（以上为第三段，写突厥、吐谷浑时时扰边。）

【注释】

[1]庚寅：八月二十三日。[2]杜阳谷：杜阳山北之谷地。在今陕西麟游县西北。[3]壬申：八月五日。疑“壬辰”（八月二十五日）误。[4]入见：入朝觐见天子。[5]胡：此指西域民族，如昭武九姓胡。[6]丁酉：八月三十日。[7]癸卯：九月六日。[8]日南：郡名。治所在今越南义安省荣市。[9]癸卯：九月六日。重出癸卯日，是特指这一天，唐朝南北同时发生了重大事件。[10]特勒：“特勤”之误。特勤，为突厥官号。[11]己巳：十月三日。[12]辛未：十月五日。[13]鄠之南山：鄠，县名，县治在今陕西西安市鄠邑区；南山，终南山。[14]癸酉：十月七日。[15]终南：县名。县治在今陕西周至县东终南镇。[16]合川：县名。县治在今甘肃迭部县。[17]丙子：十月十日。[18]楼观：即楼观台，道教胜地。在今陕西周至县南。[19]老子祠：在楼观台内。[20]癸未：十月十七日。[21]太牢：亦作“大牢”，帝王、诸侯祭祀社稷，以牛、羊、豕三牲全备为太牢。[22]隋文帝陵：在今陕西咸阳市杨陵区北。[23]十一月，丁卯：十二月二日。十一月无“丁卯”，疑为十二月丁卯（二日）误。[24]龙跃宫：武德六年（623）改故墅置，在今陕西西安市高陵区西。[25]庚午：十二月五日。[26]权检校侍中：权，谓暂代官职。检校为加官之名。侍中，门下省长官，掌出纳帝命，与中书令同司宰相之职。

八年（乙酉，625年）

春，正月，丙辰[1]，以寿州[2]都督张镇周为舒州[3]都督。镇周以舒州本其乡里，到州，就故宅多市酒肴，召亲戚故人，与之酣宴，散发箕踞[4]，如为布衣[5]时，凡十日。既而分赠金帛，泣，与之别，曰："今日张镇周犹得与故人欢饮，明日之后，则舒州都督治百姓耳，君民礼隔，不得复为交游。"自是亲戚故人犯法，一无所纵，境内肃然。

丁巳[6]，遣右武卫将军段德操[7]徇夏州地。

吐谷浑寇叠州。

是月，突厥、吐谷浑各请互市[8]，诏皆许之。先是，中国丧乱，民乏耕牛，至是资于戎狄，杂畜被野。

夏，四月，乙亥[9]，党项寇渭州。

甲申[10]，上幸鄠县，校猎于甘谷[11]，营太和宫[12]于终南山；丙戌[13]，还宫。

西突厥统叶护可汗[14]遣使请婚，上谓裴矩曰："西突厥道远，缓急不能相助，今求婚，何如？"对曰："今北狄方强，为国家今日计，且当远交而近攻，臣谓宜许其婚以威颉利；俟数年之后，中国完实，足抗北夷，然后徐思其宜。"上从之。遣高平王道立[15]至其国，统叶护大喜。道立，上之从子也。

初，上以天下大定，罢十二军[16]。既而突厥为寇不已，辛亥[17]，复置十二军，以太常卿窦诞等为将军，简练[18]士马，议大举击突厥。

甲寅[19]，凉州胡睦伽陀引突厥袭都督府，入子城[20]；长史刘君杰击破之。

六月，甲子[21]，上幸太和宫。

丙子[22]，遣燕郡王李艺屯华亭[23]县及弹筝峡[24]，水部郎中[25]姜行本[26]断石岭道[27]以备突厥。

丙戌[28]，颉利可汗寇灵州。丁亥[29]，以右卫大将军张瑾[30]为行军总管以御之，以中书侍郎温彦博为长史。先是，上与突厥书用敌国礼[31]，秋，七月，甲辰[32]，上谓侍臣曰："突厥贪婪无厌，朕将征之，自今勿复为书[33]，皆用诏敕。"

丙午[34]，车驾还宫。

己酉[35]，突厥颉利可汗寇相州[36]。

睦伽陀攻武兴[37]。

丙辰[38]，代州都督蔺謩[39]与突厥战于新城[40]，不利；复命行军总管张瑾屯石岭，李高迁[41]趋大谷[42]以御之。丁巳[43]，命秦王出屯蒲州以备突厥。

八月，壬戌[44]，突厥逾石岭，寇并州；癸亥[45]，寇灵州；丁卯[46]，寇潞、沁、韩三州[47]。

左武候大将军安修仁击睦伽陀于渠川[48]，破之。

诏安州大都督李靖出潞州道，行军总管任瓌[49]屯太行[50]，以御突厥。颉利可汗将兵十余万大掠朔州。壬申[51]，并州道行军总管张瑾与突厥战于太谷，全军皆没，瑾脱身奔李靖。行军长史温彦博为虏所执，虏以彦博职在机近[52]，问以国家兵粮虚实，彦博不对，虏迁之阴山。庚辰[53]，突厥寇灵武[54]。甲申[55]，灵州都督任城王道宗[56]击破之。丙戌[57]，突厥寇绥州。丁亥[58]，颉利可汗遣使请和而退。

九月，癸巳[59]，突厥没贺咄设[60]陷并州一县，丙申[61]，代州都督蔺謩击破之。

癸卯[62]，初令太府检校诸州权量[63]。

丙午[64]，右领军将军王君廓破突厥于幽州，俘斩二千余人。

突厥寇蔺州[65]。

冬，十月，壬申[66]，吐谷浑寇叠州，遣扶州刺史蒋善合救之。

戊寅[67]，突厥寇鄯州，遣霍公柴绍救之。

十一月，辛卯朔[68]，上幸宜州。

权检校侍中裴矩罢判黄门侍郎。

戊戌[69]，突厥寇彭州[70]。

庚子[71]，以天策司马[72]宇文士及权检校侍中。

辛丑[73]，徙蜀王元轨[74]为吴王，汉王元庆[75]为陈王。

癸卯[76]，加秦王世民中书令，齐王元吉侍中。

丙午[77]，吐谷浑寇岷州[78]。

戊申[79]，眉州山獠[80]反。

十二月，辛酉[81]，上还至京师。

庚辰[82]，上校猎于鸣犊泉[83]；辛巳[84]，还宫。

以襄邑王神符检校扬州大都督。始自丹杨[85]徙州府及居民于江北。

（以上为第四段，写北疆不宁，突厥成为唐王朝的主要威胁。）

【注释】

[1]丙辰：正月二十一日。 [2]寿州：州名。治所在今安徽寿县。 [3]舒州：州名，治所在今安徽潜山市。 [4]箕踞：亦作“箕据”。坐时两脚伸直岔开，如簸箕状。一说屈膝张足而坐，表示出一种随便、轻慢的态度。 [5]布衣：平民。 [6]丁巳：正月二十二日。 [7]段德操：唐初将领。曾任延州总管，并屡败割据夏州的梁师都。事迹见《旧唐书》卷五十六、《新唐书》卷八十七《梁师都传》等。 [8]互市：边境上国家或民族间的贸易。 [9]乙亥：四月十二日。 [10]甲申：四月二十一日。 [11]甘谷：在今陕西西安市鄠邑区西南。 [12]太和宫：宫名。在今陕西西安市南终南山上，后改名翠微宫。 [13]丙戌：四月二十三日。 [14]统叶护可汗（?—628)：西突厥射匮可汗弟。有胜兵数十万，徙庭千泉，统有西域诸国。公元619年至628年在位。 [15]道立：唐宗室李道立。初封高平郡王，后降为县公。永徽初，卒于陈州。传见《旧唐书》卷六十、《新唐书》卷七十八。 [16]十二军：指武德初年于关中道所置以参旗、鼓旗、玄戈、井钺、羽林、骑官、折威、平道、招摇、苑游、天纪、天节为名号的十二支军队。 [17]辛亥：五月十八日。 [18]简练：择选训练。 [19]甲寅：五月二十日。 [20]子城：大城所属的小城，即内城或瓮城、月城。 [21]甲子：六月二日。 [22]丙子：六月十四日。 [23]华亭：县名。县治在今甘肃华亭市。 [24]弹筝峡：在今甘肃平凉市西北。 [25]水部郎中：官名。工部中主管水利的长官。 [26]姜行本（?—645)：名确，字行本，秦州上邽（今甘肃天水市）人。杰出的工程营造家。卒赠左卫大将军、郕国公，陪葬昭陵。传见《旧唐书》卷五十九、《新唐书》卷九十一。 [27]石岭道：在今山西阳曲县东北关城一带。 [28]丙戌：六月二十四日。 [29]丁亥：六月二十五日。 [30]张瑾：唐高祖时大将。事迹见《旧唐书》卷六十七《李靖传》、卷一百九十四《突厥传》,《新唐书》卷一《高祖纪》等。 [31]敌国礼：平等国家间交往中的礼仪。 [32]甲辰：七月十二日。 [33]书：指书启，即下级给上级的信件。按，李渊一度称臣于突厥可汗。 [34]丙午：七月十四日。 [35]己酉：七月十七日。 [36]相州：疑为檀州（治今北京市密云区）误，此时突厥兵尚不能至相州（治今河南安阳市）。 [37]武兴：废郡名，十六国前凉置。治所在今甘肃武威市西北。 [38]丙辰：七月二十四日。 [39]蔺謩：唐初将领。事迹见《新唐书》卷一百一十《冯盎传》、卷二百一十五《突厥传》。 [40]新城：在今山西朔州市西南。 [41]李高迁（?—654)：唐开国功臣。岐州岐山（今陕西岐山县东南）人。官至左武卫大将军，封江夏郡公。传见《旧唐书》

卷五十七、《新唐书》卷八十八。［42］大谷：即太谷县。县治在今山西晋中市太谷区。［43］丁巳：七月二十五日。［44］壬戌：八月一日。［45］癸亥：八月二日。［46］丁卯：八月六日。［47］潞、沁、韩三州：潞州，治所在今山西长治市；沁州，治所在今山西沁源县；韩州，治所在今山西襄垣县。［48］渠川：在凉州（治所在今甘肃武威市）境内，因沮渠蒙逊曾据此而得名。［49］任瓌（?—629）：唐开国功臣。字玮，庐州合肥（今安徽合肥市）人。封管国公，终通州都督。传见《旧唐书》卷五十九、《新唐书》卷九十。［50］太行：今太行山或太行关，在今山西晋城市南。［51］壬申：八月十一日。［52］机近：参与朝廷机要的大臣。［53］庚辰：八月十九日。［54］灵武：县名。县治在今宁夏永宁县西南。［55］甲申：八月二十三日。［56］道宗（600—653）：唐宗室李道宗。字承范。数有战功，封任城王，太宗时改封江夏王。高宗初年，为长孙无忌所诬，于流放途中病卒。传见《旧唐书》卷六十、《新唐书》卷七十八。［57］丙戌：八月二十五日。［58］丁亥：八月二十六日。［59］癸巳：九月二日。［60］没贺咄设：即"莫贺咄设"，颉利曾为此典兵官，但此非颉利。［61］丙申：九月五日。［62］癸卯：九月十二日。［63］检校诸州权量：检查各州度量衡的轻重大小。［64］丙午：九月十五日。［65］蔺州：西汉曾于离石西置蔺县，疑蔺州于蔺县置，或为"兰州"误。［66］壬申：十月十一日。［67］戊寅：十月十七日。［68］辛卯朔：十一月一日。［69］戊戌：十一月八日。［70］彭州：州名。治所在今甘肃镇原县东。［71］庚子：十一月十日。［72］天策司马：官名。秦王李世民天策上将府高级官员，其职任为综理天策府事，并参与军机。［73］辛丑：十一月十一日。［74］元轨（?—688）：唐高祖第十四子李元轨。传见《旧唐书》卷六十四、《新唐书》卷七十九。［75］元庆：唐高祖第十六子李元庆。［76］癸卯：十一月十三日。［77］丙午：十一月十六日。［78］岷州：州名。治所在今甘肃岷县。［79］戊申：十一月十八日。［80］眉州山獠：分布于眉州（治今四川眉山市）山地的獠族。［81］辛酉：十二月一日。［82］庚辰：十二月二十日。［83］鸣犊泉：泉水名。在今陕西西安市临潼区西北。［84］辛巳：十二月二十一日。［85］丹杨：郡名。即丹阳。隋炀帝改蒋州（治今江苏南京市清凉山）置，唐高祖徙州府和居民于长江北的扬州。

九年（丙戌，626 年）

春，正月，己亥[1]，诏太常少卿祖孝孙等更定雅乐[2]。

甲寅[3]，以左仆射裴寂为司空，日遣员外郎一人更直[4]其第。

二月，庚申[5]，以齐王元吉为司徒。

丙子[6]，初令州县祀社稷[7]，又令士民里闬[8]相从立社[9]。各申祈报[10]，用洽乡党[11]之欢。戊寅[12]，上祀社稷。

丁亥[13]，突厥寇原州，遣折威将军杨毛[14]击之。

三月，庚寅[15]，上幸昆明池；壬辰[16]，还宫。

癸巳[17]，吐谷浑、党项寇岷州。

戊戌，益州道行台尚书[18]郭行方[19]击眉州叛獠，破之。

壬寅[20]，梁师都寇边，陷静难镇[21]。

丙午[22]，上幸周氏陂[23]。

辛亥[24]，突厥寇灵州。

乙卯[25]，车驾还宫。

癸丑[26]，南海公欧阳胤[27]奉使在突厥，帅其徒五十人谋掩袭可汗牙帐；事泄，突厥囚之。

丁巳[28]，突厥寇凉州，都督长乐王幼良[29]击走之。

戊午[30]，郭行方击叛獠于洪、雅二州[31]，大破之，俘男女五千口。

夏，四月，丁卯[32]，突厥寇朔州；庚午[33]，寇原州；癸酉[34]，寇泾州。戊寅[35]，安州大都督李靖与突厥颉利可汗战于灵州之硖石[36]，自旦至申[37]，突厥乃退。

太史令傅奕上疏请除佛法曰："佛在西域，言妖[38]路远，汉译胡书，恣其假托。使不忠不孝削发而揖君亲[39]，游手游食[40]易服以逃租赋。伪启三涂[41]，谬张六道[42]，恐愒愚夫[43]，诈欺庸品[44]。乃追忏[45]既往之罪，虚规将来之福；布施万钱，希万倍之报。持斋一日，冀百日之粮。遂使愚迷，妄求功德[46]，不惮科禁[47]，轻犯宪章[48]；有造为恶逆，身坠刑网，方乃狱中礼佛，规[49]免其罪。且生死寿夭[50]，由于自然，刑德威福，关之人主[51]，贫富贵贱，功业所招，而愚僧矫诈，皆云由佛。窃人主之权，擅造化[52]之力，其为害政，良可悲矣！降自羲、农[53]，至于有汉，皆无佛法，君明臣忠，祚[54]长年久。汉明帝[55]始立胡神，西域桑门[56]自传其法。西晋以上，国有严科，不许中国之人辄行髡发[57]之事。洎于苻、石，羌、胡乱华[58]，主庸臣佞，政虐祚短，梁武、齐襄[59]，足为明镜。今天下僧尼，数盈[60]十万，翦刻缯綵，装束泥人，竞为厌魅[61]，迷惑万姓。请令匹配[62]，即成十万余户，产育男女，十年长养，一纪[63]教训，可以足兵。四海免蚕食[64]之殃，百姓知威福所在，则妖惑之风自革，淳朴之化还兴。窃见齐朝章仇子佗[65]表言：‘僧尼徒众，糜损国家，寺塔奢侈，虚费金帛。’为诸僧附会[66]宰相，对朝谗毁[67]，诸尼依托妃、主[68]，潜行谤讟[69]，子佗竟被囚縶，刑[70]于都市。周武[71]平齐，制封[72]其墓。臣虽不敏[73]，窃慕其踪。”

上诏百官议其事，唯太仆卿张道源[74]称奕言合理。萧瑀曰：“佛，圣人也，而奕非之；非圣人者无法[75]，当治其罪。”奕曰：“人之大伦[76]，莫如君父。佛以世嫡而叛其父[77]，以匹夫[78]而抗天子。萧瑀不生于空桑[79]，乃遵无父之教。非孝者无亲，瑀之谓矣！”瑀不能对，但合手曰：“地狱之设，正为是人！”

上亦恶沙门、道士苟避征徭，不守戒律[80]，皆如奕言。又寺观邻接廛邸[81]，溷杂屠沽[82]，辛巳[83]，下诏命有司沙汰天下僧、尼、道士、女冠[84]，其精勤练行者[85]，迁居大寺观，给其衣食，毋令阙乏。庸猥粗秽者[86]，悉令罢道[87]，勒[88]还乡里。京师留寺三所，观二所，诸州各留一所，余皆罢之。

傅奕性谨密，既职在占候[89]，杜绝交游，所奏灾异，悉焚其藁[90]，人无知者。

（以上为第五段，写唐高祖抑佛。）

【注释】

［1］己亥：正月十日。［2］雅乐：乐舞名。帝王于祭祀、朝会、宴享等重大典礼时所使用的乐舞，因有别俗乐而得名。［3］甲寅：正月二十五日。［4］更直：轮换当值。直，通“值”。［5］庚申：二月一日。［6］丙子：二月十七日。［7］社稷：帝王、诸侯奉祀的土神和谷神，并用作国家的代称。［8］里闬（hàn）：乡里。［9］社：祭社神（即土地神）的场所。［10］祈报：向神灵祈福报功。［11］乡党：同乡，邻里。［12］戊寅：二月十九日。［13］丁亥：二月二十八日。［14］折威将军：关中十二道中的宁州（治今甘肃宁县）道置有折威军，其长官为折威将军，为关中十二军将军之一。杨毛：据严衍《资治通鉴补》（严校）“毛”改“屯”。杨屯事迹并见《新唐书》卷二百一十五《突厥传》。［15］庚寅：三月二日。［16］壬辰：三月四日。［17］癸巳：三月十日。［18］行台尚书：官名。唐初，中央尚书省于诸道设置派出机关行台尚书省，并仿尚书省制度，设行台尚书令、仆射、丞、尚书等官职，贞观以后废。［19］郭行方：唐初将领。事迹见《旧唐书》卷六十一《窦轨传》、《新唐书》卷二百二十二下《南平獠传》。［20］壬寅：三月十四日。［21］静难镇：城镇名。故址在今陕西绥德县西。［22］丙午：三月十八日。［23］周氏陂：池塘名。在今陕西咸阳市东北。西汉大臣周勃葬此，故名。［24］辛亥：三月

二十三日。［25］乙卯：三月二十七日。［26］癸丑：三月二十五日。按："癸丑"条应插入"辛亥""乙卯"两条之间。［27］欧阳胤：潭州（治今湖南长沙市）人，官至光州刺史，封南海郡公。事迹见《新唐书》卷七十四下《宰相世系表》四下。［28］丁巳：三月二十九日。［29］幼良（?—627）：唐宗室李幼良。官至凉州都督。朝廷疑其谋反，赐死。传见《旧唐书》卷六十、《新唐书》卷七十八。［30］戊午：三月三十日。［31］洪、雅二州：剑南道有雅州，无洪州，疑为眉州洪雅县（县治在今四川洪雅县）之误。［32］丁卯：四月九日。［33］庚午：四月十二日。［34］癸酉：四月十五日。［35］戊寅：四月二十日。［36］硖石：山峡名。即今宁夏青铜峡市西南黄河岸青铜峡。［37］自旦至申：一整天。旦，天亮。申，十二时辰之一，下午三至五时。［38］言妖：言论妖妄怪诞。［39］君亲：君王和父母。［40］游手游食：不劳而获。［41］三涂：佛教名词。佛教以地狱、饿鬼、畜生为三涂，言为恶者必堕入此三涂。［42］六道：佛教以阿修罗（恶神）、天神、地祇、三涂为六道，谓不信佛者始终在"六道"中升沉，不得解脱。［43］恐愒愚夫：恐吓平民愚人。愒，通"喝"。［44］庸品：见识浅陋的人。［45］忏：忏悔，佛教以自陈悔过为忏。［46］功德：佛教名词。指诵经、念佛、施舍等善事。［47］科禁：法律。［48］宪章：典章制度。［49］规：打算，或贪求。［50］寿夭：生命的长短。［51］人主：君王。［52］造化：指天地创造化育万物。［53］羲、农：古史传说人物。羲即伏羲氏，神话中的人类始祖，传说他发明渔猎、畜牧和制作八卦。农即神农氏，传说中的农业、医药的发明者。［54］祚：皇运，国统。［55］汉明帝：东汉第二代君主刘庄，公元57年至75年在位。传见《后汉书》卷二。史称明帝永平八年（65）佛教传入中原。［56］桑门：佛教名词。又作"沙门"，意为依照戒律出家修道的僧人。［57］髡（kūn）发：削发为僧尼。［58］苻、石，羌、胡乱华：指十六国时期五胡入主中原事。苻，谓前秦（350—394）氐族苻氏诸君王。石，指后赵（319—352）羯人石氏诸君王。羌，指后秦姚氏诸君王。胡，指匈奴族刘渊建汉、刘曜建赵诸君王。五胡中还有鲜卑族慕容氏建立前燕、后燕、南燕等诸君王。［59］梁武、齐襄：梁武，即南朝梁武帝萧衍，公元502年至549年在位。传见《梁史》卷一、卷二、卷三。齐襄，即北朝齐文襄帝高澄。传见《北齐史》卷四。［60］盈：溢出，超过。［61］厌魅（mèi）：以媚道事佛。厌，满足，讨好。魅，妖魔鬼怪。［62］匹配：谓使僧尼还俗婚配。［63］一纪：十二年为一纪。［64］蚕食：如蚕食桑，比喻逐渐侵占。［65］章仇子陀：北齐时人，因批评统治者佞佛被诛。章仇，复姓。［66］附会：攀附。［67］对朝谗毁：于朝廷中肆意毁谤章仇子陀。［68］妃、主：妃嫔、公主。［69］谤讟（dú）：诽谤，说人坏话。［70］刑：杀害，执行死刑。［71］周武：即北周武帝宇文邕，公元560年至578年在位。传见《周书》卷五、《北史》卷十。［72］制封：天子进行大封赏则下制书，布告州郡，谓制封。［73］不敏：不聪明，一般用于自谦。［74］张道源：唐初大臣。并州祁（今山西祁县）人。以"孝行"、"忠义"著称，封范阳郡公。传见《旧唐书》卷一百八十七上、《新唐书》卷一百九十一。［75］无法：无视法度，触犯刑律。［76］大伦：封建宗法社会以君臣、父子、夫妇、兄弟、朋友为五伦，五伦之中以君、父为大。［77］佛以世嫡而叛其父：释迦牟尼俗名乔达摩·悉达多，为古印度迦罗毗罗王国（在今尼泊尔境）净饭王的嫡子，舍弃王位继承，离家背父修行。［78］匹夫：本指平民中的男子，又泛指寻常的个人。［79］空桑：古地名。在今河南开封市陈留镇南，传说商初贤相伊尹生于此。［80］戒律：佛教戒规。［81］廛邸：廛，即城市民居住宅；邸，商人邸店或官员府邸。［82］溷杂屠沽：溷，同“混”，又指猪圈、厕所；屠沽，屠夫和卖酒人。［83］辛巳：四月二十四日。［84］女冠：女道士。［85］精勤练行者：指按戒规修炼的出家人。［86］庸猥粗秽者：指庸鄙并有秽行的僧侣。［87］道：据张校，道作“遣”。［88］勒：勒令，强制。［89］占候：根据天象变化来预测吉凶。［90］藁：同“稿”。

癸未[1]，突厥寇西会州[2]。

五月，戊子[3]，虔州[4]胡成郎等杀长史，叛归梁师都；都督刘旻[5]追斩之。

壬辰[6]，党项寇廓州。

戊戌[7]，突厥寇秦州。

壬寅[8]，越州[9]人卢南反，杀刺史宁道明[10]。

丙午[11]，吐谷浑、党项寇河州[12]。突厥寇兰州。

丙辰[13]，遣平道将军[14]柴绍将兵击胡。

六月，丁巳[15]，太白经天[16]。

秦王世民既与太子建成、齐王元吉有隙，以洛阳形胜之地，恐一朝有变，欲出保之，乃以行台工部尚书温大雅[17]镇洛阳，遣秦府车骑将军荥阳张亮[18]将左右王保等千余人之洛阳，阴结纳山东豪杰以俟变，多出金帛，恣其所用。元吉告亮谋不轨，下吏考验[19]；亮终无言，乃释之，使还洛阳。

建成夜召世民，饮酒而鸩[20]之，世民暴心痛，吐血数升，淮安王神通扶之还西宫[21]。上幸西宫，问世民疾，敕建成曰：“秦王素不能饮，自今无得复夜饮。”因谓世民曰：“首建大谋，削平海内[22]，皆汝之功。吾欲立汝为嗣[23]，汝固辞；且建成年长，为嗣日久，吾不忍夺也。观汝兄弟似不相容，同处京邑，必有纷竞，当遣汝还行台，居洛阳，自陕[24]以东皆主之。仍命汝建天子旌旗，如汉梁孝王[25]故事。”世民涕泣，辞以不欲远离膝下，上曰：“天下一家，东、西两都，道路甚迩[26]，吾思汝既往，毋烦悲也。”将行，建成、元吉相与谋曰：“秦王若至洛阳，有土地甲兵，不可复制；不如留之长安，则一匹夫耳，取之易矣。”乃密令数人上封事[27]，言“秦王左右闻往洛阳，无不喜跃，观其志趣，恐不复来。”又遣近幸之臣以利害说上，上意遂移，事复中止。

建成、元吉与后宫[28]日夜谮[29]诉世民于上，上信之，将罪世民。陈叔达谏曰：“秦王有大功于天下，不可黜[30]也。且性刚烈，若加挫抑，恐不胜忧愤，或有不测之疾，陛下悔之何及！”上乃止。元吉密请杀秦王，上曰：“彼有定天下之功，罪状未著[31]，何以为辞[32]？”元吉曰：“秦王初平东都，顾望不还，散钱帛以树私恩，又违敕命，非反而何！但应速杀，何患无辞！”不上应。

（以上为第六段，写太子李建成、齐王李元吉谋划诛秦王李世民，唐高祖态度暧昧，实乃姑息养奸。）

【注释】

[1]癸未：四月二十六日。 [2]西会州：州名。治所即今甘肃靖远县。 [3]戊子：五月一日。 [4]虔州：州名。治所在今江西赣州市西南，后徙今赣州市。此处之“虔州”当为“庆州”（治今甘肃庆阳市）之误。 [5]刘旻：原为梁师都的大将，降唐后累擢庆州都督、夏州长史等职。事迹见《旧唐书》卷五十六、《新唐书》卷八十七《梁师都传》。 [6]壬辰：五月五日。 [7]戊戌：五月十一日。 [8]壬寅：五月十五日。 [9]越州：州名。即南越州，治所在今广西合浦县东北。[10]宁道明：岭南僚族酋帅，世袭刺史。 [11]丙午：五月十九日。 [12]河州：州名。治所在今甘肃临夏市。 [13]丙辰：五月二十九日。 [14]平道将军：关中十二军之一平道军（置于岐州，治今陕西宝鸡市凤翔区）长官。 [15]丁巳：六月一日。 [16]太白经天：一种天文现象。太白星（即金星）经天而过，这有违出东伏东、出西伏西的运行常规，星象家认为这是天下变革的征兆。[17]温大雅：唐初大臣。字彦弘。祁（今山西祁县）人。官至礼部尚书、黎国公。著有《大唐创业起居注》三卷。传见《旧唐书》卷六十一、《新唐书》卷九十一。 [18]张亮（?—646）：出身瓦岗军将领，贞观中，官至刑部尚书、郧国公，并参与朝政，后以谋反罪名被诛。传见《旧唐书》卷六十九、《新唐书》卷九十四。 [19]下吏考验：交司法官吏审问治罪。 [20]鸩：毒酒。指用毒酒害人。 [21]西宫：即弘义宫，在西内苑中。武德五年（622）高祖为秦王建，贞观三年（629）改名大安宫。 [22]海内：四海之内。古代传说我国疆土四周有大海环绕，故称国境以内为海内。 [23]嗣：本意为继承，此谓嗣君，帝位继承人。 [24]陕：即陕州，治所在今河南三门峡市陕州区。 [25]梁孝王：即汉文帝子刘武，被其兄景帝赐天子旌旗，出入“儗于天子”。传见《汉书》卷四十七。 [26]迩（ěr）：近。 [27]封事：臣下上书奏事，为防泄漏，用袋封缄，称为封事。封事直陈皇帝。 [28]后宫：妃嫔所居宫室。此指同李建成等互相勾结的尹德妃、张婕妤等。

[29]谮：进谗言，说坏话。［30］黜：废免，贬斥。［31］著：显，明。［32］辞：借口，托词。

秦府僚属皆忧惧不知所出[1]。行台考功郎中[2]房玄龄谓比部郎中[3]长孙无忌曰："今嫌隙已成，一旦祸机窃发，岂惟府朝涂地[4]，乃实社稷之忧；莫若劝王行周公之事[5]以安家国。存亡之机，间不容发，正在今日！"无忌曰："吾怀此久矣，不敢发口；今吾子[6]所言，正合吾心，谨当白[7]之。"乃入言世民。世民召玄龄谋之，玄龄曰："大王功盖天地，当承大业；今日忧危，乃天赞也，愿大王勿疑。"乃与府属杜如晦共劝世民诛建成、元吉。

建成、元吉以秦府多骁将，欲诱之使为己用，密以金银器一车赠左二副护军尉迟敬德，并以书招之曰："愿迂[8]长者之眷[9]，以敦[10]布衣之交。"敬德辞曰："敬德，蓬户瓮牖之人[11]，遭隋末乱离，久沦逆地[12]，罪不容诛。秦王赐以更生之恩，今又策名藩邸[13]，唯当杀身以为报；于殿下无功，不敢谬[14]当重赐。若私交殿下，乃是贰心，徇利忘忠，殿下亦何所用！"建成怒，遂与之绝。敬德以告世民，世民曰："公心如山岳，虽积金至斗[15]，知公不移。相遗[16]但受，何所嫌也！且得以知其阴计，岂非良策！不然，祸将及公。"既而元吉使壮士夜刺敬德，敬德知之，洞开重门[17]，安卧不动，刺客屡至其庭，终不敢入。元吉乃谮敬德于上，下诏狱讯治，将杀之，世民固请，得免。又谮左一马军总管[18]程知节，出为康州[19]刺史。知节谓世民曰："大王股肱[20]羽翼尽矣，身何能久！知节以死不去，愿早决计。"又以金帛诱右二护军段志玄，志玄不从。建成谓元吉曰："秦府智略之士，可惮者独房玄龄、杜如晦耳。"皆谮之于上而逐之。

世民腹心唯长孙无忌尚在府中，与其舅雍州治中高士廉、右候车骑将军三水侯君集及尉迟敬德等，日夜劝世民诛建成、元吉。世民犹豫未决，问于灵州大都督李靖，靖辞；问于行军总管李世勣，世勣辞；世民由是重二人。

会突厥郁射设将数万骑屯河南[21]，入塞，围乌城[22]，建成荐元吉代世民督诸军北征，上从之，命元吉督右武卫大将军李艺、天纪将军[23]

张瑾等救乌城。元吉请尉迟敬德、程知节、段志玄及秦府右三统军秦叔宝等与之偕行，简阅秦王帐下精锐之士以益[24]元吉军。率更丞[25]王晊[26]密告世民曰："太子语齐王：'今汝得秦王骁将精兵，拥数万之众，吾与秦王饯汝于昆明池，使壮士拉杀之于幕下，奏云暴卒，主上宜无不信。吾当使人进说，令授吾国事。敬德等既入汝手，宜悉坑[27]之，孰敢不服！'"世民以晊言告长孙无忌等，无忌等劝世民先事图之。世民叹曰："骨肉相残，古今大恶。吾诚知祸在朝夕，欲俟其发，然后以义讨之，不亦可乎！"敬德曰："人情谁不爱其死！今众人以死奉王，乃天授也。祸机垂发[28]，而王犹晏然[29]不以为忧，大王纵自轻，如宗庙社稷何！大王不用敬德之言，敬德将窜身草泽，不能留居大王左右，交手受戮[30]也！"无忌曰："不从敬德之言，事今败矣。敬德等必不为王有，无忌亦当相随而去，不能复事大王矣！"世民曰："吾所言亦未可全弃，公更图之。"敬德曰："王今处事有疑，非智也；临难不决，非勇也。且大王素所畜养勇士八百余人，在外者今已入宫，擐甲执兵[31]，事势已成，大王安得已[32]乎！"

世民访之府僚，皆曰："齐王凶戾[33]，终不肯事其兄。比闻护军[34]薛实尝谓齐王曰：'大王之名，合之成"唐"字，大王终主唐祀。'齐王喜曰：'但除秦王，取东宫[35]如反掌耳。'彼与太子谋乱未成，已有取太子之心。乱心无厌[36]，何所不为！若使二人得志，恐天下非复唐有。以大王之贤，取二人如拾地芥[37]耳！奈何徇匹夫之节，忘社稷之计乎！"世民犹未决，众曰："大王以舜为何如人？"曰："圣人也。"众曰："使舜浚井[38]不出，则为井中之泥，涂廪[39]不下，则为廪上之灰，安能泽被天下，法施后世乎！是以小杖[40]则受，大杖则走，盖所存者大故[41]也。"世民命卜之，幕僚张公谨自外来[42]，取龟[43]投地，曰："卜以决疑；今事在不疑，尚何卜乎！卜而不吉，庸得已乎！"于是定计。

（以上为第七段，写秦王李世民被逼上梁山，定计发动兵变，诛除太子夺权。）

【注释】

[1]不知所出：不知道该如何脱离险境。出，脱离。 [2]考功郎中：官名。吏部属官，掌文

武官吏的考核。[3]比部郎中：刑部属官，掌管和处理诸司百僚的俸料、经费等事。[4]涂地：极端困苦的境地。[5]周公之事：周公，即西周初杰出的政治家姬旦，在其摄政期间，曾两次东征，诛兄弟管叔等，并平定管叔、蔡叔、霍叔同武庚发动的叛乱。[6]子：对男子的美称、敬称。[7]白：禀告。[8]迂：良久，或广大。[9]眷：眷顾，关照。[10]敦：厚。[11]蓬户瓮牖之人：贫困家庭出身的人。蓬户，以柴草编门。瓮牖（yǒu），以破瓮为窗。牖，窗。[12]逆地：逆恶环境。[13]策名藩邸：出仕于秦王府。策名，谓"名书于所臣之策"，引申为出仕。藩邸，王府。[14]谬：错。[15]斗：北斗星。[16]遗（wèi）：馈赠。[17]重门：数道门。[18]左一马军总管：武官名。秦、齐二王府各置有掌统骑兵的左、右马军总管。[19]康州：州名。治所在今广东德庆县。此指西康州，治所在今甘肃成县。[20]股肱：比喻左右辅助的得力臣子。[21]河南：地区名。即黄河以南地区。此指今内蒙古河套地区。[22]乌城：地名。在今陕西定边县境，或谓在今内蒙古乌审旗南。[23]天纪将军：官名。关中十二军之一泾州道天纪军长官。[24]益：增加，扩充。[25]率更丞：太子率更寺长官率更令之副，掌判刑罚之事。[26]王晊：事迹见《旧唐书》卷六十四、《新唐书》卷七十九《李元吉传》。[27]坑：活埋。[28]垂发：即将发生。[29]宴然：闲居逸乐状。[30]交手受戮：拱手让人杀害。交手，拱手。[31]擐甲执兵：身披铠甲、手握兵器，意为全副武装。[32]已：停止，罢休。[33]凶戾：凶残暴戾。[34]护军：官名。秦王、齐王府置左右六护军府，各设护军一人。后演变为勋官。[35]东宫：太子代称，此谓李建成。[36]无厌：不满足。[37]地芥：小草。[38]浚井：治井。[39]涂廪：用泥涂仓廪。舜浚井涂廪传说载于《列女传·母仪传》等。[40]杖：杖刑。即用木棍打背、臀、腿等部位的刑罚。[41]大故：大事，大理由，大前提。[42]自外来：据章校，"来"下有"见之"二字。[43]龟：占卜吉凶的用具。

世民令无忌密召房玄龄等，曰："敕旨不听[1]复事王；今若私谒，必坐死，不敢奉教！"世民怒，谓敬德曰："玄龄、如晦岂叛我邪！"取所佩刀授敬德曰："公往观之，若无来心，可断其首以来。"敬德往，与无忌共谕之曰："王已决计，公宜速入共谋之。吾属四人，不可群行道中。"乃令玄龄、如晦著道士服，与无忌俱入，敬德自他道亦至。

己未[2]，太白复经天。傅奕密奏："太白见秦分[3]，秦王当有天下。"上以其状授世民。于是世民密奏建成、元吉淫乱后宫，且曰："臣于兄弟无丝毫负，今欲杀臣，似为世充、建德报仇。臣今枉死，永违君亲，魂归地下，实耻见诸贼！"上省之，愕然，报曰："明当鞫问[4]，汝宜早参[5]。"

庚申[6]，世民帅长孙无忌等入，伏兵于玄武门[7]。张婕妤[8]窃知世民表意，驰语建成。建成召元吉谋之，元吉曰："宜勒宫府[9]兵，托疾不朝，以观形势。"建成曰："兵备已严，当与弟入参，自问消息。"乃俱入，趣玄武门。上时已召裴寂、萧瑀、陈叔达等，欲按[10]其事。

建成、元吉至临湖殿[11]，觉变，即跋马[12]东归宫府。世民从而呼之，元吉张弓射世民，再三不彀[13]，世民射建成，杀之。尉迟敬德将[14]七十骑继至，左右射元吉坠马。世民马逸[15]入林下，为木枝所絓[16]，坠不能起。元吉遽至，夺弓将扼之，敬德跃马叱[17]之。元吉步欲趣武德殿[18]，敬德追射，杀之。

翊卫车骑将军冯翊冯立[19]闻建成死，叹曰："岂有生受其恩而死逃其难乎！"乃与副护军薛万彻、屈咥直[20]府左车骑万年谢叔方[21]帅东宫、齐府精兵二千驰趣玄武门。张公谨多力，独闭关以拒之，不得入。云麾将军[22]敬君弘[23]掌宿卫兵，屯玄武门，挺身出战，所亲止之曰："事未可知，且徐观变，俟兵集，成列而战，未晚也。"君弘不从，与中郎将吕世衡[24]大呼而进，皆死之。君弘，显儁之曾孙也。

守门兵与万彻等力战良久，万彻鼓噪欲攻秦府，将士大惧；尉迟敬德持建成、元吉首示之，宫府兵遂溃。万彻与数十骑亡入终南山。冯立既杀敬君弘，谓其徒曰："亦足以少报太子矣！"遂解兵，逃于野。

上方泛舟海池[25]，世民使尉迟敬德入宿卫，敬德擐甲持矛，直至上所。上大惊，问曰："今日乱者谁邪？卿来此何为？"对曰："秦王以太子、齐王作乱，举兵诛之，恐惊动陛下，遣臣宿卫。"上谓裴寂等曰："不图今日乃见此事，当如之何？"萧瑀、陈叔达曰："建成、元吉本不预[26]义谋，又无功于天下，疾秦王功高望重，共为奸谋。今秦王已讨而诛之，秦王功盖宇宙，率土归心，陛下若处以元良[27]，委之国事，无复事矣！"上曰："善！此吾之夙心[28]也。"时宿卫及秦府兵与二宫左右战犹未已，敬德请降手敕，令诸军并受秦王处分[29]，上从之。天策府司马宇文士及自东上阁门[30]出宣敕，众然后定。上又使黄门侍郎裴矩至东宫晓谕诸将卒，皆罢散。上乃召世民，抚之曰："近日以来，几有投杼[31]之惑。"世民跪而吮上乳，号恸久之。

建成子安陆王承道、河东王承德、武安王承训、汝南王承明、巨鹿王承义，元吉子梁郡王承业、渔阳王承鸾、普安王承奖、江夏王承裕、义阳王承度[32]皆坐诛，仍绝属籍[33]。

初，建成许元吉以正位之后，立为太弟[34]，故元吉为之尽死。诸将欲尽诛建成、元吉左右百余人，籍没其家，尉迟敬德固争曰："罪在二凶，既伏其诛；若及支党，非所以求安也！"乃止。是日，下诏赦天下。凶逆之罪，止于建成、元吉，自余党与，一无所问。其僧、尼、道士、女冠并宜依旧。国家庶事[35]，皆取秦王处分。

辛酉[36]，冯立、谢叔方皆自出；薛万彻亡匿，世民屡使谕之，乃出。世民曰："此皆忠于所事，义士也。"释之。

（以上为第八段，写玄武门之变，秦王李世民诛杀太子李建成、齐王李元吉。）

【注释】

[1]不听：不允许。听，听任。 [2]己未：六月三日。 [3]太白见秦分：太白星（即金星）出现于秦地（今陕西）中央的上空。 [4]鞫（jū）问：审讯，查问。 [5]参：弹劾。 [6]庚申：六月四日。 [7]玄武门：宫城北门。此指西京宫城（隋称大兴宫）北门。 [8]婕妤：妃嫔称号的一种。 [9]宫府：指东宫和齐王府。 [10]按：审查。 [11]临湖殿：在宫城（即西内太极宫）内北。 [12]跋马：使马回转急走。 [13]彀（gòu）：张满弓弩。 [14]将：率领。 [15]逸：奔跑。 [16]絓（guà）：受阻，绊住。 [17]叱（chì）：大声呵斥。 [18]武德殿：在太极宫（即西内）正殿太极殿北。 [19]冯立：同州冯翊（今陕西大荔县）人。李建成心腹。"玄武门之变"后，太宗不计旧嫌，拜立广州都督。在职数年，甚有惠政。传见《旧唐书》卷一百八十七上。 [20]屈咥直：即驱咥直。隶于王府帐内府，以才勇者充任。 [21]谢叔方：雍州万年（今陕西西安市东部）人。李元吉亲信。兵败自首，太宗对其笼络，官至洪、广二州都督，颇有政绩。传见《旧唐书》卷一百八十七上、《新唐书》卷一百九十一。 [22]云麾将军：从三品上武散官。 [23]敬君弘（?—626）：绛州太平（山西襄汾县西北古城）人，北齐右仆射敬显儁曾孙。 [24]吕世衡（?—626）：世衡事迹与敬君弘传见《旧唐书》卷一百八十七上、《新唐书》卷一百九十一《忠义传》上。 [25]海池：太极宫中有东、北、南三海池。 [26]不预：未参与，不曾预谋。 [27]处以元良：即立为太子。 [28]夙心：一贯的心愿。 [29]处分：管押，节制。 [30]东上阁门：太极宫正殿太极殿有东上、西上阁门。 [31]投杼（zhù）：曾母因多次听到有关曾子"杀人"的谣传而相信，于是，"投杼（扔下正用作织布的梭子）逾墙而走"。事见《战国策·秦策》。后以"投杼"比喻因谣言太多而动摇了对最亲近者的信心。 [32]承道至承度诸王：事迹见《旧唐书》卷六十四、《新唐

书》卷七十九《李建成传》《李元吉传》。［33］属籍：由宗正寺所管宗室册籍。［34］太弟：预定继承君位的皇弟。［35］庶事：众多的事务。［36］辛酉：六月五日。

癸亥[1]，立世民为皇太子。又诏："自今军国庶事，无大小悉委太子处决，然后闻奏。"

臣光曰：立嫡以长，礼之正也。然高祖所以有天下，皆太宗之功；隐太子以庸劣居其右[2]，地嫌势逼，必不相容。向使高祖有文王[3]之明，隐太子有泰伯[4]之贤，太宗有子臧[5]之节，则乱何自而生矣！既不能然，太宗始欲俟其先发，然后应之，如此，则事非获已，犹为愈[6]也。既而为群下所迫，遂至蹀血禁门[7]，推刃同气[8]，贻讥千古，惜哉！夫创业垂统[9]之君，子孙之所仪刑[10]也，彼中、明、肃、代之传继[11]，得非有所指拟以为口实乎！

戊辰[12]，以宇文士及为太子詹事，长孙无忌、杜如晦为左庶子，高士廉、房玄龄为右庶子，尉迟敬德为左卫率，程知节为右卫率，虞世南为中舍人，褚亮为舍人，姚思廉为洗马[13]。悉以齐王国司[14]金帛什器赐敬德。

初，洗马魏徵常劝太子建成早除秦王，及建成败，世民召徵谓曰："汝何为离间我兄弟！"众为之危惧，徵举止自若，对曰："先太子早从徵言，必无今日之祸。"世民素重其才，改容礼之，引为詹事主簿。亦召王珪、韦挺于嶲州，皆以为谏议大夫。

世民命纵禁苑鹰犬，罢四方贡献，听百官各陈治道，政令简肃[15]，中外大悦。

以屈突通为陕东道行台左仆射，镇洛阳。

益州行台仆射窦轨与行台尚书韦云起[16]、郭行方不协。云起弟庆俭及宗族多事太子建成，建成死，轨诬云起与建成同反，收斩之。行方惧，逃奔京师，轨追之，不及。

吐谷浑寇岷州。

突厥寇陇州；辛未[17]，寇渭州[18]；遣右卫大将军柴绍击之。

废益州大行台，置大都督府[19]。

壬申[20]，上以手诏赐裴寂等曰："朕当加尊号为太上皇。"

辛巳[21]，幽州大都督庐江王瑗反，右领军将军王君廓杀之，传首。

初，上以瑗懦怯非将帅才，使君廓佐之。君廓故群盗，勇悍险诈，瑗推心倚仗之，许为婚姻。太子建成谋害秦王，密与瑗相结。建成死，诏遣通事舍人[22]崔敦礼[23]驰驿召瑗。瑗心不自安，谋于君廓。君廓欲取瑗以为功，乃说曰："大王若入，必无全理。今拥兵数万，奈何受单使之召，自投罔罟[24]乎！"因相与泣。瑗曰："我今以命托公，举事决矣。"乃劫敦礼，问以京师机事；敦礼不屈，瑗囚之。发驿征兵，且召燕州刺史王诜[25]赴蓟，与之计事。兵曹参军[26]王利涉说瑗曰："王君廓反复，不可委以机柄，宜早除去，以王诜代之。"瑗不能决。君廓知之，往见诜，诜方沐[27]，握发而出，君廓手斩之，持其首告众曰："李瑗与王诜同反，囚执敕使，擅自征兵。今诜已诛，独有李瑗，无能为也。汝宁随瑗族灭乎，欲从我以取富贵乎？"众皆曰："愿从公讨贼。"君廓乃帅其麾下千余人，逾西城而入，瑗不之觉[28]；君廓入狱出敦礼，瑗始知之，遽帅左右数百人被甲而出，遇君廓于门外。君廓谓瑗众曰："李瑗为逆，汝何为随之入汤火乎！"众皆弃兵而溃。唯瑗独存，骂君廓曰："小人卖我，行自及矣！"遂执瑗，缢之。壬午[29]，以王君廓为左领军大将军兼幽州都督，以瑗家口赐之。敦礼，仲方[30]之孙也。

乙酉[31]，罢天策府[32]。

秋，七月，己丑[33]，柴绍破突厥于秦州，斩特勒[34]一人，士卒首千余级。

以秦府护军秦叔宝为左卫大将军，又以程知节为右武卫大将军，尉迟敬德为右武候大将军。

壬辰[35]，以高士廉为侍中，房玄龄为中书令，萧瑀为左仆射，长孙无忌为吏部尚书，杜如晦为兵部尚书。癸巳[36]，以宇文士及为中书令，封德彝为右仆射；又以前天策府兵曹参军杜淹为御史大夫，中书舍人颜师古、刘林甫为中书侍郎，左卫副率[37]侯君集为左卫将军，左虞候[38]段志玄为骁卫将军，副护军薛万彻为右领军将军，右内副率张公谨为右武候将军，右监门率[39]长孙安业[40]为右监门将军，右内副率李客师[41]为领左右军将军[42]。安业，无忌之兄；客师，靖之弟也。

太子建成、齐王元吉之党散亡在民间，虽更赦令，犹不自安，徼幸者争告捕以邀赏。谏议大夫王珪以启太子。丙子[43]，太子下令："六月四日已前事连东宫及齐王，十七日前连李瑗者，并不得相告言，违者反坐[44]。"

丁酉[45]，遣谏议大夫魏徵宣慰山东[46]，听以便宜从事。徵至磁州[47]，遇州县锢送[48]前太子千牛李志安[49]、齐王护军李思行[50]诣京师，徵曰："吾受命之日，前宫、齐府左右皆赦不问；今复送思行等，则谁不自疑！虽遣使者，人谁信之！吾不可以顾身嫌，不为国虑。且既蒙国士之遇，敢不以国士报之乎！"遂皆解纵之。太子闻之，甚喜。

右卫率府铠曹参军[51]唐临[52]出为万泉[53]丞，县有系囚十许人，会春雨，临纵[54]之，使归耕种，皆如期而返。临，令则[55]之弟子也。

八月，丙辰[56]，突厥遣使请和。

壬戌[57]，吐谷浑遣使请和。

癸亥[58]，制传位于太子；太子固辞，不许。甲子[59]，太宗即皇帝位于东宫显德殿[60]，赦天下；关内及蒲、芮、虞、泰、鼎六州免二年租调，自余给复[61]一年。

诏[62]以"宫女众多，幽閟[63]可愍，宜简出之，各归亲戚，任其适人[64]"。

初，稽胡[65]酋长刘仚成[66]帅众降梁师都，师都信谗，杀之，由是所部猜惧，多来降者。师都浸衰弱，乃朝于突厥，为之画策，劝令入寇。于是颉利、突利二可汗合兵十余万寇泾州，进至武功，京师戒严。

（以上为第九段，写唐高祖退位为太上皇，秦王李世民夺取政权即皇帝位，是为太宗。）

【注释】

[1]癸亥：六月七日。 [2]右：古以右为上。 [3]文王：即周文王姬昌。文王舍长子伯邑考而立次子发（即周武王）。 [4]泰伯：一作太伯。周太王长子。太王欲立幼子季历，泰伯与弟仲雍为促成此事，遂同避江南。 [5]子臧：春秋时曹国公子。史称子臧因不是嫡长而"辞曹国而不受"。[6]愆：差，过错。[7]蹀血禁门：谓于玄武门杀人流血滂沱，极言李世民兄弟相残状。

[8]推刃同气：兄弟相残杀。［9]垂统：帝王传基业于子孙后人。［10]仪刑：效法。［11]中、明、肃、代之传继：明，指唐明皇，庙号玄宗。中宗、肃宗末年，玄宗、代宗均通过宫廷政变尔后称帝。［12]戊辰：六月十二日。［13]洗马：官名。太子官属，掌管图籍。［14]国司：亲王国置有国司，设令一人，尉、丞各二人，掌判国司和考核文书簿籍以及监印等事。［15]政令简肃：政治清明。［16]韦云起（?—626)：雍州万年人。历事隋文帝、炀帝及唐高祖，官至上开府仪同三司、益州行台兵部尚书，封阳城县公。传见《旧唐书》卷七十五、《新唐书》卷一百零三。[17]辛未：六月十五日。［18]渭州：州名，治所在今甘肃陇西县东南。［19]大都督府：武德七年(624)由大总管府改，其长官大都督一般由亲王遥领。［20]壬申：六月十六日。［21]辛巳：六月二十五日。［22]通事舍人：官名。中书省属官，从六品上，由通事谒者改。掌朝见引纳、殿廷通奏。［23]崔敦礼：唐初大臣。咸阳（今陕西咸阳市）人。高宗时官至宰相。传见《旧唐书》卷八十一、《新唐书》卷一百零六。［24]罔罟(gǔ)：网的总称。"罔"同"网"。［25]王诜(?—626)：北燕州(治今河北涿鹿县西南)刺史。事迹见《旧唐书》卷六十、《新唐书》卷七十八《李瑗传》。［26]兵曹参军：王府属官，从六品上。掌武官簿书、考课、仪卫等事。［27]沐：沐浴。［28]不之觉：对之没有觉察。［29]壬午：六月二十六日。［30]仲方：即崔仲方，北周、隋大臣。传见《周书》卷三十五、《隋书》卷六十、《北史》卷三十二。［31]乙酉：六月二十九日。［32]罢天策府：天策府本为秦王而设，李世民既立为太子，故罢之。［33]己丑：七月三日。［34]特勒：特勒为特勤之误。［35]壬辰：七月六日。［36]癸巳：七月七日。［37]左卫副率：武官名。太子左、右卫率府长官率的副职，从四品上，掌兵仗、仪卫。［38]左虞候：官名。即东宫禁卫官左虞候率，掌侦察、巡逻等事。又据《新唐书》卷八十九，左虞候段志玄的新擢官职为左骁卫将军。［39]右监门率：官名。太子右监门率府长官，掌门卫。［40]长孙安业：长孙皇后异母兄。事迹见《旧唐书》卷五十一《长孙皇后传》、卷五十八《刘弘基传》,《新唐书》卷七十二上《宰相世系表》二上等。[41]李客师：李靖弟。官至右武卫将军，封丹阳郡公。传见《旧唐书》卷六十七、《新唐书》卷九十三。［42]领左右军将军："领"字当在"左右"之下，"左右"二字亦当去其一。［43]丙子：为"丙申"（七月十日）误。［44]反坐：以被告人之罪名处罚原告。[45]丁酉：七月十一日。[46]山东：地区名。崤山或太行山以东地区。这里指太行山以东。[47]磁州：州名。治所在今河北磁县。［48]锢送：械锁押送。［49]李志安：李元吉亲信。事迹见《旧唐书》卷七十一、《新唐书》卷九十七。［50]李思行：李建成党羽。赵州（今河北赵县）人。传见《旧唐书》卷五十七、《新唐书》卷八十八。［51]铠曹参军：官名。东宫十率府皆置铠曹参军，掌器械、公廨营建等事。［52]唐临：唐初大臣。京兆长安（今陕西西安市西部）人。传见《旧唐书》卷八十五、《新唐书》卷一百一十三。［53]万泉：县名。县治在今山西万荣县西南古城南。［54]纵：放。［55]令则：唐令则，隋太子左庶子。太子杨勇被废黜，令则被诛。事迹见《隋书》卷四十五《杨勇传》、卷六十二《刘行本传》。［56]丙辰：八月一日。［57]壬戌：八月七日。［58]癸亥：八月八日。［59]甲子：八月九日。［60]显德殿：又名嘉德殿。东宫正

殿。后避唐中宗讳，改称明德殿。[61]复：免除徭役。[62]诏：据章校，“诏”上有“癸未”（八月二十八日）二字。[63]閟（bì）：关闭。[64]适人：嫁于人。[65]稽胡：民族名。又称山胡、步落稽。源出南匈奴。分布于今山西、陕西北部山谷间。[66]刘佡成：事迹见《旧唐书》卷五十六、《新唐书》卷八十七《梁师都传》等。

丙子[1]，立妃长孙氏为皇后[2]。后少好读书，造次必循礼法，上为秦王，与太子建成、齐王元吉有隙，后奉事高祖，承顺妃嫔，弥缝其阙，甚有内助。及正位中宫[3]，务存节俭，服御取给[4]而已。上深重之，尝与之议赏罚，后辞曰：“‘牝鸡之晨，唯家之索[5]’，妾妇人，安敢豫闻政事！”固问之，终不对。

己卯[6]，突厥进寇高陵[7]。辛巳[8]，泾州道行军总管尉迟敬德与突厥战于泾阳，大破之。获其俟斤[9]阿史德乌没啜[10]，斩首千余级。

癸未[11]，颉利可汗进至渭水便桥[12]之北，遣其腹心执失思力[13]入见，以观虚实。思力盛称“颉利与突利二可汗将兵百万，今至矣。”上让[14]之曰：“吾与汝可汗面结和亲，赠遗金帛，前后无算[15]。汝可汗自负盟约，引兵深入，于我无愧！汝虽戎狄，亦有人心，何得全忘大恩，自夸强盛！我今先斩汝矣！”思力惧而请命[16]。萧瑀、封德彝请礼遣[17]之。上曰：“我今遣还，虏谓我畏之，愈肆凭陵。”乃囚思力于门下省。

上自出玄武门，与高士廉、房玄龄等六骑径诣渭水上，与颉利隔水而语，责以负约。突厥大惊，皆下马罗拜[18]。俄而诸军继至，旌甲[19]蔽野，颉利见执失思力不返，而上挺身轻出，军容甚盛，有惧色。上麾诸军使却而布陈，独留与颉利语。萧瑀以上轻敌，叩马固谏，上曰：“吾筹之已熟，非卿所知。突厥所以敢倾国而来，直抵郊甸[20]者，以我国内有难，朕新即位，谓我不能抗御故也。我若示之以弱，闭门拒守，虏必放兵大掠，不可复制。故朕轻骑独出，示若轻之；又震曜军容，使之[21]必战；出虏不意，使之失图[22]。虏入我地既深，必有惧心，故与战则克，与和则固矣。制服突厥，在此一举。卿第[23]观之！”是日，颉利来请和，诏许之。上即日还宫。乙酉[24]，又幸城西，斩白马[25]，与颉利盟于便桥之上。突厥引兵退。

萧瑀请于上曰："突厥未和之时，诸将争请战，陛下不许，臣等亦以为疑，既而虏自退，其策安在？"上曰："吾观突厥之众虽多而不整，君臣之志唯贿是求[26]，当其请和之时，可汗独在水西[27]，达官[28]皆来谒我，我若醉而缚之，因袭击其众，势如拉朽[29]。又命长孙无忌、李靖伏兵于幽州[30]以待之，虏若奔归，伏兵邀[31]其前，大军蹑其后，覆之如反掌耳。所以不战者，吾即位日浅，国家未安，百姓未富，且当静以抚之。一与虏战，所损甚多；虏结怨既深，惧而修备，则吾未可以得志矣。故卷甲韬戈[32]，啖[33]以金帛，彼既得所欲，理当自退，志意骄惰，不复设备，然后养威伺衅[34]，一举可灭也。将欲取之，必固与之[35]，此之谓矣。卿知之乎？"瑀再拜曰："非所及[36]也。"

（以上为第十段，写唐太宗智退突厥兵。）

【注释】

[1]丙子：八月二十一日。[2]长孙氏为皇后：即太宗文德顺圣皇后（601—636）。河南洛阳人。其先出自鲜卑拓跋氏。传见《旧唐书》卷五十一、《新唐书》卷七十六。[3]中宫：又称正宫，皇后的居处，亦作皇后代称。[4]取给：只领供给的一份，不多取多占。[5]牝鸡之晨，唯家之索：牝鸡，母鸡；之晨，司晨，叫鸣；索，萧索破败。出处见《尚书·牧誓》。[6]己卯：八月二十四日。[7]高陵：县名。县治在今陕西西安市高陵区。[8]辛巳：八月二十六日。[9]俟斤：突厥部族首领的官名。[10]阿史德乌没啜：东突厥贵族。阿史德，突厥姓氏。事迹见《旧唐书》卷一百九十四上、《新唐书》卷二百一十五上《突厥传》上。[11]癸未：八月二十八日。[12]便桥：又名便门桥、西渭桥、咸阳桥。在今咸阳市东南渭河上。[13]执失思力：东突厥部酋。贞观四年（630）降唐。先后擢将军、大将军，尚九江公主，拜驸马都尉，封安国公，终归州刺史。卒于龙朔中（661—663）。传见《新唐书》卷一百一十。[14]让：责备。[15]无算：数目巨大，难以算计。[16]请命：求告免死。[17]礼遣：以礼遣送。[18]罗拜：四面围绕着下拜。[19]旌甲：旗帜和盔甲。[20]郊甸：城郭外称郊，郊外为甸。[21]之：严校"之"改"知"。[22]失图：失计，失算，谋划失去作用。[23]第：次第；但，只。[24]乙酉：八月三十日。[25]斩白马：又称"刑马""刑白马"。古代大盟会，往往斩白马以为盟誓之礼仪。[26]唯贿是求：一味追求贿赂。[27]水西：渭水西边。[28]达官：大官，显官。[29]拉朽：拉，摧毁；朽，朽木。形容极容易摧毁。[30]幽州：为"豳州"误。豳州治所在今陕西彬州市。[31]邀：邀击，拦击。[32]卷甲韬戈：卷，收藏；韬，掩藏。谓收起甲胄军械以息战求

和。［33］啖（dàn）：引诱，利诱。［34］伺衅：等待间隙。衅，事端，破绽。［35］将欲取之，必固与之：想要得到，一定得先给对方一些满足。语见《老子》："将欲夺之，必固与之。"［36］非所及：不是自己所能达到的。

【点评】

玄武门之变。 玄武门，是长安宫城北门，为朝臣入朝所经之门。唐武德九年（626）六月四日晨，秦王李世民伏兵于玄武门，等待太子李建成、齐王李元吉入朝到此门时擒而杀之，发动兵变，用武力夺权。事变进展极其顺利，李世民亲手射杀了李建成和李元吉。唐高祖李渊无奈，六月七日即宣布册立李世民为太子，六月十六日退位为太上皇，八月九日，李世民正式登基即皇帝位，这就是唐太宗。李世民发动兵变夺权，喋血玄武门，史称玄武门之变。

唐高祖李渊昏庸好色，他之所以得天下，全靠李世民的经营。李渊出身隋朝贵族而得到晋阳留守之职。晋阳有隋炀帝行宫。晋阳宫副监裴寂是一个佞人，他结交李渊，想在乱世中找到保护伞，投李渊之好，私自进献宫女，属于大逆不道的行为。李世民和晋阳令刘文静谋划起兵反隋，通过裴寂劝说李渊，于是裴寂也算起事功臣之一。李渊起兵，裴寂又送宫女五百名给李渊，作为行军统帅的李渊，也居然收受，可见这一对君臣的昏庸与荒唐。李渊登上帝位以后，视裴寂为心腹，而真正的功臣刘文静却被猜疑，并在裴寂的谗言下，刘文静被诬谋反，被诛杀。李渊治国荒唐，是非颠倒。太子李建成喜好酒色田猎，第四子李元吉更是一个阴险的人。李建成因是长子被立为太子，嫉妒李世民的功业，担心太子地位不稳，就拉拢李元吉，许诺自己当了皇帝不传子而传弟，册立李元吉为皇太弟，于是两人合谋，结纳宫中妃嫔，一起谗毁李世民。李渊是非不明，李世民功高震主，李渊猜忌李世民，从而纵容李建成等人的行为。以致李建成、李元吉公开用毒酒谋害李世民，李渊也不追究。由于平乱战争需要李世民，每有寇警，李渊即命李世民征讨，事平之后，却猜嫌益甚。到了武德九年，全国战争基本平息，李氏兄弟夺权斗争也达到了最高潮，双方都决定用武力夺权，只是看谁先下手罢了。

李世民文武双全，身经百战，占有绝对势力，本意等待后发制人，让李建成、李元吉动手，这样诛逆名正言顺。可李建成有太子之位，又有唐高祖支持，发生冲突仍是李建成为顺，李世民为逆，君臣名分没有给李世民后发制人的机会，李世民要成功，只能先发制人，在部属的催促之下，李世民先发制人，发动玄武门之变，夺位成功。但政变在名义上却不顺，在事实上是李世民亲手杀害同胞兄弟，难免在后人心中投下阴影。

专制政体下，宗法制度是护国根本，轻易不可动摇。宗法制度立嫡以长不以贤，弊端也十分明显，打天下的李世民因为不是嫡长子，就不能坐天下，在守成时代，谁也不敢破坏宗法制度，为了维护平稳，满朝文武只好奉立嫡长子。可是开国时代，打天下的不仅是继位者个人的事。刘文静的下场给秦王府的功臣宿将敲了警钟，满朝文武大半曾追随李世民，他们容不了李建成、李元吉得势，所以玄武门之变是不可避免的。司马光假设用泰伯让历的方法来解决矛盾，但它的前提是：第一，太子让位；第二，老子是非分明。

周朝的先公泰伯避历是逃到他国，吴太伯到了勾吴，自立为君，脱离中原。唐朝时已是一统天下，避位的人逃到哪里去呢？既然无可逃遁藏身，只能用一场决斗解决了。

开创大业，建立政权的君王是子孙的偶像。唐太宗晚年，儿子们争位。唐王朝中宗李显、玄宗李隆基、肃宗李亨、代宗李豫，他们继承帝位，也都用玄武门事变的方式，发动兵变夺位，可以说这是李世民给后世子孙带来的负面影响。玄武门之变无论对于李建成、李元吉，还是李世民，都是一场悲剧。但玄武门之变对于唐王朝，对于中华民族历史的发展，却是值得称道的。

卷一九二　唐纪八

唐高祖武德九年至唐太宗贞观二年（626—628 年）

【起柔兆阉茂（丙戌，626 年）九月，尽著雍困敦（戊子，628 年）七月，凡一年有奇】

【大事提要】

本卷记事起公元 626 年九月，讫公元 628 年七月，凡一年又十一个月，时当武德九年至贞观二年，是唐太宗初即位的两年。唐太宗即位伊始就励精图治，贞观时期的治国方略，大体已备，具体说要点有五。第一，知人善任。能否知人用人，是判断人君贤愚的一个重要标准。魏徵、张玄素、张蕴古、傅奕等，皆非秦王府旧人，唐太宗得贤则委以重任，是历史上少有的明君。第二，纳谏改过。如纳戴胄之忠言不枉法杀人；纳长孙无忌、魏徵之言，不轻启干戈，避免了北征突厥、南伐岭南的战争，结果突厥、冯氏皆归附。第三，慎狱刑，重民生。唐太宗鼓励大臣至公，执法宽平，以流放代肉刑，决死囚要大臣复按，天下无冤狱。又薄赋敛，赈灾，戒奢，一系列施政以重民生。第四，宽待大臣，却不护短皇亲。长孙顺德贪污受贿，唐太宗赐以锦帛以耻其心，而长乐王李幼良，宗室叔父，有过赐死。特别是宽容犯颜谏诤的直臣，往往将其破格提升。第五，佑文讲武，居安思危。以上施政，唐太宗都以身为则，君明臣直，贞观政治很快步入正轨。裴矩、封德彝，在隋为佞臣，入唐为名臣，敢尽忠直言。唐太宗做出的榜样，蔚然成风。

高祖神尧大圣光孝皇帝下之下

武德九年（丙戌，626 年）

九月，突厥颉利[1]献马三千匹，羊万口[2]；上[3]不受，但诏归[4]所掠中国户口，征温彦博还朝[5]。

丁未[6]，上引诸卫将卒习射于显德殿[7]庭，谕之曰："戎狄侵盗[8]，自古有之，患在边境少安，则人主[9]逸游[10]忘战，是以寇来莫之能御。今朕不使汝曹[11]穿池[12]筑苑，专习弓矢，居闲无事，则为汝师，突厥入寇，则为汝将，庶几[13]中国之民可以少安乎！”于是日引数百人教射于殿庭，上亲临试[14]，中多者[15]赏以弓、刀、帛，其将帅亦加上考[16]。群臣多谏曰：“于律[17]，以兵刃至御在所[18]者绞。今使卑碎之人[19]张弓挟矢于轩陛[20]之侧，陛下亲在其间，万一有狂夫窃发[21]，出于不意，非所以重社稷也[22]。”韩州[23]刺史[24]封同人诈乘驿马入朝切谏[25]。上皆不听，曰：“王者视四海如一家，封域[26]之内，皆朕赤子，朕一一推心置其腹中[27]，奈何[28]宿卫之士亦加猜忌乎！”由是人思自励，数年之间，悉为精锐。

上尝言：“吾自少经略[29]四方，颇知用兵之要[30]，每观敌陈，则知其强弱，常以吾弱当[31]其强，强当其弱。彼乘吾弱[32]，逐奔不过数十百步[33]，吾乘其弱，必出其陈后反击之，无不溃败，所以[34]取胜，多在此也！”

己酉[35]，上面定[36]勋臣长孙无忌[37]等爵邑[38]，命陈叔达于殿下唱名示之[39]，且曰：“朕叙卿等勋赏或未当[40]，宜各自言。”于是诸将争功，纷纭[41]不已。淮安王神通曰：“臣举兵关西，首应义旗[42]，今房玄龄、杜如晦等专弄刀笔[43]，功居臣上，臣窃[44]不服。”上曰：“义旗初起，叔父虽首唱[45]举兵，盖亦自营脱祸[46]。及窦建德吞噬[47]山东，叔父全军覆没[48]；刘黑闼再合余烬[49]，叔父望风奔北[50]。玄龄等运筹帷幄[51]，坐安社稷[52]，论功行赏，固宜居叔父之先。叔父，国之至亲，朕诚无所爱[53]，但不可以私恩滥与勋臣同赏耳！”诸将乃相谓曰：“陛下至公[54]，虽淮安王尚无所私[55]，吾侪[56]何敢不安其分[57]。”遂皆悦服。房玄龄尝言：“秦府旧人未迁官者，皆嗟怨[58]曰：‘吾属奉事左右[59]，几何年[60]矣，今除官，返出前宫[61]、齐府[62]人之后。’”上曰：“王者至公无私，故能服天下之心。朕与卿辈日所衣食，皆取诸民者也。故设官分职[63]，以为民也，当择贤才而用之，岂以新旧为先后哉[64]！必也新而贤[65]，旧而不肖[66]，安可舍新而取旧乎！今不论其贤不肖而直言嗟怨，岂为政之体[67]乎！”

诏：“民间不得妄立妖祠[68]。自非卜筮正术[69]，其余杂占，悉从禁绝[70]。”

上于弘文殿聚四部[71]书二十余万卷，置弘文馆于殿侧[72]，精选天下文学之士虞世南、褚亮、姚思廉、欧阳询、蔡允恭、萧德言[73]等，以本官兼学士，令更日宿直[74]，听朝之隙，引入内殿，讲论前言往行[75]，商榷[76]政事，或至夜分[77]乃罢。又取三品已上子孙充弘文馆学士[78]。

（以上为第一段，写唐太宗居安思危，讲武佑文，大封功臣。）

【注释】

［1］颉利：颉利可汗。［2］羊万口：羊的计算单位，有言口者，也有言头者。［3］上：自武德九年八月甲子太宗即皇帝位后，凡称上者，皆指太宗。［4］但诏归：只是诏命归还。［5］征温彦博还朝：武德八年八月，温彦博被突厥所执。至今，太宗征召彦博还朝。［6］丁未：九月二十二日。［7］显德殿：宫殿名。唐长安东宫第一大殿，位于东宫南面中部嘉德门内。建于隋，原称嘉德殿，唐初改名显德殿。此为东宫正殿，是皇太子举行政治活动之处。武德九年（626）八月九日，李世民在此殿即帝位。后常在此会见群臣，处理朝政。［8］侵盗：侵凌盗窃。［9］人主：人君，天子。［10］逸游：淫逸游乐。［11］汝曹：你们。［12］穿池：犹凿池。［13］庶几：表示在上述情况下才能实现某种希望。［14］亲临试：亲自莅临，加以检验、考试。［15］中多者：射中多的。［16］上考：唐考功之法，上、中、下皆分三等。上考，上等之考绩。［17］于律：法律规定。［18］御在所：封建社会与皇帝有关的事物，一般加“御”字。“御在所”即皇帝所在的地方。［19］卑碎之人：《太宗纪》作“裨卒之人”。即小卒。“卑”疑“裨”之讹。［20］轩陛：即朝廷。［21］窃发：暗中射箭。［22］非所以重社稷也：这不是注重社稷的做法。意为社稷之安危，系于君主之存亡。社稷：社，土神；稷，谷神。为天子诸侯所祭，故常作为国家之代称。［23］韩州：州名。治所在今山西襄垣县。［24］刺史：官名，州的行政长官。［25］切谏：恳切进谏。［26］封域：封疆内之区域。［27］推心置其腹中：喻相信之深刻。［28］奈何：怎么能。［29］经略：经营谋划。［30］要：要领。［31］当：抵挡。［32］彼乘吾弱：敌方乘我兵力弱。［33］数十百步：数十以至一百步。［34］所以：之所以。［35］己酉：九月二十四日。［36］面定：亲定。［37］长孙无忌（?—659）：字辅机，河南洛阳人，太宗长孙后之兄。佐太宗定天下，功第一。擢吏部尚书，封赵国公。累迁太子太师。传见《旧唐书》卷六十五、《新唐书》卷一百零五。［38］爵邑：爵位封邑。［39］唱名示之：高呼其名而告示之。［40］或未当：如有不当。［41］纷纭：纷乱喧嚣。［42］义旗：起义的或为正义而战的军队的旗帜。［43］专弄刀笔：即所谓刀笔吏。［44］窃：私自，私下。［45］首唱：首先倡导。［46］脱祸：免除灾祸。［47］吞噬（shì）：吞灭。噬，咬。［48］叔父全军覆没：指武德二年（619），李神通与窦建德作战败北，全军覆没之事。［49］余烬：燃烧后剩下的灰和未烧尽的东西。此指战后剩余的兵卒。［50］叔父望风奔北：指武德四年（621）九月，李神通与刘黑闼战于饶阳城南。黑闼以少击众，神通大败，望风奔北之事。［51］运筹帷幄：在军帐中拟定作战的策略。

运，运用，进行；筹，谋划；帷幄，军用帐幕。［52］坐安社稷：虽坐在帐内而能使社稷安定。［53］诚无所爱：实在不是吝惜。爱，吝惜。［54］至公：最为公正。［55］私：偏私。［56］吾侪（chái）：我辈。［57］安其分：安其所定之名分，亦即安其所定之爵位。［58］嗟怨：嗟叹怨恨。［59］奉事左右：奉候服事皇帝左右。［60］几何年：多少年。［61］前宫：即先太子建成之东宫。［62］齐府：齐王元吉的官府。［63］分职：分配职位。［64］岂以新旧为先后哉：哪能以新旧关系为任命先后的准绳呢？［65］必也新而贤：必定是新而且贤。［66］不肖：亦即不贤。［67］为政之体：为政之体统。［68］妖祠：指不合礼制规定，不属于祀典的祠庙。［69］卜筮正术：以龟曰卜，以蓍（shī）曰筮。正术，正当之术数。［70］禁绝：彻底禁止。［71］四部：我国古代图书分类名称。西汉刘歆《七略》分图书为七类。到唐代始分为四类，确定了经、史、子、集四部的名称和顺序。后代沿用此法。四部也称四库。［72］置弘文馆于殿侧：《唐会要》："武德四年，于门下省置修文馆，至九年三月，改为弘文馆，至其年九月，太宗即位，于弘文殿聚四部书二十余万卷，于殿侧置弘文馆，贞观三年，移于纳义门西。"按阁本《太极宫图》，弘文馆在门下省东，而不载弘文殿，纳义门在嘉德门之西。［73］萧德言（558—654）：字文行。贞观时历著作郎、弘文馆学士。传见《旧唐书》卷一百八十九、《新唐书》卷一百九十八。［74］更日宿直：隔日入宿而值事。［75］前言往行：前人之言行。［76］商榷：商量。［77］夜分：夜半。［78］充弘文馆学士：此学士为学生之意。

冬，十月，丙辰朔[1]，日有食之[2]。

诏追封故太子建成为息[3]王，谥曰隐[4]；齐王元吉为剌王[5]，以礼改葬。葬日，上哭之于宜秋门[6]，甚哀。魏徵、王珪表请陪送至墓所，上许之，命宫府旧僚[7]皆送葬。

癸亥[8]，立皇子中山王承乾[9]为太子，生八年矣[10]。

庚辰[11]，初定功臣实封有差[12]。

初，萧瑀荐封德彝于上皇[13]，上皇以为中书令。及上即位，瑀为左仆射[14]，德彝为右仆射。议事已定，德彝数反于上前[15]，由是有隙。时房玄龄、杜如晦新用事，皆疏瑀而亲德彝，瑀不能平[16]，遂上封事论之，辞指寥落[17]，由是忤旨[18]。会瑀与陈叔达忿争于上前，庚辰[19]，瑀、叔达皆坐不敬[20]，免官。

甲申[21]，民部尚书裴矩奏"民遭突厥暴践[22]者，请户给绢一匹。"上曰："朕以诚信御下[23]，不欲虚有存恤[24]之名而无其实，户有大小，岂得雷同[25]给赐乎！"于是计口为率[26]。

初，上皇欲强宗室以镇天下，故皇再从、三从弟[27]及兄弟之子，虽童孺皆为王，王者数十人。上从容问群臣："遍封宗子[28]，于天下利乎？"封德彝对曰："前世唯皇子及兄弟乃为王，自余[29]非有大功，无为王者。上皇敦睦[30]九族，大封宗室，自两汉以来未有如今之多者。爵命既崇[31]，多给力役[32]，恐非示天下以至公也！"上曰："然。朕为天子，所以养百姓也，岂可劳百姓以养己之宗族乎！"十一月，庚寅[33]，降宗室郡王皆为县公[34]，惟有功者数人不降。

丙午[35]，上与群臣论止盗[36]。或请重法以禁之，上哂[37]之曰："民之所以为盗者，由赋繁役重，官吏贪求[38]，饥寒切身[39]，故不暇顾廉耻耳。朕当去奢省费，轻徭薄赋[40]，选用廉吏，使民衣食有余，则自不为盗，安用[41]重法邪！"自是数年之后，海内升平[42]，路不拾遗，外户不闭，商旅野宿[43]焉。

上又尝谓侍臣曰："君依于国，国依于民。刻[44]民以奉君，犹割肉以充腹，腹饱而身毙，君富而国亡。故人君之患，不自外来，常由身出[45]。夫欲盛则费广，费广[46]则赋重，赋重则民愁，民愁则国危，国危则君丧[47]矣。朕常以此思之，故不敢纵欲也。"

十二月，己巳[48]，益州大都督[49]窦轨奏称獠反，请发兵讨之。上曰："獠依阻山林[50]，时出鼠窃，乃其常俗；牧守[51]苟能抚以恩信，自然帅服[52]，安可轻动干戈，渔猎[53]其民，比之禽兽[54]，岂为民父母之意邪！"竟不许。

（以上为第二段，写唐太宗轻徭薄赋，戒奢靡，重民生，抑皇亲宗室，降王爵为公。）

【注释】

[1]丙辰朔：十月一日。 [2]日有食之：发生日食。 [3]息：古国名。 [4]隐：《谥法》，隐拂不成曰隐。 [5]剌（là）王：《谥法》，不思忘爱曰剌，暴戾无亲曰剌。 [6]宜秋门：太极宫殿门之一。在千秋殿之西，百福门之东。 [7]宫府旧僚：东宫、齐王府旧日僚属。 [8]癸亥：十月八日。 [9]承乾：太宗长子，生于承乾殿，因以名之。 [10]生八年矣：当时年龄八岁。[11]庚辰：十月二十五日。 [12]定功臣实封有差：制定功臣食实封制度。唐制，食实封者得真户，以丰饶之地、中等以上户给之。户皆在三丁以上。封户所交纳的租税，三分中以一分入官，二

分入封国。唐爵九等一曰王，食邑万户；二曰嗣王、郡王，食邑五千户；三曰国公，食邑三千户；四曰开国郡公，食邑二千户；五曰开国县公，食邑千五百户；六曰开国县侯，食邑千户；七曰开国县伯，食邑七百户；八曰开国县子，食邑五百户；九曰开国县男，食邑三百户。［13］上皇：皇帝的父亲。即高祖李渊。［14］仆射：官名。尚书省长官。东汉初置尚书仆射一人，作为尚书令的佐官。后又分置左、右仆射。唐太宗以后一般不设尚书令，两仆射即为尚书省长官，与中书令、侍中同为宰相。中宗后，加"同中书门下平章事"者方得为宰相。［15］数反于上前：多次在皇帝面前改变原先的决定。［16］不能平：亦即怨忿之意。［17］寥落：谓枯涩而不畅。［18］忤旨：有逆旨意。［19］庚辰：十月二十五日。［20］不敬：谓于上前，态度不恭。［21］甲申：十月二十九日。［22］暴践：凶暴蹂践。［23］御下：治理百姓。御，驾御，此犹治理。下，指百姓，人民。［24］存恤：存问抚恤。［25］雷同：相同。［26］计口为率：计算人口，作为基准。［27］再从、三从弟：同曾祖为再从兄弟，同高祖为三从兄弟。［28］宗子：宗室之子。［29］自余：其余。［30］敦睦：敦厚和睦。［31］爵命：爵位秩命。崇，高，尊。［32］多给力役：多供给力役。力役指防阁、庶仆、白直之类。《唐六典》卷三："凡京司文武职事官，皆有防阁，一品九十六人，二品七十二人，三品三十八人，四品三十二人，五品二十四人，六品给庶仆十二人，七品八人，八品三人，九品二人。凡州县官僚皆有白直，二品四十人，三品三十二人，四品二十四人。五品十六人，六品十人，七品七人，八品五人，九品四人。凡州县官及在外监官，皆有执衣，以为驱使，二品十八人，三品十五人，四品十二人，五品九人，六品七品各六人，八品九品各三人。执衣并以中男充。凡诸亲王府属并给士力，其品数如白直。"［33］庚寅：十一月五日。［34］降宗室郡王皆为县公：将宗室郡王的爵位降为县公。据《旧唐书·职官志》云，郡王为从一品，县公为从二品。［35］丙午：十一月二十一日。［36］论止盗：讨论防止盗贼。［37］哂(shěn)：微笑，讥笑。［38］贪求：要索无度。［39］切身：逼迫于己。［40］轻徭薄赋：轻徭役，薄赋敛。［41］安用：何用。［42］升平：治平。［43］商旅野宿：商贾行旅宿于郊野。［44］刻：剥削、苛刻。［45］身出：己出。［46］费广：费用多。［47］丧：亡。［48］己巳：十二月十五日。［49］大都督：官名。唐前期地方最高长官称都督。唐代于重要地区置大都督。各州按等级分别置上、中、下都督府，各设都督。中叶以后，节度使、观察使为地方最高长官，都督之名遂废。［50］依阻山林：谓依山林以为险阻。［51］牧守：州牧郡守。［52］帅服：相帅服从。［53］渔猎：犹捕捉。［54］比之禽兽：把他们比作禽兽。

上谓裴寂曰："比多[1]上书言事者，朕皆粘之屋壁，得出入省览[2]，每思治道[3]，或深夜方寝。公辈亦当恪勤职业[4]，副[5]朕此意。"

上厉精求治，数引魏徵入卧内，访以得失[6]；徵知无不言，上皆欣然嘉纳。上遣使点兵[7]，封德彝奏："中男[8]虽未十八，其躯干壮大者，亦可并点[9]。”上从之。敕[10]出，魏徵固执[11]以为不可，不肯署敕[12]，至于数四[13]。上怒，召而让之曰：“中男壮大者，乃奸民诈妄以避征役[14]，取之何害，而卿固执至此！”对曰：“夫兵在御之得其道[15]，不在众多。陛下取其壮健，以道御之，足以无敌于天下，何必多取细弱[16]以增虚数乎！且陛下每云：‘吾以诚信御天下[17]，欲使臣民皆无欺诈。’今即位未几，失信者数[18]矣！”上愕然曰：“朕何为失信[19]？”对曰：“陛下初即位，下诏云：‘逋负[20]官物，悉令蠲免[21]。’有司以为负秦府国司[22]者，非官物，征督[23]如故。陛下以秦王升为天子，国司之物，非官物[24]而何！又曰：‘关中免二年租调，关外给复一年。’既而继有敕云：‘已役已输者[25]，以来年[26]为始。’散还之后，方复更征[27]，百姓固已不能无怪。今既征得物，复点为兵，何谓以来年为始乎！又陛下所与共治天下者在于守宰[28]，居常简阅[29]，咸以委之；至于点兵，独疑其诈，岂所谓以诚信为治乎！”上悦曰：“向者[30]朕以卿固执，疑卿不达[31]政事，今卿论国家大体[32]，诚尽其精要[33]。夫号令不信，则民不知所从，天下何由而治乎！朕过深矣！”乃不点中男，赐徵金瓮一。

上闻景州[34]录事参军[35]张玄素名，召见，问以政道，对曰：“隋主好自专庶务，不任[36]群臣；群臣恐惧，唯知禀受奉行[37]而已，莫之敢违。以一人之智决[38]天下之务，借使得失相半[39]，乖谬已多，下谀上蔽[40]，不亡何待[41]！陛下诚能谨择群臣而分任以事，高拱穆清[42]而考[43]其成败以施刑赏，何忧不治！又，臣观隋末乱离[44]，其欲争天下者不过十余人而已，其余皆保乡党[45]、全妻子，以待有道[46]而归之耳。乃知百姓好乱者亦鲜[47]，但[48]人主不能安之耳[49]。”上善其言，擢为侍御史。

前幽州记室直中书省[50]张蕴古上《大宝箴》[51]，其略曰：“圣人受命[52]，拯溺亨屯[53]，故以一人治天下，不以天下奉一人。”又曰：“壮九重于内[54]，所居不过容膝[55]；彼昏不知[56]，瑶其台而琼其室[57]。罗八珍[58]于前，所食不过适口；惟狂罔念[59]，丘其糟而池其酒[60]。”又曰：“勿没没[61]而暗[62]，勿察察[63]而明，虽冕旒蔽目而视于未形[64]，虽黈纩塞耳而听于无声[65]。”上嘉之，赐以束帛[66]，除大理丞[67]。

上召傅奕[68]，赐之食，谓曰："汝前所奏[69]，几为吾祸。然凡有天变，卿宜尽言皆如此，勿以前事为惩[70]也。"上尝谓奕曰："佛之为教[71]，玄妙[72]可师[73]，卿何独不悟[74]其理？"对曰："佛乃胡中桀黠[75]，诳耀彼土[76]。中国邪僻[77]之人，取庄、老玄谈[78]，饰以妖幻[79]之语，用欺愚俗[80]，无益于民，有害于国，臣非不悟，鄙不学也[81]。"上颇然[82]之。

（以上为第三段，写唐太宗纳谏，信用魏徵、张玄素、张蕴古、傅奕等人。）

【注释】

[1]比多：比，近来；多，许多。 [2]省览：省视观览。 [3]每思治道：每每思考为政的道理。 [4]恪（kè）勤职业：恭敬勤勉于职守。 [5]副：符合。 [6]得失：所得和所失，成功和失败。 [7]点兵：点召兵卒。 [8]中男：年满十六岁的男子称中男。《旧唐书·食货志》："男女始生者为黄，四岁为小，十六为中，二十一为丁。" [9]并点：并于一起而点召之。 [10]敕：皇帝的命令或诏书。 [11]固执：坚持。 [12]署敕：胡注："按唐制，中书舍人则署敕，魏徵时为谏议大夫，抑太宗亦使之连署耶？"署敕，谓大臣签名于诏敕之上，盖必如此，诏敕始能生效。 [13]数四：六朝以嫌再三为数尚少，不足表其意念，故常有添益而作数四者，数四亦即再四。 [14]中男壮大者，乃奸民诈妄以避征役：意谓中男壮大者，现已不止十六岁，率在十七八之谱，不过是奸民诈减，以逃避征役而已。 [15]兵在御之得其道：对于军队的掌握，关键是要有正确的方法。 [16]细弱：小弱。 [17]御天下：治理天下。 [18]数：屡次。 [19]何为失信：何事失信。 [20]逋（bū）免：欠负，拖欠。 [21]蠲免：除免。 [22]国司：谓所掌司国家之财物。 [23]征督：征收督责。 [24]官物：官家之物，亦即公家之物。 [25]已役已输者：已服役已输纳的人。 [26]来年：明年。 [27]散还之后，方复更征：既散还其已输之物，而又征之。 [28]守宰：泛指地方官。 [29]居常简阅：平常视察校阅。 [30]向者：从前，先前。 [31]达：通。 [32]大体：重要之事。 [33]诚尽其精要：真能道尽其中的精要。 [34]景州：州名。治所在今河北东光县西北。 [35]录事参军：官名。晋置，亦称录事参军事，为王府、公府及大将军府等机构属官。掌诸曹文簿，纠弹善恶。隋唐州郡亦设录事参军。 [36]不任：不信任。 [37]禀受奉行：禀受成命，奉而行之。 [38]决：决断，决定。 [39]得失相半，乖谬已多：即使得失各半，而一半谬误，已够多了。 [40]下谀上蔽：在下者谄谀，在上者被蒙蔽。 [41]不亡何待：惟有灭亡而已。 [42]高拱穆清：高居拱手，肃穆清静。 [43]考：考查，考覆。 [44]乱离：丧乱分离。 [45]乡党：犹乡里。 [46]有道：有道之主。 [47]鲜：少。 [48]但：只是。 [49]不能安之耳：谓不能使之安定。 [50]前幽州记室直中书省：胡注："唐诸州无记室，唯王国有记室参军，从六品上，蕴古盖庐江王瑗督幽州时为记室也。唐制，资序未至，以他官

入省者为直。”［51］《大宝箴》：一篇用以规谏劝诫的文书。［52］受命：蒙受天命。［53］拯溺亨屯：拯救天下艰难困苦的人。亨，通达，顺利。屯（zhūn），《易》挂名。谓艰难困苦，不顺利。［54］壮九重于内：九重，天子所居的宫室，谓于内庭修筑壮丽的宫室。［55］容膝：容膝之地，极喻地之狭小。［56］彼昏不知：那昏昧无知之君。［57］瑶其台而琼其室：用瑶玉砌台，用琼玉筑室。瑶、琼，皆玉属。［58］八珍：八种珍味。《周礼·天官·膳夫》：“珍用八物。”注：“珍谓淳熬、淳毋、炮豚、炮牂、捣珍、渍、熬、肝膋也。”［59］惟狂罔念：唯狂惑之人，不加思念。［60］丘其糟而池其酒：谓曲糟成丘山，而酒浆盈池沼。［61］没没：惑溺。［62］暗：昏暗。［63］察察：分析明辨。［64］虽冕旒（liú）蔽目而视于未形：虽在冠前加旒来遮眼，却能看出事情的先机。旒，古代帝王礼帽上前后悬垂的玉串。［65］虽黈（tǒu）纩（kuàng）塞耳而听于无声：虽以如丸的黄绵悬垂在冠的两边以充塞两耳，却能听到没说出的声音。纩，黄绵。［66］束帛：帛五匹为一束。每匹从两端卷起，共为十端。［67］大理丞：大理寺官名。正六品，掌分判寺事。［68］傅奕（556—639）：唐初学者。相州邺（今河南安阳市）人。武德中，任太史令。著作有《老子注》《老子音义》。又集魏晋以来反对佛教的各思想家事迹为《高识传》十卷。传见《旧唐书》卷七十九、《新唐书》卷一百零七。［69］汝前所奏：指上卷九年六月傅奕密奏“太白见秦分，秦王当有天下”一事。［70］惩：惩戒。［71］佛之为教：佛的教理。［72］玄妙：玄虚微妙。［73］可师：可以师法。［74］悟：晓悟。［75］胡中桀黠：胡族中狡黠的人。［76］诳耀彼土：在他们的国境诳诈炫耀。［77］邪僻：不正。［78］玄谈：即清谈。魏晋时期流行的一种远离世事、崇尚虚无、空谈名理的风气。以《周易》《老子》《庄子》“三玄”为清谈的基本内容。东晋后，佛学兴起，清谈之风渐衰。［79］妖幻：妖异诡幻。［80］愚俗：即愚民。［81］鄙不学也：以为鄙陋而不想学。［82］然：是。

上患吏多受赇[1]，密使左右试赂之。有司门令史[2]受绢一匹，上欲杀之，民部尚书裴矩谏曰：“为吏受赂，罪诚当死；但陛下使人遗之而受，乃陷人于法也，恐非所谓‘道之以德，齐之以礼’。”[3]上悦，召文武五品已上告之曰：“裴矩能当官[4]力争，不为面从，傥[5]每事皆然，何忧不治！”

臣光曰：“古人有言：君明臣直[6]。裴矩佞[7]于隋而忠于唐，非其性之有变也；君恶闻其过[8]，则忠化为佞，君乐闻直言，则佞化为忠。是知君者表也[9]，臣者景也[10]，表动则景随[11]矣。

是岁，进皇子长沙郡王恪为汉王、宜阳郡王祐为楚王。

新罗、百济、高丽三国有宿仇，迭相[12]攻击；上遣国子助教朱子奢[13]往谕指[14]，三国皆上表谢罪。

（以上为第四段，写裴矩佞于隋而忠于唐，唐太宗亲贤远佞已初见成效，蔚为风气。）

【注释】

[1]赇（qiú）：枉法受贿。 [2]司门令史：官名。属刑部，掌天下门关出入往来之籍赋等。 [3]但陛下使人遗之而受，乃陷人于法也，恐非所谓“道之以德，齐之以礼”：按《旧唐书·裴矩传》作：“但陛下以物试之，即行极法，所谓陷人以罪，恐非导德齐礼之义。”两相对照，似原文较胜。“道之以德，齐之以礼”，为《论语》孔子之言。意为用道德去引导，用礼去整治。 [4]当官：为官。 [5]傥（tǎng）：假如。 [6]君明臣直：君上清明则臣下正直。 [7]佞（nìng）：谄媚。 [8]恶闻其过：讨厌听到自己的过错。 [9]君者表也：君王像测日影时的仪表。 [10]臣者景也：臣子像日影。 [11]表动则景随：仪表移动则日影跟随。 [12]迭相：互相。 [13]朱子奢（？—641）：吴（今江苏苏州市）人。贞观初为国子助教。高丽、百济同伐新罗，太宗遣子奢持节谕之，平三国之憾。累迁弘文阁学士。传见《旧唐书》卷一百八十九、《新唐书》卷一百九十八。 [14]谕指：晓谕天子意旨。

太宗文武大圣大广孝皇帝上之上

贞观元年（丁亥，627年）

春，正月，乙酉[1]，改元[2]。

丁亥[3]，上宴群臣，奏《秦王破阵乐》[4]，上曰：“朕昔受委[5]专征，民间遂有此曲，虽非文德之雍容[6]，然功业由兹而成，不敢忘本。”封德彝曰：“陛下以神武平海内，岂文德之足比[7]。”上曰：“戡乱[8]以武，守成[9]以文，文武之用，各随其时。卿谓文不及武，斯言过[10]矣！”德彝顿首谢[11]。

己亥[12]，制：“自今中书、门下及三品以上入阁[13]议事，皆命谏官随之，有失辄[14]谏。”

上命吏部尚书长孙无忌等与学士[15]、法官更议定律令，宽[16]绞刑五十条为断右趾，上犹嫌其惨[17]，曰：“肉刑废已久，宜有以易之[18]。”蜀王法曹参军[19]裴弘献请改为加役[20]流，徙三千里，居作三年[21]；诏从之。

上以兵部郎中[22]戴胄忠清公直[23]，擢为大理少卿[24]。上以选人多诈冒资荫[25]，敕令自首[26]，不首者死。未几，有诈冒事觉[27]者，上欲杀之。胄奏："据法应流[28]。"上怒曰："卿欲守法而使朕失信乎？"对曰："敕者[29]出于一时之喜怒，法者[30]国家所以布大信于天下也。陛下忿选人之多诈，故欲杀之，而既知其不可，复断之以法，此乃忍小忿而存大信也。"上曰："卿能执法，朕复何忧！"胄前后犯颜执法[31]，言如涌泉，上皆从之，天下无冤狱。

（以上为第五段，写唐太宗约法，以流刑代肉刑，鼓励依法判案，天下无冤案。）

【注释】

[1]乙酉：正月一日。[2]改元：改年号为贞观。[3]丁亥：正月三日。[4]《秦王破阵乐》：又名"七德舞"。唐宫廷乐舞。据《新唐书·礼乐志》载：太宗为秦王时，征伐四方，破灭刘武周，军中遂有《秦王破阵乐》之曲流传。太宗即位后，曾命吕才协音律，魏徵等制歌辞，更名七德之舞，增舞者至百二十人，披甲执戟，以像战阵之法。[5]委：任。[6]雍容：从容闲雅。[7]足比：可比。[8]戡乱：平乱。[9]守成：守太平之成果。[10]过：误。[11]谢：谢所言不当之罪。[12]己亥：正月十五日。[13]入阁：唐代皇帝大朝会在含元殿，朔望日大朝拜在宣政殿，称为正衙；单日视朝在紫宸殿，称为上阁，又叫内衙。正衙有仗，升紫宸则呼仗自东西阁门入，在衙候朝的百官，跟随入见，叫做入阁。《新五代史·李琪传》："唐故事，天子日御殿见群臣，日常参；……不能临前殿，则御便殿见群臣，曰入阁。宣政，前殿也，谓之衙，衙有仗。紫宸，便殿也，谓之阁。其不御前殿而御紫宸也，乃自正衙唤仗，由阁门而入，百官俟朝于衙者，因随以入见，故谓之入阁。"[14]辄：便，即。[15]学士：官名，文学侍从官。唐贞观后，设弘文馆学士、丽正殿学士、集贤殿学士、翰林院学士。自魏晋至唐初，学士尚非正式官名，既无定员，亦无定品，贞观后学士始成为正式官名。翰林学士即翰林学士院学士，乃唐德宗以后之参与机要的谋臣。与盛唐之前的翰林院学士非一事。翰林院学士，当时是以文学为技艺而随时应诏陪奉的人。[16]宽：宽减。[17]惨：惨苦。[18]宜有以易之：应该有办法来代替。[19]法曹参军：唐制，诸王有功、仓、户、兵、骑、法、士等七曹参军，正七品上。[20]加役：增加役作。[21]居作三年：在流徙处劳作三年。[22]兵部郎中：官名。隋唐以后，尚书省六部皆置郎中，分掌各司事务，为尚书、侍郎、丞以下的高级部员。兵部郎中二人，从五品上，掌考武官之勋禄品命。[23]忠清公直：尽忠、清廉、公正。[24]大理少卿：官名。隋唐中央司法审判机关大理寺的副长官。大理寺少卿二人，从四品上。[25]诈冒资荫：诈伪冒充资历门荫。[26]自首：自己告发。[27]事觉：事情被发觉。[28]据法应流：依据法律应处以流徙之刑。[29]敕者：敕令。[30]法者：法律。[31]犯颜执法：冒犯君上的威严以坚守行法准则。

上令封德彝举贤，久无所举。上诘[1]之，对曰："非不尽心，但于今未有奇才耳！"上曰："君子用人如器[2]，各取所长，古之致治者[3]，岂借才于异代[4]乎？正患[5]己不能知，安可诬一世之人[6]！"德彝惭而退。

御史大夫杜淹奏"诸司文案[7]恐有稽失[8]，请令御史就司检校[9]。"上以问封德彝，对曰："设官分职，各有所司[10]。果有愆违[11]，御史自应纠举[12]；若遍历诸司，搜擿疵颣[13]，太为烦碎。"淹默然。上问淹："何故不复论执[14]？"对曰："天下之务[15]，当尽至公[16]，善则从之，德彝所言，真得大体，臣诚心服，不敢遂非[17]。"上悦曰："公等各能如是，朕复何忧！"

右骁卫[18]大将军长孙顺德受人馈绢[19]，事觉，上曰："顺德果能有益国家，朕与之共有府库耳，何至贪冒[20]如是乎！"犹惜其有功，不之罪，但于殿庭赐绢数十匹。大理少卿胡演曰："顺德枉法受财，罪不可赦，奈何复赐之绢？"上曰："彼有人性，得绢之辱，甚于受刑；如不知愧[21]，一禽兽耳，杀之何益！"

辛丑[22]，天节将军[23]燕郡王李艺据泾州[24]反。

艺之初入朝[25]也，恃功骄倨[26]，秦王左右至其营，艺无故殴之[27]。上皇怒，收艺系狱[28]，既而释之。上即位，艺内[29]不自安。曹州[30]妖巫李五戒谓艺曰："王贵色已发[31]！"劝之反。艺乃诈称奉密敕[32]，勒兵入朝。遂引兵至豳州[33]，豳州治中赵慈皓驰出谒之，艺入据豳州。诏吏部尚书长孙无忌等为行军总管以讨之。赵慈皓闻官军将至，密与统军[34]杨岌图之，事泄，艺囚慈皓，岌在城外觉变，勒兵[35]攻之，艺众溃，弃妻子，将奔突厥。至乌氏[36]，左右斩之，传首长安。弟寿，为利州[37]都督[38]，亦坐诛。

初，隋末丧乱，豪杰并起，拥众据地，自相雄长[39]；唐兴，相帅来归，上皇为之割置州县以宠禄之[40]，由是州县之数，倍数开皇[41]、大业[42]之间。上以民少吏多，思革其弊；二月，命大加并省[43]，因山川形便，分为十道[44]：一曰关内，二曰河南，三曰河东，四曰河北，五曰山南，六曰陇右，七曰淮南，八曰江南，九曰剑南，十曰岭南。

三月，癸巳[45]，皇后帅内外命妇亲蚕[46]。

闰月[47]，癸丑朔[48]，日有食之。

壬申[49]，上谓太子少师[50]萧瑀曰："朕少好弓矢，得良弓十数，自谓无以加[51]，近以示弓工[52]，乃曰'皆非良材'。朕问其故，工曰：'木心不直[53]，则脉理皆邪[54]，弓虽劲而发矢不直。'朕始寤[55]向者[56]辨[57]之未精也。朕以弓矢定四方，识之[58]犹未能尽，况天下之务，其能遍知乎！"乃令京官[59]五品以上更宿[60]中书内省，数延见[61]，问以民间疾苦，政事得失。

凉州[62]都督长乐王幼良[63]，性粗暴，左右百余人，皆无赖子弟，侵暴百姓；又与羌、胡互市。或告幼良有异志，上遣中书令宇文士及驰驿代之[64]，并按其事[65]。左右惧，谋劫幼良入北虏[66]，又欲杀士及据有河西[67]。复有告其谋者，夏，四月，癸巳[68]，赐幼良死。

（以上为第六段，写唐太宗调和人际关系，宽待大臣，不护短皇室，归并行政区划，以减吏员。）

【注释】

[1]诘：责问。[2]用人如器：用人如用器具。[3]致治者：平治天下的人。[4]借才于异代：从其他朝代借用人才。[5]正患：只是忧虑。[6]安可诬一世之人：怎么可以诬枉天下无人才。[7]诸司文案：诸省寺的文书案卷。[8]稽失：稽迟违失。[9]检校：检核考校。[10]所司：所知掌，即主管官吏。[11]愆（qiān）违：过失乖违。[12]纠举：纠劾弹举。[13]搜擿（tī）疵颣（lèi）：寻挑毛病。擿，挑；颣，瑕疵，缺点。[14]论执：辩论而坚持。[15]务：事务。[16]当尽至公：应当尽到公正。尽，止于。[17]遂非：批评。[18]骁卫：禁军名称之一。南北朝有左右骁骑，隋改置左右骁卫府，唐去府字。有上将军、大将军、将军，并为骁卫官。[19]馈（kuì）绢：赠送绢帛。[20]贪冒：贪图财利。[21]愧：耻。[22]辛丑：正月十七。[23]天节将军：《新唐书·兵志》："武德三年，更以宜州道为天节军，军置将副各一人。"[24]泾州：州名。治所在今甘肃泾川县北。[25]艺之初入朝：武德五年，李艺引兵与太子建成会讨刘黑闼，遂入朝。[26]骄倨：骄矜倨傲。[27]殴之：殴打。[28]系狱：拘禁。[29]内：内心、心中。[30]曹州：州名。治所在今山东曹县西北。[31]王贵色已发：王将要富贵的神色已显露。[32]奉密敕：奉帝之密敕。[33]豳州：州名。治所在今陕西彬州市。[34]统军：官名。唐北衙禁军有左右龙武军，左右神武军，左右神策军，号六军。各军置统军一人，位次于大将军。[35]勒兵：率兵。[36]乌氏（zhī）：县名。县治在今宁夏固原市

东南。［37］利州：州名。治所在今四川广元市。［38］都督：官名。地方军政长官。唐于各州按等级分别置大、中、下都督府，各设都督。唐中期以后，以节度使、观察使为地方最高长官，都督遂名存实亡。［39］自相雄长：自己竞相称雄为长。［40］割置州县以宠禄之：分置州县以予其荣宠与禄位。［41］开皇：隋文帝年号（581—600）。［42］大业：隋炀帝年号（605—618）。［43］并省：合并、简省。［44］道：唐贞观初，因山河形势之便，分全国为十道。开元二十一年（733）增为十五道。［45］癸巳：三月十日。［46］帅内外命妇亲蚕：率领内外命妇亲自养蚕。内命妇，宫内女官，自贵妃至侍巾，亦分九品。外命妇有六，王、嗣王、郡王之母、妻为妃，一品之国公母、妻为国夫人，三品以上母、妻为郡夫人，四品母、妻为郡君，五品母、妻为县君，勋官四品有封者，母、妻为乡君。凡外命妇朝参，视夫、子之品。唐制，皇后以季春吉巳享先蚕，遂以亲桑。亲蚕，亲自养蚕。［47］闰月：闰二月。［48］癸丑朔：闰三月一日。［49］壬申：闰三月二十日。［50］太子少师：辅导太子的官。《旧唐书·职官志》："太子少师，从二品。"［51］自谓无以加：自以为没有再好的弓。［52］弓工：弓匠。［53］木心不直：谓木之年轮上下不直。［54］脉理皆邪：木质脉理歪邪。［55］寤（wù）：醒悟。［56］向者：以前。［57］辨：辨别。［58］识之：知之。［59］京官：在京职事官。［60］更宿：更换宿值。［61］延见：延引召见。［62］凉州：州名。治所在今甘肃武威市。［63］幼良：唐高祖堂弟。传见《旧唐书》卷六十、《新唐书》卷七十八。［64］驰驿代之：乘驿车前去代替他。［65］并按其事：并考查按验他的罪刑。［66］北虏：即突厥。［67］河西：即凉州。［68］癸巳：四月十二日。

五月，苑君璋帅众来降。初，君璋引突厥陷马邑[1]，杀高满政，退保恒安[2]。其众皆中国人，多弃君璋来降。君璋惧，亦降，请捍北边以赎罪，上皇许之。君璋请约契[3]，上皇使雁门[4]人元普赐之金券[5]。颉利可汗复遣人招之，君璋犹豫未决，恒安人郭子威说君璋以"恒安地险城坚，突厥方强，且当倚之以观变，未可束手于人。"君璋乃执元普送突厥，复与之合，数与突厥入寇。至是，见颉利政乱，知其不足恃，遂帅众来降。上以君璋为隰州[6]都督、芮[7]国公。

有上书请去佞臣[8]者，上问："佞臣为谁？"对曰："臣居草泽，不能的知[9]其人，愿陛下与群臣言，或阳怒[10]以试之，彼执理不屈者，直臣也，畏威顺旨者，佞臣也。"上曰："君，源[11]也；臣，流[12]也；浊其源而求其流之清，不可得矣。君自为诈，何以责[13]臣下之直乎！朕方以至诚治天下，见前世帝王好以权谲[14]小数[15]接[16]其臣下者，常窃耻之。卿策虽善，朕不取也。"

六月，辛巳[17]，右仆射密明公[18]封德彝薨。

壬辰[19]，复以太子少师萧瑀为左仆射。

戊申[20]，上与侍臣论周、秦修短[21]，萧瑀对曰："纣为不道[22]，武王征之。周及六国无罪，始皇灭之。得天下虽同，人心则异。"上曰："公知其一，未知其二。周得天下，增修仁义；秦得天下，益尚诈力[23]：此修短之所以殊也。盖取之或可以逆得，守之不可以不顺故也[24]。"瑀谢不及。

山东大旱，诏所在赈恤[25]，无出[26]今年租赋。

秋，七月，壬子[27]，以吏部尚书长孙无忌为右仆射。无忌与上为布衣交[28]，加以外戚[29]，有佐命功[30]，上委以腹心，其礼遇群臣莫及，欲用为宰相者数矣[31]。文德皇后固请曰："妾备位椒房[32]，家之贵宠极矣，诚不愿兄弟复执国政。吕、霍、上官[33]，可为切骨[34]之戒[35]，幸陛下矜察[36]！"上不听，卒用之。

初，突厥性淳厚[37]，政令质略[38]。颉利可汗得华人赵德言，委用之。德言专其威福，多变更旧俗，政令烦苛[39]，国人始不悦。颉利又好信任诸胡而疏突厥，胡人贪冒，多反覆[40]，兵革[41]岁动[42]；会大雪，深数尺，杂畜多死，连年饥馑，民皆冻馁。颉利用度不给[43]，重敛诸部，由是内外离怨[44]，诸部多叛，兵浸[45]弱。言事者多请击之，上以问萧瑀、长孙无忌曰："颉利君臣昏虐[46]，危亡可必[47]。今击之，则新与之盟；不击，恐失机会；如何而可？"瑀请击之。无忌对曰："虏不犯塞而弃信劳民[48]，非王者之师[49]也。"上乃止。

上问公卿以享国久长之策，萧瑀言："三代封建[50]而久长，秦孤立而速亡。"上以为然，于是始有封建之议。

黄门侍郎王珪有密奏，附侍中高士廉，寝而不言。上闻之，八月，戊戌[51]，出士廉为安州[52]大都督。

九月，庚戌朔[53]，日有食之。

辛酉[54]，中书令宇文士及罢为殿中监[55]，御史大夫杜淹参豫朝政。他官参豫政事自此始。

淹荐刑部[56]员外郎[57]邸怀道，上问其行能[58]，对曰："炀帝将幸江都，召百官问行留[59]之计，怀道为吏部主事[60]，独言不可。臣亲见之。”上曰：“卿[61]称怀道为是，何为[62]自不正谏？”对曰：“臣尔时[63]不居重任，又知谏不从，徒死无益。”上曰：“卿知炀帝不可谏，何为立其朝[64]？既立其朝，何得不谏？卿仕隋，容可云[65]位卑；后仕王世充，尊显矣，何得亦不谏？”对曰：“臣于世充非不谏，但不从耳。”上曰：“世充若贤而纳谏，不应亡国；若暴而拒谏，卿何得免祸？”淹不能对。上曰：“今日可谓尊任[66]矣，可以谏未[67]？”对曰：“愿尽死。”上笑。

辛未[68]，幽州都督王君廓谋叛，道死。君廓在州，骄纵[69]多不法，征入朝。长史李玄道，房玄龄从甥也，凭君廓附书[70]。君廓私发[71]之，不识草书，疑其告己罪；行至渭南[72]，杀驿吏[73]而逃，将奔突厥，为野人所杀。

岭南[74]酋长[75]冯盎、谈殿等迭相攻击，久未入朝，诸州奏称盎反，前后以十数[76]；上命将军蔺謩等发江、岭[77]数十州兵讨之。魏徵谏曰：“中国初定，岭南瘴疠[78]险远[79]，不可以宿大兵。且盎反状未成，未宜动众。”上曰：“告者道路不绝[80]，何云反状未成？”对曰：“盎若反，必分兵据险，攻掠州县。今告者已数年，而兵不出境，此不反明矣。诸州既疑其反，陛下又不遣使镇抚，彼畏死，故不敢入朝。若遣信臣[81]示以至诚，彼喜于免祸，可不烦兵[82]而服。”上乃罢兵。冬，十月，乙酉[83]，遣员外散骑侍郎[84]李公掩持节慰谕之，盎遣其子智戴随使者入朝。上曰：“魏徵令我发一介之使[85]，而岭表[86]遂安，胜十万之师，不可不赏。”赐徵绢五百匹。

（以上为第七段，写唐太宗待臣以礼，赤心御下，不猜疑，用贤不避亲。长孙皇后不护外戚，是唐太宗的贤内助。又写唐太宗纳谏，不轻启干戈。）

【注释】

[1]马邑：县名。县治在今山西朔州市东北。 [2]恒安：地名。在今山西大同市。 [3]请约契：请求赐予金契。 [4]雁门：地名。唐、五代方镇，治所在今山西代县。 [5]金券：即铁券，是皇帝赐给功臣使其世代享受某些特权的铁契。 [6]隰（xí）州：州名。治所在今山西隰县。 [7]芮：古国名。 [8]佞（nìng）臣：惯于用花言巧语谄媚君王的臣子。 [9]的知：确知。 [10]阳怒：佯装愤怒。 [11]源：泉源。 [12]流：水流。 [13]责：要求。 [14]权

谲（jué）：权变谲诈。［15］小数：小术。［16］接：待。［17］辛巳：六月一日。［18］密明公：封德彝因封于密，死后谥曰明，故谓密明公。［19］壬辰：六月十二日。［20］戊申：六月二十八日。［21］论周、秦修短：论周、秦国祚之长短。［22］为不道：行为无道。［23］益尚诈力：更讲究诈伪与暴力。［24］盖取之或可以逆得，守之不可以不顺故也：大概取天下有时可以逆仁义用诈力得到，守天下则不可以不顺仁义的缘故。［25］赈恤：赈济抚恤。［26］无出：不必缴纳。［27］壬子：七月二日。［28］布衣交：贫贱之交。［29］加以外戚：加之无忌为皇后之兄。［30］有佐命功：有助太宗诛建成、元吉的功劳。［31］欲用为宰相者数矣：屡次欲使其为宰相。唐因隋制，以三省之长，尚书令、侍中、中书令共议国政，此宰相职也。后以太宗为尚书令，臣下避不敢居其职，由是仆射为尚书省长官，与侍中、中书令同为宰相。以长孙无忌为右仆射，即以其为宰相。数，屡次。［32］椒房：皇后所居之处。［33］吕、霍、上官：指汉高祖吕后、宣帝霍后、昭帝上官后的家族，皆为汉代外戚，以专权干政而著称。［34］切骨：镂心刻骨。［35］戒：鉴戒。［36］矜察：矜怜明察。［37］淳厚：淳朴敦厚。［38］政令质略：政治法令质朴简略。［39］烦苛：烦琐苛刻。［40］反复：反复无常。［41］兵革：战争。［42］动：兴、起。［43］不给：不能供给，亦即不充。［44］离怨：因怨恨产生背离之心。［45］浸：渐。［46］昏虐：昏昧暴虐。［47］危亡可必：必定危亡。［48］弃信劳民：废弃信约，烦劳士民。［49］师：军队。［50］封建：分封宗室，建立邦国。［51］戊戌：八月十九日。［52］安州：州名。治所在今越南清化省清化市东南。［53］庚戌朔：九月一日。［54］辛酉：九月十二日。［55］殿中监：官名。为殿中省长官，从三品，是掌宫廷供奉及礼仪之官。［56］刑部：官署名。为尚书省六部之一。唐代刑部主管法律、刑狱等事务。［57］员外郎：官名。原指设立于正额以外的郎官。晋代以后的员外郎，指员外散骑侍郎，是较高贵的皇帝近侍官之一。隋文帝开皇时，在尚书省各司置员外郎一人，为各司的次官。唐、宋沿置，在六部下设各司，担任司的副职者称员外郎，与郎中同称郎官，但比郎中地位略低，都是中央官吏中的要职。［58］行能：品行能力。［59］行留：或走或留。［60］吏部主事：官名。隋唐吏部的属官。《唐六典·吏部》："主事四人，从八品下。"注："隋炀帝初置，为从九品下，开元二十四年升为八品。"［61］卿：古代对人的敬称。唐以来皇帝称臣民为卿。［62］何为：为何。［63］尔时：那时。［64］何为立其朝：为何在他的朝廷做事。［65］容可云：或可以说。［66］尊任：爵位甚尊崇。［67］可以谏未：可以直谏了吗？［68］辛未：九月二十二日。［69］骄纵：骄横放纵。［70］凭君廓附书：托君廓带信。［71］私发：私自打开。［72］渭南：县名。县治在今陕西渭南市。［73］驿吏：掌邮驿之吏。［74］岭南：道名。唐贞观元年（627）置，辖境相当今广东、广西两省大部及越南北部地区。［75］酋长：部落的首领。［76］以十数：以十为单位计数，其数目最少在二十以上。［77］江、岭：指江州和岭南道。江州，治所在今江西九江市。［78］瘴（zhàng）疠（lì）：潮湿地区流行的恶性疟疾等传染病。［79］险远：危险而遥远。［80］告者道路不绝：告发的人络绎于途。［81］信臣：信，使。即使臣。［82］不烦兵：不须烦劳军队。［83］乙酉：十月六日。［84］员外散骑侍郎：官名。在皇帝左右规谏过失，以备顾问。员外官，指不在正员额内之官。［85］发一介之使：派出一个使者。一介，一个。表示藐小。［86］岭表：即岭南。

十二月，壬午[1]，左仆射萧瑀坐事免[2]。

戊申[3]，利州都督李孝常等谋反，伏诛。孝常因入朝，留京师，与右武卫将军[4]刘德裕及其甥统军元弘善、监门将军长孙安业互说符命[5]，谋以宿卫兵作乱。安业，皇后之异母兄也，嗜酒无赖；父晟卒，弟无忌及后并幼，安业斥还舅氏[6]。及上即位，后不以旧怨为意[7]，恩礼甚厚。及反事觉，后涕泣为之固请曰："安业罪诚当万死。然不慈于妾，天下知之；今寘[8]以极刑，人必谓妾所为，恐亦为圣朝之累[9]。"由是得减死，流嶲州[10]。

或告右丞[11]魏徵私其亲戚，上使御史大夫温彦博按之，无状[12]。彦博言于上曰："徵不存形迹，远避嫌疑，心虽无私，亦有可责。"上令彦博让[13]徵，且曰："自今宜存形迹。"他日，徵入见，言于上曰："臣闻君臣同体[14]，宜相与尽诚[15]；若上下俱存形迹[16]，则国之兴丧尚未可知[17]，臣不敢奉诏[18]。"上瞿然[19]曰："吾已悔之。"徵再拜曰："臣幸得奉事陛下，愿使臣为良臣，勿为忠臣。"上曰："忠、良有以异乎[20]？"对曰："稷[21]、契[22]、皋陶[23]，君臣协心[24]，俱享尊荣[25]，所谓良臣。龙逄[26]、比干[27]，面折[28]廷争，身诛国亡，所谓忠臣。"上悦，赐绢五百匹。

上神采英毅[29]，群臣进见者，皆失举措[30]；上知之，每见人奏事，必假以辞色[31]，冀闻规谏[32]。尝谓公卿曰："人欲自见其形，必资[33]明镜；君欲自知其过，必待忠臣。苟其君愎谏自贤[34]，其臣阿谀顺旨，君既失国，臣岂能独全！如虞世基等谄事炀帝以保富贵，炀帝既弑[35]，世基等亦诛。公辈宜用此为戒，事有得失，毋惜尽言[36]！"

或上言[37]秦府旧兵，宜尽除武职[38]，追入宿卫[39]。上谓之曰："朕以天下为家，惟贤是与[40]，岂旧兵之外皆无可信者乎！汝之此意，非所以广朕德于天下也。"

上谓公卿曰："昔禹凿山治水而民无谤讟[41]者，与人同利故也。秦始皇营[42]宫室而人怨叛者，病人[43]以利己故也。夫靡丽[44]珍奇，固人之所欲，若纵之不已，则危亡立至。朕欲营一殿，材用[45]已具，鉴秦[46]而止。王公已下，宜体朕此意。”由是二十年间，风俗素朴，衣无锦绣，公私富给。

上谓黄门侍郎王珪曰：“国家本置中书、门下以相检察，中书诏敕或有差失，则门下当行驳正[47]。人心所见，互有不同，苟论难往来[48]，务求至当，舍己从人[49]，亦复何伤！比来或护己之短，遂成怨隙，或苟避[50]私怨，知非不正[51]，顺一人之颜情[52]，为兆民之深患[53]，此乃亡国之政也。炀帝之世，内外庶官，务相顺从，当是之时[54]，皆自谓有智，祸不及身[55]。及天下大乱，家国两亡，虽其间万一有得免者，亦为时论所贬，终古不磨[56]。卿曹[57]各当徇公忘私，勿雷同[58]也！”。

上谓侍臣曰：“吾闻西域贾胡[59]得美珠，剖身以藏之，有诸[60]？”侍臣曰：“有之。”上曰：“人皆知彼之爱珠而不爱其身也；吏受赇抵法[61]，与帝王徇奢欲而亡国者，何以异于彼胡之可笑邪[62]！”魏徵曰：“昔鲁哀公谓孔子曰：‘人有好忘者，徙宅[63]而忘其妻。’孔子曰：‘又有甚者，桀、纣[64]乃忘其身。’亦犹是也。”上曰：“然。朕与公辈宜戮力[65]相辅，庶[66]免为人所笑也！”

（以上为第八段，写唐太宗察纳雅言，常与近臣坦诚议政，鼓励臣下进谏。）

【注释】

[1]壬午：十二月四日。[2]坐事免：因事坐罪，免除官职。[3]戊申：十二月三十日。[4]武卫将军：官名。武卫，军制名。汉末曹操任丞相，置武卫营。魏文帝（曹丕）置武卫将军以主禁旅。隋唐分左、右武卫，各置大将军一人、将军二人统领。[5]互说符命：互相谈论符箓命数。[6]斥还舅氏：无忌及后之舅为高士廉，此谓斥逐而迁居于舅家。[7]为意：介意。[8]寘（zhì）：处以。[9]累：牵累。[10]嶲（xī）州：州名。治所在今四川西昌市。[11]右丞：古官名。秦置尚书丞，汉沿用。东汉时分置左、右丞，主持尚书台，监察百官，权势极大。六朝因之。唐在尚书省仆射之下设左、右丞，分别总领尚书省六部的事务。左丞领吏、户、礼三部，右丞领兵、刑、工三部。左、右丞的地位与六部的侍郎相等。但因在六部之上，序列在侍郎之前，总称“丞郎”。左、右丞又通称左、右辖。[12]无状：没有事状。指魏徵被诬告无事实。[13]让：责备，责怪。[14]同体：同一肢体。[15]相与尽诚：互相至诚相待。[16]若上下俱存形

迹：形迹，指仪容礼貌。此句意为：倘若皇上与臣下都过分留意于仪容礼貌，那将会带来严重后果。［17］则国之兴丧尚未可知：那么国家的兴盛与衰亡，就很难说了。意谓国家必然会在虚伪客套中灭亡。［18］奉诏：遵奉诏命。［19］瞿（jù）然：惊骇地。［20］忠、良有以异乎：忠臣和良臣有差别吗？［21］稷：古代周族的始祖。［22］契（xiè）：传说中商族始祖。［23］皋陶：传说中东夷族的领袖。［24］协心：同心。［25］尊荣：尊贵荣华。［26］龙逄（páng）：夏代末年大臣，夏桀暴虐荒淫，他多次直谏，被桀囚禁杀死。［27］比干：商代纣王的叔父，官少师。相传曾屡次劝谏纣王，被剖心而死。［28］面折：当面说君主的不是。［29］英毅：英俊刚毅。［30］失举措：因畏惧而举措失常。［31］假以辞色：示以温和的话语和脸色，使进见者不惧而尽其辞。［32］冀闻规谏：希望听到规劝谏诤。［33］资：借助。［34］愎谏自贤：任性不听谏言，而自以为是。［35］炀帝既弑，世基等亦诛：阿谀奉承之臣虞世基，随同炀帝一起被杀。［36］毋惜尽言：不要吝惜，要尽其所言。［37］或上言：有人对皇上说。［38］宜尽除武职：应全部任命做武官。［39］追入宿卫：追加升级调入宫廷宿卫。［40］唯贤是与：用人唯才。［41］谤讟（dú）：诽谤，埋怨。［42］营：造。［43］病人：损人。［44］靡丽：华靡美丽。［45］材用：材料费用。［46］鉴秦：鉴于秦以之灭亡。［47］中书诏敕或有差失，则门下当行驳正：据胡注，中书出命，门下审驳。按唐制，凡诏旨制敕，玺书册命，皆中书舍人起草进画，既下，则署行而过门下省，有不便者，涂窜而奏还，谓之涂归。［48］论难往来：反复研究、商讨。［49］舍己从人：舍己之见而从他人。［50］苟避：苟且避免。［51］知非不正：知道不对也不加驳正。［52］颜情：颜色情面。［53］深患：大患。［54］当是之时：这个时候。［55］自谓有智，祸不及身：自以为智识甚高，可避免祸患。［56］终古不磨：恶名终古不能磨灭。［57］卿曹：卿辈。［58］雷同：谓人云亦云。［59］贾胡：胡人中的经商者。［60］有诸：有这种事吗？［61］受赇抵法：受贿犯法。［62］何以异于彼胡之可笑邪：与胡贾的可笑有何分别。［63］徙宅：迁居。［64］桀、纣：桀、纣均为历史上著名的暴君。分别为夏代与商代的最后一个君主。［65］戮力：合力。［66］庶：副词。表示可能或期望。

青州有谋反者，州县逮捕支党，收系满狱，诏殿中侍御史[1]安喜崔仁师[2]覆按[3]之。仁师至，悉脱去杻械[4]，与饮食汤沐[5]，宽慰之，止坐[6]其魁首[7]十余人，余皆释之。还报，敕使[8]将往决之[9]。大理少卿孙伏伽谓仁师曰："足下平反[10]者多，人情谁不贪生，恐见徒侣[11]得免，未肯甘心，深为足下忧之。"仁师曰："凡治狱[12]当以平恕[13]为本，岂可自规[14]免罪，知其冤而不为伸邪！万一暗短[15]，误有所纵[16]，以一身易十囚之死，亦所愿也。"伏伽惭而退。及敕使至，更讯诸囚，皆曰："崔公平恕，事无枉滥[17]，请速就死。"无一人异辞者[18]。

上好骑射，孙伏伽谏，以为："天子居则九门[19]，行则警跸[20]，非欲苟自尊严，乃为社稷生民之计也。陛下好自走马射的[21]以娱悦近臣，此乃少年为诸王时所为，非今日天子事业[22]也。既非所以安养圣躬[23]，又非所以仪刑[24]后世，臣窃为[25]陛下不取[26]。"上悦。未几，以伏伽为谏议大夫。

隋世选人，十一月集[27]，至春而罢，人患其期促。至是，吏部侍郎观城[28]刘林甫[29]奏四时听选[30]，随阙注拟[31]，人以为便[32]。

唐初，士大夫以乱离之后，不乐仕进[33]，官员不充[34]。省符[35]下诸州差人赴选[36]，州府[37]及诏使[38]多以赤牒[39]补官。至是尽省[40]之，勒赴省选[41]，集者七千余人，林甫随才铨叙[42]，各得其所，时人称之。诏以关中米贵，始分人于洛州选[43]。

上谓房玄龄曰："官在得人，不在员多。"命玄龄并省[44]，留[45]文武总六百四十三员。

隋秘书监晋陵[46]刘子翼，有学行[47]，性刚直，朋友有过，常面责[48]之。李百药常称："刘四[49]虽复[50]骂人，人终不恨。"是岁，有诏征之，辞以母老，不至。

鄃[51]令裴仁轨私役门夫[52]，上怒，欲斩之。殿中侍御史[53]长安李乾祐[54]谏曰："法者，陛下所与天下共也，非陛下所独有也。今仁轨坐轻罪而抵极刑[55]，臣恐人无所措手足。"上悦，免仁轨死，以乾祐为侍御史。

上尝语及关中、山东人，意有同异[56]。殿中侍御史义丰[57]张行成[58]跪奏曰："天子以四海[59]为家，不当有东西之异；恐示人以隘[60]。"上善其言，厚赐之。自是每有大政，常使预议[61]。

（以上为第九段，写唐太宗宽容犯颜谏诤的直臣，往往破格提升。）

【注释】

[1]殿中侍御史：官名。唐代御史台分为台院、殿院、察院三部。殿中侍御史为殿院的长官。[2]崔仁师：安喜（今河北定州市）人。武德初擢制举，累迁右武卫录事参军。贞观中为度支郎中，历中书侍郎，参加政事。传见《旧唐书》卷七十四、《新唐书》卷九十九。[3]覆按：再审讯。[4]杻械：刑械。[5]汤沐：以热水供其沐浴。[6]坐：指定罪。[7]魁首：首恶者。

[8]敕使：凡奉敕出使者，皆谓之敕使。[9]往决之：前往斩决罪犯。[10]平反：把判错的案件或做错的结论改正过来。此处指有罪而判为无罪。[11]徒侣：同伙人、共犯。[12]治狱：审理刑案。[13]平恕：公平仁恕。[14]规：图。[15]暗短：糊涂错误。[16]误有所纵：万一差误，错放人犯。[17]枉滥：冤枉。[18]无一人异辞者：没有一个人有不同的说法。[19]天子居则九门：九门亦曰九重，指帝王所居之处。古人认为，天有九重。故天子所居，也称九重或九门。[20]行则警跸：行则出警入跸。跸（bì），帝王出行时开路清道，禁止他人通行。警跸，即戒严。[21]走马射的：跑马射箭。的（dì）：箭靶的中心，一说箭靶。[22]天子事业：天子所应为之事。[23]圣躬：皇上的身体。[24]仪刑：仪，准则，法度；刑，法式，典范。仪刑即样范。[25]为：认为。[26]不取：不该如此。[27]十一月集：十一月集于京师。[28]观城：县名。县治在今河南清丰县南。[29]刘林甫（?—629）：观城（今河南清丰县南）人。武德时为内史舍人，历中书侍郎、吏部侍郎。事迹见《旧唐书》卷八十一、《新唐书》卷一百零六《刘祥道传》。[30]四时听选：依四季听其铨选。[31]随阙注拟：随时有空缺，吏部即可补选拟定的名单。[32]人以为便：人们都感到方便。[33]不乐仕进：不喜欢做官。[34]不充：不足。[35]省符：尚书省之符令。[36]差人赴选：派人应选。[37]州府：州郡。[38]诏使：敕使。[39]赤牒：未经铨司正式注拟的人员。[40]尽省：完全停止。[41]勒赴省选：限期赴尚书省考选。[42]铨叙：铨选叙录。[43]分人于洛州选：分一部分应选者于洛阳铨叙。洛州，州名。治所在今河南洛阳市东北。[44]并省：合并裁减。[45]留：挑选保留。从赴选的七千多人中，挑选保留了文武共六百四十三人。[46]晋陵：县名。县治在今江苏常州市。[47]学行：学识德行。[48]面责：当面批评。[49]刘四：子翼排行第四。唐代流行以排行相呼，故称之刘四。[50]虽复：虽然常。[51]鄃（shū）：县名。县治在今山东夏津县。[52]私役门夫：私自役使门下的役夫，即以官家役夫做私事。[53]殿中侍御史：官名。唐代御史台属官，为御史三院殿院的长官，亦简称殿中、殿院或侍御。[54]李乾祐：长安人。贞观初为殿中侍御史。传见《旧唐书》卷八十七、《新唐书》卷一百一十七。[55]极刑：死刑。[56]意有同异：心意厚关中人而薄山东人。盖李唐的近祖起自关陇集团，奉行关中本位政策。故谈及关中、山东人时，不免厚关中而薄山东。[57]义丰：县名。县治在今河北安国市。[58]张行成（587—653）：义丰人，字德立。太宗时拜给事中。累官太子少傅。传见《旧唐书》卷七十八、《新唐书》卷一百零四。[59]四海：天下。[60]示人以隘：会给人以心胸狭隘的形象。[61]预议：参与商议。

初，突厥既强，敕勒[1]诸部分散，有薛延陀、回纥、都播、骨利干、多滥葛、同罗、仆固、拔野古、思结、浑、斛薛、结、阿跌、契苾、白霫等十五部，皆居碛北[2]，风俗大抵与突厥同；薛延陀于诸部为最强。

西突厥曷萨那可汗方强，敕勒诸部皆臣之。曷萨那征税无度[3]，诸部皆怨。曷萨那诛其渠帅[4]百余人，敕勒相帅叛之，共推契苾哥楞为易勿真莫贺可汗，居贪于山[5]北。又以薛延陀乙失钵为也咥小可汗，居燕末山北。及射匮可汗兵复振，薛延陀[6]、契苾[7]二部并去可汗之号以臣之。

回纥[8]等六部在郁督军山[9]者，东属始毕可汗。统叶护可汗势衰，乙失钵之孙夷男帅部落七万余家，附于颉利可汗。颉利政乱，薛延陀与回纥、拔野古等相帅叛之。颉利遣其兄子欲谷设将十万骑讨之，回纥酋长菩萨将五千骑，与战于马鬣山，大破之。欲谷设走，菩萨追至天山，部众多为所虏，回纥由是大振。薛延陀又破其四设[10]，颉利不能制。

颉利益衰，国人离散。会大雪，平地数尺，羊马多死，民大饥，颉利恐唐乘其弊，引兵入朔州境上，扬言会猎[11]，实设备焉[12]。鸿胪卿郑元璹[13]使突厥还，言于上曰："戎狄兴衰，专以羊马为候[14]。今突厥民饥畜瘦，此将亡之兆也，不过三年。"上然之。群臣多劝上乘间击突厥，上曰："新与人盟[15]而背之，不信[16]；利人之灾[17]，不仁；乘人之危以取胜，不武[18]。纵使其种落尽叛，六畜无余，朕终不击，必待有罪，然后讨之。"

西突厥统叶护可汗遣真珠统俟斤与高平王道立[19]来，献万钉宝钿金带[20]，马五千匹，以迎公主。颉利不欲中国与之和亲，数遣兵入寇，又遣人谓统叶护曰："汝迎唐公主，要须[21]经我国中过。"统叶护患之，未成婚。

（以上为第十段，写突厥衰落。）

【注释】

［1］敕勒：种族名，又称铁勒。其先为匈奴苗裔，居西海（即今青海）以东。 ［2］碛北：沙漠以北。 ［3］征税无度：征敛没有节度。 ［4］渠帅：首领。 ［5］贪于山：《新唐书》作贪汗山。即今天山东支。在新疆中部。 ［6］薛延陀：隋唐时北方少数族名，铁勒诸部之一。由薛部与延陀部合并而成。初属于突厥。 ［7］契苾：隋唐时西北少数族名，铁勒诸部之一。隋大业以来，其首领前来服属。 ［8］回纥：中国古代民族名。北魏时，东部铁勒的袁纥部落游牧于鄂尔浑河和色楞格河流域。隋称韦纥。大业元年（605），因反抗突厥的压迫，与仆固、同罗等成立联盟，总称回纥。后与唐关系密切。 ［9］郁督军山：山名。在大漠以外。 ［10］四设：突厥称典兵者为设。四

设，指四部典兵者。［11］会猎：会合打猎。［12］实设备焉：事实上在预设防备。［13］郑元璹（?—646）：字德芳。隋大业末为文城郡守，城破归唐，授太常卿。后拜鸿胪卿。传见《旧唐书》卷六十二、《新唐书》卷一百。［14］以羊马为候：以羊马的多少作为占候的标准。［15］与人盟：与他人结盟。［16］不信：不守信义。［17］利人之灾：乘人灾祸而取利。［18］不武：不算勇敢。［19］高平王道立：即唐宗室李道立。高祖之侄永安王李孝基无子，以其侄道立为继嗣，封高平郡王。武德九年（626）降为县公。高宗初年，卒于陈州。道立于武德八年（625）出使西突厥。传见《旧唐书》卷六十、《新唐书》卷七十八。［20］万钉宝钿金带：万钉宝钿是马鞍上饰以多点的宝钿，金带则是以金所制的勒带。所献五千匹马，每匹马都具有此饰。［21］要须：必须。

二年（戊子，628年）

春，正月，辛亥[1]，右仆射长孙无忌罢。时有密表[2]称[3]无忌权宠[4]过盛者，上以表示之[5]，曰："朕于卿洞然无疑[6]，若各怀所闻而不言，则君臣之意有不通。"又召百官谓之曰："朕诸子皆幼，视无忌如子，非他人所能间[7]也。"无忌自惧满盈[8]，固求逊位[9]，皇后[10]又力为之请，上乃许之，以为开府仪同三司。

置六司侍郎[11]，副六尚书[12]；并置左右司郎中[13]各一人。

癸丑[14]，吐谷浑寇岷州[15]，都督李道彦[16]击走之。

丁巳[17]，徙汉王恪[18]为蜀王，卫王泰[19]为越王，楚王祐[20]为燕王。

上问魏徵曰："人主[21]何为而明[22]，何为而暗？"对曰："兼听[23]则明，偏信则暗。昔尧[24]清问[25]下民，故有苗[26]之恶得以上闻；舜[27]明四目，达四聪[28]，故共、鲧、驩兜[29]不能蔽[30]也。秦二世[31]偏信赵高[32]，以成望夷之祸[33]；梁武帝[34]偏信朱异[35]，以取台城之辱[36]；隋炀帝偏信虞世基，以致彭城阁之变[37]。是故人君兼听广纳，则贵臣不得拥蔽[38]，而下情得以上通也。"上曰："善！"

上谓黄门侍郎王珪曰："开皇十四年[39]大旱，隋文帝不许赈给，而令百姓就食山东[40]，比至[41]末年，天下储积可供五十年。炀帝恃其富饶，侈心无厌[42]，卒[43]亡天下。但使[44]仓廪之积足以备凶年，其余何用哉！"

二月，上谓侍臣曰："人言天子至尊[45]，无所畏惮[46]。朕则不然，上畏皇天之监临[47]，下惮群臣之瞻仰[48]，兢兢业业[49]，犹恐不合天意，未副[50]人望。”魏徵曰：“此诚致治之要[51]，愿陛下慎终如始[52]，则善矣。”

（以上为第十一段，写唐太宗自律，敬畏天谴与谏言，故能兼听，深识为政之道。）

【注释】

[1]辛亥：正月三日。[2]密表：秘密上表。[3]称：言，声称。[4]权宠：权位宠幸。[5]以表示之：皇上将密表给无忌看。[6]洞然无疑：很了解，无疑心。[7]间：离间。[8]满盈：位高权重。[9]逊位：让位，让贤。[10]皇后：文德皇后。[11]六司侍郎：侍郎，官名。隋唐中书、门下及尚书省所属各部都以侍郎为长官副职。按《旧唐书·职官志》一，吏部侍郎正四品上，余皆正四品下。[12]副六尚书：为六尚书之佐贰。[13]左右司郎中：官名。隋唐尚书省所属左司和右司的长官，分掌尚书省六部的事务。唐制，尚书省仆射之下设左、右丞。左丞领吏、户、礼三部十二司，右丞领兵、刑、工三部十二司。左右司郎中，各掌副左右丞所管诸司事。[14]癸丑：正月五日。[15]岷州：州名。治所在今甘肃岷县。[16]李道彦：唐宗室，高祖从弟神通之子。贞观初为岷州（治所在今甘肃岷县）都督。从李靖击吐谷浑，因大败，被戍边。传见《旧唐书》卷六十、《新唐书》卷七十八。[17]丁巳：正月九日。[18]汉王恪：太宗第三子。[19]卫王泰：太宗第四子。[20]楚王祐：太宗第五子。[21]人主：人君，天子。[22]明：明察。[23]兼听：并听多人的言论。[24]尧：传说中父系氏族社会后期部落联盟首领。[25]清问：虚心而问。[26]有苗：即三苗，古族名。[27]舜：传说中父系氏族社会后期部落联盟领袖。[28]明四目，达四聪：即兼视兼听之意。所谓四者，表示兼意。[29]共、鲧（gǔn）、驩（huān）兜（dōu）：古史传说中的三个人物。后与三苗并称为“四罪”，被舜流放于幽州。[30]不能蔽：不能蒙蔽舜。[31]秦二世（前230—前207）：即胡亥，秦朝第二代皇帝。事迹见《史记》卷六《秦始皇本纪》。[32]赵高（?—前207）：秦宦官。原系赵国贵族。进入秦宫二十余年，任中车府令，兼行符玺令事。事迹见《史记》卷六《秦始皇本纪》。[33]望夷之祸：望夷，即秦代望夷宫。故址在今陕西泾阳县东南。赵高杀秦二世于此宫，故谓望夷之祸。[34]梁武帝（464—549）：即南朝梁的建立者萧衍。传见《梁书》卷一。[35]朱异（481—548）：字彦和。梁武帝时朱异居权要三十余年，历官自员外常侍至侍中。传见《梁书》卷三十八。[36]台城之辱：南朝梁武帝末年，权臣朱异奸佞骄贪，为人所恨。降将侯景以诛朱异为名，发动叛乱。乱军攻破建康（今南京市）。太清三年（549）攻下台城（宫城），梁武帝受囚饿死。[37]彭城阁之变：指隋大业十四年（618）三月，炀帝在江都（今江苏扬州市）被宇文化及所杀之事。事前曾有人向权臣虞世基通报化及反状。炀帝疑告反者不实，而不予防备。彭城阁盖为炀帝被杀之处所。[38]拥蔽：犹壅蔽。[39]开皇十四年：公元594年。[40]就食山东：到山东谋食。[41]比至：等

到。［42］侈心无厌：奢侈之心没有满足。［43］卒：终于。［44］但使：只要使。［45］至尊：最尊贵。［46］畏惮：惧怕。［47］监临：莅临监视。［48］瞻仰：仰首瞻视。［49］兢兢业业：谨慎小心。［50］未副：不称，不符。［51］此诚致治之要：这真是政事清平的要领。［52］慎终如始：谨慎为怀，始终如一。

上谓房玄龄等曰："为政莫若至公[1]。昔诸葛亮窜廖立、李严于南夷，亮卒而立、严皆悲泣，有死者[2]，非至公能如是乎！又高颎[3]为隋相，公平识治体[4]，隋之兴亡，系颎之存没[5]。朕既慕前世之明君，卿等不可不法[6]前世之贤相也！"

三月，戊寅朔[7]，日有食之。

壬子[8]，大理少卿胡演进每月囚帐[9]；上命自今大辟[10]皆令中书、门下四品已上及尚书议之[11]，庶无冤滥。既而引囚[12]至岐州[13]刺史郑善果，上谓胡演曰："善果虽复有罪，官品不卑[14]，岂可使与诸囚为伍[15]。自今三品已上犯罪，不须引过[16]，听于朝堂俟进止[17]。"

关内旱饥，民多卖子[18]以接衣食[19]；己巳[20]，诏出御府金帛为赎之，归其父母。庚午[21]，诏以去岁霖雨，今兹[22]旱、蝗，赦天下。诏书略曰："若使年谷丰稔[23]，天下乂安[24]，移灾朕身，以存万国[25]，是所愿也，甘心无吝[26]。"会所在有雨，民大悦。

夏，四月，己卯[27]，诏以"隋末乱离，因之饥馑[28]，暴骸满野，伤人心目，宜令所在官司收瘗[29]。"

（以上为第十二段，写唐太宗倡导臣下执法至公，执行死囚要大臣复议，因旱灾、蝗灾而赦天下，关心民生。）

【注释】

［1］为政莫若至公：为政没有比公正更重要的。［2］有死者：有因悲伤致死的。［3］高颎（541—607）：隋政治家。一名敏，字昭玄。渤海蓨（今河北景县）人。隋文帝时，任尚书左仆射，执掌朝政。传见《隋书》卷四十一。［4］公平识治体：公平，能知为政之体要。［5］系颎之存没：关键在于高颎的存亡。［6］不可不法：不可不效法。［7］戊寅朔：两《唐书·太宗纪》贞观二年文，俱作三月戊申，当改从之。戊申朔，三月一日。［8］壬子：三月五日。［9］囚帐：登载囚徒姓名、罪状等信息的名簿。［10］大辟：死刑。［11］议之：合议审理。［12］既而引囚：不久牵引囚徒。［13］岐州：州名。治所在今陕西宝鸡市凤翔区。［14］官品不卑：官的品秩不低。

[15]为伍：在一起。[16]不须引过：不须牵引过来。[17]听于朝堂俟进止：可以使其在朝堂听候处分。朝堂，长安太极宫与大明宫均置有东西朝堂。朝堂既是文武百官举行大朝会的地方，亦是受讼理冤狱之处。[18]卖子：卖儿卖女。古代女子也称子。[19]以接衣食：以便接济衣食。[20]己巳：三月二十二日。[21]庚午：三月二十三日。[22]今兹：今年。[23]稔（rěn）：庄稼成熟。[24]乂安：太平无事。乂，治理，安定。[25]万国：全国人民。[26]吝：吝惜。[27]己卯：四月三日。[28]因之饥馑：又因有饥馑。[29]收瘞（yì）：收尸埋葬。瘞，掩埋，埋藏。

初，突厥突利可汗建牙[1]直[2]幽州之北，主东偏[3]，奚、霫[4]等数十部多叛突厥来降，颉利可汗以其失众责之。及薛延陀、回纥等败欲谷设[5]，颉利遣突利讨之，突利兵又败，轻骑奔还。颉利怒，拘之十余日而挞之，突利由是怨，阴欲叛颉利。颉利数征兵于突利，突利不与，表请[6]入朝。上谓侍臣曰："向者[7]突厥之强，控弦[8]百万，凭陵中夏[9]，用是骄恣[10]以失其民。今自请入朝，非困穷，肯如是乎[11]！朕闻之，且喜且惧。何则？突厥衰则边境安矣，故喜。然朕或失道[12]，他日亦将如突厥，能无惧乎！卿曹[13]宜不惜苦谏，以辅朕之不逮[14]也。"

颉利发兵攻突利，丁亥[15]，突利遣使来求救，上谋于大臣曰："朕与突利为兄弟[16]，有急不可不救。然颉利亦与之有盟[17]，奈何？"兵部尚书杜如晦曰："戎狄无信，终当负约[18]，今不因[19]其乱而取之，后悔无及。夫取乱侮亡[20]，古之道也。"

丙申[21]，契丹酋长帅其部落来降。颉利遣使请以梁师都易契丹[22]，上谓使者曰："契丹与突厥异类[23]，今来归附，何故索之！师都中国之人，盗我土地，暴我百姓，突厥受而庇之，我兴兵致讨[24]，辄[25]来救之，彼如鱼游釜中，何患不为我有！借使[26]不得，亦终不以降附之民易之也。"

先是，上知突厥政乱，不能庇梁师都，以书谕之[27]，师都不从。上遣夏州都督长史刘旻、司马[28]刘兰成图之，旻等数遣轻骑践其禾稼，多纵反间[29]，离其君臣，其国渐虚，降者相属[30]。其名将李正宝等谋执师都，事泄，来奔，由是上下益相疑。旻等知可取，上表请兵。上遣右卫大将军柴绍[31]、殿中少监[32]薛万均击之，又遣旻等据朔方[33]东城以逼之。师都引突厥兵至城下，刘兰成偃旗卧鼓不出。师都宵遁[34]，兰成追击，破之。突厥大发兵救师都，柴绍等未至朔方数十里，与突厥遇，奋击，大破之，遂围朔方。突厥不敢救，城中食尽。壬寅[35]，师都从父弟洛仁杀师都，以城降，以其地为夏州。

太常少卿[36]祖孝孙[37]，以梁、陈之音多吴、楚[38]，周、齐之音多胡、夷[39]，于是斟酌南北，考以古声，作《唐雅乐》，凡八十四调[40]、三十一曲、十二和[41]。诏协律郎[42]张文收[43]与孝孙同修定。六月，乙酉[44]，孝孙等奏新乐。上曰："礼乐者，盖圣人缘情以设教[45]耳，治之隆替[46]，岂由于此？"御史大夫杜淹曰："齐之将亡，作《伴侣曲》[47]，陈之将亡，作《玉树后庭花》[48]，其声哀思，行路[49]闻之皆悲泣，何得言治之隆替不在乐也！"上曰："不然。夫乐能感人，故乐者[50]闻之则喜，忧者闻之则悲，悲喜在人心，非由乐也。将亡之政[51]，民必愁苦，故闻乐而悲耳。今二曲具存，朕为公奏之[52]，公岂悲乎[53]？"右丞魏徵曰："古人称'礼云礼云，玉帛云乎哉！乐云乐云，钟鼓云乎哉[54]！'乐诚[55]在人和，不在声音也。"

（以上为第十三段，写因突厥衰落，北方最后一个割据者梁师都被平定。唐完成唐雅乐的制定。）

【注释】

[1]建牙：古时出征建立军旗，叫做"建牙"。此为突厥的王庭所在。 [2]直：当，在。[3]主东偏：主管东部偏远地方的部落。 [4]奚、霫（xí）：古民族名。隋唐时居潢水（今西拉木伦河）以北，以射猎为生。 [5]欲谷设：颉利可汗之子。 [6]表请：上表请求。 [7]向者：从前，旧时。 [8]控弦：能骑射者。 [9]凭陵中夏：凭势侵犯欺凌中华。 [10]用是骄恣：以此骄傲放恣。 [11]肯如是乎：岂肯如此。 [12]朕或失道：我一旦有失君道。 [13]卿曹：卿辈。 [14]不逮：不及之处。 [15]丁亥：四月十一日。 [16]与突利为兄弟：高祖武德七年（624）八月，颉利、突利二可汗入寇。李世民大智大勇，利用二可汗间的疑忌心理，与突利结为兄弟。 [17]颉利亦与之有盟：指武德九年（626）八月，颉利进至渭水便桥。刚即帝位的太宗与之隔水而语，责其负约。随即，与颉利盟于便桥之上。 [18]负约：违背盟约。 [19]因：乘。[20]取乱侮亡：夺取政治荒乱的国家，侵侮将亡的国家。 [21]丙申：四月二十日。 [22]易契丹：交换契丹酋长及其部落。 [23]异类：不同种族。 [24]致讨：征讨。 [25]辄：就。[26]借使：假使，即使。 [27]以书谕之：用书信告知、劝解他。 [28]司马：官名。隋唐州、

郡、府佐吏有司马一人，位在别驾、长史之下。一般用来安置贬斥之官，徒有虚名，多无实权。［29］多纵反间：多次使用反间计。［30］相属：相继。［31］柴绍（?—638）：临汾（今山西临汾市）人，字嗣昌。高祖之婿。累从征伐，以功封霍国公，拜右骁卫大将军。贞观中出为华州刺史。传见《旧唐书》卷五十八、《新唐书》卷九十。［32］殿中少监：官名。殿中省副长官，从四品上。［33］朔方：县名。县治在今陕西靖边县东北。［34］宵遁：趁夜逃跑。［35］壬寅：四月二十六日。［36］太常少卿：官名。太常寺太常卿之副职。掌宗庙礼仪，兼掌选试博士。［37］祖孝孙：幽州范阳（今北京市）人。隋唐之际乐律学家。隋代任协律郎，参定雅乐。入唐为著作郎、太常少卿等。传见《旧唐书》卷七十九。［38］梁、陈之音多吴、楚：梁、陈旧乐多带吴、楚方音。［39］周、齐之音多胡、夷：周、齐的旧乐多带有胡、夷方音。［40］八十四调：我国宫调理论中，以十二律旋相为宫，构成十二均；每均都可构成七种调式，共得八十四调。［41］十二和：《旧唐书·音乐志》载：唐代祖孝孙所定大唐乐，“以十二律各顺其月，旋相为宫……制十二和之乐，合三十一曲，八十四调。”十二和是一种雅乐体制。［42］协律郎：掌管音乐的官。《唐六典》卷十四：“协律郎二人；正八品。掌和六律六吕，以辨四时之气，八风五音之节。”［43］张文收：唐贞观（627—649）前后的音乐家。通音律，能作曲。历官协律郎、太子率更令。传见《旧唐书》卷八十五、《新唐书》卷一百一十三。［44］乙酉：六月十一日。［45］缘情以设教：根据人的情感以施教化。［46］治以隆替：政治的隆盛衰替。［47］《伴侣曲》：北齐时，阳俊之多作六言歌辞，淫荡而颓废，时人称之为《伴侣曲》。［48］《玉树后庭花》：乐曲名。唐代杜佑曰：“《玉树后庭花》《堂堂黄鹂留》《金钗两鬓垂》，并陈后主所造，恒与宫中女学士及朝臣唱和为诗。太乐令何胥采其尤轻艳者，为此曲。”［49］行路：行路之人。［50］乐者：快乐的人。［51］将亡之政：行将灭亡的政权。［52］奏之：演奏之。［53］公岂悲乎：你（听了）难道会悲伤吗？［54］礼云礼云，玉帛云乎哉！乐云乐云，钟鼓云乎哉：出自《论语》所载孔子之言，其意为，礼啊礼啊，岂是指玉帛这些礼品吗？乐啊乐啊，岂是指钟鼓这些乐器吗？此谓礼乐均有其文化内涵，礼仪与乐器只是外在的表现。［55］诚：实在。

臣光曰：臣闻垂[1]能目制[2]方圆，心度[3]曲直，然不能以教人[4]，其所以教人者，必规矩而已矣。圣人不勉而中[5]，不思而得[6]，然不能以授[7]人，其所以授人者，必礼乐而已矣。礼者，圣人之所履也[8]，乐者，圣人之所乐也[9]。圣人履中正而乐和平[10]，又思与四海共之，百世传之，于是乎作礼乐焉。故工人执垂之规矩而施之器，是亦垂之功已[11]；王者执五帝、三王之礼乐而施之世，是亦五帝、三王之治已[12]。五帝、三王，其违世[13]已久，后之人见其礼知其所履，闻其乐知其所乐，炳然[14]若犹存于世焉，此非礼乐之功[15]邪！

夫礼乐有本、有文[16]：中和者，本也；容声[17]者，末也；二者不可偏废。先王守礼乐之本，未尝须臾去于心[18]，行礼乐之文，未尝须臾远于身[19]。兴于闺门[20]，著[21]于朝廷，被于乡遂比邻[22]，达于诸侯[23]，流于四海[24]，自祭祀军旅至于饮食起居，未尝不在礼乐之中；如此数十百年[25]，然后治化周浃[26]，凤凰来仪[27]也。苟[28]无其本而徒有其末，一日行之而百日舍[29]之，求以移风易俗，诚亦难矣。是以汉武帝[30]置协律[31]，歌天瑞[32]，非不美也，不能免哀痛之诏[33]。王莽[34]建羲和[35]，考律吕[36]，非不精也，不能救渐台之祸[37]。晋武制笛尺[38]，调金石[39]，非不详也，不能弭平阳之灾[40]。梁武帝立四器[41]、调八音[42]，非不察也，不能免台城之辱[43]。然则韶、夏、濩、武之音[44]，具存于世，苟其余不足以称之[45]，曾不能化一夫[46]，况四海乎！是犹执垂之规矩而无工与材[47]，坐而待器之成，终不可得也。况齐、陈淫昏[48]之主，亡国之音，蹔奏于庭[49]，乌能[50]变一世之哀乐乎！而太宗遽云治之隆替不由于乐[51]，何发言之易[52]而果于[53]非圣[54]人也如此！

夫礼非威仪之谓也[55]，然无威仪则礼不可得而行矣。乐非声音之谓也，然无声音则乐不可得而见[56]矣。譬诸山[57]，取其一土一石而谓之山则不可，然土石皆去，山于何在哉[58]！故曰："无本不立，无文不行[59]。"奈何以齐、陈之音不验[60]于今世而谓乐无益于治乱，何异睹拳石[61]而轻泰山乎！必若所言[62]，则是五帝、三王之作乐皆妄也[63]。"君子于其所不知，盖阙如也[64]"，惜哉！

（以上为第十四段，写司马光对礼乐的评论，他认为礼乐有助于治政教化的作用，批评唐太宗不重视礼乐的态度。）

【注释】

［1］垂：古之巧人，名垂。［2］目制：目定。用眼睛就能测定方和圆。［3］心度：用内心量度。［4］不能以教人：不能把自己的经验教给别人。谓目制、心度，不是器具，而是个人的

经验，别人无法掌握。［5］不勉而中：不努力就合乎正道。［6］不思而得：不思索便得其理。［7］授：传授。［8］礼者，圣人之所履也：礼，是圣人要亲自践行的行为。［9］乐者，圣人之所乐也：乐，是圣人所喜爱的声音。［10］履中正而乐和平：履行中正之道，而喜爱和谐平正。［11］是亦垂之功已：这也就是垂的功劳。［12］是亦五帝、三王之治已：这也就是五帝、三王的治国之道。［13］违世：离开世间。［14］炳然：昭然。［15］功：功效。［16］有本、有文：本，本质、根本。文，文采。［17］容声：仪容和声音。容属礼，声属乐。［18］未尝须臾去于心：不曾片刻离心。［19］未尝须臾远于身：不曾片刻离身。［20］闺门：居室之内。［21］著：彰显。［22］被于乡遂比邻：分散在乡遂近邻。乡，古代的一种居民组织。一万二千五百户为一乡。遂，先秦时京城郊外的行政区域。［23］诸侯：此处指邦国。［24］四海：全国。［25］数十百年：数十年以至一百年。［26］治化周浃：政治教化深入普及。［27］凤凰来仪：仪同来，指来归。古以凤凰来仪，作为治化周浃的征验。［28］苟：如果。［29］舍：舍弃。［30］汉武帝（前156—前87）：西汉第五代皇帝。公元前141年至前87年在位。景帝之子，十六岁即位，在位五十四年间，在政治、经济、文化诸方面采取一系列措施，将西汉推至全盛时期。传见《汉书》卷六。［31］协律：指协律都尉，掌管音乐的官。［32］歌天瑞：歌颂天降之祥瑞。［33］哀痛之诏：指武帝所下哀悼戾太子的诏书。［34］王莽（前45—23）：新朝建立者。公元8年至23年在位。西汉末，以外戚身份掌握政权。后称帝，改国号为新。在位期间，实行改制，阶级矛盾激化，爆发了全国性的农民大起义。传见《汉书》卷九十九。［35］羲和：王莽所设官名。相当于主管太史的职务。［36］考律吕：考定律吕。律，古代音乐中十二律中的阳律。吕，古代音乐中十二律中的阴律。《汉书·律历志》："律十有二，阳六为律，阴六为吕。"［37］渐台之祸：新朝地皇四年（23）九月，更始兵攻入长安，王邑等败死。王莽登渐台，被商人杜吴所杀，新朝灭亡。此事被称作渐台之祸。［38］晋武制笛尺：晋武帝使律学家荀勖考定律吕，制定笛尺。在其所制十二笛中，已应用"管口校正"法。［39］调金石：调理乐器。［40］弭平阳之灾：弭，消除，停止。平阳之灾，指西晋末年的永嘉之乱。西晋怀帝永嘉五年（311），匈奴首领刘渊子刘聪派兵南下，陷西晋都城洛阳，把晋怀帝俘到平阳（今山西临汾市西南）。匈奴军南下时，一路烧杀抢掠，中原百姓纷纷逃亡江南，史称永嘉之乱。［41］四器：又叫四通，梁武帝所制调音的乐器。四通为玄英通、青阳通、朱明通、白藏通。［42］八音：古称金、石、土、草、丝、木、匏、竹曰八音。［43］台城之辱：台城，梁都建康宫城。梁武帝太清三年（549），侯景之乱，破建康，虏困梁武帝，致其死于台城，史称太清之祸。台城之辱，即指此。［44］韶、夏、濩、武之音：舜乐曰韶，禹乐曰夏，汤乐曰濩，周武王乐曰武。［45］苟其余不足以称之：据张注，"余"作"德"。如果他们的德行不值得人们称道。［46］曾不能化一夫：不能感化一个匹夫。［47］是犹执垂之规矩而无工与材：这像持着垂的规矩而没有工匠与器材。［48］淫昏：淫乱昏庸。［49］庭：朝廷。［50］乌能：安能。［51］遽云治之隆替不由于乐：急着说政治的兴隆衰替不由于乐。遽（jù），仓促，急速。［52］何发言之易：为何如此轻易说话。［53］果于：勇决。［54］非圣：非议圣人。［55］礼非威仪之谓也：礼的真义不在威容仪式。［56］不可得而见：不可能表现。［57］譬诸山：譬如一座山。诸，之于。［58］山于何在哉：意思是山亦不存。［59］无本不立，无文不行：没有根本不能站立，没有文采不能施行。［60］不验：不灵验，亦即不合。［61］拳石：小石。［62］必若所言：一定要如太宗的说法。［63］皆妄也：都是妄言。［64］君子于其所不知，盖阙如也：出自《论语》所载孔子之言。意为君子对于不知之事，则阙而不言。

戊子［1］，上谓侍臣曰："朕观《隋炀帝集》［2］，文辞奥博［3］，亦知是尧、舜而非桀、纣［4］，然行事何其反也［5］！"魏徵对曰："人君虽圣哲，犹当虚己以受人［6］，故智者献其谋，勇者竭其力。炀帝恃其俊才，骄矜自用，故口诵尧、舜之言而身为桀、纣之行，曾不自知以至覆亡也。"上曰："前事不远，吾属之师也！"

畿内有蝗［7］。辛卯［8］，上入苑中，见蝗，掇数枚［9］，祝之曰［10］："民以谷为命，而汝食之，宁食［11］吾之肺肠。"举手欲吞之，左右谏曰："恶物或成疾。"上曰："朕为民受灾，何疾之避［12］！"遂吞之。是岁，蝗不为灾。

上曰："朕每临朝，欲发一言，未尝不三思，恐为民害［13］，是以不多言。"给事中知起居事［14］杜正伦［15］曰："臣职在记言，陛下之失，臣必书之，岂徒［16］有害于今，亦恐贻讥［17］于后。"上悦，赐帛二百段。

上曰："梁武帝君臣惟谈苦空［18］，侯景之乱［19］，百官不能乘马［20］。元帝为周师所围，犹讲《老子》，百官戎服以听［21］。此深足为戒。朕所好者，唯尧、舜、周、孔之道，以为如鸟有翼，如鱼有水，失之则死，不可暂无耳［22］。"

以辰州［23］刺史裴虔通，隋炀帝故人，特蒙宠任，而身为弑逆［24］，虽时移事变，屡更赦令，幸免族夷［25］，不可犹使牧民［26］，乃下诏除名，流驩州［27］。虔通常言"身除隋室以启大唐"［28］，自以为功，颇有觖望之色［29］。及得罪，怨愤而死。

秋，七月，诏宇文化及之党莱州［30］刺史牛方裕、绛州［31］刺史薛世良、广州［32］都督长史唐奉义、隋武牙郎将［33］元礼并除名徙边。

上谓侍臣曰："古语有之：'赦者小人之幸［34］，君子之不幸。''一岁再赦，善人喑哑［35］。'夫养稂莠［36］者害嘉谷，赦有罪者贼［37］良民，故朕即位以来，不欲数赦，恐小人恃之轻犯宪章[38]故也！”

（以上为第十五段，写唐太宗以隋炀帝为鉴，每临朝三思而后发言，是非判断，以儒学为宗。）

【注释】

[1]戊子：六月十三日。[2]《隋炀帝集》：隋炀帝文集。[3]奥博：含义深广。[4]是尧、舜而非桀、纣：称赞尧、舜而非议桀、纣。[5]何其反也：何其相反。[6]虚己以受人：自身谦虚以接纳别人的意见。[7]畿内有蝗：京畿之内有蝗虫。[8]辛卯：六月十六日。[9]掇数枚：拾取数只。[10]祝之曰：祝祷说。[11]宁食：不如吃。[12]何疾之避：还避什么疾病。[13]恐为民害：恐怕说了有害于人民。[14]知起居事：官名。起居郎，为唐太宗所置隶于门下省的史官。凡皇帝起居法度，典礼文物，迁拜旌赏，诛罚黜免，莫不随事记录，以成起居注。以他官兼起居郎事者，谓之知起居注或知起居事。[15]杜正伦（?—658）：相州洹水（今河北大名县西南）人。唐初大臣。传见《旧唐书》卷七十、《新唐书》卷一百六。[16]徒：仅仅。[17]贻讥：让人讥笑。贻（yí），遗留。[18]唯谈苦空：言谈唯苦行空寂。[19]侯景之乱：此为南朝梁武帝末年北齐降将侯景发动的叛乱。[20]百官不能乘马：南朝梁时，士大夫好逸恶劳，讲究穿戴，出则乘车，入则扶侍。以致肤脆骨柔，不堪行步，体羸气弱，不耐寒暑。及至侯景之乱，百官不会骑马逃跑，更无法持戈作战了。[21]元帝为周师所围，犹讲《老子》，百官戎服以听：梁元帝承圣三年（554）十月，西魏大军南下入寇，元帝召公卿商议。江陵将相多以为必无此事。于是元帝“犹讲《老子》，百官戎服以听”。结果魏军攻破江陵，梁元帝终被擒杀。[22]不可暂无耳：一刻也不能离开。[23]辰州：州名。治所在今湖南沅陵县。[24]身为弑逆：亲自干杀害炀帝的事。[25]族夷：灭族。[26]不可犹使牧民：不可还使他治理人民。[27]驩州：州名。治所在今越南义安省演州县西安城。[28]身除隋室以启大唐：亲自除掉隋朝以开启大唐的国运。[29]觖（jué）望之色：因不满意而怨恨的神色。[30]莱州：州名。治所在今山东莱州市。[31]绛州：州名。治所在今山西新绛县。[32]广州：州名。今广东广州市。[33]武牙郎将：即虎牙郎将。唐以避讳，改虎曰武。[34]赦者小人之幸：赦免天下是小人的幸运。[35]喑（yīn）哑：缄默，不说话。[36]稂莠：稂和莠，古书上都指妨害禾苗生长的杂草，比喻品质坏。[37]贼：害。[38]宪章：法令。

【点评】

唐太宗用人。能不能知人用人，是判断人君贤愚的一个重要标准。唐太宗知人善任，是中国历史上少见的明君。唐太宗对大臣们说：“人君必须至公无私，才能服天下人的心。朕和你们每天的衣食，都是民众提供的，所以设立官职，要为民办事。办好事就要用好人，因此选用人才要至公，不应按关系亲疏、资格的新旧来选人任职。如果贤才出在疏人、新人中，庸才出在亲人、旧人中，不可以舍去贤才而录用庸才。原来在秦王府供职的旧官属专凭关系和资格来较量官职，发出怨言，真是不识大体。”唐太宗要封德彝举荐贤才，长久没有回应。封德彝说：“臣不是不留心，只是当今没有奇才。”唐太宗驳斥说：“用人如用器，各取所长，古时也有太平盛世，难道那时的贤才都是从前朝借来的吗？你自己不识人，不要妄说今世没奇才。”封德彝十分惭愧，这说明唐太宗相信人才就在今世。唐太宗因张蕴古上奏《大宝箴》而发现了他的才华，立即破格录用为大理丞。景州录事张玄素有名望，唐太宗召见，问以政事，也立即提升为侍御史。玄武门事变前夕，太史令傅奕上奏天变，说“太白见秦分，秦王当有天下”。唐太宗即位后召见傅奕说：“你先前的奏折，差点给我带来灾祸，但这是你的职分，不要担心以前的事。”由此可见，唐太宗认为尽职者就是人才。

由于唐太宗知人，又善用人，所以贞观一朝，人才济济。贞观十七年（643），唐太宗让画家阎立本绘画了唐代二十四位开国功臣的图像，陈列在凌烟阁，时时瞻仰，亦为人臣榜样。唐太宗以此说明代有人才，也表明他不拘一格用人才的风采。

卷一九三　唐纪九

唐太宗贞观二年至五年（628—631年）

【起著雍困敦（戊子，628年）九月，尽重光单阏（辛卯，631年），凡三年有奇】

【大事提要】

本卷记事起公元628年九月，讫公元631年，凡三年又四个月，时当贞观二年至五年，是唐太宗执政的初期、贞观之治的启动时期。政治欣欣向荣，君臣励精图治，时常和谐议政，魏徵等众多大臣都能直言进谏，房玄龄、杜如晦两位贤相尽心辅政，军国大政无失策。此时期，唐军大败东突厥，诛杀了隋义成公主，漠北诸部落、西域各国、东西突厥、岭南蛮夷皆归服唐朝，边患消除，内政稳定，刑措不用，全年死囚仅二十九人。数年间，贞观之治已见成效。

太宗文武大圣大广孝皇帝上之中

贞观二年（戊子，628年）

九月，丙午[1]，初令致仕官在本品之上[2]。

上曰："比见群臣屡上表[3]贺祥瑞[4]，夫家给人足而无瑞，不害为尧、舜[5]；百姓愁怨[6]而多瑞，不害为桀、纣。后魏之世，吏焚连理木，煮白雉而食之[7]，岂足为至治乎！"丁未[8]，诏："自今大瑞听表闻[9]，自外诸瑞，申所司而已[10]。"尝有白鹊构巢于寝殿槐上，合欢如腰鼓[11]，左右称贺。上曰："我常笑隋炀帝好祥瑞。瑞在得贤，此何足贺！"命毁其巢，纵鹊于野外。

天少雨，中书舍人[12]李百药上言："往年虽出宫人，窃闻太上皇宫及掖庭[13]宫人，无用者尚多，岂惟虚费衣食，且阴气郁积，亦足致旱。"上曰："妇人幽闭[14]深宫，诚为可愍[15]。洒扫之余，亦何所用，宜皆出之，任求伉俪[16]。"于是遣尚书左丞戴胄、给事中洹水[17]杜正伦于掖庭西门简出之，前后所出三千余人。

己未[18]，突厥寇边。朝臣或请修古长城[19]，发民乘堡障[20]，上曰："突厥灾异相仍[21]，颉利不惧[22]而修德，暴虐滋甚[23]，骨肉相攻，亡在朝夕。朕方为公扫清沙漠[24]，安用劳民远修障塞[25]乎！"

壬申[26]，以前司农卿窦静为夏州都督。静在司农，少卿赵元楷善聚敛，静鄙之，对官属[27]大言曰："隋炀帝奢侈重敛，司农非公[28]不可；今天子节俭爱民，公何所用哉！"元楷大惭。

上问王珪曰："近世为国者益不及前古[29]，何也？"对曰："汉世尚儒术，宰相多用经术士，故风俗淳厚；近世重文轻儒，参以法律[30]，此治化[31]之所以益衰也。"上然之。

冬，十月，御史大夫参预朝政安吉襄公杜淹薨。

（以上为第一段，写唐太宗不信祥瑞，释放宫人，不筑边塞，使民休息。）

【注释】

[1]丙午：九月三日。[2]初令致仕官在本品之上：初令内外文武官年老辞职者，参朝的班秩，应在本品现任之上。[3]上表：进呈奏章给皇帝。[4]祥瑞：吉祥的征兆。[5]家给人足而无瑞，不害为尧、舜：人民富足虽无祥瑞，不妨害其为尧、舜。[6]愁怨：愁苦埋怨。[7]焚连理木，煮白雉而食之：连理木、白雉，均为祥瑞之物。言焚言煮，表示当时祥瑞之多。[8]丁未：九月四日。[9]大瑞听表闻：有大瑞准许以表奏闻。大瑞，凡景星、庆云为大瑞，其名物有六十四。[10]自外诸瑞，申所司而已：除大瑞外，又有上瑞、中瑞、下瑞。白狼、赤兔为上瑞，其名物三十八；苍乌、朱雁为中瑞，其名物有三十二；嘉禾、芝草、木连理为下瑞，其名物有十四。所有这些，由员外郎负责申报。[11]合欢如腰鼓：两个巢相连有如腰鼓。[12]中书舍人：官名。掌制诰（撰拟诏旨），以有文学资望者充任。其名称常有变更，如隋炀帝时称内书舍人，唐武则天时称凤阁舍人，简称舍人。[13]掖庭：后妃宫中。[14]幽闭：幽禁。[15]可愍（mǐn）：可怜。[16]伉俪：夫妻。[17]洹水：县名。县治在今河北魏县西南。[18]己未：九月十六日。[19]古长城：春秋战国时，各国互相防御，各于险要地段修筑长城。秦统一全国后，将秦、赵、燕三国北边的长城，连贯为一。西起临洮（今甘肃岷县），北傍阴山，东至辽东，俗称"万里长城"。自汉至隋，各代皆曾于北边与游牧民族交界地带修筑长城。[20]发民乘堡障：征发民众登堡障据守。堡，小城；障，亭障。[21]灾异相仍：灾害接连不断。[22]不惧：指突厥不畏惧唐朝，不服德化而犯边。[23]滋甚：愈甚。[24]扫清沙漠：指扫清突厥。沙漠，指代突厥。[25]障塞：指长城。[26]壬申：九月二十九日。[27]官属：指司农卿所辖的官属，如丞、主簿等。[28]公：对人的尊称，如您。下同，指赵元楷。[29]近世

为国者益不及前古：近世的治民者越发不如往古的人。［30］重文轻儒，参以法律：重文学轻儒术，兼重法律。［31］治化：政治教化。

交州[1]都督遂安公寿[2]以贪得罪，上以瀛州刺史卢祖尚才兼文武，廉平公直，征入朝，谕以"交趾[3]久不得人，须卿镇抚。"祖尚拜谢而出，既而悔之，辞以旧疾。上遣杜如晦等谕旨[4]曰："匹夫犹敦然诺[5]，奈何既许朕而复悔之！"祖尚固辞。戊子[6]，上复引见，谕之，祖尚固执不可，上大怒曰："我使人不行，何以为政！"命斩于朝堂[7]，寻悔之。他日，与侍臣论"齐文宣帝何如人[8]？"魏徵对曰："文宣狂暴，然人与之争，事理屈则从之。有前青州长史魏恺使于梁还[9]，除光州[10]长史，不肯行[11]，杨遵彦[12]奏之。文宣怒，召而责之。恺曰：'臣先任大州，使还，有劳无过，更得小州，此臣所以不行[13]也。'文宣顾谓[14]遵彦曰：'其言有理，卿赦之。'此其所长也。"上曰："然。向者卢祖尚虽失人臣之义，朕杀之亦为太暴，由此言之，不如文宣矣！"命复其官荫[15]。

徵状貌不逾中人[16]，而有胆略，善回[17]人主[18]意，每犯颜苦谏；或逢上怒甚，徵神色不移，上亦为霁威[19]。尝谒告上冢[20]，还，言于上曰："人言陛下欲幸南山，外皆严装已毕，而竟不行，何也？"上笑曰："初实有此心，畏卿嗔[21]，故中辍耳。"上尝得佳鹞[22]，自臂之[23]，望见徵来，匿怀中；徵奏事固久[24]不已，鹞竟死怀中。

十一月，辛酉[25]，上祀圜丘[26]。

十二月，壬午[27]，以黄门侍郎王珪为守侍中。上尝闲居，与珪语，有美人侍侧，上指示珪曰："此庐江王瑗之姬也，瑗杀其夫而纳之。"珪避席曰[28]："陛下以庐江纳之为是邪，非邪？"上曰："杀人而取其妻，卿何问是非！"对曰："昔齐桓公知郭公之所以亡，由善善[29]而不能用，然弃其所言之人，管仲[30]以为无异于郭公。今此美人尚在左右，臣以为圣心是之[31]也。"上悦，即出之，还其亲族。

上使太常少卿祖孝孙教宫人音乐，不称旨，上责之。温彦博、王珪谏曰："孝孙雅士[32]，今乃使之教宫人，又从而谴[33]之，臣窃以为不可。”上怒曰：“朕置卿等于腹心，当竭忠直以事我，乃附下罔上[34]，为孝孙游说邪！”彦博拜谢[35]。珪不拜，曰：“陛下责臣以忠直，今臣所言岂私曲[36]邪！此乃陛下负臣[37]，非臣负陛下！”上默然而罢。明日，上谓房玄龄曰：“自古帝王纳谏诚难[38]，朕昨责温彦博、王珪，至今悔之。公等勿为此不尽言也。”

上曰：“为朕养民[39]者，唯在都督、刺史，朕常疏[40]其名于屏风，坐卧观之，得其在官善恶之迹，皆注[41]于名下，以备黜陟[42]。县令尤为亲民[43]，不可不择。”乃命内外[44]五品已上，各举堪为县令者，以名闻[45]。

上曰：“比有奴告其主反者，此弊事[46]。夫谋反不能独为，必与人共之，何患不发，何必使奴告邪！自今有奴告主者，皆勿受，仍斩之。”

（以上为第二段，写唐太宗纳谏如流，故众大臣皆能直谏。）

【注释】

[1]交州：州名。治所在今越南河内市西北。[2]遂安公寿：即宗室李寿，封为遂安公。[3]交趾：古县名。隋开皇十年（590）置。治所在今越南河内市西北。[4]谕旨：告诉君上的旨意。[5]匹夫犹敦然诺：匹夫尚能实践诺言。敦然诺，即重诺言。[6]戊子：十月十五日。[7]朝堂：按阁本《太极宫图》，东西朝堂在承天门左右。每逢元正、冬至、大朝贺等朝会之前，百官先在朝堂序位，文官在东朝堂，武官在西朝堂，由监察御史传点毕，再分领百官入内。朝堂又是宣敕册命之处，或受讼理冤狱之处。[8]何如人：为人如何？[9]使于梁还：出使梁而返。[10]光州：州名。治所在今河南光山县。[11]不肯行：不肯上任。[12]杨遵彦：杨愔，字遵彦，齐文宣帝时大臣，忠而获罪。传见《北齐书》卷三十四。[13]行：赴任。[14]顾谓：看着说。[15]复其官荫：恢复其官位以庇荫其子孙。唐制，凡用荫，一品，子正七品上；二品，子正七品下；三品，子从七品上；从三品，子从七品下；正四品，子正八品上；从四品，子正八品下；正五品，子从八品上；从五品及国公子，从八品下。三品以上，荫曾孙；五品以上，荫孙；孙降子一等，曾孙降孙一等，赠官降正官一等，死事者与正官同。郡、县公子视从五品孙，县男以上子降一等，勋官二品子又降一等，二王后孙视正三品。[16]状貌不逾中人：外表相貌超不过普通人。[17]回：回转。[18]人主：皇帝。[19]霁（jì）威：威怒为之消退。霁，怒气消散。[20]谒告上冢：祭扫先人坟墓。[21]嗔（chēn）：怒，生气。[22]鹞（yào）：即雀鹰，猛禽的一种，比鹰小，捕食小鸟。[23]自臂之：用手臂架鹞。[24]固久：故意延长时间。[25]辛酉：十一月十九日。[26]上祀圜丘：皇帝祭天于圜丘。《旧唐书·礼仪志》一：“武德初定令，每岁冬至祀昊天上帝于圜丘。”圜丘，古时祭天的坛。[27]壬午：十二月十日。[28]避

席曰：起身离席而言。这是古代卑者对尊者发言之礼仪。［29］善善：喜欢善人。胡注，齐桓公过郭氏之墟，问父老曰："郭何故亡？"对曰："善善恶恶。"公曰："若子之言，何至于亡？"对曰："善善而不能用，恶恶而不能去，此其所以亡也。"［30］管仲（?—前645）：即管敬仲。春秋初期杰出的政治家。字仲，颍上（颍水之滨）人。传见《史记》卷六十二。［31］是之：以为是。［32］雅士：典雅之士。［33］谴：责。［34］附下罔上：结附在下位之人，蒙蔽皇上。［35］拜谢：拜伏谢罪。［36］私曲：偏私，不正直。［37］负臣：辜负臣意。［38］诚难：实在很困难。［39］养民：治理人民。［40］疏：书列。［41］注：书、写。［42］黜（chù）陟（zhì）：罢免或升迁。［43］亲民：与民接近。［44］内外：指京城内外。［45］以名闻：将其姓名上奏。［46］弊事：弊端。

西突厥统叶护可汗为其伯父所杀；伯父自立，是为莫贺咄侯屈利俟毗可汗。国人不服，弩失毕部推泥孰莫贺设[1]为可汗，泥孰不可。统叶护之子咥力特勒避莫贺咄之祸，亡在康居[2]，泥孰迎而立之，是为乙毗钵罗肆叶护可汗，与莫贺咄相攻，连兵不息，俱遣使来请婚。上不许，曰："汝国方乱，君臣未定，何得言婚！"且谕以各守部分[3]，勿复相攻。于是西域诸国及敕勒先役属[4]西突厥者皆叛之。

突厥北边诸姓多叛颉利可汗归薛延陀[5]，共推其俟斤[6]夷男为可汗，夷男不敢当。上方图[7]颉利，遣游击将军[8]乔师望间道[9]赍[10]册书[11]拜夷男为真珠毗伽可汗，赐以鼓纛[12]。夷男大喜，遣使入贡，建牙于大漠之郁督军山下，东至靺鞨[13]，西至西突厥，南接沙碛[14]，北至俱伦水[15]；回纥、拔野古[16]、阿跌[17]、同罗[18]、仆骨[19]、霫诸部皆属焉。

（以上为第三段，写突厥内乱。）

【注释】

［1］泥孰莫贺设：西突厥有五弩失毕部，泥孰为一部之俟斤。［2］康居：古西域国名。约在今巴尔喀什湖与咸海之间。西汉成帝时（前32—前7）康居王遣子侍汉、贡献。此后与中原王朝多有往来。［3］各守部分：各自安守所部及疆域。［4］役属：役使附属。［5］薛延陀：中国古代民族名。铁勒诸部之一，由薛部与延陀部合并而成。初属于突厥。贞观四年（630）助唐灭突厥。贞观二十年（646）发生内乱，为唐所破。［6］俟斤：突厥部族首领的官名。［7］方图：正图取。［8］游击将军：官名。汉代有游击将军，统兵专征。唐宋时代又成为武官的官阶。［9］间道：抄

偏僻的小路。［10］赍（jī）：把东西送给别人。此处意为携带。［11］册书：皇帝对臣下封土授爵或免官的文书。［12］纛（dào）：古代军队里的大旗。［13］靺（mò）鞨（hé）：中国古代民族名。来源于肃慎。北魏时称勿吉，隋唐时称靺鞨。分布在松花江、牡丹江流域及黑龙江中下游，东至日本海。［14］沙碛：沙漠。［15］俱伦水：古湖泊名。即今内蒙古新巴尔虎右旗东北呼伦湖。［16］拔野古：中国古代民族名。铁勒诸部之一。在今黑龙江省贝尔湖一带。唐贞观三年（629）遣使来唐。［17］阿跌：隋唐时铁勒诸部之一。［18］同罗：中国古代民族名。铁勒诸部之一。游牧于图拉河北。唐贞观二年（628）遣使入朝，后内属。［19］仆骨：初为铁勒诸部之一，后为回纥外九部之一。

三年（己丑，629 年）

春，正月，戊午[1]，上祀太庙；癸亥[2]，耕藉[3]于东郊。

沙门[4]法雅坐妖言诛。司空裴寂尝闻其言，辛未[5]，寂坐免官，遣还乡里。寂请留京师，上数[6]之曰："计公勋庸[7]，安得[8]至此！直以[9]恩泽[10]为群臣第一。武德之际，货赂公行[11]，纪纲紊乱，皆公之由也，但以故旧[12]不忍尽法[13]。得归守坟墓，幸已多矣！"寂遂归蒲州。未几，又坐狂人[14]信行言寂有天命[15]，寂不以闻[16]，当死；流静州[17]。会山羌[18]作乱，或言劫寂为主[19]。上曰："寂当死，我生之[20]，必不然也。"俄[21]闻寂率家僮破贼。上思其佐命[22]之功，征入朝，会卒[23]。

二月，戊寅[24]，以房玄龄为左仆射，杜如晦为右仆射，以尚书右丞魏徵守秘书监，参预朝政。

三月，己酉[25]，上录系囚[26]。有刘恭者，颈有"胜"文[27]，自云"当胜天下"，坐[28]是[29]系狱[30]。上曰："若天将兴之，非朕所能除[31]；若无天命，'胜'文何为[32]！"乃释之。

丁巳[33]，上谓房玄龄、杜如晦曰："公为仆射，当广求贤人，随才授任，此宰相[34]之职也。比闻听受辞讼[35]，日不暇给[36]，安能助朕求贤乎！"因敕"尚书细务属左右丞[37]，唯大事应奏者，乃关[38]仆射。"

玄龄明达政事，辅以文学，夙[39]夜尽心，惟恐一物失所[40]；用法宽平，闻人有善，若己有之，不以求备[41]取人，不以己长格物[42]。与杜如晦引拔士类[43]，常如不及[44]。至于台阁规模，皆二人所定。上每与玄龄谋事，必曰："非如晦不能决[45]。"及如晦至，卒[46]用玄龄之策。盖元龄[47]善谋，如晦能断故也。二人深相得，同心徇国[48]，故唐世称贤相，推房、杜焉。玄龄虽蒙宠待，或以事被谴，辄累日诣朝堂[49]，稽颡[50]请罪，恐惧若无所容[51]。

玄龄监修国史[52]，上语之曰："比见《汉书》载《子虚》《上林》[53]赋，浮华无用。其上书论事，词理切直[54]者，朕从与不从，皆当载之。"

夏，四月，乙亥[55]，上皇徙居弘义宫[56]，更名大安宫。上始御太极殿[57]，谓群臣曰："中书、门下[58]，机要之司，诏敕有不便者，皆应论执[59]。比来唯睹顺从，不闻违异[60]。若但行文书，则谁不可为，何必择才也！"房玄龄等皆顿首谢。

故事[61]：凡军国大事，则中书舍人各执所见，杂署[62]其名，谓之五花判事[63]。中书侍郎、中书令省审[64]之，给事中、黄门侍郎[65]驳正[66]之。上台申明旧制，由是鲜有败事。

（以上为第四段，写房玄龄、杜如晦两贤相辅政，并严格执行军国大事五花判事制度，由是政通人和。）

【注释】

[1]戊午：正月十六日。[2]癸亥：正月二十一日。[3]藉：藉田，天子亲耕之田。一说借民力以耕，故云藉田。[4]沙门：出家的佛教徒的总称。[5]辛未：正月二十九日。[6]数：责。[7]计公勋庸：核计你的功勋。庸，功劳。[8]安得：哪能。[9]直以：只因。[10]恩泽：泽，指雨露沾润草木，正所谓有恩德。故恩泽常连在一起。封建社会称皇帝或官吏给予臣民的恩惠。[11]货赂公行：贿赂公然施行。[12]故旧：旧人。[13]尽法：按法律须判之罪处罚之。[14]狂人：狂妄自大之人。[15]言寂有天命：谓裴寂有做天子的运气。[16]不以闻：不报告皇上。[17]静州：州名。治所在今广西昭平县。[18]羌：中国古代民族名。主要分布在今甘、青、川一带。早在殷、周时，羌族的部分曾杂居中原。秦、汉时部落众多。魏、晋、隋唐时，与汉人杂处的部分羌人逐渐从事农耕，与汉族及其他民族相融合。[19]劫寂为主：指叛军劫裴寂为首领。[20]我生之：我使他活着。[21]俄：不久。[22]佐命：辅佐王命。[23]会卒：适逢死亡。[24]戊寅：二月六日。[25]己酉：三月八日。[26]录系囚：审查被囚禁犯人的案件。[27]颈有"胜"文：脖子上有纹理酷似"胜"字。[28]坐：因犯……罪或错误。[29]是：此。[30]系狱：拘囚入狱。[31]除：除灭。[32]何为：有何用。[33]丁巳：三月十六日。[34]宰相：官名。封建时代辅助皇帝，统领百官、总揽政务的最高行政长官。历代所用官

名与职权广狭程度，各有不同。唐初以三省长官为宰相。因尚书令不轻易授人，故实际上中书令、侍中与仆射为相。后来，又有三省长官以外的官员为相。这些官员都以同中书门下三品或同中书门下平章事的头衔为正式宰相。［35］辞讼：即狱讼。［36］日不暇给：事情太多，时间不够用。［37］左右丞：尚书左右丞。［38］关：告诉，通报。［39］夙（sù）：早晨。［40］惟恐一物失所：只怕人才不被任用。［41］求备：苛求完备。［42］不以己长格物：不以自己的长处去推究别人。［43］引拔士类：选拔士人。［44］常如不及：唯恐有遗贤。［45］决：决断。［46］卒：终于。［47］元龄：即房玄龄。［48］徇国：为国家而献身。此处指一心一意为国。［49］辄累日诣朝堂：则连日到朝堂。［50］稽颡：叩头。稽（qǐ），稽首，是古代的一种礼节。跪下，拱手至地，头也至地。颡（sǎng），额。［51］若无所容：如同无地自容。［52］监修国史：监督撰修本国或本朝的历史。唐代以宰相监修国史，后代因之。［53］《子虚》《上林》：辞赋名。均为西汉辞赋家司马相如所作。词藻瑰丽，气韵排宕，汉魏六朝文人多仿之。载于《史记·司马相如列传》。［54］切直：恳切诚直。［55］乙亥：四月四日。［56］弘义宫：据《唐会要》载，武德五年（622）营弘义宫。因李世民有定天下之功，别建此宫以居之。高祖禅位后，以弘义宫有山林胜景，雅好之，故徙居于此，改名大安宫。［57］上始御太极殿：高祖传位，太宗即位于东宫的显德殿。高祖徙居大安宫，太宗始居太极殿。［58］中书、门下：指中书省与门下省。官署名。中书省，魏、晋始置，为秉承君主意旨、掌管机要、发布政令的机构。门下省，晋代始置，为君主的侍从顾问机构。负责审查诏令、签署章奏、纠正朝政缺失等。中书与门下同掌机要，为中央政权的决策机构。［59］论执：驳论谬误、坚持正确意见。［60］违异：违拒和异议。［61］故事：旧制。［62］杂署：共同签署。［63］五花判事：唐代签字通行的一种格式。凡遇军国大事，由掌管文书诏令的中书舍人，提出自己的意见，共同签字署名，称为五花判事。［64］省审：察看审核。［65］黄门侍郎：官名。秦及西汉郎官给事于黄闼（宫门）之内者，称黄门侍郎。东汉始设为专官。称给事黄门侍郎。其职为侍从皇帝，传达诏命。隋去“给事”二字，单称黄门侍郎。唐代黄门侍郎为门下省长官侍中之副，后称门下侍郎。［66］驳正：驳议改正。

茌平[1]人马周[2]，客游长安，舍于中郎将[3]常何之家。六月，壬午[4]，以旱[5]，诏文武官极言得失。何武人不学[6]，不知所言，周代之陈便宜[7]二十余条。上怪其能[8]，以问何，对曰：“此非臣所能，家客马周为臣具草[9]耳。”上即召之；未至，遣使督促者数辈[10]。及谒见，与语，甚悦，令直门下省，寻除[11]监察御史，奉使称旨。上以常何为知人，赐绢三百匹。

秋，八月，己巳朔[12]，日有食之。

丙子[13]，薛延陀毗伽可汗遣其弟统特勒入贡，上赐以宝刀及宝鞭，谓曰："卿所部有大罪者斩之，小罪者鞭之。"夷男[14]甚喜。突厥颉利可汗大惧，始遣使称臣，请尚公主，修婿礼[15]。

代州[16]都督张公谨上言突厥可取[17]之状，以为"颉利纵欲逞暴，诛忠良，昵奸佞[18]，一也。薛延陀等诸部皆叛，二也。突利[19]、拓设[20]、欲谷设皆得罪，无所自容[21]，三也。塞北霜旱，糇粮[22]乏绝，四也。颉利疏其族类，亲委[23]诸胡，胡人反覆，大军一临，必生内变，五也。华人入北[24]，其众甚多，比闻所在啸聚[25]，保据山险，大军出塞，自然响应，六也。"上以颉利可汗既请和亲，复援梁师都，丁亥[26]，命兵部尚书李靖为行军总管讨之，以张公谨为副。

九月，丙午[27]，突厥俟斤[28]九人帅三千骑来降，戊午[29]，拔野古、仆骨、同罗、奚酋长并帅众来降。

冬，十一月，辛丑[30]，突厥寇河西[31]，肃州[32]刺史公孙武达、甘州[33]刺史成仁重与战，破之，捕虏千余口。

上遣使至凉州，都督李大亮有佳鹰，使者讽[34]大亮使献之，大亮密表曰："陛下久绝畋游而使者求鹰。若陛下之意，深乖昔旨[35]；如其自擅[36]，乃是使非其人[37]。"癸卯[38]，上谓侍臣曰："李大亮可谓忠直。"手诏褒美，赐以胡瓶及荀悦《汉纪》[39]。

庚申[40]，以行并州都督李世勣为通汉道[41]行军总管，兵部尚书李靖为定襄道行军总管，华州刺史柴绍为金河道行军总管，灵州大都督薛万彻为畅武道[42]行军总管，众合十余万，皆受李勣节度[43]，分道出击突厥。

乙丑[44]，任城王道宗击突厥于灵州[45]，破之。

（以上为第五段，写唐太宗大发兵征伐东突厥。）

【注释】

[1]茌平：县名。县治在今山东聊城市茌平区。 [2]马周（601—648）：字宾王。博州茌平（今山东聊城市茌平区）人。太宗时官至中书令。传见《旧唐书》卷八十四、《新唐书》卷九十八。 [3]中郎将：武官名。唐代各卫有中郎将。中郎将正四品下。 [4]壬午：六月十三日。 [5]以旱：因发生旱灾。 [6]何武人不学：常何是个武人，没有学识。 [7]便宜：利益，好处。常特

指对国家有利的事。［8］怪其能：对他的能力感到奇怪。［9］具草：起稿。［10］遣使督促者数辈：派使者多次催促。按马周传作，“遣使者催促数四”，似较佳。［11］寻除：寻，不久。除，任命授职。［12］己巳朔：八月一日。［13］丙子：八月八日。［14］夷男：薛延陀首领。贞观三年（629），唐太宗封夷男为真珠毗伽可汗，建牙郁督军山。事迹见《旧唐书》卷一百九十九《铁勒传》、《新唐书》卷二百一十七《回鹘传》。［15］修婿礼：行子婿之礼。［16］代州：州名。治所在今山西代县。［17］可取：可攻取。［18］昵奸佞：亲近奸邪谄媚之人。［19］突利：即突利可汗。［20］拓设：即阿史那社尔（?—655）。唐初大将。东突厥处罗可汗次子。为拓设，建牙碛北，与颉利可汗子欲谷设分统铁勒、回纥、仆骨、同罗诸部。贞观十年（636）归唐，授左骁卫大将军。传见《旧唐书》卷一百零九、《新唐书》卷一百一十。［21］无所自容：无容身之所。［22］糇（hóu）粮：干粮。［23］亲委：亲任。［24］华人入北：华人因隋末之乱，避而入北。［25］啸聚：呼啸聚合。［26］丁亥：八月十九日。［27］丙午：九月九日。［28］俟（sì）斤：突厥部族首领的官名。［29］戊午：九月二十一日。［30］辛丑：十一月四日。［31］河西：唐方镇名，在今甘肃武威市。［32］肃州：州名。治所在今甘肃酒泉市。［33］甘州：州名。治所在今甘肃张掖市。［34］讽：用含蓄的话劝告或暗示。［35］深乖昔旨：深违昔日绝畋游之旨。乖，违。［36］擅：擅自。对不在自己职权范围内的事情自作主张。［37］使非其人：这使者就不是适当的人选。［38］癸卯：十一月六日。［39］胡瓶及荀悦《汉纪》：据《旧唐书·李大亮传》载，所赐胡瓶一枚，为太宗自用之物。荀悦《汉纪》，叙事详明，议论深博，明治国之道，申君臣之义。用此二物赐李大亮，以嘉其忠直。［40］庚申：十一月二十三日。［41］通汉道：据《旧唐书·李勣传》，通汉道，应作通漠道。［42］畅武道：据胡注，畅武非地名，意为宣畅威武。［43］节度：指挥，命令。［44］乙丑：十一月二十八日。［45］灵州：州名。治所在今宁夏灵武市西南。

十二月，戊辰[1]，突利可汗入朝，上谓侍臣曰：“往者太上皇以百姓之故，称臣于突厥[2]，朕常痛心。今单于[3]稽颡[4]，庶几[5]可雪前耻。”。

壬午[6]，靺鞨遣使入贡，上曰：“靺鞨远来，盖突厥已服之故也。昔人谓御戎无上策[7]，朕今治安中国，而四夷自服，岂非上策乎！”

癸未[8]，右仆射杜如晦以疾逊位[9]，上许之。

乙酉[10]，上问给事中孔颖达曰：“《论语》：‘以能问于不能，以多问于寡，有若无，实若虚。’[11]何谓也？”颖达具释其义以对；且曰：“非独匹夫如是，帝王亦然。帝王内蕴[12]神明[13]，外当玄默[14]，故《易》称‘以蒙养正[15]，以明夷莅众[16]。’若位居尊极，炫耀聪明，以才陵[17]人，饰非[18]拒谏，则下情不通，取亡之道也。”上深善其言。

庚寅[19]，突厥郁射设帅所部来降。

闰月，丁未[20]，东谢酋长谢元深、南谢酋长谢强来朝。诸谢[21]皆南蛮别种，在黔州[22]之西。诏以东谢为应州[23]、南谢为庄州[24]，隶黔州都督。

是时远方诸国来朝贡者甚众，服装诡异[25]，中书侍郎颜师古[26]请图写[27]以示后，作《王会图》[28]，从之。

乙丑[29]，牂柯酋长谢能羽[30]及充州[31]蛮入贡，诏以牂柯[32]为牂州[33]；党项酋长细封步赖来降，以其地为轨州[34]；各以其酋长为刺史。党项地亘[35]三千里，姓别为部[36]，不相统壹，细封氏、费听氏、往利氏、颇超氏、野辞氏、旁当氏、米擒氏、拓跋氏，皆大姓也。步赖既为唐所礼[37]，余部相继来降，以其地为崌、奉、岩、远四州[38]。

是岁，户部[39]奏：中国人自塞外归及四夷前后降附者，男女一百二十余万口。

房玄龄、王珪掌内外官考[40]，治书侍御史[41]万年权万纪[42]奏其不平，上命侯君集[43]推之[44]。魏徵谏曰：“玄龄、珪皆朝廷旧臣，素[45]以忠直为陛下所委，所考既多，其间能无一二人不当！察其情，终非阿[46]私。若推得其事，则皆不可信，岂得复当重任！且万纪比来恒[47]在考堂，曾无驳正；及身[48]不得考，乃始陈论。此正欲激陛下之怒，非竭诚徇国也。使推之得实，未足裨益[49]朝廷；若其本虚[50]，徒失陛下委任大臣之意。臣所爱者治体[51]，非敢苟私[52]二臣。”上乃释不问。

濮州刺史庞相寿坐贪污解任，自陈尝在秦王幕府；上怜之，欲听还旧任。魏徵谏曰：“秦王左右，中外甚多[53]，恐人人皆恃恩私，足使为善者惧。”上欣然纳之，谓相寿曰：“我昔为秦王，乃一府之主；今居大位，乃四海之主，不得独私故人。大臣所执[54]如是，朕何敢违！”赐帛遣之。相寿流涕而去。

（以上为第六段，写西突厥和四夷归服唐王朝。）

【注释】

[1]戊辰：十二月二日。[2]称臣于突厥：隋恭帝义宁元年（617）六月，李渊于太原起兵后，为了集中兵力向长安进军，采取权宜之计，向突厥称臣。[3]单于：匈奴最高首领的称号。[4]稽颡：古时一种跪拜礼。屈膝下拜，以额触地，居丧答拜宾客时行之，表示极度的悲痛和感谢。[5]庶几：连词。表示在上述情况之下才能避免某种后果或实现某种希望。[6]壬午：十二月十六日。[7]昔人谓御戎无上策：此指新朝王莽时，大司马严尤的一番议论："匈奴为害，所从来久，周、秦、汉征之，皆未有得上策者也。周得中策，汉得下策，秦无策焉。"事见《汉书·王莽传》。[8]癸未：十二月十七日。[9]逊位：退位。[10]乙酉：十二月十九日。[11]《论语》："以能问于不能，以多问于寡，有若无，实若虚。"此为曾子之言。意思是说自己有才能却向没有才能的人请教，自己知识多却向知识少的人请教；有学问就像没有学问一样，知识充实就像很空虚的人一样。[12]内蕴：内藏。[13]神明：如神般通晓、明白。[14]玄默：沉静寡言。[15]以蒙养正：《易》曰："蒙以养正，圣功也。"意思是说能以蒙昧隐默自养正道，可成大功。[16]以明夷莅众：《易》曰："明夷，君子以莅众，用晦而明。"意思是说，君子临众须用韬晦，政治才能大明。[17]陵：凌驾。[18]饰非：文饰错误。[19]庚寅：十二月二十四日。[20]丁未：闰十二月十一日。[21]诸谢：隋唐时居住在黔州（治所在今重庆市彭水苗族土家族自治县）西部的南蛮别种。因其首领姓谢而得名。[22]黔州：州名。治所在今重庆市彭水苗族土家族自治县。唐辖境相当于今重庆市彭水苗族土家族自治县、黔江区等地。[23]应州：州名。治所在今湖北广水市。[24]庄州：州名。治所在今贵州贵阳市南青岩古镇附近。[25]诡异：奇异。边地少数民族服装随其土俗，在华人眼中，不免视作诡异。[26]颜师古（581—645）：唐著名训诂学家。字籀，京兆万年人。传见《旧唐书》卷七十三、《新唐书》卷一百九十八。[27]图写：图画。[28]王会图：《考异》曰："《实录》《新旧传》皆云'正会图'。按《汲冢周书》有《王会篇》，柳宗元《铙鼓歌》、吕述《黠戛斯朝贡图》皆作'王会'，今从之。"[29]乙丑：闰十二月二十九日。[30]谢能羽：《旧唐书·牂柯传》《新唐书·两爨蛮传》，均作谢龙羽。[31]充州：州名。治所在今贵州石阡县西南。[32]牂（zāng）柯：唐时对牂柯地区少数民族的总称。其地约当今贵州东部、中南部。[33]牂州：州名。治所在今贵州瓮安县东北草塘古邑。[34]轨州：州名。治所在今四川阿坝县附近。[35]地亘（gèn）：土地相互连接。[36]姓别为部：依姓别作部落。[37]礼：礼遇。[38]崌、奉、岩、远：四州治所均在今四川松潘县西北。[39]户部：官署名。朝廷中掌管全国土地、户籍、赋税、财政收支等事务的官署。即尚书省所辖六部之一。[40]掌内外官考：负责京官和外官的考核。唐代考课之法分九等。按所谓四善二十七最定等级。四善为：德义有闻、清慎明著、公平可称、恪勤匪懈。最，指本行业同类官中之最佳者。一最四善，为上上；一最三善，为上中；一最二善，为上下；无最而有二善，为中上；无最而有一善，为中中；职事粗理，善最不闻，为中下；爱憎任情，处断乖理，为下上；背公向私，职事废阙，为下中；居官谄诈，贪浊有状为下下。[41]治书侍御史：御史台属官，掌纠察百官。魏晋时始

置，隶于御史中丞，隋与唐初治书侍御史兼中丞之任，到唐高宗重又改为御史中丞。［42］权万纪：万年人。太宗时以悻直廉约，自潮州刺史擢治书侍御史。传见《旧唐书》卷一百八十五、《新唐书》卷一百。［43］侯君集（？—643）：豳州三水（今陕西旬邑县）人。太宗时，历任右卫大将军、兵部尚书等职。传见《旧唐书》卷六十九、《新唐书》卷九十四。［44］推之：推究，调查。［45］素：一向。［46］阿（ē）：迎合，偏袒。［47］恒：常。［48］身：指自己。六朝常有如此用法。［49］裨益：益处。［50］本虚：根本没有。［51］臣所爱者治体：我所关心的是政治大体。［52］苟私：苟且私袒。［53］中外：指京城内外。［54］执：坚持。

四年（庚寅，630 年）

春，正月，李靖帅骁骑三千自马邑进屯恶阳岭[1]，夜，袭定襄[2]，破之。突厥颉利可汗不意靖猝至，大惊曰："唐不倾国[3]而来，靖何敢孤军至此！"其众一日数惊，乃徙牙[4]于碛口[5]。靖复遣谍离其心腹，颉利所亲康苏密以隋萧后[6]及炀帝之孙政道来降。乙亥[7]，至京师。先是，有降胡言"中国人或潜通书启[8]于萧后者"。至是，中书舍人杨文瓘请鞫[9]之，上曰："天下未定，突厥方强，愚民无知，或有斯事。今天下已安，既往之罪，何须问也！"

李世勣出云中[10]，与突厥战于白道[11]，大破之。

二月，己亥[12]，上幸骊山温汤[13]。

甲辰[14]，李靖破突厥颉利可汗于阴山[15]。

先是，颉利既败，窜于铁山[16]，余众尚数万；遣执失思力入见，谢罪，请举国[17]内附，身自[18]入朝。上遣鸿胪卿唐俭等慰抚之，又诏李靖将兵迎颉利。颉利外为卑辞[19]，内实犹豫，欲俟草青马肥，亡[20]入漠北。靖引兵与李世勣会白道，相与谋曰："颉利虽败，其众犹盛，若走度碛北，保依九姓[21]，道阻且远，追之难及。今诏使[22]至彼，虏必自宽[23]，若选精骑一万，赍二十日粮往袭之，不战可擒矣。"以其谋告张公谨，公谨曰："诏书已许其降，使者在彼，奈何击之！"靖曰："此韩信所以破齐[24]也。唐俭辈何足惜！"遂勒兵夜发，世勣继之，军至阴山，遇突厥千余帐，俘以随军[25]。颉利见使者大喜，意自安。靖使武邑[26]苏定方帅二百骑为前锋，乘雾而行，去牙帐七里，虏乃觉之。颉利乘千里马先走，靖军至，虏众遂溃。唐俭脱身得归。靖斩首万余级，俘男女十余万，获杂畜[27]数十万，杀隋义成公主，擒其子叠罗施。颉利帅万余人欲度碛，李世勣军[28]于碛口，颉利至，不得度，其大酋长皆帅众降，世勣虏五万余口而还。斥地[29]自阴山北至大漠，露布[30]以闻。

丙午[31]，上还宫。

甲寅[32]，以克突厥赦天下。

（以上为第七段，写唐军大破东突厥，诛杀隋义成公主。）

【注释】

[1]恶阳岭：地名。在今山西朔州市平鲁区西北。 [2]定襄：郡名。治所在今内蒙古和林格尔县西北土城子。 [3]倾国：倾尽全国的兵力。 [4]牙：官署的称呼。此处指突厥王廷。[5]碛口：大沙漠之口。 [6]萧后：即隋炀帝萧皇后。唐高祖武德二年（619），萧后与炀帝之孙杨政道入突厥。传见《隋书》卷三十六。 [7]乙亥：正月九日。 [8]潜通书启：暗中递送信札。[9]鞫：审问。 [10]云中：郡名。治所在今山西大同市。 [11]白道：地名。在今内蒙古呼和浩特市西北。 [12]己亥：二月三日。 [13]幸骊山温汤：到骊山温泉（在今陕西西安市临潼区）。[14]甲辰：二月八日。 [15]阴山：地名。即今内蒙古阴山山脉。 [16]铁山：古山名。在今内蒙古阴山北。 [17]举国：全国。 [18]身自：亲自。 [19]卑辞：卑逊之言辞。 [20]亡：逃跑。[21]保依九姓：保持依靠九姓部落。《新唐书・回鹘传》有九姓：药罗葛、胡咄葛、啒罗勿、貊歌息讫、阿勿嘀、葛萨、斛嗢素、药勿葛、奚邪勿。这是回纥后来强盛所服九姓。当时所谓九姓，即拔野古、延陀、回纥之属。 [22]诏使：宣布诏敕的使者。 [23]自宽：自然松懈。 [24]韩信所以破齐：事见《史记・淮阴侯列传》。刘邦先派使者郦食其诱降齐国，继而发兵向齐急进，韩信乘其无备偷袭，一举灭亡了齐国。 [25]随军：跟随在军队后面。 [26]武邑：县名。县治在今河北武邑县。 [27]杂畜：马、骆驼、牛、羊等。 [28]军：驻军。 [29]斥地：扩展地盘。[30]露布：军中捷报。古代不封口的诏书或奏章，也称露布。 [31]丙午：二月十日。 [32]甲寅：二月十八日。

以御史大夫温彦博为中书令，守[1]侍中王珪为侍中；守户部尚书戴胄为户部尚书，参预朝政；太常少卿萧瑀为御史大夫，与宰臣参议朝政。

三月，戊辰[2]，以突厥夹毕特勒阿史那思摩为右武候大将军[3]。

四夷君长诣阙[4]请上为天可汗[5]，上曰："我为大唐天子，又下行可汗事乎！"君臣及四夷皆称万岁。是后以玺书[6]赐西北君长，皆称天可汗。

庚午[7]，突厥思结俟斤帅众四万来降。

丙子[8]，以突利可汗为右卫大将军、北平郡王。

初，始毕可汗以启民[9]母弟苏尼失为沙钵罗设[10]，督部落五万家，牙直[11]灵州西北。及颉利政乱，苏尼失所部独不携贰[12]。突利之来奔也，颉利立之为小可汗。及颉利败走，往依之，将奔吐谷浑。大同道[13]行军总管任城王道宗引兵逼之，使苏尼失执送[14]颉利。颉利以数骑夜走，匿于荒谷。苏尼失惧，驰追获之。庚辰[15]，行军副总管张宝相帅众奄[16]至沙钵罗营，俘颉利送京师，苏尼失举众来降，漠南之地遂空[17]。

蔡成公杜如晦疾笃[18]，上遣太子问疾，又自临视之。甲申[19]，薨[20]。上每得佳物，辄思如晦，遣使赐其家。久之，语及如晦，必流涕，谓房玄龄曰："公与如晦同佐朕，今独见公，不见如晦矣！"

突厥颉利可汗至长安。夏，四月，戊戌[21]，上御顺天楼[22]，盛陈文物[23]，引见颉利，数[24]之曰："汝藉[25]父兄之业，纵淫虐以取亡，罪一也。数与我盟而背之，二也。恃强好战，暴骨如莽[26]，三也。蹂[27]我稼穑[28]，掠我子女，四也。我宥[29]汝罪，存汝社稷，而迁延[30]不来，五也。然自便桥以来[31]，不复大入为寇，以是得不死耳。"颉利哭谢而退。诏馆于太仆[32]，厚廪食之[33]。

上皇[34]闻擒颉利，叹曰："汉高祖困白登[35]，不能报[36]；今我子能灭突厥，吾托付得人[37]，复何忧哉！"上皇召上与贵臣十余人及诸王、妃、主[38]置酒凌烟阁[39]，酒酣，上皇自弹琵琶[40]，上起舞，公卿迭起为寿[41]，逮[42]夜而罢。

突厥既亡，其部落或北附薛延陀，或西奔西域，其降唐者尚十万口，诏群臣议区处之宜[43]。朝士多言："北狄自古为中国患，今幸而破亡，宜悉徙之河南兖、豫之间[44]，分其种落，散居州县，教之耕织，可以化胡虏为农民，永空塞北[45]之地。"

中书侍郎颜师古以为："突厥、铁勒皆上古所不能臣[46]，陛下既得而臣之，请皆置之河北[47]。分立酋长，领其部落，则永永无患矣。"

礼部侍郎李百药以为："突厥虽云一国，然其种类区分，各有酋帅。

今宜因其离散，各即本部署[48]为君长，不相臣属；纵欲存立阿史那氏，唯可使存其本族而已。国分则弱而易制，势敌则难相吞灭，各自保全，必不能抗衡中国。仍请于定襄置都护府[49]，为其节度，此安边之长策也。”

夏州都督窦静以为：“戎狄之性，有如禽兽，不可以刑法威[50]，不可以仁义教，况彼首丘[51]之情，未易忘也。置之中国，有损无益，恐一旦变生，犯我王略[52]。莫若因其破亡之余，施以望外[53]之恩，假之王侯之号，妻以宗室之女，分其土地，析[54]其部落，使其权弱势分，易为羁制[55]，可使常为藩臣，永保边塞。”

温彦博以为：“徙于兖、豫之间，则乖违物性[56]，非所以存养之也。请准[57]汉建武故事，置降匈奴于塞下，全其部落，顺其土俗[58]，以实空虚之地，使为中国捍蔽[59]，策之善者也。”

魏徵以为：“突厥世为寇盗，百姓之仇也；今幸而破亡，陛下以其降附，不忍尽杀，宜纵之使还故土，不可留之中国[60]。夫戎狄人面兽心，弱则请服，强则叛乱，固[61]其常性。今降者众近十万，数年之后，蕃息倍多[62]，必为腹心之疾，不可悔也。晋初诸胡与民杂居中国，郭钦、江统，皆劝武帝驱出塞外以绝乱阶[63]，武帝不从。后二十余年，伊、洛[64]之间，遂为毡裘[65]之域，此前事之明鉴[66]也！”

彦博曰：“王者之于万物，天覆地载[67]，靡有所遗[68]。今突厥穷来归我，奈何弃之而不受乎！孔子曰：‘有教无类[69]。’若救其死亡，授以生业，教之礼义，数年之后，悉为吾民。选其酋长，使入宿卫，畏威怀德，何后患之有！”

上卒用彦博策，处突厥降众，东自幽州，西至灵州；分突利故所统之地[70]，置顺、祐、化、长[71]四州都督府；又分颉利之地为六州，左置定襄都督府，右置云中都督府，以统其众。

五月，辛未[72]，以突利为顺州都督，使帅部落之官。上戒之[73]曰：“尔祖启民挺身奔隋，隋立以为大可汗，奄有[74]北荒[75]，尔父始毕反为隋患[76]。天道不容，故使尔今日乱亡如此。我所以不立尔为可汗者，惩启民前事故也。今命尔为都督，尔宜善守中国法，勿相侵掠，非徒[77]欲中国久安，亦使尔宗族永全[78]也！”

壬申[79]，以阿史那苏尼失为怀德郡王，阿史那思摩为怀化郡王。颉利之亡也，诸部落酋长皆弃颉利来降，独思摩随之，竟与颉利俱擒，上嘉其忠，拜右武候大将军，寻以为北开州都督，使统颉利旧众。

丁丑[80]，以右武卫大将军史大奈为丰州[81]都督，其余酋长至者，皆拜将军中郎将，布列朝廷，五品已上百余人，殆与朝士[82]相半，因而入居长安者近万家。

辛巳[83]，诏："自今讼者，有经尚书省判不服，听[84]于东宫上启[85]，委太子裁决。若仍不伏，然后闻奏。"

丁亥[86]，御史大夫萧瑀劾奏李靖破颉利牙帐，御军无法[87]，突厥珍物，虏掠俱尽，请付法司推科[88]。上特敕勿劾。及靖入见，上大加责让，靖顿首谢。久之，上乃曰："隋史万岁[89]破达头可汗，有功不赏，以罪致戮。朕则不然，录公之功，赦公之罪。"加靖左光禄大夫[90]，赐绢千匹，加真食邑[91]通前[92]五百户。未几，上谓靖曰："前有人谗公，今朕意已寤，公勿以为怀。"复赐绢二千匹。

（以上为第八段，写唐太宗安置突厥降众，以郡县制度管理。褒奖功臣李靖，不录小过。）

【注释】

[1]守：以他官掌理某职为守。 [2]戊辰：三月三日。 [3]右武候大将军：官名。禁军的高级武官。 [4]诣阙：到帝王住所。 [5]天可汗：天含至尊之意。天可汗即至尊极高的可汗。 [6]玺（xǐ）书：盖有皇帝大印的文书。 [7]庚午：三月五日。 [8]丙子：三月十一日。 [9]启民：即启民可汗（?—609），东突厥可汗，沙钵略可汗子，颉利可汗父。事迹见《旧唐书》卷一百九十四、《新唐书》卷二百一十五《突厥传》。 [10]设：突厥、回纥典兵官衔。 [11]牙直：营幕设在。 [12]携贰：有二心，背叛。 [13]大同道：道名。治所在今内蒙古乌拉特前旗西北。 [14]执送：捉拿，拘捕。 [15]庚辰：三月十五日。 [16]奄：突然，急。 [17]遂空：于是空无突厥之人。 [18]疾笃：病重。 [19]甲申：三月十九日。 [20]薨：死。古代称侯王死叫"薨"。唐以后称二品以上的官死也叫"薨"。 [21]戊戌：四月三日。 [22]顺天楼：即长安太极宫顺天门（承天门）楼。《唐六典》卷七："皇城南门，中曰承天门，隋开皇二年作，初曰广阳门，仁寿元年改曰昭阳门，武德元年改曰顺天门，神龙元年改曰承天门。若元正、冬至，大陈设燕会，赦过宥罪，除旧布新，受万国之朝贡，四夷之宾客，则御承天门以听政。" [23]文物：器仗珍宝

之类。［24］数：责备。［25］藉：凭借。［26］暴骨如莽：暴露骸骨如草莽。［27］蹂：蹂躏。［28］稼穑：农作物、庄稼。又泛指农业劳动。［29］宥：宽容，饶恕。［30］迁延：拖延。［31］便桥以来：指武德九年（626）八月，李世民与突厥颉利可汗在渭河便桥结盟以来。［32］诏馆于太仆：诏命居于太仆之位。太仆，官名。掌皇帝的舆马和马政。［33］厚廪食之：优厚供给膳食。［34］上皇：太上皇李渊。［35］汉高祖困白登：汉高祖七年（前200），高祖亲率大军击匈奴，至平城（今山西大同市东北），被冒顿围于白登（山名，在平城东）七日。［36］不能报：不能报仇。［37］托付得人：所托为最适当的人。［38］妃、主：妃嫔、公主。［39］凌烟阁：绘有功臣图像的高阁。在长安太极宫东北隅，位于三清殿之侧。贞观十七年（643）太宗为表彰功臣，使阎立本绘制长孙无忌等二十四人图形，挂于凌烟阁。［40］上皇自弹琵琶：北朝及隋唐时，甚重琵琶。大宴会上也奏之。且往往由君王亲自弹演。［41］迭起为寿：一次又一次起而举杯祝寿。即敬酒。［42］逮：及，至。［43］区处之宜：区分处置的适宜办法。［44］兖、豫之间：此处的兖、豫泛指九州。［45］塞北：长城以北。［46］上古所不能臣：上古以来不能使之臣服。［47］河北：泛指黄河以北地区。［48］署：代理、暂任或试充官职。［49］都护府：官署名。唐代自太宗至武则天时，先后设置安西、安北、单于、安东、安南、北庭六个大都护府，管理辖境的边防、行政和各族事务。［50］以刑法威：用刑法威吓。［51］首丘：《楚辞·九章·哀郢》："鸟飞反故乡兮，狐死必首丘。"首，头向着；丘，狐穴所在之土丘。传说狐死时，头犹向着巢穴。后因称人死后归葬故乡为"归正首丘。"也用为怀念故乡之意。［52］王略：王法。［53］望外：希望之外。［54］析：分。［55］羁制：束缚挟制。［56］物性：此处指人性。［57］准：依照。［58］土俗：本土风俗。［59］捍蔽：捍御遮蔽。［60］中国：中原。［61］固：本来。［62］蕃息倍多：滋生众多。［63］乱阶：祸乱的阶梯，即祸源。［64］伊、洛：指今河南伊河与洛河。［65］毡裘：戎狄所穿用的服具。因以指戎狄。［66］鉴：明镜。［67］天覆地载：如天之覆，如地之载。［68］靡有所遗：无所遗余。［69］有教无类：孔子的教育主张。意即，不分贵贱贤愚，也不分地区族类，都可作为教育对象。［70］故所统之地：原来统辖的地方。［71］顺、祐、化、长：皆州名。顺州，治所在今北京市顺义区；祐州治所在今宁夏银川市；化州，治所不详；长州，治所在今甘肃庆阳市。［72］辛未：五月七日。［73］上戒之：皇上唐太宗告诫突利。［74］奄有：覆盖。［75］北荒：北方荒服之地。［76］尔父始毕反为隋患：你的父亲始毕可汗反成为隋朝的外患。［77］非徒：非但。［78］永全：永得保全。［79］壬申：五月八日。［80］丁丑：五月十三日。［81］丰州：州名。治所在今内蒙古五原县西南黄河北岸。［82］朝士：朝廷官员。［83］辛巳：五月十七日。［84］听：听凭。［85］上启：上书。［86］丁亥：五月二十三日。［87］御军无法：统御军队没有法度。［88］推科：推究，审查。［89］史万岁（?—600）：隋代名将。京兆杜陵人。隋开皇末，突厥达头可汗入寇，史万岁率兵大破突厥。然而有功不赏，文帝听信谗言，以罪杀害。传见《隋书》卷五十三。［90］光禄大夫：官名。汉代掌议论及顾问应对。至隋为文散官。唐时光禄大夫为文散阶从二品。［91］真食邑：食邑，即采邑。亦名采地或封地。中国古代诸侯封赐所属卿、大夫作为世禄的田邑。因食其封邑的租税，故称食邑。此制盛行于周朝。以后历代在内容上多有变化。汉代说食封邑或食邑若干户。六朝时丧乱不断，食邑户数与实际相差很远。故后来在颁赐俸禄时，便以当时实得封户为准，采用真食邑或食实封两个名称。唐制，食实封者得真户，以丰饶之地、中等以上户给之。［92］通前：加上以前的总数。

林邑[1]献火珠[2]，有司以其表辞不顺[3]，请讨之，上曰："好战者亡，隋炀帝、颉利可汗，皆耳目所亲见也。小国胜之不武[4]，况未可必乎！语言之间，何足介意！"

六月，丁酉[5]，以阿史那苏尼失为北宁州[6]都督，以中郎将史善应为北抚州都督。壬寅[7]，以右骁卫将军康苏密为北安州都督。

乙卯[8]，发卒修洛阳宫以备巡幸，给事中张玄素上书谏，以为："洛阳未有巡幸之期而预修宫室，非今日之急务。昔汉高祖纳娄敬之说，自洛阳迁长安[9]，岂非洛阳之地不及关中之形胜[10]邪！景帝用晁错之言而七国构祸[11]，陛下今处突厥于中国，突厥之亲，何如七国[12]？岂得不先为忧，而宫室可遽兴[13]，乘舆[14]可轻动哉！臣见隋氏初营宫室，近山无大木，皆致之远方，二千人曳一柱，以木为轮，则戛摩[15]火出，乃铸铁为毂[16]，行一二里，铁毂辄破，别使数百人赍[17]铁毂随而易之[18]，尽日[19]不过行二三十里，计一柱之费，已用数十万功[20]，则其余可知矣。陛下初平洛阳，凡隋氏宫室之宏侈[21]者皆令毁之，曾未十年，复加营缮，何前日恶之而今日效之也！且以今日财力，何如隋世？陛下役疮痍之人[22]，袭[23]亡隋之弊，恐又甚于炀帝矣！"上谓玄素曰："卿谓我不如炀帝，何如桀、纣？"对曰："若此役不息，亦同归于乱耳！"上叹曰："吾思之不熟，乃至于是！"顾谓房玄龄曰："朕以洛阳土中[24]，朝贡道均[25]，意欲便民，故使营之。今玄素所言诚有理，宜即为之罢役。后日[26]或以事至洛阳，虽露居[27]亦无伤也。"仍赐玄素綵二百匹。

秋，七月，甲子朔[28]，日有食之。

乙丑[29]，上问房玄龄、萧瑀曰："隋文帝何如主也？"对曰："文帝勤于为治，每临朝，或至日昃[30]，五品已上，引坐论事，卫士传餐而食[31]；虽性非仁厚，亦励精之主也。”上曰：“公得其一，未知其二。文帝不明而喜察[32]；不明则照有不通[33]，喜察则多疑于物[34]，事皆自决，不任群臣。天下至广，一日万机[35]，虽复劳神苦形[36]，岂能一一中理[37]！群臣既知主意，唯取决受成[38]，虽有愆违[39]，莫敢谏争，此所以二世而亡也。朕则不然。择天下贤才，寘之百官[40]，使思天下之事，关[41]由宰相，审熟便安[42]，然后奏闻。有功则赏，有罪则刑，谁敢不竭心力以修职业[43]，何忧天下之不治乎！”因敕百司：“自今诏敕行下有未便者，皆应执奏[44]，毋得阿从[45]，不尽己意[46]。”

癸酉[47]，以前太子少保[48]李纲为太子少师[49]，以兼御史大夫萧瑀为太子少傅。

李纲有足疾，上赐以步舆[50]，使之乘至阁下，数引入禁中，问以政事。每至东宫，太子亲拜之。太子每视事，上令纲与房玄龄侍坐[51]。

先是，萧瑀与宰相参议朝政，瑀气刚而辞辩[52]，房玄龄等皆不能抗[53]，上多不用其言。玄龄、魏徵、温彦博尝有微过，瑀劾奏之，上竟不问。瑀由此怏怏[54]自失[55]，遂罢御史大夫，为太子少傅，不复预闻朝政。

（以上为第九段，写唐太宗罢东都营建，明察是非，用人不疑。）

【注释】

[1]林邑：越南古国。又称占婆、占城。在今越南中南部。 [2]献火珠：《旧唐书·南蛮林邑传》：“贞观四年，其王范头黎遣使献火珠，大如鸡卵，圆白皎洁，光照数尺，状如水精，正午向日，以艾蒸之，即火燃。” [3]表辞不顺：奏表的词语不恭敬。 [4]小国胜之不武：战胜小国不威武。 [5]丁酉：六月四日。 [6]北宁州：北宁州及下述北抚州、北安州，盖为临时设置。查无出处，存疑待考。 [7]壬寅：六月九日。 [8]乙卯：六月二十二日。 [9]汉高祖纳娄敬之说，自洛阳迁长安：西汉初建都洛阳。高祖五年（前202），娄敬盛陈迁都长安之利，被高祖采纳。并因此拜娄敬为郎中，号奉春君，赐姓刘氏。 [10]形胜：形势优越。 [11]景帝用晁错之言而七国构祸：汉景帝前二年（前155），御史大夫晁错屡建言削藩，为景帝采纳并下削藩令。次年，吴王刘濞、楚王刘戊等举兵叛乱，史称“吴楚七国之乱”。晁错，（前200—前154），西汉政论家。颍川（今河南禹州市）人。传见《汉书》卷四十八。 [12]突厥之亲，何如七国：突厥与朝廷的亲密，如何比得上七国。 [13]岂得不先为忧，而宫室可遽兴：难道能不先有忧虑，反而急于兴建宫室。 [14]乘舆：帝王乘的车子，此为帝王的代称。 [15]戛（jiá）摩：轻轻敲打摩擦即会着

火。[16]毂（gǔ）：车轮的中心部分，有圆孔，可以插轴。[17]赍（jī）：抱着。[18]随而易之：随时更换。[19]尽日：整日。[20]功：一人一日之计算单位。[21]宏侈：宏伟侈靡。[22]疮痍之人：受伤的人。[23]袭：因袭。[24]洛阳土中：洛阳居中国之中。[25]朝贡道均：各地来朝贡的距离较平均。[26]后日：日后，往后。[27]露居：露天而居。[28]甲子朔：七月一日。[29]乙丑：七月二日。[30]日昃（zè）：日过午，太阳偏西。[31]传餐而食：传递食物就地食用。[32]不明而喜察：不精明又喜欢苛察。[33]不明则照有不通：不精明则不通达。[34]物：人物。[35]万机：万种机务。[36]虽复劳神苦形：即使再劳神费力。[37]中理：合理。[38]受成：接受成命。[39]愆（qiān）违：失误。[40]寘（zhì）之百官：放置在百官的位子上。[41]关：禀告，报告。[42]审熟便安：深思熟虑，方便安稳。[43]竭心力以修职业：竭尽心力以修治自己的职务。[44]执奏：执以上奏。[45]阿从：一味顺从。[46]不尽己意：不尽自己的心意。[47]癸酉：七月十日。[48]少保：官名。为辅导太子的官。[49]少师：官名。与少傅、少保合称“三孤”或“三少”。均为辅导、教谕太子的官。[50]步舆：即步挽车，古代一种用人拉的车子。[51]侍坐：陪坐在旁边。[52]辞辩：能言善辩。[53]抗：匹敌，抗衡。[54]快快：形容不满意的神情。[55]自失：不快。

西突厥种落散在伊吾[1]，诏以凉州都督李大亮为西北道安抚大使[2]，于碛口[3]贮粮，来者赈给[4]，使者招慰[5]，相望于道[6]。大亮上言：“欲怀远者[7]必先安近，中国如本根，四夷如枝叶，疲中国以奉[8]四夷，犹拔本根以益枝叶也。臣远考秦、汉，近观隋室，外事戎狄，皆致疲弊。今招致西突厥，但见劳费，未见其益。况河西州县[9]萧条，突厥微弱以来，始得耕获；今又供亿[10]此役，民将不堪，不若且罢招慰为便。伊吾之地，率皆沙碛，其人或自立君长，求称臣内属者，羁縻[11]受之，使居塞外，为中国藩蔽[12]，此乃施虚惠而收实利也。”上从之。

八月，丙午[13]，诏以“常服未有差等，自今三品以上服紫，四品、五品服绯[14]，六品、七品服绿，八品服青[15]；妇人从其夫色。”

甲寅[16]，诏以兵部尚书李靖为右仆射。靖性沈厚，每与时宰[17]参议，恂恂[18]如不能言。

突厥既亡，营州都督薛万淑遣契丹[19]酋长贪没折说谕东北诸夷，奚、霫、室韦[20]等十余部皆内附。万淑，万均之兄也。

戊午[21]，突厥欲谷设来降。欲谷设，突利之弟也。颉利败，欲谷设奔高昌[22]，闻突利为唐所礼，遂来降。

九月，戊辰[23]，伊吾城主入朝。隋末，伊吾内属，置伊吾郡；隋乱，臣于突厥。颉利既灭，举其属七城来降，因以其地置西伊州[24]。

思结部落饥贫，朔州刺史新丰[25]张俭[26]招集之，其不来者，仍居碛北，亲属私相往还[27]，俭亦不禁。及俭徙胜州[28]都督，州司[29]奏思结将叛，诏俭往察之。俭单骑入其部落说谕[30]，徙之代州，即以俭检校[31]代州都督，思结卒无叛者。俭因劝之营田，岁大稔[32]。俭恐虏蓄积多，有异志，奏请和籴[33]以充边储。部落喜，营田转力[34]，而边备实焉。

丙子[35]，开南蛮地置费州、夷州[36]。

（以上为第十段，写漠北、西域、南方蛮夷，均归服唐朝。）

【注释】

[1]伊吾：地名。即今新疆哈密市。［2］安抚大使：官名。隋代仁寿四年设置安抚大使，由行军主帅兼任。唐代各州如遇水旱灾害，就派遣巡察、安抚或存抚等使节巡视抚恤；倘由节度使兼任，另有副使。［3］碛口：此碛口当在伊吾东。［4］来者赈给：来归者则赈给。［5］使者招慰：遣使者来则招抚慰劳之。［6］相望于道：意即络绎不绝。［7］怀远者：安抚远方之人。［8］奉：供奉。［9］河西州县：指甘、凉、瓜、沙、肃等州。甘州，治所在今甘肃张掖市。凉州，治所在今甘肃武威市。瓜州，治所在今甘肃瓜州县东南。沙州，治所在今甘肃敦煌市西。肃州，治所在今甘肃酒泉市。［10］供亿：供给。［11］羁縻：笼络（藩属等）。［12］藩蔽：藩篱蔽障。［13］丙午：八月十四日。［14］绯：红色。［15］青：黑色。［16］甲寅：八月二十二日。［17］时宰：当时执政者。［18］恂恂：温恭的样子。［19］契丹：古族名、古国名。源于东胡。北魏以后在今辽河上游一带游牧。唐以其地置松漠都督府，并任契丹首领为都督。［20］室韦：古族名。北魏时始见于史书记载。分布在嫩江流域及黑龙江南北岸。唐时，在室韦的名称下，有二十多部落。［21］戊午：八月二十六日。［22］高昌：古城名。故址在今新疆吐鲁番市东哈拉和卓堡西南。［23］戊辰：九月六日。［24］西伊州：州名。治所在今新疆哈密市。［25］新丰：县名。县治在今陕西西安市临潼区东北新丰街道。［26］张俭（593—653）：高祖之从甥。贞观初，以功累迁朔州刺史。传见《旧唐书》卷八十三、《新唐书》卷一百十一。［27］私相往还：私自往来。［28］胜州：州名。治所在今内蒙古准格尔旗东北黄河南岸十二连城。［29］州司：州官。［30］说谕：劝说晓谕。［31］检校：代理。［32］稔：丰熟。［33］和籴（dí）：和议价格而收

买之。［34］转力：更为用力。［35］丙子：九月十四日。［36］费州、夷州：州名。费州治所即今贵州思南县。夷州治所在今贵州凤冈县。

己卯[1]，上幸陇州。

冬，十一月，壬辰[2]，以右卫大将军侯君集为兵部尚书，参议朝政。

甲子[3]，车驾还京师。

上读《明堂针灸书》[4]，云“人五藏之系，咸附[5]于背。”戊寅[6]，诏自今毋得笞囚背[7]。

十二月，甲辰[8]，上猎于鹿苑[9]；乙巳[10]，还宫。

甲寅[11]，高昌王麹文泰[12]入朝。西域诸国咸欲因文泰遣使入贡，上遣文泰之臣厌怛纥干往迎之。魏徵谏曰：“昔光武不听西域送侍子[13]，置都护，以为不以蛮夷劳中国。今天下初定，前者[14]文泰之来，劳费已甚，今借使[15]十国入贡，其徒旅[16]不减[17]千人。边民荒耗[18]，将不胜其弊。若听[19]其商贾往来，与边民交市，则可矣，傥以宾客遇[20]之，非中国之利也。”时厌怛纥干已行，上遽[21]令止之。

诸宰相侍宴，上谓王珪曰：“卿识鉴[22]精通，复善谈论，玄龄以下，卿宜悉加品藻[23]，且自谓与数子何如[24]？”对曰：“孜孜[25]奉国，知无不为，臣不如玄龄。才兼文武，出将入相[26]，臣不如李靖。敷奏[27]详明，出纳惟允[28]，臣不如温彦博。处繁治剧[29]，众务毕举，臣不如戴胄。耻君不及尧、舜[30]，以谏争为己任，臣不如魏徵。至于激浊扬清[31]，嫉恶好善，臣于数子，亦有微长[32]。”上深以为然，众亦服其确论[33]。

上之初即位也，尝与群臣语及教化[34]，上曰：“今承大乱之后，恐斯民[35]未易化也。”魏徵对曰：“不然。久安之民骄佚[36]，骄佚则难教；经乱之民愁苦，愁苦则易化。譬犹饥者易为食，渴者易为饮也。”上深然之。封德彝非之曰：“三代以还[37]，人渐浇讹[38]，故秦任法律，汉杂霸道，盖欲化而不能，岂能之而不欲邪[39]！魏徵书生[40]，未识时务，若信其虚论[41]，必败国家。”徵曰：“五帝、三王不易民[42]而化，昔黄帝征蚩尤，颛顼诛九黎，汤放桀，武王伐纣[43]，皆能身致太平，岂非承大乱之后邪！若谓古人淳朴[44]，渐至浇讹，则至于今日，当悉化为鬼魅[45]矣，人主安得而治之！”上卒从徵言。

元年[46]，关中饥，米斗直[47]绢一匹；二年，天下蝗；三年，大水。上勤而抚之，民虽东西就食，未尝嗟怨[48]。是岁[49]，天下大稔，流散者咸归乡里，米斗不过三、四钱，终岁断死刑才二十九人。东至于海，南极五岭[50]，皆外户不闭[51]，行旅不赍粮，取给于道路焉[52]。上谓长孙无忌曰：“贞观之初，上书者皆云：‘人主当独运威权，不可委之臣下。’又云：‘宜震耀威武，征讨四夷。’唯魏徵劝朕‘偃武修文[53]，中国既安，四夷自服。’朕用其言。今颉利成擒[54]，其酋长并带刀宿卫，部落皆袭衣冠[55]，徵之力也，但恨不使封德彝见之[56]耳！”徵再拜谢曰：“突厥破灭，海内康宁，皆陛下威德，臣何力焉！”上曰：“朕能任公，公能称所任，则其功岂独在朕乎！”

房玄龄奏，“阅府库甲兵[57]，远胜隋世。”上曰：“甲兵武备，诚不可阙[58]；然炀帝甲兵岂不足邪！卒亡天下。若公等尽力，使百姓乂安[59]，此乃朕之甲兵[60]也。”

上谓秘书监萧璟[61]曰：“卿在隋世数见皇后乎？”对曰：“彼儿女且不得见，臣何人，得见之！”魏徵曰：“臣闻炀帝不信齐王，恒有中使[62]察之，闻其宴饮，则曰‘彼营何事得遂而喜！’闻其忧悴，则曰‘彼有他念故尔[63]。’父子之间且犹如是，况他人乎！”上笑曰：“朕今视杨政道[64]，胜炀帝之于齐王远矣。”璟，瑀之兄也。

西突厥肆叶护可汗[65]既先可汗之子，为众所附，莫贺咄可汗所部酋长多归之。肆叶护引兵击莫贺咄，莫贺咄兵败，逃于金山[66]，为泥熟设所杀，诸部共推肆叶护为大可汗。

（以上为第十一段，写唐太宗君臣论治，品藻自鉴，各安其位，各尽其力，天下大治，刑措不用。）

【注释】

[1]己卯：九月十七日。[2]壬辰：当作壬戌，十一月一日。[3]甲子：十一月三日。[4]《明堂针灸书》：《新唐书·艺文志》有《黄帝明堂经》三卷、《明堂五脏图》一卷、《明堂偃侧人图》十三卷、《明堂孔穴图》五卷，均为针灸之书。[5]附：附着。[6]戊寅：十一月十七

日。［7］毋得笞囚背：不得杖笞囚徒的背部。［8］甲辰：十二月十四日。［9］鹿苑：县名。县治在今陕西西安市高陵区西南。［10］乙巳：十二月十五日。［11］甲寅：十二月二十四日。［12］麹文泰：高昌国王。传见《旧唐书》卷一百九十八、《新唐书》卷二百二十一上。［13］侍子：遣子入朝侍奉天子。［14］前者：以前。［15］借使：假使。［16］徒旅：随同的人。［17］不减：不少于，不下。［18］荒耗：荒废作业、消耗财物。［19］听：听任。［20］遇：礼遇，待遇。［21］遽：立即。［22］识鉴：见识及鉴别能力。［23］品藻：评论。［24］自谓与数子如何：自己认为与诸位相比如何？［25］孜孜：勤勉。［26］出将入相：出则为将，统兵征讨，入则为相，以理国事。［27］敷奏：陈述，奏闻。［28］惟允：都很公允。［29］处繁治剧：处理繁杂之事，治理紧急事务。［30］耻君不及尧、舜：以辅佐君王不如尧、舜为耻。［31］激浊扬清：淘汰污浊之辈，扬举清高之人。［32］微长：略长之处。［33］确论：议论中肯。［34］教化：教育感化。［35］斯民：这些民众。［36］骄佚：骄奢淫佚。［37］以还：以下，以来。［38］浇讹：刻薄诡诈。［39］岂能之而不欲邪：哪有能够教化而不愿教化的呢？［40］书生：隋唐时视“书生”为死读经传、不通世务、空洞而不切实际之人。［41］虚论：空论。［42］易民：更换民众。［43］黄帝征蚩尤，颛（zhuān）顼（xū）诛九黎，汤放桀，武王伐纣：神农氏世衰，蚩尤暴虐，黄帝征之，擒杀蚩尤。少皞氏衰，九黎乱德，颛顼诛之。成汤放桀于南巢，武王杀纣于牧野。［44］淳朴：淳厚朴实。［45］魅：传说中的鬼怪。［46］元年：指贞观元年，下文二年、三年，指贞观二年、三年。贞观初，关中连年灾害。［47］直：同“值”。［48］未尝嗟怨：不曾有怨言。［49］是岁：这一年，今年，即贞观四年，关中丰收。［50］五岭：即越城、都庞、萌渚、骑田、大庾五岭的总称。在湘、赣与桂、粤等省交界处。［51］外户不闭：户，本谓单扇的门，此泛指门。外户不闭，意为由于社会安定，不需防范盗贼，故不必关闭门户。［52］行旅不赍（jī）粮，取给于道路焉：行人旅客不须携带粮食，在道路沿途可有旅舍取食。［53］偃武修文：停止武备，兴治文教。［54］成擒：被擒。［55］袭衣冠：按华夏服饰穿着。［56］恨不使封德彝见之：贞观元年（627），太宗令封德彝举贤。德彝以“于今未有奇才”而久无所举。德彝死于贞观元年，故未见魏徵今日之建树。［57］甲兵：铠甲兵仗。［58］阙：无。［59］乂安：平安无事。［60］此乃朕之甲兵：百姓安宁，天下才能长治久安。而甲兵的作用，也正在此。故云“此乃朕之甲兵”。［61］萧璟：萧瑀兄，与隋炀帝萧后为同胞兄妹。传见《旧唐书》卷六十三、《新唐书》卷七十一。［62］中使：宦官。［63］彼有他念故尔：他有异志所以如此。［64］杨政道：隋炀帝之孙，为炀帝第二子齐王杨暕的遗腹子。曾与炀帝萧皇后同没入突厥，处罗可汗立为隋王。突厥灭，归于唐，授员外散骑侍郎。事迹见《旧唐书》卷一百九十四《突厥传》等。［65］肆叶护可汗：唐西突厥之主，统叶护之子。传见《旧唐书》卷一百九十九、《新唐书》卷二百一十七。［66］金山：即阿尔泰山。突厥语“阿尔泰”意为“金”。

五年（辛卯，631 年）

春，正月，诏僧、尼、道士致拜父母[1]。

癸酉[2]，上大猎于昆明池[3]，四夷君长咸从。甲戌[4]，宴高昌王文泰及群臣。丙子[5]，还宫，亲献禽于大安宫[6]。

癸未[7]，朝集使[8]赵郡王孝恭等上表，以四夷咸服，请封禅；上手诏不许。

有司上言皇太子当冠[9]，用二月吉，请追[10]兵备仪仗。上曰："东作[11]方兴，宜改用十月。"少傅萧瑀奏："据阴阳[12]不若二月。"上曰："吉凶在人。若动依[13]阴阳，不顾礼义，吉可得乎！循正而行，自与吉会。农时最急，不可失也。"

二月，甲辰[14]，诏："诸州有京观[15]处，无问新旧，宜悉刬削[16]，加土为坟，掩蔽枯朽，勿令暴露。"

己酉[17]，封皇弟元裕为郐王，元名为谯王，灵夔为魏王，元祥为许王，元晓为密王。庚戌[18]，封皇子愔为梁王，恽为郯王，贞为汉王，治为晋王，慎为申王，嚣为江王，简为代王。

夏，四月，壬辰[19]，代王简薨。

壬寅[20]，灵州斛薛[21]叛，任城王道宗追击，破之。

隋末，中国人多没[22]于突厥，及突厥降，上遣使以金帛赎之。五月，乙丑[23]，有司奏，凡得[24]男女八万口。

六月，甲寅[25]，太子少师新昌贞公李纲薨。初，周齐王宪女，孀居[26]无子，纲赡恤[27]甚厚。纲薨，其女以父礼丧之。

秋，八月，甲辰[28]，遣使诣高丽，收隋氏[29]战亡骸骨，葬而祭之。

河内[30]人李好德得心疾[31]，妄为妖言，诏按[32]其事。大理丞张蕴古奏："好德被疾有征[33]，法不当坐。"治书侍御史权万纪[34]劾奏："蕴古贯[35]在相州[36]，好德之兄厚德为其刺史，情在阿纵[37]，按事不实。"上怒，命斩之于市，既而悔之，因诏："自今有死罪，虽令即决[38]，仍三覆奏[39]乃行刑。"

权万纪与侍御史李仁发，俱以告讦[40]有宠于上，由是诸大臣数被谴怒[41]。魏徵谏曰："万纪等小人，不识大体，以讦为直，以谗为忠。陛下非不知其无堪[42]，盖取其无所避忌，欲以警策[43]群臣耳。而万纪等挟恩依势，逞其奸谋，凡所弹射[44]，皆非有罪。陛下纵未能举善以厉俗[45]，奈何昵奸[46]以自损乎！”上默然，赐绢五百匹。久之，万纪等奸状自露，皆得罪。

九月，上修仁寿宫[47]，更命曰九成宫。又将修洛阳宫，民部尚书戴胄表谏[48]，以“乱离甫尔[49]，百姓凋弊[50]，帑藏[51]空虚，若营造不已，公私[52]劳费[53]，殆不能堪[54]！”上嘉之曰：“戴胄于我非亲，但以忠直体国，知无不言，故以官爵酬之耳。”久之，竟命将作大匠窦琎修洛阳宫，琎凿池筑山，雕饰华靡。上遽命毁之，免琎官。

冬，十月，丙午[55]，上逐兔于后苑[56]，左领军将军[57]执失思力谏曰：“天命陛下为华、夷父母，奈何自轻[58]！”上又将逐鹿，思力脱巾解带[59]，跪而固谏，上为之止。

（以上为第十二段，写唐太宗之失，营建东都行宫屡建屡停；听信谗言，枉杀张蕴古。）

【注释】

[1]致拜父母：向父母致跪拜之礼。 [2]癸酉：正月十三日。 [3]昆明池：池名。位于唐长安城西南，在今陕西西安市长安区斗门街道一带。 [4]甲戌：正月十四日。 [5]丙子：正月十六日。 [6]大安宫：别宫名。高祖武德五年于长安城西侧建弘义宫，令秦王居之。贞观三年，高祖从太极殿迁至弘义宫，更名为大安宫，取太上皇安居之意。太宗迁入太极殿。 [7]癸未：正月二十三日。 [8]朝集使：地方派往京师向中央报告郡政及岁计的使者。唐制，凡天下朝集使，皆以十月二十五日至京师，十一月一日，户部引见讫，于尚书省与群官礼见，然后集于考堂，应考绩之事。 [9]皇太子当冠：皇太子当行加冠之礼。冠，指行冠礼。古代男子成年时（二十岁）加冠的礼节。 [10]追：追加，增加。 [11]东作：谓农事。 [12]阴阳：中国哲学的一对范畴。阴阳最初指日光的向背。向日为阳，背日为阴。历来引申为气候的寒暖。古代思想家认为，阴阳是宇宙中通贯物质和人事的两大对立面。后有人把“阴阳”变成和“天人感应说”结合的神秘概念。 [13]动依：一举一动都按照。 [14]甲辰：二月十四日。 [15]京观：埋葬死者的大坟墓。 [16]刬（chān）削：铲除、铲平，即削去其地上的部分。 [17]己酉：二月十九日。 [18]庚戌：二月二十日。 [19]壬辰：四月三日。 [20]壬寅：四月十三日。 [21]斛薛：突厥的一部。内附后安置于灵州。 [22]没：被掳掠，沦没。 [23]乙丑：五月七日。 [24]凡得：共赎得。 [25]甲寅：六月二十六日。 [26]孀居：寡居。 [27]赡恤：赡养抚恤。 [28]甲

辰：八月十七日。［29］隋氏：隋朝。［30］河内：古县名。县治在今河南沁阳市。［31］心疾：精神病。［32］按：考查，核实。［33］有征：有证。［34］权万纪：万年人。太宗时以悻直廉约，自潮州刺史擢治书侍御史。传见《旧唐书》卷一百八十五、《新唐书》卷一百。［35］贯：乡籍。［36］相州：州名。治所在今河南安阳市。［37］阿纵：徇私，纵容。［38］即决：立即斩决。［39］三覆奏：三次审核上奏。［40］讦（jié）：揭发别人的隐私。［41］谴怒：谴责怒骂。［42］无堪：不堪其任，即不称职。［43］警策：警惕鞭策。［44］弹射：弹劾、指摘。［45］厉俗：砥砺世俗。［46］昵奸：亲昵奸邪之人。［47］仁寿宫：隋离宫名。在今陕西麟游县西。唐贞观五年，在原基础上重修，改名九成宫。［48］表谏：上表劝谏。［49］甫尔：刚刚如此。［50］凋弊：困苦，衰败。［51］帑藏：贮藏钱财的国库。［52］公私：指官民。［53］劳费：辛劳耗费。［54］殆不能堪：几乎不能承担。［55］丙午：十月二十日。［56］后苑：唐长安苑城袤远，包括汉长安故城在其中。有唐三苑之称。长安有西内苑、东内苑、禁苑，均在都城之北。西内苑在宫城北；东内苑在大明宫东南隅；禁苑东至浐水，西包汉长安故城，北临渭水，南接都城。三苑周围筑有苑墙，苑中有殿亭楼阁、宫馆园池及花卉林木，是封建帝王与贵族游玩和打猎的风景园林区。［57］左领军将军：官名。唐初禁军有左右领军卫，各置领军将军二人，秩从三品。掌宫禁宿卫，分守皇城、京城苑城堵门，以及翊府、翊卫、外府射士的兵籍。［58］奈何自轻：为什么要自轻性命。意为不保重身体。［59］脱巾解带：脱掉头巾，解去腰带。明知固谏可能得罪而还要进谏。此为表示忠心的一种谢罪仪式。

初，上令群臣议封建[1]，魏徵议以为："若封建诸侯，则卿大夫咸资俸禄，必致厚敛[2]。又，京畿[3]赋税不多，所资畿外[4]，若尽以封国邑[5]，经费顿阙。又，燕、秦、赵、代俱带[6]外夷，若有警急，追兵内地，难以奔赴。"礼部侍郎李百药以为："运祚修短[7]，定命自天[8]，尧、舜大圣，守之而不能固；汉、魏微贱，拒之而不能却[9]。今使勋戚子孙皆有民有社[10]，易世[11]之后，将骄淫自恣，攻战相残，害民尤深，不若守令[12]之迭居[13]也。"中书侍郎颜师古以为："不若分王诸子，勿令过大，间以州县[14]，杂错而居，互相维持，使各守其境，协力同心，足扶京室[15]；为置官寮，皆省司选用[16]，法令之外，不得擅作威刑，朝贡礼仪，具为条式[17]。一定此制，万世无虞[18]。"十一月，诏："皇家宗室及勋贤之臣，宜令作镇藩部[19]，贻厥子孙[20]，非有大故，毋或黜免，所司明为条例，定等级以闻。"

丁巳[21]，林邑献五色鹦鹉[22]，丁卯[23]，新罗[24]献美女二人；魏徵以为不宜受。上喜曰："林邑鹦鹉犹能自言苦寒，思归其国，况二女远别亲戚乎！"并鹦鹉，各付使者而归之。

倭国[25]遣使入贡，上遣新州[26]刺史高表仁持节[27]往抚之；表仁与其王争礼，不宣命[28]而还。

丙子[29]，上祀圜丘。

十二月，太仆寺丞李世南开党项之地十六州、四十七县。

上谓侍臣曰："朕以死刑至重[30]，故令三覆奏，盖欲思之详熟[31]故也。而有司须臾之间，三覆已讫。又，古刑人[32]，君为之彻乐[33]减膳。朕庭无常设之乐，然常为之不啖酒肉，但未有著令[34]。又，百司断狱，唯据律文，虽情在可矜[35]，而不敢违法，其间岂能尽无冤乎！"丁亥[36]，制："决死囚者，二日中五覆奏，下诸州[37]者三覆奏；行刑之日，尚食[38]勿进酒肉，内教坊[39]及太常[40]不举乐[41]。皆令门下覆视[42]。有据法当死而情可矜者，录状以闻。"由是全活[43]甚众。其五覆奏者，以决前一二日，至决日又三覆奏；唯犯恶逆[44]者一覆奏而已。

己亥[45]，朝集使利州都督武士彟[46]等复上表请封禅，不许。

壬寅[47]，上幸骊山[48]温汤[49]；戊申[50]，还宫。

上谓执政[51]曰："朕常恐因喜怒妄行赏罚，故欲公等极谏。公等亦宜受人谏，不可以己之所欲，恶人违之[52]。苟自不能受谏，安能谏人。"

康国[53]求内附。上曰："前代帝王，好招来绝域[54]，以求服远[55]之名，无益于用而糜弊[56]百姓。今康国内附，傥有急难，于义不得不救。师行万里，岂不疲劳！劳百姓以取虚名，朕不为也。"遂不受。

谓侍臣曰："治国如治病，病虽愈，犹宜将护[57]，傥遽自放纵，病复作，则不可救矣。今中国幸安，四夷俱服，诚自古所希[58]，然朕日慎一日[59]，唯惧不终，故欲数闻卿辈谏争也。"魏徵曰："内外治安，臣不以为喜，唯喜陛下居安思危[60]耳。"

上尝与侍臣论狱[61]，魏徵曰："炀帝时尝有盗发，帝令於士澄捕之，少涉疑似[62]，皆拷讯[63]取服，凡二千余人，帝悉令斩之。大理丞张元济怪[64]其多，试寻其状[65]，内五人尝为盗，余皆平民；竟不敢执奏，尽杀之。"上曰："此岂唯炀帝无道，其臣亦不尽忠。君臣如此，何得不亡！公等宜戒之！”

是岁，高州[66]总管冯盎入朝，未几，罗窦[67]诸洞獠反，敕盎帅部落二万，为诸军前锋。獠数万人，屯据险要，诸军不得进。盎持弩谓左右曰：“尽吾此矢[68]，足知胜负矣。”连发七矢，中七人。獠皆走，因纵兵乘之[69]，斩首千余级。上美[70]其功，前后赏赐，不可胜数。盎所居地方二千里，奴婢万余人，珍货充积[71]，然为治勤明[72]，所部爱之。

新罗王真平卒，无嗣[73]，国人立其女善德为王。

（以上为第十三段，写唐太宗君臣论羁縻四夷与刑狱，太宗不务虚名重实效，戒妄杀，拒封禅。）

【注释】

[1]封建：一种政治制度，君主把土地分给宗室和功臣，让他们在这土地上建国。我国周朝开始有这种制度，其后有些朝代也曾仿行。 [2]卿大夫咸资俸禄，必致厚敛：卿大夫都资赖俸禄，必须加重赋敛来供给他们。 [3]京畿：国都及其附近的地方。 [4]所资畿外：多资赖于京畿以外的州县。 [5]若尽以封国邑：若以国邑尽封王公。邑，城市。 [6]俱带：都连接。 [7]运祚修短：世运长短。运祚多指封建王朝的盛衰兴亡。 [8]定命自天：决定于天命。 [9]汉、魏微贱，拒之而不能却：汉、魏的开国者（指刘邦、曹操）出身微贱，想要拒绝国运却推辞不掉。此谓刘邦、曹操是上天决定的真命天子，推都推不掉。 [10]有民有社：有人民有土地。 [11]易世：易代。指封者的父祖死后。 [12]守令：郡守、县令。 [13]迭居：更迭居位。 [14]间以州县：以州县间隔之。 [15]足扶京室：足以扶助皇室。 [16]皆省司选用：皆由尚书省有关部门负责选用。 [17]具有条式：都定有条例格式。 [18]虞（yú）：忧虑。 [19]藩部：藩卫冲要之地以及州郡。 [20]贻厥子孙：留给他的子孙。厥，他的。 [21]丁巳：十一月二日。 [22]五色鹦鹉：鹦鹉，能学人言的鸟。万震《南州志》曰：“鹦鹉有三种，一种白，一种青，一种五色。交州以南，诸国尽有之。白及五色者，性尤慧解。” [23]丁卯：十一月十二日。 [24]新罗：在朝鲜半岛东南部，即今韩国境内。 [25]倭国：中国古代称日本为倭国。 [26]新州：州名。治所在今广东新兴县。 [27]节：符节。古代用来作凭证的东西。 [28]宣命：宣布君主的诏谕。 [29]丙子：十一月二十一日。 [30]以死刑至重：因死刑为刑法中最重者。 [31]详熟：详尽纯熟。 [32]古刑人：古代处人死刑。 [33]彻乐：去除奏乐。 [34]未有著令：没有著明于法令之中。 [35]矜：怜悯，同情。 [36]丁亥：十二月二日。 [37]下诸州：文书下到诸州。[38]尚食：指尚食局。官署名。属殿中监，有奉御直长，掌御膳。 [39]内教坊：唐宫中所置教乐舞的机构。 [40]太常：即太常寺。为九寺之一。长官称太常寺卿，下设有太乐署、鼓吹署。掌礼乐社稷、宗庙礼仪，兼掌选试博士，历代相沿，其职权则专为司祭礼乐之官。 [41]不举乐：

不进行音乐活动。[42]令门下覆视：令门下省官员复核。[43]全活：保全生命者。[44]犯恶逆：胡注，隋立十恶之科，四曰恶逆，谓殴及谋杀祖父母、父母，杀伯叔父母、姑、兄、子、外祖父母、夫、夫之祖父母和父母者；唐遵用之。[45]己亥：十二月十四日。[46]武士彠（yuē）（577—635）：字信，武则天父。并州文水（今山西文水县东）人。传见《旧唐书》卷五十八、《新唐书》卷二百零六。[47]壬寅：十二月十七日。[48]骊山：地名。在今陕西西安市临潼区东南。[49]温汤：温泉。[50]戊申：十二月二十三日。[51]执政：掌握国家政事的大臣。[52]恶人违之：厌恶别人违背自己的意见。[53]康国：西域国名。在今乌兹别克斯坦撒马尔罕一带。唐时地属安西都护府所辖。[54]绝域：绝远地域的国家。[55]服远：降服远国。[56]糜弊：糜费困弊。[57]将护：调养护理。[58]希：稀少。[59]日慎一日：一天比一天谨慎。[60]居安思危：居于安定之境能想到可能发生的危机。[61]论狱：讨论狱政。[62]疑似：怀疑或可能。[63]拷讯：拷打逼讯。[64]怪：奇怪。[65]寻其状：察寻其情状。[66]高州：州名。治所在今广东高州市东北。[67]罗窦：即窦州。治所在信义县（今广东信宜市西南镇隆镇）。取州界有罗窦洞为名。[68]尽吾此矢：射完我这些箭。[69]纵兵乘之：乘势进兵追击。[70]美：称赞。[71]珍货充积：珍珠宝物很多。[72]为治勤明：治理政事勤劳明睿。[73]嗣：子孙，后代。此处指儿子。

【点评】

唐太宗猜疑。圣明天子唐太宗在贞观初期最励精图治之时的微小过失——任用权万纪监视大臣，并枉杀大理丞张蕴古事件，对后人认识专制政体下独裁君主的心理具有典型意义。

贞观初，房玄龄、杜如晦二相尽心辅政，时称贤相。史载房、杜二人处理国家政务非常明达精通，昼夜为国事操劳，唯恐一件事情处理不到位，执法宽平，对别人不求全责备。对于选拔士人，唯恐遗漏了人才。侍中王珪亦贞观名臣，正直敢言，史载王珪分辨清浊以激励称扬，嫉丑恶而喜好善良，房玄龄、温彦博等人都赶不上。贞观三年（629），房玄龄、王珪主持朝廷内外官吏的考核，治书侍御史权万纪上奏说房玄龄、王珪考核不公平。唐太宗命侯君集审查。魏徵劝谏说："房玄龄、王珪是朝廷大臣，一向忠诚正直，受到陛下的信用，即使有个把官员考核不当，也只是工作失误，绝不会有私心。之前权万纪一直参与考核，没有提出异议。如今权万纪没有参加考核，就提出指控，实在可疑。权万纪的目的就是要挑起事端，激怒陛下，不是尽忠效国。如果审核结果是有几个不公平的考核结果，于国家大政无补，如果审核结果表明不公平是子虚乌有，岂不是有损陛下圣明？臣考虑的是国家大政根本，并不是私下替房玄龄、王珪两人说情。"唐太宗于是搁置不问。

河内人李好德有精神病，说了昏话，唐太宗下令按妖言惑众论罪。大理丞张蕴古上奏，说李好德有精神病，不应承担责任。权万纪上奏说："张蕴古籍贯在相州，李好德的哥哥李厚德任相州刺史，张蕴古是徇私枉法。"唐太宗大怒，立即将张蕴古问斩。事后十分后悔，于是下诏说："从今以后凡是死罪，在执行前要进行三次审核。"权万纪与另一个侍御史李仁发，以揭发大臣隐私而著称，朝中大臣很多人因此遭到唐太宗的斥责。魏徵劝谏说："权万纪这等小人，以揭发他人隐私为正直，以告发他人为效忠，陛下明知权万纪的指控大多不实，只不过这等小人没有避忌，陛下利用他的这个特性来警惕大臣，却不知道权万纪趁机弄权，挟私舞弊，把无罪说成有罪，这个风气不可助长，陛下怎么可以亲近小人损害圣明呢！"唐太宗哑口无言。过了好长的时间，权万纪的奸谋败露，才受到了惩罚。

唐太宗是一个圣明天子，房玄龄、王珪是秦王府中旧人，正直无私，君臣和洽，唐太宗却仍有猜忌之心，任用小人监视，听信小报告。张蕴古原是幽州记室，入直中书省上奏《大宝箴》，是唐太宗亲自发现并提拔为大理丞的人才，由于权万纪的小人之行就丢了性命。伴君如伴虎，这个故事就是一个生动的例证。

从唐太宗的猜忌可以看出，专制政体异化人性。个人集权，总是担心大权旁落，于是豢养一批特务来做耳目。特务遭人唾弃，只有依赖君主；君主欣赏特务的本性和孤立于人，认为只有这样，特务小人才死心塌地效忠主子，而这些特务小人也狗仗人势，为所欲为，不仅有亏天子圣明，更是误了多少军国大事。明代特务政治达到顶点，以致崇祯皇帝杀了袁崇焕，自毁长城，亡身而亡国，实在可悲。

卷一九四　唐纪十

唐太宗贞观六年至十一年（632—637年）

【起玄黓执徐（壬辰，632年），尽强圉作噩（丁酉，637年）四月，凡五年有奇】

【大事提要】

本卷记事起公元632年，讫公元637年四月，凡五年又四个月，时当贞观六年至十一年。这一时期是贞观之治大见成效的时期，君臣和谐，亲如一体，时常欢宴议政。唐太宗以隋炀帝亡国为鉴，鼓励臣下进言，虚怀纳谏，魏徵等大臣无不尽言。长孙皇后仁孝俭约，以身作则恪守仪则，辅助唐太宗纳谏，护佑魏徵等大臣，是唐太宗的贤内助。此时期，天下太平，吐谷浑被征服，外无强敌，内无寇警，文治蒸蒸，唐太宗完成了一系列制度的建设，完善了官僚建制系统，建立了府兵制，完成了刑律和礼仪的制定。这一时期影响唐太宗的有两件大事，一是唐高祖崩殂，二是长孙皇后仙逝。特别是贤内助长孙皇后之死，给予唐太宗重大打击，唐太宗思念不已。

太宗文武大圣大广孝皇帝上之下

贞观六年（壬辰，632年）

春，正月，乙卯朔[1]，日有食之。

癸酉[2]，静州[3]獠反，将军李子和讨平之。

文武官复请封禅[4]，上曰："卿辈皆以封禅为帝王盛事，朕意不然。若天下乂安[5]，家给人足[6]，虽不封禅，庸何伤乎[7]！昔秦始皇封禅[8]，而汉文帝不封禅，后世岂以文帝之贤不及始皇邪！且事天扫地而祭[9]，何必登泰山[10]之巅，封数尺之土，然后可以展[11]其诚敬乎！"群臣犹请之不已，上亦欲从之，魏徵独以为不可。上曰："公不欲朕封禅者，以功未高邪？"曰："高矣！""德未厚邪？"曰："厚矣！""中国未安邪？”曰：“安矣！”“四夷未服邪？”曰：“服矣！”“年谷未丰邪？”曰：“丰矣！”“符瑞[12]未至邪？”曰：“至矣！”“然则何为不可封禅？”对曰：“陛下虽有此六者，然承隋末大乱之后，户口未复[13]，仓廪[14]尚虚，而车驾东巡，千乘[15]万骑，其供顿劳费[16]，未易任[17]也。且陛下封禅，则万国咸[18]集，远夷[19]君长，皆当扈从[20]；今自伊、洛[21]以东至于海、岱[22]，烟火尚希[23]，灌莽[24]极目，此乃引戎狄[25]入腹中[26]，示之以虚弱也。况赏赉[27]不赀[28]，未厌[29]远人之望；给复[30]连年，不偿[31]百姓之劳；崇虚名而受实害，陛下将焉[32]用[33]之！”会[34]河南、北[35]数州大水，事遂寝[36]。

上将幸[37]九成宫[38]，通直散骑常侍[39]姚思廉谏。上曰：“朕有气疾[40]，暑辄顿剧[41]，往避之耳。”赐思廉绢五十匹。

监察御史[42]马周[43]上疏，以为：“东宫[44]在宫城之中，而大安宫乃在宫城之西，制度比于宸居[45]，尚为卑小，于四方观[46]听，有所不足。宜增修高大，以称中外之望[47]。又，太上皇[48]春秋[49]已高，陛下宜朝夕视膳。今九成宫去京师三百余里，太上皇或时思念陛下，陛下何以赴之[50]？又，车驾此行，欲以避暑；太上皇尚留暑中[51]，而陛下独居凉处，温凊[52]之礼，窃所未安[53]。今行计[54]已成，不可复止，愿速示返期[55]，以解众惑。又，王长通、白明达皆乐工[56]，韦槃提、斛斯正止能调马[57]，纵使技能出众，正可赉之金帛，岂得超授官爵，鸣玉曳履[58]，与士君子[59]比肩[60]而立，同坐而食，臣窃耻之[61]！”上深纳之。

上以新令无三师官[62]，二月，丙戌[63]，诏特置之。

三月，戊辰[64]，上幸九成宫。

庚午[65]，吐谷浑[66]寇兰州[67]，州兵击走之。

长乐公主[68]将出降[69]，上以公主，皇后所生，特爱之，敕有司资送[70]倍于永嘉长公主[71]。魏徵谏曰：“昔汉明帝欲封皇子[72]，曰：‘我子岂得与先帝子比！’皆令半楚、淮阳。今资送公主，倍于长主，得无异于明帝之意乎[73]！”上然其言，入告皇后。后叹曰：“妾亟[74]闻陛下称重[75]魏徵，不知其故，今观其引礼义以抑人主[76]之情，乃知真社稷[77]之臣也！妾与陛下结发[78]为夫妇，曲承恩礼[79]，每言必先候[80]颜色，不敢轻犯威严；况以人臣[81]之疏远，乃能抗言[82]如是，陛下不可不从。”因请遣中使[83]赍[84]钱四百缗[85]、绢四百匹[86]以赐徵，且语之曰：“闻公正直，乃今[87]见之，故以相赏。公宜常秉[88]此心，勿转移[89]也。”上尝[90]罢朝，怒曰：“会须[91]杀此田舍翁[92]。”后问为谁，上曰：“魏徵每廷[93]辱我。”后退，具朝服[94]立于庭，上惊问其故。后曰：“妾闻主明臣直[95]；今魏徵直，由陛下之明故也，妾敢不贺[96]！”上乃悦。

（以上为第一段，写长孙皇后贤淑，辅助唐太宗纳谏。）

【注释】

[1]乙卯朔：正月一日。 [2]癸酉：正月十九日。 [3]静州：郡名。治所在今广西昭平县。 [4]封禅：战国时齐鲁有些儒士认为五岳中泰山最高，帝王应到泰山祭祀，登泰山筑坛祭天曰“封”，在山南梁父山上辟基祭地曰“禅”。 [5]乂安：《旧唐书·礼仪志》三作“太平”，知二词之意相同。 [6]家给人足：谓家家皆能供给，人人皆甚充足。 [7]庸何伤乎：又有何伤呢。庸，岂。 [8]秦始皇封禅：秦始皇二十八年（前219），始皇东巡，封禅泰山，立石颂德。 [9]且事天扫地而祭：况且扫地而祭祀天地。且，连词，况且。 [10]泰山：为五岳之一，亦名岱山、岱宗、岱岳、东岳。在今山东泰安市北。 [11]展：陈，展示。 [12]符瑞：符命祥瑞。 [13]未复：没有恢复。 [14]仓廪（lǐn）：粮仓。 [15]千乘：千辆车舆。 [16]供顿劳费：供给顿止时的劳力费用。 [17]未易任：不容易负担。任，负担。 [18]咸：全，都。 [19]夷：我国古代称东方的民族，此处泛指边地民族。 [20]扈从：随从天子车驾。 [21]伊、洛：伊，指伊河。洛，指洛河。均在今河南西部。在河南洛阳市偃师区杨村附近，伊河注入洛河。 [22]海、岱：海，州名。海州，治所在今江苏连云港市西南海州区。岱，泰山的别名。 [23]烟火尚希：人烟稀少。 [24]灌莽：灌，木丛生；莽，草深茂。 [25]戎狄：皆古边地民族名。西曰戎，北曰狄。 [26]入腹中：谓入中华内地。 [27]赉（lài）：赏赐。 [28]赀（zī）：计算，估量。不赀，无法估量，犹无限。 [29]未厌：未必能满足。 [30]给复：蠲免赋役。 [31]不偿：不抵。 [32]焉：疑问代词。怎么，哪里。 [33]用：采纳。 [34]会：副词。正好，恰巧。 [35]河南、北：指黄河以南以北地区。河，古“四渎”之一，又称大河，即今黄河。 [36]遂寝：遂，于是，就。寝，止，息。 [37]幸：特指皇帝到某处去。 [38]九成宫：宫殿名。即隋之仁寿宫，在今陕西麟游县西。 [39]通直散骑常侍：侍从谏议官。三国时魏置散骑常侍。晋太始中，称通直散骑常侍。查《唐六典》及《旧唐书·职官志》，均不载通直散骑常侍之官。 [40]气疾：气喘病。 [41]暑辄顿剧：天一热就突然加剧。辄，立即，就。顿，突然。 [42]监察御史：官名。为御史台各类

御史的一种。《旧唐书·职官志》说，御史台设御史大夫、御史中丞、侍御史、殿中侍御史、监察御史。监察御史，正八品上，品秩低而权限广，掌分察巡按郡县、屯田、铸钱等事，并监察百官之礼仪。［43］马周（601—648）：字宾王，博州茌平（今属山东）人。唐初大臣，官至中书令。传见《旧唐书》卷七十四、《新唐书》卷九十八。［44］东宫：因大安宫在西，遂谓帝所居为东宫。［45］宸（chén）居：帝王住的地方，宫殿。［46］观：观览天子的德行。［47］以称中外之望：以符合中外的观瞻。称（chèn），符合，相称。［48］太上皇：皇帝父亲之称。初为追尊死者之号，后来尊称生者，且有传位于太子而自称为太上皇者。［49］春秋：年龄。［50］何以赴之：如何往赴。［51］暑中：暑热之中。［52］温清（qìng）之礼：谓作人子之礼。指冬天为其亲送温暖，夏天为其亲送清凉。清，清爽，清凉。［53］窃所未安：私下感到不安。［54］行计：出行的计划。［55］速示返期：尽快说明返宫的日期。［56］乐工：乐师。［57］调马：调习马匹。［58］鸣玉曳履：鸣玉佩，曳文履，皆为达官之服饰。［59］士君子：此指士大夫。［60］比肩：并肩。［61］臣窃耻之：臣窃引以为耻。［62］三师官：唐以太师、太傅、太保为三师，正一品，天子所师法，无所总职。［63］丙戌：二月二日。［64］戊辰：三月十五日。［65］庚午：三月十七日。［66］吐谷（yù）浑：亦作吐浑。古族名。原为鲜卑的一支，游牧于今辽宁锦州市西北。西晋末，西迁今甘肃、青海间。又指隋唐时我国境内鲜卑族所建政权。［67］兰州：郡名。治所在今甘肃兰州市。［68］长乐公主：太宗女，皇后所生，下嫁长孙冲。［69］出降：即下嫁。［70］敕有司资送：下令官吏资给馈送。［71］永嘉长公主：高祖女，下嫁窦奉节，又嫁贺兰僧伽。唐制，皇姑为大长公主，正一品；姊为长公主，女为公主，皆视一品。［72］汉明帝欲封皇子：东汉明帝永平十五年（72），明帝封皇子，亲定其封域，仅为先帝子楚王、淮阳王的一半。［73］得无异于明帝之意乎：岂不是异于明帝的想法吗？［74］亟（qì）：屡次。［75］称重：称叹器重。［76］人主：人君，天子。［77］社稷：社，土神；稷，谷神。为天子诸侯所祭，故恒为国家之代称。［78］结发：指结婚。古代成婚之夕，男左女右共髻束发。［79］曲承恩礼：事事承受恩惠礼遇。曲，犹小小之事。［80］候：候望。［81］人臣：臣下。［82］抗言：直言。［83］中使：天子私使。［84］赍（jī）：送物给人。［85］缗：成串的铜钱。古代一千文为一缗。［86］匹：量词，计算布和绸缎的长度单位。［87］乃今：竟于今。［88］秉：秉持。［89］转移：改变。［90］尝：副词，曾经。［91］会须：有机会一定要。会，机会；须，必须。［92］田舍翁：犹田夫、老农。［93］每廷：经常在朝廷。［94］具朝服：穿着皇后在受册、助祭、朝会大事时的服装。古时称袆（huī）衣。［95］主明臣直：谓人主英明朝臣才敢直谏。［96］敢不贺：岂敢不贺。

夏，四月，辛卯[1]，襄州[2]都督[3]邹襄公张公谨[4]卒。明日，上出次[5]发哀。有司奏，辰日忌哭[6]。上曰："君之于臣，犹父子也，情发于衷，安[7]避辰日！"遂哭之。

六月，己亥[8]，金州[9]刺史[10]酆悼王元亨[11]薨[12]。辛亥[13]，江王嚣[14]薨。

秋，七月，丙辰[15]，焉耆[16]王突骑支遣使入贡。初。焉耆入中国由碛路[17]，隋末闭塞，道由高昌[18]。突骑支请复开碛路以便往来，上许之。由是高昌恨之，遣兵袭焉耆，大掠而去。

辛未[19]，宴三品已上于丹霄殿[20]。上从容言曰："中外乂安，皆公卿之力。然隋炀帝威加夷、夏，颉利跨有北荒[21]，统叶护[22]雄据西域[23]，今皆覆亡，此乃朕与公等所亲见，勿矜[24]强盛以自满也！"

西突厥肆叶护可汗[25]发兵击薛延陀[26]，为薛延陀所败。

肆叶护性猜狠信谗[27]，有乙利可汗[28]，功最多，肆叶护以非其族类[29]，诛灭之，由是诸部皆不自保。肆叶护又忌莫贺设之子泥孰[30]，阴欲图之，泥孰奔焉耆。设卑达官与弩失毕[31]二部攻之，肆叶护轻骑奔康居[32]，寻卒。国人迎泥孰于焉耆而立之，是为咄陆可汗，遣使内附[33]。丁酉[34]，遣鸿胪少卿[35]刘善因立咄陆为奚利邲咄陆可汗。

闰月，乙卯[36]，上宴近臣于丹霄殿，长孙无忌曰："王珪[37]、魏徵，昔为仇雠[38]；不谓[39]今日得此同宴。"上曰："徵、珪尽心所事，故我用之。然徵每谏，我不从，我与之言辄不应[40]，何也？"魏徵对曰："臣以事为不可[41]，故谏；陛下不从而臣应之，则事遂施行，故不敢应。"上曰："且应而复谏，庸[42]何伤！"对曰："昔舜戒群臣：'尔无面从，退有后言[43]。'臣心知其非而口应陛下，乃面从也，岂稷[44]、契[45]事舜之意邪！"上大笑曰："人言魏徵举止疏慢[46]，我视之更觉妩媚[47]，正为此耳！"徵起，拜谢曰："陛下开臣使言[48]，故臣得尽其愚；若陛下拒而不受，臣何敢数犯颜色[49]乎！"

戊辰[50]，秘书少监[51]虞世南上《圣德论》，上赐手诏[52]，称："卿论太高。朕何敢拟上古[53]，但比近世差胜[54]耳。然卿适睹[55]其始，未知其终。若朕能慎终如始，则此论可传；如或不然，恐徒使后世笑卿[56]也！"

九月，己酉[57]，幸庆善宫[58]，上生时故宅也，因与贵人宴，赋诗。起居郎[59]清平[60]吕才[61]被之管弦[62]，命曰《功成庆善乐》，使童子八佾[63]为《九功之舞》[64]，大宴会，与《破陈舞》[65]偕奏于庭。同州[66]刺史尉迟敬德预[67]宴，有班在其上者，敬德怒曰："汝何功，坐我上！"任城王道宗[68]次其下[69]，谕解[70]之。敬德拳殴道宗，目几眇[71]。上不怿[72]而罢，谓敬德曰："朕见汉高祖诛灭功臣，意常尤[73]之，故欲与卿等共保富贵，令子孙不绝。然卿居官数犯法，乃知韩、彭[74]葅醢[75]，非高祖之罪也。国家纲纪[76]，唯赏与罚，非分之恩，不可数得，勉自修饬[77]，无贻[78]后悔！"敬德由是始惧而自戢[79]。

冬，十月，乙卯[80]，车驾还京师。帝[81]侍上皇[82]宴于大安宫[83]，帝与皇后更献[84]饮膳及服御[85]之物，夜久乃罢。帝亲为上皇捧舆[86]至殿门，上皇不许，命太子代之[87]。

突厥颉利可汗郁郁不得意，数与家人相对悲泣，容貌羸惫[88]。上见而怜之，以虢州[89]地多麋鹿，可以游猎，乃以颉利为虢州刺史；颉利辞，不愿往。癸未[90]，复以为右卫大将军[91]。

十一月，辛巳[92]，契苾酋长何力[93]帅部落六千余家诣[94]沙州[95]降，诏处之于甘、凉[96]之间，以何力为左领军将军[97]。

（以上为第二段，写唐太宗君臣欢宴，不忘议政，以及太宗善谕功臣，善待降人颉利可汗。）

【注释】

[1]辛卯：四月八日。 [2]襄州：郡名。治所在今湖北襄阳市。 [3]都督：官名。地方军政长官。唐初于各州按等级分别置大、中、下都督府，各设都督。 [4]张公谨（?—632）：字弘慎。繁水（今河南南乐县西北）人。传见《旧唐书》卷六十八、《新唐书》卷八十九。 [5]出次：至丧所。 [6]辰日忌哭：《旧唐书·张公谨传》："有司奏言：'准阴阳书，日子在辰，不可哭泣。'又为流俗所忌。"说明阴阳书及流俗，皆忌辰日哭泣。 [7]安：怎么，哪里。 [8]己亥：六月十七日。 [9]金州：郡名。治所在今陕西安康市。 [10]刺史：官名。为一州的行政长官。[11]悼王元亨：李元亨（?—632），高祖子。字德良，一名孝才。传见《旧唐书》卷六十四、《新唐书》卷七十九。 [12]薨（hōng）：古代侯王或大官死曰薨。 [13]辛亥：六月二十三。 [14]江王嚣（?—632）：太宗第十一子。传见《旧唐书》卷七十六。 [15]丙辰：七月四日。 [16]焉耆（qí）：西域国名。国都在今新疆焉耆回族自治县西南。 [17]碛（qì）路：沙漠道路。碛，沙漠，沙堆。 [18]高昌：古国名。故址在今新疆吐鲁番东。 [19]辛未：七月十九日。 [20]丹霄殿：宫殿名。 [21]北荒：北方荒漠之地。 [22]统叶护（?—630）：西突厥可汗。公元618年至628年为汗。勇而多智，称霸西域。传见《旧唐书》卷一百九十四、《新唐书》卷二百一十五。

[23]西域：西汉以后对玉门关（今甘肃敦煌市西北）以西地区的总称。[24]矜：骄傲，夸耀。[25]肆叶护可汗：西突厥主，统叶护之子。[26]薛延陀：民族名。铁勒诸部之一。由薛部与延陀部合并而成。初属于突厥。贞观初年助唐灭突厥。后发生内乱，为唐所破。[27]猜狠信谗：猜忌狠戾，听信谗言。[28]乙利可汗：西突厥小可汗。[29]非其族类：不是同族的人。[30]泥孰（?—634）：即西突厥咄陆可汗，亦称大渡可汗。父为莫贺设。武德中与秦王李世民结盟为兄弟。贞观初册授咄陆可汗。传见《旧唐书》卷一百九十四下。[31]设卑达官与弩失毕：皆为突厥诸部之一。[32]康居：西域城国。其地约在今巴尔喀什湖与咸海之间。[33]内附：归附唐朝。[34]丁酉：七月无此日。似应作癸酉，七月二十一日。[35]鸿胪少卿：官名。鸿胪寺的副长官，佐鸿胪卿掌宾客及凶仪之事。[36]乙卯：闰八月四日。[37]王珪（570—639）：字叔玠。郿（今陕西眉县）人。太宗时为谏议大夫，官终礼部尚书。传见《旧唐书》卷七十、《新唐书》卷九十八。[38]雠：同“仇”，仇敌。[39]不谓：不料。[40]辄不应：常常不答应。辄，总是。[41]以事为不可：认为事情不可以。[42]庸：副词，怎么。[43]尔无面从，退有后言：你们不可当面顺从，背后有非议之言。[44]稷：即后稷。周的始祖。传说中，他曾在尧舜时代做农官，教民耕种。[45]契：商的始祖。他曾被舜任为司徒，掌管教化。[46]疏慢：疏简怠慢。[47]妩媚：美好可爱，令人喜爱。[48]开臣使言：开导让臣说话。开即开导。[49]颜色：面容，脸色。[50]戊辰：闰八月十七日。[51]秘书少监：官名。秘书省之次官。[52]手诏：皇帝亲手书写、颁发的命令。[53]何敢拟上古：哪敢比拟上古之君王。[54]差胜：稍胜。[55]适睹：恰好看见。[56]使后世笑卿：让后人笑卿之妄论。[57]己酉：九月二十九日。[58]庆善宫：在陕西武功县。武德元年，高祖以武功旧第置庆善宫。后废为慈德寺。[59]起居郎：官名。唐于门下省和中书省分别设起居郎和起居舍人，分掌侍从皇帝、记录言行之事。[60]清平：县名。县治在今山东临清市东南。[61]吕才（600—665）：唐初哲学家。博州清平（今山东临清市东）人。善阴阳、方伎、舆地、历史诸书，尤长于音乐。官至太常博士。传见《旧唐书》卷七十九、《新唐书》卷一百零七。[62]被之管弦：依诗制成乐谱，用管弦演奏。[63]佾（yì）：古时乐舞的行列。一行八人叫一佾。[64]《九功之舞》：唐贞观时之舞名。以童子六十四人，戴进德冠，紫袴褶，长袖，漆髻，屣履而舞，号九功舞。[65]《破陈舞》：唐初的军中乐舞。原名《秦王破陈乐》，其后发展为歌舞大曲。陈，同“阵”。[66]同州：郡名。治所在今陕西大荔县。[67]预：参加。[68]道宗：即李道宗（600—653），字承范。唐宗室。传见《旧唐书》卷六十、《新唐书》卷七十八。[69]次其下：位在其下。[70]谕解：晓谕劝解。[71]眇（miǎo）：一只眼瞎曰眇。[72]怿（yì）：喜悦，高兴。[73]尤：指责，归罪。[74]韩、彭：指韩信与彭越。韩信（?—前196），汉初诸侯王。淮阴（今属江苏）人。因助汉高祖刘邦建立汉朝有大功，封楚王。后有人告他谋反，被吕后所杀。彭越（?—前196）：汉初诸侯王。昌邑（今山东金乡县西北）人。因助汉高祖建国有功，封梁王。后因被告发谋反，为刘邦所杀。太宗引韩、彭事例以警戒敬德。[75]菹（zū）醢（hǎi）：古时的一种酷刑，把人剁成肉

酱。[76]纲纪：社会的秩序和国家的法纪。[77]修饬（chì）：修治整饬。[78]贻（yí）：遗留。[79]自戢：自我收敛。戢（jí），收敛。[80]乙卯：十月五日。[81]帝：指太宗。[82]上皇：太上皇，指高祖。[83]大安宫：宫殿名，为宫城的西宫。[84]更献：更番而献。[85]服御：服饰御用。[86]捧舆：扶车。捧，扶。舆，车。[87]太子代之：太子李承乾代替唐太宗为高祖扶车。[88]羸（léi）惫：瘦弱疲惫。[89]虢（guó）州：郡名。治所在今河南灵宝市。[90]癸未：十月无此日，似应作癸酉，十月二十三日。[91]右卫大将军：官名。禁军的高级武官。[92]辛巳：十一月二日。[93]契苾酋长何力：契苾何力（?—676），唐朝将军，铁勒族人。贞观六年（632），与母率部众投唐。后多立战功。传见《旧唐书》卷一百零九、《新唐书》卷一百一十。[94]诣（yì）：到，去。[95]沙州：郡名。治所在今甘肃敦煌市西。[96]诏处之于甘、凉：诏命安置于甘州、凉州。甘州，治所在今甘肃张掖市。凉州，治所在今甘肃武威市。[97]左领军将军：唐代左右领军卫，为禁卫军之一。置上将军、大将军、将军等官。

庚寅[1]，以左光禄大夫[2]陈叔达为礼部尚书[3]。帝谓叔达曰："卿武德中有谠言[4]，故以此官相报。"对曰："臣见隋室父子相残，以取乱亡，当日之言，非为陛下，乃社稷之计耳[5]！"

十二月，癸丑[6]，帝与侍臣论安危之本。中书令[7]温彦博曰："伏愿[8]陛下常如贞观初，则善矣。"帝曰："朕比来[9]怠于为政乎？"魏徵曰："贞观之初，陛下志在节俭，求谏不倦。比来营缮微多，谏者颇有忤旨[10]，此其所以异耳！"帝拊掌[11]大笑曰："诚有是事[12]。"

辛未[13]，帝亲录系囚[14]，见应死者，闵[15]之，纵[16]使归家，期以来秋来就死[17]。仍敕天下死囚，皆纵遣，使至期来诣京师。

是岁[18]，党项羌[19]前后内属[20]者三十万口。

公卿[21]以下请封禅者前后相属[22]，上谕以"旧有气疾，恐登高增剧，公等勿复言。"

上谓侍臣曰："朕比来决事[23]或[24]不能皆如律令，公辈[25]以为事小，不复执奏[26]。夫事无不由小而致大，此乃危亡之端也。昔关龙逄忠谏而死，朕每痛[27]之。炀帝骄暴而亡，公辈所亲见也。公辈常宜为朕思炀帝之亡，朕常为公辈念关龙逄之死，何患君臣不相保[28]乎！"

上谓魏徵曰："为官择人，不可造次[29]。用一君子，则君子皆至；用一小人，则小人竞进[30]矣。"对曰："然。天下未定，则专取其才，不考[31]其行；丧乱既平，则非才行[32]兼备不可用也。”

（以上为第三段，写唐太宗时时以隋炀帝亡国为鉴，鼓励臣下进谏，以及亲贤远佞的用人原则。）

【注释】

[1]庚寅：十一月十一日。 [2]左光禄大夫：官名。唐代文职阶官称号，从二品。 [3]礼部尚书：唐代尚书省所属的六部之一礼部的长官。礼部掌礼仪、祭享、贡举等职。 [4]卿武德中有谠（dǎng）言：指武德九年（626）建成、元吉与后宫日夜谮诉世民于高祖，高祖将罪世民。陈叔达力谏高祖曰：“秦王（世民）有大功于天下，不可黜也。”高祖听从劝谏，未加罪于世民。谠言，善言，直言。 [5]乃社稷之计耳：这是在为国家考虑。乃，是。耳，语气词，相当于“而已”“罢了”。 [6]癸丑：十二月四日。 [7]中书令：官名。唐代三省之一中书省的长官。与门下省、尚书省的长官同为宰相。 [8]伏愿：下对上（多用于对皇帝）陈述自己意见时用的敬词。 [9]比来：近来。 [10]忤旨：违反抵触上意。 [11]拊掌：击掌。 [12]诚有是事：确有这种事。[13]辛未：十二月二十二日。 [14]亲录系囚：亲自审查并记录囚犯的罪状。 [15]闵：通“悯”，可怜。 [16]纵：放。 [17]期以来秋来就死：约定明年秋季前来服死刑。 [18]是岁：这一年。[19]党项羌：民族名。羌人的一支。南北朝时分布在今青海东南部河曲和四川松潘县以西山谷地带。唐前期，吐蕃征服青藏高原诸族、部，大部分党项羌人被迫迁徙到甘肃、宁夏、陕北一带。[20]内属：归附。 [21]公卿：古代三公九卿之简称或泛指。 [22]相属：连续不断。 [23]决事：断事。 [24]或：有时。 [25]公辈：你们。公，对人的尊称。 [26]执奏：坚持奏谏。 [27]痛：痛惜。 [28]相保：相互保全。 [29]造次：鲁莽，轻率。 [30]竞进：争相涌进。 [31]考：考查，审核。 [32]才行：才能与品行。行，行为，品行。

七年（癸巳，633年）

春，正月，更名《破陈乐》曰《七德舞》。

癸巳[1]，宴三品已上及州牧[2]、蛮夷酋长[3]于玄武门，奏《七德》、《九功》[4]之舞。

太常卿[5]萧瑀上言：“《七德舞》形容圣功[6]，有所未尽，请写[7]刘武周、薛仁果、窦建德、王世充等[8]擒获之状。”上曰：“彼皆一时英雄，今朝廷之臣往往尝北面事之[9]，若睹其故主[10]屈辱之状，能不伤其心乎！”瑀谢[11]曰：“此非臣愚虑所及。”魏徵欲上偃武修文[12]，每侍宴，见《七德舞》辄俯首[13]不视，见《九功舞》则谛观[14]之。

三月，戊子[15]，侍中[16]王珪坐[17]漏泄禁中语，左迁[18]同州刺史。庚寅[19]，以秘书监[20]魏徵为侍中。

直[21]太史[22]雍人李淳风[23]奏灵台候仪制度[24]疏略，但有赤道[25]，请更造浑天黄道仪[26]，许之。癸巳[27]，成而奏之。

夏，五月，癸未[28]，上幸九成宫。

雅州[29]道行军总管[30]张士贵击反獠[31]，破之。

秋，八月，乙丑[32]，左屯卫大将军谯敬公周范卒。上行幸[33]，常令范与房玄龄居守[34]。范为人忠笃严正[35]，疾甚，不肯出外[36]，竟终于内省[37]，与玄龄相抱而诀[38]曰："所恨不获再奉圣颜[39]！"

辛未[40]，以张士贵为龚州[41]道行军总管，使击反獠。

九月，山东[42]、河南[43]四十余州水[44]，遣使赈之。

去岁所纵天下死囚凡三百九十人，无人督帅[45]，皆如期自诣朝堂，无一人亡匿[46]者；上皆赦[47]之。

冬，十月，庚申[48]，上还京师。

十一月，壬辰[49]，以开府仪同三司长孙无忌为司空[50]，无忌固辞，曰："臣忝预外戚[51]，恐天下谓陛下为私。"上不许，曰："吾为官择人，惟才是与。苟或不才，虽亲不用，襄邑王神符是也；如其有才，虽雠不弃，魏徵等是也。今日所举，非私亲也。"

十二月，甲寅[52]，上幸芙蓉园[53]；丙辰[54]，校猎[55]少陵原[56]。戊午[57]，还宫，从上皇置酒故汉未央宫[58]。上皇命突厥颉利可汗起舞，又命南蛮[59]酋长冯智戴[60]咏诗，既而笑曰："胡、越一家[61]，自古未有也！"帝奉觞上寿[62]曰："今四夷入臣[63]，皆陛下教诲，非臣智力所及。昔汉高祖亦从太上皇置酒此宫，妄自矜大[64]，臣所不取也。"上皇大悦。殿上[65]皆呼万岁。

帝谓左庶子[66]于志宁[67]、右庶子杜正伦曰："朕年十八，犹在民间，民之疾苦情伪[68]，无不知之。及居大位，区处[69]世务，犹有差失。况太子生长深宫，百姓艰难，耳目所未涉，能无骄逸乎！卿等不可不极谏[70]！"太子好嬉戏，颇亏礼法，志宁与右庶子孔颖达[71]数直谏，上闻而嘉之，各赐金一斤，帛[72]五百匹。

工部尚书[73]段纶[74]奏征巧工杨思齐，上令试之。纶使先造傀偪[75]。上曰："得巧工庶供国事[76]，卿令先造戏具，岂百工相戒[77]无作淫巧[78]之意邪！"乃削纶阶[79]。

嘉、陵州[80]獠反，命邗江府[81]统军牛进达击破之。

上问魏徵曰："群臣上书可采[82]，及召对多失次[83]，何也？"对曰："臣观百司[84]奏事，常数日思之，及至上前，三分不能道一[85]。况谏者拂意触忌[86]，非陛下借之辞色[87]，岂敢尽其情哉！"上由是接群臣辞色愈温[88]，尝曰："炀帝多猜忌，临朝对群臣多不语。朕则不然，与群臣相亲如一体耳。"

（以上为第四段，写唐太宗治国治家，十分注意亲善形象，尊礼太上皇，严教太子，愿与群臣亲如一体。）

【注释】

[1]癸巳：正月十五日。 [2]州牧：官名。西汉成帝时，改刺史为州牧，后废置不常。唐代唯京师或陪都之地方最高长官以亲王充任者，尚称为牧或州牧。 [3]酋长：蛮夷之渠帅。[4]《九功》：唐贞观时之舞名。以童子六十四人，戴进德冠，紫袴褶，长袖，漆髻，屣履而舞，号九功舞。 [5]太常卿：官名。太常寺的长官。掌礼乐社稷、宗庙礼仪，兼掌选试博士。历代相沿。其职权专为司祭礼乐之官。 [6]圣功：指太宗之功。 [7]写：描写，反映。 [8]刘武周、薛仁果、窦建德、王世充等：皆为隋末唐初割据首领，均被太宗率军击败、剪灭。 [9]尝北面事之：意为曾经是他们的臣下。 [10]故主：旧日的主人。 [11]谢：谢罪。 [12]欲上偃武修文：希望皇上停止武备，提倡文教。偃，停止。[13]俯首：低下头。[14]谛观：注意看。谛，详细，仔细。 [15]戊子：三月十一日。 [16]侍中：官名。唐代三省之一门下省的长官，总判门下省事。为宰相之职。 [17]坐：犯罪，被判有罪。 [18]左迁：降职。 [19]庚寅：三月十三日。[20]秘书监：官名。秘书省之长官，掌图书著作等事。[21]直：特指在殿堂中值班，侍奉君主。[22]太史：官名。掌管天文历法。 [23]李淳风（602—670）：岐州雍（今陕西宝鸡市凤翔区南）人。唐初天文学家。传见《旧唐书》卷七十九、《新唐书》卷二百零四。 [24]候仪制度：候望的仪器制度。 [25]但有赤道：只能测出赤道。 [26]浑天黄道仪：表示天象的仪器。据《旧唐书·李淳风传》载，浑天黄道仪于贞观七年（633）造成。其制以铜为之，表里三重，下据准基，状如十字，末树鳌足，以张四表。[27]癸巳：三月十六日。[28]癸未：五月七日。[29]雅州：郡名。治所在今四川雅安市西。 [30]行军总管：官名。出征时的军队主帅。 [31]反獠（liáo）：造反的獠族。獠是南方的一些少数民族。 [32]乙丑：八月二十日。 [33]行幸：出行。 [34]居守：居中留守。 [35]忠笃严正：忠厚、笃实、正直。 [36]出外：指离开宫省回家。 [37]终于内省：死于宫内台省。 [38]诀：诀别。 [39]不获再奉圣颜：不能再奉侍天子。 [40]辛未：八

月二十六日。［41］龚州：州名。治所在今广西平南县。［42］山东：古地区名。通称崤山以东为山东，与当时所谓关东含义相同。一般专指黄河流域。［43］河南：古地区名。指黄河以南。［44］水：水灾。［45］督帅：督促率领。［46］亡匿：逃亡、隐匿。［47］赦：赦免。［48］庚申：十月十六日。［49］壬辰：十一月十八日。［50］司空：官名。为三公之一。［51］忝预外戚：忝（tiǎn），谦辞，表示辱没他人，自己有愧。［52］甲寅：十二月十一日。［53］芙蓉园：唐代长安城风景区，位于都城东南隅，在曲江池之东。本名曲江园，隋时为离宫，文帝恶其名曲，以其有池盛植芙蓉，故改名芙蓉园。园内青林重复，绿水弥漫，景致优美。［54］丙辰：十二月十三日。［55］校（jiào）猎：在木栅栏所围区域猎取野兽。［56］少陵原：位于长安城东南，为浐、浐两河之间的高地。［57］戊午：十二月十五日。［58］故汉未央宫：在长安宫城北禁苑之西。［59］南蛮：我国古代对南方少数民族的泛称。［60］冯智戴：冯盎之子。事迹见《旧唐书》卷一百零九《冯盎传》、《新唐书》卷一百一十《冯盎传》。［61］胡、越一家：胡谓颉利，越谓冯智戴。谓胡越诸族，成为一家之人。［62］奉觞上寿：捧着酒杯敬酒。觞，古代的酒器。上寿即敬酒。［63］四夷入臣：四方少数民族皆臣服于唐廷。［64］汉高祖亦从太上皇置酒此宫，妄自矜大：据《汉书·高祖纪下》云，九年冬十月，未央宫置酒。上奉玉卮为太上皇寿，曰："始大人常以臣亡赖，不能治产业，不如仲力。今某之业所就孰与仲多？"此其矜大之例证。［65］殿上：谓宫殿上的群臣。［66］庶子：官名，太子官属，汉以后为太子侍从官之一种。唐以后于太子官属中设左右春坊，以左右庶子分隶之，以比侍中、中书令。［67］于志宁（588—665）：唐初大臣。字仲谧。京兆高陵（今陕西西安市高陵区）人。传见《旧唐书》卷七十八、《新唐书》卷一百零四。［68］情伪：情实诈伪。［69］区处：区分处理。［70］极谏：极言直谏，尽力谏诤。［71］孔颖达（574—648）：唐代著名经学家。字冲远。冀州衡水（今属河北）人。历任国子博士、司业等。主编《五经正义》。传见《旧唐书》卷七十三、《新唐书》卷一百九十八。［72］帛：丝织品的总称。［73］工部尚书：唐代尚书省下属六部之一工部的长官，主管工程、屯田、水利、交通等政令。［74］段纶：唐高祖高密公主再嫁之夫，隋兵部尚书段文振之子。唐初，拜工部尚书、杞国公。事迹见《新唐书》卷二百二十二《南蛮传》。［75］傀儡：木偶。［76］庶供国事：希望供国家兴建之用。庶，副词，表示可能或期望。［77］百工相戒：各手工工匠所警戒之事。［78］无作淫巧：不可制作奇巧无益的玩艺，以诱惑摇动皇上的心志。淫巧，过于奇巧而无益的。《礼记·月令》云："毋或作为淫巧，以荡上心。"［79］削纶阶：唐制，工部尚书，正三品。削段纶阶，则使其不得立于三品班中。［80］嘉、陵州：据《旧唐书·地理志》四，剑南道嘉州，隋眉山郡，武德元年改为嘉州。治所在今四川乐山市。陵州，隋隆山郡，武德元年改为陵州。治所在今四川仁寿县东。［81］邗（hán）江府：唐扬州有邗江府兵。［82］上书可采：上书言事，意见有可采纳者。［83］失次：谓语无伦次。［84］百司：诸执事者，即百官。［85］三分不能道一：有三分意思不能说出一分。［86］拂意触忌：拂逆上意，触动忌讳。［87］借之辞色：借助言语和神色。［88］温：温和。

八年（甲午，634年）

春，正月，癸未[1]，突厥颉利可汗卒，命国人从其俗，焚尸葬之。

辛丑[2]，行军总管[3]张士贵讨东、西王洞反獠[4]，平之。

上欲分遣大臣为诸道黜陟大使[5]，未得其人；李靖荐魏徵。上曰："徵箴规[6]朕失，不可一日离左右。"乃命靖与太常卿萧瑀等凡十三人[7]分行天下，"察长吏[8]贤[9]不肖[10]，问民间疾苦，礼高年[11]，赈穷乏，起久淹[12]，俾[13]使者所至，如朕亲睹。"

三月，庚辰[14]，上幸九成宫。

夏，五月，辛未朔[15]，日有食之。

初，吐谷浑可汗伏允遣使入贡，未返，大掠鄯州[16]而去。上遣使让[17]之，征伏允入朝，称疾不至，仍为其子尊王求婚；上许之，令其亲迎，尊王又不至，乃绝婚，伏允又遣兵寇兰、廓二州[18]。伏允年老，信其臣天柱王之谋，数犯边；又执唐使者赵德楷，上遣使谕之，十返[19]；又引其使者，临轩[20]亲谕[21]以祸福[22]，伏允终无悛[23]心。六月，遣左骁卫大将军[24]段志玄[25]为西海[26]道行军总管，左骁卫将军樊兴[27]为赤水[28]道行军总管，将边兵及契苾、党项之众以击之。

秋，七月，山东、河南、淮、海[29]之间大水。

上屡请上皇避暑九成宫[30]，上皇以隋文帝终于彼[31]，恶之。冬，十月，营大明宫[32]，以为上皇清暑[33]之所。未成而上皇寝疾[34]，不果居[35]。

辛丑[36]，段志玄击吐谷浑，破之，追奔八百余里，去[37]青海[38]三十余里，吐谷浑驱牧马而遁。

甲子[39]，上还京师。

右仆射李靖以疾逊[40]位，许之。十一月，辛未[41]，以靖为特进[42]，封爵如故，禄赐、吏卒并依旧给，俟疾小瘳[43]，每三两日至门下、中书[44]平章政事[45]。

甲申[46]，吐蕃[47]赞普弃宗弄赞遣使入贡，仍请婚。吐蕃在吐谷浑西南，近世浸强[48]，蚕食他国，土宇[49]广大，胜兵[50]数十万，然未尝通中国。其王称赞普，俗不言姓，王族皆曰论，宦族[51]皆曰尚。弃宗弄赞有勇略，四邻畏之，上遣使者冯德遐往慰抚之。

丁亥[52]，吐谷浑寇[53]凉州[54]。己丑[55]，下诏大举讨吐谷浑。上欲得李靖为将，为其老，重劳之[56]。靖闻之，请行；上大悦。十二月，辛丑[57]，以靖为西海[58]道行军大总管，节度[59]诸军。兵部尚书侯君集[60]为积石[61]道、刑部尚书[62]任城王道宗为鄯善[63]道、凉州都督李大亮[64]为且末[65]道、岷州[66]都督李道彦为赤水[67]道、利州刺史高甑生为盐泽[68]道行军总管，并突厥、契苾之众击吐谷浑。

（以上为第五段，写唐太宗派钦差专使巡视天下，察吏治，问民疾苦，大发兵征讨吐谷浑。）

【注释】

[1]癸未：正月十日。[2]辛丑：正月二十八日。[3]行军总管：军事长官。唐初行军总管、行军大总管，是出征时的军队主帅。[4]东、西王洞反獠：在东、西王洞（今广西平南县）造反的獠族。[5]黜陟大使：官名。皇帝特派的临时使节。任务是巡视各地，调查官吏的行为以施赏罚。[6]箴规：规谏劝诫。[7]十三人：《旧唐书·太宗纪》载，十三人的姓名为李靖、萧瑀、杨恭仁、王珪、韦挺、皇甫无逸、李袭誉、张亮、李大亮、窦诞、杜正伦、刘德威、赵弘智。[8]长吏：地位较高的州县官吏。[9]贤：有道德有才能者。[10]不肖：不贤。[11]礼高年：礼遇老者。[12]起久淹：起用在仕途淹留停滞的人。[13]俾（bǐ）：使（达到某种效果）。[14]庚辰：三月八日。[15]辛未朔：五月一日。[16]鄯州：郡名。治所在今青海海东市乐都区。[17]让：责备，责怪。[18]兰、廓二州：兰州，治所在今甘肃兰州市。廓州，治所在今青海贵德县。[19]十返：前后十次。[20]临轩：皇帝在殿前平台上接见臣属，叫临轩。[21]谕：告诉。[22]祸福：利害。[23]悛（quān）：悔改。[24]左骁卫大将军：骁卫，禁军名称之一，分左、右置，有上将军、大将军、将军。[25]段志玄（597—642）：齐州临淄（今山东淄博市临淄区）人。唐初将领。传见《旧唐书》卷六十八、《新唐书》卷八十九。[26]西海：郡名。隋置。管辖青海东境，治青海西岸之伏俟城。[27]樊兴：安陆（今湖北安陆市）人。唐初将领。传见《旧唐书》卷五十七、《新唐书》卷八十八。[28]赤水：地名。在今青海兴海县东南黄河西岸。[29]淮、海：淮水以迄东海。[30]九成宫：唐离宫名。位于今陕西麟游县西天台山。前为隋之仁寿宫。隋末废，唐初复置，更名九成宫。[31]隋文帝终于彼：仁寿四年（604），隋文帝在仁寿宫崩逝。[32]大明宫：唐宫名，为唐都长安第二大宫殿区。因其位置在郭城外东北的龙首原上，故称东内，或称北内。[33]清暑：避暑。[34]寝疾：卧病。[35]不果居：没有去居住。果，成为事实。[36]辛丑：七月二日。[37]去：相距，离。[38]青海：即今

青海青海湖。［39］甲子：七月二十五日。［40］逊：让，退让。［41］辛未：十一月三日。［42］特进：官名。西汉末始设特进，以授列侯中功德尤甚、在朝廷中有特殊地位者，位在三公之下。东汉至南北朝成为加官，无实职。唐改为文散官的第二阶，相当于正二品。［43］瘳（chōu）：病愈。［44］门下、中书：指门下省与中书省。唐代宰相的总办公处称政事堂。唐初设在门下省。后因中书令权重，至武后时迁政事堂于中书省。开元时改称中书门下。［45］平章政事：意即共同协商处理政务。平章事之名始于此。［46］甲申：十一月十六日。［47］吐蕃（bō）：中国古代藏族政权名。公元7世纪至9世纪时在青藏高原建立。赞普为其君长。［48］浸强：渐强。［49］土宇：国土。［50］胜兵：良兵。［51］宦族：仕宦之家。［52］丁亥：十一月十九日。［53］寇：骚扰，侵犯。［54］凉州：郡名。治所在今甘肃武威市。［55］己丑：十一月二十一日。［56］重劳之：因其年老，难以劳驾。重，难。［57］辛丑：十二月三日。［58］西海：郡名。治所在今青海共和县西北。［59］节度：指挥，调度。［60］侯君集（？—643）：唐初大将。豳州三水（今陕西旬邑县）人。传见《旧唐书》卷六十九、《新唐书》卷九十四。［61］积石：山名。即今青海东南部积石山脉。［62］刑部尚书：官名。尚书省所属六部之一刑部的长官。主管法律、刑狱等事务。［63］鄯善：郡名。治所在今新疆若羌县。［64］李大亮（586—644）：泾阳（今陕西泾阳县）人。唐初大臣。传见《旧唐书》卷六十二、《新唐书》卷九十九。［65］且末：郡名。治所在今新疆且末县。［66］岷州：治所在今甘肃岷县。［67］赤水：地名。在今青海兴海县东南黄河西岸。［68］盐泽：泽名。即今新疆罗布泊。

帝聘隋通事舍人[1]郑仁基女为充华[2]，诏已行，册使[3]将发，魏徵闻其尝许嫁[4]士人陆爽，遽[5]上表谏。帝闻之，大惊，手诏深自克责[6]，命停册使。房玄龄等奏称："许嫁陆氏，无显状[7]，大礼[8]既行，不可中止。"爽亦表言初无[9]婚姻之议。帝谓徵曰："群臣或容希合[10]；爽亦自陈，何也？"对曰："彼以为陛下外虽舍之，或阴[11]加罪谴，故不得不然。"帝笑曰："外人[12]意或当如是。朕之言未能使人必信如此邪[13]！"

中牟[14]丞[15]皇甫德参上言："修洛阳宫，劳人；收地租，厚敛；俗好高髻，盖宫中所化[16]。"上怒，谓房玄龄等曰："德参欲国家不役一人，不收斗租[17]，宫人皆无发，乃可[18]其意邪！"欲治其谤讪[19]之罪。魏徵谏曰："贾谊[20]当汉文帝时上书[21]，云'可为痛哭者一，可为流涕者二。'自古上书不激切[22]，不能动人主[23]之心，所谓狂夫之言，圣人择焉[24]，唯陛下裁察[25]！"上曰："朕罪斯人[26]，则谁敢复言！"乃赐绢二十匹。他日，徵奏言："陛下近日不好直言，虽勉强含容[27]，非曩时[28]之豁如[29]。"上乃更加优赐，拜监察御史。

中书舍人[30]高季辅[31]上言："外官卑品[32]，犹未得禄，饥寒切身[33]，难保清白[34]。今仓廪浸实，宜量加优给[35]，然后可责[36]以不贪，严设科禁[37]。又，密王元晓[38]等皆陛下之弟，比[39]见帝子拜诸叔，叔皆答拜，紊乱昭穆[40]，宜训之以礼。"书奏，上善之。

西突厥咄陆可汗卒，其弟同娥设立，是为沙钵罗咥利失可汗。

（以上为第六段，写魏徵、高季辅直谏唐太宗抑制私欲，不娶已聘之女，不嗔怒，以礼训皇子，唐太宗皆纳之。）

【注释】

[1]通事舍人：官名。隶四方馆，又属中书省，掌通奏引纳辞见承旨宣劳，皆以善辞令者为之。唐置八人，秩为从六品。[2]充华：女官名，晋置，九嫔之一。唐六官之职无此官。[3]册使：册封使者。[4]许嫁：允许、答应嫁与。[5]遽（jù）：急速。[6]克责：克制责备。[7]无显状：没有明显的事状。[8]大礼：谓册命。即前所谓"诏已行"。[9]初无：从来没有，并没有。[10]或容希合：或许希冀迎合旨意。[11]阴：暗中，暗地里。[12]外人：别人。[13]朕之言未能使人必信如此邪：我的话竟然如此地不能使人相信吗！[14]中牟：县名。县治在今河南中牟县西。[15]丞：官名。多作为佐官之称。此处为县令之佐贰。[16]俗好高髻，盖宫中所化：《后汉书·马廖传》："长安语曰：'城中好高髻，四方高一尺。'"意为宫中装束所习染、影响。[17]斗租：古言斗粟、斗租，皆含少意。[18]可：合宜，适合。[19]讪（shàn）：诽谤。[20]贾谊（前200—前168）：西汉政论家、文学家。洛阳（今河南洛阳市）人。有抱负而甚不得意。传见《史记》卷八十四、《汉书》卷四十八。[21]上书：贾谊上书事。指西汉文帝六年（前174），贾谊在向文帝上书时，用"可为痛哭者一，可为流涕者二"等言辞，极言事势之弊，以期引起文帝的重视。[22]激切：激烈切直。[23]人主：人君，天子。[24]狂夫之言，圣人择焉：上书言事者自谦之辞。意为我的话如狂人乱语，请君择善采纳。[25]裁察：裁断详察。[26]斯人：这样的人。[27]含容：容忍，宽恕。[28]曩（nǎng）时：以往，过去。[29]豁如：豁达宽容。[30]中书舍人：官名。中书省的属官，掌撰拟诏旨。[31]高季辅（595—653）：蓨（今河北景县）人。名冯，字季辅。随李密降唐。历监察御史、中书舍人、吏部尚书、侍中等。传见《旧唐书》卷七十八、《新唐书》卷一百零四。[32]外官卑品：京外之官品秩卑者。[33]饥寒切身：谓本人饥寒迫切。[34]清白：清廉洁白。[35]宜量加优给：应酌情从优给予。[36]责：要求。[37]科禁：依科条禁止之教令，即法度。[38]元晓：高祖第二十一子。[39]比：近来。[40]昭穆：古代宗法制度，宗庙次序，始祖庙居中，以下父子（祖、

父）递为昭穆，左为昭，右为穆。

九年（乙未，635 年）

春，正月，党项先内属[1]者皆叛归吐谷浑。三月，庚辰[2]，洮州[3]羌叛入吐谷浑，杀刺史孔长秀。

壬辰[4]，赦天下。

乙酉[5]，盐泽道行军总管高甑生击叛羌，破之。

庚寅[6]，诏民赀分三等[7]，未尽其详[8]，宜分九等。

上谓魏徵曰："齐后主[9]、周天元[10]皆重敛百姓，厚自奉养，力竭而亡。譬如馋人[11]自啖其肉，肉尽而毙，何其愚也！然二主孰为优劣？"对曰："齐后主懦弱，政出多门[12]；周天元骄暴，威福[13]在己；虽同为亡国，齐主尤劣也。"

夏，闰四月，癸酉[14]，任城王道宗败吐谷浑于库山。吐谷浑可汗伏允悉烧野草，轻兵走入碛[15]。诸将以为"马无草，疲瘦，未可深入。"侯君集曰："不然。向者[16]段志玄军还，才及鄯州，虏已至其城下[17]。盖虏犹完实[18]，众为之用故也。今一败之后，鼠逃鸟散[19]，斥候[20]亦绝，君臣携离[21]，父子相失，取之易于拾芥[22]，此而不乘，后必悔之。"李靖从之。中分[23]其军为两道：靖与薛万均[24]、李大亮由北道，君集与任城王道宗由南道。戊子[25]，靖部将薛孤儿败吐谷浑于曼头山，斩其名王，大获杂畜，以充军食。癸巳[26]，靖等败吐谷浑于牛心堆[27]，又败诸赤水源[28]。侯君集、任城王道宗引兵行无人之境二千余里，盛夏降霜，经破逻真谷[29]，其地无水，人龁[30]冰，马啖[31]雪。五月，追及伏允于乌海[32]，与战，大破之，获其名王。薛万均、薛万彻[33]又败天柱王于赤海[34]。

太上皇自去秋得风疾，庚子[35]，崩于垂拱殿[36]。甲辰[37]，群臣请上准[38]遗诰[39]视军国大事，上不许。乙巳[40]，诏太子承乾于东宫平决庶政。

赤水之战，薛万均、薛万彻轻骑先进，为吐谷浑所围，兄弟皆中枪，失马步斗[41]，从骑死者什六七[42]，左领军将军[43]契苾何力将数百骑救之，竭力奋击，所向披靡，万均、万彻由是得免。李大亮败吐谷浑于蜀浑山[44]，获其名王二十人。将军执失思力[45]败吐谷浑于居茹川。李靖督诸军经积石山[46]河源，至且末[47]，穷其西境。闻伏允在突伦川[48]，将奔于阗[49]，契苾何力欲追袭之，薛万均惩[50]其前败，固言不可。何力曰："虏非有城郭[51]，随水草迁徙，若不因其聚居袭取之，一朝云散[52]，岂得复倾[53]其巢穴邪！"自选骁骑千余，直趣突伦川，万均乃引兵从之。碛中乏水，将士刺马血饮之。袭破伏允牙帐[54]，斩首数千级，获杂畜二十余万，伏允脱身走，俘其妻子。侯君集等进逾星宿川[55]，至柏海[56]，还与李靖军合。

大宁王顺，隋氏之甥、伏允之嫡子[57]也，为侍中于隋[58]，久不得归，伏允立侍子为太子[59]，及归，意常怏怏[60]。会李靖破其国，国人穷蹙[61]，怨天柱王；顺因众心，斩天柱王，举国[62]请降。伏允帅千余骑逃碛中，十余日，众散稍尽[63]，为左右所杀。国人立顺为可汗。壬子[64]，李靖奏平吐谷浑。乙卯[65]，诏复其国，以慕容顺为西平郡王、趉故吕乌甘豆可汗。上虑顺未能服其众，仍命李大亮将精兵数千为其声援。

（以上为第七段，写太上皇李渊崩殂。唐军大破吐谷浑。）

【注释】

[1]内属：归属朝廷。[2]庚辰：三月十四日。[3]洮州：郡名。治所在今甘肃临潭县西。[4]壬辰：按新旧《唐书·太宗纪》九年文，俱作"三月壬午，大赦。"又以下之乙酉核之，似以作壬午为是。壬午为三月十六日。壬辰为三月二十六日。[5]乙酉：三月十九日。[6]庚寅：三月二十四日。[7]民赀分三等：武德六年（623）曾下令，天下户按其资产多少，定为三等。[8]未尽其详：（现在看来，）并不够详尽。[9]齐后主（555—577）：北齐后主高纬。公元565年至576年在位。传见《北齐书》卷八。[10]周天元（560—580）：北周宣帝宇文赟。公元578年至579年在位。传见《周书》卷七。[11]馋人：贪食者。[12]政出多门：政令出自多途、多人。指政权由许多人掌管。[13]威福：谓作威作福。[14]癸酉：闰四月八日。[15]碛（qì）：沙漠。[16]向者：从前，旧时。[17]至其城下：谓至鄯州城下。[18]完实：完整充实。[19]鼠逃鸟散：如鼠之逃，如鸟之散。[20]斥候：侦察敌情的士兵。[21]携（xié）离：背叛。[22]拾芥：拾草芥。[23]中分：平分。[24]薛万均：雍州咸阳（今陕西咸阳市）人。唐初大将。传见《旧唐书》卷六十九、《新唐书》卷九十四。[25]戊子：闰四月二十三日。[26]癸

巳：闰四月二十八日。［27］牛心堆：山名。在今青海西宁市西南。［28］赤水源：旧县名。在今青海南。吐谷浑筑赤水城，隋置赤水县。太宗讨吐谷浑，分军出赤水道，即此。［29］破逻真谷：地名。在今青海都兰县东南一带。［30］龁（hé）：咬。［31］啖（dàn）：吃。［32］乌海：在青海东。《隋书·地理志》："河源郡有乌海，在汉哭山西。"［33］薛万彻（?—652）：薛万均之弟。传见《旧唐书》卷六十九、《新唐书》卷九十四。［34］赤海：盖即赤水深广处。《考异》曰：《旧唐书·薛万彻传》作赤水源，《契苾何力传》作赤水川，今从《实录》。［35］庚子：五月六日。［36］垂拱殿：即大安宫之垂拱前殿。［37］甲辰：五月十日。［38］准：依照。［39］遗诰：太上皇卒时所下之诏诰。［40］乙巳：五月十一日。［41］失马步斗：即亡马，徒步而战。［42］什六七：十分之六七。［43］左领军将军：禁军官名。唐采前朝领军之名置领军卫，分左、右，各以大将军一人统之，将军二人为副，掌宿卫宫廷。［44］蜀浑山：山名。在今青海东北。［45］执失思力：原突厥酋长。贞观中入朝，娶高祖女九江公主。后为归州刺史。事迹见《旧唐书》卷一百九十四《突厥传》、《新唐书》卷一百一十《执失思力传》。［46］积石山：山名。即今青海东南部积石山脉。［47］且末：地名。在今新疆且末县附近。［48］突伦川：《考异》曰，《吐谷浑传》云，伏允西走图伦碛。盖即突伦川。即今新疆塔克拉玛干沙漠。［49］于阗：西域城国，国都在西域，即今新疆和田县境。［50］惩：惩戒。［51］城郭：旧时在都邑四周筑有墙垣，一般有两重，里面的称城，外面的称郭。［52］一朝云散：一旦如云雾四散。［53］岂得复倾：哪能再倾覆。［54］牙帐：军营之帐，指军营。［55］星宿川：即今青海黄河上源星宿海。［56］柏海：即今青海黄河上游鄂陵湖、扎陵湖。［57］嫡子：旧指正妻所生的儿子，也指正妻所生的长子。［58］为侍中于隋：据《旧唐书·吐谷浑传》，侍中当作侍子。侍子，古代诸侯或属国之王遣子入侍天子之称。［59］伏允立侍子为太子：据《吐谷浑传》，侍子当作他子。［60］及归，意常怏怏：唐高祖武德二年（619），大宁王顺归吐谷浑。怏怏，不平貌。［61］穷蹙：穷，困窘。蹙，紧迫，迫促。［62］举国：全国。［63］稍尽：渐尽。［64］壬子：五月十八日。［65］乙卯：五月二十一日。

六月，己丑[1]，群臣复请听政，上许之，其细务仍委太子，太子颇能听断[2]。是后上每出行幸，常令居守监国[3]。

秋，七月，庚子[4]，盐泽[5]道行军副总管刘德敏击叛羌，破之。

丁巳[6]，诏："山陵[7]依汉长陵[8]故事，务存[9]隆厚。"期限既促，功不能及。秘书监虞世南上疏，以为："圣人薄葬其亲，非不孝也，深思远虑，以厚葬适足为亲之累[10]，故不为耳。昔张释之[11]有言：'使[12]其中有可欲，虽锢南山犹有隙[13]。'刘向[14]言：'死者无终极而国家有废兴[15]，释之之言，为无穷计[16]也。’其言深切，诚合至理。伏惟[17]陛下圣德度[18]越唐、虞[19]，而厚葬其亲乃以秦、汉为法，臣窃为陛下不取[20]。虽复不藏金玉，后世但见丘垄[21]如此其大，安知无金玉邪！且今释服已依霸陵[22]，而丘垄之制独依长陵[23]，恐非所宜。伏愿依《白虎通》[24]为三仞[25]之坟，器物制度，率皆节损[26]，仍刻石立之陵旁，别书一通[27]，藏之宗庙，用为子孙永久之法。”疏奏，不报[28]。世南复上疏，以为：“汉天子即位即营山陵，远者五十余年；今以数月之间为数十年之功，恐于人力有所不逮[29]。”上乃以世南疏授有司[30]，令详处其宜[31]。房玄龄等议，以为：“汉长陵高九丈，原陵[32]高六丈，今九丈则太崇[33]，三仞则太卑[34]，请依原陵之制。”从之。

辛亥[35]，诏：“国初草创，宗庙之制未备，今将迁祔[36]，宜令礼官详议。”谏议大夫[37]朱子奢请立三昭三穆[38]而虚太祖之位。于是增修太庙[39]，祔弘农府君[40]及高祖并旧神主四为六室。房玄龄等议以凉武昭王[41]为始祖。左庶子于志宁议以为武昭王非王业所因[42]，不可为始祖；上从之。

党项寇叠州[43]。

李靖之击吐谷浑也，厚赂党项，使为乡导。党项酋长拓跋赤辞来，谓诸将曰：“隋人无信，喜暴掠[44]我。今诸军苟无异心，我请供其资粮；如或不然，我将据险以塞[45]诸军之道。”诸将与之盟而遣之。赤水道行军总管李道彦行至阔水[46]，见赤辞无备，袭之，获牛羊数千头。于是群羌怨怒，屯野狐峡[47]，道彦不得进；赤辞击之，道彦大败，死者数万，退保松州[48]。左骁卫将军樊兴逗遛[49]失军期，士卒失亡多。乙卯[50]，道彦、兴皆坐减死徙边[51]。

上遣使劳[52]诸将于大斗拔谷[53]，薛万均排毁[54]契苾何力，自称己功。何力不胜[55]忿[56]，拔刀起，欲杀万均，诸将救止之。上闻之，以让[57]何力，何力具言其状[58]，上怒，欲解万均官以授何力，何力固辞，曰：“陛下以臣之故解万均官，群胡[59]无知，以陛下为重胡轻汉，转相诬告[60]，驰竞[61]必多。且使胡人谓诸将皆如万均，将有轻汉之心。”上善之而止。寻令宿卫北门，检校屯营事[62]，尚宗女临洮县主[63]。

岷州都督、盐泽[64]道行军总管高甑生[65]后军期[66]，李靖按之[67]。甑生恨靖，诬告靖谋反，按验无状[68]。八月，庚辰[69]，甑生坐[70]减死徙边[71]。或言："甑生，秦府功臣，宽其罪。"上曰："甑生违李靖节度，又诬其反，此而可宽，法将安施[72]！且国家自起晋阳，功臣多矣，若甑生获免，则人人犯法，安可复禁乎！我于旧勋，未尝忘也，为此不敢赦耳[73]。"李靖自是阖门[74]杜绝宾客，虽亲戚不得妄见[75]也。

上欲自诣园陵[76]，群臣以上哀毁羸瘠[77]，固谏[78]而止。

冬，十月，乙亥[79]，处月初遣使入贡。处月、处密，皆西突厥之别部也。

庚寅[80]，葬太武皇帝于献陵，庙号高祖；以穆皇后祔葬[81]，加号太穆皇后。

十一月，庚戌[82]，诏议于太原立高祖庙[83]。秘书监颜师古议，以为："寝庙[84]应在京师，汉世郡国立庙，非礼。"乃止。

戊午[85]，以光禄大夫萧瑀为特进[86]，复令参预政事。上曰："武德六年以后，高祖有废立之心而未定，我不为兄弟所容，实有功高不赏[87]之惧。斯人[88]也，不可以利诱，不可以死胁[89]，真社稷臣也！"因赐瑀诗曰："疾风知劲草，板荡[90]识诚臣。"又谓瑀曰："卿之忠直，古人不过；然善恶太明，亦有时而失[91]。"瑀再拜谢。魏徵曰："瑀违众孤立，唯陛下知其忠劲，向[92]不遇圣明[93]，求免难矣[94]！"

特进李靖上书，请依遗诰，御常服[95]，临正殿；弗许。

吐谷浑甘豆可汗久质中国[96]，国人不附[97]，竟为其下所杀。子燕王诺曷钵立。诺曷钵幼，大臣争权，国中大乱。十二月，诏兵部尚书侯君集等将兵援之；先遣使者谕解[98]，有不奉诏者，随宜[99]讨之。

（以上为第八段，写唐太宗依汉光武帝原陵规制葬唐高祖，既非厚葬，亦非薄葬，以及处置唐军征伐吐谷浑善后事宜。）

【注释】

[1]己丑：六月二十五日。 [2]听断：听事而决断之。 [3]监国：君主外出时，太子留守代管国事，称监国。 [4]庚子：七月七日。 [5]盐泽：古湖泊名。即今新疆罗布泊。 [6]丁

巳：七月二十四日。［7］山陵：帝王的坟墓。［8］长陵：汉高祖陵。皇甫谧曰：“长陵东西广百二十步，高十三丈。”［9］存：通“从”。［10］以厚葬适足为亲之累：认为厚葬正足以成为亲人的拖累。［11］张释之：西汉初法律学家。字季。南阳堵阳（今河南方城县）人。文帝时官至廷尉。景帝立，出任淮南相。传见《汉书》卷五十。［12］使：假使。［13］虽锢南山犹有隙：即使用铜铁浇铸来封住南山，仍然有缝隙可钻的。［14］刘向（约前77—前6）：西汉经学家、目录学家、文学家。本名更生，字子政。沛（今属江苏）人。传见《汉书》卷三十六。［15］死者无终极而国家有废兴：死者死后的日子无穷无尽，而国家将不免灭亡。“兴”字不过连类及之，以求委婉含蓄。［16］为无穷计：为长远打算。［17］伏惟：旧时常用为下对上有所陈述时的表敬之辞。［18］度：通“渡”，过，越过。［19］唐、虞：上古帝号名，即唐尧、虞舜，传说时代的帝号。尧禅位舜，舜禅位禹，禹建立夏朝。［20］臣窃为陛下不取：臣私下认为陛下不该如此。［21］丘垄：坟墓。［22］今释服已依霸陵：释服，守孝期满，除去丧服。霸陵，西汉文帝刘恒陵墓。其地本属战国秦置芷阳县。汉文帝九年（前171）于此筑霸陵，并改县名。县治在今陕西西安市东北。文帝卒后葬此。释服依霸陵即臣下释服依照汉文帝遗诏用三十六日。［23］长陵：西汉高祖刘邦墓。在今陕西咸阳市东北。［24］《白虎通》：书名。是《白虎通义》的省文，东汉班固等编撰。记录章帝建初四年在白虎观经学辩论的结果。［25］仞（rèn）：长度单位。古代以七尺或八尺为一仞。［26］节损：节约减损。［27］一通：一卷。［28］不报：犹不许。［29］逮：及，达到。［30］有司：古代设官分职，各有专司，因称官吏为“有司”。［31］详处其宜：详加研究，妥善处理。［32］原陵：东汉光武帝刘秀墓。在今河南洛阳市东。［33］崇：高。［34］卑：低。［35］辛亥：七月十八日。［36］祔：后死者附祭于先祖的迷信活动。即在卒哭祭的次日，到死者祖父庙去的告祭。因祖孙昭穆相同，故要附属于祖父。［37］谏议大夫：官名。隶门下省，掌侍从规谏，凡四人。［38］三昭三穆：古代宗法制度，宗庙次序，始祖庙居中，以下父子（祖、父）递为昭穆，左为昭，右为穆。三昭三穆，谓天子七庙，太祖庙居中，二、四、六世居左，曰昭。三、五、七世居右，曰穆。［39］太庙：天子的祖庙。［40］弘农府君：李唐的祖先，讳重耳。仕魏为弘农太守。府君，旧时子孙对其先世的敬称。［41］凉武昭王：高祖李渊的七代祖凉王李暠，谥武昭。［42］因：依、借。［43］叠州：州名。治所在今甘肃迭部县。［44］暴掠：为暴及劫掠。［45］塞：堵塞。［46］阔水：地名。在党项羁縻阔州界。阔州，治所在阔源县（今四川松潘县北）。［47］野狐峡：岷江峡谷，在松潘县境内。［48］松州：州名。治所在今四川松潘县。［49］逗遛：迟留不进。［50］乙卯：七月二十二日。［51］坐减死徙边：坐罪减死一等贬徙边地。［52］劳：犒劳。［53］大斗拔谷：地名。即今甘肃民乐县东南甘、青二省交界处扁都口隘路。［54］排毁：排斥、诋毁。［55］不胜：非常，十分。［56］忿：忿怒。［57］让：责备，责怪。［58］具言其状：具言赤水之战，拔万均兄弟于围中，及见排毁之状。［59］群胡：诸蕃。［60］转相诳告：虚诈传告。［61］驰竞：谓趁机奔走趋赴者。［62］宿卫北门，检校屯营事：北门，即玄武门。按《唐会要》：于玄武门置左右屯营，以诸卫将军领之，其兵名曰飞骑。

[63]尚宗女临洮县主：临洮，县名。即今甘肃岷县。县主、《唐六典》卷二："王之女封县主，视正二品。"尚，娶公主为妻曰尚。宗女，宗室女。 [64]盐泽：地名。即今新疆罗布泊。 [65]高甑生：岷州都督，受李靖节制。 [66]后军期：迟晚误期。 [67]李靖按之：《旧唐书·李靖传》作"靖簿责之"，较为具体，且与下文事端相符。按，抑。 [68]按验无状：考查验证无谋反之情状。"按"当考查讲。 [69]庚辰：八月十七日。 [70]坐：被判有罪。 [71]减死徙边：犯死罪，减轻为流放徙边。 [72]安施：怎么施行。 [73]为此不敢赦耳：惟其不忘旧勋，故不敢赦，以免其干犯科禁。 [74]阖（hé）门：闭门。阖，关闭。 [75]妄见：滥见。 [76]园陵：谓献陵，即唐高祖李渊陵墓。在今陕西三原县。 [77]哀毁羸瘠：悲哀损身，羸瘠异常。羸（léi），瘦弱。 [78]固谏：极力劝谏。 [79]乙亥：十月十二日。 [80]庚寅：十月二十七日。 [81]穆皇后祔葬：太穆皇后窦氏，初葬寿安陵，今祔献陵。 [82]庚戌：十一月十八日。 [83]诏议于太原立高祖庙：诏大臣论议于太原立高祖庙之事。 [84]寝庙：古代的宗庙有庙和寝两部分，合称寝庙。郑玄注："凡庙，前曰庙，后曰寝。" [85]戊午：十一月二十六日。 [86]特进：官名。隋唐为文散官的第二阶，相当正二品。 [87]功高不赏：功高而得不到赏赐。 [88]斯人：此人，指萧瑀。 [89]死胁：以死威胁。 [90]板荡：板与荡并《诗经·大雅》篇名，后沿用为乱世之代词。 [91]善恶太明，亦有时而失：善恶之念，太为分明，有时也不免过分。 [92]向：假设语，假使，如果。 [93]圣明：圣明之主。 [94]求免难矣：求免于祸会很难啊。 [95]御常服：谓着用通常之吉服。 [96]久质中国：作为人质久留中国。质，人质。 [97]不附：不归附。 [98]谕解：晓谕解劝。 [99]随宜：视情形方便。

十年（丙申，636年）

春，正月，甲午[1]，上始亲听政。

辛丑[2]，以突厥拓设阿史那社尔[3]为左骁卫大将军。社尔，处罗可汗之子也，年十一，以智略闻[4]。可汗以为拓设，建牙[5]于碛北，与欲谷设分统敕勒诸部，居官十年，未尝有所赋敛。诸设[6]或鄙[7]其不能为富贵，社尔曰："部落苟丰，于我足矣。"诸设惭服。及薛延陀叛，攻破欲谷设，社尔兵亦败，将其余众走保[8]西陲。颉利可汗既亡，西突厥亦乱，咄陆可汗兄弟争国。社尔诈往降之，引兵袭破西突厥，取其地几半[9]，有众十余万，自称答布[10]可汗。社尔乃谓诸部曰："首为乱破我国者，薛延陀也，我当为先可汗[11]报仇击灭之。"诸部皆谏曰："新得西方，宜且留镇抚。今遽舍之远去，西突厥必来取其故地。"社尔不从，击薛延陀于碛北，连兵[12]百余日。会咥利失可汗立[13]，社尔之众苦于久役，多弃社尔逃归[14]。薛延陀纵兵击之，社尔大败，走保高昌，其旧兵在者才万余家，又畏西突厥之逼，遂帅众来降。敕处其部落[15]于灵州[16]之北，留社尔于长安，尚皇妹南阳长公主[17]，典屯兵于苑内[18]。

（以上为第九段，写突厥拓设社尔部归附唐朝。）

【注释】

[1]甲午：正月三日。 [2]辛丑：正月十日。 [3]阿史那社尔（?—655）：东突厥处罗可汗次子。曾乘西突厥内讧，袭取其地之半，自号都布可汗。贞观十年率众归唐。传见《旧唐书》卷一百零九、《新唐书》卷一百一十。 [4]以智略闻：以才智谋略闻名。 [5]牙：官署的称呼。 [6]诸设："设"为突厥、回纥典兵者的官衔。诸设，指诸位典兵者。 [7]鄙：看不起，鄙视。 [8]走保：逃奔并守住。 [9]几半：将近一半。 [10]答布：应作都布。 [11]先可汗：即其父处罗可汗。 [12]连兵：接连用兵。 [13]咥利失可汗立：贞观八年（634）西突厥咄陆可汗卒，其弟同娥设立，是为沙钵罗咥利失可汗。 [14]逃归：逃归咥利失。 [15]敕处其部落：敕命安置其部落。 [16]灵州：州名。治所在今宁夏灵武市西南。辖境相当于今宁夏中卫市以北地区。 [17]南阳长公主：两《唐书》皆作衡阳公主。 [18]苑内：禁苑内。

癸丑[1]，徙[2]赵王元景为荆王，鲁王元昌为汉王，郑王元礼为徐王，徐王元嘉为韩王，荆王元则为彭王，滕王元懿为郑王，吴王元轨为霍王，豳王元凤为虢王，陈王元庆为道王，魏王灵夔为燕王[3]，蜀王恪为吴王[4]，越王泰为魏王，燕王祐为齐王，梁王愔为蜀王，郯王恽为蒋王，汉王贞为越王，申王慎为纪王。

二月，乙丑[5]，以元景为荆州[6]都督，元昌为梁州[7]都督，元礼为徐州[8]都督，元嘉为潞州[9]都督，元则为遂州[10]都督，灵夔为幽州都督，恪为潭州[11]都督，泰为相州[12]都督，祐为齐州[13]都督，愔为益州都督，恽为安州都督，贞为扬州[14]都督。泰不之官[15]，以金紫光禄大夫张亮行都督事[16]。上以泰好文学[17]，礼接士大夫，特命于其府别置[18]文学馆，听自引召[19]学士。

三月，丁酉[20]，吐谷浑王诺曷钵遣使请颁历，行年号[21]，遣子弟入侍，并从之。丁未[22]，以诺曷钵为河源[23]郡王、乌地也拔勤豆可汗。

癸丑[24]，诸王之藩[25]，上与之别曰："兄弟之情，岂不欲常共处邪！但以天下之重[26]，不得不尔。诸子尚可复有，兄弟不可复得。"因流涕呜咽不能止。

夏，六月，壬申[27]，以温彦博为右仆射，太常卿[28]杨师道[29]为侍中。

侍中魏徵屡以目疾[30]求为散官[31]，上不得已，以徵为特进，仍知门下事[32]，朝章国典，参议[33]得失，徒流以上罪[34]，详事闻奏[35]；其禄赐、吏卒并同职事[36]。

长孙皇后性仁孝俭素，好读书，常与上从容商略[37]古事，因而献替[38]，裨益弘多[39]。上或以非罪谴怒宫人[40]，后亦阳怒，请自推鞫[41]，因命囚系[42]，俟上怒息，徐为申理[43]，由是宫壸[44]之中，刑无枉滥。豫章公主[45]早丧其母，后收养之，慈爱逾于所生。妃嫔以下有疾，后亲抚视[46]，辍己之药膳以资之，宫中无不爱戴。训诸子，常以谦俭为先[47]，太子乳母遂安夫人[48]尝白后，以东宫器用[49]少，请奏益之[50]。后不许，曰："为太子，患在德不立，名不扬，何患无器用邪！"

上得疾，累年[51]不愈，后侍奉，昼夜不离侧。常系毒药于衣带，曰："若有不讳[52]，义不独生。"后素有气疾，前年从上幸九成宫，柴绍等中夕告变[53]，上擐甲出阁问状[54]，后扶疾[55]以从，左右止之，后曰："上既震惊，吾何心自安！"由是疾遂甚。太子言于后曰："医药备尽而疾不瘳[56]，请奏赦罪人及度人入道[57]，庶获冥福[58]。"后曰："死生有命，非智力所移[59]。若为善有福，则吾不为恶；如其不然，妄求何益！赦者国之大事，不可数下[60]。道、释异端之教[61]，蠹国[62]病民，皆上素所不为，奈何以吾一妇人使上为所不为乎！必行汝言，吾不如速死！"太子不敢奏，私以语房玄龄，玄龄白上，上哀之，欲为之赦[63]，后固止之。

及疾笃[64]，与上诀。时房玄龄以谴归第[65]，后言于帝曰："玄龄事陛下久，小心慎密，奇谋秘计，未尝宣泄[66]，苟无大故[67]，愿勿弃之。妾之本宗，因缘[68]葭莩[69]以致禄位[70]，既非德举[71]，易致颠危[72]，欲使其子孙保全，慎勿处之权要[73]，但以外戚奉朝请[74]足矣。妾生无益于人，不可以死害人，愿勿以丘垄[75]劳费天下，但因山[76]为坟，器用瓦木而已。仍愿陛下亲君子，远小人，纳忠谏，屏谗慝[77]，省作役，止游畋[78]，妾虽没于九泉[79]，诚无所恨。儿女辈不必令来，见其悲哀，徒乱人意。”因取衣中毒药以示上曰：“妾于陛下不豫[80]之日，誓以死从乘舆[81]，不能当吕后之地耳[82]。”己卯[83]，崩于立政殿[84]。

后尝采[85]自古妇人得失事为《女则》三十卷[86]，又尝著论驳汉明德马后[87]以不能抑退外亲，使当朝贵盛[88]，徒戒其车如流水马如龙，是开其祸败之源而防其末流[89]也。及崩，宫司[90]并《女则》奏之，上览之悲恸，以示近臣曰：“皇后此书，足以垂范[91]百世。朕非不知天命[92]而为无益之悲，但入宫不复闻规谏之言，失一良佐[93]，故不能忘怀耳！”乃召房玄龄，使复其位。

秋，八月，丙子[94]，上谓群臣曰：“朕开直言之路，以利国也，而比来上封事者多讦人细事[95]，自今复有为是者，朕当以谗人罪之。”

冬，十一月，庚午[96]，葬文德皇后于昭陵[97]。将军段志玄、宇文士及分统士众出肃章门[98]。帝夜使宫官[99]至二人所，士及开营内之[100]；志玄闭门不纳，曰：“军门不可夜开。”使者曰：“此有手敕[101]。”志玄曰：“夜中不辩[102]真伪。”竟留使者至明。帝闻而叹曰：“真将军也！”

帝复为文刻之石[103]，称“皇后节俭，遗言薄葬，以为‘盗贼之心，止求珍货[104]，既无珍货，复何所求。’朕之本志，亦复如此。王者以天下为家，何必物在陵中，乃为己有。今因九嵕[105]山为陵，凿石之工才百余人，数十日而毕。不藏金玉，人马、器皿，皆用土木[106]，形具[107]而已，庶几奸盗息心，存没无累[108]，当使百世子孙奉以为法[109]。”

上念后不已，于苑中作层观[110]以望昭陵，尝引魏徵同登，使视之。徵熟视之曰：“臣昏眊[111]，不能见。”上指示之，徵曰：“臣以为陛下望献陵[112]，若昭陵，则臣固见之矣。”上泣[113]，为之毁观[114]。

（以上为第十段，写唐宗室诸王各就位封国，以及长孙皇后仁孝节俭，规劝太宗，护佑大臣事迹。长孙皇后崩，唐太宗思念不已。）

【注释】

[1]癸丑：正月二十二日。 [2]徙：迁调。 [3]魏王灵夔为燕王：自此以上皆为太宗弟。[4]蜀王恪为吴王：自此以下皆为太宗子。 [5]乙丑：二月四日。 [6]荆州：州名。治所在今

湖北江陵县。［7］梁州：州名。治所在今陕西汉中市。［8］徐州：州名。治所在今江苏徐州市。［9］潞州：州名。治所在今山西长治市。［10］遂州：州名。治所在今四川遂宁市。［11］潭州：州名。治所在今湖南长沙市。［12］相州：州名。治所在今河南安阳市。［13］齐州：州名。治所在今山东济南市。［14］扬州：州名。治所在今江苏扬州市。［15］不之官：不到官上任。［16］行都督事：代理都督处理事务。［17］好文学：喜好文学。［18］别置：另外设置。［19］听自引召：听任他自己召引。［20］丁酉：三月七日。［21］请颁历，行年号：请颁唐所行之历法及年号，亦即奉唐之正朔。［22］丁未：三月十七日。［23］河源：郡名。治所在赤水城（即今青海兴海县东南）。［24］癸丑：三月二十三日。［25］之藩：前往蕃地。［26］天下之重：天下托付之重。［27］壬申：六月十四日。［28］太常卿：《唐六典》卷十四："太常寺卿一人，正三品。掌邦国礼乐、郊庙社稷之事。"［29］杨师道（?—647）：字景猷。尚桂阳公主，官至中书令。传见《旧唐书》卷六十二、《新唐书》卷一百。［30］目疾：眼病。［31］散官：与职事官相对，是有官名而无固定职事的官。［32］仍知门下事：虽不居侍中之职，犹令知门下省事。［33］参议：参与议论。［34］徒流以上罪：指死刑言。［35］详事闻奏：详细情形向皇上奏闻。［36］其禄赐、吏卒并同职事：其待遇，如俸禄、赏赐、吏卒皆与职事官同。［37］商略：商讨，商榷。［38］献替：谓有所贡献，有所废替。［39］裨益弘多：裨补增益很多。［40］宫人：官名。掌王六寝之修缮、扫除等事。又指宫女。［41］推鞫（jū）：推按审讯。［42］囚系：囚而系之。［43］申理：申述辨理。［44］宫壸（kǔn）：壸，宫里的路。合言之即宫闱。［45］豫章公主：太宗女，下嫁唐义识。［46］抚视：抚慰省视。［47］谦俭为先：谦虚节俭为首要。［48］太子乳母遂安夫人：唐制，太子乳母封郡夫人。遂安郡，郡治在今浙江淳安县。［49］器用：谓使用之器物。［50］请奏益之：请上奏并增加。［51］累年：积年。［52］若有不讳：谓讳言之事，即指死。［53］中夕告变：在夜半时报告有叛变。［54］擐（huàn）甲：穿甲。问状：问叛变之状况。［55］扶疾：带着病。［56］医药备尽而疾不瘳（chōu）：医药已用尽而疾病不愈。［57］度人入道：度人离俗而入道释。［58］庶获冥福：也许可获得阴福。［59］所移：所能移转、改变。［60］数下：屡下，屡次施行。［61］异端之教：邪异宗教。［62］蠹国：害国。［63］欲为之赦：要为她举行大赦。［64］疾笃：病重。［65］以谴归第：因受谴责归返宅第。［66］宣泄：泄漏。［67］大故：大事故，亦即大罪戾。［68］因缘：依靠、凭借。［69］葭（jiā）莩（fú）：苇子里的薄膜，比喻关系疏远的亲戚。［70］禄位：俸禄爵位。［71］德举：以德行铨举。［72］颠危：颠覆倾危。［73］权要：权势机要之地。［74］奉朝请：贵族官僚定期朝见皇帝的称谓。古代以春季的朝见为朝，秋季的朝见为请，故名。［75］丘垄：坟墓。［76］因山：依山。［77］屏谗慝（tè）：屏弃奸邪者之言。［78］止游畋：废止游猎。［79］九泉：指人死后埋葬的地方，迷信的人指阴间。［80］不豫：旧以称帝王有病。［81］誓以死从乘舆：誓以死随从帝王于地下。乘舆，帝王乘的车子。此为帝王的代称。［82］不能当吕后之地耳：不能走上吕后的地步。吕后传见《史记》卷九《吕太后本纪》、《汉书》卷三《高后纪》。［83］己卯：六月二十一日。［84］立政殿：宫殿名。唐长安太极宫便殿之一，位于两仪殿与万春殿东侧立政门内。［85］采：资料搜集。［86］为《女则》三十卷：《旧唐书·文德皇后传》作十卷，《新唐书》同传作十篇，又《艺文志》二：长孙皇后《女则要录》十卷。三十卷当改作十卷为是。［87］明德马后（?—79）：东汉明帝皇后。永平三年（60）立为后，建初四年（79）卒。传见《后汉书》卷十。［88］贵盛：尊贵而显赫。［89］防其末流：意为不去堵塞祸患之源，却只注意次要的枝节的问题。［90］宫司：掌管后宫之事的官员。［91］垂范：流传下来作为典范。［92］天命：指人的寿命有限。［93］良佐：贤良的辅佐。［94］丙子：八月十九日。［95］讦（jié）人细事：攻讦他人细微之事。指揭发别人的隐私。［96］庚午：十一月无此日。似应作庚戌，十一月二十四日。［97］昭陵：唐太宗陵墓。在今陕西礼泉县东北九嵕山。［98］肃章门：唐长安太极宫内宫门之一。位于太极殿后朱明门以西，南直安仁门，入此即为内朝。［99］宫官：指宦官。［100］内之：纳之。［101］手敕：皇帝的手令。［102］辩：通“辨”。［103］帝复为文刻之石：帝又撰文刻于石碑。［104］珍货：珍宝财货。［105］九嵕（zōng）山：在今陕西礼泉县东北，即昭陵所在。［106］皆用土木：皆以土木为之。［107］形具：具备形式。［108］存没无累：生者死者皆可无牵累。［109］奉以为法：奉为榜样。［110］层观：专供观望的楼台。层，谓多层。观，指高观。［111］眊（mào）：目不明之貌。［112］献陵：唐高祖李渊陵墓。在今陕西三原县东北。［113］上泣：太宗听后为之感泣。［114］为之毁观：因此毁弃高观，以示不溺恋夫妻之私情。

十二月，戊寅[1]，朱俱波、甘棠[2]遣使入贡。朱俱波在葱岭[3]之北，去瓜州[4]二千八百里。甘棠在大海南。上曰：“中国既安，四夷自服。然朕不能无惧，昔秦始皇威振胡、越[5]，二世而亡，唯诸公匡其不逮耳[6]。”

魏王泰有宠于上，或言三品以上多轻魏王。上怒，引三品以上，作色让之[7]曰：“隋文帝时，一品以下皆为诸王所颠踬[8]，彼岂非天子儿邪！朕但不听诸子纵横[9]耳，闻三品以上皆轻之，我若纵之[10]，岂不能折辱公辈乎！”房玄龄等皆惶惧流汗拜谢。魏徵独正色[11]曰：“臣窃计[12]当今群臣，必无敢轻魏王者。在礼[13]，臣、子一也[14]。《春秋》，王人虽微，序于诸侯之上[15]。三品以上皆公卿，陛下所尊礼[16]。若纪纲大坏，固所不论[17]；圣明在上[18]，魏王必无顿辱[19]群臣之理。隋文帝骄其诸子，使多行无礼，卒皆夷灭[20]，又足法乎[21]！”上悦曰：“理到[22]之语，不得不服。朕以私爱忘公义，向者之忿，自谓不疑，及闻徵言，方知理屈。人主发言何得容易乎[23]！”

上曰：“法令不可数变，数变则烦[24]，官长不能尽记；又前后差违，吏得以为奸[25]。自今变法，皆宜详慎而行之[26]。”

治书侍御史权万纪上言：“宣、饶[27]二州银大发采之，岁可得数百万缗。”上曰：“朕贵为天子，所乏者非财也，但恨无嘉言可以利民耳。与其多得数百万缗，何如得一贤才！卿未尝进一贤、退一不肖[28]，而专言税银[29]之利。昔尧、舜抵璧于山，投珠于谷[30]，汉之桓、灵乃聚钱为私藏[31]，卿欲以桓、灵俟我[32]邪！”是日，黜万纪，使还家。

是岁，更命[33]统军为折冲都尉[34]，别将[35]为果毅都尉[36]。凡十道，置府六百三十四，而关内二百六十一，皆隶诸卫[37]及东宫六率[38]。凡上府兵千二百人，中府千人，下府八百人。三百人为团，团有校尉；五十人为队，队有正；十人为火，火有长。每人兵甲粮装各有数，皆自备，输之库，有征行则给之[39]。年二十为兵，六十而免。其能骑射者为越骑[40]，其余为步兵。每岁季冬[41]，折冲都尉帅其属教战，当给马者官予其直[42]市之。凡当宿卫者番上[43]，兵部以远近给番[44]，远疏、近数[45]，皆一月而更[46]。

（以上为第十一段，写唐太宗纳谏而抑制诸侯王，尊礼大臣，以及实施府兵制。）

【注释】

[1]戊寅：十二月二十二日。 [2]朱俱波、甘棠：均为国名。二国皆在西域。 [3]葱岭：即今帕米尔高原与喀喇昆仑山脉的总称。 [4]瓜州：州名。治所在今甘肃瓜州县东南。 [5]威振胡、越：犹威振四夷。 [6]唯诸公匡其不逮耳：希望诸公匡正我不及的地方。 [7]作色让之：作怒色以责备之。 [8]颠踬（zhì）：困顿折磨。 [9]诸子纵横：谓诸子纵横妄为。 [10]纵之：纵容之。 [11]正色：正颜厉色。 [12]窃计：私自推测。 [13]在礼：在礼仪上，或依礼而言。 [14]臣、子一也：谓天子之臣与天子之子，其地位相等。 [15]王人虽微，序于诸侯之上：帝王的使者虽本身地位不高，但他所代表的身份却在诸侯之上。王人，王臣，帝王的使者。 [16]尊礼：尊重礼遇。 [17]固所不论：实不能论。 [18]圣明在上：今皇上圣明。 [19]顿辱：困顿折辱。 [20]卒皆夷灭：结果都遭到诛杀。 [21]又足法乎：又岂可资效法呢？ [22]理到：犹有理。 [23]人主发言何得容易乎：人主说话怎能随便呢！ [24]烦：烦扰。 [25]吏得以为奸：官吏就能玩法作奸。 [26]详慎而行之：详细审核，谨慎从事。 [27]宣、饶：州名。宣州，治所在今安徽宣城市。饶州，治所在今江西鄱阳县。 [28]进一贤、退一不肖：推荐一位贤人，斥

退一个不贤之人。［29］税银：征收采银者之税。［30］抵璧：击碎璧玉。投珠：丢弃珠宝。谓圣人为杜绝淫邪之欲，而捐弃金银珠宝。［31］桓、灵乃聚钱为私藏：指东汉末，桓帝、灵帝公开卖官鬻爵，聚钱作为私藏之事。［32］俟我：待我。［33］更命：改命。［34］折冲都尉：军职名。唐府兵制的军府称折冲府，其主官为折冲都尉。掌府兵的操演、调度和宿卫京师等事务，必要时领兵戍边或作战。［35］别将：副将。［36］果毅都尉：折冲府的副职称左、右果毅都尉，各一人。［37］诸卫：指十二卫，即左右卫、左右武卫、左右武侯、左右监门、左右领军、左右率府。［38］东宫六率：左右卫率、左右宗卫率、左右监门率。［39］输之库，有征行则给之：（将自备的兵甲粮装）先缴纳到国库，遇有征战，则发放使用之。［40］越骑：谓劲勇能超越的骑兵。［41］季冬：十二月。［42］予其直：给予买马的钱。直，通“值”。［43］番上：唐代府兵定期轮流到京师担任宿卫，称番上。每次服役期限一般为一个月。［44］以远近给番：服役次数，按距京师远近决定。［45］远疏、近数：远方者，每次轮番的人数较少。故以全府计算，其整个轮番的次数自为疏旷。而近处轮番的人数较多，故其轮番次数自为频繁。故曰远疏近数。［46］皆一月而更：宿卫者，皆为期一月，然后更换。

十一年（丁酉，637年）

春，正月，徙[1]郐王元裕为邓王，谯王元名为舒王。

辛卯[2]，以吴王恪为安州都督，晋王治为并州都督，纪王慎为秦州都督。将之官[3]，上赐书戒敕曰：“吾欲遗汝珍玩[4]，恐益骄奢[5]，不如得此一言[6]耳。”

上作飞山宫[7]。庚子[8]，特进魏徵上疏，以为：“炀帝恃其富强，不虞后患，穷奢极欲，使百姓困穷，以至身死人手[9]，社稷为墟[10]。陛下拨乱返正，宜思隋之所以失，我之所以得，撤其峻宇[11]，安于卑宫；若因基而增广[12]，袭旧而加饰[13]，此则以乱易乱，殃咎[14]必至，难得易失[15]，可不念哉！”

房玄龄等先受诏定律令，以为：“旧法，兄弟异居，荫不相及[16]，而谋反连坐皆死[17]；祖孙有荫，而止应配流[18]。据礼论情，深为未惬[19]。今定律，祖孙与兄弟缘坐者俱配役[20]。”从之。自是比古死刑[21]，除其太半[22]，天下称赖[23]焉。玄龄等定律五百条，立刑名二十等[24]，比隋律减大辟[25]九十二条，减流入徒者[26]七十一条，凡削烦去蠹[27]，变重为轻者[28]，不可胜纪。又定令[29]一千五百九十余条。武德旧制，释奠于太学，以周公为先圣，孔子配飨[30]；玄龄等建议停祭周公，以孔子为先圣，颜回配飨。又删武德以来敕格[31]，定留[32]七百条，至是颁行之。又定枷、杻、钳、鏁[33]、杖、笞，皆有长短广狭之制。

自张蕴古之死[34]，法官以出罪为戒[35]；时有失入者[36]，又不加罪[37]。上尝问大理卿[38]刘德威[39]曰："近日刑网稍密[40]，何也？"对曰："此在主上，不在群臣，人主好宽则宽，好急[41]则急。律文：失入减三等[42]，失出[43]减五等。今失入无辜[44]，失出更获大罪[45]，是以吏各自免[46]，竞就深文[47]，非有教使之然[48]，畏罪故耳[49]。陛下傥一断以律[50]，则此风立变矣。"上悦，从之。由是断狱平允[51]。

（以上为第十二段，写唐太宗诏房玄龄等制定刑律，敕刑部依法判案。）

【注释】

[1]徙：迁调。 [2]辛卯：正月五日。 [3]将之官：将前往任职。 [4]欲遗（wèi）汝珍玩：想赠送你们珍宝玩物。遗，给予，赠送。 [5]恐益骄奢：恐怕增加你们的骄傲奢侈之气。益，增加。 [6]不如得此一言：此一言，《资治通鉴》并未言明。查《旧唐书·吴王恪传》，太宗曾有一番诫勉之词。诸如要"以义制事，以礼制心"，"外为君臣之忠，内有父子之孝"，"诫此一言，以为庭训"，等等。 [7]上作飞山宫：太宗营建飞山宫。飞山宫在东都洛阳。 [8]庚子：正月十四日。 [9]身死人手：身死于他人之手。 [10]社稷为墟：国家变成废墟。 [11]峻宇：高峻的宫宇。 [12]因基而增广：在原基础上又扩大。 [13]袭旧而加饰：沿袭旧有而添饰。 [14]殃咎：祸患。 [15]难得易失：谓天下难得，而失则甚易。 [16]荫不相及：指分家的兄弟之间不会因对方的勋劳或功德而得以循恩受封赏。 [17]而谋反连坐皆死：但会因其中一方谋反而牵连坐罪，皆处死刑。 [18]止应配流：只应流放到远方。配流，发配流放。 [19]深为未惬：深以为不适当。惬，合适，适当。 [20]祖孙与兄弟缘坐者俱配役：祖孙与兄弟因牵连坐罪的，同处流放远地戍边。 [21]自是比古死刑：从此，比古时规定的死刑。 [22]太半：大半。 [23]称赖：称赞，叫好。 [24]立刑名二十等：据《旧唐书·刑法志》，有笞、杖、徒、流、死为五刑。笞刑五条，杖刑五条，徒刑五条，流刑三条，死刑二条，大凡二十等。 [25]大辟：死刑。 [26]减流入徒者：减除流放而变为徒刑者。 [27]去蠹：去掉为害于民的。 [28]变重为轻者：变重刑为轻刑的。 [29]定令：制定律令。 [30]配飨：亦作配享。飨，祭献。 [31]敕格：敕，指皇帝的命令或诏书。格，指法律条文。 [32]定留：制定和保留。 [33]枷、杻、钳、鏁：皆为刑具。枷，是一种用木板制成的套在人脖子上的刑具。杻（chǒu），即手铐。钳，用铁圈束颈叫钳。鏁，同"锁"。 [34]张蕴古之死：贞观五年（631）张蕴古秉公奏事，被人诬陷。太宗斩而悔之。 [35]以出罪为戒：拿重罪轻判作警戒。 [36]有失入者：谓不应当判重罪而误判者。 [37]又不加罪：又不追究失误的法官。 [38]大理卿：官名。掌管刑狱的大理寺的长官。 [39]刘德

威（582—652）：唐初大臣。徐州彭城（今江苏徐州市）人。传见《旧唐书》卷七十七、《新唐书》卷一百零六。［40］稍密：稍严。［41］好急：喜好急峻（刑严）。［42］失入减三等：将无罪的人误判有罪，或轻罪重判，法官被罚，降三级。失，误判。入，指无罪的人入狱。［43］失出：将有罪的人误判为无罪释放，或重罪轻判。出，指将罪人开释。［44］失入无辜：将无罪的人误判入狱或轻罪重判，法官没有受到惩处。［45］失出更获大罪：将有罪人误判无罪，或重罪轻判，法官受到严厉惩处。［46］吏各自免：官吏各自求免于罪。［47］竞就深文：文指文法，谓竞用重法罗织其罪。［48］非有教使之然：并非有教导者使他们这样。［49］畏罪故耳：原因是怕自己招致罪过。［50］一断以律：完全依据法律判刑。［51］由是断狱平允：从此法官判案公平允当。

上以汉世豫作山陵[1]，免子孙苍猝劳费[2]，又志在俭葬，恐子孙从俗奢靡。二月，丁巳[3]，自为终制[4]，因山为陵，容棺而已。

甲子[5]，上行幸洛阳宫。

上至显仁宫[6]，官吏以缺储偫[7]，有被谴者。魏徵谏曰："陛下以储偫谴官吏，臣恐承风相扇[8]，异日[9]民不聊生，殆非行幸[10]之本意也。昔炀帝讽[11]郡县献食，视其丰俭以为赏罚[12]，故海内叛之。此陛下所亲见，奈何欲效之乎！"上惊[13]曰："非公不闻此言[14]。"因谓长孙无忌等曰："朕昔过此，买饭而食，僦舍[15]而宿；今供顿[16]如此，岂得嫌不足乎！"

三月，丙戌朔[17]，日有食之。

庚子[18]，上宴洛阳宫西苑[19]，泛[20]积翠池，顾谓侍臣曰："炀帝作此宫苑[21]，结怨于民，今悉为我有，正由宇文述[22]、虞世基[23]、裴蕴[24]之徒内为谄谀[25]，外蔽聪明[26]故也，可不戒哉！"

房玄龄、魏徵上所定《新礼》一百三十八篇；丙午[27]，诏行之。

以礼部尚书王珪为魏王泰师[28]，上谓泰曰："汝事[29]珪当如事我。"泰见珪，辄先拜，珪亦以师道自居[30]。珪子敬直尚南平公主[31]。先是[32]，公主下嫁，皆不以妇礼事舅姑，珪曰："今主上钦明[33]，动循礼法[34]，吾受公主谒见，岂为身荣[35]，所以成国家之美耳[36]。"乃与其妻就席坐[37]，令公主执笲行盥馈之礼[38]。是后公主始行妇礼，自珪始。

群臣复请封禅[39]，上使秘书监颜师古等议其礼[40]，房玄龄裁定[41]之。

夏，四月，己卯[42]，魏徵上疏，以为："人主善始者多[43]，克终者寡[44]，岂取之易而守之难乎[45]？盖以殷忧[46]则竭诚以尽下[47]，安逸则骄恣[48]而轻物[49]；尽下则胡、越同心，轻物则六亲离德，虽震之以威怒[50]，亦皆貌从而心不服故也。人主诚能见可欲则思知足[51]，将兴缮[52]则思知止，处高危则思谦降[53]，临满盈则思挹损[54]，遇逸乐则思撙节[55]，在宴安[56]则思后患，防壅蔽则思延纳[57]，疾谗邪[58]则思正己[59]，行爵赏则思因喜而僭[60]，施刑罚则思因怒而滥[61]，兼是十思[62]，而选贤任能，固[63]可以无为而治，又何必劳神苦体以代百司之任哉！"

（以上为第十三段，写唐太宗完成唐礼仪的制定，魏徵上十思疏。）

【注释】

[1]汉世豫作山陵：汉制，皇帝登极后，即开始筑陵，直至其死而止。豫，预先，事前。豫，通"预"。 [2]苍猝劳费：仓猝间劳民费资。 [3]丁巳：二月二日。 [4]自为终制：自作临终的仪制。 [5]甲子：二月九日。 [6]显仁宫：宫殿名。在今河南宜阳县。 [7]以缺储偫（zhì）：因为缺乏储存物品。偫，储物以待用。 [8]承风相扇：承袭风气，互相影响。 [9]异日：来日，他日。 [10]行幸：皇帝巡视。 [11]讽：讽示，讽劝。 [12]视其丰俭以为赏罚：依其献食的丰盛与节俭作为赏罚的标准。 [13]上惊：指唐太宗闻言惊变，时时以隋炀帝亡国为借鉴，魏徵以此为谏。 [14]非公不闻此言：谓唯有您才肯作此言。 [15]僦舍：租赁房舍。僦（jiù），租赁。 [16]供顿：顿驻时的供给。 [17]丙戌朔：三月一日。 [18]庚子：三月十五日。 [19]洛阳宫西苑：据胡注，洛阳西苑，北距北邙，西至孝水，南带洛水支渠，谷、洛二水会于其间。苑墙周长达一百二十六里。 [20]泛：泛舟。乘舟漂浮游荡。 [21]炀帝作此宫苑：炀帝大业元年（605）五月，筑西苑，周二百里。其内为海，周十余里。为蓬莱、方丈、瀛洲诸山，高出水百余尺，台观殿阁，罗络山上，向背如神。堂殿楼观，穷极华丽。 [22]宇文述：据胡注，宇文述，恐当作宇文恺。宇文恺（555—612），朔方夏州（治今陕西榆林市西）人。字安乐。多技艺，有巧思，隋朝工部尚书。传见《隋书》卷六十八。 [23]虞世基（?—618）：会稽余姚（今浙江余姚市）人。字茂世。隋朝大臣。传见《隋书》卷六十七。 [24]裴蕴（?—618）：河东闻喜（今山西闻喜县）人。隋朝大臣。传见《隋书》卷六十七。 [25]谄谀：献媚逢迎。 [26]聪明：指耳目。 [27]丙午：三月二十一日。 [28]王珪为魏王泰师：唐初，因魏晋之制，诸王置师一人。开元改曰傅。 [29]事：事奉。 [30]以师道自居：以老师的尊严自处。 [31]南平公主：太宗女。 [32]先是：在此以前。 [33]钦明：圣明，通明。 [34]动循礼法：一举一动皆依礼法。 [35]岂为身荣：不是为了自身的荣耀。 [36]所以成国家之美耳：是为了成就国家美好的礼俗而已。 [37]就席坐：坐于席上。 [38]令公主执笲行盥馈之礼：命公主拿着盛枣栗的竹器对公婆行媳妇之礼。笲（fán），

盛物的竹器。盥（guàn），洗（手、脸）。馈，赠送，此为敬奉。［39］复请封禅：五年，诸州朝集使请封禅；六年，文武官请；今从臣复请。［40］议其礼：商议制定封禅的礼仪。［41］裁定：裁断而决定。［42］己卯：四月二十五日。［43］善始者多：有良好开端者多。［44］克终者寡：善终者少。克，能。［45］岂取之易而守之难乎：难道是取得天下容易而守住天下困难吗？［46］殷忧：盛忧，忧患深。［47］尽下：尽心对待部下。［48］骄恣：骄傲自满。［49］轻物：轻慢待人。［50］震之以威怒：用威严发怒来胁迫他们。［51］见可欲则思知足：看见想要的东西时，就要想到知足。［52］将兴缮：打算兴建修缮。［53］处高危则思谦降：顾念自己居高位有危险时，就要想到谦虚对待下人。［54］临满盈则思挹损：遇到骄傲自满时，就要想到自我收敛克制。挹损，抑损。［55］遇逸乐则思撙节：喜欢游乐时，就要想到有所节省。撙（zǔn），节省。［56］在宴安：安乐时。［57］防壅蔽则思延纳：防止耳目被蒙蔽，就要想到采纳臣民的意见。［58］疾谗邪：憎恶进谗言做邪事的人。［59］正己：端正自己的品德。［60］因喜而僭：因一时高兴而过分。［61］因怒而滥：因一时生气而滥刑。［62］兼是十思：综合以上这十思。［63］固：必定。

【点评】

唐高祖李渊。唐高祖李渊因好色而昏庸，因猜忌李世民功高震主而袒护太子李建成、齐王李元吉谋害秦王李世民的种种行迹，最终酿成玄武门之变，自己被逼下台，成了开国之君中的太上皇，这在中国封建社会的历代王朝中是仅有的，可以说是李渊的晚年悲剧。但是总其一生的业绩，李渊仍是一位雄略的开国君主，是隋唐之际的一位英雄人物。

李渊字叔德，祖籍河北，出身世族赵郡李氏，入关中后改为陇西郡望，家狄道（今甘肃临洮县），自称是西凉武昭王李暠的七世孙。李渊祖父李虎为北魏八柱国之一，入周封唐国公。李渊既出身世族，又是隋室皇亲，隋文帝的独孤皇后是李渊的姨母，故他备受隋皇室亲爱。李渊七岁袭唐国公，年少神勇，及长入仕，初为荥阳、楼烦二郡守，历官谯、陇、岐三州刺史，征入朝为殿内少监，大业九年（613）迁卫尉少卿。辽东役起，李渊督运于怀远镇。大业十二年（616），隋炀帝命李渊为太原留守，防御北边突厥犯边。

促成太原起兵，李世民和晋阳令刘文静是主谋，但李渊亦早有异志。唐高祖武德二年（619），宇文士及降唐，李渊与裴寂谈起宇文士及，李渊说，早在六七年前，督怀远镇时，两人就密议时事，宇文士及当年就归心于李渊，裴寂等人在晋阳议论起兵，已在宇文士及之后。李渊起兵之初，打出"志在尊隋"的旗号以靖乱。当李渊进入关中，攻克长安后，李渊迎立隋代王杨侑即帝位，改元义宁，杨侑年十三，是为恭帝。这一举措，赢得大批拥隋吏民支持李渊。当时李密领导的瓦岗军势力最强，为了防止李密入关，并引李密与东都王世充决战，李渊卑词下书与李密，尊奉李密为盟主，自称“老夫年逾知命，复封于唐，斯荣足矣”。李密果然自骄，沾沾自喜，而不知已落入李渊谋略中。

李渊即位建唐以后，全国形势依然严峻。李渊为统一事业做出了奠基性的贡献。首先，稳定关中局势。李渊入关之初，就对关中士庶以礼相待，招揽了大批治国人才，又一一废禁隋炀帝的行宫园池苑囿，令民耕种，释放大批宫女回家。武德元年（618），诏告“义师所行之处，给复三年”，武德四年（621）、七年（624）和九年（626），三次大赦天下。平反隋炀帝冤杀的隋朝的将相大臣，有原太常卿高颎、上柱国贺若弼、司隶大夫薛道衡、刑部尚书宇文弼、左翊卫将军董纯、右骁卫大将军李金才等。给这些人追加谥号，对受迫害官吏的子孙、牵连被流放者，一律放还回家，此举大得人心。

太子李建成与秦王李世民的矛盾日益激烈，但李渊把握了大局，放手让李世民招纳文武，信赖李世民统军讨灭群雄。对外，李渊注意调整同周边少数民族的关系。武德二年（619）七月，西突厥叶护可汗、高昌王麹伯雅遣使前来朝贡；武德六年（623）八月，吐谷浑内附；武德七年（624）正月，封高丽高武为辽东郡王，百济王扶余璋为带方王，新罗王金直平为乐浪郡王。唐与周边各少数民族的关系有了改善。

李渊为了稳定社会秩序，在统一战争行进中就着手一些律令的修订和实施。武德元年五月，李渊命相国府长史裴寂等修律令，六月，诏废隋《大业律令》，颁新律。九月，李渊亲自察看囚徒罪行材料，不实者多所赦免。十一月，“诏颁五十三条格，以约法缓刑”。贞观初断狱，以减缓刑罚为主要特征。房玄龄等人最后完成《唐律》五百条，这些应是李渊打下的基础。

李渊还采取多种措施恢复和发展社会经济。武德元年九月，诏置社仓和常平监，在丰年储粮，灾年赈济，防止人民流离。武德四年，废五铢钱，铸行开元通宝，便利商品经济发展。武德七年，颁行均田制，稳定农民耕作。武德九年，颁诏整顿寺观，钦定每州寺观只保留一所，对不堪供养的僧、尼、道士等，一律罢遣，各还乡里，以增加劳动人民数量。

玄武门事变之后，李渊立即让出政权，此后亦不问政事，消除其政治上的干扰，这也是李渊的一大贡献。

作为一代开国之主，李渊不能与汉高帝、光武帝并论，但他为贞观之治奠基，仍不失为一个有为之君。

卷一九五　唐纪十一

唐太宗贞观十一年至十四年（637—640 年）

【起强圉作噩（丁酉，637 年）五月，尽上章困敦（庚子，640 年），凡三年有奇】

【大事提要】

本卷记事起公元 637 年五月，讫公元 640 年，凡三年又八个月，时当唐太宗贞观十一年到十四年，是贞观之治的中后期，唐朝太平景象达于极盛。公元 640 年，唐灭高昌置西州，西域纳入版图，唐代疆域东极于海，西至焉耆，南尽林邑，北抵大漠，东西九千五百一十里，南北一万九百一十里。武功极盛，文治兴隆。唐代各种制度健全，新修《氏族志》以抑制士族，抬高皇室地位。倡导儒学，修撰《五经正义》，唐太宗征天下名儒为学官，多次亲临国子监听讲，高丽、百济、新罗、高昌、吐鲁番等国士子到长安求学，唐朝太学成了世界著名高等学府。这一时期，政治稳定，国家无大事，君臣仍孜孜以求，时时讨论得天下不易，守成更难，励精图治。唐太宗始有骄矜之色，纳谏不如贞观之初，魏徵等大臣时时敲警钟，故本卷内容多载唐太宗纳谏政事，如停止复活封建制的世袭刺史，宽囿功臣等。

太宗文武大圣大广孝皇帝中之上

贞观十一年（丁酉，637 年）

五月，壬申[1]，魏徵上疏，以为："陛下欲善之志不及于昔时，闻过必改少亏于曩日[2]，谴罚积多，威怒微厉。乃知贵不期骄，富不期侈[3]，非虚言也。且以隋之府库、仓廪、户口、甲兵之盛，考之今日，安得拟伦[4]！然隋以富强动之而危，我以寡弱静之而安；安危之理，皎然[5]在目。昔隋之未乱也，自谓必无乱；其未亡也，自谓必无亡。故赋役无穷，征伐不息，以至祸将及身而尚未之寤也。夫鉴[6]形莫如止水，鉴败莫如亡国。伏愿取鉴于隋，去奢从约[7]，亲忠远佞，以当今之无事，行畴昔[8]之恭俭，则尽善尽美，固无得而称焉。夫取之实难，守之甚易，陛下能得其所难，岂不能保其所易乎！”

六月，右仆射虞恭公温彦博薨[9]。彦博久掌机务，知无不为。上谓侍臣曰：“彦博以忧国之故，精神耗竭，我见其不逮[10]，已二年矣，恨不纵其安逸，竟夭天年[11]！”

丁巳[12]，上幸明德宫[13]。

己未[14]，诏荆州都督荆王元景[15]等二十一王所任刺史，咸令子孙世袭。戊辰[16]，又以功臣长孙无忌等十四人为刺史，亦令世袭；非有大故，无得黜免。

己巳[17]，徙许王元祥[18]为江王。

秋，七月，癸未[19]，大雨，谷、洛溢入洛阳宫[20]，坏官寺、民居，溺死者六千余人。

魏徵上疏，以为：“《文子》[21]曰：‘同言[22]而信[23]，信在言前；同令[24]而行，诚在令外。’自王道休明[25]，十有余年，然而德化未洽者，由待下之情未尽诚信故也。今立政致治，必委之君子；事有得失，或访之小人。其待君子也敬而疏[26]，遇小人也轻而狎[27]；狎则言无不尽[28]，疏则情不上通。夫中智[29]之人，岂无小慧！然才非经国[30]，虑不及远，虽竭力尽诚，犹未免有败，况内怀奸宄[31]，其祸岂不深乎！夫虽君子不能无小过，苟不害于正道，斯可略[32]矣。既谓之君子而复疑其不信，何异立直木而疑其影之曲乎！陛下诚能慎选君子，以礼信用之，何忧不治！不然，危亡之期，未可保也。”上赐手诏褒美曰：“昔晋武帝[33]平吴之后，志意骄怠，何曾[34]位极台司[35]，不能直谏，乃私语子孙，自矜明智，此不忠之大者也。得公之谏，朕知过矣。当置之几案以比弦、韦[36]。”

乙未[37]，车驾还洛阳[38]，诏：“洛阳宫为水所毁者，少加修缮，才令可居。自外众材，给城中坏庐舍者。令百官各上封事，极言朕过。”壬寅[39]，废明德宫及飞山宫[40]之玄圃院，给遭水者。

八月，甲子[41]，上谓侍臣曰：“上封事者皆言朕游猎太频。今天下无事，武备不可忘，朕时与左右猎于后苑，无一事烦民，夫亦何伤！”魏徵曰："先王惟恐不闻其过。陛下既使之上封事，止得恣其陈述。苟其言可取，固有益于国；若其无取，亦无所损。"上曰："公言是也。"皆劳[42]而遣之。

（以上为第一段，写魏徵进言唐太宗，以隋为鉴，居安思危，亲贤远佞，待下以诚。）

【注释】

［1］壬申：五月无壬申，疑为"壬辰"（八日）或"壬寅（十八日）、"壬子"（二十八日）误。［2］曩（nǎng）日：过去，以前。［3］贵不期骄，富不期侈：因富贵而骄奢自至。期，约会，邀合。［4］拟伦：同类之间的比较。［5］皎然：明白、清楚状。［6］鉴：照，审察。鉴原指青铜制作的大盆，用以盛水照影。又，春秋以后的铜镜亦称鉴。［7］约：简要，节俭。［8］畴昔：日前，往昔。［9］薨（hōng）：唐代称二品以上官员之死。［10］不逮：不及，不到。［11］天年：指人的自然的年寿。［12］丁巳：六月四日。［13］明德宫：在东都苑内西南，隋称显仁宫，唐又称昭仁宫。［14］己未：六月六日。［15］元景：李元景（?—653），唐高祖第六子。初封赵王，后徙封荆王。高宗永徽四年，因房遗爱（玄龄子）谋反事件诛连，赐死。传见《旧唐书》卷六十四、《新唐书》卷七十九。［16］戊辰：六月十五日。［17］己巳：六月十六日。［18］元祥：李元祥（?—680），唐高祖第二十子。初封许王，后徙江王。以性贪鄙为时人所不齿。传见《旧唐书》卷六十四、《新唐书》卷七十九。［19］癸未：七月一日。［20］洛阳宫：隋唐东都宫城。隋称紫微城，贞观六年（632）号为洛阳宫。［21］《文子》：即《通玄真经》。先秦文子所著。文子，姓辛，名钘，一名计然，老子弟子，与孔子为同时代的人。著有《通玄真经》十二篇。［22］同言：同出之言，同一言语。［23］信：不欺，信用。［24］令：命令，政令。［25］王道休明：王道，君王治天下的正道；休明，美好清明。［26］敬而疏：敬而远之。［27］轻而狎：轻佻而过分亲密。［28］言无不尽：指什么话都能说，敢说，失了分寸。［29］中智：亦作"中知"，具有中等智能的人。［30］经国：治理国家。［31］奸宄（guǐ）：犯法作乱。［32］可略：可以略而不计较。［33］晋武帝（236—290）：即晋朝建立者司马炎。字安世。公元265年至290年在位。传见《晋书》卷三。［34］何曾（199—278）：西晋大臣。字颖考，阳夏（今河南太康县）人。官至丞相、太傅。传见《晋书》卷三十三。［35］台司：指位居宰相或三公。［36］弦、韦：比喻缓急。弦，弓弦，喻急。韦，柔皮，喻缓。［37］乙未：七月十三日。［38］洛阳：谓洛阳宫。［39］壬寅：七月二十日。［40］飞山宫：在东都苑西北隅有高山宫，疑飞山宫即高山宫。［41］甲子：八月十二日。［42］劳：慰劳。

侍御史马周上疏，以为："三代[1]及汉，历年多者八百[2]，少者不减四百，良以恩结人心，人不能忘故也。自是以降，多者六十年，少者才二十余年，皆无恩于人，本根不固故也。陛下当隆禹、汤、文、武[3]之业，为子孙立万代之基，岂得但持当年而已！今之户口不及隋之什一，而给役者兄去弟还，道路相继。陛下虽加恩诏，使之裁损，然营缮不休，民安得息！故有司徒行文书，曾[4]无事实。昔汉之文、景[5]，恭俭养民，武帝承其丰富之资，故能穷奢极欲而不至于乱。向使高祖之后即传武帝，汉室安得久存乎！又，京师及四方所造乘舆[6]器用及诸王、妃、主[7]服饰，议者皆不以为俭。夫昧爽丕显[8]，后世犹怠，陛下少居民间，知民疾苦，尚复如此，况皇太子生长深宫，不更[9]外事，万岁之后，固圣虑所当忧也。臣观自古以来，百姓愁怨，聚为盗贼，其国未有不亡者，人主虽欲追改，不能复全。故当修于可修[10]之时，不可悔之于已失之后也。盖幽、厉[11]尝笑桀、纣[12]矣，炀帝亦笑周、齐[13]矣，不可使后之笑今如今之笑炀帝也！贞观之初，天下饥歉，斗米直[14]匹绢，而百姓不怨者，知陛下忧念不忘故也。今比年丰穰[15]，匹绢得粟十余斛，而百姓怨咨[16]者，知陛下不复念之，多营不急之务故也。自古以来，国之兴亡，不以畜积多少，在于百姓苦乐。且以近事验之，隋贮洛口仓而李密因之[17]，东都积布帛而世充资之，西京府库亦为国家之用，至今未尽。夫蓄积固不可无，要当人有余力，然后收之，不可强敛以资寇敌也。夫俭以息人[18]，陛下已于贞观之初亲所履行，在于今日为之，固不难也。陛下必欲为久长之谋，不必远求上古，但如贞观之初，则天下幸甚。陛下宠遇诸王，颇有过厚者，万代之后，不可不深思也。且[19]魏武帝[20]爱陈思王[21]，及文帝即世，囚禁诸王，但无缧绁[22]耳。然则武帝爱之，适所以苦之也。又，百姓所以治安，唯在刺史、县令，苟选用得人，则陛下可以端拱无为[23]。今朝廷唯重内官[24]而轻州县之选，刺史多用武人，或京官不称职始补外任，边远之处，用人更轻。所以百姓未安，殆由于此。”疏奏，上称善久之，谓侍臣曰：“刺史朕当自选；县令，宜诏京官[25]已上各举一人。”

（以上为第二段，写马周进言唐太宗，认为民是国之根本，要节俭以养民，任用官吏，要慎选以爱民。）

【注释】

[1]三代：指夏、商、周三个朝代。 [2]历年多者八百：周朝自约公元前11世纪武王灭商，至公元前256年赧王亡国，历年八百。 [3]禹、汤、文、武：即夏禹、商汤、周文王、周武王。 [4]曾：乃。 [5]文、景：即西汉文帝刘恒和景帝刘启。 [6]乘舆：供天子、诸侯所用的车舆。 [7]主：即公主。 [8]昧爽丕显：谓先王黎明即起，思大明其德，坐以待旦而行之。昧爽，天将亮未亮时。丕显，大明。 [9]不更：没有经历过。更，经过。 [10]修：整治。 [11]幽、厉：即西周幽王姬宫湦和周厉王姬胡。 [12]桀、纣：即夏代亡国之君桀（名履癸）和商朝末代国君纣王。 [13]周、齐：北周（557—581）和北齐（550—577）。 [14]直：通"值"。 [15]丰穰（ráng）：五谷丰登。 [16]怨咨：怨恨嗟叹。 [17]因之：因袭使用。 [18]息人：与民休息。人，民。 [19]且：严校改为"昔"。 [20]魏武帝（155—220）：即三国时的政治家曹操。传见《三国志》卷一。 [21]陈思王：即曹操第三子、杰出诗人曹植。著有《曹子建集》。传见《三国志》卷十九。 [22]缧绁：以绳索拘执犯人，引申为下狱。 [23]端拱无为：指帝王无为而治。端拱，端坐拱手。 [24]内官：指京官。 [25]京官：章校"官"下有"五品"二字。

冬，十月，癸丑[1]，诏勋戚亡者皆陪葬山陵。

上猎于洛阳苑[2]，有群豕突出林中，上引弓四发，殪四豕。有豕突前，及马镫[3]；民部尚书唐俭投马搏之，上拔剑斩豕，顾笑曰："天策长史[4]不见上将击贼邪，何惧之甚！"对曰："汉高祖以马上得之，不以马上治之；陛下以神武定四方，岂复逞雄心于一兽！"上悦。为之罢猎，寻加光禄大夫。

安州都督吴王恪[5]数出畋猎，颇损居人；侍御史柳范[6]奏弹之。丁丑[7]，恪坐免官，削户三百。上曰："长史权万纪事吾儿，不能匡正，罪当死。"柳范曰："房玄龄事陛下，犹不能止畋猎，岂得独罪万纪！"上大怒，拂衣[8]而入。久之，独引范谓曰："何面折[9]我！"对曰："陛下仁明，臣不敢不尽愚直[10]。"上悦。

十一月，辛卯[11]，上幸怀州；丙午[12]，还洛阳宫。

故荆州都督武士彟女[13]，年十四，上闻其美，召入后宫，为才人。

（以上为第三段，写柳范谏唐太宗田猎。）

【注释】

[1]癸丑：十月二日。 [2]洛阳苑：即东都苑，以其地处洛阳城西，又称西苑。苑周长二百

余里。[3]马镫：骑马时用以踏脚的装置。[4]天策长史：武德中唐太宗开天策上将府，唐俭曾任天策府长史。[5]吴王恪（?—653）：太宗第三子李恪。贞观十年（636），由蜀王徙封吴王。后为长孙无忌陷害被诛。传见《旧唐书》卷七十六、《新唐书》卷八十。[6]柳范：蒲州解县（今山西运城市西南解州镇）人。高宗时，官至尚书右丞、扬州大都府长史。传见《旧唐书》卷七十八、《新唐书》卷一百一十二。[7]丁丑：十月二十六日。[8]拂衣：抖动衣服，表示愤怒。[9]面折：当面指责人的过失。[10]愚直：极尽忠直。古语有："君仁则臣直"，"君明则臣直"。言"愚直"，则谓"君仁"与"君明"，故唐太宗悦之。[11]辛卯：十一月十一日。[12]丙午：十一月二十六日。[13]武士彟女：此女即为唐女皇武则天。

十二年（戊戌，638年）

春，正月，乙未[1]，礼部尚书王珪奏："三品已上遇亲王于路皆降乘[2]，非礼。"上曰："卿辈苟自崇贵，轻我诸子。"特进魏徵曰："诸王位次三公，今三品皆九卿、八座[3]，为王降乘，诚非所宜当。"上曰："人生寿夭难期，万一太子不幸，安知诸王他日不为公辈之主！何得轻之！"对曰："自周以来，皆子孙相继，不立兄弟，所以绝庶孽之窥窬[4]，塞祸乱之源本，此为国者所深戒也。"上乃从珪奏。

吏部尚书高士廉、黄门侍郎韦挺、礼部侍郎令狐德棻[5]、中书侍郎岑文本撰《氏族志》成，上之。先是，山东人士崔、卢、李、郑诸族[6]，好自矜地望[7]，虽累叶陵夷[8]，苟他族欲与为昏[9]姻，必多责财币，或舍其乡里而妄称名族，或兄弟齐列而更以妻族相陵[10]。上恶之，命士廉等遍责天下谱谍[11]，质[12]诸史籍，考其真伪，辩其昭穆，第其甲乙[13]，褒进忠贤，贬退奸逆，分为九等。士廉等以黄门侍郎崔民干[14]为第一。上曰："汉高祖与萧、曹、樊、灌[15]皆起闾阎布衣，卿辈至今推仰，以为英贤，岂在世禄乎！高氏[16]偏据山东，梁、陈[17]僻在江南，虽有人物，盖何足言！况其子孙才行衰薄，官爵陵替[18]，而犹卬然[19]以门地自负，贩鬻松槚[20]，依托富贵，弃廉忘耻，不知世人何为贵之！今三品以上，或以德行，或以勋劳，或以文学，致位贵显。彼衰世旧门，诚何足慕！而求与为昏，虽多输金帛，犹为彼所偃蹇[21]，我不知其解何也！今欲厘正讹谬，舍名取实，而卿曹犹以崔民干为第一，是轻我官爵而徇流俗之情也。"乃更命刊定，专以今朝品秩为高下，于是以皇族为首，外戚次之，降崔民干为第三。凡二百九十三姓，千六百五十一家，颁于天下。

（以上为第四段，写唐太宗重修《氏族志》，以官门品第为高下，于是皇族第一，外戚第二，以官本抑制士族。）

【注释】

［1］乙未：正月十五日。［2］降乘：由所乘车马上下来。［3］九卿、八座：九卿分别为太常、光禄、卫尉、宗正、太仆、大理、鸿胪、司农、太府九寺长官；八座指尚书令、仆射、五曹（部）或六曹尚书。［4］庶孽之窥窬：庶孽指庶出，即妾媵之子；窥窬，非分觊觎，窥伺可乘之隙。［5］令狐德棻（583—666）：唐初史学家。宜州华原（今陕西铜川市耀州区）人。主编《周书》《太宗实录》《高宗实录》等书，并是《艺文类聚》编撰人之一。传见《旧唐书》卷七十三、《新唐书》卷一百零二。［6］崔、卢、李、郑诸族：魏晋迄隋唐的郡望，即清河郡（今河北清河县）崔氏、范阳郡（今北京市）卢氏、赵郡（今河北赵县）李氏、荥阳（今河南荥阳市）郑氏等世代贵显的高门望族。［7］地望：即郡望，指魏晋以后的诸郡士族门阀。［8］累叶陵夷：世代衰败。累叶，积代，叠世。陵夷，衰颓，败落。［9］昏：同“婚”。［10］陵：欺侮，陵辱。［11］谱谍：记述氏族世系的书籍。［12］质：证，质疑。［13］第其甲乙：排列士族的等级。［14］崔民干：因避太宗讳又曰“崔干”。事迹见《旧唐书》卷六十、卷六十五，《新唐书》卷七十二下、卷七十八、卷九十五。［15］汉高祖与萧、曹、樊、灌：西汉创业君臣。汉高祖刘邦，公元前202年至前195年在位。萧，即萧何（?—前193）。曹，即曹参（?—前190）。樊，即樊哙（?—前189）。灌，即灌婴（?—前176）。萧何等于汉初先后拜相。均为平民出身。［16］高氏：北齐皇室。［17］梁、陈：南北朝时梁朝（502—557）和陈朝（557—589）。［18］陵替：衰落不振。［19］卬（yǎng）然：气概轩昂，举首向上。卬，通“昂”“仰”。［20］松槚：墓地代称。［21］偃蹇（jiǎn）：傲慢。

二月，乙卯［1］，车驾西还；癸亥［2］，幸河北［3］，观砥柱［4］。

甲子［5］，巫州獠［6］反，夔州［7］都督齐善行败之，俘男女三千余口。

乙丑［8］，上祀禹庙［9］，丁卯［10］，至柳谷［11］，观盐池［12］。庚午［13］，至蒲州，刺史赵元楷［14］课父老服黄纱单衣迎车驾，盛饰廨舍楼观，又饲羊百余头、鱼数百头以馈贵戚。上数之曰：“朕巡省河、洛，凡有所须，皆资库物。卿所为乃亡隋之弊俗也。”甲戌［15］，幸长春宫［16］。

戊寅［17］，诏曰：“隋故鹰击郎将尧君素，虽桀犬吠尧［18］，有乖倒戈之志，而疾风劲草，实表岁寒之心；可赠蒲州刺史，仍访其子孙以闻。”

闰月，庚辰朔[19]，日有食之。

丁未[20]，车驾至京师。

三月，辛亥[21]，著作佐郎邓世隆[22]表请集上文章。上曰："朕之辞令，有益于民者，史皆书之，足为不朽。若为[23]无益，集之何用！梁武帝父子、陈后主、隋炀帝皆有文集行于世[24]，何救于亡！为人主患无德政，文章何为！"遂不许。

丙子[25]，以皇孙生，宴五品以上于东宫。上曰："贞观之前，从朕经营天下，玄龄之功也。贞观以来，绳衍纠缪[26]，魏徵之功也。"皆赐之佩刀。上谓徵曰："朕政事何如往年？"对曰："威德所加，比贞观之初则远矣；人悦服则不逮[27]也。"上曰："远方畏威慕德，故来服；若其不逮，何以致之？"对曰："陛下往以未治为忧，故德义日新；今以既治为安，故不逮。"上曰："今所为，犹往年也，何以异？"对曰："陛下贞观之初，恐人不谏，常导之使言，中间悦而从之。今则不然，虽勉从之，犹有难色。所以异也。"上曰："其事可闻欤？"对曰："陛下昔欲杀元律师，孙伏伽以为法不当死，陛下赐以兰陵公主[28]园，直百万。或云：'赏太厚，'陛下云：'朕即位以来，未有谏者，故赏之。'此导之使言也。司户柳雄妄诉隋资[29]，陛下欲诛之，纳戴胄之谏而止。是悦而从之也。近皇甫德参上书谏修洛阳宫，陛下恚[30]之，虽以臣言而罢，勉从之也。"上曰："非公不能及此。人苦不自知耳！"

（以上为第五段，写贞观后期，唐太宗骄矜治绩，纳谏不如贞观初。）

【注释】

[1]乙卯：二月五日。［2］癸亥：二月十三日。［3］河北：县名。县治在今山西平陆县西南。［4］砥柱：即砥柱山。在今河南三门峡市东北黄河中。［5］甲子：二月十四日。［6］巫州獠：巫州（治今湖南洪江市西南黔城镇）僚民。［7］夔州：州名。治所在今重庆市奉节县东白帝城。［8］乙丑：二月十五日。［9］禹庙：即大禹神庙。在砥柱山上。［10］丁卯：二月十七日。［11］柳谷：在今山西夏县北中条山中。［12］盐池：即今山西运城市南解池。［13］庚午：二月二十日。［14］赵元楷：隋末唐初佞臣。事迹见《旧唐书》卷六十二《李纲传》，《新唐书》卷九十五《窦威传》附《窦静传》、卷九十九《李纲传》。［15］甲戌：二月二十四日。［16］长春宫：北周武帝置，在今陕西大荔县朝邑镇西北。［17］戊寅：二月二十八日。［18］桀犬吠

尧：比喻不问善恶，只知效忠主子。［19］庚辰朔：闰二月一日。［20］丁未：闰二月二十八日。［21］辛亥：三月二日。［22］邓世隆：自号隐玄先生，相州（今河南安阳市）人。官至著作郎。撰有《东都记》三十卷。传见《旧唐书》卷七十三、《新唐书》卷一百零二。［23］若为：据章校，“为”作“其”。［24］梁武帝等句：据两《唐书·经籍志》载，梁武帝父子等有《梁武帝集》十卷、《文选》三十卷（梁武帝长子萧统，即昭明太子编）、《昭明太子集》二十卷、《陈后主集》五十卷、《隋炀帝》三十卷。［25］丙子：三月二十七日。［26］绳衍纠缪：改正过失和纠正错误。［27］不逮：不及，不如。［28］兰陵公主：太宗女。传见《新唐书》卷八十三。［29］隋资：隋朝所授官资。［30］恚（huì）：忿恨，心不平。

夏，五月，壬申[1]，弘文馆学士永兴文懿公虞世南卒，上哭之恸。世南外和柔而内忠直，上尝称世南有五绝：一德行，二忠直，三博学，四文辞，五书翰。

秋，七月，癸酉[2]，以吏部尚书高士廉为右仆射。

乙亥[3]，吐蕃寇弘州[4]。

八月，霸州山獠[5]反。烧杀刺史向邵陵及吏民百余家。

初，上遣使者冯德遐[6]抚慰吐蕃，吐蕃闻突厥、吐谷浑皆尚公主，遣使随德遐入朝，多赍金宝，奉表求婚；上未之许。使者还，言于赞普弃宗弄赞[7]曰：“臣初至唐，唐待我甚厚，许尚公主。会吐谷浑王入朝，相离间，唐礼遂衰，亦不许婚。”弄赞遂发兵击吐谷浑。吐谷浑不能支，遁于青海之北，民畜多为吐蕃所掠。

吐蕃进破党项、白兰[8]诸羌，帅众二十余万屯松州西境，遣使贡金帛，云来迎公主。寻进攻松州，败都督韩威[9]；羌酋阎州[10]刺史别丛卧施[11]、诺州刺史把利步利[12]并以州叛归之。连兵不息，其大臣谏不听而自缢者凡八辈。壬寅[13]，以吏部尚书侯君集为当弥道行军大总管，甲辰[14]，以右领军大将军执失思力为白兰道、左武卫将军牛进达[15]为阔水道、左领军将军刘简[16]为洮河道行军总管，督步骑五万击之。

吐蕃攻城十余日，进达为先锋，九月，辛亥[17]，掩[18]其不备，败吐蕃于松州城下，斩首千余级。弄赞惧，引兵退，遣使谢罪，因复请婚。上许之。

甲寅[19]，上问侍臣：“创业与守成孰难？”房玄龄曰：“草昧[20]之初，与群雄并起角力而后臣之，创业难矣！”魏徵曰：“自古帝王，莫不得之于艰难，失之于安逸，守成难矣！”上曰：“玄龄与吾共取天下，出百死，得一生，故知创业之难。徵与吾共安天下，常恐骄奢生于富贵，祸乱生于所忽，故知守成之难。然创业之难，既已往矣；守成之难，方当与诸公慎之。”玄龄等拜曰：“陛下及此言，四海之福也。”

初，突厥颉利既亡，北方空虚，薛延陀真珠可汗帅其部落建庭于都尉犍山[21]北、独逻水[22]南，胜兵二十万，立其二子拔酌、颉利苾[23]主南、北部。上以其强盛，恐后难制，癸亥[24]，拜其二子皆为小可汗，各赐鼓纛，外示优崇，实分其势。

冬，十月，乙亥[25]，巴州獠[26]反。

己卯[27]，畋于始平[28]；乙未[29]，还京师。

钧州獠[30]反；遣桂州都督张宝德[31]讨平之。

十一月，丁未[32]，初置左、右屯营飞骑于玄武门，以诸将军领之。又简飞骑[33]才力骁健、善骑射者，号百骑，衣五色袍，乘骏马，以虎皮为鞯[34]，凡游幸则从焉。

己巳[35]，明州獠[36]反；遣交州都督李道彦讨平之。

十二月，辛巳[37]，左武候将军上官怀仁[38]击反獠于壁州[39]，大破之，虏男女万余口。

是岁，以给事中马周为中书舍人。周有机辩，中书侍郎岑文本常称：“马君论事，援引事类，扬榷[40]古今，举要删烦，会文切理，一字不可增，亦不可减，听之靡靡[41]，令人忘倦。”

霍王元轨好读书，恭谨自守，举措不妄。为徐州刺史，与处士刘玄平[42]为布衣交[43]。人问玄平王所长，玄平曰：“无长。”问者怪之。玄平曰：“夫人有所短乃见所长，至于霍王，无所短，吾何以称其长哉！”

初，西突厥咥利失可汗[44]分其国为十部，每部有酋长一人，仍各赐一箭，谓之十箭。又分左、右厢，左厢号五咄陆[45]，置五大啜[46]，居碎叶[47]以东；右厢号五弩失毕[48]，置五大俟斤，居碎叶以西；通谓之十姓。咥利失失众心，为其臣统吐屯所袭。咥利失兵败，与其弟步利设[49]走保焉耆。统吐屯等将立欲谷设[50]为大可汗，会统吐屯为人所杀，欲谷设兵亦败，咥利失复得故地。至是，西部竟立欲谷设为乙毗咄陆可汗。乙毗咄陆既立，与嘎利失大战，杀伤甚众。因中分其地，自伊列水以西属乙咄陆，以东属咥利失[51]。

处月、处密[52]与高昌共攻拔焉耆五城，掠男女一千五百人，焚其庐舍而去。

（以上为第六段，写贞观中后期，唐周边各少数民族，西疆吐蕃、北方薛延陀、西北西突厥、西南獠人，仍时叛时服。）

【注释】

[1]壬申：五月二十五日。[2]癸酉：七月二十七日。[3]乙亥：七月二十九日。[4]弘州：疑为“松州”（治所在四川松潘县）误。[5]霸州山獠：部落名。分布于霸州（治所在今重庆市）山地的僚族部落。[6]冯德遐：入蕃唐使。事迹见《旧唐书》卷一百九十六上《吐蕃传》上、《新唐书》卷二百一十六上《吐蕃传》上。[7]弃宗弄赞（?—650）：即松赞干布，吐蕃赞普（国王）和民族英雄。在位期间，统一西藏诸部，定都拉萨，创立吐蕃奴隶制政权的一整套典章制度，并尚唐文成公主，大力发展唐蕃之间的经济文化交流。[8]白兰：羌族部落名。分布于今青海南部和川西地区。[9]韩威：唐初边将。累擢松州都督、伊州刺史。事迹见《旧唐书》卷一百九十六上《吐蕃传》上、《新唐书》卷一百一十《阿史那社尔传》。[10]阎州：疑为“阔州”（治所在今四川松潘县北黄胜关北）之误。[11]别丛卧施：党项羌部酋。[12]把利步利：党项羌部酋。世袭诸州（隶松州都督府）刺史。[13]壬寅：八月二十七日。[14]甲辰：八月二十九日。[15]牛进达：唐初大将。官至左武卫大将军，封琅邪郡公。事迹见《旧唐书》卷六十八《秦叔宝传》、《新唐书》卷一百九十一《忠义传》上等。[16]刘简：字文郁，青州北海（今山东潍坊市）人。封平原郡公。贞观末，因谋反被腰斩。传见《旧唐书》卷六十九、《新唐书》卷九十四。[17]辛亥：九月六日。[18]掩：突然袭击。[19]甲寅：九月九日。[20]草昧：蒙昧，原始未开化状态。[21]都尉犍山：山名。亦作郁督军山、于都斤山、乌德犍山。即今蒙古国境内杭爱山。[22]独逻水：亦作独洛河、独乐河、毒乐河。今蒙古国境内图拉河。[23]拔酌、颉利苾：拔酌或作拔灼，薛延陀真珠可汗少子，贞观十九年（645），杀长兄颉利苾（即突利失可汗）自立为颉利俱利薛沙多弥可汗，不久，为回纥所杀。[24]癸亥：九月十八日。[25]乙亥：十月一日。[26]巴州獠：部落名。分布于巴州（治所在今四川巴中市）山地的僚部。[27]己卯：十月五日。[28]始平：县名。县治在今陕西兴平市。[29]乙未：十月二十一日。[30]钧州獠：部落名。分布于钧州（今地不详，或疑“钦州”误）的僚部。[31]张宝德：唐初边将。事迹见《新唐书》卷二《太宗纪》、卷二百二十二下《南蛮传》下。[32]丁未：十一月三日。[33]飞骑：禁兵的一种。选富户中的身强力壮、弓马娴熟者充任，隶于诸卫将军，用以守卫宫城北门。

[34]鞯（jiān）：马鞍垫子。 [35]己巳：十一月二十五日。 [36]明州獠：部落名。分布于明州（今贵州望谟、贞丰、册亨、罗甸等县地带，治所不详）的僚部。 [37]辛巳：十二月七日。 [38]上官怀仁：唐初将领。事迹见《旧唐书》卷三、卷一百九十三，《新唐书》卷二《太宗纪》、卷二百二十二下《南蛮传》下。 [39]壁州：州名。治所在今四川通江县。 [40]扬榷：扼要论述。 [41]靡靡：神情专注，入迷。 [42]刘玄平：事迹见《旧唐书》卷六十四《李元轨传》、《新唐书》卷七十九《李元轨传》。 [43]布衣交：贫贱之交。 [44]咥利失可汗：即沙钵罗咥利失可汗，姓阿史那，名同娥设，公元634年至639年在位。事迹见《旧唐书》卷一百九十四下《突厥传》下、《新唐书》卷二百一十五下《突厥传》下。 [45]五咄陆：由西突厥处木昆等五姓部落组成。 [46]啜：即屈律啜，突厥第二等官号。据《新唐书·突厥传》上："大臣曰吐护、曰屈律啜，曰阿波、曰俟利发，曰吐屯、曰俟斤、曰阎洪达、曰颉利发、曰达干，凡二十八等"。 [47]碎叶：城名、水名。城址在今吉尔吉斯斯坦北部托克马克市附近。碎叶水即今中亚楚河。 [48]五弩失毕：由西突厥阿悉结等五姓部落组成。 [49]步利设：步利，名，姓阿史那；设，或作"察""杀"，突厥、回纥典兵官衔。 [50]欲谷设：即西突厥乙毗咄陆可汗。公元638年至642年在位。 [51]自伊列水以西二句：此处有误，据沙畹《西突厥史料》等考订正相反，自伊列水（今伊犁河）以东属乙毗咄陆，以西属咥利失。 [52]处月、处密：西突厥二别部。处月部分布于今新疆乌鲁木齐市东北，处密部分布于乌鲁木齐市西北。

十三年（己亥，639年）

春，正月，乙巳[1]，车驾谒献陵[2]；丁未[3]，还宫。

戊午[4]，加左仆射房玄龄太子少师[5]。玄龄自以居端揆十五年，男遗爱[6]尚上女高阳公主，女为韩王[7]妃，深畏满盈，上表请解机务；上不许。玄龄固请不已，诏断表[8]，乃就职。太子欲拜玄龄，设仪卫待之，玄龄不敢谒见而归，时人美其有让[9]。玄龄以度支[10]系天下利害，尝有阙，求其人未得，乃自领之。

礼部尚书永宁懿公王珪薨。珪性宽裕，自奉养甚薄。于令，三品已上皆立家庙[11]，珪通贵已久，独祭于寝。为法司所劾，上不问，命有司为之立庙以愧之。

二月，庚辰[12]，以光禄大夫尉迟敬德为鄜州都督。

上尝谓敬德曰："人或言卿反，何也？"对曰："臣反是实！臣从陛下征伐四方，身经百战，今之存者，皆锋镝[13]之余也。天下已定，乃更疑臣反乎！"因解衣投地，出其瘢痍。上为之流涕，曰："卿复服，朕不疑卿，故语卿，何更恨邪！”

上又尝谓敬德曰：“朕欲以女妻卿，何如？”敬德叩头谢曰：“臣妻虽鄙陋，相与共贫贱久矣。臣虽不学，闻古人富不易妻，此非臣所愿也。”上乃止。

戊戌[14]，尚书奏：“近世掖庭[15]之选，或微贱之族[16]，礼训蔑闻[17]，或刑戮之家[18]，忧怨所积。请自今，后宫及东宫内职有阙，皆选良家有才行者充，以礼聘纳；其没官口[19]及素微贱之人，皆不得补用。”上从之。

上既诏宗室群臣袭封刺史，左庶子于志宁以为古今事殊，恐非久安之道，上疏争之。侍御史马周亦上疏，以为：“尧、舜之父，犹有朱、均[20]之子。傥有孩童嗣职，万一骄愚，兆庶被其殃而国家受其败。正[21]欲绝之也，则子文[22]之治犹在，正欲留之也，而栾黡[23]之恶已彰。与其毒害于见存之百姓，则宁使割恩于已亡之一臣，明矣。然则向所谓爱之者，乃适所以伤之也。臣谓宜赋以茅土[24]，畴[25]其户邑，必有材行，随器授官，使其人得奉大恩而子孙终其福禄。”

会司空、赵州刺史长孙无忌等皆不愿之国，上表固让，称：“承恩以来，形影相吊[26]，若履春冰[27]；宗族忧虞，如置汤火。缅惟三代封建，盖由力不能制，因而利之，礼乐节文，多非己出。两汉罢侯置守[28]，蠲除[29]曩弊，深协事宜。今因臣等，复有变更，恐紊圣朝纲纪；且后世愚幼不肖之嗣，或抵冒邦宪[30]，自取诛夷，更因延世之赏[31]，致成剿绝之祸，良可哀愍。愿停涣汗之旨[32]，赐其性命之恩。”无忌又因子妇长乐公主[33]固请于上，且言“臣披荆棘[34]事陛下，今海内宁一[35]，奈何弃之外州，与迁徙何异！”上曰：“割地以封功臣，古今通义，意欲公之后嗣，辅朕子孙，共传永久；而公等乃复发言怨望，朕岂强公等以茅土邪！”庚子[36]，诏停世封刺史。

（以上为第七段，写唐太宗欲行封建，世袭刺史，因大臣谏正而收回成命。）

【注释】

[1]乙巳：正月一日。[2]献陵：唐高祖李渊陵寝。在今陕西三原县城南。[3]丁未：正月三日。[4]戊午：正月十四日。[5]太子少师：官名。掌辅导皇太子，从一品阶。与太子少傅、

少保合称东宫三少。“三少”多为大臣虚衔、荣典。［6］遗爱：玄龄次子房遗爱，因与高阳公主等谋反，于永徽三年赐死。公主同遗爱传见《旧唐书》卷六十六，《新唐书》卷八十三、卷九十六。［7］韩王：即李渊第十一子李元嘉。传见《旧唐书》卷六十四、《新唐书》卷七十九。［8］断表：即敕断让官表章。［9］让：谦让，退让。［10］度支：即度支郎中，掌天下租赋、财政支度大权。［11］家庙：唐制，三品以上官得立家庙，以祭祀三代祖先。平民则祭于内寝。［12］庚辰：二月七日。［13］锋镝：锋，刀口；镝，箭头。［14］戊戌：二月二十五日。［15］掖庭：皇宫中宫嫔所居地方。［16］微贱之族：下层小民或从事贱业的家族。此指唐妃嫔之选多由侍儿和歌舞者以进。［17］蔑闻：不知道，没有听说过。［18］刑戮之家：指受过肉刑或已处死刑的人的家属。［19］没官口：指因家人犯罪而被株连没入掖庭为官奴婢的人。［20］朱、均：朱，即尧子丹朱；均，即舜子商均。朱、均不肖，故尧、舜禅位他人。［21］正：通“政”。［22］子文：春秋时楚国令尹。在其当政期间，国力强盛，曾率军灭弦（今河南潢川县西）攻随（今湖北随州市）。至其孙克黄，因有过，楚王欲停绝其封袭，既而王思子文之治，又恢复了克黄的官封。［23］栾黡：晋大夫武子之子，为政骄纵，但父德影响犹在，故得不绝封，至其子盈而被逐。［24］茅土：帝王分封诸侯时，把祭坛上的泥土授以被封之人，作为分得土地的象征。因此，称分诸侯为授茅土。［25］畴：通“酬”。［26］形影相吊：谓孤立无援，凄然一身。［27］若履春冰：像踏踩春天的薄冰。比喻恐惧危险之极。［28］罢侯置守：指废除诸侯分封，推行集权中央的郡县制。［29］蠲（juān）除：免除。［30］邦宪：国家法令。［31］延世之赏：指世卿世禄。［32］涣汗之旨：指圣旨既发，只有推行，如人身汗出，不可复收。［33］长乐公主：太宗爱女，长孙皇后所出，下嫁长孙无忌之子冲。传见《新唐书》卷八十三。［34］披荆棘：即披荆斩棘。喻创业艰苦。［35］海内宁一：国家统一。［36］庚子：二月二十七日。

高昌王麴文泰[1]多遏绝西域朝贡，伊吾[2]先臣西突厥，既而内属，文泰与西突厥共击之。上下书切责，征其大臣阿史那矩[3]，欲与议事，文泰不遣，遣其长史麴雍来谢罪。颉利之亡也，中国人[4]在突厥者或奔高昌，诏文泰归之，文泰蔽匿不遣。又与西突厥共击破焉耆，焉耆诉之。上遣虞部郎中[5]李道裕[6]往问状，且谓其使者曰：“高昌数年以来，朝贡脱略，无藩臣礼，所置官号，皆准天朝[7]，筑城掘沟，预备攻讨。我使者至彼，文泰语之云：‘鹰飞于天，雉伏于蒿，猫游于堂，鼠噍[8]于穴，各得其所，岂不能自生邪！’又遣使谓薛延陀曰：‘既为可汗，则与天子匹敌，何为拜其使者！’事人无礼，又间[9]邻国，为恶不诛，善何以劝[10]！明年当发兵击汝。”三月，薛延陀可汗遣使上言：“奴受恩思报，请发所部为军导以击高昌。”上遣民部尚书唐俭、右领军大将军执失思力赍缯帛赐薛延陀，与谋进取。

夏，四月，戊寅[11]，上幸九成宫[12]。

初，突厥突利可汗之弟结社率[13]从突利入朝，历位中郎将。居家无赖，怨突利斥之，乃诬告其谋反，上由是薄之，久不进秩[14]。结社率阴结故部落，得四十余人，谋因晋王[15]治四鼓出宫，开门辟仗[16]，驰入宫门，直指御帐，可有大功。甲申[17]，拥突利之子贺逻鹘[18]夜伏于宫外，会大风，晋王未出，结社率恐晓，遂犯行宫，逾四重幕，弓矢乱发，卫士死者数十人。折冲[19]孙武开等帅众奋击，久之，乃退，驰入御厩，盗马二十余匹，北走[20]，渡渭，欲奔其部落，追获，斩之。原贺逻鹘，投于岭表[21]。

庚寅[22]，遣武候将军上官怀仁击巴、壁、洋、集四州[23]反獠，平之，虏男女六千余口。

五月，旱。甲寅[24]，诏五品以上上封事。魏徵上疏，以为：“陛下志业，比贞观之初，渐不克终[25]者凡十条。”其间一条，以为：“顷年[26]以来，轻用民力。乃云：‘百姓无事则骄逸，劳役则易使。’自古未有因百姓逸[27]而败、劳而安者也。此恐非兴邦之至言。”上深加奖叹，云：“已列诸屏障，朝夕瞻仰，并录付史官。”仍赐徵黄金十斤，厩马二匹。

六月，渝州[28]人侯弘仁自牂柯开道，经西赵[29]，出邕州[30]，以通交、桂，蛮、俚[31]降者二万八千余户。

丙申[32]，立皇弟元婴[33]为滕王。

自结社率之反，言事者多云突厥留河南[34]不便，秋，七月，庚戌[35]，诏右武候大将军、化州都督、怀化郡王李思摩为乙弥泥孰俟利苾可汗，赐之鼓纛；突厥及胡在诸州安置者，并令渡河[36]，还其旧部，俾世作藩屏，长保边塞。突厥咸惮薛延陀，不肯出塞[37]。上遣司农卿郭嗣本[38]赐薛延陀玺书[39]，言“颉利既败，其部落咸来归化，我略[40]其旧过，嘉其后善，待其达官皆如吾百寮[41]、部落皆如吾百姓。中国贵尚礼义，不灭人国，前破突厥，止为颉利一人为百姓害，实不贪其土地，利其人畜，恒欲更立可汗，故置所降部落于河南，任其畜牧。今户口蕃滋[42]，吾心甚喜。既许立之，不可失信。秋中将遣突厥渡河，复其故国。尔薛延陀受册[43]在前，突厥受册在后，后者为小，前者为大。尔在碛[44]北，突厥在碛南，各守土疆，镇抚部落。其逾分故相抄掠，我则发兵，各问其罪。”薛延陀奉诏。于是遣思摩帅所部建牙于河北，上御齐政殿[45]饯之，思摩涕泣，奉觞[46]上寿曰：“奴等破亡之余，分为灰壤，陛下存其骸骨，复立为可汗，愿万世子孙恒事陛下。”又遣礼部尚书赵郡王孝恭等赍册书，就其种落，筑坛于河上而立之。上谓侍臣曰：“中国，根干也；四夷，枝叶也；割根干以奉枝叶，木安得滋荣！朕不用魏徵言，几致狼狈[47]。”又以左屯卫将军阿史那忠[48]为左贤王，左武卫将军阿史那泥熟[49]为右贤王。忠，苏尼失之子也，上遇之甚厚，妻以宗女；及出塞，怀慕中国，见使者必泣涕请入侍；诏许之。

（以上为第八段，写内附突厥人结社率反于长安，唐太宗遣送内附突厥部落还归旧境。）

【注释】

[1]麹文泰（?—640）：高昌国王。贞观四年（630）文泰入朝，与唐建立臣隶关系。后妄自尊大，遏绝丝路，遂招致唐军讨伐，文泰惊惧发病死。事迹见《旧唐书》卷一百九十八《高昌传》、《新唐书》卷二百二十一上《高昌传》。 [2]伊吾：原隋郡名。治所在今新疆哈密市西四堡。唐为伊州。 [3]阿史那矩：突厥人，高昌国大臣。阿史那，姓；矩，名。 [4]中国人：此谓流落蕃区的中原汉人。 [5]虞部郎中：官名。工部掌京城绿化、苑囿及百官、蕃客菜蔬薪炭供顿等事的官员。 [6]李道裕：雍州泾阳（今陕西泾阳县）人。后官至大理卿。传见《旧唐书》卷六十三、《新唐书》卷九十九。 [7]天朝：指唐朝廷。 [8]噍（jiào）：鸣叫声，或咬、嚼。 [9]间：离间，挑拨。 [10]劝：倡导。 [11]戊寅：四月五日。 [12]九成宫：本隋仁寿宫，宫址在今陕西麟游县西。 [13]结社率（?—639）：姓阿史那，事迹见《旧唐书》卷一百九十四上《突厥传》上、《新唐书》卷二百一十五上《突厥传》上。 [14]秩：俸禄，职位或品级。 [15]晋王：即后来的唐高宗李治，公元649年至683年在位。 [16]辟仗：卫士在驾前攘辟左右行人，这种为天子“陈兵清道”事宜称辟仗。 [17]甲申：四月十一日。 [18]贺逻鹘：事迹见《旧唐书》卷一百九十四上《突厥传》上、《新唐书》卷二百一十五上《突厥传》上。 [19]折冲：官名。即折冲都尉。 [20]北走：败走。非谓向北逃走，从下文“渡渭”可知。渭水（即今渭河）在九成宫南。 [21]岭表：地区名，即岭南。 [22]庚寅：四月十七日。 [23]巴、壁、洋、集四州：州名。巴州治所在今四川巴中市。壁州治所在今四川通江县。洋州治所在今陕西西乡县，集州治所在今四川南江县。 [24]甲寅：五月十二日。 [25]克终：全终，贯彻到最后。 [26]顷年：近岁。 [27]逸：安

闲。［28］渝州：州名。治所在今重庆市。［29］西赵：民族名。即西赵蛮，由其首领姓赵得名。分布于今贵州东部，贞观二十一年（647）以其地置明州（今贵州贞丰、册亨、罗甸等县一带）。［30］邕州：州名。治所在今广西南宁市南。［31］俚：民族名。亦作“里”，今黎族等先民。分布于今广东西南、广西东南、海南地区。［32］丙申：六月二十五日。［33］元婴（?—684）：唐高祖第二十一子李元婴。传见《旧唐书》卷六十四、《新唐书》卷七十九。［34］河南：黄河之南，指今内蒙古河套地区。［35］庚戌：七月九日。［36］河：即黄河。［37］塞：塞外，塞北。指长城以北，今内蒙古中部和西部等地区。［38］郭嗣本：事迹见《旧唐书》卷一百九十四上《突厥传》上、《新唐书》卷二百一十五上《突厥传》上。［39］玺书：皇帝诏书。［40］略：不计，原谅。［41］寮：通“僚”。［42］蕃滋：繁衍滋生。［43］册：帝王封赠臣下的诏书。［44］碛：沙碛。此指蒙古高原大沙漠。［45］齐政殿：宫殿名。时太宗幸九成宫，齐政殿当在九成宫内。［46］觞（shāng）：盛满酒的杯。［47］狼狈：窘迫状。［48］阿史那忠（611—675）：东突厥贵族。尚宗室女定襄县主，累擢诸卫大将军，封薛国公，陪葬昭陵。传见《旧唐书》卷一百零九、《新唐书》卷一百一十。［49］阿史那泥熟：据《十七史商榷·阿史那忠》等，忠与泥熟本为一人。《资治通鉴》等误。

八月，辛未朔[1]，日有食之。

诏以“身体发肤，不敢毁伤。比来诉讼者或自毁耳目，自今有犯，先笞四十，然后依法。”

冬，十月，甲申[2]，车驾还京师。

十一月，辛亥[3]，以侍中杨师道为中书令。

戊辰[4]，尚书左丞刘洎[5]为黄门侍郎、参知政事。

上犹冀高昌王文泰悔过，复下玺书，示以祸福，征之入朝；文泰竟称疾不至。十二月，壬申[6]，遣交河行军大总管、吏部尚书侯君集，副总管兼左屯卫大将军薛万均等将兵击之。

乙亥[7]，立皇子福[8]为赵王。

己丑[9]，吐谷浑王诺曷钵来朝，以宗女为弘化公主[10]，妻之。

壬辰[11]，上畋于咸阳[12]，癸巳[13]，还宫。

太子承乾颇以游畋废学，右庶子张玄素谏，不听。

是岁，天下州府凡三百五十八，县一千五百五十一。

太史令傅奕精究术数[14]之书，而终不之信[15]，遇病，不呼医饵药。有僧自西域来，善咒术[16]，能令人立死，复咒之使苏。上择飞骑中壮者试之，皆如其言；以告奕，奕曰：“此邪术也。臣闻邪不干正，请使咒臣，必不能行。”上命僧咒奕，奕初无所觉，须臾，僧忽僵仆[17]，若为物所击，遂不复苏。又有婆罗门[18]僧，言得佛齿，所击前无坚物。长安士女辐凑[19]如市。奕时卧疾，谓其子曰：“吾闻有金刚石[20]，性至坚，物莫能伤，唯羚羊角能破之，汝往试焉。”其子往见佛齿，出角叩之，应手而碎，观者乃止。奕临终，戒其子无得学佛书，时年八十五。又集魏、晋以来驳佛教者为《高识传》十卷，行于世。

西突厥咥利失可汗之臣俟利发[21]与乙毗咄陆可汗通谋作乱，咥利失穷蹙，逃奔钹汗[22]而死。弩失毕部落迎其弟子薄布特勒[23]立之，是为乙毗沙钵罗叶护可汗。沙钵罗叶护既立，建庭于虽合水[24]北，谓之南庭，自龟兹、鄯善、且末、吐火罗、焉耆、石、史、何、穆、康等国[25]皆附之。咄陆建牙于镞曷山[26]西，谓之北庭，自厥越失[27]、拔悉弥[28]、驳马[29]、结骨[30]、火焊[31]、触木昆[32]等国皆附之，以伊列水[33]为境。

（以上为第九段，写太史令傅奕排佛，唐调整与西北各少数民族的关系，恩威并施，兵伐高昌。）

【注释】

[1]辛未朔：八月一日。 [2]甲申：十月十五日。 [3]辛亥：十一月十三日。 [4]戊辰：十一月三十日。 [5]刘洎（jì）（?—645）：唐初大臣，相太宗。荆州江陵（今湖北江陵县）人。贞观十九年，被人诬陷，赐死。传见《旧唐书》卷七十四、《新唐书》卷九十九。 [6]壬申：十二月四日。 [7]乙亥：十二月七日。 [8]福：太宗第十三子李福。传见《旧唐书》卷七十六、《新唐书》卷八十。 [9]己丑：十二月二十一日。 [10]弘化公主（623—698）：唐和蕃公主。宗室女。武则天时，赐姓武，改封西平大长公主。事迹见《旧唐书》卷一百九十八《吐谷浑传》、《新唐书》卷二百二十一上《吐谷浑传》。 [11]壬辰：十二月二十四日。 [12]咸阳：县名。县治在今陕西咸阳市东北。 [13]癸巳：十二月二十五日。 [14]术数：以方术迷信（如星占、卜筮等）来预测人的祸福吉凶。 [15]不之信：不信之，对之不相信。 [16]咒术：诅咒之术。 [17]僵仆：仆倒而死。 [18]婆罗门：印度古称。 [19]辐凑：本指车辐凑集于毂上，引申为人或物的集聚。 [20]金刚石：矿物名。作研磨和切割材料用，或加工为钻石，用为装饰品。 [21]俟利发：本为突厥第四等官称。此以官名为人名；俟利发为世袭吐屯（第五等官称）的西突厥部酋。《新唐书·西突厥传》作“俟列发”。 [22]钹汗：中亚国名。又称“钹汗那”“破洛那”“大宛”。在今中

亚费尔干纳盆地。［23］薄布特勒：《旧唐书·突厥传》作“薄布特勤”，《新唐书·突厥传》作“毕贺咄叶护”。［24］虽合水：即碎叶水（今中亚楚河）。［25］鄯善等国：鄯善，在今新疆若羌县。且末，在今新疆且末县西南。吐火罗，在今阿富汗北。石国，在今中亚乌兹别克斯坦塔什干市。史国，在今中亚乌兹别克斯坦撒马尔罕市东南。何国，在今乌兹别克斯坦撒马尔罕市西北。穆国，在今中亚土库曼斯坦土库曼纳巴特市。康国，在今中亚乌兹别克斯坦撒马尔罕市一带。［26］镞曷山：今地不详，或谓今中亚吉尔吉斯山。［27］厥越失：中亚民族名。分布地不详。［28］拔悉弥：又作“拔悉蜜”“弊剌”。铁勒诸部之一，分布于今新疆吉木萨尔县北，后部分迁于今鄂尔浑河流域。［29］驳马：铁勒诸部之一，分布于今俄罗斯叶尼塞河至勒拿河一带。［30］结骨：又称“坚昆”“黠戛斯”等，铁勒诸部之一。分布于今叶尼塞河上游地带。［31］火焊：又称“货利习弥”“过利”，分布于今阿姆河北。［32］触木昆：又称“处木昆”，西突厥五咄陆部之一。分布于今新疆塔尔巴哈台城一带。［33］伊列水：即今伊犁河。

十四年（庚子，640年）

春，正月，甲寅[1]，上幸魏王泰第，赦雍州长安系囚大辟[2]以下，免延康里[3]今年租赋，赐泰府僚属及同里老人有差。

二月，丁丑[4]，上幸国子监，观释奠[5]，命祭酒孔颖达[6]讲《孝经》[7]，赐祭酒以下至诸生高第帛有差。是时上大征天下名儒为学官[8]，数幸国子监，使之讲论，学生能明一大经[9]已上皆得补官。增筑学舍千二百间，增学生满二千二百六十员，自屯营飞骑，亦给博士，使授以经，有能通经者，听得贡举[10]。于是四方学者云集京师，乃至高丽、百济、新罗、高昌、吐蕃[11]诸酋长亦遣子弟请入国学，升讲筵[12]者至八千余人。上以师说多门，章句繁杂，命孔颖达与诸儒撰定《五经》[13]疏，谓之《正义》，令学者习之。

壬午[14]，上行幸骊山温汤[15]；辛卯[16]，还宫。

乙未[17]，诏求近世名儒梁皇甫侃、褚仲都，周熊安生、沈重，陈沈文阿、周弘正、张讥，隋何妥、刘炫等[18]子孙以闻，当加引擢。

（以上为第十段，写唐太宗兴儒学，诏孔颖达等编定《五经正义》，至今行于世。）

【注释】

［1］甲寅：正月六日。［2］大辟：死刑。［3］延康里：长安里坊名。在今西安市边家村一

带。［4］丁丑：二月十日。［5］释奠：古代学校陈设酒食祭奠孔子的典礼。［6］孔颖达（574—648）：唐初经学家。字冲远。冀州衡水（在今河北衡水市）人。历任国子博士、国子司业。主编《五经正义》《孝经义疏》等。传见《旧唐书》卷七十三、《新唐书》卷一百九十八。［7］《孝经》：共十八章，孔门后学所撰。该书论述封建孝道，宣传宗法伦理思想，为儒家经典之一。［8］学官：主管学校的官员和官学教师的统称。如国子祭酒、博士、助教等。［9］大经：唐取士以《礼记》《春秋左传》为大经。［10］贡举：指官吏向天子推荐人才，亦指科举。［11］高丽等：国名。高丽辖境相当于今鸭绿江及大同江流域，都平壤；百济辖境相当于今朝鲜半岛西南部；新罗辖今朝鲜半岛东南部，后又灭高丽、百济，统一半岛大部。吐蕃，今藏族先民于7至9世纪在青藏高原建立的政权。［12］讲筵：讲席。［13］《五经》：儒家《诗》《书》《礼》《易》《春秋》五部经典的总称。［14］壬午：二月十五日。［15］骊山温汤：今陕西西安市临潼区华清池。［16］辛卯：二月二十四日。［17］乙未：二月二十八日。［18］皇甫侃至刘炫等：皇甫侃，传见《梁书》卷四十八、《南史》卷七十一。褚仲都，事迹见《南史》卷七十四《褚修传》等。熊安生、沈重，传见《周书》卷四十五、《北史》卷八十二。沈文阿，传见《梁书》卷四十八、《陈书》卷三十三、《南史》卷七十一。周弘正，传见《陈书》卷二十四、《南史》卷三十四。张讥，传见《陈书》卷三十三、《南史》卷七十一。何妥、刘炫，传见《隋书》卷七十五、《北史》卷八十二。

三月，窦州道行军总管党仁弘[1]击罗窦反獠[2]，破之，俘七千余口。

辛丑[3]，流鬼国[4]遣使入贡。去京师万五千里，滨于北海，南邻靺鞨，未尝通中国，重三译[5]而来。上以其使者佘志为骑都尉[6]。

丙辰[7]，置宁朔大使以护突厥。

夏，五月，壬寅[8]，徙燕王灵夔[9]为鲁王。

上将幸洛阳，命将作大匠阎立德[10]行清暑之地。秋，八月，庚午[11]，作襄城宫[12]于汝州西山。立德，立本[13]之兄也。

高昌王文泰闻唐兵起，谓其国人曰："唐去我七千里，沙碛居其二千里，地无水草，寒风如刀，热风如烧，安能致大军乎！往吾入朝，见秦、陇之北，城邑萧条，非复有隋之比。今来伐我，发兵多则粮运不给；三万已下，吾力能制之。当以逸待劳，坐收其弊。若顿兵城下，不过二十日，食尽必走，然后从而虏之。何足忧也！"及闻唐兵临碛口[14]，忧惧不知所为，发疾卒，子智盛[15]立。

军至柳谷[16]，诇[17]者言文泰刻日将葬，国人咸集于彼，诸将请袭之，侯君集曰：“不可，天子以高昌无礼，故使吾讨之，今袭人于墟墓之间，非问罪之师也。”于是鼓行而进，至田城[18]，谕之，不下，诘朝[19]攻之，及午[20]而克，虏男女七千余口。以中郎将辛獠儿[21]为前锋，夜，趋其都城，高昌逆战而败；大军继至，抵其城下。

智盛致书于君集曰：“得罪于天子者，先王也，天罚所加，身已物故[22]。智盛袭位未几，惟尚书怜察！”君集报曰：“苟能悔过，当束手军门。”智盛犹不出。君集命填堑攻之，飞石雨下，城中人皆室处。又为巢车[23]，高十丈，俯瞰城中。有行人及飞石所中，皆唱言之。先是，文泰与西突厥可汗相结，约有急相助；可汗遣其叶护[24]屯可汗浮图城[25]，为文泰声援。及君集至，可汗惧而西走千余里，叶护以城降。智盛穷蹙，癸酉[26]，开门出降。君集分兵略地，下其二十二城，户八千四十六，口一万七千七百，地东西八百里，南北五百里。

上欲以高昌为州县，魏徵谏曰：“陛下初即位，文泰夫妇首来朝，其后稍骄倨，故王诛加之。罪止文泰可矣，宜抚其百姓，存其社稷，复立其子，则威德被于遐荒[27]，四夷皆悦服矣。今若利其土地以为州县，则常须千余人镇守，数年一易，往来死者什有三四，供办衣资，违离亲戚，十年之后，陇右[28]虚耗[29]矣。陛下终不得高昌撮粟尺帛以佐中国，所谓散有用以事无用，臣未见其可。”上不从，九月，以其地为西州[30]，以可汗浮图城为庭州，各置属县。乙卯[31]，置安西都护府于交河城[32]，留兵镇之。

君集虏高昌王智盛及其群臣豪杰而还。于是唐地东极于海，西至焉耆，南尽林邑[33]，北抵大漠[34]，皆为州县，凡东西九千五百一十里，南北一万九百一十八里。

侯君集之讨高昌也，遣使约焉耆与之合势，焉耆喜，听命。及高昌破，焉耆王诣军门谒见君集，且言焉耆三城先为高昌所夺，君集奏并高昌所掠焉耆民悉归之。

（以上为第十一段，写高昌平服，置州县，西域纳入唐版图，置安西都护府，唐疆域达于极盛。）

【注释】

[1]党仁弘：关中羌豪，唐功臣。官至广州都督，封常山郡公。事迹见《新唐书》卷二《太宗纪》、卷五十《兵志》、卷二百二十二下《南蛮传》下。 [2]罗窦反獠：又称"罗窦洞獠"，分布于窦州（治今广东信宜市西南）山地。 [3]辛丑：三月四日。 [4]流鬼国：在北海（今鄂霍次克海）以北。 [5]重三译：辗转翻译。三，表示多次或多数。 [6]骑都尉：勋官名，视从五品。佘志事迹见《册府元龟·外臣部·覲译》等。 [7]丙辰：三月十九日。 [8]壬寅：五月二十日。 [9]灵夔：唐高祖第十九子李灵夔。传见《旧唐书》卷六十四、《新唐书》卷七十九。 [10]阎立德（?—656）：名让，字立德，京兆万年人。杰出的工程家，多次主持离宫、船舰、桥梁营造。官至工部尚书，摄司空，封大安县公。传见《旧唐书》卷七十七、《新唐书》卷一百。 [11]庚午：八月五日。 [12]襄城宫：又名清暑宫。为太宗行宫。在今河南汝州市鸣皋山南。 [13]阎立本（?—673）：唐杰出画家，高宗时宰相。传见两《唐书·阎立德传》附传。 [14]碛口：河西走廊戈壁之西口，在吐鲁番市东。 [15]智盛：高昌王麴文泰嗣子麴智盛。降唐后拜左卫将军，封金城郡公。事迹见《旧唐书》卷一百九十八、《新唐书》卷二百二十一上《高昌传》。 [16]柳谷：即柳谷渡。故址在今新疆吐鲁番市北。 [17]诇（xiòng）：侦察。 [18]田城：即高昌田地郡，治所在今新疆鄯善县西南鲁克沁镇。 [19]诘朝：早晨。 [20]午：十一至十三时。 [21]辛獠儿：原为梁师都部将，降唐后官至中郎将等职。事迹见《旧唐书》卷五十六《梁师都传》，《新唐书》卷八十七《梁师都传》、卷二百二十一上《高昌传》。 [22]物故：故，亡故。 [23]巢车：古代军中用以瞭望敌情的兵车。因车高似巢而得名。 [24]叶护：突厥二十八等官级之首。 [25]可汗浮图城：古城名。因突厥可汗曾于此建立浮图（即佛塔）而得名。故址在今新疆吉木萨尔县北庭故城。 [26]癸酉：八月八日。 [27]遐荒：指边远蕃区。 [28]陇右：地区名。泛指陇山以西地区。 [29]虚耗：消耗一空。 [30]西州：州名。治所在今新疆吐鲁番市高昌废址。 [31]乙卯：九月二十一日。 [32]交河城：在今新疆吐鲁番市西北雅尔湖故城。高昌国交河郡治和唐交河县治所在。 [33]林邑：国名、隋郡名。林邑国在今越南中南部。隋林邑郡治所在今越南广南省维川县南茶桥。 [34]大漠：今蒙古高原大沙漠。

冬，十月，甲戌[1]，荆王元景等复表请封禅[2]，上不许。

初，陈仓[3]折冲都尉鲁宁坐事系狱，自恃高班[4]，慢骂陈仓尉尉氏刘仁轨[5]，仁轨杖杀之。州司以闻。上怒，命斩之，犹不解，曰："何物县尉，敢杀吾折冲！"命追至长安面诘之。仁轨曰："鲁宁对臣百姓辱臣如此，臣实忿而杀之。"辞色自若。魏徵侍侧，曰："陛下知隋之所以亡乎？"上曰："何也？"徵曰："隋末，百姓强而陵官吏，如鲁宁之比是也。"上悦，擢仁轨为栎阳丞[6]。

上将幸同州校猎[7]，仁轨上言："今秋大稔[8]，民收获者什才一二，使之供承猎事，治道葺桥，动费一二万功，实妨农事。愿少留銮舆[9]旬日，俟其毕务，则公私俱济。"上赐玺书嘉纳之，寻迁新安[10]令。闰月，乙未[11]，行幸同州；庚戌[12]，还宫。

丙辰[13]，吐蕃赞普遣其相禄东赞[14]献金五千两及珍玩数百，以请婚。上许以文成公主[15]妻之。

十一月，甲子朔[16]，冬至，上祀南郊。时《戊寅历》[17]以癸亥为朔[18]，宣义郎[19]李淳风[20]表称："古历分日起于子半[21]，今岁甲子朔旦冬至，而故太史令傅仁均减余稍多，子初[22]为朔，遂差三刻，用乖天正[23]，请更加考定。"众议以仁均定朔微差，淳风推校精密，请如淳风议，从之。

丁卯[24]，礼官奏请加高祖父母服齐衰[25]五月，嫡子妇服期，嫂、叔、弟妻、夫兄、舅皆服小功[26]；从之。

丙子[27]，百官复表请封禅，诏许之。更命诸儒详定仪注[28]；以太常卿韦挺等为封禅使。

司门员外郎[29]韦元方给给使[30]过所[31]稽缓[32]，给使奏之；上怒，出元方为华阴令。魏徵谏曰："帝王震怒，不可妄发。前为给使，遂夜出敕书，事如军机，谁不惊骇！况宦者之徒，古来难养，轻为言语，易生患害，独行远使，深非事宜，渐不可长，所宜深慎。"上纳其言。

尚书左丞[33]韦悰[34]句司农木橦[35]价贵于民间，奏其隐没。上召大理卿孙伏伽书司农罪。伏伽曰："司农无罪。"上怪，问其故，对曰："只为官橦贵，所以私橦贱。向使官橦贱，私橦无由贱矣。但见司农识大体，不知其过也。"上悟，屡称其善；顾谓韦悰曰："卿识用不逮伏伽远矣。"

十二月，丁酉[36]，侯君集献俘于观德殿[37]。行饮至礼，大酺三日。寻以智盛为左武卫将军、金城郡公。上得高昌乐工，以付太常，增九部乐为十部[38]。

君集之破高昌也，私取其珍宝；将士知之，竞为盗窃，君集不能禁，为有司所劾，诏下君集等狱。中书侍郎岑文本上疏，以为："高昌昏迷，陛下命君集等讨而克之，不逾旬日，并付大理。虽君集等自挂网罗，恐海内之人疑陛下唯录其过而遗其功也。臣闻命将出师，主于克敌，苟能克敌，虽贪可赏；若其败绩，虽廉可诛。是以汉之李广利、陈汤[39]，晋之王濬[40]，隋之韩擒虎[41]，皆负罪谴，人主以其有功，咸受封赏。由是观之，将帅之臣，廉慎者寡，贪求者众。是以黄石公[42]《军势》曰：'使智，使勇，使贪，使愚，故智者乐立其功，勇者好行其志，贪者急趋其利，愚者不计其死。'伏愿录其微劳，忘其大过，使君集重升朝列，复备驱驰，虽非清贞之臣，犹得贪愚之将，斯则陛下虽屈法而德弥显，君集等虽蒙宥而过更彰矣。"上乃释之。

又有告薛万均私通高昌妇女者，万均不服，内出高昌妇女付大理，与万均对辩。魏徵谏曰："臣闻'君使臣以礼，臣事君以忠。'今遣大将军与亡国妇女对辩帷箔之私[43]，实则所得者轻，虚则所失者重。昔秦穆饮盗马之士[44]，楚庄赦绝缨之罪[45]，况陛下道高尧、舜，而曾[46]二君之不逮乎！"上遽释之。

侯君集马病蚛[47]颡，行军总管赵元楷亲以指沾其脓而齅[48]之，御史劾奏其谄，左迁栝州[49]刺史。

高昌之平也，诸将皆即受赏，行军总管阿史那社尔以无敕旨，独不受，及别敕既下，乃受之，所取唯老弱故弊而已。上嘉其廉慎，以高昌所得宝刀及杂彩千段赐之。

（以上为第十二段，写唐太宗宽囿功臣小过，不忘其功。）

【注释】

[1]甲戌：十月十日。[2]封禅：封土于山而禅祭于地，帝王祭祀天地大典的一种。[3]陈仓：县名。县治在今陕西宝鸡市。[4]高班：府兵制下的折冲府长官为折冲都尉，上府正四品上，下府正五品下。较之九品县尉，品位要高，故曰"高班"。[5]刘仁轨（602—685）：高宗时宰相。汴州尉氏（今河南尉氏县）人。传见《旧唐书》卷八十三、《新唐书》卷一百零八。[6]栎阳丞：栎阳，县名。县治在今陕西西安市临潼区东北。丞，县丞，县令、长佐官，掌司法裁判。[7]校猎：用木栏遮阻，猎取禽兽。[8]稔（rěn）：庄稼成熟。[9]銮舆：皇帝车驾，帝王代称。[10]新安：县名。县治在今河南新安县。[11]乙未：闰十月二日。[12]庚戌：闰十月十七日。[13]丙辰：闰十月二十三日。[14]禄东赞（?—667）：藏文称"噶东赞宇松"。

吐蕃权臣。事迹见《旧唐书》卷一百九十六上、《新唐书》卷二百一十六上《吐蕃传》上。［15］文成公主（?—680）：太宗所养宗女。贞观十五年（641）入蕃嫁松赞干布。曾为汉藏文化交流作出过重大贡献。［16］甲子朔：十一月一日。［17］《戊寅历》：又称戊寅元历，由太史令傅仁均主持制定。自武德二年（619）起，施行了近半个世纪。［18］以癸亥为朔：以癸亥（十月三十日）为十一月一日。［19］宣义郎：从七品下文散官。［20］李淳风：唐初天文学家。岐州雍（今陕西宝鸡市凤翔区）人。官至太史令。撰述甚多，如撰《麟德历》取代《戊寅历》，并撰《典章文物志》《乙巳占》《秘阁录》等十余部。传见《旧唐书》卷七十九、《新唐书》卷二百零四。［21］子半：子时之半，夜十二时。［22］子初：夜十一时一刻。［23］天正：谓十一月，或指天体的正常运转。［24］丁卯：十一月四日。［25］齐衰：丧服名，为五服之一。以粗麻布为制服，因服缉边，故称“齐衰”。［26］小功：丧服名，五服之一。服以较细的麻布制作，服期五个月。［27］丙子：十一月十三日。［28］仪注：礼节。［29］司门员外郎：刑部属官。掌门关出入之籍，如发放出入关塞的“过所”“行牒”等。［30］给使：指供天子差使的宫闱局宦官。［31］过所：过关塞的凭证，亦称“传”，相当于今天的通行证。［32］稽缓：拖延。［33］尚书左丞：官名。尚书省仆射下设左、右丞，左丞领吏、户、礼三部，右丞领兵、刑、工三部。［34］韦悰：事迹见《新唐书》卷七十四上《宰相世系表》四上、卷一百零三《孙伏伽传》。［35］橦：柴方三尺五寸为一橦。“句”，同“勾”。谓勾当、处理。［36］丁酉：十二月五日。［37］观德殿：宫殿名。在长安宫城宜春门北。［38］十部：指十部乐。唐初宫廷宴乐。一、宴乐伎；二、清乐伎；三、西凉伎；四、天竺伎；五、高丽伎；六、龟兹伎；七、安国伎；八、疏勒伎；九、高昌伎；十、康国伎。［39］李广利（?—前88）：汉武帝时大将。曾远征大宛和讨击匈奴。陈汤，西汉元帝时边将，因攻杀匈奴郅支单于，封关内侯。［40］王濬（206—286）：西晋大将，曾受命出兵灭吴。［41］韩擒虎（538—592）：隋大将。以灭陈功，进位上柱国。［42］黄石公：秦末人。传说张良曾就教于他，被授以《太公兵法》。有《黄石公三略》三卷流传于世。［43］帷箔之私：隐喻男女关系。帷，幔；箔，通“簿”，帘。帷箔为障隔内外的用品。［44］秦穆饮盗马之士：秦穆公的马为人盗食，穆公非惟不治罪，反赐以酒，后来这些盗马人为报答不罪之恩，救穆公于晋军重围之中。［45］楚庄赦绝缨之罪：据《韩诗外传》卷七，楚庄王在一次宴饮群臣时，有臣下一位将军乘烛骤灭之际，暗中牵王后衣服，王后“绝其冠缨”（即扯下调戏她的人的帽带），要庄王查办。庄王则令大家全扯去冠缨，以此使“绝缨之罪”无从追究。后来楚庄王得到这位将军的死力回报。［46］曾：乃，则。［47］蚛（zhòng）：被虫咬。［48］齅：同“嗅”。［49］栝州：州名。栝为“括”误。括州治所在今浙江丽水市东南。

癸卯[1]，上猎于樊州[2]；乙巳[3]，还宫。

魏徵上疏，以为：“在朝群臣，当枢机[4]之寄者，任之虽重，信之未笃[5]，是以人或自疑，心怀苟且。陛下宽于大事，急于小罪，临时责怒，未免爱憎。夫委大臣以大体，责小臣以小事，为治之道也。今委之以职，则重大臣而轻小臣；至于有事，则信小臣而疑大臣。信其所轻，疑其所重，将求致治，其可得乎！若任以大官，求其细过，刀笔之吏[6]，顺旨成风，舞文弄法，曲成其罪。自陈也，则以为心不伏辜[7]；不言也，则以为所犯皆实；进退惟谷[8]，莫能自明，则苟求免祸，矫伪成俗矣！”上纳之。

上谓侍臣曰：“朕虽平定天下，其守之甚难。”魏徵对曰：“臣闻战胜易，守胜难，陛下之及此言，宗庙社稷之福也！”

上闻右庶子[9]张玄素在东宫数谏争，擢为银青光禄大夫[10]，行左庶子[11]。太子尝于宫中击鼓，玄素叩阁[12]切谏；太子出其鼓，对玄素毁之。太子久不出见官属，玄素谏曰：“朝廷选俊贤以辅至德[13]，今动经时月，不见宫臣，将何以裨益万一！且宫中唯有妇人，不知有能如樊姬[14]者乎。”太子不听。

玄素少为刑部令史[15]，上尝对朝臣问之曰：“卿在隋何官？”对曰：“县尉。”又问：“未为尉时何官？”对曰：“流外[16]。”又问：“何曹？”玄素耻之，出阁殆不能步，色如死灰。谏议大夫褚遂良[17]上疏，以为：“君能礼其臣，乃能尽其力。玄素虽出寒微，陛下重其才，擢至三品，翼赞皇储，岂可复对群臣穷其门户！弃宿昔之恩，成一朝之耻，使之郁结于怀，何以责其伏节死义乎！”上曰：“朕亦悔此问，卿疏深会我心。”遂良，亮之子也。孙伏伽与玄素在隋皆为令史，伏伽或于广坐自陈往事，一无所隐。

戴州刺史贾崇以所部有犯十恶[18]者，御史劾之。上曰：“昔唐、虞大圣，贵为天子，不能化其子；况崇为刺史，独能使其民比屋为善乎！若坐是贬黜，则州县互相掩蔽，纵舍罪人。自今诸州有犯十恶者，勿劾刺史，但令明加纠察，如法施罪，庶以肃清奸恶耳。”

上自临治兵，以部陈不整，命大将军张士贵杖中郎将等；怒其杖轻，下士贵吏。魏徵谏曰：“将军之职，为国爪牙；使之执杖，已非后法[19]，况以杖轻下吏乎！”上亟释之。

言事者多请上亲览表奏，以防壅蔽[20]。上以问魏徵，对曰："斯人[21]不知大体，必使陛下一一亲之，岂惟朝堂，州县之事亦当亲之矣。"

（以上为第十三段，写魏徵进言唐太宗，要时时警惕，懂得守天下比得天下更难，戒骄戒躁。褚遂良进言，人君要尊礼大臣，不言其隐。唐太宗称善。）

【注释】

[1]癸卯：十二月十一日。[2]樊川：地名。在今陕西西安市长安区东南。[3]乙巳：十二月十三日。[4]枢机：朝廷重要的职位和机构，如三省及其长官（即宰相）。[5]笃：深厚。[6]刀笔之吏：办理文书的小官吏。[7]辜：罪。[8]进退惟谷：进退两难。惟，通"维"。[9]右庶子：官名。太子侍从官的一种。唐于太子宫署中置左右春坊，右庶子为右春坊长官。[10]银青光禄大夫：散官名。从三品阶文散官。[11]行左庶子：兼代左春坊长官。大官兼管小官的事，称行某官。[12]叩阁：敲宫殿侧门。阁，侧门或闺中小门。[13]至德：道德之最。此指太子。[14]樊姬：楚庄王的贤姬、内助。曾襄赞庄王称霸。[15]令史：官名。三省六部低级吏员之称。[16]流外：隋代自九品至一品官，称为流内，不入九品者称流外。[17]褚遂良（596—658）：太宗晚年、高宗初年时宰相，封河南郡公。字登善，钱塘（今浙江杭州市）人。唐初四大书法家之一。传见《旧唐书》卷八十、《新唐书》卷一百零五。[18]十恶：自隋始，将"谋反""谋大逆""谋叛""谋恶逆""不道""大不敬""不孝""不睦""不义""内乱"十种重大罪名以"十恶"列入法典，规定"十恶不赦"。[19]后法：后世之法，或贻法于后世。[20]壅蔽：隔绝，蒙蔽。[21]斯人：此人。

【点评】

唐太宗纳谏。人君纳谏，就是鼓励臣下给自己提意见，自己要有耐心倾听不同意见的雅量，同时要有识见，能判断是非，择善而从，如果自己错了，要勇于改正。在历代封建帝王中，唐太宗是最善于纳谏的人，其原因是唐太宗善于总结，能以小喻大。他对大臣萧瑀说："我少年时就喜爱弓箭，得了十几张好弓，认为它们是天下最好的弓箭。近来给良工一看，良工说：'这都不是好弓，因为木心不直，脉理不正，弓尽管很硬，可以射远，却发箭不直。'我才知道，过去没有懂透弓的原理。朕用弓箭定天下，却还不能真正懂得弓箭，何况天下事呢？"唐太宗懂得，天下不是一个人能治理好的，他明白自己并非全知全能，于是要求大臣进言谏诤，指陈自己的过失。魏徵曾言："兼听则明，偏听则暗。"唐太宗十分赞赏，于是告诫群臣说："中书、门下是政府的机要，如果诏书敕令有不便施行的，应该提出异议。而今中书、门下只是顺从，不见反对，如果只是发布文书，那么谁都会做，何必要选拔贤才呢？"按照议事制度，凡军国大事，中书省各官员都要用本人名义提出主张，各抒己见，共同签字署名，称为五花判事。其程序由中书省长官中书侍郎、中书令审核，再由门下省的给事中、黄门侍郎驳正，最后奏请皇帝裁决。唐太宗申明制度，令各级官员负责实行，因此贞观时期军国大事很少有失误的。魏徵是贞观时期最重要的谏臣，也是唐太宗最敬畏的诤臣。贞观十七年（643），魏徵死，唐太宗大哭，说：“人用铜作镜，可以正衣冠；用史作镜，可以见兴亡；用人作镜，可以知得失。如今魏徵死了，朕失一镜矣。”这表明唐太宗是多么看重直言敢谏的诤臣。

纳谏与用人是圣明帝王的治国根本，也是唐太宗取得政治成就，得天下和造就贞观之治的两个主要原因。《唐纪九》点评里写了唐太宗的猜疑，本卷点评唐太宗的纳谏，用以观看唐太宗的圣明风采。随着贞观治世的到来，唐太宗也逐渐滋生了骄矜之心，贞观中期以后不如贞观之初。本卷所载为贞观中期——贞观十一年至十四年，是唐太宗君臣谈论政事与纳谏故事最多的一个时期，魏徵时时给唐太宗敲警钟，充分表现了贞观时期唐代君臣居安思危的政治意识。

卷一九六　唐纪十二

唐太宗贞观十五年至十七年（641—643 年）

【起重光赤奋若（辛丑，641 年），尽昭阳单阏（癸卯，643 年）三月，凡二年有奇】

【大事提要】

本卷记事起公元 641 年，讫公元 643 年三月，凡两年又三个月，时当唐太宗贞观十五年至十七年。此时期，唐太宗对外奉行羁縻政策，尽力避免战争，而不回避战争。薛延陀犯边，唐太宗坚决打击，而后和亲。文成公主入藏和亲，写下汉藏和谐光辉的一章。唐太宗命太常博士吕才整理阴阳数术，批驳禄命禁忌，表现唐初文化建设欣欣向荣的景象。谏臣诤臣魏徵之死，唐太宗慨叹："朕亡一镜矣。"此时唐太宗已恶闻直言。唐太宗步入晚年，由于太子李承乾不成才，唐太宗偏爱魏王李泰，恩宠逾制，开启李泰夺嫡的野心。唐太宗第五子齐王李祐谋反，被废为庶人。李祐的蠢动引发太子李承乾冒险策谋政变，玄武门的阴影在唐太宗当世笼罩着政坛。

太宗文武大圣大广孝皇帝中之中

贞观十五年（辛丑，641 年）

春，正月，甲戌[1]，以吐蕃禄东赞为右卫大将军。上嘉禄东赞善应对，以琅邪公主[2]外孙段氏妻之；辞曰："臣国中自有妇，父母所聘，不可弃也。且赞普未得谒公主，陪臣何敢先娶！"上益贤之，然欲抚以厚恩，竟不从其志。

丁丑[3]，命礼部尚书江夏王道宗[4]持节送文成公主于吐蕃。赞普大喜，见道宗，尽子婿礼，慕中国衣服、仪卫之美，为公主别筑城郭宫室[5]而处之，自服纨绮以见公主。其国人皆以赭[6]涂面，公主恶之，赞普下令禁之；亦渐革其猜暴之性，遣子弟入国学，受《诗》《书》[7]。

乙亥[8]，突厥俟[9]利苾可汗始帅部落济河，建牙于故定襄城[10]，有户三万，胜兵四万，马九万匹，仍奏言："臣非分蒙恩，为部落之长，愿子子孙孙为国家一犬，守吠北门。若薛延陀侵逼，请从[11]家属入长城。"诏许之。

上将幸洛阳，命皇太子监国，留右仆射高士廉辅之。辛巳[12]，行及温汤[13]。卫士崔卿、刁文懿惮于行役，冀上惊而止，乃夜射行宫，矢及寝庭者五；皆以大逆[14]论。

三月，戊辰[15]，幸襄城宫，地既烦热，复多毒蛇；庚午[16]，罢襄城宫，分赐百姓，免阎立德官。

（以上为第一段，写唐文成公主入藏，唐与吐蕃和亲。唐在定襄城地区安置内属的突厥人。）

【注释】

[1]甲戌：正月十二日。 [2]琅邪公主：《旧唐书·吐蕃传》作"琅邪长公主"。既为长公主，当系唐高祖女。事迹见《旧唐书》卷一百九十六上、《新唐书》卷二百一十六上《吐蕃传》上。 [3]丁丑：正月十五日。 [4]道宗（600—653）：唐宗室大臣李道宗。在唐初的征讨中，道宗屡建战功，为宗室诸王的佼佼者。传见《旧唐书》卷六十、《新唐书》卷七十八。 [5]为公主别筑城郭宫室：今西藏拉萨市布达拉宫的最早宫室，即为文成公主而建。 [6]赭：红土，赤褐颜色。 [7]《诗》《书》：即儒家经典《诗经》《尚书》。 [8]乙亥：正月十三日。 [9]侯：据张校，"侯"作"俟"。 [10]故定襄城：今内蒙古和林格尔县西北土城子。 [11]请从：据章校，"从"作"徙"。 [12]辛巳：正月十九日。 [13]温汤：即今陕西西安市临潼区华清池。 [14]大逆：即"谋大逆"，"十恶"第二条。 [15]戊辰：三月七日。 [16]庚午：三月九日。

夏，四月，辛卯朔[1]，诏以来年二月有事于泰山[2]。

上以近世阴阳杂书，讹伪尤多，命太常博士吕才[3]与诸术士刊定可行者，凡四十七卷。己酉[4]，书成，上之；才皆为之叙，质以经史。其叙《宅经》，以为："近世巫觋[5]妄分五姓[6]，如张、王为商[7]，武、庚为羽，似取谐韵；至于以柳为宫，以赵为角，又复不类[8]。或同出一姓，分属宫商；或复姓数字，莫辨徵羽。此则事不稽古[9]，义理乖僻者也。"叙《禄命》，以为："禄命[10]之书，多言或中，人乃信之。然长平坑卒[11]，未闻共犯三刑[12]；南阳贵士[13]，何必俱当六合[14]！今亦有同年同禄而贵贱悬殊，共命共胎而寿夭更异。按鲁庄公[15]法应贫贱，又尫弱[16]短陋，惟得长寿；秦始皇法[17]无官爵，纵得禄，少奴婢，为人无始有终；汉武帝、后魏孝文帝皆法无官爵；宋武帝[18]禄与命并当空亡[19]，唯宜长子，虽有次子，法当早夭；此皆禄命不验之著明者也。”其叙《葬》，以为：“《孝经》云：‘卜其宅兆[20]而安厝[21]之，’盖以窀穸[22]既终，永安体魄，而朝市迁变，泉石交侵，不可前知，故谋之龟筮[23]。近岁或选年月，或相墓田，以为一事失所，祸及死生。按《礼》[24]：天子、诸侯、大夫葬皆有月数，是古人不择年月也。《春秋》[25]：‘九月丁巳，葬定公[26]，雨，不克葬[27]，戊午，日下昃[28]，乃克葬，’是不择日也。郑葬简公[29]，司墓之室当路，毁之则朝而窆[30]，不毁则日中而窆，子产[31]不毁，是不择时也。古之葬者皆于国都之北，兆域有常处，是不择地也。今葬书以为子孙富贵、贫贱、寿夭，皆因卜葬所致。夫子文为令尹而三已[32]，柳下惠[33]为士师而三黜，计其丘陇，未尝改移。而野俗无识，妖巫妄言，遂于擗踊[34]之际，择葬地以希官爵；荼毒[35]之秋，选葬时以规财利。或云辰日[36]不可哭泣，遂莞尔[37]而对吊客；或云同属[38]忌于临圹[39]，遂吉服[40]不送其亲。伤教败礼，莫斯为甚！”术士[41]皆恶其言，而识者皆以为确论。

（以上为第二段，写太常博士吕才奉诏整理阴阳数术之书，作序批判禄命天定、吉凶禁忌等迷信妄说，为有识之士所肯定。）

【注释】

[1]辛卯朔：四月一日。 [2]有事于泰山：指封禅事。 [3]吕才（600—665）：唐初哲学家。博州清平（今山东聊城市）人。精通天文、历史、音律等。官至太常博士、太常丞。传见《旧唐书》卷七十九、《新唐书》卷一百零七。 [4]己酉：四月十九日。 [5]巫觋（xí）：女巫为巫，男巫为觋。 [6]五姓：取姓氏及天下万物以谐韵分别配属宫、商、角、徵、羽五音，谓之“五姓”。 [7]商：五音之一。五音即中国的宫、商、角、徵、羽五声音阶，相当于简谱中的1、2、3、5、6。 [8]不类：非同类，不伦不类。 [9]稽古：考古。 [10]禄命：旧指人生富贵贫贱、盛衰兴废皆由天定。 [11]长平坑卒：战国后期，秦、赵于长平（今山西高平市西北）大战，赵四十万士卒为秦所俘坑杀。 [12]三刑：指十二时辰的刑杀。星相家认为：巳、酉、丑三个时辰，刑杀在西方；寅、午、戌三个时辰，刑杀在南方；亥、卯、未三个时辰，刑杀在东方；申、子、辰三个时辰，刑杀在北方。 [13]南阳贵士：指后汉光武帝刘秀及其佐命功臣邓禹等，均为南阳人。[14]六合：星命家术语，指子与丑合、寅与亥合、卯与戌合、辰与酉合、巳与申合、午与未合。

[15]鲁庄公：春秋鲁国国君姬同，在位三十二年。[16]尪（wāng）弱：瘦弱。[17]法：程式，准则。[18]宋武帝（656—422）：南朝宋的建立者刘裕。字德舆，彭城（今江苏徐州市）人。传见《宋书》卷一、卷二、卷三，《南史》卷一。[19]空亡：空无，什么都没有，此指禄命书推算出宋武帝既无禄，也无命。[20]宅兆：宅，墓穴；兆，墓地。[21]安厝（cuò）：安葬。[22]窀（zhūn）穸（xī）：墓穴。[23]龟筮：卜巫者用龟和蓍占卜吉凶。[24]《礼》：即《礼经》，儒家经典之一。[25]《春秋》：春秋时鲁国的史记。系我国现存最早的编年体史书，也是儒家经典之一。[26]定公：即春秋鲁国君姬宋，公元前509年至公元前495年在位。[27]不克葬：不能完成葬事。[28]日下昃：太阳偏西。[29]简公：即春秋郑国君姬嘉，公元前565年至公元前555年在位。[30]窆（biǎn）：落葬。[31]子产（?—前522）：即公孙成子。或公孙侨。字子产，一字子美。春秋时郑国政治家。[32]三已：三次（多次）任令尹，都被革职。[33]柳下惠：即展禽。春秋时鲁国大夫。展禽封地为"柳下"，谥号"惠"，故后人以"柳下惠"称之。曾做士师（掌管刑狱的官）而"三黜"（即三次革职）。[34]擗捅：捶胸顿足。[35]荼毒：苦痛。荼，苦菜；毒，毒草。[36]辰日：好时日。[37]莞尔：微笑的样子。[38]同属：与死者同一属相。[39]圹：墓穴。[40]吉服：礼服，官服。[41]术士：指占卜星相、操迷信职业的人。

丁巳[1]，果毅都尉[2]席君买帅精骑百二十袭击吐谷浑丞相宣王[3]，破之，斩其兄弟三人。初，丞相宣王专国政，阴谋袭弘化公主，劫其王诺曷钵奔吐蕃。诺曷钵闻之，轻骑奔鄯善城[4]，其臣威信王[5]以兵迎之，故君买为之讨诛宣王。国人犹惊扰，遣户部尚书唐俭等慰抚之。

五月，壬申[6]，并州父老诣阙请上封泰山毕，还幸晋阳，上许之。

丙子[7]，百济来告其王扶余璋[8]之丧，遣使册命其嗣子义慈。

己酉[9]，有星孛[10]于太微[11]，太史令薛颐[12]上言，未可东封。辛亥[13]，起居郎褚遂良亦言之；丙辰[14]，诏罢封禅。

太子詹事于志宁遭母丧，寻起复[15]就职。太子治宫室，妨农功；又好郑、卫之乐[16]；志宁谏，不听。又宠昵宦官，常在左右，志宁上书，以为："自易牙[17]以来，宦官覆亡国家者非一。今殿下亲宠此属，使陵易衣冠[18]，不可长也。"太子役使司驭[19]等，半岁不许分番[20]，又私引突厥达哥友[21]入宫，志宁上书切谏，太子大怒，遣刺客张思政、纥干承基[22]杀之。二人入其第，见志宁寝处苫块[23]，竟不忍杀而止。

西突厥沙钵罗叶护可汗数遣使入贡。秋，七月，甲戌[24]，命左领军将军张大师[25]持节即其所号立为可汗，赐以鼓纛[26]。上又命使者多赍金帛，历诸国市良马，魏徵谏曰："可汗位未定而先市马，彼必以为陛下志在市马，以立可汗为名耳。使可汗得立，荷德必浅；若不得立，为怨实深。诸国闻之，亦轻中国。市或不得，得亦非美。苟能使彼安宁，则诸国之马，不求自至矣。"上欣然止之。

乙毗咄陆可汗与沙钵罗叶护互相攻，乙毗咄陆浸强大，西域诸国多附之。未几，乙毗咄陆使石国吐屯击沙钵罗叶护，擒之以归，杀之。

丙子[27]，上指殿屋谓侍臣曰："治天下如建此屋，营构既成，勿数改移；苟易一榱[28]，正一瓦，践履动摇，必有所损。若慕奇功，变法度，不恒其德，劳扰实多。"

上遣职方郎中[29]陈大德[30]使高丽；八月，己亥[31]，自高丽还。大德初入其境，欲知山川风俗，所至城邑，以绫绮遗其守者，曰："吾雅好山水，此有胜处，吾欲观之。"守者喜，导之游历，无所不至，往往见中国人，自云："家在某郡，隋末从军，没于高丽，高丽妻以游女[32]，与高丽错居，殆[33]将半矣。"因问亲戚存没，大德绐[34]之曰："皆无恙。"咸涕泣相告。数日后，隋人望之而哭者，遍于郊野。大德言于上曰："其国闻高昌亡，大惧，馆候[35]之勤，加于常数。"上曰："高丽本四郡[36]地耳，吾发卒数万攻辽东[37]，彼必倾国救之，别遣舟师出东莱[38]，自海道趋平壤，水陆合势，取之不难。但山东州县凋瘵[39]未复，吾不欲劳之耳！"

（以上为第三段，写东西突厥归一，内附唐室，东方高丽亦示好于唐。唐太宗以建屋为喻，强调创业之主的成法，子孙不得更改。）

【注释】

[1]丁巳：四月二十七日。[2]果毅都尉：武官名。折冲府长官折冲都尉之副。[3]席君买、宣王：事迹并见《新唐书》卷二百二十一上《吐谷浑传》。[4]鄯善城：在今新疆若羌县。《新唐书·吐谷浑传》："鄯善城"作"鄯城"（今青海西宁市）。[5]威信王：事迹并见《新唐书》卷二百二十一上《吐谷浑传》。[6]壬申：五月十二日。[7]丙子：五月十六日。[8]扶余璋：扶余，复姓。扶余璋与其子义慈事迹并见《旧唐书》卷一百九十九上《百济传》、《新唐书》卷

二百二十《百济传》。［9］己酉：六月十九日。［10］孛：彗星的别称。［11］太微：即太微垣天区，为三垣之一。三垣，指我国古代把环绕北极和接近头顶上空的恒星群分成紫微垣、太微垣和天市垣三个区。［12］薛颐：唐初天文学家，道士出身。传见《旧唐书》卷一百九十一、《新唐书》卷二百零四。［13］辛亥：六月二十一日。［14］丙辰：六月二十六日。［15］起复：又称“夺情”，指官员为父母守丧尚未期满而应召任职。［16］郑、卫之乐：又称“郑声”；春秋战国时期郑、卫两国的民间音乐。因与儒家倡导的雅乐截然不同，故被孔子斥之为“淫”，后来成为淫靡之乐的代称。［17］易牙：春秋时齐桓公的宠臣。雍（治今陕西宝鸡市凤翔区南）人，名巫，亦称雍巫。［18］衣冠：世族，士绅。［19］司驭：疑为太子仆寺厩牧署属吏翼驭，掌调马、驾驭。［20］番：更代。［21］达哥友：据两《唐书·于志宁传》，“友”作“支”。［22］张思政、纥干承基：事迹并见《旧唐书》卷七十六《李承乾传》、《新唐书》卷八十《李承乾传》。纥干，蕃人复姓。［23］苫块：“寝苫枕块”的省称。古礼，居亲丧时，以苫（即草垫）为席，块（土块）为枕。［24］甲戌：七月十五日。［25］张大师：唐初名将张俭兄。雍州新丰（治今陕西西安市临潼区）人。以军功官至太仆卿、华州刺史，封武功县男。传见《旧唐书》卷八十三、《新唐书》卷一百一十一。［26］纛：大旗。［27］丙子：七月十七日。［28］榱（cuī）：屋椽、屋桷（方椽）的总称。［29］职方郎中：官名。兵部职方司长官。掌天下疆域图籍之事。［30］陈大德：事迹并见《新唐书》卷二百二十《高丽传》。［31］己亥：八月十日。［32］游女：流离失所的女子。［33］殆：大概，恐怕。［34］绐（dài）：哄骗。［35］馆候：宾馆官吏。［36］四郡：汉武帝时，曾于辽东等地置临屯、真番、乐浪、玄菟四郡。［37］辽东：郡名。治所在今辽宁新民市东北。［38］东莱：地区名。指今山东莱阳等市以东地区。［39］凋瘵（zhài）：伤病。

乙巳[1]，上谓侍臣曰：“朕有二喜一惧。比年丰稔，长安斗粟直三四钱，一喜也；北虏[2]久服，边鄙无虞[3]，二喜也。治安则骄侈易生，骄侈则危亡立至，此一惧也。”

冬，十月，辛卯[4]，上校猎伊阙[5]；壬辰[6]，幸嵩阳[7]；辛丑[8]，还宫。

并州大都督长史李世勣在州十六年，令行禁止，民夷怀服。上曰：“隋炀帝劳百姓，筑长城以备突厥，卒无所益。朕唯置李世勣于晋阳而边尘不惊[9]，其为长城，岂不壮哉！”十一月，庚申[10]，以世勣为兵部尚书。

壬申[11]，车驾西归长安。

薛延陀真珠可汗闻上将东封，谓其下曰：“天子封泰山，士马皆从，边境必虚，我以此时取思摩，如拉朽[12]耳。”乃命其子大度设[13]发同罗[14]、仆骨、回纥、靺鞨、霫等兵合二十万，度漠南，屯白道川[15]，据善阳岭[16]以击突厥。俟利苾可汗不能御，帅部落入长城，保朔州，遣使告急。

癸酉[17]，上命营州都督张俭[18]帅所部骑兵及奚、霫、契丹压其东境；以兵部尚书李世勣为朔州道行军总管，将兵六万，骑千二百，屯羽方[19]；右卫大将军李大亮为灵州道行军总管，将兵四万，骑五千，屯灵武[20]；右屯卫大将军张士贵将兵一万七千，为庆州道行军总管，出云中；凉州都督李袭誉[21]为凉州道行军总管，出其西。

诸将辞行，上戒之曰："薛延陀负其强盛，逾漠而南，行数千里，马已疲瘦。凡用兵之道，见利速进，不利速退。薛延陀不能掩思摩不备，急击之，思摩入长城，又不速退。吾已敕思摩烧薙[22]秋草，彼粮糗[23]日尽，野无所获。顷侦者来，云其马啮林木枝皮略尽。卿等当与思摩共为掎角[24]，不须速战，俟其将退，一时奋击，破之必矣。"

十二月，戊子[25]，车驾至京师。

己亥[26]，薛延陀遣使入见，请与突厥和亲。甲辰[27]，李世勣败薛延陀于诸真水[28]。初，薛延陀击西突厥沙钵罗及阿史那社尔，皆以步战[29]取胜；及将入寇，乃大教步战，使五人为伍，一人执马，四人前战，战胜则授以马追奔。于是大度设将三万骑逼长城，欲击突厥，而思摩已走，知不可得，遣人登城骂之。会李世勣引唐兵至，尘埃涨天，大度设惧，将其众自赤柯泺[30]北走，世勣选麾下及突厥精骑六千自直道邀之，逾白道川，追及于青山[31]。大度设走累日[32]，至诸真水，勒兵还战，陈亘十里。突厥先与之战，不胜，还走，大度设乘胜追之，遇唐兵，薛延陀万矢俱发，唐马多死。世勣命士卒皆下马，执长矟[33]，直前冲之。薛延陀众溃，副总管薛万彻以数千骑收其执马者。薛延陀失马，不知所为，唐兵纵击，斩首三千余级，捕虏五万余人。大度设脱身走，万彻追之不及。其众至漠北，值大雪，人畜冻死者什八九。

李世勣还军定襄[34]，突厥思结[35]部居五台者叛走，州兵追之，会世勣军还，夹击，悉诛之。

丙子[36]，薛延陀使者辞还，上谓之曰："吾约汝与突厥以大漠为界，有相侵者，我则讨之。汝自恃其强，逾漠攻突厥。李世勣所将才数千骑耳，汝已狼狈如此！归语可汗：凡举措利害，可善择其宜。"

（以上为第四段，写唐军大破薛延陀。）

【注释】

[1]乙巳：八月十七日。[2]北虏：谓东突厥及铁勒薛延陀等。[3]虞：通"虑"。忧虑。[4]辛卯：十月三日。[5]伊阙：又名"阙口""龙门"。在今河南洛阳市南。[6]壬辰：十月四日。[7]嵩阳：县名。县治在今河南登封市。[8]辛丑：十月十三日。[9]边尘不惊：谓边境安宁，无战事破坏。[10]庚申：十二月三日。[11]壬申：十一月十五日。[12]拉朽：形容极容易摧毁。朽，朽木。[13]大度设：即薛延陀可汗嫡子利咥拔灼。后杀其庶兄曳莽，自立为颉利俱利失薛沙多弥可汗。事迹见《旧唐书》卷一百九十九下、《新唐书》二百十七下《薛延陀传》。[14]同罗：铁勒诸部之一，分布于图拉河北。[15]白道川：在今内蒙古呼和浩特市西北。为河套东北地区通往阴山以北的主要通道。[16]善阳岭：山名。在今山西朔州市北。[17]癸酉：十一月十六日。[18]张俭（593—653）：唐初大将。雍州新丰（今陕西西安市临潼区）人。累任边州都督，封皖成郡公。传见《旧唐书》卷八十三、《新唐书》卷一百一十一。[19]羽方：据《册府元龟》卷一百二十五、《新唐书》卷二百一十七下等，"羽方"作"朔州"（治今山西朔州市西南）。[20]灵武：县名。县治在今宁夏永宁县西南。[21]李袭誉：唐初边将。字茂实，金州安康（今陕西安康市）人。官至凉州都督，封安康郡公。才兼文武，撰《五经妙言》五十卷、《江东记》三十卷、《忠孝图》二十卷。传见《旧唐书》卷五十九、《新唐书》卷九十一。[22]薙（tì）：除草。[23]糗（qiǔ）：炒熟米麦粉，俗称"干粮"。[24]掎角：比喻牵制或夹击之势。[25]戊子：十二月一日。[26]己亥：十二月十二日。[27]甲辰：十二月十七日。[28]诺真水：今内蒙古艾不盖河。[29]步战：徒步作战。[30]赤柯泺：沼泽名。在今山西大同市西北。[31]青山：山名。即今内蒙古呼和浩特市北大青山。[32]累日：整天。[33]长稍：兵器名。长矛，即槊。[34]定襄：县名。县治在今山西定襄县。[35]思结：铁勒诸部之一。因曾为东突厥所役属，故又称"突厥思结部"。其主要分布地在今蒙古国杭爱山东南一带，并有部分人徙居五台县境（今山西五台县）。武周时，居漠北者多徙入今甘肃张掖、武威地区。[36]丙子：据严校，"丙子"为"丙午"（十二月十九日）误。

上问魏徵："比来朝臣何殊不论事？"对曰："陛下虚心采纳，必有言者。凡臣徇国者寡，爱身者多，彼畏罪，故不言耳。"上曰："然。人臣关说忤旨，动及刑诛，与夫蹈汤火冒白刃者亦何异哉！是以禹拜昌言[1]，良为此也。”

房玄龄、高士廉遇少府少监[2]窦德素[3]于路，问：“北门[4]近何营缮？”德素奏之。上怒，让玄龄等曰：“君但知南牙[5]政事，北门小营缮，何预君事！”玄龄等拜谢。魏徵进曰：“臣不知陛下何以责玄龄等，而玄龄等亦何所谢！玄龄等为陛下股肱耳目，于中外事岂有不应知者！使所营为是，当助陛下成之；为非，当请陛下罢之。问于有司，理则宜然。不知何罪而责，亦何罪而谢也！”上甚愧之。

上尝临朝谓侍臣曰：“朕为人主，常兼将相之事。”给事中张行成[6]退而上书，以为：“禹不矜伐[7]而天下莫与之争。陛下拨乱反正，群臣诚不足望清光[8]；然不必临朝言之。以万乘之尊，乃与群臣校功争能，臣窃为陛下不取。”上甚善之。

（以上为第五段，写唐太宗恶闻谏言，魏徵规谏。）

【注释】

[1]昌言：直言无所顾忌。“禹拜昌言”出《尚书·大禹谟》。 [2]少府少监：官名。少府监之副，掌少府监百工技巧等事。 [3]窦德素：唐高祖皇后窦氏族孙。京兆始平（今陕西兴平市）人。官至南康郡太守。 [4]北门：即宫城北门玄武门。 [5]南牙：又作“南衙”，即皇城内中央机关。因皇城在宫城之南，故名。 [6]张行成（587—653）：贞观末至永徽初年宰相。传见《旧唐书》卷七十八、《新唐书》卷一百零四。 [7]矜伐：居功夸耀。 [8]清光：风采清雅。

十六年（壬寅，642 年）

春，正月，乙丑[1]，魏王泰上《括地志》[2]。泰好学，司马苏勖[3]说泰，以古之贤王皆招士著书，故泰奏请修之。于是大开馆舍，广延时俊，人物辐凑，门庭如市。泰月给逾于太子，谏议大夫褚遂良上疏，以为：“圣人制礼，尊嫡卑庶，世子用物不会[4]，与王者共之。庶子虽爱，不得逾嫡，所以塞嫌疑之渐，除祸乱之源也。若当亲者疏，当尊者卑，则佞巧之奸，乘机而动矣。昔汉窦太后[5]宠梁孝王，卒以忧死；宣帝[6]宠淮阳宪王，亦几至于败。今魏王新出阁，宜示以礼则，训以谦俭，乃为良器，此所谓‘圣人之教不肃而成[7]’者也。”上从之。

上又令泰徙居武德殿；魏徵上书，以为：“陛下爱魏王，常欲使之安全，宜每抑其骄奢，不处嫌疑之地[8]。今移居此殿，乃在东宫之西，海陵[9]昔尝居之，时人不以为可；虽时异事异，然亦恐魏王之心不敢安息也。”上曰：“几致此误。”遽遣泰归第。

辛未[10]，徙死罪者实西州，其犯流徙则充戍[11]，各以罪轻重为年限。

敕天下括浮游无籍者，限来年末附[12]毕。

以兼中书侍郎岑文本为中书侍郎，专知机密[13]。

夏，四月，壬子[14]，上谓谏议大夫褚遂良曰：“卿犹知起居注[15]，所书可得观乎？”对曰：“史官书人君言动，备记善恶，庶几[16]人君不敢为非，未闻自取而观之也！”上曰：“朕有不善，卿亦记之邪？”对曰：“臣职当载笔，不敢不记。”黄门侍郎刘洎曰：“借使遂良不记，天下亦皆记之。”上曰：“诚然。”

六月，庚寅[17]，诏息隐王[18]可追复皇太子，海陵刺王元吉追封巢王，谥并依旧。

甲辰[19]，诏自今皇太子出用库物，所司勿为限制。于是太子发取无度，左庶子张玄素上书，以为：“周武帝平定山东，隋文帝混一江南，勤俭爱民，皆为令主[20]，有子不肖[21]，卒亡宗祀。圣上以殿下亲则父子，事兼家国，所应用物不为节限，恩旨未逾六旬，用物已过七万，骄奢之极，孰云过此！况宫臣正士，未尝在侧；群邪淫巧，昵近深宫。在外瞻仰，已有此失；居中隐密，宁可[22]胜计！苦药利病，苦言利行，伏惟居安思危，日慎一日。”太子恶其书，令户奴[23]伺玄素早朝，密以大马棰[24]击之，几毙。

秋，七月，戊子[25]，以长孙无忌为司徒，房玄龄为司空。

庚申[26]，制：“自今有自伤残者，据法加罪，仍从赋役。”隋末赋役重数，人往往自折支体，谓之“福手”、“福足”；至是遗风犹存，故禁之。

特进魏徵有疾，上手诏问之，且言：“不见数日，朕过多矣。今欲自往，恐益为劳。若有闻见，可封状进来。”徵上言：“比者[27]弟子陵师[28]，奴婢忽主[29]，下多轻上，皆有为而然，渐不可长[30]。”又言：

“陛下临朝，常以至公为言，退而行之，未免私僻[31]。或畏人知，横加威怒，欲盖弥彰，竟有何益！”徵宅无堂[32]，上命辍小殿之材以构之，五日而成，仍赐以素屏风、素褥、几、杖[33]等以遂其所尚，徵上表谢，上手诏称：“处卿至此，盖为黎元[34]与国家，岂为一人，何事过谢！”

八月，丁酉[35]，上曰：“当今国家何事最急？”谏议大夫褚遂良曰：“今四方无虞，唯太子、诸王宜有定分[36]最急。”上曰：“此言是也。”时太子承乾失德，魏王泰有宠，群臣日有疑议，上闻而恶之，谓侍臣曰：“方今群臣，忠直无逾魏徵，我遣傅太子，用绝天下之疑。”九月，丁巳[37]，以魏徵为太子太师[38]。徵疾少愈，诣朝堂表辞，上手诏谕以“周幽、晋献[39]，废嫡立庶，危国亡家。汉高祖几废太子，赖四皓[40]然后安。我今赖公，即其义也。知公疾病，可卧护之。”徵乃受诏。

（以上为第六段，写魏王李泰编纂《括地志》以取声誉，而太子李承乾骄奢失德，凌暴老师。）

【注释】

[1]乙丑：正月九日。 [2]《括地志》：唐初地理著作。五百五十卷。魏王李泰撰。实出于萧德言等手笔。书已散佚，今仅存数卷辑本。 [3]苏勖：字慎行，雍州武功（今陕西武功县）人。原为秦王府“十八学士”之一，尚高祖女南昌公主，拜驸马都尉，官至太子左庶子。事迹见《旧唐书》卷八十八《苏瓌传》附《苏干传》、《新唐书》卷一百二十五《苏瓌传》附《苏干传》。 [4]会：总计，岁计。 [5]窦太后（?—前135或前129）：西汉文帝皇后，景帝即位，尊为太后。其少子梁孝王刘武，因太后宠爱，景帝被迫赐予天子旌旗，出入“拟于天子”。武由是觊觎帝位并派人刺杀朝中大臣。帝“由此怨望于梁王”。武终以忧死。事见《汉书》卷四十七《文三王传》等。 [6]宣帝（前91—前49）：即公元前74年至前49年在位的西汉宣帝刘询。淮阳宪王刘钦，为宣帝次子，“聪达有材，帝甚爱之”。钦遂自命不凡，于元帝刘奭（前48—前33在位）时谋反，几至身败名裂。事见《汉书》卷八十《宣元六王传》等。 [7]圣人之教不肃而成：《孝经》载孔子之言。肃，严急。[8]嫌疑之地：不应处的位置。此指诸侯王不应入居皇宫，违礼过制，将使自己遭嫌疑。 [9]海陵：李元吉追封为海陵剌王。 [10]辛未：正月十五日。 [11]充戍：充军戍守。 [12]附：谓附籍为国家编户。 [13]专知机密：中书省设侍郎二人，为中书令之副，时独用岑文本，故称“专知机密”。 [14]壬子：四月二十七日。 [15]知起居注：知，兼官；起居注，帝王的言行记录。[16]庶几：希望。 [17]庚寅：六月六日。 [18]息隐王：即隐太子李建成。 [19]甲辰：六月二十日。 [20]令主：好皇帝。令，美，善，佳。 [21]有子不肖：指北周武帝子宣帝宇文

赟，公元578年至579年在位；隋文帝子炀帝杨广。［22］宁可：不可，不能。［23］户奴：官奴，掌守门户。［24］马棰：马鞭。［25］戊子：据章校，“戊子”为“戊午”（七月五日）误。［26］庚申：七月七日。［27］比者：近来。［28］陵师：冒犯老师。陵，通“凌”。［29］忽主：不尊重主人。［30］渐不可长：不良风气不可逐渐增长。［31］私僻：自私偏执。［32］堂：正屋，前厅。［33］几、杖：老人用物。几，小桌，用于卧时凭倚。杖，手杖，用以行走时支撑身体。［34］黎元：黎民百姓。［35］丁酉：八月十四日。［36］定分：指名位的等级规格要有一定的标准。［37］丁巳：九月四日。［38］太子太师：官名。从一品，掌辅导皇太子。［39］周幽、晋献：周幽，即西周幽王，幽王废太子而立褒姒之子，为犬戎所杀；晋献，即春秋晋国献公，献公废世子而立骊姬之子，晋国大乱。［40］四皓：即秦末汉初隐于商山的东园公、甪（lù）里先生、绮里季、夏黄公四位八十余岁老人，时称“商山四皓”。因太子同四皓交游，汉高祖遂以为太子为众望所归，改变了另立太子的初衷。

癸亥[1]，薛延陀真珠可汗遣其叔父沙钵罗泥熟俟斤来请婚，献马三千，貂皮三万八千，马脑镜一。

癸酉[2]，以凉州都督郭孝恪行安西都护、西州刺史。高昌旧民与镇兵[3]及谪徙[4]者杂居西州，孝恪推诚抚御，咸得其欢心。

西突厥乙毗咄陆可汗既杀沙钵罗叶护，并其众，又击吐火罗，灭之。自恃强大，遂骄倨，拘留唐使者，侵暴西域，遣兵寇伊州，郭孝恪将轻骑二千自乌骨[5]邀击，败之。乙毗咄陆又遣处月、处密二部围天山[6]，孝恪击走之，乘胜进拔处月俟斤所居城，追奔至遏索山[7]，降处密之众而归。

初，高昌既平，岁发兵千余人戍守其地，褚遂良上疏，以为：“圣王为治，先华夏而后夷狄。陛下兴兵取高昌，数郡萧然[8]，累年不复[9]；岁调千余人屯戍[10]，远去乡里，破产办装[11]。又谪徙罪人，皆无赖子弟，适足骚扰边鄙，岂能有益行陈！所遣多复逃亡，徒烦追捕。加以道途所经，沙碛千里，冬风如割，夏风如焚，行人往来，遇之多死。设使张掖[12]、酒泉[13]有烽燧[14]之警，陛下岂得高昌一夫斗粟之用，终当发陇右诸州兵食以赴之耳。然则河西[15]者，中国之心腹；高昌者，他人之手足；奈何糜弊本根[16]以事无用之土乎！且陛下得突厥、吐谷浑，皆不有其地，为之立君长以抚之，高昌独不得与为比乎！叛而执之，服而封之，刑莫威焉，德莫厚焉。愿更择高昌子弟可立者，使君其国，子子孙孙，负荷大恩，永为唐室藩辅，内安外宁，不亦善乎！”上弗听。及西突厥入寇，上悔之，曰：“魏徵、褚遂良劝我复立高昌，吾不用其言，今方自咎耳。”

乙毗咄陆西击康居[17]，道过米国[18]，破之。虏获甚多，不分与其下，其将泥熟啜[19]辄夺取之，乙毗咄陆怒，斩泥熟啜以徇，众皆愤怨。泥熟啜部将胡禄屋[20]袭击之，乙毗咄陆众散，走保白水胡城[21]，于是弩失毕[22]诸部及乙毗咄陆所部屋利啜等遣使诣阙，请废乙毗咄陆，更立可汗。上遣使赍玺书，立莫贺咄[23]之子为乙毗射匮可汗[24]。乙毗射匮即立，悉礼遣乙毗咄陆所留唐使者，帅所部击乙毗咄陆于白水胡城。乙毗咄陆出兵击之，乙毗射匮大败。乙毗咄陆遣使招其故部落，故部落皆曰：“使我千人战死，一人独存，亦不汝从！”乙毗咄陆自知不为众所附，乃西奔吐火罗。

冬，十月，丙申[25]，殿中监郢纵公宇文士及卒。上尝止树下，爱之，士及从而誉之不已，上正色曰：“魏徵常劝我远佞人，我不知佞人为谁，意疑是汝，今果不谬！”士及叩头谢。

上谓侍臣曰：“薛延陀屈强[26]漠北。今御之止有二策，苟非发兵殄灭之，则与之婚姻以抚之耳，二者何从？”房玄龄对曰：“中国新定，兵凶战危，臣以为和亲便。”上曰：“然。朕为民父母，苟可利之，何爱一女！”

先是左领军将军契苾何力母姑臧夫人[27]及弟贺兰州都督沙门[28]皆在凉州，上遣何力归觐，且抚其部落。时薛延陀方强，契苾部落皆欲归之，何力大惊曰：“主上厚恩如是，奈何遽为叛逆！”其徒曰：“夫人、都督先已诣彼，若之何不往！”何力曰：“沙门孝于亲，我忠于君，必不汝从。”其徒执之诣薛延陀，置真珠[29]牙帐前。何力箕倨，拔佩刀东向大呼曰：“岂有唐烈士而受屈虏庭，天地日月，愿知我心！”因割左耳以誓。真珠欲杀之，其妻谏而止。

上闻契苾叛，曰：“必非何力之意。”左右曰：“戎狄气类相亲，何力入薛延陀，如鱼趋水耳。”上曰：“不然。何力心如铁石，必不叛我。”会有使者自薛延陀来，具言其状，上为之下泣，谓左右曰："何力果如何？"即命兵部侍郎崔敦礼[30]持节谕薛延陀，以新兴公主[31]妻之，以求何力，何力由是得还，拜右骁卫大将军[32]。

十一月，丙辰[33]，上校猎于武功。

丁巳[34]，营州都督张俭奏高丽东部大人泉盖苏文[35]弑其王武[36]。盖苏文凶暴多不法，其王及大臣议诛之。盖苏文密知之，悉集部兵若校阅者，并盛陈酒馔于城南，召诸大臣共临视，勒兵尽杀之，死者百余人。因驰入宫，手弑其王，断为数段，弃沟中，立王弟子藏[37]为王，自为莫离支，其官如中国吏部兼兵部尚书也。于是号令远近，专制国事。盖苏文状貌雄伟，意气豪逸，身佩五刀，左右莫敢仰视。每上下马，常令贵人、武将伏地而履之。出行必整队伍，前导者长呼，则人皆奔迸，不避坑谷，路绝行者，国人甚苦之。

壬戌[38]，上校猎于岐阳[39]，因幸庆善宫[40]，召武功故老宴赐，极欢而罢。庚午[41]，还京师。

壬申[42]，上曰："朕为兆民之主，皆欲使之富贵。若教以礼义，使之少敬长、妇敬夫，则皆贵矣。轻徭薄敛，使之各治生业，则皆富矣。若家给人足，朕虽不听管弦[43]，乐在其中矣。"

（以上为第七段，写唐与薛延陀和亲，高丽内乱。）

【注释】

[1]癸亥：九月十日。[2]癸酉：九月二十日。[3]镇兵：镇守之兵，为军镇兵。[4]谪徙：指被流放边地的重刑犯人。[5]乌骨：民族名。疑即"乌护"，分布于西州北的回纥的一支。[6]天山：县名。县治在今新疆吐鲁番市西南。[7]遏索山：在今新疆乌鲁木齐市西南。[8]萧然：萧条，指经济残破。[9]不复：不能恢复旧貌。[10]屯戍：屯田戍守。[11]办装：治理戎装，备办军需物资。[12]张掖：郡治名。即今甘肃张掖市，为唐初甘州治所。[13]酒泉：县名。县治即今甘肃酒泉市。[14]烽燧：烽火，古代边防报警的两种信号。烽指夜间烽火台上的燃火，燧指白昼烽火台上的积薪燃烧时的浓烟。[15]河西：地区名。指今甘、青二省黄河以西地区，即河西走廊和湟水流域一带。[16]糜弊本根：指耗费国力。[17]康居：康国代称。在今乌兹别克斯坦撒马尔罕一带。永徽中，于其国萨末鞬城（即今撒马尔罕城）置康居都督府。[18]米国：国名。又作"弥末""弭秣贺"。在今乌兹别克斯坦撒马尔罕以东南。[19]泥

熟啜：西突厥阿悉结部酋。［20］胡禄屋：西突厥五咄陆胡禄屋部酋。［21］白水胡城：在今哈萨克斯坦奇姆肯特东。［22］弩失毕：即居碎叶（今楚河）以西的西突厥十姓中五弩失毕部落。［23］莫贺咄：即杀统叶护可汗自立的莫贺咄俟屈利俟毗可汗，公元628年至630年在位。［24］乙毗射匮可汗：公元642年至651年在位。［25］丙申：十月十四日。［26］屈强：倔强。［27］姑臧夫人：铁勒契苾部女酋长，贞观六年（632）率部内附，封姑臧夫人。［28］沙门：姑臧夫人次子，拜羁縻州贺兰州（侨治今甘肃武威市）都督。姑臧夫人及子沙门事迹并见两《唐书·契苾何力传》。［29］真珠：薛延陀真珠毗伽可汗的简称。"真珠"姓名为"一利咥夷男"。公元629年至645年在位。［30］崔敦礼（596—656）：唐初大臣。雍州咸阳（今陕西咸阳市）人。高宗永徽四年（653）至显庆元年（656）为宰相。传见《旧唐书》卷八十一、《新唐书》卷一百零六。［31］新兴公主：唐太宗女。初，许嫁真珠可汗，后太宗毁婚，嫁公主于长孙曦。传见《新唐书》卷八十三。［32］右骁卫大将军：唐十六卫大将军之一。正三品，掌宫禁宿卫。［33］丙辰：十一月四日。［34］丁巳：十一月五日。［35］泉盖苏文：高丽权臣。泉，姓；盖苏文，名，又名盖金。高丽分其国为桂娄、绝奴、顺奴、灌奴、淌奴五部，顺奴又称东部，或号左部，盖苏文袭东部大人。［36］武：即高丽国王高武。［37］藏：即高丽国王高藏，公元642年至668年在位。［38］壬戌：十一月十日。［39］岐阳：县名。县治在今陕西岐山县东北岐阳村。［40］庆善宫：武德六年（623）以武功宫改名。在今陕西武功县西渭河北岸。［41］庚午：十一月十八日。［42］壬申：十一月二十日。［43］管弦：即管乐（铜、竹管状乐器）和弦乐（琴瑟等），泛指音乐。

亳州[1]刺史裴行庄奏请伐高丽，上曰："高丽王武职贡不绝，为贼臣所弑，朕哀之甚深，固不忘也。但因丧乘乱而取之，虽得之不贵。且山东凋弊，吾未忍言用兵也。"

高祖之入关也，隋武勇郎将冯翊党仁弘将兵二千余人归高祖于蒲阪[2]，从平京城[3]，寻除陕州总管，大军东讨[4]，仁弘转饷[5]不绝，历南宁、戎、广[6]州都督。仁弘有材略，所至著声迹，上甚器之。然性贪，罢广州，为人所讼，赃百余万，罪当死。上谓侍臣曰："吾昨见大理五奏[7]诛仁弘，哀其白首就戮，方晡食[8]，遂命撤案；然为之求生理，终不可得。今欲曲法[9]就公等乞之。"十二月，壬午朔[10]，上复召五品已上集太极殿前，谓曰："法者，人君所受于天，不可以私而失信。今朕私党仁弘而欲赦之，是乱其法，上负于天。欲席藁[11]于南郊[12]，日一进蔬食，以谢罪于天三日。"房玄龄等皆曰："生杀之柄，人主所得专也，何至自贬责如此！"上不许，群臣顿首固请于庭，自旦至日昃，上乃降手诏，自称："朕有三罪：知人不明，一也；以私乱法，二也；善善未赏，恶恶未诛，三也。以公等固谏，且依来请。"于是黜仁弘为庶人，徙钦州。

癸卯[13]，上幸骊山温汤；甲辰[14]，猎于骊山。上登山，见围[15]有断处，顾谓左右曰："吾见其不整而不刑[16]，则堕[17]军法；刑之，则是吾登高临下以求人之过也。"乃托[18]以道险，引辔[19]入谷以避之。乙巳[20]，还宫。

刑部以"反逆缘坐[21]律兄弟没官[22]为轻，请改从死。"敕八座议之，议者皆以为"秦、汉、魏、晋之法，反者皆夷三族[23]，今宜如刑部请为是。"给事中崔仁师[24]驳曰："古者父子兄弟罪不相及，奈何以亡秦酷法变隆周中典[25]！且诛其父子，足累其心，此而不顾，何爱兄弟！"上从之。

上问侍臣曰："自古或君乱而臣治，或君治而臣乱，二者孰愈[26]？"魏徵对曰："君治则善恶赏罚当，臣安得而乱之！苟为不治，纵暴愎谏[27]，虽有良臣，将安所施！"上曰："齐文宣[28]得杨遵彦[29]，非君乱而臣治乎？"对曰："彼才能救亡耳，乌足[30]为治哉！"

（以上为第八段，写唐太宗护佑功臣，减轻夷三族之罪。）

【注释】

［1］亳州：州名。治所在今安徽亳州市。［2］蒲阪：即"蒲坂"，隋废县名。县治在今山西永济市西南蒲州镇东。［3］京城：即隋唐国都长安。［4］东讨：谓讨伐王世充等。［5］转饷：转运军饷等军用物资。［6］南宁、戎、广：州名。南宁州，治所在今云南曲靖市西。戎州，治所在今四川宜宾市。广州，治所在今广东广州市。［7］五奏：贞观五年制令，死罪囚，三日五复奏，以防止冤滥杀人。［8］晡食：晚饭。［9］曲法：谓曲解法律，不合理执法。［10］壬午朔：十二月一日。［11］席藁（gǎo）：坐卧藁上，自等于罪人，古人以此表示自罚。藁，用禾秆编织的席。［12］南郊：天坛所在。［13］癸卯：十二月二十二日。［14］甲辰：十二月二十三日。［15］围：围墙。［16］不刑：不以刑法制裁。［17］堕：同"隳"（huī）。毁坏。［18］托：借口，托辞。［19］辔：驾驭牲口的缰绳。［20］乙巳：十二月二十四日。［21］缘坐：因受人连累，虽无辜仍被治罪。［22］没官：刑罚之一。即罚做官奴。［23］夷三族：诛灭三族。三族谓父族、母族、妻族，或父、子、孙，或父母、兄弟、妻子。［24］崔仁师：唐初大臣。定州安喜

（县治在今河北定州市东南）人。累官户部、刑部、中书侍郎、简州刺史。永徽初卒。传见《旧唐书》卷七十四、《新唐书》卷九十九。［25］中典：常行之法。［26］愈：胜过。［27］愎谏：刚愎自用，听不得批评意见。［28］齐文宣：即北齐文宣帝高洋（529—559）。北齐的建立者。公元550年至559年在位。高洋虽昏狂淫乱，但能任用杨遵彦（即杨愔）等汉族官僚，改定律令，严禁贪污，并出击柔然、契丹和攻取梁地，因而国势强盛。齐文宣帝传见《北齐书》卷四十三、《北史》卷七。［29］杨遵彦：传见《北齐书》卷三十四、《北史》卷四十一。［30］乌足：何足。

十七年（癸卯，643年）

春，正月，丙寅[1]，上谓群臣曰："闻外间士人以太子有足疾，魏王颖悟，多从游幸，遽生异议，徼幸之徒[2]，已有附会者。太子虽病足，不废步履。且《礼》，嫡子死，立嫡孙。太子男已五岁，朕终不以孽代宗[3]，启窥窬[4]之源也！"

郑文贞公魏徵寝疾[5]，上遣使者问讯，赐以药饵，相望于道。又遣中郎将李安俨[6]宿其第，动静以闻。上复与太子同至其第，指衡山公主[7]欲以妻其子叔玉[8]。戊辰[9]，徵薨，命百官九品以上皆赴丧，给羽葆鼓吹[10]，陪葬昭陵。其妻裴氏曰："徵平生俭素，今葬以一品羽仪[11]，非亡者之志。"悉辞不受，以布车载柩[12]而葬。上登苑西楼[13]，望哭尽哀。上自制碑文，并为书石[14]。上思徵不已，谓侍臣曰："人以铜为镜，可以正衣冠，以古为镜，可以见兴替[15]，以人为镜，可以知得失；魏徵没，朕亡一镜矣！"

（以上为第九段，写魏徵之死，唐太宗慨叹"朕亡一镜矣"。）

【注释】

［1］丙寅：正月十五日。［2］徼幸之徒：投机钻营者。徼，同"侥"。［3］以孽代宗：孽，庶子；宗，嫡子。［4］窥窬：窥伺可乘之隙。［5］寝疾：卧病。［6］李安俨：太子李承乾党徒，后谋反被诛。事迹见《旧唐书》卷七十六《李承乾传》、《新唐书》卷八十《李承乾传》。［7］衡山公主：太宗女。初，许嫁魏叔玉，魏徵卒后，太宗手诏停婚。［8］叔玉：魏叔玉，魏徵长子。袭爵国公，官至光禄少卿。传见《旧唐书》卷七十一、《新唐书》卷九十七。［9］戊辰：正月十七日。［10］羽葆鼓吹：羽盖和鼓吹乐队。羽葆，用鸟羽装饰的车盖。鼓吹，用鼓、钲、箫、笳等乐器合奏的乐队。只有规格极高的葬礼才可使用羽葆鼓吹，如魏徵妻云此为"一品羽仪"。［11］羽仪：用鸟羽装饰的仪仗。［12］布车载柩：张布幔的普通灵车。［13］西楼：在长安禁苑内。

[14]书石：太宗将御制碑文亲自书写到魏徵神道碑上，以备工匠雕刻。 [15]兴替：兴亡替代。

鄠尉游文芝告代州都督刘兰成[1]谋反，戊申[2]，兰成坐腰斩[3]。右武候将军丘行恭探兰成心肝食之；上闻而让之曰："兰成谋反，国有常刑，何至如此！若以为忠孝，则太子诸王先食之矣，岂至卿邪！"行恭惭而拜谢。

二月，壬午[4]，上问谏议大夫褚遂良曰："舜造漆器，谏者十余人。此何足谏？"对曰："奢侈者，危亡之本；漆器不已，将以金玉为之。忠臣爱君，必防其渐[5]，若祸乱已成，无所复谏矣。"上曰："然。朕有过，卿亦当谏其渐。朕见前世帝王拒谏者，多云'业已为之'，或云'业已许之'，终不为改。如此，欲无危亡，得乎！"

时皇子为都督、刺史者多幼稚，遂良上疏，以为："汉宣帝云：'与我共治天下者，其惟良二千石[6]乎！'今皇子幼稚，未知从政，不若且留京师，教以经术[7]，俟其长而遣之。"上以为然。

壬辰[8]，以太子詹事张亮为洛州都督。侯君集自以有功而下吏，怨望有异志[9]。亮出为洛州，君集激之曰："何人相排[10]？"亮曰："非公而谁！"君集曰："我平一国来，逢嗔[11]如屋大，安能仰排！"因攘袂[12]曰："郁郁殊不聊生[13]！公能反乎？与公反！"亮密以闻。上曰："卿与君集皆功臣，语时旁无他人，若下吏，君集必不服。如此，事未可知[14]，卿且勿言。"待君集如故。

鄜州[15]都督尉迟敬德表乞骸骨[16]；乙巳[17]，以敬德为开府仪同三司[18]，五日一参[19]。

丁未[20]，上曰："人主惟有一心，而攻之者甚众。或以勇力，或以辩口，或以谄谀，或以奸诈，或以嗜欲，辐凑[21]攻之，各求自售[22]，以取宠禄。人主少懈[23]，而受其一，则危亡随之，此其所以难也。"

戊申[24]，上命图画功臣赵公长孙无忌、赵郡元王孝恭、莱成公杜如晦、郑文贞公魏徵、梁公房玄龄、申公高士廉、鄂公尉迟敬德、卫公李靖、宋公萧瑀、褒忠壮公段志玄、夔公刘弘基、蒋忠公屈突通、郧节公殷开山、谯襄公柴绍[25]、邳襄公长孙顺德、郧公张亮、陈公侯君集、郯襄公张公谨、卢公程知节、永兴文懿公虞世南、渝[26]襄公刘政会、莒公唐俭、英公李世勣、胡壮公秦叔宝等于凌烟阁[27]。

（以上为第十段，写唐太宗图画二十四功臣于凌烟阁。）

【注释】

[1]刘兰成（?—643）：唐初将领。传见《旧唐书》卷六十九、《新唐书》卷九十四。传作“刘兰”，字文郁，青州北海（今山东潍坊市）人。官至丰州刺史、夏州都督，封平原郡公。 [2]戊申：正月无戊申，两《唐书·太宗纪》作“戊辰”（正月十七日）。 [3]腰斩：死刑之一种，即自腰际斩为两段。 [4]壬午：二月二日。 [5]渐：发展，累积。 [6]二千石：汉太守代称。因郡守俸禄为二千石（即月俸一百二十斛），故有此称。 [7]经术：儒家经学。 [8]壬辰：二月十二日。 [9]异志：谋叛的意图。 [10]排：排斥。 [11]嗔：怒。指侯君集遭唐太宗怒责。谓侯君集伐高昌贪黩事。 [12]攘袂：捋袖伸臂，表示愤怒。攘，捋；袂，衣袖。 [13]郁郁殊不聊生：忧郁得难以生活下去。郁郁，忧伤沉闷。殊，很，极。聊，聊赖；生活和精神的寄托。 [14]事未可知：无法定案。 [15]鄜州：治所在今陕西富县。 [16]表乞骸骨：谓敬德上表请归长安。 [17]乙巳：二月二十五日。 [18]开府仪同三司：官名。唐代文散官第一阶（即从一品）。 [19]参：入朝参拜天子。 [20]丁未：二月二十七日。 [21]辐凑：本意为车辐凑集于毂上，比喻由四面八方而至。 [22]自售：本意为把自己当商品卖出，此谓向天子邀宠。 [23]懈：懈怠，松弛。 [24]戊申：二月二十八日。 [25]柴绍：胡注当作“许诏”。 [26]渝：严校作“郇”。 [27]凌烟阁：在唐长安宫城三清殿侧。

齐州[1]都督齐王祐[2]，性轻躁，其舅尚乘直长[3]阴弘智说之曰：“王兄弟既多，陛下千秋万岁后，宜得壮士以自卫。”祐以为然。弘智因荐妻兄燕弘信[4]，祐悦之，厚赐金玉，使阴募死士[5]。

上选刚直之士以辅诸王，为长史、司马，诸王有过以闻。祐昵近群小，好畋猎，长史权万纪骤谏，不听。壮士昝君謩、梁猛彪得幸于祐，万纪皆劾逐之，祐潜召还，宠之逾厚。上数以书切责祐，万纪恐并获罪，谓祐曰：“王审能自新，万纪请入朝言之。”乃条祐过失，迫令表首[6]，祐惧而从之。万纪至京师，言祐必能悛改。上甚喜，勉万纪，而数祐前过，以敕书戒之。祐闻之，大怒曰：“长史卖[7]我！劝我而自以为功，必杀之。”上以校尉京兆韦文振[8]谨直，用为祐府典军[9]，文振数谏，祐亦恶之。

万纪性褊[10]，专以刻急拘持祐，城门外不听出，悉解纵鹰犬，斥君謩、猛彪不得见祐。会万纪宅中有块[11]夜落，万纪以为君謩、猛彪谋杀己，悉收系，发驿以闻[12]，并劾与祐同为非者数十人。上遣刑部尚书刘德威往按[13]之，事颇有验[14]，诏祐与万纪俱入朝。祐既积忿，遂与燕弘信兄弘亮等谋杀万纪。万纪奉诏先行，祐遣弘亮等二十余骑追射杀之。祐党共逼韦文振欲与同谋，文振不从，驰走数里，追及，杀之。寮属股栗[15]，稽首[16]伏地，莫敢仰视。祐因私署上柱国、开府[17]等官，开库物行赏，驱民入城，缮甲兵楼堞[18]，置拓东王、拓西王等官。吏民弃妻子夜缒[19]出亡者相继，祐不能禁。三月，丙辰[20]，诏兵部尚书李世勣等发怀、洛、汴、宋、潞、滑、济、郓、海九州兵讨之。上赐祐手敕曰："吾常戒汝勿近小人，正为此耳。"

祐召燕弘亮等五人宿于卧内，余党分统士众，巡城自守。祐每夜与弘亮等对妃宴饮，以为得志；戏笑之际，语及官军，弘亮等曰："王不须忧！弘亮等右手持酒卮[21]，左手为王挥刀拂之！"祐喜，以为信然。传檄诸县，皆莫肯从。时李世勣兵未至，而青、淄[22]等数州兵已集其境。齐府兵曹杜行敏[23]等阴谋执祐，祐左右及吏民非同谋者无不响应。庚申[24]，夜，四面鼓躁[25]，声闻数十里。祐党有居外者，众皆攒[26]刃杀之。祐问何声，左右绐云："英公[27]统飞骑已登城矣。"行敏分兵凿垣[28]而入，祐与弘亮等被甲执兵入室，闭扉[29]拒战，行敏等千余人围之，自旦至日中，不克。行敏谓祐曰："王昔为帝子，今乃国贼，不速降，立为煨烬[30]矣。"因命积薪欲焚之。祐自牖[31]间谓行敏曰："即启扉，独虑燕弘亮兄弟死耳。"行敏曰："必相全。"祐等乃出。或抉[32]弘亮目，投睛于地，余皆挝[33]折其股而杀之。执祐出牙前示吏民，还，锁之于东厢。齐州悉平。乙丑[34]，敕李世勣等罢兵。祐至京师，赐死于内侍省[35]，同党诛者四十四人，余皆不问。

祐之初反也，齐州人罗石头面数其罪，援枪前，欲刺之，为燕弘亮所杀。祐引骑击高村，村人高君状遥责祐曰："主上提三尺剑取天下，亿兆[36]蒙德，仰之如天。王忽驱城中数百人欲为逆乱以犯君父，无异一手摇泰山，何不自量之甚也！"祐纵击，虏之，惭不能杀。敕赠石头亳州刺史。以君状为榆社[37]令，以杜行敏为巴州刺史，封南阳郡公；其同谋执祐者官赏有差[38]。

上检祐家文疏，得记室[39]郏城孙处约[40]谏书，嗟赏之，累迁中书舍人。庚午[41]，赠权万纪齐州都督，赐爵武都郡公，谥曰敬；韦文振左武卫将军，赐爵襄阳县公。

初，太子承乾喜声色及畋猎，所为奢靡，畏上知之，对宫臣常论忠孝，或至于涕泣，退归宫中，则与群小相亵狎。宫臣有欲谏者，太子先揣知其意，辄迎拜，敛容危坐[42]，引咎自责，言辞辩给，宫臣拜答不暇。宫省秘密，外人莫知，故时论初皆称贤。

（以上为第十一段，写唐太宗第五子齐王祐谋反被赐死。）

【注释】

［1］齐州：州名。治所在今山东济南市。［2］齐王祐（?—643）：太宗第五子。因谋反被贬为庶人并赐死。传见《旧唐书》卷七十六、《新唐书》卷八十。［3］尚承直长：官名。殿中省尚承局官长，掌天子内外闲厩之马。［4］燕弘信：李祐死党。弘信与阴弘智事迹见《旧唐书》卷七十六、《新唐书》卷八十《李祐传》。［5］死士：死党，敢死之徒。［6］表首：上表自首。［7］卖：出卖。［8］韦文振（?—643）：后为李祐杀害。赠左武卫将军、襄阳县公。事迹见《旧唐书》卷三《太宗纪》下、《新唐书》卷一百《权万纪传》。［9］典军：亲王府武官。常统校尉以下守卫陪从事宜，正五品上。［10］褊：狭隘，急躁。［11］块：土块或石块。［12］发驿以闻：通过驿传上报朝廷。［13］按：审查。［14］验：凭证。［15］股栗（lì）：两腿发抖，恐惧状。［16］稽首：叩头到地。［17］开府：官名。即开府仪同三司。［18］缮甲兵楼堞：缮甲兵，修理兵械；堞，又称女墙，即城上矮墙，为城守建筑。［19］缒（zhuì）：自高处系在绳上放下去。［20］丙辰：三月六日。［21］卮（zhī）：盛酒器的一种。［22］青、淄：州名。青州治所在今山东青州市。淄州治所在今山东淄博市淄川区。［23］杜行敏：京兆万年（今陕西西安市东部）人。初为齐王府兵曹参军（掌武官簿籍等事）。以平乱等功官至荆、盖二州都督府长史，封南阳郡公。事迹见《旧唐书》卷一百四十七《杜佑传》、《新唐书》卷八十《李佑传》等。［24］庚申：三月十日。［25］鼓躁：击鼓呐喊。［26］攒（cuán）：聚集。［27］英公：即李世勣，其爵为英国公。［28］垣：墙。［29］扉：门。［30］煨烬：被烧后所余灰烬。［31］牖（yǒu）：窗。［32］抉（jué）：挖出。［33］棁（zhuā）：原指马鞭子，此谓抽打。［34］乙丑：三月十五日。［35］内侍省：官署名。其官长如监、少监、内侍、内常侍等，自唐以后，专由太监充任，掌宫内侍奉，出入宫掖，宣传诏命。［36］亿兆：百姓，民众。［37］榆社：县名。县治在今山西榆社县。［38］差：分别等级。

[39]记室：即记室参军，掌秘书事。［40］孙处约：又名道茂，汝州郏城（今河南郏县）人。高宗麟德元年（664）拜相，《太宗实录》的修撰人之一。传见《旧唐书》卷八十一、《新唐书》卷一百零六。［41］庚午：三月二十日。［42］危坐：端坐。

太子作八尺铜炉，六隔[1]大鼎[2]，募亡奴[3]盗民间马牛，亲临烹煮，与所幸厮役[4]共食之。又好效突厥语及其服饰，选左右貌类突厥者五人为一落[5]，辫发羊裘[6]而牧羊，作五狼头纛[7]及幡旗，设穹庐[8]，太子自处其中，敛羊而烹之，抽佩刀割肉相啖[9]。又尝谓左右曰："我试作可汗死，汝曹效其丧仪。"因僵卧于地，众悉号哭，跨马环走，临其身，剺面[10]。良久，太子欻[11]起，曰："一朝有天下，当帅数万骑猎于金城[12]西，然后解发为突厥，委身思摩，若当一设[13]，不居人后矣。"

左庶子于志宁、右庶子孔颖达数谏太子，上嘉之，赐二人金帛以风[14]励太子，仍迁志宁为詹事。志宁与左庶子张玄素数上书切谏，太子阴使人杀之，不果。

汉王元昌[15]所为多不法，上数谴责之，由是怨望。太子与之亲善，朝夕同游戏，分左右为二队，太子与元昌各统其一，被毡甲，操竹稍[16]，布陈大呼交战，击刺流血，以为娱乐。有不用命者，披树檛之[17]，至有死者。且曰："使我今日作天子，明日于苑中置万人营，与汉王分将，观其战斗，岂不乐哉！"又曰："我为天子，极情纵欲，有谏者辄杀之，不过杀数百人，众自定矣。"

魏王泰多艺能，有宠于上，见太子有足疾，潜有夺嫡[18]之志，折节下士[19]以求声誉。上命黄门侍郎韦挺摄[20]泰府事，后命工部尚书杜楚客[21]代之，二人俱为泰要结朝士。楚客或怀金以赂权贵，因说以魏王聪明，宜为上嗣；文武之臣，各有附托，潜为朋党。太子畏其逼，遣人诈为泰府典签[22]上封事，其中皆言泰罪恶，敕捕之，不获[23]。

太子私幸太常乐童[24]称心，与同卧起。道士秦英、韦灵符挟左道[25]，得幸太子。上闻之，大怒，悉收称心等杀之，连坐死者数人，诮让[26]太子甚至。太子意泰告之，怨怒愈甚，思念称心不已，于宫中构室，立其像，朝夕奠祭，徘徊流涕。又于苑中作冢[27]，私赠官树碑。

上意浸不怿[28]，太子亦知之，称疾不朝谒者动涉数月；阴养刺客纥干承基[29]等及壮士百余人，谋杀魏王泰。

吏部尚书侯君集之婿贺兰楚石[30]为东宫千牛[31]，太子知君集怨望，数令楚石引君集入东宫，问以自安之术，君集以太子暗劣[32]，欲乘衅[33]图之，因劝之反，举手谓太子曰："此好手，当为殿下用之。"又曰："魏王为上所爱，恐殿下有庶人勇[34]之祸，若有敕召，宜密为之备。"太子大然[35]之。太子厚赂君集及左屯卫中郎将顿丘李安俨[36]，使诇[37]上意，动静相语。安俨先事隐太子，隐太子败，安俨为之力战，上以为忠，故亲任之，使典宿卫[38]。安俨深自托于太子。

汉王元昌亦劝太子反，且曰："比见上侧有美人，善弹琵琶[39]，事成，愿以垂赐。"太子许之。洋州刺史开化公赵节，慈景[40]之子也，母曰长广公主，驸马都尉杜荷[41]，如晦之子也，尚城阳公主[42]，皆为太子所亲昵，预其反谋。凡同谋者皆割臂，以帛拭血，烧灰和酒饮之，誓同生死，潜谋引兵入西宫。杜荷谓太子曰："天文有变，当速发以应之，殿下但称暴疾危笃，主上必亲临视，因兹可以得志。"太子闻齐王祐反于齐州，谓纥干承基等曰："我宫西墙，去大内[43]正可二十步耳，与卿为大事，岂比齐王乎！"会治祐反事，连承基，承基坐系大理狱，当死。

（以上为第十二段，写太子李承乾既不成器，又遭魏王李泰争太子位之逼，连结汉王李元昌图谋不轨。）

【注释】

[1]六隔：有六条空足的鼎。隔，通"鬲"。鬲，空足之鼎。 [2]鼎：古代烹煮食物的器具。 [3]亡奴：亡命在逃的官奴。 [4]厮役：执贱役供使唤的人。 [5]落：即帐落，突厥等西北少数民族的帐落相当于内地汉族的一户。 [6]辫发羊裘：辫发，西北少数民族的发式；羊裘，羊皮衣。 [7]狼头纛：绣有狼头的大旗，突厥以狼为图腾。 [8]穹庐：游牧民族居住的毡帐。 [9]啖：吃。 [10]剺（lí）面：割面。突厥、回纥等民族风俗，用剺面流血来表示忠诚信义，或寄托对刚死去的君亲的哀思。 [11]欻（xū）：忽然。 [12]金城：郡名。治所在今甘肃兰州市。疑"金城"为"金河"（县名，县治在今内蒙古和林格尔县西北土城子）之误。 [13]一设：或称一箭，突厥某一方面军的典兵官。 [14]风：通"讽"，劝告。 [15]元昌（?—643）：李渊第七子。传见《旧唐书》卷六十四、《新唐书》卷七十九。 [16]竹稍：竹制长矛。 [17]披树柮之：将手

足绑于树上鞭打。［18］夺嫡：庶出者夺取嫡子承袭地位。［19］折节下士：屈己退让于士人。［20］摄：代理，兼管。［21］杜楚客：宰相杜如晦弟。京兆杜陵人。传见《旧唐书》卷六十六、《新唐书》卷九十六。［22］典签：亲王府官。掌宣传教命。［23］不获：没有结果。［24］太常乐童：隶籍太常寺的执乐童子。［25］左道：旁门邪道。［26］诮让：责问，批评。［27］冢：坟墓。［28］浸不怿：愈加不高兴。浸，渐渐，愈益。怿，喜悦，高兴。［29］纥干承基：太子谋反集团成员。后因告密、反戈一击有功，被太宗免死，并授以祐川府折冲都尉，封平棘县公。纥干，吐蕃人复姓。［30］贺兰楚石：事迹见《旧唐书》卷六十九《侯君集传》、《新唐书》卷九十四《侯君集传》。贺兰，复姓。［31］千牛：东宫左右内率府侍从武官。［32］暗劣：愚昧不明，品行恶劣。［33］衅：间隙，事端。［34］庶人勇：即隋废太子杨勇，被文帝黜为庶人。［35］大然：深表同意。［36］李安俨：魏州顿丘（今河南浚县北）人。事迹见《旧唐书》卷七十六《李承乾传》、《新唐书》卷八十《李承乾传》。［37］诇：侦察。［38］宿卫：警卫宫禁。［39］琵琶：拨弦乐器。源出胡族，流行于秦汉至今。隋唐时，形制多种，统称胡琴。［40］慈景：赵慈景（?—618），陇西（今甘肃陇西县东南）人。尚李渊女长广公主。官至兵部侍郎、华州刺史，封开化郡公。慈景卒，公主更嫁杨师道。公主传及慈景事迹见《新唐书》卷八十三《诸帝公主传》等。其子赵节（?—643），以参与太子谋反集团罪伏诛。事迹见《旧唐书》卷六十二《杨恭仁传》附《杨师道传》、卷七十六《李承乾传》，《新唐书》卷八十《李承乾传》、卷一百《杨恭仁传》附《杨师道传》。［41］杜荷（?—643）：杜如晦次子。谋反伏诛。事迹见《旧唐书》卷六十六《杜如晦传》、《新唐书》卷九十六《杜如晦传》。［42］城阳公主：太宗女。下嫁杜荷，荷诛，又嫁薛瓘。传见《新唐书》卷八十三。［43］大内：指太宗所居西宫。

【点评】

文成公主。文成公主入藏和亲，带来汉藏文化交流，推动汉藏团结，留下千秋佳话。文成公主是中国古代最伟大的女性之一。

和亲是古代的一种外交形式。中国和亲外交始于汉，盛于唐。汉朝王昭君出塞，唐朝文成公主入藏，是两个朝代和亲外交的典范。王昭君和文成公主对历史做出了重大贡献，两人是值得纪念的历史人物。

唐太宗对周边民族实行征抚相济的策略，对于犯边的强敌，坚决打击，对于归服的各民族，平等相待，给上层首脑封以高官，对投唐的部众妥善安置。贞观三年（629）十一月，李靖、李勣征东突厥，俘颉利可汗，统一了大漠南北。贞观八年（634）李靖平服吐谷浑。贞观十三年（639），侯君集平定西突厥所控制的高昌割据政权。贞观十八年（644）平焉耆。贞观二十三年（649）平龟兹，基本完成了对西域的统一，重新打通丝绸之路，对促进东西方文化交流有重大的意义。

四夷归附，唐太宗以和亲安抚，和亲即为安边的重大治政措施。唐太宗先后以皇妹南阳长公主妻突厥阿史那社尔，以弘化公主妻吐谷浑诺曷钵可汗，以文成公主妻吐蕃赞普松赞干布。此外，还以宗室女嫁给在唐中央供职的少数民族降唐将领。两国亲善，联姻这一特殊的政治行动，有利于消除民族隔阂，加强经济文化交流，在历史上起了进步作用。尤其是文成公主进藏，被传为千古佳话。

松赞干布，两《唐书·吐蕃传》作“弃宗弄赞”“弃苏农赞”，号弗夜氏。公元629年至公元650年在位。松赞干布十一岁时，吐蕃贵族毒死松赞干布的父亲郎日论赞，发动叛乱。年轻的松赞干布经受了严酷的考验，他深入部落了解民情，团结中小贵族和自由民，征集了一万多勇敢的青年组成新军，亲自进行训练并带领出征，经过三年多的艰苦战争，平息了叛乱，统一了吐蕃王朝。松赞干布向往中原汉族文化，多次派使臣向唐朝求婚。贞观十四年（640），唐太宗同意了吐蕃求婚，于贞观十五年（641）正月，派文成公主入藏，令礼部尚书江夏郡王李道宗为主婚大使，持节送公主入藏。松赞干布率领部众亲迎于河源。松赞干布见了唐使李道宗，执子婿之礼甚恭。松赞干布表示对大唐和文成公主的敬重，特为公主修建新王宫，这就是矗立于拉萨红山之巅的布达拉宫。这座雄伟的宫殿作为汉藏友谊的象征，在20世纪90年代经过重新修缮，又恢复了昔日灿烂明丽、金碧辉煌的风采。

文成公主入藏，携带了许多耐寒抗旱的谷物种子，以及大量的工艺品、金银、绸帛、珍宝、书籍，还有几个高超工匠，传播了汉文化。松赞干布更在政治制度上仿唐朝官制，改革了吐蕃的制度；在兵制上也仿照唐朝的府兵制，削去贵族、部落酋长拥兵的权利，有效地控制了全藏军队；经济、文化也都吸收唐朝的体制进行有效的改革。松赞干布还派遣大批贵族子弟到长安学习《诗》《书》等儒家经典。唐诗、中医、建筑艺术传到吐蕃。文成公主和松赞干布，携手推动了汉藏两族人民的友好往来和文化交流。文成公主和松赞干布也赢得了汉藏两族人民的爱戴和敬仰。唐朝在唐太宗昭陵之前刻松赞干布的石像，列于玄阙之下。藏族人民在松赞干布陵侧，为文成公主修建了巨大的陵墓，用以纪念这位献身于汉藏团结的伟大女性。

卷一九七　唐纪十三

唐太宗贞观十七年至十九年（643—645 年）

【起昭阳单阏（癸卯，643 年）四月，尽旃蒙大荒落（乙巳，645 年）五月，凡二年有奇】

【大事提要】

本卷记事起公元 643 年四月，讫公元 645 年五月，凡两年又两个月，时当贞观十七年至十九年。此时期重大事件有两桩。第一件是废立太子。继唐太宗第五子李祐谋反之后，太子李承乾图谋不轨而被废，事涉汉王李元昌。李元昌是唐太宗之弟，被诛，争太子位的魏王泰被贬黜。唐太宗晚年遭受三个不才儿子和一个弟弟的困扰，精神受到沉重打击。晚年，唐太宗易于发怒，虽仍有纳谏意识，但行动上却已恶闻直言，喜欢顺耳之言，以致听信谗言，猜疑已死亡的魏徵。第二件是唐太宗违众兵伐高丽。唐太宗忧心太子李治懦弱，想在有生之年抚定四夷，这也是兵伐高丽的一个原因。唐太宗不歧视周边民族，叛者伐之，擒焉耆王；顺者安之，抚突厥降人，这些仍表现了唐太宗的圣明。兵伐高丽，所用兵以招为主，不强征兵役，这是唐太宗比隋炀帝高明的地方，志存安天下，而不是黩武。

太宗文武大圣大广孝皇帝中之下

贞观十七年（癸卯，643 年）

夏，四月，庚辰朔[1]，承基上变，告太子谋反。敕长孙无忌、房玄龄、萧瑀、李世勣与大理、中书、门下参鞫[2]之，反形已具。上谓侍臣："将何以处承乾？"群臣莫敢对，通事舍人来济[3]进曰："陛下不失为慈父，太子得尽天年，则善矣！"上从之。济，护儿之子也。

乙酉[4]，诏废太子承乾为庶人，幽于右领军府[5]。上欲免汉王元昌死，群臣固争，乃赐自尽于家，而宥其母、妻、子。侯君集、李安俨、赵节、杜荷等皆伏诛。左庶子张玄素、右庶子赵弘智[6]、令狐德棻等以不能谏争，皆坐免为庶人。余当连坐者，悉赦之。詹事于志宁以数谏，独蒙劳勉。以纥干承基为祐川府[7]折冲都尉，爵平棘县公。

侯君集被收[8]，贺兰楚石复诣阙告其事，上引君集谓曰："朕不欲令刀笔吏辱公，故自鞫公耳。"君集初不承[9]。引楚石具陈始末，又以所与承乾往来启[10]示之，君集辞穷，乃服。上谓侍臣曰："君集有功，欲乞其生，可乎？"群臣以为不可。上乃谓君集曰："与公长诀[11]矣！"因泣下。君集亦自投于地，遂斩之于市。君集临刑，谓监刑将军曰："君集蹉跌[12]至此！然事陛下于藩邸[13]，击取二国，乞全一子以奉祭祀。"上乃原其妻及子，徙岭南。籍没其家，得二美人，自幼饮人乳而不食。

初，上使李靖教君集兵法，君集言于上曰："李靖将反矣。"上问其故，对曰："靖独教臣以其粗而匿其精，以是知之。"上以问靖，靖对曰："此乃君集欲反耳。今诸夏[14]已定，臣之所教，足以制四夷，而君集固求尽臣之术，非反而何。"江夏王道宗尝从容言于上曰："君集志大而智小，自负微功，耻在房玄龄、李靖之下，虽为吏部尚书，未满其志。以臣观之，必将为乱。"上曰："君集材器，亦何施不可！朕岂惜重位，但次第未至耳，岂可亿度[15]，妄生猜贰[16]邪！"及君集反诛，上乃谢[17]道宗曰："果如卿言。"

李安俨父，年九十余，上愍[18]之，赐奴婢以养之。

（以上为第一段，写太子李承乾谋反被废。）

【注释】

［1］庚辰朔：四月一日。［2］参鞫（jū）：参与审讯。唐制，凡国家大狱，由三司详决，即由给事中、中书舍人与御史参鞫。而太宗令三省与大理参鞫，表明朝廷对此案异常重视。［3］来济（610—662）：隋左翊卫大将军、荣国公来护儿之子。扬州江都（今江苏扬州市）人。济于唐初进士及第，永徽四年（653）以中书侍郎，同中书门下三品（即宰相）。撰有文集三十卷。传见《旧唐书》卷八十、《新唐书》卷一百零五。［4］乙酉：四月六日。［5］右领军府：官署名。即中央十二卫领府之一。掌领军府和宫掖禁备。［6］赵弘智：唐初大臣。河南新安（今河南新安县）人。累官黄门侍郎、国子祭酒。传见《新唐书》卷一百零六。［7］祐川府：军府名。在今甘肃岷县。［8］收：逮捕，拘押。［9］承：承认。［10］启：书信。［11］长诀：永别。［12］蹉跌：跌跤，失误。［13］事陛下于藩邸：李世民为亲王时，引君集入幕府，曾多次从世民征讨，并预谋"玄武门之变"。［14］诸夏：古代中国的别称。［15］亿度：预料，揣度。亿，通"臆"。［16］猜贰：

猜疑且怀二心。［17］谢：道歉。［18］愍：哀怜。

太子承乾既获罪，魏王泰日入侍奉，上面许立为太子，岑文本、刘洎亦劝之；长孙无忌固请立晋王治[1]。上谓侍臣曰："昨青雀[2]投我怀云：'臣今日始得为陛下子，乃更生之日也。臣有一子，臣死之日，当为陛下杀之，传位晋王。'人谁不爱其子，朕见其如此，甚怜之。"谏议大夫褚遂良曰："陛下言大失。愿审思，勿误也！安有陛下万岁后，魏王据天下，肯杀其爱子，传位晋王者乎！陛下日者既立承乾为太子，复宠魏王，礼秩[3]过于承乾，以成今日之祸。前事不远，足以为鉴。陛下今立魏王，愿先措置晋王，始得安全耳。"上流涕曰："我不能尔。"因起，入宫。魏王泰恐上立晋王治，谓之曰："汝与元昌善，元昌今败，得无忧乎？"治由是忧形于色。上怪，屡问其故，治乃以状告；上怃然[4]，始悔立泰之言矣。上面责承乾，承乾曰："臣为太子，复何所求！但为泰所图[5]，时与朝臣谋自安之术，不逞之人[6]遂教臣为不轨耳。今若泰为太子，所谓落其度[7]内。"

承乾既废，上御两仪殿[8]，群臣俱出，独留长孙无忌、房玄龄、李世勣、褚遂良，谓曰："我三子一弟[9]，所为如是，我心诚无聊赖[10]！"因自投于床[11]，无忌等争前扶抱；上又抽佩刀欲自刺，遂良夺刀以授晋王治。无忌等请上所欲，上曰："我欲立晋王。"无忌曰："谨奉诏；有异议者，臣请斩之！"上谓治曰："汝舅许汝矣，宜拜谢。"治因拜之。上谓无忌等曰："公等已同我意，未知外议何如？"对曰："晋王仁孝，天下属心[12]久矣，乞陛下试召问百官，有不同者，臣负陛下万死。"上乃御太极殿[13]，召文武六品以上，谓曰："承乾悖逆[14]，泰亦凶险[15]，皆不可立。朕欲选诸子为嗣，谁可者？卿辈明言之。"众皆欢呼曰："晋王仁孝，当为嗣。"上悦。是日，泰从百余骑至永安门[16]；敕门司[17]尽辟[18]其骑，引泰入肃章门[19]，幽于北苑[20]。

丙戌[21]，诏立晋王治为皇太子，御承天门楼，赦天下，酺[22]三日。上谓侍臣曰："我若立泰，则是太子之位可经营而得。自今太子失道，藩王窥伺者，皆两弃之，传诸子孙，永为后法。且泰立，承乾[23]与治皆不全；治立，则承乾与泰皆无恙矣。”

臣光曰：唐太宗不以天下大器私其所爱，以杜祸乱之原，可谓能远谋矣！

（以上为第二段，写唐太宗不私其所爱，囚禁争位的魏王李泰，册立晋王李治为太子。）

【注释】

［1］晋王治：即后来的唐高宗李治。字为善，太宗第九子，长孙皇后生，舅长孙无忌。传见《旧唐书》卷四、卷五，《新唐书》卷三。［2］青雀：魏王李泰乳名。［3］礼秩：等级待遇。［4］怃（wǔ）然：怅然失意貌。［5］图：谋取。［6］不逞之人：不得志或作奸犯法图谋不轨者。［7］度：算计，圈套。［8］两仪殿：宫殿名。在太极宫（即西内）正殿之后。贞观五年（631），改原隋中华殿为两仪殿，为“内朝”所在。唐中叶后，帝后丧亦多殡于此殿。［9］三子一弟：三子，谓齐王李祐、太子李承乾、魏王李泰；一弟，指汉王李元昌。［10］聊赖：寄托，依赖。［11］床：坐榻，胡床。［12］属心：属意归心。［13］太极殿：唐宫殿名。即太极宫正殿，“中朝”所在。［14］悖逆：狂悖忤逆。一般指臣子对君亲的严重冒犯行为。［15］凶险：谓行为凶狠险恶。［16］永安门：太极宫南面三门之一。在南城正门承天门之西。［17］门司：门下省执掌宫城、皇城、宫殿诸门启闭的官员。［18］辟：禁止，屏去。［19］肃章门：在西京太极宫（即西内）正殿西北，为进入内宫的两门之一。［20］北苑：太极宫之北的禁苑。［21］丙戌：四月七日。［22］酺（pú）：特指命令所允许的大聚饮。［23］承乾：据章校，“承乾”之上有“则”字。

丁亥[1]，以中书令杨师道为吏部尚书。初，长广公主适[2]赵慈景，生节；慈景死，更适师道。师道与长孙无忌等共鞫承乾狱，阴为赵节道地[3]，由是获谴。上至公主所，公主以首击地，泣谢子罪，上亦拜泣曰：“赏不避仇雠，罚不阿亲戚，此天下至公之道，不敢违也，以是负姊。”

己丑[4]，诏以长孙无忌为太子太师，房玄龄为太傅，萧瑀为太保[5]，李世勣为詹事，瑀、世勣并同中书门下三品[6]。同中书门下三品自此始。又以左卫大将军李大亮领右卫率，前詹事于志宁、中书侍郎马周为左庶子，吏部侍郎苏勖、中书舍人高季辅为右庶子，刑部侍郎张行成为少詹事[7]，谏议大夫褚遂良为宾客[8]。

李世勣尝得暴疾，方[9]云“须灰可疗”，上自翦[10]须[11]，为之和药。世勣顿首出血泣谢。上曰：“为社稷，非为卿也，何谢之有！”世勣尝侍宴，上从容谓曰：“朕求群臣可托幼孤者，无以逾公，公往不负李密，岂负朕哉！”世勣流涕辞谢，啮指[12]出血，因饮沈醉，上解御服以覆之。

癸巳[13]，诏解魏王泰雍州牧[14]、相州都督、左武候大将军，降爵为东莱郡王。泰府僚属为泰所亲狎[15]者，皆迁岭表；以杜楚客兄如晦有功，免死，废为庶人。给事中崔仁师尝密请立魏王泰为太子，左迁鸿胪少卿[16]。

庚子[17]，定太子见三师仪：迎于殿门[18]外，先拜，三师答拜；每门让于三师。三师坐，太子乃坐。其与三师书，前后称名、“惶恐”[19]。

五月，癸酉[20]，太子上表，以“承乾、泰衣服不过随身，饮食不能适口，幽忧可愍，乞敕有司，优加供给。”上从之。

黄门侍郎刘洎上言，以“太子宜勤学问，亲师友。今入侍宫闱，动逾旬朔[21]，师保[22]以下，接对甚希[23]，伏愿[24]少抑下流之爱[25]，弘远大之规，则海内幸甚！”上乃命洎与岑文本、褚遂良、马周更日[26]诣东宫，与太子游处[27]谈论。

六月，己卯朔[28]，日有食之。

丁亥[29]，太常丞[30]邓素使高丽还，请于怀远镇[31]增戍兵以逼高丽，上曰：“‘远人不服，则修文德以来之[32]’，未闻一二百戍兵能威绝域[33]者也！”

丁酉[34]，右仆射高士廉逊位，许之，其开府仪同三司、勋封[35]如故，仍同门下中书三品，知政事[36]。

闰月，辛亥[37]，上谓侍臣曰：“朕自立太子，遇物则诲之，见其饭，则曰：‘汝知稼穑之艰难，则常有斯饭矣。’见其乘马，则曰：‘汝知其劳逸，不竭其力，则常得乘之矣。’见其乘舟，则曰：‘水所以载舟，亦所以覆舟，民犹水也，君犹舟也。’见其息于木下，则曰：‘木从绳[38]则正，后[39]从谏则圣。’”

丁巳[40]，诏太子知左、右屯营[41]兵马事，其大将军以下并受处分[42]。

（以上为第三段，写唐太宗尽心教诲新立太子李治。）

【注释】

［1］丁亥：四月八日。［2］适：出嫁。［3］道地：代人事先疏通，以留余地。［4］己丑：四月十日。［5］太子太师、太傅、太保：即东宫三师，为辅导太子的官，并从一品。［6］同中书门下三品：官名。唐宰相的称呼。以他官任宰相者，则加以“同中书门下三品”，以表示同于侍中和中书令。中书令为中书省长官，侍中为门下省长官；二者均为宰相，并都是三品官。［7］少詹事：官名。太子詹事府长官詹事的副职，正四品上。［8］宾客：官名。东宫置太子宾客四人，正三品，掌侍从规谏等事。［9］方：处方，验方。［10］翦：同“剪”。［11］须：胡须。［12］啮指：咬破指头。表示决心、发誓。［13］癸巳：四月十日。［14］牧：官名。州长称牧。［15］狎：亲近。［16］左迁鸿胪少卿：左迁，降职；鸿胪少卿，官名，鸿胪寺长官鸿胪卿之副。［17］庚子：四月二十一日。［18］殿门：谓东宫殿门。［19］前后称名、“惶恐”：书信格式的一种，抬头自称名。后署“惶恐”，适用于晚辈对尊长。［20］癸酉：四月二十四日。［21］旬朔：十天或一个月。［22］师保：指太师、太傅、太保、少师、少傅、少保等；或指教导贵族子弟的官。［23］希：“绨”的本字。稀疏，罕见。［24］伏愿：下对上陈述愿望的表敬之辞。伏，敬辞。［25］下流之爱：溺爱，庸俗低级之爱。［26］更日：按日变换。［27］游处：交游相处。［28］己卯朔：六月一日。［29］丁亥：六月九日。［30］太常丞：官名。太常寺卿属官，从五品下，掌判寺内日常事务。［31］怀远镇：军镇名。在今辽宁沈阳市辽中区附近。［32］远人不服，则修文德以来之：《论语》孔子之言。远人，外族。来，招抚。［33］绝域：极远的地方。［34］丁酉：六月十九日。［35］勋封：勋级和爵封。［36］知政事：官称。即参知政事，唐初用来称呼宰相。［37］辛亥：闰六月四日。［38］绳：直。［39］后：君主。［40］丁巳：闰六月十日。［41］左右屯营：唐初禁军名。贞观十二年（638），置于京师玄武门，由诸卫将军统领，其兵士称“飞骑”。知：主持。［42］处分：处置，节制。

薛延陀真珠可汗使其侄突利设[1]来纳币[2]，献马五万匹，牛、骆驼万头，羊十万口。庚申[3]，突利设献馔[4]，上御相思殿[5]，大飨群臣，设十部乐，突利设再拜上寿，赐赍甚厚。

契苾何力上言：“薛延陀不可与婚。”上曰：“吾已许之矣，岂可为天子而食言乎！”何力对曰：“臣非欲陛下遽[6]绝之也，愿且迁延[7]其事。臣闻古有亲迎之礼，若敕夷男使亲迎，虽不至京师，亦应至灵州；彼必不敢来，则绝之有名矣。夷男性刚戾[8]，既不成婚，其下复携贰[9]，不过一二年必病死，二子争立，则可以坐制[10]之矣！”上从之，乃征真珠可汗使亲迎，仍发诏将幸灵州与之会。真珠大喜，欲诣灵州，其臣谏曰：

"脱[11]为所留，悔之无及！"真珠曰："吾闻唐天子有圣德，我得身往见之，死无所恨，且漠北必当有主。我行决矣，勿复多言！"上发使三道，受其所献杂畜。薛延陀先无库厩[12]，真珠调敛[13]诸部，往返万里，道涉沙碛，无水草，耗死将半，失期不至。议者或以为聘财未备而与为婚，将使戎狄轻中国，上乃下诏绝其婚，停幸灵州，追还三使。

褚遂良上疏，以为"薛延陀本一俟斤，陛下荡平沙塞，万里萧条，余寇奔波，须有酋长，玺书鼓纛[14]，立为可汗。比者[15]复降鸿私[16]，许其姻媾，西告吐蕃，北谕思摩，中国童幼，靡不[17]知之。御幸北门，受其献食，群臣四夷，宴乐终日。咸言陛下欲安百姓，不爱一女，凡在含生[18]，孰[19]不怀德。今一朝生进退之意，有改悔之心，臣为国家惜兹声听[20]；所顾[21]甚少，所失殊多，嫌隙既生，必构边患。彼国蓄见欺之怒，此民怀负约之惭，恐非所以服远人，训戎士也。陛下君临天下十有七载，以仁恩结庶类[22]，以信义抚戎夷，莫不欣然，负之无力[23]，何惜不使有始有卒[24]乎！夫龙沙[25]以北，部落无算，中国诛之，终不能尽，当怀之以德，使为恶者在夷不在华，失信者在彼不在此，则尧、舜、禹、汤不及陛下远矣！"上不听。

是时，群臣多言："国家既许其婚，受其聘币，不可失信戎狄，更生边患。"上曰："卿曹皆知古而不知今。昔汉初匈奴强，中国弱，故饰子女，捐金絮以饵[26]之，得事之宜[27]。今中国强，戎狄弱，以我徒兵[28]一千，可击胡骑[29]数万，薛延陀所以匍匐稽颡[30]，惟我所欲，不敢骄慢者，以新为君长，杂姓[31]非其种族，欲假[32]中国之势以威服之耳。彼同罗、仆骨、回纥等十余部，兵各数万，并力攻之，立可破灭，所以不敢发者，畏中国所立故也。今以女妻之，彼自恃大国之婿，杂姓谁敢不服！戎狄人面兽心，一旦微不得意，必反噬[33]为害。今吾绝其婚，杀[34]其礼，杂姓知我弃之，不日将瓜剖[35]之矣，卿曹第[36]志[37]之！"

臣光曰：孔子称去食、去兵，不可去信[38]。唐太宗审知[39]薛延陀不可妻，则初勿许其婚可也；既许之矣，乃复恃强弃信而绝之，虽灭薛延陀，犹可羞也。王者发言出令，可不慎哉！

（以上为第四段，写唐太宗负约薛延陀，悔婚绝和亲。）

【注释】

[1]突利设：薛延陀求婚使者，其在本藩任典兵官。事迹并见《新唐书》卷二百一十七下《回鹘传下》附《薛延陀传》。[2]纳币：古代婚礼“六礼”之一，亦称纳征。即男家送聘礼给女家。[3]庚申：闰六月十三日。[4]馔：食物。[5]相思殿：宫殿名。殿在太极宫玄武门内。[6]遽：急，突然。[7]迁延：拖拉。[8]刚戾：刚直暴戾。[9]携贰：叛离。[10]坐制：坐观其败；无须动干戈，稳坐而制服之。[11]脱：同“倘”。倘若，倘或。[12]库厩：库藏和厩马。[13]调敛：征调聚敛。[14]玺书鼓纛：玺书，盖皇帝印的册封诏书。鼓纛，天子仪仗所用的大鼓大旗。[15]比者：近来。[16]鸿私：诏书，圣旨。[17]靡不：无不。[18]含生：亦称“含类”，泛指一切有生命者。[19]孰：谁。[20]声听：名声，舆论。[21]顾：顾及，得到。[22]庶类：黎民百姓。[23]力：胡注，“力”当作“益”。[24]卒：终。[25]龙沙：地区名。意谓处于沙碛地带的龙城。在今蒙古国鄂尔浑河西侧和硕柴达木湖附近。原为西汉匈奴祭天、大会诸部处。[26]饵：诱饵。[27]得事之宜：与事体相合。宜，相称。[28]徒兵：步兵。[29]胡骑：蕃胡骑兵。[30]匍匐稽颡：以额触地爬行。[31]杂姓：以姓氏为部称的诸色蕃人。[32]假：借。[33]噬：咬。[34]杀：减，降。[35]瓜剖：瓜分。[36]第：但，只。[37]志：记。[38]孔子称去食、去兵，不可去信：语见《论语·颜渊》。食，粮食。兵，军备。信，信用。[39]审知：明悉，详知。

上曰：“盖苏文弑其君而专国政，诚不可忍，以今日兵力，取之不难，但不欲劳百姓，吾欲且使契丹、靺鞨扰之，何如？”长孙无忌曰：“盖苏文自知罪大，畏大国之讨，必严设守备，陛下少为之隐忍，彼得以自安，必更骄惰，愈肆其恶，然后讨之，未晚也。”上曰：“善！”戊辰[1]，诏以高丽王藏[2]为上柱国、辽东郡王、高丽王，遣使持节[3]册命。

丙子[4]，徙东莱王泰为顺阳王。

初，太子承乾失德，上密谓中书侍郎兼左庶子杜正伦曰：“吾儿足疾乃可耳，但疏远贤良，狎昵[5]群小，卿可察之。果不可教示，当来告我。”正伦屡谏，不听，乃以上语告之。太子抗表以闻[6]，上责正伦漏泄，对曰：“臣以此恐之，冀其迁善[7]耳。”上怒，出正伦为谷州[8]刺史。及承乾败，秋，七月，辛卯[9]，复左迁正伦为交州都督。初，魏徵尝荐正伦及侯君集有宰相材，请以君集为仆射，且曰：“国家安不忘危，不可无大将，诸卫兵马宜委君集专知[10]。上以君集好夸诞[11]，不用。及正伦以罪黜，君集谋反诛，上始疑徵阿党[12]。又有言徵自录前后谏辞以示起居郎褚遂良者，上愈不悦，乃罢叔玉尚主，而踣[13]所撰碑。

初，上谓监修国史[14]房玄龄曰："前世史官所记，皆不令人主见之，何也？"对曰："史官不虚美，不隐恶，若人主见之必怒，故不敢献也。"上曰："朕之为心，异于前世。帝王欲自观国史，知前日之恶，为后来之戒，公可撰次以闻。"谏议大夫朱子奢[15]上言："陛下圣德在躬[16]，举无过事，史官所述，义归尽善。陛下独览《起居》[17]，于事无失，若以此法传示子孙，窃恐曾、玄[18]之后或非上智[19]，饰非护短[20]，史官必不免刑诛。如此，则莫不希风顺旨[21]，全身远害，悠悠千载，何所信乎！所以前代不观，盖为此也。"上不从。玄龄乃与给事中许敬宗等删为《高祖》、《今上实录》；癸巳[22]，书成，上之。上见书六月四日事，语多微隐，谓玄龄曰："周公诛管、蔡以安周[23]，季友[24]鸩叔牙以存鲁，朕之所为，亦类是耳，史官何讳焉！"即命削去浮词，直书其事。

（以上为第五段，写唐太宗信谗言疑魏徵，又违制看史臣所修当代实录。）

【注释】

[1]戊辰：闰六月二十一日。 [2]高丽王藏：原高丽王高建武弟大阳之子，盖苏文弑建武，立藏为王。公元642年至668年在位。 [3]节：符节，使者持之，以为凭证。 [4]丙子：闰六月二十九日。 [5]狎昵：亲昵，亲近。 [6]抗表以闻：谓臣子冒犯皇帝威严上表直言。[7]冀其迁善：希望他知过变好。 [8]谷州：州名。治所在今河南宜阳县西。 [9]辛卯：七月十四日。 [10]专知：独立主持。 [11]夸诞：语言夸耀荒诞。 [12]阿党：阿私，偏袒一方。[13]踣（bó）：倒。 [14]监修国史：贞观三年（629），以宰相监修国史，自此历代由著作郎掌修国史的制度罢除。监，督察。 [15]朱子奢：唐初经学家。苏州吴县（今江苏苏州市）人。少习《春秋左氏传》。官至谏议大夫、弘文馆学士、国子司业。传见《旧唐书》卷一百八十九上、《新唐书》卷一百九十八。 [16]在躬：在身。 [17]《起居》：即《起居注》，帝王言行录。 [18]曾、玄：曾孙、玄孙。 [19]上智：明君。 [20]饰非护短：掩饰过错缺陷。 [21]希风顺旨：即"希旨"，迎合上意。 [22]癸巳：七月十六日。 [23]周公诛管、蔡以安周：西周初年，周公摄政，管叔、蔡叔挟武庚叛，周公诛之以安周室。 [24]季友：春秋鲁桓公子、庄公弟。庄公卒，季友毒死其兄叔牙立姬般为鲁国国君，由是扭转了鲁国政局混乱的局面。

八月，庚戌[1]，以洛州都督张亮为刑部尚书，参预朝政；以左卫大将军、太子右卫率[2]李大亮为工部尚书。大亮身居三职，宿卫两宫，恭俭忠谨，每宿直[3]，必坐寐达旦。房玄龄甚重之，每称大亮有王陵、周勃[4]之节，可当大位。

初，大亮为庞玉[5]兵曹，为李密所获，同辈皆死，贼帅张弼[6]见而释之，遂与定交[7]。及大亮贵，求弼，欲报其德，弼时为将作丞[8]，自匿不言。大亮遇诸途而识之，持弼而泣，多推家赀以遗弼，弼拒不受。大亮言于上，乞悉以其官爵授弼，上为之擢弼为中郎将。时人皆贤大亮不负恩，而多[9]弼之不伐[10]也。

九月，庚辰[11]，新罗遣使言百济攻取其国四十余城，复与高丽连兵，谋绝新罗入朝之路，乞兵救援。上命司农丞[12]相里玄奖[13]赍玺书赐高丽曰："新罗委质国家[14]，朝贡不乏，尔与百济各宜戢兵[15]；若更攻之，明年发兵击尔国矣！"

癸未[16]，徙承乾于黔州。甲午[17]，徙顺阳王泰于均州[18]。上曰："父子之情，出于自然。朕今与泰生离，亦何心自处！然朕为天下主，但使百姓安宁，私情亦可割耳。"又以泰所上表示近臣曰："泰诚为俊才，朕心念之，卿曹所知；但以社稷之故，不得不断之以义，使之居外者，亦所以两全之耳。"

先是，诸州长官或上佐[19]岁首亲奉贡物入京师，谓之朝集使[20]，亦谓之考使[21]；京师无邸[22]，率僦屋与商贾杂居。上始命有司为之作邸。

冬，十一月，己卯[23]，上祀圜丘[24]。

初，上与隐太子、巢剌王有隙，密明公赠司空封德彝阴持两端[25]。杨文干之乱，上皇欲废隐太子而立上，德彝固谏而止。其事甚秘，上不之知[26]，薨后乃知之。壬辰[27]，治书侍御史唐临[28]始追劾其事，请黜官夺爵。上命百官议之，尚书唐俭等议："德彝罪暴身后，恩结生前，所历众官，不可追夺，请降赠改谥。"诏黜其赠官，改谥曰缪[29]，削所食实封[30]。

敕选良家女以实东宫。癸巳[31]，太子遣左庶子于志宁辞之。上曰：

“吾不欲使子孙生于微贱耳。今既致辞，当从其意。”上疑太子仁弱，密谓长孙无忌曰：“公劝我立雉奴[32]，雉奴懦[33]，恐不能守社稷，奈何！吴王恪英果类[34]我，我欲立之，何如[35]？”无忌固争，以为不可。上曰：“公以恪非己之甥[36]邪？”无忌曰：“太子仁厚，真守文[37]良主；储副[38]至重，岂可数易！愿陛下熟思之。”上乃止。十二月，壬子[39]，上谓吴王恪曰：“父子虽至亲，及其有罪，则天下之法不可私也。汉已立昭帝[40]，燕王旦[41]不服，阴图不轨，霍光[42]折简[43]诛之。为人臣子，不可不戒！”

庚申[44]，车驾幸骊山温汤；庚午[45]，还宫。

（以上为第六段，写唐太宗立储事件之余波，欲更易太子立李恪，长孙无忌力挺李治为太子。）

【注释】

[1]庚戌：八月三日。 [2]太子右卫率：官名。太子右卫率府长官。掌兵仗、仪卫。[3]宿直：宿卫当值。 [4]王陵、周勃：汉初大臣。沛县（今江苏沛县）人，二人均官至右丞相。[5]庞玉：京兆泾阳（今陕西泾阳县）人。隋末唐初将领。隋封韩国公，入唐，累任诸卫大将军，为武德功臣。事迹见《隋书》卷六十三《卫玄传》、《旧唐书》卷六十二《李大亮传》、《新唐书》卷一百九十三《庞坚传》等。 [6]张弼：原为农民军将领，降唐后，官至代州都督。事迹见《旧唐书》卷六十二《李大亮传》、《新唐书》卷九十九《李大亮传》。 [7]定交：即订交，确定非同寻常关系。 [8]将作丞：官名。将作监属官，从六品下，掌日常监务。 [9]多：称赞。 [10]不伐：不夸功。 [11]庚辰：九月四日。 [12]司农丞：司农卿佐官。掌司农寺日常公务。 [13]相里玄奖：相里，复姓；玄奖，名。玄奖事迹见《旧唐书》卷一百九十九上《高丽传》、《新唐书》卷二百二十《高丽传》。[14]委质国家：遣派质子入京，以取信朝廷。此指新罗与唐建立臣隶关系。[15]戢兵：收兵息战。 [16]癸未：九月七日。 [17]甲午：九月十八日。 [18]均州：州名。治所在今湖北丹江口市。 [19]上佐：高级辅佐官吏。 [20]朝集使：朝集使制度始于隋朝而盛行于唐代。地方汉蕃官长（都督、刺史及上佐）定期或不定期入朝述职并觐见天子，这些人称朝集使。 [21]考使：因朝集使负有接受考核政绩的义务，故又称考使。 [22]邸：官员办事或居住的处所。 [23]己卯：十一月三日。 [24]圜丘：即天坛。古时用以祭天的建筑物。唐圜丘在今陕西西安市南郊陕西师大南操场东。 [25]阴持两端：暗地里持模棱两可的态度。 [26]不之知：即“不知之”。 [27]壬辰：十一月十六日。 [28]唐临：唐初大臣。京兆长安（今陕西西安市西部）人。高宗时，历官御史大夫及刑、兵、度支、吏部尚书，终潮州刺史。临为官宽恕，为时所称。传见《旧唐书》卷八十五、《新唐书》卷一百一十三。 [29]缪：《谥法》，名与实爽曰缪，蔽仁

伤贤曰缪。［30］实封：实有封户。唐代封户率多虚名，只有称“食实封”者才有“真户”，才能收取本封邑的租赋。［31］癸巳：十一月十七日。［32］雉奴：太子李治乳名。［33］懦：软弱。［34］类：像，似。［35］何如：如何，怎么样。［36］恪非己之甥：恪母杨氏，隋炀帝女。故李恪不是长孙无忌的亲外甥。［37］守文：遵守成法。［38］储副：即太子。［39］壬子：十二月六日。［40］昭帝（前94—前74）：西汉皇帝刘弗陵。公元前87年至前74年在位。［41］燕王旦：汉武帝第四子。传见《汉书》卷六十三。［42］霍光（?—前68）：西汉大臣。字子孟。河东平阳（今山西临汾市西南）人。霍去病异母弟。累官大司马大将军，封博陆侯。传见《汉书》卷六十八。［43］折简：亦作“折柬”。本指写信，引申为书信。［44］庚申：十二月十四日。［45］庚午：十二月二十四日。

十八年（甲辰，644年）

春，正月，乙未[1]，车驾幸钟官城[2]；庚子[3]，幸鄠县；壬寅[4]，幸骊山温汤。

相里玄奖至平壤，莫离支已将兵击新罗，破其两城，高丽王使召之，乃还。玄奖谕使勿攻新罗，莫离支曰：“昔隋人入寇[5]，新罗乘衅侵我地五百里，自非归我侵地，恐兵未能已。”玄奖曰：“既往之事，焉可追论！至于辽东诸城，本皆中国郡县，中国尚且不言，高丽岂得必求故地。”莫离支竟不从。

二月，乙巳朔[6]，玄奖还，具言其状。上曰：“盖苏文弑其君，贼[7]其大臣，残虐其民，今又违我诏命，侵暴邻国，不可以不讨。”谏议大夫褚遂良曰：“陛下指麾则中原清晏，顾眄[8]则四夷詟服，威望大矣。今乃渡海远征小夷，若指期克捷，犹可也。万一蹉跌[9]，伤威损望，更兴忿兵，则安危难测矣。”李世勣曰：“间者[10]薛延陀入寇，陛下欲发兵穷讨，魏徵谏而止，使至今为患。向用陛下之策，北鄙安矣。”上曰：“然。此诚征之失；朕寻悔之而不欲言，恐塞良谋故也。”

上欲自征高丽，褚遂良上疏，以为：“天下譬犹一身：两京，心腹也；州县，四支[11]也；四夷，身外之物也。高丽罪大，诚当致讨，但命二三猛将将四五万众，仗陛下威灵，取之如反掌耳。今太子新立，年尚幼稚，自余藩屏[12]，陛下所知，一旦弃金汤[13]之全，逾辽海[14]之险，以天下之君，轻行远举，皆愚臣之所甚忧也。”上不听。时群臣多谏征高丽者，上曰："八尧、九舜[15]，不能冬种，野夫[16]、童子，春种而生，得时故也。夫天有其时，人有其功。盖苏文陵上虐下，民延颈待救，此正高丽可亡之时也，议者纷纭，但不见此耳。"

己酉[17]，上幸灵口[18]；乙卯[19]，还宫。

三月，辛卯[20]，以左卫将军薛万彻守[21]右卫大将军。上尝谓侍臣曰："于今名将，惟世勣、道宗、万彻三人而已，世勣、道宗不能大胜，亦不大败，万彻非大胜则大败。"

（以上为第七段，写唐太宗谋伐高丽，大臣多不从。）

【注释】

[1]乙未：正月二十日。[2]钟官城：又名灌钟城。汉置，唐时故城犹存。在今陕西西安市鄠邑区。[3]庚子：正月二十五日。[4]壬寅：正月二十七日。[5]昔隋人入寇：谓炀帝征讨高丽。[6]乙巳朔：二月一日。[7]贼：杀害。[8]眄（miǎn）：斜视。[9]蹉跌：失足跌倒。[10]间者：近来。[11]支：通"肢"。[12]藩屏：藩篱屏障。引申为捍卫中央王室的四方诸侯。[13]金汤："金城汤池"的略称。比喻城池坚不可摧。[14]辽海：地区名。泛指今辽河流域以东至海地区。[15]八尧、九舜：八个尧，九个舜，极言先王圣人之多。[16]野夫：山野之人，或粗野之人。[17]己酉：二月五日。[18]灵口：亦作"零口"。在今陕西西安市临潼区。[19]乙卯：二月十一日。[20]辛卯：三月十七日。[21]守：摄，暂时署理职务。唐代以低官任职高官称守某官。

夏，四月，上御两仪殿，皇太子侍。上谓群臣曰："太子性行，外人亦闻之乎？"司徒无忌曰："太子虽不出宫门，天下无不钦仰圣德。"上曰："吾如治年时，颇不能循常度。治自幼宽厚，谚曰：'生[1]狼，犹恐如羊'，冀其稍壮，自不同耳。"无忌对曰："陛下神武，乃拨乱[2]之才，太子仁恕[3]，实守文之德；趣尚[4]虽异，各当其分，此乃皇天所以祚[5]大唐而福苍生[6]者也。"

辛亥[7]，上幸九成宫。壬子[8]，至太平宫[9]，谓侍臣曰："人臣顺旨者多，犯颜则少，今朕欲自闻其失，诸公其直言无隐。"长孙无忌等皆曰："陛下无失。"刘洎曰："顷有上书不称旨者，陛下皆面加穷诘[10]，无不惭惧而退，恐非所以广言路。"马周曰："陛下比来赏罚，微以喜怒有所高下，此外不见其失。"上皆纳之。

上好文学而辩敏[11]，群臣言事者，上引古今以折[12]之，多不能对。刘洎上书谏曰："帝王之与凡庶[13]，圣哲之与庸愚，上下相悬，拟伦斯绝[14]。是知以至愚而对至圣[15]，以极卑而对至尊，徒思自强，不可得也。陛下降恩旨，假慈颜，凝旒[16]以听其言，虚襟[17]以纳其说，犹恐群下未敢对扬[18]；况动神机，纵天辩，饰辞[19]以折其理，引古以排其议，欲令凡庶何阶应答！且多记则损心，多语则损气，心气内损，形神外劳，初虽不觉，后必为累[20]，须为社稷自爱，岂为性好[21]自伤乎！至如秦政[22]强辩，失人心于自矜[23]；魏文[24]宏才，亏众望于虚说。此材辩之累，较然可知矣。"上飞白[25]答之，曰："非虑无以临下，非言无以述虑，比有谈论，遂致烦多，轻物骄人，恐由兹道，形神心气，非此为劳。今闻谠[26]言，虚怀以改。"己未[27]，至显仁宫[28]。

上将征高丽，秋，七月，辛卯[29]，敕将作大监[30]阎立德等诣洪、饶、江三州[31]，造船四百艘以载军粮。甲午[32]，下诏遣营州都督张俭等帅幽、营二都督兵及契丹、奚、靺鞨先击辽东以观其势。以太常卿韦挺为馈运使[33]，以民部侍郎崔仁师副之，自河北诸州皆受挺节度，听以便宜从事。又命太仆少卿萧锐[34]运河南诸州粮入海。锐，瑀之子也。

八月，壬子[35]，上谓司徒无忌等曰："人苦不自知其过，卿可为朕明言之。"对曰："陛下武功文德，臣等将顺之不暇[36]，又何过之可言！"上曰："朕问公以己过，公等乃曲相谀悦[37]，朕欲面举公等得失以相戒而改之，何如？"皆拜谢。上曰："长孙无忌善避嫌疑，应物敏速，决断事理，古人不过；而总兵攻战[38]，非其所长。高士廉涉猎古今，心术明达[39]，临难不改节，当官无朋党；所乏者骨鲠规谏耳。唐俭言辞辩捷，善和解人；事朕三十年，遂无言及于献替[40]。杨师道性行纯和，自无愆违[41]；而情实怯懦，缓急[42]不可得力。岑文本性质敦厚，文章华赡[43]；而持论恒据经远[44]，自当不负于物[45]。刘洎性最坚贞，有利益；然其意尚然诺[46]，私于朋友。马周见事敏速，性甚贞正[47]，论量人物，直道而言，朕比任使，多能称意。褚遂良学问稍长，性亦坚正，每写忠诚，亲附于朕，譬如飞鸟依人，人自怜之。"

甲子[48]，上还京师。

丁卯[49]，以散骑常侍[50]刘洎为侍中，行[51]中书侍郎岑文本为中书令，太子左庶子中书侍郎马周守中书令。

文本既拜，还家，有忧色。母问其故，文本曰："非勋非旧[52]，滥荷宠荣，位高责重，所以忧惧。"亲宾有来贺者，文本曰："今受吊[53]，不受贺也。"文本弟文昭[54]为校书郎[55]，喜宾客，上闻之不悦；尝从容谓文本曰："卿弟过尔交结，恐为卿累；朕欲出为外官[56]，何如？"文本泣曰："臣弟少孤，老母特所钟爱，未尝信宿[57]离左右。今若出外，母必愁悴，傥无此弟，亦无老母矣。"因歔欷[58]呜咽，上愍其意而止。惟召文昭严戒之，亦卒无过。

九月，以谏议大夫褚遂良为黄门侍郎，参预朝政。

（以上为第八段，写唐太宗晚年，虽纳谏有失，而识才任人得其物情，圣明依旧。）

【注释】

［1］生：章校，"生"下有"子如"二字。［2］拨乱：治平乱世。［3］仁恕：仁德宽恕。［4］趣尚：旨趣，风格。［5］祚：赐福，保佑。［6］苍生：百姓。［7］辛亥：四月八日。［8］壬子：四月九日。［9］太平宫：原为隋行宫，在今陕西西安市鄠邑区东南沣河西岸。［10］穷诘：追问到底。［11］辩敏：机敏善辩。［12］折：折服。［13］凡庶：一般人，普通人。［14］拟伦斯绝：非同类相比，相差极远。［15］至圣：旧指道德和智能最高的人。［16］凝旒：冕旒处于静止状态，极言全神贯注。旒，冠冕前后悬垂的玉串。［17］虚襟：襟怀宽大，虚心。［18］对扬：面君奏对。［19］饰辞：托辞掩饰。［20］累：受累，受害。［21］性好：性之所好。［22］秦政：即秦始皇嬴政（前259—前210），公元前246年至前210年在位。［23］自矜：骄夸自负。［24］魏文：即曹操次子魏文帝曹丕（187—226），公元220年至226年在位。卓有成就的文学家和三国时代魏国的建立者。［25］飞白：即飞白书。此种书法，笔画中丝丝露白，如枯笔写成。唐太宗颇善此道。［26］谠：正直的言论。［27］己未：四月十六日。［28］显仁宫：疑为"安仁宫"（在今陕西眉县东渭河北岸）误。［29］辛卯：七月二十日。［30］将作大监：章校，"监"作"匠"。［31］洪、饶、江三州：洪州治所在今江西南昌市。饶州治所在今江西鄱阳县。江州治所在今江西九江市。［32］甲午：七月二十三日。［33］馈运使：官名。战时所置负责督运军资的长官。［34］萧锐：宰相萧瑀嗣子。尚太宗女襄城公主，历太常卿、汾州刺史。传见《旧唐书》卷六十三、《新唐书》卷一百零一。［35］壬子：八月十一日。［36］不暇：无空闲时间，时间不够用。［37］曲相谀悦：阿谀奉承以取悦于人。［38］总兵攻战：领兵打仗。［39］明达：洞晓事理。［40］献替："献可替否"的略语。［41］愆违：过错。［42］缓急：情势紧急。

[43]华赡：文辞富丽。[44]经远：远大之经略。[45]物：人或事。[46]然诺：诺言，许诺。[47]贞正：坚贞纯正。[48]甲子：八月二十三日。[49]丁卯：八月二十四日。[50]散骑常侍：官名。分隶门下、中书二省。在门下省者称左散骑常侍，在中书省者称右散骑常侍。多为将相大臣兼官，侍皇帝左右，规谏天子过失，以备顾问。[51]行：大官兼代小官事称行某官。[52]勋、旧：功臣和旧友。[53]吊：吊丧。[54]文昭：岑文昭，事迹见《旧唐书》卷七十《岑文本传》、《新唐书》卷一百零二《岑文本传》。[55]校书郎：官名。秘书省及弘文馆掌校勘书籍的官。[56]外官：地方官。[57]信宿：连宿两夜。[58]歔欷：叹息，抽泣声。

焉耆贰于西突厥，西突厥大臣屈利啜[1]为其弟娶焉耆王女，由是朝贡多阙；安西都护郭孝恪请讨之。诏以孝恪为西州道行军总管，帅步骑三千出银山道[2]以击之。会焉耆王弟颉鼻兄弟[3]三人至西州，孝恪以颉鼻弟栗婆准为乡导。焉耆城四面皆水，恃险而不设备，孝恪倍道兼行，夜，至城下，命将士浮水而渡，比晓，登城，执其王突骑支[4]，获首虏七千级，留栗婆准摄国事而还。孝恪去三日，屈利啜引兵救焉耆，不及，执栗婆准，以劲骑五千，追孝恪至银山，孝恪还击，破之，追奔数十里。

辛卯[5]，上谓侍臣曰："孝恪近奏称八月十一日往击焉耆，二十日应至，必以二十二日破之，朕计其道里，使者今日至矣！"言未毕，驿骑至。

西突厥处那啜[6]使其吐屯[7]摄焉耆，遣使入贡。上数之曰："我发兵击得焉耆，汝何人而据之！"吐屯惧，返其国。焉耆立栗婆准从父兄薛婆阿那支[8]为王，仍附于处那啜。

乙未[9]，鸿胪[10]奏"高丽莫离支贡白金。"褚遂良曰："莫离支弑其君，九夷[11]所不容，今将讨之而纳其金，此郜鼎[12]之类也，臣谓不可受。"上从之。上谓高丽使者曰："汝曹皆事高武，有官爵。莫离支弑逆，汝曹不能复仇，今更为之游说以欺大国，罪孰大焉！"悉以属大理[13]。

冬十月，辛丑朔[14]，日有食之。

甲寅[15]，车驾行幸洛阳，以房玄龄留守京师，右卫大将军、工部尚书李大亮副之。

郭孝恪锁焉耆王突骑支及其妻子诣行在，敕宥之。丁巳[16]，上谓太子曰："焉耆王不求贤辅，不用忠谋，自取灭亡，系颈束手，漂摇万里；人以此思惧，则惧可知矣。"

己巳[17]，畋于渑池之天池[18]；十一月，壬申[19]，至洛阳。

（以上为第九段，写唐安西都护征讨焉耆。）

【注释】

[1]屈利啜：西突厥重臣。事迹见《旧唐书》一百九十八《焉耆传》、《新唐书》卷二百二十一上《焉耆传》。[2]银山道：银山，沙碛名。在今新疆托克逊县西南库木什。为唐安西都护府属地。[3]颉鼻兄弟：焉耆叶护。事迹见《旧唐书》卷一百九十八《焉耆传》、《新唐书》卷二百二十一上《焉耆传》。[4]突骑支：焉耆王。龙姓。被俘后献于朝廷，留居京师，高宗初年，拜左卫大将军，遣归复位。事迹见《册府元龟》卷九百六十六《外臣部·继袭一》、《新唐书》卷二百二十一上《焉耆传》。[5]辛卯：九月二十一日。[6]处那啜：西突厥部酋。[7]吐屯：突厥第四等高级官称。[8]薛婆阿那支：号瞎干。后为唐大将阿史那社尔擒斩。事迹见《旧唐书》卷一百九十八《焉耆传》、《新唐书》卷二百二十一上《焉耆传》。[9]乙未：九月二十五日。[10]鸿胪：即鸿胪寺。[11]九夷：古东夷诸族。据《后汉书·东夷传》：东方有九夷，曰：畎夷、于夷、方夷、黄夷、白夷、赤夷、玄夷、风夷、阳夷。[12]郜鼎：春秋时郜国（在今山东成武县东南）所铸大鼎，被齐桓公夺取后献于太庙。这是一种非礼行为。[13]大理：即中央司法机关大理寺。[14]辛丑朔：十月一日。[15]甲寅：十月十四日。[16]丁巳：十月十七日。[17]己巳：十月二十九日。[18]天池：湖名。在今河南渑池县熊耳山际。[19]壬申：十一月二日。

前宜州刺史郑元琦[1]，已致仕，上以其尝从隋炀帝伐高丽，召诣行在；问之，对曰："辽东道远，粮运艰阻；东夷善守城，攻之不可猝下。"上曰："今日非隋之比，公但听之。"

张俭等值辽水[2]涨，久不得济[3]，上以为畏懦，召俭诣洛阳。至，具陈山川险易，水草美恶；上悦。

上闻洺州刺史程名振[4]善用兵，召问方略[5]，嘉其才敏，劳勉之，曰："卿有将相之器，朕方将任使。"名振失不拜谢，上试责怒，以观其所为，曰："山东鄙夫[6]，得一刺史，以为富贵极邪！敢于天子之侧，言语粗疏；又复不拜！"名振谢曰："疏野之臣，未尝亲奉圣问，适方心思所对，故忘拜耳。"举止自若，应对愈明辩。上乃叹曰："房玄龄处朕左右二十余年，每见朕谴责余人，颜色无主[7]。名振平生未尝见朕，朕一旦责之，曾无震慑，辞理不失，真奇士也！”即日拜右骁卫将军。

甲午[8]，以刑部尚书张亮为平壤[9]道行军大总管[10]，帅江、淮、岭、峡[11]兵四万，长安、洛阳募士三千，战舰五百艘，自莱州[12]泛海趋平壤；又以太子詹事、左卫率李世勣为辽东道行军大总管，帅步骑六万及兰、河二州[13]降胡[14]趣辽东，两军合势并进。庚子[15]，诸军大集于幽州，遣行军总管姜行本[16]、少府少监[17]丘行淹[18]先督众工造梯冲于安萝山。时远近勇士应募及献攻城器械者不可胜数，上皆亲加损益[19]，取其便易。又手诏谕天下，以“高丽盖苏文弑主虐民，情何可忍！今欲巡幸幽、蓟，问罪辽、碣[20]，所过营顿，无为劳费。”且言：“昔隋炀帝残暴其下，高丽王仁爱其民，以思乱之军击安和之众，故不能成功。今略言必胜之道有五：一曰以大击小，二曰以顺讨逆，三曰以治乘乱，四曰以逸待劳，五曰以悦当怨，何忧不克！布告元元[21]，勿为疑惧！”于是凡顿舍供费之具，减者太半。

十二月，辛丑[22]，武阳懿公李大亮卒于长安，遗表请罢高丽之师。家余米五斛，布三十匹。亲戚早孤为大亮所养，丧之如父者十有五人。

壬寅[23]，故太子承乾卒于黔州，上为之废朝，葬以国公[24]礼。

甲寅[25]，诏诸军及新罗、百济、奚、契丹分道击高丽。

初，上遣突厥俟利苾可汗北渡河，薛延陀真珠可汗恐其部落翻动[26]，意甚恶之，豫蓄[27]轻骑于漠北，欲击之。上遣使戒敕，无得相攻。真珠可汗对曰：“至尊有命，安敢不从！然突厥翻复难期，当其未破之时，岁犯中国，杀人以千万计。臣以为至尊[28]克之，当翦[29]为奴婢，以赐中国之人；乃反养之如子，其恩德至[30]矣，而结社率竟反。此属兽心，安可以人理待也！臣荷恩深厚，请为至尊诛之。”自是数相攻。

俟利苾之北渡也，有众十万，胜兵四万人，俟利苾不能抚御，众不惬服[31]。戊午[32]，悉弃俟利苾南渡河，请处于胜、夏之间[33]；上许之。群臣皆以为：“陛下方远征辽左[34]，而置突厥于河南，距京师不远，岂得不为后虑！愿留镇洛阳，遣诸将东征。”上曰：“夷狄亦人耳，其情与中夏[35]不殊[36]。人主患[37]德泽[38]不加，不必猜忌异类[39]。盖德泽洽[40]，则四夷可使如一家；猜忌多，则骨肉不免为仇敌。炀帝无道，失人已久，辽东之役，人皆断手足以避征役，玄感[41]以运卒反于黎阳，非戎狄为患也。朕今征高丽，皆取愿行者，募十得百，募百得千，其不得从军者，皆愤叹郁邑[42]，岂比隋之行怨民哉突厥贫弱，吾收而养之，计其感恩，入于骨髓，岂肯为患！且彼与薛延陀嗜欲略同[43]，彼不北走薛延陀而南归我，其情可见矣。”顾谓褚遂良曰：“尔知起居，为我志之，自今十五年，保无突厥之患。”俟利苾既失众，轻骑入朝，上以为右武卫将军。

（以上为第十段，写唐太宗大举兵伐高丽，同时安抚归降的突厥之众。）

【注释】

[1]郑元琦（?—646）：隋末唐初大臣。郑州荥泽（今河南郑州市西北古荥镇北）人。在隋任右武候将军，曾从炀帝征讨高丽。入唐官至左武候大将军，封沛国公。传见《旧唐书》卷六十二、《新唐书》卷一百。[2]辽水：今辽河。[3]济：渡，过河。[4]程名振：唐初名将。洺州平恩（今河北曲周县东南）人。早年参加窦建德农民军，降唐后累擢营州都督等职。事迹见《旧唐书》卷八十三《程务挺传》、《新唐书》卷一百一十一《程务挺传》。[5]方略：计策，谋略。[6]鄙夫：村野之人，庸俗鄙陋之人。[7]颜色无主：因受惊脸色骤变。[8]甲午：十一月二十四日。[9]平壤：高丽国都。即今朝鲜平壤市。[10]行军大总管：战时某一方面军的统帅或领军大将。[11]江、淮、岭、峡：地区名。江，江州，治所在今江西九江市。淮，今江苏南部长江支流秦淮河流域。岭，疑指五岭地区，今湘、赣与桂、粤等省交界处。峡，长江三峡地区，或指峡州，治所在今湖北宜昌市。[12]莱州：州治在今山东莱州市。[13]河州：兰州治所在今甘肃皋兰县。河州治所在今甘肃临夏市。[14]降胡：唐西北地区内降蕃人总称。[15]庚子：十一月三十日。[16]姜行本（?—645）：唐初大将。名确，字行本。秦州上邽（今甘肃天水市）人。累擢将作大匠、左屯卫将军等，封金城郡公。行本工于营建，尤善兵械制造。传见《旧唐书》卷五十九、《新唐书》卷九十一。[17]少府少监：官名。天子私府少府监长官之副，掌皇室手工业制造。[18]丘行淹：唐初大将丘和少子。事迹见《旧唐书》卷五十九《丘和传》附《丘行恭传》。[19]损益：增减。[20]碣：即碣石山。在今辽宁绥中县东南姜女坟。[21]元元：黎民百姓。[22]辛丑：十二月一日。[23]壬寅：十二月二日。[24]国公：爵位名。原为五等爵中的最高一级。隋唐九等爵中的第三级。[25]甲寅：十二月十四日。[26]翻动：闹事，反叛。[27]蓄：储备。[28]至尊：至高无上的皇帝的代称。[29]翦：全部剪灭。翦，同“剪”。[30]至：最，极。[31]惬服：满意。[32]戊午：十二月十八日。[33]胜、夏之间：地区名。即胜州（治所在今内蒙古准格尔旗东北黄河南岸十二连城）、夏州（治所在今内蒙古乌审旗南白城子）间的广大地带。[34]辽左：即辽东。[35]中夏：中原。[36]不殊：没有两样。[37]患：忧虑。[38]德泽：

恩惠。［39］异类：异族。［40］洽：浸润。［41］玄感：即隋叛将杨玄感（?—613）。弘农华阴（今陕西华阴市）人。权臣杨素子。历任郢州刺史、礼部尚书，袭封楚国公。大业九年（613）反于黎阳，不久兵败自杀。传见《隋书》卷七十。［42］郁邑：苦闷。邑通“悒”。［43］嗜欲略同：爱好基本相同。

十九年（乙巳，645年）

春，正月，韦挺坐不先行视漕渠[1]，运米六百余艘至卢思台[2]侧，浅塞不能进，械送洛阳；丁酉[3]，除名[4]，以将作少监[5]李道裕[6]代之。崔仁师亦坐免官。

沧州刺史席辩坐赃污，二月，庚子[7]，诏朝集使临观而戮之。

庚戌[8]，上自将诸军发洛阳，以特进萧瑀为洛阳宫留守。乙卯[9]，诏：“朕发定州后，宜令皇太子监国[10]。”开府仪同三司致仕尉迟敬德上言：“陛下亲征辽东，太子在定州，长安、洛阳心腹空虚，恐有玄感之变。且边隅小夷，不足以勤万乘[11]，愿遣偏师[12]征之，指期可殄[13]。”上不从。以敬德为左一马军总管，使从行。

丁巳[14]，诏谥殷太师比干[15]曰忠烈，所司封其墓，春秋祠以少牢[16]，给随近五户供洒扫。

上之发京师也，命房玄龄得以便宜从事，不复奏请。或诣留台[17]称有密，玄龄问密谋所在，对曰：“公则是也。”玄龄驿送行在。上闻留守有表送告密人，上怒，使人持长刀于前而后见之，问告者为谁，曰：“房玄龄。”上曰：“果然。”叱令腰斩。玺书让玄龄以不能自信，“更有如是者，可专决之。”

癸亥[18]，上至邺[19]，自为文祭魏太祖[20]，曰：“临危制变，料敌设奇，一将之智有余，万乘之才不足。”

是月，李世勣军至幽州。

三月，丁丑[21]，车驾至定州。丁亥[22]，上谓侍臣曰：“辽东本中国之地，隋氏四出师而不能得；朕今东征，欲为中国报子弟之仇，高丽雪君父之耻耳。且方隅[23]大定，惟此未平，故及朕之未老，用士大夫余力以取之。朕自发洛阳，唯啖[24]肉饭，虽春蔬亦不之进，惧其烦扰故也。”

上见病卒，召至御榻[25]前存慰，付州县疗之，士卒莫不感悦。有不预征名[26]，自愿以私装从军，动以千计，皆曰："不求县官[27]勋赏，惟愿效死[28]辽东。"上不许。

上将发，太子悲泣数日，上曰："今留汝镇守，辅以俊贤，欲使天下识汝风采。夫为国之要，在于进贤退不肖[29]，赏善罚恶，至公无私，汝当努力行此，悲泣何为！"命开府仪同三司高士廉摄太子太傅，与刘洎、马周、少詹事[30]张行成、右庶子高季辅同掌机务[31]，辅太子。长孙无忌、岑文本与吏部尚书杨师道从行。壬辰[32]，车驾发定州，亲佩弓矢，手结雨衣于鞍后。命长孙无忌摄侍中，杨师道摄中书令。

（以上为第十一段，写唐太宗亲征高丽，令太子李治监国。）

【注释】

[1]漕渠：泛指由人工开凿或疏浚用以通漕运的河流。此指曹操征乌桓所开泉州渠。 [2]卢思台：在今北京市卢沟桥西北。 [3]丁酉：正月二十八日。 [4]除名：除去名籍，取消原有的资格。 [5]将作少监：官名。将作监长官将作大匠之副，掌土木工程营建等事。 [6]李道裕：唐初大臣李大亮侄。雍州泾阳（今陕西泾阳县）人。永徽中，官至大理卿。传见《旧唐书》卷六十二、《新唐书》卷九十九。 [7]庚子：二月二日。 [8]庚戌：二月十二日。 [9]乙卯：二月十七日。 [10]监国：天子外出，太子留守京师并代理国事，称监国。 [11]万乘：本指兵车万辆，后专指帝位。周制，只有天子可拥有兵车万乘，后世遂称天子为"万乘之尊"。 [12]偏师：某一方面军，全军的一部分，非主力军。 [13]殄（tiǎn）：灭绝。 [14]丁巳：二月十九日。 [15]比干：殷纣王叔父，因屡次劝谏纣王，被剖心而死。 [16]少牢：古称祭祀用的豕和羊。 [17]留台：官名。即留守。 [18]癸亥：二月二十五日。 [19]邺：县名。县治在今河北临漳县西南。 [20]魏太祖：即三国时的政治家、军事家、诗人曹操（155—220）。子曹丕称帝，追尊为魏武帝，庙号太祖。 [21]丁丑：三月三日。 [22]丁亥：三月十三日。 [23]方隅：四方，边疆。 [24]啖：吃。 [25]御榻：皇帝卧榻。榻，床。 [26]不预征名：谓不属于征发对象，不载征辽军之名籍。 [27]县官：天子。 [28]效死：效力而死。 [29]不肖：不贤。 [30]少詹事：官名。东宫詹事府长官太子詹事之副，正四品上，掌东宫内外众务。 [31]机务：军国机密大事。 [32]壬辰：三月十八日。

李世勣军发柳城[1]，多张形势，若出怀远镇[2]者，而潜师北趣甬道[3]，出高丽不意。夏，四月，戊戌朔[4]，世勣自通定[5]济辽水，至玄菟[6]。高丽大骇[7]，城邑皆闭门自守。壬寅[8]，辽东道副大总管江夏王道宗将兵数千至新城[9]，折冲都尉曹三良引十余骑直压城门，城中惊扰，无敢出者。营州都督张俭将胡兵[10]为前锋，进渡辽水，趋建安城[11]，破高丽兵，斩首数千级。

太子引高士廉同榻视事，又令更为士廉设案，士廉固辞。

丁未[12]，车驾发幽州。上悉以军中资粮、器械、簿书委岑文本，文本夙夜勤力，躬自料配，筹[13]、笔不去手，精神耗竭，言辞举措，颇异平日。上见而忧之，谓左右曰："文本与我同行，恐不与我同返。"是日，遇暴疾而薨。其夕，上闻严鼓[14]声，曰："文本殒没，所不忍闻，命撤之。"时右庶子许敬宗在定州，与高士廉等同知机要，文本薨，上召敬宗，以本官检校中书侍郎。

壬子[15]，李世勣、江夏王道宗攻高丽盖牟城[16]。丁巳[17]，车驾至北平。癸亥[18]，李世勣等拔盖牟城，获二万余口，粮十余万石。

张亮帅舟师自东莱[19]渡海，袭卑沙城[20]，其城四面悬绝，惟西门可上。程名振引兵夜至，副总管王文度[21]先登，五月，己巳[22]，拔之，获男女八千口。分遣总管丘孝忠[23]等曜兵于鸭绿水[24]。

李世勣进至辽东城[25]下。庚午[26]，车驾至辽泽[27]，泥淖二百余里，人马不可通，将作大匠阎立德布土作桥，军不留行。壬申[28]，渡泽东。乙亥[29]，高丽步骑四万救辽东，江夏王道宗将四千骑逆击之，军中皆以为众寡悬绝，不若深沟高垒以俟车驾之至；道宗曰："贼恃众，有轻我心，远来疲顿，击之必败。且吾属为前军，当清道以待乘舆，乃更以贼遗君父乎！"李世勣以为然。果毅都尉马文举曰："不遇勍敌[30]，何以显壮士！"策马趋敌，所向皆靡[31]，众心稍安。既合战，行军总管张君乂[32]退走，唐兵不利，道宗收散卒，登高而望，见高丽陈乱，与骁骑数十冲之，左右出入；李世勣引兵助之，高丽大败，斩首千余级。

丁丑[33]，车驾渡辽水，撤桥，以坚士卒之心，军于马首山[34]，劳赐江夏王道宗，超拜马文举中郎将，斩张君乂。上自将数百骑至辽东城下，见士卒负土填堑，上分其尤重者，于马上持之，从官争负土致城下。李世勣攻辽东城，昼夜不息，旬有二日[35]，上引精兵会之，围其城数百重，鼓噪声震天地。甲申[36]，南风急，上遣锐卒登冲竿[37]之末，爇[38]其西南楼，火延烧城中，因麾将士登城，高丽力战不能敌，遂克之，所杀万余人，得胜兵万余人，男女四万口，以其城为辽州。

乙未[39]，进军白岩城[40]。丙申[41]，右卫大将军李思摩中弩矢，上亲为之吮血；将士闻之，莫不感动。乌骨城[42]遣兵万余为白岩声援，将军契苾何力以劲骑八百击之，何力挺身陷陈，槊中其腰，尚辇奉御薛万备[43]单骑往救之，拔何力于万众之中而还。何力气益愤，束疮而战，从骑奋击，遂破高丽兵，追奔数十里，斩首千余级，会暝[44]而罢。万备，万彻之弟也。

（以上为第十二段，写征东唐军，初战告捷，攻破辽东城。）

【注释】

[1]柳城：县名。县治在今辽宁朝阳市。[2]怀远镇：在今辽宁沈阳市辽中区。[3]甬道：两旁有墙的驰道或通道。此处甬道为隋炀帝征高丽时建。[4]戊戌朔：四月一日。[5]通定：城镇名。在今辽宁新民市西北辽河西岸。[6]玄菟：郡名，治所原在今朝鲜咸镜南道咸兴市，后两迁至今辽宁沈阳市东。[7]大骇：大惊惶恐。[8]壬寅：四月五日。[9]新城：今辽宁抚顺市。[10]胡兵：此当为营州都督所押领的靺鞨、奚等东胡兵。[11]建安城：在今辽宁盖州市东北青石关。[12]丁未：四月十日。[13]筹：记数和计算的竹制用具。[14]严鼓：急鼓，疾击之鼓。[15]壬子：四月十五日。[16]盖牟城：在今辽宁抚顺市北郊。[17]丁巳：四月二十日。[18]癸亥：四月二十六日。[19]东莱：州名。治所在今山东莱州市。[20]卑沙城：又作“卑奢城”。在今辽宁大连市金州区大黑山。[21]王文度：唐初大将。曾参加征讨西突厥、高丽、百济等重大军事活动。官至熊津都督，驻守百济。事迹见《旧唐书》卷八十三《苏定方传》、卷八十四《刘仁轨传》、卷一百九十九上《高丽传》，《新唐书》卷一百零八《刘仁轨传》、卷一百一十一《苏定方传》、卷二百一十五下《突厥传》下、卷二百二十《高丽传》。[22]己巳：五月二日。[23]丘孝忠：丘和子。官至卫尉卿、广州都督、安南公。事迹见《元和姓纂》卷五《十八尤》。[24]鸭绿水：今中朝界河鸭绿江。[25]辽东城：隋辽东郡治所。在今辽宁辽阳市老城区。[26]庚午：五月三日。[27]辽泽：即辽河。[28]壬申：五月五日。[29]乙亥：五月八日。[30]勍敌：强敌。勍，通“劲”。[31]靡：倒下，溃败。[32]张君乂（?—645）：唐初将领。事迹见《旧唐书》卷九十二《魏元忠传》，《新唐书》卷二《太宗纪》、卷七十八《李道宗传》、卷二百二十《高丽传》。[33]丁丑：五月十日。[34]马首山：即今辽宁辽阳市西南首山。[35]有二日：一旬（十天）又两天，即十二日。[36]甲申：五月十七日。[37]冲竿：攻城登城工具。[38]爇：点燃。[39]乙未：五月二十八日。[40]白岩城：又作白崖城。即今辽

宁辽阳市东燕州城遗址。［41］丙申：五月二十九日。［42］乌骨城：在今辽宁凤城市东南凤凰山上。［43］薛万备：唐初将领。京兆咸阳（今陕西咸阳市）人。官至左卫将军。传见《旧唐书》卷九十四。尚辇奉御：官名。殿中省尚辇局长官，掌朝会、祭祀时的舆辇、伞扇陈设。［44］暝：日暮，夜晚。

【点评】

唐太宗废立太子。唐太宗共有十四个儿子，他最喜欢的儿子有两个，一是魏王李泰，二是吴王李恪。长孙皇后是唐太宗嫡妻，生有三个儿子，即太子李承乾、魏王李泰、晋王李治。吴王李恪是杨妃所生，是庶子，排行第三。魏王李泰排行第四，晋王李治排行第九。李恪是李泰、李治的兄长。

李承乾是唐太宗嫡长子，因生于承乾殿而得名。唐太宗即位后，李承乾就被立为皇太子，时年八岁。李承乾聪明能干，唐太宗十分喜欢，每次外出行幸，常令太子监国，可是年长成人后，李承乾沉迷于声色逸乐，亲昵群小，慢待师尊，唐太宗担心他不能做继承人，转而亲近魏王李泰，待遇过于太子，煽起了魏王李泰的夺嫡野心。双方明斗暗斗，愈演愈烈。唐太宗态度暧昧不明，太子深感大祸临头，于是铤而走险，筹划发动宫廷政变，武力夺权。事情败露，李承乾被废为庶人，党羽大臣侯君集、汉王李元昌皆伏诛。由于李承乾与李泰的矛盾激化，已到水火不容的地步，如果李泰继位，李承乾性命难保。想当年玄武门之变，不仅太子李建成丧身，李建成的儿子也被一一问斩。唐太宗想起这一幕就心惊胆战，眼看悲剧就要降临到自己的儿子们身上，他无法忍受了。唐太宗与褚遂良谈起来就涕泪交流。来济对唐太宗说："陛下不失为慈父，太子得尽天年，则善矣。"出于无奈，唐太宗只好对李承乾和李泰采取两弃的态度，李承乾被废为庶人，李泰被贬出京，改封为顺阳王，徙居均州的郧乡县。

谁来做太子呢？又有两个人选难住了唐太宗。唐太宗第二子李宽早死，第三子吴王李恪最年长，唐太宗认为他长得像自己，英武有才能，想立为太子，可是李恪为庶出。唐太宗还有一个嫡子李治，是第九子，十分仁孝，但性格懦弱，唐太宗担心他守不住家业，可是唐太宗对长孙皇后思念不已，感情上割不断。在李恪与李治二子之间选一，唐太宗拿不定主意，他找来长孙无忌商量，希望长孙无忌不要有私心，明白地对长孙无忌说："李恪不是你的亲外甥，希望你不要偏心。"唐太宗是多么希望长孙无忌支持李恪，这样政权就可以平稳过渡。长孙无忌恰恰有忌，他猜忌李恪的贤能，喜欢亲外甥李治的懦弱，正好让他大权独揽。长孙无忌不支持李恪，唐太宗只好违心地立李治。唐太宗对臣下说："泰立，承乾、晋王皆不存；晋王立，泰共承乾皆无恙也。"

唐太宗废立太子之事，笼罩了玄武门之变的阴影，武力政变夺权，留下了一个坏榜样。长孙皇后识大体，是唐太宗的贤内助，可惜没有教育好太子。唐太宗违背封建宗法制度，宠爱魏王李泰逾制，诱发了他的夺嫡之心，不是一个好父亲。既然认为李恪“类我”，唐太宗就应乾纲独断，立李恪为太子，不应与长孙无忌商量。长孙无忌妒能，与李恪结下恩怨，在高宗即位后借房遗爱谋反案，无辜株连李恪而杀之，到头来长孙无忌却被自己一手扶持的亲外甥皇帝李治逼杀。因此《旧唐书·太宗诸子传》史臣评论说：“太宗诸子，吴王恪、濮王泰最贤，皆以才高辩悟，为长孙无忌忌嫉，离间父子，遽为豺狼，而无忌破家，非阴祸之报欤？”报应之说，无可为证，但权谋巧诈，祸人者必遭人祸，这是必然的规律。长孙无忌的下场也是咎由自取。

卷一九八　唐纪十四

唐太宗贞观十九年至二十二年（645—648 年）

【起旃蒙大荒落（乙巳，645 年）六月，尽著雍涒滩（戊申，648 年）三月，凡二年有奇】

【大事提要】

本卷记事起公元 645 年六月，讫公元 648 年三月，凡两年又十个月，时当唐太宗贞观十九年至二十二年。此时期唐太宗步入晚年，四夷归服，贞观之治达于鼎盛。贞观二十年（公元 646 年），唐军大败薛延陀，唐太宗亲临灵州刻石颂功。但使唐太宗心有不甘者，是亲征高丽无功而返。此后，唐太宗念念不忘伐高丽，直到辞世，也未能实现第二次亲征，偏将出征，只获得小胜，高丽始终未能臣服。唐太宗晚年有猜忌心，因小过而贬黜萧瑀、房玄龄，刘洎因失言而被赐死，因有人告密刑部尚书张亮谋反而致张亮被诛，可以说是唐太宗之过。

太宗文武大圣大广孝皇帝下之上

贞观十九年（乙巳，645 年）

六月，丁酉[1]，李世勣攻白岩城西南，上临其西北。城主孙代音[2]潜遣腹心[3]请降，临城，投刀钺为信[4]，且曰："奴愿降，城中有不从者。"上以唐帜[5]与其使，曰："必降者，宜建之城上。"代音建帜，城中人以为唐兵已登城，皆从之。

上之克辽东也，白岩城请降，既而中悔。上怒其反复，令军中曰："得城当悉以人物赏战士。"李世勣见上将受其降，帅甲士数十人请曰："士卒所以争冒矢石[6]，不顾其死者，贪虏获[7]耳；今城垂拔，奈何更受其降，孤[8]战士之心！"上下马谢曰："将军言是也。然纵兵杀人而虏其妻孥[9]，朕所不忍。将军麾下有功者，朕以库物赏之，庶因将军赎此一城。"世勣乃退。得城中男女万余口，上临水设幄[10]受其降，仍赐之食，八十以上赐帛有差[11]。他城之兵在白岩者悉慰谕，给粮仗[12]，任其所之[13]。

先是，辽东城长史为部下所杀，其省事[14]奉妻[15]子奔白岩。上怜其有义，赐帛五匹；为长史造灵舆[16]，归之平壤。以白岩城为岩州，以孙代音为刺史。

契苾何力疮重，上自为傅[17]药，推求得刺何力者高突勃，付何力使自杀之。何力奏称："彼为其主冒白刃[18]刺臣，乃忠勇之士也，与之初不相识，非有怨仇。"遂舍之。

初，莫离支遣加尸城[19]七百人戍盖牟城，李世勣尽虏之，其人请从军自效，上曰："汝家皆在加尸，汝为我战，莫离支必杀汝妻子，得一人之力而灭一家，吾不忍也。"戊戌[20]，皆廪[21]赐遣之。

己亥[22]，以盖牟城为盖州[23]。

丁未[24]，车驾发辽东，丙辰[25]，至安市城[26]，进兵攻之。丁巳[27]，高丽北部耨萨延寿、惠真[28]帅高丽、靺鞨兵十五万救安市。上谓侍臣曰："今为延寿策有三：引兵直前，连安市城为垒[29]，据高山之险，食城中之粟，纵靺鞨掠吾牛马，攻之不可猝下，欲归则泥潦为阻，坐困吾军，上策也。拔城中之众，与之宵遁[30]，中策也。不度智能，来与吾战，下策也。卿曹观之，必出下策，成擒在吾目中矣！"

高丽有对卢[31]，年老习事，谓延寿曰："秦王内芟[32]群雄，外服戎狄，独立为帝，此命世[33]之材，今举海内之众而来，不可敌也。为吾计者，莫若顿兵不战，旷日持久，分遣奇兵断其运道，粮食既尽，求战不得，欲归无路，乃可胜也。"延寿不从，引军直进，去安市城四十里。上犹恐其低徊[34]不至，命左卫大将军阿史那社尔将突厥千骑以诱之，兵始交而伪走。高丽相谓曰："易与耳！"竞进乘之，至安市城东南八里，依山而陈。

上悉召诸将问计，长孙无忌对曰："臣闻临敌将战，必先观士卒之情。臣适行经诸营，见士卒闻高丽至，皆拔刀结旆[35]，喜形于色，此必胜之兵也。陛下未冠[36]，身亲行阵，凡出奇制胜，皆上禀圣谋，诸将奉成算而已。今日之事，乞陛下指踪[37]！"上笑曰："诸公以此见让，朕当为诸公商度。”乃与无忌等从数百骑乘高望之，观山川形势，可以伏兵及出入之所。高丽、靺鞨合兵为陈，长四十里。江夏王道宗曰：“高丽倾国以拒王师，平壤之守必弱，愿假臣精卒五千，复其本根，则数十万之众可不战而降。”上不应。遣使给延寿曰：“我以尔国强臣弑其主，故来问罪；至于交战，非吾本心。入尔境，刍粟[38]不给，故取尔数城，俟尔国修臣礼，则所失必复矣。”延寿信之，不复设备。

上夜召文武计事，命李世勣将步骑万五千陈于西岭；长孙无忌将精兵万一千为奇兵[39]，自山北出于狭谷以冲其后；上自将步骑四千，挟鼓角[40]，偃旗帜[41]，登北山上；敕诸军闻鼓角齐出奋击。因命有司张受降幕于朝堂之侧。戊午[42]，延寿等独见李世勣布陈，勒兵欲战。上望见无忌军尘起，命作鼓角，举旗帜，诸军鼓噪并进，延寿等大惧，欲分兵御之，而其陈已乱。会有雷电，龙门人薛仁贵[43]著奇服，大呼陷陈，所向无敌；高丽兵披靡，大军乘之，高丽兵大溃，斩首二万余级。上望见仁贵，召拜游击将军[44]。仁贵，安都[45]之六世孙，名礼，以字行。

延寿等将余众依山自固，上命诸军围之，长孙无忌悉撤桥梁，断其归路。己未[46]，延寿、惠真帅其众三万六千八百人请降，入军门，膝行而前，拜伏请命。上语之曰：“东夷少年，跳梁海曲[47]，至于摧坚决胜，故当不及老人，自今复敢与天子战乎？”皆伏地不能对。上简耨萨以下酋长三千五百人，授以戎秩，迁之内地，余皆纵之，使还平壤；皆双举手以颡顿地[48]，欢呼闻数十里外。收靺鞨三千三百人，悉坑之，获马五万匹，牛五万头，铁甲万领，他器械称是。高丽举国大骇，后黄城、银城[49]皆自拔遁去，数百里无复人烟。

（以上为第一段，写唐军在安市城下大破高丽援军。）

【注释】

［1］丁酉：六月一日。［2］孙代音：两《唐书·高丽传》作“孙伐音”。［3］腹心：心腹，亲信。［4］信：信物，取信于人的凭据。［5］帜：旗帜。［6］矢石：箭和炮石，守城武器。［7］虏获：战利品，俘虏和缴获物资。［8］孤：寒。［9］妻孥：妻子儿女。［10］幄：篷帐。［11］有差：各有差别。［12］仗：兵器。［13］之：往，去。［14］省事：吏职，属吏。［15］奉妻：章校，“妻”上有“其”字。［16］灵舆：灵车，丧车。［17］傅：通“敷”。

[18]白刃：刀锋。 [19]加尸城：又作“嘉尸城”。在今朝鲜平壤市西南。 [20]戊戌：六月二日。 [21]廪：公家发给的粮米。 [22]己亥：六月三日。 [23]盖州：又作盖牟州，治所在今辽宁抚顺市劳动公园内。 [24]丁未：六月十一日。 [25]丙辰：六月二十日。 [26]安市城：今辽宁海城市东南营城子。 [27]丁巳：六月二十一日。 [28]耨萨延寿、惠真：耨萨，高丽官名。相当于唐朝都督。高丽大城置耨萨一人。延寿、惠真，均姓高，二人分别任高丽北、南部耨萨。 [29]垒：军营四周所筑堡寨。 [30]宵遁：夜逃。 [31]对卢：高丽官名。大对卢相当于一品官。 [32]芟（shān）：削除。 [33]命世：闻名于世。 [34]低徊：亦作“祗徊”“低回”。迂回曲折。 [35]旆（pèi）：古代旗末状如燕尾的垂旒，亦泛指旌旗。 [36]未冠：未成年。古代男子年二十加冠，故未冠谓未成年的男子。 [37]踪：谓野兽留下的踪迹。比喻对敌如打猎，先得掌握敌人的行踪。 [38]刍粟：粮草。 [39]奇兵：指出奇制胜的军队。 [40]鼓角：古代军中用以报时、警众或发号施令的鼓和号角。 [41]偃（yǎn）旗帜：放倒军旗。 [42]戊午：六月二十二日。 [43]薛仁贵（614—683）：唐名将。名礼，字仁贵。绛州龙门（今山西河津市西）人。出身贫穷农民。应募从军后，以战功累擢右领军中郎将、右威卫大将军兼安东都护，封平阳郡公。传见《旧唐书》卷八十三、《新唐书》卷一百一十一。 [44]游击将军：官名。从五品下武散官。 [45]安都：北魏时名将薛安都，以骁勇闻。封河东郡王。传见《魏书》卷六十一、《北史》卷三十九。 [46]己未：六月二十三日。 [47]跳梁海曲：跋扈于海边。跳梁，比喻跋扈状。海曲，海隅。 [48]以颡顿地：叩首，以额触地。 [49]后黄城、银城：高丽所置城池。据《读史方舆纪要》卷三十七：后黄城在卫（今辽宁盖州市）东。后黄、银山二城，均为高丽东境城，与安市（今辽宁海城市东南营城子）相近。

上驿书报太子，仍与高士廉等书曰：“朕为将如此，何如？”更名所幸山曰驻跸山[1]。

秋，七月，辛未[2]，上徙营安市城东岭。己卯[3]，诏标识战死者尸，俟军还与之俱归。戊子[4]，以高延寿为鸿胪卿，高惠真为司农卿。

张亮军过建安城[5]下，壁垒未固，士卒多出樵牧，高丽兵奄至[6]，军中骇扰。亮素怯，踞胡床，直视不言，将士见之，更以为勇。总管张金树[7]等鸣鼓勒兵击高丽，破之。

八月，甲辰[8]，候骑获莫离支谍者高竹离，反接[9]诣军门，上召见，解缚问曰：“何瘦之甚？”对曰：“窃道间行[10]，不食数日矣。”命赐之食，谓曰：“尔为谍，宜速反[11]命。为我寄语莫离支：欲知军中消息，可遣人径诣吾所，何必间行辛苦也！”竹离徒跣[12]，上赐屦[13]而遣之。

丙午[14]，徙营于安市城南。上在辽外，凡置营，但明斥候[15]，不为堑垒[16]，虽逼其城，高丽终不敢出为寇抄，军士单行野宿如中国[17]焉。

（以上为第二段，唐太宗自信，纵遣敌人间牒，心理胜敌。）

【注释】

[1]驻跸山：本名六山。即太宗曾驻跸过的今辽宁辽阳市西南首山、北镇市西北医巫闾山、海城市西南平顶山和南山。[2]辛未：七月五日。[3]己卯：七月十三日。[4]戊子：七月二十二日。[5]建安城：在今辽宁盖州市东北青石关。[6]奄至：突然到来。[7]张金树：原为高开道部将，武德七年（624）杀开道降唐，擢北燕州都督。事迹见《旧唐书》卷一《高祖纪》、卷五十五《高开道传》、卷六十九《张亮传》，《新唐书》卷八十六《高开道传》、卷九十四《张亮传》。[8]甲辰：八月八日。[9]反接：反接两手缚绑。[10]间行：从小道走。[11]反：通“返”。[12]徒跣（xiǎn）：赤脚步行。[13]屩：（jué）：草鞋。[14]丙午：八月十日。[15]斥候：侦察，亦指侦察士兵。[16]堑垒：营地工事，即战壕和堡垒。[17]中国：中原。此指唐境。

上之[1]伐高丽也，薛延陀遣使入贡，上谓之曰：“语尔可汗：今我父子东征高丽，汝能为寇，宜亟[2]来！”真珠可汗惶恐，遣使致谢，且请发兵助军；上不许。及高丽败于驻跸山，莫离支使靺鞨说真珠，啖以厚利，真珠慑服不敢动。九月，壬申[3]，真珠卒，上为之发哀。

初，真珠请以其庶长子曳莽为突利失可汗，居东方，统杂种[4]；嫡子拔灼为肆叶护可汗，居西方，统薛延陀；诏许之，皆以礼册命。曳莽性躁扰[5]，轻用兵，与拔灼不协[6]。真珠卒，来会丧。既葬，曳莽恐拔灼图己，先还所部，拔灼追袭杀之，自立为颉利俱利薛沙多弥可汗。

上之克白岩也，谓李世勣曰：“吾闻安市城险而兵精，其城主材勇，莫离支之乱，城守不服，莫离支击之不能下，因而与之。建安兵弱而粮少，若出其不意，攻之必克。公可先攻建安，建安下，则安市在吾腹中，此兵法所谓‘城有所不攻[7]’者也。”对曰：“建安在南，安市在北，吾军粮皆在辽东；今逾安市而攻建安，若贼断吾运道，将若之何？不如先攻安市，安市下，则鼓行而取建安耳。”上曰：“以公为将，安得不用公策，勿误吾事！”世勣遂攻安市。

安市人望见上旗盖[8]，辄乘城鼓噪，上怒，世勣请克城之日，男女皆坑之，安市人闻之，益坚守，攻久不下。高延寿、高惠真请于上曰：“奴既委身大国，不敢不献其诚，欲天子早成大功，奴得与妻子相见。安市人顾惜其家，人自为战，未易猝拔。今奴以高丽十余万众，望旗沮溃[9]，国人胆破，乌骨城[10]耨萨老耄[11]，不能坚守，移兵临之，朝至夕克。其余当道小城，必望风奔溃。然后收其资粮，鼓行[12]而前，平壤必不守矣。”群臣亦言：“张亮兵在沙城[13]，召之信宿可至，乘高丽凶惧，并力拔乌骨城，渡鸭绿水，直取平壤，在此举矣。”上将从之，独长孙无忌以为：“天子亲征，异于诸将，不可乘危徼幸[14]。今建安、新城之虏，众犹十万，若向乌骨，皆蹑吾后，不如先破安市，取建安，然后长驱而进，此万全之策也。”上乃止。

诸军急攻安市，上闻城中鸡彘声，谓李世勣曰：“围城积久，城中烟火日微，今鸡彘甚喧，此必飨士[15]，欲夜出袭我，宜严兵备之。”是夜，高丽数百人缒城而下。上闻之，自至城下，召兵急击，斩首数十级，高丽退走。

江夏王道宗督众筑土山于城东南隅，浸逼其城，城中亦增高其城以拒之。士卒分番交战，日六七合，冲车炮石[16]，坏其楼堞，城中随立木栅以塞其缺。道宗伤足，上亲为之针[17]。筑山昼夜不息，凡六旬，用功五十万，山顶去城数丈，下临城中，道宗使果毅傅伏爱[18]将兵屯山顶以备敌。山颓，压城，城崩；会伏爱私离所部，高丽数百人从城缺出战，遂夺据土山，堑而守之。上怒，斩伏爱以徇，命诸将攻之，三日不能克。道宗徒跣诣旗下请罪，上曰：“汝罪当死，但朕以汉武杀王恢[19]，不如秦穆用孟明[20]，且有破盖牟、辽东之功，故特赦汝耳。”

上以辽左早寒，草枯水冻，士马难久留，且粮食将尽，癸未[21]，敕班师。先拔辽、盖二州户口渡辽，乃耀兵于安市城下而旋，城中皆屏迹不出。城主登城拜辞，上嘉其固守，赐缣[22]百匹，以励事君。命李世勣、江夏王道宗将步骑四万为殿。

乙酉[23]，至辽东。丙戌[24]，渡辽水。辽泽泥潦，车马不通，命长孙无忌将万人，剪草填道，水深处以车为梁，上自系薪于马鞘[25]以助役。冬，十月，丙申朔[26]，上至蒲沟驻马，督填道诸军渡渤错水[27]，暴风雪，士卒沾湿多死者，敕然[28]火于道以待之。

凡征高丽，拔玄菟、横山、盖牟、磨米、辽东、白岩、卑沙、麦谷、银山、后黄十城[29]，徙辽、盖、岩三州[30]户口入中国者七万人。新城、建安、驻跸三大战，斩首四万余级，战士死者几二千人，战马死者什七八。上以不能成功，深悔之，叹曰："魏徵若在，不使我有是行也！"命驰驿祀徵以少牢，复立所制碑，召其妻子诣行在，劳[31]赐之。

丙午[32]，至营州。诏辽东战亡士卒骸骨并集柳城[33]东南，命有司设太牢，上自作文以祭之，临哭尽哀。其父母闻之，曰："吾儿死而天子哭之，死何所恨！"上谓薛仁贵曰："朕诸将皆老，思得新进骁勇者将之，无如卿者，朕不喜得辽东，喜得卿也。"

（以上为第三段，写唐军受困安市城下，无功退军。）

【注释】

[1]上之：章校，"之"下有"将"字。[2]亟：急，快。[3]壬申：九月七日。[4]杂种：谓铁勒诸部居薛延陀东部者。[5]躁扰：急躁不能容人。[6]不协：不和。[7]城有所不攻：语见《孙子兵法》。此指太宗活用《孙子兵法》中的攻城策略，即避强击弱，最后达到各个击破的军事目的。[8]旗盖：旗与伞。[9]沮溃：败逃溃散。[10]乌骨城：高丽城池。在今辽宁凤城市东南凤凰山上。[11]老耄（mào）：八九十岁的人称"耄"，老耄，老迈之人。[12]鼓行：大张旗鼓地进军。[13]沙城：即卑沙城。[14]徼幸：企图以意外成功免去不幸。徼同"侥"。[15]飨士：以酒食款待士卒。[16]冲车炮石：冲车，用以冲击敌城的战车。炮石，石炮所抛射出的石块。[17]针：针灸，针刺。[18]傅伏爱（？—645）：事迹并见《旧唐书》卷六十《李道宗传》、卷一百九十九上《高丽传》，《新唐书》卷七十八《李道宗传》、卷二百二十《高丽传》。[19]王恢：西汉武帝时大臣。曾力主用兵匈奴，帝以恢为将军讨之。因恢未能主动出击，帝怒诛之。事迹见《史记》卷一百零八《韩长孺传》等。[20]秦穆用孟明：春秋时，秦国大将孟明东伐，为晋军所败。秦穆公复重用孟明，遂称霸西戎。[21]癸未：九月十八日。[22]缣：双丝织成的细绢。[23]乙酉：九月二十日。[24]丙戌：九月二十一日。[25]马鞘：马鞍头。[26]丙申朔：十月一日。[27]渤错水：与蒲沟并在辽泽中。[28]然：通"燃"。[29]横山至后黄十城：横山，在今辽宁辽阳市东。磨米、麦谷等城，亦当距今辽阳市不远。[30]辽、盖、岩：三州。辽州，太宗以辽东城置，治所在今辽宁辽阳市老城区。盖州，治所在今辽宁盖州市。岩州，太宗以白岩城置，治所在今辽宁辽阳市东燕州城遗址。[31]劳：慰劳。[32]丙午：十月十一日。[33]柳城：县名。县治在今辽宁朝阳市。

丙辰[1]，上闻太子奉迎将至，从飞骑三千人驰入临渝关[2]，道逢太子。上之发定州也，指所御褐袍谓太子曰："俟见汝，乃易此袍耳。"在辽左，虽盛暑流汗，弗之易[3]。及秋，穿败，左右请易之，上曰："军士衣多弊，吾独御新衣，可乎？"至是，太子进新衣，乃易之。

诸军所虏高丽民万四千口，先集幽州，将以赏军士，上愍其父子夫妇离散，命有司平其直，悉以钱布赎为民，欢呼之声，三日不息。十一月，辛未[4]，车驾至幽州，高丽民迎于城东，拜舞呼号，宛转于地，尘埃弥望。

庚辰[5]，过易州[6]境，司马陈元璹使民于地室蓄火种蔬而进之；上恶其谄[7]，免元璹官。

丙戌[8]，车驾至定州。

丁亥[9]，吏部尚书杨师道坐所署用多非其才，左迁工部尚书。

壬辰[10]，车驾发定州。十二月，辛丑[11]，上病痈[12]，御步辇[13]而行。戊申[14]，至并州，太子为上吮痈，扶辇步从者数日。辛亥[15]，上疾瘳[16]，百官皆贺。

上之征高丽也，使右领军大将军执失思力将突厥屯夏州之北以备薛延陀。薛延陀多弥可汗既立，以上出征未还，引兵寇河南，上遣左武候中郎将长安田仁会[17]与思力合兵击之。思力羸形伪退，诱之深入，及夏州之境，整陈以待之。薛延陀大败，追奔六百余里，耀威碛北而还。多弥复发兵寇夏州，己未[18]，敕礼部尚书江夏王道宗，发朔、并、汾、箕、岚、代、忻、蔚、云[19]九州兵镇朔州，右卫大将军代州都督薛万彻，左骁卫大将军阿史那社尔，发胜、夏、银、绥、丹、延、鄜、坊[20]、石、隰十州兵镇胜州，胜州都督宋君明，左武候将军薛孤吴[21]，发灵、原、宁、盐[22]、庆五州兵镇灵州，又令执失思力发灵、胜二州突厥兵，与道宗等相应。薛延陀至塞下，知有备，不敢进。

（以上为第四段，写薛延陀犯边，知唐有备，至塞下而返。）

【注释】

［1］丙辰：十月二十一日。［2］临渝关：又作临榆关、临闾关。即今河北秦皇岛市抚宁区

榆关镇。一说即今山海关。［3］弗之易：不更换它。弗，不；易，更换。［4］辛未：十一月七日。［5］庚辰：十一月十六日。［6］易州：州名。治所在今河北易县。［7］谄：奉承，谄媚。［8］丙戌：十一月二十二日。［9］丁亥：十一月二十三日。［10］壬辰：十一月二十八日。［11］辛丑：十二月七日。［12］痈（yōng）：皮肤和皮下组织化脓性炎症。［13］步辇：类似人抬轿子的代步工具。［14］戊申：十二月十四日。［15］辛亥：十二月十七日。［16］瘳：病愈。［17］田仁会（602—679）：唐初将领。雍州长安（今陕西西安市）人。累擢胜州都督、金吾将军、太常正卿等职。传见《旧唐书》卷一百八十五上、《新唐书》卷一百九十七。［18］己未：十二月二十五日。［19］箕、云：州名。箕州治所在今山西左权县。云州治所在今山西大同市。［20］银、绥、丹、坊：州名。银州治所在今陕西榆林市横山区东党岔镇。绥州治所在今陕西绥德县。丹州治所在今陕西宜川县。坊州治所在今陕西黄陵县西南。［21］薛孤吴：唐初大将。两《唐书》又作“萨孤吴仁”或“薛孤吴仁”。薛孤，原为少数民族复姓。吴仁颇有战功，官至左武候大将军。事迹见《旧唐书》卷二十七《礼仪志》，《新唐书》卷二百一十五下《突厥传》下、卷二百一十七下《回鹘传》下附《薛延陀传》、卷二百二十一上《吐谷浑传》。［22］盐：州名。治所在今陕西定边县。

初，上留侍中刘洎辅皇太子于定州，仍兼左庶子、检校民部尚书，总吏、礼、户部三尚书事。上将行，谓洎曰：“我今远征，尔辅太子，安危所寄，宜深识我意。”对曰：“愿陛下无忧，大臣有罪者，臣谨即行诛。”上以其言妄发，颇怪之，戒曰：“卿性疏[1]而太健，必以此败，深宜慎之！”及上不豫[2]，洎从内出，色甚悲惧，谓同列曰：“疾势如此，圣躬可忧！”或谮于上曰：“洎言国家事不足忧，但当辅幼主行伊、霍故事，大臣有异志者诛之，自定矣。”上以为然，庚申[3]，下诏称：“洎与人窃议，窥窬[4]万一，谋执朝衡[5]，自处伊、霍，猜忌大臣，皆欲夷戮。宜赐自尽，免其妻孥。”

中书令马周摄吏部尚书，以四时选[6]为劳，请复以十一月选，至三月毕；从之。

是岁，右亲卫中郎将[7]裴行方[8]讨茂州叛羌黄郎弄[9]，大破之，穷其余党，西至乞习山[10]，临弱水[11]而归。

（以上为第五段，写侍中刘洎因失言被赐死。）

【注释】

[1]疏：粗疏，不周密。[2]不豫：旧称帝王有病。[3]庚申：十二月二十六日。[4]窥窬：窥伺可乘之隙。[5]朝衡：朝廷大权。[6]四时选：指朝廷于春、夏、秋、冬四季铨选人才，量才授官。[7]右亲卫中郎将：武官名。亲卫府长官，掌宿卫宫禁。[8]裴行方：唐初将领。解县（今山西运城市解州镇）人。字德备。官至右卫将军。事迹见《旧唐书》卷六十九《薛万彻传》，《新唐书》卷七十一上《宰相世系表》一上、卷九十四《薛万均传》附《薛万彻传》。[9]黄郎弄：茂州（今四川茂县）羌酋。[10]乞习山：疑即今川西邛崃山。[11]弱水：今川西大金川。

二十年（丙午，646年）

春，正月，辛未[1]，夏州都督乔师望、右领军大将军执失思力等击薛延陀，大破之，虏获二千余人。多弥可汗轻骑遁去，部内骚然矣。

丁丑[2]，遣大理卿孙伏伽等二十二人以六条[3]巡察四方，刺史、县令以下多所贬黜，其人诣阙称冤者，前后相属[4]。上令褚遂良类状以闻，上亲临决，以能进擢[5]者二十人，以罪死者七人，流[6]以下除免者数百千人。

二月，乙未[7]，上发并州。三月，己巳[8]，车驾还京师。上谓李靖曰："吾以天下之众困于小夷，何也？"靖曰："此道宗所解。"上顾问江夏王道宗，具陈在驻跸时乘虚取平壤之言。上怅然[9]曰："当时匆匆，吾不忆也。"

上疾未全平，欲专保养，庚午[10]，诏军国机务并委皇太子处决。于是太子间日听政于东宫，既罢，则入侍药膳[11]，不离左右。上命太子暂出游观，太子辞不愿出；上乃置别院于寝殿侧，使太子居之。褚遂良请遣太子旬日一还东宫，与师傅讲道义；从之。

上尝幸未央宫，辟仗[12]已过，忽于草中见一人带横刀[13]，诘之，曰："闻辟仗至，惧不敢出，辟仗者不见，遂伏不敢动。"上遽引还，顾谓太子："兹事行之，则数人当死，汝于后速纵遣之。"又尝乘腰舆[14]，有三卫[15]误拂御衣，其人惧，色变。上曰："此间无御史，吾不汝罪[16]也。"

陕人常德玄告刑部尚书张亮养假子[17]五百人，与术士公孙常语，云"名应图谶[18]"，又问术士程公颖曰："吾臂有龙鳞起，欲举大事，可乎？”上命马周等按其事，亮辞不服。上曰：“亮有假子五百人，养此辈何为？正欲反耳！”命百官议其狱，皆言亮反，当诛。独将作少匠李道裕言：“亮反形未具，罪不当死。”上遣长孙无忌、房玄龄就狱与亮诀曰：“法者天下之平，与公共之。公自不谨，与凶人往还，陷入于法，今将奈何！公好去。”己丑[19]，亮与公颖俱斩西市[20]，籍没其家。

岁余，刑部侍郎缺，上命执政妙择其人，拟数人，皆不称旨，既而曰：“朕得其人矣。往者李道裕议张亮狱云‘反形未具’，此言当矣，朕虽不从，至今悔之。”遂以道裕为刑部侍郎。

闰月，癸巳朔[21]，日有食之。

戊戌[22]，罢辽州都督府及岩州。

夏，四月，甲子[23]，太子太保萧瑀解太保，仍同中书门下三品。

五月，甲寅[24]，高丽王藏及莫离支盖金遣使谢罪；并献二美女，上还之。金，即苏文也。

（以上为第六段，写刑部尚书张亮被人诬告谋反而被唐太宗枉杀。）

【注释】

[1]辛未：正月八日。 [2]丁丑：正月十四日。 [3]六条：借用汉武帝向全国十三个监察区分遣刺史时的“六条问事”。 [4]相属（zhǔ）：相继不断。 [5]进擢：晋升。 [6]流：即五刑之一的流刑，放逐罪人至边远地区服劳役。 [7]乙未：二月二日。 [8]己巳：三月七日。 [9]怅然：懊恼恍惚状。 [10]庚午：三月八日。 [11]药膳：药物及膳食，用药物配制的膳食。 [12]辟仗：指卫士在驾前清道，禁止行人，以为天子开道。 [13]横刀：谓以皮带系刀并横置于腋下。 [14]腰舆：舆车的一种，类似轿子，因抬时举高齐腰而得名。 [15]三卫：武官署名。府兵制下的内府亲卫、勋卫、翊卫府称“三卫”，掌宿卫宫禁。 [16]汝罪：罪汝。 [17]假子：养子，义儿。 [18]图谶：即“谶书”。一种预言符命、吉凶的迷信书。图，图书。谶（chèn），预言，预兆。 [19]己丑：三月二十七日。 [20]西市：唐长安的商贸中心，在今西安市西南。 [21]癸巳朔：闰三月一日。 [22]戊戌：闰三月六日。 [23]甲子：四月三日。 [24]甲寅：五月二十三日。

六月，丁卯[1]，西突厥乙毗射匮可汗遣使入贡，且请婚；上许之，且使割龟兹、于阗、疏勒、朱俱波、葱岭[2]五国以为聘礼。

薛延陀多弥可汗，性褊急，猜忌无恩，废弃父时贵臣，专用己所亲昵，国人不附；多弥多所诛杀，人不自安。回纥酋长吐迷度[3]与仆骨、同罗共击之，多弥大败。乙亥[4]，召以江夏王道宗、左卫大将军阿史那社尔为瀚海安抚大使；又遣右领卫大将军执失思力将突厥兵，右骁卫大将军契苾何力将凉州及胡兵，代州都督薛万彻、营州都督张俭各将所部兵，分道并进，以击薛延陀。

上遣校尉宇文法诣乌罗护[5]、靺鞨，遇薛延陀阿波设之兵于东境，法帅靺鞨击破之。薛延陀国中惊扰，曰："唐兵至矣！"诸部大乱。多弥引数千骑奔阿史德时健[6]部落，回纥攻而杀之，并其宗族殆尽，遂据其地。诸俟斤互相攻击，争遣使来归命[7]。

薛延陀余众西走，犹七万余口，共立真珠可汗兄子咄摩支[8]为伊特勿失可汗，归其故地。寻去可汗之号，遣使奉表，请居郁督军山之北；使兵部尚书崔敦礼就安集之。

敕勒九姓[9]酋长，以其部落素服薛延陀种，闻咄摩支来，皆恐惧，朝议恐其为碛北之患，乃更遣李世勣与九姓敕勒共图之。上戒世勣曰："降则抚之，叛则讨之。"己丑[10]，上手诏，以"薛延陀破灭，其敕勒诸部，或来降附，或未归服，今不乘机，恐贻后悔，朕当自诣灵州招抚。其去岁征辽东兵，皆不调发。"时太子当从行，少詹事张行成上疏，以为："皇太子从幸灵州，不若使之监国，接对百寮[11]，明习庶政[12]，既为京师重镇，且示四方盛德。宜割私爱，俯从公道。"上以为忠，进位银青光禄大夫。

李世勣至郁督军山，其酋长梯真[13]达官帅众来降。薛延陀咄摩支南奔荒谷，世勣遣通事舍人萧嗣业[14]往招慰，咄摩支诣嗣业降。其部落犹持两端，世勣纵兵追击，前后斩五千余级，虏男女三万余人。秋，七月，咄摩支至京师，拜右武卫大将军。

八月，甲子[15]，立皇孙忠[16]为陈王。

己巳[17]，上行幸灵州。

江夏王道宗兵既渡碛，遇薛延陀阿波达官众数万拒战，道宗击破之，斩首千余级，追奔二百里。道宗与薛万彻各遣使招谕敕勒诸部，其酋长皆喜，顿首请入朝。庚午[18]，车驾至浮阳[19]。回纥、拔野古、同罗、仆骨、多滥葛、思结、阿跌、契苾、跌结、浑、斛薛[20]等十一姓各遣使入贡，称："薛延陀不事大国，暴虐无道，不能与奴等为主，自取败死，部落鸟散，不知所之。奴等各有分地[21]，不从薛延陀去，归命天子。愿赐哀怜，乞置官司[22]，养育奴等。"上大喜。辛未[23]，诏回纥等使者宴乐，颁赉[24]拜官，赐其酋长玺书[25]，遣右领军中郎将安永寿[26]报使。

壬申[27]，上幸汉故甘泉宫[28]，诏以"戎、狄与天地俱生，上皇并列，流殃构祸，乃自运初[29]。朕聊命偏师，遂擒颉利；始弘庙略[30]，已灭延陀。铁勒百余万户，散处北溟[31]，远遣使人，委身内属，请同编列，并为州郡；混元[32]以降，殊未前闻，宜备礼告庙[33]，仍颁示普天[34]。"

庚辰[35]，至泾州；丙戌[36]，逾陇山[37]，至西瓦亭[38]，观马牧。九月，上至灵州；敕勒诸部俟斤遣使相继诣灵州者数千人，咸云："愿得天至尊为奴等天可汗，子子孙孙常为天至尊奴，死无所恨。"甲辰[39]，上为诗序其事曰："雪耻酬百王，除凶报千古。"公卿请勒石[40]于灵州；从之。

（以上为第七段，写唐军大破薛延陀，唐太宗亲赴灵州安抚余众，并刻石颂功。）

【注释】

[1]丁卯：六月七日。 [2]于阗、疏勒、朱俱波、葱岭：西域国名。于阗国在今新疆和田县一带。疏勒国在今新疆喀什地区。朱俱波在今新疆叶城县一带。葱岭国在今帕米尔高原。 [3]吐迷度（?—648）：回纥酋长。降唐后拜怀化大将军兼瀚海都督，后为其侄杀。 [4]乙亥：六月十五日。 [5]乌罗护：民族名。一称乌罗浑，北魏时称乌罗侯。游牧于今嫩江西部地区。[6]阿史德时健：东突厥阿史德部酋长。阿史德部于东突厥破亡后徙居云中（今内蒙古托克托县东北）。 [7]归命：内附并接受朝命。 [8]咄摩支：事迹并见《旧唐书》卷一百九十九下《铁勒传》、《新唐书》卷二百一十七下《回鹘传》下附《薛延陀传》。 [9]敕勒九姓：即漠北九姓铁勒。九姓为回纥、仆骨、浑、拔野古、同罗、思结、契苾、拔悉密、葛逻禄等九大铁勒部落。姓，谓以姓氏为部落称号。 [10]己丑：六月二十九日。 [11]百寮：朝中百官。寮，通"僚"。 [12]庶政：各种政事。 [13]梯真：延陀部酋长。姓延陀，名梯真。梯真于高宗显庆中官至左武候将军。[14]萧嗣业：炀帝萧皇后侄孙。贞观九年（635）降唐，官至单于都护府长史，封琅邪郡公。传见《旧唐书》卷六十三、《新唐书》卷一百零一。 [15]甲子：八月五日。 [16]忠（643—664）：高宗李治长子李忠，字正本。永徽三年（652）立为太子。显庆元年（656）废为梁王。麟德元年

（664）赐死。传见《旧唐书》卷八十六、《新唐书》卷八十一。［17］己巳：八月十日。［18］庚午：八月十一日。［19］浮阳：《旧唐书》卷三作“泾阳”（泾阳县治在今陕西泾阳县）。［20］多滥葛、跌结、浑、斛薛：铁勒部族名。多滥葛分布于今蒙古国乌兰巴托市北。跌结，又称“奚结”，分布于今宁夏东南。浑，分布于今蒙古国图拉河东。斛薛在多滥葛北。［21］分地：世袭领地。［22］官司：政府机构。［23］辛未：八月十二日。［24］颁赉：颁发赏赐。［25］玺书：诏书。［26］安永寿：武德功臣安修仁子，凉州（治今甘肃武威市）胡人出身。官至右领军将军。事迹见《新唐书》卷七十五下《宰相世系表》五下。［27］壬申：八月十三日。［28］甘泉宫：又名林光宫、云阳宫。秦置。在今陕西淳化县西北甘泉山上。［29］运初：谓大唐兴运之初。［30］庙略：谓帝王或朝廷在庙堂之上所规划的与军国大事攸关的谋略。［31］北溟：亦作“北冥”。古人想象中的北方最远的大海。［32］混元：开天辟地之初。［33］告庙：帝王或诸侯出巡或遇有大事，例须向祖庙祭告，称“告庙”。［34］普天：普天之下。［35］庚辰：八月二十一日。［36］丙戌：八月二十八日。［37］陇山：山名。即今陕西、甘肃间的陇山。［38］西瓦亭：唐原州七关之一。在今宁夏隆德县西北。［39］甲辰：九月十五日。［40］勒石：“勒之金石”的略称。即刻石树碑以颂功。

特进同中书门下三品宋公萧瑀，性狷介[1]，与同寮多不合，尝言于上曰：“房玄龄与中书门下众臣，朋党不忠，执权胶固[2]，陛下不详知，但未反耳。”上曰：“卿言得无太甚！人君选贤才以为股肱心膂，当推诚任之。人不可以求备，必舍其所短，取其所长。朕虽不能聪明，何至顿迷臧否[3]，乃至于是！”瑀内不自得，既数忤旨[4]，上亦衔[5]之，但以其忠直居多，未忍废也。

上尝谓张亮曰：“卿既事佛，何不出家？”瑀因自请出家。上曰：“亦知公雅好桑门[6]，今不违公意。”瑀须臾复进曰：“臣适思之，不能出家。”上以瑀对群臣发言反复，尤不能平；会称足疾不朝，或至朝堂而不入见。上知瑀意终怏怏，冬，十月，手诏数其罪曰：“朕于佛教，非意所遵。求其道者未验福于将来，修其教者翻受辜于既往。至若梁武穷心于释氏，简文锐意于法门，倾帑藏以给僧祇[7]，殚人力以供塔庙。及乎三淮[8]沸浪，五岭[9]腾烟，假余息于熊蹯[10]，引残魂于雀鷇[11]，子孙覆亡而不暇，社稷俄顷而为墟，报施之征，何其谬也？瑀践覆车之余轨，袭亡国之遗风；弃公就私，未明隐显之际；身俗口道，莫辨邪正之心。修累叶之殃源，祈一躬[12]之福本，上以违忤君主，下则扇习浮华。自请出家，寻复违异。一回一惑[13]，在乎瞬息之间；自可自否，变于帷扆之所[14]。乖[15]栋梁之体，岂具瞻[16]之量乎！朕隐忍至今，瑀全无悛改[17]。可商州刺史，仍除其封[18]。”

上自高丽还，盖苏文益骄恣，虽遣使奉表，其言率皆诡诞；又待唐使者倨慢，常窥伺边隙。屡敕令勿攻新罗，而侵陵不止。壬申[19]，诏勿受其朝贡，更议讨之。

丙戌[20]，车驾还京师。

冬，十〔一〕月，己丑[21]，上以幸灵州往还，冒寒疲顿，欲于岁前专事保摄。十〔二〕月，〔乙丑〕[22]，诏祭祀、表疏、胡客、兵马、宿卫[23]，行鱼契[24]给驿、授五品以上官及除解[25]、决死罪皆以闻，余并取皇太子处分。

十二月，〔乙丑〕[26]，群臣累请封禅；从之。诏造羽卫[27]送洛阳宫。

戊寅[28]，回纥俟利发吐迷度、仆骨俟利发歌滥拔延、多滥葛俟斤末、拔野古俟利发屈利失、同罗俟利发时健啜、思结酋长乌碎及浑、斛薛、奚结、阿跌、契苾、白霫[29]酋长，皆来朝。庚辰[30]，上赐宴于芳兰殿[31]，命有司〔厚加给待〕[32]每五日一会。

癸未[33]，上谓长孙无忌等曰：“今日吾生日，世俗皆为乐，在朕翻成伤感。今君临天下，富有四海，而承欢膝下，永不可得，此子路所以有负米之恨[34]也。《诗》云：‘哀哀父母，生我劬劳[35]。’奈何以劬劳之日更为宴乐乎！”因泣数行下，左右皆悲。

房玄龄尝以微谴归第，褚遂良上疏，以为：“玄龄自义旗之始翼赞圣功，武德之季冒死决策，贞观之初选贤立政，人臣之勤，玄龄为最。自非有罪在不赦，搢绅[36]同尤，不可遐弃[37]。陛下若以其衰老，亦当讽谕使之致仕，退之以礼；不可以浅鲜之过[38]，弃数十年之勋旧[39]。”上遽召出之。顷之，玄龄复避位还家。久之，上幸芙蓉园[40]，玄龄敕子弟汛扫门庭，曰：“乘舆且至！”有顷，上果幸其第，因载玄龄还宫。

（以上为第八段，写唐太宗晚年的猜忌，因小过而谴谪旧时元老大臣萧瑀、房玄龄等人。）

【注释】

[1]狷介：洁身自好，不肯同流合污。[2]胶固：巩固，结合紧密。[3]臧否：好坏，得失。[4]忤旨：违逆圣旨。[5]衔：衔怒，怀怒。[6]桑门："沙门"异译。出家的佛教徒的总称。[7]僧祇：梵语"阿僧祇耶"（即大众）的略称。[8]三淮：即淮水三河地区，在今江苏西部。淮水经此入大运河。[9]五岭：即湘、赣与桂粤交界处的越城、都庞、萌渚、骑田、大庾五岭的总称。"三淮沸浪""五岭腾烟"，谓佞佛的梁武帝招致"侯景之乱"和岭南萧勃、元兰之乱。[10]熊蹯：熊掌。公元前626年，楚成王欲废太子商臣，商臣发动兵变，围成王于宫，成王请食熊掌而死，用以拖延时间，商臣不许，成王自缢而死。[11]雀鷇（kóu）：雏雀，待哺的幼雀。公元前295年，越武灵王游沙丘，太子章作乱，赵惠王发兵平叛，太子章兵败投武灵王，武灵王开门接纳，赵惠王将李兑兵围沙丘，武灵王乏食，靠打天上飞鸟和捉老鼠为食，被困三个月后饿死。熊蹯、雀鷇，指楚成王、赵武灵王末年不得善终事。太宗借以喻梁武帝饿死于台城。[12]一躬：一身。[13]一回一惑：反复，迷乱。[14]帷扆之所：朝堂，天子接见群臣的所在。[15]乖：违逆。[16]具瞻：为众人所瞻仰。[17]悛改：悔改过错。[18]封：封爵。[19]壬申：十月十四日。[20]丙戌：十月二十八日。[21]十〔一〕月，己丑：原文作"十月，己丑"。十月无己丑日。己丑，为十一月一日。又，前文十月二十八日丙戌唐太宗回京，故此"十月"应作"十一月"，据改。所增"一"字用方括括起。[22]十〔二〕月，〔乙丑〕：原文作"十一月，己丑"。按：章校"己丑"应作"乙丑"，即"十二月一日"，据改。[23]祭祀：祀神祭祖。表疏：上奏天子的表章。胡客：四方各族朝贡的客人。兵马：征调的兵马，即武装力量。宿卫：皇宫的宿卫。[24]鱼契：即鱼符和木契，唐朝授予臣下的信物。[25]除解：拜官授职和解除官职。[26]十二月，〔乙丑〕：原文"乙丑"作"己丑"。此是重书"十二月，乙丑"，故"己丑"为"乙丑"之误，据改。[27]羽卫：天子的仪仗。[28]戊寅：十二月二十日。[29]白霫：铁勒部族之一。分布于今图拉河东北一带。铁勒诸部酋长歌滥拔延等事迹并见《新唐书》卷二百一十七下《回鹘传》下附《仆骨传》。[30]庚辰：十二月二十二日。[31]芳兰殿：疑为"紫兰殿"误。紫兰殿在大明宫玄武殿西南。[32]命有司〔厚加给待〕：原文"司"下四个空格，据章校改，增"厚加给待"四字。[33]癸未：十二月二十五日。[34]此子路所以有负米之恨：语出《孔子家语》。子路，鲁国卞（今山东泗水县）人。孔丘弟子，出身贫苦，尝从百里外背米以奉双亲。父母死后，子路贵显，积粟至万钟，但他并不快活，因为再无机会负米承欢于二老膝下。[35]劬（qú）劳：劳累，养育子女的劳苦。"哀哀父母，生我劬劳"，出自《诗经·蓼莪》。[36]搢绅：亦作"缙绅"，即官宦。[37]遐弃：疏远遗弃。[38]浅鲜之过：小而少的过错。[39]勋归：功臣故旧。[40]芙蓉园：位于曲江池东。在今陕西西安市东南。

二十一年（丁未，647年）

春，正月，开府仪同三司申文献公高士廉疾笃；辛卯[1]，上幸其第，流涕与诀；壬辰[2]，薨。上将往哭之，房玄龄以上疾新愈，固谏，上曰："高公非徒君臣，兼以故旧姻戚，岂得闻其丧不往哭乎！公勿复言！"帅左右自兴安门[3]出，长孙无忌在士廉丧所，闻上将至，辍哭，迎谏于马首曰："陛下饵金石[4]，于方不得临丧，奈何不为宗庙苍生自重！且臣舅临终遗言，深不欲以北首、夷衾[5]，辄屈銮驾。"上不听。无忌中道伏卧，流涕固谏，上乃还入东苑[6]，南望而哭，涕下如雨。及柩出横桥[7]，上登长安故城[8]西北楼，望之恸哭。

丙申[9]，诏以回纥部为瀚海府[10]，仆骨为金微府[11]，多滥葛为燕然府[12]，拔野古为幽陵府[13]，同罗为龟林府[14]，思结为卢山府[15]，浑为皋兰州[16]，斛薛为高阙州[17]，奚结为鸡鹿州[18]，阿跌为鸡田州[19]，契苾为榆溪州[20]，思结别部为蹛林州[21]，白霫为寘颜州[22]；各以其酋长为都督、刺史，各赐金银缯帛及锦袍。敕勒大喜，捧戴欢呼拜舞，宛转尘中。及还，上御天成殿宴，设十部乐而遣之。诸酋长奏称："臣等既为唐民，往来天至尊所，如诣父母，请于回纥以南、突厥以北开一道，谓之参天可汗道[23]，置六十八驿，各有马及酒肉以供过使，岁贡貂皮以充租赋，仍请能属文人，使为表疏。"上皆许之。于是北荒悉平，然回纥吐迷度已私自称可汗，官号皆如突厥故事。

丁酉[24]，诏以明年仲春有事泰山，禅社首[25]；余并依十五年议。

二月，丁丑[26]，太子释奠[27]于国学。

（以上为第九段，写北方各少数民族接受唐官称号，示天下各族为一家。唐太宗平等对待各民族政策获得成功。）

【注释】

[1]辛卯：正月四日。［2］壬辰：正月五日。［3］兴安门：大明宫南面共五门，次西称兴安门，地当大明宫的西南隅。［4］金石：指道士以金液和丹砂炼制的所谓长生不死之药。［5］北首、夷衾：北首谓人死后的尸体以头朝北放置，夷衾指以被包殓尸。［6］东苑：西京三内苑之一。在大明宫的东南隅，南北二里，东西占地一坊。［7］横桥：又称"渭桥""中渭桥""横门桥""石柱桥"，秦始皇建。在今陕西咸阳市东北渭河上。［8］长安故城：即汉长安城。在今陕西西安市西北渭河南岸。［9］丙申：正月九日。［10］瀚海府：治所在今蒙古国哈拉和林附近。［11］金微府：治所在今蒙古国肯特省一带。［12］燕然府：治所在今蒙古国乌兰巴托市附近。

[13]幽陵府：治所在今蒙古国东方省一带。 [14]龟林府：治所在今蒙古国色楞格省。 [15]卢山府：治所在今蒙古国杭爱山南部地带。 [16]皋兰州：在今蒙古国图拉河东岸一带。后侨治凉州（今甘肃武威市）。 [17]高阙州：疑置于高阙塞（今内蒙古乌拉特后旗西南）。 [18]鸡鹿州：在今俄罗斯希洛克以南地带，后侨治于今宁夏境。 [19]鸡田州：在今蒙古国乌兰巴托市西北，后侨治于今宁夏境。 [20]榆溪州：初在今内蒙古河套东北岸，后侨治今甘肃河西走廊。[21]蹛林州：初在今蒙古境，后侨治凉州境。 [22]寘颜州：在今内蒙古呼伦湖南、大兴安岭西。[23]参天可汗道：此道约自今河套地区北行至瀚海都督府以北地带。这条贯通大漠南北的道路在后来发展为中受降城（在今内蒙古包头市西南黄河北岸）入回纥道，为“入四夷”的七条大道之一。[24]丁酉：正月十日。 [25]社首：山名。在今山东泰安市西南。 [26]丁丑：二月八日。[27]释奠：古代学校祭奠先师先圣的一种典礼。

上将复伐高丽，朝议以为：“高丽依山为城，攻之不可猝拔。前大驾亲征，国人不得耕种，所克之城，悉收其谷，继以旱灾，民太半乏食。今若数遣偏师，更迭扰其疆埸，使彼疲于奔命，释耒[1]入堡，数年之间，千里萧条，则人心自离，鸭绿之北，可不战而取矣。”上从之。三月，以左武卫大将军牛进达[2]为青丘道行军大总管，右武候将军李海岸[3]副之，发兵万余人，乘楼船[4]自莱州泛海而入。又以太子詹事李世勣为辽东道行军大总管，右武卫将军孙贰朗[5]等副之，将兵三千人，因营州都督府兵自新城道入。两军皆选习水善战者配之。

辛卯[6]，上曰：“朕于戎、狄所以能取古人所不能取，臣古人所不能臣者，皆顺众人之所欲故也。昔禹帅九州[7]之民，凿山槎[8]木，疏百川注之海，其劳甚矣，而民不怨者，因人之心，顺地之势，与民同利故也。”

是月，上得风疾[9]，苦京师盛暑，夏，四月，乙丑[10]，命修终南山太和废宫为翠微宫[11]。

丙寅[12]，置燕然都护府[13]，统瀚海等六都督、皋兰等七州，以扬州都督府司马李素立[14]为之。素立抚以恩信，夷落怀之，共率马牛为献，素立唯受其酒一杯，余悉还之。

五月，戊子[15]，上幸翠微宫。冀州进士张昌龄[16]献《翠微宫颂》，上爱其文，命于通事舍人里供奉。

初，昌龄与进士王公治[17]皆善属文，名振京师，考功员外郎[18]王师旦[19]知贡举，黜之，举朝莫晓其故。及奏第，上怪无二人名，诘之。师旦对曰："二人虽有辞华，然其体轻薄，终不成令器[20]。若置之高第，恐后进效之，伤陛下雅道[21]。"上善其言。

壬辰[22]，诏百司依旧启事皇太子。

庚辰[23]，上御翠微殿[24]，问侍臣曰："自古帝王虽平定中夏，不能服戎、狄。朕才不逮古人而成功过之，自不谕其故，诸公各率意以实言之。"君臣皆称："陛下功德如天地，万物不得而名言。"上曰："不然。朕所以能及此者，止由五事耳。自古帝王多疾[25]胜己者，朕见人之善，若己有之。人之行能[26]，不能兼备，朕常弃其所短，取其所长。人主往往进贤则欲寘[27]诸怀，退不肖则欲推诸壑，朕见贤者则敬之，不肖者则怜之，贤不肖各得其所。人主多恶正直，阴诛显戮，无代无之，朕践阼[28]以来，正直之士，比肩于朝，未尝黜责一人。自古皆贵中华，贱夷、狄，朕独爱之如一，故其种落皆依朕如父母。此五者，朕所以成今日之功也。"顾谓褚遂良曰："公尝为史官，如朕言，得其实乎？"对曰："陛下盛德不可胜载，独以此五者自与，盖谦谦[29]之志耳。"

李世勣军既渡辽，历南苏[30]等数城，高丽多背城拒战，世勣击破其兵，焚其罗郭[31]而还。

（以上为第十段，写唐太宗自信，他治国超越前世君主有五长：一渴求贤才，二用人之长，三各任其能，四亲近直臣，五夷汉一家。）

【注释】

[1]耒（lěi）：古代翻土农具耒耜的柄，也为农具总称。 [2]牛进达：唐初功臣。早年先后隶于瓦岗军和王世充。降唐后累擢将军、大将军，封琅邪郡公。事迹见《旧唐书》卷六十八《秦叔宝传》、卷一百九十六上《吐蕃传》上、卷一百九十九上《高丽传》,《新唐书》卷一百九十一《忠义传》上等。 [3]李海岸：《册府元龟·外臣部》等作"李海崖"。唐初将领。曾参与征讨高丽、龟兹等。事迹见《新唐书》卷一百一十《阿史那社尔传》、卷二百二十《高丽传》、卷二百二十一上《龟兹传》。[4]楼船：古代有楼的战船。 [5]孙贰郎：唐初将领。事迹见《新唐书》卷二百二十。 [6]辛卯：三月五日。 [7]九州：指上古我国中原的九个区域。据《尚书·禹贡》：九州为冀、兖、青、徐、扬、荆、豫、梁、雍州。 [8]槎（chá）：斫。 [9]风疾：中医学病症名，即痹（bì）病。[10]乙丑：四月九日。 [11]翠微宫：故址在今陕西西安市南终南山中。 [12]丙寅：四月十

日。［13］燕然都护府：治所在今内蒙古乌拉特后旗西南。后移治今蒙古国哈拉和林附近，改名瀚海都护府。［14］李素立：唐初良吏。赵州高邑（今河北高邑县）人。累擢侍御史、绵州和蒲州刺史、太仆和鸿胪卿等职，封高邑县侯。永徽初卒。传见《旧唐书》卷一百八十五上、《新唐书》卷一百九十七。［15］戊子：五月三日。［16］张昌龄（?—666）：唐初文学家。冀州南宫（今河北南宫市西北）人。官至北门修撰。有文集二十卷。传见《旧唐书》卷一百九十上、《新唐书》卷二百零一。［17］王公治：严校，“治”改“瑾”。按：王公瑾本名公治，因避高宗讳改。事迹见《新唐书》卷四十四《选举志》上、卷二百零一《张昌龄传》。［18］考功员外郎：吏部考功司长官之一。掌地方官考核和科举考试。［19］王师旦：事迹见《新唐书》卷四十四《选举志上》、卷二百零一《张昌龄传》。［20］令器：犹言美材。［21］雅道：正道。［22］壬辰：五月七日。［23］庚辰：五月无“庚辰”，据两《唐书·太宗纪》，为“戊子”（五月三日）之误。［24］翠微殿：翠微宫正殿。［25］疾：通“嫉”。妒忌。［26］行能：品行和能力。［27］寘：同“置”。［28］践阼：帝王登基。［29］谦谦：谦逊。［30］南苏：城名。在今辽宁抚顺市东苏子河与浑河合流处。［31］罗郭：即罗城（大城）和郭城（外域）。

六月，癸亥[1]，以司徒长孙无忌领扬州都督，实不之任。

丁丑[2]，诏以“隋末丧乱，边民多为戎、狄所掠，今铁勒归化，宜遣使诣燕然等州，与都督相知，访求没落之人，赎以货财，给粮递还本贯；其室韦[3]、乌罗护、靺鞨三部人为薛延陀所掠者，亦令赎还。”

癸未[4]，以司农卿李纬[5]为户部[6]尚书。时房玄龄留守京师，有自京师来者，上问：“玄龄何言？”对曰：“玄龄闻李纬拜尚书，但云李纬美髭鬓。”帝遽改除纬洛州刺史。

秋，七月，牛进达、李海岸入高丽境，凡百余战，无不捷，攻石城[7]，拔之。进至积利城[8]下，高丽兵万余人出战，海岸击破之，斩首二千级。

上以翠微宫险隘，不能容百官，庚子[9]，诏更营玉华宫[10]于宜春[11]之凤皇谷。庚戌[12]，车驾还宫。

八月，壬戌[13]，诏以薛延陀新降，土功屡兴，加以河北水灾，停明年封禅。

辛未[14]，骨利干[15]遣使入贡；丙戌[16]，以骨利干为玄阙州[17]，拜其俟斤为刺史。骨利干于铁勒诸部为最远，昼长夜短，日没后，天色正曛[18]，煮羊脾[19]适熟，日已复出矣。

己丑[20]，齐州人段志冲上封事，请上致政[21]于皇太子；太子闻之，忧形于色，发言流涕。长孙无忌等请诛志冲。上手诏曰："五岳陵霄[22]，四海亘地[23]，纳污藏疾，无损高深。志冲欲以匹夫解位天子，朕若有罪，是其直也；若其无罪，是其狂也。譬如尺雾障天，不亏于大；寸云点日，何损于明！"

丁酉[24]，立皇子明[25]为曹王。明母杨氏[26]，巢剌王之妃也，有宠于上；文德皇后之崩也，欲立为皇后。魏徵谏曰："陛下方比德唐、虞，奈何以辰嬴[27]自累！"乃止。寻以明继元吉后。

戊戌[28]，敕宋州刺史王波利等发江南十二州工人造大船数百艘，欲以征高丽。

冬，十月，庚辰[29]，奴剌[30]啜匐俟友帅其所部万余人内附。

十一月，突厥车鼻可汗[31]遣使入贡。车鼻名斛勃，本突厥同族，世为小可汗。颉利之败，突厥余众欲奉以为大可汗，时薛延陀方强，车鼻不敢当，帅其众归之。或说薛延陀："车鼻贵种，有勇略，为众所附，恐为后患，不如杀之。"车鼻知之，逃去。薛延陀遣数千骑追之，车鼻勒兵与战，大破之，乃建牙于金山之北，自称乙注车鼻可汗，突厥余众稍稍[32]归之，数年间胜兵三万人，时出抄掠薛延陀。及薛延陀败，车鼻势益张，遣其子沙钵罗特勒[33]入见，又请身自入朝。诏遣将军郭广敬[34]征之。车鼻特为好言，初无来意，竟不至。

癸卯[35]，徙顺阳王泰为濮王。

壬子[36]，上疾愈，三日一视朝。

十二月，壬申[37]，西赵[38]酋长赵磨帅万余户内附，以其地为明州[39]。

龟兹王伐叠[40]卒，弟诃黎布失毕立，浸[41]失臣礼，侵渔邻国。上怒，戊寅[42]，诏使持节[43]·昆丘道行军大总管、左骁卫大将军阿史那社尔、副大总管·右骁卫大将军契苾何力，安西都护郭孝恪等将兵击之，仍命铁勒十三州、突厥、吐蕃、吐谷浑连兵进讨。

高丽王使其子莫离支任武[44]入谢罪，上许之。

（以上为第十一段，写四夷归服，仍有兵事，东伐高丽，西讨龟兹。）

【注释】

[1]癸亥：六月八日。[2]丁丑：六月二十二日。[3]室韦：民族名。又作“失韦”。分布于今嫩江流域和黑龙江北岸地区。[4]癸未：六月二十八日。[5]李纬：常山（今河北正定县）人。官至太子詹事。事迹见《旧唐书》卷六十六《房玄龄传》,《新唐书》卷七十二上《宰相世系表》二下、卷九十六《房玄龄传》。[6]户部：严校，“户”改“民”。[7]石城：在今辽宁庄河市西北。[8]积利城：在今辽宁瓦房店市。[9]庚子：七月十六日。[10]玉华宫：在今陕西铜川市北玉华山。[11]宜春：严校，“春”改“君”。按，宜君县治在今陕西宜君县西南。[12]庚戌：七月二十六日。[13]壬戌：八月八日。[14]辛未：八月十七日。[15]骨利干：铁勒诸部之一，分布于今贝加尔湖以北地区。[16]丙戌：九月三日。[17]玄阙州：骨利干部落置，治所今地不详。[18]曛（xūn）：落日余光。[19]羊髀：羊的髀脏。[20]己丑：九月六日。[21]致政：交还政权。[22]五岳陵霄：五岳指中岳嵩山、西岳华山、东岳泰山、北岳恒山、南岳衡山。陵霄，又作“凌霄”，即直冲云霄。[23]四海亘地：四海，泛指中国四周的海疆；亘地，周绕陆地。[24]丁酉：九月十四日。[25]皇子明：太宗第十四子李明，封为曹王。高宗时，历官都督、刺史，后贬黔州，自杀。传见《旧唐书》卷七十六、《新唐书》卷八十。[26]杨氏：本李元吉妃，元吉死，太宗纳之。事迹见两《唐书·曹王明传》。[27]辰嬴：春秋时秦穆公女，先后嫁晋国二君。[28]戊戌：九月十五日。[29]庚辰：十月二十七日。[30]奴剌：部族名。居于吐谷浑、党项羌之间。[31]车鼻可汗：姓阿史那，名斛勃，东突厥突利部小可汗。颉利败，辗转窜金山（今阿尔泰山）以北，自称乙注鼻可汗。永徽元年（650）为唐擒获，拜左武卫将军。传见两《唐书·突厥传》。[32]稍稍：渐渐。[33]沙钵罗特勒：据《旧唐书·突厥传》上应为“沙钵罗特勤”。[34]郭广敬：唐初大将。冯翊（今陕西大荔县）人。官至左威卫大将军。事迹见《旧唐书》卷一百九十四上《突厥传》上、《新唐书》卷七十四上《宰相世系表》四上。[35]癸卯：十一月二十一日。[36]壬子：十一月三十日。[37]壬申：十二月二十日。[38]西赵：民族名。即西赵蛮。分布于今贵州东部。以其酋姓赵得名。[39]明州：羁縻州名。治所在今贵州思南县以南地区。[40]伐叠：姓白，世袭龟兹王。与其弟诃黎布失毕事迹并见《旧唐书》卷一百九十八《龟兹传》、《新唐书》卷二百二十二上《龟兹传》。[41]浸：渐渐。[42]戊寅：十二月二十六日。[43]使持节：加官名。魏晋以后，地方军政长官加“使持节”的，拥有诛杀地方中下级官吏的大权。[44]任武：即高任武。事迹见《新唐书》卷二百二十《高丽传》。

二十二年（戊申，648年）

春，正月，己丑[1]，上作《帝范》十二篇以赐太子，曰《君体》、《建亲》、《求贤》、《审官》、《纳谏》、《去谗》、《戒盈》、《崇俭》、《赏罚》、《务农》、《阅武》、《崇文》；且曰：“修身治国，备在其中。一旦不讳[2]，更无所言矣。”又曰：“汝当更求古之哲王[3]以为师，如吾，不足法[4]也。夫取法于上，仅得其中；取法于中，不免为下。吾居位已来，不善多矣，锦绣珠玉不绝于前，宫室台榭屡有兴作，犬马鹰隼无远不致，行游四方，供顿烦劳，此皆吾之深过，勿以为是而法之。顾我弘济苍生，其益多；肇造区夏[5]，其功大。益多损少，故人不怨；功大过微，故业不堕；然比之尽美尽善，固多愧矣。汝无我之功勤而承我之富贵，竭力为善，则国家仅安；骄惰奢纵，则一身不保。且成迟败速者，国也；失易得难者，位也；可不惜哉！可不慎哉！”

中书令兼右庶子马周病，上亲为调药；使太子临问；庚寅[6]，薨。

戊戌[7]，上幸骊山温汤。

己亥[8]，以中书舍人崔仁师为中书侍郎，参知机务。

新罗王金善德[9]卒，以善德妹真德为柱国，封乐浪郡王，遣使册命。

（以上为第十二段，写唐太宗作《帝范》以训导太子。）

【注释】

[1]己丑：正月八日。 [2]不讳：死的婉辞。 [3]哲王：才能识见超众的君王。 [4]法：效法。 [5]肇造区夏：谓创建大唐帝国。肇造，创建；区夏，中国。 [6]庚寅：正月九日。[7]戊戌：正月十七日。 [8]己亥：正月十八日。 [9]金善德：新罗女王。公元631年至647年在位。卒，妹真德袭王，公元647年至654年在位。二女王事迹见《旧唐书》卷一百九十九上《新罗传》、《新唐书》卷二百二十《新罗传》。

丙午[1]，诏以右武卫大将军薛万彻为青丘道行军大总管，右卫将军裴行方副之，将兵三万余人及楼船战舰自莱州泛海以击高丽。

长孙无忌检校中书令、知尚书·门下省事。

戊申[2]，上还宫。

结骨[3]自古未通中国，闻铁勒诸部皆服，二月，其俟利发失钵屈阿栈[4]入朝。其国人皆长大，赤发绿睛，有黑发者以为不祥。上宴之于天[5]成殿，谓侍臣曰：“昔渭桥斩三突厥首，自谓功多，今斯人在席，更不以为怪邪！”失钵屈阿栈请除一官，“执笏[6]而归，诚百世之幸。”

戊午[7]，以结骨为坚昆都督府[8]，以失钵屈阿栈为右屯卫大将军、坚昆都督，隶燕然都护。又以阿史德时健[9]俟斤部落置祁连州[10]，隶营州[11]都督。

是时四夷大小君长争遣使入献见[12]，道路不绝，每元正[13]朝贺，常数百千人。辛酉[14]，上引见诸胡使者，谓侍臣曰："汉武帝穷兵三十余年，疲弊中国，所获无几；岂如今日绥[15]之以德，使穷发之地[16]尽为编户乎！"

上营玉华宫，务令俭约，惟所居殿覆以瓦，余皆茅茨[17]；然备设太子宫、百司，苞山络野[18]，所费已巨亿计。乙亥[19]，上行幸玉华宫；己卯[20]，畋于华原[21]。

中书侍郎崔仁师坐有伏阁自诉[22]者，仁师不奏，除名[23]，流连州[24]。

三月，己丑[25]，分瀚海都督俱罗勃部[26]置烛龙州[27]。

甲午[28]，上谓侍臣曰："朕少长兵间，颇能料敌；今昆丘行师，处月、处密二部及龟兹用事者羯猎颠、那利[29]每怀首鼠，必先授首，弩失毕[30]其次也。"

庚子[31]，隋萧后卒，诏复其位号，谥曰愍；使三品护葬，备卤簿仪卫[32]，送至江都，与炀帝合葬。

充容长城徐惠[33]以上东征高丽，西讨龟兹，翠微、玉华，营缮相继，又服玩颇华靡，上疏谏，其略曰："以有尽之农功，填无穷之巨浪；图未获之他众，丧已成之我军。昔秦皇并吞六国，反速危亡之基，晋武奄有三方[34]，翻成覆败之业；岂非矜功恃大，弃德轻邦，图利忘危，肆情纵欲之所致乎！是知地广非常安之术，人劳乃易乱之源也。"又曰："虽复茅茨示约，犹兴木石之疲[35]，和雇[36]取人，不无烦扰之弊。"又曰："珍玩伎巧，乃丧国之斧斤；珠玉锦绣，寔[37]迷心之鸩毒。"又曰："作法于俭，犹恐其奢；作法于奢，何以制后[38]！"上善其言，甚礼重之。

（以上为第十四段，写隋炀帝萧后卒，诏令与炀帝合葬。唐太宗后宫徐惠亦进直言。）

【注释】

［1］丙午：正月二十五日。［2］戊申：正月二十七日。［3］结骨：铁勒诸部之一。又称“坚昆”“居勿”“纥骨”“黠戛斯”“纥扢斯”。主要分布今叶尼塞河上游地区。为柯尔克孜族和吉尔吉斯人先民。［4］失钵屈阿栈：结骨酋长。事迹见《新唐书》卷二百一十七下《回鹘传下》附《黠戛斯传》。［5］天：张校作“大”。［6］笏（hù）：即朝笏，又称手板。臣朝见君时手中所执狭长板子，以为指画或记事之用。［7］戊午：二月七日。［8］坚昆都督府：羁縻府。辖有今叶尼塞河上游一带。［9］阿史德时健：东突厥阿史德部酋长。［10］祁连州：羁縻州。隶灵州（今宁夏灵武市西南）都督府。［11］营州：章校，“营”作“灵”。［12］入献见：入朝贡献并朝觐天子。［13］元正：正月一日。［14］辛酉：二月十日。［15］绥：安抚。［16］穷发之地：不毛之地。［17］茅茨：以芦苇、茅草覆盖的屋顶。［18］苞山络野：圈围和美化山野。苞，通“包”。［19］乙亥：二月二十四日。［20］己卯：二月二十八日。［21］华原：县名。县治在今陕西铜川市耀州区。［22］伏阁自诉：俯伏阁门自行陈诉，一般指亲自上诉冤情。［23］除名：除去名籍，取消原有的资格地位。［24］连州：州名。治所在今广东连州市。［25］己丑：三月九日。［26］俱罗勃部：铁勒诸部之一。分布于今俄罗斯境石勒喀河上游北岸地带。［27］烛龙州：羁縻州名。在今俄罗斯赤塔市东北地区。［28］甲午：三月十四日。［29］羯猎颠、那利：龟兹将相。事迹见《旧唐书》卷一百九十八、《新唐书》卷二百二十一上《龟兹传》。［30］弩失毕：即西突厥十姓部落中的五弩失毕部。［31］庚子：三月二十日。［32］卤簿仪卫：帝王、大臣外出时充前导和后从的仪仗队。［33］徐惠（627—650）：太宗充容（即九嫔之一）。湖州长城县（今浙江长兴县）人。被太宗纳为才人后，累迁婕妤、充容。于妃嫔中以好学敢于谏诤著称。卒赠贤妃。传见《旧唐书》卷五十一、《新唐书》卷七十六。［34］奄有三方：谓晋武帝统一国家结束三国分立局面。［35］木石之疲：因大兴土木工程而疲敝百姓。［36］和雇：指官府出资雇用工匠。实际上是半强制征用。［37］寔：同“实”。［38］制后：以制度、成法遗留后人。

【点评】

唐太宗论。唐太宗是一位伟大的英武圣哲之君，一生战功赫赫，而本卷所载伐高丽之役，无功而返，无疑是唐太宗的最大遗憾，也是他步入晚年后一次重大的决策失误。

唐太宗是一代英主，是一位雄才大略的君主。在隋末丧乱中，唐太宗以慧眼卓识和文韬武略，辅佐其父唐高祖建立了唐朝。晋阳起兵，胆略超群，东征西讨，战功显赫，伐灭薛举、薛仁果父子，抗击刘武周，歼灭王世充、窦建德，镇压刘黑闼复辟夏王政权，这些重大战役，唐太宗不仅直接指挥，而且身临战阵，亲冒矢石，既是战将，又是统帅，在隋唐之际是第一流的军事家，无人能望其项背。唐太宗即位，又励精图治，开一代贞观治世，是一位杰出的政治家。

贞观之治最突出的特点是重视民生。这表现在两个方面。一是轻徭薄赋，劝课农桑，改善了民众的生活。唐太宗强调礼仪、狩猎、营造等政府活动安排在农闲之时，使农民不违农时，正常生产。唐太宗诏令各州县设置义仓，以备凶年。又设置专门机构，制定律法，兴修和管理水利设施，为农业生产创造良好条件。贞观年间，农业生产得到迅速恢复，人民安居乐业，粮价由每斗米值一匹绢，跌到四五钱。二是缓刑律。唐太宗主张“以宽仁治天下，而于刑法尤慎”（《新唐书·刑法志》）。唐太宗在《武德律》的基础上，令房玄龄等人制定了《唐律》，集历代法律之大成，奠定了我国封建时代刑律的规范。唐太宗强调依法办案，任用宽平吏为法官，严禁重刑逼供，对死刑尤为重视，规定执行死刑要大臣共议覆按，“二日五覆奏”，并上报皇帝批准。贞观四年，全国判死刑仅二十九人，无一人冤者。

唐太宗认为，为政之要，一是选贤任能，二是虚己纳谏。唐太宗说：“为官择人，不可造次。用一君子，则君子皆至；用一小人，则小人竟进矣。”因此唐太宗任人唯贤，“内举不避亲，外举不避仇”。在他的大臣中，有皇亲高士廉、窦轨、长孙无忌；有原来的仇敌，如隋将屈突通，刘武周大将尉迟敬德，李建成部属魏徵、薛万彻。此外，还有关陇贵族李靖、于志宁、韦挺，出身寒微的马周、刘绚，农民起义军首领李勣、秦琼、程知节，少数民族将领阿史那社尔、契苾何力。贞观年间人才济济。在用贤才的同时，唐太宗淘汰冗吏。贞观元年，中央职官二千余人，精简后仅留有六百四十三人，办事效率反而大大提高。唐太宗虚己纳谏，开创贞观年间开明的政治局面，这既是贞观之治的原因，也是贞观之治的重要内容。唐太宗视魏徵等谏臣为镜子。

步入晚年的唐太宗，奢纵矜夸，早年的勤俭谦恭，渐不克终。贞观初，唐太宗“躬行节俭”，到了后期却大兴土木，不许人进谏，造成徭役繁重，许多百姓逃亡，有的甚至砍断手脚避役。马周进谏徭役太重，唐太宗竟然驳斥说：“百姓无事则骄逸，劳役则易使。”（《旧唐书·马周传》）他最大的决策失误是兵伐高丽，即使讨伐，也不应亲征。由于唐太宗亲征顿兵于坚城安市之下，失去了出奇兵乘虚袭击平壤的时机，因此无功而返。由于高丽是农业国，与中国俗同，战守以城池为阵地，唐军远出，兵少不能取胜，兵多后勤供应不足。唐初户口经过贞观之治，到永徽初，才三百八十万户，不及隋开皇年间之半，所以大规模征高丽是失策的。由于隋炀帝三征高丽不胜，唐太宗心中较劲，结果无功而返，造成他终身的遗恨。此外唐太宗晚年猜忌，以虚有的谋反罪诛杀张亮，以失言赐死刘洎，因小过贬黜萧瑀、房玄龄，以民间传言枉杀李君羡，都是过失啊！但这些比起唐太宗的伟大成就，仍是小疵。

卷一九九　唐纪十五

唐太宗贞观二十二年至唐高宗永徽六年（648—655年）

【起著雍涒滩（戊申，648年）四月，尽旃蒙单阏（乙卯，655年）九月，凡七年有奇】

【大事提要】

本卷记事起公元648年四月，讫公元655年九月，凡七年又六个月，时当唐太宗贞观二十二年至唐高宗永徽六年。此时期的惊天大事是唐太宗辞世，唐高宗即位。唐太宗贞观之治，四夷归服，盛极一时，但直到晚年，高丽仍未臣服，是唐太宗的一大遗憾。唐太宗晚年猜忌心尤重，因民间《秘记》传言“唐三世之后，女主武王代有天下”，而欲杀尽后宫，虽被李淳风谏止，而大臣李君羡却因小名为“五娘”而被枉杀。高宗继位，初始勤政爱民，缓刑狱，优礼大臣，长孙无忌、褚遂良受唐太宗遗命，同心辅政，君臣和洽，百姓阜安，有贞观之遗风。可惜好景不长，王皇后嫉妒萧淑妃得宠，引纳在感业寺为尼的武则天蓄发入宫以分萧淑妃之宠。武氏机巧善媚，入宫不久被立为武昭仪，野心勃勃，谋夺皇后之位，扼杀亲生女以嫁祸王皇后，内赂宫中嫔妃为耳目，外结大臣李义府、许敬宗、崔义玄、袁公瑜为党羽，用以对抗顾命大臣长孙无忌、褚遂良为首的官僚集团。柳奭、褚遂良相继被贬黜，长孙无忌亦已危如累卵。山雨欲来风满楼，唐朝政治将因武氏主政而发生大变化。

太宗文武大圣大广孝皇帝下之下

贞观二十二年（戊申，648年）

夏，四月，丁巳[1]，右武候将军梁建方[2]击松外蛮[3]，破之。

初，巂州都督刘伯英[4]上言：“松外诸蛮蹔[5]降复叛，请出师讨之，以通西洱[6]、天竺之道。”敕建方发巴蜀十三州[7]兵讨之。蛮酋双舍[8]帅众拒战，建方击败之，杀获千余人。群蛮震慑，亡窜山谷。建方分遣使者谕以利害，皆来归附，前后至者七十部，户十万九千三百，建方署其酋长蒙和[9]等为县令，各统所部，莫不感悦。因遣使诣西洱河，其帅杨盛[10]大骇，具船将遁，使者晓谕以威信，盛遂请降。其地有杨、李、赵、董等数十姓，各据一州，大者六百，小者二三百户，无大君长，不相统壹，语虽小讹，其生业、风俗，大略与中国同，自云本皆华人，其所异者以十二月为岁首。

己未[11]，契丹辱纥主曲据[12]帅众内附，以其地置玄州[13]，以曲据为刺史，隶营州都督府。

甲子[14]，乌胡[15]镇将古神感将兵浮海击高丽，遇高丽步骑五千，战于易山[16]，破之。其夜，高丽万余人袭神感船，神感设伏，又破之而还。

初，西突厥乙毗咄陆可汗以阿史那贺鲁[17]为叶护，居多逻斯水[18]，在西州北千五百里，统处月、处密、始苏、歌逻禄、失毕[19]五姓之众。乙毗咄陆奔吐火罗[20]，乙毗射匮可汗遣兵迫逐之，部落亡散。乙亥[21]，贺鲁帅其余众数千帐内属，诏处之于庭州莫贺城[22]，拜左骁卫将军。贺鲁闻唐兵讨龟兹，请为乡导[23]，仍从数十骑入朝。上以为昆丘道行军总管，厚宴赐而遣之。

五月，庚子[24]，右卫率长史王玄策[25]击帝那伏帝王阿罗那顺[26]，大破之。

初，中天竺王尸罗逸多[27]兵最强，四天竺[28]皆臣之，玄策奉使至天竺，诸国皆遣使入贡。会尸罗逸多卒，国中大乱，其臣阿罗那顺自立，发胡兵攻玄策，玄策帅从者三十人与战，力不敌，悉为所擒，阿罗那顺尽掠诸国贡物。玄策脱身宵遁，抵吐蕃西境，以书征邻国兵，吐蕃遣精锐千二百人，泥婆国[29]遣七千余骑赴之。玄策与其副蒋师仁帅二国之兵进至中天竺所居茶镈和罗城[30]，连战三日，大破之，斩首三千余级，赴水溺死者且万人。阿罗那顺弃城走，更收余众，还与师仁战；又破之，擒阿罗那顺。余众奉其妃及王子，阻乾陀卫江[31]，师仁进击之，众溃，获其妃及王子，虏男女万二千人。于是天竺响震，城邑聚落降者五百八十余所，俘阿罗那顺以归。以玄策为朝散大夫[32]。

六月，乙丑[33]，以白霫部为居延州[34]。

癸酉[35]，特进宋公萧瑀卒，太常议谥曰“德[36]”，尚书议谥曰“肃[37]”。上曰：“谥者，行之迹，当得其实，可谥曰贞褊[38]公。”子锐[39]嗣，尚上女襄城公主。上欲为之营第，公主固辞，曰：“妇事舅姑[40]，当朝夕侍侧，若居别第，所阙多矣。”上乃命即瑀第而营之。

上以高丽困弊，议以明年发三十万众，一举灭之。或以为大军东征，须备经岁[41]之粮，非畜乘所能载，宜具舟舰为水运。隋末剑南独无寇盗，属者[42]辽东之役，剑南复不预及，其百姓富庶，宜使之造舟舰。上从之。秋，七月，遣右领左右府长史[43]强伟于剑南道伐木造舟舰，大者或长百尺，其广半之。别遣使行水道，自巫峡[44]抵江、扬[45]，趣莱州。

庚寅[46]，西突厥相屈利啜请帅所部从讨龟兹。

（以上为第一段，写唐太宗晚年，边境仍有兵事，东北讨高丽，巴蜀兵伐西南夷，唐使征兵附属国伐中天竺等。）

【注释】

[1]丁巳：四月七日。 [2]梁建方：唐初大将。曾参与征讨王世充、蛮僚、西突厥、高丽等，因功官至诸卫大将军。事迹见《旧唐书》卷三《太宗纪》等，《新唐书》卷八十九《尉迟敬德传》、卷二百二十二下《南蛮传》下等。 [3]松外蛮：唐西南民族之一。今白族先民。分布于云南永胜县、华坪县一带。 [4]刘伯英：唐初大将。官至左骁卫、右监门卫大将军。事迹见《旧唐书》卷四《高宗纪》上、卷一百八十六上《来子珣传》等，《新唐书》卷三《高宗纪》等。 [5]蹔：同“暂”。 [6]西洱：即西洱河，今云南西部洱海。据《新唐书·地理志》七下：自西洱河地区的羊苴咩城（今云南大理市）西行分数路均可至天竺（古印度）。 [7]巴蜀十三州：益（治今四川成都市）、眉（治今四川眉山市）、荣（治今四川荣县）、梓（治今四川三台县）、利（治今四川广元市）、绵（治今四川绵阳市东）、遂（治今四川遂宁市）、巴（治今四川巴中市）、泸（治今四川泸州市）、渠（治今四川渠县）、达（治今四川达州市）、集（治今四川南江县）、渝（治今重庆市）等州。 [8]双舍：松外蛮酋帅。事迹见《新唐书》卷二百二十二下《南蛮传》下等。 [9]蒙和：松外蛮首领。事迹见《新唐书》卷二百二十二下《南蛮传》下。 [10]杨盛：西洱河蛮首领。事迹见《新唐书》卷二百二十二下《南蛮传》下。 [11]己未：四月九日。 [12]曲据：契丹大辱纥主（即大首领）。曲据又作“李去闾”，隋文帝时内附，至是再次内属。事迹见《旧唐书》卷三十九《地理志》二、《新唐书》卷二百一十九《契丹传》。 [13]玄州：羁縻州。据《旧唐书·地理志》二：隋开皇初置玄州，初隶营州，后侨治范阳县（今河北涿州市）。 [14]甲子：四月十四日。 [15]乌胡：又作“乌湖”。在今渤海湾北隍城岛上。 [16]易山：《新唐书》卷二百二十作“曷山”。 [17]阿史那贺鲁（?—659）：西突厥酋长。事迹见《旧唐书》卷一百九十四下、《新唐书》卷二百一十五下

《突厥传》下。［18］多逻斯水：又作“多逻斯川”“都罗斯河”“曳咥河”。即今新疆额尔齐斯河。［19］始苏、歌逻禄、失毕：西突厥部落。始苏，两《唐书》作“姑苏”。歌逻禄，居于今新疆准噶尔盆地。失毕，即“弩失毕”的略称。［20］吐火罗：中亚古国，地在今阿富汗北部。［21］乙亥：四月二十五日。［22］庭州莫贺城：庭州，治所在今新疆吉木萨尔县北庭故城；莫贺城在今新疆阜康市东。［23］乡导：即向导，带路人。乡，通“向”。［24］庚子：五月二十日。［25］王玄策：唐初派赴印度的使者。自贞观十七年（643）至龙朔元年（661）曾五次出使印度。著有《中天竺国行记》。［26］帝那伏帝王阿罗那顺：印度摩伽陀国王。两《唐书·天竺国传》作“那伏帝阿罗那顺”。其与王玄策事迹并见《旧唐书》卷一百九十八、《新唐书》卷二百二十一上《天竺国传》。［27］尸罗逸多：又称“戒日王”，自称“摩伽陀王”，中印度国王。事迹见《旧唐书》卷一九十八、《新唐书》卷二百二十一上《天竺国传》。［28］四天竺：指中天竺之外的南、北、东、西天竺国。天竺，古印度。［29］泥婆国：今尼泊尔王国。时泥婆罗国臣隶于吐蕃。［30］茶馎和罗城：中天竺都城，在今尼泊尔南部。［31］乾陀卫江：即今印度恒河。［32］朝散大夫：唐代从五品文散官。［33］乙丑：六月十六日。［34］居延州：在今内蒙古巴林左旗东北一带。［35］癸酉：六月二十四日。［36］德：据《唐会要·谥法》上，“刚塞简廉曰德”。［37］肃：《唐会要·谥法》上，“刚德克就曰肃，执心决断曰肃。”［38］贞褊：太宗以萧瑀性多猜忌，有失其真，遂据实谥曰“贞褊”。“直道不桡曰贞”，“心隘政急曰褊”。［39］子锐：萧瑀嗣子萧锐，尚太宗长女襄成公主，官至太常少卿。传见《旧唐书》卷六十三。公主传见《新唐书》卷八十三。［40］舅姑：公婆。［41］经岁：一年，全年。［42］属者：近时。［43］右领左右府长史：官名。掌左右千牛府内务。［44］巫峡：长江三峡之一。西起重庆市巫山县，东至湖北巴东县。［45］江、扬：即江州（治所在今江西九江市）和扬州（治所在今江苏扬州市）。［46］庚寅：七月十一日。

初，左武卫将军武连县公武安李君羡[1]直玄武门，时太白屡昼见，太史占云：“女主昌。”民间又传《秘记》云：“唐三世之后，女主武王代有天下。”上恶之。会与诸武臣宴宫中，行酒令[2]，使各言小名。君羡自言名五娘，上愕然，因笑曰：“何物女子，乃尔勇健！”又以君羡官称封邑皆有“武”字，深恶之，后出为华州刺史。有布衣员道信，自言能绝粒[3]，晓佛法，君羡深敬信之，数相从，屏人语。御史奏君羡与妖人交通，谋不轨。壬辰[4]，君羡坐诛，籍没其家。

上密问太史令李淳风：“《秘记》所云，信有之乎？”对曰：“臣仰稽天象[5]，俯察历数[6]，其人已在陛下宫中，为亲属，自今不过三十年，当王天下，杀唐子孙殆[7]尽，其兆[8]既成矣。”上曰：“疑似者尽杀之，何如？”对曰：“天之所命，人不能违也。王者不死，徒多杀无辜。且自今以往三十年，其人已老，庶几颇有慈心，为祸或浅。今借使[9]得而杀之，天或生壮者肆其怨毒，恐陛下子孙，无遗类矣！”上乃止。

（以上为第二段，写唐太宗听信谶语而枉杀李君羡。）

【注释】

[1]李君羡（?—648）：唐初将领。初为王世充骠骑，投唐后，颇有军功。后为太宗借口诛杀。武则天称帝后为其昭雪。传见《旧唐书》卷六十九、《新唐书》卷九十四。 [2]酒令：宴会中佐饮助兴的游戏。 [3]绝粒：道家修行者修炼方法的一种。即摒除火食，不进米谷。 [4]壬辰：七月十三日。 [5]天象：天文气象的各种现象。 [6]历数：帝王继承的次第。 [7]殆：几乎。 [8]兆：预兆，征候或迹象。 [9]借使：假如，假使。

司空梁文昭公房玄龄留守京师，疾笃，上征赴玉华宫，肩舆入殿，至御座侧乃下，相对流涕，因留宫下，闻其小愈则喜形于色；加剧则忧悴[1]。玄龄谓诸子曰：“吾受主上厚恩，今天下无事，唯东征未已，群臣莫敢谏，吾知而不言，死有余责。”乃上表谏，以为：“《老子》曰：‘知足不辱，知止不殆[2]。’陛下功名威德亦可足矣，拓地开疆亦可止矣，且陛下每决一重囚，必令三复五奏，进素膳，止音乐者，重人命也。今驱无罪之士卒，委之锋刃之下，使肝脑涂地[3]，独不足愍乎！向使高丽违失臣节，诛之可也；侵扰百姓，灭之可也；他日能为中国患，除之可也。今无此三条而坐烦中国，内为前代雪耻，外为新罗报仇，岂非所存者小，所损者大乎！愿陛下许高丽自新，焚陵波之船，罢应募之众，自然华、夷庆赖，远肃迩[4]安。臣旦夕入地，傥蒙录此哀鸣，死且不朽！”玄龄子遗爱[5]尚上女高阳公主，上谓公主曰：“彼病笃如此，尚能忧我国家。”上自临视，握手与诀，悲不自胜。癸卯[6]，薨。

柳芳[7]曰：玄龄佐太宗定天下，及终相位，凡三十二年，天下号为贤相；然无迹可寻，德亦至矣。故太宗定祸乱而房、杜[8]不言功，王、魏[9]善谏诤而房、杜让其贤，英、卫[10]善将兵而房、杜行其道，理致太平，善归人主。为唐宗臣[11]，宜哉！

（以上为第三段，写房玄龄临终仍忧劳国家。）

【注释】

[1]忧悴：忧愁。[2]知足不辱，知止不殆：语见《老子》第四十四。谓自知满足，安于所遇，则不会取辱于人；懂得适可而止，不作过分要求，则不会陷入险境。[3]肝脑涂地：形容惨死。[4]迩（ěr）：近。[5]遗爱：玄龄次子房遗爱。尚太宗女高阳公主（?—653）。永徽中，遗爱与公主谋反，并赐死。遗爱传见《旧唐书》卷六十六、《新唐书》卷九十六。高阳公主传见《新唐书》卷八十三。[6]癸卯：七月二十四日。[7]柳芳：肃宗朝史官。河东（今山西永济市）人。与吴竞等合撰《国史》一百三十卷，又别撰《唐历》四十卷。传见《旧唐书》卷一百四十九、《新唐书》卷一百三十二。[8]房、杜：贞观宰相房玄龄和杜如晦。[9]王、魏：贞观宰相王珪和魏徵。[10]英、卫：英国公李世勣和卫国公李靖。[11]宗臣：为人所宗仰的名臣。

八月，己酉朔[1]，日有食之。

丁丑[2]，敕越州都督府[3]及婺、洪[4]等州造海船及双舫[5]千一百艘。

辛未[6]，遣左领军大将军执失思力出金山道击薛延陀余寇。

九月，庚辰[7]，昆丘道行军大总管阿史那社尔击处月、处密，破之，余众悉降。

癸未[8]，薛万彻等伐高丽还。万彻在军中，使气陵物，裴行方[9]奏其怨望，坐除名，流象州[10]。

己丑[11]，新罗奏为百济所攻，破其十三城。

己亥[12]，以黄门侍郎褚遂良为中书令。

强伟等发民造船，役及山獠，雅、邛、眉三州[13]獠反。壬寅[14]，遣茂州都督张士贵、右卫将军梁建方发陇右、峡中[15]兵二万余人以击之。蜀人苦造船之役，或乞输直雇潭州[16]人造船；上许之。州县督迫严急，民至卖田宅、鬻子女不能供，谷价踊贵，剑外[17]骚然。上闻之，遣司农少卿长孙知人[18]驰驿往视之。知人奏称："蜀人脆弱，不耐劳剧。大船一艘，庸绢[19]二千二百三十六匹。山谷已伐之木，挽曳未毕，复征船庸，二事并集，民不能堪，宜加存养。"上乃敕潭州船庸皆从官给。

冬，十月，癸丑[20]，车驾还京师。

（以上为第四段，写蜀民困于造船之役。）

【注释】

[1]己酉朔：八月一日。[2]丁丑：八月二十九日。[3]越州都督府：治所在今浙江绍兴市。[4]婺、洪：州名。婺州治所在今浙江金华市，洪州治所在今江西南昌市。[5]双舫：双船体船只，即两个并列的瘦长船体，在上部合成一个整体的船。其结构复杂，但稳定性好。[6]辛未：八月二十三日。[7]庚辰：九月二日。[8]癸未：九月五日。[9]裴行方：唐初将领。绛州闻喜（今山西闻喜县东）人。字德备。历官左卫将军、检校幽州都督，袭封怀义平公。事迹见《旧唐书》卷六十九《薛万彻传》、《新唐书》卷七十一上《宰相世系表》一上等。[10]象州：州名。治所在今广西象州县东北。[11]己丑：九月十一日。[12]己亥：九月二十一日。[13]雅、邛、眉三州：雅州治所在今四川雅安市。邛州治所在今四川邛崃市。眉州治所在今四川眉山市。[14]壬寅：九月二十四日。[15]峡中：疑为"峡州"，治所在今湖北宜昌市。[16]潭州：州名。治所在今湖南长沙市。[17]剑外：今四川剑南关以南地区。[18]长孙知人：长孙无忌堂弟、《新唐书》卷一百零五作"长孙知仁"。高宗初，以渝州刺史贬翼州司马。[19]庸绢：唐赋役的一种。即代替力役的赋税。据武德七年规定：人丁每年服劳役二十日，不服役的每日折纳绢三尺。[20]癸丑：十月六日。

回纥吐迷度兄子乌纥蒸[1]其叔母。乌纥与俱陆莫贺达官俱罗勃，皆突厥车鼻可汗之婿也，相与谋杀吐迷度以归车鼻。乌纥夜引十余骑袭吐迷度，杀之。燕然副都护元礼臣[2]使人诱乌纥，许奏以为瀚海都督，乌纥轻骑诣礼臣谢，礼臣执而斩之，以闻。上恐回纥部落离散，遣兵部尚书崔敦礼往安抚之。久之，俱罗勃入见，上留之不遣。

阿史那社尔既破处月、处密，引兵自焉耆之西趋龟兹北境，分兵为五道，出其不意，焉耆王薛婆阿那支弃城奔龟兹，保其东境。社尔遣兵追击，擒而斩之，立其从父弟先那准[3]为焉耆王，使修职贡。龟兹大震，守将多弃城走。社尔进屯碛口[4]，去其都城[5]三百里，遣伊州刺史韩威帅千余骑为前锋，右骁卫将军曹继叔[6]次之，至多褐城[7]，龟兹王诃利布失毕、其相那利、羯猎颠帅众五万拒战。锋刃甫接，威引兵伪遁，龟兹悉众追之，行三十里，与继叔军合，龟兹惧，将却，继叔乘之，龟兹大败，逐北八十里。

甲戌[8]，以回纥吐迷度子前左屯卫大将军翊[9]左郎将婆闰[10]为左骁卫大将军、大俟利发、瀚海都督。

十一月，庚子[11]，契丹帅窟哥、奚帅可度者[12]并帅所部内属。以契丹部为松漠府[13]，以窟哥为都督；又以其别帅达稽等部为峭落等九州[14]，各以其辱纥主为刺史。以奚部为饶乐府[15]，以可度者为都督；又以其别帅阿会等部为弱水等五州[16]，亦各以其辱纥主为刺史。辛丑[17]，置东夷校尉[18]官于营州[19]。

十二月，庚午[20]，太子为文德皇后作大慈恩寺[21]成。

龟兹王布失毕既败，走保都城，阿史那社尔进军逼之，布失毕轻骑西走。社尔拔其城，使安西都护郭孝恪守之。沙州刺史苏海政[22]、尚辇奉御薛万备帅精骑追布失毕，行六百里，布失毕窘急，保拨换城[23]，社尔进军攻之四旬，闰月，丁丑[24]，拔之，擒布失毕及羯猎颠。那利脱身走，潜引西突厥之众并其国兵万余人，袭击孝恪。孝恪营于城外，龟兹人或告之，孝恪不以为意。那利奄至，孝恪帅所部千余人将入城，那利之众已登城矣，城中降胡与之相应，共击孝恪，矢刃如雨，孝恪不能敌，将复出，死于西门。城中大扰，仓部郎中[25]崔义超召募得二百人，卫军资财物，与龟兹战于城中，曹继叔、韩威亦营于城外，自城西北隅击之。那利经宿乃退，斩首三千余级，城中始定。后旬余日，那利复引山北[26]龟兹万余人趣都城，继叔逆击，大破之，斩首八千级。那利单骑走，龟兹人执之，以诣军门。

阿史那社尔前后破其大城五，遣左卫郎将权祗甫[27]诣诸城，开示[28]祸福，皆相帅请降，凡得七百余城，虏男女数万口。社尔乃召其父老，宣国威灵，谕以伐罪之意，立其王之弟叶护[29]为王；龟兹人大喜。西域震骇，西突厥、于阗、安国争馈驼马军粮，社尔勒石纪功而还。

戊寅[30]，以昆丘道行军总管、左骁卫将军阿史那贺鲁为泥伏沙钵罗叶护，赐以鼓纛，使招讨西突厥之未服者。

癸未[31]，新罗相金春秋及其子文王[32]入见。春秋，真德之弟也。上以春秋为特进，文王为左武卫将军。春秋请改章服[33]从中国，内出冬服赐之。

（以上为第五段，写唐军平定龟兹，西域平静。东夷契丹归服。）

【注释】

［1］蒸：通"烝"。与母辈通奸。乌纥与达官俱罗勃事迹见《旧唐书》卷一百九十五《回纥传》、《新唐书》卷二百一十七上《回鹘传》上。［2］元礼臣：唐初边将。事迹见《旧唐书》卷一百九十五《回纥传》、《新唐书》卷二百一十七《回鹘传》上。［3］先那准：焉耆王薛婆阿那支叔父。事迹并见《旧唐书》卷一百九十八《焉耆传》。据《新唐书》卷二百二十一上：阿史那社尔斩阿那支，"立突骑支弟婆伽利为王"。［4］碛口：两《唐书·龟兹传》作"碛石"。［5］都城：指龟兹王都伊逻卢城（今新疆库车市）。［6］曹继叔：唐将领。曾参与对高丽、龟兹、后突厥等征讨。事迹见《旧唐书》卷一百九十八《龟兹传》、《新唐书》卷二百二十二下《南蛮传》下等。［7］多褐城：在龟兹（今新疆库车市）东。［8］甲戌：十月二十七日。［9］翊：据《册府元龟》卷七百九十四："翊"后有"卫"字。［10］婆闰：回纥酋长。高宗时曾参与平阿史那贺鲁之叛和征讨高丽等战争。官至右卫大将军。事迹见《旧唐书》卷一百九十五《回纥传》上、《新唐书》卷二百一十七上《回鹘传》上。［11］庚子：十一月二十三日。［12］窟哥、可度者："两蕃"酋长。窟哥内属后赐姓李氏，封无极县男，官至左监门大将军。可度者赐姓李氏，封楼烦县公，官至右监门大将军。二人事迹见两《唐书·北狄传》。［13］松漠府：羁縻府名。治所在今内蒙古巴林右旗南。［14］峭落等九州：羁縻州名。峭落州，达稽部置；弹汗州，纥便部置；无逢州，独活部置；羽陵州，芬问部置；日连州，突便部置；徒河州，芮溪部置；万丹州，坠斤部置；匹黎、赤山二州，伏部置。隶于松漠府的契丹八部九州，散布于今辽河上游地带。［15］饶乐府：羁縻府名。治所在今内蒙古宁城县境。［16］弱水等五州：羁縻州名。弱水州，阿会部置；祁黎州，处和部置；洛瑰州，奥失部置；太鲁州，度稽部置；渴野州，元俟折部置。隶于饶乐府的奚五部、州在今西拉木伦河流域。［17］辛丑：十一月二十四日。［18］东夷校尉：官名。掌押奚、契丹、靺鞨、高丽等，相当于后来的安东都护。［19］营州：州治在今辽宁朝阳市。［20］庚午：十二月二十四日。［21］大慈恩寺：本隋无漏寺，经太子李治倡议改建，更名慈恩寺。寺在今西安市城南。［22］苏海政：唐初大将。曾参与太宗、高宗时对高丽、龟兹、西突厥等的征讨，官至飏海道行军大总管。事迹见《旧唐书》卷一百九十四下、《新唐书》卷二百一十五下《突厥传》下等。［23］拨换城：又名威戎城，即今新疆阿克苏市。［24］丁丑：闰十二月一日。［25］仓部郎中：官名。户部仓部司长官，掌天下仓储之政令。［26］山北：今白山（在新疆库车市北）之北。白山又名阿羯田山。［27］权祇甫：唐初边将。事迹并见《新唐书》卷一百一十《阿史那社尔传》。［28］开示：开导，启发。［29］叶护：龟兹王诃黎布失毕弟之官号，或系王弟以官称为名。龟兹王室姓白氏。［30］戊寅：闰十二月二日。［31］癸未：闰十二月七日。［32］金春秋及其子文王：事迹并见《旧唐书》卷一百九十九上、《新唐书》卷二百二十《新罗传》。［33］章服：古代官员礼服。服上分别绣以日、月、星、辰、龙、蟒、鸟、兽等图文，以作为官员等级的标志。

二十三年（己酉，649 年）

春，正月，辛亥[1]，龟兹王布失毕及其相那利等至京师，上责让而释之，以布失毕为左武卫中郎将[2]。

西南徒莫祇[3]等蛮内附，以其地为傍、望、览、丘四州[4]，隶朗州[5]都督府。

上以突厥车鼻可汗不入朝，遣右骁卫郎将高侃[6]发回纥、仆骨等兵袭击之。兵入其境，诸部落相继来降。拔悉密[7]吐屯肥罗察降，以其地置新黎州[8]。

二月，丙戌[9]，置瑶池都督府[10]，隶安西都护；戊子[11]，以左卫将军阿史那贺鲁为瑶池都督。

三月，丙辰[12]，置丰州都督府[13]，使燕然都护李素立兼都督。

去冬旱，至是始雨。辛酉[14]，上力疾至显道门[15]外，赦天下。丁卯[16]，敕太子于金液门[17]听政。

夏，四月，乙亥[18]，上行幸翠微宫。

上谓太子曰："李世勣才智有余，然汝与之无恩，恐不能怀服。我今黜之，若其即行，俟我死，汝于后用为仆射，亲任之；若徘徊顾望，当杀之耳。"五月，戊午[19]，以同中书门下三品李世勣为叠州[20]都督；世勣受诏，不至家而去。

辛酉[21]，开府仪同三司卫景武公李靖薨。

上苦利[22]增剧，太子昼夜不离侧，或累日不食，发有变白者。上泣曰："汝能孝爱如此，吾死何恨！"丁卯[23]，疾笃，召长孙无忌入含风殿[24]。上卧，引手扪[25]无忌颐[26]，无忌哭，悲不自胜；上竟不得有所言，因令无忌出。己巳[27]，复召无忌及褚遂良入卧内，谓之曰："朕今悉以后事付公辈。太子仁孝，公辈所知，善辅导之！"谓太子曰："无忌、遂良在，汝勿忧天下！"又谓遂良曰："无忌尽忠于我，我有天下，多其力也，我死，勿令谗人间[28]之。"仍令遂良草遗诏。有顷，上崩。

太子拥无忌颈，号恸将绝，无忌揽涕，请处分众事以安内外，太子哀号不已，无忌曰："主上以宗庙社稷付殿下，岂得效匹夫唯哭泣乎！"乃秘不发丧。庚午[29]，无忌等请太子先还，飞骑、劲兵及旧将皆从。辛未[30]，太子入京城；大行[31]御马舆，侍卫如平日，继太子而至，顿于两仪殿[32]。以太子左庶子于志宁为侍中，少詹事张行成兼侍中，以检校刑部尚书、右庶子、兼吏部侍郎高季辅兼中书令。壬申[33]，发丧太极殿，宣遗诏，太子即位。军国大事，不可停阙；平常细务，委之有司。诸王为都督、刺史者，并听奔丧，濮王泰不在来限。罢辽东之役及诸土木之功。四夷之人入仕于朝及来朝贡者数百人，闻丧皆恸哭，剪发、剺面、割耳[34]，流血洒地。

六月，甲戌朔[35]，高宗即位，赦天下。

丁丑[36]，以叠州都督李勣[37]为特进、检校洛州刺史、洛阳宫留守。

先是，太宗二名，令天下不连言者勿避；至是，始改官名犯先帝讳者。

（以上为第六段，写唐太宗逝世，高宗即位。）

【注释】

[1]辛亥：正月六日。［2］左武卫中郎将：据胡注等，“左武卫”下应有“翊卫”二字。为左武卫翊卫中郎将府长官，正四品下，掌宿卫宫禁。［3］徒莫祇：民族名。今彝族先民，分布于今云南楚雄地区。［4］傍、览、望、丘四州：羁縻州名。傍州在今云南双柏县；望州在今云南禄丰市；览州在今云南禄丰市、牟定县间；丘州在今云南南华县境。［5］朗州：当作“郎州”，武德八年（625），以南宁州改名。治所在今云南曲靖市西。［6］高侃：唐初大将。渤海蓨（今河北景县）人。高宗时官至安东都护，封平原郡公。卒，陪葬昭陵。见岑仲勉《唐史余沈》卷一。［7］拔悉密：民族名。亦名拔悉弥、弊剌。铁勒诸部之一。分布于今新疆吉木萨尔县以北地带，后迁于今鄂尔浑河流域。唐后期其族并入回纥。［8］新黎州：羁縻州名。州境在今蒙古唐努山以南地区。［9］丙戌：二月十一日。［10］瑶池都督府：羁縻府名。治所在今中亚巴尔喀什湖一带。［11］戊子：二月十三日。［12］丙辰：三月十二日。［13］丰州都督府：治所在今内蒙古五原县西南黄河北岸。［14］辛酉：三月十七日。［15］显道门：为通内宫（此指大内，即太极宫）诸门之一。［16］丁卯：三月二十三日。［17］金液门：亦为通内宫诸门之一。［18］乙亥：四月一日。［19］戊午：五月十五日。［20］叠州：州名。治所在今甘肃迭部县。［21］辛酉：五月十八日。［22］利：通“痢”。［23］丁卯：五月二十四日。［24］含风殿：在翠微宫。［25］扪（mén）：抚摸。［26］颐（yí）：下巴。［27］己巳：五月二十六日。［28］间：离间。［29］庚午：五月二十七日。［30］辛未：五月二十八日。［31］大行：新崩天子之称。［32］两仪殿：隋称中华殿，在太极宫朱明门北，内朝所在。［33］壬申：五月二十九日。［34］剪发、剺面、割耳：古代西北民族风俗，尊长死，用剪发、剺面（即割面流血）、割耳来表示对已故者的

忠诚和哀思。［35］甲戌朔：六月一日。［36］丁丑：六月四日。［37］李勣：即李世勣。因避太宗讳去“世”字。

癸未[1]，以长孙无忌为太尉，兼检校中书令，知尚书、门下二省事。无忌固辞知尚书省事，帝许之，仍令以太尉同中书门下三品。癸巳[2]，以李勣为开府仪同三司、同中书门下三品。

阿史那社尔之破龟兹也，行军长史薛万备请因兵威说于阗王伏阇信[3]入朝，社尔从之。秋，七月，己酉[4]，伏阇信随万备入朝，诏入谒梓宫[5]。

八月，癸酉[6]，夜，地震，晋州[7]尤甚，压杀五千余人。

庚寅[8]，葬文皇帝于昭陵，庙号太宗。阿史那社尔、契苾何力请杀身殉葬，上遣人谕以先旨不许。蛮夷君长为先帝所擒服者颉利等十四人，皆琢石为其像，刻名列于北司马门内[9]。

丁酉[10]，礼部尚书许敬宗奏弘农府君[11]庙应毁，请藏主于西夹室[12]，从之。

九月，乙卯[13]，以李勣为左仆射。

冬，十月，以突厥诸部置舍利等五州[14]隶云中都督府，苏农等六州[15]隶定襄都督府。

乙亥[16]，上问大理卿唐临系囚之数，对曰：“见囚五十余人，唯二人应死。”上悦。上尝录系囚，前卿所处者多号呼称冤，临所处者独无言。上怪问其故。囚曰：“唐卿所处，本自无冤。”上叹息良久，曰：“治狱者不当如是邪！”

上以吐蕃赞普弄赞为驸马都尉[17]，封西海郡王。赞普致书于长孙无忌等云：“天子初即位，臣下有不忠者，当勒兵赴国讨除之。”

十二月，诏濮王泰开府[18]置僚属，车服珍膳，特加优异。

（以上为第七段，写唐高宗初即位，优礼大臣，轻刑狱，四夷安静。）

【注释】

［1］癸未：六月十日。［2］癸巳：六月二十日。［3］伏阇信：姓尉迟。事迹见《旧唐书》卷一百九十八、《新唐书》卷二百二十一上《于阗传》。［4］己酉：七月六日。［5］梓宫：皇帝的棺。

[6]癸酉：八月一日。［7］晋州：州名。治所在今山西临汾市西南。［8］庚寅：八月十八日。［9］北司马门：在昭陵九嵕山的北坡。昭陵祭坛即在北司马门内。近年文物工作者清理祭坛，发现有蕃酋雕像残块及刻名。［10］丁酉：八月二十五日。［11］弘农府君：即魏弘农太守李重耳，高宗七世祖。［12］夹室：太庙有东、西夹室夹太室两旁，故称夹室。［13］乙卯：九月十三日。［14］舍利等五州：羁縻州。以舍利吐利部置舍利州，以阿史那部置阿史那州，以绰部置绰州，以突厥别部置思壁、白登二州。［15］苏农等六州：以阿史德部置阿德州，以执失部置执失州，以苏农部置苏农州，以歌滥拔延部置拔延州，以郁射部置郁射州，以多地艺失部置艺失州。［16］乙亥：十月四日。［17］驸马都尉：魏晋以后的帝婿称号，简称驸马，非实官。［18］开府：指建立府署，自选僚属。

高宗天皇大圣大弘孝皇帝[1]上之上

永徽元年（庚戌，650年）

春，正月，辛丑朔[2]，改元[3]。

丙午[4]，立妃王氏为皇后[5]。后，思政[6]之孙也。以后父仁祐[7]为特进、魏国公。

己未[8]，以张行成为侍中。

辛酉[9]，上召朝集使，谓曰："朕初即位，事有不便于百姓者悉宜陈，不尽者更封奏[10]。"自是日引刺史十人入閤，问以百姓疾苦，及其政治[11]。

有洛阳人李弘泰诬告长孙无忌谋反，上命立斩之。无忌与褚遂良同心辅政，上亦尊礼二人，恭己以听之，故永徽之政，百姓阜安，有贞观之遗风。

太宗女衡山公主[12]应适长孙氏，有司以为服既公除，欲以今秋成婚。于志宁上言："汉文立制，本为天下百姓。公主服本斩衰[13]，纵使服随例除，岂可情随例改，请俟三年丧毕成婚。"上从之。

二月，辛卯[14]，立皇子孝[15]为许王，上金[16]为杞王，素节[17]为雍王。

夏，五月，壬戌[18]，吐蕃赞普弄赞卒，其嫡子早死，立其孙为赞普。赞普幼弱，政事皆决于国相禄东赞。禄东赞性明达严重，行兵有法，吐蕃所以强大，威服氐、羌，皆其谋也。

六月，高侃击突厥，至阿息山[19]。车鼻可汗召诸部兵皆不赴，与数百骑遁去。侃帅精骑追至金山，擒之以归，其众皆降。

初，阿史那社尔虏龟兹王布失毕，立其弟为王。唐兵既还，其酋长争立，更相攻击。秋，八月，壬午[20]，诏复以布失毕为龟兹王，遣归国，抚其众。

九月，庚子[21]，高侃执车鼻可汗至京师，释之，拜左武卫将军，处其余众于郁督军山，置狼山都督府[22]以统之，以高侃为卫将军[23]。于是突厥尽为封内之臣，分置单于、瀚海[24]二都护府。单于领狼山、云中、桑干[25]三都督，苏农等一十四州[26]；瀚海领瀚海、金徽、新黎等七都督[27]，仙萼等八州[28]；各以其酋长为刺史、都督。

癸亥[29]，上出畋，遇雨，问谏议大夫昌乐谷那律[30]曰："油衣若为则不漏？"对曰："以瓦为之，必不漏。"上悦，为之罢猎。

李勣固求解职；冬，十月，戊辰[31]，解勣左仆射，以开府仪同三司、同中书门下三品。

己未[32]，监察御史阳武韦思谦[33]劾奏中书令褚遂良抑买[34]中书译语人[35]地。大理少卿张睿册以为准估[36]无罪。思谦奏曰："估价之设，备国家所须，臣下交易，岂得准估为定！睿册舞文，附下罔上，罪当诛。"是日，左迁遂良为同州刺史、睿册循州刺史。思谦名仁约，以字行。

十二月，庚午[37]，梓州都督谢万岁、兖州都督谢法兴[38]，与黔州都督李孟尝[39]讨琰州[40]叛獠；万岁、法兴入洞招慰，为獠所杀。

（以上为第八段，写唐高宗勤政亲民，严格制御大臣，褚遂良贱买人地而被贬职。）

【注释】

[1]高宗天皇大圣大弘孝皇帝：唐朝第三代皇帝李治（628—683）。字为善，乳名雉奴，太宗第九子。公元649年至683年在位。 [2]辛丑朔：正月一日。 [3]元：新君始年。 [4]丙午：正月六日。 [5]王氏为皇后：王皇后（?—655）。并州祁（今山西祁县东南祁城）人。永徽六年（655）废为庶人，不久为武后残杀。传见《旧唐书》卷五十一、《新唐书》卷七十六。 [6]思政：北朝大臣王思政。历官北魏、西魏、北周、北齐，至都官尚书、仪同三司。传见《周书》第

十八、《北史》卷六十二。［7］仁祐：王皇后之父王仁祐，本罗山县令，因女册为后而贵显，早卒。事迹见两《唐书·王皇后传》。［8］己未：正月十九日。［9］辛酉：正月二十一日。［10］封奏：密封的奏折。［11］政治：政迹。［12］衡山公主：据《旧唐书》卷一百八十三、《新唐书》卷八十三，疑即新城公主。太宗曾以衡山公主许嫁魏徵长子叔玉，后停婚改降长孙氏（疑即长孙无忌侄长孙诠）。事迹见《旧唐书》卷七十一《魏徵传》、卷七十八《于志宁传》，《新唐书》卷八十三《诸帝公主传》等。［13］斩衰：丧礼五服中最重的一种。凡丧服，上衣称衰，斩衰即用最粗的生麻布制作的丧服，衣旁及下边均不缝边。［14］辛卯：二月二十二日。［15］孝（?—664）：高宗第二子李孝。历官并州都督、遂州刺史。［16］上金（?—689）：高宗第三子李上金。历官益州大都督等职，后为酷吏诬，自缢死。［17］素节：高宗第四子李素节。历官雍州牧、岐州刺史等职。天授（690—691）中，为武则天缢杀。李孝等传见《旧唐书》卷八十六、《新唐书》卷八十一。［18］壬戌：五月二十四日。［19］阿息山：疑在蒙古境，当距金山（今阿尔泰山）不远。［20］壬午：八月十六日。［21］庚子：九月四日。［22］狼山都督府：羁縻府名。在今阿尔泰山北麓。［23］卫将军：唐无卫将军，“卫”字上当有脱字。据《唐会要》卷二十一，高侃官至左武卫将军，疑“卫”字上脱“左武”二字。［24］单于、瀚海：据岑仲勉《突厥集史》，“单于”应改作“瀚海”，“瀚海”应改作“燕然”。［25］桑干：据《新唐书》卷四十三下，龙朔三年（663）分定襄置桑干都督府，侨治朔方（今陕西靖边县东北白城子）。此之“桑干”疑为“定襄”之讹。［26］苏农等一十四州：《新唐书》卷二百一十五上作“苏农二十四州”。［27］瀚海至新黎等七都督：以突厥和铁勒诸部所置瀚海、金微、新黎、幽陵、龟林、坚昆、燕然（或卢山）为七羁縻都督府。“徽”作“微”。［28］仙萼等八州：以突厥和铁勒所置仙萼、浚稽、余吾、稽落、居延、寘颜、榆溪、浑河、烛龙为羁縻州。［29］癸亥：九月二十七日。［30］谷那律：唐初经学家。魏州昌乐（今河南南乐县）人。累擢国子博士、谏议大夫、弘文馆学士。传见《旧唐书》卷一百八十九上、《新唐书》卷一百九十八。［31］戊辰：十月三日。［32］己未：十一月二十四日。［33］韦思谦（?—689）：高宗、武则天时大臣。本名仁约，字思谦，因音类则天父名讳，故以字称。郑州阳武（今河南原阳县）人。历官尚书左丞、御史大夫、宗正卿。则天临朝，赐爵博昌县男，并入阁拜相。思谦刚正不阿，为时誉所称。传见《旧唐书》卷八十八、《新唐书》卷一百一十六。［34］抑买：贱买。［35］译语人：中书省翻译人员。［36］准估：符合官估价标准。［37］庚午：十二月五日。［38］梓州都督谢万岁、兖州都督谢法兴：“梓州”当作“牂州”，治所在今贵州黄平县西北。“兖州”当作“充州”，治所在今贵州石阡县西南。谢万岁、谢法兴，分别为牂州、充州的蛮夷酋长。［39］李孟尝：唐初功臣。赵州（今河北赵县）人，官封至右威卫大将军、汉东郡公。传见《新唐书》卷八十八。［40］琰州：治所在今贵州镇宁县南。

二年（辛亥，651年）

春，正月，乙巳[1]，以黄门侍郎宇文节[2]、中书侍郎柳奭[3]并同中书门下三品。奭，亨[4]之兄子，王皇后之舅也。

左骁卫将军、瑶池都督阿史那贺鲁招集离散，庐帐渐盛，闻太宗崩，谋袭取西、庭二州。庭州刺史骆弘义[5]知其谋，表言之，上遣通事舍人桥宝明驰往慰抚。宝明说贺鲁，令长子咥运[6]入宿卫，授右骁卫中郎将，寻复遣归。咥运乃说其父拥众西走，击破乙毗射匮可汗[7]，并其众，建牙于双河及千泉[8]，自号沙钵罗可汗，咄陆五啜、努失毕五俟斤[9]皆归之，胜兵数十万，与乙毗咄陆可汗[10]连兵，处月、处密及西域诸国多附之。以咥运为莫贺咄叶护。

焉耆王婆伽利卒，国人表请复立故王突骑支；夏，四月，诏加突骑支右武卫将军，遣还国。

金州刺史滕王元婴[11]骄奢纵逸，居亮阴中，畋游无节，数夜开城门，劳扰百姓，或引弹弹人，或埋人雪中以戏笑。上赐书切让之，且曰："取适[12]之方，亦应多绪，晋灵[13]荒君，何足为则！朕以王至亲，不能[14]致王于法，今书王下上考[15]以愧王心。"

元婴与蒋王恽[16]皆好聚敛，上尝赐诸王帛各五百段，独不及二王，敕曰："滕叔、蒋兄自能经纪[17]，不须赐物；给麻两车以为钱贯。"二王大惭。

秋，七月，西突厥沙钵罗可汗寇庭州，攻陷金岭城及蒲类县[18]，杀略数千人。诏左武候[19]大将军梁建方、右骁卫大将军契苾何力为弓月道[20]行军总管，右骁卫将军高德逸[21]、右武候[22]将军薛孤吴仁[23]为副，发秦、成、岐、雍府兵三万人及回纥五万骑以讨之。

癸巳[24]，诏诸礼官学士议明堂[25]制度，以高祖配五天帝[26]。太宗配五人帝[27]。

八月，己巳[28]，以于志宁为左仆射，张行成为右仆射，高季辅为侍中；志宁、行成仍同中书门下三品。

己卯[29]，郎州白水蛮[30]反，寇麻州[31]，遣左领军将军赵孝祖[32]等发兵讨之。

九月，癸巳[33]，废玉华宫为佛寺。戊戌[34]，更命九成宫为万年宫。

庚戌[35]，左武候引驾[36]卢文操逾墙盗左藏[37]物，上以引驾职在纠绳[38]，乃自为盗，命诛之。谏议大夫萧钧[39]谏曰："文操情实难原，然法不至死。"上乃免文操死，顾侍臣曰："此真谏议也！"

闰月，长孙无忌等上所删定律令式[40]；甲戌[41]，诏颁之四方。

上谓宰相曰："闻所在官司，行事犹互观颜面[42]，多不尽公。"长孙无忌对曰："此岂敢言无；然肆情曲法，实亦不敢。至于小小收取人情，恐陛下尚不能免。"无忌以元舅辅政，凡有所言，上无不嘉纳。

冬，十有一月，辛酉[43]，上祀南郊[44]。

癸酉[45]，诏："自今京官及外州有献鹰隼及犬马者，罪之。"

戊寅[46]，特浪羌酋董悉奉求、辟惠羌[47]酋卜檐莫各帅种落万余户诣茂州内附。

窦州、义州蛮[48]酋李宝诚等反，桂州都督刘伯英[49]讨平之。

郎州道总管赵孝祖讨白水蛮，蛮酋秃磨蒲及俭弥于帅众据险拒战，孝祖皆击斩之。会大雪，蛮饥冻，死亡略尽。孝祖奏言："贞观中讨昆州乌蛮[50]，始开青蛉、弄栋[51]为州县。弄栋之西有小勃弄、大勃弄[52]二川，恒扇诱弄栋，欲使之反。其勃弄以西与黄瓜、叶榆[53]、西洱河相接，人众殷实，多于蜀川，无大酋长，好结仇怨，今因破白水之兵，请随便西讨，抚而安之。"敕许之。

十二月，壬子[54]，处月朱邪孤注[55]杀招慰使单道惠[56]，与突厥贺鲁相结。

是岁，百济遣使入贡，上戒之，使"勿与新罗、高丽相攻，不然，吾将发兵讨汝矣。"

（以上为第九段，写西突厥及西南蛮夷因唐衰而叛离。）

【注释】

[1]乙巳：正月十一日。 [2]宇文节：高宗时宰相。字大礼，京兆万年人。封平昌县公。事迹见《旧唐书》卷一百零五、《新唐书》卷一百三十四《宇文融传》等。 [3]柳奭（shì）：高宗时宰相。蒲州解（今山西运城市解州镇）人。后为高宗贬诛。传见《旧唐书》卷七十七、《新唐书》卷一百一十二。 [4]亨：即柳亨，柳奭之叔。原为隋末县长，入唐后历事三帝，官至太常卿、岐州刺史，封寿陵县男。传见《旧唐书》卷七十七。 [5]骆弘义：事迹见《新唐书》卷二白一十五下《突厥传》下。 [6]咥运：事迹见《旧唐书》卷一百九十四下、《新唐书》卷二百一十五下《突厥传》下。

[7]乙毗射匮可汗：西突厥弩失毕部请唐册立为可汗，公元642年至651年在位。[8]双河及千泉：西突厥牙帐所在地。双河在今新疆博尔塔拉河流域。千泉在今中亚吉尔吉斯山北麓。[9]咄(duō)陆五啜(chuò)、努失毕五俟斤：即西突厥五咄陆部和五弩失毕部的十大首领官称。“努”，他书均作“弩”。[10]乙毗咄陆可汗：西突厥东部可汗。公元638年至653年在位。[11]元婴：李渊第二十二子李元婴。官至开府仪同三司、梁州都督。传见《旧唐书》卷六十四、《新唐书》卷七十九。[12]适：畅快。[13]晋灵：即春秋时晋国君灵公，公元前620年至前607年在位。为政暴虐厚敛，并曾据高以弹丸击人取乐。[14]不能：张校，“能”作“忍”。[15]下上考：唐朝对官员实行严格的考课制度，以鉴定官员的为政优劣。其考第由“上上”到“下下”共分九等。“爱憎任情，处断乖理”者为“下上考”，列于考第第七等。[16]蒋王恽(?—675)：太宗第七子。传见《旧唐书》卷七十六、《新唐书》卷八十。[17]经纪：经营料理。此处讥元婴等聚敛民财。[18]金岭城及蒲类县：金岭城在今新疆博格达山一带，蒲类县治约当今新疆奇台县东南老奇台镇。[19]左武候：严校，“候”改“卫”。[20]弓月道：弓月城(今新疆霍城县西北)一带的行军路线。[21]高德逸：事迹并见《新唐书》卷二百一十五下《突厥传》下。[22]右武候：“候”，据《新唐书》卷二百一十五下，应作“卫”。[23]薛孤吴仁：严校“薛”改“萨”。[24]癸巳：七月二日。[25]明堂：天子宣明政教的地方。[26]五天帝：神话中的五位天帝。即东方青帝、南方赤帝、中央黄帝、西方白帝、北方黑帝。[27]五人帝：传说中的上古五位帝王。即东方帝太皞、西方帝少皞、南方帝炎帝、北方帝颛顼、中央帝黄帝。[28]己巳：八月八日。[29]己卯：八月十八日。[30]郎州白水蛮：分布于今云南武定县一带的彝族先民部落。[31]麻州：州名。治所在今云南宣威市境。[32]赵孝祖：事迹见《旧唐书》卷四《高宗纪》上、《新唐书》卷二百二十二下《南蛮传》下。[33]癸巳：九月三日。[34]戊戌：九月八日。[35]庚戌：九月二十日。[36]左武候引驾：宫中和京城巡逻治安人员。[37]左藏：国家财货总库之一，即储藏钱帛、杂彩、上供中央的赋调等物资的国库。[38]纠绳：纠察矫正。[39]萧钧：萧瑀兄子。博学有才望，官至太子率更令、兼崇贤馆学士。显庆(656—660)中卒。撰《韵旨》二十卷、文集三十卷。传见《旧唐书》卷六十三、《新唐书》卷一百零一。[40]律令式：唐代法律的表现形式。律，唐代法典。《唐律》十二篇，共五百条。令，皇帝命令。式，有关官署文件程式的规定。[41]甲戌：闰九月十四日。[42]互观颜面：谓彼此以看人情、面子行事。[43]辛酉：十一月二日。[44]祀南郊：即“郊祀”，在南郊天坛祭天。[45]癸酉：十一月十四日。[46]戊寅：十一月十九日。[47]特浪羌、辟惠羌：生羌部落名。分布于今四川阿坝藏族羌族自治州以南山地。唐于该地置蓬、鲁等三十二羁縻州，隶茂州都督府(治所在今四川茂县)。[48]窦州、义州蛮：分布于窦州(治所在今广东信宜市西南镇隆镇)、义州(治所在今广西岑溪市东)的僚族部落。[49]刘伯英：唐初大将。官至左监门卫大将军。事迹见《旧唐书》卷九十《史务滋传》，《新唐书》卷一百一十《契苾何力传》、卷二百二十《新罗传》等。[50]昆州乌蛮：分布于昆州(治今云南昆明市西郊马街附近)的乌蛮(今彝族先民)部落。[51]青蛉、弄栋：县城名。青蛉县

治在今云南大姚县。弄栋城在今云南姚安县北。［52］小勃弄、大勃弄：川名。在今云南弥渡县境。［53］黄瓜、叶榆：地名。黄瓜当在今云南弥渡县和大理市之间，疑为“阳瓜”州（今云南巍山县北）讹；叶榆，今云南大理市北喜洲镇。［54］壬子：十二月二十四日。［55］朱邪孤注（?—652）：西突厥处月部酋长。事迹并见《新唐书》卷二百一十五下《突厥传》下。［56］单道惠：事迹见《新唐书》卷三《高宗纪》、卷一百一十《契苾何力传》。

三年（壬子，652年）

春，正月，己未朔[1]，吐谷浑、新罗、高丽、百济并遣使入贡。

癸亥[2]，梁建方、契苾何力等大破处月朱邪孤注于牢山[3]。孤注夜遁，建方使副总管高德逸轻骑追之，行五百余里，生擒孤注，斩首九千级。军还，御史劾奏梁建方兵力足以追讨，而逗留不进；高德逸敕令市马，自取骏者。上以建方等有功，释不问。大理卿李道裕奏言：“德逸所取之马，筋力异常，请实中厩[4]。”上谓侍臣曰：“道裕法官，进马非其本职，妄希我意；岂朕行事不为臣下所信邪！朕方自咎，故不复黜道裕耳。”

己巳[5]，以同州刺史褚遂良为吏部尚书、同中书门下三品。

丙子[6]，上飨太庙；丁亥[7]，飨先农[8]，躬耕藉田[9]。

二月，甲寅[10]，上御安福门[11]楼，观百戏[12]。乙卯[13]，上谓侍臣曰：“昨登楼，欲以观人情及风俗奢俭，非为声乐。朕闻胡人善为击鞠之戏[14]，尝一观之。昨初升楼，即有群胡击鞠，意谓朕笃好之也。帝王所为，岂宜容易。朕已焚此鞠，冀杜胡人窥望之情，亦因以为诫。”

三月，辛巳[15]，以宇文节为侍中，柳奭为中书令，以兵部侍郎三原韩瑗[16]守黄门侍郎、同中书门下三品。

夏，四月，赵孝祖大破西南蛮，斩小勃弄酋长殁盛，擒大勃弄酋长杨承颠。自余皆屯聚保险，大者有众数万，小者数千人，孝祖皆破降之，西南蛮遂定。

甲午[17]，澧州刺史彭思王元则[18]薨。

六月，戊申[19]，遣兵部尚书崔敦礼等将并、汾步骑万人往茂州[20]。发薛延陀余众渡河，置祁连州[21]以处之。

秋，七月，丁巳[22]，立陈王忠[23]为皇太子，赦天下。王皇后无子，柳奭为后谋，以忠母刘氏微贱，劝后立忠为太子，冀其亲己；外则讽长孙无忌等使请于上。上从之。乙丑[24]，以于志宁兼太子少师，张行成兼少傅，高季辅兼少保。

丁丑[25]，上问户部尚书高履行[26]："去年进户多少？"履行奏："去年进户总一十五万。"因问隋代及今日见户，履行奏："隋开皇中，户八百七十万，即今户三百八十万。"履行，士廉之子也。

九月，守中书侍郎来济[27]同中书门下三品。

冬，十一月，庚寅[28]，弘化长公主自吐谷浑来朝。

癸巳[29]，濮[30]王泰薨于均州[31]。

散骑常侍房遗爱尚太宗女高阳公主。公主骄恣甚，房玄龄薨，公主教遗爱与兄遗直[32]异财[33]，既而反谮遗直。遗直自言，太宗深责让主，由是宠衰；主怏怏不悦。会御史劾盗，得浮屠辩机宝枕，云主所赐。主与辩机私通，饷遗亿计，更以二女子侍遗爱。太宗怒，腰斩辩机，杀奴婢十余人；主益怨望，太宗崩，无戚容。上即位，主又令遗爱与遗直更相讼，遗爱坐出为房州[34]刺史，遗直为隰州[35]刺史。又，浮屠智勖等数人私侍主，主使掖庭令[36]陈玄运伺宫省机祥[37]。

先是，驸马都尉薛万彻坐事除名，徙宁州刺史，入朝，与遗爱款昵，对遗爱有怨望语，且曰："今虽病足，坐置京师，鼠辈犹不敢动。"因与遗爱谋，"若国家有变，当奏司徒荆王元景[38]为主。"元景女适遗爱弟遗则[39]，由是与遗爱往来。元景尝自言，梦手把日月。驸马都尉柴令武[40]，绍之子也，尚巴陵公主[41]，除卫州刺史，托以主疾留京师求医，因与遗爱谋议相结。高阳公主谋黜遗直，夺其封爵，使人诬告遗直无礼于己。遗直亦言遗爱及主罪，云"罪盈恶稔，恐累臣私门。"上令长孙无忌鞫之，更获遗爱及主反状。

司空、安州都督吴王恪母，隋炀帝女也。恪有文武才，太宗常以为类己，欲立为太子，无忌固争而止，由是与无忌相恶。恪名望素高，为物情所向，无忌深忌之，欲因事诛恪以绝众望。遗爱知之，因言与恪同谋，冀如纥干承基得免死。

（以上为第十段，写永徽初唐户三百八十万，不及隋开皇之半，可见一场浩劫之惨烈。房遗爱与其妇高阳公主因私欲而狂悖，一场谋反大案悄然孕育。）

【注释】

［1］己未朔：正月一日。［2］癸亥：正月五日。［3］牢山：亦名赌蒲，在今蒙古国杭爱山西南。［4］中厩：御马厩。［5］己巳：正月十一日。［6］丙子：正月十八日。［7］丁亥：正月二十九日。［8］先农：神农。［9］藉田：天子亲耕之田。［10］甲寅：二月二十七日。［11］安福门：长安皇城西面二门，北称安福门，南谓顺义门。［12］百戏：乐舞杂技表演的总称。［13］乙卯：二月二十八日。［14］击鞠之戏：马球运动。［15］辛巳：三月二十四日。［16］韩瑗（?—659）：雍州三原（今陕西三原县）人。永徽四年（653）至显庆二年（657）宰相，后贬振州刺史。传见《旧唐书》卷八十、《新唐书》卷一百零五。［17］甲午：四月七日。［18］元则（?—652）：李渊第十二子李元则。传见《旧唐书》卷六十四、《新唐书》卷七十九。［19］戊申：六月二十二日。［20］茂州：当置于薛延陀故地。具体方位待考。［21］祁连州：据《唐会要》卷七十三等，贞观二十三年（649）置祁连州，隶灵州都督府（治今宁夏灵武市西南），永徽元年废。永徽三年（652）的祁连州，应为复置。［22］丁巳：七月二日。［23］陈王忠（643—664）：高宗长子李忠，字正本，原封陈王。既立为太子，复于显庆元年（656）废为梁王，并终被赐死。传见《旧唐书》卷八十六、《新唐书》卷八十一。［24］乙丑：七月十日。［25］丁丑：七月二十二日。［26］高履行：高士廉长子。尚太宗女东阳公主，袭封申国公。传见《旧唐书》卷六十五、《新唐书》卷九十五。［27］来济（610—662）：高宗时宰相。传见《旧唐书》卷八十、《新唐书》卷一百零五。［28］庚寅：十一月二十七日。［29］癸巳：十一月三十日。［30］濮：章校，“濮”下有“恭”字。［31］均州：州名。治所在今湖北丹江口市。［32］遗直：房玄龄长子房遗直。永徽初为礼部尚书、汴州刺史。后因弟房遗爱谋反，除名为庶人。传见《旧唐书》卷六十六、《新唐书》卷九十六。［33］异财：分家析产。［34］房州：州治在今湖北房县。［35］隰州：州治在今山西隰县。［36］掖庭令：即内侍省掖庭局长官。由太监充任，从七品下，掌宫禁女工之事。［37］禨祥：吉凶先兆。［38］元景：李渊第三子李元景。传见《旧唐书》卷六十四、《新唐书》卷七十九。［39］遗则：房玄龄第三子房遗则，官朝散大夫。事迹见《旧唐书》卷六十六、《新唐书》卷九十六《房玄龄传》。［40］柴令武（?—653）：平阳公主与柴绍的次子。累官太仆少卿、卫州刺史，封襄阳郡公。传见《旧唐书》卷五十八、《新唐书》卷九十。［41］巴陵公主（?—653）：太宗女。传见《新唐书》卷八十三。

四年（癸丑，653年）

春，二月，甲中[1]，诏遗爱、万彻、令武皆斩，元景、恪、高阳、巴陵公主并赐自尽。上泣谓侍臣曰：“荆王，朕之叔父，吴王，朕兄，欲丐[2]其死，可乎？”兵部尚书崔敦礼以为不可，乃杀之。万彻临刑大言曰：“薛万彻大健儿，留为国家效死力，岂不佳，乃坐房遗爱杀之乎！”吴王恪且死，骂曰：“长孙无忌窃弄威权，构害良善，宗社有灵，当族灭不久！”

乙酉[3]，侍中兼太子詹事宇文节，特进、太常卿江夏王道宗、左骁卫大将军驸马都尉执失思力并坐与房遗爱交通[4]，流岭表。节与遗爱亲善，及遗爱下狱，节颇左右[5]之。江夏王道宗素与长孙无忌、褚遂良不协，故皆得罪。戊子[6]，废恪母弟蜀王愔[7]为庶人，置巴州；房遺直贬春州铜陵[8]尉，万彻弟万备流交州。罢房玄龄配飨[9]。

开府仪同三司李勣为司空。

初，林邑[10]王范头利卒，子真龙立，大臣伽独弑之，尽灭范氏。伽独自立，国人弗从，乃立头利之婿婆罗门为王。国人咸思范氏，复罢婆罗门，立头利之女为王。女不能治国，有诸葛地者，头利之姑子也，父为头利所杀，南奔真腊[11]，大臣可伦翁定遣使迎而立之，妻以女王，众然后定。夏，四月，戊子[12]，遣使入贡。

（以上为第十一段，写长孙无忌借房遗爱谋反案枉杀吴王李恪。林邑王遣使入贡。）

【注释】

［1］甲申：二月二日。［2］丐：乞求。［3］乙酉：二月三日。［4］交通：往来。［5］左右：相助。［6］戊子：二月六日。［7］蜀王愔（?—667）：太宗第六子李愔，封蜀王。传见《旧唐书》卷七十六、《新唐书》卷八十。［8］春州铜陵：春州治所在今广东阳春市；铜陵县治在今广东阳春市东北。［9］配飨：古代专指帝王宗庙及孔庙的袝祀，后通指所有祠庙中的袝祭。此谓房玄龄袝祀于太庙。［10］林邑：国名。在今越南中部。［11］真腊：国名。今柬埔寨。［12］戊子：四月七日。

秋，九月，壬戌[1]，右仆射北平定公张行成薨。甲戌[2]，以褚遂良为右仆射，同中书门下三品如故，仍知选事[3]。

冬，十月，庚子[4]，上幸骊山温汤；乙巳[5]，还宫。

初，睦州女子陈硕真[6]以妖言惑众，与妹夫章叔胤举兵反，自称文佳皇帝，以叔胤为仆射。甲子[7]夜，叔胤帅众攻桐庐[8]，陷之。硕真撞钟焚香，引兵二千攻陷睦州及于潜[9]，进攻歙州[10]，不克，敕扬州刺史房仁裕[11]发兵讨之。硕真遣其党童文宝将四千人寇婺州[12]，刺史崔义玄[13]发兵拒之。民间讹言硕真有神，犯其兵者必灭族，士众凶惧。司功参军[14]崔玄籍[15]曰："起兵仗顺，犹且无成，况凭妖妄，其能久乎！"义玄以玄籍为前锋，自将州兵继之，至下淮戍[16]，遇贼，与战。左右以楯[17]蔽义玄，义玄曰："刺史避箭，人谁致死！"命撤之。于是士卒齐奋，贼众大溃，斩首数千级。听其余众归首[18]；进至睦州境，降者万计。十一月，庚戌[19]，房仁裕军合，获硕真、叔胤，斩之，余党悉平。义玄以功拜御史大夫。

癸丑[20]，以兵部尚书崔敦礼为侍中。

十二月，庚子[21]，侍中蓨宪公高季辅薨。

是岁，西突厥乙毗咄陆可汗卒，其子颉苾达度设号真珠叶护，始与沙钵罗可汗有隙，与五弩失毕共击沙钵罗，破之，斩首千余级。

（以上为第十二段，写睦州民变为婺州刺史崔义玄讨灭。）

【注释】

[1]壬戌：九月十三日。[2]甲戌：九月二十五日。[3]选事：铨选官员的事权。[4]庚子：十月二十二日。[5]乙巳：十月二十七日。[6]陈硕真（?—653）：浙江农民军女领袖。睦州（今浙江建德市）人。事迹见《旧唐书》卷四《高宗纪》上、卷七十七《崔义玄传》等。[7]甲子：十月二十二日。[8]桐庐：县名。县治在今浙江桐庐县。[9]于潜：县名。县治在今浙江杭州市临安区。[10]歙州：州名。治所在今安徽歙县。[11]房仁裕：据《旧唐书》卷四、卷二十七，时仁裕任扬州都督府长史。龙朔（661—663）中，官至司卫正卿。[12]婺州：州名。治所在今浙江金华市。[13]崔义玄（586—656）：高宗时大臣。贝州武城（今山东武城县西北）人。在镇压陈硕真起义后，曾协助高宗立武后。传见《旧唐书》卷七十七、《新唐书》卷一百零九。[14]司功参军：州刺史属官，为六曹参军事之一，从七品下。[15]崔玄籍：郑州荥阳（今河南荥阳市）人。官至利州刺史。事迹见《旧唐书》卷七十七《崔义玄传》、《新唐书》卷七十二下《宰相世系表》二下。[16]下淮戍：在今浙江桐庐县东北。[17]楯：同"盾"。即藤牌，防身挡箭武器。[18]归首：投案自首。[19]庚戌：十一月二日。[20]癸丑：十一月五日。[21]庚子：十二月二十三日。

五年（甲寅，654 年）

春，正月，壬戌[1]，羌酋冻就[2]内附，以其地置剑州[3]。

三月，戊午[4]，上行幸万年宫[5]。

庚申[6]，加赠武德功臣屈突通等十三人官。

初，王皇后无子，萧淑妃[7]有宠，王后疾之。上之为太子也，入侍太宗，见才人武氏而悦之。太宗崩，武氏随众感业寺[8]为尼。忌日，上诣寺行香，见之，武氏泣，上亦泣。王后闻之，阴令武氏长发，劝上内之后宫，欲以间淑妃之宠。武氏巧慧，多权数，初入宫，卑辞屈体以事后；后爱之，数称其美于上。未几大幸，拜为昭仪[9]，后及淑妃宠皆衰，更相与共谮之，上皆不纳。昭仪欲追赠其父而无名，故托以褒赏功臣[10]，而武士彟预焉[11]。

乙丑[12]，上幸凤泉汤[13]；乙巳[14]，还万年宫。

夏，四月，大食发兵击波斯，杀波斯[15]王伊嗣侯[16]，伊嗣侯之子卑路斯奔吐火罗。大食兵去，吐火罗发兵立卑路斯为波斯王而还。

闰月，丙子[17]，以处月部置金满州[18]。

丁丑[19]，夜，大雨，山水涨溢，冲玄武门；宿卫士皆散走。右领军郎将薛仁贵曰："安有宿卫之士，天子有急而敢畏死乎！"乃登门桄[20]大呼以警宫内。上遽出乘高，俄而水入寝殿，水溺卫士及麟游[21]居人，死者三千余人。

壬辰[22]，新罗女王金真德卒，诏立其弟春秋为新罗王。

六月，丙午[23]，恒州大水，呼沱[24]溢，漂溺五千三百家。

中书令柳奭以王皇后宠衰，内不自安，请解政事；癸亥[25]，罢为吏部尚书。

秋，七月[26]，丁酉[27]，车驾至京师。

戊戌[28]，上谓五品以上曰："顷在先帝左右，见五品以上论事，或仗下面陈，或退上封事，终日不绝；岂今日独无事邪，何公等皆不言也？"

冬，十月，雇雍州四万一千人筑长安外郭，三旬而毕。癸丑[29]，雍州参军薛景宣上封事，言："汉惠帝[30]城长安，寻晏驾；今复城之，必有大咎[31]。"于志宁等以景宣言涉不顺，请诛之。上曰："景宣虽狂妄，若因上封事得罪，恐绝言路。”遂赦之。

高丽遣其将安固将高丽、靺鞨兵击契丹；松漠都督李窟哥御之，大败高丽于新城。

是岁大稔[32]，洛州粟米斗两钱半，粳米斗十一钱。

王皇后、萧淑妃与武昭仪更相谮诉，上不信后、淑妃之语，独信昭仪。后不能曲事上左右，母魏国夫人柳氏及舅中书令柳奭入见六宫[33]，又不为礼。武昭仪伺后所不敬者，必倾心与相结，所得赏赐分与之。由是后及淑妃动静，昭仪必知之，皆以闻于上。

后宠虽衰，然上未有意废也。会昭仪生女，后怜而弄之，后出，昭仪潜扼杀之，覆之以被。上至，昭仪阳欢笑，发被观之，女已死矣，即惊啼。问左右，左右皆曰："皇后适来此。"上大怒曰："后杀吾女！"昭仪因泣数其罪。后无以自明，上由是有废立之志。又畏大臣不从，乃与昭仪幸太尉长孙无忌第，酣饮极欢[34]，席上拜无忌宠姬子三人皆为朝散大夫[35]，仍载金宝缯锦十车以赐无忌。上因从容言皇后无子以讽无忌，无忌对以他语，竟不顺旨，上及昭仪皆不悦而罢。昭仪又令母杨氏[36]诣无忌第，屡有祈请，无忌终不许。礼部尚书许敬宗亦数劝无忌，无忌厉色折之。

（以上为第十三段，写王皇后引纳武则天入宫以分萧淑妃之宠，武氏入宫谋皇后之位。王皇后引狼入室，非始料所及。）

【注释】

[1]壬戌：正月十五日。 [2]冻就：特浪生羌卜楼部大首领。事迹并见《新唐书》卷二百二十二上《南蛮传》上。 [3]剑州：以特浪生羌卜楼部所置羁縻州。治所在今四川阿坝藏族羌族自治州南。 [4]戊午：三月十二日。 [5]万年宫：永徽二年（651）以九成宫改名。在今陕西麟游县西。 [6]庚申：三月十四日。 [7]萧淑妃（?—655）：高宗妃。后废并为武后残杀。传见《旧唐书》卷五十一。淑妃，正一品妃嫔称号之一。 [8]感业寺：即济渡尼寺。在唐长安城安业坊东南隅。 [9]昭仪：正二品妃嫔称号之一。 [10]功臣：章校，"臣"下有"遍赠屈突通等"六字。 [11]武士彟预焉：元从功臣武士彟也在追赠褒功之列。预，预名，备数其中。 [12]乙丑：三月十九日。 [13]凤泉汤：温泉名。在今陕西眉县东。 [14]乙巳：章校，"乙"作"己"。己巳，三月二十三日。 [15]大食、波斯：国名。唐称阿拉伯帝国为"大食"。波斯即今伊朗。[16]伊嗣侯：波斯萨珊王朝末主。其子卑路斯后来投唐，授波斯都督府都督。咸亨（670—674）

中入朝，擢右武将军，后终老长安。事迹见《新唐书》卷二百二十一下《波斯传》。［17］丙子：闰五月二日。［18］金满州：羁縻州。治所在今新疆吉木萨尔县北。［19］丁丑：闰五月三日。［20］桄（guàng）：横木。［21］麟游：县名。县治在今陕西麟游县。［22］壬辰：闰五月十八日。［23］丙午：六月二日。［24］呼沱：水名。即今滹沱河改道前的旧流。［25］癸亥：六月十九日。［26］七月：章校，“七”作“九”。［27］丁酉：九月二十五日。［28］戊戌：九月二十六日。［29］癸丑：十月十一日。［30］汉惠帝：汉高祖刘邦长子。名盈。公元前195年至前188年在位。［31］大咎：大灾巨祸。［32］大稔：大丰收。［33］六宫：皇后的寝宫，也指皇后。［34］酣饮极欢：畅饮痛饮，极尽欢乐。［35］朝散大夫：文散官名之一。从五品下。［36］杨氏：武士彟继娶夫人，武则天生母。累封代国、荣国夫人。卒，以“太后”礼葬咸阳北原上，墓称顺陵。事迹见《新唐书》卷七十六《则天皇后传》、卷二百零六《武士彟传》等。

六年（乙卯，655年）

春，正月，壬申朔[1]，上谒昭陵；甲戌[2]，还宫。

己丑[3]，巂州道行军总管曹继叔破胡丛、显养、车鲁等蛮[4]于斜山[5]，拔十余城。

庚寅[6]，立皇子弘为代王，贤[7]为潞王。

高丽与百济、靺鞨连兵，侵新罗北境，取三十三城；新罗王春秋遣使求援。二月，乙丑[8]，遣营州都督程名振、左卫中郎将苏定方[9]发兵击高丽。

夏，五月，壬午[10]，名振等渡辽水，高丽见其兵少，开门渡贵端水[11]逆战，名振等奋击，大破之，杀获千余人，焚其外郭及村落而还。

癸未[12]，以右屯卫大将军程知节为葱山[13]道行军大总管，以讨西突厥沙钵罗可汗。

壬辰[14]，以韩瑗为侍中，来济为中书令。

六月，武昭仪诬王后与其母魏国夫人柳氏为厌胜[15]，敕禁后母柳氏不得入宫。秋，七月，戊寅[16]，贬吏部尚书柳奭为遂州[17]刺史。奭行至扶风，岐州长史于承素希旨[18]奏奭漏泄禁中语，复贬荣州[19]刺史。

唐因隋制，后宫有贵妃、淑妃、德妃、贤妃皆视一品。上欲特置宸妃，以武昭仪为之，韩瑗、来济谏，以为故事无之，乃止。

中书舍人饶阳李义府[20]为长孙无忌所恶，左迁壁州[21]司马。敕未至门下，义府密知之，问计于中书舍人幽州王德俭[22]，德俭曰："上欲立武昭仪为后，犹豫未决者，直恐宰臣异议耳。君能建策立之，则转祸为福矣。"义府然之，是日，代德俭直宿，叩阁上表，请废皇后王氏，立武昭仪，以厌兆庶之心。上悦，召见，与语，赐珠一斗，留居旧职。昭仪又密遣使劳勉之，寻超拜中书侍郎。于是卫尉卿许敬宗、御史大夫崔义玄、中丞袁公瑜[23]皆潜布腹心于武昭仪矣。

乙酉[24]，以侍中崔敦礼为中书令。

八月，尚药奉御[25]蒋孝璋员外特置，仍同正员。员外同正[26]自孝璋始。

长安令裴行俭[27]闻将立武昭仪为后，以国家之祸必自此始，与长孙无忌、褚遂良私议其事。袁公瑜闻之，以告昭仪母杨氏，行俭坐左迁西州都督府长史。行俭，仁基之子也。

九月，戊辰[28]，以许敬宗为礼部尚书。

上一日退朝，召长孙无忌、李勣、于志宁、褚遂良入内殿。遂良曰："今日之召，多为中宫[29]，上意既决，逆之必死。太尉元舅，司空功臣，不可使上有杀元舅及功臣之名。遂良起于草茅，无汗马之劳，致位至此，且受顾托，不以死争之，何以下见先帝！"勣称疾不入。无忌等至内殿，上顾谓无忌曰："皇后无子，武昭仪有子，今欲立昭仪为后，何如？"遂良对曰："皇后名家，先帝为陛下所娶。先帝临崩，执陛下手谓臣曰：'朕佳儿佳妇，今以付卿。'此陛下所闻，言犹在耳。皇后未闻有过，岂可轻废！臣不敢曲从陛下，上违先帝之命！"上不悦而罢。明日又言之，遂良曰："陛下必欲易皇后，伏请妙择天下令族[30]，何必武氏。武氏经事先帝，众所具知，天下耳目，安可蔽也。万代之后，谓陛下为如何！愿留三思！臣今忤陛下，罪当死。"因置笏于殿阶，解巾叩头流血曰："还陛下笏，乞放归田里。"上大怒，命引出。昭仪在帘中大言曰："何不扑杀此獠[31]！"无忌曰："遂良受先朝顾命，有罪不可加刑。"于志宁不敢言。

韩瑗因间奏事，涕泣极谏，上不纳。明日又谏，悲不自胜，上命引出。瑗又上疏谏曰："匹夫匹妇，犹相选择，况天子乎！皇后母仪万国，善恶由之，故嫫母[32]辅佐黄帝，妲己[33]倾覆殷王，《诗》云：'赫赫宗周[34]，褒姒[35]灭之。’每览前古，常兴叹息，不谓今日尘黩圣代[36]。作而不法，后嗣何观！愿陛下详之，无为后人所笑！使臣[37]有以益国，菹醢[38]之戮，臣之分也！昔吴王不用子胥[39]之言而麋鹿游于姑苏。臣恐海内失望，棘荆生于阙庭，宗庙不血食[40]，期有日矣！”来济上表谏曰：“王者立后，上法乾坤，必择礼教名家，幽闲令淑，副四海之望，称神祇之意。是故周文造舟以迎太姒[41]，而兴《关雎》[42]之化，百姓蒙祚；孝成[43]纵欲，以婢为后，使皇统亡绝，神稷倾沦。有周之隆既如彼，大汉之祸又如此，惟陛下详察！”上皆不纳。

他日，李勣入见，上问之曰：“朕欲立武昭仪为后，遂良固执以为不可。遂良既顾命[44]大臣，事当且已[45]乎？”对曰：“此陛下家事，何必更问外人！”上意遂决。许敬宗宣言于朝曰：“田舍翁[46]多收十斛麦，尚欲易妇[47]；况天子欲立后，何豫诸人事而妄生异议乎！”昭仪令左右以闻。庚午[48]，贬遂良为潭州[49]都督。

（以上为第十四段，写唐高宗决意立武则天为皇后，吏部尚书柳奭、顾命大臣尚书右仆射褚遂良次第遭贬。）

【注释】

[1]壬申朔：正月一日。[2]甲戌：正月三日。[3]己丑：正月十八日。[4]胡丛、显养、车鲁等蛮：分布于今四川会理县一带的蛮羌部落，当为今彝、羌或白族先民。[5]斜山：在今四川会理市西。[6]庚寅：正月十九日。[7]皇子弘、贤：唐高宗之子李弘、李贤。弘，第五子，薨，谥孝敬皇帝。贤，第六子，即章怀太子，字明允。为武则天贬逐杀害。李弘、李贤传见《旧唐书》卷八十六，《新唐书》卷八十。[8]乙丑：二月二十五日。[9]苏定方（591—667）：唐初大将。冀州武邑（今河北武邑县）人。早年，参加窦建德、刘黑闼农民军。归唐后，在征讨东西突厥、百济中立功。官至左武卫大将军，封邢国公。传见《旧唐书》卷八十三、《新唐书》卷一百一十一。[10]壬午：五月十三日。[11]贵端水：即今辽宁浑河。[12]癸未：五月十四日。[13]葱山：即葱岭。今帕米尔高原与喀喇昆仑山脉的总称。历代为中西交通要道。[14]壬辰：五月二十三日。[15]厌胜：方士巫术之一种，谓能以诅咒制服人或物。[16]戊寅：七月十日。[17]遂州：州名。治所在今四川遂宁市。[18]希旨：迎合、阿奉圣旨。[19]荣州：州名。治所在今四川荣县。[20]李义府（614—666）：唐大臣。瀛州饶阳（今河北饶阳县）人。因协赞立武后功，官至宰相。为人奸诈，时称“人猫”。后被斥贬，卒。传见《旧唐书》卷八十二、《新唐书》卷二百二十三。[21]壁州：州名。治所在今四川通江县。[22]王德俭：李义府甥。字守节，临

沂（今山东临沂市）人。官至御史中丞，封归仁县男。事亦见两《唐书·李义府传》等。［23］袁公瑜：因翊赞武后功，累官大理正、御史中丞。事迹见《旧唐书》卷六十五《长孙无忌传》、《新唐书》卷二百二十三上《李义府传》等。［24］乙酉：七月十七日。［25］尚药奉御：官名。殿中省尚药局长官，掌御药配制和诊治。蒋孝璋事迹见《旧唐书》卷四《高宗纪》上。［26］员外同正：员外，本指正额以外的官，加"同正"，则谓此类定额以外的官亦为正官。［27］裴行俭（619—682）：高宗时名将。绛州闻喜（今山西闻喜县）人。才兼文武，屡建军功，官至右卫大将军，封闻喜县公。传见《旧唐书》卷八十八、《新唐书》卷一百零八。［28］戊辰：九月一日。［29］中宫：皇后居处，亦作皇后代称。［30］妙择天下令族：由全国名门望族中精选。令族，名门望族。［31］獠：骂人词语，谓野蛮凶恶之人。［32］嫫母：相传为黄帝次妃，貌丑而德备，佐黄帝而有天下。［33］妲己：殷纣王妃。旧史称纣王宠妲己而亡国。［34］赫赫宗周：谓繁荣昌盛的西周。［35］褒姒：周幽王妃。旧史称幽王宠褒姒而招致国破身亡。［36］尘黩圣代：使"圣世"遭受污染。［37］使臣：张校，"臣"下脱"言"字。［38］葅（zū）醢（hǎi）：把人剁成肉酱的酷刑。［39］子胥（?—前484）：春秋时吴国大夫。名员，字子胥。曾屡谏吴王夫差，并终被吴王杀害。［40］血食：谓以牲牢祭祀先人、神祇。［41］太姒：周文王妃。［42］《关雎》：《诗经》首篇，抒写恋爱的作品。［43］孝成：即西汉成帝刘骜。公元前33年至前8年在位。［44］顾命：君王临终之命。［45］已：终结。［46］田舍翁：乡巴佬。［47］易妇：更换原妻。［48］庚午：九月三日。［49］潭州：州名。治所在今湖南长沙市。

【点评】

王皇后引狼入室。武则天再度入宫，王皇后引狼入室。武则天并非名字，而是武则天临终前自己给自己拟的谥号"则天大圣皇后"，于是武则天成了通称的名字。武则天原名历史缺载，贞观十二年（638），十四岁的武则天入宫，唐太宗封她为才人并口赐名字为武媚，人称武媚娘。天授元年（690），武则天造了一批新字，给自己取名"曌"，意为"明空为照"。武则天、武媚娘、武曌，这就是中国古代唯一女皇、唐高宗皇后的称谓姓名。唐初承隋制，后宫皇后之下妃嫔定员一百三十人。有贵妃、淑妃、昭容、昭媛、修仪、修容、修媛、充仪、充容、充媛各一人，为十嫔，正二品；婕妤九人，正三品；美人九人，正四品；才人九人，正五品；宝林二十七人，正六品；御女二十七人，正七品；采女二十七人，正八品；八品以下宫女无定员。武则天在太宗朝，直到贞观二十三年太宗逝世，长达十二年没有升迁，一直是正五品的才人，也没有生育，表明她未受宠幸，备受冷落。贞观十七年（643），唐太宗废太子李承乾，立李治为太子，李治时年十六岁，比武则天小四岁。李治仁厚懦弱，没有人生经验。野心勃勃而长期遭受冷落的武则天把目光落到了高宗李治身上。贞观二十二、二十三两年，唐太宗因服食天竺方士丹药拉肚子，李治入宫侍候，此时武则天抓住时机，运用她自己的全部热情，展示她天赋的美貌和灵巧的手腕，很快俘虏了这位多情的储君。在唐太宗病榻之侧，武则天与高宗之间，发生了说不明的暧昧。这一幕被李治的太子妃、后来的王皇后看在眼里。

高宗王皇后，是北魏尚书左仆射王思政之孙，出身名门，漂亮、贤淑，唐太宗非常喜欢，李治为晋王时就入王府为晋王妃。李治立为太子，王氏为太子妃；李治即位，册立王氏为皇后。唐太宗临终，亲自将李治、王氏嘱托给辅政大臣长孙无忌与褚遂良，要他们保护好这对“佳儿佳妇”。所以长孙无忌等大臣遵循太宗遗言，竭诚保护王皇后。

可惜王皇后为了与萧淑妃争宠，犯了一个致命错误。按制度，凡被唐太宗幸御过的嫔妃，都要为大行皇帝守节终生，出宫到感业寺为尼。永徽元年（650）五月二十六日，唐太宗逝世一周年的忌日，唐高宗李治前往感业寺焚香祭悼，李治碰上了武则天，两人怀旧情，都流了眼泪。王皇后得知消息，不但没有采取措施来阻止两人旧情的发展，反而来促成，一方面让武则天蓄发，另一方面到李治那里煽风点火，劝李治正式将武则天纳入宫中。王皇后想利用武则天来分萧淑妃的专宠，万万没有想到武则天非同凡响，入宫不久就迷倒了李治。李治封武则天为昭仪，正二品，接着就要提升她为正一品，列了一个名号叫“宸妃”。这时王皇后醒悟，感到真正的敌人是武则天，反过来与萧淑妃联手说武昭仪的不是，可是高宗始终不听，王皇后与萧淑妃的悲剧就不可避免了。

武则天与李治能做出乱伦之事，想一想就是不安本分的人。王皇后因一时之怒，不计后果，引狼入室，算是作茧自缚，搬起石头砸了自己的脚。王皇后因嫉妒带来杀身之祸，发人深思，供人鉴戒。

卷二〇〇　唐纪十六

唐高宗永徽六年至龙朔二年（655—662年）

【起旃蒙单阏（乙卯，655年）十月，尽玄黓阉茂（壬戌，662年）七月，凡六年有奇】

【大事提要】

本卷记事起公元655年十月，讫公元662年七月，凡六年又十个月，时当唐高宗永徽六年至龙朔二年。此时期发生的最重大事件是唐高宗废黜了王皇后，新立了武则天为皇后，伴随废王立武的成功，产生两大后继政治事件。其一，是武则天皇后残酷迫害王皇后和萧淑妃至死，表现了武则天强烈的报复心，这一性格将对武氏后来执政产生深远影响。其二，是武氏党羽许敬宗、李义府等以谋反罪彻底毁灭了长孙无忌等士族集团。唐高宗乘胜追击，重修《氏族志》，以官品定门第高低，从根本上铲除了士族集团东山再起的社会基础，结束了门阀政治，对社会变迁产生了重大影响。这一时期也是唐高宗执政获得文治武功最鼎盛的时期。唐高宗完成了唐礼仪的制定。在军事上，在北方抚定了铁勒九姓，巩固了对西域的统治，设置了安西都护府。在东方大发兵征高丽，破百济，但唐军最终未能取胜。唐高宗因患风疾，大权逐渐旁落武则天皇后之手。武氏党羽许敬宗、李义府也权势日盛。李义府因贪黩遭贬，但仍能干预朝政，最终拜相。唐高宗的昏聩也日益显现。

高宗天皇大圣大弘孝皇帝上之下

永徽六年（乙卯，655年）

冬，十月，己酉[1]，下诏称："王皇后、萧淑妃[2]谋行鸩毒[3]，废为庶人[4]，母及兄弟，并除名[5]，流岭南[6]。"许敬宗[7]奏："故特进[8]赠司空[9]王仁祐[10]告身[11]尚存，使逆乱余孽犹得为荫[12]，并请除削。"从之。

乙卯[13]，百官上表请立中宫[14]，乃下诏曰："武氏[15]门著勋庸[16]，地华缨黻[17]，往以才行选入后庭，誉重椒闱[18]，德光兰掖[19]。

朕昔在储贰[20]，特荷先慈[21]，常得侍从，弗离朝夕，宫壸[22]之内，恒自饬躬，嫔嫱[23]之间，未尝迕目[24]，圣情鉴悉，每垂[25]赏叹，遂以武氏赐朕，事同政君[26]，可立为皇后。”

丁巳[27]，赦天下。是日，皇后上表称：“陛下前以妾为宸妃[28]，韩瑗[29]、来济[30]面折庭争，此既事之极难，岂非深情为国，乞加褒赏。”上以表示瑗等，瑗等弥忧惧，屡请去位，上不许。

十一月，丁卯朔[31]，临轩[32]命司空李勣[33]赍玺绶册皇后武氏。是日，百官朝皇后于肃义门。

故后王氏，故淑妃萧氏，并囚于别院，上尝念之，间行[34]至其所，见其室封闭极密，惟窍壁[35]以通食器，恻然伤之，呼曰：“皇后、淑妃安在？”王氏泣对曰：“妾等得罪为宫婢，何得更有尊称！”又曰：“至尊若念畴昔[36]，使妾等再见日月，乞名此院为回心院。”上曰：“朕即有处置。”武后闻之，大怒，遣人杖王氏及萧氏各一百，断去手足，捉[37]酒瓮中，曰：“令二妪骨醉！”数日而死，又斩之。王氏初闻宣敕[38]，再拜曰：“愿大家[39]万岁！昭仪[40]承恩，死自吾分。”淑妃骂曰：“阿武妖猾，乃至于此！愿他生我为猫，阿武为鼠，生生[41]扼其喉。”由是宫中不畜猫。寻又改王氏姓为蟒氏，萧氏为枭氏。武后数见王、萧为祟，被发沥血如死时状。后徙居蓬莱宫[42]，复见之，故多在洛阳[43]，终身不归长安[44]。

（以上为第一段，写高宗立武氏为皇后，以及武氏迫害王皇后及萧淑妃至死。）

【注释】

[1]己酉：十月十三日。 [2]王皇后、萧淑妃：高宗后妃。事详《旧唐书》卷五十一、《新唐书》卷七十六。 [3]谋行鸩毒：阴谋毒害皇帝。 [4]庶人：平民。 [5]除名：除去名籍。名，原有的姓名。籍，户籍。 [6]岭南：地区名。指五岭（越城、都庞、萌渚、骑田、大庾）以南，约当今两广、海南及越南北部一带。 [7]许敬宗（592—672）：字延族，杭州新城（今浙江杭州市富阳区西南）人。时任礼部尚书。传见《旧唐书》卷八十二、《新唐书》卷二百二十三上。[8]特进：散官名，无实职。 [9]司空：官名，三公之一，正一品。 [10]王仁祐：王皇后之父。 [11]告身：授官的文凭。 [12]荫：子孙因先代有功勋或官爵而得赐官爵。唐制，品官可庇荫子孙。五品以上荫孙，三品以上荫及曾孙。曾孙降孙一等，孙降子一等，赠官降正官一等。[13]乙卯：十月十九日。 [14]中宫：皇后。 [15]武氏（624—705）：即武则天。并州文山

（今山西文水县东部）人。十四岁入宫，成为唐太宗的才人。太宗死后削发为尼。永徽四年（653），又被高宗召入宫中，封为昭仪。传见《旧唐书》卷六，《新唐书》卷四、卷七十六。［16］门著勋庸：门第高贵。［17］地华缨黻（fǔ）：义同门著勋庸。［18］椒闱：后妃居住的宫殿，借指妃嫔。［19］兰掖：后宫。［20］储贰：太子。［21］先慈：先父，即唐太宗。［22］壸（kǔn）：宫墙中的街道。［23］嫔嫱：女官。［24］迕（wǔ）目：逆视。比喻不和谐。［25］垂：施。［26］事同政君：就像汉宣帝把王政君赐给太子奭一样。王政君事见《资治通鉴》卷二十七汉宣帝甘露三年。［27］丁巳：十月二十一日。［28］宸妃：内官名。先无此职，高宗特为武则天而设。［29］韩瑗（606—659）：历任兵部侍郎、侍中等职。［30］来济（610—662）：官至中书令、检校吏部尚书。与韩瑗二人同传。见《旧唐书》卷八十、《新唐书》卷一百零一。［31］丁卯朔：十一月一日。［32］临轩：皇帝亲至殿前。［33］李勣：（594—669）：曹州离狐（今山东菏泽市西北）人。本姓徐，名世勣，字懋公。后赐姓李，避太宗名讳，单名为勣。曾参加瓦岗起义。归唐后战功卓著，封英国公。官至尚书左仆射，进位司空。传见《旧唐书》卷六十七、《新唐书》卷九十三。［34］间（jiàn）行：私行。［35］窍壁：在壁上开凿小洞。［36］畴昔：往昔，过去的事。［37］捉：当作“投”。章校，十二行本“捉”作“投”；乙十一行本、孔本、张校同。［38］敕：诏令。［39］大家：皇帝。［40］昭仪：妃嫔称号，借指武则天。［41］生生：世世。避太宗名讳，将“世世”，改用“生生”。［42］蓬莱宫：即大明宫，位于太极宫东北禁苑内的龙首原上，故址尚存。原名永安宫，贞观八年（634）唐太宗所建，后更名大明宫，唐高宗龙朔三年（663）大修，改名蓬莱宫。［43］洛阳：唐代东都。背倚邙山，面对伊阙，地处交通要冲，是仅次于长安的大城市。［44］长安：唐代京师。由宫城、皇城和外郭城三部分组成，面积达 83 平方公里，是当时的政治、经济、文化中心。在今陕西西安市。

己巳[1]，许敬宗奏曰：“永徽爰始[2]，国本[3]未生，权[4]引彗星[5]，越升明两[6]。近者元妃载诞，正胤降神[7]，重光[8]日融，爝晖[9]宜息。安可反植枝干，久易位于天庭；倒袭裳衣，使违方于震位[10]！又，父子之际，人所难言，事或犯鳞[11]，必婴[12]严宪[13]，煎膏染鼎[14]，臣亦甘心。”上召见，问之，对曰：“皇太子，国之本也，本犹未正，万国无所系心[15]。且在东宫[16]者，所出本微，今知国家已有正嫡[17]，必不自安。窃位而怀自疑，恐非宗庙[18]之福，愿陛下熟计之。”上曰：“忠[19]已自让。”对曰：“能为太伯[20]，愿速从之。”

西突厥[21]颉苾达度设[22]数遣使请兵讨沙钵罗可汗[23]。甲戌[24]，遣丰州都督元礼臣册拜颉苾达度设为可汗。礼臣至碎叶城[25]，沙钵罗发兵拒之，不得前。颉苾达度设部落多为沙钵罗所并，余众寡弱，不为诸姓所附，礼臣竟不册拜而归。

中书侍郎[26]李义府[27]参知政事[28]。义府容貌温恭，与人语，必嬉怡[29]微笑，而狡险忌克，故时人谓义府笑中有刀；又以其柔而害物，谓之李猫。

（以上为第二段，写武氏党羽许敬宗、李义府两小人之行迹。）

【注释】

[1]己巳：十一月三日。[2]爰始：初始。[3]国本：太子。[4]权：暂。[5]彗星：俗名扫帚星。[6]明两：太阳。指太阳继月之明以照四方。[7]正胤降神：皇后生子。指武则天所生李弘，封代王。[8]重光：重日之光。[9]爝晖：星光。爝晖宜息，指太阳出来，星光应当熄灭。太子降生，如同太阳已出，其余诸子如同众星，应当暗淡才是。[10]震位：东方。引指太子宫。[11]犯鳞：冒犯皇上。[12]婴：触犯。[13]严宪：严肃的法令。[14]煎膏染鼎：犹粉身碎骨。[15]系（xì）心：意谓敬仰。[16]东宫：皇太子居住的宫室。[17]正嫡：嫡子。[18]宗庙：天子祭祖之所，代指国家。[19]忠（643—664）：高宗长子李忠。传见《旧唐书》卷八十六、《新唐书》卷八十一。[20]太伯：周太王长子，让位于其弟季历，与仲雍同避江南，成为吴国的始祖。[21]西突厥：突厥族的一支。活动在今新疆及中亚大部地区，由五咄陆和五弩失毕十姓部落组成，对中西交通有重要影响。[22]颉苾达度设：乙毗咄陆可汗之子，号真珠叶护。[23]沙钵罗可汗：名阿史那贺鲁。曾任瑶池都督等职。永徽初反叛，建牙帐于千泉（今乌兹别克斯坦塔什干市北），自号可汗，胜兵数十万，控制西突厥全境。事见《旧唐书》卷一百九十四、《新唐书》卷二百一十五。[24]甲戌：十一月八日。[25]碎叶城：唐代西北重镇之一。过去曾有中亚、焉耆两碎叶的说法，已被中外学者所否定。现在学术界普遍认为碎叶城在中亚，但具体地望仍有两种观点。一说在吉尔吉斯斯坦北部的托克马克市附近。一说在今中亚楚河南岸楚伊斯阔叶一带。前者较为流行。张广达根据中外文献认为碎叶城即今托克马克市南的阿克·贝希姆废城。[26]中书侍郎：官名，中书令之副。[27]李义府（614—666）：祖籍瀛州饶阳（今河北饶阳县东北）。曾参与拥立武则天的活动。传见《旧唐书》卷八十二、《新唐书》卷二百二十三。[28]参知政事：官名。即宰相。[29]嬉怡：和颜悦色。

显庆元年（丙辰，656年）

春，正月，辛未[1]，以皇太子忠为梁王、梁州[2]刺史；立皇后子代王弘[3]为皇太子，生四年矣。忠既废，官属皆惧罪亡匿，无敢见者；右庶子李安仁独候忠，泣涕拜辞而去。安仁，纲之孙也。

壬申[4]，赦天下，改元。

二月，辛亥[5]，赠武士彟[6]司徒[7]，赐爵周国公。

三月，以度支侍郎[8]杜正伦[9]为黄门侍郎[10]、同三品[11]。

夏，四月，壬子[12]，矩州[13]人谢无灵举兵反，黔州[14]都督李子和[15]讨平之。

己未[16]，上谓侍臣曰："朕思养人之道，未得其要，公等为朕陈之！"来济对曰："昔齐桓公[17]出游，见老而饥寒者，命赐之食，老人曰：'愿赐一国之饥者。'赐之衣，曰：'愿赐一国之寒者。'公曰：'寡人之廪府[18]安足以周[19]一国之饥寒。'老人曰：'君不夺农时，则国人皆有余食矣；不夺蚕要，则国人皆有余衣矣！'故人君之养人，在省[20]其征役而已。今山东[21]役丁，岁别数万，役之则人大劳，取庸[22]则人大费。臣愿陛下量公家所须外，余悉免之。"上从之。

六月，辛亥[23]，礼官奏停太祖、世祖[24]配祀，以高祖[25]配昊天于圜丘[26]，太宗[27]配五帝于明堂[28]；从之。

秋，七月，乙丑[29]，西洱蛮[30]酋长[31]杨栋附[32]，显和蛮[33]酋长王郎祁，郎、昆、梨、盘四州[34]酋长王伽冲等帅众内附[35]。

癸未[36]，以中书令[37]崔敦礼[38]为太子少师[39]、同中书门下三品。

八月，丙申[40]，固安昭公[41]崔敦礼薨[42]。

辛丑[43]，葱山道行军总管程知节[44]击西突厥，与歌逻、处月[45]二部战于榆慕谷[46]，大破之，斩首千余级。副总管周智度攻突骑施[47]、处木昆[48]等部于咽城[49]，拔之，斩首三万级。

乙巳[50]，龟兹[51]王布失毕入朝。

李义府恃宠用事。洛州妇人淳于[52]氏，美色，系大理[53]狱，义府属大理寺丞[54]毕正义枉法出之，将纳为妾，大理卿[55]段宝玄疑而奏之。上命给事中[56]刘仁轨[57]等鞫[58]之，义府恐事泄，逼正义自缢于狱中。上知之，原义府罪不问。

侍御史[59]涟水王义方[60]欲奏弹[61]之，先白[62]其母曰："义方为御史，视奸臣不纠则不忠，纠之则身危而忧及于亲为不孝，二者不能自决，奈何？”母曰：“昔王陵之母，杀身以成子之名[63]。汝能尽忠以事君，吾死不恨！”义方乃奏：“义府于辇毂[64]之下，擅杀六品寺丞；就云[65]正义自杀，亦由畏义府威，杀身以灭口。如此，则生杀之威，不由上出，渐不可长，请更加勘当！”于是对仗[66]，叱义府令下；义府顾望不退。义方三叱，上既无言，义府始趋出，义方乃读弹文。上释义府不问，而谓义方毁辱大臣，言辞不逊，贬莱州[67]司户[68]。

九月[69]，括州[70]暴风，海溢[71]，溺[72]四千余家。

冬，十一月，丙寅[73]，生羌[74]酋长浪我利波[75]等帅众内附，以其地置柘、栱二州[76]。

十二月，程知节引军至鹰娑川[77]，遇西突厥二万骑，别部鼠尼施[78]等二万余骑继至，前军总管苏定方[79]帅五百骑驰往击之，西突厥大败，追奔二十里，杀获千五百余人，获马及器械，绵亘山野，不可胜计。副大总管王文度害其功，言于知节曰：“今兹虽云破贼，官军亦有死伤，乘危轻脱，乃成败之法[80]耳，何急而为此！自今常结方陈[81]，置辎重[82]在内，遇贼则战，此万全策也。”又矫称别得旨，以知节恃勇轻敌，委文度为之节制，遂收军不许深入。士卒终日跨马，被甲结陈，不胜疲顿[83]，马多瘦死。定方言于知节曰：“出师欲以讨贼，今乃自守，坐自困敝，若遇贼必败；懦怯如此，何以立功！且主上以公为大将，岂可更遣军副专其号令，事必不然。请囚文度，飞表以闻。”知节不从。

至恒笃城[84]，有群胡归附，文度曰：“此属伺我旋师，还复为贼，不如尽杀之，取其资财。”定方曰：“如此乃自为贼耳，何名伐叛！”文度竟杀之，分其财，独定方不受。师旋，文度坐矫诏当死，特除名[85]；知节亦坐逗遛追贼不及，减死免官。

是岁，以太常卿[86]驸马都尉[87]高履行[88]为益州[89]长史[90]。

韩瑗上疏，为褚遂良[91]讼冤曰：“遂良体国忘家，捐身徇物，风霜其操，铁石其心，社稷之旧臣，陛下之贤佐。无闻罪状，斥去朝廷，内外甿黎，咸嗟举措。臣闻晋武[92]弘裕，不贻刘毅[93]之诛；汉祖[94]深仁，无恚[95]周昌[96]之直。而遂良被迁，已经寒暑，违忤陛下，其罚塞焉。伏愿缅鉴无辜，稍宽非罪，俯矜微款，以顺人情。”上谓瑗曰：“遂良之情，朕亦知之。然其悖戾好犯上，故以此责之，卿何言之深也！”对曰：“遂良社稷忠臣，为谗谀所毁。昔微子[97]去而殷国[98]以亡，张华[99]存而纲纪不乱。陛下无故弃逐旧臣，恐非国家之福！”上不纳。瑗以言不用，乞归田里，上不许。

刘洎[100]之子讼其父冤，称贞观[101]之末，为褚遂良所谮而死，李义府复助之。上以问近臣，众希义府之旨，皆言其枉。给事中长安乐彦玮独曰：“刘洎大臣，人主暂有不豫[102]，岂得遽自比伊、霍[103]！今雪洎之罪，谓先帝用刑不当乎？”上然其言，遂寝[104]其事。

（以上为第三段，写唐高宗时暗时明。袒护李义府则昏，辨苏定方立功为明，典型的中庸之主。）

【注释】

［1］辛未：正月六日。［2］梁州：治所南郑，在今陕西汉中市东。［3］代王弘（652—675）：高宗第四子。据《孝敬皇帝睿德记碑》，“弘”当作“宏”。传见《旧唐书》卷八十六、《新唐书》卷八十一。［4］壬申：正月七日。［5］辛亥：二月十七日。［6］武士彟（577—635）：武则天之父。传见《旧唐书》卷五十八、《新唐书》卷二百六。［7］司徒：三公之一，正一品。［8］度支侍郎：官名，即户部侍郎。［9］杜正伦（？—658）：相州洹水（今河南安阳市一带）人。传见《旧唐书》卷七十、《新唐书》卷一百六。［10］黄门侍郎：官名。即门下侍郎，属门下省副长官。［11］同三品：全称为同中书门下三品，宰相衔名。［12］壬子：四月十八日。［13］矩州：治所在今贵州贵阳市。一说在贵州思南县。［14］黔州：治所彭水，在今重庆市彭水苗族土家族自治县。［15］李子和：本姓郭。隋末称王。唐初归附，平刘黑闼有功，赐姓为李。传见《旧唐书》卷五十六、《新唐书》卷九十二。［16］己未：四月二十五日。［17］齐桓公（？—前643）：姓姜，名小白。春秋五霸之一。公元前685年至前643年在位。事见《史记》卷三十二。［18］廪府：仓廪府库。［19］周：周济。［20］省：减少。［21］山东：地区名。旧指崤山（或华山）以东。此处指黄河下游。［22］庸：代役物。唐制：如不服役，每日输绢三尺或布三尺七寸五分。［23］辛亥：六月十八日。［24］太祖、世祖：李渊建唐后追尊其祖李虎为景皇帝，庙号太祖，尊其父李昺为元皇帝，庙号世祖。［25］高祖：李渊（566—635），陇西成纪（今甘肃秦安县）人。唐朝的创建者，公元618年至626年在位。传见《旧唐书》卷一、《新唐书》卷一。［26］圜丘：天坛。［27］太宗：李世民（599—649），高祖次子。唐朝第二代皇帝，公元626年至649年在位。传见《旧唐书》卷二、《新唐书》卷二。［28］明堂：帝王举行布政、宗祀等大典的地方。［29］乙丑：七月三日。［30］西洱蛮：云南少数民族，散居滇池周围。［31］酋长：少数民族首领。［32］杨栋附：人名。此句中的杨栋附、王郎祁、王伽冲，皆人名，民族首领。［33］显和蛮：

哈尼族先民，居云南红河两岸。［34］郎、昆、梨、盘四州：羁縻州。地当今云南曲靖市、昆明市、华宁县和贵州兴义市一带。［35］内附：归附唐朝。［36］癸未：七月二十一日。［37］中书令：官名。中书省最高长官，全盘负责该省工作，以“掌军国之政令”。［38］崔敦礼（593—656）：雍州咸阳（今陕西咸阳市）人。对安抚突厥、回纥曾发挥一定作用。传见《旧唐书》卷八十一、《新唐书》卷一百零六。［39］太子少师：官名。从德行方面辅导太子。［40］丙申：八月四日。［41］固安昭公：固安，县名。昭，谥号。《谥法》：容仪恭美曰昭，昭德有劳曰昭。崔敦礼曾被封为固安县公，故有此称。［42］薨（hōng）：死亡。唐代称二品以上官之死为薨。［43］辛丑：八月九日。［44］程知节（?—665）：本名啮（俗作咬）金，济州东阿（今山东阳谷县）人。有勇力，官至左卫大将军。传见《旧唐书》卷六十八、《新唐书》卷九十。［45］歌逻、处月：两部族名、地名。歌逻，章校：十二行本“逻”下有“禄”字。查两《唐书·高宗纪》及《新唐书·突厥传》，均作“歌逻禄”。在今斋桑湖北、额尔齐斯河南。处月，在今新疆乌鲁木齐市东北。［46］榆慕谷：地名。［47］突骑施：在今伊犁河中下游北岸。［48］处木昆：在今新疆塔尔巴哈台山一带。与突骑施俱属五咄陆。［49］咽城：据《新唐书》，咽城即处木昆所居。具体位置不详。［50］乙巳：八月十三日。［51］龟（qiū）兹：西域国名。在今新疆库车市一带。唐初归附，隶安西都护府。［52］淳于：复姓。［53］大理：大理寺，官署名，掌刑狱。［54］大理寺丞：官名。大理寺卿之副。处理一般刑狱。［55］大理卿：即大理寺卿。大理寺最高长官，掌全国折狱详刑之事。［56］给事中：官名。在门下省供职，地位仅次于门下侍郎，有封驳、审查和部分司法权。［57］刘仁轨（601—685）：汴州尉氏（今河南尉氏县）人。博涉经史，官至宰相。传见《旧唐书》卷八十四、《新唐书》卷一百八。［58］鞫（jū）：审讯。［59］侍御史：官名。掌纠举百官，推审狱讼。［60］王义方：泗州涟水（今江苏涟水县）人。清廉重义。传见《旧唐书》卷一百八十七上、《新唐书》卷一百一十二。［61］弹（tán）：检举揭发。［62］白：告。［63］昔王陵之母，杀身以成子之名：楚汉相争，项羽欲收服王陵，拘系王陵母为质，王陵母自杀以激励王陵归服汉王刘邦。事见《史记》卷五十六、《汉书》卷四十。［64］辇毂：皇帝车舆。引指京师。［65］就云：纵使。［66］对仗：对着仪仗。唐制，中书、门下及三品官奏事，御史弹劾百官，皆面对皇帝仪仗。［67］莱州：治所在今山东莱州市。［68］司户：即司户参军事。官名。［69］九月：章校，十二行本“月”下有“庚辰”二字。庚辰，九月十九日。［70］括州：治所在今浙江丽水市东南。［71］海溢：海水因暴风而上涨。［72］溺：淹没。［73］丙寅：十一月六日。［74］生羌：西方少数民族，活动在今四川北部。［75］浪我利波：人名。［76］柘、栱二州：柘州治所在今四川黑水县西南。栱，应作“拱”。《新唐书·地理志》载：拱州，显庆元年以钵南伏浪恐部置。治所不详，当在柘州之西。［77］鹰娑川：即今新疆焉耆县西北之开都河。［78］鼠尼施：居新疆焉耆县西北开都河流域。［79］苏定方（592—667）：冀州武邑（今河北武邑县）人，名烈。唐初大将。传见《旧唐书》卷八十三、《新唐书》卷一百一十一。［80］成败之法：导致失败的战术。［81］方陈：方阵。［82］辎重：军用物资。［83］疲顿：疲劳困顿。［84］恒笃城：胡注，《新书》

作“怛笃城”。查《册府元龟》卷四、卷五、卷六及《新唐书》有关传纪，均作“怛”，作“恒”疑有误。［85］除名：除去名籍。［86］太常卿：官名。掌礼乐、祭祀之事。［87］驸马都尉：帝婿称号。［88］高履行：唐初宰相高士廉之子，尚太宗女东阳公主。《旧唐书》卷六十五《高士廉传》、《新唐书》卷九十五《高俭传》。［89］益州：治所在今四川成都市。［90］长史：官名。协助刺史处理州务。［91］褚遂良（596—658）：字登善，杭州钱塘（今浙江杭州市）人。博学工书，官至宰相。因反对立武则天为皇后，被贬为潭州都督。传见《旧唐书》卷八十、《新唐书》卷一百五。［92］晋武：晋武帝司马炎（236—290），公元265年至290年在位。［93］刘毅：西晋大臣。官尚书左仆射，曾批评晋武帝卖官鬻爵而被晋武帝接受。事见《晋书》卷四十五《刘毅传》、《资治通鉴》卷八十一太康三年。［94］汉祖：刘邦（前256—前195），西汉开国皇帝，公元前202年至前195年在位。［95］恚（huì）：怒，恨。［96］周昌：西汉大臣，曾直言谏止刘邦欲废太子而被刘邦接受。见《史记》卷九十六《周昌传》、《汉书》卷四十二《周昌传》。［97］微子：名启，商纣王庶兄，见纣王无道，屡谏不听，出奔于周。周灭商后受封，成为宋国的始祖。［98］殷国：朝代名，即商，由汤建立的奴隶制国家。从公元前16世纪开始，到前11世纪结束，共传十七代，三十一王。［99］张华（232—300）：西晋大臣，晋初力劝武帝灭吴，后官至司空。传见《晋书》卷三十六。［100］刘洎（?—645）：字思道，荆州江陵（今湖北江陵县）人。唐初宰相，为唐太宗所杀。传见《旧唐书》卷七十四、《新唐书》卷九十九。［101］贞观：唐太宗年号，公元627年至649年。［102］不豫：疾病。［103］伊、霍：即伊尹、霍光。伊尹，商初大臣，曾佐卜丙、仲壬二王，放逐商王太甲。事见《史记》卷三《殷本纪》。霍光（?—前68），西汉大臣，曾辅昭帝，立宣帝，执政二十年。传见《汉书》卷六十八。［104］寝：停止。

二年（丁巳，657年）

春，正月，癸巳[1]，分哥逻禄部置阴山、大漠二都督府[2]。

闰月，壬寅[3]，上行幸洛阳。

庚戌[4]，以左屯卫将军苏定方为伊丽道行军总管[5]，帅燕然都护渭南任雅相、副都护萧嗣业[6]发回纥[7]等兵，自北道讨西突厥沙钵罗可汗。嗣业，钜[8]之子也。

初，右卫大将军[9]阿史那弥射[10]及族兄左屯卫大将军步真[11]，皆西突厥酋长，太宗之世，帅众来降；至是，诏以弥射、步真为流沙安抚大使，自南道招集旧众。

二月，辛酉[12]，车驾[13]至洛阳宫。

庚午[14]，立皇子显[15]为周王。壬申[16]，徙雍王素节[17]为郇王。

三月，甲辰[18]，以潭州[19]都督褚遂良为桂州[20]都督。

癸丑[21]，以李义府兼中书令。

夏，五月，丙申[22]，上幸明德宫[23]避暑。上自即位，每日视事；庚子[24]，宰相奏天下无虞，请隔日视事；许之。

秋，七月，丁亥朔[25]，上还洛阳宫[26]。

王玄策之破天竺[27]也，得方士那逻迩娑婆寐以归，自言有长生之术，太宗颇信之，深加礼敬，使合长生药。发使四方求奇药异石，又发使诣婆罗门[28]诸国采药。其言率皆迂诞无实，苟欲以延岁月，药竟不就，乃放还。上即位，复诣长安，又遣归。玄策时为道王[29]友[30]，辛亥[31]，奏言："此婆罗门[32]实能合长年药，自诡必成，今遣归，可惜失之。"玄策退，上谓侍臣曰："自古安有神仙！秦始皇[33]、汉武帝[34]求之，疲弊生民，卒无所成，果有不死之人，今皆安在！"李勣对曰："诚如圣言。此婆罗门今兹再来，容发衰白，已改于前，何能长生！陛下遣之，内外皆喜。"娑婆寐竟死于长安。

（以上为第四段，写唐高宗不信长生术。）

【注释】

[1]癸巳：正月四日。 [2]阴山、大漠二都督府：阴山都督府，治所在今哈萨克斯坦阿拉湖附近。大漠都督府，治所在今新疆福海县一带。 [3]壬寅：闰正月十三日。 [4]庚戌：闰正月二十一日。 [5]行军总管：主帅。 [6]萧嗣业：传见《旧唐书》卷六十三、《新唐书》卷一百一。 [7]回纥：北方少数民族，由韦纥、仆固、同罗、拔野古等部联合而成，生活在鄂尔浑河和色楞格河流域。 [8]钜：萧钜。传见《隋书》卷七十九、《北史》卷九十三。 [9]右卫大将军：官名。掌统领宫廷警卫等。 [10]阿史那弥射：西突厥室点密五世孙。在本蕃为莫贺咄叶护，入唐后拜右监门卫大将军。《旧唐书·西突厥·阿史那弥射传》载："贞观六年，诏遣鸿胪少卿刘善因就蕃立为奚利邲咄陆可汗"。岑仲勉在《西突厥史料补阙及考证》和《通鉴隋唐纪比事质疑》中认为无封册弥射之事。查西突厥世系，当以此说为是。 [11]步真：即阿史那步真，阿史那弥射的族兄，与弥射同传。见《旧唐书》卷一百九十四下、《新唐书》卷二百一十五下。 [12]辛酉：二月三日。 [13]车驾：代指皇帝。 [14]庚午：二月十二日。 [15]皇子显：即后来的唐中宗。高宗第七子，母为武则天。显庆元年（656）十一月五日生。时年仅四个月。 [16]壬申：二月十四日。 [17]雍王素节：高宗第四子，母萧淑妃。后来自杀。传见《旧唐书》卷八十六、《新唐书》卷八十一。 [18]甲辰：三月十六日。 [19]潭州：治所在今湖南长沙市。 [20]桂州：治所在今

广西桂林市。［21］癸丑：三月二十五日。［22］丙申：五月九日。［23］明德宫：在东都禁苑西南部。［24］庚子：五月十三日。［25］丁亥朔：七月一日。［26］洛阳宫：在东都郭城西北隅。［27］天竺：古印度名称。《大唐西域记》："详夫天竺之称，异议纠纷，旧云身毒，或曰贤豆，今从正音，宜云印度。"［28］婆罗门：意谓"清净"。印度的第一种姓。婆罗门教为印度的宗教，祭司（方士）称婆罗门。婆罗门亦为古印度别称。［29］道王：李元庆，高祖第十六子。传见《旧唐书》卷六十四、《新唐书》卷七十九。［30］友：王府官名。掌陪侍规谏。［31］辛亥：七月二十五日。［32］此婆罗门：指那逻迩娑婆寐。［33］秦始皇（前259—前210）：姓嬴，名政，既是秦国国君，又是秦朝的建立者。公元前246年至前210年在位。传见《史记》卷六。［34］汉武帝（前156—前87）：刘彻，汉朝第六代皇帝，公元前140年至前87年在位。传见《史记》卷十二、《汉书》卷六。

许敬宗、李义府希皇后旨[1]，诬奏侍中韩瑗、中书令来济与褚遂良潜谋不轨，以桂州用武之地，授遂良桂州都督，欲以为外援。八月，丁卯[2]，瑗坐贬振州[3]刺史，济贬台州[4]刺史，终身不听朝觐[5]。又贬褚遂良为爱州[6]刺史，荣州[7]刺史柳奭[8]为象州[9]刺史。

遂良至爱州，上表自陈："往者濮王[10]、承乾[11]交争之际，臣不顾死亡，归心陛下。时岑文本[12]、刘洎奏称'承乾恶状已彰，身在别所，其于东宫，不可少时虚旷，请且遣濮王往居东宫。'臣又抗言固争，皆陛下所见。卒与无忌[13]等四人共定大策。及先朝[14]大渐[15]，独臣与无忌同受遗诏。陛下在草土之辰[16]，不胜哀恸，臣以社稷[17]宽譬，陛下手抱臣颈。臣与无忌区处众事，咸无废阙，数日之间，内外宁谧。力小任重，动罹愆过，蝼蚁余齿[18]，乞陛下哀怜。"表奏，不省[19]。

（以上为第五段，写许敬宗、李义府，继续迫害韩瑗、来济、褚遂良等。）

【注释】

［1］希皇后旨：迎合皇后旨意。［2］丁卯：八月十一日。［3］振州：治所在今海南三亚市西。［4］台州：治所在今浙江临海市。［5］朝觐：朝见皇帝。《周礼》：春见曰朝，夏见曰宗，秋见曰觐，冬见曰遇。［6］爱州：治所在今越南清化市。［7］荣州：治所在今四川荣县。［8］柳奭（？—659）：字子邵，蒲州解（今山西运城市西南）人。王皇后之舅，官至中书令。传见《旧唐书》卷七十七、《新唐书》卷一百一十二。［9］象州：治所武化，在今广西象州县东北。［10］濮王：名泰，字惠褒，太宗第四子，奏撰《括地志》，有夺嫡之心。［11］承乾：太宗长子，以谋反被贬。太子承乾与濮王李泰二人同传。见《旧唐书》卷七十六、《新唐书》卷八十。［12］岑文本（595—

645)：字景仁，南阳棘阳（今河南南阳市南部）人。太宗朝宰相，以博学节俭著称。传见《旧唐书》卷七十、《新唐书》卷一百零二。［13］无忌：即长孙无忌（?—659），河南洛阳（今河南洛阳市）人，唐太宗长孙皇后之兄。曾参加"玄武门之变"，深得唐太宗倚重，封齐国公。官至检校中书令，知尚书、门下事。太宗死后，又以国舅、太尉、顾命大臣的身份辅佐高宗，地位尊崇。后因反对唐高宗废王皇后立武则天为皇后被贬。传见《旧唐书》卷六十五、《新唐书》卷一百零五。［14］先朝：指太宗皇帝。［15］大渐：病危。［16］草土之辰：居丧之时。［17］社稷：本指土、谷之神，借称国家。［18］蝼蚁余齿：贱人残年。［19］不省：不察。

己巳[1]，礼官奏："四郊迎气，存太微[2]五帝[3]之祀；南郊明堂，废纬书六天之义[4]。其方丘祭地之外，别有神州[5]，亦请合为一祀。"从之。

辛未[6]，以礼部尚书[7]许敬宗为侍中[8]，兼度支尚书杜正伦为兼中书令。

冬，十月，戊戌[9]，上行幸[10]许州[11]。乙巳[12]，畋[13]于滍水[14]之南。壬子[15]，至汜水曲[16]。十二月，乙卯朔[17]，车驾还洛阳宫。

苏定方击西突厥沙钵罗可汗，至金山[18]北，先击处木昆部，大破之，其俟斤[19]懒独禄等帅万余帐来降，定方抚之，发其千骑与俱。

右领军郎将薛仁贵[20]上言："泥孰部[21]素不伏贺鲁，为贺鲁所破，虏其妻子。今唐兵有破贺鲁诸部得泥孰妻子者，宜归之，仍加赐赉，使彼明知贺鲁为贼而大唐为之父母，则人致其死，不遗力矣。"上从之。泥孰喜，请从军共击贺鲁。

定方至曳咥河[22]西，沙钵罗帅十姓兵[23]且十万来拒战。定方将唐兵及回纥万余人击之。沙钵罗轻定方兵少，直进围之。定方令步兵据南原，攒矟外向，自将骑兵陈[24]于北原。沙钵罗先攻步军，三冲不动，定方引骑兵击之，沙钵罗大败，追奔三十里，斩获数万人；明日，勒兵复进。于是胡禄屋等五弩失毕悉众来降[25]，沙钵罗独与处木昆屈律啜数百骑西走。时阿史那步真出南道，五咄陆部落闻沙钵罗败[26]，皆诣步真降。定方乃命萧嗣业、回纥婆闰将胡兵趋邪罗斯川[27]，追沙钵罗，定方与任雅相将新附之众继之。会[28]大雪，平地二尺，军中咸请俟晴而行，定方曰："虏恃雪深，谓我不能进，必休息士马，亟追之可及，若缓之，彼遁逃浸远，不可复追，省日兼功，在此时矣！"乃蹋雪昼夜兼行。所过收其部众，至双河[29]，与弥射、步真合，去沙钵罗所居二百里，布陈长驱，径至其牙帐[30]。沙钵罗与其徒将猎，定方掩其不备，纵兵击之，斩获数万人，得其鼓纛[31]，沙钵罗与其子咥运、婿阎啜等脱走，趣[32]石国[33]。定方于是息兵，诸部各归所居，通道路，置邮驿[34]，掩骸骨，问疾苦，画疆埸，复生业[35]，凡为沙钵罗所掠者，悉括[36]还之，十姓安堵如故。乃命萧嗣业将兵追沙钵罗，定方引军还。

沙钵罗至石国西北苏咄城，人马饥乏，遣人赍[37]珍宝入城市马，城主伊沮[38]达官诈以酒食出迎，诱之入，闭门执之，送于石国。萧嗣业至石国，石国人以沙钵罗授之。

乙丑[39]，分西突厥地置濛池、昆陵[40]二都护府，以阿史那弥射为左卫大将军、昆陵都护[41]、兴昔亡可汗，押[42]五咄陆部落；阿史那步真为右卫大将军、濛池都护、继往绝可汗，押五弩失毕部落。遣光禄卿卢承庆[43]持节册命，仍命弥射、步真与承庆据诸姓降者，准[44]其部落大小，位望[45]高下，授刺史以下官[46]。

丁卯[47]，以洛阳宫[48]为东都，洛州官吏员品并如雍州[49]。

是岁，诏："自今僧尼不得受父母及尊者礼拜，所司[50]明有法制禁断。"

以吏部侍郎刘祥道[51]为黄门侍郎，仍知吏部选事。祥道以为："今选司取士伤滥[52]，每年入流[53]之数，过一千四百，杂色[54]入流，曾不铨简。即日内外文武官一品至九品，凡万三千四百六十五员，约准三十年，则万三千余人略尽矣。若年别[55]入流者五百人，足充所须之数。望有厘革[56]。"既而[57]杜正伦亦言入流人太多。上命正伦与祥道详议，而大臣惮[58]于改作，事遂寝。祥道，林甫[59]之子也。

（以上为第六段，写苏定方抚定西突厥。）

【注释】

［1］己巳：八月十三日。［2］太微：星垣名。北天星象有三垣，曰紫微垣（以北极为心，绕以天龙、仙后、仙王诸星座）、天市垣（以帝座为心，绕以巨蛇、英仙诸座）、太微垣（以五帝为心，绕以狮子、后发、室女诸星座）。［3］五帝：五精之神。太微之中心，即狮子座 β 星。［4］六天之义：出自纬书，由郑玄确立，指昊天上帝、青帝灵威仰、赤帝赤熛怒，黄帝含枢纽、白帝白招拒、黑帝叶光纪。［5］神州：即神州地祇。地神。［6］辛未：八月十五日。［7］礼部尚书：官名。掌天下礼仪、祠祭、宴飨、贡举之政令。［8］侍中：门下省最高长官。掌出纳帝命，缉熙皇极，佐天子而总大政。［9］十月，戊戌：十月丙辰朔，无戊戌。乙巳、壬子，十一月有之。查《新唐书·高宗纪》作"十一月戊戌"，则以十一月为是。戊戌，十一月十四日。［10］上行幸：指唐高宗巡视。［11］许州：治所在今河南许昌市。［12］乙巳：十一月二十一日。［13］畋：打猎。［14］滍水：今名沙河，在河南鲁山、叶县境内。［15］壬子：十一月二十八日。［16］汜水曲：当在今河南巩义市东。胡三省认为在新郑县界，不知所据。［17］乙卯朔：十二月一日。［18］金山：即阿尔泰山。［19］俟斤：西突厥官号。意为首领。［20］薛仁贵（614—683）：名礼，绛州龙门（今山西河津市）人。唐代名将。传见《旧唐书》卷八十三、《新唐书》卷一百一十一。［21］泥孰部：即阿悉结泥孰部。西突厥右厢五弩失毕之一。［22］曳咥河：在今伊犁河东。［23］十姓兵：即五咄陆及五弩失毕之兵。五咄陆指处木昆律、胡禄屋阙、摄舍提暾、突骑施贺逻施、鼠尼施处半。五弩失毕指阿悉结阙、哥舒阙、拔塞干暾沙钵、阿悉结泥孰、哥舒处半。［24］陈：列阵。［25］胡禄屋等五弩失毕悉众来降：此处记载有误。胡禄屋系五咄陆之一，居今新疆乌鲁木齐市西北玛纳斯河西部，非弩失毕。五弩失毕当为五咄陆。［26］五咄陆部落闻沙钵罗败：五咄陆当为五弩失毕之误。五弩失毕分布在今中亚楚河、锡尔河流域，位于五咄陆西南。［27］邪罗斯川：在今伊犁河西。［28］会：恰巧，适逢。［29］双河：即今新疆博乐市的博尔塔拉河。［30］牙帐：首府。贺鲁牙帐在金牙山。［31］鼓纛（dào）：战鼓和帅旗。［32］趣：趋附。［33］石国：西域国名，昭武九姓之一。位于今乌兹别克斯坦首府塔什干市一带。［34］邮驿：驿馆。［35］生业：生产，产业。［36］括：搜，求。［37］赍：携，带。［38］伊沮：两《唐书·西突厥传》作"伊涅"。［39］乙丑：十二月十一日。［40］濛池、昆陵：都护府名。濛池都护府，管辖今哈萨克斯坦咸海东南、巴尔喀什湖及伊克赛湖以西地区。昆陵都护府，辖境约当今哈萨克斯坦巴尔喀什湖以东、新疆准噶尔盆地和伊犁河流域一带。据文献记载，濛池、昆陵二都护府均隶于安西都护府。［41］都护：官名。都护府最高长官，管理辖境内的边防、行政及民族事务。［42］押：统押，管理。［43］卢承庆（595—670）：幽州范阳（今河北涿州市）人。仪表堂堂，博学多才。传见《旧唐书》卷八十一、《新唐书》卷一百六。［44］准：按照，依据。［45］位望：职位名望。［46］刺史以下官：指州别驾、长史、司马、诸参军事及县令、丞、主簿等。［47］丁卯：十二月十三日。［48］洛阳宫：《唐六典》："洛阳宫在东都皇城之北，东西四里一百八十步，南北二里八十五步，周回十三里二百四十一步。"［49］洛州官吏员品并如雍

州：雍州治长安，在今西安市西北。因京师所在，官员人数较多，品秩亦高于他州。洛州治所在今河南洛阳市东北。因升洛阳为东都，故令增加洛州官吏员品。［50］所司：主管官吏。［51］刘祥道（596—666）：魏州观城（今山东阳谷县）人。位至宰相。传见《旧唐书》卷八十一、《新唐书》卷一百六。［52］伤滥：伤于浮滥。［53］入流：升入九品。唐制，官阶在九品以外的称为流外官。［54］杂色：指流外官。［55］别：分别。［56］厘革：调整改革。［57］既而：接着，不久。［58］惮：怕。［59］林甫：刘祥道父。刘林甫，太宗贞观初任吏部侍郎。

三年（戊午，658年）

春，正月，戊子[1]，长孙无忌等上所修新礼[2]；诏中外行之。先是，议者谓《贞观礼》[3]节文[4]未备[5]，故命无忌等修之。时许敬宗、李义府用事[6]，所损益多希旨[7]，学者非之。太常博士[8]萧楚材等以为豫备凶事，非臣子所宜言；敬宗、义府深然之，遂焚《国恤》[9]一篇，由是凶礼遂阙[10]。

初，龟兹王布失毕妻阿史那氏与其相那利私通，布失毕不能禁，由是君臣猜阻[11]，各有党与[12]，互来告难。上两召之，既至，囚那利，遣左领军郎将雷文成送布失毕归国。至龟兹东境泥师城，龟兹大将羯猎颠发众拒之，仍遣使降于西突厥沙钵罗可汗。布失毕据城自守，不敢进。诏左屯卫大将军[13]杨胄发兵讨之。会布失毕病卒，胄与羯猎颠战，大破之，擒羯猎颠及其党，尽诛之，乃以其地为龟兹都督府[14]。戊申[15]，立布失毕之子素稽为龟兹王兼都督。

二月，丁巳[16]，上发东都；甲戌[17]，至京师。

夏，五月，癸未[18]，徙安西都护府[19]于龟兹，以旧安西复为西州都督府，镇高昌[20]故地。

六月，营州都督兼东夷都护程名振[21]、右领军中郎将薛仁贵将兵攻高丽[22]之赤烽镇，拔之，斩首四百余级，捕虏百余人。高丽遣其大将豆方娄帅众三万拒之，名振以契丹[23]逆击[24]，大破之，斩首二千五百级。

秋，八月，甲寅[25]，播罗哀獠[26]酋长多胡桑等帅众内附。

冬，十月，庚申[27]，吐蕃[28]赞普[29]来请婚。

（以上为第七段，写唐高宗颁新礼。置安西都护府于龟兹，东败高丽。）

【注释】

[1]戊子：正月五日。 [2]新礼：凡一百三十卷，后来称为《显庆礼》，长孙无忌等在《贞观礼》的基础上修撰而成。 [3]《贞观礼》：房玄龄、魏徵等奉敕修撰，共一百卷。 [4]节文：指礼仪节目与文辞。 [5]未备：不详。 [6]用事：当权。 [7]希旨：迎合旨意。 [8]太常博士：官名。掌办五礼仪式。五礼，指吉礼、宾礼、军礼、嘉礼和凶礼。 [9]国恤：《贞观礼》中《凶礼》的篇名之一。 [10]凶礼遂阙：应为“天子凶礼遂阙”。胡三省注释说：“六礼既阙凶礼，遂为五礼焉。”赵绍祖在《通鉴注商》中驳之，略言：“五礼者，吉、凶、军、宾、嘉，非此五者之外更有一礼合为六礼。”按两《唐书·礼乐（仪）志》，《贞观礼·凶礼》凡十一篇，其中《国恤》五篇。去《国恤》一篇不等于尽废《凶礼》。赵氏所言极是。 [11]猜阻：猜忌阻挠。 [12]党与：党羽。 [13]左屯卫大将军：官名。中央十二卫大将军之一，正三品。 [14]龟兹都督府：治所伊罗卢城，在今新疆库车市东郊皮朗墩遗址。 [15]戊申：正月二十五日。 [16]丁巳：二月四日。 [17]甲戌：二月二十一日。 [18]癸未：五月二日。 [19]安西都护府：贞观十四年（640）置。治所西州，在今新疆吐鲁番市东南高昌故城遗址。 [20]高昌：古城国名。公元443年由沮渠无讳建立，经阚氏、张氏、马氏、麹氏统治，至公元640年为唐所灭。麹氏盛时，其辖境以吐鲁番为中心，东接敦煌，西达龟兹，南邻吐谷浑，北迄敕勒。 [21]程名振：洺州平恩（今河北邱县西南）人。唐初名将。事见《旧唐书》卷八十三《程务挺传》、《新唐书》卷一百一十一《程务挺传》。 [22]高丽：古国名。位于朝鲜半岛北部。 [23]契丹：少数民族名称。活动在今辽河上游西拉木伦河一带。 [24]逆击：迎击。 [25]甲寅：八月四日。 [26]播罗哀獠：西南地区少数民族。胡注：“播罗哀，罗、窦生獠部落之名”。 [27]庚申：十月十一日。 [28]吐蕃：中国古代藏族政权名，位于青藏高原。公元7世纪后建立，尚处于奴隶制阶段。 [29]赞普：吐蕃君长称号。《新唐书·吐蕃传》曰：“其俗谓强雄曰赞，丈夫曰普，故号君长曰赞普。”

中书令李义府有宠于上，诸子孩抱者并列清贵[1]。而义府贪冒[2]无厌，母、妻及诸子、女婿，卖官鬻狱，其门如市，多树朋党，倾动朝野。中书令杜正伦每以先进[3]自处，义府恃恩，不为之下，由是有隙[4]，与义府讼于上前。上以大臣不和，两责之。十一月，乙酉[5]，贬正伦横州[6]刺史，义府普州[7]刺史。正伦寻[8]卒于横州。

阿史那贺鲁既被擒，谓萧嗣业曰：“我本亡虏，为先帝[9]所存[10]，先帝遇我厚而我负之，今日之败，天所怒也。吾闻中国刑人必于市，愿刑我于昭陵[11]之前以谢先帝。”上闻而怜[12]之。贺鲁至京师，甲午[13]，献于昭陵。敕免[14]其死，分其种落为六都督府[15]，其所役属诸国皆置州府，西尽波斯[16]，并隶安西都护府。贺鲁寻死，葬于颉利[17]墓侧。

戊戌[18]，以许敬宗为中书令，大理卿辛茂将为兼侍中。

开府仪同三司[19]鄂忠武公[20]尉迟敬德[21]薨。敬德晚年闲居，学延年术，修饰池台，奏清商乐以自奉养，不交通宾客，凡十六年，年七十四，以病终，朝廷恩礼甚厚。

是岁，爱州刺史褚遂良卒。

雍州司士许祎与来济善，侍御史张伦与李义府有怨，吏部尚书唐临[22]奏以祎为江南道[23]巡察使[24]，伦为剑南道[25]巡察使。是时[26]义府虽在外，皇后常保护之，以临为挟私选授[27]。

（以上为第八段，写权臣李义府恃皇后之宠，虽贪黩遭贬，仍能干预朝政。）

【注释】

[1]清贵：清高尊贵之职。[2]贪冒：贪图财利。[3]先进：前辈。[4]隙：怨恨，矛盾。[5]乙酉：十一月六日。[6]横州：治所在今广西横县南。[7]普州：治所在今四川安岳县。[8]寻：不久。[9]先帝：指唐太宗。[10]存：存活。事见两《唐书·西突厥传》。[11]昭陵：唐太宗墓。在今陕西礼泉县东北的九嵕山上，是唐“关中十八陵”中规模最大的一座。[12]怜：哀怜。[13]甲午：十一月十五日。[14]敕免：下令赦免。[15]分其种落为六都督府：以处木昆部置匐延都督府，治所在今新疆和布克赛尔蒙古自治县一带；以突骑施索葛莫贺部置嗢鹿都督府，在今新疆伊宁市西；以胡禄屋阙部置盐泊都督府，当今新疆克拉玛依市附近；以摄舍提暾部置双河都督府，当今新疆博尔塔拉河一带；以鼠尼施处半部置鹰娑都督府，当今开都河上游；以突骑施阿利施部置洁山都督府，当今哈萨克斯坦阿拉木图一带。[16]波斯：国名。即伊朗。[17]颉利：突厥可汗。唐初屡犯边，后为李靖所俘。事见两《唐书·突厥传》。[18]戊戌：十一月十九日。[19]仪同三司：散官名号。系文散官第一阶，从一品。[20]鄂忠武公：封号与谥号的合称。尉迟敬德被封为鄂国公，谥曰忠武。[21]尉迟敬德（585—658）：名恭，以字行。朔州善阳（今山西朔州市）人。唐初名将，以勇武著称。传见《旧唐书》卷六十八、《新唐书》卷八十九。[22]唐临：字本德，京兆长安（今陕西西安市西）人。传见《旧唐书》卷八十五、《新唐书》卷一百一十三。[23]江南道：监察区名称。辖境为今浙江、福建、江西、湖南等省及江苏、安徽、湖北、四川、贵州局部地区。[24]巡察使：官名。巡行地方，考查官吏。[25]剑南道：辖今四川涪江以西、大渡河和雅砻江以东、云南曲江、南盘江以北及贵州普安县、甘肃文县一带。[26]是时：此时。[27]以临为挟私选授：认为唐临选官不公。时来济在台州，属江南道，李义府在普州，隶剑南道。以许祎为江南道巡察使，对来济有利；以张伦为剑南道巡察使，对李义府

不利。

四年（己未，659 年）

春，二月，乙丑[1]，免临官。

三月，壬午[2]，西突厥兴昔亡可汗与真珠叶护[3]战于双河，斩真珠叶护。

夏，四月，丙辰[4]，以于志宁[5]为太子太师、同中书门下三品；乙丑[6]，以黄门侍郎许圉师[7]参知政事。

武后以太尉[8]赵公[9]长孙无忌受重赐而不助己[10]，深怨之。及议废王后，燕公于志宁中立不言，武后亦不悦。许敬宗屡以利害说[11]无忌，无忌每面折[12]之，敬宗亦怨。武后既立，无忌内不自安，后令敬宗伺其隙而陷[13]之。

会洛阳人李奉节告太子洗马[14]韦季方、监察御史[15]李巢朋党[16]事，敕敬宗与辛茂将鞫之。敬宗按[17]之急，季方自刺，不死，敬宗因诬奏季方欲与无忌构陷忠臣近戚，使权归无忌，伺隙谋反，今事觉，故自杀。上惊曰："岂有此邪[18]！舅为小人所间[19]，小生疑阻[20]则有之，何至于反！"敬宗曰："臣始末推究，反状已露，陛下犹以为疑，恐非社稷之福。"上泣曰："我家不幸，亲戚间屡有异志[21]，往年高阳公主[22]与房遗爱[23]谋反，今元舅[24]复然，使朕惭见天下之人。兹事若实，如之何？"对曰："遗爱乳臭儿[25]，与一女子谋反，势何所成！无忌与先帝谋取天下，天下服其智；为宰相三十年[26]，天下畏其威；若一旦窃发，陛下遣谁当之！今赖宗庙之灵，皇天疾恶，因按小事，乃得大奸，实天下之庆也。臣窃恐无忌知季方自刺，窘急发谋，攘袂[27]一呼，同恶云集，必为宗庙之忧。臣昔见宇文化及[28]父述[29]为炀帝[30]所亲任，结以婚姻，委以朝政；述卒，化及复典禁兵，一夕于江都[31]作乱，先杀不附己者，臣家亦豫其祸[32]，于是大臣苏威[33]、裴矩[34]之徒，皆舞蹈马首，唯恐不及，黎明遂倾隋室[35]。前事不远，愿陛下速决之！"上命敬宗更加审察。明日，敬宗复奏曰："昨夜季方已承与无忌同反，臣又问季方：'无忌与国至亲，累朝宠任，何恨而反？'季方答云：'韩瑗尝语无忌云：“柳奭、褚遂良劝公立梁王为太子，今梁王既废，上亦疑公，故出高履行于外[36]。”自此无忌忧恐，渐为自安之计。后见长孙祥[37]又出，韩瑗得罪，日夜与季方等谋反。’臣参验辞状，咸相符合，请收捕准法[38]。”上又泣曰：“舅若果尔[39]，朕决不忍杀之[40]，天下将谓朕何[41]，后世将谓朕何！”敬宗对曰：“薄昭，汉文帝[42]之舅也，文帝从代[43]来，昭亦有功，所坐止于杀人，文帝使百官素服[44]哭而杀之，至今天下以文帝为明主。今无忌忘两朝之大恩，谋移社稷，其罪与薄昭不可同年而语也。幸而奸状自发，逆徒引服，陛下何疑，犹不早决！古人有言：‘当断不断，反受其乱。’安危之机，间不容发[45]。无忌今之奸雄，王莽[46]、司马懿[47]之流也，陛下少更迁延，臣恐变生肘腋，悔无及矣！”上以为然，竟不引问无忌。戊辰[48]，下诏削无忌太尉及封邑[49]，以为扬州[50]都督，于黔州安置，准一品供给[51]。祥，无忌之从父兄子也，前此自工部尚书[52]出为荆州长史，故敬宗以此诬之。

敬宗又奏：“无忌谋逆，由褚遂良、柳奭、韩瑗构扇[53]而成；奭仍潜通宫掖，谋行鸩毒，于志宁亦党附无忌。”于是诏追削遂良官爵，除奭、瑗名，免志宁官。遣使发道次兵[54]援送无忌诣黔州。无忌子秘书监驸马都尉冲[55]等皆除名，流岭表[56]。遂良子彦甫、彦冲流爱州，于道杀之。益州长史高履行累贬洪州[57]都督。

五月，丙申[58]，兵部尚书[59]任雅相、度支尚书卢承庆并参知政事。承庆，思道[60]之孙也。

凉州[61]刺史赵持满，多力善射，喜任侠，其从母[62]为韩瑗妻，其舅驸马都尉长孙铨，无忌之族弟也，铨坐无忌，流嶲州[63]。许敬宗恐持满作难，诬云无忌同反[64]，驿召至京师，下狱，讯掠备至，终无异辞，曰：“身可杀也，辞不可更！”吏无如之何[65]，乃代为狱辞结奏。戊戌[66]，诛之，尸于城西，亲戚莫敢视。友人王方翼[67]叹曰：“栾布[68]哭彭越[69]，义也；文王[70]葬枯骨，仁也。下不失义，上不失仁，不亦可乎！”乃收而葬之。上闻之，不罪也。方翼，废后之从祖兄也。长孙铨至流所，县令希旨杖杀之。

（以上为第九段，写唐高宗以谋反罪彻底打击长孙无忌等关陇士族集团。）

【注释】

［1］乙丑：二月十八日。［2］壬午：三月五日。［3］真珠叶护：西突厥乙毗咄陆可汗之子，名颉苾达度设。事见两《唐书·突厥传》。［4］丙辰：四月十日。［5］于志宁（588—665）：字仲谧，京兆高陵（今陕西西安市高陵区）人。曾参与编写律、礼的活动。传见《旧唐书》卷七十八、《新唐书》卷一百四。［6］乙丑：四月十九日。［7］许圉师：安州安陆（今湖北安陆市）人。有器干，擢进士及第。事见《旧唐书》卷五十九《许绍传》、《新唐书》卷九十《许绍传》。［8］太尉：官名。三公之一，正一品。［9］赵公：长孙无忌封号。［10］受重赐而不助己：《新唐书·长孙无忌传》载，高宗欲立武昭仪为皇后，无忌固言不可。高宗密以宝器锦帛十余车赐之，又幸其第，擢其三子皆朝散大夫。昭仪母又诣其家求情，许敬宗数劝之，都被无忌厉色折拒。［11］说（shuì）：游说。［12］面折：当面斥责。［13］陷：诬陷，陷害。［14］会洛阳人李奉节告太子洗马：此事《资治通鉴》所记与两《唐书·长孙无忌传》颇有差异。《考异》《实录》叙此事殊鲁莽，列传亦未可据。太子洗马，官名，东宫官属，掌图书经籍。［15］监察御史：官名。属御史台察院，掌“分察百僚，巡按郡县，纠视刑狱，肃整朝仪”。［16］朋党：为私利而勾结同类。［17］按：审，查。［18］岂有此邪：怎么会有这样的事！［19］间：离间。［20］疑阻：疑惑。［21］异志：谋反意识。［22］高阳公主：即合浦公主，太宗第十七女，下嫁房遗爱。永徽三年因谋反赐死。传见《新唐书》卷八十三。［23］房遗爱：唐初名相房玄龄次子，官房州刺史，谋反被杀。事见《旧唐书》卷六十六《房玄龄传》、《新唐书》卷九十六《房玄龄传》。［24］元舅：国舅。［25］乳臭儿：小儿。［26］为宰相三十年：贞观元年（627）入相，至此三十三年。［27］攘袂：卷袖捋臂。［28］宇文化及（?—619）：宇文述之子，官至右屯卫将军。公元618年在江都弑杀炀帝后，领兵北上，遭李密、窦建德阻击，穷途末路而自立为帝。传见《隋书》卷八十五、《北史》卷七十九。［29］述：即宇文述，隋朝大臣。代郡武川（今内蒙古武川县西南）人。传见《隋书》卷六十一、《北史》卷七十九。［30］炀帝（569—618）：名广。隋朝第二代皇帝，公元604年至618年在位。传见《隋书》卷三、《北史》卷十二。［31］江都：郡名。为隋炀帝行都。故址在今江苏扬州市。［32］臣家亦豫其祸：其父许善心被宇文化及杀害。［33］苏威（534—621）：字无畏，京兆武功（今陕西武功县）人。隋朝宰相。曾奏请减轻赋役，制定格律。炀帝死后投靠宇文化及，随后又投靠王世充等。传见《周书》卷二十三、《隋书》卷四十一、《北史》卷六十三。［34］裴矩（?—627）：字弘大，河东闻喜（今山西闻喜县）人。炀帝时主管西域互市。著有《西域图记》三卷。后在宇文化及、窦建德手下做官。入唐，官至民部尚书。传见《隋书》卷六十七、《北史》卷三十八、《旧唐书》卷六十三、《新唐书》卷一百。［35］倾隋室：灭亡隋朝。［36］出高履行于外：显庆元年（656）以高履行为益州长史。出，指出京做地方官。［37］长孙祥：事见《旧唐书》卷六十五《长孙无忌传》。［38］准法：依法处决。唐律：谋反为十恶之首，首从皆斩。其父子年十六以上皆绞；十五以下及母、女、妻、妾、祖、孙、兄、弟、姊、妹及部曲、资财、田宅，一律没官，伯叔父及兄弟之子，亦流三千里，不限籍之异同。［39］果尔：果真如此。［40］不忍杀

之：章校，十二行本“之”下有“若杀之”三字。［41］谓朕何：说我什么，怎样看我。［42］汉文帝（前202—前157）：西汉第四代皇帝刘恒。公元前180年至前157年在位。政治比较清明。传见《史记》卷十、《汉书》卷四。［43］代：诸侯国名。都代县，在今河北蔚县东北。［44］素服：丧服。素，白。［45］间不容发：形势危迫，刻不容缓。［46］王莽（前45—23）：字巨君，汉元城（今河北大名县东）人。元帝皇后之侄。以外戚身份掌握朝纲，改汉为新，自称皇帝。传见《汉书》卷九十九。［47］司马懿（179—251）：字仲达，河内温县（今河南温县西）人。多谋善变，仕魏专权，为西晋的建立奠定了基础。死后被追尊为晋宣帝。传见《晋书》卷一。［48］戊辰：四月二十二日。［49］封邑：受封的采邑。长孙无忌武德九年被封为齐国公，实封一千三百户。贞观十一年改为赵国公。［50］扬州：治所在今江苏扬州市。［51］准一品供给：按一品官的标准供给食料。唐制：一品食物与新王等，每日细白米一升，粳米粱米各一斗五升，粉一升，油五升，盐一升，醋二升，蜜三合，粟一斗，梨七颗，酥一合，干枣一升，木橦十根，炭十斤，葱韭豉蒜姜椒之类各有差。每月给羊二十口，猪肉六十斤，鱼三十头（各一尺），酒九斗。［52］自工部尚书：据《册府元龟》卷一百六十一及《千唐志斋藏志·长孙祥墓志》，应为刑部尚书。［53］构扇：联结煽动。［54］道次兵：沿途驻军。［55］驸马都尉冲：长孙冲尚唐太宗女长乐公主。［56］岭表：岭外，即岭南。［57］洪州：治所南昌，在今江西南昌市。［58］丙申：五月二十日。［59］兵部尚书：官名。兵部最高长官，掌天下军卫武官选授。［60］思道：卢思道，仕于齐、隋，以文著称。传见《北齐书》卷四十二、《隋书》卷五十七、《北史》卷三十。［61］凉州：治所姑臧，在今甘肃武威市。［62］从母：即姨母。［63］巂（suǐ）州：治所在今四川西昌市。［64］诬云无忌同反：“诬云”之下，恐脱“与”字。［65］无如之何：拿他没法，无计可施。［66］戊戌：五月二十二日。［67］王方翼：字仲翔，并州祁（今山西祁县）人。王皇后近亲，有功名。传见《旧唐书》卷一百八十五上、《新唐书》卷一百一十一。［68］栾布（?—前145）：西汉梁（今河南商丘市）人。彭越被杀后，他曾亲往哭祭。后平七国之乱有功，封鄃侯。传见《史记》卷一百、《汉书》卷三十七。［69］彭越（?—前196）：字仲，昌邑（今山东金乡县）人。助刘邦灭项羽，以战功封为异姓王，后被告谋反，为刘邦所杀。传见《史记》卷九十、《汉书》卷三十四。［70］文王：即周文王。商末周族首领。姓姬，名昌。在位五十年，为西周的建立打下了坚实的基础。事见《史记》卷四《周本纪》。

六月，丁卯[1]，诏改《氏族志》为《姓氏录》。

初，太宗命高士廉[2]等修《氏族志》[3]，升降去取，时称允当。至是，许敬宗等以其书不叙武氏本望，奏请改之，乃命礼部郎中孔志约[4]等比类升降[5]，以后族为第一等，其余悉以仕唐官品高下为准，凡九等。于是士卒以军功致位五品，豫士流，时人谓之“勋格[6]”。

许敬宗议封禅仪[7]，己巳[8]，奏：“请以高祖、太宗俱配昊天上帝，太穆、文德二皇后[9]俱配皇地祇[10]。”从之。

秋，七月，命御史往高州[11]追长孙恩，象州追柳奭，振州追韩瑗，并枷锁[12]诣京师，仍命州县簿录其家。恩，无忌之族弟也。

壬寅[13]，命李勣、许敬宗、辛茂将与任雅相、卢承庆更共复按[14]无忌事。许敬宗又遣中书舍人[15]袁公瑜[16]等诣黔州，再鞫无忌反状，至则逼无忌令自缢。诏柳奭、韩瑗所至斩决。使者杀柳奭于象州。韩瑗已死，发验[17]而还。籍没[18]三家，近亲皆流岭南为奴婢。常州[19]刺史长孙祥坐与无忌通书，处绞。长孙恩流檀州[20]。

（以上为第十段，写唐高宗重修氏族谱，改《氏族志》为《姓氏录》，以后族为第一等，其余以官品高下为准，从此寒门升位，士族衰落。）

【注释】

[1]丁卯：六月二十二日。 [2]高士廉（577—647）：名俭，以字显。齐清河王高岳之孙。博闻强记。封许国公，官至宰相。传见《旧唐书》卷六十五、《新唐书》卷九十五。 [3]《氏族志》：论述姓氏源流支脉的书籍。凡一百卷，计二百九十三姓、一千六百五十一家，分为九等。 [4]孔志约：孔颖达子。曾参与《尚书正义》《永徽五礼》及《图经》等书的编写刊定，官至太子洗马、弘文馆大学士。 [5]比类升降：按类分等排比升降。 [6]勋格：功劳谱。《唐会要》卷三十六：“显庆四年九月五日，诏改《氏族志》为《姓录》。上亲制序，仍自裁其类例。凡二百四十五姓，二百八十七家。……各以品位为等第”。《姓录》即《姓氏录》，又作《姓氏谱》，共二百卷。 [7]封禅仪：帝王到泰山祭天地的活动，为国家大典。 [8]己巳：六月二十四日。 [9]太穆、文德二皇后：太穆皇后，姓窦，唐高祖皇后。文德皇后，长孙氏，唐太宗皇后。二人同传。见《旧唐书》卷五十一、《新唐书》卷七十六。 [10]皇地祇：地神。 [11]高州：治所良德，在今广东高州市东北。[12]并枷锁：一并戴上枷锁。[13]壬寅：七月二十七日。[14]复按：再次推问，复审。[15]中书舍人：官名。掌侍奉进奏，参议表章，起草诏敕。 [16]袁公瑜：曾参与拥立武则天为皇后的活动。事见《千唐志斋藏志·大周故相州刺史袁府君（公瑜）墓志铭并序》。 [17]发验：发棺验尸。 [18]籍没：没收财物入官。 [19]常州：治所在今江苏常州市。 [20]檀州：治所在今北京市密云区。

八月，壬子[1]，以普州刺史李义府兼吏部尚书[2]、同中书门下三品。义府既贵，自言本出赵郡[3]，与诸李叙昭穆[4]；无赖之徒借其权势，拜伏为兄叔者甚众。给事中李崇德初与同谱，及义府出为普州，即除之[5]。义府闻而衔[6]之，及复为相，使人诬构其罪，下狱，自杀。

乙卯[7]，长孙氏、柳氏缘无忌、奭贬降者十三人。高履行贬永州[8]刺史。于志宁贬荣州刺史，于氏贬者九人。自是政归中宫[9]矣。

九月，诏以石、米、史、大安、小安、曹、拔汗那、悒怛、疏勒、朱驹半等国置州县府[10]百二十七。

冬，十月，丙午[11]，太子加元服[12]，赦天下。

初，太宗疾山东士人自矜门地[13]，婚姻多责资财，命修《氏族志》例降一等；王妃、主婿皆取勋臣家，不议[14]山东之族。而魏徵[15]、房玄龄[16]、李勣家皆盛与为婚，常左右之[17]，由是旧望不减；或一姓之中，更分某房某眷，高下悬隔。李义府为其子求婚不获，恨之，故以先帝之旨，劝上矫其弊。壬戌[18]，诏后魏[19]陇西[20]李宝[21]、太原[22]王琼[23]、荥阳[24]郑温[25]、范阳[26]卢子迁[27]、卢浑、卢辅[28]、清河[29]崔宗伯[30]、崔元孙[31]、前燕[32]博陵[33]崔懿[34]、晋[35]赵郡[36]李楷[37]等子孙，不得[38]自为婚姻。仍定天下嫁女受财之数[39]，毋得受陪门财[40]。然族望[41]为时所尚，终不能禁，或载女窃送夫家，或女老不嫁，终不与异姓为婚。其衰宗落谱，昭穆所不齿者，往往反自称禁婚家[42]，益增厚价。

闰月，戊寅[43]，上发京师，令太子监国[44]。太子思慕不已，上闻之，遽召赴行在。戊戌[45]，车驾至东都。

十一月，丙午[46]，以许圉师为散骑常侍、检校[47]侍中。

戊午[48]，侍中兼左庶子[49]辛茂将薨。

思结[50]俟斤都曼帅疏勒、朱俱波、谒般陀[51]三国反，击破于阗[52]，癸亥[53]，以左骁卫大将军[54]苏定方为安抚大使以讨之。

以卢承庆同中书门下三品。

右领军中郎将薛仁贵等与高丽将温沙门战于横山[55]，破之。

苏定方军至业叶水[56]，思结保马头川。定方选精兵万人、骑三千匹驰往袭之，一日一夜行三百里，诘旦，至城下，都曼大惊。战于城外，都曼败，退保其城。及暮，诸军继至，遂围之，都曼惧而出降。

（以上为第十一段，写唐高宗宠任李义府为相，士族集团再次遭打击。）

【注释】

[1]壬子：八月八日。 [2]吏部尚书：官名。掌天下官吏选授、勋封、考课之政令。[3]赵郡：郡名。三国时由邯郸移治房子（今河北高邑县西南）。北魏又移治平棘（今河北赵县）。为李氏大族世居之所。 [4]叙昭穆：排辈分，论长幼、远近、亲疏之序。昭穆出自宗法制度，本指宗庙以始祖居中，二、四、六世居左，称昭，三、五、七世居右，称穆。 [5]即除之：即从家谱中除去李义府之名。 [6]衔：怨，怀恨在心。 [7]乙卯：八月十一日。 [8]永州：治所在今湖南永州市。 [9]自是政归中宫：从此政权落入皇后之手。 [10]诏以石、米、史、大安、小安、曹、拔汗那、悒怛、疏勒、朱驹半等国置州县府：石、米等皆中亚国名。其中石、米、史、安、曹皆在昭武九姓之列。石国在今乌兹别克斯坦塔什干一带。米国在乌兹别克撒马尔罕之南。大安、小安在乌兹别克斯坦布哈拉周围。曹国有东曹西曹之分，分别在今撒马尔罕北方和东北方。拔汗那即破洛那，又称钹汗、怖捍、跋贺那，在塔吉克斯坦费尔干纳盆地。悒怛地望不详，《新唐书·西域传》说："挹怛国，汉大月氏之种。大月氏为乌孙所夺，西过大宛，击大夏臣之。治蓝氏城大厦即吐火罗也。"据此当在今阿富汗北部马扎里沙里夫一带。疏勒在今新疆喀什市。朱驹半，亦名朱俱槃、朱驹波，在今新疆叶城县一带。 [11]丙午：十月三日。 [12]太子加元服：举行皇太子加冠仪式。元服，头上之服，即冠。元，元首，即头。 [13]门地：即门第。 [14]议：考虑。 [15]魏徵（580—643）：字玄成，魏州馆陶（今河北馆陶县）人。贞观名臣，以直言善谏著称，在政治上颇有贡献，被封为郑国公。著有《隋书》序论等。传见《旧唐书》卷七十一、《新唐书》卷九十七。言论主要保存在《贞观政要》一书中。 [16]房玄龄（579—648）：名乔，齐州临淄（今山东淄博市东北）人。贞观元年为中书令，与杜如晦并称贤相。传见《旧唐书》卷六十六、《新唐书》卷九十六。 [17]左右之：帮助他们。 [18]壬戌：十月十九日。 [19]后魏：即北魏。公元386年建立，534年分裂。初都平城（今山西大同市），后迁洛阳。是北朝中疆域最辽阔的一个。孝文帝统治时，曾重定士族门阀。除将鲜卑八氏十姓帝宗和三十六族九十二姓部落大人改籍河南洛阳外，还把地方豪族列为郡姓，按其祖先官位高下划为四等，从而奠定了后世郡姓族望的基础。 [20]陇西：郡名。治所在今甘肃陇西县南。 [21]李宝（407—459）：字怀素，陇西狄道（今甘肃临洮县）人。北魏镇北将军。生承、茂、辅、佐、公业、冲六子（一作七子）。长子承号"姑臧房"。陇西李氏定著四房，姑臧即为其中之一。见《魏书》卷三十九、《北史》卷一百、《新唐书》卷七十二上。 [22]太原：郡名。治所在今山西太原市西部。 [23]王琼（454—527）：字世珍。北魏大臣，官至镇东将军、中书令。其子遵业、广业、延业、季和，号"四房王氏"。事见《魏书》卷三十八《王慧龙传》、《北史》卷三十五《王慧龙传》。按，《氏族志》王氏定著三房，为琅邪王氏、太原王氏、京兆王氏。其中太原王氏最贵。《唐国史补》卷上："太原王氏，四姓得之为美，故呼为金镂王家，喻银质而金饰也。" [24]荥阳：郡名。治所在今河南荥阳市。 [25]郑温：燕太子少

傅郑豁之子。事迹不详。《新唐书》卷七十五上载："温（郑温）四子：涛、晔、简、恬。涛居陇西。晔，后魏建威将军、南阳公，为南祖。简为北祖。恬为中祖。"郑氏定著二房，即北祖、南祖。［26］范阳：郡名。治所在今河北涿州市。［27］卢子迁（419—471）：名度世，以字显。后魏青州刺史、镇远将军。子渊、敏、昶、尚，号"四房卢氏"。传见《魏书》卷四十七、《北史》卷三十。［28］卢浑、卢辅：二人无传。［29］清河：郡名。治所在今山东临清市东。［30］崔宗伯：宋员外散骑常侍灵和之子。后魏赠清河太守。生休、寅。休号大房，寅号小房。［31］崔元孙：清河青州房第二代，任刘宋尚书郎。［32］前燕：十六国之一。公元335年由鲜卑族首领慕容皝建立，据有今晋、冀、鲁、豫、皖等省一带。公元370年为前秦所灭。［33］博陵：郡名。治所在今河北蠡县南。［34］崔懿：字世茂。生连、琨等八子。怡、豹、偘合为一房，其余各为一房，号称"六房"。崔氏定著十房。见《新唐书》卷七十二下。［35］晋：朝代名。有西晋、东晋之分。此处指西晋。都洛阳。从公元265年司马炎建立到公元316年被匈奴汉国灭亡，历四帝，五十二年。［36］赵郡：郡名。治所在今河北高邑县西南。［37］李楷：事迹不详。《新唐书》卷七十二上载："楷字雄方，晋司农丞、治书侍御史，避赵王伦之难，徙居常山。五子：辑、晃、芬、劲、睿。睿子勖，兄弟居巷东，劲子盛，兄弟居巷西。故勖为东祖，芬与弟劲共称西祖，辑与弟晃共称南祖。自楷徙居平棘南，通号平棘李氏。"［38］不得：不允许。［39］受财之数：限制接受财礼的数额。［40］陪门财：据胡注，"女家门望素高，而议姻之家非耦，令其纳财以陪门望。"［41］族望：高门大族。［42］禁婚家：禁止自婚之家。［43］戊寅：闰十月五日。［44］监国：留守京师，代理国政。［45］戊戌：闰十月二十五日。［46］丙午：十一月四日。［47］检校：唐制，诏除而非正名的加官带检校二字，检校遂为散官名称之一。［48］戊午：十一月十六日。［49］左庶子：官名。太子官属。掌侍从赞相，驳正启奏，监省封题。［50］思结：北方少数民族，铁勒九姓之一，隶属回纥。居地在阿尔泰山东麓，今蒙古国车车尔勒格以南。［51］谒般陀：西域国名。《新唐书》作喝般陀，在今新疆塔什库尔干塔吉克自治县西。［52］于阗：西域国名。在今新疆和田地区一带。［53］癸亥：十一月二十一日。［54］左骁卫大将军：官名。中央十二卫大将军之一，掌宿卫宫禁。［55］横山：即今辽宁辽阳市之华表山。［56］业叶水：在今新疆玛纳斯河西。

五年（庚申，660年）

春，正月，定方献俘于乾阳殿[1]。法司[2]请诛都曼。定方请曰："臣许以不死，故都曼出降，愿丐[3]其余生。"上曰；"朕屈法以全卿之信，"乃免之。

甲子[4]，上发东都；二月，辛巳[5]，至并州[6]。三月，丙午[7]，皇后宴亲戚故旧邻里于朝堂[8]，妇人于内殿[9]，班赐有差。诏："并州妇人年八十以上，皆版授[10]郡君[11]。”

百济[12]恃高丽之援，数侵新罗[13]；新罗王春秋[14]上表求救。辛亥[15]，以左武卫大将军苏定方为神丘道[16]行军大总管，帅左骁卫将军刘伯英等水陆十万以伐百济。以春秋为嵎夷道行军总管，将新罗之众，与之合势。

夏，四月，丙寅[17]，上发并州；癸巳[18]，至东都。五月，作合璧宫[19]。壬戌[20]，上幸合璧宫。

戊辰[21]，以定襄都督阿史德枢宾[22]、左武候将军延陀梯真[23]、居延州都督李合珠并为冷岍[24]道行军总管，各将所部兵以讨叛奚[25]，仍命尚书右丞崔余庆充使总护三部兵，奚寻遣使降。更以枢宾等为沙砖道行军总管，以讨契丹[26]，擒契丹松漠[27]都督阿卜固送东都。

六月，庚午朔[28]，日有食之[29]。

甲午[30]，车驾还洛阳宫。

房州[31]刺史梁王忠，年浸[32]长，颇不自安，或[33]私衣妇人服以备刺客；又数自占[34]吉凶。或告其事，秋，七月，乙巳[35]，废忠为庶人，徙黔州，囚于承乾故宅[36]。

丁卯[37]，度支尚书[38]、同中书门下三品卢承庆坐科调失所[39]免官。

八月，吐蕃禄东赞[40]遣其子起政将兵击吐谷浑[41]，以吐谷浑内附故也。

苏定方引兵自成山[42]济海，百济据熊津江[43]口以拒之。定方进击破之，百济死者数千人，余皆溃走。定方水陆齐进，直趣其都城[44]。未至二十余里，百济倾国来战，大破之，杀万余人，追奔，入其郭。百济王义慈[45]及太子隆逃于北境，定方进围其城；义慈次子泰自立为王，帅众固守。隆子文思曰："王与太子皆在，而叔遽[46]拥兵自王，借使[47]能却[48]唐兵，我父子必不全矣。"遂帅左右逾城来降，百姓皆从之，泰不能止。定方命军士登城立帜，泰窘迫，开门请命[49]。于是义慈、隆及诸城主皆降。百济故有五部，分统三十七郡、二百城、七十六万户，诏以其地置熊津等五都督府[50]，以其酋长为都督、刺史。

壬午[51]，左武卫大将军郑仁泰将兵讨思结、拔也固[52]、仆骨[53]、同罗[54]四部，三战皆捷，追奔百余里，斩其酋长而还。

冬，十月，上初苦风眩头重，目不能视，百司奏事，上或使皇后决之。后性明敏，涉猎文史[55]，处事皆称旨[56]。由是始委以政事，权与人主侔[57]矣。

十一月，戊戌朔[58]，上御则天门[59]楼，受百济俘，自其王义慈以下皆释之。苏定方前后灭三国，皆生擒其主[60]。赦天下。

甲寅[61]，上幸许州。十二月，辛未[62]，畋于长社[63]。己卯[64]，还东都。

壬午[65]，以左骁卫大将军契苾何力[66]为浿江道行军大总管，左武卫大将军[67]苏定方为辽东道行军大总管，左骁卫将军刘伯英为平壤道行军大总管，蒲州[68]刺史程名振为镂方道总管，将兵分道击高丽。青州[69]刺史刘仁轨坐督海运覆船，以白衣[70]从军自效。

（以上为第十二段，写唐高宗大发兵破百济，征高丽，讨叛奚。高宗患风疾，权始落皇后武氏。）

【注释】

[1]乾阳殿：洛阳宫正殿，又名乾元殿、含元殿。[2]法司：司法机关。亦指法官。[3]丐：请求。[4]甲子：正月二十三日。[5]辛巳：二月十日。[6]并州：治所晋阳，在今山西太原市西南。[7]丙午：三月五日。[8]朝堂：皇帝与百官议事之所。胡注：天子行幸所至，皆有朝堂。[9]内殿：皇后所居之处。[10]版授：虚授。史炤《资治通鉴释文》："版授，谓不加告命，以版策授之。"[11]郡君：凡三等，正四品、从四品、正五品。[12]百济：国名。朝鲜三国之一，位于朝鲜半岛西南。公元1世纪后逐渐形成，公元538年迁都泗沘（今韩国忠清南道扶余郡）。与隋唐王朝来往密切。[13]新罗：位于朝鲜半岛东南，与高丽、百济并立，首都庆州，在今韩国庆尚北道。后完成了对朝鲜的统一。[14]春秋：新罗王真德之侄，永徽五年袭封。[15]辛亥：三月十日。[16]神丘道：行军目标，非监察区。[17]丙寅：章校，十二行本"丙"作"戊"。四月辛未朔，无丙寅。戊寅，四月八日。当以十二行本为是。[18]癸巳：四月二十三日。[19]合璧宫：在东都禁苑西头。显庆五年，命田仁汪等造八关宫。宫成，改名合璧。[20]壬戌：五月二十二日。[21]戊辰：五月二十八日。[22]阿史德枢宾：突厥人，姓阿史德。[23]延陀梯真：胡注，梯真，薛延陀之种，因以为姓。[24]冷岍：即冷径山，奚与契丹依阻此山以自固，其地在潢水之南，黄龙之北。[25]奚：东北少数民族，由东胡、乌桓发

展而来，与突厥同俗，逐水草而居。［26］契丹：东北少数民族。来源于东胡。居住在今辽河上游西拉木伦河一带。北魏时自称契丹，分属八部。贞观二年（628），契丹首领摩会归唐，遂在其地设松漠都督府。［27］松漠：都督府名。治所在今内蒙古巴林右旗南。［28］庚午朔：六月一日。［29］日有食之：发生日食。［30］甲午：六月二十五日。［31］房州：治所在今湖北房县。梁王忠初贬梁州都督，不久徙为房州刺史。［32］浸：渐。［33］或：有时。［34］占：占卜。［35］乙巳：七月六日。［36］承乾故宅：唐太宗太子李承乾贞观十七年被废，因于黔州。［37］丁卯：七月二十八日。［38］度支尚书：官名。即户部尚书。［39］科调失所：财政预算失当。科调失所，是失职行为。［40］禄东赞：吐蕃大相。［41］吐谷（yù）浑：民族名。此指鲜卑后裔在今青海北部和新疆东南部一带建立的少数民族政权。［42］成山：在今山东荣成市东。［43］熊津江：即今朝鲜半岛西南部的锦江。［44］趣其都城：百济都城泗沘，在今韩国忠清南道扶余郡。［45］义慈：百济王扶余璋之子，贞观十五年受封，号“海东曾子”。［46］遽（jù）：突然。［47］借使：假使。［48］却：退。［49］请命：请降。［50］五都督府：即熊津、马韩、东明、金涟、德安。［51］壬午：八月十四日。［52］拔也固：又名拔野古、拔野固。铁勒诸部之一，后为回纥所并，在今克鲁伦河流域中流地区。［53］仆骨：即仆固，在今蒙古国鄂嫩河流域。［54］同罗：在蒙古国乌兰巴托市之北。［55］涉猎文史：泛览文史书籍。［56］称旨：符合旨意。［57］侔：等，相同。［58］戊戌朔：十一月一日。［59］则天门：东都宫城南面中门。［60］生擒其主：指活捉西突厥阿史那贺鲁、思结都曼、百济义慈。［61］甲寅：十一月十七日。［62］辛未：十二月五日。［63］长社：县名。县治在今河南许昌市。［64］己卯：十二月十三日。［65］壬午：十二月十六日。［66］契苾何力（?—676）：铁勒人。投唐后历任军职，多次出征。传见《旧唐书》卷一百九、《新唐书》卷一百一十。［67］左武卫大将军：官名。正三品。［68］蒲州：治所蒲坂，在今山西永济市西南蒲州镇。［69］青州：治所在今山东青州市。［70］白衣：无功名官职的平民。

龙朔元年（辛酉，661 年）

春，正月，乙卯[1]，募河南北、淮南[2]六十七州兵，得四万四千余人，诣平壤[3]、镂方[4]行营。戊午[5]，以鸿胪卿[6]萧嗣业为扶余道行军总管，帅回纥[7]等诸部兵诣平壤。

二月，乙未晦[8]，改元。

三月，丙申朔[9]，上与群臣及外夷宴于洛城门[10]，观屯营新教之舞，谓之《一戎大定乐》[11]。时上欲亲征高丽，以象用武之势也。

初，苏定方既平百济，留郎将刘仁愿镇守百济府城[12]，又以左卫中郎将王文度为熊津[13]都督，抚其余众。文度济海而卒，百济僧道琛、故将福信聚众据周留城，迎故王子丰于倭国[14]而立之，引兵围仁愿于府城。诏起刘仁轨检校带方州[15]刺史将王文度之众，便道[16]发新罗兵以救仁愿。仁轨喜曰："天将富贵此翁[17]矣！"于州司[18]请《唐历》及庙讳以行，曰："吾欲扫平东夷[19]，颁大唐正朔[20]于海表[21]！"仁轨御军严整，转斗而前，所向皆下。百济立两栅于熊津江[22]口，仁轨与新罗兵合击，破之，杀溺死者万余人。道琛乃释府城之围，退保任存城[23]，新罗粮尽，引还。道琛自称领军将军，福信自称霜岑将军，招集徒众，其势益张。仁轨众少，与仁愿合军，休息士卒。上诏新罗出兵，新罗王春秋奉诏，遣其将金钦将兵救仁轨等，至古泗[24]，福信邀击[25]，败之。钦自葛岭道遁还新罗，不敢复出。福信寻杀道琛，专总国兵。

夏，四月，丁卯[26]，上幸合璧宫。

庚辰[27]，以任雅相为浿江道行军总管，契苾何力为辽东道行军总管，苏定方为平壤道行军总管，与萧嗣业及诸胡兵凡三十五军，水陆分道并进。上欲自将大军继之；癸巳[28]，皇后抗表[29]谏亲征高丽；诏从之。

六月，癸未[30]，以吐火罗、𠯋哒、罽宾、波斯等十六国[31]置都督府八，州七十六[32]，县一百一十，军府一百二十六，并隶安西都护府。

秋，七月，甲戌[33]，苏定方破高丽于浿江[34]，屡战皆捷，遂围平壤城。

九月，癸巳朔[35]，特进新罗王春秋卒；以其子法敏为乐浪郡王、新罗王。

壬子[36]，徙潞王贤[37]为沛王。贤闻王勃[38]善属文，召为修撰。勃，通[39]之孙也。时诸王斗鸡[40]，勃戏为《檄周王鸡文》。上见之，怒曰："此乃交构[41]之渐。"斥勃出沛府。

高丽盖苏文[42]遣其子男生以精兵数万守鸭绿水[43]，诸军不得渡。契苾何力至，值冰大合，何力引众乘冰渡水，鼓噪而进，高丽大溃，追奔数十里，斩首三万级，余众悉降，男生仅以身免。会有诏班师，乃还。

冬，十月，丁卯[44]，上畋于陆浑[45]；戊申[46]，又畋于非山[47]；癸酉[48]，还宫。

回纥酋长婆闰卒，侄比粟毒代领其众，与同罗、仆固犯边，诏左武卫大将军郑仁泰为铁勒道行军大总管，燕然都护刘审礼[49]、左武卫将军薛仁贵为副，鸿胪卿萧嗣业为仙萼道行军总管，右屯卫将军孙仁师为副，将兵讨之。审礼，德威之子也。

（以上为第十三段，写唐高宗再次大发兵东征高丽。）

【注释】

[1]乙卯：正月十九日。［2］河南北、淮南：河南道、河北道、淮南道，三道凡六十七州。［3］平壤：即今朝鲜平壤市。［4］镂方：在今辽宁辽阳县东。［5］戊午：正月二十二日。［6］鸿胪卿：官名。掌接待宾客、制定凶仪之事。［7］回纥：北方少数民族。由匈奴发展而来，活动在蒙古高原。［8］乙未晦：二月三十日。［9］丙申朔：三月一日。［10］洛城门：有西门、南门之分。南门在洛阳宫西南。［11］《一戎大定乐》：据《旧唐书·音乐志》：大定乐出自破阵乐，舞者一百四十人，被五彩文甲，持槊歌舞，声震百里，以象征平辽东而边隅大定之意。［12］百济府城：即泗沘。［13］熊津：都督府名，治所在今韩国忠清南道公州市。［14］倭国：日本。［15］带方州：治所约在今韩国首尔市一带。带方，沿汉带方县之称，以带水为名。带水，即今韩国首尔市一带的汉江。［16］便道：沿途。［17］此翁：我这老头。刘仁轨自称。［18］州司：州署。刘仁轨自青州刺史白衣从军，此“州司”当指青州而言。［19］东夷：东方民族的泛称。此处指百济。［20］正朔：历法。［21］海表：海外。［22］熊津江：即锦江。熊津江口在今韩国忠清南道长项之西。［23］任存城：在今韩国忠清南道青阳郡大兴面。［24］古泗：史炤《资治通鉴释文》以为中国之泗水。胡三省《通鉴释文辨误》驳之，认为在百济国中，极是。据《朝鲜全史》，古泗在孤山附近。［25］邀击：阻击。［26］丁卯：四月三日。［27］庚辰：四月十六日。［28］癸巳：四月二十九日。［29］抗表：上表直言。［30］癸未：六月十九日。［31］吐火罗至波斯等十六国：指吐火罗、哌哒、罽宾、波斯、诃达罗支、解苏、骨咄施、帆延、石汗那、护时犍、怛没、乌拉喝、多勒建、俱密、护密多、久越得犍。皆在今帕米尔以西、咸海以东的中亚地区。［32］都督府八，州七十六：此数与《新唐书·地理志》等书记载不合。是说详岑仲勉《西突厥史料补阙及考证》。据两《唐书·地理志》，当时共设置了十六个都督府，即：月氏都督府，以吐火罗国置，治所遏换城，在今阿富汗东北之昆都士市；大汗都督府，以哌哒国置，治所活路城，在今阿富汗北部；条支都督府，以诃达罗支置，治所伏宝瑟颠城，在今阿富汗加兹尼市；天马都督府，以解苏国置，治所数瞒城，在今塔吉克斯坦杜尚别市附近；高附都督府，以骨咄施国置，治所沃沙城，在今塔吉克斯坦西南；修鲜都督府，以罽宾国置，治所遏纥城，在今阿富汗喀布尔河之北；写凤都督府，以失苑延（即帆延）国置，治所伏戾城，在今阿富汗喀布尔西北巴米扬市；悦般州都督府，以石汗那国置，治所艳城，在今兴都库什山北麓斯科扎尔一带；波斯都督府，以波斯国置，治所疾陵城，在今伊朗萨巴里湖附近；奇沙州都督府，以护时犍国置，治所遏密城，在今阿富

汗北部席巴尔甘南；姑墨州都督府，以怛没国置，治所怛城，在今乌兹别克斯坦捷尔梅兹附近；旅獒州都督府，以乌拉喝国置，治所摩竭城，在今阿富汗西北安德胡伊一带；昆墟州都督府，以多勒建国置，治所抵宝那城，在今阿富汗穆尔加布河流域；至拔州都督府，以俱密国置，治所措瑟城，在今中亚苏尔哈布河流域；鸟飞州都督府，以护密多国置，治所摸廷城，在今阿富汗东北喷赤河西岸伊什卡希姆；王庭州都督府，以久越得犍国置，治所步师城，在今塔吉克斯坦境内。若悦般州都督府之后八都督府以州计，则都督府之数为八。［33］七月，甲戌：七月无甲戌。查《新唐书·东夷传》，苏定方浿江之战在八月。《新唐书·高宗纪》作“八月甲戌”，即八月十一日，七月当为八月之误。［34］浿江：即今朝鲜之大同江。［35］癸巳朔：九月一日。［36］壬子：九月二十日。［37］潞王贤（654—684）：即李贤。高宗第六子，为武则天所生。上元二年（675）立为皇太子。曾集学者注释《后汉书》。后被废为庶人。睿宗时追赠“章怀太子”，传见《旧唐书》卷八十六、《新唐书》卷八十一。［38］王勃（649—676）：字子安，绛州龙门（今山西河津市）人。“初唐四杰”之一。传见《旧唐书》卷一百九十上、《新唐书》卷二百一。［39］通：王通（584—618），字仲淹。王勃之祖。隋哲学家。主张儒佛道三教合一。门人私谥为“文中子”。事见《旧唐书》卷一百九十上《王勃传》、《新唐书》卷一百九十六《王绩传》。［40］斗鸡：以鸡相斗的游戏。这种游戏起于春秋。魏晋以降，渐成风俗，故曹植有“斗鸡东郊道，走马长楸间”的诗句。隋唐之际，不但民间有斗鸡者，上流社会亦多此举。《东城父老传》载：“唐明皇喜民间清明斗鸡，立鸡坊于两宫间。”由此可知当时斗鸡颇为风靡。［41］交构：相互构陷。［42］盖苏文：姓泉，高丽人，残忍无道。杀其王建武，另立建武侄藏为王，自称莫离支，权倾内外。事见《旧唐书》卷一百九十九上《东夷传》、《新唐书》卷二百二十《东夷传》。［43］鸭绿水：即今鸭绿江。［44］丁卯：十月五日。［45］陆浑：县名。县治在今河南嵩县东北。［46］戊申：十月无戊申。观上下文，似为戊辰之误。《新唐书·高宗纪》正作“戊辰”，即十月六日。［47］非山：山名。在今河南伊川县西。［48］癸酉：十月十一日。［49］刘审礼：徐州彭城（今江苏徐州市）人。父德威，贞观年间以廉平著称，深得民心。父卒，审礼袭封彭城郡公，累迁至工部尚书、兼检校左卫大将军。后为吐蕃所俘。事见《旧唐书》卷七十七《刘德威传》、《新唐书》卷一百六《刘德威传》。

二年（壬戌，662年）

春，正月，辛亥[1]，立波斯都督卑路斯[2]为波斯王。

二月，甲子[3]，改百官名：以门下省[4]为东台，中书省[5]为西台，尚书省[6]为中台；侍中为左相，中书令为右相，仆射为匡政，左、右丞为肃机，尚书为太常伯，侍郎为少常伯；其余二十四司、御史台、九寺、七监、十六卫，并以义训更其名[7]，而职任如故。

甲戌[8]，浿江道大总管任雅相薨于军。雅相为将，未尝奏亲戚故吏从军，皆移[9]所司补授，谓人曰："官无大小，皆国家公器[10]，岂可苟便[11]其私！"由是军中赏罚皆平，人服其公。

戊寅[12]，左骁卫将军[13]白州[14]刺史沃沮道总管庞孝泰与高丽战于蛇水[15]之上，军败，与其子十三人皆战死。苏定方围平壤久不下，会大雪，解围而还。

（以上为第十四段，写唐军主力撤离高丽。）

【注释】

[1]辛亥：正月二十一日。[2]卑路斯：波斯王伊嗣俟之子。龙朔元年拜为波斯都督。咸亨年间入朝，授右武卫将军。事见《旧唐书》卷一百九十八《波斯传》、《新唐书》卷二百二十一下《波斯传》。[3]甲子：二月四日。[4]门下省：官署名。与中书、尚书合称三省。其中心工作是审议和封驳，掌"出纳帝命"。[5]中书省：三省之一。是中央的机要之司，主要任务是起草诏书，掌"军国政令"。[6]尚书省：全国最重要的行政部门。[7]其余二十四司、御史台、九寺、七监、十六卫，并以义训更其名：据《唐六典》《旧唐书·职官志》及《新唐书·百官志》，其具体更改如下。二十四司：改吏部为司列，主爵为司封，考功为司绩，司勋如故；改户部为司元，度支为司度，金部为司珍，仓部为司庾；改礼部为司礼，祠部为司禋，膳部为司膳，主客为司蕃；改兵部为司戎，职方为司城，驾部为司舆，库部为司库；改刑部为司刑，都官为司仆，比部为司计，司门如故；改工部为司平，屯田为司田，虞部为司虞，水部为司川。其长官郎中皆改称大夫。御史台：改御史台为宪台；御史大夫为大司宪；御史中丞为司宪大夫。九寺：改太常寺为奉常寺，光禄寺为司宰寺，卫尉寺为司卫寺，宗正寺为司宗寺，太仆寺为司驭寺，大理寺为详刑寺，鸿胪寺为司文寺，司农寺为司稼寺，太府寺为外府寺；长官卿皆改为正卿，少卿则改为大夫。七监：改秘书省为兰台，秘书监为太史，少监为侍郎，丞为大夫；改殿中省为中御府，殿中省监为中御大监，丞为中御大夫；改内侍省为内侍监；改少府监为内府监；改将作监为缮工监，将作大将为缮工大监，少将为少监；改国子监为司成馆，国子祭酒为大司成，司业为少司成，博士为宣业；改都水监为司津监。十六卫：左右卫府、骁卫府、武卫府皆省"府"字；改左右屯卫为左右威卫，左右领军卫为左右戎卫，左右候卫为左右金吾卫，左右千牛府为左右奉宸卫，左右屯营为左右羽林军。胡注仅依《新唐书·百官志》，颇有不确之处。[8]甲戌：二月十四日。[9]移：移交。[10]公器：公有之名位。[11]苟便：方便。[12]戊寅：二月十八日。[13]左骁卫将军：官名。从三品。职掌与大将军相同。[14]白州：治所博白，在今广西博白县。[15]蛇水：即今朝鲜平壤市合掌江。

三月，郑仁泰等败铁勒[1]于天山[2]。

铁勒九姓[3]闻唐兵将至，合众十余万以拒之，选骁健者数十人挑战，薛仁贵发三矢，杀三人，余皆下马请降。仁贵悉坑[4]之，度碛北[5]，击其余众，获叶护[6]兄弟三人而还。军中歌之曰："将军三箭定天山，壮士长歌入汉关。"

思结、多滥葛[7]等部落先保天山，闻仁泰等将至，皆迎降；仁泰等纵兵击之，掠其家以赏军。虏相帅远遁，将军杨志追之，为虏所败。候骑[8]告仁泰："虏辎重在近，往可取也。"仁泰将轻骑万四千，倍道[9]赴之，遂逾大碛，至仙萼河[10]，不见虏，粮尽而还。值大雪，士卒饥冻，弃捐[11]甲兵[12]，杀马食之，马尽，人自相食，比[13]入塞，余兵才八百人。

军还，司宪大夫[14]杨德裔劾奏："仁泰等诛杀已降，使虏逃散，不抚[15]士卒，不计资粮，遂使骸骨蔽野，弃甲资寇[16]。自圣朝[17]开创[18]以来，未有如今日之丧败者。仁贵于所监临[19]，贪淫自恣，虽矜所得，不补所丧。并请付法司推科[20]。"诏以功赎罪，皆释之。

以右骁卫大将军契苾何力为铁勒道安抚使，左卫将军[21]姜恪副之，以安辑其余众。何力简[22]精骑五百，驰入九姓中，虏大惊，何力乃谓曰："国家知汝皆胁从，赦汝之罪，罪在酋长，得之则已。"其部落大喜，共执其叶护及设、特勒[23]等二百余人以授何力，何力数其罪而斩之，九姓遂定。

甲午[24]，车驾发东都；辛亥[25]，幸蒲州；夏，四月，庚申朔[26]，至京师。

辛巳[27]，作蓬莱宫[28]。

五月，丙申[29]，以许圉师为左相[30]。

六月，乙丑[31]，初令僧、尼、道士、女官致敬父母[32]。

秋，七月，戊子朔[33]，赦天下。

（以上为第十五段，写唐高宗抚定铁勒九姓。）

【注释】

[1]铁勒：北方少数民族。其先可追至匈奴。北魏时称敕勒、高车。唐时诸部总称回纥。[2]天山：一名郁督军山，即今杭爱山系，在蒙古国境内。[3]铁勒九姓：指铁勒的九个部族，

即回纥、仆固、浑、拔野古、同罗、思结、契苾、阿布思、骨仑屋骨（或作葛逻禄）。回纥、仆固、拔野古、同罗、思结已见前注。浑在今蒙古国图拉河流域。契苾在今新疆焉耆县西北开都河。阿布思在今新疆吉木萨尔县。骨仑屋骨在今额尔齐斯河南岸。［4］坑：活埋。［5］碛（qì）北：漠北。［6］叶护：官名。首领。［7］多滥葛：亦铁勒部族。在蒙古国图拉河上游。［8］候骑：探马。［9］倍道：昼夜兼行。［10］仙萼河：一名仙蛾河，即今蒙古国色楞格河。［11］弃捐：抛弃。［12］甲兵：铠甲兵杖。［13］比：及。［14］司宪大夫：官名。即御史中丞，"掌刑宪典章之政令，以肃正朝列"。［15］抚：抚恤。［16］资寇：资给敌寇。［17］圣朝：指唐朝。［18］开创：创建。［19］于所监临：在实地监督临视。［20］推科：审讯定罪。［21］左卫将军：官名。从三品。职同左卫大将军，掌统领宫廷警卫之法令。［22］简：选。［23］执其叶护及设、特勒：叶护、设、特勒皆铁勒官名，与突厥大体相同。叶护为部族首领。设为别部典兵之官。特勒，即特勤，或以为特勤之误，以宗室子弟充任，地位仅次于设。［24］甲午：三月五日。［25］辛亥：三月二十二日。［26］庚申朔：四月一日。［27］辛巳：四月二十二日。［28］蓬莱宫：即大明宫，亦称东内。位于太极宫东北的龙首原上，创建于贞观八年。龙朔二年，高宗改名为蓬莱宫。［29］丙申：五月八日。［30］左相：即侍中。［31］乙丑：六月七日。［32］初令僧、尼、道士、女官致敬父母：尼，尼姑；女官，即女冠，女道士。唐朝以前，僧尼皆受父母礼拜。高宗以为有伤名教，令朝野详议。显庆二年二月颁《僧尼不得受父母拜诏》，予以明令禁止。但僧、尼、道士、女冠仍有不拜父母之礼。高宗提倡孝道，故又有此令。［33］戊子朔：七月一日。

丁巳[1]，熊津都督刘仁愿、带方州刺史刘仁轨大破百济于熊津[2]之东，拔真岘城。

初，仁愿、仁轨等屯熊津城[3]，上与之敕书，以"平壤军回，一城不可独固，宜拔[4]就[5]新罗。若金法敏[6]藉[7]卿留镇，宜且停彼[8]；若其不须，即宜泛海还也。"将士咸欲西归。仁轨曰："人臣徇公家[9]之利，有死无贰，岂得先念其私！主上欲灭高丽，故先诛百济，留兵守之，制其心腹；虽余寇充斥而守备甚严，宜砺兵秣马，击其不意，理无不克。既捷之后，士卒心安，然后分兵据险，开张形势，飞表以闻，更求益兵[10]。朝廷知其有成，必命将出师，声援才接，凶丑[11]自歼[12]。非直[13]不弃成功[14]，实亦永清海表。今平壤之军既还，熊津又拔[15]，则百济余烬，不日[16]更兴，高丽逋寇[17]，何时可灭！且今以一城之地居敌中央，苟或[18]动足，即为擒虏，纵入新罗，亦为羁客[19]，脱[20]不如意，悔不可追。况福信凶悖残虐，君臣猜离，行相[21]屠戮，正宜坚守观变，乘便取之，不可动也。”众从之。时百济王丰与福信等以仁愿等孤城无援，遣使谓之曰：“大使等何时西还，当遣相送。”仁愿、仁轨知其无备，忽出击之，拔其支罗城及尹城、大山、沙井等栅，杀获甚众，分兵守之。福信等以真岘城险要，加兵守之。仁轨伺其稍懈，引新罗兵夜傅[22]城下，攀草而上，比明，入据其城，遂通新罗运粮之路。仁愿乃奏请益兵。诏发淄、青、莱、海[23]之兵七千人以赴熊津。

福信专权，与百济王丰浸[24]相猜忌。福信称疾，卧于窟室，欲俟[25]丰问疾而杀之。丰知之，帅亲信袭杀福信；遣使诣高丽、倭国乞师[26]以拒唐兵。

（以上为第十六段，写唐军刘仁愿、刘仁轨孤军坚守百济。）

【注释】

[1]丁巳：七月三十日。[2]熊津：即韩国锦江。[3]仁愿、仁轨等屯熊津城：《考异》：“去岁道琛、福信围仁愿于百济府城，今云尚在熊津城，或者共是一城。不则围解之后，徙屯熊津城耳。”按百济府城泗沘，即今韩国忠清南道扶余郡，在熊津（今忠清南道公州市）之西，二者相去不远，但实非一地。[4]拔：开拔。[5]就：赴。[6]金法敏：新罗王春秋之子。永徽元年入唐，擢太府卿。龙朔元年袭封，为新罗王。[7]藉：借。[8]彼：指新罗。[9]公家：即国家。[10]益兵：增加兵力。[11]凶丑：指福信等百济部众。[12]自歼：自灭。[13]直：但，只。[14]成功：已成之功。[15]熊津又拔：意为驻扎在熊津的兵马又撤。拔，拔离，撤退。[16]不日：不久，很快。[17]逋寇：在逃之敌。[18]苟或：假如。[19]羁客：羁旅，寄居作客。[20]脱：万一。[21]行相：即将相互。[22]傅：靠近。[23]淄、青、莱、海：皆州名。淄州治所在今山东淄博市境内。青州治所在今山东青州市。莱州治所在今山东莱州市。海州治所在今江苏连云港市西南。[24]浸：渐。[25]俟：等，候。[26]乞师：借兵。

【点评】

本卷点评三事：唐高宗废王皇后、立武氏为皇后，长孙无忌集团的覆灭，以及新编《姓氏录》的历史意义。次第评说。

一、唐高宗废王皇后立武氏为皇后。唐高宗结发夫人王皇后是西魏大将王思政的孙女，出身名门贵胄。王氏与李唐皇室世为婚姻。王皇后的从祖母同安长公主就是唐高祖李渊的妹妹。同安公主见王皇后品貌端庄，向唐太宗推荐，嫁与晋王李治为妃。这是一桩亲上加亲的婚姻。李治被立为皇太子，王氏为太子妃。唐太宗很喜欢太子妃。临终特意亲手将高宗与王氏这对“佳儿佳妇”托付长孙无忌、褚遂良等大臣辅佐、护佑。高宗即位，太子妃王氏为皇后。

长孙无忌以帝舅之亲，又兼领首辅之重任，在永徽初年大权在握。他与褚遂良等人共同辅政，精心治国，以天下安危自任，故永徽之政有贞观之风。唐高宗也敬礼二臣，拱己以听。此时政通人和，号称太平。可是这个局面没过多久，就被唐高宗废王立武这一事件打破了平衡。

王皇后没有生育。高宗即位时已有四子。长子李忠，后宫刘氏所生。次子李孝，后宫郑氏所生。三子李上金，后宫杨氏所生。四子李素节，萧淑妃所生。萧淑妃生皇子，又得到高宗宠爱，王皇后感到忧惧，她把在感业寺出家为尼的武则天召进宫中，想拉拢武则天为自己的同党以分萧淑妃之宠。武则天是唐太宗的嫔妃，唐太宗不喜欢武则天的刚强性格，只封她为才人，正五品。唐太宗病重，太子李治入侍宫中，被武则天的美色和伎俩所俘获，两人发生暧昧关系。唐太宗死后，武则天出家为尼，高宗李治念念不忘旧情。王皇后看在眼里，错误地召武则天进宫，给自己带来了灭顶之灾。

高宗永徽三年（652），武则天第二次进宫，时年30岁，正当青春盛年。她毫不感谢王皇后的知遇，而要取而代之。她假意讨好王皇后，又用小恩小惠收买宫人，自己所得赏赐全部分给她们。武则天受到上下一致赞扬，高宗非常高兴，把进宫不久的武则天封为昭仪，正二品。这和昔日正五品的才人不可同日而语。但武则天不会满足。她收买宫人为自己的耳目，对高宗、王皇后以及其他妃嫔的动静了如指掌，逐渐地把唐高宗牢牢地控制在自己手中。这时唐高宗不但冷落了萧淑妃，也疏远了王皇后。但武则天要夺取皇后桂冠也非易事。王皇后出身名门，又是亲上加亲，与高宗结发为夫妻，长期相处，有深厚感情，更加上长孙无忌、褚遂良等重臣拥戴，武则天要挑战王皇后，仿佛是天方夜谭。武则天的铁腕性格，不会被任何困难所动摇。她抓住高宗懦弱和耳根软的特点，更抓住王皇后不懂政治、缺少心眼的特点，采用非常手段，离间高宗与王皇后的感情。她不惜亲手扼杀了自己刚出生的长女，嫁祸于王皇后，高宗果然大怒，产生了废后之意。接着武则天着手瓦解王皇后的政治根基。首先打击王皇后的舅舅、中书令柳奭，永徽五年（654）六月柳奭解职中书令，贬为吏部尚书。永徽六年（655）六月，武则天又诬告王皇后与其母魏国夫人柳氏行厌胜之术，从此禁止柳氏入宫。七月柳奭受牵连被贬出京。柳奭出京，已是王皇后被废的先兆。

但是要废王立武，还须朝中大臣的翊赞。武则天使出浑身解数拉拢长孙无忌，先只是要求高宗立自己为宸妃，正一品，可是长孙无忌连宸妃也不赞同。武则天转而收买朝中大臣。这时中书舍人李义府得罪长孙无忌，被贬为壁州司马。李义府孤注一掷，他接受同僚王德俭的主意，上书高宗，连夜奏本，请立武昭仪为皇后。这正中高宗下怀，立即召见，并赐李义府宝珠一斗，让他官复原职。武则天于是通过李义府联络了御史大夫崔义玄，御史中丞袁公瑜，以及卫尉卿许敬宗、中书舍人王德俭，壮大了势力。很快李义府被提拔为中书侍郎，卫尉卿许敬宗被提拔为礼部尚书。李义府等人在朝中大肆制造立武则天当皇后的舆论。永徽六年九月，武则天觉得时机成熟，便鼓动高宗讨论立后问题。这时朝中大臣分为两派。元老重臣长孙无忌、于志宁、褚遂良、韩瑗、来济等坚决反对。李义府、许敬宗、崔义玄等拥护立武则天为皇后。唐高宗拿不定主意，于是私访称病不上朝的开国元勋李勣。李勣老奸巨滑，他既不得罪元老重臣，所以称病不朝，而又看到武则天的野心和高宗的决心，为自己个人前途考虑，他正等着高宗的来访，他点拨高宗说："此陛下家事，无须问外人。"太子与皇后的废立，向来是国家大事，并不是天子个人的私事。李勣如此回答，表示自己支持高宗。高宗得到了开国元勋的支持，心一横，于永徽六年十月，采取果断措施，立即废黜了王皇后，立武则天为皇后。武则天防止死灰复燃，她又断然地杀害了王皇后和萧淑妃，还改王皇后的姓为蟒氏，萧淑妃姓为枭氏。

唐高宗废王立武是唐代一个大事件，这一事件改变了唐朝的政治轨迹。因为武则天的终极目标不是只当皇后，她要的是皇权，要自己做皇帝。武则天挑战皇后成功，为中国唯一的一个女皇出世奠定了基础。接下来就是向皇权迈进，制造了无数的大事件，这是后话。我们要点评的问题是，武则天挑战皇后之位，为何得以成功？有以下五大原因。第一，武则天是一位天才的政治家。她入宫之初就不安本分，在唐太宗那里得不到发展，就瞄准了太子李治，敢于打破封建伦理，"秽乱春宫……陷吾君于聚麀"，非常人所能及。第二，性格决定成败。武则天有心计，有手段，更有刚毅与残忍，敢作敢为。恰如骆宾王《讨武曌檄》中所说，不仅"狐媚偏能惑主"，而且"加以虺蜴为心，豺狼成性"，她与王皇后以及与元老重臣的斗争，就是生动的例证。第三，王皇后的嫉妒与无能，给武则天创造了第二次进宫的条件。王皇后是搬起石头砸了自己的脚。第四，君权与相权之争，高宗引武氏为党援。高宗懦弱，感情上心理上要找一个依靠。高宗争皇太子位，依靠的是长孙无忌，而当皇帝后不甘心长孙无忌的专权，他依靠武则天为党援。武则天抓住了高宗的性格弱点以及不甘大权旁落的心理，牢牢地控制了高宗。武则天年长高宗四岁，政治与权谋心理比高宗成熟。高宗受制于武则天，其实也是心理依赖。第五，社会形势的变化，世族与庶族地主集团的斗争，给武则天带来了机遇。长孙无忌等元老重臣是世家大族执政的代表。李义府、许敬宗等人是庶族地主的代表人物。魏晋南北朝是世家大族垄断政治的时期，隋文帝以科举代替九品官人法的选举制度，可以说是庶族地主取代世家大族的一个先兆。这是历史的必然发展。朝中大臣两种势力的斗争，给武则天带来了机遇。

二、元老重臣长孙集团的覆灭。长孙无忌字辅机，长安人。其先祖是北魏拓跋氏宗室，属鲜卑族人，因在宗室中地位最高，故拓跋氏改姓为长孙氏。无忌之父长孙晟在隋朝任右骁卫将军。无忌少时，聪明好学，通晓文史典故，喜结英豪，与李世民友善。无忌追随李渊起兵反隋，一直跟随李世民南征北战，尽心辅佐，功勋卓著。贞观十七年（643），唐太宗令人画开国功臣二十四人于凌烟阁，长孙无忌以"英冠人杰，力安社稷"而名列第一。高宗得立为太子，是长孙无忌一手扶上台。高宗即位，长孙无忌的权势达到了顶点。于志宁、褚遂良、韩瑗、来济、王皇后、皇后舅氏柳奭等均属长孙集团，也是关陇集团，唐皇室李氏也是出自关陇集团。他们牢固地掌握着政权。李勣、崔义玄、李义府、许敬宗、武则天，他们均是山东庶族。但古人的地域与阶层的观念并不明显，特别是并不直接表现在意识上。由于唐高宗与长孙无忌帝权与相权的斗争，使得关陇集团的核心发生了分裂，唐高宗不自觉地倒在了武则天的怀抱。武则天要出人头地，她要的是个人权力，最初是向关陇集团首领长孙氏示好，碰了壁而发恨向关陇集团进攻。武则天寻找个人势力，无形中与山东庶族集团形成联盟。于是立武废王，从个人权力之争，引出帝相权力之争，再引出关陇士族与山东庶族集团之争，斗争愈演愈烈，两个集团之争从朦胧走向透明，从无意识走向有意识，从温和走向激烈，而最后是你死我活的斗争。唐高宗顾不了昔日之恩，舅甥之情，彻底覆灭了长孙氏集团。长孙无忌本人，从被贬黜到被贬死，以悲剧告终。长孙集团的覆灭，预告门阀士族政治的终结。从此，高宗成了傀儡，而"政归中宫"。一场皇后的废立之争，成了一个时代变迁的临界点。这是唐代政治的一个看点，也是专制政体的一大奇观。

三、武则天新编《姓氏录》。魏晋南北朝时期，门阀士族专政，选举制度施行九品官人法，士人品级，由门第决定。"上品无寒门，下品无士族。"崔、卢、王、谢，为天下著姓。朝代变迁，士族门第衰落，但山东士人，仍以门第自矜夸耀。士族不与寒门联姻。唐太宗十分厌恶，他要改变这一风气。唐太宗贞观五年（631）诏令高士廉与韦挺、岑文本、令狐德棻等人，征集天下族谱，参考史传，重定姓氏等第为九等，书名《氏族志》一百卷，颁行天下。原第一等崔氏，贬为第三等，唐皇室李氏为第一等。唐太宗指示，新修《氏族志》的原则是"不须论数世以前，止取今日官爵高下作等级"（《旧唐书·高士廉传》）。皇族自然是第一等。以官爵门第等级，改变了以往以郡姓区别门第高下的做法，抑制了旧门阀士族，给新兴贵族以士族地位，符合社会现实，具有进步意义。但唐初旧门阀士族还没有全面衰落，而李唐开国元勋又多为关陇士族，在政治上还有很大势力，维系士族地位的谱牒仍在沿袭。长孙无忌等人反对立武则天为皇后，其中一个重要原因是武氏出身寒微，这对武则天是一个极大的刺激。武则天摧毁长孙无忌之后，决不容忍这一现实。高宗显庆四年（659），武则天通过高宗下诏改修《氏族志》为《姓氏录》，令许敬宗主持其事。新编《姓氏录》的原则是“皇朝五品官者，皆升士族”，武氏列为第一等。于是，许多寒门因军功得五品，或入仕得五品的现任官都被列入士族。门阀士族虽然在《姓氏录》中仍然有名，但他们不得不与昔日的下流寒士并列，实际上是门阀士族的等第被降低了。因此士族对《姓氏录》十分憎恶，“皆号此书为勋格”。武则天新编《姓氏录》对门阀制度的破坏，大大超过了唐太宗所修《氏族志》。降至唐代中叶，史称“风教又薄，谱录都废，公靡常产之拘，士亡旧德之传，言李悉出陇西，言刘悉出彭城，悠悠世祚，讫无考案，冠冕皂隶，混为一区”（《新唐书·高士廉传》）。士族开始全面衰落。这种局面的出现，是和武则天新编《姓氏录》，以及大力打击关陇士族集团而大力选拔庶族地主人士入仕等政策密切关联的。许敬宗一生作恶，但他主修《姓氏录》，打碎旧制度、旧积习，却是一件好事。

卷二〇一　唐纪十七

唐高宗龙朔二年至咸亨元年（662—670 年）

【起玄黓阉茂（壬戌，662 年）八月，尽上章敦牂（庚午，670 年），凡八年有奇】

【大事提要】

本卷记事起公元 662 年八月，讫公元 670 年，凡八年又五个月，时当唐高宗龙朔二年八月至咸亨元年。这一时期是唐高宗三十四年执政的中期。唐高宗的个人事业达到了顶峰，其标志有二：一是内政颁布了新历《麟德历》，完成了上泰山祭天，改元乾封，又完善了选举之法；二是对外征服了百济、高丽，这是隋炀帝、唐太宗两朝皇帝都没有完成的事业，因此是唐高宗最大的骄傲。此时期，也是唐高宗执政的一个转折点。最大事件是唐高宗欲废皇后武则天，令上官仪草诏，结果是武则天一闹，唐高宗冤杀上官仪，屈从武则天，导致武则天进一步掌握大权，居然垂帘听高宗之政，与之并称“二圣”，唐高宗逐渐成为傀儡。武则天参政以后，第一件事是打击武氏家族对武则天生母不尊敬的人。这预示着一个铁腕女人已经横空出世，唐朝政治将伴随这个女人掌握大权发生重大转折。

高宗天皇大圣大弘孝皇帝中之上

龙朔二年（壬戌，662 年）

八月，壬寅[1]，以许敬宗为太子少师[2]、同东西台三品、知西台事[3]。

九月，戊寅[4]，初令八品、九品衣碧[5]。

冬，十月，丁酉[6]，上幸骊山[7]温汤[8]，太子监国；丁未[9]，还宫。

庚戌[10]，西台侍郎[11]陕[12]人上官仪[13]同东西台三品。

癸丑[14]，诏以四年正月有事于泰山[15]，仍[16]以来年二月幸东都。

左相[17]许圉师之子奉辇直长[18]自然，游猎犯[19]人田，田主怒，自然以鸣镝[20]射之。圉师杖自然一百而不以闻[21]。田主诣司宪[22]讼之，司宪大夫[23]杨德裔不为治[24]。西台舍人[25]袁公瑜遣人易姓名上封事[26]告之，上曰："圉师为宰相，侵陵[27]百姓，匿而不言，岂非作威作福！"圉师谢[28]曰："臣备位枢轴[29]，以直道[30]事陛下，不能悉允众心，故为人所攻讦[31]。至于作威福者，或手握强兵，或身居重镇；臣以文吏，奉事圣明[32]，惟知闭门自守，何敢作威福！"上怒曰："汝恨无兵邪！"许敬宗曰："人臣如此，罪不容诛。"遽[33]令引出。诏特免官。

癸酉[34]，立皇子旭轮[35]为殷王。

十二月，戊申[36]，诏以方讨高丽、百济，河北之民，劳于征役，其封泰山、幸东都并停。

飓海道[37]总管苏海政受诏讨龟兹，敕兴昔亡[38]、继往绝[39]二可汗发兵与之俱[40]。至兴昔亡之境[41]，继往绝素与兴昔亡有怨[42]，密谓海政曰："弥射谋反，请诛之。"时海政兵才数千，集军吏谋曰："弥射若反，我辈无噍类[43]，不如先事诛之。"乃矫称敕，令大总管赍帛数万段赐可汗及诸酋长，兴昔亡帅其徒受赐，海政悉收斩之。其鼠尼施[44]、拔塞干[45]两部亡走，海政与继往绝追讨，平之。军还，至疏勒南，弓月部[46]复引吐蕃之众来，欲与唐兵战；海政以师老[47]不敢战，以军资赂吐蕃，约和而还。由是诸部落皆以兴昔亡为冤，各有离心。继往绝寻卒，十姓无主[48]，有阿史那都支[49]及李遮匐收其余众附于吐蕃。

是岁，西突厥寇庭州[50]，刺史来济将兵拒之，谓其众曰："吾久当死，幸蒙存全以至今日，当以身报国。"遂不释甲胄[51]，赴敌而死。

（以上为第一段，写唐高宗体恤民情，惩治许圉师，停祭泰山。边将苏海政邀功，逼反西域，引来吐蕃入寇。）

【注释】

[1]壬寅：八月十六日。 [2]太子少师：官名。与少傅、少保一同掌奉太子观三师道德。[3]同东西台三品、知西台事：即同中书门下三品、知中书事。知中书事，指参与执掌军国政令的活动。 [4]戊寅：九月二十二日。 [5]初令八品、九品衣碧：第一次命令八品、九品官穿青绿色衣裳。贞观四年八月，唐太宗规定百官服色：三品以上服紫，四品五品服绯，六品七品服绿，

八品九品服青。碧，青绿色。龙朔二年九月，孙茂道奏称：深青乱紫，非卑品所服。高宗深以为然，遂有此令。［6］丁酉：十月十一日。［7］骊山：在今陕西西安市临潼区。［8］温汤：温泉。在骊山脚下华清宫（今华清池）。［9］丁未：十月二十一日。［10］庚戌：十月二十四日。［11］西台侍郎：即中书侍郎。［12］陕：地名。在今河南三门峡市一带。［13］上官仪：字游韶，隋江都宫副监上官弘之子。贞观进士，官至宰相。善作五言诗，以绮丽婉媚为本，当时称为"上官体"。后下狱而死。传见《旧唐书》卷八十、《新唐书》卷一百五。［14］癸丑：十月二十七日。［15］有事于泰山：在泰山举行封禅大典。泰山古称东岳、岱宗，位于山东中部，主峰玉皇顶。在今泰安市。据《史记·封禅书》，先秦时代就有登封泰山者。秦汉以后，历代帝王都把登封泰山看作天下盛事。表面上是报答天地之功，实际上是为了宣扬自己。［16］仍：因此。［17］左相：即侍中。门下省长官，侍中二人。［18］奉辇直长：官名。即尚辇直长，正七品。殿中第六局为尚辇局，龙朔改名为奉辇局。［19］犯：凌犯。［20］鸣镝：响箭。［21］不以闻：未告诉皇帝。［22］司宪：即御史台。当时称为宪台。［23］司宪大夫：御史中丞。［24］不为治：不受理。［25］西台舍人：中书舍人。［26］封事：密封章奏。［27］侵陵：侵犯欺凌。［28］谢：道歉。［29］枢轴：中枢。［30］直道：正直之道。［31］攻讦（jié）：攻击。［32］圣明：圣明之主。［33］遽（jù）：遂，马上。［34］癸酉：十月无癸酉。据《旧唐书·高宗纪》应在十一月，即十一月十八日。［35］旭轮：高宗第七子，后为睿宗。［36］戊申：十二月二十三日。［37］𩗗（yú）海道：地理不详。其时苏海政任右卫将军，朝廷任命为𩗗海道总管，率军伐龟兹。［38］兴昔亡：突厥兴昔部可汗，昆陵都护阿史那弥射，唐授左卫大将军。［39］继往绝：突厥继往绝部可汗，濛池都护阿史那步真，唐授右卫大将军。［40］与之俱：与他一同出征。［41］兴昔亡之境：昆陵都护府辖区。［42］继往绝素与兴昔亡有怨：据《新唐书·突厥传》，阿史那步真在归唐以前曾谋杀阿史那弥射。［43］噍（jiào）类：在此指能够活着的人。［44］鼠尼施：西突厥五咄陆部落之一。［45］拔塞干：西突厥右厢五弩失毕部落之一，系继往绝可汗部众，而非兴昔亡可汗所统。此处记载，颇有疑窦。［46］弓月部：一般认为是西突厥别部，约在今新疆霍城县之西。［47］师老：师旅疲惫。［48］十姓无主：西突厥五咄陆和五弩失毕分别由兴昔亡、继往绝二可汗统领。兴昔亡既为苏海政所杀，继往绝又死。故有此说。［49］阿史那都支：西突厥人。曾被唐拜为左骁卫大将军兼匐延都督。后自称十姓可汗，与吐蕃叛乱。事见《新唐书》卷二百一十五《突厥传》。［50］庭州：治所在今新疆吉木萨尔县北部北庭故城。［51］不释甲胄：不解盔甲。

三年（癸亥，663年）

春，正月，左武卫大将军郑仁泰讨铁勒叛者余种，悉平之。

乙酉[1]，以李义府为右相[2]，仍知选事[3]。

二月，徙燕然都护府[4]于回纥，更名瀚海都护；徙故瀚海都护[5]

于云中古城[6]，更名云中都护[7]。以碛为境，碛北州府皆隶瀚海，碛南隶云中。

三月，许圉师再贬虔州[8]刺史，杨德裔以阿党[9]流庭州，圉师子文思、自然并免官。

右相河间郡公[10]李义府典选[11]，恃中宫之势，专以卖官为事，铨综无次[12]，怨讟[13]盈路，上颇闻之，从容谓义府曰："卿子及婿颇不谨，多为非法，我尚为卿掩覆[14]，卿宜戒之！"义府勃然变色，颈、颊俱张[15]，曰："谁告陛下？"上曰："但我言如是，何必就我索其所从得邪！"义府殊不引咎[16]，缓步而去。上由是不悦。

望气者[17]杜元纪谓义府所居第[18]有狱气[19]，宜积钱二十万缗[20]以厌之[21]，义府信之，聚敛尤急。义府居母丧，朔望[22]给哭假，辄[23]微服[24]与元纪出城东，登古冢，候望气色[25]，或告义府窥觇灾眚[26]，阴有异图。又遣其子右司议郎[27]津[28]召长孙无忌之孙延，受其钱七百缗，除延司津监[29]，右金吾仓曹参军[30]杨行颖告之。夏，四月，乙丑[31]，下义府狱，遣司刑太常伯[32]刘祥道与御史、详刑[33]共鞫之[34]，仍命司空李勣监焉[35]。事皆有实。戊子[36]，诏义府除名，流嶲州；津除名，流振州；诸子及婿并除名，流庭州[37]。朝野莫不称庆[38]。

或[39]作河间道行军元帅刘祥道[40]破铜山大贼李义府露布[41]，榜[42]之通衢[43]。义府多取人奴婢，及败，各散归其家，故其露布云："混奴婢而乱放，各识家而竞入[44]。"

（以上为第二段，写唐高宗惩治权奸右相李义府，人心大快。）

【注释】

[1]乙酉：正月三十一日。 [2]右相：即中书令。 [3]仍知选事：依旧负责吏部工作。在此之前，李义府官至司列太常伯、同东西台三品，即吏部尚书、同中书门下三品。 [4]燕然都护府：贞观二十一年（647）置，治所在西受降城，即今内蒙古杭锦后旗乌加河北岸东南。现移至回纥本部，即今杭爱山东端，统领漠北铁勒、突厥诸部，辖境约为今蒙古国及俄罗斯西伯利亚南部一带地区。 [5]故瀚海都护府：都护府名。贞观二十年（646）为统辖铁勒回纥部置，故址在今蒙古国布尔根省一带。 [6]云中古城：即北魏云中郡治所盛乐城，在今内蒙古和林格尔县西北土城子遗址。 [7]云中都护：即云中都护府，治所金城，即云中古城。麟德元年（664）改名为

单于大都护府。［8］虔州：治所赣县，在今江西赣州市。［9］阿党：挠法循私。［10］河间郡公：李义府爵号。［11］典选：主持铨选。［12］无次：没有次序，越级升迁。［13］怨讟（dú）：怨恨，毁谤。［14］掩覆：遮掩。［15］颈、颊俱张：脖子和面颊上的筋都凸显出来。［16］引咎：谢罪。［17］望气者：以观察云气预言吉凶的人。［18］第：宅第。［19］狱气：牢狱之气。［20］缗：本指穿钱的绳子，借为货币单位。一缗等于一贯，即一千文。［21］厌之：压抑狱气。［22］朔望：初一、十五。［23］辄：总是。［24］微服：便服，穿老百姓服装。［25］候望气色：等候观望云气。《墨子》上说："凡望气，有大将气，有小将气，有往气，有来气，有败气。能得明此者，可知成败吉凶。"［26］灾眚（shěng）：灾难。［27］右司议郎：官名。即太子舍人。掌侍从行令及表启之事，正六品。［28］津：人名。李义府之子李津，时任右司议郎。［29］司津监：官名。即都水使者。都水监最高长官，掌川泽津梁之政令。［30］右金吾仓曹参军：官名。正八品下。掌翊府外府文官职员。［31］乙丑：恐误。四月甲申朔，无乙丑。三月十二日及五月十三日皆为乙丑。观下文"戊子，诏义府除名，流嶲州"，知乙丑当在三月。［32］司刑太常伯：即刑部尚书。［33］御史、详刑：在此代指大司宪和详刑正卿，即御史大夫和大理寺卿。［34］共鞫之：共同审理此案。鞫，审讯。［35］监焉：监审。［36］戊子：四月五日。［37］诸子及婿并除名，流庭州：《旧唐书·李义府传》载："义府次子率府长史洽、千牛备身洋、子婿少府主簿柳元贞等，皆凭恃受赃，并除名长流廷州。"新书所载略同。廷或与庭通，实为一地。［38］称庆：道贺。［39］或：有人。［40］刘祥道（596—666）：魏州观城（今河南清丰县南）人。历任中书舍人、御史中丞、吏部侍郎、刑部尚书等职。传见《旧唐书》卷八十一、《新唐书》卷一百零六。［41］露布：张贴的布告。［42］榜：贴榜。此作动词用。［43］通衢：四通八达的大道。［44］混奴婢而乱放，各识家而竞入：这两句是当时人表达义愤的讽刺语，谓李义府树倒猢狲散。汉高祖为太上皇营建新丰县，后有人题词云："混鸡犬而乱放，各识家而竞入。"为此文所本。

乙未[1]，置鸡林[2]大都督府于新罗国，以金法敏为之[3]。

丙午[4]，蓬莱宫含元殿[5]成，上始移仗居之，更命故宫[6]曰西内。戊申[7]，始御紫宸殿[8]听政。

五月，壬午[9]，柳州蛮[10]酋吴君解反；遣冀州[11]长史[12]刘伯英、右武卫将军冯士翙发岭南兵讨之。

吐蕃与吐谷浑[13]互相攻，各遣使上表论曲直，更来求援；上皆不许。

吐谷浑之臣素和贵[14]有罪，逃奔吐蕃，具言[15]吐谷浑虚实。吐蕃发兵击吐谷浑，大破之，吐谷浑可汗曷钵[16]与弘化公主帅数千帐弃国走依凉州，请徙居内地。上以凉州都督郑仁泰为青海道行军大总管，帅右武卫将军独孤卿云、辛文陵等分屯凉、鄯[17]二州，以备吐蕃。六月，戊申[18]，又以左武卫大将军苏定方为安集大使，节度诸军，为吐谷浑之援。

吐蕃禄东赞屯青海，遣使者论仲琮入见，表陈吐谷浑之罪，且请和亲。上不许。遣左卫郎将刘文祥使于吐蕃，降玺书[19]责让之。

秋，八月，戊申[20]，上以海东[21]累岁用兵，百姓困于征调[22]，士卒战溺死者甚众，诏罢三十六州所造船，遣司元太常伯[23]窦德玄[24]等分诣十道[25]，问人疾苦，黜陟[26]官吏。德玄，毅[27]之曾孙也。

九月，戊午[28]，熊津道行军总管、右威卫将军孙仁师等破百济余众及倭兵于白江[29]，拔其周留城[30]。

初，刘仁愿、刘仁轨既克真岘城，诏孙仁师将兵，浮海助之。百济王丰南引倭人以拒唐兵，仁师与仁愿、仁轨合兵，势大振。诸将以加林城[31]水陆之冲[32]，欲先攻之，仁轨曰："加林险固，急攻则伤士卒，缓之则旷日持久。周留城，虏之巢穴[33]，群凶所聚，除恶务本[34]，宜先攻之，若克周留，诸城自下。"于是仁师、仁愿与新罗王法敏将陆军以进，仁轨与别将杜爽、扶余隆将水军及粮船自熊津入白江，以会陆军，同趣周留城。遇倭兵于白江口，四战皆捷，焚其舟四百艘，烟炎灼天[35]，海水皆赤。百济王丰脱身奔高丽，王子忠胜、忠志等帅众降，百济尽平，唯别帅迟受信据任存城[36]，不下。

初，百济西部人黑齿常之[37]，长七尺余，骁勇有谋略，仕百济为达率[38]兼郡将，犹中国刺史也。苏定方克百济，常之帅所部随众降。定方絷[39]其王及太子，纵兵劫掠，壮者多死。常之惧，与左右十余人遁归[40]本部，收集亡散，保任存山，结栅以自固，旬月间归附者三万余人。定方遣兵攻之，常之拒战，唐兵不利；常之复取二百余城，定方不能克而还。常之与别部将沙吒相如各据险以应福信，百济既败，皆帅其众降。刘仁轨使常之、相如自将其众，取任存城，仍以粮仗助之。孙仁师曰："此属[41]兽心[42]，何可信也！"仁轨曰："吾观二人皆忠勇有谋，敦信[43]重义；但向者[44]所托，未得其人，今正是其感激立效[45]之时，不用疑也。”遂给其粮仗，分兵随之，攻拔任存城，迟受信弃妻子，奔高丽。

诏刘仁轨将兵镇百济，召孙仁师、刘仁愿还。百济兵火之余[46]，比屋[47]凋残，僵尸满野，仁轨始命瘗骸骨[48]，籍[49]户口，理[50]村聚，署[51]官长，通[52]道涂，立[53]桥梁，补[54]堤堰，复陂塘[55]，课[56]耕桑，赈[57]贫乏，养孤老[58]，立唐社稷[59]，颁正朔及庙讳，百济大悦，阖境[60]各安其业。然后修屯田，储糗粮[61]，训士卒，以图高丽。

刘仁愿至京师，上问之曰：“卿在海东，前后奏事，皆合机宜[62]，复有文理。卿本武人，何能如是？”仁愿曰：“此皆刘仁轨所为，非臣所及也。”上悦，加仁轨六阶[63]，正除[64]带方州[65]刺史，为筑第长安，厚赐其妻子，遣使赍玺书劳勉之。上官仪曰：“仁轨遭黜削而能尽忠，仁愿秉节制而能推贤，皆可谓君子矣！”

冬，十月，辛巳朔[66]，诏太子每五日于光顺门[67]内视[68]诸司奏事，其事之小者，皆委太子决之。

十二月，庚子[69]，诏改来年元[70]。

壬寅[71]，以安西都护高贤为行军总管，将兵击弓月以救于阗。

是岁，大食[72]击波斯、拂菻[73]，破之；南侵婆罗门，吞灭诸胡，胜兵四十余万。

（以上为第三段，写唐室四边有警。唐将刘仁轨、刘仁愿征服百济。）

【注释】

[1]乙未：四月十二日。 [2]鸡林：古国名，即新罗。新罗脱解王九年（65），新罗始林地方出现鸡怪，更名鸡林，并以为国号。 [3]以金法敏为之：以金法敏为大都督。 [4]丙午：四月二十三日。 [5]含元殿：为蓬莱宫正殿。在今陕西西安市新城区。基址尚存。据文献记载，含元殿前廊有翔鸾、栖凤二阁，阁下为东西朝堂，阁前有钟楼鼓楼，是当时最豪华的建筑之一。[6]故宫：指太极宫。因其位于蓬莱宫之西，故称西内。盛唐以后，又称大明宫为东内，兴庆宫为南内。 [7]戊申：四月二十五日。 [8]紫宸殿：内衙正殿。在含元殿之北，宣政殿之后。[9]壬午：五月三十日。 [10]柳州蛮：南方少数民族，居住在今广西柳州市一带。 [11]冀州：治所在今河北衡水市冀州区。 [12]长史：官名。 [13]吐谷（yù）浑：鲜卑族迁入青海北部、新疆东南部后建立的政权。首府伏俟城，在青海湖之西。 [14]素和贵：人名。 [15]具言：尽言，详细述说。 [16]吐谷浑可汗曷钵：曷钵，当为“诺曷钵”。查两《唐书·吐谷浑传》，无称

“曷钵”者，皆作“诺曷钵”。昭陵十四国君长石像及乾陵六十一“蕃臣”石像中，均有诺曷钵。诺曷钵，姓慕容，吐谷浑第十五世第二十二王。贞观十年（636）封河源郡王、乌地也拔勒豆可汗。尚宗女弘化公主。事见《旧唐书》卷一百九十八《吐谷浑传》、《新唐书》卷二百二十一上《吐谷浑传》。［17］鄯：州名。治所在今青海海东市乐都区。［18］戊申：六月二十六日。［19］玺书：用皇帝印玺封记的文书。［20］戊申：八月二十七日。［21］海东：指高丽、百济。［22］征调：赋役。［23］司元太常伯：官名。即户部尚书。［24］窦德玄（598—666）：曾任殿中少监、御史大夫，勤职约己，以清素闻名，官至左相（侍中）。事见《旧唐书》卷一百八十三《窦德明传》、《新唐书》卷九十五《窦威传》。［25］十道：指关内道、河南道、河东道、河北道、山南道、陇右道、淮南道、江南道、剑南道和岭南道。［26］黜陟：进退。降官为黜，升官为陟。［27］毅：即窦毅。高祖太穆皇后之父。传见《周书》卷三十、《北史》卷六十一。［28］戊午：九月八日。［29］白江：日本史籍称之为“白村江”，即今韩国锦江，自东北向西南流入黄海。白江之战是唐日之间发生的第一次战争。唐军由刘仁轨、刘仁愿、孙仁师和金法敏所率陆军七千、战船一百七十条组成。日方投入的兵力主要是庐原君臣统领的“万余健儿”、四百余艘战船和朴市田来津、扶余丰率领的部分军队。规模较大。［30］周留城：朝鲜《三国史记》作“豆陵伊城”、“豆率城”，《日本书纪》则作“州柔城”。位于锦江入海口处不远的岸边山地上，三面环山，一面临水，易守难攻。［31］加林城：在今韩国忠清南道扶余郡林川面。［32］水陆之冲：位于水陆交通要道。［33］巢穴：本指鸟兽栖身之处。此喻敌人盘踞的地方。［34］除恶务本：语出《尚书·泰誓》，意思是说除恶务必从根本处着手。［35］焚其舟四百艘，烟炎灼（zhuó）天：据此，则以火攻取胜。《日本书纪》天智天皇条说，日本之败，由主帅迷信轻敌，自乱其阵所致。［36］任存城：在忠清南道青阳郡大兴面。［37］黑齿常之：仕百济为达率兼风达郡将。降唐后官至左武卫将军，骁勇多谋，以御吐蕃之劳，进封燕国公。后为酷吏所陷。传见《旧唐书》卷一百零九、《新唐书》卷一百一十。［38］达率：百济官名。据《三国史记》，百济官职分为十六品：一品佐平，二品达率，三品恩率，四品德率，五品扞率，六品奈率，七品将德，八品施德，九品固德，十品季德，十一品对德，十二品文督，十三品武督，十四品佐军，十五品振武，十六品克虞。六品以上服紫，十一品以上服绯，其余服青。佐平共有六位，是负责中央六个行政机关的事务大臣，名称及职掌俱见于两《唐书·百济传》。达率一般被任命为方领、郡将或城主。［39］絷（zhí）：拘囚，捆缚。［40］遁归：逃回。［41］此属：此辈，此类，这种人。［42］兽心：禽兽之心，人面兽心。［43］敦信：诚信。敦，厚，诚。［44］向者：从前。［45］立效：立功。［46］之余：之后。［47］比屋：连屋，户户。［48］瘗（yì）骸骨：敛埋骸骨。［49］籍：修录，登记。［50］理：整理，治理。［51］署：署置。［52］通：开通。［53］立：建立。［54］补：补葺。［55］复陂塘：修复陂塘。［56］课：劝课。［57］赈：赈贷。［58］养孤老：存问孤者。孤老，孤单的老人。［59］社稷：土、谷之神。土神曰社，稷神曰谷。［60］阖境：全境。［61］糗（qiǔ）粮：干粮，熟食。糗，炒熟的谷物。［62］皆合机宜：都符合时宜。［63］加仁轨六阶：破格提拔刘仁轨至第六阶。阶，官阶。唐制，文官二十九散阶，武官三十一散阶。第六阶，文官正四品上，武官从三品上。［64］正除：正式任命。［65］带方州：羁縻州名。地当今韩国京畿道和忠清北道一带。［66］辛巳朔：十月一日。［67］光顺门：在大明宫紫宸殿南紫宸门之右。［68］视：视察，观看。［69］庚子：十二月二十一日。［70］诏改来年元：下诏更改明年年号。因绛州麟现，含元殿前有麟趾，改元麟德。［71］壬寅：十二月二十三日。［72］大食：阿拉伯帝国。［73］拂菻：东罗马帝国。这里指东罗马帝国及其所属西亚地中海沿岸地区。

麟德元年（甲子，664年）

春，正月，甲子[1]，改云中都护府为单于大都护府[2]，以殷王旭轮为单于大都护。

初，李靖破突厥[3]，迁三百帐于云中城，阿史德氏为之长。至是，部落渐众，阿史德氏诣阙[4]，请如胡法立亲王为可汗以统之。上召见，谓曰："今之可汗，古之单于也。"故更为单于都护府，而使殷王遥领[5]之。

二月，戊子[6]，上行幸万年宫[7]。

夏，四月，壬子[8]，卫州[9]刺史道孝王元庆[10]薨。

丙午[11]，魏州[12]刺史郇公孝协[13]坐赃，赐死。司宗卿[14]陇西王博乂[15]奏孝协父叔良死王事[16]，孝协无兄弟[17]，恐绝嗣。上曰："画一之法，不以亲疏异制，苟害百姓，虽皇太子亦所不赦。孝协有一子[18]，何忧乏祀乎！"孝协竟自尽于第。

五月，戊申朔[19]，遂州[20]刺史许悼王孝[21]薨。

乙卯[22]，于昆明之弄栋川[23]置姚州都督府[24]。

秋，七月，丁未朔[25]，诏以三年正月有事于岱宗[26]。

八月，丙子[27]，车驾还京师，幸旧宅[28]，留七日；壬午[29]，还蓬莱宫。

丁亥[30]，以司列太常伯[31]刘祥道兼右相[32]，大司宪[33]窦德玄为司元太常伯[34]、检校左相[35]。

冬，十月，庚辰[36]，检校熊津都督刘仁轨[37]上言："臣伏睹所存戍兵，疲羸者多，勇健者少，衣服贫敝[38]，唯思西归，无心展效。臣问以'往在海西，见百姓人人应募，争欲从军，或请自办衣粮，谓之"义征"，何为今日士卒如此？’咸言：‘今日官府与曩时[39]不同，人心亦殊。曩时东西征役，身没王事，并蒙敕使[40]吊祭，追赠官爵，或以死者官爵回授[41]子弟，凡渡辽海[42]者，皆赐勋一转[43]。自显庆五年[44]以来，征人屡经渡海，官不记录，其死者亦无人谁何[45]。州县每发百姓为兵，其壮而富者，行钱参逐[46]，皆亡匿得免；贫者身虽老弱，被发即行。顷者[47]破百济及平壤苦战，当时将帅号令，许以勋赏，无所不至；及达西岸，惟闻枷锁推禁[48]，夺赐破勋[49]，州县追呼，无以自存[50]，公私困弊，不可悉言[51]。以是[52]昨[53]发海西之日已有逃亡自残[54]者，非独至海外而然也。又，本因征役勋级以为荣宠；而比年出征，皆使勋官[55]挽引[56]，劳苦与白丁[57]无殊，百姓不愿从军，率皆由此。’臣又问：‘曩日士卒留镇五年，尚得支济，今尔等始经一年，何为如此单露？’咸言：‘初发家日，惟令备一年资装；今已二年，未有还期。’臣检校[58]军士所留衣，今冬仅可充事[59]，来秋以往，全无准拟。陛下留兵海外，欲殄灭高丽。百济、高丽，旧相党援，倭人虽远，亦共为影响，若无镇兵，还成一国。今既资戍守，又置屯田，所藉士卒同心同德，而众有此议，何望成功！自非有所更张[60]，厚加慰劳，明赏重罚以起士心[61]，若止[62]如今日以前处置，恐师众疲老，立效[63]无日。逆耳之事，或无人为陛下尽言，故臣披露肝胆，昧死[64]奏陈。”

上深纳其言，遣右威卫将军刘仁愿将兵渡海以代旧镇之兵，仍敕仁轨俱还。仁轨谓仁愿曰：“国家悬军海外，欲以经略高丽，其事非易。今收获[65]未毕，而军吏与士卒一时代去[66]，军将[67]又归，夷人新服，众心未安，必将生变。不如且留旧兵，渐令收获，办具资粮，节级[68]遣还；军将且留镇抚，未可还也。”仁愿曰：“吾前还海西[69]，大遭谗谤[70]，云吾多留兵众，谋据海东，几[71]不免祸。今日唯知准敕[72]，岂敢擅有所为！”仁轨曰：“人臣苟利于国，知无不为，岂恤[73]其私！”乃上表陈便宜[74]，自请留镇海东，上从之。仍以扶余隆为熊津都尉[75]，使招辑其余众。

（以上为第四段，写唐高宗采纳刘仁轨奏议，优抚海东将士。）

【注释】

[1]甲子：正月十六日。［2]单（chán）于大都护府：治所仍在内蒙古和林格尔县西北土城子遗址。单于，突厥族君长之称。［3]李靖破突厥：时在唐太宗贞观四年（630）。事详两《唐书》的《李靖传》《李勣传》《突厥传》等。［4]诣阙：赴京。阙，指皇帝所居宫殿，亦指宫门。［5]遥领：担任职务而不赴任所。［6]戊子：二月十日。［7]万年宫：即九成宫。在陕西省麟游县西。永徽元年（650）改名。［8]壬子：误。四月戊寅朔，无壬子。《新唐书·高宗纪》作"壬午"。壬午，四月五日。［9]卫州：治所在今河南卫辉市。［10]元庆：高祖第十六子。历任赵、豫、滑、徐等州刺史，有政绩。死后赠为司徒、益州都督，陪葬献陵。传见《旧唐书》卷六十四、《新唐书》卷七十九。［11]丙午：四月二十九日。［12]魏州：治所在今河北大名县东北。［13]孝协：唐宗室子弟。初为范阳王，后降为郇国公，魏州刺史。因贪赃被杀。事见《旧唐书》卷六十《长平王叔良传》、《新唐书》卷七十八《长平王叔良传》。［14]司宗卿：官名。即宗正卿。掌皇帝九族六亲之属籍，以别昭穆，纪亲疏。［15]博乂：蜀王李湛之子，《新唐书·宗室传》作"博义"。官至礼部尚书，骄侈不法。传见《旧唐书》卷六十、《新唐书》卷七十八。［16]叔良死王事：叔良率五将军出击突厥，中流矢而死。［17]孝协无兄弟：此说不确。据两《唐书·宗室传》，孝协有一弟名孝斌，官至原州都督府长史。［18]孝协有一子：此说亦不确。据《新唐书·宗室世系表》，孝协有子七人，是说详岑仲勉《通鉴隋唐纪比事质疑》。［19]戊申朔：五月一日。［20]遂州：州名。治所方义，在今四川遂宁市。［21]许悼王孝：高宗次子，后宫郑氏所生。传见《旧唐书》卷八十六、《新唐书》卷八十一。［22]乙卯：五月八日。［23]弄栋川：地名。在今云南姚安县北。［24]姚州都督府：治所姚城县，辖于、异等十三州。［25]丁未朔：七月一日。［26]岱宗：即泰山。为五岳之首。［27]丙子：八月一日。［28]旧宅：高宗当晋王时所居之处，在保宁坊。［29]壬午：八月七日。［30]丁亥：八月十二日。［31]司列太常伯：官名。即吏部尚书。［32]右相：中书令。中书省长官。正第三品。［33]大司宪：御史大夫。［34]司元太常伯：户部尚书。［35]左相：侍中。门下省长官。正第三品。［36]庚辰：十月六日。［37]检校熊津都督刘仁轨：刘仁轨时为带方州刺史，两《唐书·刘仁轨传》所载并同。不知《资治通鉴》此说何据。［38]贫敝：破烂单寒。［39]曩（nǎng）时：从前。［40]敕使：天子所派使节。［41]回授：转授。［42]辽海：泛指辽河流域以东地区。此处专指渤海。［43]赐勋一转：犹赐勋一级。唐代勋官自武骑尉至上柱国凡十二转。转数越多品级越高。［44]显庆五年：即公元660年。［45]无人谁何：无人过问。问其为谁，缘何而死。［46]行钱参逐：用钱贿赂，参谒追逐于官府之门。"参逐"一词，较难理解。史炤释为"参互"。胡三省释为"参逐之人"，指官吏的随从，似亦可通。但查《旧唐书》卷八十四，刘仁轨表章原文作"州县发遣兵募，人身少壮，家有钱财，参逐官府者，东西藏避，并即得脱。无钱参逐者，虽是老弱，推背即来。"据此，则参逐之意，实为参谒官吏送钱行贿。［47]顷者：不久前。［48]枷锁推禁：逮捕、推问、囚禁。［49]夺赐破勋：夺回赏赐，削减勋位。［50]无以自存：没有办法保全自己。［51]悉言：尽

言。[52]以是：因此。[53]昨：泛指以前。[54]自残：自残肢体。[55]勋官：官吏的一种。有荣誉称号（官位）而无实职。起初只用于酬谢军功，后来授予渐广。[56]挽引：挽引舟车。[57]白丁：无官职的平民。[58]检校：检查。[59]充事：充用，应付。[60]自非有所更张：若不改弦更张。[61]以起士心：以鼓舞士气。[62]止：仅，只，仍。[63]立效：立功。[64]昧死：冒死。[65]收获：收割。[66]一时代去：一时替代而去。[67]军将：统兵将领。[68]节级：分批。[69]海西：渤海之西。指本土。[70]谗谤：谗毁诽谤。[71]几：几乎，差点。[72]准敕：依敕行事。[73]恤：顾，爱惜。[74]便宜：斟酌处理的意见。[75]以扶余隆为熊津都尉：《考异》说，此时刘仁轨检校熊津都督，岂可复以扶余隆为之！但查两《唐书》之《百济传》《刘仁轨传》，无以仁轨为都督者，皆载以扶余隆为熊津都督。待考。

初，武后能屈身忍辱，奉顺上意，故上排群议而立之；及得志，专作威福，上欲有所为，动为后所制，上不胜其忿。有道士郭行真，出入禁中，尝为厌胜[1]之术，宦者王伏胜发之。上大怒，密召西台侍郎、同东西台三品上官仪议之。仪因言："皇后专恣，海内所不与[2]，请废之。"上意亦以为然，即命仪草诏。

左右奔告于后，后遽[3]诣上自诉[4]。诏草犹在上所，上羞缩不忍，复待之如初；犹恐后怨怒，因给[5]之曰："我初无此心，皆上官仪教我。"仪先为陈王[6]咨议[7]，与王伏胜俱事[8]故太子忠，后于是使许敬宗诬奏仪、伏胜与忠谋大逆[9]。十二月，丙戌[10]，仪下狱，与其子庭芝[11]、王伏胜皆死，籍没其家。戊子[12]，赐忠死于流所。右相刘祥道坐与仪善，罢政事，为司礼太常伯[13]，左肃机[14]郑钦泰等朝士[15]流贬者甚众，皆坐与仪交通[16]故也。

自是上每视事[17]，则后垂帘于后，政无大小，皆与闻之。天下大权，悉归中宫，黜陟、杀生，决于其口，天子拱手而已，中外谓之二圣[18]。

太子右中护[19]·检校西台侍郎乐彦玮[20]、西台侍郎孙处约[21]并同东西台三品。

（以上为第五段，写唐高宗惧内软弱，冤杀上官仪，导致武则天垂帘参与朝政，中外谓之"二圣"。）

【注释】

[1]厌胜：以诅咒制服人或物。系迷信活动。 [2]不与：不许。 [3]遽：急，立即。[4]自诉：为自己诉冤。 [5]绐（dài）：哄，骗。 [6]陈王：指李忠。忠自陈王立为太子。[7]咨议：全称“咨议参军事”，官名，常侍从左右，参议庶事。 [8]事：侍奉。 [9]谋大逆：十恶之一。指谋毁宗庙、山陵及宫阙。 [10]丙戌：十二月十三日。 [11]庭芝：即上官庭芝。官至周王府属。中宗时，因其女婉儿受宠，追赠为黄门侍郎、岐州刺史、天水郡公。事见两《唐书·上官仪传》。 [12]戊子：十二月十五日。 [13]罢政事，为司礼太常伯：免去宰相职务，担任礼部尚书。 [14]左肃机：官名。即尚书左丞。掌管辖省事，纠举宪章，以辨六官之仪。[15]朝士：京官。 [16]交通：交往。 [17]视事：临朝治事。 [18]中外谓之二圣：朝野上下，都把他们称为“二圣”。《新唐书》卷七十六载：“群臣朝、四方奏章，皆曰‘二圣’。每视朝，殿中垂帘，帝与后偶坐，生杀赏罚惟所命。”《唐历》所载略同。司马光在《考异》中说：“武后虽悍戾，岂得高宗尚在，与高宗对坐受群臣朝谒乎！恐不至此。今从实录。” [19]太子右中护：官名。即太子右庶子。龙朔改左、右庶子为左、右中护。正四品。 [20]乐彦玮：雍州长安（今陕西西安市西）人。曾任给事中、唐州刺史等职。 [21]孙处约：汝州郏城（今河南郏县）人。曾以直谏受到太宗赏识，官至宰相。与彦玮同传。见《旧唐书》卷八十一、《新唐书》卷九十九。

二年（乙丑，665年）

春，正月，丁卯[1]，吐蕃遣使入见，请复与吐谷浑和亲，仍求赤水[2]地畜牧，上不许。

二月，壬午[3]，车驾发京师；丁酉[4]，至合璧宫。

上语及隋炀帝，谓侍臣曰：“炀帝拒谏而亡，朕常以为戒，虚心求谏；而竟无谏者，何也？”李勣对曰：“陛下所为尽善，群臣无得而谏[5]。”

三月，甲寅[6]，以兼司戎太常伯[7]姜恪同东西台三品。恪，宝谊[8]之子也。

辛未[9]，东都乾元殿[10]成。闰月，壬申朔[11]，车驾至东都。

疏勒弓月引吐蕃侵于阗，敕西州都督崔知辩、左武卫将军曹继叔将兵救之。

夏，四月，戊辰[12]，左侍极[13]陆敦信[14]检校右相；西台侍郎孙处约、太子右中护·检校西台侍郎乐彦玮并罢政事。

秘阁郎中[15]李淳风[16]以傅仁均[17]《戊寅历》[18]推步[19]浸疏[20]，乃增损刘焯[21]《皇极历》[22]，更撰《麟德历》[23]；五月，辛卯[24]，行之。

秋，七月，己丑[25]，兖州[26]都督邓康王元裕[27]薨。

上命熊津都尉[28]扶余隆与新罗王法敏释去旧怨；八月，壬子[29]，同盟于熊津城。刘仁轨以新罗、百济、耽罗[30]、倭国使者浮海西还，会祠泰山，高丽亦遣太子福男[31]来侍祠。

冬，十月，癸丑[32]，皇后表称："封禅旧仪，祭皇地祇，太后昭配，而令公卿行事，礼有未安[33]，至日[34]，妾请帅内外命妇[35]奠献。"诏："禅社首[36]以皇后为亚献[37]，越国太妃燕氏[38]为终献[39]。"壬戌[40]，诏："封禅坛所设上帝、后土位，先用藁秸[41]、陶匏[42]等，并宜改用茵褥[43]、罍爵[44]，其诸郊祀[45]亦宜准此。"又诏："自今郊庙享宴，文舞用《功成庆善之乐》[46]，武舞用《神功破陈之乐》[47]。"

（以上为第六段，写唐高宗颁行新历《麟德历》，准皇后奏，皇后参与封禅。）

【注释】

[1]丁卯：正月二十四日。[2]赤水：地名。在青海兴海县一带。当时为吐谷浑辖地。[3]壬午：二月十日。[4]丁酉：二月二十五日。[5]无得而谏：找不到可以进谏的事情，无从而谏。按：褚遂良、韩瑗皆因谏诤而死，则高宗不仅拒谏，而且杀谏。李勣说高宗尽善，无从而谏，阿谀之词。[6]甲寅：三月十二日。[7]司戎太常伯：兵部尚书。[8]宝谊：即姜宝谊。秦州上邽（今甘肃天水市）人。从高祖起兵，官至右武卫大将军。被宋金刚杀害。传见《新唐书》卷八十八。[9]辛未：三月二十九日。[10]乾元殿：洛阳宫正殿。由司农少卿田仁汪在隋乾阳殿的基址上重修。[11]壬申朔：闰三月一日。[12]戊辰：四月二十七日。[13]左侍极：官名。即左散骑常侍。掌侍奉规谏，备顾问应对。[14]陆敦信：苏州吴（今江苏苏州市）人。名儒陆德明之子。累封嘉兴县子。事见《旧唐书》卷一百八十九上《陆德明传》、《新唐书》卷一百九十八《陆德明传》。[15]秘阁郎中：官名。即太史令。掌观察天文，稽定历数。[16]李淳风（602—670）：岐州雍（今陕西宝鸡市凤翔区）人。天文学家。曾造黄道浑仪，预修《晋书》《隋书》中的《天文志》《律历志》《五行志》，著有《典章文物志》《乙巳占》《秘阁录》等书，所撰《麟德历》颇为精密。传见《旧唐书》卷七十九、《新唐书》卷二百零四。[17]傅仁均：滑州白马（今河南滑县东）人。撰有《戊寅历》。传见《旧唐书》卷七十九。[18]《戊寅历》：又名《戊寅元历》，系唐代第一部历法，武德二年颁行。[19]推步：推算，"谓究日月五星之度，昏旦节气之差"。[20]浸疏：日益疏阔。[21]刘焯：隋代天文学家。传见《隋书》卷七十五、《北史》卷八十二。[22]《皇极历》：即《甲子元历》。未曾施用。[23]《麟德历》：以撰于麟德年间而得名。详见《旧唐书》卷三十三《历志》二、《新唐书》卷二十六《历志》二。[24]辛卯：五月二十日。[25]己丑：七月

十九日。［26］兖州：治所在今山东济宁市兖州区东北。［27］邓康王元裕：高祖第十七子。与卢照邻友善。传见《旧唐书》卷六十四、《新唐书》卷七十九。［28］熊津都尉：据扶余隆与金法敏盟文，当作“熊津都督”。［29］壬子：八月十三日。［30］耽罗：国名。位于今韩国济州岛上。［31］福男：《新唐书》卷二百二十作“男福”。［32］癸丑：十月十五日。［33］未安：未妥，不妥。［34］至日：到时候，封禅那天。［35］命妇：指有封号的妇女。有内外之分。内命妇指皇帝的妃、嫔，主要有贵妃、淑妃、德妃、贤妃、昭仪、昭容、昭媛、修仪、修容、修媛、充仪、充容、充媛各一人，婕妤九人，美人四人，才人五人，宝林二十七人，御女二十七人，采女二十七人。外命妇指王公官僚的母、妻。自王、嗣王以至勋官四品之母、妻，有封号即为命妇。主要的外命妇有：皇姑封大长公主，皇姐封长公主，皇女封公主，皇太子之女封郡主，诸王之女封县主。诸王之母与妻为妃，一品；国公之母与妻为国夫人；三品以上官员之母与妻有封者为郡夫人，五品、勋三品之母与妻有封者为县君。散官同职事官。［36］禅社首：在社首山祭皇地祇。［37］亚献：本谓第二次奠献，在此指第二位献爵的人。［38］越国太妃燕氏：太宗妃嫔，生越王贞。［39］终献：第三次尊献。转指最后一位献爵者。［40］壬戌：十月二十四日。［41］藁（gǎo）秸：枯草干禾。［42］陶匏（páo）：陶尊匏爵。［43］茵褥：彩絮垫褥。［44］罍爵：青铜罍爵（酒器）。［45］诸郊祀：各种郊祀。郊祀，指在郊外祭祀天地诸神。［46］《功成庆善之乐》：乐舞名。又叫“九功舞”。以儿童六十四人，戴进德冠，穿紫袴褶，长袖黑髻，屣履而舞。“进蹈安徐，以象文德”。［47］《神功破陈之乐》：本名“秦王破阵乐”，又叫“七德舞”。舞者一百二十人，皆披甲持戟，“有来往疾徐击刺之象”，旨在宣扬武功。

丙寅［1］，上发东都，从驾文武仪仗［2］，数百里不绝。列营置幕，弥亘［3］原野。东自高丽，西至波斯、乌长诸国朝会者，各帅其属扈从，穹庐毳幕［4］，牛羊驼马，填咽［5］道路。时比岁丰稔［6］，米斗至五钱，麦、豆不列于市［7］。

十一月，戊子［8］，上至濮阳［9］，窦德玄骑从。上问：“濮阳谓之帝丘，何也？”德玄不能对。许敬宗自后跃马而前曰：“昔颛顼［10］居此，故谓之帝丘。”上称善。敬宗退，谓人曰：“大臣不可以无学；吾见德玄不能对，心实羞之。”德玄闻之曰：“人各有能有不能，吾不强对以所不知，此吾所能也。”李勣曰：“敬宗多闻，信［11］美矣；德玄之言亦善也。”

寿张［12］人张公艺［13］九世同居，齐、隋、唐皆旌表其门［14］。上过寿张，幸其宅，问所以能共居之故，公艺书“忍”字百余以进。上善之，赐以缣帛［15］。

十二月，丙午[16]，车驾至齐州[17]，留十日。丙辰[18]，发灵岩顿[19]，至泰山下，有司于山南为圆坛[20]，山上为登封坛，社首山上为降禅方坛。

（以上为第七段，写唐高宗在东行封禅途中的轶事。）

【注释】

[1]丙寅：十月二十八日。[2]仪仗：仪卫兵仗。[3]弥亘：布满。[4]穹庐毳（cuì）幕：游牧民族居住的毡帐。[5]填咽：填塞，充斥。[6]比岁丰稔（rěn）：连年丰收。[7]不列于市：不摆在市场上出售。[8]戊子：十一月二十日。[9]濮阳：县名。县治在今河南濮阳市西南。[10]颛顼：上古人物，为"五帝"之一。相传是黄帝的孙子，号高阳氏。十岁佐少皞，二十登帝位，在位七十八年。曾命重为南正，掌管祭祀；命黎任火正，掌管民事。见《史记》卷一及《山海经》注。[11]信：确实。[12]寿张：县名。县治在今山东梁山县西北。[13]张公艺：传见《旧唐书》一百八十八。[14]齐、隋、唐皆旌表其门：北齐时，东安王高永乐亲往其家；隋时邵阳公梁子恭前往抚慰；唐初太宗遣使旌表。[15]缣帛：绢帛。[16]丙午：十二月九日。[17]齐州：治所在今山东济南市。[18]丙辰：十二月十九日。[19]灵岩顿：在今山东济南市西南。[20]圆坛：即封祀坛。在山南。形似天坛。

乾封元年（丙寅，666年）

春，正月，戊辰朔[1]，上祀昊天上帝于泰山南。己巳[2]，登泰山，封玉牒[3]，上帝册藏以玉匮[4]，配帝[5]册[6]藏以金匮[7]，皆缠以金绳[8]，封以金泥，印以玉玺[9]，藏以石磩[10]。庚午[11]，降禅于社首[12]，祭皇地祇。上初献毕，执事者皆趋下。宦者[13]执帷，皇后升坛亚献，帷帟[14]皆以锦绣[15]为之，酌酒，实俎豆[16]，登歌[17]，皆用宫人。壬申[18]，上御朝觐坛[19]，受朝贺；赦天下，改元。文武官三品已上赐爵一等，四品已下加一阶。先是阶无泛加，皆以劳考叙进，至五品三品，仍奏取进止，至是始有泛阶[20]，比及[21]末年，服绯者满朝[22]矣。

时大赦[23]，惟长流人[24]不听还，李义府忧愤发病卒。自义府流窜，朝士日忧其复入，及闻其卒，众心乃安。

丙戌[25]，车驾发泰山；辛卯[26]，至曲阜[27]，赠孔子[28]太师，以少牢[29]致祭。癸未[30]，至亳州[31]，谒老君[32]庙，上尊号曰太上玄元皇帝。丁丑[33]，至东都，留六日；甲申[34]，幸合璧宫；夏，四月，甲辰[35]，至京师，谒太庙[36]。

庚戌[37]，左侍极兼检校右相陆敦信以老疾辞职，拜大司成[38]，兼左侍极，罢政事。

五月，庚寅[39]，铸乾封泉宝[40]钱，一当十[41]，俟期年[42]尽废旧钱[43]。

（以上为第八段，写唐高宗封禅泰山，改元乾封，发行"乾封泉宝"，以一当十，聚敛民财。）

【注释】

[1]戊辰朔：正月一日。[2]己巳：正月二日。[3]玉牒：即玉策。以玉为简，长一尺二寸，宽一寸二分，厚三分，刻封泰山文书，填上金屑，形成金字，以示郑重。[4]玉匮：即玉柜。长一尺三寸。[5]配帝：配祀皇帝。[6]册：册文。[7]金匮：即金柜。[8]金绳：金质绳索。共缠五圈。[9]玉玺：玉印。方一寸二分，文与受命玺相同。[10]石䃤（gǎn）：石匣。用方石垒成。外有石检十枚，以护石䃤。[11]庚午：正月三日。[12]社首：山名。在山东泰安市西南。[13]宦者：即宦官。[14]帷帟：帐幕。[15]锦绣：精致华丽的丝织绣品。[16]俎豆：皆为礼器，供盛祭祀品之用。[17]登歌：登坛奏歌。[18]壬申：正月五日。[19]朝觐坛：为接见百官而特设的土坛。[20]泛阶：不管有功与否，都予以晋升。[21]比及：等到。[22]服绯者满朝：满朝都是穿绯衣的人。唐自显庆以后，令四品、五品官服绯。绯衣满朝并非指实，旨在说明泛阶对唐代官制的影响。[23]大赦：对已判罪犯减免刑罚。[24]长流人：被长期流放在远方的罪犯。[25]丙戌：正月十九日。[26]辛卯：正月二十四日。[27]曲阜：县名。县治在今山东曲阜市东北。[28]孔子（前551—前479）：名丘，字仲尼。鲁国陬邑（今山东曲阜市东南）人。春秋末期杰出的思想家和教育家。被历代统治者尊为圣人。主要言论保存在《论语》一书中。传见《史记》卷四十七。[29]少牢：全羊、全猪。猪、牛、羊三牲具称太牢，只有猪、羊二牲称少牢。[30]癸未：误。据两《唐书·高宗纪》，当为二月己未，即二月二十二日。[31]亳州：治所谯县，在今安徽亳州市。[32]老君：即老子、老聃。姓李名耳，字伯阳。楚国苦县（今河南鹿邑县东）人。春秋末期的思想家，道家学派的创始人。相传著有《道德经》。传见《史记》卷六十三。[33]丁丑：上脱"三月"二字。丁丑，三月十一日。[34]甲申：三月十八日。[35]甲辰：四月八日。[36]太庙：天子祖庙。唐太宗初在通义里，后移至皇城东南角。[37]庚戌：四月十四日。[38]大司成：官名。即国子祭酒。掌儒学训导之政令。[39]庚寅：五月二十五日。[40]乾封泉宝：货币名称。《旧唐书·食货志》载，该钱直径一寸，重二铢六分。[41]一当十：用一枚乾封泉宝当十枚开元通宝。开元通宝直径八分，重二铢四累。[42]期年：

一年。［43］旧钱：即开元通宝。

高丽泉盖苏文卒，长子男生[1]代为莫离支，初知国政，出巡诸城，使其弟男建、男产知留后事。或谓二弟曰："男生恶二弟之逼，意欲除之，不如先为计。"二弟初未之信[2]。又有告男生者曰："二弟恐兄还夺其权，欲拒兄不纳。"男生潜遣所亲往平壤伺[3]之，二弟收掩[4]，得之，乃以王命召男生。男生惧，不敢归；男建自为莫离支，发兵讨之。男生走保别城，使其子献诚诣阙求救。六月，壬寅[5]，以右骁卫大将军契苾何力为辽东道安抚大使，将兵救之；以献诚为右武卫将军，使为乡导。又以右金吾卫将军庞同善[6]、营州都督高侃[7]为行军总管，同讨高丽。

秋，七月，乙丑朔[8]，徙殷王旭轮[9]为豫王。

以大司宪兼检校太子左中护刘仁轨为右相。

初，仁轨为给事中，按毕正义事[10]，李义府怨之，出为青州刺史。会讨百济，仁轨当浮海运粮，时未可行[11]，义府督之，遭风失船，丁夫溺死甚众，命监察御史袁异式往鞫之。义府谓异式曰："君能办事[12]，不忧[13]无官。"异式至，谓仁轨曰："君与朝廷何人为雠[14]，宜早自为计。"仁轨曰："仁轨当官不职[15]，国有常刑，公以法毙之，无所逃命。若使遽自引决以快雠人，窃所未甘[16]！"乃具狱[17]以闻。异式将行，仍自掣[18]其锁。狱上，义府言于上曰："不斩仁轨，无以谢百姓。"舍人源直心曰："海风暴起，非人力所及。"上乃命除名，以白衣从军自效[19]。义府又讽刘仁愿使害之，仁愿不忍杀。及为大司宪，异式惧，不自安，仁轨沥觞[20]告之曰："仁轨若念畴昔之事，有如此觞！"仁轨既知政事，异式寻迁詹事丞[21]，时论纷然；仁轨闻之，遽荐为司元大夫。监察御史杜易简[22]谓人曰："斯所谓矫枉过正矣！"

八月，辛丑[23]，司元太常伯兼检校左相窦德玄薨。

初，武士彟娶相里氏[24]，生男元庆、元爽，又娶杨氏[25]，生三女，长适[26]越王府法曹贺兰越石，次皇后，次适郭孝慎。士彟卒，元庆、元爽及士彟兄子惟良、怀运[27]皆不礼[28]于杨氏，杨氏深衔[29]之。越石、孝慎及孝慎妻并早卒，越石妻生敏之及一女而寡。后既立，杨氏号荣国夫人，越石妻号韩国夫人，惟良自始州[30]长史超迁司卫少卿[31]，怀运自瀛州[32]长史迁淄州刺史，元庆自右卫郎将[33]为宗正少卿[34]，元爽自安州[35]户曹[36]累迁少府少监[37]。荣国夫人尝置酒，谓惟良等曰："颇忆畴昔之事乎？今日之荣贵复何如？"对曰："惟良等幸以功臣子弟[38]，早登宦籍，揣分量才[39]，不求贵达，岂意以皇后之故，曲荷朝恩，夙夜忧惧，不为荣也。"荣国不悦。皇后乃上疏，请出惟良等为远州刺史，外示谦抑，实恶之也。于是以惟良检校始州刺史，元庆为龙州[40]刺史，元爽为濠州[41]刺史。元庆至州，以忧卒。元爽坐事流振州[42]而死。

韩国夫人及其女以后故出入禁中，皆得幸于上。韩国寻卒，其女赐号魏国夫人。上欲以魏国为内职[43]，心难后未决[44]，后恶之。会惟良、怀运与诸州刺史诣泰山朝觐，从至京师，惟良等献食。后密置毒醢[45]中，使魏国[46]食之，暴卒，因归罪于惟良、怀运，丁未[47]，诛之，改其姓为蝮[48]氏。怀运兄怀亮早卒，其妻善氏尤不礼于荣国，坐惟良等没入掖庭，荣国[49]令后以他事束棘[50]鞭之，肉尽见[51]骨而死。

九月，庞同善大破高丽兵，泉男生帅众与同善合。诏以男生为特进、辽东大都督，兼平壤道安抚大使，封玄菟郡公。

戊子[52]，金紫光禄大夫[53]致仕[54]广平宣公刘祥道薨，子齐贤嗣。齐贤[55]为人方正[56]，上甚重之，为晋州[57]司马。将军史兴宗尝从上猎苑中，因言晋州产佳鹞，刘齐贤今为司马，请使捕之。上曰："刘齐贤岂捕鹞者邪！卿何以此待之！"

冬，十二月，己酉[58]，以李勣为辽东道行军大总管[59]，以司列少常伯[60]安陆[61]郝处俊[62]副之，以击高丽。庞同善、契苾何力并为辽东道行军副大总管兼安抚大使如故；其水陆诸军总管并运粮使窦义积、独孤卿云、郭待封等，并受勣处分[63]。河北诸州[64]租赋悉诣辽东[65]给军用。待封，孝恪[66]之子也。

勣欲与其婿京兆杜怀恭偕行，以求勋效[67]。怀恭辞以贫[68]，勣赡[69]之，复辞以无奴马，又赡之。怀恭辞穷，乃亡匿岐阳[70]山中，谓人曰："公欲以我立法耳。"勣闻之，流涕曰："杜郎疏放[71]，此或有之。"乃止。

（以上为第九段，写武则天生性狠毒，报复同宗；唐高宗大发兵征高丽。）

【注释】

[1]男生：即泉男生。盖苏文之子，乾封元年继为莫离支，因内乱归唐，官至右卫大将军，封汴国公。事见《新唐书》卷二百二十《高丽传》、《旧唐书》卷一百九十九上《高丽传》。[2]未之信：未信之，不相信。[3]伺：窥探。[4]收掩：掩袭搜捕。[5]壬寅：六月七日。[6]庞同善：郕国公庞卿恽之子。事见《旧唐书》卷五十七《庞卿恽传》、《新唐书》卷八十八《庞卿恽传》。[7]高侃：见《新唐书》卷一百七十《高固传》。[8]乙丑朔：七月一日。[9]殷王旭轮：即后来的睿宗。[10]按毕正义事：时在高宗显庆元年八月。[11]时未可行：当时天气不宜航行。[12]君能办事：你若能办好此事。[13]忧：愁。[14]雠（chóu）：同"仇"。[15]不职：失职，不称职。[16]甘：甘心。[17]具狱：旧指据以定罪的全部案卷。此处指定罪。[18]掣：拽。[19]以白衣从军自效：时在显庆五年。[20]沥觞：洒酒于地。[21]詹事丞：官名。全称太子詹事府丞。丞，副职，佐太子詹事管理太子东宫事务。[22]杜易简：传见《旧唐书》卷一百九十上、《新唐书》卷二百一。[23]辛丑：八月八日。[24]相里氏：山西汾阳人，武德初病亡。[25]娶杨氏：时在武德五年（622）前后。事详《文苑英华》卷八百七十五《攀龙台碑》。[26]适：嫁。[27]士彟兄子惟良、怀运：此二人都是武则天伯父武士让的儿子。惟良官司卫少卿，怀运官淄州刺史。见《新唐书》卷七十四上及《元和姓纂》等。[28]不礼：不敬，不尽礼。[29]衔：怨，恨。[30]始州：州名。治所在今四川剑阁县。[31]司卫少卿：官名。即卫尉少卿。协助卫尉卿"掌邦国器械文物之政令"。[32]瀛州：治所在今河北河间市。[33]右卫郎将：官名。正五品上。[34]宗正少卿：即司宗少卿。从四品上。[35]安州：治所在今湖北安陆市。[36]户曹：官名。全称户曹司户参军。从八品下。[37]少府少监：官名。即内府少监。从四品下。协助少府监掌"百工技巧之政令"。[38]功臣子弟：即功臣后代。武士彟曾随李渊起兵，任中郎将兼司铠参军。唐朝建立后，被列为二等功臣。事见《册府元龟》卷一百三十三《帝王部·褒功第二》。[39]揣分量才：衡量自己的地位和才干。[40]龙州：治所在今广西龙州县北。[41]濠州：治所在今安徽凤阳县东。胡注：本西楚州，"隋开皇二年改曰豪州，唐曰濠州。"岑仲勉认为不准确，说隋初改州名，字本从水作濠，杜伏威降附后，误去水作豪，至元和三年始予更正，高宗时应作"豪州"。参阅《隋书求是》及《通鉴隋唐纪比事质疑》。[42]振州：故治在今海南省三亚市西北崖城镇。[43]内职：即内官。指妃嫔职务。[44]心难后未决：怕皇后反对，尚未做出决定。[45]醢（hǎi）：肉酱。[46]魏国：指韩国夫人之女魏国夫人。[47]丁未：八月十四日。[48]蝮（fù）：毒蛇。别称"草上飞""土公蛇"。[49]荣国：即皇后之母荣国夫人。[50]束棘：捆棘成束。棘，酸枣树。[51]见：通"现"。[52]戊子：九月二十五日。

［53］金紫光禄大夫：文散官名称。正三品。［54］致仕：退休。唐制，官吏年满七十，原则上要退休回家；若精力旺盛，可暂不致仕。［55］齐贤：刘齐贤，官至宰相，后为酷吏所陷。传见《旧唐书》卷八十一、《新唐书》卷一百六。［56］方正：正直不阿。［57］晋州：治所在今山西临汾市。［58］己酉：十二月十八日。［59］以李勣为辽东道行军大总管：据章校，“十二行本‘管’下有‘兼安抚大使’五字”。严衍《资治通鉴补》亦然。［60］司列少常伯：官名。即吏部侍郎。［61］安陆：县名。县治在今湖北安陆市。［62］郝处俊（607—681）：清廉方正，敢于进谏，官至侍中，“甚得大臣之体”。传见《旧唐书》卷八十四、《新唐书》卷一百一十五。［63］处分：本意为处理、处置。此处犹言“节度”。［64］河北诸州：指河北道所辖怀、卫、相、洺等二十余州。［65］辽东：地区名。泛指辽河以东。［66］孝恪：郭孝恪。许州阳翟（今河南禹州市）人。以镇压窦建德之功拜上柱国，累迁安西都护，后战死于龟兹。传见《旧唐书》卷八十三、《新唐书》卷一百一十一。［67］勋效：功勋绩效。［68］辞以贫：以贫为借口推辞。［69］赡：恤，助。［70］岐阳：县名。县治在今陕西岐山县东北。［71］疏放：疏阔放任，自由散漫。

二年（丁卯，667 年）

春，正月，上耕藉田[1]，有司进耒耜[2]，加以雕饰。上曰：“耒耜农夫所执，岂宜如此之丽！”命易之。既而耕之，九推乃止[3]。

自行乾封泉宝钱，谷帛踊贵，商贾不行；癸未[4]，诏罢之。

二月，丁酉[5]，涪陵悼王愔[6]薨。

辛丑[7]，复以万年宫为九成宫[8]。

生羌十二州[9]为吐蕃所破，三月，戊寅[10]，悉罢之。

上屡责侍臣不进贤，众莫敢对。司列少常伯李安期[11]对曰：“天下未尝无贤，亦非群臣敢蔽贤也。比来公卿有所荐引，为谗者已指为朋党，滞淹者未获伸而在位者先获罪，是以各务杜口耳！陛下果推至诚以待之，其谁不愿举所知！此在陛下，非在群臣也。”上深以为然。安期，百药之子也。

夏，四月，乙卯[12]，西台侍郎杨弘武[13]、戴至德[14]、正谏大夫[15]兼东台侍郎李安期、东台舍人[16]昌乐张文瓘[17]、司列少常伯兼正谏大夫河北赵仁本[18]并同东西台三品。弘武，素[19]之弟子；至德，胄[20]之兄子也。时造蓬莱、上阳[21]、合璧等宫，频征伐四夷，厩马万匹，仓库渐虚，张文瓘谏曰：“隋鉴不远，愿勿使百姓生怨。”上纳其言，减厩马数千匹。

秋，八月，己丑朔[22]，日有食之。

辛亥[23]，东台侍郎同东西台三品李安期出为荆州长史。

九月，庚申[24]，上以久疾，命太子弘监国。

辛未[25]，李勣拔高丽之新城[26]，使契苾何力守之。勣初度辽，谓诸将曰："新城，高丽西边要害，不先得之，余城未易取也。"遂攻之，城人师夫仇等缚城主开门降。勣引兵进击，一十六城皆下之。

庞同善、高侃尚在新城，泉男建遣兵袭其营，左武卫将军薛仁贵击破之。侃进至金山[27]，与高丽战，不利，高丽乘胜逐北[28]，仁贵引兵横击[29]，大破之，斩首五万余级，拔南苏、木底、苍岩三城[30]，与泉男生军合。

郭待封[31]以水军自别道趣平壤，勣遣别将冯师本载粮仗以资之。师本船破，失期，待封军中饥窘，欲作书与勣，恐为虏所得，知其虚实，乃作离合诗[32]以与勣。勣怒曰："军事方急，何以诗为？必斩之！"行军管记通事舍人元万顷[33]为释其义，勣乃更遣粮仗赴之。

万顷作《檄高丽文》曰，"不知守鸭绿之险。"泉男建报曰："谨闻命矣！"即移兵据鸭绿津[34]，唐兵不得渡。上闻之，流万顷于岭南。

郝处俊在高丽城下，未及成列[35]，高丽奄至[36]，军中大骇，处俊据胡床[37]，方食干糒，潜简精锐，击败之，将士服其胆略。

冬，十二月，甲午[38]，诏："自今祀昊天上帝、五帝、皇地祇、神州地祇，并以高祖、太宗配，仍合祀昊天上帝、五帝于明堂。"

是岁，海南獠[39]陷琼州[40]。

（以上为第十段，写唐军征讨高丽，获初战胜利。）

【注释】

［1］藉田：即农田。《诗传》："借民力治之，故谓之藉田。"［2］耒耜：耕地翻土的工具。［3］九推乃止：《礼记·月令》：凡耕藉田，"天子三推，卿诸侯九推"。高宗不循旧礼，借以表示自己对农业的重视。［4］癸未：正月二十二日。［5］丁酉：二月六日。［6］涪陵悼王愔：唐太宗第六子。怙恶不悛。太宗曾说："禽兽可扰于人，铁石可为器，愔曾不如之！"传见《旧唐书》卷七十六、《新唐书》卷八十。［7］辛丑：二月十日。［8］复以万年宫为九成宫：永徽二年（651）

改九成宫为万年宫。［9］生羌十二州：设置在今巴颜喀拉山东部的十二个羁縻州。生羌，指白兰、春桑等进化程度较低的少数民族。［10］戊寅：三月十八日。［11］李安期：定州安平（今河北安平县）人。李百药之子。多次预决国事，官至检校东台侍郎、同东西台三品（即门下侍郎，同中书门下三品）。事见《旧唐书》卷七十二《李百药传》、《新唐书》卷一百零二《李百药传》。［12］乙卯：四月二十五日。［13］杨弘武：华州华阴（今陕西华阴市）人。惧内无奇才，居官以谦慎清简著称。传见《旧唐书》卷七十七、《新唐书》卷一百零六。［14］戴至德：相州安阳（今河南安阳市）人。官至尚书右仆射。传见《旧唐书》卷七十、《新唐书》卷九十九。［15］正谏大夫：官名。即谏议大夫。［16］东台舍人：官名。即给事中。［17］张文瓘（605—677）：字稚圭，贝州武城（今山东武城县西）人。直言敢谏，持法宽平。传见《旧唐书》卷八十五、《新唐书》卷一百一十三。［18］赵仁本：陕州河北（今山西平陆县）人。办事能力较强。官至宰相。后为许敬宗所陷，罢知政事。传见《旧唐书》卷八十一。按，赵仁本等入相时间，两《唐书·高宗纪》及《新唐书·宰相表》均作六月乙卯，即六月二十六日。［19］素：杨素（?—606），字处道，弘农华阴（今陕西华阴市）人。出身士族家庭。在隋朝的统一过程中有一定的功绩。后拥立炀帝，官至司徒，封楚国公。传见《周书》卷三十四、《隋书》卷四十八、《北史》卷四十一。［20］胄：戴胄，字玄胤。贞观名臣。刚正干练。历任大理少卿、尚书左丞、民部尚书，参与朝政。贞观七年卒，赠尚书右仆射，追封道国公。传见《旧唐书》卷七十、《新唐书》卷九十九。［21］上阳：宫名。在今河南洛阳市西洛水北岸。［22］己丑朔：八月一日。［23］辛亥：八月二十三日。［24］庚申：九月三日。［25］辛未：九月十四日。［26］新城：旧有二说：一为沈州，一为金州卫西，皆误。《东北通史》的作者经实地踏勘认为新城在今抚顺市新宾县北山上。［27］金山：在今辽宁铁岭市昌图县西。［28］逐北：追击败退的敌军。北，通“背”，反走，即败退。［29］横击：截击。［30］南苏、木底、苍岩三城：南苏在今吉林辽源市西南，木底在今辽宁抚顺与吉林通化二市之间，苍岩在今吉林集安市。［31］郭待封：郭孝恪次子。曾导致大非川之败。事见《旧唐书》卷八十三《郭孝恪传》、《新唐书》卷一百一十一《郭孝恪传》。［32］离合诗：诗歌体裁之一。胡注：“离析字画，合之成文，以见其意”。［33］元万顷：“北门学士”之一。文思敏捷。传见《旧唐书》卷一百九十中、《新唐书》卷二百零一。［34］鸭绿津：鸭绿江渡口。［35］列：阵。［36］奄至：突然而至。［37］胡床：又名交椅、交床、是一种可以折叠的坐具。最简单的胡床就是马扎，便于行军携带。［38］甲午：十二月八日。［39］海南獠：居住在雷州半岛以南的少数民族。［40］琼州：治所琼山，在今海南海口市琼山区东南。

总章元年[1]（戊辰，668年）

春，正月，壬子[2]，以右相刘仁轨为辽东道副大总管。

二月，壬午[3]，李勣等拔高丽扶余城[4]。薛仁贵既破高丽于金山，乘胜将三千人将攻扶余城，诸将以其兵少，止之。仁贵曰："兵不在多，顾用之何如耳[5]。"遂为前锋以进，与高丽战，大破之，杀获万余人，遂拔扶余城。扶余川中四十余城皆望风请服。

侍御史[6]洛阳贾言忠奉使自辽东还，上问以军事，言忠对曰："高丽必平。"上曰："卿何以知之？"对曰："隋炀帝东征而不克者，人心离怨故也[7]；先帝东征而不克者，高丽未有衅也[8]。今高藏微弱，权臣擅命，盖苏文死，男建兄弟内相攻夺，男生倾心内附，为我乡导，彼之情伪[9]，靡[10]不知之。以陛下明圣，国家富强，将士尽力，以乘高丽之乱，其势必克，不俟再举[11]矣。且高丽连年饥馑，妖异屡降[12]，人心危骇[13]，其亡可翘足待也[14]。"上又问："辽东诸将孰贤？"对曰："薛仁贵勇冠三军；庞同善虽不善斗，而持军[15]严整；高侃勤俭自处，忠果有谋；契苾何力沈毅能断，虽颇忌前[16]，而有统御之才；然夙夜[17]小心，忘身忧国，皆莫及李勣也。"上深然其言。

泉男建复遣兵五万人救扶余城，与李勣等遇于薛贺水[18]，合战，大破之，斩获三万余人，进攻大行城[19]，拔之。

朝廷议明堂制度略定，三月，庚寅[20]，赦天下，改元[21]。

戊寅[22]，上幸九成宫。

夏，四月，丙辰[23]，彗星见于五车[24]。上避正殿，减常膳，撤乐。许敬宗等奏请复常，曰："彗见东北，高丽将灭之兆也。"上曰："朕之不德，谪[25]见于天，岂可归咎小夷！且高丽百姓，亦朕之百姓也。"不许。戊辰[26]，彗星灭。

辛巳[27]，西台侍郎、同东西台三品杨弘武薨。

八月，辛酉[28]，卑列道行军总管、右威卫将军刘仁愿坐征高丽逗留，流姚州[29]。

癸酉[30]，车驾还京师。

九月，癸巳[31]，李勣拔[32]平壤[33]，勣既克大行城，诸军出他道者皆与勣会，进至鸭绿栅[34]，高丽发兵拒战，勣等奋击，大破之，追奔二百余里，拔辱夷城，诸城遁逃及降者相继。契苾何力先引兵至平壤城下，勣军继之，围平壤月余，高丽王藏遣泉男产帅首领九十八人，持白幡[35]诣勣降，勣以礼接之。泉男建犹闭门拒守，频遣兵出战，皆败。男建以军事委僧信诚，信诚密遣人诣勣[36]，请为内应。后五日，信诚开门，勣纵兵登城鼓噪，焚城四月[37]。男建自刺，不死，遂擒之，高丽悉[38]平。

冬，十月，戊午[39]，以乌荼国[40]婆罗门[41]卢迦逸多为怀化大将军。逸多自言能合不死药[42]，上将饵[43]之。东台侍郎郝处俊谏曰："修短有命，非药可延。贞观之末，先帝服那罗迩娑婆寐药，竟无效；大渐[44]之际，名医不知所为，议者归罪娑婆寐，将加显戮[45]，恐取笑戎狄而止。前鉴不远，愿陛下深察。"上乃止。

李勣将至，上命先以高藏[46]等献于昭陵，具军容，奏凯歌，入京师，献于太庙。十二月，丁巳[47]，上受俘于含元殿[48]。以高藏政非己出，赦以为司平太常伯[49]、员外同正[50]。以泉男产为司宰少卿[51]，僧信诚为银青光禄大夫，泉男生为右卫大将军。李勣以下，封赏有差。泉男建流黔中[52]，扶余丰流岭南。分高丽五部[53]、百七十六城、六十九万余户，为九都督府[54]、四十二州、百县，置安东都护府[55]于平壤以统之，擢其酋帅有功者为都督、刺史、县令，与华人参理[56]。以右威卫大将军薛仁贵检校安东都护，总兵二万人以镇抚之。

丁卯[57]，上祀南郊，告平高丽，以李勣为亚献。己巳[58]，谒太庙。

渭南[59]尉刘延祐[60]，弱冠[61]登进士第，政事为畿县最[62]。李勣谓之曰："足下春秋[63]甫尔[64]，遽[65]擅大名，宜稍自贬抑，无为独出人右[66]也。"

时有敕，征辽[67]军士逃亡，限内不首[68]及首而更逃者，身斩，妻子籍没。太子上表，以为："如此之比[69]，其数至多：或遇病不及队伍，怖惧而逃；或因樵采为贼所掠；或渡海漂没，或深入贼庭，为所伤杀。军法严重，同队恐并获罪，即举[70]以为逃，军旅之中，不暇勘当[71]，直据队司通状关移所属[72]，妻子没官，情实可哀。《书》曰：'与其杀不辜，宁失不经[73]。'伏愿逃亡之家，免其配没。"从之。

甲戌[74]，司戎太常伯姜恪兼检校左相，司平太常伯阎立本[75]守右相。

是岁，京师及山东、江、淮旱，饥。

（以上为第十一段，写唐军平定高丽凯旋。）

【注释】

［1］总章元年：唐高宗因建明堂，于乾封三年（668）三月庚寅改元总章。［2］壬子：正月二十七日。［3］壬午：二月二十八日。［4］扶余城：即扶余王故城，在今辽宁昌图县境。［5］顾用之何如耳：看会不会用。意是说：兵不在多，善用即可。［6］侍御史：官名。从六品下。掌纠举百僚，推鞫狱讼。具体任务有六项：即奏弹、三司、西推、东推、赃赎、理匭。［7］隋炀帝东征而不克者，人心离怨故也：炀帝东征而不能取胜，是由于人心离怨。离怨，背离怨恨。据《隋书》的《炀帝纪》《高丽传》及《食货志》记载，隋炀帝从大业八年（612）到十年（614）先后三次发动了对高丽的战争，结果都以失败告终。［8］先帝东征而不克者，高丽未有衅也：先帝，指太宗皇帝。衅，隙，破绽。唐太宗东征而不能获胜，是由于高丽精诚团结，无机可乘。唐太宗曾于贞观十九年二月亲征高丽。其后又于贞观二十一年三月、二十二年正月二次调兵遣将，也没有取得预期的战果。［9］彼之情伪：彼，代指高丽。情伪，真假，虚实。［10］靡：莫。［11］再举：第二次征讨，再次兴兵。［12］妖异屡降：妖孽怪异多次出现。［13］危骇：恐慌，危惧惊骇。［14］其亡可翘足待也：翘足待也，犹指日而待，极言其速。［15］持军：治军。［16］忌前：忌人在己之上，忌妒超过自己的人。［17］夙夜：犹言昼夜、早晚、朝夕。［18］薛贺水：《新唐书·高丽传》作“萨贺水”。地望不详，当在今辽宁丹东市东北。［19］大行城：在今辽宁丹东市南鸭绿江入海口。［20］庚寅：三月六日。［21］改元：因将作明堂，改元总章。总章，明堂西向三室。《吕氏春秋·孟秋》注：“总章，西向堂也。西方总成万物而章明也，故曰总章。”［22］戊寅：三月无戊寅。两《唐书·高宗纪》均作二月戊寅，即二月二十四日。［23］丙辰：四月二日。［24］五车：星名，也叫五潢。属御夫座，共有五星。在金牛座（昴、毕）北20度。彗行黄道当过昴、毕间，现见于五车，则偏北行十余度，是反常现象。据《史记·天官书》及《晋书·天文志》，五车为五帝坐，主天子五兵。［25］谪：罚。［26］戊辰：四月十四日。［27］辛巳：四月二十七日。［28］辛酉：八月九日。［29］姚州：州名。治所姚城县，在今云南姚安县北。［30］癸酉：八月二十一日。［31］癸巳：九月十二日。［32］拔：克。［33］平壤：高丽都城。［34］鸭绿栅：高丽设在鸭绿江边的据点。［35］白幡：白旗。［36］诣勣：前往李勣营帐。［37］焚城四月：胡三省认为，“月”当作“角”，否则作“周”。严衍《资治通鉴补》作“周”。查《旧唐书·高丽传》略云：“烧城门楼，四面火起。”《新唐书·高丽传》亦云：“火其门，郁焰四兴。”据此则“月”非“角”非“周”，当为“门”字之误。［38］悉：尽，皆。［39］戊午：十月七日。［40］乌茶国：国名。在今印度奥里萨邦北部一带。［41］婆罗门：梵僧。［42］不死药：长生药。［43］饵：食，服。［44］大渐：病重，病危。［45］显戮：正法，处决示众。［46］高藏：高丽宝藏王，在位二十七年。［47］丁巳：十二月七日。［48］含元殿：即大明宫正殿。［49］司

平太常伯：官名。即工部尚书。［50］员外同正：属正员之外，但职权一同正员。员外同正始于高宗永徽六年。［51］司宰少卿：官名。即光禄少卿。［52］黔中：地区名。指今重庆市黔江区一带。［53］五部：即内部、北部、东部、南部、西部。［54］九都督府：据《新唐书·地理志》，九都督府为新城州、辽城州、哥勿州、卫乐州、舍利州、居素州、越喜州、去旦州、建安州都督府。［55］安东都护府：辖境西起辽河，南至朝鲜半岛北部，东北抵海，包有今乌苏里江以东、黑龙江下游两岸以南地区。［56］与华人参理：同汉族官吏共同治理。理，本应作“治”，当时避唐高宗讳，改治为理。［57］丁卯：十二月十七日。［58］己巳：十二月十九日。［59］渭南：县名。县治渭南，在今陕西渭南市。［60］刘延祐：徐州彭城（今江苏徐州市）人。官至安南都护。传见《旧唐书》一百九十上、《新唐书》卷二百零一。［61］弱冠：二十岁左右。古时男子二十加冠，体质尚弱，故称弱冠。［62］政事为畿县最：政绩在畿县中被评为第一。畿县，指京兆府所辖咸阳、兴平、泾阳等县。［63］春秋：年龄。［64］甫尔：才这么大。［65］遽：突然。［66］右：上。唐人尚右，以右为上。［67］辽：辽东，此处指高丽。［68］限内不首：在规定的期限内不投案自首。［69］如此之比：如此之类。意思是说“背军”人中属下列情况者。［70］举：检举，揭发。［71］不暇勘当：没有时间勘验确当。［72］关移所属：通告有关部门。［73］与其杀不辜，宁失不经：语出《尚书·大禹谟》，略言：与其杀害无辜之人，不如自受失刑之责。［74］甲戌：十二月二十四日。［75］阎立本：京兆万年（今陕西西安市东）人。唐初著名建筑学家阎立德之弟。有应务之才，尤善绘画，《秦府十八学士图》及《凌烟阁功臣图》等皆出其手，时人皆称其妙，以为丹青神化。传见《旧唐书》卷七十七、《新唐书》卷一百。

二年（己巳，669年）

春，二月，辛酉[1]，以张文瓘为东台侍郎，以右肃机[2]、检校太子中护谯[3]人李敬玄[4]为西台侍郎，并同东西台三品。先是同三品不入衔[5]，至是始入衔。

癸亥[6]，以雍州长史卢承庆为司刑太常伯。承庆常考内外官，有一官督运，遭风失米，承庆考之曰：“监运损粮，考中下。”其人容色自若，无言而退。承庆重其雅量，改注曰：“非力所及，考中中。”既无喜容，亦无愧词。又改曰：“宠辱不惊，考中上。”

三月，丙戌[7]，东台侍郎郝处俊同东、西台三品。

丁亥[8]，诏定明堂制度：其基八觚[9]，其宇上圆，覆以清阳玉叶[10]，其门墙阶级，窗棂[11]楣[12]柱，枊楶枅栱[13]，皆法天地阴阳律历之数[14]。诏下之后，众议犹未决，又会饥馑，竟不果立。

夏，四月，己酉朔[15]，上幸九成宫。

高丽之民多离叛者，敕徙高丽户三万八千二百[16]于江、淮之南[17]及山南[18]、京西诸州[19]空旷之地，留其贫弱者，使守安东。

六月，戊申朔[20]，日有食之。

秋，八月，丁未朔[21]，诏以十月幸凉州。时陇右[22]虚耗，议者多以为未宜游幸。上闻之，辛亥[23]，御延福殿[24]，召五品已上谓曰："自古帝王，莫不巡守[25]，故朕欲巡视远俗[26]。若果[27]为不可，何不面陈[28]，而退有后言，何也？"自宰相以下莫敢对。详刑大夫[29]来公敏独进曰："巡守虽帝王常事，然高丽新平，余寇尚多，西边经略，亦未息兵。陇右户口凋弊[30]，銮舆[31]所至，供亿[32]百端[33]，诚为未易[34]。外间实有窃议[35]，但明制已行，故群臣不敢陈论耳。"上善其言，为之罢西巡。未几[36]，擢[37]公敏为黄门侍郎[38]。

甲戌[39]，改瀚海都护府为安北都护府。

九月，丁丑朔[40]，诏徙吐谷浑部落就凉州南山。议者恐吐蕃侵暴，使不能自存，欲先发兵击吐蕃。右相阎立本以为去岁饥歉，未可兴师。议久不决，竟不果徙。

庚寅[41]，大风，海溢，漂永嘉[42]、安固[43]六千余家。

冬，十月，丁巳[44]，车驾还京师。

十一月，丁亥[45]，徙豫王旭轮为冀王，更名[46]轮。

司空、太子太师、英贞武公李勣寝疾[47]，上悉召其子弟在外者，使归侍疾。上及太子所赐药，勣则饵之；子弟为之迎医[48]，皆不听进，曰："吾本山东田夫，遭值[49]圣明，致位三公，年将八十[50]，岂非命邪！修短有期，岂能复就医工[51]求活！"一旦，忽谓其弟司卫少卿[52]弼曰："吾今日少愈，可共置酒为乐。"于是子孙悉集，酒阑[53]，谓弼曰："吾自度[54]必不起，故欲与汝曹[55]为别耳。汝曹勿悲泣，听我约束[56]。我见房、杜[57]平生勤苦，仅能立门户，遭不肖子荡覆无余[58]。吾有此子孙，今悉付汝[59]。葬毕，汝即迁入我堂，抚养孤幼，谨察视之。其有志气不伦，交游非类者，皆先挝杀[60]，然后以闻。"自是不复更言。十二月，戊申[61]，薨。上闻之悲泣，葬日，幸未央宫[62]，登楼望輀车[63]恸哭。起冢象阴山、铁山、乌德鞬山[64]，以旌[65]其破突厥、薛延陀之功。

勣为将，有谋善断；与人议事，从善如流。战胜则归功于下，所得金帛，悉散之将士，故人思致死[66]，所向克捷。临事选将，必訾[67]相其状貌丰厚[68]者遣之。或问其故，勣曰："薄命之人，不足与成功名。"

闺门[69]雍睦[70]而严。其姊尝病，勣已为仆射[71]，亲为之煮粥，风回，爇[72]其须鬓。姊曰："仆妾幸多[73]，何自苦如是！"勣曰："非为无人使令也，顾姊老，勣亦老，虽欲久为姊煮粥，其可得乎！"

勣常谓人："我年十二三时为亡[74]赖贼，逢人则杀。十四五为难当贼，有所不惬[75]则杀人。十七八为佳贼，临阵乃杀之。二十为大将，用兵以救人死。"

勣长子震早卒，震子敬业[76]袭爵。

（以上为第十二段，写唐高宗安辑四夷，以及英国公李勣之死。）

【注释】

[1]辛酉：二月十二日。[2]右肃机：官名。即尚书右丞。[3]谯：县名。县治在今安徽亳州市。[4]李敬玄：博闻强记，掌选有方，官至宰相。后提兵丧师，被贬。传见《旧唐书》卷八十一、《新唐书》卷一百零六。[5]先是同三品不入衔，至是始入衔：《新唐书·百官志》亦载："同三品入衔，自文瓘始。"但总章二年以前同三品即是宰相名号，且使用已相当普遍。查《旧唐书·高宗纪》，略云："二月，东台侍郎同东西台三品兼知左史事张文瓘署位，始入衔。"据此，则意谓张氏始入同东西台三品衔。张氏乾封二年六月已参知政事，至此始同三品。[6]癸亥：二月十四日。[7]丙戌：三月八日。[8]丁亥：三月九日。[9]八觚（gū）：八棱。[10]清阳玉叶：清阳，天色。《定明堂制度诏》说："清阳为天，合以清阳之色。"玉叶，对树叶的美称。[11]窗棂（líng）：窗户上雕花的格子。[12]楣：房上的二梁。[13]枊（àng）楶（jié）枅（jī）拱：木建房的屋顶结构。枊，即斗栱。楶，柱头上的斗栱。枅，柱上的横木。[14]皆法天地阴阳律历之数：法，效法，附会。详见《旧唐书·礼仪志》二。[15]己酉朔：四月一日。[16]徙高丽户三万八千二百：《新唐书》卷二百二十作"三万"，《旧唐书》卷五作"二万八千二百"。待考。[17]江、淮之南：长江淮河以南。[18]山南：道名。辖今四川嘉陵江以东，陕西秦岭以南，湖北涢水以西及重庆市到湖南岳阳市之间的长江以北地区。[19]京西诸州：主要指凉州以西各州。[20]戊申朔：六月一日。[21]丁未朔：八月一日。[22]陇右：地区名。泛指陇山以西地区。[23]辛亥：八月五日。[24]延福殿：在九成宫中。[25]巡守：亦作"巡狩"，指离开

京师巡行境内。［26］远俗：远方风俗。［27］果：诚，实。［28］面陈：当面陈说。［29］详刑大夫：官名。即大理少卿。从四品上。协助大理寺卿掌邦国折狱详刑之事。［30］凋弊：凋伤疲敝。［31］銮舆：即銮驾。皇帝车驾，代指帝王。［32］供亿：按需要供应。［33］百端：极言其多。［34］诚为未易：确实很不容易。［35］窃议：私下议论，私议。［36］未几：不久。［37］擢（zhuó）：提拔，晋升，特迁。［38］黄门侍郎：官名。当时称为东台侍郎。正四品上。在门下省中位次侍中。［39］甲戌：八月二十八日。［40］丁丑朔：九月一日。［41］庚寅：九月十四日。［42］永嘉：县名。县治在今浙江温州市。［43］安固：县名。县治在今浙江瑞安市。［44］丁巳：十月十二日。［45］丁亥：十一月十二日。［46］更名：改名。［47］寝疾：卧病。［48］迎医：延请医生。［49］遭值：恰遇。［50］年将八十：李勣享年，旧史记载不一。《新唐书》卷九十三《李勣传》作“八十六”，《旧唐书》卷六十七作“七十六”。司马光曾予以考辨。今昭陵有李勣神道碑，碑文所说与《旧唐书》本传相同。［51］医工：犹医生，大夫。［52］司卫少卿：官名。即卫尉少卿。当时称为司卫大夫。［53］酒阑（lán）：酒残。［54］自度（duó）：自己估计。［55］汝曹：你们。［56］约束：吩咐，遗训。［57］房、杜：房玄龄、杜如晦。［58］遭不肖子荡覆无余：指房遗爱、杜荷谋反被杀，家破人亡。［59］付汝：托付给你。［60］挝（zhuā）杀：击杀，打死。［61］戊申：十二月三日。［62］未央宫：在长安宫城西北汉长安故城西南隅。［63］輀（ér）车：丧车，灵车。［64］起冢象阴山、铁山、乌德鞬山：两《唐书·李勣传》所载略同。惟《隋唐嘉话》卷上载：“英公（李勣）既薨，高宗思平辽勋，令制其冢像高丽中三山，犹汉霍去病之祁连云。”《唐语林》卷三亦有类似记载。阴山，即今内蒙古阴山山脉。铁山，在阴山之北。乌德鞬山，又作乌都健山、于都斤山、郁督军山等，即今蒙古国境内的杭爱山脉。［65］旌：旌表，表彰。［66］思致死：愿效死力。［67］訾（zī）：量，求。［68］状貌丰厚：相貌丰满敦厚。［69］闺门：家门。［70］雍睦：和睦。［71］仆射（yè）：官名。唐尚书省有左右仆射各一人，从二品，在实际职事官中品阶最高，掌“总领六官，纪纲百揆”，与侍中、中书令等共为宰相。据两《唐书》，李勣曾在贞观二十三年（649）九月至永徽元年（650）十月间担任尚书左仆射。［72］爇：焚，烧。［73］仆妾幸多：奴仆婢妾很多。［74］亡：通“无”。［75］惬：惬意。［76］敬业：李勣之孙。年轻时随李勣征战，颇有勇名。历任太仆少卿等职，袭爵英国公。唐高宗末年坐赃被贬，遂萌发政治野心。嗣圣元年（684）九月起兵扬州，发动叛乱。十一月在败逃途中为其部将王那相所杀。传见《旧唐书》卷六十七、《新唐书》卷九十三。

时承平[1]既久，选人[2]益多，是岁，司列少常伯[3]裴行俭[4]始与员外郎[5]张仁祎设长名姓历榜，引铨注[6]之法。又定州县升降、官资[7]高下。其后遂为永制[8]，无能革之者。

大略唐之选法，取人以身、言、书、判[9]，计资量劳[10]而拟官。

始集而试，观其书、判；已试而铨，察其身、言；已铨而注，询其便利；已注而唱，集众告之。然后类以为甲，先简[11]仆射，乃上门下[12]，给事中读，侍郎省[13]，侍中审之，不当者驳下。既审，然后上闻，主者受旨奉行，各给以符，谓之告身。兵部武选亦然。课试[14]之法，以骑射[15]及翘关、负米[16]。人有格限[17]未至，而能试文三篇，谓之宏词，试判三条，谓之拔萃，入等者得不限而授[18]。其黔中、岭南[19]、闽中[20]州县官，不由吏部，委都督选择土人[21]补授。凡居官以年为考[22]，六品以下，四考为满[23]。

（以上为第十三段，写唐高宗完善考选之法。）

【注释】

[1]承平：相承平安，太平。 [2]选人：参加铨选的人。 [3]司列少常伯：官名，吏部尚书副官。龙朔二年，改吏部尚书为太常伯，次官吏部侍郎为少常伯。 [4]裴行俭（619—682）：绛州闻喜（今山西闻喜县东）人。官至安西大都护。懂兵法，有智谋。又精通书法。掌选十余年，很有能名。传见《旧唐书》卷八十四、《新唐书》卷一百零八。 [5]员外郎：尚书省属官有六部二十四司。各司长官有郎中二人，从五品上；员外郎二人，从六品上。此指吏部的考功员外郎。 [6]铨注：铨选注拟。 [7]官资：做官的资历。 [8]永制：永久制度，指常规，定制。 [9]取人以身、言、书、判：据《新唐书·选举志》，唐代选官，要求体貌丰伟，言辞辩正，楷法遒美，文理优长。 [10]计资量劳：计算年资，衡量劳绩。 [11]简：上，呈。 [12]门下：指门下省。 [13]省（xǐng）：察看。 [14]课试：考核。 [15]骑射：骑马射箭。《唐六典》卷五：凡骑射，“发而并中为上，或中或不中为次上，总不中为次”。 [16]翘关、负米：举关负重。《新唐书》卷四十四：“翘关，长丈七尺，径三寸半，凡十举后，手持关距，出处无过一尺。负重者，负米五斛，行二十步，皆为中第。” [17]格限：资格年限。 [18]不限而授：不受资历限制而授予官位。 [19]岭南：地区名。指五岭以南地区。 [20]闽中：泛指今福建一带。 [21]土人：当地人，本地人。 [22]以年为考：以满一年为一考。唐代官吏考课每年举行一次。凡应参加考课的官员，先写出个人总结，然后由本司长官或本州刺史当众核实，根据优劣定出等第，按时送报中央。 [23]四考为满：通过四考，晋升一级。

咸亨元年（庚午，670 年）

春，正月，丁丑[1]，右相刘仁轨请致仕；许之。

三月，甲戌朔[2]，以旱，赦天下，改元[3]。

丁丑[4]，改蓬莱宫为含元宫。

壬辰[5]，太子少师许敬宗请致仕；许之。

敕突厥酋长子弟事东宫。西台舍人[6]徐齐聃[7]上疏，以为："皇太子当引文学端良之士置左右，岂可使戎狄丑类入侍轩闼[8]。"又奏："齐献公[9]即陛下外祖，虽子孙有犯，岂应上延祖祢[10]！今周忠孝公[11]庙甚修，而齐献公庙毁废，不审陛下何以垂示海内，彰孝理[12]之风！"上皆从之。齐聃，充容[13]之弟也。

夏，四月，吐蕃陷西域十八州[14]，又与于阗袭龟兹拨换城[15]，陷之。罢龟兹、于阗、焉耆、疏勒四镇[16]。辛亥[17]，以右威卫大将军薛仁贵为逻娑道行军大总管，左卫员外大将军阿史那道真、左卫将军郭待封副之，以讨吐蕃，且援送吐谷浑还故地[18]。

庚午[19]，上幸九成宫。

高丽酋长剑牟岑反[20]，立高藏外孙安舜为主。以左监门大将军高侃为东州道行军总管，发兵讨之。安舜杀剑牟岑，奔新罗。

六月，壬寅朔[21]，日有食之。

秋，八月，丁巳[22]，车驾还京师。

郭待封先与薛仁贵并列，及征吐蕃，耻居其下，仁贵所言，待封多违之。军至大非川[23]，将趣乌海[24]，仁贵曰："乌海险远，军行甚难，辎重自随，难以趋利[25]，宜留二万人，为两栅于大非岭[26]上，辎重悉置栅内，吾属[27]帅轻锐，倍道兼行，掩[28]其未备，破之必矣。"仁贵帅所部前行，击吐蕃于河口[29]，大破之，斩获甚众，进屯乌海以俟待封。待封不用仁贵策，将[30]辎重徐进[31]。未至乌海，遇吐蕃二十余万，待封军大败，还走，悉弃辎重。仁贵退屯大非川，吐蕃相论钦陵[32]将兵四十余万就击之，唐兵大败，死伤略尽。仁贵、待封与阿史那道真并脱身免，与钦陵约和而还。敕大司宪[33]乐彦玮即军按[34]其败状，械送京师，三人皆免死除名。

钦陵，禄东赞之子也，与弟赞婆、悉多于[35]勃论皆有才略。禄东赞卒，钦陵代之[36]。三弟将兵居外，邻国畏之。

关中[37]旱，饥，九月，丁丑[38]，诏以明年正月幸东都。

甲申[39]，皇后母鲁国忠烈夫人杨氏卒[40]，敕文武九品以上及外命妇[41]并诣宅吊哭。

闰月，癸卯[42]，皇后以久旱，请避位[43]，不许。

壬子[44]，加赠司徒周忠孝公武士彟为太尉、太原王，夫人为王妃。

甲寅[45]，以左相姜恪为凉州道行军大总管，以御吐蕃。

冬，十月，乙未[46]，太子右中护[47]、同东西台三品赵仁本为左肃机[48]，罢政事。

庚寅[49]，诏官名皆复旧[50]。

（以上为第十四段，写唐高宗反击吐蕃，因领军将领不和，导致唐军大败。）

【注释】

［1］丁丑：正月三日。［2］甲戌朔：三月一日。［3］改元：改元咸亨。［4］丁丑：三月四日。［5］壬辰：三月十九日。［6］西台舍人：即中书舍人。［7］徐齐聃：湖州长城（今浙江长兴县）人。善写文诰。传见《旧唐书》卷一百九十上。［8］轩闼：轩掖闱闼。此处指东宫。［9］齐献公：指长孙晟。晟为高宗母文德皇后之父。事见《新唐书》卷七十六《文德长孙皇后传》、《隋书》卷五十一《长孙览传》、《北史》卷二十二《长孙道生传》。［10］祖祢：祖父。［11］周忠孝公：指武则天皇后之父武士彟。［12］孝理：孝治。［13］充容：内官名。九嫔之一。齐聃妹被封为高宗充容，有文藻，类似汉代班昭。［14］吐蕃陷西域十八州：据《新唐书·吐蕃传》，此十八州皆为羁縻州。［15］拨换城：故址在今新疆阿克苏地区。［16］罢龟兹、于阗、焉耆、疏勒四镇：即罢安西四镇。四镇初置于太宗贞观二十二年（648）。［17］辛亥：四月九日。［18］送吐谷浑还故地：吐谷浑本居于青海、新疆东南及四川松潘县一带。龙朔三年（663）为吐蕃所破，投奔凉州。［19］庚午：四月二十八日。［20］高丽酋长剑牟岑反：事见《三国史记》卷六《新罗本纪》。剑牟岑，《新唐书·高宗纪》及《高丽传》作“钳牟岑”。［21］壬寅朔：六月一日。［22］丁巳：八月十七日。［23］大非川：在今青海共和县西南切吉平原。一说在青海湖西布哈河流域。［24］乌海：即今青海省兴海县西南苦海。［25］趋利：谋利。［26］大非岭：即今青海南山，在青海湖南。［27］吾属：我等，我们。［28］掩：掩袭。［29］河口：即积石河口，在青海南境大雪山下。［30］将：带。［31］徐进：缓慢前进。［32］论钦陵：禄东赞次子，任吐蕃相，常握重兵，控制朝纲。事见《旧唐书》卷一百九十六上《吐蕃传》上、《新唐书》卷二百一十六上《吐蕃传》上及《唐会要》卷九十七《吐蕃》。禄东赞事始见《资治通鉴》卷一百九十五唐太宗贞观十四年（640）。［33］大司宪：官名。即御史大夫。［34］按：按问。［35］悉多于：《旧唐书·吐蕃传》作“悉多干”。《新唐书》《唐会要》作“悉多于”。待考。［36］钦陵代之：据章校，十二行本“之”下有“秉政”二字。［37］关中：地区名。所指范围不一。一般指函谷关以西、

散关以东、武关以北、萧关以南地方，即今陕西关中平原。［38］丁丑：九月七日。［39］甲申：九月十四日。［40］鲁国忠烈夫人杨氏卒：鲁国夫人，为追赠封号；忠烈，为死后谥号。杨氏生于北周宣帝大成元年（579），终年九十二岁。葬于顺陵。事详《全唐文》卷二百三十九《大周无上孝明高皇后碑铭并序》。［41］外命妇：内官之外有封号的妇女。［42］癸卯：闰九月三日。［43］避位：让位。［44］壬子：闰九月十二日。［45］甲寅：闰九月十四日。［46］乙未：十月二十六日。［47］太子右中护：官名。即太子右庶子。［48］左肃机：官名。即尚书左丞。［49］庚寅：十月无庚寅。按两《唐书·高宗纪》作十二月庚寅，则庚寅之上的“十月”为“十二月”之误。十二月庚寅，即十二月二十一日。［50］官名皆复旧：即把百官名称完全恢复到龙朔二年（662）二月四日以前的状况。

【点评】

本卷记事八年，当唐高宗执政的中期。唐高宗的个人事业达到顶峰，对内颁布了新历《麟德历》，完成了上泰山封禅，对外征服了高丽。这一时期，唐高宗由明转昏，其转折点的标志就是唐高宗冤杀上官仪、武则天垂帘听政这一重大事件。开国元勋李勣受命征高丽，班师后不久辞世。本卷点评，着重唐高宗征服高丽、冤杀上官仪，以及李勣功过等三件事。

一、唐高宗征服高丽。我国领土今东北三省地区，汉武帝灭朝鲜时纳入版图。魏晋南北朝战乱，东北地区脱离中国。隋及唐初，今辽宁全境差不多为高丽所占有。辽宁以北有霫、契丹、室韦等族。为了收复东北失地，统一王朝隋与唐多次对高丽用兵。隋文帝伐高丽，到达平壤，兵退地失。隋炀帝三征高丽，耗尽隋朝国力，隋兵只进至怀远镇（今辽宁北镇市）。唐太宗贞观十六年（642）命营州都督张俭征高丽，师至辽西。贞观十九年（645）唐太宗亲征高丽，水路趋平壤，陆路取辽东，军达安市城，在今辽宁海城市南，不克而还。唐太宗回到营州（今辽宁省朝阳市）葬阵亡将士骸骨于柳城东南。唐军主力没有攻入高丽之境，得城不能固守，得人西迁内地，对辽东的统治仍不巩固。

唐高宗即位，边境不宁，西北、东北、岭南皆有战事。唐高宗用兵东北获得大胜。龙朔三年（663）唐将刘仁愿征服百济。乾封元年（666），高宗完成泰山封禅，告天称成功，大发兵征高丽。经过两年多的激战，总章元年（668）九月，唐军攻克平壤，灭亡高丽。移高丽之民户三万八千二百于江淮及山南、京西安置。十二月置安东都护府于平壤，命薛仁贵统军二万镇守，东北地区复入中国版图。灭高丽，象征高宗一朝的极盛，也是唐高宗个人事业的顶峰。东北地区重入中国版图，具有深远的历史意义。

隋文帝、隋炀帝、唐太宗，多次征高丽无功而终。唐高宗何以能取得辉煌胜利呢？唐高宗与侍御史贾言忠有一番君臣对话，讨论了这一事件。总章元年二月，贾言忠奉使辽东回京，唐高宗问以军事。当时唐军已征战一年多，激战正酣，高宗十分担忧前线的胜负。贾言忠说："陛下无忧，高丽必平。"高宗说："卿是怎么知道的？"贾言忠说："隋炀帝东征，国内人心怨离，所以不能取胜。先帝唐太宗征高丽，高丽国内团结一心，无隙可乘，所以仍不能取胜。如今形势大变，所以臣料唐军必能取胜。"贾言忠具体分析了唐军取胜的四大原因。第一，高丽衰落。高丽名将盖苏文死，男建与男生兄弟争权，发生内讧。男生投降唐朝为向导，敌之情伪，唐军了如指掌。第二，高丽连年灾荒，人心离散，是进讨的最好时机。第三，唐军强大，诸将和睦，将勇兵强，无坚不摧。贾言忠做了具体分析：薛仁贵勇冠三军，庞同善持军严整，高侃忠贞果断有谋略，契苾何力有统御之才，而统帅李勣忘身忧国，诸将敬服。如此之军，焉能不胜？第四，陛下圣明，国家富强。唐高宗在征高丽之前，于显庆五年（660）、龙朔三年（663），两度兵伐百济，这是采纳刘仁轨的"欲吞灭高丽，先诛百济"之策，对高丽形成南北夹击之势，是英明的表现。总括一句话，唐大高丽小，以盛强之大唐，征衰弱之小小高丽，天时、人和都有利。对唐军不利的是地利不占优，唐军劳师远征，后勤供应是极大的困难。隋炀帝、唐太宗，动用军队一百余万，恰恰是以短击长。唐军劳师远征是其短，高丽以逸待劳是其长。这次唐高宗出征，启用精兵强将，三十万众人数已大大占优，国力盛强，可长期供应三十万之众，不怕持久，克服了地利的不足，所以唐军取得了全胜。

二、唐高宗冤杀上官仪，武则天垂帘听政。武则天未当皇后之前，曲意侍奉高宗，娇媚可爱。武则天皇后之位到手，显露了真性情，作威作福，事事牵制，高宗每办一件事，都要征得武则天的同意。高宗结怨于心，忍无可忍，终于在麟德元年（664）十月爆发。高宗召宰相上官仪议事，表示要废武皇后。上官仪立即附议说："皇后专权，肆无忌惮，全天下的人都不赞同，废了才好。"高宗立即命上官仪起草废后诏令。武则天耳目飞报皇后，武则天立即赶来。上官仪起草的诏令还在几案上。唐高宗不知所措，反而羞愧满面，向武则天赔罪，谎称是上官仪教唆。武则天不依不饶，要高宗重惩上官仪。上官仪曾侍奉过故太子李忠。武则天指使许敬宗上奏诬告上官仪与故太子李忠谋反。十二月十三日，上官仪下狱，与其子庭芝、宦官王伏胜均死。十二月十五日，赐死故太子李忠于流所。许多反对武则天的朝官，也被株连贬官流放。武则天为防止废后事件重演，她重新提出垂帘听政的要求，唐高宗依从。自此，武则天直接参与朝政，朝野并称"二圣"。

高宗懦弱，但心智明晰。高宗罢黜奸佞右相李义府，惩治左相许圉师，因其子欺压民众，表现高宗体恤民情。高宗纳刘仁轨之言，优恤海东将士，任贤将征高丽，表现了高宗英明的一面。高宗听任武则天摆布，欲废而无决心，甘当傀儡，让武则天与自己平起平坐，号称“二圣”，实际是拱手让权。武则天能改唐为周，直接称皇帝，是垂帘奠定的基础。上官仪激于义愤，谋虑不周，匆忙草诏，不仅搭上自己的性命，反倒成全了武则天的野心。如果没有草诏废后事件，武则天还不能垂帘，没有并称“二圣”的基础，武则天登位，恐怕没有那么容易。

三、李勣的功过。李勣，唐初著名军事家。本姓徐，名世勣，字懋功。唐赐姓李，为避李世民讳，改称单名为李勣。

李勣于隋朝大业末聚义瓦岗，为农民起义军著名将领。后归唐，为唐王朝征战杀伐，尽忠效节，仕唐五十余年，出将入相，既是开国元勋，又是三朝元老，对唐帝国的建立与巩固做出了巨大贡献。李勣从隋末唐初直到高宗总章元年领兵破高丽，几乎参加了所有规模较大的战争，而且百战百胜。史称李勣用兵，“多筹算，料敌应变，皆契事机，及战胜，必推功于下，得金帛，尽散之士众”，而且李勣“持法严，人乐为用”。李勣是唐太宗命人画像于凌烟阁的二十四功臣之一。唐肃宗时为姜太公立武成王庙，李勣与张良、韩信、诸葛亮等十人入选为良将十哲配享武成王庙。这些殊荣，李勣当之无愧。但人无完人，李勣伴君，为了自保，不免有些圆滑。李勣是唐太宗托孤大臣之一，他却在高宗废立皇后问题上冷眼旁观，既不向高宗进言，也不向长孙无忌提出忠告，称病不朝，骑墙观望，表面中立，实质站在武则天一边，以“此乃陛下家事，无须问外人”，把长孙无忌推向了悬崖。又有甚者，高宗与李勣燕语，论及隋炀帝拒谏亡国，高宗说：“朕常以为戒，虚心求谏，而竟无谏者，何也？”李勣竟然回答说：“陛下所为尽善，群臣无得而谏。”简直近于佞臣。褚遂良、韩瑗等因进谏亡身，群臣谁敢进谏。李勣为了明哲保身，献谀求荣，不能不说是他的缺点。不过在伴君如伴虎的时代，也不能苛求李勣。李勣只是自保，没有陷害忠良以求进升，已经是不容易了。

卷二〇二　唐纪十八

唐高宗咸亨二年至开耀元年（671—681 年）

【起重光协洽（辛未，671 年），尽重光大荒落（辛巳，681 年），凡十一年】

【大事提要】

本卷记事起公元 671 年，讫公元 681 年，凡十一年，时当唐高宗咸亨二年到开耀元年。此时期是唐高宗的执政后期，因身患风疾，大权旁落武则天皇后。武则天步步紧逼皇权，发生了两次废立太子事件。上元二年（公元 675 年），太子李弘暴卒，传言为武则天所害。李贤继立太子，五年之后，在调露二年（公元 680 年）亦被废贬。李弘、李贤两位太子均有贤名，得到唐高宗的信任，于是深为武则天所忌，必欲置之死地。由此可见唐高宗的昏聩，他还一度要传位给武则天。上元元年（公元 674 年）武则天条奏十二条政务，表现了她的政治才能。其中子女为母守丧三年，与守父丧平等，可以说是提高了女性地位。这一年，唐高宗平反长孙氏，恢复长孙晟、长孙无忌官爵，表明了十六年前被迁逐、杀害的长孙氏是无辜的。高宗后期十一年间，国家四境不宁，风波不断。高丽、新罗时叛时服，西域动荡，吐蕃寇边，北疆突厥侵扰。裴行俭抚定西域，两次大破突厥，堪称国家柱石，也是这一时期唐朝军事与政治的一大亮点人物。

高宗天皇大圣大弘孝皇帝中之下

咸亨二年（辛未，671 年）

春，正月，甲子[1]，上幸东都[2]。

夏，四月，甲申[3]，以西突厥阿史那都支[4]为左骁卫大将军兼匐延都督[5]，以安集五咄陆之众[6]。

初，武元庆[7]等既死，皇后奏以其姊子贺兰敏之[8]为士彟之嗣[9]，袭爵周公[10]，改姓武氏，累迁弘文馆学士[11]、左散骑常侍[12]。魏国夫人[13]之死也，上见敏之，悲泣曰："向[14]吾出视朝犹无恙，退朝已不救，何苍猝如此！"敏之号哭不对。后闻之，曰："此儿疑我。"由是恶之。敏之貌美，蒸[15]于太原王妃[16]，及居妃丧，释衰绖[17]，奏妓[18]。司卫少卿杨思俭女，有殊色，上及后自选以为太子妃，婚有日矣[19]，敏之逼而淫之。后于是表言敏之前后罪恶，请加窜逐。六月，丙子[20]，敕流雷州[21]，复其本姓。至韶州[22]，以马缰绞死。朝士坐与敏之交游，流岭南者甚众。

秋，七月，乙未朔[23]，高侃破高丽余众于安市城[24]。

九月，丙申[25]，潞州刺史徐王元礼[26]薨。

冬，十一月，甲午朔[27]，日有食之。

车驾自东都幸许、汝[28]，十二月，癸酉[29]，校猎于叶县[30]；丙戌[31]，还东都。

（以上为第一段，写武则天迫害武敏之，而武敏之的死，亦咎由自取。）

【注释】

[1]甲子：正月二十六日。[2]上幸东都：即唐高宗巡幸洛阳。显庆二年（657）十二月以洛阳为东都。高宗巡幸东都的时间，两《唐书》高宗纪皆作正月乙巳，也就是正月七日，与《资治通鉴》不合。[3]甲申：四月十八日。[4]阿史那都支：西突厥部酋长，又称阿史那匐延都支。后自称十姓可汗。事见《旧唐书》卷八十四《裴行俭传》、《新唐书》卷二百一十五《突厥传》。[5]匐延都督：显庆二年（657）以西突厥处木昆部置匐延都督府，治所在今新疆和布克赛尔蒙古族自治县一带。匐延都督为匐延都督府最高长官。[6]安集五咄陆之众：五咄陆即处木昆律、胡禄屋阙、摄舍提暾、突骑施贺逻施、鼠尼施处半。自龙朔二年（662）兴昔亡可汗阿史那弥射被杀后，五咄陆部落逐渐亡散。[7]武元庆（？—666）：武则天同父异母兄，相里氏所生。因不尊敬武则天的母亲杨氏，与其弟元爽等被贬，乾封元年死于龙州。事见《旧唐书》卷一百八十三《武承嗣传》、《新唐书》卷七十六《则天皇后传》。[8]贺兰敏之（？—671）：武则天姐姐的儿子，官至兰台史令。事见《旧唐书》卷一百八十三《武承嗣传》、《新唐书》卷二百零六《武士彟传》。[9]嗣：嗣子，继承人。[10]袭爵周公：显庆元年（656）追赐武士彟为周国公。[11]弘文馆学士：官名。掌校正图籍，教授生徒，并参议朝政制度礼仪等。[12]左散骑常侍：门下省官。掌规谏，以备顾问。[13]魏国夫人：贺兰敏之之妹，死于乾封元年（666）。事见《旧唐书》卷一百八十三《武承嗣传》。[14]向：方才。[15]蒸：与母辈私通。[16]太原王妃：即则天母杨氏，武士彟后妻。武士彟曾被追赠为太原郡王，故杨氏为太原王妃。[17]衰绖：丧服。[18]奏妓：奏妓乐。

[19]婚有日矣：已确定婚期了。[20]丙子：六月十一日。[21]雷州：治所在今广东雷州市。[22]韶州：治所在今广东韶关市武江西。[23]乙未朔：七月一日。[24]安市城：在今辽宁海城市南营城子。[25]丙申：九月二日。[26]徐王元礼（?—671）：唐高祖第十子，性恭顺，有政绩，是高祖诸子中较贤能的一位。传见《旧唐书》卷六十四、《新唐书》卷七十九。[27]甲午朔：十一月一日。[28]许、汝：即许州、汝州。许州治所在今河南许昌市。汝州治所在今河南汝州市。[29]癸酉：十二月十日。[30]叶县：县治在今河南叶县西南。[31]丙戌：十二月二十三日。

三年（壬申，672年）

春，正月，辛丑[1]，以太子左卫副率[2]梁积寿为姚州道行军总管，将兵讨叛蛮。

庚戌[3]，昆明蛮[4]十四姓二万三千户内附，置殷、敦、总三州[5]。

二月，庚午[6]，徙吐谷浑于鄯州浩亹水[7]南。吐谷浑畏吐蕃之强，不安其居，又鄯州地狭，寻徙灵州[8]，以其部落置安乐州[9]，以可汗诺曷钵为刺史。吐谷浑故地皆入于吐蕃。

己卯[10]，侍中永安郡公姜恪[11]薨。

夏，四月，庚午[12]，上幸合璧宫。

吐蕃遣其大臣仲琮[13]入贡，上问以吐蕃风俗，对曰："吐蕃地薄气寒，风俗朴鲁[14]；然法令严整，上下一心，议事常自下而起[15]，因人所利而行之，斯所以能持久也。"上诘以吞灭吐谷浑、败薛仁贵、寇逼凉州事[16]，对曰："臣受命贡献而已，军旅之事，非所闻也。"上厚赐而遣之。癸未[17]，遣都水使者[18]黄仁素使于吐蕃。

（以上为第二段，写唐高宗结和吐蕃。）

【注释】

[1]辛丑：正月八日。[2]太子左卫副率：官名。从四品上。协助左卫率掌东宫兵仗羽卫之政。据《唐六典》卷二十八，太子左右卫率府有副率，各二名。[3]庚戌：正月十七日。[4]昆明蛮：少数民族名称。《新唐书》卷二百二十二下载，昆明蛮在爨蛮之西，以西洱河为境，活动在今云南洱海一带。[5]置殷、敦、总三州：此三州皆带有羁縻性质，分别在今四川宜宾市西北、西南及南部。[6]庚午：二月八日。[7]浩亹水：即湟水支流大通河，在今青海、甘肃境内。《水经注》载，浩亹河经浩亹县故城（在今甘肃永登县西南大通河东岸）南，东流注入湟水，俗称

阎门河。［8］灵州：治所在今宁夏灵武市西南。［9］安乐州：以灵州鸣沙县地而置，治所在今宁夏中宁县东。［10］己卯：二月十七日。［11］永安郡公姜恪（？—672）：历任将军，以战功升为宰相。事见《旧唐书》卷七十七《阎立本传》、《新唐书》卷二百一十六《吐蕃传》上。［12］庚午：四月九日。［13］仲琮：即论仲琮，曾入太学读书，文化水平较高。事见《新唐书》卷二百一十六上《吐蕃传》上。［14］朴鲁：纯朴粗鲁。［15］议事常自下而起：议事程序，一般自下而上。［16］上诘以吞灭吐谷浑、败薛仁贵、寇逼凉州事：诘，责问。吐蕃在唐龙朔三年（663）灭吐谷浑，咸亨元年（670）败薛仁贵于大非川，后尽有吐谷浑之地，并侵逼凉州。事详两《唐书·吐蕃传》。［17］癸未：四月二十二日。［18］都水使者：官名。据《唐六典》卷二十三，都水监有使者二人，正五品上，掌川泽津梁之政。

秋，八月，壬午[1]，特进高阳郡公许敬宗卒。太常博士[2]袁思古[3]议："敬宗弃长子于荒徼[4]，嫁少女于夷貊[5]。按《谥法》'名与实爽[6]曰缪[7]'，请谥为缪。"敬宗孙太子舍人[8]彦伯讼[9]思古与许氏有怨，请改谥。太常博士王福畤[10]议，以为："得失一朝，荣辱千载。若嫌隙[11]有实，当据法推绳[12]；如其不然，义不可夺。"户部尚书戴至德[13]谓福畤曰："高阳公任遇如是，何以谥之为缪？"对曰："昔晋司空何曾[14]既忠且孝，徒以日食万钱，秦秀谥之为'缪'[15]。许敬宗忠孝不逮于曾，而饮食男女之累过之，谥之曰'缪'，无负许氏矣。"诏集五品已上更议，礼部尚书阳思敬[16]议："按《谥法》，既过能改曰恭，请谥曰恭。"诏从之。敬宗尝奏流其子昂于岭南，又以女嫁蛮酋冯盎之子，多纳其货[17]，故思古议及之。福畤，勃之父也。

九月，癸卯[18]，徙沛王贤为雍王。

冬，十月，己未[19]，诏太子监国。

壬戌[20]，车驾发东都。

十一月，戊子朔[21]，日有食之。

甲辰[22]，车驾至京师。

十二月，高侃与高丽余众战于白水山，破之。新罗遣兵救高丽，侃击破之。

癸卯[23]，以左庶子[24]刘仁轨同中书门下三品。

太子罕接宫臣[25]，典膳丞[26]全椒[27]邢文伟[28]辄减所供膳[29]，并上书谏太子。太子复书，谢以多疾及入侍少暇，嘉纳其意。顷之，右史[30]缺，上曰："邢文伟事吾子，能撤膳进谏，此直士也。"擢为右史。

太子因宴集，命宫臣掷倒[31]，次至左奉裕率[32]王及善[33]，及善曰："掷倒自有伶官[34]，臣若奉令，恐非所以羽翼[35]殿下[36]也。"太子谢之。上闻之，赐及善缣百匹，寻迁左千牛卫将军[37]。

（以上为第三段，写许敬宗死后得佳谥。）

【注释】

［1］壬午：八月二十四日。［2］太常博士：官名。主管朝廷五礼仪式，兼拟王公及三品以上官谥号。［3］袁思古：事见《旧唐书》卷八十二《许敬宗传》、《新唐书》卷二百二十三上《许敬宗传》。［4］敬宗弃长子于荒徼（jiào）：《旧唐书·许敬宗传》载，敬宗长子许昂与其继室私通，敬宗以许昂不孝为辞，上奏将其流于岭外。荒徼，荒凉的边远地区。［5］嫁少女于夷貊（mò）：指许敬宗以少女嫁蛮酋冯盎之子。夷貊，古代对生活在东方和东北方的少数民族的称呼。［6］爽：差，违。［7］缪（miù）：通"谬"。［8］太子舍人：官名。即太子通事舍人。掌导引东宫诸臣辞见及承令劳问之事。［9］讼：控告。［10］王福畤：王勃之父。官至雍州司功参军，因王勃得罪而受牵连，被贬为交趾令。事见《旧唐书》卷一百九十上《王勃传》、《新唐书》卷二百一《王勃传》。［11］嫌隙：仇怨。［12］推绳：审问法办。［13］戴至德（?—679）：相州安阳（今河南安阳市）人。戴胄之侄，官至尚书右仆射。传见《旧唐书》卷七十、《新唐书》卷九十九。［14］何曾（199—278）：字颖考，陈国阳夏（今河南太康县）人。生活奢侈，每天用一万钱办伙食，还说无下箸处。传见《晋书》卷三十三。［15］秦秀谥之为"缪"：事见《资治通鉴》卷八十及《晋书》卷五十。［16］阳思敬：《唐会要》卷七十九作杨思敬，《册府元龟》卷五百九十五亦然。按《旧唐书》卷六十二《杨恭仁传》及《新唐书》卷七十二下《宰相世系表》有礼部尚书杨思敬。当以《会要》为是。［17］货：金宝，财货。［18］癸卯：九月十五日。［19］己未：十月二日。［20］壬戌：十月五日。［21］戊子朔：十一月一日。［22］甲辰：十一月十七日。［23］癸卯：《旧唐书》卷五《高宗纪》同。《新唐书》卷三《高宗纪》及卷六十一《宰相表》只言十二月，不载干支。此月戊午朔，无癸卯。疑误。［24］左庶子：官名。太子左春坊最高长官，掌侍从赞相，驳正启奏。［25］罕接宫臣：很少接见东宫官属。［26］典膳丞：官名。佐东宫典膳令之副，掌进膳尝食之事。［27］全椒：县名。县治在今安徽全椒县。［28］邢文伟：以减膳切谏知名，官至内史，后来自杀。传见《旧唐书》卷一百八十九下、《新唐书》卷一百零六。［29］减所供膳：减少所供饭食。［30］右史：官名。即起居舍人。从六品上。掌录皇帝言论及制诰德音，以记时政损益。［31］掷倒：唐代散乐之一。头下脚上，倒行而舞。此乐古已有之，南朝梁陈时始称掷倒。［32］左奉裕率：官名。即太子左内率府率。掌兵仗、仪卫。［33］王及善（618—699）：洺州邯

郸（今河北邯郸市）人。有大臣之节，官至内史。死后陪葬乾陵。传见《旧唐书》卷九十、《新唐书》卷一百一十六。［34］伶官：即乐官。相传黄帝时的乐官名叫伶伦，后世遂将乐人称为伶人，将乐官称作伶官。［35］羽翼：辅佐。［36］殿下：汉以来对太子、诸王的称呼。唐制，百官上书皇太后及皇后称殿下；百官及东宫官称皇太子为殿下。此处是对太子宏的尊称。［37］千牛卫将军：官名。掌宫殿侍卫及供御仪仗。《唐六典》卷二十五：左右千牛卫将军各一人，从三品。千牛卫以千牛刀而得名。千牛刀即皇帝防身之刀，取庄子庖丁解千牛而芒刃不减之意。

四年（癸酉，673年）

春，正月，丙辰[1]，绛州刺史郑惠王元懿[2]薨。

三月，丙申[3]，诏刘仁轨等改修国史，以许敬宗等所记多不实[4]故也。

夏，四月，丙子[5]，车驾幸九成宫[6]。

闰五月，燕山道总管、右领军大将军李谨行[7]大破高丽叛者于瓠芦河[8]之西，俘获数千人，余众皆奔新罗。时谨行妻刘氏留伐奴城，高丽引靺鞨[9]攻之，刘氏擐甲[10]帅众守城，久之，虏退。上嘉其功，封燕国夫人。谨行，靺鞨人突地稽[11]之子也，武力绝人，为众夷所惮。

秋，七月[12]，婺州[13]大水，溺死者五千人。

八月，辛丑[14]，上以疟疾[15]，令太子于延福殿受诸司启事。

冬，十月，壬午[16]，中书令阎立本薨[17]。

乙巳[18]，车驾还京师。

十二月，丙午[19]，弓月、疏勒二王来降。西突厥兴昔亡可汗之世，诸部离散，弓月及阿悉吉[20]皆叛。苏定方之西讨也，擒阿悉吉以归。弓月南结吐蕃，北招咽麫[21]，共攻疏勒，降之。上遣鸿胪卿萧嗣业发兵讨之。嗣业兵未至，弓月惧，与疏勒皆入朝；上赦其罪，遣归国。

（以上为第四段，写唐军在高丽和西域均取得胜利。）

【注释】

［1］丙辰：正月二十九日。［2］郑惠王元懿（？—673）：唐高祖第十三子。历任兖、郑、潞、绛等州刺史，数断大狱，持法宽平。传见《旧唐书》卷六十四、《新唐书》卷七十九。［3］丙申：三月十日。［4］许敬宗等所记多不实：许敬宗自太宗时起，长期参与修撰国史实录的活动，记事阿曲，褒贬失当。事详《旧唐书》卷八十二《许敬宗传》。［5］丙子：四月二十一日。［6］九成宫：

在今陕西麟游县西。贞观五年（631）以隋仁寿宫改名。永徽二年（651）九月八日改为万年宫。乾封二年（667）二月十日复名九成宫。后经阎立德扩建，成为关中著名的“离宫”之一。［7］李谨行：靺鞨首领突地稽之子，武功高强，曾多次击败吐蕃，累授镇军大将军，封燕国公。事详《旧唐书》卷一百九十九下《靺鞨传》、《新唐书》卷一百一十。［8］瓠（hù）芦河：据《新唐书·刘仁轨传》，此河当在高丽南界、新罗七重城之北。似为临津江。［9］靺鞨：东北少数民族名，由肃慎发展而来。唐时分为黑水、粟末二部。［10］擐（huàn）甲：穿甲，披甲。［11］突地稽：黑水靺鞨首领。曾与刘黑闼、高开道作战，以功拜右卫将军，赐姓李氏。事详《旧唐书》卷一百九十九下《靺鞨传》。［12］七月：章校，十二行本“月”下有“辛巳”二字。按，《旧唐书·高宗纪》亦作七月辛巳，即七月二十八日。［13］婺州：州名。治所在今浙江金华市。［14］辛丑：八月十九日。［15］疟疾：急性传染病。以疟蚊为媒介，多周期性发作。［16］壬午：十月一日。［17］阎立本薨：阎立本总章元年（668）升为右相，咸亨二年（671）转中书令，担任宰相六年。［18］乙巳：十月二十四日。［19］丙午：十二月二十五日。［20］阿悉吉：少数民族名称。据《旧唐书》卷八十三及《册府元龟》卷四百二十，阿悉吉又作思结。《资治通鉴》卷二百亦作思结。［21］咽麪：少数民族名称，属铁勒，活动在今哈萨克斯坦巴尔喀什湖以东地区。

上元元年（甲戌，674 年）

春，正月，壬午[1]，以左庶子、同中书门下三品刘仁轨为鸡林道大总管，卫尉卿李弼、右领军大将军李谨行副之，发兵讨新罗。时新罗王法敏既纳高丽叛众，又据百济故地，使人守之。上大怒，诏削法敏官爵；其弟右骁卫员外大将军、临海郡公仁问在京师，立以为新罗王，使归国。

三月，辛亥朔[2]，日有食之。

贺兰敏之既得罪，皇后奏召武元爽之子承嗣于岭南[3]，袭爵周公，拜尚衣奉御[4]；夏，四月，辛卯[5]，迁宗正卿[6]。

秋，八月，壬辰[7]，追尊宣简公[8]为宣皇帝，妣张氏为宣庄皇后；懿王[9]为光皇帝，妣贾氏为光懿皇后；太武皇帝[10]为神尧皇帝，太穆皇后为太穆神皇后；文皇帝[11]为太宗文武圣皇帝，文德皇后为文德圣皇后，皇帝称天皇，皇后称天后，以避先帝、先后之称。改元，赦天下。

戊戌[12]，敕：“文武官三品以上服紫，金玉带；四品服深绯，金带；五品服浅绯，金带；六品服深绿，七品服浅绿，并银带；八品服深青，九品服浅青，并鍮石[13]带；庶人服黄，铜铁带。自非庶人[14]，不听服黄[15]。”

九月，癸丑[16]，诏追复长孙晟、长孙无忌官爵[17]，以无忌曾孙翼袭爵赵公[18]，听无忌丧归，陪葬昭陵[19]。

（以上为第五段，写唐高宗为长孙无忌平反。）

【注释】

[1]壬午：正月壬子朔，无壬午。《新唐书》卷三作二月壬午，即二月二日。 [2]辛亥朔：三月一日。 [3]召武元爽之子承嗣于岭南：武元爽，则天皇后同父异母兄，乾封元年（666）被流往振州。振州在今海南三亚市一带，属岭南地区。 [4]尚衣奉御：殿中省官名。尚衣，《旧唐书·高宗纪》及《新唐书·外戚传》皆作"尚辇"。 [5]辛卯：四月十二日。 [6]宗正卿：官名。宗正寺最高长官，掌皇室九族六亲属籍，以别昭穆之序，并领崇玄署。 [7]壬辰：八月十五日。 [8]宣简公：名熙，李渊曾祖，曾任后魏金门镇将，武德元年六月二十二日追尊为宣简公。 [9]懿王：即李天赐，李渊祖父，武德元年追尊为懿王。 [10]太武皇帝：即唐高祖李渊（566—636）。太武，李渊谥号。公元618年至626年在位。传见《旧唐书》卷一、《新唐书》卷一。 [11]文皇帝：即唐太宗李世民。文，太宗谥号。唐太宗（599—649）是唐代著名的帝王，公元626年至649年在位。传见《旧唐书》卷二、《新唐书》卷二。言论主要保存在《贞观政要》《帝范》及《全唐文》卷四中。 [12]戊戌：八月二十一日。 [13]鍮（tóu）石：即黄铜，由铜与炉甘石冶炼而成。程大昌在《演繁露》中说鍮石质实为铜而色如黄金，只是较淡而已。 [14]非庶人：指工商杂户等末业之人。庶人，以农业为主的普通百姓。 [15]不听服黄：不准穿黄色衣裳。听，听任，任凭。唐代章服至此三变。贞观四年（630）八月规定：三品以上服紫，四品五品以上服绯，六品七品服绿，八品九品服青，妇人从夫之色，可通服黄色。五年（631）八月，又规定七品以上服龟甲双巨十花绫，其色绿，九品以上服丝布及杂小绫，其色青。到龙朔二年（662）九月，又根据孙茂道的建议，改六品七品服绿、八品九品服碧，朝参之处，允许兼服黄色。此次规定比以前更加细密。 [16]癸丑：九月七日。 [17]诏追复长孙晟、长孙无忌官爵：显庆四年（659）削无忌官爵，流往黔州，并籍没其家。长孙晟，无忌之父，隋淮阳太守，封齐献公。传见《隋书》卷五十一、《北史》卷二十二。 [18]以无忌曾孙翼袭爵赵公：翼，《新唐书》卷七十二《宰相世系表》作"元翼"。《元和姓纂》亦然。 [19]昭陵：唐太宗墓。在陕西礼泉县东北九嵕山。是唐"关中十八陵"中规模最大、陪葬物品最多的一座。现为全国重点文物保护单位之一。

甲寅[1]，上御翔鸾阁[2]，观大酺[3]。分音乐为东西朋[4]，使雍王贤主东朋，周王显主西朋，角胜为乐，郝处俊谏曰："二王春秋尚少[5]，志趣未定，当推梨让枣[6]，相亲如一。今分二朋，递相夸竞，俳优小人，言辞无度[7]，恐其交争胜负，讥诮失礼，非所以崇礼义，劝敦睦也。"上瞿然曰："卿远识，非众人所及也。"遽止之。

是日，卫尉卿李弼[8]暴卒于宴所，为之废酺一日。

冬，十一月，丙午朔[9]，车驾发京师；己酉[10]，校猎华山[11]之曲武原[12]；戊辰[13]，至东都。

箕州[14]录事参军张君澈[15]等诬告刺史蒋王恽[16]及其子汝南郡王炜谋反，敕通事舍人[17]薛思贞[18]驰传[19]往按之。十二月，癸未[20]，恽惶惧，自缢死，上知其非罪，深痛惜之，斩君澈等四人。

戊子[21]，于阗王伏阇[22]雄来朝。

辛卯[23]，波斯王卑路斯[24]来朝。

壬寅[25]，天后上表，以为："国家圣绪，出自玄元皇帝[26]，请令王公以下皆习《老子》[27]，每岁明经[28]，准《孝经》[29]、《论语》[30]策试。"又请"自今父在，为母服齐衰[31]三年。又，京官八品以上，宜量加俸禄。"及其余便宜，合十二条[32]。诏书褒美，皆行之。

是岁，有刘晓[33]者，上疏论选，以为："今选曹[34]以检勘[35]为公道[36]，书判[37]为得人，殊不知考其德行才能。况书判借人[38]者众矣。又，礼部取士，专用文章为甲乙[39]，故天下之士，皆舍德行而趋文艺，有朝登甲科而夕陷刑辟者，虽日诵万言，何关理体[40]！文成七步[41]，未足化人。况尽心卉木之间，极笔烟霞之际，以斯成俗，岂非大谬！夫人之慕名，如水趋下，上有所好，下必甚焉。陛下若取士以德行为先，文艺为末，则多士[42]雷奔，四方风动矣！"

（以上为第六段，写武则天的政治才能，条奏十二项政务，高宗一一施行。）

【注释】

[1]甲寅：九月八日。 [2]翔鸾阁：含元殿附属建筑之一。《唐六典》卷七：大明宫丹凤门内正殿曰含元殿，夹殿两阁，左曰翔鸾阁，右曰栖凤阁，与殿飞廊相接。 [3]大酺：大宴饮。特指皇帝为表示喜庆而批准的大宴饮。 [4]朋：犹"队"。 [5]二王春秋尚少：春秋，在此指年龄。时雍王李贤十九岁，周王李显十七岁。 [6]推梨让枣：喻兄弟友爱。推梨出自孔融让梨典故。《后汉书》卷七十《孔融传》注云：孔融有兄弟七人，他排行第六。四岁时兄弟分梨，他取了最小的一个。大人问他为什么这样，他说他人小，应拿小的。大人说他还有弟弟。他说弟弟小，应吃大的。让枣典出《南史·王泰传》。王泰幼时，祖母召集诸孙，散枣于床。其他小孩都争着去拿，王泰却

不去抢。祖母问他为何如此，他说："不取，自当得赐。"推梨让枣，又作让枣推梨。见《南史·梁武陵王传》。［7］度：法度。［8］李弼（?—674）：李勣弟。事见《旧唐书》卷六十七《李勣传》、《新唐书》卷九十三《李勣传》。［9］丙午朔：十一月一日。［10］己酉：十一月四日。［11］华山：号称西岳，在今陕西华阴市南。海拔 2100 米，奇峰突兀，巍峨壮观，在五岳中以险著称。［12］曲武原：在华山下。［13］戊辰：十一月二十三日。［14］箕州：治所辽山，在今山西左权县。［15］张君澈：《新唐书》卷八十作"张君彻"，事迹不详。［16］蒋王恽（?—674）：唐太宗第七子。曾任安州都督、梁州刺史等职。死后追赠司空，陪葬昭陵。传见《旧唐书》卷七十六、《新唐书》卷八十。［17］通事舍人：官名。从六品上，中书省属官。掌引纳臣僚朝见及辞谢。［18］薛思贞：官至郓州刺史。见《新唐书》卷七十三下《宰相世系表》三下。［19］驰传：驾驿站车马急行。［20］癸未：十二月八日。［21］戊子：十二月十三日。［22］于阗王伏阇雄（?—692）：姓尉迟。后因击吐蕃有功，被任命为毗沙都督府都督。事见《旧唐书》卷一百九十八《西戎传》、《新唐书》卷二百二十一上《西域传》上。［23］辛卯：十二月十六日。［24］波斯王卑路斯：伊嗣侯之子。继位后为阿拉伯帝国所逼，曾遣使向唐求援，被任命为波斯都督府都督。此次入朝，官拜右武卫将军。后死于长安。《唐会要》卷一百及《旧唐书》卷一百九十八载仪凤三年"裴行俭将兵册送卑路斯为波斯王"的记载有误。事详《旧唐书》卷一百九十八《波斯传》、《新唐书》卷二百二十一下《波斯传》。［25］壬寅：十二月二十七日。［26］玄元皇帝：对老子李耳的尊称。唐初帝王认为老子是其祖先，故加以推崇。乾封元年（666）三月二十日追尊老子为太上玄元皇帝。宋、清两代避讳"玄"字，改玄为"元"，称为"元元皇帝"。［27］《老子》：即《道德经》，为老子所作，凡五千余字，集中反映了老子的思想。［28］明经：唐代科举制度所设置的主要科目之一，与进士并列，以考核经义为主。［29］《孝经》：宣扬封建孝道和孝治思想的儒家经典。［30］《论语》：记录孔子言行思想的著作。凡二十篇。后来被列为《四书》之一。［31］齐衰（cuī）：用粗麻布做成的丧服，为五服之一，仅次于斩衰。古礼，父在，为母服齐衰一年，至此改为三年。［32］合十二条：据《新唐书·则天皇后传》，其具体内容为：一、劝农桑，薄赋徭；二、给复三秦地；三、息兵，以道德化天下；四、南北中尚禁浮巧；五、省功费力役；六、广言路；七、杜谗口；八、王公以降皆习《老子》；九、父在为母服齐衰三年；十、上元前勋官已给告身者无追核；十一、京官八品以上益禀入；十二、百官任事久，材高位下者得进阶申滞。［33］刘晓：《唐会要》作"刘峣"，事迹不详。［34］选曹：掌管铨选的官员。［35］检勘：检核勘查。胡注说检勘是指考其功过，察其假名承伪、隐冒升降。［36］公道：犹"公平"。［37］书判：书法、判词。《新唐书·选举志》下：凡择人之法有四：一曰身，体貌丰伟；二曰言，言辞辩正；三曰书，楷法遒美；四曰判，文理优长。［38］借人：假手于人，请人代笔。［39］甲乙：在此犹言高下次第。［40］理体：治道。［41］文成七步：喻文思敏捷。典出《世说新语·文学》。魏文帝曹丕令其弟曹植在行走七步的时间内作一首诗，作不出将被处死。曹植应声诵道："煮豆持作羹，漉菽以为汁；其在釜下燃，豆在釜中泣；本是同根生，相煎何太急！"文帝听后大惭，便释放了曹植。［42］多士：众多的士子。亦指百官。

二年（乙亥，675年）

春，正月，丙寅[1]，以于阗国为毗沙都督府，分其境内为十州，以于阗王尉迟伏阇雄为毗沙都督。

辛未[2]，吐蕃遣其大臣论吐浑弥来请和[3]，且请与吐谷浑复修邻好；上不许。

二月，刘仁轨大破新罗之众于七重城[4]；又使靺鞨浮海，略新罗之南境，斩获甚众。仁轨引兵还。诏以李谨行为安东镇抚大使，屯新罗之买肖城以经略之，三战皆捷，新罗乃遣使入贡[5]，且谢罪；上赦之，复新罗王法敏官爵[6]。金仁问中道而还，改封临海郡公。

三月，丁巳[7]，天后祀先蚕[8]于邙山之阳[9]；百官及朝集使[10]皆陪位。

上苦风眩[11]甚，议使天后摄知国政。中书侍郎同三品郝处俊曰："天子理外，后理内，天之道也[12]。昔魏文著令，虽有幼主，不许皇后临朝[13]，所以杜祸乱之萌也。陛下奈何以高祖、太宗之天下，不传之子孙而委之天后乎！"中书侍郎昌乐李义琰曰："处俊之言至忠，陛下宜听之！"上乃止。

天后多引文学之士著作郎元万顷、左史刘祎之等[14]，使之撰《列女传》《臣轨》《百僚新戒》《乐书》，凡千余卷[15]。朝廷奏议及百司表疏，时密令参决，以分宰相之权，时人谓之北门学士[16]。祎之，子翼[17]之子也。

夏，四月，庚辰[18]，以司农少卿韦弘机[19]为司农卿[20]。弘机兼知东都营田，受诏完葺宫苑。有宦者于苑中犯法，弘机杖之，然后奏闻。上以为能，赐绢数十匹，曰："更有犯者，卿即杖之，不必奏也。"

初，左千牛将军长安赵瓌尚高祖女常乐公主，生女为周王显妃。公主颇为上所厚，天后恶之。辛巳[21]，妃坐废，幽闭于内侍省[22]，食料给生者，防人[23]候其突烟[24]，已而数日烟不出，开视，死腐矣[25]。瓌自定州刺史贬栝州[26]刺史，令公主随之官，仍绝其朝谒[27]。

太子弘仁孝谦谨，上甚爱之；礼接士大夫，中外属心[28]。天后方逞其志，太子奏请，数连旨[29]，由是失爱于天后。义阳、宣城二公主，萧淑妃之女也，坐母得罪。幽于掖庭，年逾三十不嫁[30]。太子见之惊恻[31]，遽奏请出降，上许之。天后怒，即日以公主配当上翊卫权毅、王遂古[32]。己亥[33]，太子薨于合璧宫，时人以为天后鸩之也[34]。

壬寅[35]，车驾还洛阳宫。五月，戊申[36]，下诏："朕方欲禅位皇太子，而疾遽不起，宜申往命，加以尊名，可谥为孝敬皇帝[37]。"

六月，戊寅[38]，立雍王贤[39]为皇太子，赦天下。

天后恶慈州刺史[40]杞王上金[41]，有司希旨奏其罪，秋，七月，上金坐解官，澧州[42]安置。

八月，庚寅[43]，葬孝敬皇帝于恭陵[44]。

戊戌[45]，以戴至德为右仆射，庚子[46]，以刘仁轨为左仆射，并同中书门下三品如故。张文瓘为侍中，郝处俊为中书令；李敬玄为吏部尚书兼左庶子，同中书门下三品如故。

刘仁轨、戴至德更日受牒诉[47]，仁轨常以美言许之，至德必据理难诘，未尝与夺，实有冤结者，密为奏辩。由是时誉皆归仁轨。或问其故，至德曰："威福者人主之柄[48]，人臣安得盗取之！"上闻，深重之。有老妪[49]欲诣仁轨陈牒，误诣至德，至德览之未终，妪曰："本谓是解事仆射[50]，乃不解事仆射邪！归我牒[51]！"至德笑而授之。时人称其长者[52]。文瓘时兼大理卿，囚闻改官，皆恸哭。文瓘性严正，诸司奏议，多所纠驳，上甚委之。

（以上为第七段，写武则天贪权，毒杀贤明太子李弘。）

【注释】

[1]丙寅：正月二十一日。 [2]辛未：正月二十六日。 [3]吐蕃遣其大臣论吐浑弥来请和：《旧唐书》卷五、《新唐书》卷二百一十六上亦载此事。 [4]七重城：在今韩国京畿道坡州市。 [5]新罗乃遣使入贡：《唐会要》卷九十五载，新罗此后所输物产，为诸蕃之最。 [6]复新罗王法敏官爵：恢复金法敏上元元年正月以前的官爵，即开府仪同三司、上柱国、乐浪郡王、新罗王、鸡林州都督。 [7]丁巳：三月十三日。 [8]先蚕：传说中最早教人育蚕的神。历代由皇后主祀先蚕，以表示对蚕桑的重视。唐制，皇后季春祀先蚕，并亲自采桑。详见《新唐书·礼乐志》五。

［9］邙山之阳：即邙山之南。古称山之南或水之北为阳。邙山又称北邙山、北芒，在今河南洛阳市北。［10］朝集使：按规定前来京师，朝见皇帝、宰相的地方官员。唐制，各道每年派使者朝集于京师，汇报工作。［11］风眩：因中风而引起的眩晕。［12］天子理外，后理内，天之道也：语出《礼记·昏仪》。该书称：天子听男教，后听女顺；天子理阳道，后治阴德；天子听外治，后听内职。教顺成俗，外内和顺，国家理治，此之谓盛德。［13］昔魏文著令，虽有幼主，不许皇后临朝：事见《资治通鉴》卷六十九魏文帝黄初三年。魏文，即魏文帝曹丕，公元220年至226年在位。［14］著作郎元万顷、左史刘祎之等：据两《唐书》的《则天纪》及《文苑传》，当时所引文学之士还有周思茂、范履冰、卫敬业、苗神客、胡楚宾。唐著作郎属秘书省，掌修撰碑志、祝文、祭文。从五品上。［15］使之撰《列女传》《臣轨》《百僚新戒》《乐书》，凡千余卷：详见《旧唐书·经籍志》《新唐书·艺文志》。据《唐会要》卷七十五、《通典》卷十五、《旧唐书》卷四十七及《臣轨序》，《臣轨》一书系武则天亲作，非元万顷等撰。［16］时人谓之北门学士：因这些人大都是以弘文馆直学士的身份在皇宫中从事修撰和政治活动，常自皇宫北门出入，不经南衙，故有是称。［17］子翼：刘祎之之父刘子翼，仕隋为著作郎，以学行称；入唐，官至弘文馆直学士。传见《旧唐书》卷八十七、《新唐书》卷一百一十七。［18］庚辰：四月六日。［19］韦弘机：京兆万年人。因避太子宏讳，改称"韦机"。自贞观以来，历任殿中监、檀州刺史、司农卿等职，号称良吏。传见《旧唐书》卷一百八十五上、《新唐书》卷一百。［20］司农卿：司农寺最高长官，从三品，掌国家仓储委积之政令。［21］辛巳：四月七日。［22］内侍省：在长安掖庭宫南，通明门外。该省官员皆为宦官，下统掖庭、宫闱、奚官、内仆、内府、内坊六局。［23］防人：犹看守。［24］候其突烟：等候她的烟突冒烟。［25］死腐矣：人死了，尸体已经腐烂。［26］栝州："栝"字有误。唐无"栝州"，"栝"应为"括"。括州治所在今浙江丽水市东南。［27］绝其朝谒：不许她朝谒皇帝。［28］属心：归心。［29］迕旨：逆旨。［30］年逾三十不嫁：《新唐书》卷八十一作"四十不嫁"。均不可信。《唐会要》卷二载，太子弘请降义阳、宣城二公主在咸亨二年（671），当时唐高宗才四十二岁，其女不当年逾三十，更不可能至四十岁。［31］惊恻：惊讶恻怜。［32］以公主配当上翊卫权毅、王遂古：当上翊卫，正在值勤的翊府卫士。唐制，亲勋翊三卫皆番上。当上即指当番上者。王遂古，《新唐书》卷八十三及《唐会要》卷六均作颍川刺史王勖。［33］己亥：四月二十五日。［34］时人以为天后鸩之也：当时人认为他是被武则天毒死的。鸩，本来是传说中的一种毒鸟，喜欢食蛇，羽毛紫绿，放入酒中，能将人毒死。此处引申为以毒酒害人。关于太子弘之死，有多种说法。《新唐书·太子弘传》载："后将逞志，弘奏请数佛旨，从幸合璧宫，遇鸩薨。"《唐历》云："……失爱于天后，不以寿终。"但《实录》《旧传》皆不言弘遇鸩。司马光在《考异》中说："按弘之死，其事难明，今但云时人以为天后鸩之，疑以传疑。"事实上，太子宏并不是被其母所杀，而是被肺结核夺去了生命。参见《旧唐书》卷八十六、《全唐文》卷十五《孝敬皇帝睿德纪》及《唐大诏令集》卷二十六《皇太子谥孝敬皇帝制》等。［35］壬寅：四月二十八日。［36］戊申：五月五日。［37］可谥为孝敬皇帝：帝子谥皇帝始于此。唐朝追谥皇帝

有五，其他四位是殇皇帝李重茂，让皇帝李宪，奉天皇帝李琮和承天皇帝李倓。［38］戊寅：六月五日。［39］雍王贤（653—684）：武则天次子。容止端正，博闻强记。曾组织注释《后汉书》，处事尤为明审。后被废为庶人，流放巴州，在酷吏的逼迫下自杀。传见《旧唐书》卷八十六、《新唐书》卷八十一。［40］慈州刺史：两《唐书》杞王李上金本传均不载李上金曾为慈州刺史。慈州，治所在今山西吉县。［41］杞王上金（?—690）：唐高宗第三子，后宫刘氏所生。曾任鄜、寿等州刺史。武周时徙封毕王，又徙为泽王。后被诬告，自杀。传见《旧唐书》卷八十六、《新唐书》卷八十一。［42］澧州：治所在今湖南澧县。［43］庚寅：八月十九日。［44］恭陵：皇太子李弘之陵，在洛州缑氏县㥞来山，后改名太平山。［45］戊戌：八月二十七日。戴至德为右仆射的时间，《新唐书》卷三《高宗纪》、卷六十一《宰相表》皆作庚子。［46］庚子：八月二十九日。［47］更日受牒诉：隔日轮班受理讼辞，亦可理解为接待投诉者。按：牒本系公文之一，秦汉已有，至唐更为通行。《唐六典·左右司郎中》条略云：凡下之所以达上，其制有六：曰表、状、牋、启、辞、牒。“表上于天子，其近臣亦为状，牋启于皇太子，然于其长亦为之。……九品以上公文皆曰牒，庶人曰辞。”牒与讼相连，即指讼辞。［48］威福者人主之柄：奖赏刑罚是帝王的权柄。［49］老妪（yù）：老妇人。［50］解事仆射：明达事理的仆射。解事在此侧重通达人情之意。［51］归我牒：归还我的讼牒。［52］称其长者：认为他是忠厚长者。

仪凤元年（丙子，676年）

春，正月，壬戌[1]，徙冀王轮为相王。

纳州獠反[2]，敕黔州都督发兵讨之。

二月，甲戌[3]，徙安东都护府于辽东故城[4]；先是有华人任东官者[5]，悉罢之。徙熊津都督府于建安故城[6]；其百济户口先徙于徐、兖等州者，皆置于建安。

天后劝上封中岳[7]；癸未[8]，诏以今冬有事于嵩山。

丁亥[9]，上幸汝州之温汤[10]。

三月，癸卯[11]，黄门侍郎来恒[12]、中书侍郎薛元超[13]并同中书门下三品。恒，济之兄；元超，收之子也。

甲辰[14]，上还东都。

闰月，吐蕃寇鄯、廓、河、芳等州[15]，敕左监门卫中郎将令狐智通发兴、凤等州兵以御之[16]。己卯[17]，诏以吐蕃犯塞，停封中岳。乙酉[18]，以洛州牧周王显为洮州道行军元帅，将工部尚书刘审礼等十二总管，并州大都督相王轮为凉州道行军元帅，将左卫大将军契苾何力[19]等，以讨吐蕃。二王皆不行。

庚寅[20]，车驾西还。

甲寅[21]，中书侍郎李义琰同中书门下三品。

戊午[22]，车驾至九成宫。

六月，癸亥[23]，黄门侍郎晋陵高智周[24]同中书门下三品。

秋，八月，乙未[25]，吐蕃寇叠州[26]。

壬寅[27]，敕："桂、广、交、黔等都督府[28]，比来注拟土人[29]，简择未精，自今每四年遣五品已上清正官充使，仍令御史同往注拟。"时人谓之南选[30]。

九月，壬申[31]，大理奏左威卫大将军权善才、左监门中郎将范怀义误斫昭陵柏，罪当除名[32]；上特命杀之。大理丞[33]太原狄仁杰[34]奏："二人罪不当死。"上曰："善才等斫陵柏，我不杀则为不孝。"仁杰固执不已，上作色[35]，令出，仁杰曰："犯颜直谏，自古以为难。臣以为遇桀、纣[36]则难，遇尧、舜[37]则易。今法不至死而陛下特杀之，是法不信于人也，人何所措其手足！且张释之[38]有言：'设有盗长陵一抔土[39]，陛下何以处之？'今以一株柏杀二将军，后代谓陛下为何如矣[40]！臣不敢奉诏者，恐陷陛下于不道，且羞见释之于地下故也。"上怒稍解，二人除名[41]，流岭南。后数日，擢仁杰为侍御史。

初，仁杰为并州法曹[42]，同僚郑崇质当使绝域[43]。崇质母老且病，仁杰曰："彼母如此，岂可使之有万里之忧！"诣长史蔺仁基，请代之行[44]。仁基素与司马李孝廉不叶[45]，因相谓曰："吾辈岂可不自愧乎！"遂相与辑睦[46]。

冬，十月，车驾还京师。

丁酉[47]，祫享太庙，用太学博士[48]史璨[49]议，禘后三年而祫，祫后二年而禘[50]。

郇王素节，萧淑妃之子也，警敏好学。天后恶之，自岐州刺史左迁申州刺史[51]。乾封初，敕曰："素节既有旧疾，不须入朝。"而素节实无疾，自以久不得入觐，乃著《忠孝论》。王府仓曹参军张柬之因使潜封其论以进[52]。后见之，诬以赃贿[53]，丙午[54]，降封鄱阳王，袁州[55]安置。

十一月，壬申[56]，改元，赦天下。

庚寅[57]，以李敬玄为中书令。

十二月，戊午[58]，以来恒为河南道大使，薛元超为河北道大使，尚书左丞郾陵崔知悌、国子司业郑祖玄为江南道大使，分道巡抚。

（以上为第八段，写吐蕃犯边；狄仁杰初露头角，敢直言极谏。）

【注释】

［1］壬戌：正月二十三日。［2］纳州獠反：生活在今四川泸州市叙永县一带的獠人造反。仪凤三年平定獠人后置纳州，属泸州都督府。［3］甲戌：二月六日。［4］徙安东都护府于辽东故城：安东都护府设置于总章元年（668）。内徙时间有咸亨元年（670）说，据《新唐书·高丽传》等，安东都护府咸亨元年初徙于辽东州，上元三年移于辽东故城，即今辽宁辽阳市。［5］华人任东官者：章校，十二行本"任"下有"安"字。总章元年设安东都护府时，擢高丽、百济、新罗有功的首领为都督、刺史、县令，与华人参理百姓。这些华人即任"安东官者"。［6］建安故城：在今辽宁盖州市东北青石关一带。［7］中岳：即嵩山，又名嵩高。在今河南登封市北。因其居于五岳之中，故称中岳。［8］癸未：二月十五日。［9］丁亥：二月十九日。［10］汝州之温汤：《新唐书·地理志》二载，汝州梁县西南五十里有温汤，可以熟米。又有黄女汤，高宗置温汤顿。故址当在今河南汝州市东。［11］癸卯：三月五日。［12］来恒（?—678）：隋将来护儿之子，与其弟来济俱以学行著称。来济先为宰相，龙朔二年战死于北庭。传见《旧唐书》卷八十、《新唐书》卷一百零五。［13］薛元超（622—683）：蒲州汾阴（今山西万荣县西南）人。以才气知名。官至中书令兼左庶子。死后陪葬乾陵。传见《旧唐书》卷七十三、《新唐书》卷九十八。［14］甲辰：三月六日。［15］吐蕃寇鄯、廓、河、芳等州：此四州皆属陇右道，地当今青海海东市乐都区、化隆回族自治县及甘肃临夏市、迭部县一带。［16］令狐智通发兴、凤等州兵以御之：兴凤等州俱属山南道，地处今陕西汉中市西北，距陇右较近。［17］己卯：闰三月十一日。［18］乙酉：闰三月十七日。［19］契苾何力（?—676）：铁勒哥论易勿施莫贺可汗之孙，自贞观以来屡立战功。传见《旧唐书》卷一百零九、《新唐书》卷一百一十。［20］庚寅：闰三月二十二日。［21］甲寅：闰三月己巳朔，无甲寅。据两《唐书·高宗纪》，当为四月甲寅，即四月十七日。"甲寅"前应补"夏，四月"三字。［22］戊午：四月二十一日。［23］癸亥：六月二十七日。［24］高智周（602—683）：常州晋陵（今江苏常州市）人。曾任寿州刺史，治尚文雅，号为良吏。官至宰相。传见《旧唐书》卷一百八十五上、《新唐书》卷一百零六及《咸淳毗陵志》卷十一。［25］乙未：八月丙申朔，无乙未。《新唐书》卷三作七月乙未，即七月二十九日。［26］叠州：治所在今甘肃迭部县。［27］壬寅：八月七日。

[28]桂、广、交、黔等都督府：地当今广西桂林市、广东广州市、重庆市彭水苗族土家族自治县、越南河内市一带，皆在南方。[29]注拟土人：注拟土人首领当官。注拟意为登记并拟定官职。唐制，凡应试获选者，先由尚书省登录、再经考查，然后才拟定官职。人们在习惯上称之为注拟。[30]南选：南方之铨选。南选始于上元三年。详见《唐会要·南选》以及《新唐书·选举志》下。[31]壬申：九月七日。[32]罪当除名：所犯罪行依法应当免去官职。[33]大理丞：官名，从六品上，掌判寺事，根据犯人本状以正刑名。[34]狄仁杰（607—700）：字怀英，山西太原市人。刚正不阿、很有远见。后来成为武周时的著名宰相，深受武则天敬重。传见《旧唐书》卷八十九、《新唐书》卷一百一十五。[35]作色：变脸，发怒。[36]桀、纣：中国上古时代的两个暴君。桀，夏朝的最后一位国王，名叫履癸。纣，亦称帝辛，商朝末代国王。二人皆独断专行，荒淫无道。[37]尧、舜：传说中的两位古代圣王。尧为陶唐氏，名放勋，史称唐尧；舜姚姓，属有虞氏，名重华，史称虞舜。二人皆能发扬民主，选任贤才。[38]张释之：西汉南阳堵阳（今河南方城县东）人。文帝时官至廷尉，要求文帝严格依法处刑。传见《史记》卷一百二、《汉书》卷五十。[39]设有盗长陵一抔土：语见《资治通鉴》卷四汉文帝三年。长陵，汉高祖刘邦之墓，在今陕西咸阳市东北窑店乡。一抔土，一捧土。史炤在《资治通鉴释文》中说："不忍言毁陵，故止云取长陵一抔土耳"。毁陵，指盗墓挖陵。[40]为何如矣：为怎样的君主。[41]除名：除去官籍。[42]法曹：官名。即法曹司法参军事。掌律令格式、鞫狱定刑、督捕盗贼、纠举奸非之事。[43]绝域：极远的地域。[44]请代之行：请代他出使绝域。[45]不叶：不和睦。[46]辑睦：和睦。[47]丁酉：十月三日。[48]太学博士：官名。正六品上。掌教在太学中学习的文武官五品以上及郡县公子孙、从三品曾孙。[49]史璨：《新唐书》卷十三作"史玄璨"。《唐会要》卷十三、《全唐文》卷四百三十七作"史元璨"，避"玄"字。[50]禘（dì）后三年而祫，祫后二年而禘：禘、祫均为祭名。即按照史璨的观点五年举行一次禘祭，合高祖之父以上神主祭于太祖庙，高祖以下分祭于本庙。禘祭以后三年举行一次祫祭，把远近祖先的神主集合起来在太庙大祭。祫祭后二年再举行禘祭。[51]左迁申州刺史：左迁，降职。古代以右为尊，左为卑，故称降职为左迁。申州，治所在今河南信阳市南。素节先任岐州刺史，该州属上州，刺史从三品，后任申州刺史，申州属中州，刺史正四品上，品秩有所下降。[52]因使潜封其论以进：指张柬之因充使赴京，暗中偷偷地带上李素节的《忠孝论》，进献给皇帝。张柬之欲以此感动高宗与武则天，这恰恰加重了李素节的罪行。[53]赃贿：贪污受贿。[54]丙午：十月十二日。[55]袁州：州名。治所在今江西宜春市。[56]壬申：十一月八日。[57]庚寅：十一月二十六日。[58]戊午：十二月二十五日。

二年（丁丑，677年）

春，正月，乙亥[1]，上耕藉田。

初，刘仁轨引兵自熊津还，扶余隆畏新罗之逼，不敢留，寻亦还朝。二月，丁巳[2]，以工部尚书高藏[3]为辽东州都督，封朝鲜王，遣归辽东，安辑高丽余众；高丽先在诸州者[4]，皆遣与藏俱归。又以司农卿扶余隆为熊津都督，封带方王，亦遣归安辑百济余众，仍移安东都护府于新城[5]以统之。时百济荒残，命隆寓居高丽之境。藏至辽东，谋叛，潜与靺鞨通；召还，徙邛州[6]而死，散徙其人于河南、陇右诸州，贫者留安东城傍。高丽旧城没于新罗，余众散入靺鞨及突厥，隆亦竟不敢还故地，高氏、扶余氏遂亡[7]。

三月，癸亥朔[8]，以郝处俊、高智周并为左庶子，李义琰为右庶子[9]。

夏，四月，左庶子张大安[10]同中书门下三品。大安，公谨之子也。

诏以河南、北旱[11]，遣御史中丞崔谧等分道存问赈给。侍御史宁陵刘思立[12]上疏，以为："今麦秀蚕老[13]，农事方殷，敕使抚巡，人皆竦抃[14]，忘其家业，冀此天恩，聚集参迎，妨废不少。既缘赈给，须立簿书[15]，本欲安存，更成烦扰。望且委州县赈给，待秋务闲，出使褒贬。"疏奏，谧等遂不行。

五月，吐蕃寇扶州之临河镇[16]，擒镇将杜孝升，令赍书说松州[17]都督武居寂使降，孝升固执不从。吐蕃军还，舍孝升而去，孝升复帅余众拒守。诏以孝升为游击将军[18]。

秋，八月，徙周王显为英王，更名哲。

命刘仁轨镇洮河军[19]。冬，十二月，乙卯[20]，诏大发兵讨吐蕃。

诏以显庆新礼，多不师古[21]，其五礼[22]并依《周礼》[23]行事。自是礼官益无凭守，每有大礼，临时撰定。

（以上为第九段，写唐高宗安抚高丽、新罗未果，西疆与吐蕃战事亦不利。）

【注释】

[1]乙亥：正月十二日。 [2]丁巳：二月二十五日。 [3]高藏：即高丽宝藏王。荣留王建武之弟。贞观十七年（643）封为辽东郡王、高丽王。总章元年（668）十一月被俘至长安，授司平太常伯。封为朝鲜王后不久，与靺鞨谋叛，流邛州而死。事见《旧唐书》卷一百九十九上《高丽传》、《新唐书》卷二百二十《高丽传》。 [4]高丽先在诸州者：以前分散在诸州的高丽人。

［5］仍移安东都护府于新城：自辽东故城迁至新城（今辽宁铁岭市）。据有人考证，安东都护府七迁，这是第三次迁徙。［6］邛州：州名。治所在今四川邛崃市。［7］高氏、扶余氏遂亡：高氏、扶余氏分别指高丽、百济王室。［8］癸亥朔：三月一日。［9］庶子：官名。唐制，东宫设左、右庶子，各两员。左庶子隶左春坊，掌侍从赞相，驳正启奏。右庶子隶右春坊，掌侍从献纳启奏。［10］张大安（?—684）：魏州繁水（今河南南乐县西北）人。曾参加注释《后汉书》的活动，后因章怀太子被废而左迁。传见《旧唐书》卷六十八、《新唐书》卷八十九。［11］河南、北旱：即黄河南、北遭受旱灾。［12］刘思立：宋州宁陵（今河南宁陵县东南）人。官至考功员外郎。曾奏请明经加帖、进士试杂文。事见《旧唐书》卷一百九十中《刘思传》、《新唐书》卷二百零二《刘思传》及《全唐书》卷一百五十三。［13］麦秀蚕老：麦收在即，蚕功未毕。［14］竦抃：直立鼓掌。［15］簿书：文书簿册。［16］扶州之临河镇：在今四川九寨沟县内。［17］松州：治所嘉城，在今四川松潘县。［18］游击将军：官名。武散官之一，从五品下。［19］洮河军：军镇名。地望不详。胡注，鄯州城内有临洮军。［20］乙卯：十二月二十七日。［21］显庆新礼，多不师古：显庆新礼修成于显庆三年，凡一百三十卷。《旧唐书·礼仪志》一载，时许敬宗、李义府用事，其所损益，多涉希旨，行用已后，学者纷议，以为不及贞观礼。［22］五礼：指吉礼、宾礼、军礼、嘉礼、凶礼。［23］《周礼》原名《周官》，儒家经典之一，分天官、地官、春官、夏官、秋官、冬官六篇，共四十二卷。

三年（戊寅，678年）

春，正月，辛酉[1]，百官及蛮夷酋长朝天后于光顺门[2]。

刘仁轨镇洮河，每有奏请，多为李敬玄[3]所抑，由是怨之。仁轨知敬玄非将帅才，欲中伤之，奏言："西边镇守，非敬玄不可。"敬玄固辞。上曰："仁轨须朕，朕亦自往，卿安得辞！"丙子[4]，以敬玄代仁轨为洮河道大总管[5]兼安抚大使，仍检校[6]鄯州都督。又命益州大都督府长史李孝逸[7]等发剑南、山南兵以赴之。孝逸，神通之子也。

癸未[8]，遣金吾将军曹怀舜[9]等分往河南、北募猛士，不问布衣[10]及仕宦[11]。

夏，四月，戊申[12]，赦天下，改来年元为通乾。

五月，壬戌[13]，上幸九成宫。丙寅[14]，山中雨，大寒，从兵有冻死者。

秋，七月，李敬玄奏破吐蕃于龙支[15]。

上初即位，不忍观《破阵乐》[16]，命撤之。辛酉[17]，太常少卿韦万石[18]奏："久寝不作，惧成废缺。请自今大宴会复奏之。"上从之。

九月，辛酉[19]，车驾还京师。

上将发兵讨新罗，侍中张文瓘卧疾在家，自舆入见[20]，谏曰："今吐蕃为寇，方发兵西讨；新罗虽云不顺，未尝犯边，若又东征，臣恐公私不胜其弊。"上乃止。癸亥[21]，文瓘薨。

丙寅[22]，李敬玄将兵十八万与吐蕃将论钦陵[23]战于青海之上，兵败，工部尚书、右卫大将军彭城僖公[24]刘审礼为吐蕃所虏。时审礼将前军深入，顿于濠所，为虏所攻，敬玄懦怯，按兵不救。闻审礼战没，狼狈还走，顿于承风岭[25]，阻泥沟以自固[26]，虏屯兵高冈以压之。左领军员外将军黑齿常之[27]，夜帅敢死之士五百人袭击虏营，虏众溃乱，其将跋地设引兵遁去，敬玄乃收余众还鄯州。

审礼诸子自缚诣阙[28]，请入吐蕃赎其父，敕听次子易从诣吐蕃省之[29]。比至，审礼已病卒[30]，易从昼夜号哭不绝声；吐蕃哀之，还其尸，易从徒跣负之以归[31]。

上嘉黑齿常之之功，擢拜左武卫将军，充河源军[32]副使。

李敬玄之西征也，监察御史原武娄师德[33]应猛士诏从军，及败，敕师德收集散亡，军乃复振。因命使于吐蕃，吐蕃将论赞婆迎之赤岭[34]。师德宣导上意，谕以祸福，赞婆甚悦，为之数年不犯边。师德迁殿中侍御史[35]，充河源军司马[36]，兼知营田事。

上以吐蕃为忧，悉召侍臣谋之，或欲和亲以息民；或欲严设守备，俟公私富实而讨之；或欲亟发兵击之，议竟不决，赐食而遣之。

太学生宋城魏元忠[37]上封事[38]，言御吐蕃之策，以为："理国[39]之要，在文与武。今言文者则以辞华[40]为首而不及经纶[41]，言武者则以骑射[42]为先而不及方略[43]，是皆何益于理乱哉！故陆机著《辨亡》之论，无救河桥之败[44]，养由基射穿七札，不济鄢陵之师[45]，此已然之明效[46]也。古语有之：'人无常俗，政有理乱；兵无强弱，将有巧拙。'故选将当以智略为本，勇力为末。今朝廷用人，类取[47]将门子弟及死事之家[48]，彼皆庸人，岂足当阃外[49]之任！李左车[50]、陈汤[51]、吕蒙[52]、孟观[53]，皆出贫贱而立殊功[54]，未闻其家代为将[55]也。

夫赏罚者，军国之切务，苟有功不赏，有罪不诛，虽尧、舜不能以致理。议者皆云：'近日征伐，虚有赏格[56]而无事实。'盖由小才之吏，不知大体，徒惜勋庸，恐虚仓库。不知士不用命，所损几何！黔首[57]虽微，不可欺罔。岂得悬不信之令，设虚赏之科，而望其立功乎！自苏定方征辽东[58]，李勣破平壤[59]，赏绝不行，勋仍淹滞，不闻斩一台郎，戮一令史，以谢勋人[60]。大非川之败，薛仁贵、郭待封等不即重诛[61]，向使早诛仁贵等，则自余诸将岂敢失利于后哉！臣恐吐蕃之平，非旦夕可冀也。

又，出师之要，全资马力。臣请开畜马之禁，使百姓皆得畜马；若官军大举，委州县长吏以官钱增价市之，则皆为官有。彼胡虏恃马力以为强，若听人间[62]市而畜之，乃是损彼之强为中国之利也。"先是禁百姓畜马，故元忠言之。上善其言，召见，令直中书省，仗内供奉[63]。

冬，十月，丙午[64]，徐州刺史密贞王元晓[65]薨。

十一月，壬子[66]，黄门侍郎、同中书门下三品来恒薨。

十二月，诏停来年通乾之号，以反语不善故也[67]。

（以上为第十段，写唐军败于吐蕃。太学生魏元忠上奏国家防务三章：其一，要把谋略放在第一位；其二，要赏罚严明；其三，开畜马之禁，鼓励百姓养马。）

【注释】

[1]辛酉：正月四日。 [2]光顺门：在大明宫宣政殿西北。《唐六典》卷七：宣政殿北曰紫宸门，紫宸门左曰崇明门，右曰光顺门。 [3]李敬玄：代刘仁轨为中书令。传见《旧唐书》卷八十一、《新唐书》卷一百零六。 [4]丙子：正月十九日。 [5]以敬玄代仁轨为洮河道大总管：据《考异》，"《实录》云：'与仁轨相知镇守，而敬玄之败，仁轨不预。新旧《唐书》本传皆云'以代仁轨'，今从之。"刘仁轨以私怨设局陷害李敬玄，不可谓贤。 [6]检校：兼任，代理。 [7]李孝逸：唐宗室。淮安王李神通之子。始封梁郡公。后因平徐敬业有功，官至镇军大将军，徙封吴国公。传见《旧唐书》卷六十、《新唐书》卷七十八、《嘉泰会稽志》卷二。 [8]癸未：正月二十六日。 [9]曹怀舜：籍贯不详。后因与突厥作战失利，被流于岭南。其事散见于《旧唐书》卷五《高宗纪》下、《新唐书》卷二百一十五《突厥传》。 [10]布衣：平民。 [11]仕宦：本指作官，此处指官吏。 [12]戊申：四月二十二日。 [13]壬戌：五月七日。 [14]丙寅：五月十一日。 [15]龙支：古县名。在今青海民和县东南。 [16]《破阵乐》：即《秦王破阵乐》。唐代三大军乐曲之一。《新唐书·礼乐志》载：太宗为秦王，破刘武周，军中相与作《秦王破阵乐》曲。其后

渐趋完善，包括三变、十二阵、五十二遍，舞者一百二十人。以讨叛为主题，旨在歌颂唐太宗扫平天下的功绩。［17］辛酉：七月七日。［18］韦万石：高宗朝著名音乐家。传见《旧唐书》卷七十七、《新唐书》卷九十八等。［19］辛酉：九月七日。［20］自舆入见：抱病登车，求见皇帝。［21］癸亥：九月九日。［22］丙寅：九月十二日。［23］论钦陵：吐蕃权臣禄东赞次子。自仪凤四年（679）起专知政事，不断发动侵略战争。圣历二年（699）与赞普器弩悉弄矛盾加剧，兵败自杀。事详《旧唐书》卷一百九十六上《吐蕃传》上、《新唐书》卷二百一十六上《吐蕃传》上。［24］彭城僖公：刘审礼官爵与谥号的合称。其中僖是谥号。《谥法》："刚克曰僖；又，小心畏忌曰僖。"［25］承风岭：地名。在今青海化隆回族自治县西南。［26］阻泥沟以自固：以泥沟为险阻。两《唐书》所载与此不同。如《新唐书》卷一百六《李敬玄传》："乃顿承风岭，又阻沟淖，莫能前。"同书卷二百一十六《吐蕃传》："顿承风岭，碍险不得纵。"《旧唐书》卷一百九十六上《吐蕃传》上亦云："顿于承风岭，阻泥沟不能动。"据此，则是为泥沟所阻。［27］黑齿常之（?—689）：百济人。高宗时入唐，成为一代名将。以战功进封燕国公。后被酷吏诬告，在狱中自缢。传见《旧唐书》卷一百九、《新唐书》卷一百一十。［28］自缚诣阙：把自己绑起来前往皇宫。［29］省（xǐng）之：探望他的父亲。［30］比至，审礼已病卒：时在永隆二年（681）。见《旧唐书》卷七十七《刘审礼传》。［31］易从徒跣负之以归：徒跣，即赤脚行走。"负之以归"恐非事实。《新唐书》卷一百六作"徒跣万里，扶护以归"。《旧唐书》卷七十七作"吐蕃哀其志行，还其父尸柩，易从徒跣万里，扶护归彭城"。此二说意思略同，较近情理。［32］河源军：仪凤二年置，在今青海西宁市。［33］娄师德（630—699）：字宗仁，郑州原武（今河南原阳县）人。进士出身。由监察御史应猛士出征，战功卓著。武周时官至宰相，长期主持西北屯田，颇有政绩。传见《旧唐书》卷九十三、《新唐书》卷一百八。［34］赤岭：山名。在今青海省西宁市西。［35］殿中侍御史：官名。掌殿廷供奉之仪式。［36］充河源军司马：据《考异》，"《御史台记》，'充河源军使'。今从《旧传》。"［37］魏元忠：宋州宋城（今河南商丘市）人。则天朝官至凤阁侍郎、同凤阁鸾台平章事。中宗时拜卫尉卿、同中书门下三品。传见《旧唐书》卷九十二、《新唐书》卷一百二十二。［38］封事：密封的章奏。古时官吏上奏机密大事，防止泄露机密，用皂袋封缄，称为封事。［39］理国：即治国。唐人避高宗名讳，改治为理。［40］辞华：辞藻华丽。［41］经纶：本指整理丝缕，此处引申为处理国家大事。［42］骑射：骑马射箭。［43］方略：计谋策略。［44］陆机著《辨亡》之论，无救河桥之败：事见《资治通鉴》卷八十五晋惠帝太安二年。陆机（621—303），字士衡，吴郡华亭（今上海市松江区）人。三国时孙吴名将陆逊之孙，陆抗之子。入晋为著名文学家，曾著《辨亡论》述孙权之所以兴，孙皓之所以亡。西晋八王之乱，成都王司马颖委陆机为后将军，领军二十余万讨长沙王司马乂，在河桥交战全军崩溃。此讽陆机只会纸上谈兵。传见《晋书》卷五十四。［45］养由基射穿七札，不济鄢陵之师：事见《左传》成公十六年。养由基，春秋时楚国大夫，以善射闻名，能百步穿杨。七札，七层甲叶。不济鄢陵之师，指公元前575年鄢陵之战，楚军被晋军打败，养由基不能改变战局。［46］明效：明证。［47］类取：犹多取。［48］死事之家：死王事者的子孙。

相当于“烈属”。［49］阃外：原指郭门以外。后多指领兵镇守之事。［50］李左车：秦汉之际谋士。曾向陈余、韩信献破敌之计。陈余不用其策，兵败身死；韩信用其策，取得燕地。事见《史记》卷八十九《张耳陈余传》、卷九十二《淮阴侯传》，《汉书》卷三十二《陈余传》、卷三十四《韩信传》等。［51］陈汤：字子公，山阳瑕丘（今山东济宁市兖州区东北）人。西汉将领。因击杀匈奴郅支单于而封关内侯。传见《汉书》卷七十。［52］吕蒙（178—219）：字子明，汝南富陂（今安徽阜南县东南）人。东吴大将。曾带兵袭杀关羽，占领荆州。传见《三国志》卷五十四。［53］孟观：传见《晋书》卷六十。［54］殊功：特殊的功勋。［55］代为将：即世为将。避太宗名讳。［56］赏格：赏赐的格条。［57］黔首：百姓。［58］苏定方征辽东：时在龙朔元年（661）至二年（662）。［59］李勣破平壤：时在总章元年（668）。［60］不闻斩一台郎，戮一令史，以谢勋人：唐尚书省郎官皆称台郎。其中吏部司勋郎中一人，员外郎二人，掌官人勋级。又有司勋令吏三十三人。勋转淹滞，是因为司勋失职。勋人，立功之人。［61］薛仁贵、郭待封等不即重诛：大非川之战失败后，薛仁贵、郭待封免死除名。见《资治通鉴》卷二百一唐高宗咸亨元年。［62］人间：即民间。避太宗讳而改。［63］仗内供奉：即仗内供职。胡注：“仗内供奉，朝会得随百官入见。”［64］丙午：十月二十三日。［65］密贞王元晓：唐高祖第二十一子，鲁才人所生。传见《旧唐书》卷十四、《新唐书》卷七十九。［66］壬子：十一月甲寅朔，无壬子。《新唐书》卷三《高宗纪》作闰十一月。闰十一月壬子，即闰十一月三十日。“十一月”前当添闰字。［67］以反语不善故也：本来仪凤三年（678）四月敕改来年为通乾元年，现认为通乾的反语为天穷，故敕停不行。

调露元年（己卯，679 年）

春，正月，己酉[1]，上幸东都。

司农卿韦弘机作宿羽、高山、上阳等宫[2]，制度壮丽。上阳宫临洛水[3]，为长廊亘一里。宫成，上徙御之。侍御史狄仁杰劾奏弘机导上为奢泰[4]，弘机坐免官。左司郎中[5]王本立[6]恃恩用事，朝廷畏之[7]。仁杰奏其奸，请付法司，上特原之，仁杰曰：“国家虽乏英才，岂少本立辈！陛下何惜罪人[8]，以亏王法。必欲曲赦本立，请弃臣于无人之境，为忠贞将来之戒！”本立竟得罪[9]。由是朝廷肃然。

庚戌[10]，右仆射、太子宾客[11]道恭公戴至德薨。

二月，壬戌[12]，吐蕃赞普卒，子器弩悉弄[13]立，生八年矣。时器弩悉弄与其舅麹萨若诣羊同[14]发兵，有弟生六年，在论钦陵军中。国人畏钦陵之强，欲立之，钦陵不可，与萨若共立器弩悉弄。

上闻赞普卒[15]，命裴行俭乘间图之。行俭曰：“钦陵为政，大臣辑睦，未可图也。”乃止。

夏，四月，辛酉[16]，郝处俊为侍中。

偃师人明崇俨[17]，以符咒[18]幻术[19]为上及天后所重，官至正谏大夫[20]。五月，壬午[21]，崇俨为盗所杀，求贼，竟不得[22]。赠崇俨侍中。

丙戌[23]，命太子监国。太子处事明审[24]，时人称之。

戊戌[25]，作紫桂宫于渑池之西[26]。

六月，辛亥[27]，赦天下，改元。

初，西突厥十姓可汗阿史那都支及其别帅李遮匐与吐蕃连和，侵逼安西，朝议欲发兵讨之。吏部侍郎裴行俭曰："吐蕃为寇，审礼覆没，干戈未息，岂可复出师西方！今波斯王卒，其子泥洹师[28]为质在京师，宜遣使者送归国，道过二虏[29]，以便宜取之，可不血刃而擒也。”上从之，命行俭册立波斯王[30]，仍为安抚大食使。行俭奏肃州刺史王方翼[31]以为己副，仍令检校安西都护。

秋，七月，己卯朔[32]，诏以今年冬至有事于嵩山。

初，裴行俭尝为西州长史[33]，及奉使过西州，吏人郊迎，行俭悉召其豪杰子弟千余人自随，且扬言[34]天时方热，未可涉远，须稍凉乃西上。阿史那都支觇知之[35]，遂不设备。行俭徐召四镇[36]诸胡酋长谓曰："昔在西州，纵猎甚乐，今欲寻旧赏[37]，谁能从吾猎者？”诸胡子弟争请从行，近得万人[38]。行俭阳为畋猎[39]，校勒部伍[40]，数日，遂倍道西进。去都支部落十余里，先遣都支所亲问其安否，外示闲暇，似非讨袭，续使促召相见。都支先与李遮匐约，秋中拒汉使[41]，猝闻军至，计无所出[42]，帅其子弟迎谒，遂擒之。因传其契箭[43]，悉召诸部酋长[44]，执送碎叶城。简其精骑，轻赍[45]，昼夜进掩遮匐，途中，获都支还使与遮匐使者同来；行俭释遮匐使者，使先往谕遮匐以都支已就擒，遮匐亦降。于是囚都支、遮匐以归，遣波斯王自还其国，留王方翼于安西，使筑碎叶城[46]。

（以上为第十一段，写裴行俭抚定西域。）

【注释】

[1]己酉：正月二十八日。 [2]韦弘机作宿羽、高山、上阳等宫：宿羽宫在东都禁苑的东北隅，南临大池。高山宫在禁苑的西北隅。上阳宫在禁苑之东，即今河南洛阳市西洛水北岸。后来武则天常居于此。[3]洛水：源出陕西洛南县西北部，东经洛阳，纳伊河，至巩义市洛口流入黄河。[4]奢泰：亦作“奢汰”。“奢汰”，意为挥霍无度。 [5]左司郎中：官名。《唐六典》卷一载：左右司郎中各一人，从五品上。各掌付十二司之事，以举正稽违，省署符目。 [6]王本立：武周时官至宰相。见《新唐书》卷六十一《宰相表》上。 [7]朝廷畏之：朝廷，指帝王接受朝见和处理政事之处，也用作中央和帝王的代称。此处专指朝官。[8]何惜罪人：为何爱惜犯罪之人。[9]得罪：受到处罚。 [10]庚戌：正月二十九日。 [11]太子宾客：官名。掌侍从规谏，赞相礼仪。显庆元年，始置太子宾客四员。见《旧唐书·职官志》。《新唐书·百官志》则载：贞观十八年以宰相兼宾客，开元中定员四人。 [12]壬戌：二月十一日。 [13]器弩悉弄：圣历二年铲除论钦陵及其亲党，掌握实权。后在讨伐泥婆罗门等国叛乱时死于军中。事见《旧唐书》卷一百九十六上《吐蕃传》上、《新唐书》卷二百一十六上《吐蕃传》上。 [14]羊同：古国名。《唐会要》卷九十九：“大羊同国，东接吐蕃，西接小羊同，北直于阗，东西千里。”据此，则羊同有大小之分，地约当今西藏西南部。 [15]上闻赞普卒：据章校，十二行本下有“嗣主未定”四字。 [16]辛酉：四月十二日。 [17]明崇俨（?—679）：洛州偃师（今河南洛阳市偃师区东）人。高宗朝术士，曾任冀王府文学，据说能役使鬼神。传见《旧唐书》卷一百九十一、《新唐书》卷二百零四。 [18]符咒：道家术士用来驱鬼降妖或为人治病的文书和口诀。 [19]幻术：幻化莫测的法术。 [20]正谏大夫：官名。即谏议大夫。龙朔二年二月四日，改谏议大夫为正谏大夫，神龙元年二月，复为谏议大夫。[21]壬午：五月三日。 [22]求贼，竟不得：按，《旧唐书·明崇俨传》载：“时语以为崇俨密与天后为厌胜之法，又私奏章怀太子不堪承继大位，太子密知之，潜使人害之。”据此，则主谋是皇太子。 [23]丙戌：五月七日。 [24]明审：英明精审。 [25]戊戌：五月十九日。 [26]作紫桂宫于渑（miǎn）池之西：渑池，县名。县治双桥，在今河南渑池县。紫桂宫在渑池之西。[27]辛亥：六月三日。这一天改元调露。 [28]泥洹师：波斯王卑路斯之子。司马光在《考异》中说：“《实录》作泥涅师师，《旧传》作泥湼师师，《唐历》作泥汨师，今从《统纪》。”查今本《旧唐书·裴行俭传》作泥涅师师，与司马光所见者不同。又，《新唐书》卷一百零八《裴行俭传》及卷二百二十一下《波斯传》俱作“泥涅师”。法国人沙畹在《西突厥史料》一书中将此名还原为 Narses。岑仲勉据此认为以《实录》所载为是。 [29]道过二虏：途经阿史那都支及李遮匐辖区。 [30]命行俭册立波斯王：即命裴行俭护送泥涅师归国，册立其为波斯王。 [31]王方翼（622—684）：并州祁（今山西祁县东南）人。传见《旧唐书》卷一百八十五上、《新唐书》卷一百一十一。 [32]己卯朔：七月一日。 [33]裴行俭尝为西州长史：时在永徽五年。西州，治所高昌，在今新疆吐鲁番市东南。[34]扬言：高声说。 [35]觇（chān）知之：侦知此事。[36]四镇：指龟兹、毗沙、焉耆、疏勒四都督府。 [37]旧赏：昔日的赏心乐事。 [38]近得万人：犹共得万人。 [39]阳

为畋猎：即佯为打猎。[40]校勒部伍：检阅统率军队。[41]秋中拒汉使：秋季之中拒绝唐使。[42]计无所出：无计可施。[43]契箭：作符契用的弓箭。突厥无符信，以箭为契信。汉使，即唐使。汉朝威加四夷，此后四夷称中国人为汉人。[44]诸部酋长：西突厥沙钵咥利失可汗分其国为十部，各部以一人统之，即其酋长。酋长人授一箭，称为十设，亦曰十箭。左五咄陆部，置五大啜，居碎叶城东。右五弩失毕部，置五大俟斤，居碎叶西。[45]轻赍：犹轻装。[46]使筑碎叶城：王方翼所筑碎叶在今吉尔吉斯斯坦托克马克市。

冬，十月，单于大都护府突厥阿史德温傅、奉职二部俱反[1]，立阿史那泥熟匐[2]为可汗，二十四州酋长皆叛应之[3]，众数十万，遣鸿胪卿单于大都护府长史萧嗣业、右领军卫将军花大智[4]、右千牛卫将军李景嘉等将兵讨之。嗣业等先战屡捷，因不设备；会大雪，突厥夜袭其营，嗣业狼狈拔营走，众遂大乱，为虏所败，死者不可胜数。大智、景嘉引步兵且行且战，得入单于都护府。嗣业减死，流桂州，大智、景嘉并免官。

突厥寇定州[5]，刺史霍王元轨[6]命开门偃旗[7]，虏疑有伏，惧而宵遁[8]。州人李嘉运与虏通谋，事泄，上令元轨穷其党与，元轨曰："强寇在境，人心不安，若多所逮系[9]，是驱之使叛也。"乃独杀嘉运，余无所问，因自劾违制。上览表大喜，谓使者曰："朕亦悔之，向无王[10]，失定州矣。"自是朝廷有大事，上多密敕问之。

壬子[11]，遣左金吾卫将军曹怀舜屯井陉[12]，右武卫将军崔献屯龙门[13]，以备突厥。突厥扇诱奚、契丹侵掠营州[14]，都督周道务遣户曹始平唐休璟[15]将兵击破之。

庚申[16]，诏以突厥背诞[17]，罢封嵩山。

癸亥[18]，吐蕃文成公主[19]遣其大臣论塞调傍[20]来告丧，并请和亲，上遣郎将宋令文诣吐蕃会赞普之葬[21]。

十一月，戊寅朔[22]，以太子左庶子、同中书门下三品高智周为御史大夫，罢知政事。

癸未[23]，上宴裴行俭，谓之曰："卿有文武兼资，今授卿二职。"乃除礼部尚书兼检校右卫大将军。甲辰[24]，以行俭为定襄道行军大总管，将兵十八万，并西军检校丰州都督程务挺[25]、东军幽州都督李文暕[26]总三十余万以讨突厥，并受行俭节度。务挺，名振[27]之子也。

（以上为第十二段，写唐高宗大发兵三十万北征突厥。）

【注释】

［1］阿史德温傅、奉职二部俱反：阿史德，突厥大姓之一。温傅、奉职，两人名。事见《旧唐书》卷一百九十四《突厥传》、《新唐书》卷二百一十五《突厥传》。［2］阿史那泥熟匐：《新唐书·突厥传》作“阿史那泥孰匐”。《唐会要》卷九十四作“阿史那泥熟蔔”。字略不同，为音译所致。［3］二十四州酋长皆叛应之：两《唐书·突厥传》所载略同。据《新唐书》卷二百一十五上，单于都护府置于永徽元年，领狼山、云中、桑乾三都督，苏农等二十四州，都督、刺史皆为突厥首领。“二十四州”所指不详。《旧唐书》卷一百九十四上及《资治通鉴》卷一百九十九载单于初置时，辖一十四州，非二十四州。待考。［4］花大智：人名。《新唐书·突厥传》作“苑大智”。岑仲勉以为“苑为近是”。见《通鉴隋唐纪比事质疑》。［5］定州：州名。治所在今河北定州市。［6］霍王元轨：唐高祖第十四子。传见《旧唐书》卷六十四、《新唐书》卷七十九。［7］开门偃旗：打开城门，放倒军旗。［8］宵遁：夜逃。［9］逮系：逮捕囚系。［10］向无王：假使当初无霍王此举。向，假使，如果。［11］壬子：十月五日。［12］井陉：古关名。在今河北井陉县西北。地当太行山区进入华北平原的要隘。［13］龙门：一名禹门口，在今山西河津市和陕西韩城市之间黄河上。［14］营州：州名。治所在今辽宁朝阳市。［15］唐休璟（627—712）：京兆始平（今陕西兴平市）人。则天朝名臣，熟悉边疆事务，官至宰相，封宋国公。传见《旧唐书》卷九十三、《新唐书》卷一百一十一。［16］庚申：十月十三日。［17］背诞：背离放荡。［18］癸亥：十月十六日。［19］文成公主（?—680）：唐宗室女。贞观十五年（641）正月十五日入蕃嫁吐蕃赞普松赞干布。对青藏高原的开发起了积极的作用。事见《旧唐书》卷一百九十六上《吐蕃传》上、《新唐书》卷二百一十六上《吐蕃传》上、《唐会要》卷六《和蕃公主》。［20］论塞调傍：人名。《旧唐书·吐蕃传》作“论寒调傍”。［21］会赞普之葬：参加赞普的葬礼。［22］戊寅朔：十一月一日。［23］癸未：十一月六日。［24］甲辰：十一月二十七日。［25］程务挺（?—684）：洺州平恩（今河北曲周县东南）人。唐初名将程名振之子。官至左武卫大将军、单于道安抚大使。突厥畏之，不敢入侵。传见《旧唐书》卷八十三、《新唐书》卷一百一十一。［26］李文暕：襄邑王李神符之子，封魏国公。武周时被杀。传见《旧唐书》卷六十、《新唐书》卷七十八。［27］名振：程名振，唐贞观、永徽时名将。传见《旧唐书》卷八十三、《新唐书》卷一一一。

永隆元年[1]（庚辰，680 年）

春，二月，癸丑[2]，上幸汝州之温汤；戊午[3]，幸嵩山处士[4]三原田游岩[5]所居；己未[6]，幸道士宗城潘师正[7]所居，上及天后、太子皆拜之。乙丑[8]，还东都。

三月，裴行俭大破突厥于黑山[9]，擒其酋长奉职；可汗泥熟匐为其下所杀，以其首来降。

初，行俭行至朔川[10]，谓其下曰："用兵之道，抚士贵诚，制敌贵诈。前日萧嗣业粮运为突厥所掠[11]，士卒冻馁，故败。今突厥必复为此谋，宜有以诈之。"乃诈为粮车三百乘[12]，每车伏壮士五人，各持陌刀[13]、劲弩[14]，以羸兵[15]数百为之援[16]，且伏精兵于险要以待之。虏果至，羸兵弃车散走。虏驱车就水草，解鞍牧马，欲取粮，壮士自车中跃出，击之，虏惊走，复为伏兵所邀[17]，杀获殆尽，自是粮运行者，虏莫敢近。

军至单于府北，抵暮，下营，掘堑已周[18]，行俭遽命移就高冈；诸将皆言士卒已安堵，不可复动，行俭不从，趣使移[19]。是夜，风雨暴至，前所营地，水深丈余，诸将惊服，问其故，行俭笑曰："自今但从我命，不必问其所由知也。"

奉职既就擒，余党走保狼山[20]。诏户部尚书崔知悌驰传诣定襄宣慰将士，且区处[21]余寇，行俭引军还。

（以上为第十三段，写裴行俭率领唐军大破突厥。）

【注释】

［1］永隆元年：调露二年八月二十三日乙丑，改元永隆。［2］癸丑：二月八日。［3］戊午：二月十三日。［4］处士：古时对有德才而隐居不仕的人的称呼。［5］田游岩：京兆三原（今陕西三原县东北）人。自称"许由东邻"。后拜太子洗马。传见《旧唐书》卷一百九十二、《新唐书》卷一百九十六。［6］己未：二月十四日。［7］潘师正（585—682）：贝州宗城（今河北威县东）人。（一说赵州赞皇人，即今河北赞皇县人。）颇为唐高宗、武则天所重。传见《旧唐书》卷一百九十二、《新唐书》卷一百九十六及《茅山志》卷七。［8］乙丑：二月二十日。［9］黑山：又名杀胡山，在今内蒙古包头市西北。［10］朔川：《旧唐书·裴行俭传》作"朔州"。严衍《资治通鉴补》径改为朔州。朔州治所在今山西朔州市。［11］萧嗣业粮运为突厥所掠：不见记载，当在调露元年十月。［12］三百乘：三百辆。乘（shèng），古时四马一车为一乘。［13］陌刀：兵器名。《唐六典》卷十六："陌刀，长刀也，步兵所持。"［14］劲弩：强弩。弩，用机栝发箭的弓。唐代之弩有

七种，即擘张弩、角弓弩、木单弩、大木单弩、竹竿弩、大竹竿弩、伏远弩。［15］羸兵：老弱之兵。［16］援：援车。即扶车而行。［17］邀：截击。［18］掘堑已周：营房外面的壕堑已经挖好。［19］趣使移：催促令移。［20］狼山：即今内蒙古杭锦后旗西北狼山。永徽元年，置狼山州，属云中都护府。［21］区处：区分处置。

夏，四月，乙丑[1]，上幸紫桂宫。

戊辰[2]，黄门侍郎闻喜裴炎[3]、崔知温[4]、中书侍郎京兆王德真[5]并同中书门下三品。知温，知悌之弟也。

秋，七月，吐蕃寇河源，左武卫将军黑齿常之击却之[6]。擢常之为河源军经略大使。常之以河源冲要，欲加兵戍之，而转输险远，乃广置烽戍[7]七十余所，开屯田[8]五千余顷，岁收五百余万石，由是战守有备焉。

先是，剑南募兵于茂州西南筑安戎城[9]，以断吐蕃通蛮之路。吐蕃以生羌为乡导，攻陷其城，以兵据之，由是西洱诸蛮[10]皆降于吐蕃。吐蕃尽据羊同、党项[11]及诸羌之地，东接凉、松、茂、巂等州，南邻天竺，西陷龟兹、疏勒等四镇，北抵突厥，地方万余里，诸胡之盛，莫与为比[12]。

丙申[13]，郑州刺史江王元祥[14]薨。

突厥余众围云州[15]，代州都督窦怀悊[16]、右领军中郎将程务挺将兵击破之。

（以上为第十四段，写吐蕃极盛，地方万余里。）

【注释】

［1］乙丑：四月二十一日。［2］戊辰：四月二十四日。［3］裴炎（?—684）：字子隆。绛州闻喜（今山西闻喜县东北）人。唐高宗死后成为顾命大臣。因与徐敬业叛乱有关而被杀。传见《旧唐书》卷八十七、《新唐书》卷一百一十七。［4］崔知温（627—683）：许州鄢陵（今河南鄢陵县西北）人。唐高宗朝户部尚书崔知悌之弟。官至中书令。传见《旧唐书》卷一百八十五上、《新唐书》卷一百零六。［5］王德真：曾任中书侍郎、太常卿等职。垂拱元年（685）流于象州。事见《新唐书》卷六十一《宰相表》、《唐郎官石柱题名考》卷四等。［6］吐蕃寇河源，左武卫将军黑齿常之击却之：据《考异》《实录》载，“吐蕃大将赞婆及素和贵等帅众三万进寇河源，屯兵于良非川。辛巳，河西镇抚大使、中书令李敬玄统众与贼战于湟川，官军败绩。副使、左武卫将军黑齿常之帅精

骑三千，夜袭贼营，杀获二千余级，赞婆等遂退。擢常之为河源军经略大使，诏敬玄留镇鄯州以为之援。”司马光认为这一记载不可靠。所以略去了敬玄湟川败事，只说常之击却之。据两《唐书·吐蕃传》及《黑齿常之传》等，仪凤三年九月，李敬玄与吐蕃论钦陵战于青海。刘审礼率前军深入，被论钦陵困于濠所。李敬玄懦怯，按兵不救。听说刘审礼被俘，又急忙后退，为泥沟所阻，只好顿于承风岭。这时，吐蕃追来，屯高逼下，直压官军，情况万分紧急。黑齿常之率敢死士五百人，夜袭敌营，吐蕃首领跋地设弃军而逃，李敬玄得以返回鄯州。永隆元年七月，李敬玄与吐蕃赞婆等战于湟川，被赞婆打败。在这种情况下，黑齿常之引精骑二千夜袭其军，斩首二千级，获羊马数万，赞婆等单骑逃去，又使唐军转危为安。此外，从黑齿常之职务的升迁也可以证实这一点。仪凤三年常之是左领军员外将军。战后因有大功，唐高宗叹其才略，擢授左武卫将军，充河源军副使。永隆元年，李敬玄又败，而常之再立战功，擢为河源军经略大使。因此，应当相信《实录》的记载是正确的。［7］烽戍：烽燧屯戍。［8］屯田：自西汉以来，组织军队、农民或商人垦种土地，以供军饷，称作屯田。此处“屯田”指以收获作为军饷的土地。［9］安戎城：在今四川马尔康市东南。［10］西洱诸蛮：生活在今云南西部洱海一带的少数民族。详见《新唐书》卷二百二十二下《两爨蛮传》。［11］党项：西北少数民族，以今四川阿坝州一带为中心，分布在青海、甘肃、四川边区。［12］莫与为比：没有能同它相比的。［13］丙申：七月二十四日。［14］江王元祥：唐高祖第二十子。身体高大，贪得无厌。传见《旧唐书》卷六十四、《新唐书》卷七十九。［15］云州：州名。治所在今山西大同市。［16］窦怀悊（zhé）：事见《新唐书》卷八十三《兰陵公主传》、卷二百一十五《突厥传》。

八月，丁未[1]，上还东都。

中书令、检校鄯州都督李敬玄，军既败，屡称疾请还；上许之。既至，无疾，诣中书视事；上怒，丁巳[2]，贬衡州[3]刺史。

太子贤闻宫中窃议[4]，以贤为天后姊韩国夫人所生，内自疑惧。明崇俨以厌胜之术为天后所信，常密称“太子不堪承继，英王[5]貌类太宗”，又言“相王[6]相最贵”。天后尝命北门学士撰《少阳正范》[7]及《孝子传》以赐太子，又数作书诮让[8]之，太子愈不自安。

及崇俨死，贼不得，天后疑太子所为。太子颇好声色，与户奴赵道生等狎昵[9]，多赐之金帛，司议郎韦承庆上书谏，不听。天后使人告其事。诏薛元超、裴炎与御史大夫高智周等杂鞫[10]之，于东宫马坊搜得皂甲[11]数百领[12]，以为反具；道生又款称太子使道生杀崇俨。上素爱太子，迟回[13]欲宥之，天后曰：“为人子怀逆谋，天地所不容；大义灭亲，何可赦也！”甲子[14]，废太子贤为庶人，遣右监门中郎将令狐智通[15]等送贤诣京师，幽于别所，党与皆伏诛，仍焚其甲于天津桥[16]南以示士民。承庆，思谦[17]之子也。

乙丑[18]，立左卫大将军、雍州牧英王哲为皇太子，改元，赦天下。

太子洗马刘讷言[19]常撰《俳谐集》[20]以献贤，贤败，搜得之，上怒曰："以《六经》[21]教人，犹恐不化，乃进俳谐鄙说，岂辅导之义邪！”流讷言于振州[22]。

左卫将军高真行之子政[23]为太子典膳丞[24]，事与贤连，上以付其父，使自训责。政入门，真行以佩刀刺其喉，真行兄户部侍郎审行又刺其腹，真行兄子璇断其首，弃之道中。上闻之，不悦，贬真行为睦州[25]刺史，审行为渝州[26]刺史。真行，士廉之子也。

左庶子、中书门下三品[27]张大安坐阿附太子，左迁普州刺史。其余宫僚，上皆释其罪，使复位，左庶子薛元超等皆舞蹈拜恩；右庶子李义琰独引咎涕泣，时论美之。

九月，甲申[28]，以中书侍郎、同中书门下三品王德真为相王府长史[29]，罢政事。

冬，十月，壬寅[30]，苏州刺史曹王明[31]，沂州刺史嗣蒋王炜[32]，皆坐故太子贤之党，明降封零陵郡王，黔州安置；炜除名，道州[33]安置。

丙午[34]，文成公主薨于吐蕃[35]。

己酉[36]，车驾西还。

十一月，壬申朔[37]，日有食之。

（以上为第十五段，写武则天迫使高宗废太子李贤，兴大狱。）

【注释】

[1]丁未：八月五日。[2]丁巳：八月十五日。[3]衡州：州名。治所衡阳，在今湖南衡阳市。[4]窃议：暗地议论。[5]英王：即李显。[6]相王：即李旦。[7]《少阳正苑》：书名。意为太子学习的典范。凡三十卷。少阳，指东宫、太子。[8]诮让：责让。[9]狎昵：狎习亲昵。[10]杂鞫：共同推审。[11]皂甲：黑色的铠甲。[12]领：与“袭”相同，是甲的数量单位。[13]迟回：迟延不决。[14]甲子：八月二十二日。[15]右监门中郎将令狐智

通：岑仲勉认为“右监门中郎将”为“左监门中郎将”之误。见《通鉴隋唐纪比事质疑》。［16］天津桥：在今河南洛阳市旧城西南隋唐皇城正南洛水之上。据《元和郡县志》，此桥建于隋而固于唐。唐人由京师长安至东都洛阳，大都要经过天津桥。因过往行人很多，故于此焚甲示民。后来也常在此枭首示众。［17］思谦：韦思谦，郑州阳武（今河南原阳县）人。颇得唐高宗亲重，武周时封博昌县男，官至宰相。有二子，承庆为大。传见《旧唐书》卷八十八、《新唐书》卷一百一十六。［18］乙丑：八月二十三日。［19］刘讷言：传见《旧唐书》卷一百八十九上、《新唐书》卷一百九十八。［20］《俳谐集》：犹笑话集。据《新唐书·艺文志》三，该书共十五卷。［21］《六经》：儒家的六部经典著作。即《诗》《书》《礼》《乐》《易》和《春秋》。［22］振州：治所在今海南三亚市西。据《新唐书·刘讷言传》，刘讷言被除名为民，复坐事流死振州。［23］高真行之子政：高真行，太宗朝宰相高士廉之子，事见《旧唐书》卷六十五《高士廉传》、《新唐书》卷九十五《高俭传》。高真行之子政，“政”，两《唐书·高士廉传》作“岐”。［24］典膳丞：东宫典膳局属吏，掌进膳尝食。正八品上。［25］睦州：州名。治所在今浙江淳安县西。［26］渝州：州名。治所在今重庆市。［27］中书门下三品：唐制无“中书门下三品”说，当添“同”字。据章校，“中”前有“同”字。《旧唐书》卷五《高宗纪》亦作“同中书门下三品”。［28］甲申：九月十三日。［29］相王府长史：官名。据《旧唐书·职官志》，亲王府长史一人，从四品上，掌统领府僚，纪纲职务。［30］壬寅：十月一日。［31］曹王明：太宗第十四子。传见《旧唐书》卷七十六、《新唐书》卷八十。［32］嗣蒋王炜：蒋王恽之子。［33］道州：治所在今湖南道县西。［34］丙午：十月五日。［35］文成公主薨于吐蕃：在吐蕃生活了四十年，至今仍受到藏族人民的怀念。［36］己酉：十月八日。［37］壬申朔：十一月一日。

开耀元年（辛巳，681 年）

春，正月，突厥寇原、庆等州[1]。乙亥[2]，遣右卫将军李知十等屯泾、庆[3]二州以备突厥。

庚辰[4]，以初立太子，敕宴百官及命妇[5]于宣政殿[6]，引九部伎[7]及散乐[8]自宣政门入。太常博士袁利贞[9]上疏，以为：“正寝非命妇宴会之地，路门非倡优进御之所，请命妇会于别殿，九部伎自东西门入，其散乐伏望停省。”上乃更命置宴于麟德殿[10]；宴日，赐利贞帛百段。利贞，昂之曾孙也。

利贞族孙谊为苏州刺史，自以其先自宋太尉淑以来，尽忠帝室[11]，谓琅邪王氏虽奕世台鼎[12]，而为历代佐命，耻与为比，尝曰：“所贵于名家者，为其世笃忠贞，才行相继故也。彼鬻婚姻求禄利者，又乌足[13]贵乎！”时人是其言[14]。

裴行俭军既还，突厥阿史那伏念[15]复自立为可汗，与阿史德温傅连兵为寇。癸巳[16]，以行俭为定襄道大总管，以右武卫将军曹怀舜、幽州都督李文暕为副，将兵讨之。

二月，天后表请赦杞王上金、鄱阳王素节之罪；以上金为沔州[17]刺史，素节为岳州[18]刺史，仍不听朝集[19]。

三月，辛卯[20]，以刘仁轨兼太子少傅，余如故。以侍中郝处俊为太子少保，罢政事。

少府监[21]裴匪舒，善营利，奏卖苑中马粪，岁得钱二十万缗。上以问刘仁轨，对曰："利则厚矣，恐后代称唐家卖马粪，非嘉名也。"乃止。匪舒又为上造镜殿，成，上与仁轨观之，仁轨惊趋下殿。上问其故，对曰："天无二日，土无二王[22]，适视[23]四壁有数天子，不祥孰甚焉[24]！"上遽令剔去。

曹怀舜与裨将窦义昭将前军击突厥。或告"阿史那伏念与阿史德温傅在黑沙[25]，左右才二十骑以下，可径往取也。"怀舜等信之，留老弱于瓠芦泊[26]，帅轻锐倍道进，至黑沙，无所见，人马疲顿，乃引兵还。

会薛延陀部落欲西诣伏念，遇怀舜军，因请降。怀舜等引兵徐还，至长城北，遇温傅，小战，各引去。至横水[27]，遇伏念，怀舜、义昭与李文暕及裨将刘敬同四军合为方阵，且战且行；经一日，伏念乘便风[28]击之，军中扰乱，怀舜等弃军走，军遂大败，死者不可胜数。怀舜等收散卒，敛金帛以赂伏念，与之约和，杀牛为盟。伏念北去，怀舜等乃得还。

夏，五月，丙戌[29]，怀舜免死，流岭南。

（以上为第十六段，写突厥大败唐军。）

【注释】

[1]突厥寇原、庆等州：即侵扰今宁夏固原市、甘肃庆阳市一带。 [2]乙亥：正月五日。 [3]泾、庆：两州名，泾州、庆州。泾州治所在今甘肃泾川县北泾河北岸。庆州治所在今甘肃庆阳市。 [4]庚辰：正月十日。 [5]命妇：受有封号的妇女。 [6]宣政殿：皇帝常朝之处。在大明宫含元殿之北。 [7]九部伎：本为乐舞名。指燕乐伎、清商伎、西凉伎、天竺伎、高丽伎、龟

兹伎、安国伎、疏勒伎和康国伎。此处指九部乐的演奏者。［8］散乐：即百戏。有跳铃、掷剑、戏绳、缘竿等节目。见《新唐书》卷二十一《礼乐志》十一及《唐会要》卷三十三《散乐》。［9］袁利贞：梁司空袁昂之曾孙。官至祠部员外郎。事见《旧唐书》卷一百九十上《袁朗传》、《新唐书》卷二百一《袁朗传》。［10］麟德殿：在大明宫翰林院之东。遗址已被发现。详见《唐长安大明宫》（科学出版社，1959）。［11］自宋太尉淑以来，尽忠帝室：袁淑死于宋刘劭之乱，袁觊以死奉子勋，袁昂尽节于齐室，袁宪冒死护陈后主。事详《宋书》卷七十《袁淑传》、卷八十四《袁觊传》，《梁书》卷三十一《袁昂传》，《陈书》卷二十四《袁宪传》。［12］奕世台鼎：累世宰相。古代称三公或宰相为台鼎，意思是说职位重要，犹星有三台，鼎足而立。而为历代佐命，琅邪王氏股肱晋室，而王弘为宋室佐命，王俭为齐室佐命，梁室之兴，侯景之乱，王亮、王克为劝进之首。事详《晋书》卷六十五《王导传》、《宋书》卷四十二《王弘传》、《南齐书》卷二十三《王僧虔传》、《梁书》卷十六《王亮传》、《南史》卷二十三《王诞传》。［13］乌足：何足。［14］时人是其言：当时人们认为袁谊所言有益于名教。［15］阿史那伏念：突厥颉利可汗从兄之子。［16］癸巳：正月二十三日。［17］沔州：州名。治所在今湖北武汉市汉阳区。［18］岳州：治所在今湖南岳阳市。［19］仍不听朝集：仍不许充当朝集使进觐见皇帝。［20］辛卯：三月二十二日。［21］少府监：官名。从三品，掌百工伎巧之政令。［22］天无二日，土无二王：比喻权统于一，不能两大并存。语出《礼记·曾子问》。［23］适视：刚才看见。［24］不详孰甚焉：不详之事没有能再超过这样的，即这是最不吉祥的事。［25］黑沙：城名。后突厥默啜以为南庭。今址不详。［26］瓠芦泊：湖泊名。地望不详。［27］横水：地名。当在今内蒙古包头市北。［28］便风：顺风。［29］丙戌：五月十八日。

己丑[1]，河源道经略大使黑齿常之将兵击吐蕃论赞婆于良非川[2]，破之，收其粮畜而还。常之在军七年，吐蕃深畏之，不敢犯边[3]。

初，太原王妃之薨[4]也，天后请以太平公主[5]为女官[6]以追福。及吐蕃求和亲，请尚太平公主，上乃为立太平观[7]，以公主为观主以拒之。至是，始选光禄卿汾阴薛曜之子绍[8]尚焉。绍母，太宗女城阳公主也。

秋，七月，公主适薛氏[9]，自兴安门[10]南至宣阳坊[11]西，燎炬相属[12]，夹路槐木多死。绍兄颛以公主宠盛，深忧之，以问族祖户部郎中克构，克构曰："帝甥尚主，国家故事，苟以恭慎行之，亦何伤！然谚曰：'娶妇得公主，无事取官府。'不得不为之惧也。"

天后以颛妻萧氏及颛弟绪妻成氏非贵族，欲出之，曰："我女岂可使与田舍女为妯娌邪！”或曰：“萧氏，瑀之侄孙，国家旧姻[13]。”乃止。

夏州群牧使[14]安元寿奏：“自调露元年九月以来，丧马一十八万余匹，监牧吏卒为虏所杀掠者八百余人。”

薛延陀达浑等五州四万余帐来降[15]。

甲午[16]，左仆射兼太子少傅、同中书门下三品刘仁轨固请解仆射，许之。

闰七月，丁未[17]，裴炎为侍中，崔知温、薛元超并守中书令。

上征田游岩为太子洗马，在东宫无所规益[18]。右卫副率[19]蒋俨[20]以书责之曰：“足下负巢、由之俊节[21]，傲唐、虞之圣主，声出区宇，名流海内。主上屈万乘[22]之重，申三顾之荣[23]，遇子以商山之客[24]，待子以不臣之礼，将以辅导储贰，渐染芝兰[25]耳。皇太子春秋鼎盛，圣道未周，仆以不才，犹参庭诤，足下受调护之寄[26]，是可言之秋，唯唯[27]而无一谈，悠悠以卒年岁。向使不餐周粟，仆何敢言[28]！禄及亲矣，以何酬塞？想为不达，谨书起予[29]。”游岩竟不能答。

庚申[30]，上以服饵，令太子监国。

裴行俭军于代州之陉口[31]，多纵反间，由是阿史那伏念与阿史德温傅浸相猜贰。伏念留妻子辎重于金牙山[32]，以轻骑袭曹怀舜。行俭遣裨将何迦密自通漠道，程务挺自石地道掩取之。伏念与曹怀舜约和而还[33]，比至金牙山，失其妻子辎重，士卒多疾疫，乃引兵北走细沙，行俭又使副总管刘敬同、程务挺等将单于府兵追蹑之。伏念请执温傅以自效[34]，然尚犹豫，又自恃道远，唐兵必不能至，不复设备。敬同等军到，伏念狼狈，不能整其众，遂执温傅，从间道[35]诣行俭降。候骑告以尘埃涨天而至，将士皆震恐，行俭曰：“此乃伏念执温傅来降，非他盗也。然受降如受敌[36]，不可无备。”乃命严备，遣单使迎前劳之。少选[37]，伏念果帅酋长缚温傅诣军门[38]请罪。行俭尽平突厥余党，以伏念、温傅归京师。

冬，十月，丙寅朔[39]，日有食之。

壬戌[40]，裴行俭等献定襄之俘。乙丑，改元[41]。丙寅[42]，斩阿史那伏念、阿史德温傅等五十四人于都市。

初，行俭许伏念以不死，故降。裴炎疾行俭之功，奏言："伏念为副将张虔勖、程务挺所逼，又回纥等自碛北南向逼之，穷窘而降耳。"遂诛之。行俭叹曰："浑、濬争功[43]，古今所耻。但恐杀降，无复来者。"因称疾不出。

丁亥[44]，新罗王法敏卒，遣使立其子政明。

十一月，癸卯[45]，徙故太子贤于巴州[46]。

（以上为第十七段，写裴行俭率唐军再次大破突厥。）

【注释】

[1]己丑：五月二十一日。[2]良非川：在青海东部。[3]吐蕃深畏之，不敢犯边：《旧唐书·黑齿常之传》亦载此事，字句大致相同。[4]太原王妃之薨：时在咸亨元年（670）八月二日。[5]太平公主（约667—713）：唐高宗第三女，武则天所生。初降薛绍，后嫁武攸暨。中宗、睿宗时参与朝政，权势很大。玄宗时被杀。传见《旧唐书》卷一百八十三、《新唐书》卷八十三。[6]女官：即女道士。唐代官方文书一般称之为女冠。[7]太平观：在长安城内大业坊内。仪凤二年吐蕃入侵，并求太平公主和亲，高宗令因宋王元礼宅建观，使公主出家，以示不嫁。[8]薛曜之子绍：薛绍之父不是薛曜。薛曜系高宗朝宰相薛元超之子，官至正谏大夫，未曾尚城阳公主。见《旧唐书》卷七十三《薛收传》、《新唐书》卷九十八《薛收传》。城阳公主嫁薛瓘，《唐会要》卷六、《新唐书》卷八十三所载并同。据《新唐书》卷七十三下《宰相世系表》，薛绍为薛瓘之子。薛曜当为薛瓘之误。[9]公主适薛氏：指太平公主下嫁薛绍。适，出嫁。[10]兴安门：大明宫南面五门之一。大明宫南面五门，正南曰丹凤门，西曰建福门，次曰兴安门。[11]宣阳坊：东为东市，西为崇义坊，南为亲仁坊，北为平康坊，万年县治在此。自兴安门至宣阳坊要经过光宅、永昌、永兴、崇仁、平康教坊之地。太平公主出降，婚席设在万年县廨。[12]燎炬相属：火把相接。[13]萧氏，瑀之侄孙，国家旧姻：萧瑀为唐高祖、唐太宗两朝宰相，其子萧锐尚唐太宗女襄城公主。见《旧唐书》卷六十三《萧瑀传》、《新唐书》卷一百零一《萧瑀传》。[14]群牧使：官名。《唐会要》卷六十六："仪凤三年十月，太仆少卿李思文检校陇右诸牧监使，自兹始有使号。"群牧使有四，分南、北、东、西四面统领诸牧监。夏州群牧使统北面诸牧监。[15]薛延陀达浑等五州四万余帐来降：《新唐书》卷四十三下《地理志》七下："达浑都督府，以延陀部落置，侨治宁朔。"达浑都督所领五州为：姑衍州、步讫若州、嵠弹州、鹘州、低粟州。[16]甲午：七月二十七日。[17]丁未：闰七月十一日。[18]规益：规谏裨益。[19]右卫副率：官名。即太子右卫率府副率。从四品上。[20]蒋俨：传见《旧唐书》卷一百八十五上、《新唐书》卷一百。[21]巢、由之俊节：巢父、许由清俊的节操。传说巢父是唐尧时的隐士，在树上架巢而居。尧把天下让给他，他推而不受。于是尧又让天下给许由，许由也不接受，隐于箕山。见《汉书·古今人表》及晋皇甫

谥《高士传》。［22］万乘：指天子。周制，天子地方千里，出兵车万乘；诸侯地方百里，出兵车千乘。据此，人们往往把万乘作为天子的代称。［23］申三顾之荣：用刘备三顾茅庐之典。唐高宗游嵩山，曾至田游岩之室。［24］遇子以商山之客：把你同商山四皓一样看待。商山四皓是指汉初隐居商山的东园公、绮里季、夏黄公、角（lù）里先生。据说四皓曾辅导太子。见《汉书》卷四十《张良传》。［25］芝兰：香草。比喻美善。［26］受调护之寄：受调教护理太子之任。语出《汉书·张良传》："高帝谓四皓曰：'烦公幸卒调护太子。'"［27］唯唯：犹"是，是"。指谦卑的应答。［28］向使不餐周粟，仆何敢言：假如当初你不拿国家的俸禄，我怎么敢这样说你。不餐周粟，用伯夷、叔齐采薇西山之典。［29］起予：语出《论语·八佾》。本来是启发我的意思。此处意为启发你。"想为不达，谨书启予"一语颇难理解。据《旧唐书》卷一百八十五上《蒋俨传》所载原文，作者本意似为：我想匡谏太子，只因素无德望，地位低下，言以人废，不被采纳，所以写信来启发你。［30］庚申：闰七月二十四日。［31］陉口：即陉岭关口。地当今山西代县西北。［32］金牙山：胡三省说，突厥之初，建牙于金山，其后分为东西突厥，凡建牙之地，率谓之金牙山。苏定方直抵金牙山，擒贺鲁，此西突厥可汗所居之金牙山也，裴行俭遣程务挺等掩金牙山，取伏念妻子，此东突厥可汗所居之金牙山也。可汗所居谓之金帐，故亦以金牙言之。［33］伏念与曹怀舜约和而还：此事已载于《资治通鉴》本年三月条。此处为追叙三月战况，与前面所载颇有重复，又未加"初"字或其他同意词语，使人容易产生曹怀舜五月流岭南，闰七月再败于突厥的错觉。岑仲勉认为此段改为"……浸相猜贰，方伏念袭怀舜时，行俭遣裨将何迦密自通漠道、程务挺自石地道趣金牙山，掩取其妻子辎重，比伏念还，无所归……"为妥。见《通鉴隋唐纪比事质疑》。［34］自效：犹立功赎罪。［35］间道：偏僻小路。［36］如受敌：如同迎战敌人。［37］少选：一会儿。［38］军门：营门。［39］丙寅朔：十月一日。［40］壬戌：十月丙寅朔，无壬戌。据《新唐书》卷三，裴行俭献俘在九月壬戌，即九月二十七日。［41］乙丑，改元：十月无乙丑。《新唐书·高宗纪》作九月乙丑，即九月三十日。《唐会要》卷一作"十月六日"改元。待考。严补："十月，丙寅朔，日有食之"移于"改元"之下。"壬戌"上补"九月"二字。［42］丙寅：即十月一日。与"丙寅朔"重复。［43］浑、濬争功：指西晋伐吴将领王浑与王濬争功。王濬咸宁五年（279）率兵攻入吴都，官至抚军大将军。王浑与王濬协同作战，在横江打败吴军后不敢渡江，及王濬凯旋，又愧恨不平。事见《资治通鉴》卷八十一晋武帝太康元年。又见《晋书》卷四十二《王浑传》《王濬传》。［44］丁亥：十月二十二日。［45］癸卯：十一月八日。［46］巴州：州名。治所在今四川巴中市。

【点评】

本卷点评武则天两废太子的事件。通过点评高宗八位皇子的命运，揭示武则天狠心残害骨肉的原因。

武则天两废太子始末。高宗有八子，其中武则天亲生四子。武则天所生长子李弘，次子李贤，三子李显，四子李旦。武则天入宫之前，高宗已有四子，长子李忠，次子李孝，三子李上金，四子李素节。长子李忠在高宗永徽三年（652）被册立为皇太子。这是大臣长孙无忌等为了保护王皇后、对付武则天即将生子的一个预防措施，武则天当然记恨在心。因此，武则天当了皇后以后，首先便拿太子开刀。显庆元年（656）正月，武则天登上皇后位才三个月，便指使许敬宗上疏，废太子忠为梁王，立她自己所生长子代王李弘为皇太子。显庆五年（660），又将梁王李忠废为庶人，流放到黔州，囚禁于唐太宗故太子李承乾的旧居。麟德元年（664），借上官仪草诏废后事件，又指使人诬告庶人李忠谋反，并将其赐死于流放地。李忠死时年仅二十二岁。高宗庶出第二子原王李孝，显庆三年（658），武则天将其贬为遂州刺史。麟德元年，李孝在故太子李忠被害后不久，不明不白地死去。高宗庶出第三子泽王李上金、第四子许王李素节，高宗死后被武则天所害。李素节是萧淑妃所生，更是武则天的眼中刺。天授元年（690），武则天登上皇位，为所欲为，以谋反罪诛杀李上金、李素节，同时杀掉李上金的七个儿子、李素节的九个儿子。

武则天诛杀高宗庶出四子，这里只是相关论及。本卷所载两废太子，不包括故太子李忠，而是指武则天己出的太子李弘和太子李贤。武则天何以残灭亲生子，这才是点评的本旨。

先说太子李弘被废。

上元二年（675），太子李弘在宫中偶然见到义阳、宣城两位公主，她们都是萧淑妃所生，一直被禁闭在后宫，已经三十多岁，不准嫁人。太子李弘将此事禀告唐高宗，请求将两公主嫁出去，唐高宗应允。武则天得知此事，怒不可遏，她虽然即日打发两公主出嫁，但同时派人将太子李弘毒杀于合璧宫。

李弘是武则天亲生的长子，四岁立为皇太子，死时二十四岁。李弘在太子位上二十年，未闻有过，且有贤孝之名。高宗患风疾，不满自己的傀儡地位，准备禅位给太子。武则天恰恰此时毒死太子，这绝不是偶然的。太子李弘成了唐高宗与武则天政权斗争的牺牲品。由于太子无过，武则天只能采取毒杀的手段。太子弘死后，唐高宗十分伤心。高宗下令为太子弘营建陵墓，以天子之礼殡葬，并亲自撰写《睿德纪》悼唁太子，自书于碑石，树于陵侧。

再说太子李贤被废。

太子李弘死后，同年六月，高宗立武则天所生次子李贤为太子。李贤聪明好学，处事果断，曾召集当时一些著名文人学士注解范晔《后汉书》，于仪凤元年（676）进上，高宗大喜，亲自褒奖。太子李贤的贤能，遭到亲生母武则天的猜忌。武则天处心积虑要剪除太子，清扫自己皇帝路上的绊脚石。武则天一方面指使人大造舆论说第三子李显长得像唐太宗，有天生的天子相。又说李贤不是皇后所生，而是皇后之姊韩国夫人所生。又多次下书指责太子李贤，并为李贤造《少阳正范》及《孝子传》，教诲李贤尽忠尽孝，仿佛是说李贤不忠不孝。李贤惴惴不安，手足无措，曾写《黄台瓜辞》试图感悟母后。辞曰："种瓜黄台下，瓜熟子离离。一摘使瓜好，再摘令瓜稀。三摘犹尚可，四摘抱蔓归。"李贤谱曲令乐工歌唱，向武则天讽喻，如果把自己的亲生儿子都杀掉，只剩下瓜藤，对自己有什么好处呢？

李贤的《黄台瓜辞》没能让母后回心转意。调露二年（680），武则天借口在东宫马坊中搜出数百领皂甲，命中书侍郎薛元超、黄门侍郎裴炎等诬告太子李贤谋反，将李贤废为庶人。永淳二年（683），又将李贤流放巴州。文明元年（684），武则天登皇位，为了消除后患，派酷吏左金吾将军丘神勣到巴州逼迫李贤自杀。李贤死时年仅三十二岁。当地百姓怀念这位博学多才却无辜而死的太子，在巴州为李贤立衣冠冢。至今四川巴中尚存李贤衣冠墓，以及读书台等遗迹。

武则天所生第三子李显，后为唐中宗；四子李旦，后为唐睿宗。当时两子尚幼，故未遭毒手。二人成年后先后被立为太子，亦是废立无常，留待以后点评。

武则天为何要残害自己的骨肉呢？按常人所思，似不可解。如果站在武则天的立场，她要实现自己的皇帝梦，而且还要改朝换代，改唐为周，那就不能不这样做。因为唐王朝是李氏的天下，它只能由李氏子孙来继承。武则天要自己登上皇帝位，那么所有可能继承皇帝位的李氏子孙都是她登上皇帝位的障碍，不能不排除。俗话说："无毒不丈夫。"只要是自己的障碍，即便是亲生子，也是要排除的。权力欲异化了人性。本卷所载，武则天两废亲生的皇太子，就是一个典型的例证。

卷二〇三　唐纪十九

唐高宗永淳元年至武则天垂拱二年（682—686 年）

【起玄黓敦牂（壬午，682 年），尽柔兆阉茂（丙戌，686 年），凡五年】

【大事提要】

本卷记事起公元 682 年，讫公元 686 年，凡五年，时当唐高宗永淳元年到武则天垂拱二年。本卷记载唐朝政治从唐高宗到武则天称制的一个过渡时期，前三年是高宗执政的晚年，后二年是武则天发动政变、登上政治舞台的头两年。武则天废中宗，杀废太子李贤，立傀儡皇帝睿宗，垂帘听政，平定徐敬业之乱，唐朝政治发生了极大的震荡。唐高宗晚年，时昏时明。高宗纳李善感、苏良嗣之谏，表现了他的明，时人称李善感为“凤鸣朝阳”。此时政权已完全掌握在武则天之手，但高宗的权威仍能控制时局。可惜高宗明知武氏擅权而不忍裁抑，听任武则天使人逼杀零陵王李明而不追究，不纳魏玄同之言整顿铨选之弊，不能奖励建功边陲的王方翼等事件，表现高宗的昏聩。与高宗相比，武则天大刀阔斧，关键时刻使用铁腕手段果决处理大事。武则天为了权力，不惜一切代价，废中宗、杀废太子李贤，借平定徐敬业之势，杀辅臣裴炎，杀功臣程务挺、王方翼，绝不手软。垂拱元年（公元 685 年），是武则天大作为之年。她平定了徐敬业之乱，借势推行酷吏政治，启动告密之法，施行血腥的高压政策威服政敌，排除异己，纵男宠以示淫威，从而开启了唐朝政治的武则天时代。

高宗天皇大圣大弘孝皇帝下

永淳元年（壬午，682 年）

春，二月，作万泉宫于蓝田[1]。

癸未[2]，改元，赦天下。

戊午[3]，立皇孙重照[4]为皇太孙。上欲令开府置官属，问吏部郎中[5]王方庆，对曰：“晋及齐皆尝立太孙[6]，其太子官属即为太孙官属，未闻太子在东宫而更立太孙者也。”上曰：“自我作古[7]，可乎？”对曰：

“三王[8]不相袭礼，何为不可！”乃奏置师傅等官。既而上疑其非法，竟不补授。方庆，裒之曾孙也[9]。名綝，以字行。

西突厥阿史那车薄[10]帅十姓反。

夏，四月，甲子朔[11]，日有食之。

上以关中[12]饥馑[13]，米斗三百[14]，将幸东都；丙寅[15]，发京师，留太子监国，使刘仁轨、裴炎、薛元超辅之。时出幸仓猝，扈从之士有饿死于中道者。上虑道路多草窃[16]，命监察御史魏元忠检校车驾前后。元忠受诏，即阅视赤县狱[17]，得盗一人，神采语言异于众；命释桎梏[18]，袭冠带[19]，乘驿以从，与之共食宿，托以诘盗[20]，其人笑许诺。比及东都，士马万数，不亡一钱。

（以上为第一段，写唐高宗就食东都，魏元忠护驾，引盗首随从，一路平安。）

【注释】

［1］蓝田：县名。县治在今陕西蓝田县。［2］癸未：二月十九日。是日因皇太孙李重照满月而下诏改开耀二年为永淳元年。［3］戊午：二月乙丑朔，无戊午。《新唐书》卷三《高宗纪》作三月戊午，即三月二十五日。按《唐会要》卷四说三月十五日立重照为皇太孙。待考。［4］皇孙重照：太子李显之长子。后避武则天名讳，改名李重润。大足元年（701）被杀。中宗即位后赠为懿德太子，陪葬乾陵，传见《旧唐书》卷八十六、《新唐书》卷八十一。［5］吏部郎中：官名。掌考天下文吏班秩品命。［6］晋及齐皆尝立太孙：晋惠帝永康元年（300）立临淮王司马臧为皇太孙；永宁元年（301）立襄阳王司马尚为皇太孙；南齐永明十年（492）立南郡王昭业为皇太孙。见《晋书》卷四《惠帝纪》、卷五十三《愍怀太子遹传》，《南齐书》卷四《郁林王纪》，《南史》卷五《废帝郁林王纪》。［7］自我作古：亦作“自我作故”。意为由我创始。［8］三王：禹、汤、周文王、周武王。［9］方庆，裒之曾孙也：裒，当作“褒”。［10］阿史那车薄：又作阿史那车簿啜。自称突厥可汗。事散见于两《唐书》的《高宗纪》《裴行俭传》和《王方翼传》。［11］甲子朔：四月一日。［12］关中：地区名。相当陕西中部。［13］饥馑：灾荒。［14］米斗三百：一斗米的价格高至三百文。［15］丙寅：四月三日。［16］草窃：草野盗贼。［17］赤县狱：即长安、万年二县的监狱。唐以此二县为赤县。［18］桎梏：脚镣手铐。［19］袭冠带：著冠带。［20］诘盗：查办贼盗。

辛未[1]，以礼部尚书闻喜宪公裴行俭为金牙道行军大总管，帅右金吾将军阎怀旦等三总管分道讨西突厥。师未行，行俭薨。

行俭有知人之鉴[2]，初为吏部侍郎，前进士[3]王勮[4]、咸阳尉栾城苏味道[5]皆未知名，行俭一见谓之曰："二君后当相次[6]掌铨衡，仆有弱息[7]，愿以为托。"是时勮弟勃[8]与华阴杨炯[9]、范阳卢照邻[10]、义乌骆宾王[11]皆以文章有盛名，司列少常伯[12]李敬玄尤重之，以为必显达。行俭曰"士之致远，当先器识[13]而后才艺[14]。勃等虽有文华，而浮躁浅露，岂享爵禄之器邪！杨子稍沈静，应至令长[15]；余得令终[16]幸矣。"既而勃度海堕水[17]，炯终于盈川令[18]，照邻恶疾[19]不愈，赴水死，宾王反诛[20]，勮、味道皆典选，如行俭言。行俭为将帅，所引偏裨[21]如程务挺、张虔勖、王方翼、刘敬同、李多祚、黑齿常之，后多为名将。

行俭常命左右取犀角、麝香而失之[22]。又敕赐马及鞍，令史辄驰骤，马倒，鞍破。二人皆逃去，行俭使人召还，谓曰："尔曹皆误耳[23]，何相轻之甚邪[24]！"待之如故。破阿史那都支，得马脑盘，广二尺余，以示将士，军吏王休烈捧盘升阶，跌而碎之，惶恐，叩头流血。行俭笑曰："尔非故为[25]，何至于是！"不复有追惜之色。诏赐都支等资产金器三千余物[26]，杂畜称是，并分给亲故及偏裨，数日而尽。

阿史那车薄围弓月城，安西都护王方翼引军救之，破虏众于伊丽水[27]，斩首千余级。俄而[28]三姓咽面与车薄合兵拒方翼，方翼与战于热海[29]，流矢贯方翼臂，方翼以佩刀截之，左右不知。所将胡兵谋执方翼以应车薄，方翼知之，悉召会议，阳出[30]军资赐之，以次引出斩之，会大风，方翼振金鼓以乱其声[31]，诛七十余人，其徒莫之觉[32]。既而分遣裨将袭车薄、咽面，大破之，擒其酋长三百人，西突厥遂平。阎怀旦竟不行。方翼寻迁夏州都督，征入，议边事。上见方翼衣有血渍，问之，方翼具对热海苦战之状，上视疮叹息；竟以废后近属，不得用而归[33]。

（以上为第二段，写裴行俭文武双全，尤善知人，所荐安西都护王方翼大破西突厥。）

【注释】

［1］辛未：四月八日。［2］知人之鉴：知人的能力。［3］前进士：对进士及第者的称呼。《唐国史补》下："进士为时所尚久矣，……得第谓之前进士。"［4］王勮（jù）（?—697）：绛州龙门

（今山西河津市）人。传见《旧唐书》卷一百九十上、《新唐书》卷二百零一。［5］苏味道（648—705）：赵州栾城（今河北石家庄市栾城区西）人。官至宰相，人称“苏摸棱”。传见《旧唐书》卷九十四、《新唐书》卷一百一十四。［6］相次：先后。［7］弱息：弱子。对自己子女的谦称。［8］勃（649—676）：王勮之弟王勃。六岁懂作文，词情英迈。著有《周易发挥》五卷、《次论语》十卷、《王勃集》三十卷。［9］杨炯（650—693）：华州华阴（今陕西华阴市）人。擅长五言律诗。著有《盈川集》三十卷。［10］卢照邻（约639—689）：字升之，幽州范阳（今北京市附近）人。博学多识，为病所困。有《卢照邻集》二十卷。擅长七言歌行。［11］骆宾王（约640—684）：婺州义乌（今浙江义乌市）人。曾任长安主簿等职。著有《骆宾王集》十卷。按：王勃、卢照邻、杨炯、骆宾王四人因生活在同一个时期，都特长诗文，在中国文学史上被称为“初唐四杰”。传见《旧唐书》卷一百九十上、《新唐书》卷二百一、《唐才子传》卷一。［12］司列少常伯：官名。即吏部侍郎。［13］器识：器量与见识。［14］才艺：才华与技艺。［15］应至令长：职位应至县官。唐制：大县的最高长官称作县令，小县称为县长。［16］令终：善终。［17］勃度海堕水：上元二年（675）王勃去交趾（在今越南河内市西北）探望其父。次年渡南海，堕水而死，年仅二十八岁。［18］炯终于盈川令：盈川，县名。县治在今浙江衢州市南。一说在今四川筠连县境。［19］恶疾：痛苦难治的疾病。一说卢照邻所得的病是麻风病。［20］宾王反诛：骆宾王因反叛被杀。一说徐敬业败后，骆宾王下落不明。还有一种观点，说骆宾王出家当了和尚。［21］偏裨：偏将和裨将。泛指将佐。［22］失之：丢失了这些东西。［23］尔曹皆误耳：你们这样做都错了。［24］何相轻之甚邪：你们惧罪责而逃，是以平常人来看待我，太轻视我了。言外之意，是他不计较小事。［25］故为：故意这样做。［26］诏赐都支等资产金器三千余物：意为赐给裴行俭所获阿史那都支等人的资产金器三千余件。“金器”，《册府元龟》卷四百三十三及《全唐文》卷二百二十八《赠太尉裴公神道碑》并作“金银器”。［27］伊丽水：即今新疆之伊犁河。［28］俄而：忽然，一会儿。［29］热海：《新唐书·地理志》七下：热海在碎叶城之东。即今吉尔吉斯斯坦伊塞克湖。［30］阳出：佯出。［31］振金鼓以乱其声：鸣金击鼓以乱斩杀之声。［32］莫之觉：即莫觉之。没有察觉此事。［33］竟以废后近属，不得用而归：王方翼是王皇后的从祖堂兄。归，指归夏州。

乙酉[1]，车驾至东都。

丁亥[2]，以黄门侍郎颍川郭待举[3]、兵部侍郎岑长倩[4]、秘书员外少监、检校中书侍郎鼓城[5]郭正一[6]、吏部侍郎鼓城魏玄同[7]并与中书门下同承受进止平章事[8]。上欲用待举等，谓崔知温曰[9]：“待举等资任尚浅，且令预闻政事，未可与卿等同名。”自是外司四品已下知政事者，始以平章事为名。长倩，文本之兄子也。

先是，玄同为吏部侍郎，上言铨选之弊[10]，以为："人君之体[11]，当委任而责成功，所委者当，则所用者自精矣。故周穆王[12]命伯冏为太仆正，曰：'慎简乃僚[13]。'是使群司各求其小者，而天子命其大者也。乃至汉氏[14]，得人皆自州县补署[15]，五府辟召[16]，然后升于天朝[17]，自魏、晋以来，始专委选部。夫以天下之大，士人之众，而委之数人之手，用刀笔以量才[18]，按簿书而察行[19]，借使[20]平如权衡，明如水镜，犹力有所极，照有所穷，况所委非人而有愚暗阿私之弊乎！愿略依周、汉之规以救魏、晋之失。"疏奏，不纳。

五月[21]，东都霖雨。乙卯[22]，洛水溢，溺民居千余家。关中先水后旱、蝗，继以疾疫[23]，米斗四百，两京间死者相枕于路，人相食。

上既封泰山，欲遍封□□[24]秋，七月，作奉天宫于嵩山南[25]。监察御史里行[26]李善感谏曰："陛下封泰山，告太平，致群瑞，与三皇[27]、五帝[28]比隆矣。数年以来，菽粟不稔[29]，饿殍相望，四夷交侵，兵车岁驾；陛下宜恭默思道以禳灾谴，乃更广营宫室，劳役不休，天下莫不失望。臣忝备国家耳目，窃以此为忧！"上虽不纳，亦优容之。自褚遂良、韩瑗之死[30]，中外以言为讳[31]，无敢逆意直谏，几二十年；及善感始谏，天下皆喜，谓之"凤鸣朝阳[32]"。

上遣宦者缘江徙异竹，欲植苑中。宦者科舟载竹，所在纵暴；过荆州[33]，荆州长史苏良嗣[34]囚之，上疏切谏，以为："致远方异物，烦扰道路，恐非圣人爱人之意。又，小人窃弄威福，亏损皇明。"上谓天后曰："吾约束不严，果为良嗣所怪。"手诏慰谕良嗣，令弃竹江中。良嗣，世长之子也。

黔州都督谢祐希天后意，逼零陵王明令自杀[35]，上深惜之，黔府官属皆坐免官。祐后寝于平阁，与婢妾十余人共处，夜，失其首。垂拱中，明子零陵王俊、黎国公杰为天后所杀，有司籍其家，得祐首，漆为秽器，题云谢祐，乃知明子使刺客取之也。

太子留守京师，颇事游畋，薛元超上疏规谏；上闻之，遣使者慰劳元超，仍[36]召赴东都。

（以上为第三段，写唐高宗晚年的纳谏，时昏时明。）

【注释】

[1]乙酉：四月二十二日。 [2]丁亥：四月二十四日。 [3]郭待举：许州颍川（今河南许昌市）人。官至左散骑常侍、同中书门下三品。事见《新唐书》卷六十一《宰相表》、《唐郎官石柱题名考》卷六。 [4]岑长倩（?—691）：太宗朝宰相岑文本之侄。官至辅国大将军。传见《旧唐书》卷七十、《新唐书》卷一百二。 [5]鼓城：县名。春秋时鼓国都邑，隋置昔阳县，唐改名鼓城县，即今河北省晋州市。 [6]郭正一（?—689）：定州鼓城（今河北晋州市）人。官至中书侍郎、同中书门下平章事。明习故事，制敕多出其手，当时号为称职。传见《旧唐书》卷一百九十中、《新唐书》卷一百六。 [7]魏玄同（617—689）：与郭正一同籍贯。进士出身。官至检校纳言。传见《旧唐书》卷八十七、《新唐书》卷一百一十七。 [8]与中书门下同承受进止平章事：意为与中书门下长官一起商量处理军国大事。后简称同平章事或同中书门下平章事，成为宰相名号之一。这种名号用于四品以下官员代行宰相职务的场合。 [9]谓崔知温曰："崔知温"，原文作"韦知温"，据章校改。按：此时名人无韦知温者，崔知温此时为中书令。当以章校为是。 [10]上言铨选之弊：上书指陈铨选的弊端。其文俱载《旧唐书·魏玄同传》及《全唐文》卷一百六十八。 [11]人君之体：人君为政之要。 [12]周穆王：西周第五位国王，名叫姬满。事见《史记》卷四《周本纪》。[13]慎简乃僚：语出《尚书·冏命》。意为审慎地简选你的僚佐。 [14]汉氏：汉代。 [15]补署：补充署任。 [16]辟召：征辟召用。 [17]天朝：朝廷，中央。 [18]用刀笔以量才：刀笔本指书写工具。此处指写成的文章。 [19]按簿书而察行：按照簿书观其德行高下。 [20]借使：假使。 [21]五月：章校，十二行本"月"下有"丙午"二字。《旧唐书·高宗纪》略同。丙午，即五月十四日。 [22]乙卯：五月二十三日。 [23]疾疫：疾病瘟疫。 [24]欲遍封□□：据章校，"十二行本空格作'五岳'二字。"按《旧唐书》卷二十三《礼仪志》三亦有"高宗既封泰山之后，又欲遍封五岳"之说。《册府元龟》所载略同。当据十二行本补添"五岳"二字。 [25]作奉天宫于嵩山南：事详《唐会要》卷三十《奉天宫》条。故址在今河南登封市北，与逍遥谷为邻，接近潘师正之隆唐观。见《说嵩》卷三。 [26]里行：胡三省说："里行者，资序未至，未正除监察御史，令于监察御史班里行也。"唐太宗朝始有监察御史里行之名。唐高宗时因以置官，员数不定。武则天朝又有殿中里行。 [27]三皇：传说中的远古帝王。有七种说法：一、伏羲、神农、黄帝；二、天皇、地皇、泰皇；三、伏羲、神农、祝融；四、天皇、地皇、人皇；五、伏羲、女娲、神农；六、伏羲、神农、燧人；七、伏羲、神农、共工。 [28]五帝：传说中的上古帝王，实为原始社会末期的部落或部落联盟领袖。具体所指不一，有四种说法：一、伏羲、神农、黄帝、尧、舜；二、黄帝、颛顼、帝喾、唐尧、虞舜；三、太皞、炎帝、黄帝、少皞、颛顼；四、少昊（皞）、颛顼、高辛（帝喾）、唐尧、虞舜。《史记》开篇《五帝本纪》采用第二种说法。 [29]菽粟不稔：菽，本指大豆，引申为豆类。粟，古称"禾""稷""谷"，即今之"谷子"。菽粟连用，泛指粮食。不稔，即不熟，歉收。 [30]褚遂良、韩瑗之死：时在显庆三年（658）、四年（659）。 [31]中外以言为讳：朝野以上书直言为忌讳。 [32]凤鸣朝阳：语出《诗经·大雅·卷阿》："凤凰鸣矣，于彼高

冈。梧桐生矣，于彼朝阳。”后世以此喻贤才逢时，大显神通。［33］荆州：治所江陵，在今湖北江陵县。［34］苏良嗣（606—690）：雍州武功（今陕西武功县西）人。其父世长，为秦府十八学士之一。父子同传。见《旧唐书》卷七十五、《新唐书》卷一百三。［35］黔州都督谢祐希天后意，逼零陵王明令自杀：零陵王明即曹王李明，唐太宗第十四子，永隆元年坐与太子贤通谋，降封为零陵王，徙于黔州。谢祐事迹不详，略见《旧唐书》卷七十六《曹王明传》、《新唐书》卷八十《曹王明传》。［36］仍：因。

吐蕃将论钦陵寇柘、松、翼等州[1]。诏左骁卫郎将李孝逸[2]、右卫郎将卫蒲山发秦、渭等州兵分道御之。

冬，十月，丙寅[3]，黄门侍郎刘景先[4]同中书门下平章事。

是岁，突厥余党阿史那骨笃禄[5]、阿史德元珍[6]等招集亡散，据黑沙城反，入寇并州及单于府之北境[7]，杀岚州[8]刺史王德茂。右领军卫将军、检校代州都督薛仁贵将兵击元珍于云州，虏问唐大将为谁，应之曰：“薛仁贵”。虏曰：“吾闻仁贵流象州[9]，死久矣，何以绐我[10]！”仁贵免胄示之面，虏相顾失色，下马列拜，稍稍引去。仁贵因奋击，大破之，斩首万余级，捕虏二万余人。

吐蕃入寇河源军，军使娄师德将兵击之于白水涧[11]，八战八捷。上以师德为比部员外郎[12]、左骁卫郎将、河源军经略副使，曰：“卿有文武材，勿辞也！”

（以上为第四段，写薛仁贵、娄师德建功边陲。薛仁贵破西突厥，娄师德败吐蕃。）

【注释】

［1］论钦陵寇柘、松、翼等州：即吐蕃论钦陵侵扰今四川黑水县、松潘县及其东部一带。［2］李孝逸：唐宗室淮安王李神通之子，后因平徐敬业有功，进位镇军大将军，徙封吴国公。传见《旧唐书》卷六十、《新唐书》卷七十八。［3］丙寅：十月七日。［4］刘景先（?—689）：本名刘齐贤，因避章怀太子名讳改为景先。传见《旧唐书》卷八十一、《新唐书》卷一百零六。［5］阿史那骨笃禄：与颉利可汗有一定的血缘关系。世袭吐屯之职，所掌与御史略同。反叛后自立为可汗，不断骚扰朔、代等北方州县。［6］阿史德元珍：本为单于都护府检校降户之官。降骨笃禄，被委任为阿波达干，掌握兵权。事见《旧唐书》卷一百九十四《突厥传》、《新唐书》卷二百一十五《突厥传》。［7］并州及单于府之北境：即今山西太原市、内蒙古呼和浩特市一带。［8］岚州：

治所宜芳，在今山西岚县北部岚城。［9］仁贵流象州：薛仁贵于唐高宗上元（674—675）中坐事流象州（今广西象州县东北），后被赦归，起复为瓜州长史，寻授右领军卫将军，检校代州都督。［10］何以给我：为什么骗我？［11］白水涧：地名。在今青海大通回族土族自治县西北。［12］比部员外郎：官名。《新唐书》卷四十六《百官志》一："比部郎中、员外郎各一人，掌句会内外赋敛、经费、俸禄、公廨、勋赐、赃赎、徒役课程、逋欠之物，及军资、械器、和籴、屯收所入"。

弘道元年[1]（癸未，683年）

春，正月，甲午朔[2]，上行幸奉天宫。

二月，庚午[3]，突厥寇定州，刺史霍王元轨击却之。乙亥[4]，复寇妫州[5]。三月，庚寅[6]，阿史那骨笃禄、阿史德元珍围单于都护府，执司马张行师，杀之。遣胜州都督王本立、夏州都督李崇义将兵分道救之。

太子右庶子、同中书门下三品李义琰改葬父母，使其舅氏迁旧墓；上闻之，怒曰："义琰倚势，乃陵其舅家，不可复知政事！"义琰闻之，不自安，以足疾乞骸骨[7]，庚子[8]，以义琰为银青光禄大夫[9]，致仕。

癸丑[10]，守中书令[11]崔知温薨。

夏，四月，己未[12]，车驾还东都。

绥州步落稽[13]白铁余[14]，埋铜佛于地中，久之，草生其上，绐其乡人曰："吾于此数见佛光。"择日集众掘地，果得之，因曰："得见圣佛者，百疾皆愈。"远近赴之。铁余以杂色囊盛之数十重，得厚施，乃去一囊。数年间，归信者众，遂谋作乱。据城平县[15]，自称光明圣皇帝，置百官，进攻绥德、大斌二县[16]，杀官吏，焚民居。遣右武卫将军程务挺与夏州都督王方翼讨之，甲申[17]，攻拔其城，擒铁余，余党悉平。

五月，庚寅[18]，上幸芳桂宫[19]，至合璧宫，遇大雨而还。

乙巳[20]，突厥阿史那骨笃禄等寇蔚州[21]，杀刺史李思俭，丰州都督崔智辩将兵邀之于朝那山[22]北，兵败，为虏所擒。朝议[23]欲废丰州[24]，迁其百姓于灵、夏[25]。丰州司马唐休璟[26]上言，以为："丰州阻河为固[27]，居贼冲要，自秦、汉已来，列为郡县；土宜耕牧。隋季丧乱，迁百姓于宁、庆二州[28]，致胡虏深侵，以灵、夏为边境；贞观之末，募人实之，西北始安。今废之则河滨之地复为贼有，灵、夏等州人不安业，非国家之利也！”乃止。

六月，突厥别部寇掠岚州，偏将杨玄基击走之。

秋，七月，己丑[29]，立皇孙重福[30]为唐昌王。

庚辰[31]，诏以今年十月有事于嵩山；寻以上不豫[32]，改用来年正月。

甲辰[33]，徙相王轮为豫王，更名旦。

（以上为第五段，写唐西北边境不宁，绥州稽胡反叛，突厥、吐蕃犯边。）

【注释】

[1]弘道元年：永淳二年十二月丁巳改元弘道。即弘道元年包有永淳二年。 [2]甲午朔：误。《新唐书》卷三作“甲午”，不言朔。此月己丑朔。甲午即正月六日。“朔”字衍。 [3]庚午：二月十二日。 [4]乙亥：二月十七日。 [5]妫（guī）州：州名。治所怀戎，在今河北涿鹿县西南桑干河南岸。 [6]庚寅：三月二日。 [7]乞骸骨：又称“乞身”。自请退职的惯用语。 [8]庚子：三月十二日。 [9]银青光禄大夫：文散官第五阶。待遇为从三品。 [10]癸丑：三月二十五日。 [11]守中书令：犹摄中书令。以品级较低的人担任职务较高的官称为守某官。崔知温以正四品的门下侍郎，同中书门下三品，为中书令，正三品，故称守中书令。 [12]己未：四月二日。 [13]步落稽：少数民族之一，通称为稽胡。 [14]白铁余：人名。其事散见于《旧唐书》卷八十三、《新唐书》卷一百一十一。 [15]城平县：西魏置。县治在今陕西清涧县东北。 [16]绥德、大斌二县：皆属绥州。县治分别在今陕西清涧县西北及子洲县西南大理河南岸。 [17]甲申：四月二十七日。 [18]庚寅：五月三日。 [19]芳桂宫：即紫桂宫。在今河南渑池县，仪凤二年置。调露二年称避暑宫，永淳元年改名芳桂宫。 [20]乙巳：五月十八日。 [21]蔚州：州名。治所灵丘，在今山西灵丘县。 [22]朝那山：即牛头朝那山。属阴山山脉。在今内蒙古固阳县东。[23]朝议：朝廷商议。 [24]丰州：州名。治所在今内蒙古巴彦淖尔市临河区东黄河北岸附近。[25]迁其百姓于灵、夏：把丰州的百姓迁往灵、夏二州境内，即今宁夏灵武市至陕西靖边县一带。 [26]唐休璟（627—712）：京兆始平（今陕西咸阳市西北）人。本名璿，以字行。熟悉边事，深为武则天赏识。官至夏官尚书、同凤阁鸾台平章事。传见《旧唐书》卷九十三、《新唐书》卷一百一十一。[27]阻河为固：阻隔黄河，以为险固。[28]宁、庆二州：地当今甘肃庆阳市一带。[29]己丑：七月四日。 [30]皇孙重福（680—710）：中宗第二子。睿宗景云元年谋反，兵败自杀。传见《旧唐书》卷八十六、《新唐书》卷八十一。 [31]庚辰：七月丙戌朔，无庚辰。严补：庚辰改为壬辰。壬辰，七月七日。 [32]不豫：语出《尚书·金縢》，为帝王有病的讳称。 [33]甲辰：七月十九日。

中书令兼太子左庶子薛元超病喑[1]，乞骸骨，许之。

八月，己丑[2]，以将封嵩山，召太子赴东都；留唐昌王重福守京师，以刘仁轨为之副。冬，十月，己卯[3]，太子至东都。

癸亥[4]，车驾幸奉天宫。

十一月，丙戌[5]，诏罢来年封嵩山，上疾甚故也。上苦头重，不能视，召侍医秦鸣鹤诊之[6]，鸣鹤请刺头出血，可愈。天后在帘中，不欲上疾愈，怒曰："此可斩也，乃欲于天子头刺血！"鸣鹤叩头请命。上曰："但刺之，未必不佳。"乃刺百会、脑户二穴[7]。上曰："吾目似明矣。"后举手加额曰："天赐也！"自负[8]彩百匹以赐鸣鹤。

戊戌[9]，以右武卫将军程务挺为单于道安抚大使，招讨阿史那骨笃禄等。

诏太子监国[10]，以裴炎、刘景先、郭正一同东宫平章事[11]。

上自奉天宫疾甚，宰相皆不得见。丁未[12]，还东都，百官见于天津桥南。

十二月，丁巳[13]，改元，赦天下。上欲御则天门[14]楼宣赦，气逆不能乘马，乃召百姓入殿前宣之。是夜，召裴炎入，受遗诏辅政，上崩于贞观殿[15]。遗诏太子柩前即位，军国大事有不决者，兼取天后进止[16]。废万泉、芳桂、奉天等宫。

庚申[17]，裴炎奏太子未即位，未应宣敕，有要速处分[18]，望宣天后令[19]于中书、门下施行。甲子[20]，中宗即位，尊天后为皇太后，政事咸取决焉。太后以泽州刺史韩王元嘉[21]等，地尊望重，恐其为变，并加三公等官以慰其心[22]。

甲戌[23]，以刘仁轨为左仆射，裴炎为中书令；戊寅[24]，以刘景先为侍中。

故事，宰相于门下省议事，谓之政事堂[25]，故长孙无忌为司空，房玄龄为仆射，魏徵为太子太师，皆知门下省事。及裴炎迁中书令，始迁政事堂于中书省。

壬午[26]，遣左威卫将军王果、左监门将军令狐智通、右金吾将军杨玄俭、右千牛将军郭齐宗分往并、益、荆、扬四大都督府[27]，与府司相知镇守[28]。中书侍郎同平章事郭正一为国子祭酒，罢政事。

（以上为第六段，写唐高宗驾崩，唐中宗即位。）

【注释】

[1]病喑：患哑病。 [2]己丑：八月丙辰朔，无己丑。《旧唐书》卷五作七月己丑，即七月四日。此日李重福始封唐昌郡王，若即令留守，似于理不通。《新唐书》卷三作八月乙丑，即八月十日。 [3]己卯：十月二十六日。关于太子至东都的时间，《旧唐书·高宗纪》下作十一月。《新唐书·高宗纪》不载。似应以《资治通鉴》所载为准。但从《旧纪》及《资治通鉴》行文来看，皇太子至东都在高宗幸奉天宫之前。而高宗幸奉天宫的时间《新纪》和《册府元龟》并作十月癸亥，即十月十日。故尚需进一步考证。 [4]癸亥：十月十日。 [5]丙戌：十一月三日。 [6]召侍医秦鸣鹤诊之：此事又见《旧唐书》卷五、《新唐书》卷七十六。侍医即侍御医。唐制：尚药局有御医四人，从六品上，掌诊候调和，为皇帝治病。 [7]乃刺百会、脑户二穴：据《针灸经》，百会一名三阳五会，在前顶后寸半顶中央旋毛中，可容豆，针二分，得气即泻。脑户，一名合颅，在枕骨上强后寸半，禁针，针令人哑。 [8]自负：亲自扛负。 [9]戊戌：十一月十五日。 [10]诏太子监国：据《新唐书》卷三，时在十一月辛丑，即十一月十八日。 [11]以裴炎、刘景先、郭正一同东宫平章事：时在十一月戊申，即二十五日。平章事，即共议政事。 [12]丁未：十一月二十四日。 [13]丁巳：十二月四日。《唐会要》卷一所载相同。《旧唐书》卷五作"己酉"，误。丁巳日改元弘道。是日夜高宗崩。 [14]则天门：东都宫城南面中门。门外即朝堂。后因避武则天尊号，改为应天门。 [15]贞观殿：东都宫城中央三大宫殿之一。南为含元殿，北为徽猷殿。 [16]兼取天后进止：由天后裁决、处理。 [17]庚申：十二月七日。 [18]有要速处分：有重要、紧急的事要处理。 [19]宣天后令：传达天后的命令。 [20]甲子：十二月十一日。中宗即位的时间，《册府元龟》卷十五亦作"甲子"。《唐会要》作十二月六日。误。 [21]韩王元嘉：李渊第十一子。传见《旧唐书》卷六十四、《新唐书》卷七十九。 [22]并加三公等官以慰其心：进授韩王元嘉为太尉，霍王元轨为司徒，舒王元名为司空，滕王元婴为开府仪同三司，鲁王灵夔为太子太师，越王贞为太子太傅，纪王慎为太子太保。见《新唐书》卷七十九《高祖诸子传》。 [23]甲戌：十二月二十一日。 [24]戊寅：十二月二十五日。 [25]政事堂：即宰相议政之所。关于政事堂产生的时间，学术界观点不一。有人说起于贞观，有人说起于武德，有人更推至隋朝。从有关资料来看，政事堂在隋代已显露端倪。但宰相常在政事堂议事的制度则是在贞观时确立的。政事堂在唐代经历了一个变化的过程，起初在门下省，后来裴炎执政时移至中书省，最后张说改政事堂为中书门下。 [26]壬午：十二月二十九日。 [27]并、益、荆、扬四大都督府：唐武德七年（624）二月十二日改大总管府为大都督府。并州大都督府管泽、潞、汾、仪、岚、忻、代、朔、蔚等州，益州大都督府管彭、蜀、汉、简、眉、邛、嘉、雅、陵等州，荆州大都督府管硖、郢、澧、朗、岳、鄂等州，扬州大都督府管舒、和、滁、庐、楚、寿等州，战略地位都很重要。 [28]相知镇守：相互知会，共

同镇守。

则天顺圣皇后[1]上之上

光宅元年[2]（甲申，684年）

春，正月，甲申朔[3]，改元嗣圣，赦天下。

立太子妃韦氏[4]为皇后；擢后父玄贞自普州参军为豫州刺史[5]。

癸巳[6]，以左散骑常侍杜陵韦弘敏[7]为太府卿、同中书门下三品。

中宗欲以韦玄贞为侍中[8]，又欲授乳母之子五品官；裴炎固争[9]，中宗怒曰："我以天下与韦玄贞何不可[10]！而惜侍中邪！"炎惧，白太后，密谋废立。二月，戊午[11]，太后集百官于乾元殿[12]，裴炎与中书侍郎刘祎之、羽林将军[13]程务挺、张虔勖勒兵入宫，宣太后令，废中宗为庐陵王，扶下殿。中宗曰："我何罪？"太后曰："汝欲以天下与韦玄贞，何得无罪！"乃幽于别所。

己未[14]，立雍州牧豫王旦[15]为皇帝。政事决于太后，居睿宗于别殿，不得有所预[16]。立豫王妃刘氏为皇后。后，德威之孙[17]也。

有飞骑[18]十余人饮于坊曲，一人言："向知别无勋赏，不若奉庐陵。"一人起，出诣北门[19]告之。座未散，皆捕得，系羽林狱[20]。言者斩，余以知反不告皆绞；告者除五品官。告密之端自此兴矣。

壬子[21]，以永平郡王成器[22]为皇太子，睿宗之长子也。赦天下，改元文明。

庚申[23]，废皇太孙重照为庶人[24]，命刘仁轨专知西京留守事。流韦玄贞于钦州[25]。

太后与刘仁轨书曰："昔汉以关中事委萧何[26]，今托公亦犹是矣。"仁轨上疏，辞以衰老[27]不堪居守，因陈吕后[28]祸败事以申规戒。太后使秘书监[29]武承嗣赍玺书慰谕之曰："今以皇帝谅暗[30]不言，眇身[31]且代亲政；远劳劝戒，复辞衰疾。又云'吕氏见嗤于后代，禄、产贻祸于汉朝[32]'，引喻良深[33]，愧慰交集。公忠贞之操，终始不渝，劲直之风，古今罕比。初闻此语，能不罔然；静而思之，是为龟镜[34]。况公先朝旧德[35]，遐迩具瞻[36]，愿以匡救为怀，无以暮年致请。”

辛酉[37]，太后命左金吾将军丘神勣[38]诣巴州，检校故太子贤宅以备外虞，其实风使杀之。神勣，行恭之子也。

甲子[39]，太后御武成殿[40]，皇帝帅王公以下上尊号。丁卯[41]，太后临轩，遣礼部尚书武承嗣册嗣皇帝。自是太后常御紫宸殿[42]，施惨紫帐以视朝[43]。

丁丑[44]，以太常卿、检校豫王府长史王德真[45]为侍中；中书侍郎、检校豫王府司马刘祎之[46]同中书门下三品。

三月，丁亥[47]，徙杞王上金为毕王，鄱阳王素节为葛王。

丘神勣至巴州，幽故太子贤于别室，逼令自杀。太后乃归罪于神勣，戊戌[48]，举哀于显福门[49]，贬神勣为叠州[50]刺史。己亥[51]，追封贤为雍王。神勣寻复入为左金吾将军。

夏，四月，开府仪同三司、梁州都督滕王元婴[52]薨。

辛酉[53]，徙毕王上金为泽王，拜苏州[54]刺史；葛王素节为许王，拜绛州[55]刺史。

癸酉[56]，迁庐陵王于房州，丁丑[57]，又迁于均州故濮王宅[58]。

五月，丙申[59]，高宗灵驾西还[60]。

（以上为第七段，写唐高宗尸骨未寒，武则天以铁腕手段迅急发动政变，废中宗，又杀废太子李贤，立傀儡皇帝睿宗，武则天垂帘听政。）

【注释】

[1]则天顺圣皇后（624—705）：即武则天。“则天顺圣皇后”是唐玄宗在天宝八载（749）给武则天所上的尊号。 [2]光宅元年：弘道元年十二月高宗崩。武则天临朝称制改元嗣圣。嗣圣元年二月己未睿宗改元文明，至九月甲寅又改元光宅。 [3]甲申朔：正月一日。 [4]韦氏：唐中宗皇后。中宗被贬时，尚能共济艰难。中宗复位后，即趁机擅权，并毒害中宗，造成很大的混乱。传见《旧唐书》卷五十一、《新唐书》卷七十六。 [5]擢后父玄贞自普州参军为豫州刺史：即从正八品升至从三品。普州治所安岳，在今四川安岳县。豫州治所汝阳，在今河南汝南县。韦玄贞后流死钦州。事见《旧唐书》卷一百八十三《韦温传》、《新唐书》卷二百零六《韦温传》。 [6]癸巳：正月十日。 [7]韦弘敏：京兆杜陵（今陕西西安市东南）人。嗣圣元年（684）正月十日至十月十九日担任宰相。事见《新唐书》卷四《则天皇后纪》等。 [8]侍中：官名。宰相之一。为门下省最高长官，秩正三品。又称纳言、左相。掌出纳帝命，缉熙皇极，总典吏职，赞相礼仪。 [9]固

争：固执地再三谏诤。［10］何不可：即有何不可。［11］戊午：二月六日。［12］乾元殿：东都宫城正殿，在贞观殿之南。玄宗开元末，改称含元殿。［13］羽林将军：官名。唐左右羽林军卫各有大将军一人，将军二人。掌统北衙禁兵。羽林之名，始于汉代，意即为国羽翼，如林之盛。唐初北衙武卫所领兵称作羽林。龙朔二年（662）始置左右羽林军。［14］己未：二月七日。［15］雍州牧豫王旦：即唐睿宗。时年二十二岁。牧，官名。唐代州官称刺史，唯雍州、河南、太原三府（三都）称牧。［16］居睿宗于别殿，不得有所预：太后令睿宗居于别殿，不许他参与朝政。［17］后，德威之孙也：皇后是刘德威的孙子。刘德威（582—652），徐州彭城（今江苏徐州市）人。唐初任绵州刺史等职，政号廉平。传见《旧唐书》卷七十七、《新唐书》卷一百零六。［18］飞骑：羽林军士。据《新唐书·兵志》及《隋唐嘉话》记载，太宗贞观十二年置左右屯营于玄武门，选材力骁捷善驰射者充之，号为“飞骑”。后在屯营基础上置左右羽林军，其军士亦有“飞骑”之称。［19］北门：玄武门。［20］羽林狱：羽林军之狱。［21］壬子：二月癸丑朔，无壬子。两《唐书·则天纪》皆云：“己未，立永平郡王成器为皇太子。”立皇太子与改元同日，皆在二月己未。“壬子”似为衍文。［22］永平郡王成器（679—741）：睿宗长子。又名李宪，以孝友谦让著称。死后追谥为让皇帝，葬于惠陵。传见《旧唐书》卷九十五、《新唐书》卷八十一。［23］庚申：二月八日。［24］废皇太孙重照为庶人：李重照，中宗长子，后避武则天讳改名重润。永淳元年（682）三月十五日（一说二十五日）始立为皇太孙。至此因父中宗皇太子被废，迁房陵，重照皇太孙之位亦被废。［25］钦州：治所在今广西钦州市东北钦江西北岸。［26］萧何（?—前193）：江苏沛县人。楚汉战争时留守关中，支援前线，以功进封酂侯。传见《史记》卷五十三、《汉书》卷三十九。［27］辞以衰老：以衰老为辞推谢。时刘仁轨已八十三岁。［28］吕后（前241—前180）：名雉，字娥姁。汉高祖皇后。高祖死后，排除异己，掌握实权，受到非议。传见《史记》卷九、《汉书》卷三及卷九十七上。［29］秘书监：官名。秘书省最高长官，掌经籍图书之事。［30］谅暗：又作“亮阴”“凉阴”，指天子居丧。［31］眇身：帝王自谦之辞，与“寡人”相类。［32］禄、产贻祸于汉朝：吕禄、吕产均吕后之侄，惠帝时，被封为王。后欲夺取政权，为周勃所杀。事见《史记》卷九《吕太后本纪》、卷五十七《绛侯周勃世家》，《汉书》卷四十《周勃传》。［33］引喻良深：引古喻今，寓意很深。［34］龟镜：借鉴。龟能卜吉凶，镜能别善恶。古人常以二字组词，作为借鉴的代称。［35］先朝旧德：先朝有德望的故老。［36］遐迩具瞻：受到朝野远近的共同瞻仰。［37］辛酉：二月九日。［38］丘神勣（?—691）：左卫大将军丘行恭之子。武周时期号为酷吏，官至左金吾卫大将军。传见《旧唐书》卷一百八十六上、《新唐书》卷二百九。［39］甲子：二月十二日。［40］武成殿：即后来的宣政殿。在洛阳宫城含元殿西。［41］丁卯：二月十五日。［42］紫宸殿：《唐六典》洛阳宫不载紫宸殿。胡三省说以西京大明宫准之，其位置当在乾元殿后。［43］施惨紫帐以视朝：设置浅紫色的幕帐以临朝听政。［44］丁丑：二月二十五日。［45］王德真：京兆霸陵（今陕西西安市东北）人。永隆元年（680）四月入相，九月罢为相王府长史。因睿宗即位，得以再度入相。事迹散见于《新唐书》卷六十一，《全唐诗》卷四十四，《唐郎官石柱题名考》卷四、卷六等。［46］刘祎之（631—687）：常州晋陵（今江苏常州市）人。曾为“北门学士”，还担任过宰相。传见《旧唐书》卷八十七、《新唐书》卷一百一十七、《咸淳毗陵志》卷十六。［47］丁亥：三月五日。［48］戊戌：三月十六日。［49］显福门：即明福门。在东都集贤殿书院之东。后避中宗讳，改“显”为“明”。［50］叠州：治所在今甘肃迭部县。［51］己亥：三月十七日。［52］滕王元婴（?—684）：唐高祖第二十二子。贪暴不法，曾多次受到唐高宗的斥责。传见《旧唐书》卷六十四、《新唐书》卷七十九。［53］辛酉：四月十日。［54］苏州：州名。治所在今江苏苏州市。［55］绛州：州名。治所在今山西新绛县。［56］癸酉：四月二十一日。［57］丁丑：四月二十五日。［58］均州故濮王宅：贞观末濮王泰所居之宅。均州治所在今湖北丹江口市西北。［59］丙申：五月十五日。［60］高宗灵驾西还：灵驾，指皇帝灵车。西还，指从洛阳向京师进发。

闰月，以礼部尚书武承嗣为太常卿、同中书门下三品[1]。

秋，七月，戊午[2]，广州都督路元睿[3]为昆仑[4]所杀。元睿暗懦，僚属恣横[5]。有商舶至，僚属侵渔[6]不已，商胡诉于元睿；元睿索枷，欲系治之。群胡怒，有昆仑袖剑直登听事[7]，杀元睿及左右十余人而去，无敢近者，登舟入海，追之不及。

温州[8]大水，流四千余家。

突厥阿史那骨笃禄等寇朔州。

八月，庚寅[9]，葬天皇大帝于乾陵[10]，庙号[11]高宗。

初，尚书左丞冯元常为高宗所委[12]，高宗晚年多疾[13]，每曰：“朕体中不佳[14]，可与元常平章以闻[15]。”元常尝密言“中宫[16]威权太重，宜稍抑损”。高宗虽不能用，深以其言为然。及太后称制，四方争言符瑞[17]；嵩阳令樊文献瑞石，太后命于朝堂示百官，元常奏：“状涉谄诈，不可诬罔天下。”太后不悦，出为陇州[18]刺史。元常，子琮之曾孙也[19]。

丙午[20]，太常卿、同中书门下三品武承嗣罢为礼部尚书。

栝州大水，流二千余家[21]。

九月，甲寅[22]，赦天下，改元[23]。旗帜皆从金色[24]。八品以下，旧服青者更服碧[25]。改东都为神都，宫名太初[26]。又改尚书省为文昌台，左、右仆射为左、右相，六曹为天、地、四时六官[27]；门下省为鸾台，中书省为凤阁，侍中为纳言，中书令为内史；御史台为左肃政台[28]，增置右肃政台[29]；其余省、寺、监、率之名，悉以义类改之[30]。

以左武卫大将军程务挺为单于道安抚大使，以备突厥。

武承嗣请太后追王其祖[31]，立武氏七庙[32]，太后从之。裴炎谏曰："太后母临天下，当示至公，不可私于所亲。独不见吕氏之败乎！"太后曰："吕后以权委生者[33]，故及于败。今吾追尊亡者，何伤乎！"对曰："事当防微杜渐，不可长耳！"太后不从。己巳[34]，追尊太后五代祖克己[35]为鲁靖公[36]，妣为夫人；高祖居常[37]为太尉、北平恭肃王[38]，曾祖俭[39]为太尉、金城义康王[40]，祖华[41]为太尉、太原安成王，考士彟为太师、魏定王；祖妣皆为妃。裴炎由是得罪。又作五代祠堂于文水[42]。

（以上为第八段，写武则天称制，四方争言符瑞，武则天改元光宅，易服色，改官名，给武氏先人上尊号，充分暴露她觊觎皇权的野心，裴炎等人劝谏，给自己埋下了杀身之祸。）

【注释】

[1]闰月，以礼部尚书武承嗣为太常卿、同中书门下三品：据《新唐书·则天纪》及《宰相表》，时在闰五月甲子，即五月十三日。武承嗣曾四度为相。这是第一次。 [2]戊午：七月九日。 [3]路元睿：广州都督，曾任勋、吏二郎中，事见《新唐书》卷七十五下《宰相世系表》五下，《唐郎官石柱题名考》卷七、卷十一、卷十四等。 [4]昆仑：本指中印半岛南部及南洋诸岛地区专以昆仑为名的国家。此处指昆仑商人。 [5]恣横：恣肆专横。 [6]侵渔：侵夺。 [7]听事：厅堂。指办公之处。 [8]温州：州名治所永嘉，在今浙江温州市。 [9]庚寅：八月十一日。 [10]乾陵：位于陕西乾县城北梁山。因山而筑，有内外二城。被称为"唐陵之冠"。现为全国重点文物保护单位。 [11]庙号：宗庙中确定的称号。旧时帝王死后，在太庙立室奉祀，并追尊以某祖某宗的名号，称为庙号。 [12]所委：所亲信委任。 [13]多疾：据章校，"疾"下有"百司奏事"四字。 [14]体中不佳：身体不适。 [15]可与元常平章以闻：可与冯元常筹商研究，然后把结果告诉我。 [16]中宫：本指皇后居处，也常作为皇后的代称。此处即属后者。 [17]符瑞：祥瑞的征兆，犹如吉兆。 [18]陇州：州名。治所汧源，在今陕西陇县。 [19]元常，子琮之曾孙也：冯子琮在北齐任右仆射。传见《北齐书》卷四十、《北史》卷五十五。冯元常官至广州都督。传见《旧唐书》卷一百八十五上、《新唐书》卷一百一十二。 [20]丙午：八月二十七日。 [21]栝州大水，流二千余家：唐代无"栝州"，当为括州（今浙江丽水市）之误。《新唐书》卷三十六《五

行志》三作“括州溪水暴涨，溺死百余人”。［22］甲寅：九月六日。［23］改元：武则天改元光宅，易服色，改官名。光宅是武则天执政的第一个年号，未及一年改元垂拱。［24］旗帜皆从金色：唐为土德，旗帜尚赤。现改为金色。金色有黄、白二说。《新唐书》卷四《则天纪》作“旗帜尚白”。［25］服碧：穿青绿色官服。［26］宫名太初：改洛阳宫为太初宫。［27］六曹为天、地、四时六官：即改吏部为天官，户部为地官，礼部为春官，兵部为夏官，刑部为秋官，工部为冬官。［28］左肃政台：专知在京百司。［29］右肃政台：专知按察诸州。［30］其余省、寺、监、率之名，悉以义类改之：改太常寺为司礼寺，鸿胪寺为司宾寺，宗正寺为司属寺，光禄寺为国膳寺，太府寺为司府寺，太仆寺为司仆寺，卫尉寺为司卫寺，大理寺为司刑寺；改左右骁卫为左右武卫，左右武卫为左右鹰扬卫，左右威卫为左右豹韬卫，左右领军卫为左右玉钤卫。见《唐大诏令集》卷三《改元光宅诏》及《旧唐书》卷四十二《职官志》一。省、寺、监、率之名，尚有未改者。“悉”，当作“多”解。［31］追王其祖：追尊其祖先为王。［32］七庙：供奉七代祖先的庙宇。《礼记·王制》：“天子七庙，三昭三穆，与太祖之庙而七。”武氏当时不是“天子”，按照宗法制度不应建立七庙。［33］委生者：委任活着的人。［34］己巳：九月二十一日。［35］五代祖克己：《旧唐书》卷一百八十三误作四代祖。武克己后魏时官至散骑常侍、越王长史。正史无传。［36］鲁靖公：为尊号与谥号的合称。据《新唐书》卷七十六，克己此时被尊为鲁国公，谥曰靖。［37］高祖居常：北齐时曾任殷州司马，官至镇远将军。［38］北平恭肃王：居常追赠北平郡王，谥曰恭肃。［39］曾祖俭：武俭北周时为永昌王咨议参军，死后赠齐州刺史。［40］金城义康王：即金城郡王。义康为谥号。［41］祖华：武华隋时任东郡丞，赠并州刺史。此次追尊为太原郡王，谥曰安成。武氏出自庶族，自武华以上皆无传。其事散见于《新唐书》卷七十四上《宰相世系表》、卷七十六《则天皇后传》及《文苑英华》卷八百七十五《攀龙台碑》等。［42］文水：县名。县治在今山西文水县东。

时诸武用事，唐宗室人人自危，众心愤惋[1]。会眉州刺史英公李敬业及弟盩厔令敬猷、给事中唐之奇、长安主簿骆宾王、詹事司直杜求仁皆坐事[2]，敬业贬柳州司马[3]，敬猷免官，之奇贬括苍[4]令，宾王贬临海[5]丞，求仁贬黟[6]令。求仁，正伦之侄也。盩厔尉魏思温尝为御史，复被黜[7]。皆会于扬州，各自以失职怨望[8]，乃谋作乱，以匡复庐陵王为辞[9]。

思温为之谋主[10]，使其党监察御史薛仲璋[11]求奉使江都[12]，令雍州人韦超诣仲璋告变，云“扬州长史陈敬之谋反”。仲璋收敬之系狱。居数日，敬业乘传而至，矫称扬州司马来之官[13]，云“奉密旨，以高州酋长冯子猷谋反，发兵讨之。”于是开府库，令士曹参军李宗臣就钱坊[14]，驱囚徒、工匠授以甲[15]。斩敬之于系所；录事参军孙处行拒之，亦斩以徇[16]，僚吏无敢动者。遂起一州之兵，复称嗣圣元年[17]。开三府：一曰匡复府，二曰英公府，三曰扬州大都督府。敬业自称匡复府上将，领扬州大都督。以之奇、求仁为左、右长史，宗臣、仲璋为左、右司马，思温为军师，宾王为记室，旬日间得胜兵十余万。

移檄州县[18]，略曰："伪临朝武氏者，人非温顺[19]，地[20]实寒微。昔充太宗下陈[21]，尝以更衣入侍[22]，洎乎晚节[23]，秽乱春宫[24]。密隐先帝之私，阴图后庭之嬖[25]，践元后[26]于翚翟[27]，陷吾君于聚麀[28]。"又曰："杀姊屠兄，弑君鸩母[29]，人神之所同嫉，天地之所不容。"又曰："包藏祸心[30]，窃窥神器[31]。君之爱子，幽之于别宫[32]；贼之宗盟，委之以重任[33]。"又曰："一抔之土未干[34]，六尺之孤安在[35]！"又曰："试观今日之域中，竟是谁家之天下！"太后见檄，问曰："谁所为？"或对曰："骆宾王。"太后曰："宰相之过也。人有如此才，而使之流落不偶乎[36]！"

敬业求得人貌类故太子贤者，绐众云："贤不死[37]，亡在此城中[38]，令吾属[39]举兵。"因奉以号令。

楚州司马李崇福帅所部三县应敬业[40]。盱眙[41]人刘行举独据县不从[42]，敬业遣其将尉迟昭攻盱眙[43]。诏以行举为游击将军[44]，以其弟行实为楚州刺史。

甲申[45]，以左玉钤卫大将军[46]李孝逸为扬州道大总管，将兵三十万，以将军李知十、马敬臣为之副，以讨李敬业。

（以上为第九段，写徐敬业起兵讨武则天，骆宾王为之草檄。）

【注释】

[1]愤惋：悲愤惋惜。 [2]坐事：因事获罪。 [3]柳州司马：柳州治所在今广西柳州市。据《新唐书·地理志》七上，柳州为下州。其司马从六品上。 [4]括苍：县名。县治在今浙江丽水市东南。 [5]临海：县名。县治在今浙江临海市。 [6]黟（yī）：县名。县治在今安徽黟县。 [7]被黜：被贬斥。 [8]怨望：怨恨。 [9]以匡复庐陵王为辞：以扶佐庐陵王恢复帝位为借口。匡复有挽救将亡之国使其转危为安之意，此处引申为扶佐。为辞，为借口。 [10]思温为之谋主：以魏思温为他们的谋主。事散见于《旧唐书》卷六十七、《新唐书》卷九十三及一百六。

[11]薛仲璋：《旧唐书》卷六十七及《新唐书》卷九十三皆作“薛璋”。据《考异》，《实录》亦作“薛璋”。司马光依《御史台记》作“薛仲璋”。 [12]江都：县名。治所在今江苏扬州市西南。江都为扬州治所。 [13]来之官：前来上任。 [14]就钱坊：到造钱的作坊。 [15]驱囚徒、工匠授以甲：章校，十二行本“匠”下有“数百”二字。按，两《唐书·徐敬业传》亦有“数百”之说，当以十二行本为是。 [16]斩以徇：斩以示众。 [17]嗣圣元年：公元684年。是年唐中宗即位，改元嗣圣。当年中宗被废，睿宗即位，又改元文明。 [18]移檄州县：将骆宾王所作《代李敬业传檄天下文》发至各州县。骆宾王所作檄文《全唐书》作《代李敬业讨武氏檄》，《唐文粹》作《为徐敬业以武后临朝移诸郡县檄》，标题颇不一致。今人或作《讨武曌檄》，与原题相去更远。此时武则天尚未以“曌”为名。 [19]温顺：温柔和顺。 [20]地：此处指门第。 [21]昔充太宗下陈：过去充当唐太宗的婢妾。下陈本是古代统治者陈放礼品、站列婢妾的地方，后来借指皇宫中地位低下的妃嫔。武则天十四岁时被唐太宗召入宫中，封为才人。 [22]尝以更衣入侍：曾因更衣侍奉（陪伴）过太宗。“更衣入侍”并非指实，系用卫子夫以更衣得幸于汉武帝的典故来说明武则天与唐太宗的关系。 [23]洎乎晚节：到了该守晚年节操的时候。晚节有晚年之意。此处非就年龄而言。[24]春宫：即东宫。又称“春闱”。 [25]嬖：宠。 [26]元后：元配皇后。 [27]翚（huī）翟：指皇后之服。 [28]聚麀（yōu）：指乱伦。麀，牝鹿。《礼记·曲礼》上：“夫唯禽兽无礼，故父子聚麀。” [29]弑君鸩母：杀害高宗皇帝，毒死其母杨氏。考诸史册，实无此事。 [30]包藏祸心：暗藏害人之心，居心叵测。 [31]窃窥神器：窃窥，意为偷看，可引申为觊觎。神器，指皇位。 [32]君之爱子，幽之于别宫：废中宗为庐陵王，徙于均州；以睿宗为傀儡，居之别殿。[33]贼之宗盟，委之以重任：用人唯亲，重任诸武，以其侄武承嗣为宰相。 [34]一抔之土未干：一抔之土，代指陵墓。意犹高宗尸骨未寒。 [35]六尺之孤安在：未成年的孤儿在什么地方？“六尺之孤”语出《论语·泰伯》，本指十五岁以下的孤儿，周代一尺相当于现在的六寸。故以六尺言其年少。此处指中宗、睿宗。时中宗已二十九岁，睿宗二十二岁。 [36]人有如此才，而使之流落不偶乎：人有这样高的才华，怎么能使他漂泊远方而得不到重用呢？此语又见《新唐书》卷二百一《骆宾王传》。《唐语林》卷二作“宰相因何失如此之人”，并说武则天这样说是“有遗才之恨”。 [37]贤不死：太子李贤未死。 [38]亡在此城中：逃亡在这座城中。 [39]吾属：我等，我们。 [40]楚州司马李崇福帅所部三县应敬业：楚州位于扬州之北，治所在今江苏淮安市。所部三县即山阳、安宜、盐城。安宜县治在今江苏宝应县境。盐城滨海，县治在今江苏盐城市。按李崇福从叛之事，《新唐书》卷四《则天纪》载于十月癸未，即十月五日。又李孝逸出征及裴炎被杀以下事皆在十月。九月无甲申、丁亥、壬辰、丙申、丁酉。故当在“楚州”二字前添“十月，癸未”四字。 [41]盱（xū）眙（yí）：县名。位于楚州西南部。故治在今江苏盱眙县东北。 [42]刘行举独据县不从：刘行举独自据守盱眙县不附从徐敬业。 [43]尉迟昭攻盱眙：据章校，十二行本下有“行举拒却之”五字。 [44]游击将军：官名。从五品下。为武散官。 [45]甲申：十月六日。[46]左玉钤卫大将军：即左领军卫大将军。

武承嗣与其从父弟右卫将军三思以韩王元嘉[1]、鲁王灵夔[2]属尊位重，屡劝太后因事诛之。太后谋于执政，刘祎之、韦思谦皆无言[3]。内史裴炎独固争，太后愈不悦。三思，元庆之子也[4]。

及李敬业举兵，薛仲璋，炎之甥也，炎欲示闲暇，不汲汲议诛讨[5]。太后问计于炎，对曰："皇帝年长[6]，不亲政事，故竖子[7]得以为辞[8]。若太后返政，则不讨自平矣。"监察御史蓝田崔詧[9]闻之，上言："炎受顾托[10]，大权在己，若无异图[11]，何故请太后归政？"太后命左肃政大夫[12]金城骞味道[13]、侍御史栎阳鱼承晔[14]鞫之，收炎下狱[15]。炎被收[16]，辞气不屈。或劝炎逊辞以免[17]，炎曰："宰相下狱，安有全理[18]！"凤阁舍人[19]李景谌证炎必反。刘景先及凤阁侍郎义阳胡元范[20]皆曰："炎社稷元臣[21]，有功于国，悉心奉上[22]，天下所知，臣敢明其不反。"太后曰："炎反有端[23]，顾卿不知耳。"对曰："若裴炎为反，则臣等亦反也。"太后曰："朕知裴炎反，知卿等不反。"文武间证炎不反者甚众，太后皆不听。俄并景先、元范下狱。丁亥[24]，以骞味道检校内史同凤阁鸾台三品，李景谌同凤阁鸾台平章事。

魏思温说[25]李敬业曰："明公[26]以匡复为辞，宜帅大众鼓行而进[27]，直指洛阳，则天下知公志在勤王[28]，四面响应矣。"薛仲璋曰："金陵有王气[29]，且大江天险，足以为固，不如先取常、润[30]，为定霸之基，然后北向以图中原，进无不利，退有所归，此良策也！"思温曰："山东豪杰以武氏专制，愤惋不平，闻公举事，皆自蒸麦饭为粮，伸锄为兵[31]，以俟南军之至。不乘此势以立大功，乃更蓄缩自谋巢穴，远近闻之，其谁不解体[32]！"敬业不从，使唐之奇守江都，将兵渡江攻润州。思温谓杜求仁曰："兵势合则强，分则弱，敬业不并力渡淮[33]，收山东之众以取洛阳，败在眼中[34]矣！"

壬辰[35]，敬业陷润州，执刺史李思文[36]，以李宗臣代之。思文，敬业之叔父也，知敬业之谋，先遣使间道上变，为敬业所攻，拒守久之，力屈而陷。思温请斩以徇，敬业不许，谓思文曰："叔党于武氏，宜改姓武。"润州司马刘延嗣[37]不降，敬业将斩之，思温救之，得免，与思文皆囚于狱。刘延嗣，审礼从父弟也。曲阿[38]令河间尹元贞[39]引兵救润州，战败，为敬业所擒，临以白刃，不屈而死。

丙申[40]，斩裴炎于都亭[41]。炎将死，顾[42]兄弟曰："兄弟官皆自致[43]，炎无分毫之力，今坐炎流窜[44]，不亦悲乎！"籍没其家，无甔石之储[45]。刘景先贬普州刺史[46]，胡元范流琼州而死。裴炎弟子太仆寺丞伷先[47]，年十七，上封事请见言事。太后召见，诘之曰："汝伯父谋反，尚何言[48]？"伷先曰："臣为陛下画计耳，安敢诉冤！陛下为李氏妇，先帝弃天下，遽揽朝政，变易嗣子，疏斥[49]李氏，封崇[50]诸武。臣伯父忠于社稷，反诬以罪，戮及子孙。陛下所为如是，臣实惜之！陛下早宜复子明辟[51]，高枕深居，则宗族可全；不然，天下一变，不可复救矣！"太后怒曰："胡白[52]，小子敢发此言！"命引出，伷先反顾曰："今用臣言，犹未晚。"如是者三。太后命于朝堂杖之一百，长流瀼州[53]。

炎之下狱也，郎将姜嗣宗使至长安[54]，刘仁轨问以东都事，嗣宗曰："嗣宗觉裴炎有异于常久矣[55]。"仁轨曰："使人觉之邪[56]？"嗣宗曰："然。"仁轨曰："仁轨有奏事，愿附使人以闻[57]。"嗣宗曰："诺。"明日，受仁轨表而还，表言"嗣宗知裴炎反不言。"太后览之，命拉嗣宗于殿庭，绞于都亭。

（以上为第十段，写武则天排除异己，诛杀辅臣裴炎，刘仁轨施巧计除掉了一个佞臣姜嗣宗。）

【注释】

[1]韩王元嘉（619—688）：唐高祖第十一子，宇文昭仪所生。恭谦好学，藏书至万卷。[2]鲁王灵夔（?—688）：高祖第十九子，元嘉同母弟。善书法，通音律。二人同传，见《旧唐书》卷六十四、《新唐书》卷七十九。 [3]太后谋于执政，刘祎之、韦思谦皆无言：其时有宰相九人。裴炎为内史，王德真为纳言，刘仁轨为左相，右相缺。刘齐贤、郭待举、岑长倩、魏玄同、韦弘敏、刘祎之皆以他职参知政事。韦思谦任右肃政台御史大夫，尚未入相。 [4]三思，元庆之子也：武三思（?—707），并州文水（今山西文水县东）人。武则天兄武元庆第三子。武周时进封梁王，后为太子李重俊所杀。传见《旧唐书》卷一百八十三、《新唐书》卷二百零六。 [5]不汲汲议诛讨：不迅速讨论出兵征伐的问题。汲汲，表示心情急切的样子。裴炎对武则天临朝称制的做法不满，早在徐敬业起兵之前，就曾企图"乘太后出游龙门，以兵执之，还政天子"。但因久雨而

未成功，见《新唐书》卷一百一十七《裴炎传》。此次故意拖延时间，是想借助徐敬业的力量迫使武则天交出政权。见《朝野佥载》卷五等。［6］年长：年龄大了。［7］竖子：犹小子，含有贬意。此处指徐敬业等人。［8］辞：借口。［9］崔詧（chá）：初为著作郎。光宅元年（684）十月十九日至垂拱元年（685）三月十六日任宰相。事见《新唐书》卷六十一《宰相表》。［10］顾托：顾命嘱托。高宗临终，令裴炎辅佐太子。［11］异图：异谋。［12］左肃政大夫：即左御史大夫。［13］骞味道（?—688）：兰州金城（今甘肃兰州市）人。曾两任宰相。事见《新唐书》卷六十一《宰相表》、卷七十四上《宰相世系表》四上，《唐郎官石柱题名考》卷十、卷十一及《唐登科记考》卷二。［14］鱼承晔：华州栎（yuè）阳（今陕西西安市临潼区北）人。武周酷吏之一。事见《旧唐书》卷五十《刑法志》、卷八十七《裴炎传》及卷一百八十六上《来俊臣传》。［15］收炎下狱：《新唐书·裴炎传》载，裴炎曾想对太后实行“兵谏”，迫使她归政于睿宗。《朝野佥载》卷五载，徐敬业将反，令骆宾王设计取裴炎同起事。司马光在《考异》中对此进行辨析，认为“此皆当时构陷炎者所言耳，非其实也”。事实上，裴炎与叛军首领有一定的联系。司马光所言，未必可信。［16］炎被收：裴炎被收捕。［17］逊辞以免：恭顺其辞，以免祸端。［18］安有全理：哪有生全之理？［19］凤阁舍人：即中书舍人。［20］胡元范：申州义阳（今河南信阳市南）人。廉介有才。事见《新唐书》卷一百一十七《裴炎传》，《唐诗纪事》卷五，《唐郎官石柱题名考》卷四、卷五及卷八。［21］元臣：老臣。犹元老。［22］悉心奉上：尽心侍奉主上。［23］端：缘由。［24］丁亥：十月九日。［25］说（shuì）：游说。劝说别人服从自己的意见。［26］明公：对有名位者的尊称。［27］鼓行而进：击鼓前进，指堂堂正正、浩浩荡荡地进军。［28］勤王：出兵救援王室。［29］金陵有王气：金陵即今江苏南京市。王气，指帝王兴起的祥光瑞气。［30］常、润：即常州、润州。常州治所晋陵，在今江苏常州市。润州治所丹徒，在今江苏镇江市。二州皆在江南运河岸上，地理位置较为重要。［31］伸锄为兵：锄，本指锄头，此处泛指农具。兵，兵器。将农具改作武器。［32］解体：叛离。多用来比喻人心离散。亦有厌倦、灰心之意。［33］渡淮：渡过淮河。古代为四渎之一，源出河南桐柏山，东经安徽、江苏流入大海。［34］败在眼中：败在眼前。意指失败是必然的迅速的。［35］壬辰：十月十四日。［36］李思文：徐敬业之叔，官至春官尚书。事见《新唐书》卷九十三《李勣传》、《嘉定镇江志》卷十四。［37］刘延嗣：刘审礼从弟，官至汾州刺史。事见《旧唐书》卷七十七《刘德威传》、《新唐书》卷一百零六《刘德威传》。［38］曲阿（ē）：县名。县治在今江苏丹阳市。［39］尹元贞（?—684）：瀛州河间（今河北河间市）人。传见《旧唐书》卷一百八十七上、《嘉定镇江志》卷十七。［40］丙申：十月十八日。［41］都亭：即都亭驿。秦时郡县治所皆置都亭。此处指洛阳都亭，在东都外郭城景行坊内。唐代常刑人于此。［42］顾：回头看望。［43］自致：靠自己努力而获得。［44］流窜：贬徙。［45］无甔（dān）石之储：所储粮食不足一石。甔，通“儋”。儋容一石，故有甔石之说。［46］刘景先贬普州刺史：据章校，“史”下有“又贬辰州刺史”六字。［47］伷（zhòu）先：裴炎侄。武周时流亡于北庭。中宗朝官至范阳节度使、工部尚书。事见《旧唐书》卷八十七《裴炎传》、《新唐书》卷一百一十七《裴炎传》、《太平广记》卷一百四十七。［48］尚何言：更有何说，还有什么说的。［49］疏斥：疏远排斥。［50］封崇：封拜尊崇。［51］复子明辟：复位儿子皇位。子，在此指睿宗而言。辟（bì），古指国君。［52］胡白：胡扯。［53］瀼州：州名。治所临江，在今广西上思县西南。［54］使至长安：作为使者到达京师长安。［55］觉裴炎有异于常久矣：早就发觉裴炎不同寻常了。［56］使人觉之邪：你真的发觉了吗？使人，指姜嗣宗。［57］以闻：以上达，指奏给皇上。按，姜嗣宗，小人也，裴炎下狱，落井下石，想踏着别人的血迹向前进，刘仁轨略施小技，使姜嗣宗遭到绞杀，此可为小人者戒。刘仁轨，君子也，大智若愚。君子与小人斗，需善用智慧，如无智慧，则君子常败，小人常胜，刘仁轨惩治姜嗣宗之智，可为君子鉴。

丁酉[1]，追削李敬业祖考官爵，发冢斫棺[2]，复姓徐氏。

李景谌罢为司宾少卿[3]，以右史武康沈君谅[4]、著作郎崔詧为正谏大夫、同平章事。

徐敬业闻李孝逸将至，自润州回军拒之，屯高邮[5]之下阿溪[6]；使徐敬猷逼淮阴[7]，使别将韦超、尉迟昭屯都梁山[8]。

李孝逸军至临淮[9]，偏将雷仁智与敬业战不利，孝逸惧，按兵不进。殿中侍御史[10]魏元忠[11]谓孝逸曰："天下安危，在兹一举。四方承平日久，忽闻狂狡[12]，注心倾耳以俟其诛。今大军久留不进，远近失望，万一朝廷更命他将以代将军，将军何辞以逃逗挠[13]之罪乎！"孝逸乃引军而前。壬寅[14]，马敬臣击斩尉迟昭于都梁山。

十一月，辛亥[15]，以左鹰扬大将军[16]黑齿常之为江南道大总管，讨敬业。

韦超拥众据都梁山，诸将皆曰："超凭险自固，士无所施其勇，骑无所展其足；且穷寇死战，攻之多杀士卒，不如分兵守之，大军直趣江都，覆其巢穴。"支度使薛克构[17]曰："超虽据险，其众非多。今多留兵则前军势分，少留兵则终为后患，不如先击之，其势必举[18]，举都梁，则淮阴、高邮望风瓦解矣！"魏元忠请先击徐敬猷[19]，诸将曰："不如先攻敬业，敬业败，则敬猷不战自擒矣。若击敬猷，则敬业引兵救之，是腹背受敌也。"元忠曰："不然。贼之精兵，尽在下阿，乌合而来，利在一决，万一失利，大事去矣！敬猷出于博徒，不习军事，其众单弱[20]，人情易摇[21]，大军临之，驻马可克[22]。敬业虽欲救之，计程必不能及。我克敬猷，乘胜而进，虽有韩、白[23]不能当其锋[24]矣！今不先取弱者而遽攻其强，非计也[25]。”孝逸从之，引兵击超，超夜遁，进击敬猷，敬猷脱身走。

庚申[26]，敬业勒兵阻溪拒守，后军总管苏孝祥夜将五千人，以小舟渡溪先击之，兵败，孝祥死，士卒赴溪溺死者过半。左豹韬卫果毅[27]渔阳成三朗[28]为敬业所擒，唐之奇绐[29]其众曰："此李孝逸也！"将斩之，三朗大呼曰："我果毅成三朗，非李将军也。官军今大至矣，尔曹[30]破在朝夕。我死，妻子受荣，尔死，妻子籍没，尔终不及我也！"遂斩之。

孝逸等诸军继至，战数不利。孝逸惧，欲引退，魏元忠与行军管记刘知柔[31]言于孝逸曰："风顺荻[32]乾，此火攻之利。"固请决战。敬业置陈[33]既久，士卒多疲倦顾望，陈不能整；孝逸进击之，因风纵火，敬业大败，斩首七千级，溺死者不可胜纪。敬业等轻骑走[34]入江都，挈妻子奔润州，将入海奔高丽[35]；孝逸进屯江都，分遣诸将追之。乙丑[36]，敬业至海陵[37]界，阻风[38]，其将王那相斩敬业、敬猷及骆宾王首来降[39]。余党唐之奇、魏思温皆捕得，传首神都[40]，扬、润、楚三州平[41]。

陈岳[42]论曰：敬业苟能用魏思温之策，直指河、洛[43]，专以匡复为事，纵[44]军败身戮，亦忠义在焉。而妄希金陵王气，是真为叛逆，不败何待！

敬业之起也，使敬猷将兵五千，循江[45]西上，略地和州[46]。前弘文馆学士历阳高子贡[47]帅乡里数百人拒之，敬猷不能西。以功拜朝散大夫、成均助教[48]。

丁卯[49]，郭待举罢为左庶子；以鸾台侍郎韦方质[50]为凤阁侍郎、同平章事。方质，云起之孙也。

十二月，刘景先又贬吉州员外长史[51]，郭待举贬岳州[52]刺史。

初，裴炎下狱，单于道安抚大使、左武卫大将军程务挺密表申理，由是忤旨[53]。务挺素与唐之奇、杜求仁善，或谮之曰，"务挺与裴炎、徐敬业通谋。"癸卯[54]，遣左鹰扬将军裴绍业即军中斩之，籍没其家。

突厥闻务挺死，所在宴饮相庆；又为务挺立祠，每出师，必祷之。

太后以夏州都督王方翼与务挺连职，素相亲善，且废后近属，征下狱，流崖州[55]而死。

（以上为第十一段，写李孝逸平定徐敬业之乱，武则天借势谋杀良将程务挺、王方翼。）

【注释】

[1]丁酉：十月十九日。［2］发冢斫棺：发掘冢墓，斫毁棺椁。《隋唐嘉话》卷中载，徐敬业起兵后，武则天令掘平李勣之墓，“大雾三日不解，乃止焉”。《唐语林》卷三所载略同。据此，李勣墓似未挖开。但正史皆言斫棺，而且记载了中宗为之“葺完茔冢”的事。考古资料表明，以正史所载为实。［3］司宾少卿：即鸿胪少卿，从四品下，协助司宾卿掌宾客及凶仪之事。［4］沈君谅：湖州武康（今浙江安吉县东南）人。光宅元年十月十九日至垂拱元年二月二十九日担任宰相。其事散见于《新唐书》卷四、卷六十一、卷七十四上。［5］高邮：扬州属县之一，县治在今江苏高邮市。［6］下阿溪：河名。在高邮市之西。［7］淮阴：楚州属县之一，北临淮水。县治在今江苏淮安市淮阴区。［8］都梁山：在江苏盱眙县东南。［9］临淮：县名。属泗州。县治在今江苏盱眙县北淮河北岸。［10］殿中侍御史：据章校，“殿中”前有“监军”二字。两《唐书·魏元忠传》载元忠时为监军。当据章校补“监军”二字。［11］魏元忠（?—707）：本名真宰，因避则天母号而改名。祖籍宋州宋城（今河南商丘市东南）人。深为高宗、武后、中宗所重。再为宰相，数度提兵，享年七十余岁。传见《旧唐书》卷九十二、《新唐书》卷一百二十二。［12］忽闻狂狡：忽然听说出现了狂妄狡黠的叛逆之徒。［13］逗挠：兵法用语，意为曲行观望。挠，通“桡”。［14］壬寅：十月二十四日。［15］辛亥：十一月四日。［16］左鹰扬大将军：即左武卫大将军。［17］支度使薛克构：支度使，官名。唐制，凡天下边军，有支度使，以计军资粮仗之用。薛克构，原文作“薛克杨”，据章校改。按：《旧唐书·淮安王神通传》附《李孝逸传》亦作“克构”，当以章校为是。［18］其势必举：犹其势必拔。“举”有攻克、占领之意。［19］魏元忠请先击徐敬猷：这是魏元忠在讨论第二步作战方案时的主张。即在攻克都梁山之后先击徐敬猷。［20］单弱：单薄软弱。［21］人情易摇：人心易于摇动。［22］驻马可克：极言其速，犹马到成功。意思是说，很快可以攻克。［23］韩、白：指韩信、白起。韩信（?—前196），秦汉之际名将。曾协助刘邦击败项羽，以功被封为异姓王。后为吕后所杀。传见《史记》卷九十二、《汉书》卷三十四。白起（?—前257），战国时秦国名将。曾率兵夺得韩、赵、魏、楚诸国不少土地。长平之战，下令坑杀赵降卒四十余万。传见《史记》卷七十三。因此二人善用兵，后世又以“韩白”作为智勇权谋之将的代称。［24］锋：锋芒。喻取胜之军的士气如刀刃之锋一样锐利。［25］非计也：不是良策啊！［26］庚申：十一月十三日。［27］左豹韬卫果毅：官名。即左威卫果毅。唐制，诸府各有果毅都尉。这一年改左、右威卫为左、右豹韬卫。［28］成三朗（?—684）：幽州渔阳（今天津市蓟州区）

人。传见《旧唐书》卷一百八十七上。［29］绐（dài）：骗。［30］尔曹：犹尔辈，你们这些人。［31］刘知柔：徐州彭城（今江苏徐州市）人。著名史学家刘知几之兄。官至太子宾客。传见《旧唐书》卷一百二、《新唐书》卷二百一。［32］荻（dí）：多年生草本植物。根茎外有鳞片，多生长在路旁或水边。［33］置陈：摆阵。古代作战，一般要先列战阵。《宋史·岳飞传》："阵而后战，兵法之常，运用之妙，存乎一心。"［34］走：跑，逃跑。［35］将入海奔高丽：准备从海路逃往高丽。［36］乙丑：十一月十八日。［37］海陵：县名。属扬州。县治在今江苏泰州市。《九域志》载：扬州东至海陵界九十八里，自海陵东至于海一百七里。［38］阻风：为风所阻。时遇逆风，船不得行。［39］其将王那相斩敬业、敬猷及骆宾王首来降：《唐纪》载："敬业、猷、之奇、求仁、宾王走归江都，焚簿书，携妻子潜箕山下，手书召宗臣。敬业初与宗臣木契为约，时亡其契，宗臣疑而不赴，或云宗臣已归顺。敬业入海，欲奔东夷，至海陵界，阻风，伪将王那相斩之来降，余党赴水死。"司马光在《考异》中提到了这条材料而未予采用。《新唐书》卷九十三《李勣传》附《敬业传》则用之。［40］神都：即东都洛阳。此年九月改东都为神都。［41］扬、润、楚三州平：徐敬业自九月二十九日起兵，至十一月十八日失败，凡四十九日。［42］陈岳：唐代史学家。著有《唐统纪》一百卷，今佚。见《新唐书》卷五十八《艺文志二》、《直斋书录解题》卷四。［43］河、洛：黄河、洛水流域。此处指位于黄河洛水之间的神都洛阳。［44］纵：纵使。［45］江：长江。［46］和州：治所历阳，在今安徽和县。与马鞍山市隔江遥望。［47］高子贡（?—688）：和州历阳（今安徽和县）人。精通《史记》。后因参与越王贞起兵被杀。传见《旧唐书》卷一百八十九下、《新唐书》卷一百零六。［48］成均助教：官名。即国子助教。据《唐六典》卷二十一，国子监助教从六品上，掌协助博士，分经教授生徒。［49］丁卯：十一月二十日。［50］韦方质（?—690）：京兆万年人。隋治书御史韦云起之孙。曾参与《垂拱格式》的修改，为时人所称。事见《旧唐书》卷七十五《韦云起传》、《新唐书》卷一百零三《韦云起传》。［51］员外长史：官名。唐制，州长史一人。员外长史系特置，无实权。［52］岳州：州名。治所巴陵，在今湖南岳阳市。［53］忤旨：违逆旨意。［54］癸卯：十二月二十六日。［55］崖州：州名。治所舍城，在今海南海口市琼山区。

垂拱元年[1]（乙酉，685年）

春，正月，丁未朔[2]，赦天下，改元。

太后以徐思文为忠，特免缘坐[3]，拜司仆少卿[4]。谓曰："敬业改卿姓武，朕今不复夺也[5]。"

庚戌[6]，以骞味道守内史[7]。

戊辰[8]，文昌左相[9]、同凤阁鸾台三品乐城文献公刘仁轨薨。

二月，癸未[10]，制："朝堂所置登闻鼓及肺石，不须防守[11]，有挝鼓立石[12]者，令御史受状以闻。”

乙巳[13]，以春官尚书[14]武承嗣、秋官尚书[15]裴居道[16]、右肃政大夫[17]韦思谦并同凤阁鸾台三品。

突厥阿史那骨笃禄[18]等数寇边，以左玉钤卫中郎将淳于处平为阳曲道行军总管，击之。

正谏大夫、同平章事沈君谅罢。

三月，正谏大夫、同平章事崔詧罢。

丙辰[19]，迁庐陵王于房州[20]。

辛酉[21]，武承嗣罢[22]。

辛未[23]，颁《垂拱格》[24]。

朝士有左迁[25]诣宰相自诉者，内史骞味道曰：“此太后处分[26]。”同中书门下三品[27]刘祎之曰：“缘坐改官，由臣下奏请。”太后闻之，夏，四月，丙子[28]，贬味道为青州刺史，加祎之太中大夫[29]。谓侍臣曰：“君臣同体[30]，岂得归恶于君，引善自取乎！”

癸未[31]，突厥寇代州[32]；淳于处平[33]引兵救之；至忻州[34]，为突厥所败，死者五千余人。

丙午[35]，以裴居道为内史。纳言王德真流象州。

己酉[36]，以冬官尚书[37]苏良嗣为纳言。

壬戌[38]，制内外九品以上及百姓，咸令自举[39]。

壬申[40]，韦方质同凤阁鸾台三品。

六月，天官尚书[41]韦待价[42]同凤阁鸾台三品。待价，万石[43]之兄也。

同罗、仆固等诸部叛，遣左豹韬卫将军刘敬同[44]发河西骑士出居延海[45]以讨之，同罗、仆固等皆败散。敕侨置安北都护府于同城[46]以纳降者。

秋，七月，己酉[47]，以文昌左丞魏玄同[48]为鸾台侍郎、同凤阁鸾台三品。

诏自今祀天地，高祖、太宗、高宗皆配坐；用凤阁舍人元万顷[49]等之议也。

九月，丁卯[50]，广州都督王果讨反獠，平之。

冬，十一月，癸卯[51]，命天官尚书韦待价为燕然道行军大总管以讨吐蕃[52]。初，西突厥兴昔亡、继往绝可汗既死，十姓无主，部落多散亡，太后乃擢兴昔亡之子左豹韬卫翊府中郎将[53]元庆为左玉钤卫将军，兼昆陵都护，袭兴昔亡可汗押五咄陆部落。

麟台正字[54]射洪陈子昂[55]上疏，以为："朝廷遣使巡察四方，不可任非其人，及刺史、县令，不可不择。比年百姓疲于军旅，不可不安。"其略曰："夫使不择人，则黜陟[56]不明，刑罚不中，朋党者进，贞直者退；徒使百姓修饰道路，送往迎来，无所益也。谚曰：'欲知其人，观其所使。'不可不慎也。"又曰："宰相，陛下之腹心；刺史、县令，陛下之手足；未有无腹心手足而能独理[57]者也！"又曰："天下有危机[58]，祸福因之而生，机静则有福，机动则有祸，百姓是也。百姓安则乐其生，不安则轻其死。轻其死则无所不至，祅[59]逆乘衅，天下乱矣！"又曰："隋炀帝不知天下有危机，而信贪佞之臣，冀收夷狄之利，卒[60]以灭亡，其为殷鉴，岂不大哉！"

太后修故白马寺[61]，以僧怀义[62]为寺主。怀义，鄠人，本姓冯，名小宝，卖药洛阳市，因千金公主[63]以进，得幸于太后；太后欲令出入禁中，乃度为僧，名怀义。又以其家寒微，令与驸马都尉薛绍合族[64]，命绍以季父[65]事之。出入乘御马，宦者十余人侍从；士民遇之者皆奔避，有近之者，辄挝其首流血，委之[66]而去，任其生死。见道士[67]则极意[68]殴之，仍髡其发而去[69]。朝贵皆匍匐礼谒[70]，武承嗣、武三思皆执僮仆之礼以事之[71]，为之执辔[72]，怀义视之若无人。多聚无赖少年，度为僧，纵横犯法[73]，人莫敢言。右台御史冯思勖屡以法绳之，怀义遇思勖于途，令从者殴之，几死[74]。

（以上为第十二段，写武则天频繁更换宰辅大臣以固位，以及男宠薛怀义横行京师。）

【注释】

[1]垂拱元年：武则天平定徐敬业之乱后改元，垂拱是武氏执政的第一个年号，公元685年至688年。[2]丁未朔：正月一日。[3]缘坐：因受亲属牵连而处罪。[4]司仆少卿：即太

仆少卿。光宅元年改太仆为司仆。［5］敬业改卿姓武，朕今不复夺也：徐思文是敬业的叔父，润州刺史。敬业攻克润州，俘其叔父，并讥讽说："叔党于武氏，宜改姓武。"思文也曾上表请改姓武，故这时武则天令其改姓武。［6］庚戌：正月四日。［7］内史：即中书令。［8］戊辰：正月二十二日。［9］文昌左相：即尚书左仆射。［10］癸未：二月七日。［11］朝堂所置登闻鼓及肺石，不须防守：登闻鼓起于晋代，是帝王为表示听取臣下谏言或下民冤情而在朝堂外设置的一种鼓。肺石是一种红色的石块，其意与登闻鼓基本相同，但比登闻鼓起源更早。《周礼·秋官·大司寇》云："以肺石达穷民，凡远近惸（qióng）独老幼之欲有复于上而其长弗达者，立于肺石三日，士听其辞，以告于上而罪其长"。唐初依前代旧制，设登闻鼓于西朝堂，设肺石于东朝堂，供告急诉冤之用，但派专人防守，一般人即使有冤，也很难击鼓立石。现在取消防守，显然是为了革其弊端。［12］挝鼓立石：敲登闻鼓、立肺石。［13］乙巳：二月二十九日。［14］春官尚书：即礼部尚书。光宅元年改名。［15］秋官尚书：即刑部尚书。光宅元年改名。［16］裴居道（?—690）：绛州闻喜（今山西闻喜县东北）人，女为太子弘妃。传见《旧唐书》卷八十六、《新唐书》卷八十一。［17］右肃政大夫：即右御史大夫。［18］阿史那骨笃禄：又称骨咄禄、骨咄禄特勤、不卒禄。武周时常为边患。事详《旧唐书》卷一百九十四《突厥传》、《新唐书》卷二百一十五《突厥传》。［19］丙辰：三月十一日。［20］迁庐陵王于房州：唐中宗被武则天废为庐陵王，迁于均州，至是又迁于房州。房州，治今湖北房县。［21］辛酉：三月十六日。［22］武承嗣罢：这是武承嗣第二次罢相。［23］辛未：三月二十六日。［24］《垂拱格》：书名。凡四卷。裴居道、岑长倩、韦方质等奉敕修纂，武则天亲自作序。唐代法律文书有律、令、格、式四种形式。"格"是皇帝下达的有关百官日常行事的勒令。［25］左迁：降职。古代以右为尊，故称降职为左迁。［26］处分：处理。有惩罚之意。［27］同中书门下三品：按当时官名，应称为"同凤阁鸾台三品"。［28］丙子：四月一日。［29］太中大夫：散官名。从四品上。［30］君臣同体：这是武则天的一贯主张。武则天曾论述过这种主张。见《臣轨·同体章》。［31］癸未：四月八日。［32］代州：治所雁门，在今山西代县。［33］淳于处平：人名。淳于为复姓。事略见《旧唐书》卷一百九十四《突厥传》、《新唐书》卷二百一十五《突厥传》。［34］忻州：治所秀容，在今山西忻州市。［35］丙午：章校，十二行本"丙"上有"五月"二字。按，四月丙子朔，无丙午。《新唐书》卷四《则天纪》及卷六十一《宰相表》均作五月丙午，即五月一日。当据十二行本补"五月"二字。［36］己酉：五月四日。［37］冬官尚书：即工部尚书。［38］壬戌：五月十七日。［39］咸令自举：不管是什么人，只要有才干，都可毛遂自荐，以求受到重用。［40］壬申：五月二十七日。［41］天官尚书：即吏部尚书。［42］韦待价：京兆万年人。行伍出身。曾护营乾陵。垂拱元年（685）六月至永昌元年（689）七月二十六日为相，多次率兵出征。传见《旧唐书》卷七十七、《新唐书》卷九十八。［43］万石：韦万石，韦待价之兄，善音律，高宗时任太常少卿，号为称职。事见《旧唐书》卷七十七与《新唐书》卷九十八《韦挺传》。［44］刘敬同：裴行俭培养的骁将之一，两《唐书》无传。关于刘敬同征仆固的时间，两《唐书》未载。岑仲勉据《伯玉集》卷六《燕然军人画像铭并序》

及《上西蕃边州安危事》所提供的资料，认为在垂拱二年。见《通鉴隋唐纪比事质疑》一百一十二页。［45］居延海：湖名。古称流沙泽。在今内蒙古额济纳旗西北。［46］同城：在今内蒙古额济纳旗东南。［47］己酉：七月五日。［48］魏玄同（617—689）：定州鼓城（今河北晋州市）人。进士出身。传见《旧唐书》卷八十七、《新唐书》卷一百一十七。［49］元万顷：河南洛阳人。"北门学士"之一。传见《旧唐书》卷一百九十中、《新唐书》卷二百一。［50］丁卯：九月二十四日。［51］癸卯：十一月一日。［52］命天官尚书韦待价为燕然道行军大总管以讨吐蕃：燕然道非讨吐蕃之路。《新唐书》卷四《则天纪》、卷九十八《韦待价传》及《旧唐书》卷七十七均作以讨突厥。严补改"吐蕃"为"突厥"。［53］左豹韬卫翊府中郎将：左豹韬卫，即左骁骑卫。翊府中郎将，为其属官，五品诸卫均有翊府中郎将。［54］麟台正字：官名。即秘书省正字。光宅元年改秘书省为麟台。《唐六典》卷十："秘书省正字四人，正九品上，掌详定典籍，正其文字。"［55］陈子昂（656—695）：字伯玉。梓州射洪（今四川射洪市西北人）。著名文学家。文词宏丽，为世人所重。传见《旧唐书》卷一百九十中、《新唐书》卷一百零七及《唐才子传》卷一。诗文主要保存在《伯玉集》及《全唐文》卷二百零九、《全唐诗》卷八十三中。［56］黜陟：进退升降。［57］独理：独治。避高宗名讳。［58］危机：危险的枢机。［59］袄：通"妖"。［60］卒：终于。［61］故白马寺：在河南洛阳市东郊。始修于东汉，是佛教传入中国后最早的寺院。详见《洛阳伽蓝记》卷四《白马寺》。［62］僧怀义（?—695）：原名冯小宝，出身寒微，武则天令其与太平公主婿薛绍合族以抬高身价，改名薛怀义，人称薛师。京兆鄠县（今陕西西安市鄠邑区）人。武则天的男宠之一。事详《旧唐书》卷一百八十三《武承嗣传》、《新唐书》卷七十六《则天皇后传》等。［63］千金公主：即安定公主。唐高祖第十八女。下嫁温挺。挺死，又嫁郑敬玄。见《新唐书》卷八十三《诸帝公主》。［64］令与驸马都尉薛绍合族：薛绍出自士族，又尚太平公主，门望较高。［65］季父：叔父。一般指父亲最小的弟弟为季父。［66］委之：弃之。［67］道士：道教教徒。［68］极意：特意。［69］仍髡（kūn）其发而去：髡本是古代一种剃去头发的刑罚，在此用作动词，意为剪、断。道士畜发，剪发是受辱的一种表现。［70］匍匐礼谒：跪地爬行，施礼谒拜。［71］执僮仆之礼以事之：像奴仆一样侍奉他。［72］辔（pèi）：马缰绳。［73］纵横犯法：不受拘束，随意犯法。［74］几死：几乎死亡。

二年（丙戌，686年）

春，正月，太后下诏复政于皇帝。睿宗知太后非诚心，奉表固让；太后复临朝称制。辛酉[1]。赦天下。

二月，辛未朔[2]，日有食之。

右卫大将军李孝逸既克徐敬业，声望甚重；武承嗣等恶之，数谮于太后，左迁施州[3]刺史。

三月，戊申[4]，太后命铸铜为匦[5]：其东曰“延恩”，献赋颂、求仕进者投之；南曰“招谏”，言朝政得失者投之；西曰“伸冤”，有冤抑[6]者投之；北曰“通玄”，言天象灾变及军机秘计者投之[7]。命正谏、补阙、拾遗[8]一人掌之，先责识官[9]，乃听投表疏[10]。

徐敬业之反也，侍御史鱼承晔之子保家[11]教敬业作刀车及弩，敬业败，仅得免。太后欲周知人间事，保家上书，请铸铜为匦以受天下密奏。其器共为一室，中有四隔，上各有窍，以受表疏，可入不可出。太后善之。未几，其怨家投匦告保家为敬业作兵器，杀伤官军甚众，遂伏诛。

太后自徐敬业之反，疑天下人多图[12]己，又自以久专国事，且内行不正，知宗室大臣怨望，心不服，欲大诛杀以威之[13]。乃盛开告密[14]之门，有告密者，臣下不得问，皆给驿马[15]，供五品食[16]，使诣行在。虽农夫樵人[17]，皆得召见，廪于客馆，所言或称旨，则不次除官[18]，无实者不问。于是四方告密者蜂起，人皆重足屏息[19]。

有胡人索元礼[20]，知太后意，因告密召见，擢为游击将军，令案制狱[21]。元礼性残忍，推一人必令引数十百人，太后数召见赏赐以张其权[22]。于是尚书都事[23]长安周兴[24]、万年人来俊臣[25]之徒效之，纷纷继起。兴累迁至秋官侍郎，俊臣累迁至御史中丞，相与私畜无赖数百人，专以告密为事；欲陷一人，辄令数处俱告，事状如一。俊臣与司刑评事[26]洛阳万国俊[27]共撰《罗织经》[28]数千言，教其徒网罗无辜，织成反状，构造布置，皆有支节。太后得告密者，辄令元礼等推之，竞为讯囚酷法[29]，有“定百脉”、“突地吼”、“死猪愁”、“求破家”、“反是实”等名号。或以椽关手足而转之，谓之“凤皇晒翅”；或以物绊其腰，引枷向前，谓之“驴驹拔撅”；或使跪捧枷，累甓其上，谓之“仙人献果”；或使立高木[30]，引枷尾向后，谓之“玉女登梯”；或倒悬石缒其首，或以醋灌鼻，或以铁圈毂其首[31]而加楔[32]，至有脑裂髓出者。每得囚，辄先陈其械具以示之，皆战栗流汗，望风自诬[33]。每有赦令，俊臣辄令狱卒先杀重囚，然后宣示。太后以为忠，益宠任之。中外畏此数人，甚于虎狼。

（以上为第十三段，写武则天推行酷吏政治，用告密之法大规模诛除异己，全国士民笼罩在恐怖之中。)

【注释】

[1]辛酉：正月二十日。 [2]辛未朔：二月一日。 [3]施州：治所清江，在今湖北恩施市。 [4]戊申：三月八日。 [5]太后命铸铜为匦：章校，十二行本“匦”下有“置之朝堂以受天下表疏铭”十一字。置匦，即设置检举箱，具有重大意义。正面影响是“由是人间善恶事多所悉知”，负面影响是揭发不实，多冤假错案。关于置匦的时间，《统纪》《唐历》作八月，《唐会要》作六月，《实录》及两《唐书·则天纪》作三月。从有关材料分析，当是三月下令制作，六月置于朝堂使用。 [6]冤抑：冤枉而不得申理。 [7]言天象……者投之：灾变及军机秘计。北面的“通玄”检举箱是让谈天象灾变和军机以及秘密计划的人投放表疏。按：检举箱铜只有一个。方形，中间分为四室。东南西北四面分别涂上青红白黑四种不同颜色，“伸冤”“通玄”字样。 [8]正谏、补阙、拾遗：皆官名。正谏，即正谏大夫，原称谏议大夫，门下省属官，掌封驳奏议，正五品。补阙、拾遗为垂拱元年所置，各有左右之分。左属门下省，右属中书省。据《旧唐书·职官志》二，左右补阙各两员，左右拾遗亦各为两员，掌供奉讽谏。补阙，从七品；拾遗，从八品。 [9]先责识官：掌匦使先问清保官，以免投匦欺诈。识官，犹今之担保人。 [10]乃听投表疏：每日所有投书，到天黑时由知匦使送入宫中。见《唐会要·匦》及《旧唐书·职官志》。 [11]保家：即鱼保家。《朝野佥载》作“鱼思咺”。《资治通鉴》依《御史台记》所载作“鱼保家”。《旧唐书·刑法志》相同。 [12]图：设法对付，阴谋祸害。 [13]威之：威慑他们。 [14]告密：告发别人的秘密。 [15]皆给驿马：都给提供驿马。唐制，乘传（车）日四驿，乘驿（马）日六驿。凡给马者，一品八匹，二品六匹，三品五匹，四品五品四匹，六品三匹，七品以下二匹。给传乘者，一品十马，二品九马，三品八马，四品五品四马，六品七品二马，八品九品一马。三品以上敕召者给四马，五品三马，六品以下有差。一驿三十里。 [16]供五品食：据《唐六典》卷四，五品官食料七盘，每日细米二升，面二升三合，酒一升半，羊肉三分，瓜两颗，盐豉葱姜葵韭之类各有差。 [17]樵人：即樵夫，打柴人。 [18]不次除官：不按寻常的次序拜除官职。意即破格提拔。 [19]重足屏息：重足，叠足而立。屏息，不敢呼吸。言恐惧之态。 [20]索元礼（?—691）：武周时期的头号酷吏，后为武则天所杀。传见《旧唐书》卷一百八十六上、《新唐书》卷二百零九。 [21]制狱：又称诏狱。奉皇帝诏令拘禁犯人的特别监狱。当时制狱主要有新开总监和洛州牧院两处。 [22]以张其权：以张大他的权势。 [23]尚书都事：官名。《唐六典》卷一：“尚书都省有都事六人，从七品上。” [24]周兴（?—691）：雍州长安人。武周时期的重要酷吏之一，官至尚书左丞，陷害数千人之多。 [25]来俊臣（651—697）：雍州万年人。历任侍御史、左台御史中丞等职，是继索元礼之后最残暴、影响最大的酷吏。传见《旧唐书》卷一百八十六上、《新唐书》卷二百零九。 [26]司刑评事：官名。即大理评事。 [27]万国俊（?—693）：河南洛阳（今河南洛阳市）人。常与来俊臣推审制狱，曾奏请捕杀流人。传见《旧唐书》卷一百八十六上。 [28]《罗织经》：凡一卷。专讲虚构罪名、陷害

无辜的方法。《唐会要》卷四十一《酷吏》：来俊臣等“又造《罗织经》一卷，其旨意旨网罗前人，织成反状”。［29］竞为讯囚酷法：章校，十二行本“法”下有“作大枷”三字。索元礼等所作大枷共十种，除《资治通鉴》所列五种外，还有“喘不得”“著即承”“失魂胆”“实同反”“求即死”等。见《旧唐书》卷一百八十六《酷吏·来俊臣传》。［30］立高木：据章校，下有“之上”二字。［31］首：头。［32］楔：上粗下尖的小木橛。［33］自诬：自己诬陷自己。

麟台正字陈子昂上疏，以为："执事者疾徐敬业首乱唱祸[1]，将息奸源，穷其党与，遂使陛下大开诏狱，重设严刑，有迹涉嫌疑，辞相逮引[2]，莫不穷捕考按[3]。至有奸人荧惑[4]，乘险相诬，纠告疑似，冀图爵赏，恐非伐罪吊人[5]之意也。臣窃观当今天下，百姓思安久矣，故扬州构逆[6]，殆有五旬，而海内晏然，纤尘不动。陛下不务玄默[7]以救疲人，而反任威刑以失其望，臣愚暗昧，窃有大惑。伏见诸方告密，囚累百千辈[8]，及其穷竟[9]，百无一实。陛下仁恕，又屈法容之，遂使奸恶之党快意相仇，睚眦之嫌[10]即称有密，一人被讼，百人满狱，使者推捕，冠盖如市[11]。或谓陛下爱一人而害百人，天下喁喁[12]，莫知宁所[13]。臣闻隋之末代，天下犹平，杨玄感作乱[14]，不逾月而败。天下之弊，未至土崩，蒸人[15]之心，犹望乐业。炀帝不悟，遂使兵部尚书樊子盖[16]专行屠戮，大穷党与，海内豪士，无不罹殃；遂至杀人如麻，流血成泽，天下靡然[17]，始思为乱，于是雄杰并起而隋族亡矣。夫大狱一起，不能无滥，冤人吁嗟[18]，感伤和气，群生疠疫，水旱随之，人既失业，则祸乱之心怵然[19]而生矣。古者明王重慎刑法，盖惧此也。昔汉武帝时巫蛊狱起[20]，使太子奔走，兵交宫阙，无辜被害者以千万数，宗庙几覆[21]；赖武帝得壶关[22]三老书，廓然感悟，夷江充[23]三族，余狱不论，天下安尔。古人云：'前事之不忘，后事之师。'伏愿陛下念之！"太后不听。

夏，四月，太后铸大仪[24]，置北阙[25]。

以岑长倩为内史[26]。六月，辛未[27]，以苏良嗣为左相，同凤阁鸾台三品韦待价为右相。己卯[28]，以韦思谦为纳言。

苏良嗣遇僧怀义于朝堂，怀义偃蹇[29]不为礼；良嗣大怒，命左右捽曳[30]，批其颊数十[31]。怀义诉于太后，太后曰："阿师当于北门出入，南牙[32]宰相所往来，勿犯也。"

太后托言怀义有巧思，故使入禁中营造。补阙长社王求礼[33]上表，以为："太宗时，有罗黑黑[34]善弹琵琶，太宗阉[35]为给使[36]，使教宫人。陛下若以怀义有巧性，欲宫中驱使者，臣请阉之，庶不乱[37]宫闱。"表寝不出。

秋，九月，丁未[38]，以西突厥继往绝可汗之子斛瑟罗[39]为右玉钤卫将军，袭继往绝可汗押五弩失毕部落。

己巳[40]，雍州言新丰县东南有山踊出[41]，改新丰为庆山县。四方毕贺[42]。江陵人俞文俊[43]上书："天气不和而寒暑并，人气不和而疣赘[44]生，地气不和而堆阜[45]出。今陛下以女主处阳位，反易刚柔，故地气塞隔而山变为灾。陛下谓之'庆山'。臣以为非庆也。臣愚以为宜侧身修德以答天谴；不然，殃祸至矣！"太后怒，流于岭外，后为六道使所杀[46]。

突厥入寇，左鹰扬卫大将军黑齿常之拒之；至两井，遇突厥三千余人，见唐兵，皆下马擐甲[47]，常之以二百余骑冲之，皆弃甲走。日暮，突厥大至，常之令营中然火，东南又有火起[48]，虏疑有兵相应，遂夜遁。

狄仁杰为宁州[49]刺史。右台监察御史晋陵郭翰[50]巡察陇右，所至多所按劾[51]。入宁州境，耆老[52]歌刺史德美者盈路；翰荐之于朝，征为冬官侍郎[53]。

（以上为第十四段，写武则天拒谏，用酷吏，纵男宠，编织祥瑞，开启了武则天时代。）

【注释】

[1]首乱唱祸：首先发动叛乱，造成祸端。 [2]逮引：引及。 [3]考按：考讯按验。[4]荧惑：犹炫惑、迷惑。[5]伐罪吊人：讨伐罪人，拯救百姓。人，本作民，避唐太宗讳而改。[6]扬州构逆：指徐敬业等在扬州发动叛乱。 [7]玄默：虚玄安静。 [8]囚累百千辈：囚犯累百聚千。极言其多，并非指实。 [9]穷竟：终结。 [10]睚眦之嫌：比喻很小的矛盾。睚眦本指瞪眼怒目而视，引申为小怨小忿。 [11]冠盖如市：形容被推捕的达官贵人极多。冠盖旧指仕宦

的礼帽和车盖，后多用作官僚的代称。［12］天下喁喁：天下人低声细语。［13］莫知宁所：不知道什么地方是安定的处所。［14］杨玄感作乱：时在隋炀帝大业九年（613）。杨玄感是隋朝宰相杨素的儿子，官至礼部尚书。传见《隋书》卷七十。［15］蒸人：即蒸民。指众人。避唐太宗李世民讳，改“民”为“人”。［16］樊子盖：传见《隋书》卷六十三、《北史》卷七十六。［17］靡然：形容人心分散的样子。［18］吁（xū）嗟（jiē）：愁叹。［19］怵然：恐惧的样子。［20］昔汉武帝时巫蛊狱起：古时认为用巫术咒语或埋木偶于地下可以害人，称之为“巫蛊”。武帝晚年多病，疑为巫蛊所致。江充诬告太子宫中木人甚多。太子据杀江充与官军交锋，兵败被杀。这是汉武帝晚年时的一件政治大事件，交战及被株连而杀的人，有十多万，史称巫蛊之祸。［21］宗庙几覆：宗庙社稷差点倾覆。［22］壶关：县名，属上党郡。因山形似壶，设关于此，故名。故城在今山西长治市东南。［23］江充（？—前91）：汉武帝宠信的一个奸臣，是他一手制造了巫蛊之祸，为戾太子刘据所杀。传见《汉书》卷四十五。［24］大仪：太极图案。［25］北阙：在洛阳宫城玄武门之北。［26］以岑长倩为内史：据《新唐书·则天纪》及《宰相表》，时在四月庚辰，即四月十一日。［27］辛未：六月三日。［28］己卯：六月十一日。［29］偃蹇：傲慢。［30］捽（zuó）曳（yè）：揪、拉，抓住。［31］批其颊数十：打了他几十个耳光。［32］南牙：即南衙。指宫禁以南的行政官署。［33］王求礼（？—705）：许州长社（今河南许昌市）人。刚正不阿，官至卫王掾。传见《旧唐书》卷一百零一、卷一百八十七上，《新唐书》卷一百一十二。［34］罗黑黑：事见《太平广记》卷二百零五。［35］阉：阉割。割去生殖腺。［36］给（jǐ）使：供差役的人。此处指内侍。［37］乱：淫乱。［38］丁未：九月十日。［39］斛瑟罗：即阿史那斛瑟罗。后被武则天封为竭忠事主可汗。事见《旧唐书》卷一百九十四《突厥传》、《新唐书》卷二百一十五《突厥传》。［40］己巳：九月戊戌朔，无己巳。《新唐书》卷四《则天纪》作十月己巳，即十月二日。当在己巳前添“十月”二字。［41］新丰县东南有山踊出：新丰县，属雍州。县治在今陕西西安市临潼区东北。“有山踊出”即“踊出一山”。两《唐书》载，这种现象系风雨在一夜之间所为。宋人程大昌则认为是人力所成。［42］毕贺：皆贺。［43］俞文俊：荆州江陵（今湖北江陵县）人。传见《新唐书》卷一百八十七上。［44］疣赘：皮肤上的病毒感染，亦称瘊子。［45］塠阜：小丘。［46］后为六道使所杀：长寿二年（693）武则天派刘光业、王德寿等人分六道出使，推案流人。流人多被诛杀。见《旧唐书》卷一百八十六《酷吏传》。［47］擐（huàn）甲：套甲。［48］东南又有火起：《旧唐书·黑齿常之传》作“时东南忽有大风起”。［49］宁州：州名。治所定安，在今甘肃宁县。［50］郭翰：传见《新唐书》卷一百一十七。［51］按劾：按问弹劾。［52］耆老：老人。特指受人尊敬的老者。［53］冬官侍郎：即工部侍郎。

【点评】

本卷记载唐高宗辞世，武则天登基，中国历史上唯一的女皇横空出世。武则天成功登基，看似平静，实质是一场不流血的宫廷政变，伴随慢性流血的高压政治。

政权更迭，总是多事之秋，有许多突发事件值得点评。中宗被废、徐敬业起兵、诛裴炎、军中斩程务挺，这些都是突发事件，每一事件都伴随着血腥，这就是慢性流血。武则天以垂帘形式登基，牢牢掌控着局面，表现了武则天非凡的政治才能。次第点评上述各项突发事件。

一、中宗被废。弘道元年（683）十二月四日丁巳，唐高宗驾崩。十二月十一日甲子，皇太子李显即位，是为中宗。武则天为皇太后。裴炎为中书令，是首辅大臣。次年正月，中宗改元嗣圣，要任命皇后之父韦玄贞为侍中，又欲任命乳母之子为五品官。裴炎不同意，固执地与中宗争论。中宗一时生气说："我想把天下都给予韦玄贞，难道会舍不得一个侍中吗？"裴炎向武则天报告，而武则天正要找机会收回皇权，此时裴炎还是武则天的心腹，两人决定废中宗，另立武则天的幼子，即第四子李旦为皇帝。李旦天性懦弱，也不贪恋权位。武则天要夺回皇权，裴炎要掌控皇帝，一个是太后，一个是首辅，两人合谋，无须廷议。一个皇帝的废立大事，如同儿戏一般上演了。二月六日戊午，武则天在乾元殿召集百官会议，中书令裴炎与中书侍郎刘祎之，羽林将军程务挺、张虔勖带兵入宫。此时武则天以太后诏宣布废中宗为庐陵王。中宗说："我有什么罪？"太后说："你要把天下送给韦玄贞，怎么说没有罪呢？"第二天，二月七日己未，豫王李旦即位，是为睿宗，改元文明。睿宗从即位的当天就被软禁在别殿，不得干预政事。武则天以太后身份垂帘听政，事实上已经登基做了皇帝。因此，中宗与睿宗的废立，是一场不流血的宫廷政变。中宗只做了两个月的皇帝，他的皇帝名分只不过是替武则天撑起的一面遮阳伞。

唐高宗之死也十分突然。高宗长期患中风病、头疼。高宗在死前一个月，即光宅元年（684）十一月，头疼加重，召侍医秦鸣鹤诊断。秦鸣鹤说，可用针灸刺头出血治愈。武则天在帘后厉声说："秦鸣鹤可斩，敢用针刺天子之头。"武则天不满"二圣"并立，早就想让高宗死去，所以十分厌恶秦鸣鹤治高宗的病。高宗坚持针灸，不仅止了疼，眼睛也明亮起来。不久，高宗病势转重，但武则天隔断内外，连宰相都见不到高宗的面。高宗之死是否武则天所为，史籍没有记载，不可妄猜。后来韦皇后下毒害死中宗，激起事变，招来杀身之祸。武则天的高明就在于，长期等待，让高宗慢慢死去，不让医生好好治疗，加速高宗的死亡，让天下人抓不到她篡权的把柄。她不急于直接称帝，而通过废立的办法，做事实上的皇帝。文明元年（684）九月六日甲寅，武则天改元光宅，赦天下，易服色，改官名，可以说发起了一场去李唐化的运动。但武则天仍以太后的身份垂帘，让一切渐进改变。她还在等待根基牢固之后，再来"革命"，不仅直接做了皇帝，还改了国号。武则天的政治权术，何等高明。裴炎助成其事，已堕入武则天彀中。当时的须眉，都不是武则天的对手。

这一场皇帝的非常废立，武则天获得了完胜。

二、徐敬业起兵。武则天垂帘，杀废太子李贤，流放庐陵王于房州，随即改流放地于均州，把庐陵王禁锢在唐太宗的废太子李承乾的故宅中。其时，武氏外戚得势，诸武用事，武承嗣入相，以礼部尚书为太常卿，同中书门下三品，以分裴炎之权。接着武则天立武氏七庙，违反礼制，裴炎固争而得罪太后。武则天易服色，改官名，贬诸王，一系列去李唐化运动使宗室人人自危。在这种形势下，李勣之子徐敬业以名臣之后，在扬州起兵，以匡复庐陵王为辞，发檄文声讨武则天。旬日之间，拥众十余万。

徐敬业谋主魏思温建言，集中主力，大张旗鼓地直指洛阳，表明志在勤王，将会得到全天下人的响应。徐敬业所署右司马薛仲璋，是裴炎的外甥，曾任监察御史，在起事叛军中有较高的地位。他反对魏思温的策谋，说什么金陵有王气，要徐敬业占领金陵为根据地，站稳脚跟，然后徐图中原。魏思温说："山东豪杰不满意武则天专政，他们日夜等待南军北上，明公不趁此时机北上，先谋巢穴，人心失望，一旦解体，大势去矣。"徐敬业没有听从魏思温的策略，采纳了薛仲璋的建议，留下左长史唐之奇守扬州，自己带兵不是北上渡淮，而是南下攻打润州。魏思温说："兵力集中则强，兵力分散则弱。徐敬业不全力渡淮，凝聚山东之众以取洛阳，失败就在眼前。"果如魏思温所料，武则天派左玉钤卫大将军、宗室李孝逸率领三十万大军讨伐叛逆。徐敬业很快被击败，魏思温的预料完全应验了。徐敬业起兵，声势浩大，不到三个月就失败了。

唐代史学家陈岳对徐敬业起兵有如下评价。陈岳说："徐敬业如果采用魏思温的计谋，大军直指洛阳，以匡复唐室为号召，即使失败而被杀，至少留下忠义精神。但他却妄想依赖金陵王气，却使自己变成了真正的叛逆，怎能不失败呢！"陈岳的评论，可以说是一针见血。

徐敬业不采纳魏思温的善计，表现了他不是一个真正的勤王者，也没有干大事业的本领。当时人心思唐，所以徐敬业振臂一呼，四面云集，虽是十万乌合之众，却能连败李孝逸的三十万大军。由于徐敬业没有渡淮，不能凝聚中原之众。当他割据者的面目暴露，人心也就散了。徐敬业的对手武则天，却显示了一个君王的大度，策谋得当，赢得了人心。不得意的大文学家骆宾王，投靠徐敬业做了记室。他写檄文痛骂武则天，甚至人身攻击。武则天却不动怒，连声称赞文章写得好。武则天责备宰相没有发现和启用这样的人才是十分的错误。如此大度，震慑人心。武则天用唐宗室为将，自己又没有称帝，太后讨逆，堂堂正正，于是扭转了局势，武则天以非凡的政治才能，化解了危局，平安地度过了风浪。

三、诛裴炎，斩程务挺。裴炎是忠于唐室的政治首领，程务挺是忠于唐室的军事领袖。两人都受到武则天的器重。武则天拉拢两人，想收买两人，委以重任，示之以信，示之以诚。武则天在东都洛阳，把稳定与防守长安的重任交给程务挺，尊奖他为唐之萧何。但两人不赞同武则天垂帘，要武则天还政于睿宗，程务挺直言谏劝，以西汉吕后之祸警示武则天，武则天手谕褒奖，然后把他从长安调走，任命程务挺为单于道安抚大使，督军以御突厥，驻军云中（在今山西大同市西北）。武则天抓住裴炎外甥薛仲璋助逆的把柄，诬陷裴炎谋反。程务挺上表替裴炎申理而被株连为裴炎同党。为了防止兵变，武则天遣使即在军中斩杀程务挺，如同当年秦二世诛杀蒙恬一样。武则天以皇权之重临之，忠臣不能辩其冤。裴炎在京被明正典刑。《唐统纪》载，武则天杀了裴炎和程务挺后，在朝堂上向群臣训话说："朕事先帝二十余年，忧天下至矣！公卿富贵，皆朕与之；天下安乐，朕长养之。及先帝弃群臣，以天下托顾于朕，不爱身而爱百姓。今为戎首，皆出于将相，群臣何负朕之深也。且卿辈有受遗老臣，倔强难制过裴炎者乎？有将门贵种，能纠合亡命过徐敬业者乎？有握兵宿将，攻战必胜过程务挺者乎？此三人者，人望也，不利于朕，朕能戮之。卿等有能过此三者，当即为之；不然，须革心事朕，无为天下笑。"武则天铁腕刚毅的个性展示无遗。中宗不听话，立即废除；李贤有可能被奉为旗帜，立即诛杀；大臣有异心，斩立决；睿宗唯唯诺诺，就掌控在手中作木偶。此时武则天根基还不牢，所以不直接称帝，而以太后临朝的方式假皇权以压臣民。武则天的机权干略与果决处事，的确是千载难遇。武则天之所以能够化险为夷，不是偶然的。

诛裴炎，斩程务挺，仅仅是武则天以威临天下、杀伐决断的开始。

卷二〇四　唐纪二十

武则天垂拱三年至天授二年（687—691 年）

【起强圉大渊献（丁亥，687 年），尽重光单阏（辛卯，691 年），凡五年】

【大事提要】

本卷记事起公元 687 年，讫公元 691 年，凡五年，时当武则天垂拱三年到天授二年。武则天执政二十年，这一时期是武则天前期执政最重要的阶段。由于女人当皇帝不合礼制，加之内行不检，诸多物议，而且又改国号为周，必然遭到唐宗室的反抗。武则天不愧为一个铁腕女人，她先下手为强，推行血腥政治来镇压反对派。一是建立告密制度，凡捕风捉影，只要是告密者皆给予重赏。二是大量启用酷吏。于是群丑登场，侯思业、王弘义、周兴、索元礼、来俊臣等酷吏，竞相攀比苛酷，一个比一个凶残。武则天借惩治徐敬业余党之名，大兴冤狱，大杀唐宗室，以及不满武氏专政的大臣，动辄诛杀成千累万。凤阁侍郎刘祎之，只因一句背后私议，说武则天应还政于睿宗，被凤阁舍人贾大隐告密赐死。功臣亦被武则天忌疑。黑齿常之，捍卫疆土，立有大功，一旦被告密，立即被诛杀。武则天以刑杀立威，朝野人士人人自危，可以说武则天的前期政治是一片黑暗。但在这一背景下，有狄仁杰、徐有功、杜景俭等执法宽平的大臣，有陈子昂的直谏，武则天甚至对狄仁杰十分敬重，表现了武则天政治的多面性与雄才，这也是武周政权得以存在的一个方面。本卷还记述了武则天明堂建成，行大礼，既尊号武氏列祖列宗，也尊礼唐室李氏祖宗，表现了武则天政治权术的老练与成熟。

则天顺圣皇后上之下

垂拱三年（丁亥，687 年）

春，闰正月，丁卯[1]，封皇子成美为恒王[2]，隆基为楚王，隆范为卫王，隆业为赵王。

二月，丙辰[3]，突厥骨笃禄等寇昌平[4]，命左鹰扬大将军黑齿常之帅诸军讨之。

三月，乙丑[5]，纳言韦思谦以太中大夫致仕。

夏，四月，命苏良嗣留守西京。时尚方监[6]裴匪躬[7]检校[8]京苑[9]，将鬻苑中蔬果[10]以收其利。良嗣曰："昔公仪休[11]相鲁，犹能拔葵、去织妇[12]，未闻万乘之主鬻蔬果也。"乃止。

壬戌[13]，裴居道[14]为纳言[15]。

五月，丙寅[16]，夏官侍郎[17]京兆张光辅[18]为凤阁侍郎[19]、同平章事。

凤阁侍郎、同凤阁鸾台三品[20]刘祎之窃谓[21]凤阁舍人[22]永年贾大隐[23]曰："太后既废昏立明[24]，安用临朝称制[25]！不如返正[26]，以安天下之心。"大隐密奏之，太后不悦，谓左右曰："祎之我所引[27]，乃复叛我！"或诬祎之受归诚州都督孙万荣金[28]，又与许敬宗妾有私[29]，太后命肃州刺史王本立推之。本立宣敕示之，祎之曰："不经凤阁鸾台，何名为敕[30]！"太后大怒，以为拒捍制使[31]；庚午[32]，赐死于家。

祎之初下狱，睿宗为之上疏申理，亲友皆贺之，祎之曰："此乃所以速吾死也。"临刑，沐浴，神色自若，自草谢表，立成数纸。麟台郎郭翰、太子文学[33]周思钧称叹其文。太后闻之，左迁翰巫州[34]司法[35]，思钧播州[36]司仓[37]。

（以上为第一段，写凤阁侍郎刘祎之因凤阁舍人贾大隐的告密而被赐死，可见当时告密之风已盛行政坛。）

【注释】

[1]丁卯：闰正月二日。[2]封皇子成美为恒王：据《考异》，"《唐历》《旧本纪》《新传》皆作'成义'。今从《实录》。"按：李成美、李隆基、李隆范、李隆业，皆睿宗皇帝李旦之子。[3]丙辰：二月二十二日。[4]昌平：县名。属幽州。县治在今北京市昌平区西南。其西北三十五里有军都关，即居庸关。突厥破关而入。[5]乙丑：三月一日。[6]尚方监：官名，原名少府监，光宅元年改名尚方监。掌百工技巧之事。[7]裴匪躬：后因私谒皇嗣而被腰斩。事见《旧唐书》卷七十五《苏世长传》，《新唐书》卷七十六《后妃上·则天武皇后》、卷一百零三《苏世长传》。[8]检校：代理。[9]京苑：京师苑囿。唐京师长安有三苑，即东内苑、西内苑和禁苑，均在长安城北。[10]蔬果：蔬菜水果。[11]公仪休：春秋时鲁国贤相。传见《史记》卷一百一十九。[12]拔葵、去织妇：公仪休回家见其妻织帛、食葵，遂拔葵，又弃逐其妻，表

示做官的人家已有俸禄，不应该与民争利。［13］壬戌：四月二十九日。［14］裴居道：绛州闻喜（今属山西）人。武则天时历官纳言、内史、太子少保，封翼国公。载初元年（690）为酷吏所陷，下狱死。［15］纳言：官名。武则天光宅元年改门下省侍郎为纳言，掌出纳帝命，正四品。［16］丙寅：五月三日。［17］夏官侍郎：官名。即兵部侍郎。兵部长官为尚书，正三品。副职为侍郎，员二人，正四品下。［18］张光辅（?—689）：少明辩，有吏才。讨越王贞有功。传见《旧唐书》卷九十。［19］凤阁侍郎：官名。即中书侍郎。中书省长官为令，掌军国政令，出纳章奏。唐中书令常空缺，只设副职侍郎，员二人，正四品。武则天光宅元年改中书省为凤阁。凤阁侍郎加"同平章事"，即为宰相。［20］鸾台三品：官名。即门下侍郎，正三品，武则天光宅元年改门下省为鸾台。唐代宰相由三省长官共任。三省为中书省取旨，门下省审核，尚书省执行。他官加"同凤阁鸾台三品"，即为宰相。［21］窃谓：私下对人说悄悄话。［22］凤阁舍人：即中书舍人，员六人，正五品。［23］贾大隐：洺州永年（今河北邯郸市永年区东南）人。官至礼部侍郎。著有《老子述义》十卷。事见《旧唐书》卷一百八十九上《贾公彦传》、《新唐书》卷一百九十八《张士衡传》。［24］废昏立明：废除昏君，另立明主。指废中宗为庐陵王，另立睿宗为帝。［25］临朝称制：当朝处理国事，行使皇帝权力。［26］不如返正：章校，十二行本"正"作"政"。按，两《唐书·刘祎之传》均作"返政"。当据十二行本改正。［27］引：荐举。［28］受归诚州都督孙万荣金：接受归诚州都督孙万荣的贿赂。归诚州，属松漠都督府（治所在今内蒙古翁牛特旗西北），贞观二十三年以契丹别部设置。孙万荣（?—697），契丹别部首领孙敖曹之曾孙。后与李尽忠发动叛乱，兵败被杀。事详《旧唐书》卷一百九十九下《契丹传》、《新唐书》卷二百一十九《契丹传》等。［29］有私：有暧昧关系。［30］不经凤阁鸾台，何名为敕：唐制，制敕由中书省（凤阁）草定，由门下省（鸾台）审复，呈交皇帝批准，然后实施。王本立所宣之敕未经此二省，直接由武则天颁发。所以刘祎之认为它不是敕书。［31］拒捍制使：抵抗天子所派使臣。［32］庚午：五月七日。［33］太子文学：东宫官名。《唐六典》卷二十六：太子司经局，文学三人，正六品，掌分知经籍，侍奉文章。［34］巫州：治所在今湖南洪江市西南。［35］司法：官名。即司法参军事。从八品上。［36］播州：治所在今贵州遵义市。［37］司仓：即司仓参军事。

秋，七月，壬辰[1]，魏玄同检校纳言。

岭南俚户[2]旧输半课[3]，交趾都护刘延祐[4]使之全输，俚户不从，延祐诛其魁首[5]。其党李思慎等作乱，攻破安南府城[6]，杀延祐[7]。桂州司马曹玄静将兵讨思慎等，斩之。

突厥骨笃禄、元珍寇朔州，遣燕然道大总管黑齿常之击之，以左鹰扬大将军李多祚为之副[8]，大破突厥于黄花堆[9]，追奔四十余里，突厥皆散走碛北[10]。多祚世为靺鞨酋长，以军功得入宿卫。黑齿常之每得赏赐，皆分将士；有善马为军士所损，官属请笞[11]之，常之曰："奈何以私马笞官兵乎[12]！"卒不问。

九月，己卯[13]，虢州人杨初成[14]诈称郎将，矫制于都市募人迎庐陵王于房州；事觉，伏诛。

冬，十月，庚子[15]，右监门卫中郎将爨宝璧[16]与突厥骨笃禄、元珍战，全军皆没，宝璧轻骑遁归。

宝璧见黑齿常之有功，表请穷追余寇。诏与常之计议，遥为声援。宝璧欲专其功，不待常之，引精卒万三千人先行，出塞二千余里，掩击其部落；既至，又先遣人告之，使得严备，与战，遂败。太后诛宝璧；改骨笃禄曰不卒禄。

命魏玄同留守西京。

武承嗣又使人诬李孝逸自云"名中有兔，兔，月中物，当有天分。"[17]太后以孝逸有功，十一月，戊寅[18]，减死除名，流儋州[19]而卒。

太后欲遣韦待价将兵击吐蕃[20]，凤阁侍郎韦方质奏，请如旧制遣御史监军，太后曰："古者明君遣将，阃外之事悉以委之。比闻御史监军，军中事无大小皆须承禀[21]。以下制上，非令典[22]也；且何以责[23]其有功！"遂罢之[24]。

是岁，天下大饥，山东、关内尤甚。

（以上为第二段，写黑齿常之大破突厥，爨宝璧贪功冒进而致败。选用边将不可不慎。）

【注释】

[1]壬辰：七月癸亥朔，无壬辰。关于魏玄同检校纳言的时间，《旧唐书·则天纪》作"秋八月"。《新唐书》卷四《则天纪》、卷六十一《宰相表》表作"八月壬子"，即八月二十一日。 [2]俚户：生活在岭南地区的少数民族，即后来的黎族。 [3]半课：交纳一半赋税。 [4]刘延祐（?—687）：徐州彭城（今江苏徐州市）人。少举进士，精明强干。曾任箕州刺史等职。事见《旧唐书》卷一百九十上《刘胤之传》、《新唐书》卷二百零一《刘延祐传》。 [5]魁首：头领。据两《唐书·刘延祐传》，延祐所诛俚户头领为李嗣仙。 [6]安南府城：即安南都护府治所宋平县，在今越南河

内市。［7］杀延祐：《新唐书·则天纪》及《旧唐书·冯元常传》载：李嗣仙杀刘延祐。其时嗣仙已死。杀延祐者实为其党徒丁建、李思慎等。［8］以左鹰扬大将军李多祚为之副：唐制，左鹰扬大将军一员。其时黑齿常之为左鹰扬大将军。李多祚岂能为之。据《新唐书》卷一百一十《李多祚传》，"左"当为"右"之误。［9］黄花堆：地名。地当今山西山阴县东北一带。［10］碛北：大漠以北。［11］笞（chī）：鞭打，杖击。［12］奈何以私马笞官兵乎：为什么要以私马受伤之故而处罚官兵呢？［13］己卯：九月十八日。［14］杨初成（?—687）：虢州（今河南灵宝市一带）人。事见《新唐书》卷四《则天纪》。［15］庚子：十月九日。［16］爨（cuàn）宝璧：事见《旧唐书》卷一百零九《黑齿常之传》、卷一百九十四《突厥传》，《新唐书》卷一百一十《黑齿常之传》、卷二百一十五《突厥传》。［17］诬李孝逸自云"名中有兔，兔，月中物，当有天分"：《旧唐书》卷六十载，"武承嗣又使人诬告李孝逸往任益州，尝自解逸字云：'走远兔者，常在月中，月既近天，合有天分。'"有天分，指有当天子之分。［18］戊寅：十一月十八日。［19］儋州：州名。治所义伦，在今海南省儋州市西北。［20］太后欲遣韦待价将兵击吐蕃：司马光在《考异》中说："《实录》：'十二月壬辰，命待价为安息道大总管，督三十六总管以讨吐蕃。'不言师出胜败如何。至永昌元年五月，又云：'命待价击吐蕃，七月败于寅识河。'按本传不云两度出兵，今删此事。"［21］承禀：承奉启禀。［22］令典：国家的宪章法令。非令典，意为不是合理的典章制度。［23］责：求。［24］遂罢之：于是在军中裁撤监军之职。

四年（戊子，688年）

春，正月，甲子[1]，于神都立高祖、太宗、高宗三庙，四时享祀如西庙[2]之仪。又立崇先庙以享武氏祖考[3]。太后命有司议崇先庙室数，司礼博士[4]周悰请为七室，又减唐太庙为五室。春官侍郎贾大隐奏："礼，天子七庙，诸侯五庙，百王不易[5]之义。今周悰别引浮议[6]，广述异闻，直崇临朝权仪[7]，不依国家常度。皇太后亲承顾托，光显大猷，其崇先庙室应如诸侯之数，国家宗庙不应辄有变移。"太后乃止。

太宗、高宗之世，屡欲立明堂[8]，诸儒议其制度，不决而止。及太后称制，独与北门学士议其制，不问诸儒。诸儒以为明堂当在国阳丙己之地[9]，三里之外，七里之内。太后以为去宫太远。二月，庚午[10]，毁乾元殿[11]，于其地作明堂，以僧怀义为之使，凡役数万人。

夏，四月，戊戌[12]，杀太子通事舍人[13]郝象贤[14]。象贤，处俊之孙也。

初，太后有憾于处俊[15]，会奴诬告象贤反，太后命周兴鞫之，致象贤族罪[16]。象贤家人诣朝堂，讼冤于监察御史乐安任玄殖[17]。玄殖奏象贤无反状，玄殖坐免官。象贤临刑，极口骂太后[18]，发扬宫中隐慝[19]，夺市人柴以击刑者；金吾兵共格杀[20]之。太后命支解其尸，发其父祖坟，毁棺焚尸。自是终太后之世，法官每刑人，先以木丸塞其口[21]。

武承嗣使凿白石为文曰："圣母临人，永昌帝业。"末紫石杂药物填之[22]。庚午，使雍州人唐同泰奉表献之[23]，称获之于洛水。太后喜，命其石曰"宝图"。擢同泰为游击将军。五月，戊辰[24]，诏当亲拜洛，受"宝图"；有事南郊，告谢昊天[25]；礼毕，御明堂，朝群臣。命诸州都督、刺史及宗室、外戚以拜洛前十日集神都。

乙亥[26]，太后加尊号为圣母神皇。

（以上为第三段，写武则天建明堂，造祥瑞，自加尊号为"圣母神皇"。）

【注释】

[1]甲子：正月五日。 [2]西庙：指京师太庙。京师又称西京，故称太庙为西庙。 [3]祖考：祖先。 [4]司礼博士：即太常博士。光宅元年改太常曰司礼。 [5]易：更易。 [6]浮议：不切实际的议论。 [7]直崇临朝权仪：只推崇临朝的权宜礼仪。 [8]明堂：相传为古代帝王布政、祭祀、大享、朝会的地方。《事物纪原》说明堂创自周公，汉魏六朝多有设置，但制度不详，形状各异。唐太宗、唐高宗多次想立明堂，因诸儒议论纷然，未能实现。事见《旧唐书》卷二十二《礼仪志二》、《新唐书》卷十三《礼乐志三》、《唐会要》卷十一《明堂制度》。 [9]国阳丙已之地：京师皇宫南三里之外，七里之内的光明之地。 [10]庚午：二月庚寅朔，无庚午。关于武则天下令毁乾元殿，于其地作明堂的时间，史书记载不一，除《资治通鉴》作二月庚午外，尚有六种说法：《唐会要》卷十一作"垂拱三年"，《旧唐书》卷二十二作"垂拱三年春"，《旧唐书》卷一百八十三作"垂拱四年"，《新唐书》卷四作"垂拱四年正月庚午"、《旧唐书》卷六作"四年春二月"，《唐会要》卷三十作"四年二月十日"。按，《全唐文》卷一百六十四刘允济《万象明堂赋》云："粤正月庚午，始创明堂之制焉。"垂拱三年正月丙申朔，无庚午。四年正月有之，为十一日。故当以《新唐书》卷四《则天纪》所载为是。 [11]乾元殿：在东都乾元门内，是洛阳最重要的宫殿之一。 [12]戊戌：四月十一日。 [13]通事舍人：太子官属，正七品下，掌导引宫臣辞见及劳问之事。 [14]郝象贤（?—688）：高宗朝宰相郝处俊之孙。事见《旧唐书》卷八十四《郝处俊传》、《新唐书》卷一百一十五《郝处俊传》。 [15]初，太后有憾于处俊：上元二年（675）三月，高宗病重，欲让武则天（太后）摄知国政，郝处俊曾予以谏阻。 [16]致象贤族罪：处郝象贤以灭族之罪。 [17]任玄殖：《元和姓纂》卷五及《李文公集》卷十四作"任玄植"。 [18]极口骂太后：

破口大骂武则天。［19］发扬宫中隐慝：揭发宫中隐私。［20］格杀：击杀。［21］自是终太后之世，法官每刑人，先以木丸塞其口：此说不可尽信。《资治通鉴》卷二百零四永昌元年八月条载："（张）楚金等皆为敬真所引，云与敬业通谋。临刑，太后使凤阁舍人王隐客驰骑传声赦之。声达于市，当刑者皆喜跃欢呼，宛转不已；（魏）元忠独坐自如。或使之起，元忠曰：'虚实未知。'隐客至，又使起，元忠曰：'俟宣敕已。'"受刑者既能欢呼言语，可见其口未被堵塞。［22］末紫石杂药物填之：即"以紫石末和药嵌之"，见《朝野佥载》卷三。［23］庚午，使雍州人唐同泰奉表献之：四月戊子朔，无庚午。《新唐书》卷四《则天纪》作五月庚申。五月无庚申而有庚午，即五月十三日。然观下文五月戊辰（十一日）下诏拜洛受图，则五月庚午亦误。《旧唐书》卷二十四《礼仪志》作四月。当以四月为是，而庚午日则误，唯具体干支难以断定。唐同泰，事迹不详，散见于《旧唐书》卷二十四、《新唐书》卷七十六等。［24］戊辰：五月十一日。［25］昊天：苍天。［26］乙亥：五月十八日。

六月，丁亥朔[1]，日有食之。

壬寅[2]，作神皇三玺[3]。

东阳大长公主[4]削封邑，并二子徙巫州。公主适高履行[5]，太后以高氏长孙无忌之舅族，故恶之。

江南道巡抚大使、冬官侍郎狄仁杰以吴、楚多淫祠[6]，奏焚其一千七百余所，独留夏禹[7]、吴太伯[8]、季札[9]、伍员[10]四祠。

秋，七月，丁巳[11]，赦天下。更命"宝图"为"天授圣图"；洛水为永昌洛水，封其神为显圣侯，加特进，禁渔钓，祭祀比四渎[12]。名图所出曰"圣图泉"，泉侧置永昌县。又改嵩山为神岳，封其神为天中王，拜太师、使持节、神岳大都督，禁刍牧[13]。又以先于汜水得瑞石[14]，改汜水为广武。

太后潜谋革命[15]，稍除[16]宗室。绛州刺史韩王元嘉[17]、青州刺史霍王元轨[18]、邢州刺史鲁王灵夔[19]、豫州刺史越王贞[20]及元嘉子通州刺史黄公譔、元轨子金州刺史江都王绪、虢王凤子申州刺史东莞公融、灵夔子范阳王蔼、贞子博州刺史琅邪王冲，在宗室中皆以才行有美名，太后尤忌之。元嘉等内不自安，密有匡复之志。

譔谬为书与贞云："内人[21]病浸重，当速疗之，若至今冬，恐成痼疾。"及太后召宗室朝明堂，诸王因递相惊曰："神皇欲于大飨之际，使人告密，尽收宗室，诛之无遗。”譔诈为皇帝玺书与冲云：“朕遭幽絷，诸王宜各发兵救我。”冲又诈为皇帝玺书云：“神皇欲移李氏社稷以授武氏。”八月，壬寅[22]，冲召长史萧德琮等令募兵，分告韩、霍、鲁、越及贝州刺史纪王慎[23]，令各起兵共趣[24]神都。太后闻之，以左金吾将军丘神勣为清平道行军大总管以讨之。

冲募兵得五千余人，欲渡河取济州[25]；先击武水[26]，武水令郭务悌诣魏州[27]求救。莘[28]令马玄素将兵千七百人中道邀冲，恐力不敌，入武水，闭门拒守。冲推草车塞其南门，因风纵火焚之，欲乘火突入；火作而风回，冲军不得进，由是气沮。堂邑[29]董玄寂为冲将兵击武水，谓人曰：“琅邪王与国家交战，此乃反也。”冲闻之，斩玄寂以徇，众惧而散入草泽，不可禁止，惟家僮左右数十人在。冲还走博州[30]，戊申[31]，至城门，为守门者所杀[32]，凡起兵七日而败。丘神勣至博州，官吏素服出迎，神勣尽杀之[33]，凡破千余家。

越王贞闻冲起，亦举兵于豫州[34]，遣兵陷上蔡[35]。九月，丙辰[36]，命左豹韬大将军麴崇裕[37]为中军大总管，岑长倩为后军大总管，将兵十万以讨之，又命张光辅为诸军节度[38]。削冲属籍[39]，更姓虺[40]氏。贞闻冲败，欲自锁诣阙谢罪，会所署新蔡[41]令傅延庆募得勇士二千余人，贞乃宣言于众曰：“琅邪已破魏、相数州[42]，有兵二十万，朝夕[43]至矣。”发属县兵共得五千，分为五营，使汝南县[44]丞裴守德等将之，署九品以上官五百余人。所署官皆受迫胁，莫有斗志，惟守德与之同谋，贞以其女妻之，署大将军，委以腹心。贞使道士及僧诵经以求事成，左右及战士皆带辟兵符[45]。麴崇裕等军至豫州城东四十里，贞遣少子规及裴守德拒战，兵溃而归。贞大惧，闭阁自守。崇裕等至城下，左右谓贞曰：“王岂可坐待戮辱！”贞、规、守德及其妻皆自杀[46]。与冲皆枭首东都阙下。

初，范阳王蔼遣使语贞及冲曰[47]：“若四方诸王一时并起[48]，事无不济。”诸王往来相约结，未定而冲先发，惟贞狼狈应之，诸王皆不敢发，故败。

贞之将起兵也，遣使告寿州刺史赵瓌，瓌[49]妻常乐长公主[50]谓使者曰："为我语越王：昔隋文帝[51]将篡周室，尉迟迥[52]，周之甥也，犹能举兵匡救社稷，功虽不成，威震海内，足为忠烈。况汝诸王，先帝之子，岂得不以社稷为心[53]！今李氏危若朝露[54]，汝诸王不舍生取义，尚犹豫不发，欲何须[55]邪！祸且至矣，大丈夫当为忠义鬼，无为徒死[56]也。"

及贞败，太后欲悉诛韩、鲁等诸王，命监察御史蓝田苏珦[57]按其密状。珦讯问，皆无明验，或告珦与韩、鲁通谋，太后召珦诘之，珦抗论不回。太后曰："卿大雅之士[58]，朕当别有任使，此狱不必卿也。"乃命珦于河西监军，更使[59]周兴等按之，于是收韩王元嘉、鲁王灵夔、黄公譔、常乐公主于东都，迫胁皆自杀，更其姓曰"虺"，亲党皆诛。

（以上为第四段，写武则天逼反诸亲王，借势大开杀戒，清除唐室宗亲。）

【注释】

［1］丁亥朔：六月一日。［2］壬寅：六月十六日。［3］玺：印。先秦时为印章的统称。秦以后专指皇帝的大印。［4］东阳大长公主：唐太宗第九女。汉制，皇帝女称公主，姊妹称长公主，姑称大长公主。历代因而不改。东阳公主是唐睿宗之姑，故封为大长公主。［5］高履行：高士廉之子。传见《旧唐书》卷六十五、《新唐书》卷九十五。［6］淫祠：滥设的祠庙。［7］夏禹：传说中的部落联盟领袖，治水很有功绩，夏朝的奠基人。事见《史记》卷二《夏本纪》。［8］太伯：一作泰伯，周代吴国的始祖，事见《史记》卷四《周本纪》、《论语·泰伯》。［9］季札：又名公子札，春秋时吴国贵族，曾多次推让王位。传见《史记》卷三十一《吴太伯世家》。［10］伍员（yùn）：字子胥，春秋时的吴国大夫，对吴国的发展有一定贡献。传见《史记》卷六十六《伍子胥列传》。［11］丁巳：七月一日。［12］祭祀比四渎：四渎，指长江、黄河、淮河、济水。据《唐六典》卷四，唐代祭祀分为三等，四渎为中祀。［13］禁刍牧：禁止樵采放牧。［14］先于汜水得瑞石：时在垂拱四年六月一日。汜水，县名。属河南府，县治在今河南荥阳市西北汜水边上。瑞石，吉祥的石头。［15］谋革命：指计划更替唐朝。［16］稍除：渐除。［17］韩王元嘉：唐高祖第十一子。［18］霍王元轨：第十四子。［19］鲁王灵夔：第十九子。三人同传，见《旧唐书》卷六十四、《新唐书》卷七十九。［20］越王贞（？—688）：唐太宗第八子，燕妃所生。越王贞善骑射，颇涉文史，兼有吏才，被称为"材王"，但德望很差。传见《旧唐书》卷七十六、《新唐书》卷八十。［21］内人：对其妻的称呼。［22］壬寅：八月十七日。［23］纪王慎：唐太宗第十子。长于文史，在皇族中与越王贞齐名。传见《旧唐书》卷七十六、《新唐书》卷八十。［24］趣：通"趋"，奔赴。［25］济州：州名。治所在今山东聊城市茌平区西南。［26］武水：县名，属博州。县治在今山东聊城市西南。［27］魏州：州名。治所在今河北大名县东北，武水之西。［28］莘：县名，属魏

州，与武水接壤。县治在今山东莘县。［29］堂邑：县名。属博州。县治在今山东聊城市西北。［30］博州：治所在今山东聊城市东北。［31］戊申：八月二十三日。［32］为守门者所杀：两《唐书·丘神勣传》云，为勋官吴希智、白丁孟青棒所杀。［33］神勣尽杀之：据章校，十二行本“尽”上有“挥刃”二字。［34］豫州：治所汝阳，在今河南汝南县。［35］上蔡：县名，在汝阳西北。县治即今河南上蔡县。［36］丙辰：九月一日。［37］麴崇裕：高昌王后裔。官至左武卫大将军，封交河郡王。事见《旧唐书》卷一百九十八《高昌传》、《新唐书》卷二百二十一上《高昌传》。［38］节度：节制调度。［39］属籍：宗属名籍。［40］虺（huǐ）：毒蛇，毒虫。［41］新蔡：县名。县治在今河南新蔡县。［42］琅邪已破魏、相数州：琅琊王冲已攻克魏、相等数州之地。［43］朝夕：本指早晚，天天，时时。此处言时间之短。朝夕至矣，意即很快就到了。［44］汝南县：在豫州之西。［45］辟兵符：能够避免兵器伤害的符箓，相当于后世的护身符。辟，读“避”。［46］贞、规、守德及其妻皆自杀：时在九月丙寅，即九月十一日。越王贞起兵，凡二十日而败。［47］语贞及冲曰：对越王贞和琅邪王冲说。［48］一时并起：同时起兵。［49］赵瓌：事见《新唐书》卷七十六《中宗和思顺圣皇后赵氏传》。［50］常乐长公主：唐高祖第十九女。传见《新唐书》卷八十三。［51］隋文帝（541—604）：即杨坚。弘农华阴（今陕西华阴市）人。隋朝的建立者，公元581年至604年在位。传见《隋书》卷一、《北史》卷十一。［52］尉迟迥（?—580）：官至相州总管。曾与益州总管王谦、郧州总管司马消难起兵反抗杨坚篡周。传见《周书》卷二十一、《北史》卷六十二。［53］为心：为意。［54］危若朝露：朝露见日即晞，比喻极端危险。［55］何须：何待。［56］徒死：空死，白白地死去。［57］苏珦（635—715）：雍州蓝田（今陕西蓝田县）人。官至太子宾客。传见《旧唐书》卷一百、《新唐书》卷一百二十八。［58］大雅之士：宏达雅正之士。［59］更使：改派。

以文昌左丞[1]狄仁杰为豫州刺史。时治越王贞党与，当坐者六七百家，籍没[2]者五千口，司刑趣[3]使行刑。仁杰密奏：“彼皆诖误[4]，臣欲显奏，似为逆人申理；知而不言，恐乖陛下仁恤之旨。”太后特原之，皆流丰州。道过宁州，宁州父老迎劳之曰：“我狄使君活汝邪？”[5]相携哭于德政碑[6]下，设斋三日而后行。

时张光辅尚在豫州，将士恃功，多所求取[7]，仁杰不之应[8]。光辅怒曰：“州将[9]轻元帅邪？”仁杰曰：“乱河南者一越王贞耳，今一贞死，万贞生！”光辅诘其语[10]，仁杰曰：“明公总兵三十万，所诛者止于越王贞。城中闻官军至，逾城出降者四面成蹊[11]，明公纵将士暴掠，杀已降以为功，流血丹野[12]，非万贞而何！恨不得尚方斩马剑[13]，加于明公之颈，虽死如归[14]耳！”光辅不能诘，归，奏仁杰不逊，左迁复州刺史[15]。

丁卯[16]，左肃政大夫骞味道、夏官侍郎王本立并同平章事。

太后之召宗室朝明堂也，东莞公融[17]密遣使问成均助教高子贡，子贡曰：“来必死。”融乃称疾不赴。越王贞起兵，遣使约融，融苍猝不能应，为官属所逼，执使者以闻，擢拜右赞善大夫[18]。未几，为支党所引，冬，十月，己亥[19]，戮于市，籍没其家。高子贡亦坐诛。

济州刺史薛顗、顗弟绪、绪弟驸马都尉绍，皆与琅邪王冲通谋。顗闻冲起兵，作兵器，募人；冲败，杀录事参军[20]高纂以灭口。十一月，辛酉[21]，顗、绪伏诛，绍以太平公主故[22]，杖一百，饿死于狱。

十二月，乙酉[23]，司徒、青州刺史霍王元轨坐与越王连谋，废徙黔州[24]，载以槛车[25]，行至陈仓[26]而死。江都王绪、殿中监郕公裴承先皆戮于市。承先，寂之孙也[27]。

命裴居道留守西京。

左肃政大夫、同平章事骞味道素不礼于殿中侍御史周矩[28]，屡言其不能了事[29]。会有罗告味道者，敕矩按之。矩谓味道曰：“公常责矩不了事，今日为公了之。”乙亥[30]，味道及其子辞玉皆伏诛[31]。

（以上为第五段，写酷吏治狱，诛杀无限扩大，豫州刺史狄仁杰护佑无辜，存活者五千余口。）

【注释】

[1]文昌左丞：官名。光宅元年改尚书左丞为文昌左丞。 [2]籍没：登记并没收全部人口财产。 [3]趣：敦促。 [4]诖误：亦作“挂误”“缝误”，指受到牵连。 [5]宁州父老迎劳之曰：“我狄使君活汝邪？”：狄仁杰垂拱年间（685—688）曾任宁州刺史。引《旧唐书》卷八十九《狄仁杰传》载：“（仁杰）俄转宁州刺史，抚和戎夏，人得欢心，郡人勒碑颂德。”使君，本是汉代对州刺史的称呼，后世用作对州郡长官的尊称。 [6]德政碑：颂扬官吏政绩的碑刻。此处指宁州父老为狄仁杰所立的德政碑。 [7]求取：索要财物。 [8]不之应：即不应之，不予理睬。 [9]州将：本是汉代对州刺史的称呼。后代或因之。此处指狄仁杰。 [10]诘其语：问他这话是什么意思。 [11]四面成蹊：蹊，径。言出城降者极多，把城外四周踩踏成条条道路。 [12]流血丹野：血迹把原野都染红了。喻死人之多。 [13]尚方斩马剑：尚方原系汉代少府官属，掌作御刀剑及玩物。尚方斩马剑又称尚方剑、尚方宝剑，指皇帝所用之剑。 [14]虽死如归：即使死了，也如

同回到故乡一样，没有什么遗憾。［15］左迁复州刺史：复州，治所在今湖北天门市西北。狄仁杰先任豫州刺史，从三品，现任复州刺史，正四品下。故称“左迁”。［16］丁卯：九月十二日。［17］东莞公融（?—688）：虢王李凤之子。《新唐书》卷七十九《高祖诸子传》作“茂融”。官至申州刺史。［18］右赞善大夫：官名。掌翼赞太子，以规讽谏。正五品上。［19］己亥：十月十四日。［20］录事参军：官名。掌勾拢省署抄目，监符印。［21］辛酉：十一月六日。［22］绍以太平公主故：薛绍因是太平公主的丈夫。［23］乙酉：十二月一日。［24］废徙黔州：废为庶人，徙往黔州。黔州治所彭水。在今重庆市彭水苗族土家族自治县。［25］槛车：亦作“轞车”，装载猛兽或囚犯的车子。［26］陈仓：县名。地当关中与汉中之间的交通要冲，县治在今陕西宝鸡市东。［27］承先，寂之孙也：裴承先是唐朝开国功臣裴寂的孙子。按“承先”之名，《旧唐书》卷六十四《霍王元轨传》、《新唐书》卷四《则天纪》及卷七十一上《宰相世系表》则作“承光”。岑仲勉认为光、先字形相近，其中当有一讹。依唐人家讳及命子方法，当以承光为是。详见《唐史余沈》卷一。［28］周矩：事迹散见于《旧唐书》卷一百八十三，《新唐书》卷五十六、卷七十六、卷二百零九等。［29］了事：犹办事，解决问题。［30］乙亥：十二月乙酉朔，无“乙亥”。《新唐书》卷四《则天纪》、卷六十一《宰相表》均作“己亥”。即十二月十五日。［31］味道及其子辞玉皆伏诛：《御史台记》作“味道陷周兴狱”。《资治通鉴》未予采用。

己酉[1]，太后拜洛受图[2]，皇帝、皇太子皆从，内外文武百官、蛮夷各依方叙立[3]，珍禽、奇兽、杂宝列于坛[4]前，文物卤簿[5]之盛，唐兴以来未之有[6]也。

辛亥[7]，明堂成[8]，高二百九十四尺，方三百尺[9]。凡三层：下层法四时，各随方色[10]；中层法十二辰[11]；上为圆盖，九龙捧之。上施铁凤[12]，高一丈，饰以黄金。中有巨木十围，上下通贯，栭栌樘棍[13]藉以为本[14]。下施铁渠[15]，为辟雍[16]之象。号曰万象神宫。宴赐群臣，赦天下，纵民入观[17]。改河南为合宫县。又于明堂北起天堂五级以贮大像；至三级，则俯视明堂矣[18]。僧怀义以功拜左威卫大将军、梁国公[19]。

侍御史王求礼[20]上书曰：“古之明堂，茅茨不翦，采椽不斫[21]。今者饰以珠玉，涂以丹青，铁鹭入云，金龙隐雾，昔殷辛琼台[22]，夏癸瑶室[23]，无以加[24]也。”太后不报。

（以上为第六段，写明堂建成，武则天男宠薛怀义因监造之劳，受封梁国公。）

【注释】

[1]己酉：十二月二十五日。 [2]拜洛受图：朝拜洛水，接受"宝图"，即唐同泰所献瑞石。 [3]各依方叙立：各按指定的方位顺序而立。据章校，十二行本"各"前有"酋长"二字。 [4]坛：即拜洛坛，在神都洛阳"圣图泉"北，承福坊南。专为拜洛受图而筑。 [5]卤簿：帝王出行时扈从的仪仗队。封演《封氏闻见记》："舆驾行幸，羽仪导从谓之卤簿。"唐制，天子有大驾卤簿，四品以上亦给卤簿，规模编制各不相同。 [6]未之有：即未有之。 [7]辛亥：十二月二十七日。 [8]明堂成：关于明堂建成的时间，史书记载也不一致。《旧唐书》卷六《则天纪》作垂拱四年十二月，卷二十二《礼仪志》二作四年正月五日。据《唐大诏令集》卷七十三等推测，当以《资治通鉴》所载十二月二十七日为是。 [9]高二百九十四尺，方三百尺：明堂的大小，各书都说是高二百九十四尺，方三百尺。按唐尺又有大小二种：大尺合今三十一厘米，小尺合二十五厘米。土木工程用大尺，据此，可知明堂高九十一点一四米，地面东西南北各长九十三米。 [10]下层法四时，各随方色：四时，即四季，指春、夏、秋、冬。方色，东方青色，南方红色，西方白色，北方黑色。 [11]中层法十二辰：十二辰，指自子至亥十二时。古人分一昼夜为十二时，而以干支中的地支表示，每个时辰等于现代的两小时。这种记时法起于汉代，参见赵翼《陔余丛考》卷三十四。 [12]上施铁凤：本句前应有"上层法二十四气，亦为圆盖"，中华书局本脱此十一字。按《唐会要》卷十一《明堂制度》、《旧唐书》卷二十二《礼仪志》二皆载"上层法二十四气，亦为圆盖"。据章校，十二行本《资治通鉴》亦有此十一字。当依十二行本补足。二十四气即二十四节气。 [13]栭（ér）栌欂（chēng）棿：房顶上的斗拱结构。栭、欂，斜柱。栌、棿，柱上架构。 [14]藉以为本：借以为本。借巨木的支撑点。 [15]铁渠：用铁铸成的水渠。 [16]辟雍：本为周代为贵族子弟所设学校，四周环水。其后多用以象征教化。 [17]纵民入观：即开放明堂，让老百姓随便参观。《旧唐书》卷二十二："自明堂成后，纵东都妇人及诸州父老入观，兼赐酒食，久之乃止。" [18]至三级，则俯视明堂矣：《旧唐书·薛怀义传》说天堂"广袤亚明堂"。司马光采《小说》及《通典》。但就当时情况分析，《薛怀义传》所言较合情理。 [19]僧怀义以功拜左威卫大将军、梁国公：《实录》云："怀义监造明堂，以功擢授左武卫大将军，固辞不拜。"待考。 [20]王求礼：传见《旧唐书》卷一百零一、卷一百八十七上，《新唐书》卷一百一十二。 [21]茅茨不剪，采椽不斫：所用的茅茨不加修剪，采用的木椽不加砍削。 [22]殷辛琼台：殷纣王所造琼台。纣王名辛。 [23]夏癸瑶室：夏桀所造瑶室。桀王名履癸。 [24]加：过。

太后欲发梁、凤、巴蜑[1]，自雅州开山通道，出击生羌，因袭吐蕃。正字陈子昂上书，以为："雅州[2]边羌，自国初以来未尝为盗。今一旦无罪戮之，其怨必甚；且惧诛灭，必蜂起为盗。西山[3]盗起，则蜀之边邑不得不连兵备守，兵久不解，臣愚以为西蜀之祸，自此结矣。臣闻吐蕃爱蜀富饶，欲盗之久矣，徒以山川阻绝，障隘不通，势不能动。今国家乃乱边羌，开隘道，使其收奔亡之种，为乡导以攻边，是借寇兵为贼除道，举全蜀以遗[4]之也。蜀者国家之宝库，可以兼济中国[5]。今执事者乃图侥幸之利以事西羌，得其地不足以稼穑，财不足以富国[6]，徒为糜费，无益圣德，况其成败未可知哉！夫蜀之所恃者险也，人之所以安者无役也；今国家乃开其险，役其人，险开则便寇，人役则伤财，臣恐未见羌戎，已有奸盗在其中矣。且蜀人尩劣[7]，不习兵战，山川阻旷，去中夏[8]远，今无故生西羌、吐蕃之患，臣见其不及百年，蜀为戎矣。国家近废安北，拔单于，弃龟兹，放疏勒[9]，天下翕然谓之盛德者，盖以陛下务在养人，不在广地也。今山东饥，关、陇弊，而徇[10]贪夫之议，谋动甲兵，兴大役，自古国亡家败，未尝不由黩兵[11]，愿陛下熟计之。”既而役不果兴[12]。

（以上为第七段，写武则天停开西川山道，不失为英明。陈子昂建言免西川用兵，不失为忠臣。）

【注释】

[1]巴蜑（dán）：西南少数民族之一，生活在巴州一带山区。 [2]雅州：治所在今四川雅安市西。贞观五年（631），唐太宗置西雅州管理生羌，贞观八年去西字。 [3]西山：地名。西山在今四川成都市西。松、茂二州都督府所统诸州，即今四川松潘县、茂县一带，羌人聚居地。西山盗起，指这一带羌人发生动乱。 [4]遗（wèi）：赠，送。 [5]中国：此处指中原地区。 [6]财不足以富国：即得其财不足以富国。 [7]尩（wāng）劣：瘦小陋劣。 [8]中夏：犹中原。[9]废安北，拔单于，弃龟兹，放疏勒：废安北，拔单于，因突厥畔援也；弃龟兹，放疏勒，因吐蕃侵逼。废、拔、放、弃皆用作动词，意思在此基本相同，均是放弃之意。 [10]徇：顺从。[11]黩兵：穷兵黩武。 [12]役不果兴：开山道、击生羌、袭吐蕃之役没有兴起。

永昌元年（己丑，689年）

春，正月，乙卯朔[1]，大飨万象神宫，太后服衮冕[2]，搢大圭[3]，执镇圭[4]为初献，皇帝为亚献，太子为终献。先诣昊天上帝座，次高祖、太宗、高宗，次魏国先王[5]，次五方帝座。太后御则天门，赦天下，改元[6]。丁巳[7]，太后御明堂，受朝贺。戊午[8]，布政于明堂，颁九条以训百官。己未[9]，御明堂，飨群臣。

二月，丁酉[10]，尊魏忠孝王曰周忠孝太皇[11]，妣曰忠孝太后，文水陵曰章德陵，咸阳陵[12]曰明义陵。置崇先府官。戊戌[13]，尊鲁公曰太原靖王，北平王曰赵肃恭王，金城王曰魏义康王，太原王曰周安成王。

三月，甲子[14]，张光辅守纳言。

壬申[15]，太后问正字陈子昂当今为政之要。子昂退，上疏，以为"宜缓刑崇德[16]，息兵革[17]，省赋役[18]，抚慰宗室，各使自安。"辞婉意切，其论甚美，凡三千言。

癸酉[19]，以天官尚书武承嗣为纳言，张光辅守内史。

夏，四月，甲辰[20]，杀辰州别驾汝南王炜、连州别驾鄱阳公諲等宗室十二人[21]，徙其家于巂州。炜，恽之子；諲，元庆之子也。

己酉[22]，杀天官侍郎蓝田邓玄挺[23]。玄挺女为諲妻，又与炜善。諲谋迎中宗于庐陵，以问玄挺；炜又尝谓玄挺曰："欲为急计，何如？"玄挺皆不应[24]。故坐知反不告，同诛。

五月，丙辰[25]，命文昌右相韦待价为安息道行军大总管，击吐蕃。

浪穹州蛮[26]酋傍时昔等二十五部，先附吐蕃，至是来降；以傍时昔为浪穹州刺史，令统其众。

己巳[27]，以僧怀义为新平军大总管[28]，北讨突厥。行至紫河[29]，不见虏，于单于台[30]刻石纪功而还。

诸王之起兵也，贝州刺史纪王慎[31]独不预谋，亦坐系狱；秋七月，丁巳[32]，槛车徙巴州，更姓虺氏，行及蒲州[33]而卒。八男徐州刺史东平王续等，相继被诛[34]，家徙岭南。

女东光县主楚媛[35]，幼以孝谨称[36]，适司议郎[37]裴仲将，相敬如宾；姑有疾，亲尝药膳；接遇娣姒[38]，皆得欢心。时宗室诸女皆以骄奢相尚，诮[39]楚媛独俭素，曰："所贵于富贵者，得适志也；今独守勤苦，将以何求？"楚媛曰："幼而好礼，今而行之，非适志欤！观自古女子，皆以恭俭为美，纵侈为恶。辱亲是惧，何所求乎！富贵傥来之物[40]，何足骄人！"众皆惭服。及慎凶问[41]至，楚媛号恸，呕血数升；免丧，不御膏沐[42]者垂二十年。

韦待价军至寅识迦河[43]，与吐蕃战，大败[44]。待价既无将领之才，狼狈失据，士卒冻馁[45]，死亡甚众，乃引军还，太后大怒，丙子[46]，待价除名，流绣州[47]，斩副大总管安西大都护阎温古[48]。安西副都护唐休璟收其余众，抚安西土，太后以休璟为西州都督。

戊寅[49]，以王本立同凤阁鸾台三品。

徐敬业之败[50]也，弟敬真流绣州，逃归，将奔突厥。过洛阳，洛州司马弓嗣业[51]、洛阳令张嗣明[52]资遣之；至定州，为吏所获，嗣业缢死。嗣明、敬真多引海内知识[53]，云有异图[54]，冀以免死[55]；于是朝野之士为所连引坐死者甚众。嗣明诬内史张光辅，云"征豫州日，私论图谶[56]、天文[57]，阴怀两端。"八月，甲申[58]，光辅与敬真、嗣明等同诛，籍没其家。

乙未[59]，秋官尚书太原张楚金、陕州刺史郭正一、凤阁侍郎元万顷、洛阳令魏元忠，并免死流岭南[60]。楚金等皆为敬真所引，云与敬业通谋。临刑，太后使凤阁舍人王隐客驰骑传声赦之[61]。声达于市，当刑者皆喜跃欢呼，宛转不已；元忠独安坐自如，或使之起，元忠曰："虚实未知。"隐客至，又使起，元忠曰："俟宣敕已。"既宣敕，乃徐起，舞蹈再拜，竟无忧喜之色[62]。是日，阴云四塞，既释楚金等，天气晴霁[63]。

九月，壬子[64]，以僧怀义为新平道行军大总管，将兵二十万讨突厥骨笃禄。

初，高宗之世，周兴以河阳[65]令召见，上欲加擢用，或奏以为非清流[66]，罢之。兴不知，数于朝堂俟命[67]。诸相皆无言，地官尚书、检校纳言魏玄同，时同平章事，谓之曰："周明府[68]可去矣。"兴以为玄同沮己[69]，衔之。玄同素与裴炎善，时人以其终始不渝，谓之耐久朋。周兴奏诬玄同言："太后老矣，不若奉嗣君为耐久。"太后怒，闰月，甲午[70]，赐死于家。监刑御史房济谓玄同曰："丈人[71]何不告密，冀得召见，可以自直[72]！"玄同叹曰："人杀鬼杀，亦复何殊，岂能作告密人邪！"乃就死。又杀夏官侍郎崔詧于隐处[73]。自余内外大臣坐死及流贬者甚众。

彭州[74]长史刘易从[75]亦为徐敬真所引；戊申[76]，就州诛之。易从为人，仁孝忠谨，将刑于市，吏民怜其无辜，远近奔赴，竞解衣投地曰："为长史求冥福[77]。"有司平准[78]，直[79]十余万。

周兴等诬右武卫大将军燕公黑齿常之谋反，征下狱。冬，十月，戊午[80]，常之缢死。

己未[81]，杀宗室鄂州刺史嗣郑王璥[82]等六人。庚申[83]，嗣滕王修琦等六人免死，流岭南[84]。

丁卯[85]，春官尚书范履冰[86]、凤阁侍郎邢文伟并同平章事。

己卯[87]，诏太穆神皇后、文德圣皇后宜配皇地祇，忠孝太后[88]从配。

右卫胄曹参军[89]陈子昂上疏，以为："周颂成、康[90]，汉称文、景[91]，皆以能措刑[92]故也。今陛下之政，虽尽善矣，然太平之朝，上下乐化，不宜有乱臣贼子，日犯天诛[93]。比者[94]大狱增多，逆徒滋广[95]，愚臣顽昧[96]，初谓皆实，乃去月十五日，陛下特察系囚李珍等无罪，百僚庆悦，皆贺圣明，臣乃知亦有无罪之人挂于疏网者。陛下务在宽典[97]，狱官务在急刑，以伤陛下之仁，以诬太平之政，臣窃恨之。又，九月二十一日[98]敕免楚金等死，初有风雨，变为景云[99]，臣闻阴惨者刑也，阳舒者德也；圣人法天，天亦助圣，天意如此，陛下岂可不承顺之哉！今又阴雨，臣恐过在狱官。凡系狱之囚，多在极法[100]，道路之议，或是或非，陛下何不悉召见之，自诘其罪！罪有实者显示明刑，滥者严惩狱吏，使天下咸服，人知政刑[101]，岂非至德克明哉！"

（以上为第八段，写武则天以穷治徐敬业党羽之名，屡兴大狱，大杀唐宗室以及清廉之臣。永昌元年不昌而黯，是武则天执政时代最黑暗时期开始的一年。）

【注释】

[1]乙卯朔：正月一日。 [2]服衮冕：穿着礼服。衮，指礼服；冕，指礼冠。 [3]搢大圭：绅带间插着大圭。大圭，插在衣带间作记事用的佩玉。 [4]执镇圭：拿着镇圭。镇圭，是一种吉祥物，帝王执镇圭是安定四方的意思。 [5]魏国先王：指武士彟。 [6]改元：改元为永昌元年。 [7]丁巳：正月三日。 [8]戊午：正月四日。 [9]己未：正月五日。 [10]丁酉：二月十四日。 [11]尊魏忠孝王曰周忠孝太皇：魏忠孝王即武士彟。这是武则天临朝后第三次追尊其父。 [12]咸阳陵：胡三省说："士彟及其妻葬咸阳。"这种说法是错误的。据《全唐文》卷二百四十九《攀龙台碑》，武士彟死后葬于山西文水。其墓永昌元年（689）被尊为章德陵，天授元

年（690）改称昊陵，圣历二年（699）又改为攀龙台。墓前有“大周无上孝明高皇帝碑”，即所谓“攀龙台碑”。这一点后世志书中也有明确的记载。如《太平寰宇记》卷四十《河东道·并州文水》条载：“大（太）原王墓在县西北十五里，即唐则天氏（父）武士彟也。”《永乐大典》卷五千二百四《古迹》引《太原志》云：“唐武士彟墓在文水县北十里，唐则天皇后父也。”《山西道志》卷一百七十二《陵墓》条亦有类似记载。武士彟既葬于文水，则胡注之误可知。从《全唐文》卷二百三十九《大周无上孝明高皇后碑铭并序》及《册府元龟》卷三百零三《外戚部》的记载看，咸阳陵是则天母杨氏的单人墓。［13］戊戌：二月十五日。［14］甲子：三月十一日。［15］壬申：三月十九日。［16］缓刑崇德：减缓刑罚，崇尚仁德。［17］息兵革：停止战争。［18］省赋役：省并赋役，轻徭薄赋。［19］癸酉：三月二十日。［20］甲辰：四月二十二日。［21］杀辰州别驾汝南王炜、连州别驾鄱阳公諲等宗室十二人：此次所杀主要是蒋王恽、道王元庆、徐王元礼、曹王明的子孙。见《旧唐书》卷六《则天纪》。《新唐书》卷四载：“四月甲辰，杀汝南郡王玮、鄱阳郡公諲、广汉郡公谧、汶山郡公蓁、零陵郡王俊、广都郡公琇”，凡六人，不足十二之数。［22］己酉：四月二十七日。［23］邓玄挺（?—689）：雍州蓝田（今陕西蓝田县）人。在州县任职，皆有善政，迁任吏部侍郎，极不称职。传见《旧唐书》卷一百九十上。［24］不应：不予回答。［25］丙辰：五月五日。［26］浪穹州蛮：生活在今云南洱源县一带的少数民族。据《新唐书·南诏传》，南诏由六部组成，浪穹诏为其中之一。［27］己巳：五月十八日。［28］为新平军大总管：《旧唐书·薛怀义传》作“为清平道大总管”。新平军，镇豳州，在今陕西彬州市。［29］紫河：河名。发源于今晋西北，经内蒙古清水河县入黄河。［30］单于台：在今内蒙古呼和浩特市西。［31］纪王慎（?—689）：太宗第九子。传见《旧唐书》卷七十六、《新唐书》卷八十。［32］丁巳：七月七日。［33］蒲州：治所在今山西永济市西蒲州镇。［34］八男徐州刺史东平王续等，相继被诛：此条系司马光据《实录》而书。《新唐书》卷七十下《宗室世系表》载纪王慎有十子：续、琮、悊、庄、睿、秀、献、钦、旷、澄。《新唐书》卷八十《太宗诸子传》则说李慎七子：续、琮、睿、秀、献、钦、证，与《宗室世系表》不合。不过两《唐书·纪王慎传》都说其长子东平王续早卒，而非被杀；被杀者为“义阳王琮、楚国公睿、遂州别驾襄郡公秀、广化郡公献、建平郡公钦等五人”。唐中宗时以其少子铁诚为嗣纪王，改为澄。［35］女东光县主楚媛：即纪王慎之女东光县主楚媛。《唐六典》卷二：“王之女封县主，视正二品。”［36］以孝谨称：以孝顺谨慎著称。［37］司议郎：太子左春坊官。《唐六典》卷二十六：司议郎掌侍从规谏，驳正启奏，以佐庶子、中允之阙。［38］娣姒：即妯娌。［39］诮：讥诮。［40］傥来之物：无意得来的东西。［41］凶问：凶信。［42］不御膏沐：不用化妆品。［43］寅识迦河：据《旧唐书·待价传》，寅识迦河当在弓月西南，弓月城在今新疆霍城县西。［44］大败：据章校，“败”下有“会大雪，粮运不继”七字。［45］冻馁：冻饥，饥寒交迫。［46］丙子：七月二十六日。［47］绣州：州名。治所在今广西桂平市南。唐武德四年分郁林郡置林州，武德六年改为绣州。［48］阎温古（?—689）：事迹不详。《旧唐书》卷七十七《韦挺传》：“副将阎温古以逗留伏法。”［49］戊寅：七月二十八日。［50］徐敬业之败：

时在光宅元年(684)十一月。［51］弓嗣业：《旧唐书》卷九十《张光辅传》作房嗣业。《朝野佥载》及《新唐书》作弓嗣业。［52］张嗣明：《新唐书》卷四《则天纪》作“弓嗣明”。［53］知识：相知相识的人。［54］异图：犹异谋，思谋叛逆。［55］冀以免死：希望通过株连多人以立功免死。［56］图谶：汉代宣扬符命占验的谶书。此处指图箓谶纬。［57］天文：指日月星辰等天体在宇宙间的分布、运行等现象。［58］甲申：八月四日。［59］乙未：八月十五日。［60］并免死流岭南：岑仲勉据《伯玉集》卷九《谏刑书》等认为“乙未（十五日）止赦魏元忠及重推元万顷。若楚金、正一，则至辛丑（二十一日）始赦死流岭南，非同一日事”。详见《通鉴隋唐纪比事质疑》一百一十四页至一百一十五页。［61］驰骑传声赦之：一边骑马奔驰，一边大声宣布赦令。［62］无忧喜之色：意为无忧愁或喜悦之色。［63］既释楚金等，天气晴霁（jì）：晴霁，放晴。据《考异》，《唐历》：“七月二十四日，张楚金绞死；八月二十一日，郭正一绞死。”《年代纪》：“七月甲戌，楚金绞死；八月辛亥，郭正一绞死。”《新书纪》：“八月辛丑，杀郭正一。”今据《实录》，楚金等皆流配未死。《旧唐书》中楚金、正一、万顷传，皆云流岭南。《御史台记》云：“元忠将刑，至于市，神色自若。则天以扬楚功免死流放，复叙授御史中丞。复陷来俊臣狱，复至市……敕罢刑，复放岭南。”又云：“前后坐弃市、流放者四。”《旧唐书》本传云：“前后三被流。”今从之。［64］壬子：九月三日。《新唐书》卷四作八月癸未，即八月三日。待考。［65］河阳：县名。县治在今河南孟州市南。［66］非清流：不是清流出身。周兴起家为尚书都事，属流外官。［67］俟命：等待新的任命。［68］明府：汉魏以来对太守牧尹的代称。隋唐时亦称县令为明府。［69］沮己：败坏自己的前途。［70］甲午：闰九月十五日。［71］丈人：对年高德昭者的尊称。［72］自直：自行申理，以直冤屈。［73］隐处：暗处。将崔謦秘密处死。［74］彭州：州名。治所在今四川彭州市西北。［75］刘易从（?—689)：刘审礼之子，以孝行著称。事见《旧唐书》卷七十七《刘德威传》、《新唐书》卷一百零六《刘德威传》。［76］戊申：闰九月二十九日。［77］冥福：阴间福禄。即死后之福。［78］平准：本为官府平抑物价的措施，此处指平价。［79］直：通“值”。［80］戊午：十月九日。［81］己未：十月十日。［82］嗣郑王璥：《旧唐书·高祖诸子传》作“敬”。唐高祖之孙，郑王元懿的长子。《新唐书》卷七十九说嗣郑王璥“薨”，不言被杀。［83］庚申：十月十一日。［84］嗣滕王修琦等六人免死，流岭南：胡三省注云：“《考异》曰：《统纪》云：‘元婴男修瑶等五人免死配流。’今从《旧传》。”按，“修琦”，《旧唐书》本传作“循琦”，李元婴之长子。李元婴，唐高祖少子，第二十二子，封滕王。［85］丁卯：十月十八日。［86］范履冰（?—690)：怀州河内（今河南沁阳市）人。“北门学士”之一。曾为相。传见《旧唐书》卷一百九十中、《新唐书》卷二百一。［87］己卯：十月三十日。［88］忠孝太后：即则天母杨氏。［89］右卫胄曹参军：官名。正八品下。掌戎杖器械及公廨兴造、决罚之事。岑仲勉认为陈子昂此次上疏应系之于九月，否则，与疏文所言不合。［90］成、康：即周成王、周康王。周成王名诵，曾在周公辅佐下实行分封。周康王名钊，在位时继续推行成王之政，“明德慎罚”。史载：“成康之际，天下安宁，刑错四十余年不用”。事见《史记》卷四《周本纪》等。［91］文、景：即汉文帝、汉景帝。汉文帝，名刘恒（前202—前157），西汉第四位皇帝，公元前180年至前157年在位。推行“与民休息”的政策。汉景帝，名刘启（前188—前141），西汉第五位皇帝，公元前157年至前141年在位。继续轻徭薄赋，发展经济。在他们统治时期，土地开辟，人口增加，国家逐渐富强，史家称之为“文景之治”。［92］措刑：搁置刑罚。［93］天诛：旧指上天对罪人的惩罚。引申为最高统治者所施行的诛杀。［94］比者：近来。［95］滋广：渐多。［96］顽昧：顽固愚昧。［97］宽典：宽刑。［98］九月二十一日：《伯玉集》卷九作“其月二十一日”，即八月二十一日。［99］景云：亦作“卿云”“庆云”。旧指象征太平的彩云。［100］极法：最高的刑法，即死刑。［101］人知政刑：意为人知政刑不滥不欺。

天授元年[1]（庚寅，690年）

十一月，庚辰朔[2]，日南至[3]。太后享万象神宫[4]，赦天下。始用周正[5]，改永昌元年十一月为载初元年正月，以十二月为腊月，夏正月为一月。以周、汉之后为二王后[6]，舜、禹、成汤之后为三恪[7]，周、隋之嗣同列国[8]。

凤阁侍郎河东宗秦客[9]，改造“天”“地”等十二字以献[10]，丁亥[11]，行之，太后自名“曌”[12]，改诏曰制[13]。秦客，太后从父姊之子也。

乙未[14]，司刑少卿周兴奏除唐亲属籍[15]。

腊月，辛未[16]，以僧怀义为右卫大将军[17]，赐爵鄂国公。

春，一月，戊子[18]，武承嗣迁文昌左相，岑长倩迁文昌右相、同凤阁鸾台三品，凤阁侍郎武攸宁[19]为纳言，邢文伟守内史，左肃政大夫、同凤阁鸾台三品王本立罢为地官尚书。攸宁，士彟之兄孙也。

时武承嗣、三思用事[20]，宰相皆下之[21]。地官尚书、同凤阁鸾台三品韦方质有疾，承嗣、三思往问之，方质据床不为礼[22]。或谏之，方质曰：“死生有命，大丈夫安能曲事近戚以求苟免乎！”寻为周兴等所构，甲午[23]，流儋州，籍没其家。

二月，辛酉[24]，太后策贡士于洛城殿[25]。贡士殿试自此始[26]。

丁卯[27]，地官尚书王本立薨[28]。

三月，丁亥[29]，特进、同凤阁鸾台三品苏良嗣薨。

夏，四月，丁巳[30]，春官尚书、同平章事范履冰坐尝举犯逆者[31]

下狱死。

醴泉人侯思止[32]，始以卖饼为业，后事游击将军高元礼为仆[33]，素诡谲无赖[34]。恒州刺史裴贞杖一判司[35]，判司使思止告贞与舒王元名[36]谋反，秋，七月，辛巳[37]，元名坐废，徙和州[38]，壬午[39]，杀其子豫章王亶；贞亦族灭[40]。擢思止为游击将军。时，告密者往往得五品，思止求为御史，太后曰："卿不识字，岂堪御史[41]！"对曰："獬豸[42]何尝识字，但能触邪耳。"太后悦，即以为朝散大夫、侍御史[43]。他日[44]，太后以先所籍没宅赐之，思止不受，曰："臣恶反逆之人，不愿居其宅。"太后益赏之。

衡水人王弘义[45]，素无行[46]，尝从邻舍乞瓜，不与，乃告县官，瓜田中有白兔；县官使人搜捕，蹂践瓜田立尽。又游赵、贝[47]，见闾里耆老作邑斋[48]，遂告以谋反，杀二百余人。擢授游击将军，俄迁殿中侍御史。或告胜州[49]都督王安仁谋反，敕弘义按之。安仁不服，弘义即于枷上刎其首；又捕其子，适至，亦刎其首，函之以归。道过汾州[50]，司马毛公与之对食，须臾[51]，叱毛公下阶，斩之，枪揭其首入洛，见者无不震栗[52]。

时置制狱于丽景门[53]内，入是狱者，非死不出，弘义戏呼曰"例竟门[54]"。朝士人人自危，相见莫敢交言[55]，道路以目[56]。或因入朝密遭掩捕，每朝[57]，辄与家人诀[58]曰："未知复相见否？"

（以上为第九段，写酷吏侯思止、王弘义等人的凶残嘴脸。）

【注释】

[1]天授元年：武则天于永昌元年（689）十一月改元载初，始用周历，以十一月为正月，十二月为腊月，夏正月为一月。故纪年先有正月（夏历十一月）、腊月（夏历十二月），后有一月（夏历正月）。到公元690年，即载初元年九月改元天授，改国号为周。《资治通鉴》行文，省去载初元年，即天授元年包有载初元年。 [2]庚辰朔：十一月一日。 [3]日南至：冬至。 [4]万象神宫：即明堂。 [5]周正："三正"之一。所谓三正即指夏正、殷正、周正。夏正建寅，以农历正月一日为一年之始；殷正建丑，以农历十二月为正月；周正建子，以农历十一月为正月。[6]以周、汉之后为二王后：古者建国，有宾有恪。二王之后为宾，待以客礼。唐本以后周及隋后为二王后，今改为周汉之后。 [7]舜、禹、成汤之后为三恪：即给舜、禹、成汤的子孙以王侯

的名号，待之如宾。恪，敬也，待之以敬，即亦宾也。［8］周、隋之嗣同列国：待后周和隋朝的直系后裔，如同列国中的诸侯。［9］宗秦客：蒲州河东（今山西永济市西）人，宗楚客之兄。武则天堂姐之子。曾劝武则天称帝。担任过宰相。事附《旧唐书》卷九十二《宗楚客传》。［10］改造“天”“地”等十二字以献：则天时所造新字数目，各书所载有差异。《新唐书》卷七十六、《续通志》卷七十一作“十有二文”。《通志》卷三十五作十八字。《宣和书谱》卷一作十九字。此外，《正字通》所录则天朝新字八个，《集韵》所录凡十六字。按，《唐大诏令集》卷四《改元载初赦》云：“特创制一十二字，率先百辟。”据此可知则天朝所制新字最初为十二字，以后又有增加。这些文字在武周时期通行全国，现在在当时留下的碑刻和文书如敦煌吐鲁番文书中仍可以看到。［11］丁亥：正月八日。永昌元年十一月至久视元年十月用周正。此处正月实即永昌元年十一月。［12］曌（zhào）：武周新字之一。合明空二字为一字，取光明普照天下之意。［13］改诏曰制：诏与曌音同，为避讳而改。［14］乙未：正月十六日。［15］除唐亲属籍：即除唐宗室属籍。［16］辛未：腊月二十三日。［17］右卫大将军：正三品，掌统领宫廷警卫。［18］戊子：一月十日。［19］武攸宁：武士让之孙，武怀道之子，武则天之侄。曾三度为相。传见《新唐书》卷二百六。［20］用事：当权。［21］宰相皆下之：宰相皆处其下。［22］据床不为礼：坐在床上不依礼接待。［23］甲午：一月十六日。［24］辛酉：二月十四日。［25］洛城殿：在洛阳宫城西南。东为集贤殿书院，西为丽景夹城，南为洛城南门，北为饮羽殿，是东都比较重要的宫殿之一。此次殿试规模宏大，应试者很多，考试持续进行，数日方毕。［26］贡士殿试自此始：所谓殿试即皇帝在殿廷上亲发策问的考试。殿试之制始创于此。［27］丁卯：二月二十日。［28］王本立薨：据《考异》，“《新纪》：‘丁卯，杀王本立。’《御史台记》：‘本立为周兴所诛。’今从《实录》。”［29］丁亥：三月十日。［30］丁巳：四月十一日。［31］坐尝举犯逆者：因所荐举的人犯了大逆之罪而受到牵连。［32］侯思止（？—693）：雍州醴泉（今陕西礼泉县北）人。武周时期酷吏之一。传见《旧唐书》卷一百八十六上、《新唐书》卷二百零九。［33］为仆：为奴仆。［34］诡谲无赖：狡黠诡诈，品行不端。［35］判司：官名。为州曹参军的通称。唐人有时亦称州郡佐吏的判司。［36］舒王元名：唐高祖第十八子。历任州刺史，有善政，是高祖诸子中较贤的一位。传见《旧唐书》卷六十四、《新唐书》卷七十九。［37］辛巳：七月七日。［38］元名坐废，徙和州：和州治所在今安徽和县。《旧唐书》卷六十四载：元名“与子亶俱为丘神勣所陷，被杀。”《新唐书》卷七十九载：“元名坐迁利州，寻被杀。”与《资治通鉴》及两《唐书·则天纪》所载不合。［39］壬午：七月八日。［40］贞亦族灭：裴贞也被灭族。［41］岂堪御史：怎么能够胜任御史之职。［42］獬（xiè）豸（zhì）：传说中的异兽，能辨别是非。见人斗，触不直者。［43］侍御史：御史台官，从六品下。掌纠举百僚，推鞫狱讼。［44］他日：后来。［45］王弘义（？—694）：冀州衡水（今河北衡水市西）人。曾与来俊臣罗告无辜。传见《旧唐书》卷一百八十六上、《新唐书》卷二百零九。［46］无行：没有德行，品行不好。［47］赵、贝：即赵州、贝州。赵州治所在今河北赵县。贝州治所在今河北清河县西。［48］作邑斋：设斋请僧侣祈祷。［49］胜州：州名。治所在今内蒙古准格尔旗东北黄河南岸十二连城。［50］汾州：州名。治所在今山西汾阳市。［51］须臾：一会儿，片刻。［52］震栗：震惊战栗。因震惊恐惧而发抖。［53］丽景门：洛阳皇城西面二门之一。门内有丽景夹城，可暗通上阳宫。［54］例竟门：意思是说，入此门者，没有生还的希望。胡三省说：“竟，尽也，言入此门者，例尽其命也。”［55］交言：交谈。［56］道路以目：道路相见，以目示意。［57］每朝：即每入朝。［58］诀：诀别。

时法官竞为深酷，唯司刑丞[1]徐有功[2]、杜景俭[3]独存平恕[4]，被告者皆曰：“遇来、侯必死，遇徐、杜必生。”

有功，文远之孙也[5]，名弘敏，以字行。初为蒲州司法[6]，以宽为治，不施敲朴[7]。吏相约有犯徐司法杖者，众共斥之。迨[8]官满，不杖一人，职事亦修。累迁司刑丞，酷吏所诬构者，有功皆为直[9]之，前后所活数十百家[10]。尝廷争狱事，太后厉色诘之，左右为战栗，有功神色不挠[11]，争之弥[12]切。太后虽好杀，知有功正直，甚敬惮之。景俭，武邑人也。

司刑丞荥阳李日知[13]亦尚平恕。少卿胡元礼欲杀一囚，日知以为不可，往复数四，元礼怒曰：“元礼不离刑曹[14]，此囚终无生理！”日知曰：“日知不离刑曹，此囚终无死法！”竟以两状列上，日知果直。

东魏国寺僧法明等撰《大云经》四卷[15]，表上之，言太后乃弥勒佛[16]下生，当代唐为阎浮提[17]主，制颁于天下。

武承嗣使周兴罗告隋州刺史泽王上金、舒州刺史许王素节谋反，征诣行在[18]。素节发舒州[19]，闻遭丧哭者，叹曰：“病死何可得，乃更哭邪！”丁亥[20]，至龙门[21]，缢杀之。上金自杀。悉诛其诸子及支党。

太后欲以太平公主妻其伯父士让之孙攸暨[22]，攸暨时为右卫中郎将，太后潜使人杀其妻而妻之。公主方额广颐[23]，多权略[24]，太后以为类己[25]，宠爱特厚，常与密议天下事。旧制，食邑[26]，诸王不过千户，公主不过三百五十户；太平食邑独累加至三千户[27]。

八月，甲寅[28]，杀太子少保、纳言裴居道；癸亥[29]，杀尚书左丞张行廉。辛未[30]，杀南安王颍等宗室十二人[31]，又鞭杀故太子贤二子[32]，唐之宗室于是殆尽矣，其幼弱存者亦流岭南，又诛其亲党数百家[33]。惟千金长公主[34]以巧媚得全，自请为太后女，仍改姓武氏；太后爱之，更号延安大长公主。

（以上为第十段，写徐有功、杜景俭为法宽平，但无补于酷吏之残虐，武则天仍在大开杀戒，唐宗室遭诛灭殆尽。）

【注释】

[1]司刑丞：即大理丞。掌分判寺事，凡囚犯皆据其本状，以正刑名。 [2]徐有功（641—702）：洛州偃师（今河南洛阳市偃师区）人。本名弘敏，避孝敬皇帝讳，以字行。历任司刑丞、左台侍御史、司刑少卿等职，刚正不阿，持法宽平，时人称之。传见《旧唐书》卷八十五、《新唐书》卷一百一十三。言论保存在《全唐文》卷一百六十三中。 [3]杜景俭：冀州武邑（今河北武邑县）人。初名元方，垂拱中改名。善守法，两度为相。传见《旧唐书》卷九十、《新唐书》卷一百一十六。《考异》："《实录》及《新纪》《表》《传》皆作'景佺'，盖《实录》以草书致误、《新书》因承之耳。"按，《通典》卷二十五、《文苑英华》卷三百九十八、《全唐文》卷二百四十二等原始资料皆作"景俭"，《朝野佥载》卷六亦然。疑《考异》有误。 [4]平恕：平和宽恕。 [5]有功，文远之孙也：徐有功是徐文远的孙子。徐文远，博学多识，隋时任国子博士。入唐，复任该职。传见《旧唐书》卷一百八十九上、《新唐书》卷一百九十八。 [6]司法：官名。全称司法参军事，州刺史属吏。掌律令格式、鞫狱定刑、督捕盗贼、察纠奸非之事。 [7]敲朴：本指以杖击人，此指肉刑。 [8]迨：及，到。 [9]直：犹正。 [10]数十百家：数十家至一百家。此为大概的说法，旨在说明家数之多。 [11]神色不挠：神色不变。 [12]弥：更。 [13]李日知（?—715）：郑州荥阳（今河南荥阳市）人。传见《旧唐书》卷一百八十八、《新唐书》卷一百一十六。 [14]刑曹：司法机关。此处指司刑寺。 [15]法明等撰《大云经》四卷：此说法与事实不符。《大云经》早已有之。唐高宗时，释道宣所编《大唐内典录》中就著录了后秦竺佛念和北凉昙无谶的两个译本。宋人赞宁认为法明等所上《大云经》为重译本。按：王国维根据敦煌石室发现的《大云经疏》残卷指出：《大云经疏》所引经文与凉译"无甚差池"。陈寅恪在王氏研究的基础上进一步探讨，说法明等所上"既非伪造，亦非重译"，而是取凉译旧本，"附以新疏，巧为传会"。这种见解虽不完美，但较为深刻。事实上，僧法明等所取《大云经》是后秦沙门竺佛念的译本而不是昙无谶的译本。这个译本武则天是亲眼看到过的。法明等所"撰"的是《大云经疏》而不是《大云经》。后来武则天下诏赐撰疏人紫袈裟、银龟袋而不及撰（译）经人，正说明经为旧本，疏为新撰。参《沙州文录补》《金明馆丛稿二编》《历代三宝记》《高僧传》《全唐文》卷九十七。 [16]弥勒佛：佛名之一。见唐释湛然《维摩经略疏》卷五。 [17]阎浮提：梵语，意为南赡部洲。胡三省说："释氏以人世为阎浮提。" [18]行在：天子驻跸之处。本句指洛阳。按：泽王李上金，许王李素节，皆唐高宗之子。 [19]舒州：州名。治所怀宁，在今安徽潜山市。 [20]丁亥：七月十三日。[21]龙门：山名，即伊阙，在河南洛阳市南，为洛阳南面门户。 [22]太后欲以太平公主妻其

伯父士让之孙攸暨：薛绍饿死狱中以后，太平公主寡居，武则天欲使她再嫁。武攸暨，传见《旧唐书》卷一百八十三、《新唐书》卷二百零六。［23］方额广颐：前额方正，颊颐宽广。［24］权略：权智谋略。［25］类己：和自己相似。［26］食邑：即采邑，封地。［27］太平食邑独累加至三千户：唐制，公主食封三百户。但实际上往往突破此数。太平公主尤为明显，神龙元年食封至一万户。［28］甲寅：八月十一日。［29］癸亥：八月二十日。［30］辛未：八月二十八日。［31］杀南安王颍等宗室十二人：《新唐书》卷四《则天纪》作"杀南安郡王颍、鄅国公昭及诸宗室李直、李敞、李然、李勋、李策、李越、李黯、李玄、李英、李志业、李知言、李玄贞。"据此，则所杀不止十二人。南安王颍为密贞王李元晓之子。《新唐书》卷七十九《元晓传》略载其事，不言被杀。［32］又鞭杀故太子贤二子：此说不确。太子贤共有三子，即光顺、守礼、守义。《资治通鉴》卷二百四天授二年（691）二月条载："立故太子贤之子光顺为义丰王。"八月条载："义丰王光顺、嗣雍王守礼、永安王守义、长信县主（李贤女）等皆赐姓武氏。"若天授元年已鞭杀二人，这些记载是无法解释的。据《章怀太子传》，当时并无鞭杀二子之事。［33］又诛其亲党数百家：《考异》："《实录》作数千家。今从《旧本纪》。"按，《旧唐书·则天纪》天授元年不载。垂拱四年有此语。［34］千金长公主：唐高祖第十八女，下嫁温挺。传见《新唐书》卷八十三。

九月，丙子[1]，侍御史汲人傅游艺[2]帅关中百姓九百余人诣阙上表，请改国号曰周，赐皇帝姓武氏。太后不许；擢游艺为给事中[3]。于是百官及帝室宗戚、远近百姓、四夷酋长[4]、沙门[5]、道士合六万余人[6]，俱上表如游艺所请，皇帝亦上表自请赐姓武氏。戊寅[7]，群臣上言：有凤皇自明堂飞入上阳宫[8]，还集左台[9]梧桐之上，久之，飞东南去；及赤雀数万集朝堂。

庚辰[10]，太后可皇帝及群臣之请。壬午[11]，御则天楼[12]，赦天下，以唐为周[13]，改元[14]。乙酉[15]，上尊号曰圣神皇帝，以皇帝为皇嗣，赐姓武氏；以皇太子为皇孙。

丙戌[16]，立武氏七庙于神都，追尊周文王曰始祖文皇帝[17]，妣姒氏[18]曰文定皇后；平王少子武曰睿祖康皇帝，妣姜氏曰康睿皇后[19]；太原靖王曰严祖成皇帝，妣曰成庄皇后；赵肃恭王曰肃祖章敬皇帝，魏义康王曰烈祖昭安皇帝，周安成王曰显祖文穆皇帝，忠孝太皇曰太祖孝明高皇帝，妣皆如考谥，称皇后[20]。立武承嗣为魏王，三思为梁正，攸宁为建昌王，士彟兄孙攸归、重规、载德、攸暨、懿宗、嗣宗、攸宜、攸望、攸绪、攸止皆为郡王[21]，诸姑姊皆为长公主。

又以司宾卿[22]溧阳史务滋[23]为纳言，凤阁侍郎宗秦客检校内史，给事中傅游艺为鸾台侍郎、平章事。游艺与岑长倩、右玉钤卫大将军张虔勖、左金吾大将军丘神勣、侍御史来子珣[24]等并赐姓武。秦客潜劝太后革命，故首为内史[25]。游艺期年之中历衣青、绿、朱、紫[26]，时人谓之四时仕宦[27]。

敕改州为郡；或谓太后曰："陛下始革命而废州，不祥[28]。"太后遽追止之。命史务滋等十人巡抚诸道[29]。太后[30]立兄孙延基等六人[31]为郡王。

冬，十月，甲子[32]，检校内史宗秦客坐赃贬遵化[33]尉，弟楚客亦以奸赃流岭外[34]。

丁卯[35]，杀流人韦方质[36]。

辛未[37]，内史邢文伟坐附会宗秦客贬珍州[38]刺史。顷之，有制使[39]至州，文伟以为诛己，遽自缢死。

壬申[40]，敕两京诸州各置大云寺一区[41]，藏《大云经》，使僧升高座讲解，其撰疏僧[42]云宣等九人皆赐爵县公[43]，仍赐紫袈裟[44]、银龟袋[45]。

制天下武氏咸蠲课役[46]。

西突厥十姓，自垂拱以来为东突厥所侵掠，散亡略尽。濛池都护继往绝可汗斛瑟罗收其余众六七万人入居内地，拜右卫大将军，改号竭忠事主可汗。

道州刺史李行褒[47]兄弟为酷吏所陷，当族，秋官郎中徐有功固争不能得[48]。秋官侍郎周兴奏有功出反囚[49]，当斩[50]，太后虽不许，亦免有功官；然太后雅重[51]有功，久之，复起为侍御史。有功伏地流涕固辞曰："臣闻鹿走山林而命悬庖厨，势使之然也。陛下以臣为法官，臣不敢枉陛下法，必死是官矣。"太后固授之，远近闻者相贺。

是岁，以右卫大将军泉献诚[52]为左卫大将军。太后出金宝，命选南北牙善射者五人赌之，献诚第一，以让右玉钤卫大将军薛咄摩[53]，咄摩复让献诚，献诚乃奏言："陛下令选善射者，今多非汉官[54]，窃恐四夷轻汉[55]，请停此射。”太后善而从之。

（以上为第十一段，写武则天终于登上皇帝宝座，称帝，改国号为周。）

【注释】

[1]丙子：九月三日。 [2]傅游艺（?—691）：卫州汲（今河南卫辉市）人。历任合宫主簿、左补阙宰相等职。曾劝武则天发六道使捕杀流人。后被亲友所告，伏诛。传见《旧唐书》卷一百八十六上、《新唐书》卷二百二十三上。 [3]给事中：门下省重要职官之一。掌陪侍左右，分判省事。有封驳权、人事审查权和部分司法权。 [4]四夷酋长：各少数民族首领。 [5]沙门：佛教徒，僧侣。原为古印度各教派信徒的通称，后专指依照佛教戒律出家修行的人。 [6]合六万余人：据时人陈子昂所言，请愿活动共进行了三次：第一次关中耆老数百人在傅游艺率领下请愿，第二次是“神都耆老、遐荒夷貊、缁衣黄冠等”一万二千余人，第三次是“远近百姓、四夷酋长、沙门道士”、文武百官、帝室宗亲及睿宗皇帝共五万多人。见《全唐文》卷二百零九。 [7]戊寅：九月五日。 [8]上阳宫：洛阳地区最重要的“离宫”之一。《唐六典》卷五：“东都上阳宫，在皇城之西南，苑之东垂也。南临洛水，西拒穀水，东面即皇城右掖门之南。上元中营造，高宗晚年，常居此宫以听政焉。” [9]左台：即左肃政台。 [10]庚辰：九月七日。 [11]壬午：九月九日。 [12]则天楼：即则天门楼。 [13]以唐为周：即改国号为周。武则天之所以改国号为周，主要有两个原因：一是为了显姓氏，崇根本。相传武氏出自姬姓，“周平王少子生而有文在手曰‘武’，遂以为氏。”武则天本人也常以周氏苗裔自居。高宗时又封其父武士彟为周国公。以“周”为国号，可以表明“来历”。二是表示要效法古代盛世，创造新的奇迹。在唐人看来，古代盛世有周有汉。武则天认为周用王道，汉杂霸道，汉不如周。所以用“周正”，改唐为周也有表明政治抱负的意思。 [14]改元：改元天授。 [15]乙酉：九月十二日。 [16]丙戌：九月十三日。 [17]追尊周文王曰始祖文皇帝：周文王，商末周族领袖。姓姬名昌。在位五十年，使周族势力大增，“三分天下有其二”，为西周的建立奠定了基础。西周建立，追尊为文王。传见《史记》卷四。武则天攀附为姬氏之后，追尊周文王为文皇帝。胡三省评曰：“后远祖姬周，诬神甚矣，文王其肯享非鬼之祭乎！” [18]姒姒氏：指周文王夫人太姒氏。妣，对已死的女性祖先的称呼，一般称母亲。 [19]康睿皇后：章校，十二行本“睿”作“惠”。按，《新唐书》卷四《则天纪》及卷七十六《则天皇后传》均作“康惠”，当以十二行本为是。 [20]妣皆如考谥，称皇后：被追尊为皇帝者的妻都尊称为皇后。如尊其母杨氏为孝明高皇后。 [21]士彟兄孙攸归、重规、载德、攸暨、懿宗、嗣宗、攸宜、攸望、攸绪、攸止皆为郡王：按，攸宜、修绪、修暨、攸归、攸止、攸望皆士彟次兄武士让之孙。懿宗、嗣宗、重规、载德系士彟三兄武士逸之孙。见《旧唐书》卷一百八十三、《新唐书》卷二百零六等。 [22]司宾卿：官名。光宅元年改鸿胪为司宾。鸿胪掌外事接待与凶丧之仪。从三品。 [23]史务滋（?—691）：宣州溧阳（今江苏溧阳市西北）人。曾为相。传见《旧唐书》卷九十、《新唐书》卷一百一十四。 [24]来子珣（?—692）：雍州万年人。酷吏。传见《旧唐

书》卷一百八十六上、《新唐书》卷二百零九。［25］首为内史：改唐为周后第一个担任内史。内史即中书令。［26］期年之中历衣青、绿、朱、紫：用服色的变化来说明官阶的升迁。唐制，文武官三品以上服紫、四品服深绯、五品服浅绯、六品服深绿、七品服浅绿、八品服深青、九品服浅青。绯色即大红色。期年，一周年。历衣青、绿、朱、紫，即自八、九品迁至三品。［27］四时仕宦：意即每季一迁官职。［28］废州，不祥：因州、周同音，故认为废州不祥。［29］巡抚诸道：章校，十二行本“巡”作“存”。《旧唐书》卷六《则天纪》亦作“存”。［30］太后：章校，十二行本“太后”前有“癸卯”二字。癸卯，即九月三十日，当据以补添。［31］兄孙延基等六人：指延基、延秀、崇训、崇烈、延晖、延祚。武崇训、武崇烈是武则天长兄武元庆之孙，梁王武三思之子。其余皆则天次兄武元爽之孙。其中延晖、延祚为武承业之子，延基、延秀系武承嗣之子。见两《唐书·外戚传》。［32］甲子：十月二十一日。［33］遵化：县名。属钦州。县治在今广西灵山县西南。［34］弟楚客亦以奸赃流岭外：章校，十二行本“亦”上有“晋卿”二字。按，《旧唐书》卷九十二、《新唐书》卷一百零九皆载宗楚客“与楚客及其弟晋卿并以奸赃事发，配流岭外。”当据十二行本补。［35］丁卯：十月二十四日。［36］杀流人韦方质：《旧唐书·韦方质传》云“配流儋州，寻卒”，《资治通鉴》依《统纪》和《新唐书》本传。韦方质，官至宰相，因不附武承嗣、武三思而被构陷遭流放，寻被诛杀。［37］辛未：十月二十八日。［38］珍州：州名。治所丽皋，在今贵州正安县西北。［39］制使：奉制出巡的使者。后世称为钦差。［40］壬申：十月二十九日。［41］两京诸州各置大云寺一区：即京师长安、神都洛阳和天下诸州各建大云寺一座。区，数量单位，唐人习称寺庙一座为一区。［42］撰疏僧：即撰写《大云经疏》的和尚。［43］县公：爵号之一。属第五等。唐制，县公从二品，食邑一千五百户。［44］紫袈裟：紫色袈裟，袈裟为佛教僧尼的法衣。胡僧袈裟用毛皮，中土用缯帛，缁色，皇上赐紫者才能衣紫。［45］银龟袋：银饰龟袋。《新唐书·车服志》：高宗给五品以上随身银鱼袋，以防召命之诈，出内必合之，三品以上金饰袋。垂拱中，都督刺史始赐鱼。天授二年改佩鱼皆为龟。其后三品以上龟袋饰以金，四品以银，五品以铜。中宗又废龟袋，复给鱼袋。品官要随身佩鱼袋以明身份，防召命有诈。［46］蠲课役：蠲（juān），免除。课役，赋税力役。［47］李行褒：两《唐书·徐有功传》皆作“李仁褒”。李行褒时任梁州都督，与徐有功无关。见《旧唐书》卷九十八《韩休传》、《新唐书》卷一百二十六《韩休传》。当改“行”为“仁”。［48］不能得：不能按族灭论处。［49］出反囚：据章校，十二行本“出”上有“故”字。“出”，与“入”相对，在此为法律用语，意为“出脱”或变重为轻。反囚，反逆之囚。［50］当斩：应当斩首。［51］雅重：甚重。［52］泉献诚：右卫大将军泉男生之子，后为来俊臣所诬杀。事见《旧唐书》卷一百九十九上《高丽传》、《新唐书》卷一百一十《泉男生传》。［53］薛咄摩：薛延陀人。《新唐书·泉男生传》附《泉献诚传》及《旧唐书·高丽传》作“薛吐摩支”。［54］今多非汉官：现在选出来的人多非汉族官吏。［55］恐四夷轻汉：因为他们会从这件事中看出汉人不善于射箭。

二年（辛卯，691年）

正月，癸酉朔[1]，太后始受尊号[2]于万象神宫，旗帜尚赤[3]。

甲戌[4]，改置社稷于神都。辛巳[5]，纳武氏神主于太庙；唐太庙之在长安者，更命曰享德庙[6]，四时唯享高祖已下[7]，余四室[8]皆闭不享。又改长安崇先庙为崇尊庙[9]。乙酉[10]，日南至，大享明堂，祀昊天上帝，百神[11]从祀，武氏祖宗配飨，唐三帝[12]亦同配。

御史中丞知大夫事李嗣真[13]以酷吏纵横，上疏，以为："今告事纷纭[14]，虚多实少，恐有凶慝阴谋离间陛下君臣。古者狱成，公卿参听，王必三宥，然后行刑[15]。比日狱官单车奉使，推鞫既定，法家[16]依断，不令重推；或临时专决，不复闻奏。如此，则权由臣下，非审慎之法，傥[17]有冤滥，何由可知！况以九品之官专命推覆，操杀生之柄，窃人主之威，按覆既不在秋官[18]，省审复不由门下[19]，国之利器[20]，轻以假人，恐为社稷之祸。"太后不听。

饶阳尉姚贞亮等数百人表请上尊号曰上圣大神皇帝，不许。

侍御史来子珣诬尚衣奉御刘行感兄弟谋反，皆坐诛。

春，一月，地官尚书武思文[21]及朝集使二千八百人，表请封中岳[22]。

己亥[23]，废唐兴宁、永康、隐陵署官[24]，唯量置守户[25]。

左金吾大将军丘神勣以罪诛[26]。

纳言史务滋与来俊臣同鞫刘行感狱，俊臣奏务滋与行感亲密，意欲寝其反状[27]。太后命俊臣并推之。务滋恐惧自杀[28]。

或告文昌右丞周兴与丘神勣通谋，太后命来俊臣鞫之，俊臣与兴方推事对食[29]，谓兴曰："囚多不承[30]，当为何法[31]？"兴曰："此甚易耳！取大瓮，以炭四周炙之[32]，令囚入中，何事不承！"俊臣乃索大瓮，火围如兴法[33]，因起谓兴曰："有内状[34]推兄，请兄入此瓮[35]！"兴惶恐叩头伏罪。法当死，太后原之，二月，流兴岭南，在道，为仇家所杀。

兴与索元礼、来俊臣竞为暴刻，兴、元礼所杀各数千人，俊臣所破千余家。元礼残酷尤甚，太后亦杀之以慰人望[36]。

（以上为第十二段，写武则天登基受尊号，与酷吏苛刻形成鲜明对照，即恐怖政治是武氏专政的基础。）

【注释】

［1］癸酉朔：正月一日。［2］尊号：尊崇皇帝、皇后的称号。尊号秦已有之，唐朝以后越来越多。唐玄宗在位六次上尊号。参唐封演《封氏闻见记》卷四、宋叶梦得《石林燕语》卷五等。［3］旗帜尚赤：即尚红。先此，旗帜尚白。［4］甲戌：正月二日。［5］辛巳：正月九日。［6］唐太庙之在长安者，更命曰享德庙：意即改唐长安太庙为享德庙。［7］四时唯享高祖已下：章校，十二行本"下"下有"三庙"二字。即高祖、太宗、高宗三室。［8］余四室：指唐高祖以上的宣帝、元帝、光帝、景帝的庙室。［9］改长安崇先庙为崇尊庙：崇先庙是武则天在垂拱四年为武氏先祖所立的祭庙。［10］乙酉：正月十三日。［11］百神：泛指众神。［12］唐三帝：指高祖、太宗、高宗。［13］李嗣真（?—696）：滑州匡城（今河南长垣市西南）人。博学，晓音律，兼通阴阳推算之术。著有《明堂新礼》十卷，《孝经指要》《诗品》《书品》《画品》各一卷。传见《旧唐书》卷一百九十一、《新唐书》卷九十一。［14］纷纭：繁多。［15］古者狱成，公卿参听，王必三宥，然后行刑：《礼记·王制》：结案后，史以狱成告于正，正听之；正以狱成告于大司寇，大司寇听之于棘木之下；大司寇以狱成告于王，王命三公参听之；三公以狱成告于王，王三宥，然后行刑。三宥，三次下达宽赦复审之令，以示对死刑的重视。［16］法家：法官。［17］傥：假若。［18］秋官：刑部。［19］门下：即门下省。其中心工作是审议与封驳。［20］国之利器：国家的权力。古人常用"利器"比喻刑罚、赏赐及兵柄。此处指刑罚。［21］武思文：即李思文，徐敬业之叔。因反对徐敬业叛乱有功，赐姓为武。［22］中岳：嵩山。在今河南登封市。［23］己亥：一月二十七日。［24］废唐兴宁、永康、隐陵署官：兴宁陵，系世祖元皇帝李昺（追尊）之墓，在今陕西咸阳市境内。永康陵系太祖景皇帝李虎（追尊）之墓，在今陕西三原县北。隐陵系太子建成之墓，在今陕西西安市长安区。据《唐六典》卷十四，唐陵皆设署置官。永康、兴宁二陵署，各有陵令一人，从七品下，丞二人，从八品下。隐太子陵令一人，从八品下，丞一人，从九品下。今废官署，只置守陵户，降低规格，贬抑李唐皇室。［25］量置守户：根据实际情况设置守陵人户。守户，即守陵户，指看守帝王陵墓的人家。［26］丘神勣以罪诛：以谋反罪被杀。［27］欲寝其反状：想掩盖刘行感谋反的事实。寝，止息，在此指掩盖。［28］务滋恐惧自杀：据章校，"务"上有"庚子"二字。庚子，即一月二十八日。［29］方推事对食：正因推鞫之事在衙中同桌进餐。［30］承：顺承。在此引申为招供、认罪。［31］当为何法：用什么办法才能使他们坦白？［32］以炭四周炙之：用炭火从四面围起来烧它。［33］火围如兴法：按照周兴所说的办法用炭火把瓮围住。［34］内状：犹密旨。［35］请兄入此瓮：成语"请君入瓮"即源于此。比喻以其治人之道，还治其人之身。［36］以慰人望：满足、抚慰民众的愿望。

徙左卫大将军千乘王武攸暨为定王。立故太子贤之子光顺为义丰王[1]。

甲子[2]，太后命始祖墓曰德陵，睿祖墓曰乔陵，严祖墓曰节陵，肃祖墓曰简陵，烈祖墓曰靖陵，显祖墓曰永陵，改章德陵为昊陵，显义陵为顺陵。

追复李君羡官爵[3]。

夏，四月，壬寅朔[4]，日有食之。

癸卯[5]，制以释教开革命之阶[6]，升于道教之上[7]。

命建安王攸宜留守长安。

丙辰[8]，铸大钟，置北阙。

五月，以岑长倩为武威道行军大总管，击吐蕃，中道召还，军竟不出。

六月，以左肃政大夫格辅元[9]为地官尚书，与鸾台侍郎乐思晦[10]、凤阁侍郎任知古[11]并同平章事。思晦，彦玮之子也。

秋，七月，徙关内户数十万以实[12]洛阳。

八月，戊申[13]，纳言武攸宁罢为左羽林大将军；夏官尚书欧阳通[14]为司礼卿兼判纳言事。

庚申[15]，杀玉钤卫大将军张虔勖[16]。来俊臣鞫虔勖狱，虔勖自讼于徐有功；俊臣怒，命卫士以刀乱斫杀之，枭首于市。

义丰王光顺、嗣雍王守礼、永安王守义、长信县主[17]等皆赐姓武氏，与睿宗诸子皆幽闭宫中，不出门庭者十余年。守礼、守义，光顺之弟也。

或告地官尚书武思文初与徐敬业通谋；甲子[18]，流思文于岭南，复姓徐氏[19]。

九月，乙亥[20]，杀岐州刺史云弘嗣。来俊臣鞫之，不问一款[21]，先断其首，乃伪立案[22]奏之，其杀张虔勖亦然。敕旨皆依，海内钳口[23]。

鸾台侍郎、同平章事傅游艺梦登湛露殿，以语所亲，所亲告之；壬辰[24]，下狱，自杀。

（以上为第十三段，写酷吏来俊臣之凶残。）

【注释】

［1］义丰王：《旧唐书·李贤传》作安乐王。［2］甲子：二月二十二日。［3］追复李君羡官爵：即平反李君羡冤案。李君羡（?—648），洺州武安（今河北武安市）人。唐初屡立战功，官至左武候中郎将，封武连县公。贞观二十二年，太白星昼现，太史占卜的结果是"女主昌"，民间又谣传说"当有女武王者"。唐太宗以李君羡官邑属县皆有"武"字，小字又叫"五娘子"，与传说中的人物颇为相似，怀疑他可能威胁到自己的统治，便把他贬为华州刺史，不久又予以杀害。事详《旧唐书》卷六十九《薛万彻传》、《新唐书》卷九十四《薛万均传》，以及《资治通鉴》卷一九九唐太宗贞观二十二年。［4］壬寅朔：四月一日。［5］癸卯：四月二日。［6］释教开革命之阶：释教即佛教。阶，因由，阶梯。佛教为武则天改唐为周、当上皇帝提供了理论根据。在中国历史上，没有女人当皇帝的先例。儒家经典严诫妇女参政，说"牝鸡之晨，惟家之索"。道教中也没有女子可以当权的说法。佛教经典则不同，《大云经》中有女子可以为王的文字。僧法明等作《大云经疏》，巧妙地将佛教经典与现实生活联系起来，对武周政权的建立起了很大的作用。［7］升于道教之上：这是唐代佛教势力发展的第一个高峰。唐太宗贞观年间，规定道士女冠在僧尼之前。唐高宗上元时，规定佛道地位平等，不分高低先后。至此，佛教地位超过了道教。［8］丙辰：四月十五日。［9］格辅元（?—691）：汴州浚仪（今河南开封市）人。曾任殿中侍御史、宰相等职。事见《旧唐书》卷七十《岑文本传》、《新唐书》卷一百二《岑文本传》。［10］乐思晦（?—691）：雍州长安人。曾为相。事见《旧唐书》卷八十一《乐彦玮传》。其父乐彦玮，高宗时官至宰相。［11］任知古：曾为相。事散见《新唐书》卷六十一、卷一百一十三、卷一百一十五等处。［12］实：充实。［13］戊申：八月十日。［14］欧阳通（?—691）：潭州临湘（今湖南长沙市）人。著名书法家欧阳询之子，亦以善书著称。曾为相。传见《旧唐书》卷一百八十九上、《新唐书》卷一百九十八及《宣和书谱》卷八。［15］庚申：八月二十二日。［16］玉钤卫大将军张虔勖：唐制，玉钤卫大将军有左右之分。据《新唐书》卷四《则天纪》，张虔勖时任右玉钤卫大将军。［17］义丰王光顺、嗣雍王守礼、永安王守义、长信县主：此数人都是章怀太子的子女。唐制，皇兄弟、皇子皆封国，称为亲王。亲王诸子中承嫡袭爵的称为嗣王。皇太子诸子称为郡王。［18］甲子：八月二十六日。［19］复姓徐氏：徐思文，光宅元年改姓武氏，今复故姓。［20］乙亥：九月八日。［21］款：指法令、制度等分条列举的项目。罪人受审讯，每回答一项记录在案称为一款。款，诚信之意，谓所录口供皆真实，故称款。［22］案：案卷。凡官文书可考据者皆曰案。［23］钳口：亦作"拑口""箝口"，指闭口不敢言语。［24］壬辰：九月二十五日。

癸巳[1]，以左羽林卫大将军建昌王武攸宁为纳言，洛州司马狄仁杰为地官侍郎，与冬官侍郎裴行本[2]并同平章事。太后谓仁杰曰："卿在汝南，甚有善政[3]，卿欲知谮[4]卿者名乎？”仁杰谢曰：“陛下以臣为过[5]，臣请改之；知臣无过，臣之幸也，不愿知谮者名。”太后深叹美之。

先是，凤阁舍人修武张嘉福[6]使洛阳人王庆之等数百人[7]上表，请立武承嗣为皇太子。文昌右相、同凤阁鸾台三品岑长倩以皇嗣[8]在东宫，不宜有此议，奏请切责[9]上书者，告示令散。太后又问地官尚书、同平章事格辅元，辅元固称不可[10]。由是大忤诸武意，故斥长倩令西征吐蕃，未至，征还，下制狱。承嗣又谮辅元。来俊臣又胁长倩子灵原，令引司礼卿兼判纳言事欧阳通等数十人，皆云同反。通为俊臣所讯，五毒[11]备至，终无异词，俊臣乃诈为通款[12]。冬，十月，己酉[13]，长倩、辅元、通等皆坐诛。

王庆之[14]见太后，太后曰：“皇嗣我子，奈何废之[15]？”庆之对曰：“‘神不歆[16]非类，民不祀非族。’今谁有天下，而以李氏为嗣乎！”太后谕遣之。庆之伏地，以死泣请，不去，太后乃以印纸[17]遗之曰：“欲见我，以此示门者。”自是庆之屡求见，太后颇怒之，命凤阁侍郎李昭德[18]赐庆之杖。昭德引出光政门[19]外，以示朝士曰：“此贼欲废我皇嗣，立武承嗣。”命扑之[20]，耳目皆血出，然后杖杀之[21]，其党乃散。

昭德因言于太后曰：“天皇[22]，陛下之夫；皇嗣，陛下之子。陛下身有天下[23]，当传之子孙为万代业[24]，岂得以侄为嗣乎[25]！自古未闻侄为天子而为姑立庙者也[26]！且陛下受天皇顾托，若以天下与承嗣，则天皇不血食矣[27]。”太后亦以为然。昭德，乾祐[28]之子也。

壬辰[29]，杀鸾台侍郎同平章事乐思晦、右卫将军李安静[30]。安静，纲之孙也[31]。太后将革命，王公百官皆上表劝进，安静独正色拒之。及下制狱，来俊臣诘其反状，安静曰：“以我唐家老臣，须杀即杀[32]！若问谋反，实无可对。”俊臣竟杀之。

太学生[33]王循之上表，乞假还乡[34]；太后许之。狄仁杰曰：“臣闻君人者唯杀生之柄不假[35]人，自余皆归之有司[36]。故左、右丞，徒以下不勾[37]；左、右相，流以上乃判，为其渐贵故也。彼学生求假，丞、簿事耳[38]，若天子为之发敕，则天下之事几敕可尽乎！必欲不违其愿，请普为立制[39]而已。"太后善之。

（以上为第十四段，写武则天敬仰狄仁杰，默许李昭德诛杀无赖小人王庆之，表现了武则天政治人格的多面性。）

【注释】

[1]癸巳：九月二十六日。［2］裴行本：曾担任宰相。事迹散见《新唐书》卷四、卷六十一、卷一百一十三。［3］卿在汝南，甚有善政：狄仁杰担任豫州刺史时，很有政绩。［4］谮（zèn）：进谗言，说坏话。［5］以臣为过：如果认为臣有过失。［6］张嘉福：怀州修武（今河南修武县）人。事散见《旧唐书》卷七、卷七十、卷九十三、卷一百八十九上及《新唐书》卷一百一十一。［7］数百人：《御史台记》作千余人。《资治通鉴》据《旧唐书》本传立说。［8］皇嗣：即睿宗李旦。［9］切责：严厉斥责。［10］固称不可：坚持说不可以立武承嗣为皇太子。［11］五毒：五种酷刑，指鞭、箠、灼、徽、纆。泛指各种残酷的刑法。［12］诈为通款：伪造欧阳通的交待材料。［13］己酉：十月十二日。［14］王庆之：事散见《旧唐书》卷七十、卷八十七、卷九十三，《新唐书》卷一百二、卷一百一十一、卷一百一十七等。［15］奈何废之：为什么要废掉他？［16］歆：歆享。［17］印纸：盖有皇帝玺印的纸片。［18］李昭德（？—697）：雍州长安人。精明强干，颇受武则天器重。担任过宰相。曾劝武则天打消立武承嗣为皇太子的念头。后与酷吏来俊臣同日被杀。传见《旧唐书》卷八十七、《新唐书》卷一百一十七。［19］光政门：东都宫城南面有三门，西边的曰光政门，即长乐门。［20］扑之：击之。［21］然后杖杀之：李昭德借武则天一时之怒杖杀投机小人王庆之，实快人心。而杖杀王庆之的时间，史籍记载不一。司马光根据《实录》《御史台记》《旧唐书·李昭德传》考异，认为应在李昭德任凤阁侍郎时，非在其任宰相时。［22］天皇：即唐高宗李治。李治上元元年称天皇，死后被追谥为天皇大帝。［23］身有天下：即亲有天下。［24］万代业：万世基业。［25］岂得以侄为嗣乎：怎么能以侄儿为皇嗣呢！［26］自古未闻侄为天子而为姑立庙者也：侄为天子，则为其祖考立庙，而不为姑立庙。［27］不血食矣：得不到庙享了。古时祭祀，多杀牲取血。故曰血食。［28］乾祐：李乾祐贞观初为殿中侍御史。贞观初救裴仁轨免于难。事见两《唐书·李昭德传》。［29］壬辰：十月戊戌朔，无壬辰。乐思晦被杀的时间，《新唐书》卷四《则天纪》及卷六十一《宰相表》均作十月"壬戌"，即十月二十五日。［30］右卫将军李安静（？—691）：《新唐书》卷四作左卫将军，误。传见《新唐书》卷九十九。［31］安静，纲之孙也：李纲为人慷慨。隋时为太子洗马，入唐后官至太子少师。传见《旧唐书》卷六十二、《新唐书》卷九十九。［32］须杀即杀：意谓要杀就杀。李纲以刚直著称于隋唐之际。李安静有乃祖之风。［33］太学生：在太学读书的学生。太学为国子监所属六学之一，有学生五百人。［34］乞假还乡：请假回家。［35］假：借。［36］有司：官吏。古代设官分职，各有专司，"有司"遂成为"官吏"的代称。［37］勾：勾点，办理。［38］丞、簿事耳：此指太学生告假，应是国子监丞和主簿应管的事。国子监丞，掌判监事，从六品下；主簿，从七品下。［39］普为立制：制定一

个普遍适用的或通行的制度。

【点评】

论武周革命。本卷记载武则天正式登基为皇帝，改国号为周，表示改朝换代，被称为“革天命”。改朝换代的“革命”，总是伴随血腥。武则天作为女性，“革命”难度更艰巨。本卷点评的重点，就是武则天如何完成武周的“革命”。

一是建立告密制度，以刑杀立威。早在文明元年（684），武则天发动宫廷政变，废中宗立睿宗，宫廷禁卫军飞骑有十几个士兵对未得封赏而发牢骚，他们其中一个随意说了一句：“早知没有封赏，还不如扶立庐陵王呢！”当即有一个离席赴北门告状，席还没散，飞骑们就都被抓了起来。说话的人被斩首，知情不举的人被处绞刑，告密的被授予五品官。十来个士兵发牢骚，本无足轻重，武则天却小题大做，处以极刑，目的是立威。武则天从这一事件受到启发，规定今后凡告密者，任何人不得干涉，并应向其提供驿马和相当于五品官的伙食，京师还要设置专门接待告密者的宾馆。告密有功，可以马上当官；即使是诬告，也决不治罪。此例一开，告密之风大盛，告密者纷至沓来。著名酷吏索元礼、来俊臣、来子珣等人都是依靠告密起家。垂拱二年（686），武则天设置铜匦，收受告密信。铜匦器形特殊，“其器共为一室，中有四隔，上各有窍，以受表疏，可入不可出”。既然投书铜匦又保密又安全，告密的人就更加肆无忌惮了，从此告密成为武则天专政的一项制度。宰相刘祎之与凤阁舍人贾大隐闲谈说：“太后既然废了昏庸的中宗，立了贤明的睿宗，就应当还政于皇帝以安定天下，还要临朝干什么呢！”贾大隐向武则天告密，武则天立即把刘祎之赐死于家中。告密使人人自危，武则天坐收渔利。告密行为只能施之于专制政体。即使封建社会，开明的君主也反对这种丑恶。唐太宗就反对告密和进行政治陷害，他曾说：“有上书讦人小恶者，当以谗人之罪罪之。”（《贞观政要》卷六）唐高宗在位时，也曾经下令“禁酷刑及匿名书”，说“匿名书，国有常禁，……此风若扇，为蠹方深”（《全唐文》卷一一），因告密者大都不是善类。武则天一反常态，抛弃祖宗之法，运用强大的政治力把告密这一恶行推向全社会。告密恶行冲击社会的人伦底线，是非完全颠倒。武则天为什么这样做呢？因为女主干政，在封建社会中名不正、言不顺。武则天始终多疑，怀疑有人要推翻自己，因此，鼓励告密、重用酷吏就成了她防患于未然的重要手段。告密与酷吏政治是孪生兄弟。关于酷吏，留待以后点评。

二是造祥瑞。古人宣扬天人感应，武则天充分利用这一点，给自己登基得天命制造舆论。垂拱四年（688）五月，武则天首先在神都洛阳举行了盛大的朝会，诸州都督、刺史及宗室、外戚云集，庆贺“宝图”出世。所谓“宝图”不过是一块白石头，石上刻有“圣母临人，永昌帝业”八字，暗示武则天就是当代的“圣母”。武则天的侄子武承嗣故意事先叫人在石头上刻好字，然后指使雍州人唐同泰献上，诓说是在洛水中得到的。武则天假戏真做，亲拜洛水，祷告上天，并授唐同泰为游击将军，将白石命名为“天授神图”、洛水命名为“永昌洛水”，改“宝图”所出地为“永昌县”，自称为“圣母神皇”。武则天还利用佛教为女主登基造舆论。在后凉昙无谶所译的《大云经》中，有这样一种说法，即菩萨为救天下众生，化为女身。洛阳僧人法明等人附会这种说法，做了《大云经疏》献给武则天。疏中“言则天是弥勒下生，作阎浮提（人世）主，唐氏合微”（《旧唐书·薛怀义传》）。法明等人编造的鬼话却给武则天代唐君临天下抹上了一层神秘的灵光，它正中武则天的下怀。武则天下令在全国各州都要建一座大云寺，藏一部《大云经》；剃度一千名僧侣；由寺僧向大众宣讲《大云经》。武则天重赏了投机撰写《大云经疏》的法明和尚等九人，全部赐爵为县公。

三是杀戮唐宗室而重用武氏外戚，这是在渐进完成政权的过渡。大杀唐宗室，削弱唐皇室根基，史称“太后潜谋革命，稍除宗室”。绛州刺史韩王李元嘉，青州刺史霍王李元轨，邢州刺史鲁王李灵夔，豫州刺史越王李贞，李贞子博州刺史琅邪王李冲，还有李元嘉、李元轨之子，这些人在唐宗室中皆有才行美名，深为武则天所忌。武则天借诸王谋反，加以杀灭。与之同时，大批重用武氏亲族，以壮大自己的根基。如用其兄武元爽之子武承嗣为文昌左相、同凤阁鸾台三品，用其兄武元庆之子武三思为夏官尚书；用其伯父武士让孙武攸宁为凤阁侍郎、纳言，士让孙武攸暨为右卫中郎将、尚太平公主；用其从父姊之子宗秦客为内史、宗楚客为夏官侍郎；用其伯父武士逸孙武懿宗为左金吾卫大将军；用其母杨氏本家的杨执柔为夏官尚书、同平章事等。武则天曾得意地宣称：“我令当宗（武氏）及外家（杨氏）常一人为宰相。”（《旧唐书·杨恭仁传》）这种一朝天子一朝臣的用人政策，是武则天得以顺利称帝的重要保障。

四是造明堂。建明堂是盛世的标志。明堂法天，上圆下方，复庙重屋，既是帝王最重要的布政之所，也是祭天的场所。唐朝重视礼乐，明堂是施礼的重要场所，唐太宗、唐高宗都想建明堂而因工程浩大没有施行。光宅元年（684），陈子昂上疏：“于国南郊，建立明堂，与天下更始，不其盛哉！”陈子昂要为唐建明堂，武则天抓住机会为武周建明堂。武则天派她的男宠薛怀义监修。垂拱四年（688）二月，建造明堂工程启动。武则天动用民夫数万人，拆毁乾元殿，在其基础上修造。明堂于同年十二月完工，前后只用了十个月的时间，速度实在惊人。明堂成，高二百九十四尺（约合今 72 米），方三百尺（约合今 74 米）。“凡三层：下层法四时，各随方色；中层法十二辰；上为圆盖，九龙捧之。上施铁凤，高一丈，饰以黄金。中有巨木十围，上下通贯，栭栌樘槐藉以为本。下施铁渠，为辟雍之象。号曰万象神宫。”

五是预演登基。永昌元年（689）十一月，武则天大赦天下，改元载初，用周正，以永昌元年十一月为载初元年正月，这又是改朝换代的一个重要标志。凤阁侍郎宗秦客是武则天从父姊之子，他趁机向武则天献上“天”、“地”等数十个新造的字。武则天将其中的“曌”字选为自己的名字。此后，为避武则天之讳，将颁布的“诏书”均改称为“制书”。

第六招，发动请愿，顺从民情。武则天经过五年临朝称制的精心准备，认为“革命”的时机成熟。武则天于载初元年（690）九月，指使汲人傅游艺带着关中九百多人到神都洛阳诣阙上书，请求改国号为“周”，赐皇帝姓武氏。对这一提议，武则天表面上拒不接受，但却立即将傅游艺提升为给事中，这种“此地无银三百两”的做法再清楚不过地泄露了武则天的“天机”。于是，朝中百官及皇室亲戚、四夷酋长、和尚道士共六万多人纷纷上表，演出了一场劝进的闹剧，连傀儡皇帝睿宗也迫于形势，上表自请赐姓为武氏。

载初元年九月九日，适逢重阳佳节，六十七岁的武则天终于同意了睿宗及群臣的“请求”，在则天门楼上宣布，以唐为周，改元天授，立武氏七庙于洛阳，以睿宗李旦为皇嗣，正式登上了大周“圣神皇帝”的宝座。可笑的是，武则天竟追尊周文王为始祖文皇帝、周平王少子姬武为睿祖康皇帝，把姬周和自己的武周联系起来，真是不伦不类。

武则天当上皇帝，就立即封武承嗣为魏王，武三思为梁王，武攸宁为建昌王；其余武氏诸男皆封郡王，诸女皆为公主；连普天下姓武的人也跟着沾了光，可以免服劳役。带头劝进的傅游艺一时也身价百倍，被封为鸾台侍郎、平章事，赐姓武氏。这位改了姓的武游艺出尽了风头，一年之中，从九品官升至三品官，官服连续换了青、绿、朱、紫四种，人称“四时仕宦”。

作为中国历史上唯一的女皇，武则天是一个成功者。正因唯一，说明她是一次偶然的出现。这一偶然的客观原因是唐太宗给了武则天机会。是唐太宗召武则天入宫，又是唐太宗选错了接班人，高宗的懦弱与依赖，成就了武则天。偶然的主观原因是武则天才能卓著，她是一个大政治家。她从皇后到太后，是事实上的皇帝代理人，但她却用垂帘的方式把握一个又一个时机，一步一个脚印地走向女皇之位。用孟子“动心忍性”四个字来评价武则天，一点也不过分。

卷二〇五　唐纪二十一

武则天长寿元年至万岁通天元年（692—696年）

【起玄黓执徐（壬辰，692年），尽柔兆涒滩（丙申，696年），凡五年】

【大事提要】

本卷记事起公元692年，讫公元696年，凡五年，时当武则天长寿元年到万岁通天元年，这是武则天执政中期的前段。一方面是恐怖的酷吏政治登峰造极，名臣任知古、狄仁杰、裴行本、崔宣礼、卢献、魏元忠、李嗣真等七人被来俊臣诬奏谋反，震动朝野，诸贤差点死于冤狱。武则天明知诬枉，为了鼓励酷吏，只是不族灭诸贤，仍然全部贬官降职。武则天自垂拱以来至长寿元年（公元685年至公元692年）八年间，任用酷吏诛杀唐宗室贵戚数百人，涉及大臣数百家，其刺史郎将以下不可胜数。长寿二年（公元693年），酷吏万国俊一次诛杀流人三百余人，骇人听闻。另一方面，武则天已觉察恐怖政治造成人人自危的负面影响，告密一度危及睿宗，加之朱敬则、周矩等人谏诤，武则天着手清除酷吏政治。武则天当众揭露告密人杜肃，又令监察御史严善思惩治诬告者八百余人，诬告之风稍衰。来俊臣失势，王弘义被杖杀，狄仁杰、姚元崇、徐有功等贤臣被起用，可以说是武则天政治转轨的一个信号。这一时期，也是武则天个人志得意满最高潮的时期，加尊号称“金轮圣神皇帝”。武则天在薛怀义火烧明堂后，只用了十四个月的时间又重建了明堂，显示了当时武周国力之盛。但边衅不断，吐蕃时服时叛，契丹反叛，战费支出以及大兴土木，给人民带来了沉重的负担。

则天顺圣皇后中之上

长寿元年[1]（壬辰，692年）

正月，戊辰朔[2]，太后享万象神宫。

腊月，立故于阗王尉迟伏阇雄[3]之子瑕[4]为于阗王。

春，一月，丁卯[5]，太后引见存抚使所举人[6]，无问贤愚，悉加擢[7]用，高者试[8]凤阁舍人、给事中，次试员外郎、侍御史、补阙、拾遗、校书郎[9]。试官自此始[10]。时人为之语曰："补阙连车载，拾遗平斗量；欋推侍御史，碗脱校书郎[11]。"有举人沈全交续之曰[12]："糊心存抚使，眯目圣神皇。"为御史纪先知[13]所擒，劾其诽谤朝政，请杖之朝堂，然后付法，太后笑曰："但使卿辈不滥[14]，何恤人言[15]！宜释其罪。"先知大惭。太后虽滥以禄位[16]收天下人心，然不称职者，寻亦黜[17]之，或加刑诛。挟刑赏之柄以驾御天下，政由己出，明察善断，故当时英贤亦竞[18]为之用。

宁陵[19]丞庐江郭霸[20]以谄谀干[21]太后，拜监察御史。中丞魏元忠病，霸往问之，因尝其粪，喜曰："大夫[22]粪甘则可忧；今苦，无伤也[23]。"元忠大恶之，遇人辄告之。

戊辰[24]，以夏官尚书杨执柔[25]同平章事。执柔，恭仁弟之孙也[26]，太后以外族用之[27]。

初，隋炀帝作东都[28]，无外城，仅有短垣而已，至是，凤阁侍郎李昭德始筑之[29]。

（以上为第一段，写武则天滥用官吏，壮大统治基础，乃有郭霸这样吃粪便的人升为京官。）

【注释】

[1]长寿元年：此时为天授三年（692），是年四月朔改元如意，九月庚子改元长寿。即长寿元年包有天授三年，以及如意元年。 [2]戊辰朔：正月一日。 [3]尉迟伏阇雄（?—692）：上元元年入朝，击吐蕃有功，被任命为毗沙都督。事见《旧唐书》卷五、卷一百九十八《于阗传》，《新唐书》卷二百二十一上《于阗传》。 [4]瑕：两《唐书·于阗传》均作"璥"。 [5]丁卯：一月一日。 [6]引见存抚使所举人：天授元年九月派遣存抚使分十道巡行天下。 [7]擢（zhuó）：提拔。 [8]试：试署。非正授。 [9]补阙、拾遗、校书郎：皆官名。垂拱元年置左右补阙各二员，从七品；左右拾遗各二员，从八品上，掌供奉讽谏。至天授二年二月五日各加置三员，同前共为五员。见《唐会要》卷五十六。 [10]试官自此始：试官即试用待录之官。先让担任某种职务，看是否称职。若称职，即予以正除；否则予以罢免。按，关于试官的起源，《唐会要》卷六十七说："天授二年二月十五日，十道使举人石艾县令王山辉等六十一人，并授拾遗补阙；怀州录事参军霍献可等二十四人，并授侍御史；并州录事参军徐昕等二十四人，授著作郎；魏州内黄县尉崔宣道等二十三人，授卫佐校书。盖天后收人望也。……试官自此始也。"《唐统纪》所载略同。司马光在《考异》中引用了《统纪》原文，怀疑与长寿元年一月丁卯引见存抚使所举人同为一事。 [11]补阙连

车载，拾遗平斗量，欋（qú）推侍御史，碗脱校书郎：此谣系时人张鷟所作。见《朝野佥载》卷四。平斗，即满斗。欋推，耙推。欋为农具名称，指四齿耙。碗脱，食器模型，指从一个模子中倒出。全句都是一个意思，就是说当时补阙、拾遗等试官极多、极滥。［12］沈全交续之曰：沈全交系诗人沈佺期之弟。据《朝野佥载》卷四，沈全交所续亦四句，即："评事不读律，博士不寻章。面糊存抚使，眯目圣神皇。"面糊，《资治通鉴》作"麹心"。意谓心为面浆所糊，昏迷不清。眯目，指眼睛被尘埃迷住，看不明白。圣神皇，即武则天。后二句旨在揭示造成补阙连车载等现象的原因，近似人身攻击。［13］纪先知：中宗朝宰相纪处讷的堂兄弟。见《新唐书》卷七十五上《宰相世系表》五上。［14］滥：过度，无节制。［15］何恤人言：何怕人说。恤，忧。［16］禄位：俸禄官位。［17］黜：罢免。［18］竞：争。为之用：为她所用。［19］宁陵：县名。今属河南省。［20］郭霸（?—698）：庐州庐江（今安徽庐江县）人。《新唐书》卷二百九作"郭弘霸"。司马光《考异》以郭霸为是。但据《旧唐书》卷五十《刑法志》及杜佑《通典》，其名本为"郭弘霸"，"郭霸"系避讳所改。事详《旧唐书》卷一百八十六上《郭霸传》、《新唐书》卷二百九《郭弘霸传》。［21］干：求。［22］大夫：对魏元忠的谀称。当时魏元忠官为御史中丞，尚未至大夫。［23］无伤也：无妨，没关系。［24］戊辰：一月二日。［25］杨执柔：弘农华阴（今陕西华阴市）人，曾任宰相。传见《旧唐书》卷六十二、《新唐书》卷一百。［26］执柔，恭仁弟之孙也：杨执柔是杨恭仁弟杨续的孙子。杨恭仁，高祖朝宰相。传见引《旧唐书》卷六十二、《新唐书》卷一百。［27］太后以外族用之：则天母杨氏系杨达之女，杨达为杨恭仁之叔。杨执柔与杨氏同宗，故武则天视之为外戚。［28］隋炀帝作东都：时在大业元年（605）。［29］李昭德始筑之：李昭德所筑除外郭外，尚有文昌台、定鼎门、上东门等，"时人以为能"。见两《唐书·李昭德传》。

左台中丞来俊臣罗告同平章事任知古、狄仁杰、裴行本、司礼卿崔宣礼[1]、前文昌左丞卢献、御史中丞魏元忠、潞州刺史李嗣真谋反。先是，来俊臣奏请降敕，一问即承反[2]者得减死。及知古等下狱，俊臣以此诱之，仁杰对曰："大周革命，万物惟新，唐室旧臣，甘从诛戮。反是实[3]！"俊臣乃少宽之。判官[4]王德寿谓仁杰曰："尚书[5]定减死矣。德寿业受驱策，欲求少阶级[6]，烦尚书引[7]杨执柔，可乎？"仁杰曰："皇天后土遣狄仁杰为如此事[8]！"以头触柱，血流被面[9]；德寿惧而谢之[10]。

侯思止鞫魏元忠，元忠辞气不屈；思止怒，命倒曳之。元忠曰："我薄命，譬如坠驴[11]，足絓于镫，为所曳耳。"思止愈怒，更曳之，元忠曰："侯思止，汝若须魏元忠头则截取，何必使承反也！"

狄仁杰既承反，有司待报[12]行刑，不复严备。仁杰裂衾帛[13]书冤状，置绵衣中，谓王德寿曰："天时[14]方热[15]，请授家人去其绵[16]。"德寿许之。仁杰子光远[17]得书，持之告变，得召见。则天览之，以问俊臣，对曰："仁杰等下狱，臣未尝褫[18]其巾带，寝处甚安，苟无事实，安肯承反！"太后使通事舍人[19]周綝往视之，俊臣暂假[20]仁杰等巾带，罗立[21]于西，使綝视之；綝不敢视，惟东顾唯诺而已。俊臣又诈为仁杰等谢死表[22]，使綝奏之。

乐思晦男未十岁，没入司农[23]，上变[24]，得召见，太后问状，对曰："臣父已死，臣家已破，但惜陛下法为俊臣等所弄[25]，陛下不信臣言，乞择朝臣之忠清、陛下素所信任者，为反状以付俊臣，无不承反矣。"太后意稍寤，召见仁杰等，问曰："卿承反何也？"对曰："不承，则已死于拷掠[26]矣。"太后曰："何为作谢死表？"对曰："无之。"出表示之，乃知其诈，于是出此七族[27]。庚午[28]，贬知古江夏[29]令，仁杰彭泽[30]令，宣礼夷陵[31]令，元忠涪陵[32]令，献西乡[33]令；流行本、嗣真于岭南。

俊臣与武承嗣等固请诛之，太后不许。俊臣乃独称行本罪尤重，请诛之；秋官郎中徐有功驳之，以为"明主有更生[34]之恩，俊臣不能将顺[35]，亏损恩信。"殿中侍御史贵乡霍献可[36]，宣礼之甥也，言于太后曰："陛下不杀崔宣礼，臣请陨[37]命于前。"以头触殿阶，血流霑地，以示为人臣者不私其亲。太后皆不听。献可常以绿帛裹其伤，微露之于幞头[38]下，冀太后见之以为忠。

（以上为第二段，写来俊臣等酷吏，假公济私，故意诬告朝臣，制造冤狱，武则天已感事态严重，用流刑代替死刑。）

【注释】

[1]司礼卿崔宣礼：章校，十二行本"礼"作"农"，"崔"作"裴"。按，据《旧唐书》卷九十四，《新唐书》卷七十一上、卷一百二十三，当以十二行本为是。即此句应作"司农卿裴宣礼"。[2]承反：承认谋反。 [3]反是实：谋反属实。 [4]判官：官名。唐制，特派大臣可自选随员以为判官。此处指来俊臣所选的属官。 [5]尚书：指狄仁杰。时狄仁杰任地官侍郎、判尚书、同凤阁鸾台平章事。 [6]欲求少阶级：意为想有所升迁。 [7]引：援引。 [8]皇天后土遣狄仁

杰为如此事：皇天后土，指天地。意思是说皇天后土不容狄仁杰干这样的昧心之事。《新唐书·狄仁杰传》作“皇天后土，使仁杰为此乎！”语意较为明白。［9］被面：满面。［10］谢之：指王德寿向狄仁杰道歉。谢，道歉。［11］坠驴：从驴背上掉下来。［12］报：判决。［13］裂衾帛：撕下被单。［14］天时：本指自然运行的时序，此处指天气。［15］方热：将热。［16］请授家人去其绵：请把绵衣交给家人，让把其中的绵取掉。［17］光远：狄仁杰之次子，官至州司马。见《新唐书》卷七十四下。［18］褫（chǐ）：剥，脱。［19］通事舍人：中书省属官，从六品上。［20］暂假：暂时借给。［21］罗立：罗列而立，排队站立。［22］俊臣又诈为仁杰等谢死表：两《唐书·狄仁杰传》作来俊臣令王德寿代仁杰作谢死表。谢死表，谢表之一。其意有二：一是感谢将自己处死；二是请求将自己处死。本文属后者。［23］乐思晦男未十岁，没入司农：乐思晦天授二年十月被杀，其子不满十岁，籍没后进入司农寺当仆隶。［24］上变：上书申冤。［25］弄：舞弄。［26］拷掠：鞭打。泛指刑讯。［27］出此七族：减轻对这七个人及其家族成员的处罚。出，法律用词，指量刑从轻。族，家族。按：《唐律》规定，谋反罪首从皆斩，其父及子年十六以上皆绞，十五以下及母、女、妻、妾、祖、孙、兄、弟、姊、妹及部曲，资财、田宅，一律没官，伯叔父及兄弟之子，亦流三千里，不限籍之异同。一人犯法，涉及一族。此次狄仁杰等被诬谋反者共七人，故有“七族”之说。［28］庚午：一月四日。［29］江夏：县名。县治在今湖北武汉市。［30］彭泽：县名。县治在今江西彭泽县东北。［31］夷陵：县名。县治在今湖北宜昌市。［32］涪陵：县名。县治在今重庆市涪陵区。［33］西乡：县名。县治在今陕西西乡县。［34］更生：再生。［35］将顺：随顺，顺势助成。［36］霍献可：魏州贵乡（今河北大名县东北）人。事散见于《旧唐书》卷五十、卷八十九、卷一百八十六上，《新唐书》卷一百零二、卷二百零九及《太平广记》卷二百五十九。［37］陨：同“殒”。［38］幞头：头巾。亦称“四脚”“折上巾”。本为军服，后渐流行。有四带，两条系于脑后，留部分下垂；两条反系头上，令曲折附顶。

甲戌[1]，补阙薛谦光[2]上疏，以为：“选举之法，宜得实才，取舍之间，风化[3]所系。今之选人，咸称觅举[4]，奔竞相尚，喧诉无惭[5]。至于才应经邦，惟令试策[6]；武能制敌，止验弯弧[7]。昔汉武帝见司马相如[8]赋，恨不同时，及置之朝廷，终文园令，知其不堪公卿之任故也。吴起[9]将战，左右进剑，起曰：‘将者提鼓挥桴[10]，临敌决疑，一剑之任，非将事也。’然则虚文[11]岂足以佐时[12]，善射岂足以克敌！要[13]在文吏察其行能，武吏观其勇略，考居官之臧否[14]，行举者赏罚而已[15]。”

来俊臣求金于左卫大将军泉献诚，不得，诬以谋反，下狱，乙亥[16]，缢杀之。

庚辰[17]，司刑卿、检校陕州刺史李游道[18]为冬官尚书、同平章事。

二月，己亥[19]，吐蕃党项部落万余人内附，分置十州。

戊午[20]，以秋官尚书袁智弘[21]同平章事。

夏，四月，丙申[22]，赦天下，改元如意。

五月，丙寅[23]，禁天下屠杀及捕鱼虾。江淮旱，饥，民不得采鱼虾[24]，饿死者甚众[25]。

右拾遗张德，生男[26]三日，私杀羊会[27]同僚，补阙杜肃怀一餤[28]，上表告之。明日，太后对仗，谓德曰："闻卿生男，甚喜。"德拜谢。太后曰："何从得肉？"德叩头服罪。太后曰："朕禁屠宰，吉凶不预[29]。然卿自今召客，亦须择人。"出肃表示之。肃大惭，举朝[30]欲唾其面。

吐蕃酋长曷苏[31]帅部落请内附，以右玉钤卫将军张玄遇[32]为安抚使，将精卒二万迎之。六月，军至大渡水[33]西，曷苏事泄，为国人所擒。别部酋长昝捶[34]帅羌蛮八千余人内附，玄遇以其部落置莱川州[35]而还。

（以上为第三段，写薛谦光上奏慎选举。武则天自己当众揭露告密者杜肃，武后的权变之术非常人所及。）

【注释】

[1]甲戌：一月八日。 [2]薛谦光（647—719）：字登。常州义兴（今江苏宜兴市）人。博涉文史，不畏权贵。官至太子宾客。传见《旧唐书》卷一百零一、《新唐书》卷一百一十二、《咸淳毗陵志》卷七。 [3]风化：风俗教化。 [4]觅举：士子请托以求荐举。此处是对举人的贬称。[5]无惭：不知羞惭。 [6]试策：考作策文。 [7]弯弧：弯弓。 [8]司马相如（前179—前117）：字长卿。蜀郡成都（今四川成都市）人。西汉时的著名文学家，被誉为汉代辞宗。汉武帝对他的《子虚赋》十分赏识，曾说恨不与他同时。但召见后并未予以重用。事见《史记》卷一百一十七《司马相如列传》、《汉书》卷五十七《司马相如传》。 [9]吴起（?—前381）：卫国左氏（今山东曹县北）人。战国时期的军事家。曾先后在鲁、魏二国为将，屡立战功。后辅佐楚悼王实行变法，被贵族杀害。传见《史记》卷六十五《孙子吴起列传》。 [10]桴（fú）：鼓槌。 [11]虚文：空文。[12]佐时：犹济时。 [13]要：关键。 [14]臧否（pǐ）：犹好坏，得失。 [15]行举者赏罚而已：对荐举之人进行赏罚，如此而已。此句颇难理解。薛谦光疏文原作"有称职者受荐贤之赏，滥举者抵欺罔之罪，自然举得贤行"，较为易懂。见《旧唐书》卷一百零一《薛登传》。 [16]乙亥：

一月九日。［17］庚辰：一月十四日。［18］李游道：赵州高邑（今河北高邑县）人。曾任宰相。事见《旧唐书》卷一百八十五上《李素立传》。［19］己亥：二月三日。［20］戊午：二月二十二日。［21］袁智弘：曾为相。见《新唐书》卷六十一《宰相表》、卷七十四下《宰相世系表》四下。［22］丙申：四月一日。［23］丙寅：五月一日。［24］采鱼虾：即捕鱼虾。［25］饿死者甚众：武则天佞佛，禁杀生，不准屠宰和捕鱼，可活活饿死了许多民众，难道人命不如物之命？不知武则天作何想。［26］生男：生子。［27］会：宴请。［28］餤：肉饼。［29］吉凶不预：吉凶之事不予干涉，可以破例。［30］举朝：满朝官吏。［31］曷苏：吐蕃大首领。事见《旧唐书》卷一百九十六上《吐蕃传》、《新唐书》卷二百一十六上《吐蕃传》。［32］张玄遇：事散见于《旧唐书》卷六、卷一百九十六上、卷一百九十九下。［33］大渡水：即大渡河。在今四川境内。［34］昝捶：《新唐书》卷二百一十六上《吐蕃传》作“昝插”。《考异》：“《唐纪》作‘沓摇’，今从《实录》。”［35］莱川州：《新唐书·吐蕃传》作“吐州”。

辛亥[1]，万年主簿徐坚[2]上疏，以为：“书有五听之道[3]，令著三复之奏[4]。窃见比有敕推按反者，令使者得实，即行斩决。人命至重，死不再生，万一怀枉，吞声赤族[5]，岂不痛哉！此不足肃奸逆[6]而明典刑[7]，适所以长威福而生疑惧。臣望绝此处分，依法复奏。又，法官之任，宜加简择，有用法宽平，为百姓所称者，愿亲而任之；有处事深酷，不允[8]人望者，愿疏而退之。”坚，齐聃[9]之子也。

夏官侍郎[10]李昭德密言于太后曰：“魏王承嗣权太重。”太后曰：“吾侄也，故委以腹心[11]。”昭德曰：“侄之于姑，其亲何如子之于父？子犹有篡弑其父者，况侄乎！今承嗣既陛下之侄，为亲王，又为宰相，权侔人主[12]，臣恐陛下不得久安天位[13]也！”太后矍然[14]曰：“朕未之思[15]。”秋，八月，戊寅[16]，以文昌左相[17]、同凤阁鸾台[18]三品武承嗣为特进[19]，纳言[20]武攸宁为冬官尚书[21]，夏官尚书[22]、同平章事杨执柔为地官尚书[23]，并罢政事；以秋官侍郎[24]新郑崔元综[25]为鸾台侍郎[26]，夏官侍郎李昭德为凤阁侍郎[27]，检校天官侍郎[28]姚琇[29]为文昌左丞[30]，检校地官侍郎李元素[31]为文昌右丞，与司宾[32]卿崔神基[33]并同平章事。琇，思廉[34]之孙；元素，敬玄[35]之弟也。辛巳[36]，以营缮大匠[37]王璿[38]为夏官尚书、同平章事。承嗣亦毁昭德于太后，太后曰：“吾任昭德，始得安眠，此代吾劳，汝勿言也。”

是时，酷吏恣横[39]，百官畏之侧足[40]，昭德独廷奏其奸。太后好祥瑞[41]，有献白石赤文[42]者，执政诘其异[43]，对曰："以其赤心[44]。"昭德怒曰："此石赤心，他石尽反邪？"左右皆笑。襄州人胡庆以丹漆书龟腹曰："天子万万年。"诣阙献之。昭德以刀刮尽，奏请付法[45]。太后曰："此心亦无恶[46]。"命释之。

太后习猫[47]，使与鹦鹉[48]共处。出示百官，传观未遍，猫饥，搏[49]鹦鹉食之，太后甚惭。

太后自垂拱[50]以来，任用酷吏，先诛唐宗室贵戚数百人，次及大臣数百家，其刺史、郎将以下，不可胜数[51]。每除一官，户婢[52]窃相谓曰："鬼朴[53]又来矣。"不旬月，辄遭掩捕、族诛。监察御史朝邑严善思[54]，公直敢言[55]。时告密者不可胜数，太后亦厌其烦，命善思按问，引虚伏罪[56]者八百五十余人。罗织之党为之不振，乃相与构陷善思，坐流驩州[57]。太后知其枉，寻复召为浑仪监丞[58]。善思名撰，以字行。

右补阙新郑朱敬则[59]以太后本任威刑以禁异议，今既革命，众心已定，宜省刑尚宽，乃上疏，以为："李斯[60]相秦，用刻薄变诈以屠诸侯[61]，不知易之以宽和，卒至土崩，此不知变之祸也。汉高祖定天下，陆贾、叔孙通[62]说之以礼义，传世十二，此知变之善[63]也。自文明[64]草昧[65]，天地屯蒙[66]，三叔流言[67]，四凶构难[68]，不设钩距[69]，无以应天顺人，不切[70]刑名，不可摧奸息暴。故置神器，开告端[71]，曲直之影必呈，包藏之心尽露，神道助直，无罪不除，苍生晏然[72]，紫宸[73]易主。然而急趋无善迹[74]，促柱少和声[75]，向时[76]之妙策，乃当今之刍狗[77]也。伏愿览秦、汉之得失，考时事之合宜，审[78]糟粕之可遗[79]，觉蘧庐[80]之须毁，去萋菲之牙角[81]，顿奸险之锋芒，窒[82]罗织之源，扫[83]朋党之迹，使天下苍生坦然大悦，岂不乐哉！"太后善之，赐帛三百段。

侍御史周矩[84]上疏曰："推劾之吏皆相矜以虐[85]，泥耳笼头[86]，枷研楔毂[87]，摺膺签爪[88]，悬发熏[89]耳，号曰'狱持'。或累日节食，连宵缓问，昼夜摇撼，使不得眠，号曰'宿囚'。此等[90]既非木石，且救目前，苟求赊死[91]。臣窃听舆议[92]，皆称天下太平，何苦须反[93]！

岂被告者尽是英雄，欲求帝王邪？但不胜楚毒自诬[94]耳。愿陛下察之。今满朝侧息[95]不安，皆以为陛下朝与之密，夕与之仇，不可保也。周用仁而昌，秦用刑而亡。愿陛下缓刑用仁，天下幸甚！”太后颇采其言，制狱稍衰[96]。

（以上为第四段，写武则天调整执政班子，掌控朝政，裁抑武承嗣等人的权势，冷静听取徐坚、李昭德、朱敬则、周矩等大臣对酷吏政治的批评。）

【注释】

[1]辛亥：六月甲子朔，无辛亥。疑误。 [2]徐坚（?—729）：字元固，湖州长城（今浙江长兴县）人。博学多识，举进士，历则天、中宗、睿宗、玄宗四朝，官至集贤院学士。曾参与《三教珠英》《则天皇后实录》《初学记》等书的编写，著有《徐坚集》三十卷。传见《旧唐书》卷一百零二、《新唐书》卷一百九十九、《嘉泰吴兴志》卷十六。 [3]书有五听之道：五听指审案的五种方法。一曰辞听，二曰色听，三曰气听，四曰耳听，五曰目听。 [4]令著三复之奏：贞观五年（631），唐太宗认为死刑极为重要，遂下诏三复奏。即三次审查上奏。 [5]吞声赤族：饮恨灭族。 [6]肃奸逆：肃清奸道。 [7]明典刑：明正典刑。 [8]不允：不孚。 [9]齐聃（dān）：徐齐聃高宗时官至西台舍人（即中书舍人）。善写文诰，为当时所称，唐高宗颇爱其文。传见《旧唐书》卷一百九十上、《新唐书》卷一百九十九及《嘉泰吴兴志》卷十六。 [10]夏官侍郎：即兵部侍郎。 [11]委以腹心：委以腹心之任。腹心，喻亲信。 [12]权侔（móu）人主：权力与帝王相等。侔，均，等。 [13]天位：帝位，皇帝宝座。 [14]矍（jué）然：惊视的样子。 [15]未之思：即未思之，没有考虑到这种事。 [16]戊寅：八月十六日。 [17]文昌左相：官名。尚书省长官。尚书省长官二人，为左右仆射，光宅元年改为文昌左右相。从第二品。 [18]凤阁鸾台：即中书省与门下省。高宗龙朔二年改中书省为西台，门下省为东台。武后光宅元年，又改西台为凤阁，东台为鸾台。武承嗣以文昌左相，加同凤阁鸾台三品，即为宰相。凤阁、鸾台长官，正三品。 [19]特进：文散官第二等，正二品。 [20]纳言：即门下省长官尚书。 [21]冬官尚书：即工部尚书。 [22]夏官尚书：即兵部尚书。 [23]地官尚书：即户部尚书。 [24]秋官侍郎：即刑部侍郎。 [25]崔元综：郑州新郑（今河南新郑市西南）人。曾为相，颇勤于政事。传见《旧唐书》卷九十、《新唐书》卷一百一十四。 [26]鸾台侍郎：即门下侍郎，正三品。 [27]夏官侍郎李昭德为凤阁侍郎：凤阁侍郎，即中书侍郎。《旧唐书·昭德传》：“举明经，累迁至凤阁侍郎。长寿二年增置夏官侍郎，以昭德为之；是岁，迁凤阁鸾台平章事。”《新纪》《表》《传》皆云昭德自夏官侍郎迁凤阁侍郎同平章事。司马光认为李昭德自凤阁为夏官，自夏官复为凤阁。 [28]天官侍郎：即吏部侍郎，吏部副长官。吏部长官为尚书。龙朔二年（公元662），改尚书为太常伯，侍郎为少常伯。 [29]姚琦：（632—705）：雍州长安人。刻苦好学，博涉经史。曾参与《瑶山玉彩》等书的

撰写。曾两度为相。传见《旧唐书》卷八十九、《新唐书》卷一百零二。［30］文昌左丞：官名。尚书省副长官。尚书省长官为左右仆射，光宅元年改为文昌左右相。副长官为左右丞。左丞，正四品上。右丞，正四品下。［31］李元素（?—679）：初为武德令，刚正敢谏。两度为相。事见《旧唐书》卷八十一《李敬玄传》、《新唐书》卷一百零六《李敬玄传》。［32］司宾：官名，司宾卿。户部属官。［33］崔神基：以门荫入仕。曾为相。事见《旧唐书》卷七十七《崔义玄传》、《新唐书》卷一百零九《崔义玄传》。［34］思廉：姚璹祖父姚思廉隋时任代王侍读，唐初官至弘文馆学士。著有《梁书》五十六卷、《陈书》三十六卷，行于世，为廿四史之一。［35］敬玄：李敬玄，李元素之兄，相唐高宗。［36］辛巳：八月十九日。［37］营缮大匠：官名。即将作大匠。光宅元年改将作监为营缮监。［38］王璿（xuán）：曾为相。事见《新唐书》卷四《则天纪》、卷六十一《宰相表》上。［39］恣横：纵恣骄横。［40］侧足：累足。形容畏惧而不敢直立。［41］祥瑞：吉祥的征兆。［42］白石赤文：有红色纹理的白石块。［43］诘其异：问他这块石头的奇异之处。［44］以其赤心：因为它的中心是红的，红心意味着赤诚。［45］付法：付法司治罪。［46］无恶：没有恶意。［47］习猫：驯猫。［48］鹦鹉：鸟名。俗称"鹦哥"。羽毛美丽。经过训练能模仿人的声音。［49］搏：捕。［50］垂拱：武则天年号，公元685年至688年。［51］先诛唐宗室贵戚数百人，次及大臣数百家，其刺史、郎将以下，不可胜数：这里的"先""次"表示被诛杀者的身份高低，而不是时间顺序。［52］户婢：即在宫门听候驱使的奴婢。［53］鬼朴：作鬼的材料。［54］严善思（645—729）：同州朝邑（今陕西大荔县东）人。善天文历数及卜相之术。则天时多次上表陈述时政得失，多被采纳。传见《旧唐书》卷一百九十一、《新唐书》卷二百零四。［55］公直敢言：公平正直，敢于说话。［56］引虚伏罪：因捏造事实，诬陷他人而伏罪。［57］驩州：州名。治所在今越南义安省演州县西安城。［58］浑仪监丞：官名。即司天监丞。从七品下。［59］朱敬则（635—709）：字少连，亳州永城（今河南永城市）人。《资治通鉴》作新郑人，不知所据。生于孝义之家，为官清廉正直。曾任宰相。执政以用人为先。著有《十代兴亡论》。传见《旧唐书》卷九十、《新唐书》卷一百一十五。［60］李斯（?—前208）：秦代政治家。曾任廷尉、丞相等职，对秦国政治有较大影响。传见《史记》卷八十七。［61］用刻薄变诈以屠诸侯：李斯曾建议对六国实行各个击破的政策。担任丞相后，反对分封，主张焚书坑儒，加强专制统治。［62］陆贾、叔孙通：两人为西汉开国功臣之一，事详《史记》卷九十七、卷九十九，《汉书》卷一、卷四十三。［63］善：与"祸"相对，犹"福"。［64］文明：唐睿宗年号。仅有文明元年（684），当年二月至九月。［65］草昧：创始。［66］屯蒙：天地初开时的混沌状态。指武则天临朝称制之初，如天地生物之始。［67］三叔流言：本指周初管叔、蔡叔、霍叔诽谤周公，此处借指韩王元嘉、霍王元轨等诬蔑武则天。［68］四凶构难：原指不服从舜控制的浑敦、穷奇、梼杌、饕餮等四凶作怪。这里指徐敬业等人发动叛乱。［69］钩距：古代连接弩车弩机的部件。［70］切：严。［71］置神器，开告端：指铸匦以开告密之门。按，铸匦是垂拱二年的事。在此之前，告密之门已开。［72］晏然：安然。［73］紫宸：本为天文学术语。紫微星居北辰之中，象征帝座，故曰紫宸。唐代帝王朝见群臣的内朝正殿取其意，称为紫宸殿。此处泛指禁宫。［74］急趋无善迹：以走路为喻。趋，跑，疾行。迹，足迹。［75］促柱少和声：以弹琴打比方。促柱，急弦。和声，谐和之声。［76］向时：从前，过去。［77］刍狗：用茅草扎成的狗，用于祭祀，祭毕即弃去。［78］审：明悉。［79］遗：弃。［80］蘧（qú）庐：传舍，犹今之旅馆。典出《庄子》："蘧庐可以一宿而不可以久处。"［81］去萋菲之牙角：萋菲，本指花纹错杂的样子，这里指进谗言的人。牙角，齿舌，此处指谗言。［82］窒：塞。［83］扫：除。［84］周矩：人名。事见《旧唐书》卷一百八十三《薛怀义传》、《新唐书》卷五十六《刑法志》、《全唐文》卷二百六十。［85］相矜以虐：以暴虐相矜夸。［86］泥耳笼头：泥耳，把犯人耳朵研成肉泥。笼头，给犯人头上套上铁圈子，即铁笼首，一种特制的刑具。［87］枷研楔毂：枷研，以重枷研其颈；楔毂，以铁圈毂其首而加楔。［88］签爪：用竹签刺犯人的十根手指。［89］熏（xūn）：以火烟熏炙。［90］此等：这些人。［91］苟求赊死：苟且招供，免受眼前酷刑被折磨而死，以等待伏法而死还多活几天。赊，远。赊死，等几天再死，谓苟且多活几天。［92］舆议：众议。［93］何苦须反：何苦必须造反。［94］自诬：自己诬陷自己，本来无罪而被迫认罪。［95］侧息：侧足屏息，形容惶恐不安的样子。［96］太后颇采其言，制狱稍衰：按，此事各书所载不一。如《新唐书》卷五十六《刑法志》说："武后不纳。"同书卷二百零九《酷吏传》则说："后寤，狱乃稍息，而酷吏寖寖以罪去。"司马光经过考辨，作此结论。

太后春秋虽高[1]，善自涂泽[2]，虽左右不觉其衰[3]。丙戌[4]，敕以齿落更生[5]，九月，庚子[6]，御则天门，赦天下，改元[7]。更以九月为社[8]。

制于并州置北都[9]。

癸丑[10]，同平章事李游道、王璿、袁智弘、崔神基、李元素、春官侍郎孔思元[11]、益州长史任令辉，皆为王弘义[12]所陷，流岭南。

左羽林中郎将来子珣[13]坐事流爱州[14]，寻卒。

初，新丰王孝杰[15]从刘审礼击吐蕃为副总管，与审礼皆没于吐蕃。赞普[16]见孝杰泣曰："貌类吾父。"厚礼之[17]，后竟得归，累迁右鹰扬卫将军[18]。孝杰久在吐蕃，知其虚实。会西州都督唐休璟请复取龟兹、于阗、疏勒、碎叶四镇[19]，敕以孝杰为武威军总管，与武卫大将军阿史那忠节[20]将兵击吐蕃。冬，十月，丙戌[21]，大破吐蕃，复取四镇。置安西都护府于龟兹[22]，发兵戍之。

（以上为第五段，写武则天年老生齿，以及败吐蕃，复置安西四镇。）

【注释】

[1]太后春秋虽高：春秋，年龄。时武则天已六十九岁。[2]涂泽：修饰容貌。[3]衰：衰老。[4]丙戌：八月二十四日。[5]更生：复生。[6]庚子：九月九日。[7]改元：改元长寿。武则天因年老而齿重生，于是改元长寿。[8]更以九月为社：将社日改在九月。社日系祭祀土神的日子，一般在立春、立秋后的第五个戊日。[9]北都：即太原。关于置北都的时间，两《唐书·地理志》作天授元年（690），与《资治通鉴》所载不同。[10]癸丑：九月二十二日。[11]孔思元：岑仲勉据《元和姓纂》及郎官石柱题名认为思元当为惠元之讹，见《通鉴隋唐纪比事质疑》。[12]王弘义（?—694）：冀州衡水（今河北衡水市西）人。武周时期的酷吏之一。传见《旧唐书》卷一百八十六上、《新唐书》卷二百零九。[13]来子珣（?—692）：武周时期的酷吏。传见《旧唐书》卷一百八十六上、《新唐书》卷二百零九。[14]爱州：州名。治所在今越南清化市。[15]王孝杰（?—697）：京兆新丰（今陕西西安市临潼区）人。以军功历任右鹰扬卫将军等职，曾率兵收复安西四镇。担任过宰相。传见《旧唐书》卷九十三、《新唐书》卷一百一十一。[16]赞普：吐蕃君长的称号。是强雄丈夫的意思。[17]厚礼之：对他厚加礼敬。[18]右鹰扬卫将军：即右武卫将军。[19]唐休璟请复取龟兹、于阗、疏勒、碎叶四镇：咸亨元年（670）安西四镇陷于吐蕃，故唐休璟有此奏请。[20]武卫大将军阿史那忠节：此时既改武卫为鹰扬卫，不应复以旧官名命忠节。大概是史家仍按旧官名记载下来了。[21]丙戌：十月二十五日。[22]置安西都护府于龟兹：咸亨元年（670）龟兹失陷，安西都护府被迫迁治。至此，复置安西都护府于龟兹。

二年（癸巳，693 年）

正月，壬辰朔[1]，太后享万象神宫，以魏王承嗣为亚献，梁王三思为终献。太后自制神宫乐，用舞者九百人[2]。

户婢[3]团儿为太后所宠信，有憾于皇嗣，乃谮皇嗣妃刘氏[4]、德妃窦氏[5]为厌咒[6]。癸巳[7]，妃与德妃朝太后于嘉豫殿，既退，同时杀之，瘗[8]于宫中，莫知所在。德妃，抗之曾孙也[9]。皇嗣畏忤旨，不敢言，居太后前，容止自如。团儿复欲害皇嗣，有言其情于太后[10]者，太后乃杀团儿。

是时，告密者皆诱人奴婢告其主，以求功赏。德妃父孝谌为润州刺史，有奴妄为妖异以恐[11]德妃母庞氏，庞氏惧，奴请夜祠祷解[12]，因发其事。下监察御史龙门薛季昶[13]按之，季昶诬奏，以为与德妃同祝诅，先涕泣不自胜，乃言曰："庞氏所为，臣子所不忍道。"太后擢季昶为给事中。庞氏当斩，其子希瑊[14]诣侍御史徐有功讼冤，有功牒[15]所司停刑，上奏论之，以为无罪；季昶奏有功阿党恶逆，请付法，法司处有功罪当绞。令史[16]以白有功，有功叹曰："岂我独死，诸人永不死邪！"既食，掩扇而寝[17]"。人以为有功苟自强，必内忧惧，密伺之，方熟寝。太后召有功，迎谓曰："卿比按狱，失出何多？"对曰："失出[18]，人臣之小过；好生[19]，圣人之大德。"太后默然。由是庞氏得减死，与其三子皆流岭南[20]，孝谌贬罗州[21]司马，有功亦除名[22]。

戊申[23]，姚玮奏请令宰相撰《时政记》[24]，月送史馆[25]。从之。《时政记》自此始。

腊月，丁卯[26]，降皇孙成器为寿春王[27]，恒王成义为衡阳王，楚王隆基为临淄王，卫王隆范为巴陵王，赵王隆业为彭城王，皆睿宗之子也。

春，一月，庚子[28]，以夏官侍郎娄师德[29]同平章事。师德宽厚清慎，犯而不校[30]。与李昭德俱入朝，师德体肥行缓，昭德屡待之不至，怒骂曰："田舍夫[31]！"师德徐笑曰："师德不为田舍夫，谁当为之！"其弟除代州[32]刺史，将行，师德谓曰："吾备位[33]宰相，汝复为州牧[34]，荣宠过盛，人所疾[35]也，将何以自免？"弟长跪[36]曰："自今虽有人唾某面[37]，某拭之而已，庶[38]不为兄忧。"师德愀然[39]曰："此所以为吾忧也！人唾汝面，怒汝也；汝拭之，乃逆其意，所以重其怒。夫唾，不拭自乾[40]，当笑而受之。"

甲寅[41]，前尚方监[42]裴匪躬、内常侍[43]范云仙坐私谒皇嗣腰斩于市。自是公卿以下皆不得见。又有告皇嗣潜有异谋者，太后命来俊臣鞫其左右，左右不胜楚毒，皆欲自诬。太常工人[44]京兆安金藏[45]大呼谓俊臣曰："公既不信金藏之言，请剖心以明皇嗣不反。"即引佩刀自剖其胸，五藏皆出，流血被地。太后闻之，令舆[46]入宫中，使医内五藏[47]，以桑皮线缝之，傅以药[48]，经宿始苏[49]。太后亲临视之，叹曰："吾有子不能自明，使汝至此。"即命俊臣停推。睿宗由是得免。

罢举人习《老子》，更习太后所造《臣轨》[50]。

二月，丙子[51]，新罗王政明卒[52]，遣使立其子理洪为王。

（以上为第六段，写酷吏告密治狱危及皇储睿宗。）

【注释】

［1］壬辰朔：正月一日。［2］太后自制神宫乐，用舞者九百人：《旧唐书》卷二十八《音乐志》，“先是，上自制《神宫大乐》，舞用九百人，至是舞于神宫之庭。”［3］户婢：在宫禁门户服役的奴婢。［4］皇嗣妃刘氏：刘德威之女，睿宗即位之初，曾被立为皇后。传见《旧唐书》卷五十一、《新唐书》卷七十六。［5］德妃窦氏：唐睿宗的妃嫔之一，生玄宗及金仙、玉真二公主。后被追谥为昭成顺圣皇后。与刘氏同传。［6］厌咒：厌胜诅咒。［7］癸巳：正月二日。［8］瘗（yì）：埋。［9］德妃，抗之曾孙也：皇太子李旦妃窦氏，是窦抗的曾孙女。窦抗是高祖太穆顺圣皇后窦氏的从兄。传见《旧唐书》卷六十一、《新唐书》卷九十五。［10］言其情于太后：刘知几《太上皇实录》云：“韦团儿谄佞多端，天后尤所信任。欲私于上而拒焉，怨望，遂作桐人潜埋于二妃院内，谮杀之，又矫制按问上。”有人把这些情况向太后做了报告，太后杀韦团儿。［11］恐：恐吓。［12］祷解：祈福解殃。［13］薛季昶：绛州龙门（今山西河津市）人。因上封事拜监察御史，为政颇有威名。后参与张柬之政变。传见《旧唐书》卷一百八十五上、《新唐书》卷一百二十。［14］希瑊：即窦希瑊。官至太子少傅。传见《旧唐书》卷一百八十三。［15］牒：唐代的一种公文，多用于平行机关。［16］令史：流外官名。据《唐六典》卷十三，御史台有侍御史四人，侍御史下有令史十五人。［17］掩扇而寝：以扇掩面而卧。［18］失出：与“失入”相对，指应判罪而不判或重罪轻判。［19］好生：爱惜生灵，不滥诛杀。［20］与其三子皆流岭南：据《新唐书》卷七十一下，窦孝谌有子四人：希瑊、希球、希瓌、希琬，不知庞氏所生为哪三位。［21］罗州：州名。治所在今广东廉江市东北。［22］有功亦除名：此事各书记载略有差异。《旧唐书·徐有功传》：“有功为御史，坐庞氏除名，寻起为左司郎中。”《御史台记》：“有功自秋官员外郎，坐庞氏除名为流人，月余，授御史。”司马光在《考异》中说：“按《实录》，有功天授初，累补司刑丞、秋官员外郎，稍迁郎中，后以公事免。万岁通天元年，擢拜殿中侍御史。今从之。”［23］戊申：正月十七日。［24］《时政记》：是宰相亲自记录的皇帝与宰相等人商讨军国大事的文件。［25］月送史馆：每月一次，送往史馆。史馆，国家修撰史书的机构。［26］丁卯：腊月七日。［27］寿春王：即寿春郡王，以下诸王亦为郡王。［28］庚子：一月十日。［29］娄师德（630—699）：郑州原武（今河南原阳县）人。字宗仁。进士。为人宽厚。颇有军功。长期主持西北屯田，深受武则天器重。两度担任宰相。传见《旧唐书》卷九十三、《新唐书》卷一百零八。［30］犯而不校：即使有所冒犯，也不予计较。［31］田舍夫：《新唐书》卷一百零八《娄师德传》作“田舍子”。《隋唐嘉话》卷下作“田舍汉”。三者意思相同，为讥讽之语，谓像农夫一样鄙俗。［32］代州：州名。治所雁门，在今山西代县。［33］备位：谦词。意为徒占其位，聊以充数。［34］州牧：即州刺史。汉武帝初置州刺史，汉成帝改刺史为州牧。东汉以降，废置不常。唐代仅雍州置牧，其余各州均置刺史。但人们按习惯有时也将刺史称作州牧。［35］疾：恨。［36］长跪：直身而跪。古人席地而坐，跪则伸直腰股以示敬重。［37］唾某面：唾在我脸上。某，自称。这种用法早已有之，至唐渐趋流行。文人书启，多自称为“某”。［38］庶：也许可以。表示希望。［39］愀然：表示忧愁的样

子。［40］夫唾，不拭自乾：此典故“唾面自干”的来源。娄师德尚且如此告诫弟弟，可见当时人人自危的景况。［41］甲寅：一月二十四日。［42］尚方监：官名。即少府监。从三品。掌管百工伎巧之政令。［43］内常侍：内侍省官，正五品下，地位仅次于内侍。协助内侍，常在内侍奉，出入宫掖，宣传制令。［44］太常工人：属籍于太常寺的从役人员。［45］安金藏：京兆长安人。因救睿宗有功，官至右骁卫将军，开元二十年，特封代国公。传见《旧唐书》卷一百八十七下、《新唐书》卷一百九十一。［46］舆：本指车厢，后成为车的代称，俗称为轿子。［47］使医内五藏：让太医把流出体外的内脏放入体内。［48］傅以药：抹上药。傅，通“敷”。［49］经宿始苏：经过一宿才苏醒过来。［50］罢举人习《老子》，更习太后所造《臣轨》：高宗上元元年（674）令贡举人习《老子》。《臣轨》，凡两卷、十章，讲为臣之道。关于罢学《老子》、更习《臣轨》的时间，各书记载不一。《资治通鉴》作长寿二年一月。《册府元龟》卷六百三十九《贡举部·条制一》作“二月”，《唐会要》卷七十五《明经》作“三月”。待考。［51］丙子：二月十六日。［52］新罗王政明卒：新罗王政明死亡的时间，《旧唐书》卷一百九十九上《新罗传》作“天授三年”（692）。《唐会要》卷九十五则作长寿二年，与《资治通鉴》所载大体接近。

乙亥[1]，禁人间锦[2]。侍御史侯思止[3]私畜锦，李昭德按之，杖杀于朝堂。

或告岭南流人[4]谋反，太后遣司刑评事[5]万国俊[6]摄监察御史就按之。国俊至广州，悉召流人，矫制赐自尽。流人号呼不服，国俊驱就水曲[7]，尽斩之，一朝杀三百余人。然后诈为反状，还奏，因言诸道流人，亦必有怨望谋反者，不可不早诛。太后喜，擢国俊为朝散大夫、行侍御史[8]。更遣右翊卫兵曹参军[9]刘光业、司刑评事王德寿、苑南面监丞[10]鲍思恭、尚辇直长[11]王大贞、右武威卫兵曹参军屈贞筠皆摄监察御史，诣诸道按流人。光业等以国俊多杀蒙赏，争效之，光业杀七百人，德寿杀五百人，自余少者不减百人，其远年杂犯流人亦与之俱毙。太后颇知其滥，制：“六道流人未死者并家属皆听还乡里。”国俊等亦相继死，或得罪流窜。

来俊臣诬冬官尚书苏干[12]，云在魏州与琅邪王冲通谋[13]，夏，四月，乙未[14]，杀之。

五月，癸丑[15]，棣州[16]河溢。

秋，九月，丁亥朔[17]，日有食之。

魏王承嗣等五千人表请加尊号曰金轮圣神皇帝。乙未[18]，太后御万象神宫，受尊号，赦天下。作金轮等七宝[19]，每朝会，陈之殿庭。

庚子[20]，追尊昭安皇帝曰浑元昭安皇帝[21]，文穆皇帝曰立极文穆皇帝，孝明高皇帝曰无上孝明高皇帝；皇后从帝号。

辛丑[22]，以文昌左丞、同平章事姚琫为司宾卿[23]，罢政事；以司宾卿万年豆卢钦望[24]为内史，文昌左丞韦巨源[25]同平章事，秋官侍郎吴人陆元方[26]为鸾台侍郎、同平章事。巨源，孝宽[27]之玄孙也。

（以上为第七段，写酷吏政治的最高峰——大杀流人，此与武则天上尊号曰金轮圣神皇帝成鲜明对照。）

【注释】

[1]乙亥：二月十五日。乙亥当在丙子之前。 [2]禁人间锦：禁止民间私织私藏绫锦。[3]侯思止（?—693）：雍州醴泉（今陕西礼泉县北）人。武周酷吏之一。传见《旧唐书》卷一百八十六上、《新唐书》卷二百零九。 [4]流人：被流放的犯人。唐代流刑仅次于死刑，分为三等：二千里、二千五百里、三千里。 [5]司刑评事：官名。即大理评事。《旧唐书·职官志》三："大理寺，光宅为司刑，评事十二人，从八品下。" [6]万国俊（?—693）：洛阳人。武周酷吏之一，曾与来俊臣等造《罗织经》陷害宗室朝贵。传见《旧唐书》卷一百八十六上。 [7]水曲：水流曲折的地方。此处指水滨。 [8]行侍御史：兼代官职。阶高兼代卑职称为"行"。 [9]右翊卫兵曹参军：官名。《唐六典》卷二十四《左右卫》条载：唐初改左右翊卫为左右卫府，龙朔二年除府字，为左右卫。据此，则"翊"为衍字。 [10]苑南面监丞：官名。据《旧唐书·职官志》三，唐京都禁苑四面皆置监。每面有监一人，从六品下，丞二人，正八品下。"四面监掌所管面苑内宫馆园池，与其种植修葺之事，丞掌判监事。" [11]尚辇直长：官名。尚辇局副职。 [12]苏干：宰相苏瓌从父兄。传见《旧唐书》卷八十八、《新唐书》卷一百二十五。 [13]云在魏州与琅邪王冲通谋：来俊臣诬奏苏干在魏州与琅邪王冲私书往复。时苏干任魏州刺史。 [14]乙未：四月庚申朔，无乙未。《新唐书》卷四作五月乙未，即五月七日。关于苏干之死，两《唐书·苏干传》作"系狱，发愤卒。" [15]癸丑：五月二十五日。 [16]棣州：治所厌次，在今山东惠民县东南。章校：十二行本"溢"下有"流二千余家"五字。 [17]丁亥朔：九月一日。 [18]乙未：九月九日。 [19]七宝：即金轮宝、白象宝、女宝、马宝、珠宝、主兵臣宝、主藏臣宝。 [20]庚子：九月十四日。 [21]追尊昭安皇帝曰浑元昭安皇帝：昭安皇帝即武则天曾祖武俭。这是武则天临朝后第四次追尊其祖先。 [22]辛丑：九月十五日。 [23]司宾卿：官名。即鸿胪寺卿。掌宾客及凶仪之事。 [24]豆卢钦望（630—709）：京兆万年人。出身于士族。则天朝曾三度担任宰相。中宗复位后复为尚书左仆射、平章军国重事。执政十余年，无所裁抑。传见《旧唐书》卷九十、《新唐书》卷

一百一十四。豆卢，复姓，豆卢氏本姓慕容，北地王慕容精降后魏，北方人称归义为“豆卢”，因以为氏。［25］韦巨源（631—710）：京兆万年（今西安市东部）人。与韦安石同宗，则天、中宗朝，数度为宰相。后为乱兵所杀。传见《旧唐书》卷九十二、《新唐书》卷一百二十三。［26］陆元方（639—701）：字希仲，苏州吴县（今江苏苏州市）人。为官清谨，两度为相，颇受武则天信任。传见《旧唐书》卷八十八、《新唐书》卷一百一十六。［27］孝宽：即韦孝宽，韦巨源的曾祖。韦孝宽事宇文氏，为名将。传见《周书》卷三十一、《北史》卷六十四。

延载元年[1]（甲午，694年）

正月，丙戌[2]，太后享万象神宫。

突厥可汗骨笃禄卒，其子幼，弟默啜[3]自立为可汗。腊月，甲戌[4]，默啜寇灵州。

室韦[5]反，遣右鹰扬卫大将军李多祚[6]击破之。

春，一月，以娄师德为河源等军检校营田大使。

二月，武威道总管王孝杰破吐蕃勃论赞刃[7]、突厥可汗俀子[8]等于冷泉及大岭[9]，各三万余人，碎叶镇守使韩思忠破泥熟俟斤等万余人[10]。

庚午[11]，以僧怀义为代北道行军大总管，以讨默啜。

三月甲申[12]，以凤阁舍人苏味道为凤阁侍郎、同平章事，李昭德检校内史。更以僧怀义为朔方道行军大总管，以李昭德为长史，苏味道为司马，帅契苾明、曹仁师、沙吒忠义等十八将军以讨默啜，未行，虏退而止。昭德尝与怀义议事，失其旨，怀义挞之，昭德惶惧请罪。

夏，四月，壬戌[13]，以夏官尚书、武威道大总管王孝杰同凤阁鸾台三品。

五月，魏王承嗣等二万六千余人上尊号曰越古金轮圣神皇帝[14]。甲午[15]，御则天门楼受尊号，赦天下，改元[16]。

天授中，遣监察御史寿春裴怀古[17]安集西南蛮。六月，癸丑[18]，永昌蛮酋薰期帅部落二十余万户内附[19]。

河内[20]有老尼居神都麟趾寺，与嵩山人韦什方[21]等以妖妄惑众。尼自号净光如来，云能知未然[22]，什方自云吴赤乌年[23]生。又有老胡亦自言五百岁，云见薛师[24]已二百年矣，容貌愈少。太后甚信重之，赐什方姓武氏。秋，七月，癸未[25]，以什方为正谏大夫、同平章事，制云："迈轩代[26]之广成[27]，逾汉朝之河上[28]。"八月，什方乞还山，制罢遣之。

戊辰[29]，以王孝杰为瀚海道行军总管，仍受朔方道行军大总管薛怀义节度。

（以上为第八段，写武则天迷恋尊号，受胡僧愚弄。）

【注释】

［1］延载元年：武则天于长寿三年（694）五月甲午改元延载。即元载元年包有长寿三年。［2］丙戌：正月一日。［3］默啜：姓阿史那，后来又称默啜可汗、迁善可汗、立功报国可汗等。事详《旧唐书》卷一百九十四《突厥传》、《新唐书》卷二百一十五《突厥传》。［4］甲戌：腊月十九日。［5］室韦：东北少数民族之一，契丹别种。居住在黑龙江上游两岸及额尔古纳河一带，主要靠狩猎生活。自北朝以来即与中原王朝有较为密切的关系。后为契丹所并。详见《文献通考》卷三百四十七及两《唐书·室韦传》。［6］李多祚（?—707）：靺鞨人。骁勇善射，以军功官至右羽林大将军，宿卫北门二十余年，曾参加张柬之政变。后随节愍太子起事，为左右所杀。传见《旧唐书》卷一百九、《新唐书》卷一百一十。［7］勃论赞刃：严衍《资治通鉴补》："'刃'改'与'。"《新唐书·吐蕃传》作"勃论赞"。待考。［8］俀子：西突厥部新立之可汗，姓阿史那氏。见《新唐书》卷二百一十五《突厥传》。［9］大岭：即大岭谷。［10］韩思忠破泥熟俟斤等万余人：《考异》："此事诸书皆无，唯《统纪》有之。《统纪》又云：'又破吐蕃万泥勋没驮城。'语不可晓，今删去。"按此处《考异》有误。《新唐书》卷二百一十五《突厥传》载："碎叶镇守使韩思忠又破泥熟俟斤及突厥施质汗胡禄等，因拔吐蕃泥熟没斯城。"同书卷二百一十六上《吐蕃传》上亦载："碎叶镇守使韩思忠破泥熟没斯城"。可见"此事诸书皆无"说法不确。又《统纪》所谓"万泥勋没驮城"，似为"泥熟没斯城"之异译。［11］庚午：二月十六日。［12］甲申：三月一日。［13］壬戌：四月九日。［14］越古金轮圣神皇帝：意即超越前古的金轮圣神皇帝。长寿二年九月始称金轮圣神皇帝，至此又加"越古"二字。［15］甲午：五月十一日。［16］改元：改元延载。［17］裴怀古：寿州寿春（今安徽寿县）人。历任监察御史、相州刺史、并州大都督长史，"所至吏民怀爱"，号称循吏。传见《旧唐书》卷一百八十五下、《新唐书》卷一百九十七。［18］癸丑：六月一日。［19］永昌蛮酋薰期帅部落二十余万户内附：姚州境有永昌蛮，居永昌郡地。"薰期"《新唐书》作"董期"。"部落二十余万户"、《新唐书》卷二百二十二下作"部落二万"。"十"字疑衍。［20］河内：旧县名。隋开皇十六年（596）改野王县置。县治在今河南沁阳市。［21］韦什方：生平不详。赐姓武。曾为相。见《新唐书》卷四《则天纪》及卷六十一《宰相表》。［22］未然：未来，尚未发

生的事。［23］吴赤乌年：据章校，十二行本“年”上有“元”字。赤乌，东吴孙权年号，公元238年至250年。［24］薛师：即薛怀义。怀义为白马寺主，显赫一时，人称“薛师”。［25］癸未：七月一日。［26］轩代：黄帝时代。黄帝名轩辕。故以轩代指黄帝之世。［27］广成：即广成子。传说黄帝时仙人，居崆峒山中。［28］逾汉朝之河上：逾，越。河上，即河上公。西汉人，姓名不详。据葛洪《神仙传》，汉文帝曾向他请教过《道德经》中的一些问题。河上公送给汉文帝素书二卷，说：“余注是经以来千七百余年。”［29］戊辰：八月十七日。

己巳[1]，以司宾少卿姚琦为纳言；左肃政中丞原武杨再思[2]为鸾台侍郎，洛州司马杜景俭为凤阁侍郎，并同平章事。

豆卢钦望请京官九品已上输两月俸以赡军[3]，转帖[4]百官，令拜表[5]。百官但赴拜，不知何事，拾遗王求礼[6]谓钦望曰：“明公禄厚，输之无伤；卑官贫迫，奈何不使其知而欺夺之[7]乎？”钦望正色拒之。既上表，求礼进言曰：“陛下富有四海，军国有储，何藉贫官九品之俸而欺夺之！”姚琦曰：“求礼不识大体。”求礼曰：“如姚琦，为识大体者邪！”事遂寝。

戊寅[8]，鸾台侍郎、同平章事崔元综坐事流振州[9]。

武三思帅四夷酋长请铸铜铁为天枢[10]，立于端门[11]之外，铭纪功德，黜唐颂周；以姚琦为督作使。诸胡聚钱百万亿，买铜铁不能足，赋民间农器以足之[12]。

九月，壬午朔[13]，日有食之。

殿中丞[14]来俊臣坐赃贬同州参军[15]。王弘义流琼州[16]，诈称敕追还，至汉北[17]，侍御史胡元礼[18]遇之，按验，得其奸状，杖杀之。

（以上为第九段，写酷吏来俊臣失势，王弘义被杖杀。）

【注释】

［1］己巳：八月十八日。［2］杨再思（?—709）：郑州原武（今河南南阳市西北）人。为人巧媚，历事三主，知政十余年。传见《旧唐书》卷九十、《新唐书》卷一百九。［3］请京官九品已上输两月俸以赡军：据《唐会要》卷九十一，一品月俸八千，食料一千八百，杂用一千二百文；二品月俸六千，食料一千五百，杂用一千文；三品月俸五千，食料一千一百，杂用九百文；四品月俸四千五百，食料七百，杂用六百文；五品月俸三千，食料六百，杂用五百文；六品月俸二千三百，食料四百，杂用四百文；七品月俸一千七百五十，食料三百五十，杂用三百五十文；八

品月俸一千三百，食料三百，杂用二百五十文；九品月俸一千五十文，食料二百五十，杂用二百文。赡军，助军。［4］转帖：转，传送。［5］拜表：上奏章。臣子上表，例须先拜，故称拜表。［6］王求礼：许州长社（今河南许昌市）人。为人刚正。官至卫王府参军。传见《旧唐书》卷一百一、卷一百八十七上，《新唐书》卷一百一十二。［7］欺夺之：欺夺俸禄。［8］戊寅：八月二十七日。［9］振州：治所宁远，在今海南三亚市西。［10］天枢：本为星名，指北斗第一星，象征国家权柄。此处指八棱刑铁柱。［11］端门：洛阳皇城南面正门。［12］赋民间农器以足之：赋敛民间制造农器的钢铁，以足其数额。［13］壬午朔：九月一日。［14］殿中丞：官名。掌殿中省副监事，兼勾检稽失，省署抄目。［15］来俊臣坐赃贬同州参军：来俊臣坐赃事的时间，各书记载不同。司马光经过考异，据《旧唐书·来俊臣传》认为应在这时。［16］琼州：州名。治所琼山，在今海南海口市琼山区东南。［17］汉北：汉水之北。［18］胡元礼：曾任司刑少卿等职。事迹散见于两《唐书·李日知传》及《王弘义传》。

内史李昭德恃太后委遇，颇专权使气，人多疾之，前鲁王府功曹参军[1]丘愔[2]上疏攻之，其略曰："陛下天授以前，万机独断。自长寿以来，委任昭德，参奉机密，献可替否；事有便利，不预咨谋，要待画日[3]将行，方乃别生驳异。扬露专擅，显示于人，归美引愆，义不如此[4]。"又曰："臣观其胆，乃大于身，鼻息所冲，上拂云汉。"又曰："蚁穴坏堤，针芒写[5]气，权重一去，收之极难。"长上果毅[6]邓注[7]，又著《石论》数千言，述昭德专权之状。凤阁舍人逢弘敏[8]取奏之，太后由是恶昭德。壬寅[9]，贬昭德为南宾[10]尉，寻又免死流窜。

太后出黎花一枝以示宰相，宰相皆以为瑞[11]。杜景俭独曰："今草木黄落，而此更发荣，阴阳不时[12]，咎在臣等。"因拜谢[13]。太后曰："卿真宰相[14]也！"

冬，十月，壬申[15]，以文昌右丞李元素为凤阁侍郎，左肃政中丞周允元[16]检校凤阁侍郎，并同平章事。允元，豫州人也。

岭南獠反，以容州都督张玄遇[17]为桂、永等州经略大使以讨之。

（以上为第十段，写李昭德擅权遭流放，可见武则天大权始终未旁落。）

【注释】

［1］鲁王府功曹参军：据《唐六典》卷二十九，亲王府功曹参军一人，正七品上，掌文官、簿书、考课、陈设、仪式等事。［2］丘愔：生平不详。以上疏弹劾李昭德而闻名。疏文见《旧唐

书》卷八十七、《新唐书》卷一百一十七及《全唐文》卷二百六十。［3］画日：《旧唐书·李昭德传》作“画旨”，《新唐书·李昭德传》作“画可”。唐制，皇太子监国，下令书时须画日，犹天子画可。见《新唐书·百官志》太子左春坊条。此处丘愔上书不可能用“画日”字样，“日”字显系后人妄改。［4］归美引愆，义不如此：臣下从道义上讲，应归善于君，引过在己，而不应炫耀自己。愆，咎。［5］写：通“泻”。宣泻。［6］长上果毅：府兵军府的副将称果毅都尉，简称果毅。长上果毅是不轮番入值，长期番上的军府副将。［7］邓注：事见《旧唐书》卷八十七、《新唐书》卷一百一十七。［8］逄弘敏：《元和姓纂》作“逄弘敏”。《旧唐书》卷二十二作“逄敏”。事见两《唐书·李昭德传》。［9］壬寅：九月二十一日。［10］南宾：县名。县治在今广西灵山县西。［11］瑞：祥瑞。［12］不时：不合时节。［13］拜谢：再拜谢罪。谢有谢恩谢罪之分。此处不明言谢罪，可从上文知之。［14］真宰相：名副其实的宰相。［15］壬申：十月二十二日。［16］周允元（?—695）：字汝良。豫州安城（今河南汝南县东南）人。进士。曾为相。传见《旧唐书》卷九十、《新唐书》卷一百一十四。［17］张玄遇：官至右金吾卫大将军。曾率兵击契丹、安抚党项。事见《旧唐书》卷一百九十六上《吐蕃传》上、卷一百九十九下《契丹传》。

天册万岁元年[1]（乙未，695年）

正月，辛巳朔[2]，太后加号慈氏越古金轮圣神皇帝[3]，赦天下，改元证圣。

周允元与司刑少卿皇甫文备[4]奏内史豆卢钦望、同平章事韦巨源、杜景俭、苏味道、陆元方附会李昭德，不能匡正，钦望贬赵州[5]，巨源贬麟州[6]，景俭贬溱州[7]，味道贬集州[8]，元方贬绥州[9]刺史。

初，明堂既成[10]，太后命僧怀义作夹苎大像[11]，其小指中犹容数十人，于明堂北构天堂[12]以贮之。堂始构，为风所摧，更构之，日役万人，采木江岭[13]，数年之间，所费以万亿计，府藏为之耗竭。怀义用财如粪土，太后一听之，无所问。每作无遮会[14]，用钱万缗[15]；士女云集，又散钱十车，使之争拾，相蹈践有死者。所在公私田宅，多为僧有，怀义颇厌入宫，多居白马寺，所度力士为僧者满千人。侍御史周矩疑有奸谋，固请按之。太后曰：“卿姑退，朕即令往[16]。”矩至台，怀义亦至，乘马就阶而下，坦腹于床[17]。矩召吏将按之，遽跃马而去。矩具奏其状，太后曰：“此道人病风[18]，不足诘，所度僧，惟卿所处[19]。”悉流远州。迁矩天官员外郎。

乙未[20]，作无遮会于明堂[21]，凿地为阬[22]，深五丈，结彩为宫殿，佛像皆于阬中引出之，云自地涌出。又杀牛取血，画大像，首高二百尺，云怀义刺膝血为之。丙申[23]，张像于天津桥南，设斋。时御医[24]沈南璆[25]亦得幸于太后，怀义心愠[26]，是夕，密烧天堂，延及明堂，火照城中如昼，比明皆尽，暴风裂血像为数百段。太后耻而讳之，但云内作工徒误烧麻主，遂涉明堂。时方酺宴[27]，左拾遗刘承庆[28]请辍朝[29]停酺以答天谴[30]，太后将从之。姚琦曰："昔成周宣榭[31]，卜代愈隆；汉武建章[32]，盛德弥永。今明堂布政之所，非宗庙也，不应自贬损。"太后乃御端门，观酺如平日。命更造明堂、天堂，仍以怀义充使。又铸铜为九州鼎[33]及十二神[34]，皆高一丈[35]，各置其方[36]。

先是，河内老尼昼食一麻一米，夜则烹宰宴乐，畜弟子百余人，淫秽靡[37]所不为。武什方自言能合长年药[38]，太后遣乘驿于岭南采药。及明堂火，尼入唁[39]太后，太后怒叱之，曰："汝常言能前知，何以不言明堂火？"因斥还河内，弟子及老胡等皆逃散。又有发[40]其奸者，太后乃复召尼还麟趾寺，弟子毕集，敕给使[41]掩捕，尽获之，皆没为官婢。什方还，至偃师[42]，闻事露[43]，自绞死。

（以上为第十一段，写武则天男宠薛怀义胆大妄为，因争风吃醋火烧明堂。）

【注释】

[1]天册万岁元年：武则天于证圣元年（695）九月甲寅改元天册万岁，腊月又改元为万岁登封。[2]辛巳朔：正月一日。[3]慈氏越古金轮圣神皇帝：去年五月始称越古金轮圣神皇帝，至此加"慈氏"二字。慈氏为梵语弥勒的义译。这种尊号在一定程度上反映了武则天与佛教的关系。[4]皇甫文备：武周酷吏之一。事见《旧唐书》卷七《中宗纪》、卷五十《刑法志》。[5]赵州：州名。治所在今河北赵县。[6]麟州：关于韦巨源被贬之处，各书所载不一。据两《唐书》应为"鄜州"。鄜州，治所在今陕西富县。[7]溱州：州名。治所在今重庆市綦江区南。[8]集州：州名。治所在今四川南江县。[9]绥州：州名。治所在今陕西绥德县。[10]初，明堂既成：明堂成于垂拱四年十二月二十七日。[11]夹苎大像：用苎布夹缝成的大佛像。后世称之为麻主。[12]天堂：此处指储放大像的殿堂。据《朝野佥载》卷五，天堂又叫"功德堂"，高一千尺。[13]江岭：江南岭表。[14]无遮会：佛教徒举行的布施僧俗的法会。无遮，有宽容无阻、无所遮拦之意。佛教宣称，无论富贵、贫贱，也不管僧俗，都可平等参加此会。[15]缗：本为穿钱的绳子。后亦指成串的钱。一千文为一缗。[16]令往：令往御史台。[17]坦腹于

床：坦腹坐于床上。［18］病风：患疯癫之症。［19］处：处分。［20］乙未：正月十六日。［21］作无遮会于明堂：章校，十二行本"明"作"朝"。据《朝野佥载》卷五，当以十二行本为是。［22］阬：同"坑"。［23］丙申：正月十七日。［24］御医：唐制，御医四人，从六品上，掌诊候调和。［25］沈南璆（qiú）：事见《旧唐书》卷一百八十三《薛怀义传》、《新唐书》卷七十六《则天皇后传》。［26］心愠（yùn）：内心怨恨。［27］酺宴：诏赐臣民聚饮。［28］刘承庆：官至太常博士。事见《旧唐书》卷二十二《礼仪志》二、卷二十五《礼仪志》五、卷八十九《姚琦传》等。［29］辍朝：停止上朝。［30］以答天谴：以答谢上天的警告。［31］昔成周宣榭：成周，相对宗周而言，指洛邑。宣榭，西周设在洛邑的讲武之所，被火灾焚毁。［32］建章：汉武帝太初元年（前104）建造的宫殿。位于汉未央宫西。时柏梁台遭受火灾，乃大修此宫，极尽豪华。［33］九州鼎：象征国家政权的九个大鼎，古代分天下为九州，铸九鼎，象九州。据《旧唐书·礼仪志》二及《通典》卷四十四，天册万岁元年所铸九州鼎都有名称：豫州鼎名永昌，冀州鼎名武兴，雍州鼎名长安，兖州鼎名日观，青州鼎名少阳，徐州鼎名东原，扬州鼎名江都，荆州鼎名江陵，梁州鼎名成都。其中豫州鼎高一丈八尺，受一千八百石，另外八鼎皆高一丈四尺，受一千二百石。共用铜五十六万七百一十二斤。鼎上图有本州山川物产之像。［34］十二神：即十二生肖。［35］皆高一丈：此处语义不明。按九州鼎最低者一丈四尺。高一丈当是指十二神而言。［36］各置其方：各放在相应的位置上。［37］靡：无。［38］长年药：长生不老之药。［39］唁：吊。［40］发：告发。［41］给使：供差遣的人。凡宦人无官品者，称内给使，属宫闱局管理，掌诸门进物出物之事。［42］偃师：县名。县治在今河南洛阳市偃师区。［43］闻事露：听说事情败露。

庚子[1]，以明堂火告庙，下制求直言。刘承庆上疏，以为："火发既从麻主，后及总章[2]，所营佛舍，恐劳无益[3]，请罢之。又，明堂所以统和天人，一旦焚毁，臣下何心犹为酺宴！忧喜相争，伤于情性。又，陛下垂制[4]博访，许陈至理，而左史张鼎以为今既火流王屋[5]，弥显大周之祥，通事舍人逄敏[6]奏称，弥勒成道时有天魔烧宫，七宝台须臾散坏，斯实谄妄之邪言，非君臣之正论。伏愿陛下乾乾翼翼[7]，无戾[8]天人之心而兴不急之役，则兆人蒙赖，福禄无穷。"

获嘉[9]主簿彭城刘知几[10]表陈四事：其一，以为："皇业权舆[11]，天地开辟，嗣君即位，黎元更始，时则藉非常之庆以申再造[12]之恩。今六合清晏而赦令不息，近则一年再降，远则每岁无遗[13]，至于违法悖礼之徒，无赖不仁之辈，编户[14]则寇攘为业，当官则赃贿是求。而元日[15]之朝，指期天泽[16]，重阳之节[17]，伫降皇恩，如其忖度，咸果释免。或有名垂结正[18]，罪将断决，窃行货贿，方便规求，故致稽延[19]，毕霑宽宥。用使俗多顽悖，时罕廉隅，为善者不预恩光，作恶者独承徼幸[20]。古语曰：'小人之幸，君子之不幸。'斯之谓也。望陛下而今而后，颇节于赦，使黎氓[21]知禁，奸宄[22]肃清。"其二，以为："海内具僚[23]九品以上，每岁逢赦，必赐阶勋[24]，至于朝野宴集，公私聚会，绯服众于青衣[25]，象板多于木笏[26]；皆荣非德举[27]，位罕才升，不知何者为妍蚩[28]，何者为美恶。臣望自今以后，稍息私恩，使有善者逾效忠勤，无才者咸知勉励。"其三，以为："陛下临朝践极，取士太广，六品以下职事清官，遂乃方[29]之土芥，比之沙砾，若遂不加沙汰[30]，臣恐有秽皇风[31]。"其四，以为："今之牧伯[32]迁代太速，倏来忽往，蓬转萍流[33]，既怀苟且之谋[34]，何暇循良之政[35]！望自今刺史非三岁以上不可迁官，仍明察功过，尤甄[36]赏罚。"疏奏，太后颇嘉之。是时官爵易得而法网严峻，故人竞为趋进而多陷刑戮，知几乃著《思慎赋》[37]以刺时见志焉。

（以上为第十二段，写武则天因明堂火灾而下诏求言，刘知几上奏直言四事：一是赦令太滥，二是升转官吏品秩太滥，三是任官太滥，四是州官迁调太滥。切中时弊。）

【注释】

[1]庚子：正月二十一日。[2]总章：明堂西向三室。代指明堂。[3]恐劳无益：恐徒劳无益。[4]垂制：下制，颁发制书。[5]火流王屋：王屋，指王所居室。此处指火烧明堂。[6]逢敏：即逢弘敏。[7]乾乾翼翼：乾乾，语出《易经》"君子终日乾乾"，意为健强不息。翼翼，出《诗经》"小心翼翼"，比喻恭敬的样子。[8]戾：违。[9]获嘉：县名。县治在今河南获嘉县。[10]刘知几（661—721）：字子玄。徐州彭城（今江苏徐州市）人。唐代著名史学家。官至太子中允左散骑常侍。长期担任史职。预修《三教珠英》《文馆词林》《姓族系录》《则天皇后实录》及《太上皇实录》。所著《史通》二十卷，是我国的第一部史学评论专著。另有《刘子玄集》三十卷传世。传见《旧唐书》卷一百零二、《新唐书》卷一百三十二。[11]权舆：创始。[12]再造：再生。[13]每岁无遗：每年都有敕书颁发。[14]编户：编于户籍的人。即平民。[15]元日：正月一日。[16]指期天泽：指望君王的恩泽。[17]重阳之节：节令名。又叫重阳，重九，即阴历九月九日。[18]结正：结案判定。[19]故致稽延：故意使之迟延。[20]徼幸：同"侥幸"，不应得而得之恩。[21]黎氓：黎民。氓，野民。[22]奸宄：亦作"奸轨"，指犯

法作乱的人。［23］具僚：备位的官僚。［24］阶勋：唐制，文武散阶各二十九，勋级凡十二等。据《唐六典》卷二及卷五，文散阶为：开府仪同三司（从一品）、特进（正二品）、光禄大夫（从二品）、金紫光禄大夫（正三品）、银青光禄大夫（从三品）、正议大夫（正四品上）、通议大夫（正四品下）、太中大夫（从四品上）、中大夫（从四品下）、中散大夫（正五品上）、朝议大夫（正五品下）、朝请大夫（从五品上）、朝散大夫（从五品下）、朝议郎（正六品上）、承议郎（正六品下）、奉议郎（从六品上）、通直郎（从六品下）、朝请郎（正七品上）、宣德郎（正七品下）、朝散郎（从七品上）、宣议郎（从七品下）、给事郎（正八品上）、征事郎（正八品下）、承奉郎（从八品上）、承务郎（从八品下）、儒林郎（正九品上）、登事郎（正九品下）、文林郎（从九品上）、将士郎（从九品下）。武散阶为：骠骑大将军（从一品）、辅国大将军（正二品）、镇军大将军（从二品）、冠军大将军、怀化大将军（正三品）、云麾将军、归德将军（从三品）、忠武将军（正四品上）、壮武将军（正四品下）、宣威将军（从四品上）、明威将军（从四品下）、定远将军（正五品上）、宁远将军（正五品下）、游骑将军（从五品上）、游击将军（从五品下）、昭武校尉（正六品上）、昭武副尉（正六品下）、振威校尉（从六品上）、振威副尉（从六品下）、致果校尉（正七品上）、致果副尉（正七品下）、翊麾校尉（从七品上）、翊麾副尉（从七品下）、宣节校尉（正八品上）、宣节副尉（正八品下）、御武校尉（从八品上）、御武副尉（从八品下）、仁勇校尉（正九品上）、仁勇副尉（正九品下）、陪戎校尉（从九品上）、陪戎副尉（从九品下）。勋级：十二转上柱国（比正二品）、十一转柱国（比从二品）、十转上护军（比正三品）、九转护军（比从三品）、八转上轻车都尉（比正四品）、七转轻车都尉（比从四品）、六转上骑都尉（比正五品）、五转骑都尉（比从五品）、四转骁骑尉（比正六品）、三转飞骑尉（比从六品）、二转云骑尉（比正七品）、一转武骑尉（比从七品）。［25］绯服众于青衣：四品五品官多于八品九品官。唐制，四品服绯，五品浅绯，八品服深青，九品服浅青。［26］象板多于木笏（hù）：唐制，五品以上用象笏（板），以下用木笏。笏，臣僚朝见时所持的手板。［27］荣非德举：荣誉不以德致。［28］妍蚩：美好与丑恶。［29］方：比拟。［30］沙汰：淘汰。［31］皇风：皇家的风教。［32］牧伯：古时对州牧与方伯的合称。此处指州刺史。［33］蓬转萍流：像飞蓬旋转，浮萍流荡，很不稳定。［34］苟且之谋：敷衍行事，得过且过。［35］循良之政：作出循吏的政绩。［36］尤甄：特加甄别。［37］《思慎赋》：见《全唐文》卷二百七十四。

丙午[1]，以王孝杰为朔方道行军总管，击突厥。

春，二月，己酉朔[2]，日有食之。

僧怀义益骄恣，太后恶之。既焚明堂，心不自安，言多不顺；太后密选宫人有力者百余人以防[3]之。壬子[4]，执之于瑶光殿前树下，使建昌王武攸宁[5]帅壮士殴杀之[6]，送尸白马寺，焚之以造塔。

甲子[7]，太后去“慈氏越古”之号。

三月，丙辰[8]，凤阁侍郎、同平章事周允元薨。

夏，四月，天枢成[9]，高一百五尺[10]，径十二尺[11]，八面，各径[12]五尺。下为铁山，周百七十尺，以铜为蟠龙麒麟萦绕之；上为腾云承露盘，径三丈，四龙人立[13]捧火珠，高一丈。工人毛婆罗[14]造模[15]，武三思为文，刻百官及四夷酋长名[16]，太后自书其榜[17]曰“大周万国颂德天枢[18]”。

秋，七月，辛酉[19]，吐蕃寇临洮[20]，以王孝杰为肃边道行军大总管以讨之。

九月，甲寅[21]，太后合祭天地于南郊，加号天册金轮大圣皇帝，赦天下，改元[22]。

冬，十月，突厥默啜遣使请降，太后喜，册授左卫大将军、归国公。

（以上为第十三段，写武则天男宠薛怀义之死，以及劳民的天枢建成。）

【注释】

［1］丙午：正月二十七日。［2］己酉朔：二月一日。［3］防：防备。［4］壬子：二月四日。［5］武攸宁：武则天之侄。天授至圣历间曾三度为相。传见《新唐书》卷二百零六。［6］殴杀之：击杀之。关于薛怀义之死，有几种说法。《旧唐书·薛怀义传》认为是太平公主乳母张夫人令壮士缢杀。李商隐的《宜都内人传》认为是武则天下令诛杀。司马光据《实录》而记。［7］甲子：二月十六日。［8］丙辰：三月九日。［9］天枢成：天枢铸成。去年八月下令铸天枢至此竣工。［10］高一百五尺：合今32.55米。［11］径十二尺：即直径十二尺，合今3.72米。［12］径：每面的宽度。［13］四龙人立：四条龙向上升首，像人站着一样。［14］毛婆罗：东夷人。事见《新唐书》卷三十四、《历代名画记》卷九。［15］模：模子。［16］刻百官及四夷酋长名：四夷酋长曾参与立天枢的活动。延载元年请求献钱立天枢，武则天析洛阳、永昌二县，特置来庭县廨于神都从善坊，以领四方蕃客。天枢功成，乃刻其名。［17］榜：榜额。［18］大周万国颂德天枢：用铜五十万斤，用铁三百三十余万斤，十分雄伟壮观。［19］辛酉：七月十五日。［20］临洮：古县名。治所在今甘肃岷县。［21］甲寅：九月九日。［22］改元：改元天册万岁。

万岁通天元年[1]（丙申，696年）

腊月，甲戌[2]，太后发神都；甲申[3]，封神岳[4]；赦天下，改元万岁登封，天下百姓无出今年租税；大酺九日。丁亥[5]，禅于少室[6]；己丑[7]，御朝觐坛受贺；癸巳[8]，还宫；甲午[9]，谒太庙。

右千牛卫将军安平王武攸绪[10]，少有志行，恬澹寡欲，扈从[11]封中岳还，即求弃官，隐于嵩山之阳[12]。太后疑其诈，许之，以观其所为。攸绪遂优游岩壑[13]，冬居茅椒[14]，夏居石室[15]，一如山林之士[16]。太后所赐及王公所遗野服[17]器玩，攸绪一皆置之不用，尘埃凝积。买田使奴耕种，与民无异。

春，一月，甲寅[18]，以娄师德为肃边道行军副总管，击吐蕃。己巳[19]，以师德为左肃政大夫，知政事如故[20]。

改长安崇尊庙[21]为太庙。

二月，辛巳[22]，尊神岳天中王[23]为神岳天中黄帝，灵妃[24]为天中黄后；启[25]为齐圣皇帝；封启母神为玉京太后[26]。

三月，壬寅[27]，王孝杰、娄师德与吐蕃将论钦陵赞婆战于素罗汗山[28]，唐兵大败；孝杰坐免为庶人，师德贬原州员外司马[29]。师德因署移牒，惊曰："官爵尽无邪[30]！"既而曰："亦善，亦善。"不复介意。

丁巳[31]，新明堂成，高二百九十四尺，方三百尺，规模率小于旧[32]。上施金涂铁凤[33]，高二丈，后为大风所损；更为铜火珠，群龙捧之，号曰通天宫。赦天下，改元万岁通天[34]。

大食请献师子[35]。姚璹上疏，以为："师子专食肉，远道传致[36]，肉既难得，极为劳费。陛下鹰犬不蓄，渔猎悉停，岂容菲薄于身而厚给于兽！"乃却之。

（以上为第十四段，写唐军兵败于吐蕃；新建明堂落成。）

【注释】

[1]万岁通天元年：武则天于天册万岁元年腊月改元万岁登封，只行用了四个月，于万岁登封元年（696）三月丁巳改元万岁通天。即万岁通天元年包有万岁登封元年。 [2]甲戌：腊月一日。 [3]甲申：腊月十一日。 [4]封神岳：在神岳峻极峰祭告昊天上帝。神岳即嵩山，武则天所改名，由太室山、少室山组成。太室山峻极峰最高，海拔 1492 米。 [5]丁亥：腊月十四日。 [6]禅于少室：在少室下趾东南祭后土。少室在峻极峰之西，与太室相对，有三十六峰。 [7]己丑：腊月十六日。 [8]癸巳：腊月二十日。 [9]甲午：腊月二十一日。 [10]武攸绪（?—723）：武则天堂兄惟良之子。传见《旧唐书》卷一百八十三、《新唐书》卷一百九十六。 [11]扈从：随从天子车驾。 [12]嵩山之阳：即嵩山之南。 [13]岩壑：岩岭溪壑。 [14]茅椒：用椒木和茅草编成

的屋子。［15］石室：即石窟。［16］山林之士：隐士。又称“山林隐逸”。［17］野服：田野平民的服装。［18］甲寅：一月十一日。［19］己巳：一月二十六日。［20］以师德为左肃政大夫，知政事如故：以娄师德为左肃政大夫，知政事如故的时间，各书记载不一，司马光据《实录》记载。［21］崇尊庙：本崇先庙，垂拱四年（688）造，以享武氏祖考。天授元年（690）九月，立武氏七庙于神都。次年正月，纳武氏神主于太庙，改西京崇先庙为崇尊庙，享祀一如太庙之仪。至此，又改崇尊庙为太庙。［22］辛巳：二月九日。［23］神岳天中王：垂拱四年七月，改嵩山为神岳，封其神为天中王。［24］灵妃：即仙女宓（fú）妃。传说宓妃为洛水女神。［25］启：禹之子。禹死后，启继王位，确立传子制度，建立了夏朝。［26］封启母神为玉京太后：传说启母在嵩山生启而化为石。后世遂以为启母神，并为之建庙。［27］壬寅：三月一日。［28］素罗汗山：据《旧唐书·娄师德传》素罗汗山当在洮州（治所在今甘肃临潭县）境内。［29］师德贬原州员外司马：原州，治所在今宁夏固原市。王孝杰坐免为庶人与娄师德被贬原州是否同时，各书记载不一，司马光据《实录》记为同时。［30］官爵尽无邪：师德原任左肃政御史大夫、同凤阁鸾台平章事，封原武县男。现仅为员外司马。故有此感叹。［31］丁巳：三月十六日。［32］规模率小于旧：旧明堂亦高二百九十四尺，方三百尺。见《旧唐书》卷二十二及《资治通鉴》卷二百四。所谓小于旧，当指构件而言。［33］金涂铁凤：即鎏金铁凤。［34］赦天下，改元万岁通天：改元的时间，《旧唐书》卷六作“夏四月”，卷二十二作“四月朔日”即四月一日，《唐会要》卷三同。按四月一日武则天曾举行亲享明堂之礼，当以四月一日赦天下、改元为是。［35］大食请献师子：大食即阿拉伯帝国。师子，即狮子。古代“师”与“狮”通。［36］传致：传递致送。

以检校夏官侍郎孙元亨同平章事［1］。

夏，五月，壬子［2］，营州契丹松漠都督李尽忠［3］、归诚州刺史孙万荣［4］举兵反，攻陷营州［5］，杀都督赵文翙［6］。尽忠，万荣之妹夫也，皆居于营州城侧。文翙刚愎，契丹饥不加赈给，视酋长如奴仆，故二人怨而反。乙丑［7］，遣左鹰扬卫将军曹仁师、右金吾卫大将军张玄遇、左威卫大将军李多祚、司农少卿麻仁节等二十八将讨之。秋，七月，辛亥［8］，以春官尚书梁王武三思为榆关道［9］安抚大使，姚璹副之，以备契丹。改李尽忠为李尽灭，孙万荣为孙万斩。

尽忠寻自称无上可汗，据营州，以万荣为前锋，略地，所向皆下，旬日，兵至数万，进围檀州［10］，清边前军副总管张九节击却之。

八月，丁酉［11］，曹仁师、张玄遇、麻仁节与契丹战于硖石谷［12］，唐兵大败。先是，契丹破营州，获唐俘数百，囚之地牢，闻唐兵将至，使守牢霤[13]给之曰："吾辈家属，饥寒不能自存[14]，唯俟官军至即降耳。"既而契丹引出其俘，饲以糠粥，慰劳之曰："吾养汝则无食，杀汝又不忍，今纵汝去。"遂释之。俘至幽州[15]，具言其状，诸军闻之，争欲先入。至黄麞谷[16]，虏又遣老弱迎降，故遗老牛瘦马于道侧。仁师等三军弃步卒，将骑兵先进。契丹设伏横击之，飞索以䌲[17]玄遇、仁节，生获之，将卒死者填山谷，鲜有脱者。契丹得军印，诈为牒，令玄遇等署[18]之，牒总管燕匪石、宗怀昌等云："官军已破贼，若至营州，军将皆斩[19]，兵不叙勋。"匪石等得牒，昼夜兼行[20]，不遑[21]寝食以赴之，士马疲弊；契丹伏兵于中道邀之，全军皆没。

九月，制[22]："天下系囚及庶士家奴骁勇者，官偿其直[23]，发以击契丹。"初令山东近边诸州置武骑团兵[24]，以同州刺史建安王武攸宜[25]为右武威卫大将军，充清边道行军大总管，以讨契丹。

右拾遗陈子昂为攸宜府参谋[26]，上疏曰："恩制免天下罪人及募诸色[27]奴充兵讨击契丹，此乃捷急[28]之计，非天子之兵。且比来刑狱久清，罪人全少，奴多怯弱，不惯征行，纵其募集，未足可用。况今天下忠臣义士，万分未用其一，契丹小孽，假命待诛，何劳免罪赎奴，损国大体！臣恐此策不可威示天下。"

丁巳[29]，突厥寇凉州，执都督许钦明[30]。钦明，绍之曾孙也；时出按部，突厥数万奄至城下，钦明拒战，为所虏。

钦明兄钦寂[31]，时为龙山军[32]讨击副使，与契丹战于崇州[33]，军败，被擒。虏将围安东[34]，令钦寂说其属城未下者。安东都护裴玄珪[35]在城中，钦寂谓曰："狂贼天殃，灭在朝夕，公但励兵谨守以全忠节。"虏杀之。

（以上为第十五段，写契丹族反叛，唐军征讨大败。）

【注释】

［1］以检校夏官侍郎孙元亨同平章事：《新唐书》卷四《则天纪》及卷六十一《宰相表》将此事列于四月癸酉，即四月二日。当在"以"前添"四月癸酉"四字。［2］壬子：五月十二日。［3］李尽忠（?—696）：契丹酋长窟哥之孙。官至武卫大将军、松漠都督。［4］孙万荣（?—697）：

契丹别部酋长孙敖曹之曾孙，垂拱初累授右玉钤卫将军、归诚州刺史，封永乐县公。事详《旧唐书》卷一百九十九下《契丹传》、《新唐书》卷二百一十九《契丹传》。［5］营州：治所在今辽宁朝阳市。［6］赵文翙：（?—696）：又称“赵翙”，事见《旧唐书》卷一百九十九下《契丹传》、《新唐书》卷二百一十九《契丹传》等。［7］乙丑：五月二十五日。［8］辛亥：七月十一日。［9］榆关道：此处榆关即指古渝关，渝亦作榆。渝关，即今山海关。［10］檀州：治所在今北京市密云区。［11］丁酉：八月二十八日。［12］硖石谷：在今河北卢龙县东南一带。［13］守牢霫（xí）：看守地牢的霫人。霫，古民族名。唐时居潢水（西拉木伦河）以北，以射猎为生，习俗与契丹基本相同。见《旧唐书》卷一百九十九下《霫传》。［14］存：存活。［15］幽州：治所蓟县，在今北京城区西南。［16］黄麞谷：在西硖石。［17］缗（tà）：套。《朝野佥载》卷六：“天后时，将军李楷固，契丹人也，善用缗索。李尽忠之败也，麻仁节、张玄遇等并被缗索衣捕。”［18］署：签名。［19］军将皆斩：意为迟到将领将皆被斩首。［20］兼行：兼程而行。［21］遑：暇。［22］制：即诏。载初元年正月，武则天自以“曌”字为名，“诏”与“曌”同音避讳，遂改诏书为制书。［23］官偿其直：官府偿其身价。［24］武骑团兵：地方武装。组织当地居民加以训练，以保卫家乡，抵御契丹。［25］武攸宜：则天堂兄惟良之子。曾任同州刺史，前后总禁兵十年。传见《新唐书》卷二百零六。［26］为攸宜府参谋：以本官参谋军事，不列为品秩。［27］诸色：各种。［28］捷急：迅急。［29］丁巳：九月十八日。［30］许钦明：唐初功臣许绍之曾孙，曾任左玉钤卫将军、安西大都护等职。传见《旧唐书》卷五十九、《新唐书》卷九十。［31］钦明兄钦寂：袭封谯国公。传见《旧唐书》卷五十九、《新唐书》卷九十。［32］龙山军：军镇名。龙山，即慕容氏和龙之山。［33］崇州：羁縻府州名称。当在今辽宁朝阳市一带。［34］安东：即安东都护府。时安东都护府的治所新城在今辽宁抚顺市北。［35］裴玄珪：官至安东都护。见《旧唐书》卷五十九《许钦明传》、《新唐书》卷九十《许钦寂传》。

吐蕃复遣使请和亲，太后遣右武卫胄曹参军[1]贵乡郭元振[2]往察其宜。吐蕃将论钦陵请罢安西四镇戍兵，并求分十姓突厥之地[3]。元振曰：“四镇、十姓与吐蕃种类本殊，今请罢唐兵，岂非有兼并之志乎？”钦陵曰：“吐蕃苟贪土地，欲为边患，则东侵甘、凉，岂肯规利[4]于万里之外！”乃遣使者随元振入请之。

朝廷疑未决，元振上疏，以为：“钦陵求罢兵割地，此乃利害之机，诚不可轻举措[5]也。今若直拒其善意，则为边患必深。四镇之利远，甘、凉之害近，不可不深图也。宜以计缓之，使其和望[6]未绝则善矣。彼四镇、十姓，吐蕃之所甚欲也，而青海、吐谷浑，亦国家之要地也，今报之宜曰：‘四镇、十姓之地，本无用于中国，所以遣兵戍之，欲以镇抚西域，分吐蕃之势[7]，使不得并力[8]东侵也。今若果无东侵之志，当归我吐谷浑诸部及青海故地[9]，则五俟斤部[10]亦当以归吐蕃。’如此则足以塞钦陵之口[11]，而亦未与之绝也。若钦陵小有乖违，则曲在彼矣。且四镇、十姓款附[12]日久，今未察其情之向背，事之利害，遥割而弃之，恐伤诸国之心，非所以御四夷也[13]。”太后从之。

元振又上言：“吐蕃百姓疲于徭戍[14]，早愿和亲；钦陵利于统兵专制，独不欲归款[15]。若国家岁发和亲使，而钦陵常不从命，则彼国之人怨钦陵日深，望国恩日甚，设欲大举其徒，固亦难矣。斯亦离间之渐，可使其上下猜阻[16]，祸乱内兴矣。”太后深然之。元振名震，以字行。

（以上为第十六段，写武则天用郭元振计羁縻吐蕃。）

【注释】

[1]右武卫胄曹参军：官名。掌戎杖器械及公廨兴造决罚之事。 [2]郭元振（656—713）：魏州贵乡（今河北大名县东南）人。本名震，以字显。高宗咸亨时举进士，经则天、中宗、睿宗、玄宗四朝，历任凉州都督、安西大都护等职，甚有善政，后官至宰相。著有《定远安边策》三卷、《九谏书》一卷、《安邦策》一卷。传见《旧唐书》卷九十七、《新唐书》卷一百二十二。 [3]十姓突厥之地：即五咄陆和五弩失毕活动的地方，约当今阿尔泰山以西、锡尔河以东的广大地区。[4]规利：求利。 [5]轻举措：轻易作出决定。 [6]和望：求和的希望。 [7]分吐蕃之势：《旧唐书·郭元振传》作“分蕃国之力”。《新唐书》作“扼诸蕃走集，以分其力”。从行文来看，当以两《唐书》所谓“蕃国”为是。 [8]并力：合力。 [9]当归我吐谷浑诸部及青海故地：咸亨元年（670）大非川之战，唐军败绩，吐蕃势力大振，据有青海一带，蚕食吐谷浑部落。三年，吐谷浑被迫迁往灵州，故地尽入吐蕃。 [10]五俟斤部：即五弩失毕部。西突厥五弩失毕部各有酋长，称为俟斤。五俟斤即代表五弩失毕。 [11]口：借口。 [12]款附：诚附。 [13]非所以御四夷也：《旧唐书·郭元振传》作“非制驭之长算也。”意即不是驾御四夷的良策。 [14]徭戍：徭役戍守。[15]归款：归附献诚。 [16]猜阻：猜疑阻隔。

庚申[1]，以并州长史王方庆[2]为鸾台侍郎，与殿中监万年李道广[3]并同平章事。

突厥默啜请为太后子，并为其女求昏[4]，悉归河西降户[5]，帅其部众为国讨契丹。太后遣豹韬卫大将军阎知微[6]、左卫郎将摄司宾卿田归道[7]册授默啜左卫大将军、迁善可汗。知微，立德之孙；归道，仁会之子也。

冬，十月，辛卯[8]，契丹李尽忠卒，孙万荣代领其众。突厥默啜乘间[9]袭松漠[10]，虏尽忠、万荣妻子而去。太后进拜默啜为颉跌利施大单于、立功报国可汗。

孙万荣收合余众，军势复振，遣别帅骆务整[11]、何阿小[12]为前锋，攻陷冀州[13]，杀刺史陆宝积，屠吏民数千人；又攻瀛州[14]，河北震动。制起彭泽令狄仁杰为魏州刺史[15]。前刺史独孤思庄[16]畏契丹猝至[17]，悉驱百姓入城，缮修守备。仁杰至，悉遣还农，曰："贼犹在远，何烦如是！万一贼来，吾自当之。"百姓大悦。

时契丹入寇，军书填委[18]，夏官郎中硖石姚元崇[19]剖析如流，皆有条理，太后奇之，擢为夏官侍郎。

太后思徐有功用法平[20]，擢拜左台殿中侍御史，闻者无不相贺[21]。鹿城[22]主簿宗城潘好礼[23]著论，称有功蹈道依仁，固守诚节[24]，不以贵贱死生易其操履[25]。设客问曰："徐公于今谁与为比？"主人曰："四海至广，人物至多，或匿迹韬光[26]，仆不敢诬，若所闻见，则一人而已，当于古人中求之。"客曰："何如张释之[27]？"主人曰："释之所行者甚易，徐公所行者甚难，难易之间，优劣见矣。张公逢汉文之时，天下无事，至如盗高庙玉环及渭桥惊马[28]，守法而已，岂不易哉！徐公逢革命之秋，属惟新之运，唐朝遗老，或包藏祸心，使人主有疑。如周兴、来俊臣，乃尧年之四凶[29]也，崇饰恶言以诬盛德；而徐公守死善道[30]，深相明白[31]，几陷囹圄[32]，数挂网维[33]，此吾子所闻，岂不难哉！"客曰："使为司刑卿[34]，乃得展其才矣。"主人曰："吾子徒见徐公用法平允，谓可置司刑；仆睹其人，方守之地[35]，何所不容[36]，若其用之，何事不可，岂直[37]司刑而已哉！"

（以上为第十七段，写狄仁杰、姚元崇、徐有功三位贤杰大臣再次登场。）

【注释】

[1]庚申：九月二十一日。 [2]王方庆（?—702）：雍州咸阳（今陕西咸阳市）人。名綝，以字行。曾任广州都督，有善政。为相将近二年，直言敢谏。著书二百余卷，尤精三礼。传见《旧唐

书》卷八十九、《新唐书》卷一百一十六。［3］李道广：雍州万年人。曾任汴州刺史，有善政。官至宰相，累封金城县侯。传见《旧唐书》卷九十八、《新唐书》卷一百二十六。［4］昏：同“婚”。［5］悉归河西降户：要求唐朝全部归还散处河西的突厥降户。详见《旧唐书·突厥传》。［6］阎知微（?—698）：唐初著名建筑学家阎立德之孙。官至右豹韬卫将军。屈事突厥可汗，被诛。传见《旧唐书》卷七十七、《新唐书》卷一百。［7］田归道：雍州长安人。良吏田仁会之子。累迁通事舍人内供奉、左卫郎将。出使突厥有功，官拜左金吾将军、司膳卿。传见《旧唐书》卷一百八十五上、《新唐书》卷一百九十七。［8］辛卯：十月二十二日。［9］乘间：乘隙，趁机。［10］松漠：即松漠都督府。治所在今内蒙古翁牛特旗西北。［11］骆务整：契丹孙万荣之偏将，降唐后官至右武威卫将军。事见《旧唐书》卷八十九《狄仁杰传》、《新唐书》卷二百一十九《契丹传》等。［12］何阿小：契丹骁将，杀人如麻，后为杨玄基所擒。事见《旧唐书》卷一百八十三《武懿宗传》、卷一百九十九下《契丹传》及《新唐书》卷二百一十九《契丹传》等。［13］冀州：州名。治所在今河北衡水市冀州区。［14］瀛州：州名。治所在今河北河间市。［15］起彭泽令狄仁杰为魏州刺史：狄仁杰为酷吏来俊臣所诬，长寿元年（692）一月被贬为彭泽令。［16］独孤思庄：官至右金吾大将军。见《新唐书》卷七十五下。［17］猝（cù）至：突然到来。［18］填委：填塞委积。极言其多。［19］姚元崇（650—721）：陕州硖石（今河南三门峡市南）人。字元之。后避开元年号，单名为“崇”。倜傥好学。为武则天、唐睿宗、唐玄宗三朝名相。有文集十卷。传见《旧唐书》卷九十六、《新唐书》卷一百二十四。《咸淳毗陵志》卷七、《嘉泰会稽志》卷二亦载其事。言论又见于《全唐文》卷二百零六、《唐文拾遗》卷十六等。［20］太后思徐有功用法平：长寿二年徐有功为酷吏周兴所劾，免官。用法平，用法平允。［21］闻者无不相贺：据章校，十二行本“闻”上有“远近”二字。［22］鹿城：县名。县治在今河北深州市西。［23］潘好礼：贝州宗城（今河北清河县西南）人。开元时官至豫州刺史。勤俭清廉。传见《旧唐书》卷一百八十五下、《新唐书》卷一百二十八。言论保存在《全唐文》卷二百七十九。［24］诚节：即忠节。［25］操履：犹操行。［26］匿迹韬光：隐才不露。匿迹，隐匿行迹；韬光，遮藏光彩。［27］张释之：西汉人。文景时期名臣。官至廷尉，以执法平允而著称。传见《史记》卷一百零二、《汉书》卷五十。［28］盗高庙玉环及渭桥惊马：事见《资治通鉴》卷十四汉文帝三年。［29］尧年之四凶：尧时的四位罪人，即浑敦、穷奇、梼杌、饕餮。［30］守死善道：用生命矢守善道。善道，《新唐书》卷一百一十三作“明道”，意思相同。［31］明白：犹“发明”。［32］囹圄：牢狱。［33］纲维：章校，十二行本作“纲罗”。意犹刑网。［34］司刑卿：官名。即大理寺卿，从三品，掌邦国折狱详刑之事。［35］方寸之地：指心而言。简作“方寸”或“方寸地”。［36］容：容纳。［37］直：但，只。

【点评】

本卷所载五年史事，起公元692年，讫公元696年，是武则天建立的武周政权的极盛时期，此时期武则天个人尊荣得意达到了顶点，同时武则天赖以生存的政治基础的负面影响也到了让人无法忍受的程度，可以说是物极必反，武则天如不改弦易辙，武周政权就有颠覆的危险。武则天不动声色地转危为安，表现了她的大智慧。以此看点，本卷点评四个问题：武则天鼎盛的标志，酷吏政治的危害，官场腐败的积习，武则天第一个男宠薛怀义之死。

一、武则天鼎盛的标志。武则天称制不久，在垂拱四年（688）建明堂，这是盛世的标志。长寿二年（693），武则天加尊号“金轮圣神皇帝”，同时给祖上武氏先皇追加尊号。追尊昭安皇帝曰浑元昭安皇帝，文穆皇帝曰立极文穆皇帝，孝明高皇帝曰无上孝明高皇帝。“金轮圣神”“浑元”“立极”“无上”，这些尊号表现了武则天自鸣得意的心境。第二年，即长寿三年（694）五月，又改元为延载，并改尊号为“越古金轮圣神皇帝”。八月，征铜铁于洛阳端门（洛阳皇城正南门）外修建颂扬大周国威的天枢，铭记功德，黜唐颂周。第二年，天册万岁元年（695）四月，天枢建成，高一百五十尺，径十二尺，八面，各径五尺。下为铁山，周百七尺，以铜为蟠龙麒麟萦绕之；上为腾云录露盘，径三丈，四龙人立捧火珠，高一丈。工人毛婆罗造模，武三思为文，刻百官及四夷酋长名，太后自书其榜曰：“大周万国颂德天枢。”在此期间，武则天又重建明堂，比原建明堂更为壮丽。史称初建明堂，“日役万人，所费以万亿计，府藏为之耗竭”。建天枢与重建明堂，工程更为浩大，并在短期内建成，标志了武周的鼎盛气象，也标志武则天的好大喜功。武则天还大修佛寺，铸九鼎，耗尽了国库，加重了民众的沉重负担。刘承庆上疏指陈其弊，婉转地批评说：“伏愿陛下乾乾翼翼，无戾天人之心而兴不急之役，则兆人蒙赖，福禄无穷。”

开元二年（714），唐玄宗下令“毁天枢，发匠熔其铁钱，历月不尽”。历史总是和一切好大喜功的独裁者开玩笑，愈是要流芳百世的人，愈是成为历史上匆匆来往的过客。武则天的“大周万国颂德天枢”的寿命只存在了二十三年，就是一个生动的例证。

二、酷吏政治的危害。唐太宗贞观之治，完善国家制度，使之在当时世界上是最先进、最优越的政治制度。到唐高宗时完成的《唐律议疏》也是中国封建律令中先进的法典。唐律五百条，分为十二篇，对社会中人与人的各种关系都制定了规范的行为。死罪有一百十几条，只有犯“十恶”的人才定死罪，为了避免法律的酷滥，唐律有关于诉讼、断狱严格的程序规定。诉讼要有确切的证据指陈犯罪，不得称疑，违者笞五十。投匿名信告人罪被查出，流放两千里，诬告谋反及大逆者，斩，从者绞，审判官与诉讼双方有亲属仇嫌者一律回避。严禁刑讯逼供，疑罪疑狱，可用钱赎。被判死罪的人，在京师执行时要经过五次覆奏，在外地要经过刑部五次覆奏。凡被冤枉的人，可以越级上诉，以至向皇帝申冤。唐初统治者吸取隋朝“政苛刑烦”的教训，一部唐律充分体现了“轻刑慎杀，务从宽简”的特点。但是在封建社会，制度的废立由皇帝决定。武则天女人主政，在当时社会为非礼非法，所以武则天以刑杀为威镇压反对派，公开建立告密制度，实施酷吏专政为其政治基础。武则天的酷吏政治，完全推翻了唐律“轻刑慎杀，务从宽简”的特点，屡兴大狱，诛杀无算。史称“太后自垂拱以来，任用酷吏，先诛杀唐宗室贵戚数百人，次及大臣数百家，其刺史、郎将以下，不可胜数”。长寿二年（693），遣六道使杀流人案，滥杀无辜达到登峰造极的地步。起因是补阙李秦授欲借人头来升官。他利用武则天多疑的心理，谎称“代武者刘”，“刘者流也”，建议武则天诛灭被流放的诸王以及大臣的亲族，武则天立即派酷吏万国俊前往流人最多的岭南去推按。万国俊到了岭南，假传圣旨，召集流人，命其自杀。一次就杀了三百多人。万国俊回朝，谎报流人谋反，并建议武则天派员视察各地流人的动静。武则天立即升万国俊为朝散大夫，行侍御史，同时派刘光业、王德寿等五人分赴诸道巡查，“光业等见国俊盛行残杀，得加荣贵，乃共肆其凶忍，唯恐后之。光业杀九百人，德寿杀七百人，其余少者咸五百人。亦有远年流人，非革命时犯罪，亦同杀之”（《旧唐书·万国俊传》）。如此惨绝人寰的大屠杀，在历史上是十分罕见的，武则天滥施淫威，确实旷古未闻。

酷吏兴大狱的手法，先是使人诬告，说某某人谋反，接着用严刑逼供，株连勾引。来俊臣、索元礼等酷吏所用刑法，花样百出，残忍手段，令人发指。《旧唐书·来俊臣传》载：“俊臣每鞫囚，无问轻重，多以醋灌鼻，禁地牢中；或盛之瓮中，以火环绕炙之，并绝其粮饷，至有抽衣絮以啖之者。又令寝处粪秽，备诸苦毒。自非身死，终不得出。每有赦令，俊臣必先遣狱卒尽杀重囚，然后宣示。”酷吏索元礼发明有十种大枷，分别叫定百脉、喘不得、突地吼、著即承、失魂胆、实同反、反是实、死猪愁、求即死和求破家。这些枷名就叫人魂飞魄散、毛骨悚然。此外，还有什么“凤凰晒翅”、“猕猴钻火”等酷刑。长寿元年（692），同平章事任知古、狄仁杰、裴行本、司礼卿崔宣礼、前文昌左丞卢献、御史中丞魏元忠、潞州刺史李嗣真同时被来俊臣诬告谋反，朝野震动。酷吏王德寿因与宰相杨执柔有嫌隙，便在审问狄仁杰时，欲使狄仁杰“罗织”杨执柔，狄仁杰不肯，以头触柱，血流满面，才得以作罢。杨执柔是武则天的本家外甥，狄仁杰为相深受武则天信任，酷吏对他们二人尚如此胡为，对其他人便可想而知了。事实查明狄仁杰等人蒙冤不反，武则天也只是免其死，仍然将狄仁杰等贬官流放。酷吏们更加胆大妄为，竟然诬告皇嗣睿宗谋反。酷吏专横到如此地步，朝野人人自危，动摇了武则天的统治基础。右补阙朱敬则、侍御史周矩上疏谏劝，认为太后用“威刑以禁异议”，滥施酷刑，使“满朝侧息不安”。朱敬则说：“今既革命，众心已定，宜省刑尚宽。”周矩说：“周用仁而昌，秦用刑而亡。愿陛下缓刑用仁，天下幸甚。”武则天亦有所悟，她翻过手来诛杀酷吏以塞责。万国俊、来俊臣、周兴、傅游艺、丘神勣、索元礼、侯思止、来子珣、王弘义等酷吏先后均被武则天所杀或流放。

有唐一代，任用酷吏之多，实行恐怖统治时间之长，武则天都是首屈一指的。在她的统治下，告密者相望于道，酷吏们横行不法，冤狱遍于寰中。武则天是这一历史悲剧的始作俑者。她利用酷吏维护了自身的统治，又用酷吏们的性命去减轻人们对自己的责难，一石二鸟。她的手腕是高明的，很多人都把仇恨记在酷吏身上。如来俊臣被杀时，"国人无少长皆怨之，竞剐其肉，斯须尽矣"(《旧唐书·来俊臣传》)。

酷吏政治是武则天畸形政权的产儿，酷吏政治也是独裁暴政所特有的历史现象。它不仅打击了李唐宗室和朝廷官僚，也给广大人民带来了苦难；武则天所导演的这幕血腥丑剧是一场民族的悲剧，这个沉重的历史教训必须记取。

三、官场腐败的积习。为培植自己的势力，武则天除重用酷吏之外，还任用了大批冗官。唐太宗认为，"官在得人，不在员多"，他命令房玄龄进行大规模的精简，中央一级官员只保留了六百四十三人。到高宗时，官吏数目已经大大增加，武则天当政以后，官吏队伍的膨胀就越发不可收拾了。武则天除按正常科举取士外，又举行殿试、自举、试官、武举、南选，还扩充宦官和"不次授官"，只要合她意，随时可以进入官僚阶层。

武则天之时，卖官之风已经很盛，据《朝野佥载》卷一说："乾封以前选人，每年不越数千，垂拱以后，每岁常至五万。""选司考练，总是假手冒名，势家嘱请。手不把笔，即送东司，眼不识文，被举南馆。正员不足，权被试、摄、检校之官，贿货纵横、赃污狼藉。流外行署，钱多即流。""是以选人冗冗，甚于羊群，吏部喧喧，多于蚁众。"长寿元年(692)，武则天派专使赴七道授"试官"(即见习之官)，由于乱授拾遗、补阙、著作郎等官，"故当时谚曰：'补阙连车载，拾遗平斗量，欋推侍御史，腕脱尚书郎。'"大批冗官多系贿选，上任后便大肆搜刮钱财，人民的负担日益加重。

吏治冗滥，官场腐败成为积习。娄师德是唐代著名的将相，他竟然教诲弟弟在官场做人要"唾面自干"，中国的封建官僚对上级唯唯诺诺，任凭宰割，活像一条蛆虫，而对下级和民众颐指气使，凶狠如狼。他们的人性被扭曲，娄师德的行为经验，便是一个鲜活的例证。更有甚者，为了当官，杜肃告密卖友，郭霸尝粪便谄谀，如此的修炼工夫，使人叹为观止。官场利禄的权利诱因，使人性堕落到这种程度，发人深思。

四、武则天第一个男宠薛怀义之死。武则天男宠众多，最钟爱的是张易之、张昌宗兄弟。而武则天的第一个男宠则是薛怀义。薛怀义原名冯小宝，京兆鄠县(今陕西西安市鄠邑区)人，自幼不务正业，曾在洛阳市上卖药。一个偶然的机会，冯小宝结识了唐高祖的女儿千金公主，受到赏识。千金公主为了巴结武则天，便将冯小宝推荐给母后，武则天果然对冯小宝十分宠幸。为便于冯小宝在宫廷出入，武则天命人将冯小宝剃度为僧，并起名怀义。又恐冯小宝出身微贱遭人耻笑，便让他与驸马都尉薛绍合宗，薛绍称他为叔父，所以他始改姓薛。洛阳市上的卖药人摇身一变成了武则天的幸臣薛怀义。武则天又特意大修洛阳白马寺，让薛怀义做白马寺住持。

薛怀义倚仗武则天的权势，到处胡作非为。他将一批市井无赖剃度为和尚，任意横冲直撞，遇见道士，就随意殴打，并剃光道士的头发。薛怀义常骑着高头大马，前呼后拥，招摇过市，有靠近者，被打得头破血流。右台御史冯思勖曾多次处罚过薛怀义的不法僧徒，薛怀义怀恨在心，有一次恰好狭路相逢，薛怀义便指使手下人打了冯御史，也没人敢过问。一班武氏子弟，如武承嗣、武三思等人，虽然位居高官，但对薛怀义却一味巴结，像仆人一样伺候他，甚至亲自为他牵马。他们不敢叫薛怀义的名字，将其称为“薛师”。

为了使薛怀义能经常入宫，武则天借故说薛怀义有“巧思”，派他监修明堂。明堂修成后，武则天封薛怀义为左威卫大将军、梁国公。武则天为了提高这位花和尚的身价，竟荒唐地委派薛怀义挂帅出征。永昌元年（689）五月，武则天任命薛怀义为新平军大总管，北讨突厥。军队进至紫河，却不见敌人的踪影，薛怀义在单于台刻石记功后凯旋。九月，又任命薛怀义为新平道行军大总管，领兵二十万，再伐突厥。同年十二月，薛怀义被封为右卫大将军，赐爵鄂国公。延载元年（694）二月，任命薛怀义为代北道行军大总管；三月，又改任朔方道行军大总管，受命讨伐突厥。恰遇突厥退兵，因此并没有进军。这位洛阳市上的无赖竟然多次担任了领兵元帅。薛怀义确也鸿运高照，幸得上苍保佑，每次出征，均未遇敌。倘若遭遇强敌，那后果不堪设想。

薛怀义的情敌御医沈南璆日渐得到武则天的宠爱，自己日益被疏远。薛怀义竟然妒火难禁，胆大妄为报复武则天。天册万岁元年（695）正月十六日乙未，武则天在明堂做无遮大会，设斋。这样的佛事大会，令武则天荣光无比。薛怀义却在夜里放了一把火，烧天堂和明堂，史称“火照城中如昼，比明皆尽”。武则天知是薛怀义所为，为了掩盖丑行，武则天不动声色，表面上仍对薛怀义示以恩宠，任命他重新建造明堂，暗地里选拔了百余个强健的宫人防范薛怀义作恶。二月四日壬子，武则天宣召薛怀义到瑶光殿议事，被宫人在殿前树下擒获。建昌王武攸宁奉命率领壮士把薛怀义活活打死，送尸白马寺火化后造塔供奉。

卷二〇六　唐纪二十二

武则天神功元年至久视元年（697—700 年）

【起强圉作噩（丁酉，697 年），尽上章困敦（庚子，700 年）六月，凡三年有奇】

【大事提要】

本卷记事起公元 697 年，讫公元 700 年六月，凡三年又六个月，时当武则天神功元年到久视元年六月。这一时期是武则天执政中期的后段。政治大势结束了酷吏政治，来俊臣东山再起又兴大狱，可是很快覆灭。来俊臣之死标志武周政权酷吏政治转轨的完成。姚元崇、狄仁杰、韦嗣立、韦庆之一批贤臣受到武则天的重用。狄仁杰献安边之策，击败突厥，护佑皇嗣，保护良将，安抚河北民众，做出了重大贡献。武则天亲信、酷吏之一的吉顼，也转变立场，反对苛酷，忠心唐室，在保护李唐皇嗣中起了决定性的作用。狄仁杰、吉顼等人努力促使武则天最终做出了弃侄立子的决定。庐陵王返回神都，重新被立为太子，河北民众踊跃从军击贼，人心所向，志在复唐。这时期，武则天个人生活的荒唐也达到登峰造极的地步，置控鹤监养蓄男宠。张易之、张昌宗兄弟登场，两人与武周外戚武氏诸王结成朋党，仍在政治上有重大的负面影响。例如临川王武嗣宗领兵平乱契丹，畏敌如虎却滥杀良民，诬为贼寇以邀功，给河北民众带来了灾难。

则天顺圣皇后中之下

神功元年[1]（丁酉，697 年）

正月，己亥朔[2]，太后享通天宫[3]。

突厥默啜寇灵州[4]，以许钦明自随[5]。钦明至城下大呼，求美酱、粱米[6]及墨，意欲城中选良将、引精兵、夜袭虏营，而城中无谕其意者。

箕州刺史刘思礼[7]学相人[8]于术士张憬藏[9]，憬藏谓思礼当历箕州，位至太师。思礼念太师人臣极贵，非佐命无以致之，乃与洛州录事参军綦连耀[10]谋反，阴结朝士，托相术，许人富贵[11]，俟其意悦，因说以“綦连耀有天命[12]，公必因之以得富贵。”凤阁舍人王勮兼天官侍郎事，用思礼为箕州[13]刺史。

明堂[14]尉吉顼[15]闻其谋，以告合宫[16]尉来俊臣，使上变告之。太后使河内王武懿宗[17]推之。懿宗令思礼广引朝士，许免其死，凡小忤意皆引之[18]。于是思礼引凤阁侍郎同平章事李元素、夏官侍郎同平章事孙元亨、知天官侍郎事石抱忠、刘奇、给事中周譒及王勮兄泾州刺史勔、弟监察御史助等，凡三十六家[19]，皆海内名士，穷楚毒以成其狱，壬戌[20]，皆族诛之，亲党连坐流窜[21]者千余人。

初，懿宗宽思礼于外，使诬引诸人。诸人既诛，然后收思礼，思礼悔之。懿宗自天授[22]以来，太后数使之鞫狱，喜诬陷人，时人以为周、来[23]之亚。

来俊臣欲擅其功，复罗告吉顼；顼上变，得召见，仅免。俊臣由是复用，而顼亦以此得进。

俊臣党人罗告司刑府史[24]樊惎[25]谋反，诛之。惎子讼冤于朝堂，无敢理者，乃援[26]刀自刳[27]其腹。秋官侍郎上邽刘如璿[28]见之，窃叹而泣。俊臣奏如璿党恶逆[29]，下狱，处以绞刑；制流[30]瀼州[31]。

（以上为第一段，写酷吏来俊臣东山再起，又起大狱。）

【注释】

[1]神功元年：武则天于万岁通天二年（697），以契丹破灭，九鼎铸成，九月大享，改元神功。 [2]己亥朔：正月一日。 [3]通天宫：即明堂。 [4]灵州：治所迴乐，在今宁夏灵武市西南。 [5]以许钦明自随：许钦明任凉州都督，万岁通天元年九月，为突厥默啜所擒。 [6]粱米：农作物名称。粟类。有青、黄、白三种，黄粱品质最佳。 [7]刘思礼（?—697）：唐初功臣刘义节之侄。传见《旧唐书》卷五十七、《新唐书》卷八十八。 [8]相人：即相人之术，给人看相的本领。 [9]张憬藏：许州长社（今河南许昌市）人。唐朝著名术士，与袁天纲齐名。传见《旧唐书》卷一百九十一、《新唐书》卷二百零四。 [10]綦连耀（?—697）：事迹散见于《旧唐书》卷六、卷五十七、卷八十一、卷一百八十六、卷一百九十等。《元和姓纂》卷二：“綦连，代北人号綦连部，因氏焉。”据此，綦连为代北胡姓。 [11]许人富贵：称许前来看相的人必将富贵。 [12]天命：此处指当天子的命运。 [13]箕州：由辽州改名而来。治所辽山，在今山西左权县。 [14]明堂：县名。唐高宗乾封三年（668）将建明堂，改元总章，分京师万年县置明堂县，县治

在永乐坊。［15］吉顼（?—700）：洛州河南（今河南洛阳市）人。进士出身。武周酷吏之一，官至宰相。对中宗复位曾起过一些作用。传见《旧唐书》卷二百八十六上、《新唐书》卷一百一十七。［16］合宫：县名。永昌元年（689）改东都河南县为合宫县。县治在东都道德坊。［17］武懿宗：武则天之侄。自司农卿晋爵为郡王。曾任怀、洛二州刺史及神兵道大总管等职，以残暴酷烈著称。传见《旧唐书》卷一百八十三、《新唐书》卷二百零六。其事又见《朝野佥载》卷四。［18］凡小忤意皆引之：凡稍逆其意者皆予以牵引。［19］凡三十六家：共三十六人。据《资治通鉴》及《旧唐书》卷一百八十六上《吉顼传》、《新唐书》卷四《则天纪》等，仅得十二人姓名。其余二十四人不详。［20］壬戌：正月二十四日。［21］流窜：流放窜逐。［22］天授：武则天年号，公元690年至692年。［23］周、来：指酷吏周兴和来俊臣。［24］司刑府史：流外官名。唐司刑寺（即大理寺）有史五十六人。［25］樊基（jì）：事迹不详。《新唐书》卷二百零九《来俊臣传》作"樊戬"。待考。［26］援：拿。［27］刳（kū）：剖。［28］刘如璿：秦州上邽（今甘肃天水市西）人。著有《议化胡经状》一卷。事散见《新唐书》卷二百零九、《太平广记》卷二百六十九及《全唐文》卷一百六十五。［29］党恶逆：与恶逆之人为党。［30］制流：指武则天下制书裁定为流放罪。［31］瀼州：州名。治所在今广西上思县西南。"瀼"，《新唐书》卷二百九作"汉"，误。

尚乘奉御[1]张易之[2]，行成之族孙也，年少，美姿容，善音律。太平公主荐易之弟昌宗[3]入侍禁中，昌宗复荐易之，兄弟皆得幸于太后，常傅朱粉，衣锦绣。昌宗累迁散骑常侍[4]，易之为司卫少卿[5]；拜其母臧氏、韦氏为太夫人，赏赐不可胜纪，仍敕凤阁侍郎李迥秀[6]为臧氏私夫[7]。迥秀，大亮之族孙也。武承嗣、三思、懿宗、宗楚客、晋卿皆候易之门庭，争执鞭辔，谓易之为五郎，昌宗为六郎[8]。

（以上为第二段，写武则天新欢男宠张易之、张昌宗兄弟登场。）

【注释】

［1］尚乘奉御：官名。从五品上，隶殿中省。《唐六典》卷十一："尚乘奉御，掌内外闲厩之马，辨其粗良而率其习驭。"［2］张易之（?—705）：武则天之男宠。太宗朝宰相张行成之族孙。官至麟台监。后在张柬之政变中被杀。传见《旧唐书》卷七十八、《新唐书》卷一百零四。［3］昌宗：张易之之弟，亦为武则天之男宠。［4］散骑常侍：官名。唐制，散骑常侍有左右之别，分隶于门下省和中书省。据《旧唐书》卷七十八，张昌宗所任官为左散骑常侍。掌侍奉规谏，以备顾问应对。［5］司卫少卿：官名。司卫寺（即卫尉寺）第二长官，地位仅次于司卫卿。协助司卫卿掌邦国器械文物之政令。［6］李迥秀：京兆泾阳（今陕西泾阳县）人。高祖、太宗朝大臣李大亮之族孙。通过科举入仕。曾担任宰相。传见《旧唐书》卷六十二、《新唐书》卷九十九。［7］私夫：非正式的

丈夫。民间称之为“姘夫”。［8］谓易之为五郎，昌宗为六郎：把张易之称为五郎，张昌宗称为六郎。“郎”称起于六朝，用法颇多，一般用于年轻貌美、风流潇洒的男子。张易之排行第五，张昌宗排行第六，故武承嗣等称之为五郎、六郎以表示亲近。

癸亥[1]，突厥默啜寇胜州，平狄军[2]副使安道买击破之。

甲子[3]，以原州司马娄师德守凤阁侍郎、同平章事。

春，三月，戊申[4]，清边道总管王孝杰、苏宏晖等将兵十七万与孙万荣战于东硖石谷[5]，唐兵大败，孝杰死之。

孝杰遇契丹，帅精兵为前锋，力战。契丹引退，孝杰追之，行背悬崖；契丹回兵薄[6]之，宏晖先遁，孝杰坠崖死，将士死亡殆尽[7]。管记[8]洛阳张说[9]驰奏其事。太后赠孝杰官爵，遣使斩宏晖以徇；使者未至，宏晖以立功得免。

武攸宜军渔阳[10]，闻孝杰等败没，军中震恐，不敢进。契丹乘胜寇幽州，攻陷城邑，剽掠吏民，攸宜遣将击之，不克。

阎知微、田归道同使突厥，册默啜为可汗。知微中道遇突厥使者，辄与之绯袍、银带[11]，且上言：“虏使至都，宜大为供张[12]。”归道上言：“突厥背诞[13]积年，方今悔过，宜待圣恩宽宥。今知微擅与之袍带，使朝廷无以复加[14]；宜令反初服[15]以俟朝恩。又，小虏[16]使臣，不足大为供张。”太后然之。知微见默啜，舞蹈，吮其靴鼻[17]；归道长揖不拜。默啜囚归道，将杀之，归道辞色不挠，责其无厌[18]，为陈祸福。阿波达干元珍[19]曰：“大国使者，不可杀也。”默啜怒稍解，但拘留不遣[20]。

初，咸亨中，突厥有降者，皆处之丰、胜、灵、夏、朔、代六州[21]，至是，默啜求六州降户及单于都护府之地[22]，并谷种、缯帛、农器、铁，太后不许。默啜怒，言辞悖慢[23]。姚琦、杨再思以契丹未平，请依默啜所求给之。麟台少监[24]、知凤阁侍郎赞皇李峤[25]曰：“戎狄[26]贪而无信，此所谓‘借寇兵资盗粮[27]’也，不如治兵以备之。”琦、再思固请与之，乃悉驱六州降户数千帐[28]以与默啜，并给谷种四万斛，杂彩五万段，农器三千事，铁四万斤，并许其昏[29]。默啜由是益强。

田归道始得还[30]，与阎知微争论于太后前。归道以为默啜必负约，不可恃和亲，宜为之备。知微以为和亲必可保。

（以上为第三段，写北方突厥势力再起，武周羁縻应之。）

【注释】

［1］癸亥：正月二十五日。［2］平狄军：据胡注，"代州北有大武军，调露元年改曰神武军，天授二年改曰平狄军。"［3］甲子：正月二十六日。［4］戊申：三月十二日。［5］与孙万荣战于东硖石谷：此事《旧唐书》卷六系于二月条，无具体日期；《新唐书》卷四系之于三月庚子，即三月四日。岑仲勉曾据《伯玉集》卷七《国殇文》进行辨析，但只得出推测性结论。见《通鉴隋唐纪比事质疑》一百二十八页。［6］薄：迫近。［7］将士死亡殆尽：《朝野佥载》上说："孝杰将四十万众，被贼诱退，逼就悬崖，渐渐挨排，一一落涧，坑深万丈，尸与崖平，匹马无归，单兵莫返。"司马光在《考异》中引用了这段话，认为言过其实。［8］管记：官名。据《旧唐书·王孝杰传》，此处管记为"节度管记"。［9］张说（667—730）：字道济，又字说之，河南洛阳人。弱冠应制举，得武则天奖拔。唐中宗、睿宗、玄宗朝皆为宰相。"前后三秉大政，掌文学之任凡三十年。"为文俊丽，用思精密，尤长于墓志碑文。曾参与《三教珠英》《今上实录》的编写，有文集二十卷。传见《旧唐书》卷九十七、《新唐书》卷一百二十五、《国秀集》卷上、《唐才子传》卷一。［10］渔阳：县名。属幽州。县治在今天津市蓟州区。［11］与之绯袍、银带：即给突厥使者四品以下服饰。唐制，四品服绯，五品服浅绯，皆金带；六品服深绿、七品服浅绿，皆银带。［12］供张：亦作"供帐"，指陈设帷帐等物以供宴会之需。［13］背诞：《旧唐书·田归道传》作"背恩"，意为叛逆作乱。［14］使朝廷无以复加：使朝廷恩泽无以复加。即国家没有办法再行赏赐。［15］反初服：穿原来的服装。［16］小虏：此处指突厥。［17］吮其靴鼻：即吻其靴尖。嗅靴鼻是突厥最卑逊的礼节。［18］责其无厌：斥责他贪得无厌。［19］阿波达干元珍：即阿史德元珍。阿史德元珍投降骨咄禄后，被封为"阿波达干"，专统兵马。见《旧唐书》卷一百九十四上《突厥传》上。［20］不遣：不遣送田归道回朝。［21］丰、胜、灵、夏、朔、代六州：地当今宁夏东部、内蒙古中部、陕西及山西北部一带。［22］单于都护府之地：相当今内蒙古阴山、河套一带。［23］悖慢：悖谬傲慢。［24］麟台少监：官名。即秘书少监。从四品上。协助麟台监掌邦国经籍图书之事。［25］李峤（644—713）：字巨山。赵州赞皇（今河北赞皇县）人。才思精敏，二十中进士，又举制策甲科。武则天、唐中宗朝，位至宰相。曾参与《三教珠英》的撰写，著有《军谋前鉴》十卷，另有文集五十卷、杂咏诗十二卷。传见《旧唐书》卷九十四、《新唐书》卷一百二十三、《唐才子传》卷一等。［26］戎狄：泛指西北少数民族。此处指突厥默啜。［27］借寇兵资盗粮：帮助敌军并向它提供粮饷。借，帮助；资，供给。寇与盗在此处意思相同。［28］数千帐：犹数千户。［29］昏：通"婚"。［30］田归道始得还：田归道与阎知微奉命册封默啜为可汗，反为默啜所拘。至此放还。关于田归道出使突厥册拜默啜为立功报国可汗的时间，唐《实录》不载。《考异》卷十一说"不

知的在何时”。岑仲勉据《通典》卷一百九十八及《旧唐书》卷一百九十四上认为应在万岁通天元年（696）九月。见《通鉴隋唐纪比事质疑》一百二十六页。

夏，四月，铸九鼎成[1]，徙置通天宫。豫州鼎高丈八尺，受千八百石；余州高丈四尺，受千二百石；各图山川物产于其上，共用铜五十六万七百余斤。太后欲以黄金千两涂之，姚琇曰：“九鼎神器，贵于天质[2]自然。且臣观其五采焕炳[3]相杂，不待金色以为炫耀[4]。”太后从之。自玄武门曳入[5]，令宰相、诸王帅南北牙宿卫兵十余万人并仗内大牛、白象共曳之[6]。

前益州长史王及善[7]已致仕，会契丹作乱，山东不安，起为滑州[8]刺史。太后召见，问以朝廷得失，及善陈治乱之要十余条。太后曰：“外州末事，此为根本，卿不可出。”癸酉[9]，留为内史[10]。

癸未[11]，以右金吾卫大将军武懿宗为神兵道行军大总管，与右豹韬卫将军何迦密[12]将兵击契丹。五月，癸卯[13]，又以娄师德为清边道副大总管，右武威卫将军沙吒忠义[14]为前军总管，将兵二十万击契丹。

先是，有朱前疑[15]者上书云：“臣梦陛下寿满八百。”即拜拾遗。又自言“梦陛下发白再玄[16]，齿落更生”。迁驾部郎中[17]。出使还，上书曰：“闻嵩山呼万岁。”赐以绯算袋[18]，时未五品，于绿衫[19]上佩之。会发兵讨契丹，敕京官出马一匹供军，酬以五品。前疑买马输之，屡抗表[20]求进阶，太后恶其贪鄙[21]，六月，乙丑[22]，敕还其马，斥归田里。

（以上为第四段，写武则天铸成九鼎。）

【注释】

[1]铸九鼎成：据《新唐书·则天纪》，时在四月戊辰，即四月三日。 [2]天质：本质。 [3]焕炳：光芒焕发。 [4]炫耀：光彩夺目。引申为华丽奢侈。 [5]自玄武门曳入：从玄武门外作坊曳入宫城。玄武门，在东都上阳宫寿昌门北。 [6]曳之：拖曳九鼎。武则天作《曳鼎歌》，令众人唱和。 [7]王及善（618—699）：洺州邯郸（今河北邯郸市）人。唐高宗时官至右千牛卫将军。曾为相。死后陪葬乾陵。传见《旧唐书》卷九十、《新唐书》卷一百一十六。 [8]滑州：治所白马，在今河南滑县东。 [9]癸酉：四月八日。 [10]内史：即中书令。宰相之一。佐天子，

执大政，掌军国之政令。［11］癸未：四月十八日。［12］何迦密：事迹不详。其名又见于《新唐书》卷四《则天纪》。［13］癸卯：五月八日。［14］沙吒忠义（？—707）：《元和姓纂》卷五作“沙吒忠义”。两《唐书》无传。事散见于《则天纪》《高宗纪》及《突厥传》等。［15］朱前疑：事见《朝野佥载》卷四、《元和姓纂》卷二及《唐郎官石柱题名考》卷六。［16］玄：黑。［17］驾部郎中：官名。掌邦国舆辇、车乘、传驿、厩牧、官私马牛杂畜簿籍。［18］算袋：贮笔砚用的口袋。胡注：“唐初职事官三品以上赐金装刀、砺石，一品以下则有手巾、算袋。开元以后，百官朔望朝参，外官衙日，则佩算袋，各随其所服之色，余日则否。”［19］绿衫：六品、七品服色。［20］抗表：上表直言。［21］贪鄙：贪婪卑鄙。［22］乙丑：六月一日。

右司郎中冯翊乔知之[1]有美妾曰碧玉[2]，知之为之不昏。武承嗣借以教诸姬，遂留不还。知之作《绿珠怨》[3]以寄之，碧玉赴井死。承嗣得诗于裙带，大怒，讽酷吏罗告，族之[4]。

司仆少卿[5]来俊臣倚势贪淫，士民妻妾有美者，百方[6]取之；或使人罗告其罪，矫称敕[7]以取其妻，前后罗织诛人，不可胜计。自宰相以下，籍其姓名而取之[8]。自言才比石勒[9]。监察御史李昭德素恶俊臣，又尝庭辱秋官侍郎皇甫文备[10]，二人共诬昭德谋反，下狱。

俊臣欲罗告武氏诸王及太平公主，又欲诬皇嗣[11]及庐陵王[12]与南北牙[13]同反，冀因此盗国权，河东人卫遂忠[14]告之。诸武及太平公主恐惧，共发其罪，系狱，有司处以极刑[15]。太后欲赦之，奏上三日，不出。王及善曰：“俊臣凶狡贪暴，国之元恶[16]，不去之，必动摇朝廷。”太后游苑中，吉顼执辔，太后问以外事，对曰：“外人唯怪来俊臣奏[17]不下。”太后曰：“俊臣有功于国，朕方思之。”顼曰：“于安远告虺贞反[18]，既而果反，今止为成州[19]司马。俊臣聚结不逞[20]，诬构良善，赃贿如山，冤魂塞路，国之贼也，何足惜哉！”太后乃下其奏。

丁卯[21]，昭德、俊臣同弃市[22]，时人无不痛昭德而快俊臣。仇家争啖[23]俊臣之肉，斯须[24]而尽，抉眼剥面，披腹出心，腾蹋成泥。太后知天下恶之，乃下制数其罪恶[25]，且曰：“宜加赤族[26]之诛，以雪苍生之愤，可准法[27]籍没其家。”士民皆相贺于路曰：“自今眠者背始帖席[28]矣。”

俊臣以告綦连耀功，赏奴婢十人。俊臣阅司农婢[29]，无可者，以西突厥可汗斛瑟罗[30]家有细婢[31]，善歌舞，欲得以为赏口[32]，乃使人诬告斛瑟罗反。诸酋长诣阙割耳剺面[33]讼冤者数十人。会俊臣诛，乃得免。

俊臣方用事，选司[34]受其属请[35]不次除官者，每铨数百人。俊臣败，侍郎皆自首。太后责之，对曰："臣负陛下，死罪！臣乱国家法，罪止一身；违俊臣语，立见灭族。"太后乃赦之。

上林令[36]侯敏[37]素谄事俊臣[38]，其妻董氏谏之曰："俊臣国贼，指日将败，君宜远之。"敏从之。俊臣怒，出为武龙[39]令。敏欲不往，妻曰："速去勿留！"俊臣败，其党皆流岭南，敏独得免。

太后征于安远为尚食奉御[40]，擢吉顼为右肃政中丞[41]。

以检校夏官侍郎宗楚客同平章事[42]。

（以上为第五段，写武周头号酷吏来俊臣之死，大快人心。）

【注释】

[1]乔知之：同州冯翊（今陕西大荔县）人。有文才。所作诗篇，多为时人传诵。有集二十卷。官至右司郎中，从五品上。《旧唐书》本传及《新唐书·外戚传》作"左司郎中"。传见《旧唐书》卷一百九十中。 [2]碧玉：孟棨《本事诗》、《旧唐书》卷一百九十中、《新唐书》卷二百零六均作"窈娘"。 [3]《绿珠怨》：绿珠本晋人石崇爱妾，善歌舞吹笛。孙秀求之不得，劝赵王伦杀石崇以取之。绿珠悲愤，跳楼自尽。乔知之作诗借绿珠事以寄情。 [4]族之：灭乔知之一族。关于乔知之被杀的时间，《唐历》《统纪》及《新唐书》卷四《则天纪》皆系之于天授元年（690）。司马光据卢藏用《陈氏别传》和赵儋《陈子昂旌德碑》，认为乔氏被杀当在神功元年（697）后。岑仲勉受赵绍祖《新旧唐书互证》启发，对卢传和赵碑进行研究，认为二者皆不足为据，主张以天授元年八月为是。详见《通鉴隋唐比事质疑》一百二十八页至一百三十页。 [5]司仆少卿：官名，光宅元年改太仆为司仆。太仆掌厩牧车马事务。长官称卿，从三品。副职为少卿，从四品上。 [6]百方：犹百计。 [7]矫称敕：假传敕旨。 [8]籍其姓名而取之：按姓名罗告。 [9]石勒（274—333）：字世龙，上党武乡（今山西榆社县北）人。羯族。十六国时期后赵的建立者。公元319年至333年在位。传见《晋书》卷一百四、《魏书》卷九十五。 [10]皇甫丈备：章校，十二行本"丈"作"文"。按：《旧唐书》卷七、卷八、卷五十、卷九十、卷一百八十六上，《新唐书》卷一百一十三及《通典》卷一百六十八俱作"文备"，当据十二行本改正。 [11]皇嗣：即武则天第四子李旦。 [12]庐陵王：则天第三子李显。 [13]南北牙：本为官署名称。此处转指群臣。 [14]卫遂忠：河东（今山西永济市西南蒲州镇）人。曾任司刑评事，与来俊臣善。事散见于两《唐书》中的《刑法志》和

《酷吏传》。［15］极刑：最重的刑罚。唐代刑名有五：笞、杖、徒、流、死。死刑分绞和斩两种，以斩为极刑。［16］元恶：首恶。［17］来俊臣奏：司法机关请求判处来俊臣死刑的奏折。［18］于安远告虺贞反：时在垂拱四年（688）。于安远，籍贯生平不详。以告越王贞谋反出名。官至尚食奉御。见《新唐书》卷一百一十七《吉顼传》。虺贞，即越王李贞。李贞垂拱四年八月起兵反叛，九月兵败被杀。武则天恶之，改姓为“虺氏”。［19］成州：州名。治所在今甘肃礼县西南。属下州。司马从六品上。［20］不逞：本指不得志。此处指为非作歹的不法之徒。［21］丁卯：六月三日。［22］弃市：处死刑。古代在闹市处决死囚，腰斩并将尸体暴露在街头示众，故称“弃市”。［23］啖：吃。［24］斯须：须臾，一会儿。［25］下制数其罪恶：制书全文见《全唐文》卷九十五。［26］赤族：即灭族。因诛灭全族流血甚多，故有“赤族”之说。［27］准法：依法。［28］背始帖席：意即始得安眠。［29］司农婢：司农司所辖奴婢。唐制，官奴婢隶司农。［30］斛瑟罗：即阿史那斛瑟罗。［31］细婢：姿色美好的小婢。［32］赏口：受赏的生口，即抄家后供赏赐为奴婢的人。［33］剺面：以刀划脸。此乃突厥、回纥风俗，用以表示悲愁。［34］选司：掌管铨选的机关。《新唐书·选举志》下：“凡选有文、武，文选吏部主之，武选兵部主之，皆为三铨，尚书、侍郎分主之。”［35］属（zhǔ）请：嘱咐请托。［36］上林令：官名。即上林署令。从七品下，掌苑囿园池之事。［37］侯敏：两《唐书》无传。事见《朝野佥载》卷三。［38］谄（chǎn）事俊臣：即巴结奉承来俊臣。［39］武龙：县名。胡注：“武龙县属田州，开蛮洞置。旧书作‘武笼’，云失废置年月。又涪州有武龙县，武德二年分涪陵置。”按：田州武龙县在今广西百色市东，开元中置。涪州武龙县在今重庆市武隆区西北。据《朝野佥载》卷三，侯敏被贬为涪州武龙令。［40］尚食奉御：殿中省官名。正五品下。掌供天子之常膳，随四时之禁，适五味之宜。［41］右肃政中丞：官名。即右肃政台御史中丞。［42］以检校夏官侍郎宗楚客同平章事：据《新唐书》卷四《则天纪》及卷六十一《宰相表》，宗楚客自尚方少监入相，时在六月己卯，即六月十五日。宗楚客（?—710），蒲州河东人。字叔敖。性明辨，美须髯。进士及第。则天、中宗朝官至宰相。传见《旧唐书》卷九十二、《新唐书》卷一百零九。

武懿宗军至赵州[1]，闻契丹将骆务整[2]数千骑将至冀州[3]，懿宗惧，欲南遁。或曰：“虏无辎重，以抄掠为资，若按兵拒守，势必离散，从而击之，可有大功。”懿宗不从，退据相州[4]，委弃[5]军资器仗甚众。契丹遂屠赵州。

甲午[6]，孙万荣为奴所杀[7]。

万荣之破王孝杰也，于柳城[8]西北四百里依险筑城，留其老弱妇女，所获器仗资财，使妹夫乙冤羽守之，引精兵寇幽州。恐突厥默啜袭其后，遣五人至黑沙[9]，语默啜曰："我已破王孝杰百万之众，唐人破胆，请与可汗乘胜共取幽州。"三人先至，默啜喜，赐以绯袍。二人后至，默啜怒其稽缓[10]，将杀之，二人曰："请一言而死。"默啜问其故，二人以契丹之情告。默啜乃杀前三人而赐二人绯[11]，使为乡导，发兵取契丹新城[12]，杀所获凉州都督许钦明以祭天[13]，围新城三日，克之，尽俘以归。使乙冤羽驰报万荣。

时万荣方与唐兵相持，军中闻之，恟惧[14]。奚[15]人叛万荣，神兵道总管杨玄基击其前，奚兵击其后，获其将何阿小。万荣军大溃[16]，帅轻骑数千东走。前军总管张九节[17]遣兵邀[18]之于道，万荣穷蹙，与其奴逃至潞水[19]东，息于林下，叹曰："今欲归唐，罪已大。归突厥亦死，归新罗亦死。将安之乎！"奴斩其首以降，枭之四方馆门[20]。其余众及奚、霫皆降于突厥。

戊子[21]，特进武承嗣、春官尚书武三思并同凤阁鸾台三品。

辛卯[22]，制以契丹初平，命河内王武懿宗、娄师德及魏州刺史狄仁杰分道安抚河北。懿宗所至残酷，民有为契丹所胁从[23]复来归者，懿宗皆以为反[24]，生[25]刳取其胆。先是，何阿小嗜杀人[26]，河北人为之语曰："唯此两何[27]，杀人最多。"

秋，七月，丁酉[28]，昆明[29]内附，置窦州[30]。

武承嗣、武三思并罢政事。

庚午[31]，武攸宜自幽州凯旋[32]。武懿宗奏河北百姓从贼者请尽族之[33]，左拾遗王求礼庭折之[34]曰："此属素无武备，力不胜贼，苟[35]从之以求生，岂有叛国之心！懿宗拥强兵数十万，望风退走，贼徒滋蔓，又欲委罪于草野诖误之人，为臣不忠，请先斩懿宗以谢河北！"懿宗不能对。司刑卿杜景俭亦奏："此皆胁从之人，请悉原之。"太后从之。

八月，丙戌[36]，纳言姚琦坐事左迁益州长史，以太子宫尹豆卢钦望为文昌右相，凤阁鸾台三品[37]。

九月，壬辰[38]，大享通天宫，大赦[39]，改元[40]。

（以上为第六段，写契丹之乱被平定，武懿宗诬良为寇，为祸河北。）

【注释】

［1］赵州：州名。治所在今河北赵县。［2］骆务整：契丹人。李尽忠部将。后降唐，官至右武威卫将军。事散见于《旧唐书》卷八十九、卷一百九十九下，《新唐书》卷一百一十五、卷二百一十九。［3］冀州：州名。治所在今河北衡水市冀州区。［4］相州：州名。治所在今河南安阳市。［5］委弃：犹抛弃。［6］甲午：严衍《资治通鉴补》改“午”为“申”。岑仲勉认为六月无甲午，甲午“非壬午即甲申之讹”。按六月乙丑朔，甲午即六月三十日，岑氏失于检点。然孙万荣之被杀亦非甲午，《资治通鉴》此处确实有误，观下文“辛卯（六月二十七日），制以契丹初平”即知。查《全唐文》卷二百二十五张说《为河内郡王武懿宗平冀州贼契丹等露布》，杨玄基等俘获契丹何阿小等魁首三百余人，击溃契丹主力在六月一日。从两《唐书·契丹传》及《资治通鉴》记载的情况来看，何阿小等被俘后不久，孙万荣就被杀掉了。因此，甲午很可能是“庚午”（六月六日）之讹。不知严氏所谓甲申（六月二十日）及岑氏所谓壬午（六月十八日）有何根据，谨存以质疑。［7］孙万荣为奴所杀：孙万荣途穷，与家奴轻骑走潞河东，惫甚，卧林下，奴斩其首。［8］柳城：故址在今辽宁朝阳市。［9］黑沙：突厥汗庭。据《旧唐书·突厥传》，黑沙为突厥南庭。今址不详。［10］稽缓：稽留延缓。［11］绯：即绯袍。前面提到绯袍，此处用省略的说法。［12］新城：指契丹在柳城西北四百里处新修筑的城堡。［13］杀所获凉州都督许钦明以祭天：许钦明万岁通天元年（696）九月为默啜所俘。［14］恼惧：亦作“恟惧”，表示震惊恐惧的样子。［15］奚：东北少数民族之一。居于辽河上游，柳城西北。北魏时自称库莫奚。隋唐时简称为奚。经济以畜牧为主，风俗与突厥相同。［16］万荣军大溃：关于孙万荣军大溃的原因，《朝野佥载》说是突厥破新城，《实录》则说是为杨玄基及奚所破。司马光在《考异》中说：“契丹闻新城破，众心已离，唐与奚人击之，遂溃耳。今两取之。”［17］张九节：事迹不详。两《唐书·契丹传》所载与《资治通鉴》略同。［18］邀：截击。［19］潞水：即今经河北、北京到天津入海的白河（上游）、潮白河（下游）。［20］枭之四方馆门：枭，悬。张九节把孙万荣的首级送至神都洛阳，武则天令悬挂于四方馆门示众。胡三省注：“后魏置诸国使邸，其后又作四馆以处四方来降者。梁武帝普通元年至隋炀帝，置四方馆于建国门外，以待四方使客，各掌其方国及互市事，属鸿胪寺。唐以四方馆隶中书省，通事舍人主之。”按唐东西两京皆有四方馆。此处指东都四方馆，在应天门外第一横街之南，第二横街之北，中书外省之西，右卫率府之东。［21］戊子：六月二十四日。［22］辛卯：六月二十七日。［23］胁从：胁迫随从。［24］以为反：认为是反叛者。［25］生刳（kū）：活活地剖开肚子。［26］嗜杀人：随意杀人。［27］两何：指武懿宗与何阿小。武懿宗封河内郡王。“河”与“何”音同，故有“两何”之说。［28］丁酉：七月三日。［29］昆明：即昆明蛮。［30］窦州：治所在今广东信宜市西南。昆明蛮生活在今云南昆明市东北，与广东相去甚远。疑此处有误。［31］庚午：七月乙未朔，无庚午。八月有庚午，即八月七日。［32］凯旋：奏凯乐振师而还。［33］族之：族诛之。［34］庭折之：在殿庭上驳斥武懿宗的论调。［35］苟：苟且。［36］丙戌：八月二十三日。［37］以太子宫尹豆卢钦望为文昌右相，凤阁鸾台三品：据胡注，“天授中改太子

詹事为太子宫尹。'凤阁'之上当有'同'字。"关于豆卢钦望担任文昌右相同凤阁鸾台三品的时间，《新唐书·宰相表》先书之于神功元年，又书之于圣历二年，且日月完全相同。按：《旧唐书·豆卢钦望传》："庐陵王复为皇太子，以钦望为皇太子宫尹。"《新唐书·豆卢钦望传》所载略同。庐陵王复为皇太子在圣历元年（698）九年。据此则钦望不可能在神功元年（697）八月以"太子宫尹"的身份入相。《新唐书》卷四《则天纪》、《旧唐书》卷六《则天纪》及两《唐书·豆卢钦望传》均载之于圣历二年八月庚子，极是。［38］壬辰：九月甲午朔，无壬辰。《新唐书》卷四作"壬寅"，即九月九日。《唐会要》卷三亦作九月九日。"辰"当为"寅"之误。［39］大赦：章校，十二行本无"大"字，"赦"下有"天下"二字。［40］改元：改元神功。

庚戌[1]，娄师德守纳言。

甲寅[2]，太后谓侍臣曰："顷者周兴、来俊臣按狱，多连引朝臣，云其谋反；国有常法[3]，朕安敢违！中间疑其不实，使近臣就狱引问[4]，得其手状[5]，皆自承服[6]，朕不以为疑。自兴、俊臣死，不复闻有反者，然则前死者不有冤邪？"夏官侍郎姚元崇对曰："自垂拱以来坐谋反死者，率皆兴等罗织，自以为功。陛下使近臣问之，近臣亦不自保[7]，何敢动摇[8]！所问者若有翻覆，惧遭惨毒，不若速死。赖天启圣心，兴等伏诛，臣以百口为陛下保[9]，自今内外之臣无复反者；若微有实状，臣请受知而不告之罪[10]。"太后悦曰："向时[11]宰相皆顺成其事，陷朕为淫刑之主[12]；闻卿所言，深合朕心。"赐元崇钱千缗。

时人多为魏元忠讼冤者，太后复召为肃政中丞[13]。元忠前后坐弃市流窜者四[14]。尝侍宴，太后问曰："卿往者数负谤[15]，何也？"对曰："臣犹鹿耳，罗织之徒欲得臣肉为羹，臣安所[16]避之！"

冬，闰十月，甲寅[17]，以幽州都督狄仁杰为鸾台侍郎，司刑卿杜景俭为凤阁侍郎，并同平章事。

仁杰上疏以为："天生四夷[18]，皆在先王封略[19]之外，故东拒沧海，西阻流沙，北横大漠，南阻五岭，此天所以限夷狄而隔中外也。自典籍所纪，声教[20]所及，三代[21]不能至者，国家尽兼[22]之矣。诗人矜薄伐于太原[23]，美化行于江、汉[24]，则三代之远裔，皆国家之域中[25]也。若乃用武方外[26]，邀功绝域[27]，竭府库之实以争不毛之地[28]，得其人不足增赋，获其土不可耕织，苟求冠带远夷之称，不务固本安人之术，此秦皇、汉武之所行，非五帝、三王之事业也。始皇穷兵极武[29]，务求广地，死者如麻，致天下溃叛[30]。汉武征伐四夷，百姓困穷，盗贼蜂起；末年悔悟，息兵罢役，故能为天所祐。近者国家频岁[31]出师，所费滋广[32]，西戍四镇[33]，东戍安东[34]，调发日加，百姓虚弊。今关东饥馑，蜀、汉逃亡，江、淮已南，征求不息，人不复业，相率为盗，本根一摇，忧患不浅。其所以然者，皆以争蛮貊[35]不毛之地，乖[36]子养苍生之道也。昔汉元纳贾捐之之谋而罢朱崖郡[37]，宣帝用魏相之策而弃车师之田[38]，岂不欲慕尚虚名，盖惮[39]劳人力也。近贞观中克平九姓[40]，立李思摩[41]为可汗，使统诸部者，盖以夷狄叛则伐之，降则抚之，得推亡固存[42]之义，无远戍劳人之役，此近日之令典[43]，经边之故事也。窃谓宜立阿史那斛瑟罗[44]为可汗，委之四镇，继高氏绝国[45]，使守安东。省军费于远方，并甲兵于塞上，使夷狄无侵侮之患则可矣，何必穷其窟穴，与蝼蚁校长短[46]哉！但当敕边兵，谨守德，远斥候[47]，聚资粮，待其自致[48]，然后击之。以逸待劳则战士力倍，以主御客则我得其便，坚壁清野则寇无所得；自然二贼[49]深入则有颠踬之虑，浅入必无寇获之益。如此数年，可使二虏不击而服矣。”事虽不行，识者是之。

凤阁舍人李峤知天官选事[50]，始置员外官[51]数千人。

先是历官[52]以是月为正月，以腊月为闰。太后欲正月甲子朔冬至[53]，乃下制以为“去晦[54]仍见月，有爽天经[55]。可以今月为闰月，来月为正月。”

（以上为第七段，写姚元崇抨击酷吏政治，狄仁杰上奏安边之策。）

【注释】

[1]庚戌：九月十七日。[2]甲寅：九月二十一日。[3]常法：常用的法规，固定的法律。[4]引问：引而问之。犹过问。[5]手状：亲笔写的材料。[6]承服：承认罪行，服从判决。[7]不自保：不能自保其性命。[8]动摇：改动酷吏的判决。[9]以百口为陛下保：即以全家百口性命作担保。百口，泛指全家或亲近一族。[10]受知而不告之罪：据《唐律疏议》，知反而不告者将被处以绞刑。[11]向时：以前。[12]淫刑之主：滥用刑罚的君主。[13]肃政中丞：即御史中丞。[14]元忠前后坐弃市流窜者四：即魏元忠先后四次被流。所谓“四流”当指：

垂拱三年前后为洛阳令，陷周兴狱，因过去讨徐敬业有功，配流贵州；垂拱四年为御史中丞，被来俊臣诬陷，临刑，遇赦，流费州；长寿元年为御史中丞，又为侯思止所陷，流岭表；其后长安三年再为张易之所谮，贬为高要县尉。［15］数负谤：多次被诬陷。两《唐书·魏元忠传》作“累负谤铄”。“谤铄”比喻强烈的毁谤。［16］安所：即何所，什么地方。［17］甲寅：闰十月二十一日。［18］四夷：旧指东夷、西戎、南蛮、北狄，此处泛指周边少数民族。［19］封略：犹封疆，指疆界。［20］声教：声威教化。［21］三代：指夏、商、周。［22］兼：并。［23］诗人矜薄伐于太原：《诗经·小雅·六月》有“薄伐猃狁，至于太原”句，以夸尹吉甫辅佐宣王北伐之功。［24］美化行于江、汉：《诗经·周南》有《汉广》篇，赞美周文王以德治国，教化行于江汉之域。［25］域中：疆域之内。［26］方外：与“方内”相对，指边远地区。［27］绝域：极远的地方。［28］不毛之地：不生长草木五谷的地方。［29］穷兵极武：犹穷兵黩武。［30］溃叛：崩溃叛乱。［31］频岁：犹连年。［32］滋广：增多。［33］四镇：即安西四镇。此时的安西四镇为：龟兹、于阗、疏勒、碎叶。［34］安东：即安东都护府。［35］蛮貊（mò）：蛮指南方少数民族，貊为对北方少数民族的称呼。此处泛指周边各族。［36］乖：违。［37］昔汉元纳贾捐之之谋而罢朱崖郡：事见《资治通鉴》卷二十八汉元帝初元二年。［38］宣帝用魏相之策而弃车师之田：事见《资治通鉴》卷二十五汉宣帝元康二年。［39］惮（dàn）：惧怕。［40］贞观中克平九姓：见《资治通鉴》卷一百九十唐太宗贞观十三年。［41］李思摩：颉利可汗族人，本姓阿史那氏。事详《旧唐书》卷一百九十四《突厥传》、《新唐书》卷二百一十五《突厥传》。［42］推亡固存：推崇亡者，安定存者。典出《尚书·仲虺之诰》曰：“推亡固存，邦乃其昌。”［43］令典：宪章法令。［44］阿史那斛瑟罗：阿史那步真之子。事详《旧唐书》卷一百九十四《突厥传》、《新唐书》卷二百一十五《突厥传》。［45］继高氏绝国：恢复高丽国号，使高藏子孙继承王位。高丽王室姓高，其国总章元年为李勣所灭。见两《唐书·高丽传》。［46］与蝼蚁校长短：蝼蚁本指蝼蛄和蚂蚁，后常用以比喻势单力薄，无足轻重的人物，此处指突厥等少数民族。校，意思与“较”相同。长短，指高低，胜负。［47］远斥候：即远遣斥候。斥候，原指侦察、候望。此处指侦察敌情的士兵。远斥候，指侦察延伸到最远之地，目的在于速知敌情，早做准备。［48］自致：自至。［49］二贼：与下文“二虏”同意。胡三省认为指突厥、吐蕃。但从狄仁杰奏文来看，当指突厥、高丽。［50］知天官选事：主持吏部铨选之事。光宅元年改吏部为天官。［51］员外官：正员以外的官员。员外官不自此始。据《新唐书·百官志》一，太宗贞观时，“已有员外置”。《唐会要》卷六十七《员外官》云：“永徽五年（654）八月，蒋孝璋除尚药奉御、员外特置，仍同正员。员外官自此始也。”［52］历官：掌管天文历法的官员，即太史令及其属官司历。［53］冬至：二十四节气之一。在十二月廿二或廿三日。［54］去晦：上个月的晦日。阴历以每月的最后一天，因看不到月亮，称之为“晦”。［55］有爽天经：有失于天之常道。

圣历元年（戊戌，698 年）

正月，甲子朔，冬至，太后享通天宫；赦天下，改元[1]。

夏官侍郎宗楚客罢政事。

春，二月，乙未[2]，文昌右相、同凤阁鸾台三品豆卢钦望罢为太子宾客[3]。

武承嗣、三思营求[4]为太子，数使人说太后曰："自古天子未有以异姓为嗣者。"太后意未决。狄仁杰每从容言于太后曰："文皇帝[5]栉风沐雨[6]，亲冒锋镝[7]，以定天下，传之子孙。大帝[8]以二子[9]托陛下。陛下今乃欲移之他族[10]，无乃非天意乎[11]！且姑侄之与母子孰亲[12]？陛下立子，则千秋万岁[13]后，配食太庙，承继无穷；立侄，则未闻侄为天子而祔[14]姑于庙者也。"太后曰："此朕家事，卿勿预知[15]。"仁杰曰："王者以四海为家，四海之内，孰非臣妾[16]，何者不为陛下家事！君为元首[17]，臣为股肱[18]，义同一体，况臣备位宰相，岂得不预知乎！"又劝太后召还庐陵王[19]。王方庆、王及善亦劝之。太后意稍寤。他日，又谓仁杰曰："朕梦大鹦鹉两翼[20]皆折，何也？"对曰："武者，陛下之姓，两翼，二子也。陛下起[21]二子，则两翼振矣。"太后由是无立承嗣、三思之意。

孙万荣之围幽州也，移檄朝廷曰："何不归我庐陵王？"吉顼与张易之、昌宗皆为控鹤监供奉[22]，易之兄弟亲狎[23]之。顼从容说二人曰："公兄弟贵宠[24]如此，非以德业[25]取之也，天下侧目切齿[26]多矣。不有大功于天下，何以自全[27]？窃[28]为公忧之！"二人惧，流涕问计。顼曰："天下士庶[29]未忘唐德，咸[30]复思庐陵王。主上[31]春秋高[32]，大业须有所付[33]，武氏诸王非所属意[34]。公何不从容劝上立庐陵王以系[35]苍生之望！如此，非徒[36]免祸，亦可以长保富贵矣。"二人以为然，承间[37]屡为太后言之。太后知谋出于顼，乃召问之，顼复为太后具陈利害，太后意乃定[38]。

三月，己巳[39]，托言[40]庐陵王有疾，遣职方员外郎[41]瑕丘徐彦伯[42]召庐陵王及其妃、诸子诣行在疗疾。戊子[43]，庐陵王至神都[44]。

夏，四月，庚寅朔[45]，太后祀太庙。

辛丑[46]，以娄师德充陇右诸军大使，仍检校营田事。

（以上为第八段，写皇嗣之争，武则天最终弃侄立子，庐陵王李显回到神都洛阳。）

【注释】

[1]改元：改元圣历。[2]乙未：二月四日。[3]豆卢钦望罢为太子宾客：时在久视元年二月十五日乙未。[4]营求：谋求。[5]文皇帝：即唐太宗。太宗死后谥曰文。[6]栉风沐雨：以风梳发，以雨洗头。形容奔波劳苦。[7]锋镝：锋，兵刃，镝，箭镞。二者连用，泛指兵器。[8]大帝：即高宗。高宗谥天皇大帝。[9]二子：指庐陵王李显和皇嗣李旦。[10]移之他族：把天下传给异姓。此处异姓指武氏。[11]无乃非天意乎：恐怕不符合天意吧！[12]姑侄之与母子孰亲：姑侄与母子相比，哪一种关系亲密？武则天与武承嗣等是姑侄关系，与李显、李旦是母子关系，故狄仁杰提出这样的问题让武则天考虑。[13]千秋万岁：讳辞。婉言帝王死亡。[14]祔：祭名。指新死者与祖先合享之祭。[15]预知：参与，干涉。[16]臣妾：古指奴隶，男称臣，女称妾。此处泛指臣民。[17]元首：头。[18]股肱：大腿和胳膊。[19]劝太后召还庐陵王：时庐陵王尚在房州。[20]两翼：两个翅膀。[21]起：起用。[22]控鹤监供奉：官名。据两《唐书·张易之传》，圣历二年（699）始置控鹤府官。疑此处有误。[23]狎（xiá）：亲近而不庄重。[24]贵宠：富贵宠幸。[25]德业：功德绩业。[26]侧目切齿：皆有怨恨之意。[27]自全：自己保全自己。[28]窃：私下。[29]士庶：士人与庶民。[30]咸：皆，都。[31]主上：犹皇上。指武则天。[32]春秋高：年龄大。[33]付：托付。[34]非所属意：不是天下人心目中的接班人。属意，归心。[35]系：维系。[36]非徒：不但。[37]承间：趁机。[38]太后意乃定：太后传位于子的思想才确定下来。[39]己巳：三月九日。[40]托言：假称。[41]职方员外郎：官名。协助尚方郎中掌管天下地图，统计城隍、镇戍、烽堠数目，道里远近及少数民族归附情况。[42]徐彦伯（?—714）：兖州瑕丘（今山东济宁市兖州区东北）人。本名洪，以字行。善作文，与李峤齐名。官至右散骑常侍、太子宾客兼昭文馆学士。曾参与《三教珠英》《则天皇后实录》的撰写，有文集二十卷。传见《旧唐书》卷九十四、《新唐书》卷一百一十四、《国秀集》卷上。[43]戊子：三月二十八日。[44]庐陵王至神都：庐陵王李显自房州到达洛阳。关于召还庐陵王一事，《狄梁公传》所载与此不同。该传说武则天偷派十名宫人至房州，以看望庐陵王为名，暗中给他换上宫人服装，把他秘密接回洛阳，朝廷内外一无所知。庐陵王到达神都后，武则天在一座小殿接见狄仁杰，把庐陵王藏在帘后。狄仁杰慷慨陈辞，再次要求以庐陵王为储君。武则天歔欷流涕，遂出庐陵王，并命狄仁杰择日册封。狄仁杰说自古无偷人作天子者。武则天令庐陵王重新回到龙门，“具法驾，陈百僚，就迎之”，储位乃定。《旧唐书·狄仁杰传》沿用了这种说法。司马光认为这种说法不大可靠。他在《考异》中说：武后若密召庐陵王，宫人十人既知其谋，洛阳至房州往来道路甚远，难保外人不知。若说此时储位已定，岂可自三月回都九月

始立为太子。故而据《实录》记载。［45］庚寅朔：四月一日。［46］辛丑：四月十二日。

六月，甲午[1]，命淮阳王武延秀[2]入突厥，纳默啜女为妃；豹韬卫大将军阎知微摄春官尚书，右武卫郎将杨齐庄[3]摄司宾卿，赍金帛巨亿[4]以送之。延秀，承嗣之子也。

凤阁舍人襄阳张柬之[5]谏曰："自古未有中国[6]亲王娶夷狄女者。"由是忤旨，出为合州[7]刺史。

秋，七月，凤阁侍郎、同平章事杜景俭罢为秋官尚书[8]。

八月，戊子[9]，武延秀至黑沙南庭。突厥默啜谓阎知微等曰："我欲以女嫁李氏[10]，安用武氏儿邪！此岂天子之子乎！我突厥世受李氏恩，闻李氏尽灭，唯两儿在，我今将兵辅立之。"乃拘延秀于别所，以知微为南面可汗，言欲使之主[11]唐民也。遂发兵袭静难、平狄、清夷[12]等军，静难军使慕容玄崱[13]以兵五千降之。虏势大振，进寇妫、檀[14]等州。前从阎知微入突厥者，默啜皆赐之五品、三品之服，太后悉夺之。

默啜移书[15]数[16]朝廷曰："与我蒸谷种[17]，种之不生，一也。金银器皆行滥[18]，非真物，二也。我与使者绯紫皆夺之，三也。缯帛皆疏恶，四也。我可汗女当嫁天子儿，武氏小姓，门户不敌[19]，罔冒[20]为昏，五也。我为此起兵，欲取河北耳。"

监察御史裴怀古[21]从阎知微入突厥，默啜欲官之，不受。囚，将杀之，逃归；抵晋阳[22]，形容羸悴[23]。突骑[24]噪聚，以为间谍，欲取其首以求功。有果毅[25]尝为人所枉，怀古按直之[26]，大呼曰："裴御史也。"救之，得全。至都，引见，迁祠部员外郎[27]。

时诸州闻突厥入寇，方秋[28]，争发民修城。卫州刺史太平敬晖[29]谓僚属曰："吾闻金汤[30]非粟不守[31]，奈何[32]舍收获而事城郭[33]乎？"悉罢之，使归田，百姓大悦。

甲午[34]，鸾台侍郎、同平章事王方庆罢为麟台监[35]。

太子太保魏宣王武承嗣，恨不得为太子，意怏怏[36]，戊戌[37]，病薨。

庚子[38]，以春官尚书武三思检校内史，狄仁杰兼纳言。

太后命宰相各举尚书郎[39]一人，仁杰举其子司府丞[40]光嗣[41]，拜地官员外郎[42]，已而[43]称职。太后喜曰："卿足继祁奚[44]矣。"

通事舍人[45]河南元行冲[46]，博学多通，仁杰重之。行冲数规谏仁杰，且曰："凡为家者必有储蓄脯醢[47]以适口[48]，参术[49]以攻疾。仆窃计明公之门，珍味多矣，行冲请备药物之末[50]。"仁杰笑曰："吾药笼中物[51]，何可一日无也！"行冲名澹，以字行。

以司属卿[52]武重规[53]为天兵中道大总管，右武卫将军[54]沙吒忠义为天兵西道总管，幽州都督下邽[55]张仁愿[56]为天兵东道总管，将兵三十万以讨突厥默啜；又以左羽林卫大将军阎敬容[57]为天兵西道后军总管，将兵十五万为后援。

癸丑[58]，默啜寇飞狐[59]，乙卯[60]，陷定州[61]，杀刺史孙彦高[62]及吏民数千人。

九月，甲子[63]，以夏官尚书武攸宁同凤阁鸾台三品。

改默啜为斩啜[64]。

默啜使阎知微招谕赵州，知微与虏连手蹋[65]《万岁乐》[66]于城下。将军陈令英[67]在城上谓曰："尚书位任非轻[68]，乃为虏蹋歌，独[69]无惭乎！"知微微吟曰："不得已[70]，《万岁乐》。"

戊辰[71]，默啜围赵州，长史唐般若[72]翻城应之。刺史高睿[73]与妻秦氏仰药诈死[74]，虏舆之诣默啜，默啜以金狮子带、紫袍[75]示之曰："降则拜官，不降则死！"睿顾其妻，妻曰："酬报[76]国恩，正在今日！"遂俱闭目不言。经再宿[77]，虏知不可屈，乃杀之。虏退，唐般若族诛；赠睿冬官尚书，谥曰节。睿，颎之孙也。

皇嗣固请逊位于庐陵王，太后许之。壬申[78]，立庐陵王哲为皇太子，复名显。赦天下。

甲戌[79]，命太子为河北道元帅[80]以讨突厥。先是[81]，募人[82]月余不满千人，及闻太子为元帅，应募者云集，未几[83]，数盈五万。

（以上为第九段，写阎知微投敌，招致突厥侵扰河北。）

【注释】

［1］甲午：六月六日。［2］武延秀（?—710）：魏王武承嗣次子。后尚安乐公主，官至太常卿兼右卫将军。传见《旧唐书》卷一百八十三、《新唐书》卷二百零六。［3］杨齐庄（?—698）：事见《朝野佥载》卷二及《旧唐书·突厥传》。据《考异》，“杨齐庄”之名、《实录》作“杨鸾庄”。查《新唐书》卷二百零六及卷二百一十五上亦作“杨鸾庄”。待考。［4］巨亿：同“巨万”，万万。极言数目之大。［5］张柬之（625—706）：襄州襄阳（今湖北襄阳市）人。字孟将。进士出身。武则天末年官至宰相，发动宫廷政变，颠覆了武周政权。传见《旧唐书》卷九十一、《新唐书》卷一百二十。［6］中国：此处指中原。［7］合州：治所在今重庆市合川区。［8］杜景俭罢为秋官尚书：时在七月辛未，即七月十三日。［9］戊子：八月一日。［10］李氏：即李唐子孙。《旧唐书·突厥传》作“李家天子儿”。语意与此相同。［11］主：统治。［12］静难、平狄、清夷：军镇名。前二者地望不详，当在今河北怀来县西北。清夷军垂拱年间设置，在今河北怀来县东南妫水北岸。［13］慕容玄崱（zè）：官至左玉钤卫将军。见《旧唐书》卷一百九十四《突厥传》、《新唐书》卷二百一十五《突厥传》。［14］妫（guī）、檀：妫州，州名。治所在今河北涿鹿县西南。檀州，州名。治所在今北京市密云区。［15］移书：发送公文。此指突厥默啜发送唐朝的国书。［16］数：责问，指斥。［17］与我蒸谷种：送给我的是蒸煮过的谷种。［18］行（háng）滥：行，质量差。滥，不真实。二字合用，有粗恶之意。［19］不敌：不当。［20］罔冒：欺骗冒充。［21］裴怀古：寿州寿春（今安徽寿县）人。历任监察御史、姚州都督、相州刺史等职，为则天朝著名廉吏。传见《旧唐书》卷一百八十五下、《新唐书》卷一百九十七。［22］晋阳：县名。县治在今山西太原市。［23］羸悴：羸弱憔悴。［24］突骑（jì）：能够冲锋陷阵的精锐骑兵。［25］果毅：军官名称。即果毅都尉。［26］按直之：按问时澄清了他的冤屈。［27］祠部员外郎：官名。从六品上。协助郎中掌管祠祀、享祭、天文、漏刻、国忌、庙讳、卜筮、医药及僧尼之事。［28］方秋：正值秋收季节。［29］敬晖：绛州太平（今山西侯马市西北）人。后参与张柬之政变官至侍中。传见《旧唐书》卷九十一、《新唐书》卷一百二十。［30］金汤：“金城汤池”的省语，比喻坚固的城池。［31］非粟不守：无粟不能坚守。［32］奈何：怎么，为什么。［33］事城郭：从事城郭的修筑。［34］甲午：八月七日。［35］麟台监：官名。即秘书监。［36］怏怏：不服气，不满意，郁郁不乐的样子。［37］戊戌：八月十一日。［38］庚子：八月十三日。［39］命宰相各举尚书郎：当时有五位宰相，即娄师德、狄仁杰、王及善、武三思、杨再思。尚书郎，官名。系对尚书省各部侍郎、郎中的通称。［40］司府丞：官名。即太府丞。［41］光嗣：狄仁杰长子。事见《新唐书》卷一百一十五《狄仁杰传》,《唐郎官石柱题名考》卷十一、卷十二。［42］地官员外郎：即户部员外郎。掌管户口、田亩之事。［43］已而：不久。［44］祁奚：字黄羊。春秋时的晋国大夫。告老辞职时，晋悼公让他推荐能够代替他的人选，他推荐了自己的仇人解狐。解狐还未上任就死了。他又推荐了自己的儿子祁午。当时人都说他“外举不避仇，内举不避亲”。事见《左传》襄公三年、《国语·晋语》及《史记·晋世家》。［45］通事舍人：官名。属中书省。掌朝见引纳及辞谢者于

殿庭通奏。［46］元行冲（653—729）：河南人。官至太子宾客、弘文馆学士。著有《魏典》三十卷、《类礼义疏》五十卷。传见《旧唐书》卷一百零二、《新唐书》卷二百。［47］脯醢：脯，干肉。醢，肉酱。［48］适口：适合口味。此处指满足食欲。［49］参术：参，人参。术，白术、苍术。皆为中药名称。［50］药物之末：不重要的药物。［51］吾药笼中物：意为你正是我药笼中之物。［52］司属卿：官名。即宗正卿。光宅元年改宗正卿为司属卿。［53］武重规：蜀节王武士逸之孙，武则天之侄。官至左金吾卫大将军。传见《新唐书》卷二百六。［54］右武卫将军：左右卫，光宅元年已改为左右鹰扬卫，此时无右武卫将军称号。据两《唐书·突厥传》，沙吒忠义任右武威卫将军。"武"下当添"威"字。［55］下邽：县名。故治在今陕西渭南市北。古有上邽县，故治在今甘肃天水市西南。下邽在关中，上邽在陇南。［56］张仁愿（?—714）：华州下邽人。本名仁亶，后改名仁愿。有文武才略。出将入相，传见《旧唐书》卷九十三、《新唐书》卷一百一十一。［57］阎敬容：事见《旧唐书》卷一百九十四《突厥传》，《新唐书》卷四《则天纪》、卷二百一十五《突厥传》。《新唐书》卷二百六"容"作"客"，疑误。［58］癸丑：八月二十六日。［59］飞狐：县名。县治在今河北涞源县。［60］乙卯：八月二十八日。［61］定州：州名。治所在今河北定州市。［62］孙彦高（?—698）：杭州富阳（今浙江杭州市富阳区）人。曾任尚书左丞。见《元和姓纂》卷四。《朝野佥载》说此人顽愚胆怯，突厥围定州时藏入柜中，嘱咐家奴不要把钥匙交给敌人。两《唐书》本纪及《突厥传》不载此事，只说孙彦高被杀。司马光在读到《朝野佥载》中的这段记载时，认为孙氏不至于此，故在《资治通鉴》中未取其说。［63］甲子：九月七日。［64］改默啜为斩啜：据章校，十二行本"改"下有"突厥"二字。［65］蹋（tà）：即踏歌。踏地为节，连手而歌。［66］《万岁乐》：歌曲名。［67］陈令英：京兆万年人。曾任右卫将军、岐州刺史、丰安道总管。见《元和姓纂》卷三、《新唐书》卷二百一十五《突厥传》。［68］尚书位任非轻：阎知微出使时摄春官尚书，正三品，故有此说。［69］独：岂，难道。［70］不得已：没办法，指被胁迫。［71］戊辰：九月十一日。［72］唐般若（?—698）：礼部尚书唐俭之子。《旧唐书》卷一百八十七上、卷一百九十四上及《新唐书》卷四、卷七十四下、卷一百九十一、卷二百一十五上俱作"唐波若"。按《朝野佥载》亦作"唐波若"。《全唐文》卷九十五有《诛唐波若制》。疑《资治通鉴》此处有误。［73］高睿（?—698）：京兆万年人。隋初名相高颎之孙。曾任通义县令、桂州都督，颇有善政。传见《旧唐书》卷一百八十七上、《新唐书》卷一百九十一。［74］仰药诈死：两《唐书》本传作自杀不死。"诈"似为"不"字之讹。仰药，服药自杀。［75］金狮子带、紫袍：系三品以上章服。［76］酬报：酬谢报答。［77］经再宿：意即过了两天。［78］壬申：九月十五日。［79］甲戌：九月十七日。［80］元帅：官名。即行军元帅。战时最高领兵军官。唐时元帅一般只授亲王或皇太子担任。［81］先是：在此之前。［82］募人：招募军人。［83］未几：没多久。

戊寅[1]，以狄仁杰为河北道行军副元帅，右丞宋元爽[2]为长史，右台中丞崔献[3]为司马，左台中丞吉顼为监军使。时太子不行，命仁杰知元帅事，太后亲送之。

蓝田令薛讷[4]，仁贵之子也，太后擢为左威卫将军、安东道经略。将行，言于太后曰："太子虽立，外议[5]犹疑未定[6]；苟此命不易[7]，丑虏[8]不足平也。"太后深然之。王及善请太子赴外朝[9]以慰人心，从之。

以天官侍郎苏味道为凤阁侍郎、同平章事。味道前后在相位数岁[10]，依阿取容[11]，尝谓人曰："处事不宜明白，但摸棱持两端可矣。"时人谓之"苏摸棱"[12]。

癸未[13]，突厥默啜尽杀所掠赵、定等州男女万余人，自五回道[14]去，所过，杀掠不可胜纪。沙吒忠义等但引兵蹑[15]之，不敢逼。狄仁杰将兵十万追之，无所及[16]。默啜还漠北，拥兵四十万，据地万里，西北诸夷皆附之，甚有轻中国之心。

冬，十月，制：都下[17]屯兵，命河内王武懿宗、九江王武攸归[18]领之。

癸卯[19]，以狄仁杰为河北道安抚大使。时北人[20]为突厥所驱逼者，虏退，惧诛，往往亡匿[21]。仁杰上疏，以为："朝廷议者皆罪契丹、突厥所胁从之人，言其迹[22]虽不同，心[23]则无别。诚以山东近缘军机调发伤重[24]，家道[25]悉破，或至逃亡。重以官典[26]侵渔[27]，因事而起，枷杖之下，痛切肌肤，事迫情危[28]，不循礼义。愁苦之地，不乐其生，有利则归，且图赊死[29]，此乃君子之愧辱，小人之常行也。又，诸城入伪[30]，或待天兵[31]，将士求功，皆云攻得，臣忧滥赏，亦恐非辜[32]。以经与贼同，是为恶地，至于污辱妻子，劫掠货财，兵士信知不仁，簪笏[33]未能以免，乃是贼平之后，为恶更深。且贼务招携[34]，秋毫不犯，今之归正，即是平人[35]，翻被破伤，岂不悲痛！夫人犹水也，壅之则为泉，疏之则为川，通塞随流，岂有常性！今负罪之伍[36]，必不在家，露宿草行，潜窜[37]山泽，赦之则出，不赦则狂，山东群盗，缘兹聚结。臣以边尘[38]暂起，不足为忧，中土[39]不安，此为大事。罪之则众情恐惧，恕之则反侧[40]自安，伏愿曲赦河北诸州，一无所问。"制从之。仁杰于是抚慰百姓，得突厥所驱掠者，悉递还本贯[41]。散粮运[42]以赈贫乏，修邮驿[43]以济旋师。恐诸将及使者妄求供顿，乃自食疏粝[44]，禁其下无得侵扰百姓，犯者必斩。河北遂安。

以夏官侍郎姚元崇、秘书少监[45]李峤并同平章事。

突厥默啜离赵州，乃纵阎知微使还。太后命磔[46]于天津桥南，使百官共射之，既乃冎[47]其肉，剉[48]其骨，夷其三族[49]，疏亲[50]有先未相识而同死者。

褒公段瓒[51]，志玄之子也，先没于突厥。突厥在赵州，瓒邀杨齐庄与之俱逃，齐庄畏懦，不敢发。瓒先归，太后赏之。齐庄寻至，敕河内王武懿宗鞫之；懿宗以为齐庄意怀犹豫，遂与阎知微同诛。既射之如猬[52]，气殜殜[53]未死，乃决其腹，割心，投于地，犹趌趌然[54]跃不止。

擢田归道为夏宫侍郎，甚见亲委[55]。

蜀州[56]每岁遣兵五百人戍姚州[57]，路险远，死亡者多。蜀州刺史张柬之上言，以为："姚州本哀牢[58]之国，荒外绝域[59]，山高水深。国家开以为州，未尝得其盐布之税，甲兵之用，而空竭府库，驱率平人，受役蛮夷[60]，肝脑涂地，臣窃为国家惜之。请废姚州以隶巂州[61]，岁时朝觐[62]，同之蕃国[63]。泸[64]南诸镇亦皆废省，于泸北置关，百姓非奉使，无得[65]交通往来。"疏奏，不纳。

（以上为第十段，写突厥兵退，狄仁杰招抚河北民众。）

【注释】

[1]戊寅：九月二十一日。 [2]宋元爽：一作"宋玄爽"。曾任洛州长史。官至秋官侍郎。事见《元和姓纂》卷八、《全唐文》卷二百一十一、《新唐书》卷二百一十五《突厥传》。 [3]崔献：据《新唐书》卷二百一十五上，"崔献"当为"霍献可"之误。详参岑仲勉《通鉴隋唐纪比事质疑》一百三十二页至一百三十三页。 [4]薛讷（649—720）：名将薛仁贵之子。后久当边任，累有战功。官至左羽林大将军，以勇猛寡言著称。传见《旧唐书》卷九十三、《新唐书》卷一百一十一。 [5]外议：外间议论。 [6]犹疑未定：犹疑太子尚未确定。 [7]苟此命不易：若以庐陵王为太子的命令不变。 [8]丑虏：对入侵的突厥贵族的蔑称。 [9]外朝：与内宫相对而言。指处理政务的殿堂。司马光说：睿宗为皇嗣时，只在宫中朝谒，不出外朝；今及善始请太子出到外朝与群臣一起朝谒。 [10]味道前后在相位数岁：苏味道两度为相，在位凡六年零四个月。 [11]依阿

取容：遵依阿顺，曲意逢迎，讨取欢心。［12］时人谓之“苏摸棱”：当时人把他称作“苏摸棱”。《新唐书·苏味道传》作“摸棱手”。关于苏味道这一绰号的来历，《资治通鉴》及两《唐书》本传都说是因为苏味道处事圆滑，说过模棱两可的话。但唐人也有不同的说法。《卢氏杂记》载：“味道初拜相，有门人问曰：‘天下方事之殷，相公何以燮和？’味道无言，但以手摸床棱而已。时谓摸棱宰相。”见《太平广记》卷二百五十九。［13］癸未：九月二十六日。［14］五回道：自五回山通往突厥的道路。五回山在今河北易县之西。《水经注》称之为五回岭。山势险要，道路崎岖，五回曲折，才能到达山顶，故称五回岭。［15］蹑（niè）：跟踪。［16］无所及：没有追上。［17］都下：即都中，京师。［18］武攸归：楚僖王武士让之孙，武则天之侄。曾任司属少卿、齐州刺史。事见《新唐书》卷二百六《武承嗣传》、《元和姓纂》卷六。［19］癸卯：十月十七日。［20］北人：据章校，十二行本“北”上有“河”字。［21］亡匿：逃亡隐匿。［22］迹：行迹。［23］心：指降贼之心。［24］伤重：失之于重。［25］家道：家计，家产。［26］官典：官吏。［27］侵渔：侵夺吞没。［28］情危：情况危急。［29］赊死：延缓死期。［30］入伪：投降突厥。［31］天兵：天子之兵。即官军。［32］亦恐非辜：也怕无辜者受罪。［33］簪笏：本士大夫所用之物，此处为官吏的代称。［34］贼务招携：对敌人尽量进行招抚。［35］平人：平民。［36］伍：徒。［37］潜窜：潜伏逃匿。［38］边尘：边境战事。［39］中土：本指中原。此处系就国内而言。［40］反侧：不正直，不顺从。在此指受逼迫而投降突厥的人。［41］递还本贯：逐驿送回故乡。本贯，即原来的籍贯。［42］粮运：即粮饷。［43］邮驿：传递文书、供应食宿的驿馆。［44］疏粝：粗米。［45］秘书少监：此时秘书省称麟台，秘书少监亦当称麟台少监。两《唐书·则天纪》皆作麟台少监。应据以改正。［46］磔（zhé）：一种酷刑。使肢体分裂。［47］冎（guǎ）：意同“剐”，指割肉离骨。［48］剉（cuò）：折。［49］三族：有四种说法，即一、父族、母族、妻族；二、父、子、孙；三、父母、兄弟、妻子；四、父昆弟、己昆弟、子昆弟。此处当指父族、母族、妻族。［50］疏亲：即远亲。［51］段瓒：唐初功臣段志玄之子。官至左屯卫大将军。见《旧唐书》卷六十八《段志玄传》。［52］猬：动物名，即刺猬。［53］殜殜：亦作“殗殜”。微弱貌。［54］趌趌（jié）然：形容跳动的样子。［55］亲委：亲近委任。［56］蜀州：州名。治所在今四川崇州市。［57］姚州：州名。治所在今云南姚安县北，为唐与西南各族往来要地。［58］哀牢：古国名。在今云南保山市怒江以西。［59］荒外绝域：地处荒服之外、绝远之地。［60］受役蛮夷：受役于蛮夷之境。［61］巂（xī）州：州名。治所在今四川西昌市。［62］朝觐：朝见天子。［63］同之蕃国：使之与蕃国相同。此指藩属地区。［64］泸：水名。指今雅砻江下游与金沙江会合后的一段江水。［65］无得：不得。

二年（己亥，699 年）

正月，丁卯朔[1]，告朔[2]于通天宫。

壬戌[3]，以皇嗣为相王[4]，领[5]太子右卫率[6]。

甲子[7]，置控鹤监丞、主簿等官[8]，率[9]皆嬖宠[10]之人，颇用才能文学之士以参[11]之。以司卫卿张易之为控鹤监[12]，银青光禄大夫[13]张昌宗、左台中丞[14]吉顼、殿中监[15]田归道、夏官侍郎李迥秀、凤阁舍人[16]薛稷[17]、正谏大夫[18]临汾员半千[19]皆为控鹤监内供奉。稷，元超之从子也。半千以古无此官，且所聚多轻薄之士，上疏请罢之；由是忤旨，左迁水部郎中[20]。

腊月，戊子[21]，以左台中丞吉顼为天官侍郎，右台中丞魏元忠为凤阁侍郎，并同平章事。

文昌左丞宗楚客与弟司农卿晋卿，坐赃贿满万余缗及第舍过度，楚客贬播州[22]司马，晋卿流峰州[23]。太平公主观其第，叹曰："见其居处，吾辈乃虚生耳。"

辛亥[24]，赐太子姓武氏；赦天下。

太后生重眉，成八字[25]，百官皆贺。

河南、北置武骑团[26]以备突厥。

春，一月，庚申[27]，夏官尚书、同凤阁鸾台三品武攸宁罢为冬官尚书。

二月，己丑[28]，太后幸嵩山，过缑氏[29]，谒升仙太子庙[30]。壬辰[31]，太后不豫[32]，遣给事中栾城阎朝隐[33]祷少室山。朝隐自为牺牲[34]，沐浴伏俎[35]上，请代太后命。太后疾小愈，厚赏之。丁酉[36]，自缑氏还。

（以上为第十一段，写武则天置控鹤监养蓄男宠，以及惩治贪婪的亲信。）

【注释】

[1]丁卯朔：两《唐书》本纪不载朔日干支，据日历推算，当为"丁巳"朔。疑"卯"字有误。待考。 [2]告朔：西周时，天子每年秋冬之交把次年的历书颁发给诸侯，称之为"告朔"。圣历元年闰腊月，武则天依王方庆奏议，恢复告朔之礼。见《唐会要》卷十二。 [3]壬戌：正月六日。 [4]以皇嗣为相王：皇嗣，即睿宗李旦，唐高宗第八子。始封殷王，徙封豫王，至是徙封为相王。 [5]领：兼领。 [6]太子右卫率：官名。掌东宫兵仗羽卫之政令。 [7]甲子：正月八日。 [8]置控鹤监丞、主簿等官：唐代常设官有正监，为国子监、少府监、将作监、军器监、都

水监。监的长官有监、少监、丞、主簿、录事等。监带有某种生产性质。国子监培养人才。少府监掌山海池泽之税。将作监掌土木工程营建。军器监掌制造兵器。都水监掌州泽、津梁、渠堰、陂池之事。控鹤监为武则天新增机构，豢养男宠，以张易之、张昌宗兄弟为首。后改名奉宸府。武则天先已置控鹤监，今始置官员，有监、丞、内供奉、主簿等职。［9］率：大概。［10］嬖宠：嬖爱宠幸。［11］参：参与。［12］控鹤监：官名。掌侍从供奉。［13］光禄大夫：文散官第三阶，从二品。［14］左台中丞：即御史中丞，正五品上。［15］殿中监：殿中省长官，从三品。殿中省掌乘舆服御之事，为天子衣食住行服务。［16］凤阁舍人：即中书舍人，掌诏令及监考使。正五品上。［17］薛稷（649—713）：高宗朝宰相薛元超之侄。著名书画家。官至宰相。有文集三十卷。传见《旧唐书》卷七十三、《新唐书》卷九十八、《历代名画记》卷九、《宣和画谱》卷十五。［18］正谏大夫：即门下省谏议大夫，定员四人，正五品上。［19］员（yún）半千：晋州临汾（今山西临汾市）人。本名余庆。因王方义称他是五百年出现的一位大贤，遂改名半千。历事五君，为官清正，著述颇丰。传见《旧唐书》卷一百九十中、《新唐书》卷一百一十二。［20］水部郎中：官名。从五品上。掌天下川渎陂池之政令，具体负责水利、灌溉及水上交通事宜。［21］戊子：腊月二日。［22］播州：治所在今贵州遵义市。［23］峰州：治所在今越南河内市山西市社西北。［24］辛亥：腊月二十五日。［25］成八字：成八字形状。［26］河南、北置武骑团：在河南、河北置武骑团兵。关于此次设置武骑团的时间，《唐会要》作“圣历元年腊月二十五日”，与《资治通鉴》整差一年。待考。武骑团为地方武装，据《唐会要》卷七十八及《资治通鉴释文》卷二十二，每一百五十户出兵十五人，马一匹；三百人为一团。［27］庚申：一月四日。［28］己丑：二月四日。［29］缑氏：县名。县治在今河南洛阳市偃师区东南。［30］升仙太子庙：即王子晋庙。王子晋本为周灵王太子，好吹笙。相传被道士浮丘公接上嵩山后得道成仙，七月七日乘白鹤停于缑山之巅，举手告别时人而去。后人遂在山上建庙祠之。万岁登封元年（696），武则天在嵩山封禅后，尊崇嵩山诸神，封王子晋为升仙太子，并令重新建庙奉祭。此次所游即新建成的升仙太子庙。回宫后，武则天写了著名的《升仙太子庙碑》。［31］壬辰：二月七日。［32］不豫：生病。古称帝王有病为“不豫”。［33］阎朝隐：赵州栾城（今河北石家庄市栾城区）人。字友倩。少以文章知名。官至麟台少监。曾参与《三教珠英》的撰写。传见《旧唐书》卷一百九十中、《新唐书》卷二百零二。［34］牺牲：祭祀用的牲畜。［35］俎（zǔ）：祭祀时盛牛羊的礼器。［36］丁酉：二月十二日。

初，吐蕃赞普器弩悉弄[1]尚幼，论钦陵兄弟用事，皆有勇略，诸胡畏之。钦陵居中秉政[2]，诸弟握兵分据方面，赞婆常居东边，为中国患者三十余年。器弩悉弄浸长[3]，阴与大臣论岩谋诛之。会钦陵出外，赞普诈云出畋[4]，集兵执钦陵亲党二千余人，杀之，遣使召钦陵兄弟，钦陵等举兵不受命。赞普将兵讨之，钦陵兵溃，自杀。夏四月，赞婆帅所部千余人来降[5]，太后命左武卫铠曹参军[6]郭元振[7]与河源军大使夫蒙令卿[8]将骑迎之，以赞婆为特进、归德王。钦陵子弓仁，以所统吐谷浑七千帐来降，拜左玉钤卫将军、酒泉郡公。

壬辰[9]，以魏元忠检校并州长史，充天兵军大总管，以备突厥。

娄师德为天兵军副大总管，仍充陇右诸军大使，专掌怀抚吐蕃降者。

太后春秋高[10]，虑身后[11]太子与诸武不相容[12]。壬寅[13]，命太子、相王、太平公主与武攸暨等为誓文[14]，告天地于明堂[15]，铭之铁券[16]，藏于史馆。

秋，七月，命建安王武攸宜[17]留守西京，代会稽王武攸望[18]。

丙辰[19]，吐谷浑部落一千四百帐内附。

八月，癸巳[20]，突骑施[21]乌质勒[22]遣其子遮弩入见。遣侍御史元城解琬[23]安抚乌质勒及十姓部落。

制："州县长吏，非奉有敕旨，毋得擅立碑[24]。"

内史王及善虽无学术[25]，然清正难夺[26]，有大臣之节[27]。张易之兄弟每侍内宴，无复人臣礼；及善屡奏以为不可。太后不悦，谓及善曰："卿既年高，不宜更侍游宴，但检校阁中可也[28]。"及善因称病，谒假[29]月余，太后不问。及善叹曰："岂有中书令而天子可一日不见乎！事可知矣[30]！"乃上疏乞骸骨[31]，太后不许。庚子[32]，以及善为文昌左相，太子宫尹豆卢钦望为文昌右相，仍并同凤阁鸾台三品[33]。鸾台侍郎、同平章事杨再思罢为左台大夫[34]。丁未[35]，相王兼检校安北大都护。以天官侍郎陆元方为鸾台侍郎、同平章事。

纳言、陇右诸军大使娄师德薨。

师德在河陇[36]，前后四十余年，恭勤不怠，民夷安之。性沈厚宽恕。狄仁杰之入相也，师德实荐之；而仁杰不知，意颇轻师德，数挤[37]之于外。太后觉[38]之，尝问仁杰曰："师德贤乎？"对曰："为将能谨守边陲，贤则臣不知[39]。"又曰："师德知人乎？"对曰："臣尝同僚，未闻其知人也。"太后曰："朕之知卿，乃师德所荐也，亦可谓知人矣。"仁杰既出，叹曰："娄公盛德，我为其所包容久矣，吾不得窥其际[40]也。"是时罗织纷纭，师德久为将相，独能以功名终，人以是重之。

戊申[41]，以武三思为内史。

九月，乙亥[42]，太后幸福昌[43]；戊寅[44]，还神都。

庚子[45]，邢贞公[46]王及善薨。

河溢[47]，漂济源[48]百姓庐舍千余家。

冬，十月，丁亥[49]，论赞婆至都，太后宠待赏赐甚厚，以为右卫大将军，使将其众守洪源谷[50]。

太子、相王诸子复出阁[51]。

（以上为第十二段，写贤臣王及善、娄师德辞世。）

【注释】

[1]器弩悉弄：事见《旧唐书》卷一百九十六上《吐蕃传》上、《新唐书》卷二百一十六上《吐蕃传》上。[2]秉政：执政。[3]浸长：渐长。[4]诈云出畋：假称出去打猎。[5]赞婆帅所部千余人来降：《实录》载赞婆及其兄弟莽布支等来降，以莽布支为左羽林卫员外大将军，封安国公。司马光在《考异》中说：赞婆弟名悉多于敷论，非莽布支；久视元年麹莽布支曾侵扰凉州，与唐休璟作战，故删去了莽布支降唐一事。按，莽布支系赞婆之侄，与麹莽布支并非一人。莽布支与赞婆一同降唐又见于《旧唐书》卷九十七《郭元振传》、卷一百九十六上《吐蕃传》上，《新唐书》卷二百一十六上《吐蕃传》上等。《实录》虽误“子”为“弟”，但所载莽布支降唐事还是可信的。[6]左武卫铠曹参军：官名。正八品下。掌戎杖器械及公廨兴造决罚之事。[7]郭元振（656—713）：魏州贵乡（今河北大名县东北）人。本名震，以字行。少有大志。自则天至玄宗朝，多次领兵，官至宰相。传见《旧唐书》卷九十七、《新唐书》卷一百二十二。[8]夫蒙令卿：事见《旧唐书》卷九十七《郭元振传》、《新唐书》卷一百二十二《郭震传》。夫蒙，羌族复姓，一作“不蒙”。见《姓氏寻源》卷七。[9]壬辰：四月八日。[10]太后春秋高：时武则天七十六岁。春秋高，年龄大，年老。[11]身后：死后。[12]容：容纳，共存。[13]壬寅：四月十八日。[14]为誓文：作誓词。[15]告天地于明堂：在明堂祭告天地。即面对天地神灵发誓。[16]铭之铁券：把这件事铭刻在铁券之上。铁券即帝王颁赐功臣授以世代享受某些特权的铁契。[17]武攸宜：武则天侄，武惟良子。传见《新唐书》卷二百零六。[18]武攸望：武则天侄，武怀运子。事见《新唐书》卷七十四上、《元和姓纂》卷六。[19]丙辰：七月四日。[20]癸巳：八月十二日。[21]突骑施：西突厥别部。西突厥败后，突骑施日益强盛。[22]乌质勒：人名。初隶斛瑟罗，号莫贺达。斛瑟罗入朝后，建大牙于碎叶川，建小牙于弓月城及伊丽水，尽有斛瑟罗之地。事见《旧唐书》卷一百九十四《突厥传》、《新唐书》卷二百一十五《突厥传》。[23]解琬（?—718）：魏州元城（今河北大名县东北）人。长期带兵戍边。官至右武卫大将军，终同州刺史。传见《旧唐书》卷一百、《新唐书》卷一百三十。[24]碑：此处指德政碑。见《金石萃编》卷四十一。[25]学术：

此处指学问。［26］清正难夺：为官清正，意志坚定。［27］节：节操。［28］但检校阁中可也：只负责中书省内部的事务就行了。阁，省阁，这里指中书省。［29］谒假：即请假。［30］事可知矣：可见自己得罪了皇上，已不被重用了。［31］乞骸骨：自请引退。［32］庚子：八月十九日。［33］仍并同凤阁鸾台三品：《新唐书》卷四及卷六十一载王及善为同凤阁鸾台平章事，误。［34］左台大夫：官名。即左肃政台御史大夫。［35］丁未：八月二十六日。［36］河陇：地区名。指河西、陇右。［37］挤：排挤。［38］觉：察觉。［39］贤则臣不知：意即臣不知其贤。［40］不得窥其际：际，涯际。意思是说，自己远不如娄师德。《旧唐书·娄师德传》作“不逮娄公远矣”。二者说法不一，但含意相同。［41］戊申：八月二十七日。［42］乙亥：九月二十四日。［43］福昌：县名。县治在今河南洛宁县东北。［44］戊寅：九月二十七日。［45］庚子：九月无庚子。《新唐书》卷四《则天纪》及卷六十一《宰相表》均作“庚辰”，即九月二十九日。［46］邢贞公：王及善爵号与谥号的合称。［47］河溢：黄河泛滥。［48］济源：县名。县治在今河南济源市。［49］丁亥：十月六日。［50］洪源谷：据胡注，“洪源谷在凉州昌松县界。”昌松县治在今甘肃古浪县西北。［51］太子、相王诸子复出阁：原先太子诸子多随父被贬在外，相王诸子幽于宫中，现都出就藩封。

太后自称制以来，多以武氏诸王及驸马都尉为成均祭酒[1]，博士、助教亦多非儒士。又因郊丘[2]，明堂[3]，拜洛[4]，封嵩[5]，取弘文国子生为斋郎[6]，因得选补。由是学生不复习业，二十年间，学校殆废。而向时酷吏所诬陷者，其亲友流离，未获原宥[7]。凤阁舍人韦嗣立[8]上疏，以为：“时俗浸轻儒学，先王之道，弛废不讲。宜令王公以下子弟，皆入国学，不听以他岐仕进[9]，又，自扬、豫以来[10]，制狱渐繁，酷吏乘间[11]，专欲杀人以求进。赖陛下圣明，周、丘、王、来[12]相继诛殛，朝野庆泰[13]，若再睹阳和[14]。至如仁杰、元忠，往遭按鞫，亦皆自诬，非陛下明察，则以为菹醢[15]矣；今陛下升而用之，皆为良辅[16]。何乃前非而后是哉？诚由枉陷与甄明[17]耳。臣恐向之负冤得罪者甚众，亦皆如是。伏望陛下弘天地之仁，广雷雨之施[18]，自垂拱以来，罪无轻重，一皆昭洗，死者追复官爵，生者听还乡里。如此，则天下知昔之枉滥，非陛下之意，皆狱吏之辜，幽明[19]欢欣，感通和气。”太后不能从。

嗣立，承庆之异母弟也。母王氏，遇承庆甚酷[20]，每杖承庆，嗣立必解衣请代[21]；母不许，辄私自杖，母乃为之渐宽。承庆为凤阁舍人，以疾去职。嗣立时为莱芜[22]令，太后召谓曰："卿父尝言，'臣有两儿，堪事陛下。'卿兄弟在官，诚如父言。朕今以卿代兄，更不用他人。"即日拜凤阁舍人。

是岁，突厥默啜立其弟咄悉匐为左厢察[23]，骨笃禄子默矩为右厢察，各主兵二万余人；其子匐俱为小可汗，位在两察上，主处木昆[24]等十姓[25]，兵四万余人，又号为拓西[26]可汗。

（以上为第十三段，写韦嗣立与其兄韦承庆之贤，武则天识才任用，兄弟二人相继为相。）

【注释】

[1]成均祭酒：即国子监祭酒。全国最高教育长官，掌儒学训导之政令。 [2]郊丘：祭圜丘于南郊。 [3]明堂：大享明堂。 [4]拜洛：拜洛受图。 [5]封嵩：在嵩山封禅。 [6]斋郎：办理祭祀事务的小吏。 [7]原宥：赦免。 [8]韦嗣立（654—719）：郑州阳武（今河南原阳县）人。名相韦思谦之子。初补双流县令，政绩为蜀中之最。后官至宰相。传见《旧唐书》卷八十八、《新唐书》卷一百一十六。 [9]不听以他岐仕进：不准通过其他途径入仕为官。 [10]自扬、豫以来：即自徐敬业和越王贞起兵以来。徐敬业光宅元年起兵扬州，越王贞垂拱四年起兵豫州。此处以扬豫为两次起兵事件的代称。 [11]乘间：趁机，伺隙。 [12]周、丘、王、来：即酷吏周兴、丘神勣、王弘义、来俊臣。天授二年（691）周兴流死，丘神勣诛，延载元年（694）王弘义诛，神功元年（697）来俊臣诛。 [13]庆泰：庆祝康泰。 [14]阳和：本指春天的暖气。这里指和暖的阳光。 [15]菹醢：同"菹醢"。肉酱。 [16]良辅：贤良的宰辅。 [17]甄明：甄别明察。 [18]广雷雨之施：雷雨，犹云雨、雨露。全句意为广施恩泽。 [19]幽明：人神，指生者与死者。亦指阴间与阳间。 [20]遇承庆甚酷：对待韦承庆很严酷。 [21]解衣请代：脱下衣服，请代替韦承庆受杖。 [22]莱芜：县名。县治在今山东济南市莱芜区东北。 [23]察：突厥官名。为"杀""设"之异译，指别部统兵之官。 [24]处木昆：西突厥十姓部落之一，属左厢五咄陆部，在今新疆塔尔巴哈台山一带。 [25]十姓：即指五咄陆及五弩失毕。 [26]拓西：处木昆十姓，皆西突厥部属，故号拓西。

久视元年[1]（庚子，700年）

正月，戊寅[2]，内史武三思罢为特进、太子少保。天官侍郎、同平章事吉顼贬安固尉[3]。

太后以顼有干略[4]，故委以腹心。顼与武懿宗争赵州之功于太后前。

项魁岸辩口[5]，懿宗短小伛偻[6]，项视懿宗，声气陵厉[7]。太后由是不悦，曰："项在朕前，犹卑[8]我诸武，况异时讵可倚邪[9]！"他日，项奏事，方援古引今，太后怒曰："卿所言，朕饫闻之[10]，无[11]多言！太宗有马名师子骢，肥逸[12]无能调驭[13]者。朕为宫女侍侧，言于太宗曰：'妾能制之，然须三物，一铁鞭，二铁楇[14]，三匕首。铁鞭击之不服，则以楇楇其首，又不服，则以匕首断其喉。'太宗壮朕之志。今日卿岂足污朕匕首邪！"项惶惧[15]流汗，拜伏求生，乃止。诸武怨其附太子，共发其弟冒官[16]事，由是坐贬。

辞日，得召见，涕泣言曰："臣今远离阙庭[17]，永无再见之期，愿陈一言。"太后命之坐，问之，项曰："合水土为泥，有争[18]乎？"太后曰："无之。"又曰："分半为佛[19]，半为天尊[20]，有争乎？"曰："有争矣。"项顿首曰："宗室、外戚各当其分[21]，则天下安。今太子已立而外戚犹为王，此陛下驱之使他日必争，两不得安也。"太后曰："朕亦知之。然业已如是，不可何如[22]。"

腊月，辛巳[23]，立故太孙重润[24]为邵王，其弟重茂[25]为北海王。

太后问鸾台侍郎[26]陆元方以外事[27]，对曰："臣备位宰相，有大事不敢不以闻，人间[28]细事[29]，不足烦圣听[30]。"由是忤旨。庚寅[31]，罢为司礼卿[32]。

元方为人清谨[33]，再为宰相[34]，太后每有迁除[35]，多访之，元方密封以进，未尝漏露[36]。临终，悉取奏稿[37]焚之，曰："吾于人多阴德[38]，子孙其未衰乎[39]！"

（以上为第十四段，写吉项护佑皇嗣得罪武氏外戚遭贬。陆元方恪尽职守。）

【注释】

[1]久视元年：武则天于圣历三年（700）五月癸丑改元久视。至十月甲寅，复以正月为十一月，一月为正月。 [2]戊寅：正月二十八日。 [3]吉项贬安固尉：吉项因其弟作伪官而被贬。初贬琰川尉，后改安固尉。见《旧唐书》卷一百八十六上《吉项传》。琰川，县名，县治在今贵州贞丰县东南。安固，县名，县治在今四川营山县东北。 [4]干略：才干谋略。 [5]魁岸辩口：身体魁梧伟岸，口才好，善辩论。 [6]短小伛偻：身材矮小，驼背弯腰。 [7]陵厉：严厉。 [8]卑：卑视。 [9]讵可倚邪：岂可依赖呢？讵，岂。倚，依赖。 [10]朕饫闻之：我听得多了。饫，饱。

[11]无：犹勿。 [12]肥逸：肥壮骏逸。 [13]调（tiáo）驭：调习驾驭。 [14]檛（zhuā）：棰。 [15]惶惧：惊惶恐惧。 [16]冒官：假冒为官。 [17]阙庭：犹宫阙。京师。 [18]争：争斗。 [19]分半为佛：分一半做成佛像。 [20]天尊：道家对所奉神仙的尊称。此处指天尊像。 [21]分：名分。 [22]不可何如：即不可如何，无法更改。 [23]辛巳：腊月一日。 [24]故太孙重润：即李显长子李重照。永淳元年（682）立为皇太孙。光宅元年中宗废后，被囚于别所。至此始封为王。后被追谥为懿德太子。 [25]重茂：李显第四子。后被追谥为殇皇帝。事见《旧唐书》卷八十六《殇帝重茂传》、《唐会要》卷二。 [26]鸾台侍郎：据章校，十二行本“郎”下有“同平章事”四字。 [27]外事：民间之事。 [28]人间：即民间，避唐太宗名讳。 [29]细事：小事，琐事。 [30]不足烦圣听：意即帝王不必了解民间小事。 [31]庚寅：腊月十日。 [32]司礼卿：即太常卿。 [33]清谨：清正谨慎。 [34]再为宰相：两度为相。 [35]迁除：升迁除拜。 [36]未尝漏露：未曾泄露机密，向被迁者炫耀自己的恩德。 [37]奏稿：写奏疏时所起的草稿。 [38]阴德：指暗中施惠于人的行为。 [39]子孙其未衰乎：子孙后代大概不会衰落吧！

以西突厥竭忠事主可汗斛瑟罗为平西军大总管，镇碎叶。

丁酉[1]，以狄仁杰为内史。

庚子[2]，以文昌左丞[3]韦巨源为纳言。

乙巳[4]，太后幸嵩山；春，一月，丁卯[5]，幸汝州之温汤[6]；戊寅[7]，还神都。作三阳宫于告成[8]之石淙[9]。

二月，乙未[10]，同凤阁鸾台三品豆卢钦望罢为太子宾客。

三月，以吐谷浑青海王宣超[11]为乌地也拔勤忠[12]可汗。

夏，四月，戊申[13]，太后幸三阳宫避暑，有胡僧邀车驾[14]观葬舍利[15]，太后许之。狄仁杰跪于马前曰：“佛者夷狄之神，不足以屈天下之主。彼胡僧诡谲[16]，直[17]欲邀致万乘[18]以惑远近之人耳。山路险狭，不容侍卫[19]，非万乘所宜临[20]也。”太后中道而还曰：“以成吾直臣之气[21]。”

五月，己酉朔[22]，日有食之。

太后使洪州[23]僧胡超合长生药，三年而成，所费巨万[24]。太后服之，疾小瘳[25]。癸丑[26]，赦天下，改元久视；去天册金轮大圣之号。

六月，改控鹤为奉宸府[27]，以张易之为奉宸令。太后每内殿曲宴[28]，辄引诸武、易之及弟秘书监昌宗饮博嘲谑[29]。太后欲掩其迹，乃命易之、昌宗与文学之士李峤等修《三教珠英》[30]于内殿。武三思奏昌宗乃王子晋后身。太后命昌宗衣羽衣，吹笙[31]，乘木鹤于庭中；文士皆赋诗以美之。

太后又多选美少年为奉宸内供奉[32]，右补阙朱敬则谏曰[33]："陛下内宠有易之、昌宗，足矣。近闻右监门卫长史[34]侯祥等，明自媒衒，丑慢不耻，求为奉宸内供奉，无礼无仪，溢于朝听。臣职在谏诤，不敢不奏。"太后劳之曰："非卿直言，朕不知此。"赐彩百段。

易之、昌宗竞以豪侈相胜[35]。弟昌仪为洛阳令，请属[36]无不从。尝早朝，有选人姓薛，以金五十两并状邀[37]其马而赂[38]之。昌仪受金，至朝堂，以状授天官侍郎张锡[39]。数日，锡失其状，以问昌仪，昌仪骂曰："不了事人[40]！我亦不记，但姓薛者即与之。"锡惧，退，索在铨姓薛者六十余人，悉留注官[41]。锡，文瓘之兄子也。

初，契丹将李楷固，善用绳索[42]及骑射、舞槊，每陷陈[43]，如鹘入乌群[44]，所向披靡。黄獐之战[45]，张玄遇、麻仁节皆为所绳。又有骆务整者，亦为契丹将，屡败唐兵。及孙万荣死，二人皆来降。有司责其后至，奏请族之。狄仁杰曰："楷固等并骁勇绝伦，能尽力于所事[46]，必能尽力于我，若抚之以德，皆为我用矣。"奏请赦之。所亲皆止之，仁杰曰："苟利于国[47]，岂为身谋[48]！"太后用其言，赦之。又请与之官，太后以楷固为左玉钤卫将军，务整为右武威卫将军，使将兵击契丹余党，悉平之。

（以上为第十五段，写武则天放纵男宠张氏兄弟贪贿，却又能用贤臣如狄仁杰等治事。）

【注释】

[1]丁酉：腊月十七日。 [2]庚子：腊月二十日。《新唐书·宰相表》作正月庚子，误。 [3]文昌左丞：《新唐书》卷六《则天纪》及卷六十一《宰相表》作"文昌左相"，误。 [4]乙巳：腊月二十五日。 [5]丁卯：一月十七日。 [6]幸汝州之温汤：温汤在汝州梁县西南五十里。见《新唐书·地理志》二。温汤，温泉。 [7]戊寅：一月二十八日。 [8]告成：县名。本名阳城。万岁登封元年因封嵩山而改。县治在今河南登封市东南。 [9]石淙：即平乐涧，在今登封市东南。"近接嵩岭，俯届箕峰"，是唐代东都地区最著名的风景区之一。详参《全唐文》卷九十七《夏

日游石淙诗序》、《说嵩》卷五《太室原》。［10］乙未：二月十五日。［11］宣超：《旧唐书》卷一百九十八《吐谷浑传》作“宣赵”。姓慕容，吐谷浑第十七世第二十四王。［12］乌地也拔勤忠：两《唐书·吐谷浑传》俱作“乌地也拔勤豆”。按，宣超袭封其父祖可汗之号。据《慕容忠墓志》及昭陵十四国君长石像题名，其祖诺曷钵被封为乌地也拔勤豆可汗，则“勤”字无误，“忠”当为“豆”之讹。［13］戊申：四月二十九日。［14］邀车驾：邀请皇帝。［15］舍利：又叫舍利子，佛身火化后结成的珠状物体。共有三种：骨为白舍利，发为黑舍利，肉为赤舍利。一般指佛骨而言。参《法苑珠林》卷五十三。［16］诡谲：诡诈狡谲。［17］直：但，只是。［18］万乘：天子的代称。［19］不容侍卫：侍卫不能发挥作用。［20］临：莅临。［21］气：气节。［22］己酉朔：五月一日。［23］洪州：治所在今江西南昌市。［24］巨万：万万。形容数目之大。［25］小瘳（chōu）：病情有所好转。［26］癸丑：五月五日。［27］改控鹤为奉宸府：即改控鹤监为奉宸府。“奉宸”意为奉侍天子。［28］曲宴：私宴。［29］饮博嘲谑：饮酒博弈，嘲笑戏谑。［30］《三教珠英》：书名。凡一千三百卷，另有目录十三卷。张昌宗、李峤、徐彦伯、薛曜、员半千等二十六人撰。采儒、佛、道“三教”事实，分类编集而成，类似百科全书。开成初改名为《海内珠英》。见《唐会要》卷三十六《修撰》、《新唐书》卷五十九《艺文志》三。［31］吹笙：两《唐书·张昌宗传》作“吹箫”。笙，簧管乐器，由“簧片”、“笙管”、“斗子”三部分组成。箫，用许多竹管编制的管乐器。［32］奉宸内供奉：奉宸府，武则天圣历二年（699）所置官署，初名控鹤监，不久改名奉宸府，任命男宠张易之为令，引知名文学之士为供奉，吟咏著述，附庸风雅，以提高男宠形象。至此，多置美少年以供奉。［33］朱敬则谏曰：关于朱敬则的这个奏章，两《唐书》本传只字未提。后人疑为伪托。待考。［34］右监门卫长史：官名。诸卫皆置长史，从六品上，掌府卫事务。［35］相胜：比胜负。［36］请属：请求嘱托。［37］邀：截。［38］赂：贿赂。［39］张锡：贝州武城（今山东武城县西）人。高宗朝宰相张文瓘之侄，则天朝宰相李峤之舅。官至同中书门下三品（宰相）。传见《旧唐书》卷八十五、《新唐书》卷一百一十三。［40］不了事人：骂人的话。犹“糊涂蛋”。［41］注官：按资历叙授官职。［42］绢索：用索套物。［43］陈：同“阵”。［44］鹘：鸟名。又叫“鹘鸠”“鹘鵃”。鹘入乌群：喻所向无敌。［45］黄獐之战：时在万岁通天元年（696）八月。［46］尽力于所事：意即尽力其主。所事，意为所辅佐的主人。［47］苟利于国：只要对国家有利。［48］岂为身谋：怎么为自身利益考虑！

【点评】

武则天用人，善恶并举。为了打击政治上的反对派，武则天任用奸佞、酷吏。酷吏是武则天的爪牙，专以杀害宗室贵族、将相朝臣为己任。武则天改国号为周，称帝君临天下，武氏成为国姓，诸武宵小贵为王侯。酷吏、外戚，既是武则天的政治基础，同时又伤害武则天的名声，使之陷于淫刑之主。武则天为了维护统治，她又任用贤才，姚崇、宋璟、郭元振、娄师德、王及善、狄仁杰等，号称贤相。武则天发展科举制，使之成为士人入仕的重要途径。唐太宗一朝，科举入仕二百人，武则天时科举入仕逾千人。武则天还亲自“殿试”选才，又增设“武举”。狄仁杰是武则天最倚重的一位贤相，他文武兼备，是武周朝的栋梁。本卷载狄仁杰献安边之策，领兵击败突厥，安抚河北，入相护持皇嗣，做出了巨大贡献。

武则天宠幸男宠张易之、张昌宗兄弟，兄弟二人，史称“年少、美姿容，善音律”。张昌宗是太平公主为母后物色的男宠，张易之是张昌宗的兄长，由张昌宗推荐得幸于太后。兄弟二人日夜陪伴武则天作乐，人们称其为“二张”。武则天赐给“二张”高官大宅，还特地设置了控鹤监，由“二张”掌管，专门安置男宠。久视元年（700），武则天改控鹤监为奉宸府，不时从全国选取美少年来充当左右奉宸供奉。武则天晚年荒淫达到了无以复加的地步。“二张”以美姿容无功荷宠，仗势专权，炙手可热。外戚武承嗣、武三思、武懿宗等都要敬畏三分。史称诸武“皆候易之门庭，争执鞭辔，谓易之为五郎，昌宗为六郎”。长安四年（704），武则天因病卧床不起，“宰相不得见者累月，惟张易之、昌宗侍侧”。“二张”见武则天疾笃，生恐太后归天后祸及于己，于是结党引援，阴为之备。多次有人奏报武则天说“二张”谋反，武则天一概不信，并为“二张”开脱，以致激起张柬之等人的“五王政变”，杀“二张”，用兵谏赶武则天下台，使中宗复位。

武则天设置专门机构安置男宠，并不是单纯的淫乐。武则天感情上对“二张”的依赖，如同昏暴皇帝依赖宦官，与朝臣争权。武则天尽管大权独揽，但她猜疑心极重，她要依赖男宠作耳目，所以愈是晚年，愈是纵情声色，特别是对“二张”的依赖，也是武则天一种无可奈何的心理的写照。

父死子继，这本是封建社会的惯例，但武则天作为一个女皇帝，使这个问题复杂化了。究竟是立武氏子孙还是立李氏子孙，武则天迟疑不决。当时，睿宗李旦名义上还是皇嗣，但实际上久已处于被软禁的状态。武承嗣、武三思等人见此情景，都在觊觎储君之位。天授二年（691），武承嗣指使凤阁舍人张嘉福让洛阳人王庆之率数百人上表，请立武承嗣为太子。武则天没有同意，她有自己的考虑。如果传位给李姓的儿子，则武周的基业岂不被断送？而如果由武氏的侄儿接班，则自己的子孙将被置于何地？

多数朝臣是坚决主张立被废为庐陵王的李显为太子的。当王庆之上表请立武承嗣为太子时，凤阁侍郎李昭德就曾“言于太后曰：‘天皇，陛下之夫；皇嗣，陛下之子。陛下身有天下，当传之子孙为万代业，岂得以侄为嗣乎！自古未闻侄为天子而为姑立庙者也！且陛下受天皇顾托，若以天下与承嗣，则天皇不血食矣。’”武则天采纳了李昭德的意见，李昭德杖杀了王庆之。

圣历元年（698），武承嗣、武三思又用自古天子没有以异姓人做皇嗣的理由，求为皇嗣。天官侍郎吉顼极为反对，他还说服了张昌宗和张易之，让他们向武则天建议立李显或李旦为嗣。但真正使武则天下决心迎立庐陵王李显为太子的乃是狄仁杰。

有一天，武则天晚上梦见一只鹦鹉折断了双翅，把她吓醒，她便把狄仁杰找来询问。狄仁杰说："武者，陛下之姓，两翼，二子也。陛下起二子，则两翼振矣。"狄仁杰巧妙地利用解梦说动了这位十分迷信的女皇。圣历元年三月，武则天下令，迎回庐陵王。八月，武承嗣因未能被立为太子，怏怏而死。九月，庐陵王李显被重新立为皇太子。

武则天之所以决定立庐陵王为嗣，不仅是由于听了诸人的劝告，还有客观方面的原因。主要是当时人心尚未归附武周，而是仍然向着李唐。例如，叛变的契丹首领孙万荣围困幽州时，就曾提出口号："何不归我庐陵王？"又圣历元年九月，突厥攻破赵州、定州，先前募兵御敌，月余不满千人。九月十七日甲戌，诏命皇太子李显为元帅，应募的人便纷至沓来，仅几天就招募了四五万人，由此可见李唐王室的号召力。

武则天在立侄还是立子为皇嗣的问题上摇摆了几年，最终她明白了大势，立子为嗣，才在后来的五王政变中避免成为刀下之鬼。

卷二〇七　唐纪二十三

武则天久视元年至唐中宗神龙元年（700—705年）

【起上章困敦（庚子，700年）七月，尽旃蒙大荒落（乙巳，705年）正月，凡四年有奇】

【大事提要】

本卷记事起公元700年七月，讫公元705年正月，凡四年又七个月，时当武则天久视元年到唐中宗神龙元年春正月。这一时期是武则天执政的晚年，酷吏政治已转轨为宽平政治。武则天真正的作为在此时，而以悲剧结局栽倒在政治舞台，亦在此时。这一时期有四大政治事件值得大书。第一件，武则天平反冤狱，厚抚被诬家属，最终解禁，被错判重罪的人可以重新入仕，缓解了社会矛盾。第二件，武则天一再起用贤才，狄仁杰、姚元崇、宋璟、张柬之是众贤的首领，唐代著名的贤臣。此外，朱敬则、张嘉贞、唐休璟、封思业、苏安恒、李迥秀、郭元振、崔玄時、裴怀志，皆一时之选。众贤理政，稳定了社会。第三件，朝官与武则天男宠张易之、张昌宗的三次斗争。第一回合，二张挑起矛盾，诬陷魏元忠谋反，朝官请诛二张，败下阵来，结果魏元忠、张说遭贬。第二回合，朝官以惩治贪贿罪欲扳倒二张，仍未奏效。第三回合，朝官以谋反罪奏请诛除二张，仍未撼动二张受宠的地位，由此激化了朝官与武则天的直接对抗。第四件是以张柬之为首的五王政变。推翻了武周政权，诛除二张，结束了武则天的政治生命，还政李唐，中宗即位。

则天顺圣皇后下

久视元年（庚子，700年）

秋，七月，献俘于含枢殿[1]。太后以楷固为左玉钤卫大将军、燕国公，赐姓武氏。召公卿合宴[2]，举觞[3]属[4]仁杰曰："公之功也。"将赏之，对曰："此乃陛下威灵[5]，将帅尽力，臣何功之有！"固辞不受。

闰月，戊寅[6]，车驾还宫[7]。

己丑[8]，以天官侍郎张锡为凤阁侍郎、同平章事。鸾台侍郎、同平章事李峤罢为成均祭酒。锡，峤之舅也，故罢峤政事[9]。

丁酉[10]，吐蕃将麹莽布支[11]寇凉州，围昌松[12]，陇右诸军大使唐休璟与战于港源谷[13]。麹莽布支兵甲鲜华[14]，休璟谓诸将曰："诸论[15]既死，麹莽布支新为将，不习军事[16]，望之虽如精锐，实易与[17]耳，请为诸君破之。"乃被甲先陷陈，六战皆捷，吐蕃大奔[18]，斩首二千五百级，获二裨将[19]而还。

司府少卿[20]杨元亨[21]，尚食奉御杨元禧[22]，皆弘武之子也。元禧尝忤张易之，易之言于太后："元禧，杨素之族[23]；素父子，隋之逆臣[24]，子孙不应供奉[25]。"太后从之，壬寅[26]，制："杨素及其兄弟子孙[27]皆不得任京官[28]。"左迁元亨睦州[29]刺史，元禧贝州[30]刺史。

庚戌[31]，以魏元忠为陇右诸军大使，击吐蕃。

庚申[32]，太后欲造大像，使天下僧尼日出一钱以助其功。狄仁杰上疏谏，其略曰："今之伽蓝[33]，制过宫阙[34]。功不使鬼[35]，止在役人，物不天来[36]，终须地出，不损百姓，将何以求！"又曰："游僧皆托佛法，诖误生人[37]；里陌[38]动有经坊[39]，阛阓[40]亦立精舍[41]。化诱所急，切于官征；法事所须，严于制敕。"又曰："梁武[42]、简文[43]舍施无限，及三淮沸浪，五岭腾烟，列刹[44]盈衢，无救危亡之祸，缁衣[45]蔽路，岂有勤王之师！"又曰："虽敛僧钱，百未支一。尊容[46]既广，不可露居，覆以百层，尚忧未遍，自余廊宇，不得全无。如来[47]设教，以慈悲为主，岂欲劳人，以存虚饰！"又曰："比来水旱不节[48]，当今边境未宁，若费官财，又尽人力，一隅[49]有难，将何以救之！"太后曰："公教朕为善，何得相违！"遂罢其役。

阿悉吉[50]薄露[51]叛，遣左金吾将军田扬名[52]、殿中侍御史封思业[53]讨之。军至碎叶，薄露夜于城傍剽掠而去，思业将骑追之，反为所败。扬名引西突厥斛瑟罗之众攻其城，旬余，不克。九月，薄露诈降，思业诱而斩之，遂俘其众。

（以上为第一段，写众贤用事，狄仁杰讨平契丹，唐休璟大破吐蕃，封思业斩西突厥阿悉吉薄露。）

【注释】

［1］含枢殿：在石淙山三阳宫（今河南登封市境内）中。［2］合宴：聚宴。［3］觞（shāng）：盛酒的器皿，犹今之酒杯。［4］属：交付。［5］威灵：声威。［6］戊寅：闰七月二日。［7］还宫：回洛阳宫。［8］己丑：闰七月十三日。［9］锡，峤之舅也，故罢峤政事：唐制，凡同司联事及勾检之官，皆不得注大功以上亲。李峤与张锡为甥舅关系，亲近程度在大功以上，故不能同时担任宰相。以张锡为相，李峤即须回避。［10］丁酉：闰七月二十一日。［11］麴莽布支：事见《旧唐书》卷一百九十六《吐蕃传》、《新唐书》卷一百一十一《唐休璟传》。［12］昌松：县名。县治在今甘肃古浪县西北。［13］港源谷：章校，十二行本“港”作“洪”。按，《旧唐书》卷九十三《唐休璟传》、卷一百九十六《吐蕃传》及《新唐书》卷一百一十一《唐休璟传》均作“洪源谷”，《资治通鉴》长安二年九月条亦作“洪源”，当据十二行本改正。［14］鲜华：鲜艳华丽。［15］诸论：即论钦陵等。圣历二年（699）死。［16］不习军事：据章校，“事”下有“诸贵臣子弟皆从之”八字。［17］易与：容易对付。［18］大奔：大溃。［19］裨将：偏将，副将。［20］司府少卿：即太府少卿。［21］杨元亨：高宗朝宰相杨弘武之子。官至齐州刺史。传见《旧唐书》卷七十七。［22］杨元禧：元亨之弟。官至台州刺史。与元亨同传。［23］元禧，杨素之族：元禧是杨素的族孙。［24］素父子，隋之逆臣：杨素在隋朝担任宰相时，参与宫廷阴谋，废太子，拥立炀帝，对隋朝的灭亡有一定影响。素子玄感，官至礼部尚书。隋末，背叛隋炀帝。详见《周书》卷三十四《杨素传》，《隋书》卷四十八《杨素传》《杨玄感传》，《北史》卷四十一《杨素传》。［25］供奉：供奉天子。［26］壬寅：闰七月二十六日。［27］杨素及其兄弟子孙：意为杨素及其兄弟的子孙。［28］京官：京师之官。与“外官”即地方官相对而言。按：武则天禁锢杨素及其族子孙不得为京官，胡三省批评说：“马何罗为逆于汉武之时，而马援贵显于东都再造之日。沈充失身于王敦，而沈劲尽节于司马。恶恶止其身，追罪异代之臣而并弃其子孙，此盖出于一时之爱憎，姑以是说而藉口耳。”在古代专制政体，一人犯罪，家人连坐，逆反大罪，诛及九族，“恶恶止其身”是不可能行得通的。武后以酷吏立威，常常制造冤案诛杀上千人，更是做不到。武后之酷，非一时之爱憎，苛酷政治使然。不过武后追罪异代之臣，也实为过分。［29］睦州：治所雉山，在今浙江淳安县西。［30］贝州：《旧唐书》卷七十七及《新唐书》卷一百六本传皆作“资州”。待考。贝州治所清河，在今河北清河县西。资州治所盘石，在今四川资中县北。［31］庚戌：闰七月丁丑朔，无庚戌。《新唐书》卷四及卷六十一作“八月庚戌”，即八月五日。当在庚戌上添“八月”二字。［32］庚申：八月十五日。［33］伽（qié）蓝：梵语“僧伽蓝摩”的略称，意为僧众居住的园林。后世遂以为佛寺的代称。此处伽蓝即指佛寺。［34］制过宫阙：规模制度超过宫殿。［35］功不使鬼：工程不能靠鬼建设。［36］物不天来：财物不会从天而降。［37］生人：即生民，百姓。［38］里陌：闾里街陌，即乡村。［39］经坊：诵经之坊，即佛寺。［40］阛（huán）阓（huì）：阛，市区的墙垣；阓，进入市区的门。二词连用，泛指市廛。［41］精舍：僧侣修行之室。［42］梁武：即南朝梁武帝萧衍。［43］简文：即梁简文帝萧纲。梁武帝是梁的建立者，公

元 502 年至 549 年在位，曾三次舍身同泰寺。简文帝为梁武帝之子，公元 549 年至 551 年在位，亦以佞佛著称。传见《梁书》卷一至卷四，《南史》卷六至卷八。［44］刹：寺。［45］缁衣：穿黑帛衣的人，即僧徒。［46］尊容：佛像。［47］如来：佛的别名。［48］水旱不节：意即风雨不调。［49］一隅：一方。［50］阿悉吉：西突厥五弩失毕部落之一。即两《唐书·突厥传》所说的"阿悉结阙部"。［51］薄露：阿悉结阙部俟斤之名。［52］田扬名：官至安西都护，有政绩。事见《旧唐书》卷一百九十八《龟兹传》，《新唐书》卷一百七《陈子昂传》、卷二百二十一上《龟兹传》等。［53］封思业：官至户部郎中、幽州都督。事见《新唐书》卷七十一下、《元和姓纂》卷一。

太后信重内史梁文惠公[1]狄仁杰，群臣莫及，常谓之国老[2]而不名[3]。仁杰好面引廷争[4]，太后每屈意从之。尝从太后游幸，遇风吹仁杰巾[5]坠，而马惊不能止，太后命太子追执其鞚[6]而系之。仁杰屡以老疾乞骸骨，太后不许。入见，常止其拜，曰："每见公拜，朕亦身痛。"仍免其宿直[7]，戒其同僚曰："自非军国大事，勿以烦公。"辛丑[8]，薨，太后泣曰："朝堂空矣！"自是朝廷有大事，众或不能决，太后辄叹曰："天夺吾国老何太早邪！"

太后尝问仁杰："朕欲得一佳士[9]用之，谁可者？"仁杰曰："未审陛下欲何所用之？"太后曰："欲用为将相。"仁杰对曰："文学缊藉[10]，则苏味道、李峤固[11]其选矣。必欲取卓荦[12]奇才，则有荆州长史张柬之，其人虽老，宰相才也。"太后擢[13]柬之为洛州司马。数日，又问仁杰，对曰："前荐柬之，尚未用也。"太后曰："已迁矣。"对曰："臣所荐者可为宰相，非司马也。"乃迁秋官侍郎[14]；久之，卒[15]用为相。仁杰又尝荐夏官侍郎姚元崇、监察御史曲阿桓彦范、太州刺史敬晖等数十人[16]，率[17]为名臣。或谓仁杰曰："天下桃李[18]，悉在公门矣。"仁杰曰："荐贤为国，非为私也。"初，仁杰为魏州刺史[19]，有惠政，百姓为之立生祠[20]。后其子景晖[21]为魏州司功参军，贪暴为人患，人遂毁其像焉。

冬，十月，辛亥[22]，以魏元忠为萧关道大总管，以备突厥。

甲寅[23]，制复以正月为十一月，一月为正月[24]。赦天下。

丁巳[25]，纳言韦巨源罢，以文昌右丞韦安石[26]为鸾台侍郎、同平章事。安石，津之孙也。

时武三思、张易之兄弟用事，安石数面折之[27]。尝侍宴禁中，易之引蜀商宋霸子[28]等数人在座同博[29]。安石跪奏曰："商贾贱类，不应得预此会。"顾左右逐出之[30]，座中皆失色；太后以其言直，劳勉之，同列皆叹服。

丁卯[31]，太后幸新安[32]；壬申[33]，还宫。

十二月，甲寅[34]，突厥掠陇右诸监[35]马万余匹而去。

时屠禁尚未解[36]，凤阁舍人全节崔融[37]上言，以为"割烹牺牲，弋猎禽兽，圣人著之典礼，不可废阙。又，江南[38]食鱼，河西[39]食肉，一日不可无；富者未革[40]，贫者难堪。况贫贱之人，仰屠为生，日戮一人，终不能绝，但资恐喝[41]，徒长奸欺。为政者苟顺月令[42]，合礼经[43]，自然物遂其生，人得其性矣。"戊午[44]，复开屠禁，祠祭用牲牢[45]如故。

（以上为第二段，写武则天尊礼狄仁杰，任用韦安石、崔融等贤才。狄仁杰荐贤数十人，临终前还荐张柬之为相。）

【注释】

[1]梁文惠公：狄仁杰封号与谥号的合称。狄仁杰死后谥曰"文惠"。因后来被唐睿宗追封为梁国公，人们又称他为"狄梁公"。 [2]国老：本指退休还乡的卿大夫。此处系对德高望重的老臣的敬称。 [3]不名：不直呼其名。 [4]面引廷争：与"面折廷争"意义相近，指能当面引人之过，敢于犯颜直谏。 [5]巾：巾帻。 [6]鞚（kòng）：有嚼口的马辔头，俗称之为"马勒"。 [7]宿直：夜间值班。天册万岁元年（695）三月，始令宰相每日一人轮流宿值，后遂为制度。见《唐会要》卷八十二《当直》。 [8]辛丑：九月二十六日。 [9]佳士：品行或才学优秀的士人。 [10]缊藉：亦作"温藉""蕴藉"等，有含蓄宽容之意。此处指"蓄积"。 [11]固：的确。 [12]卓荦（luò）：特异。 [13]擢：迁升。司马品位一般低于长史。但京畿司马品秩却高于诸州长史。洛州系神都之所在，司马从四品下，荆州长史从五品上。张柬之自荆州长史进为洛州司马，即由从五品上升至从四品下。 [14]秋官侍郎：官名。即刑部侍郎。刑部侍郎正四品下，协助刑部尚书掌天下刑法及徒隶、勾覆、关禁之政令。 [15]卒：终于。 [16]仁杰又尝荐夏官侍郎姚元崇、监察御史曲阿桓彦范、太州刺史敬晖等数十人：桓彦范，字士则。润州曲阿（今江苏丹阳市）人。后官至宰相，曾参与张柬之政变。敬晖，绛州太平（今山西侯马市西北）人。曾任卫州刺史、洛州长史等职，以精明强干著闻。诛二张有功，官至宰相。桓彦范与敬晖同传，见《旧唐书》卷九十一、《新唐书》卷一百二十。《梁公传》称张柬之、桓彦范、敬晖、崔玄暐、袁恕己皆狄仁杰所荐，并详细记叙

了狄仁杰临终时托付他们诛二张、恢复唐室的经过。司马光认为这是不可靠的。他在《考异》中说："此盖作传者因五人建兴复之功，附会其事，云皆仁杰所举，受教于仁杰耳。其言谲怪无稽，今所不取。《旧传》惟著举柬之、彦范、敬晖三人姓名，今从之。"［17］率：大都，一般。［18］桃李：意为门生、士子或所荐之士。［19］仁杰为魏州刺史：时在万岁通天元年（696）。［20］生祠：为活着的人所建立的祠庙。［21］景晖：应作光晖。狄光晖事见《新唐书》卷一百一十五《狄仁杰传》。按：《新唐书》卷七十四下《宰相世系表》载仁杰三子：光嗣、光远、光昭。皆无"景晖"。待考。史言狄仁杰忠于职守，为官一任，造福一方，可为人臣之表章；其子贪暴，祸及父祠，可为天下人子者戒。［22］辛亥：十月七日。［23］甲寅：十月十日。［24］制复以正月为十一月，一月为正月：以十一月为正月在天授元年。永昌元年（689）十一月改寅正为子正，至此，复为寅正。［25］丁巳：十月十三日。［26］韦安石（651—714）：京兆万年人。隋民部侍郎韦津之孙。曾任永昌县令、并州司马、德州刺史等职，政尚清严，深受武则天奖拔。传见《旧唐书》卷九十二、《新唐书》卷一百二十二。［27］数面折之：多次当面折辱他们。［28］宋霸子：四川富商，与张易之友善。见《旧唐书》卷九十二《韦安石传》、《新唐书》卷一百二十二《韦安石传》。［29］博：博戏。［30］顾左右逐出之：以目示意，命令侍卫将宋霸之驱逐出去。［31］丁卯：十月二十三日。［32］新安：县名。县治在今河南新安县。［33］壬申：十月二十八日。［34］甲寅：十二月十日。［35］陇右诸监：即陇右诸牧监。［36］时屠禁尚未解：长寿元年（692）下令禁止屠杀动物。［37］崔融（653—706）：字安成。齐州全节（今山东济南市东北）人。中科举高第。官至司礼少卿。善于作文。所作《洛出宝图颂》及《则天皇帝哀册文》最为典雅华丽。有文集六十卷。传见《旧唐书》卷九十四、《新唐书》卷一百一十四。诗文主要保存在《全唐文》卷二百一十七、《全唐诗》卷六十八中。［38］江南：长江以南。［39］河西：今河西走廊及湟水一带。［40］未革：未改食肉的习惯。［41］恐喝：恐吓。［42］月令：时令。［43］礼经：礼之常道。［44］戊午：十二月十四日。［45］牲牢：供祭祀之用的牲畜。

长安元年[1]（辛丑，701年）

春，正月，丁丑[2]，以成州[3]言佛迹见，改元大足[4]。

二月，己酉[5]，以鸾台侍郎柏人李怀远[6]同平章事。

三月，凤阁侍郎、同平章事张锡坐知选漏泄禁中语、赃满数万，当斩，临刑释之，流循州[7]。时苏味道亦坐事与锡俱下司刑狱，锡乘马，意气自若，舍于三品院[8]，帷屏食饮，无异平居。味道步至系所，席地而卧，蔬食[9]而已。太后闻之，赦味道，复其位。

是月，大雪，苏味道以为瑞[10]，帅百官入贺。殿中侍御史王求礼止之曰："三月雪为瑞雪，腊月雷为瑞雷乎？"味道不从。既入，求礼独不贺，进言曰:“今阳和布气，草木发荣，而寒雪为灾，岂得诬以为瑞！贺者皆谄谀之士也。”太后为之罢朝[11]。

时又有献三足牛者，宰相复贺。求礼飏言[12]曰:“凡物反常皆为妖[13]。此鼎足[14]非其人，政教不行之象也。”太后为之愀然[15]。

夏，五月，乙亥[16]，太后幸三阳宫。

以魏元忠为灵武道行军大总管[17]，以备突厥。

天官侍郎盐官顾琮[18]同平章事[19]。

六月，庚申[20]，以夏官尚书李迥秀同平章事。

迥秀性至孝，其母本微贱，妻崔氏常叱媵婢[21]，母闻之不悦，迥秀即时出[22]之。或曰:“贤室虽不避嫌疑，然过非七出[23]，何遽如是？”迥秀曰:“娶妻本以养亲；今乃违忤颜色，安敢留也！”竟出之。

秋，七月，甲戌[24]，太后还宫。

甲申[25]，李怀远罢为秋官尚书。

八月，突厥默啜寇边，命安北大都护相王为天兵道元帅，统诸军击之，未行而虏退。

丙寅[26]，武邑人苏安恒[27]上疏曰:“陛下钦先圣[28]之顾托，受嗣子[29]之推让，敬天顺人[30]，二十年矣。岂不闻帝舜褰裳[31]，周公复辟[32]！舜之于禹，事祗族亲[33]；旦与成王，不离叔父[34]。族亲何如子之爱，叔父何如母之恩？今太子孝敬是崇[35]，春秋既壮，若使统临宸极[36]，何异陛下之身[37]！陛下年德既尊[38]，宝位将倦[39]，机务烦重，浩荡心神，何不禅位东宫，自怡圣体！自昔[40]理[41]天下者，不见二姓而俱王也。当今梁、定、河内、建昌诸王[42]，承陛下之荫覆[43]，并得封王；臣谓千秋万岁之后，于事非便，臣请黜[44]为公侯，任以闲简[45]。臣又闻陛下有二十余孙，今无尺寸之封[46]，此非长久之计也；臣请分土而王之，择立师傅，教其孝敬之道，以夹辅周室，屏藩皇家，斯为美矣。”疏奏，太后召见，赐食，慰谕而遣之。

太后春秋高，政事多委张易之兄弟。邵王重润[47]与其妹永泰郡主[48]、主婿魏王武延基[49]窃议其事。易之诉于太后，九月，壬申[50]，太后皆逼令自杀[51]。延基，承嗣之子也。

丙申[52]，以相王知左、右羽林卫大将军事。

冬，十月，壬寅[53]，太后西入关[54]，辛酉[55]，至京师；赦天下，改元[56]。

十一月，戊寅[57]，改含元宫为大明宫[58]。

天官侍郎安平崔玄暐[59]，性介直，未尝请谒。执政恶之，改文昌左丞。月余，太后谓玄暐曰："自卿改官以来，闻令史[60]设斋自庆。此欲盛为奸贪耳；今还卿旧任。"乃复拜天官侍郎，仍赐彩七十段[61]。

以主客郎中[62]郭元振为凉州都督、陇右诸军大使。

先是，凉州南北境不过四百余里，突厥、吐蕃频岁[63]奄至城下，百姓苦之。元振始于南境硖口置和戎城[64]，北境碛[65]中置白亭军[66]，控其冲要，拓州境千五百里，自是寇不复至城下。元振又令甘州刺史李汉通[67]开置屯田，尽水陆之利。旧凉州粟麦斛至数千[68]，及汉通收率[69]之后，一缣籴[70]数十斛，积军粮支[71]数十年。元振善于抚御，在凉州五年，夷、夏畏慕，令行禁止，牛羊被野，路不拾遗。

（以上为第三段，写武则天晚年政治趋于宽平，惩贪未动刑诛；又善用人才，李迥秀、苏安恒、崔玄暐、郭元振皆一时之选。）

【注释】

[1]长安元年：武则天于久视二年正月改元大足，于十月壬寅改元长安。即长安元年包有大足元年。 [2]丁丑：正月三日。 [3]成州：州名。治所在今甘肃礼县西南。 [4]改元大足：《朝野佥载》说改元大足的原因是司刑寺的三百名囚徒秋分后在监狱外墙角伪造了一个五尺长的足迹。司马光在《考异》中说：改元在春，不在秋，今不取。按"大足"本指大足印，用作年号，取大丰大足之意。 [5]己酉：二月六日。 [6]李怀远（?—706）：邢州柏（bó）仁（即古柏，今河北隆尧县西南）人。曾任司礼少卿、同州刺史等职。在职清正，官至宰相，贵而不奢。传见《旧唐书》卷九十、《新唐书》卷一百一十六。 [7]循州：州名。治所归善，在今广东惠州市东北。 [8]三品院：关押三品以上囚犯的高级监狱。 [9]蔬食：粗食，以草粝为食。 [10]以为瑞：认为是祥瑞。 [11]罢朝：停止朝谒。此事各书记载不一。《统纪》系于延载元年（694），《朝野佥载》则系于久视二年（701）。司马光以《朝野佥载》为主，参考诸书，写成这段文字。详见《考异》。 [12]飏（yáng）言：大声疾言。飏同"扬"。 [13]妖：妖孽。 [14]鼎足：指三公之位。三公鼎足承君，故以鼎足为三公之代称。太师、太傅、太保，为唐之三公。 [15]愀（qiǎo）然：脸色变动的样子。 [16]乙亥：五月三日。 [17]以魏元忠为灵武道行军大总管：据《新唐书·则天纪》，时在

五月丁丑，即五月五日。［18］顾琮（?—?02）：杭州盐官（今浙江海宁市西南）人（两《唐书》本传作苏州吴县人）。传见《旧唐书》卷七十三、《新唐书》卷一百零二。［19］天官侍郎盐官顾琮同平章事：时在五月丙申，即五月二十四日。［20］庚申：六月十九日。［21］媵婢：随嫁的奴婢。［22］出：离弃。［23］七出：亦作“七去”“七弃”。旧时丈夫遗弃妻子的七种理由：一、无子，二、淫泆，三、不事舅姑，四、口舌，五、盗窃，六、妒忌，七、恶疾。［24］甲戌：七月三日。［25］甲申：七月十三日。［26］丙寅：八月二十六日。［27］苏安恒（?—707）：冀州武邑（今河北武邑县）人。曾多次上书言事。官至习艺馆内教。传见《旧唐书》卷一百八十七上、《新唐书》卷一百一十二。［28］先圣：指高宗。［29］嗣子：指相王李旦。［30］敬天顺人：意即敬奉天意，恭顺人情，莅临帝位。［31］帝舜褰（qiān）裳：褰裳，提裳，相传舜见禹，提衣离位，以让于禹。［32］周公复辟：复辟，复其旧位。成王即位时，年纪尚幼，由周公旦摄政。成王长大后，周公即归政于成王。［33］舜之于禹，事祗族亲：相传舜为黄帝第八代孙，禹为黄帝玄孙，故称“族亲”。［34］旦与成王，不离叔父：周公旦系武王之弟，成王之叔。［35］孝敬是崇：即崇尚孝敬。崇，崇尚。［36］宸极：本指北极星，此处借指帝位。［37］何异陛下之身：意即何异于陛下亲临宝座。［38］尊：高。［39］倦：厌倦。［40］昔：古。［41］理：治。避高宗名讳，改治为理。［42］梁、定、河内、建昌诸王：武三思封梁王，武攸暨封定王，武懿宗封河内王，武攸宁封建昌王。［43］荫覆：恩荫庇覆。［44］黜：贬降。［45］任以闲简：即任以闲散清简之职。［46］无尺寸之封：没有一点封地。［47］邵王重润（682—701）：中宗长子。后追谥为懿德太子，陪葬乾陵。传见《旧唐书》卷八十六、《新唐书》卷八十一。［48］永泰郡主（684—701）：名仙蕙，中宗第七女。后追封为公主。传见《新唐书》卷八十三。［49］武延基（?—701）：魏王武承嗣长子。传见《旧唐书》卷一百八十三、《新唐书》卷二百零六。武承嗣，武则天之侄。［50］壬申：九月三日。［51］太后皆逼令自杀：关于邵王重润等三人之死，史书上有几种说法。《旧唐书》卷六《则天纪》：“邵王重润为易之谗构，令自死。”卷七十八《张易之传》：“易之诉于则天，付太子自鞫问处置，太子并自缢杀之。”卷八十八《李重润传》：“则天令杖杀。”《新唐书》卷四《则天纪》：“杀邵王重润及永泰郡主、主婿武延基。”卷八十一《李重润传》：“杖杀之。”卷一百四《张易之传》：“得罪缢死。”卷二百零六《武延基传》：“后怒，令自杀。”从当时的情况分析，《旧唐书·张易之传》的记载比较符合情理。至于《大唐故永泰公主墓志铭》说永泰公主系难产而死，完全是掩饰之词，不足以作为证据。［52］丙申：九月二十七日。［53］壬寅：十月三日。［54］西入关：西入潼关。［55］辛酉：十月二十二日。［56］改元：改元长安。［57］戊寅：十一月十日。［58］改含元宫为大明宫：长安东内本名大明宫。唐高宗龙朔三年（663）改为蓬莱宫，咸亨元年（670）又改为含元宫。现恢复其旧名。［59］崔玄暐（638—706）：博陵安平（今河北安平县）人。为政清简，官至宰相。参与张柬之兵变，封博陵郡公。著有《行己要范》十卷、《友义传》十卷、《义士传》十五卷。传见《旧唐书》卷九十一、《新唐书》卷一百二十。［60］令史：官名。唐制，吏部四司有令史八十二人，无品秩，为低级事务人员。［61］赐彩七十段：据胡注，“唐制，凡赐十段，其率绢三匹，布三端，绵四屯；若杂彩十段，则丝布二匹，䌷二匹，绫二匹，缦四匹。”［62］主客郎中：官名。属礼部。从五品上，掌二王后及诸蕃朝聘之事。［63］频岁：连年。［64］和戎城：即今甘肃古浪县。［65］碛（qì）：沙漠。［66］白亭军：军镇名。在今甘肃民勤县北境。［67］李汉通：事见《旧唐书》卷九十七、《新唐书》卷一百二十二。［68］斛至数千：每斛的价格高至数千钱。［69］收率（shuài）：收集农民，率其耕作。［70］籴（dí）：买进粮食。［71］支：可供支给。

二年（壬寅，702年）

春，正月，乙酉[1]，初设武举[2]。

突厥寇盐、夏二州[3]。三月，庚寅[4]，突厥破石岭[5]，寇并州[6]。以雍州长史薛季昶摄右台大夫，充山东防御军大使，沧、瀛、幽、易、恒、定[7]等州诸军皆受季昶节度。夏，四月，以幽州刺史张仁愿专知幽、平、妫、檀[8]防御，仍与季昶相知[9]，以拒突厥。

五月，壬申[10]，苏安恒复上疏曰：“臣闻天下者，神尧、文武[11]之天下也，陛下虽居正统[12]，实因唐氏旧基。当今太子追回[13]，年德俱盛，陛下贪其宝位而忘母子深恩，将何圣颜以见唐家宗庙，将何诰命[14]以谒大帝[15]坟陵？陛下何故日夜积忧，不知钟鸣漏尽[16]！臣愚以为天意人事，还归李家。陛下虽安天位，殊不知物极则反，器满则倾。臣何惜一朝[17]之命而不安万乘之国哉！”太后亦不之罪。

乙未[18]，以相王为并州牧，充安北道行军元帅，以魏元忠为之副。

六月，壬戌[19]，召神都留守韦巨源诣京师，以副留守李峤代之。

秋，七月，甲午[20]，突厥寇代州。

司仆卿[21]张昌宗兄弟贵盛，势倾朝野。八月，戊午[22]，太子、相王、太平公主上表请封昌宗为王，制不许；壬戌[23]，又请，乃赐爵邺国公。

敕：“自今有告言扬州及豫、博余党[24]，一无所问，内外官司无得为理[25]。”

九月，乙丑朔[26]，日有食之，不尽如钩，神都见其既[27]。

壬申[28]，突厥寇忻州。

己卯[29]，吐蕃遣其臣论弥萨来求和。

庚辰[30]，以太子宾客武三思为大谷道大总管，洛州长史敬晖为副；

辛巳[31]，又以相王旦为并州道元帅，三思与武攸宜、魏元忠为之副；姚元崇为长史，司礼少卿郑杲[32]为司马，然竟不行。

癸未[33]，宴论弥萨于麟德殿[34]。时凉州都督唐休璟入朝，亦预宴。弥萨屡窥之。太后问其故，对曰："洪源之战[35]，此将军猛厉[36]无敌，故欲识之。"太后擢休璟为右武威、金吾二卫大将军。休璟练习[37]边事，自碣石[38]以西逾四镇[39]，绵亘万里，山川要害，皆能记之。

冬，十月，甲辰[40]，天官侍郎、同平章事顾琮薨。

戊申[41]，吐蕃赞普将万余人寇茂州[42]，都督陈大慈[43]与之四战，皆破之，斩首千余级。

十一月，辛未[44]，监察御史魏靖[45]上疏，以为："陛下既知来俊臣之奸，处以极法[46]，乞详覆[47]俊臣等所推大狱，伸其枉滥[48]。"太后乃命监察御史苏颋[49]按覆俊臣等旧狱，由是雪免者甚众[50]。颋，夔之曾孙也。

戊子[51]，太后祀南郊，赦天下。

十二月，甲午[52]，以魏元忠为安东道安抚大使，羽林卫大将军李多祚检校幽州都督，右羽林卫将军薛讷、左武卫将军骆务整为之副。

戊申[53]，置北庭都护府于庭州[54]。

侍御史张循宪[55]为河东采访使，有疑事不能决[56]，病之[57]，问侍吏曰："此有佳客，可与议事者乎？"吏言前平乡[58]尉猗氏张嘉贞[59]有异才，循宪召见，询以事；嘉贞为条析理分[60]，莫不洗然[61]，循宪因请为奏，皆意所未及。循宪还，见太后，太后善其奏，循宪具言嘉贞所为，且请以己之官授之。太后曰："朕宁[62]无一官自进贤邪！"因召嘉贞，入见内殿，与语，大悦，即拜监察御史；擢循宪司勋郎中[63]，赏其得人也。

（以上为第四段，写武则天平反冤狱，宽容直谏，苏安恒上奏还政于李氏的谏言，亦不加罪，超拔人才，任用张嘉贞。）

【注释】

[1]乙酉：正月十七日。［2］武举：通过比武选拔人才的科目。此为武则天创制。据《唐六

典》卷五，武举内容共有七项：即射长垛、骑射、马枪、武射、材貌、言语、举重。《新唐书》卷四十四《选举志》上载："其制，有长垛、马射、步射、平射、筒射，又有马枪、翘关、负重、身材之选"，与《六典》所说有所不同。［3］盐、夏二州：盐州治所在今陕西定边县。夏州治所在今陕西靖边县东北白城子。［4］庚寅：三月二十三日。［5］石岭：关名。《新唐书·地理志》三：忻州定襄县有石岭关。据此，该关当在今山西定襄县境。［6］并州：治所在今山西太原市西南。［7］沧、瀛、幽、易、恒、定：皆州名。地当今北京以南，太行山以东，石家庄以北地区。［8］幽、平、妫、檀：亦皆州名。地当今张家口至唐山一带。［9］相知：相互支援，相互照应。［10］壬申：五月六日。［11］神尧、文武：即高祖、太宗。高宗上元元年（674）八月，改高祖尊号为"神尧皇帝"，太宗尊号为"文武圣皇帝"。［12］正统：意即正统帝位。［13］太子追回：庐陵王被召回京师，复立为太子。［14］诰命：此处指谒陵时所读的文书。［15］大帝：即唐高宗。高宗谥号为"天皇大帝"。［16］钟鸣漏尽：晨钟已鸣，夜漏将尽。比喻年届迟暮。［17］一朝：一旦。［18］乙未：五月二十九日。［19］壬戌：六月二十六日。［20］甲午：七月二十九日。［21］司仆卿：官名。即太仆寺卿。［22］戊午：八月二十三日。［23］壬戌：八月二十七日。［24］扬州及豫、博余党：即徐敬业、越王贞及琅邪王冲余党。徐敬业光宅元年（684）在扬州发动叛乱，越王贞父子垂拱四年分别起兵于豫州、博州。［25］无得为理：不得受理。［26］乙丑朔：九月一日。［27］既：蚀尽，全蚀。［28］壬申：九月八日。［29］己卯：九月十五日。［30］庚辰：九月十六日。［31］辛巳：九月十七日。［32］郑杲：事散见《旧唐书》卷六十二、卷八十五及《新唐书》卷一百、卷一百一十三。［33］癸未：九月十九日。［34］麟德殿：在大明宫太液池西侧，由前殿、中殿、后殿组成。唐代帝王常宴蕃臣、外宾于此。［35］洪源之战：时在久视元年（700）闰七月。［36］猛厉：勇猛锐厉。［37］练习：谙练，熟悉。［38］碣石：古山名。在今河北昌黎县西北。［39］四镇：即安西四镇。龟兹、于阗、焉耆、疏勒。［40］甲辰：十月十日。［41］戊申：十月十四日。［42］茂州：州名。治所在今四川茂县。按，《旧唐书·吐蕃传》及《新唐书·则天纪》皆云："戊申，吐蕃寇悉州，茂州都督陈大慈败之。"据此，当在上句"寇"字下添"悉州"二字。悉州治所在今四川茂县西北。［43］陈大慈：事见《旧唐书》卷一百九十六上《吐蕃传》上，《新唐书》卷四《则天纪》、卷二百一十六上《吐蕃传》上。［44］辛未：十一月八日。［45］魏靖：事见《旧唐书》卷五十《刑法志》。［46］极法：极刑，死刑。［47］详覆：详细覆勘。［48］枉滥：冤枉淫滥。［49］苏颋（670—727）：京兆武功（今陕西武功县西北）人。博闻强记，善于作文，为政清廉，唐玄宗时官至宰相，封许国公。自景龙时起，与张说俱以文章知名，时号"燕许大手笔"。有文集三十卷。传见《旧唐书》卷八十八、《新唐书》卷一百二十五。［50］雪免者甚众：得以平反昭雪的人很多。免者，指冤屈无罪的人。武则天晚年亲手平反冤狱，是一善政。［51］戊子：十一月二十五日。［52］甲午：十二月二日。［53］戊申：十二月十六日。［54］庭州：治所在今新疆吉木萨尔县北庭故城。［55］张循宪：事见《旧唐书》卷九十九《张嘉贞传》、《新唐书》卷一百二十七《张嘉贞传》、《唐郎官石柱题名考》卷七。［56］决：断决。［57］病之：患之。［58］平乡：县名。县治在今河北平乡县西南。［59］张嘉贞（666—729）：蒲州猗氏（今山西临猗县）人。为政清廉，善于敷奏，唐玄宗时官至中书令。传见《旧唐书》卷九十九、《新唐书》卷一百二十七、《嘉定赤城志》卷八。［60］条析理分：比喻有条有理、深入细致地进行剖析。［61］洗然：明畅、清晰的样子。［62］宁：岂，难道。［63］司勋郎中：官名。属吏部，从五品上。掌管官吏勋级的授予。张循宪原官侍御史，是从六品下的监察官，现转吏部职事官，从五品上，升了三个品级。武则天重奖荐贤者，值得称许。

三年（癸卯，703年）

春，三月，壬戌朔[1]，日有食之。

夏，四月，吐蕃遣使献马千匹、金二千两以求婚。

闰月，丁丑[2]，命韦安石留守神都。

己卯[3]，改文昌台为中台[4]。以中台左丞[5]李峤知纳言事。

新罗王金理洪卒，遣使立其弟崇基[6]为王。

六月，辛酉[7]，突厥默啜遣其臣莫贺干[8]来，请以女妻皇太子之子。

宁州[9]大水，溺杀[10]二千余人。

秋，七月，癸卯[11]，以正谏大夫朱敬则同平章事。

戊申[12]，以相王旦为雍州牧[13]。

庚戌[14]，以夏官尚书、检校凉州都督唐休璟同凤阁鸾台三品。时突骑施酋长乌质勒与西突厥诸部相攻，安西道绝。太后命休璟与诸宰相议其事，顷之，奏上，太后即依其议施行。后十余日，安西诸州请兵应接，程期[15]一如休璟所画[16]，太后谓休璟曰："恨[17]用卿晚。"谓诸宰相曰："休璟练习边事，卿曹[18]十不当一。"

时西突厥可汗斛瑟罗用刑残酷[19]，诸部不服。乌质勒本隶斛瑟罗，号莫贺达干，能抚其众，诸部归之，斛瑟罗不能制。乌质勒置都督二十员，各将兵七千人，屯碎叶西北；后攻陷碎叶，徙其牙帐居之。斛瑟罗部众离散，因入朝，不敢复还，乌质勒悉并其地。

九月，庚寅朔[20]，日有食之，既。

（以上为第五段，写西突厥发生内乱。）

【注释】

[1]壬戌朔：三月一日。 [2]丁丑：闰四月十七日。 [3]己卯：闰四月十九日。 [4]改文昌台为中台：即改尚书省为中台。光宅元年（684），改尚书省为文昌台。 [5]中台左丞：官名。即尚书左丞。李峤长安二年（702）六月以成均祭酒兼检校文昌左丞。三年闰四月十日同凤阁鸾台平章事。至此，又知纳言事。 [6]崇基：两《唐书·新罗传》皆作兴光。学者或以为《资治通鉴》有误。按，《唐会要》卷九十五卷，理洪卒，册其弟崇基为王。先天元年，改名兴光。据此，则崇基、兴光实为一人。 [7]辛酉：六月一日。 [8]莫贺干：《旧唐书》卷一百九十四上、《新唐书》卷二百一十五上皆作“莫贺达干”。待考。 [9]宁州：治所在今甘肃宁县。 [10]溺杀：淹杀。 [11]癸卯：七月十四日。关于朱敬则入相的时间，《新唐书·则天纪》及《宰相表》作七月壬寅，即七月十三日。《唐历》作“十四日癸卯”。《资治通鉴》据后者。 [12]戊申：七月十九日。[13]雍州牧：官名。唐制，亲王充任京师或陪都的地方最高长官者称牧。 [14]庚戌：七月二十一日。 [15]程期：按里程计算的行程日期。 [16]画：筹划，预料。 [17]恨：悔恨，遗憾。 [18]卿曹：卿辈。 [19]时西突厥可汗斛瑟罗用刑残酷：这段话系追述往事，容易使人产生误解。斛瑟罗天授元年入朝后，其地已渐为乌质勒所并。圣历二年，以斛瑟罗为左卫大将军兼平西军大总管，令抚镇故土。时乌质勒强盛，斛瑟罗不敢归，复返长安。见《新唐书》卷二百一十五《突厥传》。 [20]庚寅朔：此月己丑朔。庚寅为九月二日。

初，左台大夫、同凤阁鸾台三品魏元忠为洛州长史，洛阳令张昌仪[1]恃诸兄之势，每牙[2]，直上长史听事；元忠到官，叱下之。张易之奴暴乱都市，元忠杖杀之。及为相，太后召易之弟岐州刺史昌期，欲以为雍州长史，对仗[3]，问宰相曰：“谁堪雍州者？”元忠对曰：“今之朝臣无以易薛季昶[4]。”太后曰：“季昶久任京府[5]，朕欲别除一官；昌期何如？”诸相皆曰：“陛下得人矣。”元忠独曰：“昌期不堪！”太后问其故，元忠曰：“昌期少年，不闲[6]吏事，向在岐州，户口逃亡且尽。雍州帝京，事任繁剧，不若季昶强干习事。”太后默然而止。元忠又尝面奏：“臣自先帝以来，蒙被恩渥，今承乏宰相[7]，不能尽忠死节，使小人在侧[8]，臣之罪也！”太后不悦。由是诸张深怨之。

司礼丞[9]高戬[10]，太平公主之所爱也。会太后不豫，张昌宗恐太后一日晏驾[11]，为元忠所诛，乃谮元忠与戬私议云：“太后老矣，不若挟[12]太子为久长。”太后怒，下元忠、戬狱，将使与昌宗廷辨[13]之。昌宗密引凤阁舍人张说，赂以美官，使证元忠；说许之。明日，太后召太子、相王及诸宰相，使元忠与昌宗参对[14]，往复不决。昌宗曰："张说闻元忠言，请召问之。"太后召说。说将入，凤阁舍人南和宋璟[15]谓说曰："名义至重，鬼神难欺，不可党邪陷正以求苟免！若获罪流窜，其荣多矣。若事有不测，璟当叩阁[16]力争，与子[17]同死。努力为之，万代瞻仰，在此举也！"殿中侍御史济源张廷珪[18]曰："朝闻道，夕死可矣[19]！"左史刘知几[20]曰："无污青史，为子孙累！"

及入，太后问之，说未对。元忠惧，谓说曰："张说欲与昌宗共罗织魏元忠邪！"说叱之曰："元忠为宰相，何乃效委巷[21]小人之言！"昌宗从旁迫趣[22]说，使速言。说曰："陛下视之，在陛下前，犹逼臣如是，况在外乎！臣今对广朝[23]，不敢不以实对。臣实不闻元忠有是言，但昌宗逼臣使诬证之耳！"易之、昌宗遽[24]呼曰："张说与魏元忠同反！"太后问其状。对曰："说尝谓元忠为伊、周[25]；伊尹放太甲[26]，周公摄王位[27]，非欲反而何？"说曰："易之兄弟小人，徒[28]闻伊、周之语，安知伊、周之道！日者[29]元忠初衣紫[30]，臣以郎官往贺，元忠语客曰：'无功受宠，不胜惭惧。'臣实言曰：'明公居伊、周之任，何愧三品！'彼伊尹、周公皆为臣至忠，古今慕仰。陛下用宰相，不使学伊、周，当使学谁邪？且臣岂不知今日附昌宗立取台衡[31]，附元忠立致族灭！但臣畏元忠冤魂，不敢诬之耳。"太后曰："张说反复小人，宜并系治之。"他日，更引问[32]，说对如前。太后怒，命宰相与河内王武懿宗共鞫之，说所执如初。

朱敬则抗疏[33]理之曰："元忠素称忠正，张说所坐无名[34]，若令抵罪，失天下望。"苏安恒亦上疏，以为："陛下革命之初，人以为纳谏之主；暮年以来，人以为受佞之主。自元忠下狱，里巷恟恟[35]。皆以为陛下委信奸宄[36]，斥逐[37]贤良，忠臣烈士，皆抚髀[38]于私室而箝口[39]于公朝，畏迕易之等意，徒取死而无益。方今赋役烦重，百姓凋弊，重以[40]谗慝专恣，刑赏失中，窃恐人心不安，别生他变，争锋[41]于朱雀门[42]内，问鼎于大明殿[43]前，陛下将何以谢之，何以御之？"易之等见其疏，大怒，欲杀之，赖朱敬则及凤阁舍人桓彦范、著作郎陆泽魏知古[44]保救得免。

丁酉[45]，贬魏元忠为高要[46]尉；戬、说皆流岭表。元忠辞日，言于太后曰："臣老矣，今向岭南，十死一生。陛下他日必有思臣之时。"太后问其故，时易之、昌宗皆侍侧，元忠指之曰："此二小儿，终为乱阶[47]。"易之等下殿，叩膺[48]自掷[49]称冤。太后曰："元忠去矣！"

殿中侍御史景城王晙[50]复奏申理元忠，宋璟谓之曰："魏公幸已得全，今子复冒威怒，得无[51]狼狈[52]乎！"晙曰："魏公以忠获罪，晙为义所激，颠沛无恨。"璟叹曰："璟不能申魏公之枉，深负朝廷矣。"

太子仆[53]崔贞慎[54]等八人饯元忠于郊外，易之诈为告密人柴明状，称贞慎等与元忠谋反。太后使监察御史丹徒马怀素[55]鞫之，谓怀素曰："兹事皆实，略问，速以闻。"顷之[56]，中使督趣[57]者数四，曰："反状昭然，何稽留[58]如此？"怀素请柴明对质[59]，太后曰："我自不知柴明处，但据状鞫之，安用告者？"怀素据实以闻，太后怒曰："卿欲纵[60]反者邪？"对曰："臣不敢纵反者！元忠以宰相谪官，贞慎等以亲故[61]追送[62]，若诬以为反，臣实不敢。昔栾布奏事彭越头下[63]，汉祖[64]不以为罪，况元忠之刑未如彭越，而陛下欲诛其送者乎！且陛下操生杀之柄，欲加之罪，取决圣衷可矣；若命臣推鞫，臣不敢不以实闻。"太后曰："汝欲全不罪邪？"对曰："臣智识愚浅，实不见其罪。"太后意解。贞慎等由是获免。

太后尝命朝贵宴集，易之兄弟皆位在宋璟上[65]。易之素惮璟，欲悦其意，虚位[66]揖之曰："公方今第一人，何乃下坐[67]？"璟曰："才劣位卑，张卿以为第一，何也？"天官侍郎郑杲[68]谓璟曰："中丞奈何卿五郎[69]？"璟曰："以官言之，正当为卿。足下非张卿家奴，何郎之有[70]！"举坐悚惕[71]。时自武三思以下，皆谨事易之兄弟，璟独不为之礼。诸张积怒，常欲中伤之；太后知之，故得免。

丁未[72]，以左武卫大将军武攸宜充西京留守。

冬，十月，丙寅[73]，车驾发西京；乙酉[74]，至神都。

（以上为第六段，写武则天男宠张易之兄弟与朝官的尖锐矛盾，朝官中坚大臣一致奏请诛杀张氏兄弟却败下阵来，魏元忠、张说遭贬，从而激起了朝官与太后武则天的直接对抗。）

【注释】

［1］张昌仪：张易之之弟。《新唐书·宰相世系表》作易之之兄。待考。［2］牙：同“衙”，此处作动词使用。指到上司衙门排班参见，禀白公事。［3］对仗：此处意即朝参之时。唐制，皇帝御正殿，设仪仗，百官奏事，御史弹劾，皆面对仪仗，称作“对仗”。［4］薛季昶：绛州龙门（今山西河津市）人。武则天时上书，自平民擢为监察御史。历任御史中丞、定州刺史、雍州长史等职，所在以严肃为政，威名甚著。唐中宗时因参与张柬之政变，加银青光禄大夫，拜户部侍郎。传见《旧唐书》卷一百八十五上、《新唐书》卷一百二十。［5］久任京府：长期在京师做官。京府，京畿。此处指神都洛阳。［6］闲：通“娴”。熟悉。［7］承乏宰相：谦辞。意即宰相一时无适当人选，暂由自己充任。［8］小人在侧：小人在君之侧。小人，指张易之兄弟。［9］司礼丞：官名。即太常寺丞。为太常卿之副，掌判太常事务。［10］高戬：事见《旧唐书》卷七十八《张昌宗传》、卷九十二《魏元忠传》，《新唐书》卷一百零四《张昌宗传》、卷一百二十二《魏元忠传》。［11］晏驾：本指銮驾晚出，转为帝王死亡的讳辞。［12］挟（xié）：挟制。［13］廷辨：在殿廷上申辩。［14］参对：相互对质。［15］宋璟（663—737）：邢州南和（今河北邢台市南和区）人。调露年间进士。唐睿宗时入相，力图革除弊政，因触怒太平公主而被贬。唐玄宗开元四年（716）冬，继姚崇为相，主张宽赋徭，省刑法，选用贤才，被称为“贤相”。传见《旧唐书》卷九十六、《新唐书》卷一百二十四。［16］叩阁：叩，敲。阁，指皇帝的内殿或便殿。［17］子：对别人的尊称，相当现代汉语中的“您”。［18］张廷珪（？—734）：河南济源（今河南济源市）人。少时以文学知名。进士及第。历任监察御史、中书舍人、洪州都督、黄门侍郎等职。不畏强权，敢于进谏。又善于书法，为时人所重。传见《旧唐书》卷一百零一、《新唐书》卷一百一十八、《书小史》卷十。［19］朝闻道，夕死可矣：语出《论语·里仁》。早上领悟了道，傍晚死了也不遗憾。［20］刘知几（661—721）：字子玄。彭城（今江苏徐州市）人。进士出身，精通历史。历任获嘉主簿、凤阁舍人等职，常兼修国史。参与《则天皇后实录》《太上皇实录》的编写。著有《刘氏家史》十五卷、《刘子玄集》三十卷。所撰《史通》二十卷，流传至今，是我国第一部史学评论专著。传见《旧唐书》卷一百零二、《新唐书》卷一百三十二。［21］委巷：僻陋的小巷。［22］趣：催促。［23］广朝：广庭。犹大庭广众。［24］遽（jù）：急，骤然。［25］伊、周：伊尹、周公。［26］伊尹放太甲：伊尹为商初大臣，曾辅佐卜丙、仲壬二王。仲壬死后，太甲继位。相传太甲破坏商汤法制，被伊尹放逐。［27］周公摄王位：周公姓姬名旦，系周武王之弟，在灭商建周的过程中立有大功。武王死后，成王年幼，由他摄理朝政。后还政于成王。［28］徒：只，但。［29］日者：往日，从前。［30］初衣紫：初为三品官。唐制，三品以上服紫。此处指初入相。［31］台衡：犹“台辅”。台，三台；衡，玉衡，皆星名。因为这些星位于紫微宫帝座之前，故常被用来比喻宰相。［32］更引问：重新推引审问。［33］抗疏：向皇帝上疏极谏。［34］所坐无名：所坐之罪没有事实。［35］恟恟：亦作“汹汹”“匈匈”，形容喧闹、骚动的样子。［36］奸宄（guǐ）：亦作“奸轨”，指犯法作乱的人。［37］斥逐：贬斥放逐。［38］抚髀：同“拊髀”。以手拍股，表示

激愤。［39］箝口：犹缄口。沉默不言。［40］重以：加以。［41］争锋：犹争胜。［42］朱雀门：长安皇城南面正门。胡注作“宫城南门”，误。［43］大明殿：即大明宫含元殿。［44］魏知古（647—715）：深州陆泽（今河北深州市西南）人。进士及第。官至宰相。敢于进谏。传见《旧唐书》卷九十八、《新唐书》卷一百二十六。［45］丁酉：九月九日。［46］高要：县名。县治在今广东肇庆市高要区。［47］乱阶：祸乱的阶梯。犹“祸根”。［48］叩膺：以拳击胸。［49］自掷：自投于地。［50］王晙（?—732）：沧州景城（今河北沧州市西）人。体貌雄壮，有古人之风。为官兴利除弊，为百姓所爱。曾一度代张说为相。传见《旧唐书》卷九十三、《新唐书》卷一百一十一。［51］得无：又作“得毋”。［52］狼狈：困顿不堪。谓将遭遇危难。［53］太子仆：官名。从四品，掌太子车舆、骑乘、仪仗之政令。［54］崔贞慎：高宗朝宰相崔敦礼之孙。事见《旧唐书》卷八十一《崔敦礼传》、《新唐书》卷七十二下《宰相世系表》二下。［55］马怀素：润州丹徒（今江苏镇江市）人。勤奋好学，进士及第。官至秘书监，兼昭文馆学士。传见《旧唐书》卷一百零二、《新唐书》卷一百九十九。［56］顷之：一会儿。［57］督趣：督促。［58］稽留：稽延迟留。［59］对质：当面诘问对证。［60］纵：放。［61］亲故：亲戚故旧。［62］追送：饯别。［63］栾布奏事彭越头下：彭越为汉初诸侯王，被告谋反，为汉高祖刘邦所杀。栾布为彭越部属，哭祭彭越，为吏所捕。刘邦问其故，栾布据实以奏，被刘邦赦免。［64］汉祖：即汉高祖刘邦。［65］易之兄弟皆位在宋璟上：当时张易之、张昌宗秩三品，宋璟本阶六品。［66］虚位：空下自己的座位。［67］下坐：坐于下方。［68］郑杲：事散见《旧唐书》卷六十二、卷八十五，《新唐书》卷一百。两《唐书·宋璟传》作“郑善果”，误。［69］奈何卿五郎：为什么把五郎称为卿？［70］足下非张卿家奴，何郎之有：胡三省注释说，门生、家奴呼其主为郎。但当时“郎”称用法颇多，不限于此。女子称丈夫或情人为郎。郎亦被经常用作对一般男子的尊称和对青少年男子的美称。［71］悚惕：震悚惕惧，形容恐惧的样子。［72］丁未：九月十九日。［73］丙寅：十月八日。［74］乙酉：十月二十七日。

十一月[1]，突厥遣使谢许婚。丙寅[2]，宴于宿羽台[3]，太子预焉。宫尹[4]崔神庆上疏：以为：“今五品以上所以佩龟[5]者，为别敕征召，恐有诈妄[6]，内出龟合，然后应命。况太子国本[7]，古来征召皆用玉契[8]。此诚重慎之极也。昨缘突厥使见，太子应预朝参，直有[9]文符下宫[10]，曾不降敕处分，臣愚谓太子非朔望朝参、应别召者，望降墨敕及玉契。”太后甚然之。

始安[11]獠[12]欧阳倩拥众数万，攻陷州县，朝廷思得良吏以镇之。朱敬则称司封郎中[13]裴怀古有文武才，制以怀古为桂州都督，仍充招慰讨击使。怀古才及岭上，飞书[14]示以祸福，倩等迎降，且言“为吏所侵逼，故举兵自救耳。”怀古轻骑赴之。左右曰：“夷獠无信，不可忽[15]也。”怀古曰：“吾仗忠信，可通神明，而况人乎！”遂诣其营，贼众大喜，悉归所掠货财；诸洞酋长素持两端[16]者，皆来款附[17]，岭外悉定。

是岁，分命使者以六条察州县[18]。

吐蕃南境诸部皆叛，赞普器弩悉弄自将击之，卒于军中。诸子争立，久之，国人立其子弃隶蹜赞[19]为赞普，生七年矣。

（以上为第七段，写太子入宫制度，以及武则天选良吏裴怀古平息岭南之乱。）

【注释】

[1]十一月：据章校，“月”下有“己丑”二字。己丑，即十一月二日。 [2]丙寅：据章校，十二行本“寅”作“申”。按，十一月戊子朔，无丙寅，当以丙申为是。丙申，十一月九日。[3]宿羽台：高宗调露元年（679）造，在东都宿羽宫中。[4] 宫尹：太子詹事。总揽太子宫事。[5]龟：佩带龟符。百官随身佩带鱼符，以明贵贱，应征召，入宫时要验符。唐姓李，所以用鲤鱼为符。武则天姓武，玄武为龟，故改鱼符为龟符。 [6]诈妄：欺诈伪妄。 [7]国本：国家的根本。 [8]玉契：玉制的符契。 [9]直有：只有。 [10]下宫：下发东宫。 [11]始安：古郡名，治所在今广西桂林市。 [12]獠：南方少数民族之一。 [13]司封郎中：官名。属吏部。从五品上，掌封爵之事。 [14]飞书：飞递书信，递快信。 [15]忽：轻率。 [16]素持两端：一贯叛降不定。 [17]款附：诚心归附。 [18]以六条察州县：用六条标准考查州县官吏。六条内容不详。[19]弃隶蹜（sù）赞：事详《旧唐书》卷一百九十六《吐蕃传》、《新唐书》卷二百一十六《吐蕃传》。

四年（甲辰，704年）

春，正月，丙申[1]，册拜右武卫将军阿史那怀道[2]为西突厥十姓可汗。怀道，斛瑟罗之子也。

丁未[3]，毁三阳宫，以其材作兴泰宫于万安山[4]。二宫皆武三思建议为之，请太后每岁临幸，功费甚广，百姓苦之。左拾遗卢藏用[5]上疏，以为：“左右近臣多以顺意[6]为忠，朝廷具僚[7]皆以犯忤[8]为戒，致陛下不知百姓失业，伤陛下之仁。陛下诚能以劳人为辞，发制罢之，则天下皆知陛下苦己而爱人也。”不从。藏用，承庆之弟孙也。

壬子[9]，以天官侍郎韦嗣立[10]为凤阁侍郎、同平章事。

夏官侍郎、同凤阁鸾台三品李迥秀颇受贿赂，监察御史马怀素劾奏之。二月，癸亥[11]，迥秀贬庐州[12]刺史。

壬申[13]，正谏大夫、同平章事朱敬则以老疾致仕。敬则为相，以用人为先，自余细务[14]不之视。

太后尝与宰相议及刺史、县令。三月，己丑[15]，李峤、唐休璟等奏："窃见朝廷物议[16]，远近人情，莫不重内官，轻外职[17]，每除授牧伯[18]，皆再三披诉[19]。比来所遣外任，多是贬累[20]之人；风俗不澄[21]，寔由于此。望于台、阁、寺、监[22]妙简[23]贤良，分典[24]大州，共康庶绩[25]。臣等请辍近侍[26]，率先具僚[27]。"太后命书名探之[28]，得韦嗣立及御史大夫杨再思等二十人。癸巳[29]，制各以本官检校[30]刺史。嗣立为汴州[31]刺史。其后政绩可称者，唯常州刺史薛谦光、徐州刺史司马锽[32]而已。

丁丑[33]，徙平恩王重福[34]为谯王。

以夏官侍郎宗楚客同平章事[35]。

凤阁侍郎、同凤阁鸾台三品苏味道谒[36]归葬其父，制州县供葬事[37]。味道因之侵毁乡人墓田，役使过度，监察御史萧至忠[38]劾奏之，左迁坊州[39]刺史。至忠，引之玄孙也[40]。

夏，四月，壬戌[41]，同凤阁鸾台三品韦安石知纳言，李峤知内史事。

太后幸兴泰宫[42]。

太后复税天下僧尼，作大像于白司马阪[43]，令春官尚书武攸宁检校[44]，糜费[45]巨亿[46]。李峤上疏，以为："天下编户，贫弱者众。造像钱见有一十七万余缗，若将散施，人与一千，济得一十七万余户。拯饥寒之弊，省劳役之勤，顺诸佛慈悲之心，霑圣君亭育[47]之意，人神胥悦[48]，功德无穷。方作过后因缘[49]，岂如见[50]在果报[51]！"监察御史张廷珪上疏谏曰："臣以时政论之，则宜先边境，蓄[52]府库，养人力；以释教[53]论之，则宜救苦厄[54]，灭诸相，崇无为。伏愿陛下察臣之愚，行佛之意，务以理为上，不以人废言。"太后为之罢役，仍召见廷珪，深赏慰之。

凤阁侍郎、同凤阁鸾台三品姚元崇以母老固请归侍，六月，辛酉[55]，以元崇行[56]相王府长史，秩位并同三品。

乙丑[57]，以天官侍郎崔玄暐[58]同平章事。

召凤阁侍郎、同平章事、检校汴州刺史韦嗣立赴兴泰宫。

丁丑[59]，以李峤同凤阁鸾台三品。峤自请解内史[60]。

壬午[61]，以相王府长史姚元崇兼知夏官尚书、同凤阁鸾台三品。

（以上为第八段，写武则天惩治贪官，纳谏慎选地方大吏，停建大佛像以纾民困。）

【注释】

[1]丙申：正月十日。 [2]阿史那怀道：事见《旧唐书》卷一百九十四《突厥传》、《新唐书》卷二百一十五《突厥传》。 [3]丁未：正月二十一日。 [4]万安山：在今河南宜阳县西南。 [5]卢藏用：字子潜。幽州范阳（今北京市）人。幼以辞学著称，中举不调，隐居终南山，号“随驾隐士”。工篆隶，善琴棋，后入仕，官至黄门侍郎，兼昭文馆学士。传见《旧唐书》卷九十四、《新唐书》卷一百二十三。 [6]顺意：阿顺旨意。 [7]具僚：备位的官僚。 [8]犯忤：冒犯忤违。 [9]壬子：正月二十六日。 [10]韦嗣立（654—719）：字延构。则天朝宰相韦思谦之子。少以孝友著闻。举进士，补双流县令，政绩为蜀中之最。后历任凤阁舍人、秋官侍郎等职。至此晋升宰相。传见《旧唐书》卷八十八、《新唐书》卷一百一十六。 [11]癸亥：二月八日。 [12]庐州：州名。治所在今安徽合肥市。 [13]壬申：二月十七日。 [14]细务：琐碎小事。 [15]己丑：三月四日。 [16]物议：众人的议论。 [17]外职：与“内官”相对，指地方官职。 [18]牧伯：州刺史。 [19]披诉：倾诉。此处指陈述自己的困难，不愿赴任。 [20]贬累：贬黜罪累。 [21]不澄：不清。 [22]台、阁、寺、监：皆官署名称。 [23]妙简：精选。 [24]分典：分别管理。 [25]庶绩：各种事功。 [26]辍近侍：罢去近侍之职。近侍，亲近侍奉。 [27]率先具僚：为群臣之先导，出任地方官。 [28]书名探之：分写近臣姓名，置于匣中，用手探拈。 [29]癸巳：三月八日。 [30]检校：摄理。 [31]汴州：州名。治所开封，在今河南开封市。 [32]司马锽：洛州温县（今河南温县）人。官至黄门侍郎。传见《旧唐书》卷一百九十中、《新唐书》卷二百零二。 [33]丁丑：三月丙戌朔，无丁丑。《新唐书·则天纪》作“丁亥”，即三月二日。 [34]平恩王重福：太子李显次子。传见《旧唐书》卷八十六、《新唐书》卷八十一。 [35]宗楚客同平章事：据《新唐书》卷四、卷六十一，时在三月己亥，即三月十四日。 [36]谒：请。 [37]州县供葬事：州县供给葬礼所需财物。 [38]萧至忠（?—713）：沂州丞（zhěng）县（今山东枣庄市东南）人。为政清谨，敢纠不法。官至中书令。传见《旧唐书》卷九十二、《新唐书》卷一百二十三。 [39]坊州：治所在今陕西黄陵县西南。 [40]至忠，引之玄孙也：萧引，陈朝大臣。传见《陈书》卷二十一、《南史》卷十八。 [41]壬戌：四月七日。 [42]太后幸兴泰宫：据《新唐书·则天纪》，时在四

月丙子，即四月二十一日。［43］白司马阪：在洛阳徽安门外北邙山中。［44］检校：此处指兼知塑造大像之事。［45］縻费：耗费。［46］巨亿：万万。形容数目之大。［47］亭育：抚养培育。［48］胥悦：皆悦。［49］因缘：佛教用语。指形成事物，引起认识和造就“业报”等现象所依赖的原因和条件。“因”与“缘”略有差别。在生“果”中起直接作用的主要条件叫“因”，起间接辅助作用的条件叫“缘”。《俱舍论》说：因缘合，诸法即生。［50］见：通“现”。［51］果报：佛教语。即因果报应。［52］蓄：充实，蓄积。［53］释教：即佛教。［54］苦厄：苦难厄灾。［55］辛酉：六月七日。［56］行：唐制，阶高拟卑称为“行”。即让品级高的官员兼低级职务。［57］乙丑：六月十一日。［58］崔玄暐（638—706）：博陵安平（今河北安平县）人。少以学行著称，为政清廉公正。传见《旧唐书》卷九十一、《新唐书》卷一百二十。［59］丁丑：六月二十三日。［60］解内史：解除内史职务。［61］壬午：六月二十八日。

秋，七月，丙戌[1]，以神都副留守杨再思为内史。

再思为相，专以谄媚取容[2]。司礼少卿张同休，易之之兄也，尝召公卿宴集，酒酣，戏再思曰：“杨内史面似高丽[3]。”再思欣然，即翦纸帖巾，反披紫袍，为高丽舞，举坐[4]大笑。时人或誉张昌宗之美曰：“六郎面似莲花。”再思独曰：“不然。”昌宗问其故，再思曰：“乃莲花似六郎耳。”

甲午[5]，太后还宫。

乙未[6]，司礼少卿张同休、汴州刺史张昌期、尚方少监张昌仪[7]皆坐赃下狱，命左右台[8]共鞫之；丙申[9]，敕，张易之、张昌宗作威作福，亦命同鞫[10]。辛丑[11]，司刑正[12]贾敬言奏：“张昌宗强市人田[13]，应征铜二十斤。”制“可”。乙巳[14]，御史大夫李承嘉[15]、中丞桓彦范奏：“张同休兄弟赃共四千余缗，张昌宗法应免官[16]。”昌宗奏：“臣有功于国，所犯不至免官。”太后问诸宰相：“昌宗有功乎？”杨再思曰：“昌宗合神丹[17]，圣躬服之有验，此莫大之功。”太后悦，赦昌宗罪，复其官。左补阙戴令言[18]作《两脚狐赋》以讥再思，再思出令言为长社[19]令。

丙午[20]，夏官侍郎、同平章事宗楚客有罪，左迁[21]原州[22]都督，充灵武道行军大总管。

癸丑[23]，张同休贬岐山[24]丞，张昌仪贬博望[25]丞。

鸾台侍郎、知纳言事、同凤阁鸾台三品韦安石举奏张易之等罪，敕付安石及右庶子、同凤阁鸾台三品唐休璟鞫之，未竟而事变。八月，甲寅[26]，以安石兼检校扬州刺史[27]，庚申[28]，以休璟兼幽营都督、安东都护。休璟将行，密言于太子曰："二张恃宠不臣，必将为乱。殿下宜备之。"相王府长史兼知夏官尚书事、同凤阁鸾台三品姚元崇上言："臣事相王，不宜典兵马[29]。臣不敢爱[30]死，恐不益于王。"辛酉[31]，改春官尚书[32]，余如故。元崇字元之，时突厥叱列元崇[33]反，太后命元崇以字行[34]。

突厥默啜既和亲，戊寅[35]，始遣淮阳王武延秀还[36]。

九月，壬子[37]，以姚元之充灵武道行军大总管；辛酉[38]，以元之为灵武道安抚大使。

元之将行，太后令举外司[39]堪为宰相者。对曰："张柬之[40]沈厚有谋，能断大事，且其人已老，惟陛下急用之。"冬，十月，甲戌[41]，以秋官侍郎张柬之同平章事，时年且八十[42]矣。

乙亥[43]，以韦嗣立检校魏州刺史，余如故。

壬午[44]，以怀州长史河南房融[45]同平章事。

太后命宰相各举堪为员外郎[46]者，韦嗣立荐广武公[47]岑羲[48]曰："但恨其伯父长倩[49]为累。"太后曰："苟或有才，此何所累！"遂拜天官员外郎[50]。由是诸缘坐者[51]始得进用。

（以上为第九段，写朝官与武则天男宠张易之兄弟矛盾再起。朝官本想借贪贿除掉张氏兄弟，但无法撼动二张受宠的地位。武则天再次任用贤才，张柬之入相。）

【注释】

[1]丙戌：七月三日。[2]取容：取悦于权贵。[3]面似高丽：面容像高丽人。[4]举坐：全坐，满坐。[5]甲午：七月十一日。[6]乙未：七月十二日。[7]张同休、张昌期、张昌仪：皆宠臣张易之的兄弟。[8]左右台：即左右肃政台。[9]丙申：七月十三日。[10]同鞫：一同审讯。鞫，审讯。[11]辛丑：七月十八日。[12]司刑正：官名。属司刑寺（即大理寺），从五品下。掌参议刑狱，评正科条之事。[13]强市人田：强买别人田地。[14]乙巳：七月二十二日。[15]李承嘉：事见《新唐书》卷七十二上、《元和姓纂》卷七、《唐郎官石柱题名考》卷八。[16]法应免官：依法应当免去官职。[17]合神丹：合炼长生之药。神丹又称仙

丹。相传为神仙服用的灵丹，可以延年益寿。［18］戴令言：事见《旧唐书》卷九十、《新唐书》卷一百九。［19］长社：县名。县治在今河南许昌市。［20］丙午：七月二十三日。［21］左迁：降职。［22］原州：州名。治所在今宁夏固原市。［23］癸丑：七月三十日。［24］岐山：县名。县治在今陕西岐山县。［25］博望：县名。故址在今河南方城县西北。［26］甲寅：八月一日。［27］检校扬州刺史：据章校，十二行本“刺”作“长”。按，两《唐书·韦安石传》皆作“出为扬州大都督府长史”，当以十二行本为是。［28］庚申：八月七日。［29］典兵马：掌握军权。时姚元崇兼夏官尚书（即兵部尚书），故有此言。［30］爱：惜。［31］辛酉：八月八日。［32］春官尚书：即礼部尚书。光宅元年改礼部为春官。［33］叱列元崇：《旧唐书·姚崇传》作“叱利元崇”，《新唐书》则作“叱剌元崇”，音译人名，各不相同。［34］命元崇以字行：据《金石萃编》卷六十五《姚元之造像记》，姚崇在长安三年九月已用其字。待考。［35］戊寅：八月二十五日。［36］遣淮阳王武延秀还：武延秀圣历元年（698）七月奉命前往突厥，纳默啜女为妃，八月被默啜拘禁，至是始还。［37］壬子：九月二十九日。［38］辛酉：九月甲申朔，无辛酉。《新唐书·则天纪》作十月辛酉，即十月九日。［39］外司：外朝诸司官员。［40］张柬之：时任秋官侍郎（即刑部侍郎）。传见《旧唐书》卷九十一、《新唐书》卷一百二十。［41］甲戌：十月二十二日。［42］年且八十：年龄将近八十。岑仲勉对此曾提出疑问，见《唐史余沈》卷一《张柬之疑年》。［43］乙亥：十月二十三日。［44］壬午：十月三十日。［45］房融（?—705）：事见《新唐书》卷一百三十九《房琯传》。［46］员外郎：官名。本指正员之外的郎官。晋以后指员外散骑侍郎。唐制，尚书省诸司各置员外郎，地位在郎中之下。［47］广武公：章校，十二行本“公”作“令”。按，《旧唐书·岑羲传》亦作“广武令”，当以十二行本为是。［48］岑羲（?—712）：字伯华。进士及第，累迁太常博士，坐岑长倩事被贬。后官至侍中。传见《旧唐书》卷七十、《新唐书》卷一百零二。［49］长倩：即高宗朝宰相岑长倩。因反对在天下建大云寺而为来俊臣所诬，被斩于市。［50］天官员外郎：即吏部员外郎。［51］缘坐者：即连坐者。指因受牵连而被处罪或贬降的人。

十一月，丁亥[1]，以天官侍郎韦承庆[2]为凤阁侍郎、同平章事。

癸卯[3]，成均祭酒、同凤阁鸾台三品李峤罢为地官尚书。

十二月，甲寅[4]，敕大足[5]已来新置官并停。

丙辰[6]，凤阁侍郎、同平章事韦嗣立罢为成均祭酒，检校魏州刺史如故；以兄承庆入相故也。

太后寝疾[7]，居长生院[8]，宰相不得见者累月[9]，惟张易之、昌宗侍侧。疾少闲[10]，崔玄暐奏言：“皇太子、相王，仁明孝友，足侍汤药[11]。宫禁事重，伏愿不令异姓[12]出入。”太后曰：“德卿厚意。”易之、昌宗见太后疾笃[13]，恐祸及己，引用党援，阴为之备。屡有人为飞书[14]及榜[15]其书于通衢[16]，云“易之兄弟谋反”，太后皆不问。

辛未[17]，许州人杨元嗣[18]，告“昌宗尝召术士李弘泰占相[19]，弘泰言昌宗有天子相，劝于定州[20]造佛寺，则天下归心。”太后命韦承庆及司刑卿崔神庆[21]、御史中丞宋璟鞫之。神庆，神基之弟也。承庆、神庆奏言：“昌宗款称‘弘泰之语，寻已奏闻’，准法首原[22]；弘泰妖言，请收行法[23]。”璟与大理丞封全祯[24]奏：“昌宗宠荣如是，复召术士占相，志欲何求！弘泰称筮得纯乾[25]，天子之卦。昌宗傥[26]以弘泰为妖妄，何不执送有司！虽云奏闻，终是包藏祸心，法当处斩破家。请收付狱，穷理其罪！”太后久之不应，璟又曰：“倘不即收系，恐其摇动众心。”太后曰：“卿且停推，俟更检详文状。”璟退，左拾遗江都李邕[27]进曰：“向观宋璟所奏，志安社稷，非为身谋，愿陛下可其奏[28]！”太后不听。寻敕璟扬州推按，又敕璟按幽州都督屈突仲翔[29]赃污，又敕璟副李峤安抚陇、蜀；璟皆不肯行，奏曰：“故事，州县官有罪，品高则侍御史、卑则监察御史按之，中丞非军国大事，不当出使。今陇、蜀无变，不识[30]陛下遣臣出外何也[31]？臣皆不敢奉制。”

司刑少卿桓彦范上疏，以为：“昌宗无功荷[32]宠，而包藏祸心，自招其咎[33]，此乃皇天降怒；陛下不忍加诛，则违天不祥。且昌宗既云奏讫，则不当更与弘泰往还，使之求福禳灾[34]，是则初无悔心；所以奏者，拟[35]事发则云先已奏陈，不发则俟时为逆。此乃奸臣诡计，若云可舍[36]，谁为可刑！况事已再发，陛下皆释不问，使昌宗益自负得计，天下亦以为天命不死，此乃陛下养成其乱也。苟逆臣不诛，社稷亡矣。请付鸾台凤阁[37]三司[38]，考竟其罪！”疏奏，不报。

崔玄暐亦屡以为言，太后令法司议其罪。玄暐弟司刑少卿昪，处以大辟[39]。宋璟复奏收昌宗下狱。太后曰：“昌宗已自奏闻。”对曰：“昌宗为飞书所逼，穷而自陈，势非得已[40]。且谋反大逆，无容首免[41]。若昌宗不伏大刑[42]，安用国法！”太后温言解之。璟声色逾厉曰：“昌宗分外承恩，臣知言出祸从，然义激于心，虽死不恨！”杨再思恐其忤旨，遽[43]宣敕令出，璟曰：“圣主在此，不烦宰相擅宣敕命！”太后乃可其奏，遣昌宗诣台[44]。璟庭立而按之；事未毕，太后遣中使召昌宗特敕赦之。璟叹曰："不先击小子脑裂[45]，负此恨矣。"太后乃使昌宗诣璟谢，璟拒不见。

左台中丞桓彦范、右台中丞东光袁恕己共荐詹事司直[46]阳峤[47]为御史。杨再思曰："峤不乐搏击之任[48]如何？"彦范曰："为官择人，岂必待其所欲！所不欲者，尤须与之，所以长难进[49]之风，抑躁求[50]之路。"乃擢为右台侍御史。峤，休之之玄孙也[51]。

先是李峤、崔玄暐奏："往属革命之时，人多逆节[52]，遂致刻薄之吏，恣行酷法，其周兴等所劾破家者，并请雪免[53]。"司刑少卿桓彦范又奏陈之，表疏前后十上。太后乃从之。

（以上为第十段，写武则天病重，张易之兄弟密谋政变，朝官以谋反罪请诛二张，仍不能撼动其受宠地位，于是朝官与太后的矛盾白热化。）

【注释】

［1］丁亥：十一月五日。［2］韦承庆：字延休。宰相韦思谦之子，韦嗣立之兄。进士出身，属文迅捷，下笔成章。曾任太子司议郎、乌程县令、凤阁舍人、豫州刺史等职，皆有政绩。至此入相，兼修国史。参与《则天皇后实录》的编写，有文集六十卷。传见《旧唐书》卷八十八、《新唐书》卷一百一十六、《嘉泰吴兴志》卷十五。［3］癸卯：十一月二十一日。［4］甲寅：十二月三日。［5］大足：武则天年号，公元701年。［6］丙辰：十二月五日。［7］寝疾：卧病。［8］长生院：即长生殿。唐代帝王寝殿皆称长生殿。此处指洛阳寝殿。［9］累月：数月。［10］少闲：稍有好转。［11］汤药：中药加水后煎成的汤剂。泛指汤剂。［12］异姓：与帝王不同姓的人。［13］疾笃：病危。［14］飞书：匿名信。［15］榜：贴榜。［16］通衢：四通八达的交通要道。［17］辛未：十二月二十日。［18］杨元嗣：东平王外孙。见《新唐书》卷二百一十九《契丹传》。［19］占相：看相，算命。［20］定州：州名。治所在今河北定州市。［21］崔神庆：贝州武城（今山东武城县）人。则天朝宰相崔神基之弟。曾任莱州刺史、并州长史等职，有美政。传见《旧唐书》卷七十七、《新唐书》卷一百零九。［22］首原：自首原罪。［23］请收行法：请收捕处决。［24］封全祯：事见《元和姓纂》卷一。［25］纯乾：清一色乾卦。［26］傥：假若。［27］李邕（678—747）：字泰和。江都（今江苏扬州市）人。官至北海太守。人称李北海。工书法，善写碑文。后成为书法家、文学家。有文集七十卷。传见《旧唐书》卷一百九十中、《新唐书》卷二百零二、《书小史》卷九。［28］可其奏：同意他的奏请。［29］屈突仲翔：唐初名将屈突通之孙。见《旧唐书》卷五十九《屈突通传》、《新唐书》卷八十九《屈突通传》、《元和姓纂》卷十。［30］不识：

不知。［31］遣臣出外何也：为什么派臣出外？《御史台记》说派宋璟外出是二张之计，欲等宋璟外出时列罪诛之。司马光认为此说不确，故未采用。［32］荷：受。［33］咎：罪。［34］禳灾：除灾。［35］拟：打算。［36］若云可舍：如果说可以赦免。舍，通“赦”。［37］鸾台凤阁：即门下、中书。［38］三司：指尚书省刑部、大理寺和御史台。唐代又以御史大夫、中书、门下为大三司。见《新唐书》卷四十八。大案由三司会审，特大案件由大三司会审。［39］大辟：死刑。［40］势非得已：势不得已。意即非情所愿。［41］无容首免：不许以自首免罪。［42］大刑：此处指死刑。［43］遽：急。［44］诣台：前往御史台。［45］不先击小子脑裂：没有先把这小子的脑袋打裂。［46］詹事司直：官名。属太子詹事府。正七品上，掌弹劾东宫官僚，纠举职事。［47］阳峤：河南洛阳（今河南洛阳市）人。历任尚书右丞、魏州刺史等职，以清白著称。官至国子祭酒。传见《旧唐书》卷一百八十五下、《新唐书》卷一百三十。［48］搏击之任：御史之职。以鹰隼为喻。［49］难进：慎于进取。［50］躁求：轻躁营求。俗语叫做削尖脑袋钻营。［51］峤，休之之玄孙也：阳休之仕北齐为尚书右仆射。传见《北齐书》卷四十二、《北史》卷四十七。［52］逆节：变节。指有叛逆的行为。［53］雪免：昭雪赦免。

中宗大和大圣大昭孝皇帝[1]上

神龙元年（乙巳，705年）

春，正月，壬午朔[2]，赦天下，改元[3]。自文明[4]以来得罪者，非扬、豫、博三州[5]及诸反逆魁首[6]，咸赦除之。

太后疾甚，麟台监张易之、春官侍郎张昌宗居中用事，张柬之、崔玄暐与中台右丞[7]敬晖、司刑少卿桓彦范、相王府司马袁恕己谋诛之。柬之谓右羽林卫大将军李多祚曰：“将军今日富贵，谁所致也？”多祚泣曰：“大帝[8]也。”柬之曰：“今大帝之子为二竖[9]所危，将军不思报大帝之德乎！”多祚曰：“苟利国家，惟相公[10]处分，不敢顾身及妻子。”因指天地以自誓。遂与定谋。

初，柬之与荆府[11]长史阌乡杨元琰[12]相代，同泛江[13]，至中流，语及太后革命事，元琰慨然有匡复之志。及柬之为相，引元琰为右羽林将军，谓曰：“君颇记江中之言乎？今日非轻授也。”柬之又用彦范、晖及右散骑侍郎[14]李湛皆为左、右羽林将军，委以禁兵。易之等疑惧，乃更以其党武攸宜为右羽林大将军，易之等乃安。

俄而姚元之自灵武[15]至，柬之、彦范相谓曰：“事济矣[16]！”遂以其谋告之。彦范以事白其母，母曰：“忠孝不两全，先国后家可也。”时太子于北门起居[17]，彦范、晖谒见，密陈其策，太子许之。

癸卯[18]，柬之、玄暐、彦范与左威卫将军薛思行[19]等帅左右羽林兵五百余人至玄武门[20]，遣多祚、湛及内直郎[21]、驸马都尉安阳王同皎[22]诣东宫迎太子。太子疑，不出，同皎曰：“先帝以神器[23]付殿下[24]，横遭幽废，人神同愤，二十三年[25]矣。今天诱其衷[26]，北门、南牙[27]，同心协力，以诛凶竖，复李氏社稷，愿殿下暂[28]至玄武门以副[29]众望。”太子曰：“凶竖诚当夷灭，然上体不安，得无惊怛！诸公更为后图。”李湛曰：“诸将相不顾家族以徇社稷，殿下奈何欲纳之鼎镬[30]乎！请殿下自出止之。”太子乃出。

同皎扶抱太子上马，从至玄武门，斩关[31]而入。太后在迎仙宫[32]，柬之等斩易之、昌宗于庑[33]下，进至太后所寝长生殿，环绕侍卫。太后惊起，问曰：“乱者谁邪？”对曰：“张易之、昌宗谋反，臣等奉太子令诛之，恐有漏泄[34]，故不敢以闻。称兵[35]宫禁，罪当万死！”太后见太子曰：“乃汝邪？小子[36]既[37]诛，可还东宫[38]。”彦范进曰：“太子安得更归！昔天皇以爱子托陛下，今年齿[39]已长，久居东宫，天意人心，久思李氏。群臣不忘太宗、天皇之德，故奉太子诛贼臣。愿陛下传位太子，以顺天人之望！”李湛，义府之子也[40]。太后见之，谓曰：“汝亦为诛易之将军邪？我于汝父子不薄，乃有今日！”湛惭不能对。又谓崔玄暐曰：“他人皆因人以进[41]，惟卿朕所自擢[42]，亦在此邪？”对曰：“此乃所以报陛下之大德。”

于是收张昌期、同休、昌仪，皆斩之，与易之、昌宗枭首天津南[43]。是日，袁恕己从相王统南牙兵以备非常，收韦承庆、房融及司礼卿崔神庆系狱，皆易之之党也。初，昌仪新作第[44]，甚美，逾于王主[45]，或夜书其门曰：“一日丝能作几日络[46]？”灭去，复书之，如是六七[47]，昌仪取笔注其下曰：“一日亦足。”乃止。

甲辰[48]，制太子监国，赦天下。以袁恕己[49]为凤阁侍郎、同平章事，分遣十使[50]赍玺书宣慰诸州。乙巳[51]，太后传位于太子。

丙午[52]，中宗即位。赦天下，惟张易之党不原[53]；其为周兴等所枉者，咸令清雪，子女配没者皆免之。相王加号安国相王，拜太尉、同凤阁鸾台三品，太平公主加号镇国太平公主。皇族先配没者，子孙皆复属籍[54]，仍量叙[55]官爵。

丁未[56]，太后徙居上阳宫[57]，李湛留宿卫。戊申[58]，帝帅百官诣上阳宫，上太后尊号曰则天大圣皇帝。

庚戌[59]，以张柬之为夏官尚书、同凤阁鸾台三品，崔玄暐为内史，袁恕己同凤阁鸾台三品，敬晖、桓彦范皆为纳言；并赐爵郡公。李多祚赐爵辽阳郡王，王同皎为右千牛将军、琅邪郡公，李湛为右羽林大将军、赵国公；自余官赏有差[60]。

张柬之等之讨张易之也，殿中监田归道[61]将千骑[62]宿玄武门，敬晖遣使就索千骑，归道先不预谋，拒而不与。事宁[63]，晖欲诛之，归道以理自陈，乃免归私第；帝嘉其忠壮，召拜太仆少卿[64]。

（以上为第十一段，写张柬之为首的五王政变，推倒武周政权，诛除二张，唐中宗即位。）

【注释】

[1]中宗大和大圣大昭孝皇帝：即唐中宗李显（656—710）。高宗第七子，为武则天所生。显庆二年（657）封周王。仪凤二年（677）改封英王，更名为哲。永隆元年（680）册为皇太子。宏道元年（683）十二月即位。次年二月被废为庐陵王。圣历元年（698）九月复册为太子，依旧名显，赐姓武氏。神龙元年（705）正月即位。景龙四年（710）六月死。葬于定陵。谥孝和皇帝。天宝十三载（754）加尊号为中宗大和大圣大昭孝皇帝。传见《旧唐书》卷七、《新唐书》卷四。神龙为唐中宗第一个年号，公元705年至707年。正月一日改元，二月四日恢复国号为唐。 [2]壬午朔：正月一日。 [3]改元：《新唐书·中宗纪》载，正月二十三日甲辰，皇太子监国，大赦，改元。此据《旧唐书·则天纪》，为正月一日壬午改元。《则天实录》《唐历》《统纪》《会要》皆同。[4]文明：睿宗第一次即位的年号，公元684年。 [5]扬、豫、博三州：此三州是曾反叛武则天的地区。徐敬业在扬州，越王李贞在豫州，琅邪王李冲在博州。 [6]魁首：首领。这里指参与徐敬业、越王李贞及琅邪王李冲叛乱的主犯。 [7]中台右丞：官名。即尚书右丞。光宅元年改尚书省为文昌台，次年改称都台，长安三年又改为中台。 [8]大帝：即高宗。为“高宗天皇大帝”之简称。 [9]二竖：指张易之、张昌宗。竖，即竖子，小子，骂人之语。 [10]相公：对宰相的称呼。顾炎武在《日知录》卷二十四中说：“前代拜相者必封公，故称之曰相公。” [11]荆府：荆州都督府之略称。 [12]杨元琰（640—718）：字温。虢州阌乡（今河南灵宝市西）人。曾任平棘

县令、安南副都护等职。官至刑部尚书。传见《旧唐书》卷一百八十五下、《新唐书》卷一百二十。［13］同泛江：共同泛舟江中。［14］右散骑侍郎：唐代无此官。两《唐书·李湛传》均作“右散骑常侍”，当据以改正。［15］灵武：县名。县治在今宁夏灵武市西北。时姚元之任灵武道安抚大使。［16］事济矣：事成了。济有成功之意。［17］于北门起居：从北门出入问候起居。北门，即洛阳宫北门。又称玄武门。太子不从端门入而从北门入问太后起居，取近便也。［18］癸卯：正月二十二日。［19］薛思行：事见《新唐书》卷七十三下《宰相世系表》三下、卷一百二十《桓彦范传》、卷一百九十一《忠义上》。［20］玄武门：指洛阳宫北门。［21］内直郎：东宫内直局官员，二人，从六品下，掌符玺。［22］王同皎（？—706）：相州安阳（今河南安阳市）人。尚皇太子女定安郡主。官至光禄卿。谋杀武三思，被斩于都亭。传见《旧唐书》卷一百八十七上、《新唐书》卷一百九十一。［23］神器：帝位，皇权。［24］殿下：对皇太子的称呼。［25］二十三年：唐中宗嗣圣元年（684）被废，至此时实为二十二年。［26］天诱其衷：语出《左传》。意为上天开导他们的心灵。［27］北门、南牙：此处指北门禁军和南牙百官（主要是宰相）。［28］暂：暂时。［29］副：满足。［30］鼎镬：古代烹饪器。此指用鼎镬烹人的酷刑。［31］斩关：破关，斩断关门之锁。［32］迎仙宫：又名集仙殿。在洛阳宫城宣政殿西北。［33］庑：廊庑。［34］恐有漏泄：害怕走漏风声。［35］称兵：举兵。［36］小子：指张易之、张昌宗。［37］既：已。［38］东宫：太子所居宫殿。洛阳东宫在重光门内，为宫城的一个组成部分。［39］年齿：年龄。［40］李湛，义府之子也：李义府支持武则天为皇后，甚得宠信，位至宰相。李湛却参与政变，故武则天责之。李义府传见《旧唐书》卷八十二、《新唐书》卷二百二十三上。［41］因人以进：因别人推荐或提拔而晋升。［42］自擢：亲自选拔。［43］天津南：即天津桥南。天津桥在皇城之南，横跨洛水，为洛阳著名桥梁之一。隋炀帝大业元年（605）始造。贞观十四年（640）加固。行人极多。［44］第：宅第。［45］逾于王主：超过了诸王及公主的住宅。［46］一日丝能作几日络：“丝”“络”为“死”“乐”谐音。意思是死在眼前，还能作乐几日。［47］如是六七：像这样反复了六七次。［48］甲辰：正月二十三日。［49］袁恕己：沧州东光（今河北东光县）人。曾任司刑少卿、相王府司马。参与张柬之政变，官至中书令，封南阳郡王。传见《旧唐书》卷九十一、《新唐书》卷一百二十。［50］分遣十使：当时分天下为十道，每道派遣一名使者。［51］乙巳：正月二十四日。［52］丙午：正月二十五日。［53］原：原宥。［54］复属籍：恢复皇族宗籍。原来宗室成员配没时被削去属籍。故唐中宗有复属之举。［55］叙：铨叙。“量叙官爵”的结果，使食实封的人数大量增加。［56］丁未：正月二十六日。［57］上阳宫：在洛阳禁苑之东。东接皇城西南隅。四面环水，为洛阳重要离宫之一。［58］戊申：正月二十七日。［59］庚戌：正月二十九日。［60］自余官赏有差：其余参加政变的人，赏官高低不等。［61］田归道：传见《旧唐书》卷一百八十五上、《新唐书》卷一百九十七。［62］千骑：禁军的一种。贞观年间，唐太宗择善射者百人，分为两番，轮流守卫宫城北门，称作“百骑”。武则天改之为万骑。［63］事宁：事情平息后。［64］太仆少卿：官名。属太仆寺。从四品上，地位仅次于太仆卿。协助太仆卿掌全国厩牧车舆之政令。

【点评】

本卷记载武则天晚年执政，有四大政治事件。其一，平反冤狱；其二，众贤理政；其三，朝官与“二张”的三次斗争；其四，五王政变，武则天下台。平反冤狱，标志武则天结束酷吏政治，转轨到宽平政治，这是善政。完成政治转轨，是和武则天起用大批贤才分不开的。平反冤狱，缓解了社会矛盾，任用众贤理政，稳定了社会，但武则天却不能避免倒台。表面看，是朝官倒“二张”，三次斗争，皆是朝官败北，武则天固执地庇护“二张”，激发了五王政变。但是，武则天不庇护“二张”，任朝官诛除，其结果是一样的，武则天仍然要下台。朝官倒“二张”目的是剪除武则天维系权力的纽带，如同项庄舞剑，意在沛公，武则天心如明镜，所以她要拼死保护。明智的做法，是武则天和平让出权力，但是她做不到，最终酿出五王政变之祸，这是历史的必然选择。古往今来，向独裁者要权，只有强力斗争，不是你死，就是我亡，没有和平手段。五王政变与如何评价武则天，是本卷着重点评的两个问题。

一、五王政变。五王政变的核心人物是秋官侍郎同平章事张柬之，与天官侍郎崔玄暐、司刑少卿桓彦范、中台右丞敬晖、相王府司马袁恕己五人组成核心集团。中宗即位后封五人为王：张柬之封汉阳王，崔玄暐封博陵王，桓彦范封扶阳王，敬晖封平阳王，袁恕己封南阳王。所以此次神龙政变史称“五王政变”。张柬之是政变的领袖，他长期只是一个地方小官。由于宰相狄仁杰、姚元崇多次力荐，张柬之才从荆州长史入京，而后入相，时年龄已近八十。久视元年（700），武则天让狄仁杰荐贤，狄仁杰荐张柬之有宰相才，但武则天只用为洛州司马，狄仁杰再荐，才升为秋官侍郎。长安四年（704），宰相姚元崇为灵武道安抚大使，姚元崇极力向武则天推荐张柬之代己，说：“张柬之沉厚有谋，能断大事，且其人已老，惟陛下急用之。”武则天听后，立即召见，不久即用为相。十月二十二日甲戌，张柬之任秋官侍郎同平章事，三个月后，中宗神龙元年正月二十二日癸卯五王即发动政变，张柬之果然能办大事。狄仁杰、姚元崇都忠心王室，但他们均为武则天所信用，不忍，也不能发动政变来结束武周政权。姚元崇、桓彦范、敬晖等皆狄仁杰所荐。狄仁杰的复唐路线是维护皇嗣，只要武则天传子，武周政权自然结束。但是“二张”在侧，诸武子侄贼心不死，中宗、睿宗两皇储都昏懦无能，能否去周复唐，充满变数。狄仁杰荐贤，未必是预谋政变，但只要贤才在位，维护皇嗣就有保证。张柬之入相时已年老，由于朝官与“二张”的斗争公开化、白热化，形势急转，不倒武就不能存唐，不能再走只维护皇嗣就可以复唐的计划。张柬之入相从第一天起，就把政变提上了日程。这时，武则天已经病重，住在迎仙宫养病，身边只有“二张”侍奉，连宰相也数月见不到她。“二张”深知诸朝臣对自己深恶痛绝，所以暗地里也在进行应变的准备。双方都在和时间赛跑。控制军队，是政变的第一要着。张柬之首先找到了右羽林卫大将靺鞨族将领李多祚。李多祚掌管禁军二十多年，又把守着玄武门，是一个关键人物。张柬之用高宗旧恩感化他，劝他拥立高宗之子为帝，李多祚指天为誓，愿效死力。然后，张柬之荐同党杨元琰、桓彦范、敬晖为左右羽林将，又联络了左羽林将军李湛、左威卫将军薛思行，基本上掌握了禁军的指挥权。同时，为了掩人耳目，打消对方的疑虑，又特意荐党附“二张”的武攸宜为右羽林大将军。

军权在握以后，张柬之等五人把政变的实施提上日程。桓彦范与敬晖密见太子李显，李显表示赞同，太子弟相王李旦与太平公主也表示支持，政变的时机完全成熟。神龙元年（705）正月二十二日，张柬之兵分两路杀进洛阳皇宫，斩张昌宗、张易之于集贤殿外廊。当政变一行人进入武则天养病的迎仙宫时，武则天才得知乱起，吃惊地从病榻上坐起来问道：“你们为什么要作乱呢？”回答是要诛“二张”。武则天又说：“现在‘二张’已死，你们该回东宫了吧！”桓彦范说：“太子安得更归！昔天皇以爱子托陛下，今年齿已长，久居东宫，天意人心，久思李氏。群臣不忘太宗、天皇之德，故奉太子诛贼臣。愿陛下传位太子，以顺天人之望！”武则天直到这时才明白，群臣是要自己下台。她狠狠地盯着参加政变的李湛说：“汝亦为诛易之将军邪！我于汝父子不薄，乃有今日！”李湛是李义府的儿子，李义府是拥立武则天的得力干将，武则天于他有知遇之恩，而其子却是推翻武则天政变的主要参与者，这真是历史的嘲弄。武则天又对崔玄暐说：“他人皆因人以进，惟卿朕所自擢，亦在此邪？”崔玄暐理直气壮地回答说：“此乃所以报陛下之大德。”因为武则天抢了儿子的政权，现在既然传子，就要还政于儿子，正如桓彦范所说：“太子怎能回东宫呢？”五王政变只是一场兵谏，是维护皇室、忠于皇室的正义事业，武则天无言以对。

政变当天，即将张昌期、张同休、张昌仪斩首，在天津桥南示众，同时，又将“二张”一党的韦承庆、房融、崔神庆下狱。政变第二天，宣布大赦天下，由太子李显监国。第三天，武则天被迫传位于李显。第四天，李显正式即位，这就是唐中宗。二月二日，唐中宗复国号为唐，改神都为东都、北都为并州，并按照高宗永淳元年（682）以前的制度重新将宗庙、旗帜、官职名称及服色等改回。

神龙革命成功，武周王朝陨落，亲手创建它的武则天又亲眼看到了它的覆灭，其心情是可想而知的。这位从皇帝宝座上跌落下来的女皇再也难以忍受凄凉与冷落，她的路走完了。大唐神龙元年十一月二十六日，这位中国历史上唯一的女皇帝病死于洛阳上阳宫仙居殿，时年八十二岁。武则天临死遗制：祔庙、归陵，去帝号，称则天大圣皇后。神龙二年（706）五月，唐中宗力排众议，将武则天与高宗合葬于乾陵，但她的身份已不是武周天子而是李氏之妇了。

二、如何评价武则天。武则天走了，一代女皇在历史上谢幕，如何评价，历来是批评的多，赞誉的少。首先，女人干政，还要做皇帝，以封建时代的理念衡量是不合法的，所以在中国古代史上，从来就没有太后干政而有盛世的时代。“牝鸡司晨，惟家之索。”母鸡司鸣，这个家庭就要离散，女人干政，这个国家就要完蛋。当然女人并不是祸水，但女人干政，要把非法变为合法，必然要用强力压制人心，颠倒黑白来混淆是非。所以武则天要实行告密制度，要任用酷吏来压制民众。凡酷吏政治，并不是只是镇压反对派，更大的程度是镇压民众。武周政权，是专制政体下出现的一个怪胎，它怎么可能是盛世呢！但武则天时代，总的说来，没有出现大的动乱。武则天当政的前三十年，毕竟唐高宗还在，贞观遗风还在继续。武则天称帝只有十余年，最后又被“五王政变”赶下了台，说明拥唐的人心还在，国家机器还有贞观政治的遗存。武则天又知人善任，并勇于改过，表现了她的政治智慧和大政治家的胸怀，所以保持了国家的稳定。武周时代，上不及贞观，下不及开元，基本上保持了一个治世，武则天也功过参半，这是总体的评价。

武则天的个人才能是超群的，她能做女皇，掌控国家政权，从皇后参政算起近半个世纪，可以说是一个伟大的政治家。她是一个铁女人和成功者。为了掌握政权，培植亲信，重用酷吏，大设冗官，兴大狱，造冤案，洒向人间都是怨，做尽了恶。但武则天为了保存政权，又重视贤才，任用了一大批优秀的文臣武将，内修政理，外制四夷，保持了唐朝的强大。内政上武则天主张“劝农桑，薄赋徭”（《新唐书·则天皇后传》），注意兴修水利，粮食生产受到重视，含嘉仓等储积丰实，人口增长速度较快。据《唐会要》卷八十四《户口数》载，唐高宗永徽三年（652），人口增加到六百一十五万户，平均每年增长0.91%，这在封建社会里，是比较突出的。在武则天时期，西部和西北部的吐蕃和突厥的入侵和骚扰，使唐朝的边疆很不安宁。永徽元年（650），松赞干布病死。吐蕃从此便不断挑起战争。龙朔三年（663），吐蕃强行吞并与唐朝友好的吐谷浑，并侵占唐西域十八州，唐朝被迫从安西四镇撤兵。仪凤四年（679），多年依附于唐的东突厥也聚众叛唐，他们并吞了西突厥余部，对唐朝的边疆构成了很大的威胁。武则天坚决打击，毫不妥协。她先后派黑齿常之、程务挺、唐休璟、王孝杰等大将领兵，多次击退了吐蕃、突厥的入侵，收复了安西四镇，并分别设置安西、北庭等都护府，加强了防御力量。正因为有效地击退了外族的侵犯，才保持了一个比较和平的国内环境。武则天还用军队在边疆屯田，既巩固了边防，又减轻了国家的负担。

作为一个政治家，武则天能够纳谏知过，勇于改正，并有大度的气量。武则天纳谏，结束酷吏政治，平反冤狱，整顿吏治，诛杀冗官，表现了她的明智。宰相苏良嗣痛打男宠薛怀义，她没有处罚苏良嗣，而是告诫薛怀义，要回避宰相出入的南衙，进宫只走北门。再有，武则天因爱才而重用上官婉儿，而上官婉儿的祖父上官仪和父亲上官庭芝都是被武则天所杀。武则天长期任用反对派的后裔而不疑，表现了她宽广的政治胸怀。这些也是武则天能够掌握数十年统治权的原因。

武则天晚年，政治转轨为宽平，又确立了传位儿子，似乎不应该有“五王政变”，人们可以静静地等待她的死亡。问题是武则天太迷恋权势，固执地庇护“二张”，又不肯削弱武氏子侄的权势，造成双方势不两立，激发了“五王政变”。中宗、睿宗两个儿子被长期幽囚，懦弱无能，武氏子弟中也未有出类拔萃之人，武则天到头来找不到一个得力的接班人，所以她以悲剧告终，一个成功者，最后又成了一个失败者。悲剧的根本原因是武则天自己创造的，她杀子夺权，自我凌驾一切，对任何人都不信任，也不允许任何人比她能干，致使她的晚年没有了保证，这是武则天始料未及的。

卷二〇八　唐纪二十四

唐中宗神龙元年至景龙元年（705—707年）

【起旃蒙大荒落（乙巳，705年）二月，尽强圉协洽（丁未，707年），凡二年有奇】

【大事提要】

本卷记事起公元705年二月，讫公元707年，凡两年又十一个月，时当唐中宗神龙元年二月到景龙元年。唐中宗李显，唐高宗第七子，武则天所生第三子。李显在武周变革之际，历经磨难，两度为皇太子，两度即帝位，在被废为庐陵王、贬居房陵时期，时时有杀身之祸，按说应当长智慧、长见识，可是李显却比唐高宗还要昏庸。中宗在位六年，本卷记事为其初即帝位的头三年。短短三年，发生了许多出人意料的政治大事件，把国家政治搞得一团漆黑。其一，韦皇后效法武则天干政，中宗即位伊始即成傀儡。其二，中宗猜忌心太甚，不信任政变五王，而引纳武氏外戚控制五王，导致武三思东山再起，五王遭残害。其三，滥封官职，韦氏外戚势力迅速膨胀，并与武氏外戚合流，迫害忠良。中宗竟然容忍韦皇后淫乱，反而杀害直言之士，导致乱政发生。其四，皇太子李重俊发动兵变诛杀武三思，重演西汉的戾太子事件，始料未及地为睿宗的上台铺平道路。本卷还记载中宗佞佛建寺，买鱼放生，浪费了大量国家资财。无耻小人宋之逊投靠武三思卖友求荣，从另一个侧面反映了中宗时代政治的昏暗。

中宗大和大圣大昭孝皇帝中

神龙元年（乙巳，705年）

二月，辛亥[1]，帝帅百官诣上阳宫问太后起居[2]；自是每十日一往。

甲寅[3]，复国号曰唐[4]。郊庙[5]、社稷[6]、陵寝[7]、百官、旗帜、服色、文字皆如永淳[8]以前故事。复以神都为东都[9]，北都为并州[10]，老君为玄元皇帝[11]。

乙卯[12]，凤阁侍郎、同平章事韦承庆贬高要尉；正谏大夫、同平章事房融除名，流高州[13]；司礼卿崔神庆流钦州[14]。杨再思为户部尚书、同中书门下三品、西京留守。

太后之迁上阳宫也[15]，太仆卿、同中书门下三品姚元之独呜咽[16]流涕。桓彦范、张柬之谓曰："今日岂公涕泣时邪！恐公祸由此始。"元之曰："元之事则天皇帝久，乍此辞违[17]，悲不能忍。且元之前日从公诛奸逆，人臣之义也；今日别旧君，亦人臣之义也，虽获罪，实所甘心。"是日，出为亳州[18]刺史。

甲子[19]，立妃韦氏[20]为皇后，赦天下。追赠后父玄贞[21]为上洛王、母崔氏为妃。

左拾遗贾虚己[22]上疏，以为"异姓不王，古今通制。今中兴之始，万姓喁喁[23]以观陛下之政；而先王后族，非所以广德美于天下也。且先朝赠后父太原王[24]，殷鉴不远，须防其渐。若以恩制已行，宜令皇后固让，则益增谦冲之德矣。"不听。

初，韦后生邵王重润、长宁·安乐二公主，上之迁房陵也[25]，安乐公主[26]生于道中，上特爱之。上在房陵与后同幽闭[27]，备尝艰危，情爱甚笃。上每闻敕使[28]至，辄惶恐欲自杀，后止之曰："祸福无常，宁失一死[29]，何遽如是！"上尝与后私誓曰："异时[30]幸复见天日，当惟卿所欲，不相禁制。"及再为皇后，遂干预朝政，如武后在高宗之世。桓彦范上表，以为："《易》称'无攸遂，在中馈，贞吉[31]'，《书》称'牝鸡之晨，惟家之索[32]'。伏见陛下每临朝，皇后必施帷幔坐殿上，预闻政事。臣窃观自古帝王，未有与妇人共政而不破国亡身者也。且以阴乘阳，违天也；以妇陵夫，违人也。伏愿陛下览古今之戒，以社稷苍生为念，令皇后专居中宫，治阴教[33]，勿出外朝干国政。"

先是，胡僧慧范[34]以妖妄游权贵之门，与张易之兄弟善，韦后亦重之。及易之诛，复称慧范预其谋，以功加银青光禄大夫，赐爵上庸县公，出入宫掖[35]，上数微行[36]幸其舍。彦范复表言慧范执左道[37]以乱政，请诛之。上皆不听。

初，武后诛唐宗室，有才德者先死，惟吴王恪之子郁林侯千里[38]，褊躁[39]无才，又数献符瑞，故独得免。上即位，立为成王，拜左金吾大将军。武后所诛唐诸王、妃、主[40]、驸马等皆无人葬埋，子孙或流窜岭表，或拘囚历年[41]，或逃匿民间，为人佣保[42]。至是，制州县求访其柩[43]，以礼改葬，追复官爵，召其子孙，使之承袭，无子孙者为择后置之。既而宗室子孙相继而至，皆召见，涕泣舞蹈，各以亲疏袭爵拜官有差。

（以上为第一段，写中宗初即位，就步唐高宗后尘，宠信韦皇后，使其干预朝政，埋下祸根。又平反唐宗室。）

【注释】

[1]辛亥：二月一日。 [2]问太后起居：向太后请安。 [3]甲寅：二月四日。 [4]复国号曰唐：天授元年（690）九月九日改唐为周，至此恢复原来国号。 [5]郊庙：郊社宗庙。 [6]社稷：土神和谷神。 [7]陵寝：陵墓寝庙。 [8]永淳：唐高宗年号（682—683）。 [9]复以神都为东都：光宅元年（684）九月六日改东都为神都。现恢复旧名。 [10]北都为并州：并州治所太原，天授元年改为北都，现复降为并州。 [11]老君为玄元皇帝：老君即老子李耳。乾封元年（666）唐高宗封老子为玄元皇帝。武则天改朝换代之后，改玄元皇帝为老君。 [12]乙卯：二月五日。 [13]高州：州名。治所在今广东高州市东北。 [14]钦州：州名。治所在今广西钦州市东北。 [15]太后之迁上阳宫也：太后被迁往上阳宫的时候。即此年正月二十六日。 [16]呜咽（yè）：低声悲泣。 [17]乍此辞违：突然这样辞别违离。 [18]亳州：治所谯县，在今安徽亳州市。 [19]甲子：二月十四日。 [20]韦氏：京兆万年人。中宗当太子时选为妃子，嗣圣元年（684）正月一日立为皇后。不久，与中宗一起被废，安置房州。至此再为皇后，参与朝政。传见《旧唐书》卷五十一、《新唐书》卷七十六。 [21]玄贞：韦氏之父。曾任豫州刺史。嗣圣元年被流于钦州而死。传见《旧唐书》卷一百八十三。 [22]贾虚己：事见《旧唐书》卷一百八十三《韦温传》、《新唐书》卷七十六《中宗庶人韦氏传》。 [23]喁喁（yóng）：形容众人向慕的样子，就像鱼儿张口向上一般。 [24]先朝赠后父太原王：高宗赠武后之父士彟为太原郡王。先朝，指高宗。 [25]上之迁房陵也：时在光宅元年（684）四月。 [26]安乐公主（684—710）：唐中宗第七女，韦后所生。小名裹儿。先嫁武崇训，后嫁武延秀。曾自请为皇太女，卖官鬻爵，干预朝政，影响极坏。事详《新唐书》卷八十三本传、《唐会要》卷六《公主》。 [27]幽闭：软禁。 [28]敕使：犹“制使”，皇帝的使臣。 [29]宁失一死：宁可免于一死。《新唐书》卷七十六《中宗庶人韦氏传》作“早晚等死耳”。 [30]异时：将来。 [31]无攸遂，在中馈，贞吉：语出《周易·家人》卦六二爻辞。中馈，本指妇女在家主持饮食之事。后引申为妻子。贞吉，正吉。意思是说：妇人居内处中，以阴应阳，尽其职责，不预外事，就会大吉。 [32]牝鸡之晨，惟家之索：《尚书·牧誓》

之辞。辰作“晨”。牝鸡之晨，指母鸡报晓。索，尽。喻女人掌权及其危害。意思是说雌代雄鸣则家尽，妇夺夫政则国亡。［33］阴教：女子的教化。［34］慧范：事见《新唐书》卷八十三《太平公主传》、卷一百二十二《薛登传》等。［35］宫掖：宫闱。［36］微行：私服出行。［37］左道：邪道。［38］郁林侯千里：唐太宗之孙，吴王李恪长子。本名李仁。永昌元年改名千里。历任唐、庐、许等州刺史。事见《旧唐书》卷七十六《吴王恪传》、《朝野佥载》卷二。［39］褊躁：气量狭隘，性情急躁。［40］诸王、妃、主：亲王、妃嫔、公主。［41］历年：经年。［42］佣保：亦作“庸保”，意为雇工。［43］柩：装尸体的棺材。

二张之诛也，洛州长史薛季昶谓张柬之、敬晖曰：“二凶虽除，产、禄[1]犹在，去草不去根，终当复生。”二人曰：“大事已定，彼犹机[2]上肉耳，夫何能为！所诛已多，不可复益也。”季昶叹曰：“吾不知死所矣。”朝邑尉武强刘幽求[3]亦谓桓彦范、敬晖曰：“武三思尚存，公辈终无葬地[4]；若不早图[5]，噬脐无及[6]。”不从。

上女安乐公主适[7]三思子崇训[8]。上官婉儿[9]，仪之女孙也，仪死[10]，没入掖庭，辩慧善属文，明习吏事。则天爱之，自圣历[11]以后，百司表奏多令参决[12]；及上即位，又使专掌制命[13]，益委任之，拜为婕妤[14]，用事于中。三思通焉，故党于武氏，又荐三思于韦后，引入禁中，上遂与三思图议[15]政事，张柬之等皆受制于三思矣。上使韦后与三思双陆[16]，而自居旁为之点筹[17]；三思遂与后通[18]，由是武氏之势复振。

张柬之等数劝上诛诸武，上不听。柬之等曰：“革命之际[19]，宗室诸李，诛夷[20]略尽[21]；今赖天地之灵[22]，陛下返正[23]，而武氏滥官僭爵，按堵[24]如故，岂远近所望邪！愿颇抑损其禄位以慰天下[25]！”又不听。柬之等或抚[26]床叹愤，或弹指出血，曰：“主上昔为英王，时称勇烈，吾所以不诛诸武者，欲使上自诛之以张天子之威耳。今反如此，事势已去，知复奈何！”上数微服幸武三思第，监察御史清河崔皎[27]密疏谏曰：“国命初复，则天皇帝在西宫[28]，人心犹有附会；周之旧臣，列居朝廷，陛下奈何轻有外游，不察豫且之祸[29]！”上泄之，三思之党切齿[30]。

丙寅[31]，以太子宾客武三思为司空、同中书门下三品。

左散骑常侍谯王重福[32]，上之庶子也；其妃，张易之之甥。韦后恶之，谮于上曰："重润之死[33]，重福为之也。"由是贬濮州[34]员外刺史[35]，又改均州[36]刺史，常令州司防守之。

丁卯[37]，以右散骑常侍安定王武攸暨为司徒、定王。

辛未[38]，相王固让太尉及知政事，许之；又立为皇太弟，相王固辞而止。

甲戌[39]，以国子祭酒始平祝钦明[40]同中书门下三品，黄门侍郎、知侍中事韦安石为刑部尚书，罢知政事。

丁丑[41]，武三思、武攸暨固辞新官爵及政事，许之，并加开府仪同三司[42]。

立皇子义兴王重俊为卫王，北海王重茂为温王；仍以重俊为洛州牧。

三月，甲申[43]，制："文明已来破家子孙皆复旧资荫[44]，唯徐敬业、裴炎不在免限。"

丁亥[45]，制："酷吏周兴、来俊臣等，已死者追夺官爵，存者[46]皆流岭南恶地。"

（以上为第二段，写五王政变不诛武氏诸王，留下隐患，果然武三思迅速东山再起，卷土重来。）

【注释】

[1]产、禄：汉初作乱的国戚吕产、吕禄。此处指武三思等人。 [2]机：同"几"。 [3]刘幽求（655—715）：冀州武强（今河北武强县西南）人。科举入仕，官至宰相。刘幽求是唐玄宗诛韦皇后的骨干人物。传见《旧唐书》卷九十七、《新唐书》卷一百二十一、《咸淳临安志》卷四十五。 [4]葬地：葬身之地。 [5]图：谋划。 [6]噬脐无及：以口咬肚脐够不着，比喻醒悟后来不及了，即后悔已迟。 [7]适：出嫁。 [8]崇训：武三思次子。传见《旧唐书》卷一百八十三。 [9]上官婉儿（664—710）：陕州陕县（今属河南）人。性聪敏，善文章，有才气。幼随母没入内庭为奴。十四岁时被武则天发现。帮助武则天掌管诏命，深得武则天宠信。唐中宗时，进拜昭容。曾建议扩大书馆，增设学士。后为唐玄宗所杀。有文集二十卷，已佚。传见《旧唐书》卷五十一、《新唐书》卷七十六。部分诗作保存在《全唐诗》卷五中。 [10]仪死：上官仪麟德元年（664）十二月十三日被杀，见《资治通誉》卷二百一。 [11]圣历：武则天年号（698—700）。 [12]参决：参与决断。 [13]制命：拟定命令。 [14]婕妤：一作"倢伃"。妃嫔称号。唐制，婕妤亦为内官，正三品。 [15]图议：图谋计议。 [16]双陆：棋类游戏。相传为曹子建所发明。胡三省说："双陆者，

投琼以行十二棋，各行六棋，故谓之双陆。”双陆之法，中国久已失传。日本称之为飞双陆，下法略如叶子戏。［17］点筹：计点筹码，出谋划策。［18］通：私通。［19］革命之际：武则天改唐为周的时候。［20］诛夷：诛杀，杀戮。［21］略尽：几尽。［22］灵：神灵。［23］返正：返归正位。［24］按堵：安居。［25］以慰天下：以安慰天下人心。［26］抚：通“拊”，敲。［27］崔皎：贝州清河（今河北清河县西北）人。事见《唐御史台精舍题名考》卷一。［28］西宫：即上阳宫。上阳宫在洛阳宫城之西，故称之为西宫。［29］豫且之祸：豫且系神话中的渔夫。相传白龙下清冷之渊化为鱼，被豫且射中一目。［30］切齿：痛恨的样子。［31］丙寅：二月十六日。［32］谯王重福：中宗第二子，后宫所生。传见《旧唐书》卷八十六、《新唐书》卷八十一。［33］重润之死：李重润死于长安元年（701）九月三日。［34］濮州：治所在今山东鄄城县北旧城镇。［35］员外刺史：正员以外的刺史，有名而无实。［36］均州：州名。治所在今湖北丹江口市西北。［37］丁卯：二月十七日。［38］辛未：二月二十一日。［39］甲戌：二月二十四日。［40］祝钦明：字文思，雍州始平（今陕西兴平市东南）人。少通五经，兼涉众史百家之说。曾任太子率更令、太子少保等职，官至宰相。传见《旧唐书》卷一百八十九下、《新唐书》卷一百零九。［41］丁丑：二月二十七日。［42］开府仪同三司：散官名。从一品。在文散官中为第一等。［43］甲申：三月五日。［44］资荫：资历官荫。［45］丁亥：三月八日。［46］存者：活着的酷吏。据《旧唐书·酷吏传》，武周酷吏至此死亡略尽。存者四人：唐奉一、李秦授、曹仁哲、刘景阳。前三人流岭南恶地。刘景阳被贬为棣州乐单县员外尉。

己丑[1]，以袁恕己为中书令。

以安车征安平王武攸绪于嵩山[2]，既至，除太子宾客；固请还山，许之。

制：“枭氏、蟒氏皆复旧姓[3]。”

术士[4]郑普思[5]、尚衣奉御叶静能[6]皆以妖妄为上所信重，夏，四月，墨敕[7]以普思为秘书监[8]，静能为国子祭酒[9]。桓彦范、崔玄暐固执不可，上曰：“已用之，无容遽改[10]。”彦范曰：“陛下初即位，下制云：‘政令皆依贞观故事。’贞观中，魏徵、虞世南[11]、颜师古[12]为秘书监，孔颖达[13]为国子祭酒，岂普思、静能之比乎！”庚戌[14]，左拾遗李邕[15]上疏，以为“《诗》三百，一言以蔽之，曰‘思无邪’[16]。若有神仙能令人不死，则秦始皇、汉武帝得之矣；佛能为人福利，则梁武帝得之矣。尧、舜所以为帝王首[17]者，亦修[18]人事而已。尊宠此属[19]，何补于国！”上皆不听。

上即位之日，驿召魏元忠于高要[20]；丁卯[21]，至都，拜卫尉卿、同平章事。

甲戌[22]，以魏元忠为兵部尚书，韦安石为吏部尚书，李怀远为右散骑常侍，唐休璟为辅国大将军，崔玄玮检校益府长史，杨再思检校杨府长史，祝钦明为刑部尚书，并同中书门下三品。元忠等皆以东宫旧僚褒之也[23]。

乙亥[24]，以张柬之为中书令。

戊寅[25]，追赠故邵王重润为懿德太子。

五月，壬午[26]，迁周庙七主于西京崇尊庙[27]。制："武氏三代讳[28]，奏事者皆不得犯。"乙酉[29]，立太庙、社稷于东都。

以张柬之等及武攸暨、武三思、郑普思等十六人皆为立功之人，赐以铁券[30]，自非反逆，各恕十死[31]。

癸巳[32]，敬晖等帅百官上表，以为："五运[33]迭兴，事不两大[34]。天授革命之际[35]，宗室诛窜殆尽，岂得与诸武并封！今天命惟新，而诸武封建[36]如旧，并居京师，开辟[37]以来未有斯理[38]。愿陛下为社稷计，顺遐迩心，降其王爵以安内外。"上不许。

敬晖等畏武三思之谗，以考功员外郎[39]崔湜[40]为耳目，伺其动静。湜见上亲三思而忌晖等，乃悉以晖等谋告三思，反为三思用；三思引为中书舍人。湜，仁师[41]之孙也。

先是，殿中侍御史南皮郑愔[42]谄事二张，二张败，贬宣州[43]司士参军，坐赃，亡入东都，私谒武三思。初见三思，哭甚哀，既而[44]大笑。三思素贵重，甚怪之，愔曰："始见大王而哭，哀大王将戮死而灭族也。后乃大笑，喜大王之得愔也。大王虽得天子之意[45]，彼五人[46]皆据将相之权，胆略过人，废太后如反掌。大王自视势位与太后孰[47]重？彼五人日夜切齿欲噬大王之肉，非尽大王之族不足以快其志。大王不去此五人，危如朝露[48]，而晏然[49]尚自以为泰山之安，此愔所以为大王寒心也。"三思大悦，与之登楼，问自安之策，引为中书舍人，与崔湜皆为三思谋主。

三思与韦后日夜谮晖等，云"恃功专权，将不利于社稷。"上信之。

三思等因为上画策，“不若封晖等为王，罢其政事，外不失尊宠功臣，内实夺之权。”上以为然[50]，甲午[51]，以侍中齐公敬晖为平阳王[52]，谯公桓彦范为扶阳王[53]，中书令汉阳公张柬之为汉阳王[54]，南阳公袁恕己为南阳王，特进、同中书门下三品博陵公崔玄暐为博陵王，罢知政事，赐金帛鞍马，令朝朔望[55]；仍赐彦范姓韦氏，与皇后同籍。寻又以玄暐检校益州[56]长史、知都督事，又改梁州[57]刺史。三思令百官复修则天之政，不附武氏者斥之，为五王[58]所逐者复之[59]，大权尽归三思矣。

（以上为第三段，写张柬之等与武氏诸王明争暗斗日益激化。中宗听信武三思，封政变中坚张柬之等五人为王，实夺其权。）

【注释】

［1］己丑：三月十日。［2］以安车征安平王武攸绪于嵩山：安车，用一匹马拉的小车。因系坐乘，故称“安车”。武攸绪万岁通天元年（696）隐于嵩山。［3］枭氏、蟒氏皆复旧姓：永徽六年（655）改萧淑妃为枭氏，王皇后为蟒氏。［4］术士：方术之士。指从事占卜星相等活动的人。［5］郑普思：事散见《旧唐书》卷八十八、《新唐书》卷一百二十等。［6］叶静能：著有《太上北帝灵文》三卷。［7］墨敕：不经过中书门下，由皇帝亲笔书写的敕令。［8］秘书监：秘书省最高长官。从三品。掌管国家经籍图书之事。［9］国子祭酒：国子监最高长官。从三品。掌国家儒学训导之政令。［10］遽改：立即改授。［11］虞世南（558—638）：字伯施。越州余姚（今浙江余姚市）人。博学，善文，尤工书法。深受唐太宗称赞。传见《旧唐书》卷七十二、《新唐书》卷一百零二。［12］颜师古（581—645）：字籀。京兆万年人。唐初著名训诂学家。著述甚丰，所撰《匡谬正俗》及《汉书注》对后世影响很大。传见《旧唐书》卷七十三、《新唐书》卷一百九十八。［13］孔颖达（574—648）：字冲远。冀州衡水（今河北衡水市）人。小时聪敏，日记千言。唐初成为著名经学大师。曾奉命主编《五经正义》作为学校教材。与颜师古同传。［14］庚戌：四月一日。［15］李邕（678—747）：字泰和。江都（今江苏扬州市）人。唐代著名书法家、文学家。传见《旧唐书》卷一百九十中、《新唐书》卷二百零二、《书小史》卷九。［16］《诗》三百，一言以蔽之，曰“思无邪”：孔子名言，见《论语·为政》。《诗》，《诗经》。收诗三百首，故称《诗》三百。蔽，概括，总括。邪，不正派。［17］首：首领，榜样。［18］修：治。［19］此属：这些人。指郑普思等妖妄之士。［20］召魏元忠于高要：魏元忠长安三年（703）九月九日被贬为高要县尉。［21］丁卯：四月十八日。［22］甲戌：四月二十五日。［23］元忠等皆以东宫旧僚褒之也：魏元忠曾兼太子左庶子，韦安石检校左庶子，李怀远兼太子左庶子，唐休璟行右庶子，崔玄暐兼太子左庶子，杨再思兼太子右庶子，祝钦明兼太子侍读。［24］乙亥：四月二十六日。［25］戊寅：四月二十九日。［26］壬午：五月四日。［27］迁周庙七主于西京崇尊庙：即把东都

武周太庙中的七个牌位移到长安崇尊庙中。垂拱末年，武则天令修崇尊庙于京师长安，以享武氏祖姱。天授元年改唐为周，又令立武氏七庙于神都，作为武周的太庙。迁周庙七主，就意味着废武周太庙。［28］武氏三代讳：即武则天曾祖武俭、祖父武华及父亲武士彟的名字。［29］乙酉：五月七日。［30］铁券：用铁铸成的证件。古代帝王为了笼络功臣，常赐以铁券，授予包括免死在内的特权。参凌扬藻《蠡勺编》卷四十《铁券》。［31］自非反逆，各恕十死：意即除反逆之外，各恕其十次死罪。［32］癸巳：五月十五日。［33］五运：五德。金、木、水、火、土五行更迭而兴。［34］事不两大：事势不能两者并大。指皇室与外戚不能同时兴盛。［35］革命之际：改唐为周的时候。革命本指实施变革以应天命。古人认为帝王受命于天，故称改朝换代为“革命”，即变革天命。［36］封建：本指封侯建国，此处指封爵而言。［37］开辟：开天辟地。［38］斯理：这个道理。［39］考功员外郎：官名。从六品上。主管外官考课。［40］崔湜（671—713）：字澄澜。定州安喜（今河北定州市）人。少以文辞知名，举进士，曾任左补阙等职。唐中宗时官至宰相。传见《旧唐书》卷七十四、《新唐书》卷九十九。［41］仁师：崔湜之祖崔仁师太宗时官至给事中。与崔湜同传。［42］郑愔（？—710）：沧州南皮（今河北南皮县）人。曾任许州司功参军。中宗时官至吏部侍郎、同中书门下平章事。后贬为汴州刺史，以谋反罪被杀。事散见于《新唐书》卷四、卷五、卷六十一、卷九十九、卷一百三十等。［43］宣州：州名。治所在今安徽宣城市。［44］既而：不久，一会儿。［45］得天子之意：受天子宠爱。［46］彼五人：指张柬之、敬晖、桓彦范、崔玄暐、袁恕己。［47］孰：谁，哪个。［48］危如朝露：形容危险之甚。［49］晏然：平静的样子。［50］上以为然：唐中宗以为应当这样。关于中宗疏忌张柬之等人的原因，《统记》上有一条重要的记载：“太后善自粉饰，虽子孙在侧，不觉其衰老。及在上阳宫，不复栉颓，形容羸悴。上入见，大惊。太后泣曰：‘我自房陵迎汝来，固以天下授汝矣，而五贼贪功，惊我至此。’上悲泣不自胜，伏地拜谢死罪。由是三思等得入其谋。”司马光认为中宗顽鄙不仁，太后虽毁容涕泣，未必能感动其意。其所以疏忌五王，是采用了韦后及武三思的主张。［51］甲午：五月十六日。［52］平阳王：即平阳郡王。下同。［53］谯公桓彦范为扶阳王：原文“桓”字上无“谯公”二字，据章校补。按：张柬之等皆书有官爵，桓彦范当不例外。彦范时封谯郡公，故章校是。［54］张柬之为汉阳王：据《考异》卷十二，《实录》所载张柬之等人地位高低先后不定：诛张易之以张柬之为首，赐铁券以崔玄暐为首，封王及贬谪以敬晖为首，开元复官诏以桓彦范为首。对于这种现象，司马光在《考异》中曾进行过解释。岑仲勉亦曾进行过辨析。详见《通鉴隋唐纪比事质疑》一百三十六至一百四十三页。［55］朔望：即初一、十五。［56］益州：治所成都，在今四川成都市。［57］梁州：治所南郑，在今陕西汉中市东。［58］五王：即张柬之、敬晖、桓彦范、袁恕己、崔玄暐等五人。因同时封王而并称五王。［59］复之：恢复其原有职务。

五王之请削武氏诸王也，求人为表[1]，众莫肯为。中书舍人岑羲为之[2]，语甚激切[3]；中书舍人偃师毕构[4]次当读表，辞色明厉。三思既得志，羲改秘书少监[5]，出构为润州[6]刺史。

易州刺史赵履温[7]，桓彦范之妻兄也。彦范之诛二张，称履温预其谋，召为司农少卿[8]，履温以二婢遗彦范；及彦范罢政事，履温复夺其婢。

上嘉宋璟忠直，屡迁黄门侍郎[9]。武三思尝以事属璟，璟正色拒之曰："今太后既复子明辟[10]，王当以侯就第，何得尚干朝政！独不见产、禄之事乎！"

以韦安石兼检校中书令[11]，魏元忠兼检校侍中，又以李湛为右散骑常侍，赵承恩为光禄卿，杨元琰为卫尉卿。

先是，元琰知三思浸用事[12]，请弃官为僧，上不许。敬晖闻之，笑曰："使我早知，劝上许之，髡[13]去胡头，岂不妙哉！"元琰多须类胡[14]，故晖戏之。元琰曰："功成名遂[15]，不退将危。此乃由衷[16]之请，非徒然也。"晖知其意，瞿然[17]不悦。及晖等得罪，元琰独免。

（以上为第四段，写杨元琰见微知著，见中宗昏庸而功成身退，得免武三思之祸。）

【注释】

[1]为表：撰写表章。[2]岑羲为之：岑羲写了削武氏诸王表。全文见《旧唐书》卷一百八十三。[3]激切：激烈迫切。[4]毕构（?—716）：字隆择，河南偃师（今河南洛阳市偃师区东南）人。六岁即能作文，进士及第，历任金水县尉、左拾遗、中书舍人、润州刺史、广州都督等职，官至户部尚书。所在兴利除弊，甚有善政。传见《旧唐书》卷一百、《新唐书》卷一百二十八。[5]秘书少监：秘书省副职。从四品上。协助秘书监掌管经籍图书之事。[6]润州：治所丹徒，在今江苏镇江市。[7]赵履温：事见《元和姓纂》卷七、《唐郎官石柱题名考》卷十一、《太平广记》卷二百四十。[8]司农少卿：司农司副职，从四品上，地位仅次于司农卿。协助司农卿掌管全国仓库、储积之事。[9]黄门侍郎：即门下侍郎。正四品上。协助侍中主管审议及封驳。[10]复子明辟：恢复儿子明位。意即武则天已传位给中宗。[11]以韦安石兼检校中书令：时在五月十六日，与敬晖等封王为同一天。[12]浸用事：逐渐掌权。[13]髡（kūn）：古代一种剃去头发的刑罚。[14]类胡：类似胡人。[15]遂：就。[16]由衷：发自内心。[17]瞿然：惊动的样子。

上官婕妤劝韦后袭则天故事，上表请天下士庶为出母[1]服丧三年，又请百姓年二十三为丁，五十九免役[2]，改易制度以收时望[3]。制皆许之。

癸卯[4]，制，降诸武，梁王三思为德静王[5]，定王攸暨为乐寿王，河内王懿宗等十二人皆降为公，以厌[6]人心。

甲辰[7]，以唐休璟为左仆射，同中书门下三品如故；豆卢钦望为右仆射[8]。

六月，壬子[9]，以左骁卫大将军裴思说[10]充灵武军大总管，以备突厥。

癸亥[11]，命右仆射豆卢钦望，有军国重事，中书门下可共平章。

先是，仆射为正宰相，其后多兼中书门下之职，午前决朝政，午后决省事。至是，钦望专为仆射，不敢预政事，故有是命。是后专拜仆射者，不复为宰相矣。

又以韦安石为中书令，魏元忠为侍中，杨再思检校中书令[12]。

丁卯[13]，祔孝敬皇帝[14]于太庙，号义宗。

戊辰[15]，洛水溢，流[16]二千余家。

秋，七月，辛巳[17]，以太子宾客韦巨源同中书门下三品，西京留守如故。

特进汉阳王张柬之表请归襄州[18]养疾；乙未[19]，以柬之为襄州刺史，不知州事，给全俸[20]。

河南、北十七州[21]大水，八月，戊申[22]，以水灾求直言。右卫骑曹参军西河宋务光[23]上疏，以为："水阴类[24]，臣妾之象，恐后庭有干外朝之政者，宜杜绝其萌[25]。今霖雨不止，乃闭坊门以禳之[26]，至使里巷谓坊门为宰相，言朝廷使之燮理[27]阴阳也。又，太子国本，宜早择贤能而立之。又，外戚太盛，如武三思等，宜解其机要，厚以禄赐。又，郑普思、叶静能以小技窃大位，亦朝政之蠹也。"疏奏，不省[28]。

壬戌[29]，追立妃赵氏[30]为恭皇后，孝敬皇帝妃裴氏[31]为哀皇后。

九月，壬午[32]，上祀昊天上帝、皇地祇于明堂，以高宗配。

初，上在房陵，州司制约[33]甚急[34]；刺史河东张知謇[35]、灵昌崔敬嗣[36]独待遇以礼，供给丰赡。上德之[37]，擢知謇自贝州刺史为左卫将军，赐爵范阳公。敬嗣已卒，求得其子汪，嗜酒，不堪厘职[38]，除五品散官[39]。

改葬上洛王韦玄贞，其仪皆如太原王[40]故事。

癸巳[41]，太子宾客、同中书门下三品韦巨源罢为礼部尚书，以其从父安石为中书令故也。

以左卫将军上邽纪处讷[42]兼检校太府卿[43]，处讷娶武三思之妻姊故也。

冬，十月，命唐休璟留守京师。

癸亥[44]，上幸龙门[45]；乙丑[46]，猎于新安[47]而还。

辛未[48]，以魏元忠为中书令，杨再思为侍中。

十一月，戊寅[49]，群臣上皇帝尊号曰应天皇帝，皇后曰顺天皇后。壬午[50]，上与后谒谢太庙，赦天下；相王、太平公主加实封，皆满万户[51]。

己丑[52]，上御洛城南楼[53]，观泼寒胡戏[54]。清源尉吕元泰[55]上疏，以为"谋时寒若[56]，何必裸身挥水[57]，鼓舞衢路以索之[58]！"疏奏，不纳。

（以上为第五段，写中宗昏庸，滥用国家官职酬谢亲故，韦皇后及韦氏外戚势力日益兴起。）

【注释】

［1］出母：生母。为出母服丧三年，旨在感动中宗之心，使其思念武则天。［2］请百姓年二十三为丁，五十九免役：唐制，二十一为丁，六十为老。此改制，缩短服役的年岁，用以收买人心。［3］以收时望：指收买人心，满足当时人的愿望。［4］癸卯：五月二十五日。［5］德静王：降格为德静县王。［6］厌：满足。［7］甲辰：五月二十六日。［8］豆卢钦望为右仆射：武德、贞观年间，尚书省左右仆射均为宰相。唐高宗时，左右仆射亦为宰相，但皆加"同中书门下三品"之号。神龙以后，左右仆射不加"同三品"或"同平章事"名号者，不再行宰相之权。［9］壬子：六月四日。［10］裴思说：《新唐书》卷四、卷一百九十一，《全唐文》卷二百四十二，《册府元龟》卷九百九十二皆作"裴思谅"。裴思谅为裴德超之子，官至灵武大总管，封河东郡公。见《新唐书》卷七十一上《宰相世系表》一上。［11］癸亥：六月十五日。［12］杨再思检校中书令：唐制，中书令二人。故韦安石、杨再思同时担任此职。［13］丁卯：六月十九日。［14］孝敬皇帝：即唐

中宗之兄太子李宏。太子宏死于上元二年四月二十五日。五月五日赠谥“孝敬皇帝”。［15］戊辰：六月二十日。［16］流：漂流。［17］辛巳：七月四日。［18］襄州：州名。治所在今湖北襄阳市。［19］乙未：七月十八日。［20］给全俸：供给全部俸料。唐制，郡王从一品，月俸八千，食料一千八百，杂用一千二百；上州刺史从三品，月俸五千一百，杂用九百。［21］河南、北十七州：《新唐书》卷三十六《五行志》三作“河北州十七”。［22］戊申：八月一日。［23］宋务光：字子昂，汾州西河（今山西汾阳市）人，进士。官至殿中侍御史。曾多次上书直谏。传见《新唐书》卷一百一十八。［24］水阴类：水属于阴类。［25］萌：萌芽。［26］闭坊门以禳之：唐制，久雨成灾，闭坊市北门以祈晴。［27］燮理：调和。［28］不省（xǐng）：不察。［29］壬戌：八月十五日。［30］赵氏：京兆长安人。中宗为英王时聘为妃。上元二年（675）幽闭而死。传见《旧唐书》卷五十一、《新唐书》卷七十六。［31］裴氏：右卫将军裴居道之女。有妇德。咸亨四年（673）二月被太子宏纳为妃。事详《旧唐书》卷八十六《孝敬皇帝弘传》、《新唐书》卷八十一《孝敬皇帝弘传》。［32］壬午：九月五日。［33］制约：管制约束。［34］急：严急。［35］张知謇：蒲州河东（今山西永济市西）人。先后曾任房、和、舒等十一州刺史，有才干，为武则天所重。传见《旧唐书》卷一百八十五下、《新唐书》卷一百。［36］崔敬嗣：滑州灵昌（今河南延津县东北）人。嗜酒，长于博戏。事见《旧唐书》卷一百一十一《崔光远传》、《新唐书》卷一百四十一《崔光远传》。［37］德之：感其恩德。［38］厘职：胜任职务。厘，治理，胜任。［39］五品散官：唐制，中散大夫、朝议大夫、朝请大夫、朝散大夫皆为五品文散官。［40］太原王：即则天父武士彟。［41］癸巳：九月十六日。［42］纪处讷（?—710）：秦州上邽（今甘肃天水市）人。后官至侍中。传见《旧唐书》卷九十二、《新唐书》卷一百九。［43］太府卿：即太府寺卿，从三品，主管国家财货之政令。［44］癸亥：十月十七日。［45］龙门：此处龙门指伊阙。伊阙在今河南洛阳市南。［46］乙丑：十月十九日。［47］新安：县名。治所在今河南新安县。［48］辛未：十月二十五日。［49］戊寅：十一月二日。［50］壬午：十一月六日。［51］相王、太平公主加实封，皆满万户：唐制，亲王食封八百户，公主三百户。高宗时，以相王、太平公主武后所生，食封逾于常制。圣历初，皆加至三千户。至此，又加至万户。［52］己丑：十一月十三日。［53］洛城南楼：即东都皇宫西南洛城南门门楼。［54］泼寒胡戏：由西域康国传入的一种乐舞。又名乞寒胡戏，简称乞寒、泼寒等。鼓舞乞寒，以水交泼为乐。原在十一月进行。长安末年，改为冬季进行。参《新唐书》卷二百二十一《西域传》下、《唐音癸签》卷十四《散乐》。［55］吕元泰：事见《新唐书》卷一百一十八《宋务光传》、《唐御史台精舍题名考》卷二。［56］谋时寒若：语出《尚书·洪范》。意思是说，人君能谋，时寒就会顺应季节而至。［57］挥水：泼水。［58］索之：索寒，乞寒。

壬寅[1]，则天崩于上阳宫，年八十二[2]。遗制：“去帝号，称则天大圣皇后。王、萧二族及褚遂良、韩瑗、柳奭亲属皆赦之[3]。”

上居谅阴[4]，以魏元忠摄冢宰[5]三日。元忠素负忠直之望，中外赖之；武三思惮之，矫太后遗制，慰谕元忠，赐实封百户。元忠捧制，感咽涕泗，见者曰："事去矣！"

十二月，丁卯[6]，上始御同明殿[7]见群臣。

太后将合葬乾陵，给事中严善思[8]上疏，以为："乾陵玄宫[9]以石为门，铁锢其缝[10]，今启其门，必须镌凿。神明[11]之道，体尚幽玄[12]，动众加功，恐多惊黩[13]。况合葬非古，汉时诸陵，皇后多不合葬，魏、晋已降，始有合者。望于乾陵之傍更择吉地为陵，若神道有知，幽涂[14]自当通会，若其无知，合之何益！"不从。

是岁，户部奏天下户六百一十五万，口三千七百一十四万有畸[15]。

（以上为第六段，写武则天之死，以及武周一朝全国最后的户口数。）

【注释】

[1]壬寅：十一月二十六日。 [2]年八十二：《旧唐书》卷六《则天纪》作"八十三"，《新唐书》卷七十六《则天皇后传》及《唐会要》卷三作"八十一"。误。 [3]王、萧二族及褚遂良、韩瑗、柳奭亲属皆赦之：武则天立为皇后以后，王皇后、萧淑妃被杀，其母兄、亲族悉流于岭南。褚遂良、韩瑗、柳奭亦因保护王皇后而被贬被杀，其亲属皆被流往恶地。 [4]谅阴：亦作"凉暗"、"亮阴"，指居丧之所，即凶庐。 [5]冢宰：周代官名。为六卿之首，"掌邦治，统百官，均四海"。此处借指首辅。 [6]丁卯：十二月二十一日。 [7]同明殿：在东都皇宫含元殿西北。西为亿岁殿，北为九洲池。 [8]严善思：传见《旧唐书》卷一百九十一、《新唐书》卷二百零四。 [9]玄宫：又称"神宫"、"地宫"，即墓室。 [10]铁锢其缝：用铁水浇锢石缝。这一点已为考古工作者所证实。 [11]神明：神祇。 [12]幽玄：幽静玄默。 [13]惊黩：惊动黩犯。 [14]幽涂：阴间的道路。 [15]有畸：有余。畸，通"奇"。

二年（丙午，706年）

春，正月，戊戌[1]，以吏部尚书李峤同中书门下三品，中书侍郎于惟谦[2]同平章事。

闰月，丙午[3]，制："太平、长宁、安乐、宜城、新都、定安、金城公主[4]并开府，置官属。"

武三思以敬晖、桓彦范、袁恕已尚在京师，忌之，乙卯[5]，出为滑、洺、豫三州[6]刺史。

赐阌乡僧万回[7]号法云公。

甲戌[8]，以突骑施酋长乌质勒为怀德郡王。

二月，乙未[9]，以刑部尚书韦巨源同中书门下三品，仍与皇后叙宗族。

丙申[10]，僧慧范[11]等九人并加五品阶，赐爵郡、县公[12]；道士史崇恩[13]等加五品阶，除国子祭酒，同正[14]；叶静能加金紫光禄大夫[15]。

选左、右台[16]及内外五品以上官二十人为十道巡察使，委之察吏抚人，荐贤直狱[17]，二年一代，考其功罪而进退之。易州刺史魏人姜师度[18]、礼部员外郎马怀素[19]、殿中侍御史临漳源乾曜[20]、监察御史灵昌卢怀慎[21]、卫尉少卿滏阳李杰[22]皆预焉。

三月，甲辰[23]，中书令韦安石罢为户部尚书；户部尚书苏瓌[24]为侍中、西京留守。瓌，颋之父也。唐休璟致仕。

初，少府监丞弘农宋之问[25]及弟兖州司仓之逊皆坐附会张易之贬岭南，逃归东都，匿于友人光禄卿、驸马都尉王同皎家。同皎疾武三思及韦后所为，每与所亲言之，辄切齿。之逊于帘下闻之，密遣其子昙及甥校书郎李悛告三思，欲以自赎。三思使昙、悛及抚州司仓冉祖雍上书告同皎与洛阳人张仲之、祖延庆、武当丞寿春周憬[26]等潜结壮士，谋杀三思，因勒兵诣阙，废皇后。上命御史大夫李承嘉[27]、监察御史姚绍之[28]按其事，又命杨再思、李峤、韦巨源参验[29]。仲之言三思罪状，事连宫壶[30]。再思、巨源阳寐[31]不听；峤与绍之命反接[32]送狱。仲之还顾，言不已，绍之命棰之，折其臂。仲之大呼曰："吾已负[33]汝，死当讼汝于天！"庚戌[34]，同皎等皆坐斩[35]，籍没其家。周憬亡[36]入比干庙中，大言曰："比干[37]古之忠臣，知吾此心。三思与皇后淫乱，倾危国家，行当[38]枭首都市[39]，恨不及见耳！"遂自刭[40]。之问、之逊、昙、悛、祖雍并除京官[41]，加朝散大夫[42]。

（以上为第七段，写宋之逊辈小人投靠武三思，卖友求荣。）

【注释】

[1]戊戌：正月二十三日。 [2]于惟谦：事散见《旧唐书》卷七，《新唐书》卷四、卷六十一，

《元和姓纂》卷二,《唐郎官石柱题名考》卷十。［3］丙午：闰正月一日。［4］太平、长宁、安乐、宜城、新都、定安、金城公主：太平公主为唐中宗之妹。自长宁以下，皆中宗之女。［5］乙卯：闰正月十日。［6］滑、洺、豫三州：滑州治所白马，在今河南滑县东。洺州治所永年，在今河北邯郸市永年区。豫州治所在汝阳，在今河南汝南县。［7］万回：一作万迴。俗姓张。弘农阌乡人。生来迟愚，据说八九岁始能说话。因前往安西探望其兄，一日而返，行程万里，被称为万回。后出家为僧，武则天曾赠以锦袍金带。事见《旧唐书》卷九十五《惠庄太子㧑传》、《宋高僧传》卷十八、《太平广记》卷九十二。［8］甲戌：闰正月二十九日。［9］乙未：二月二十一日。［10］丙申：二月二十二日。［11］慧范：事见《旧唐书》卷七十七《柳泽传》、卷九十一《桓彦范传》及《朝野佥载》卷五。［12］赐爵郡、县公：据《唐六典》卷二，郡公正二品，食邑二千户；县公从二品，食邑一千五百户。［13］史崇恩：《旧唐书·中宗纪》作“史崇玄”。曾参与《道藏音义目录》一书的编写。事见《新唐书》卷五十九《艺文志》三、卷八十三《金仙公主传》及《朝野佥载》卷五。［14］同正：同正员。［15］金紫光禄大夫：文散官第四等，正三品。［16］左、右台：即左、右肃政（御史）台。［17］直狱：理直狱讼。［18］姜师度（?—723）：魏州魏县（今河北魏县东南）人。勤于为政，尤注重水利建设，官至将作大匠。传见《旧唐书》卷一百八十五下、《新唐书》卷一百。［19］马怀素：润州丹徒（今江苏镇江市）人。谦恭谨慎，手不释卷。官至秘书监，兼昭文馆学士。传见《旧唐书》卷一百零二、《新唐书》卷一百九十九。［20］源乾曜（?—731）：相州临漳（今河北临漳县西南）人。为政宽简，不严而治。玄宗时官至侍中。传见《旧唐书》卷九十八、《新唐书》卷一百二十七。［21］卢怀慎（?—716）：滑州灵昌（今河南延津县东北）人。进士出身。官至宰相。为官勤谨清俭，家无余蓄。传见《旧唐书》卷九十八、《新唐书》卷一百二十六。［22］李杰（?—718）：相州滏阳（今河北磁县）人。为官详敏，颇有政绩，官至御史大夫。传见《旧唐书》卷一百、《新唐书》卷一百二十八。［23］甲辰：三月一日。［24］苏瓌（639—710）：字昌容。雍州武功（今陕西武功县西北）人。曾任豫王府录事参军，尚书右丞等职。后官至侍中。明习法律，在职常有善政。传见《旧唐书》卷八十八、《新唐书》卷一百二十五。［25］宋之问（约656—712）：字延清，虢州弘农（今河南灵宝市）人。上元进士，诗人，与沈佺期齐名。传见《旧唐书》卷一百九十中、《新唐书》卷二百零二，《国秀集》卷上。［26］周憬（?—706）：寿州寿春（今安徽寿县）人。事见《旧唐书》卷一百八十七上《王同皎传》、《新唐书》卷一百九十一《王同皎传》。［27］李承嘉：事见《旧唐书》卷九十一《桓彦范传》、卷一百《尹思贞传》、卷百八十六《姚绍之传》。［28］姚绍之：湖州武康（今浙江湖州市西南）人。为政酷烈。传见《旧唐书》卷一百八十六下、《新唐书》卷二百零九。［29］参验：参加验问。［30］宫壸：本指皇后所居之地。此处借指皇后韦氏。［31］阳寐：假装睡觉。［32］反接：反绑。［33］负：亏负，指被你背弃亏负。［34］庚戌：三月七日。［35］同皎等皆坐斩：关于王同皎谋杀武三思的前后因果，《御史台记》《朝野佥载》《实录》《唐历》《统纪》及《旧唐书》本传皆有记载，但内容不尽相同。《御史台记》说：“张仲之、宋之逊、祖延庆谋于衣袖中发铜弩射三思，伺其便未果。”《实录》则说：“同皎与周憬等潜谋诛三思，乃招集壮士，期以则天灵驾发引因劫杀三思。”司马光认为这些记载不大可靠，故采用了《朝野佥载》的说法。［36］亡：逃亡。［37］比干：商朝贵族。相传因谏纣王，被剖心而死。［38］行当：行将。［39］枭首都市：斩首悬于都市以示众。［40］自刭：自刎。［41］并除京官：皆升为京官。京官，在京职官。据《新唐书》卷二百零二及《朝野佥载》补辑等，宋之问擢鸿胪主簿，之逊为光禄丞，昙为尚衣奉御，悛为太仆丞，祖雍为侍御史。［42］朝散大夫：文散官名。从五品下。

武三思与韦后日夜谮敬晖等不已，复左迁晖为朗州[1]刺史，崔玄暐为均州[2]刺史，桓彦范为亳州[3]刺史，袁恕己为郢州[4]刺史，与晖等同立功者皆以为党与坐贬。

大置员外官，自京司及诸州凡二千余人，宦官超迁七品以上员外官者又将千人。

魏元忠自端州还[5]，为相，不复强谏，惟与时俯仰[6]，中外失望。酸枣[7]尉袁楚客[8]致书元忠[9]，以为："主上新服厥命[10]，惟新厥德，当进君子，退小人，以兴大化[11]，岂可安其荣宠，循默[12]而已！今不早建太子，择师傅而辅之，一失也。公主开府置僚属，二失也。崇长缁衣[13]，使游走权门，借势纳赂，三失也。俳优[14]小人，盗窃品秩，四失也。有司选进贤才，皆以货取势求，五失也。宠进宦者，殆满千人，为长乱之阶，六失也。王公贵戚，赏赐无度，竞为侈靡，七失也。广置员外官，伤财害民，八失也。先朝宫女，得自便居外，出入无禁，交通请谒，九失也。左道[15]之人，荧惑[16]主听，盗窃禄位，十失也。凡此十失，君侯[17]不正，谁与正之哉！"元忠得书，愧谢而已。

夏，四月，改赠后父韦玄贞为酆王，后四弟皆赠郡王[18]。

己丑[19]，左散骑常侍、同中书门下三品李怀远致仕。

处士[20]韦月将[21]上书告武三思潜通宫掖，必为逆乱；上大怒，命斩之。黄门侍郎宋璟奏请推按[22]，上益怒，不及整巾，屣履[23]出侧门[24]，谓璟曰："朕谓已斩[25]，乃犹未邪！"命趋斩之。璟曰："人言宫中私于三思，陛下不问而诛之，臣恐天下必有窃议。"固请按之，上不许，璟曰："必欲斩月将，请先斩臣！不然，臣终不敢奉诏。"上怒少解。左御史大夫苏珦、给事中徐坚、大理卿长安尹思贞[26]皆以为方夏行戮，有违时令[27]。上乃命与杖[28]，流岭南。过秋分[29]一日，平晓[30]，广州都督周仁轨[31]斩之。

御史大夫李承嘉附武三思，诋[32]尹思贞于朝，思贞曰："公附会奸臣，将图不轨，先除忠臣邪！"承嘉怒，劾奏思贞，出为青州[33]刺史。或谓思贞曰："公平日讷于言[34]，及廷折承嘉，何其敏邪？"思贞曰："物不能鸣者，激之则鸣。承嘉恃威权相陵[35]，仆[36]义不受屈，亦不知言之从何而至也。"

武三思恶宋璟，出之检校贝州[37]刺史。

五月，庚申[38]，葬则天大圣皇后于乾陵[39]。

武三思使郑愔告朗州刺史敬晖、亳州刺史韦彦范[40]、襄州刺史张柬之、郢州刺史袁恕己、均州刺史崔玄暐与王同皎通谋，六月，戊寅[41]，贬晖崖州[42]司马，彦范泷州[43]司马，柬之新州[44]司马，恕己窦州[45]司马，玄暐白州[46]司马，并员外置，仍长任[47]，削其勋封[48]；复彦范姓桓氏[49]。

初，韦玄贞流钦州而卒[50]，蛮酋宁承基[51]兄弟逼取其女，妻崔氏不与，承基等杀之，及其四男洵、浩、洞、泚，上命广州都督周仁轨使将兵二万讨之。承基等亡入海[52]，仁轨追斩之，以其首祭崔氏墓，杀掠其部众殆尽。上喜，加仁轨镇国大将军[53]，充五府[54]大使，赐爵汝南郡公。韦后隔帘拜仁轨，以父事之。及韦后败，仁轨以党与诛。

秋，七月，戊申[55]，立卫王重俊[56]为太子。太子性明果，而官属率贵游子弟，所为多不法；左庶子姚珽[57]屡谏，不听，珽，琦之弟也。

丙寅[58]，以李峤为中书令。

上将还西京，辛未[59]，左散骑常侍李怀远同中书门下三品，充东都留守。

（以上为第八段，写中宗昏庸，容忍韦皇后淫行，杀忠贞直谏之臣，不断贬逐五王，以至魏元忠闭口不言。）

【注释】

[1]朗州：州名。治所在今湖南常德市。［2］均州：州名。治所在今湖北丹江口市西北。

[3]亳州：州名。治所在今安徽亳州市。[4]郢州：州名。治所在今湖北钟祥市。[5]魏元忠自端州还：时在神龙元年四月十八日。见《新唐书》卷四。端州，治所在今广东肇庆市高要区。[6]与时俯仰：犹与时沉浮。逢迎时意，没有主见。[7]酸枣：县名。县治在今河南延津县西。[8]袁楚客：事见《唐御史台精舍题名考》卷三、《唐登科记考》卷五。[9]致书元忠：写信给魏元忠。全文见《新唐书》卷一百二十二《魏元忠传》及《全唐文》卷一百七十六。[10]主上新服厥命：服，服膺。厥，其。皇上新继大位。[11]大化：重大教化。[12]循默：因循默顺。[13]缁衣：穿黑绸衣的人，即僧徒。[14]俳优：以乐舞谐戏为职业的艺人。[15]左道：邪道。[16]荧惑：炫惑，惑乱。[17]君侯：对宰相等达官的尊称。[18]后四弟皆赠郡王：据《旧唐书·外戚传》，韦后四弟即韦洵、韦浩、韦洞、韦泚，为钦州蛮酋宁承基兄弟所杀。[19]己丑：四月十六日。[20]处士：有德有才而隐居不仕的人。据章校，"士"下有"京兆"二字。[21]韦月将：事见《旧唐书》卷七十七《柳泽传》、卷九十《朱敬则传》、卷九十六《宋璟传》、卷一百《尹思贞传》,《新唐书》卷七十四《宰相世系表》四上及《元和姓纂》卷二等。[22]推按：推究按验。[23]屣履：拖着鞋。[24]侧门：偏门。[25]朕谓已斩，乃犹未邪：朕以为已经杀了，怎么还没有斩呢？[26]尹思贞（640—716）：京兆长安人。历任十三州刺史，官至工部尚书，皆有善政。传见《旧唐书》卷一百、《新唐书》卷一百二十八。[27]有违时令：时令指四时节令的生长规律。春生、夏长、秋收、冬藏。夏天是生物生长的季节，不应行刑，所以说有违时令。[28]与杖：执行杖刑。[29]秋分：二十四节气之一。即每年夏至后太阳行至秋分点之日，阳历为九月二十三或二十四日。[30]平晓：天刚亮。[31]周仁轨：京兆万年人。曾任并州长史。传见《新唐书》卷二百零六。[32]诋：诋毁。[33]青州：治所在今山东青州市。[34]讷于言：出言迟钝。[35]陵：欺凌。[36]仆：谦词。自称为仆。[37]贝州：州名。治所在今河北清河县西。[38]庚申：五月十八日。[39]葬则天大圣皇后于乾陵：神龙二年正月二十一日，"则天灵驾还京"。至此，与唐高宗合葬。[40]韦彦范：此时桓彦范赐姓韦，故称韦彦范。[41]戊寅：六月六日。[42]崖州：州名。治所在今海南海口市琼山区。[43]泷州：州名。治所在今广东罗定市南。[44]新州：州名。治所在今广东新兴县。[45]窦州：州名。治所在今广东信宜市西南。[46]白州：州名。治所在今广西博白县。[47]长任：长期担任。[48]勋封：勋爵封邑。[49]复彦范姓桓氏：神龙元年五月，赐彦范姓"韦"，与皇后同籍。[50]韦玄贞流钦州而卒：时在光宅元年（684）。钦州治所在今广西钦州市东北。[51]宁承基：《旧唐书》卷一百八十三、《新唐书》卷二百零六并作"宁承"。待考。[52]亡入海：逃入海中。[53]镇国大将军：唐代无此官号。《新唐书》卷二百零六作"左羽林大将军"。[54]五府：指广、桂、邕、容、琼五个都督府。[55]戊申：七月七日。[56]卫王重俊（?—707）：唐中宗第三子。事见《旧唐书》卷十六、《新唐书》卷八十一。[57]姚珽（641—714）：武则天朝宰相姚琇之弟。以勤苦自立，曾任定、汴等六州刺史，以善政闻。后官至户部尚书。传见《旧唐书》卷八十九、《新唐书》卷一百零二。[58]丙寅：七月二十五日。[59]辛未：七月三十日。

武三思阴[1]令人疏皇后秽行[2]，榜于天津桥，请加废黜。上大怒，命御史大夫李承嘉穷核其事。承嘉奏言："敬晖、桓彦范、张柬之、袁恕己、崔玄暐使人为之，虽云废后，实谋大逆，请族诛之。"三思又使安乐公主谮之[3]于内，侍御史郑愔言之于外，上命法司结竟[4]。大理丞三原李朝隐[5]奏称："晖等未经推鞫，不可遽就诛夷。"大理丞裴谈[6]奏称："晖等宜据制书处斩籍没，不应更加推鞫。"上以晖等尝赐铁券[7]，许以不死，乃长流晖于琼州[8]，彦范于瀼州[9]，柬之于泷州，恕己于环州[10]，玄暐于古州[11]，子弟年十六以上，皆流岭外。擢承嘉为金紫光禄大夫，进爵襄武郡公，谈为刑部尚书；出李朝隐为闻喜[12]令。

三思又讽[13]太子上表，请夷晖等三族；上不许。

中书舍人崔湜说三思曰："晖等异日[14]北归，终为后患，不如遣使矫制杀之。"三思问谁可使者，湜荐大理正周利用[15]。利用先为五王所恶，贬嘉州[16]司马，乃以利用摄右台侍御史，奉使岭外。比至[17]，柬之、玄暐已死，遇彦范于贵州[18]，令左右缚之，曳于竹槎[19]之上，肉尽至骨，然后杖杀。得晖，咼[20]而杀之。恕己素服黄金，利用逼之使饮野葛[21]汁，尽数升不死，不胜毒愤，掊地[22]，爪甲[23]殆尽，仍捶杀之。利用还，擢拜御史中丞。薛季昶累贬儋州[24]司马，饮药死。

三思既杀五王，权倾人主，常言："我不知代间[25]何者谓之善人，何者谓之恶人；但于我善者则为善人，于我恶者则为恶人耳。"时兵部尚书宗楚客、将作大匠宗晋卿、太府卿纪处讷[26]、鸿胪卿甘元柬[27]皆为三思羽翼。御史中丞周利用、侍御史冉祖雍、太仆丞李俊[28]、光禄丞宋之逊、监察御史姚绍之皆为三思耳目[29]，时人谓之五狗[30]。

（以上为第九段，写武三思豢养的五狗乱政，五王被害。）

【注释】

[1]阴：暗中。 [2]秽行：淫秽之行。 [3]三思又使安乐公主谮之：安乐公主下嫁三思子武崇训，故三思用以谗毁"五王"。 [4]结竟：结罪竟狱。即立即处决。 [5]李朝隐（665—734）：字国光。京兆三原（今陕西三原县东北）人。历任临汾尉、大理丞、侍御史、长安令、吏部侍郎等职，公正清廉，颇有政绩。传见《旧唐书》卷一百、《新唐书》卷一百二十九。 [6]大理

丞裴谈：《旧唐书》卷九十一《桓彦范传》作“大理卿裴谈”。此人后官至宰相，留守东都。事见《新唐书》卷六十一《宰相表》、卷七十一上《宰相世系表》一上，《旧唐书》卷八十五《张文瓘传》、卷八十六《庶人重福传》等。［7］晖等尝赐铁券：时在神龙元年（705）五月。［8］长流晖于琼州：《实录》先作“嘉州”，后作“崔州”。《新唐书·中宗纪》作“嘉州”，《旧唐书·敬晖传》作“崔州”。《资治通鉴》据《统纪》《新唐书》本传立说。琼州治所在今海南海口市琼山区东南。［9］瀼州：州名。治所在今广西上思县西南。［10］环州：州名。治所在今广西环江县西北大环江西岸。［11］古州：州名。故治在今越南谅山市东北。［12］闻喜：县名。县治在今山西省闻喜县东北。［13］讽：用委婉的语言暗示或劝告。［14］异日：他日。［15］周利用：《旧唐书》卷七十四、卷九十一、卷一百八十六下，《新唐书》卷九十九、卷一百二十、卷二百九等皆作“周利贞”。当据以改正。下同。［16］嘉州：治所在今四川乐山市。［17］比至：及至，等到的时候。［18］贵州：治所在今广西贵港市。［19］竹槎（chá）：用竹子编成的筏。［20］冎（guā）：剔人肉，置其骨。［21］野葛：亦作“冶葛”。俗称断肠草、胡曼草。是一种毒性很大的草本植物。［22］掊地：用手扒土。［23］爪甲：指甲。［24］儋州：治所在今海南儋州市西北。［25］代间：即世间。避太宗名讳。［26］纪处讷（?—710）：秦州上邽（今甘肃天水市）人。传见《旧唐书》卷九十二、《新唐书》卷一百零九。［27］甘元柬：事见《旧唐书》卷一百八十三《武三思传》、《新唐书》卷二百零六《武三思传》。［28］李俊：《旧唐书·武承嗣传》附《武三思传》作“李悛”。［29］为三思耳目：代三思伺察动静，打探消息。［30］五狗：即三思的朋党周利用等一伙人。

九月，戊午[1]，左散骑常侍、同中书门下三品李怀远薨。

初，李峤为吏部侍郎，欲树私恩，再求入相，奏大置员外官，广引贵势亲识。既而为相，铨衡失序[2]，府库减耗，乃更表言滥官之弊，且请逊位[3]；上慰谕不许。

冬，十月，己卯[4]，车驾发东都，以前检校并州长史张仁愿检校左屯卫大将军兼洛州长史。戊戌[5]，车驾至西京。十一月，乙巳[6]，赦天下。

丙辰[7]，以蒲州刺史窦从一[8]为雍州刺史。从一，德玄[9]之子也，初名怀贞，避皇后父讳[10]，更名从一，多谄附权贵。太平公主与僧寺争碾硙[11]，雍州司户[12]李元纮[13]判归僧寺。从一大惧，亟命元纮改判。元纮大署判后曰：“南山可移，此判无动[14]！”从一不能夺。元纮，道广[15]之子也。

初，秘书监郑普思纳其女于后宫，监察御史灵昌崔日用[16]劾奏之，上不听。普思聚党于雍、岐二州，谋作乱。事觉，西京留守苏瓌收系，穷治之。普思妻第五[17]氏以鬼道[18]得幸于皇后，上敕瓌勿治。及车驾还西京，瓌廷争之，上抑瓌而佑[19]普思；侍御史范献忠[20]进曰："请斩苏瓌！"上曰："何故？"对曰："瓌为留守大臣，不能先斩普思，然后奏闻，使之荧惑圣听，其罪大矣。且普思反状明白，而陛下曲为申理。臣闻王者不死，殆谓是乎！臣愿先赐死，不能北面事普思。"魏元忠曰："苏瓌长者[21]，用刑不枉[22]。普思法当死。"上不得已，戊午[23]，流普思于儋州，余党皆伏诛。

十二月，己卯[24]，突厥默啜寇鸣沙[25]，灵武军大总管沙吒忠义与战，军败，死者六千余人。丁巳[26]，突厥进寇原、会等州[27]，掠陇右牧马万余匹而去。免忠义官。

安西大都护郭元振诣突骑施乌质勒牙帐议军事，天大风雪，元振立于帐前，与乌质勒语。久之，雪深，元振不移足；乌质勒老，不胜寒，会罢而卒。其子娑葛勒兵将攻元振，副使御史中丞解琬[28]知之，劝元振夜逃去，元振曰："吾以诚心待人，何所疑惧！且深在寇庭[29]，逃将安适[30]！"安卧不动。明旦[31]，入哭，甚哀，娑葛感其义，待元振如初。戊戌[32]，以娑葛袭嗢鹿州都督[33]、怀德王。

安乐公主恃宠骄恣，卖官鬻狱[34]，势倾朝野。或自为制敕，掩其文，令上署[35]之；上笑而从之，竟不视也。自请为皇太女[36]，上虽不从，亦不谴责。

（以上为第十段，写中宗优柔寡断，受制于后宫，是非不明，原则不守，无力惩治叛贼。）

【注释】

[1]戊午：九月十七日。[2]铨衡失序：铨选紊乱。[3]逊位：让位。[4]己卯：十月九日。[5]戊戌：十月二十八日。[6]乙巳：十一月五日。[7]丙辰：十一月十六日。[8]窦从一（?—713）：曾任清河县令、越州都督、扬州长史。后官至侍中。善结交权强。传见《旧唐书》卷一百八十三、《新唐书》卷一百零九。[9]德玄：窦从一之父窦德玄，高宗时任左相。传见《旧唐书》卷一百八十三、《新唐书》卷九十五。[10]避皇后父讳：皇后父名韦玄贞。[11]碾硙：加工粮食的工具。利用水力使其自然转动，俗称水磨。把谷或麦加工成米或面粉。[12]司户：

官名。全称户曹司户参军事。从七品下，掌管户籍计帐、道路逆旅及婚姻田讼之事。［13］李元纮（?—733）：字大纲。京兆万年人。以清谨自立，不畏豪强权贵。后官至宰相，深受宋璟称赞。传见《旧唐书》卷九十八、《新唐书》卷一百二十六。［14］此判无动：这一判决不可动摇。［15］道广：李元纮之父李道广则天朝官至宰相。见《新唐书》卷六十一《宰相表》。［16］崔日用（约673—722）：滑州灵昌（今河南延津县东北）人。举进士，历任芮城尉、监察御史、兵部侍郎等职，官至宰相。才辩过人，善于随机应变。传见《旧唐书》卷九十九、《新唐书》卷一百二十一。［17］第五：复姓。齐诸田之后迁居园陵者以次第为姓。其中第五氏影响最大。［18］鬼道：鬼神邪说。［19］佑：保护。［20］范献忠：事见《新唐书》卷一百二十五《苏瓌传》。［21］长者：年纪大、辈分高或性情谨厚的人。［22］枉：枉滥。［23］戊午：十一月十八日。［24］己卯：十二月九日。［25］鸣沙：县名。县治在今宁夏青铜峡市西南。［26］丁巳：十二月辛未朔，无丁巳。丁当为"辛"之误。参《旧唐书校勘记》卷三及严衍《资治通鉴补》。辛巳，即十二月十一日。［27］原、会等州：地当今甘肃靖远县至宁夏固原市一带。［28］解琬（?—718）：魏州元城（今河北大名县东北）人。官至右武卫大将军。在边二十年，务农习战，有一定成绩。传见《旧唐书》卷一百、《新唐书》卷一百三十。［29］寇庭：敌人牙帐。［30］适：至。［31］明旦：第二天清早。［32］戊戌：十二月二十八日。［33］嗢鹿州都督：高宗显庆元年（656），以突骑施索莫遏贺部置嗢鹿州都督府。治所在今新疆伊宁市西伊犁河附近。［34］鬻狱：卖狱，因讼得贿。［35］署：签字。［36］皇太女：古来无此名号。安乐公主自请为皇太女，旨在获得像皇太子一样的权力，使自己成为皇帝继承人。

景龙[1]元年（丁未，707年）

春，正月，庚戌[2]，制以突厥默啜寇边，命内外官各进平突厥之策。右补阙卢俌[3]上疏，以为："郤縠[4]悦礼乐，敦《诗书》[5]，为晋元帅[6]；杜预[7]射不穿札，建平吴之勋[8]。是知中权[9]制谋，不取一夫之勇。如沙吒忠义，骁将之材，本不足以当大任。又，鸣沙之役，主将先逃，宜正邦宪[10]；赏罚既明，敌无不服。又，边州刺史，宜精择其人，使之蒐卒乘[11]，积资粮，来则御之，去则备之。去岁四方旱灾，未易兴师。当理内以及外，绥[12]近以来远，俟仓廪实，士卒练，然后大举以讨之。"上善之。

二月，丙戌[13]，上遣武攸暨、武三思诣乾陵祈雨[14]。既而雨降，上喜，制复武氏崇恩庙及昊陵、顺陵[15]，因名酆王庙[16]曰褒德，陵曰荣先；又诏崇恩庙斋郎[17]取五品子[18]充。太常博士杨孚[19]曰："太庙皆取七品已下子为斋郎，今崇恩庙取五品子，未知太庙当如何？”上命太庙亦准崇恩庙。孚曰：“以臣准君，犹为僭逆，况以君准臣乎！”上乃止。

庚寅[20]，敕改诸州中兴寺、观为龙兴[21]，自今奏事不得言中兴[22]。右补阙权若讷[23]上疏，以为“天、地、日、月等字[24]皆则天能事[25]，贼臣敬晖等轻紊[26]前规；今削之无益于淳化[27]，存之有光于孝理[28]。又，神龙元年制书，一事以上，并依贞观故事，岂可近舍母仪，远尊祖德！”疏奏，手制褒美[29]。

三月，庚子[30]，吐蕃遣其大臣悉薰热[31]入贡。

夏，四月，辛巳[32]，以上所养雍王守礼女金城公主[33]妻吐蕃赞普。

五月，戊戌[34]，以左屯卫大将军张仁愿[35]为朔方道大总管，以备突厥。

上以岁旱谷贵，召太府卿纪处讷谋之。明日，武三思使知太史事迦叶志忠[36]奏：“是夜，摄提[37]入太微宫[38]，至帝座[39]，主大臣宴见纳忠于天子。”上以为然。敕称处讷忠诚，彻于玄象[40]，赐衣一袭[41]，帛六十段。

六月，丁卯朔[42]，日有食之。

姚嶲道讨击使、监察御史晋昌唐九徵[43]击姚州叛蛮，破之，斩获三千余人。

（以上为第十一段，写中宗命内外官进平突厥之策，佞佛求福，以及武三思借旱求雨扩张势力。）

【注释】

[1]景龙：唐中宗的第二个年号，公元707年至710年。于神龙三年九月五日庚子改元。[2]庚戌：正月十一日。[3]卢俌（fǔ）：官至秘书少监。传见《新唐书》卷二百。[4]郤縠（hú）：晋卿大夫。事见《左传》僖公二十七年。[5]敦《诗书》：喜爱《诗经》和《尚书》等儒家经典。[6]为晋元帅：被晋文公任命为中军元帅。晋大夫郤縠尊崇诗书礼乐，被晋文公任用，事见《春秋左传》僖公二十七年。[7]杜预（222—284）：字元凯，京兆杜陵（今陕西西安市长安区东）人。多谋略，人称“杜武库”。曾任镇南大将军，率兵灭吴。著有《春秋左氏经传集解》等书。传见《三国志》卷十六、《晋书》卷三十四。[8]建平吴之勋：事见《资治通鉴》卷八十一晋武帝太康元年。[9]中权：中军。[10]邦宪：国法。[11]蒐卒乘：搜集兵卒车乘，进行军事训

练。［12］绥：安。［13］丙戌：二月十七日。［14］祈雨：祈求下雨。［15］复武氏崇恩庙及昊陵、顺陵：崇恩庙在京师长安，神龙元年十一月武则天死后被废。见《新唐书》卷四《中宗纪》。昊陵，为则天父武士彟之墓，在今山西文水县。永昌元年（689）称章德陵。天授元年（690）改为昊陵。圣历二年（699）改为攀龙台。顺陵，系则天母杨氏之墓，位于今陕西咸阳市。永昌元年被尊为明义陵。天授元年改为顺陵，圣历二年改为望凤台。武则天下台后，昊陵、顺陵被废。见《新唐书》卷七十六《则天皇后传》，《唐会要》卷二十一《诸僭号陵》，《全唐文》卷二百三十九、卷二百四十九等。［16］酆王庙：即韦玄贞庙。去年四月追赠皇后父韦玄贞为酆王。［17］斋郎：办理祭祀事务的小吏。［18］五品子：五品官之子。［19］杨孚：事见《旧唐书》卷二十五《礼仪志》五、卷九十八《杜暹传》，《新唐书》卷七十一下《宰相世系表》一下、卷七十六《则天皇后传》。［20］庚寅：二月二十一日。［21］改诸州中兴寺、观为龙兴：神龙元年，唐中宗复位，敕天下诸州各置大唐中兴寺、观，表示中兴唐业，对武周政权明显持否定态度。现改为龙兴，表明中宗对武周政权的态度已发生了很大变化。［22］奏事不得言中兴：表示继承武则天的事业，不改其政。［23］权若讷：事见《新唐书》卷七十五下《宰相世系表》五下、《唐登科记考》卷二十七、《新安志》卷九。［24］天、地、日、月等字：载初元年（690），武则天曾自制天地等十二字颁行全国。见《全唐文》卷九十五《改元载初赦文》。［25］能事：盛事。［26］紊：紊乱。［27］淳化：淳美的教化。［28］孝理：孝道。［29］手制褒美：亲手作制敕，予以褒奖赞美。此言中宗昏庸，是非不明，立场摇摆，既然恢复大唐国号，又不与武周决裂。［30］庚子：三月二日。［31］悉薰热：人名。《旧唐书》卷七《中宗纪》及《新唐书》卷二百一十六上《吐蕃传》上作“悉董热”。“薰”与“董”形近易误。待考。［32］辛巳：四月十四日。［33］金城公主：事见《旧唐书》卷九十二《赵彦昭传》、卷一百一十二《李暠传》、卷一百九十六上《吐蕃传》上，《新唐书》卷二百一十六上《吐蕃传》上等。［34］戊戌：五月一日。［35］张仁愿：两《唐书·中宗纪》作“张仁亶”。按，仁愿本名仁亶，因“亶”与“旦”读音相同，避睿宗名讳，改为“愿”。二者实为一人。见两《唐书》本传。［36］迦叶志忠：迦叶，复姓。天竺人。官至镇军大将军、右骁卫将军、兼知太史事。事见《旧唐书》卷七《中宗纪》、卷五十一《中宗韦庶人传》、卷九十二《韦巨源传》，《新唐书》卷一百零九《纪处讷传》。［37］摄提：星官名。属亢宿，共六星，分布于大角星两侧。左边三星称为左摄提，右边三星称为右摄提。［38］太微宫：即太微垣。星官名。在北斗之南，轸、翼二宿之北。有星十颗，以五帝座为中枢，成藩排列。东藩四星，自南而北依次为东上相、东次相、东次将、东上将。西藩四星，依次为西上将、西次将、西次相、西上相。南藩二星，东为左执法，西为右执法。［39］帝座：星名。在天市垣内。此处当指五帝座。五帝座在太微宫中。详见《史记·天官书》。［40］玄象：天象。［41］一袭：一套。［42］丁卯朔：六月一日。［43］唐九徵：事见《旧唐书》卷七《中宗纪》、《新唐书》卷二百一十六《吐蕃传》。

皇后以太子重俊非其所生[1]，恶之；特进德静王武三思尤忌太子。上官婕妤以三思故，每下制敕，推尊武氏。安乐公主与驸马左卫将军武崇训常陵侮太子，或呼为奴。崇训又教公主言于上，请废太子，立己为皇太女。太子积不能平。

秋，七月，辛丑[2]，太子与左羽林大将军李多祚、将军李思冲[3]、李承况[4]、独孤祎[5]、沙吒忠义等，矫制发羽林千骑兵三百余人，杀三思、崇训于其第，并亲党十余人。又使左金吾大将军成王千里及其子天水王禧分兵守宫城诸门，太子与多祚引兵自肃章门[6]斩关[7]而入，叩阁[8]索上官婕妤。婕妤大言[9]曰："观其意欲先索婉儿[10]，次索皇后，次及大家[11]。"上乃与韦后、安乐公主、上官婕妤登玄武门楼以避兵锋，使右羽林大将军刘景仁[12]帅飞骑百余人屯于楼下以自卫。杨再思、苏瓌、李峤与兵部尚书宗楚客、左卫将军纪处讷拥兵二千余人屯太极殿前，闭门自守。多祚先至玄武楼下，欲升楼，宿卫拒之。多祚与太子狐疑[13]，按兵不战，冀上问之。宫闱令石城杨思勖[14]在上侧，请击之。多祚婿羽林中郎将野呼利[15]为前锋总管，思勖挺刃[16]斩之，多祚军夺气。上据槛俯谓多祚所将千骑曰："汝辈皆朕宿卫之士，何为从多祚反！苟能斩反者，勿患不富贵。"于是千骑斩多祚、承况、祎之、忠义，余众皆溃。成王千里、天水王禧攻右延明门[17]，将杀宗楚客、纪处讷，不克而死。太子以百骑走终南山，至鄠[18]西，能属[19]者才数人，憩于林下，为左右所杀。上以其首献太庙及祭三思、崇训之柩，然后枭之朝堂。更成王千里姓曰蝮氏，同党皆伏诛。

东宫僚属无敢近太子尸者，唯永和县[20]丞宁嘉勖[21]解衣裹太子首号哭，贬兴平[22]丞。

太子兵所经诸门守者皆坐流；韦氏之党奏请悉诛之，上更命法司推断。大理卿宋城郑惟忠[23]曰："大狱始决，人心未安，若复有改推，则反仄[24]者众矣。"上乃止。

以杨思勖为银青光禄大夫，行内常侍[25]。

癸卯[26]，赦天下。

赠武三思太尉、梁宣王，武崇训开府仪同三司、鲁忠王。安乐公主请用永泰公主故事，以崇训墓为陵[27]，给事中卢粲[28]驳之，以为“永泰事出特恩[29]，今鲁王主婿，不可为比。”上手敕曰：“安乐与永泰无异，同穴[30]之义，今古不殊。”粲又奏：“陛下以膝下[31]之爱施及其夫，岂可使上下无辨[32]，君臣一贯哉！”上乃从之。公主怒，出粲为陈州[33]刺史。

（以上为第十二段，写皇太子李重俊发动兵变诛灭武三思。）

【注释】

[1]皇后以太子重俊非其所生：太子重俊为后宫所生，史佚其母姓氏。[2]辛丑：七月六日。[3]李思冲（?—707）：唐高宗朝宰相李敬玄之子。官至工部侍郎、左羽林军将军。传见《旧唐书》卷八十一、《新唐书》卷一百零六。[4]李承况（?—707）：传见《新唐书》卷六十四、《旧唐书》卷七十九。[5]独孤祎：章校，十二行本“祎”下有“之”字。查《旧唐书·节愍太子重俊传》作“独孤祎之”。《资治通鉴》下文亦作“祎之”。当以十二行本为是。[6]肃章门：在长安宫城太极殿西北。[7]斩关：斩断门锁。[8]叩阁：叩击阁门。[9]大言：大声说。[10]婉儿：上官婕妤之名。[11]大家：亲近侍从对皇帝的称呼。[12]刘景仁：事见《新唐书》卷二百二十五下《黄巢传》。按，刘景仁唐末人，官至左武卫大将军。据两《唐书·节愍太子重俊传》，此处当作刘仁景。[13]狐疑：犹豫。[14]宫闱令石城杨思勖：宫闱令，宫闱局令，从七品下，属内侍省，掌侍奉宫闱，出入钥匙。杨思勖（?—740），罗州石城（今广东廉江市东北）人。本姓苏，为杨氏所养。宦官。累迁至骠骑大将军，封虢国公。传见《旧唐书》卷一百八十四、《新唐书》卷二百零七。[15]野呼利：人名。见《旧唐书》卷一百零九《李多祚传》、《新唐书》卷一百一十《李多祚传》。[16]挺刃：拔刀。[17]右延明门：太极殿右门。[18]鄠（hù）：县名。县治在今陕西西安市鄠邑区。[19]属：连属。指能跟上的人。[20]永和县：县治在今山西永和县。[21]宁嘉勖：人名。事见《旧唐书》卷八十六《节愍太子重俊传》、《新唐书》卷八十一《节愍太子重俊传》。[22]兴平：两《唐书·节愍太子重俊传》均作“平兴”。平兴属端州，县治在今广东肇庆市东南。当时尚无“兴平”县名。故当据两《唐书》改正。[23]郑惟忠（?—722）：宋州宋城（今河南商丘市南）人。进士出身，曾任井陉尉、水部员外郎、观阁舍人等职。用法宽平。传见《旧唐书》卷一百、《新唐书》卷一百二十八。[24]反仄：同“反侧”，辗转不安。[25]内常侍：内侍省官名。正五品下。协助内侍，掌在内侍奉，出入宫掖、宣传诏令之事。[26]癸卯：七月八日。[27]请用永泰公主故事，以崇训墓为陵：永泰公主死于大足元年（701）九月，神龙二年（706）以主礼改葬，特恩号墓为陵。[28]卢粲：幽州范阳（今北京市）人。传见《旧唐书》卷一百八十九下、《新唐书》卷一百九十九。[29]特恩：特殊恩赐。[30]同穴：本指夫妇死后同葬一个墓穴。此处指夫妻。[31]膝下：指儿女。[32]无辨：无别。[33]陈州：州名。治所

在今河南周口市淮阳区。

襄邑[1]尉襄阳席豫[2]闻安乐公主求为太女[3]，叹曰："梅福讥切王氏[4]，独何人哉[5]！"乃上书请立太子，言甚深切。太平公主欲表为谏官[6]，豫耻之，逃去。

八月，戊寅[7]，皇后及王公已下表上尊号曰应天神龙皇帝，改玄武门为神武门，楼为制胜楼。宗楚客又帅百官表请加皇后尊号曰顺天翊圣皇后。上并许之。

初，右台大夫苏珦[8]治太子重俊之党，囚有引相王者，珦密为之申理，上乃不问。自是安乐公主及兵部尚书宗楚客日夜谋谮相王，使侍御史冉祖雍诬奏相王及太平公主，云"与重俊通谋，请收付制狱。"上召吏部侍郎兼御史中丞萧至忠，使鞫之，至忠泣曰："陛下富有四海，不能容一弟一妹[9]，而使人罗织害之乎！相王昔为皇嗣，固请于则天，以天下让陛下[10]，累日[11]不食，此海内所知。奈何以祖雍一言而疑之！"上素友爱，遂寝其事。

右补阙浚仪吴兢[12]闻祖雍之谋，上疏，以为："自文明[13]以来，国之祚胤[14]，不绝如线，陛下龙兴，恩及九族，求之瘴海[15]，升之阙庭。况相王同气[16]至亲，六合无贰[17]，而贼臣日夜连谋，乃欲陷之极法；祸乱之根，将由此始。夫任以权则虽疏必重，夺其势则虽亲必轻。自古委信异姓，猜忌骨肉，以覆国亡家者，几何人矣[18]。况国家枝叶[19]无几，陛下登极未久，而一子以弄兵受诛[20]，一子以愆违远窜[21]，惟余一弟朝夕左右，尺布斗粟之讥[22]，不可不慎，《青蝇》之诗[23]，良可畏也。"

相王宽厚恭谨，安恬好让，故经武、韦之世，竟免于难。

（以上为第十三段，写韦皇后党羽借太子兵变事件谋害相王李旦，几至于不保。）

【注释】

[1]襄邑：县名。属宋州。县治在今河南睢县。 [2]席豫（680—748）：襄州襄阳（今湖北襄阳市）人。进士及第，以词藻见称。官至礼部尚书。传见《旧唐书》一百九十中、《新唐书》卷一百二十八。 [3]太女：皇太女。安乐公主为皇太女，即求太子之位，欲继承皇位。 [4]梅福

讥切王氏：梅福，西汉成帝时人，曾上书指斥外戚王凤专权。事见《汉书》卷六十七。［5］独何人哉：独，《新唐书·席豫传》作“彼”。他是多么了不起的人啊！意思是自己应效法梅福进谏。［6］谏官：负责谏诤的官员。唐代散骑常侍、谏议大夫、左右拾遗、补阙等皆属谏官。［7］戊寅：八月十三日。［8］苏珦（635—715）：雍州蓝田（今陕西蓝田县）人。曾任右台监察御史、给事中等职。后官至户部尚书，赐爵河内郡公。传见《旧唐书》卷一百、《新唐书》卷一百二十八。［9］不能容一弟一妹：相王李旦系中宗李显之弟，太平公主为中宗之妹。三人皆为武则天所生。［10］以天下让陛下：相王李旦，武则天时为皇嗣，即皇帝继承人，中宗自房陵回到洛阳后，固请让位于中宗。［11］累日：连日。［12］吴兢（670—749）：汴州浚仪（今河南开封市）人。官至太子左庶子。长期担任史职。著述甚丰。所撰《贞观政要》流传至今，是研究唐初历史的重要资料。传见《旧唐书》卷一百零二、《新唐书》卷一百三十二。［13］文明：唐睿宗第一次即位的年号，公元684年。［14］祚胤：祚位后胤。［15］瘴海：瘴气弥漫的地方。指岭南地区。［16］同气：原指有血统关系的亲属，后多指同胞兄弟而言。此处即指兄弟。［17］六合无贰：天地之间没有第二个。六合，东西南北四方及上下，代指宇宙、天下。［18］几何人矣：多少人啊。意谓其人甚多。［19］枝叶：亲属。此处比喻宗支。［20］一子以弄兵受诛：节愍太子重俊神龙三年（707）七月起兵杀武三思，兵败被杀。［21］一子以愆违远窜：谯王重福神龙元年二月遭韦皇后之谮被贬为濮州刺史。愆违，过错。［22］尺布斗粟之讥：汉文帝弟刘长因谋反被徙蜀郡，在路上绝食而死。民间作歌讥讽此事，说：“一尺布，尚可缝；一斗粟，尚可舂。兄弟二人不相容。”见《史记》卷一百一十八。［23］《青蝇》之诗：见《诗经·小雅》。内容是：“营营青蝇，止于樊。岂弟君子，无信谗言。”周人以此刺周幽王信谗。

初，右仆射、中书令魏元忠以武三思擅权，意常愤郁。及太子重俊起兵，遇元忠子太仆少卿升于永安门[1]，胁以自随；太子死，并为乱兵所杀。元忠扬言曰：“元恶[2]已死，虽鼎镬何伤[3]！但惜太子陨没[4]耳。”上以其有功，且为高宗、武后所重，故释不问。兵部尚书宗楚客、太府卿纪处讷等共证元忠，云“与太子通谋，请夷其三族。”制不许。元忠惧，表请解官爵，以散秩[5]还第[6]。丙戌[7]，上手敕听解仆射，以特进、齐公致仕，仍朝朔望。

九月，丁卯[8]，以吏部侍郎萧至忠为黄门侍郎，兵部尚书宗楚客为左卫将军，兼太府卿纪处讷为太府卿，并同中书门下三品；中书侍郎、同中书门下三品于惟谦罢为国子祭酒。

庚子[9]，赦天下，改元。

宗楚客等引右卫郎将姚廷筠[10]为御史中丞，使劾奏魏元忠，以为："侯君集社稷元勋[11]，及其谋反，太宗就群臣乞其命而不得，竟流涕斩之[12]。其后房遗爱、薛万彻、齐王祐等为逆[13]，虽复懿亲[14]，皆从国法。元忠功不逮[15]君集，身又非国戚，与李多祚等谋反，男入逆徒，是宜赤族污宫。但有朋党饰辞营救，以惑圣听，陛下仁恩，欲掩其过。臣所以犯龙鳞，忤圣意者，正以事关宗社[16]耳。"上颇然之。元忠坐系大理，贬渠州[17]司马。宗楚客令给事中冉祖雍奏言："元忠既犯大逆，不应出佐渠州。"杨再思、李峤亦赞之。上谓再思等曰："元忠驱使日久，朕特矜容，制命已行，岂容数改！轻重之权，应自朕出。卿等频奏，殊非朕意！"再思等惶惧拜谢。

监察御史袁守一[18]复表弹元忠曰："重俊乃陛下之子，犹加昭宪[19]；元忠非勋非戚，焉得独漏严刑！"甲辰[20]，又贬元忠务川[21]尉。

顷之，楚客又令袁守一奏言："则天昔在三阳宫[22]不豫[23]，狄仁杰奏请陛下监国，元忠密奏以为不可，此则元忠怀逆日久，请加严诛！"上谓杨再思等曰："以朕思之，人臣事主，必在一心；岂有主上小疾，遽[24]请太子知事！此乃仁杰欲树私恩，未见元忠有失。守一欲借前事以陷元忠，其可乎！"楚客乃止。

元忠行至涪陵[25]而卒。

（以上为第十四段，写韦皇后党羽借太子兵变事件谋害魏元忠。）

【注释】

[1]永安门：长安太极宫南面三门之一。在承天门之西。[2]元恶：指武三思。[3]虽鼎镬何伤：即使被置于鼎镬之中，又有什么关系呢！[4]惜太子陨没：可惜太子重俊被杀。[5]散秩：闲散而无一定职守的官职。[6]还第：回归宅第。[7]丙戌：八月二十一日。[8]丁卯：九月丙申朔，无丁卯。《旧唐书》卷七《中宗纪》、《新唐书》卷四《中宗纪》及卷六十一《宰相表》均作"丁酉"。丁酉即九月二日。[9]庚子：九月五日。[10]姚廷筠：事见《旧唐书》卷九十二《魏元忠传》、《新唐书》卷一百二十二《魏元忠传》。"廷"一作"庭"。[11]社稷元勋：对国家有较大功劳的人。[12]流涕斩之：时在太宗贞观十七年。[13]齐王祐等为逆：其事分别见《资治通鉴》卷一百九十六、卷一百九十九。[14]懿亲：至亲。[15]不逮：不及。

[16]宗社：宗庙社稷。［17］渠州：治所流江，在今四川渠县。［18］袁守一：事见《旧唐书》卷九十二《魏元忠传》、《新唐书》卷一百二十二《魏元忠传》、《元和姓纂》卷四及《唐御史台精舍题名考》卷二。［19］昭宪：明法。［20］甲辰：九月九日。［21］务川：县名。属思州，县治在今贵州沿河县北。［22］三阳宫：位于嵩阳（今河南登封市）境。圣历三年（700）十一月造。长安四年（704）正月毁。［23］不豫：患病。［24］遽：急，马上。［25］涪陵：县名。属涪州。县治在今重庆市涪陵区。

银青光禄大夫、上庸公、圣善·中天·西明三寺主慧范于东都作圣善寺[1]，长乐坡[2]作大像，府库为之虚耗。上及韦后皆重之，势倾内外，无敢指目者。戊申[3]，侍御史魏传弓[4]发其奸赃四十余万，请寘[5]极法[6]。上欲宥之，传弓曰："刑赏国之大事，陛下赏已妄加，岂宜刑所不及！"上乃削黜慧范，放于家。

宦官左监门大将军薛思简[7]等有宠于安乐公主，纵暴不法，传弓奏请诛之，御史大夫窦从一惧，固止之。时宦官用事，从一为雍州刺史及御史大夫，误见讼者无须[8]，必曲加承接[9]。

以杨再思为中书令，韦巨源、纪处讷并为侍中[10]。

壬戌[11]，改左、右羽林千骑为万骑。

冬，十月，丁丑[12]，命左屯卫将军[13]张仁愿充朔方道大总管，以击突厥；比至，虏已退，追击，大破之。

习艺馆内教[14]苏安恒，矜高好奇，太子重俊之诛武三思也，安恒自言"此我之谋"。太子败，或告之；戊寅[15]，伏诛。

十二月，乙丑朔[16]，日有食之。

是岁，上遣使者分道诣江、淮[17]赎生[18]。中书舍人房子李乂[19]上疏谏曰："江南乡人[20]采捕为业，鱼鳖之利，黎元所资。虽云雨之私有霑于末利[21]；而生成之惠未洽[22]于平人[23]。何则？江湖之饶，生育无限；府库之用，支供易殚。费之若少，则所济何成！用之傥[24]多，则常支有阙。在其拯物，岂若忧人！且鬻生之徒，惟利是视，钱刀[25]日至，网罟[26]年滋，施之一朝，营之百倍。未若回救赎之钱物，减贫无之徭赋，活国爱人，其福胜彼[27]。"

（以上为第十五段，写中宗佞佛，建佛寺，买鱼放生，靡费大量国家资财。唐军大败突厥。)

【注释】

[1]圣善、中天、西明三寺主慧范于东都作圣善寺：据《唐会要》卷四十八，圣善寺在章善坊，西明寺在延康坊。中宗作圣善寺，目的在为武则天追福。[2]长乐坡：又名“浐坡”，在长安城东，即今陕西西安市东郊长乐坡。[3]戊申：九月十三日。[4]魏传弓：事见《新唐书》卷一百九《窦怀贞传》、《唐御史台精舍题名考》卷二。[5]寘：通“置”。[6]极法：死刑。[7]薛思简：见《新唐书》卷八十一《谯王重福传》。[8]无须：没有胡须。[9]曲加承接：曲法加以承接。意思是说窦从一偏袒宦官。讼者无须，以为是宦官，故曲加承接。[10]以杨再思为中书令，韦巨源、纪处讷并为侍中：据《新唐书》卷四《中宗纪》、卷六十一《宰相表》，时在九月辛亥，即九月十六日。[11]壬戌：九月二十七日。[12]丁丑：十月十三日。[13]左屯卫将军：“左屯卫”下逸“大”字。见《旧唐书》卷九十三《张仁愿传》、《新唐书》卷一百一十一《张仁愿传》。[14]习艺馆内教：官名。掌教习宫人书算众艺。原名内文学馆，置于禁内，设学士一人以教习宫人。[15]戊寅：十月十四日。[16]乙丑朔：十二月一日。[17]江、淮：长江、淮河。[18]赎生：用钱财购买动物进行放生。中宗认为江淮百姓捕鱼伤生，故遣人以钱物赎之。[19]李乂：字尚真，赵州房子（今河北临城县）人。曾任监察御史，劾奏无避。官至刑部尚书，时称“有宰相器”。传见《旧唐书》卷一百零一、《新唐书》卷一百一十九。[20]乡人：即乡民。避太宗讳，改“民”为“人”。[21]末利：据章校，十二行本“利”作“类”。按，《旧唐书·李乂传》亦作“末类”。从文意分析，亦当以“末类”为是。[22]未洽：未周。[23]平人：一般百姓。[24]傥：倘若。[25]钱刀：即钱币。古代有的货币形状像刀，故遂以钱刀作为钱币的代称。[26]网罟：本指捕鱼鳖鸟兽的工具，后常用来比喻法律。[27]胜彼：胜于赎生。

【点评】

本卷点评五事：其一，韦皇后干政；其二，五王遭残害；其三，中宗滥封职官；其四，中宗放生；其五，太子李重俊诛灭武三思。这一系列事件的发生，主要是唐中宗的昏庸导致，这些事件的影响把李隆基唐玄宗推上了政治舞台，为唐代的开元之治开辟了道路。

一、韦皇后干政。中宗皇后韦氏，京兆万年县人韦玄贞之女。中宗为太子时，韦氏为妃。嗣圣元年（684），中宗即位，韦氏被立为皇后，不久中宗被废，被流放房州，韦氏随从。当时中宗惊惶不安，每当制使到来，惶恐得想自杀，被韦氏劝阻，夫妻共患难，情义深厚。两人发誓，白头偕老。中宗说：“如果有重见天日的一天，夫人想干什么就干什么，绝不禁止。”韦氏为中宗生一男，即懿德太子李重润，四女，为永泰公主、永寿公主、长宁公主、安乐公主。安乐公主最幼，又生于流放房州途中，中宗亲自脱衣裹婴儿，为其取小名为裹儿，特别钟爱。中宗从流放地被召回，被重新立为太子、恢复帝位后，便放纵韦氏与安乐公主为所欲为。中宗又纳上官婉儿为婕妤。上官婉儿与武三思私通，又将武三思引入内宫荐与韦氏皇后，两人又私通。上官婉儿、韦皇后与武三思三人以奸情相结合为一特殊的秽行政治集团。上官婉儿与武三思攀附韦皇后图谋执掌朝政，两人教唆韦皇后效法武则天垂帘与中宗共掌朝政。韦皇后听了上官婉儿的邪说，上表请天下士庶为母服丧三年，又请百姓壮年男子二十三为丁，五十九免役。唐制，二十即为丁，六十老免。韦皇后以此收买人心。安乐公主出嫁为武三思儿媳，驸马为武崇训。韦皇后所生懿德太子因私议武则天行为不检，被武则天杀害。中宗复位后所立太子李重俊不是韦皇后所生，韦皇后像家奴一样对待他。中宗任命武崇训为太子宾客之一，武崇训却引诱太子蹋球戏耍，不干正经事。武崇训还在背后教唆安乐公主凌辱李重俊。韦皇后要做武则天第二，安乐公主要当皇太女，武三思要东山再起，上官婉儿要分一杯羹。这样韦皇后为核心，纠集武三思、安乐公主、上官婉儿成为倒太子的政治集团。唐中宗继承了唐高宗的懦弱和武则天的猜忌，昏庸糊涂到了极点。韦皇后与人私通，中宗也居然心安理得，中宗完全被韦皇后控制在手心里，终于不得善终。此事将在下一卷韦皇后发动宫廷政变时再点评。

二、五王遭残害。张柬之等五王诛杀“二张”，洛州长史薛季昶对张柬之、敬晖说：“二凶虽除，产、禄犹在，去草不去根，终当复生。”张柬之、敬晖回答说：“大事已定，诸武有什么能耐，好比是菜板上的肉，今杀人已多，不能再增加了。”薛季昶叹息说：“我不知道死在哪里啊！”朝邑尉刘幽求也对桓彦范、敬晖说：“武三思还活着，公等将死无葬身之地。”事定之后，张柬之等劝中宗亲手下令诛杀诸武，中宗不从。张柬之等又劝中宗贬逐诸武，中宗又不从，反而微服私访武三思。张柬之等感叹地说：“我之所以不杀诸武，是要留给皇上亲自诛杀立威，如今是这个样子，没有什么办法了。”

张柬之等五王错过了诛杀武三思的机会，又不听薛季昶、刘幽求之言，确实是犯了一个大错误。张柬之说留武三思给中宗亲手诛除，以立天子之威，王夫之对此给予了高度评价，说：“以斯言体斯心，念深礼谨，薄一己之功名，正一王之纲纪，端人正士所由异于功名之士远矣。”（《读通鉴论》卷二十一）张柬之的说法与王夫之的评论，只是一个方面，更主要的原因，是张柬之等人投鼠忌器。因为拥护中宗，子夺母权，已犯大忌，武三思与中宗是儿女亲家，既然武三思与中宗争过皇位，按常理，中宗会诛杀武三思，没想到中宗的懦弱与猜忌，致使事与愿违。中宗不诛武三思，至少有三个原因。一是性情懦弱，母后之侄，又是亲家翁，下不了手。二是中宗被三个女人的包围：韦皇后、安乐公主、上官婉儿。武三思与三个女人联手，这是新形势的发展。三是更重要的原因：中宗猜忌五王，明知五王无罪，却利用武三思来诛除五王。五王被武三思残害，中宗的忌疑是主要原因。

三、中宗滥封职官。中宗用职官来酬劳亲故，尤其是纵容安乐公主卖官，以手敕斜封官助长其势，不仅把国家政治搞得一团漆黑，也使韦氏势力迅速膨胀，并与武氏外戚合流，迫害忠良，导致国家元气大丧。宋之逊卖友求荣，投靠武氏，五王以崔湜为耳目，崔湜倒戈。殿中侍御史郑愔谄事"二张"，"二张"败亡，也投靠武三思合谋害忠良。中宗滥封官职，假权与外戚，为小人的复聚创造了条件。

四、中宗放生。中宗佞佛，不仅大办佛事，耗费国家资财，更为荒唐的是不准江淮之民捕捞鱼虾，并花巨资来买鱼放生，使成千上万靠江河水产为生的渔民失业，足见中宗只为个人祈福，不顾民生，简直是一个残贼之主，又岂止昏庸而已。

五、太子李重俊诛灭武三思。武三思诛灭五王之后，权倾人主，得意地说："我不知道人间什么样的人是善人，什么样的人是恶人。我只有一个标准，对我好的人就是善人，对我不好的人就是恶人。"兵部尚书宗楚客、将作大匠宗晋卿、太府卿纪处讷、鸿胪卿甘元柬等都是武三思的羽翼。如今武三思已经是东山再起。安乐公主要做皇太女，韦皇后要做第二个武则天，太子李重俊成了他们的眼中钉，还加上一个武三思的情人上官婉儿，她们轮番在中宗面前虚造太子的不是，等待废太子。景龙元年（707），秋季，七月六日辛丑，太子起兵杀死武三思及其子武崇训，还冲进宫中要杀上官婉儿。中宗组织禁军反击，太子兵败被杀，在唐代上演了一场汉武帝时的巫蛊之祸，太子李重俊成了第二个废太子。汉朝的江充，唐朝的武三思，均是祸国贼子，但祸乱的产生，却自上起，昏庸的皇帝承担主要责任。汉武帝晚年因患病而昏，唐中宗无疾而昏。汉唐两事相对照，两太子之死，具有共通性。这是集权制度下的产物，不是很能发人深省吗？

卷二〇九　唐纪二十五

唐中宗景龙二年至唐睿宗景云元年（708—710 年）

【起著雍涒滩（戊申，708 年），尽上章阉茂（庚戌，710 年）七月，凡二年有奇】

【大事提要】

本卷记事起公元 708 年，讫公元 710 年七月，凡两年又七个月，时当唐中宗景龙二年到唐睿宗景云元年七月。中宗是一个溺于儿女情长的昏君，他治国无方，治家无策，忠奸不辨，是非不明。郭元振安边良策中宗听不进；宗楚客贪赃误国，招致唐军大败，事后不惩奸。中宗滥施封赏，冗官充斥、封邑逾制、选举败坏、贿赂公行，又佞佛建寺，穷奢极侈，耗费了无数的国家资财，加重人民负担。灾害发生，不见中宗有赈济措施。中宗还有一特点，喜欢在公众场合逗乐，娱乐、宴会、踢球，纵情言笑，语言粗俗，大失天子体统。中宗在除夕之夜，主婚嫁韦皇后奶母，博取群臣笑乐，天子尊严扫地。中宗纵容长宁、安乐两公主家奴为恶，公开卖官，斜封官员有数千之多。韦皇后助祭南郊，违背礼制，以致朝纲堕坏。尤其是中宗容忍韦皇后淫行，最终导致自己遭毒杀，史称“韦后之乱”。临淄王李隆基发动兵变，诛除韦后，灭其党羽，睿宗即位。旬日之间两场政变。韦皇后处心积虑要做武则天第二，毒杀亲夫，结果十天之内就败亡了。

中宗大和大圣大昭孝皇帝下

景龙二年（戊申，708 年）

春，二月，庚寅[1]，宫中言皇后衣笥[2]裙上有五色云[3]起，上令图[4]以示百官。韦巨源请布之天下[5]，从之，仍赦天下。

迦叶志忠奏：“昔神尧皇帝[6]未受命[7]，天下歌《桃李子》[8]；文武皇帝[9]未受命，天下歌《秦王破阵乐》[10]；天皇大帝[11]未受命，天下歌《堂堂》[12]；则天皇后未受命，天下歌《娬媚娘》[13]；应天皇帝[14]

未受命，天下歌《英王石州》[15]；顺天皇后[16]未受命，天下歌《桑条韦》[17]，盖天意以为顺天皇后宜为国母，主蚕桑之事，谨上《桑韦歌》十二篇，请编之乐府[18]，皇后祀先蚕则奏之。”太常卿郑愔又引而申之[19]。上悦，皆受厚赏。

右补阙赵延禧[20]上言：“周、唐一统，符命同归，故高宗封陛下为周王[21]；则天时，唐同泰献《洛水图》[22]。孔子曰：‘其或继周者，虽百代可知也。’陛下继则天，子孙当百代王天下。”上悦，擢延禧为谏议大夫。

丁亥[23]，萧至忠[24]上疏，以为：“恩幸[25]者止可富之金帛[26]，食以粱肉[27]，不可以公器[28]为私用。今列位[29]已广，冗员[30]倍之，干求[31]未厌，日月增数[32]，陛下降不赀[33]之泽，近戚有无涯之请，卖官利己，鬻法徇私。台寺[34]之内，朱紫[35]盈满，忽事[36]则不存职务，恃势则公违宪章[37]，徒忝[38]官曹，无益时政。”上虽嘉其意，竟不能用。

（以上为第一段，写唐中宗鼓励献媚者称扬韦皇后，制造祥瑞舆论。）

【注释】

［1］庚寅：严衍《资治通鉴补》：“寅”改“辰”。按，《旧唐书》卷七《中宗纪》载：“二月皇后自言衣箱中裙上有五色云起，癸未夜，天保星坠西南，有声如雷，野雉皆雊。乙酉，帝以后服有庆云之瑞，大赦天下。”据此，当以严补为是。庚辰，二月十七日。癸未，二十日。乙酉，二十二日。［2］衣笥（sì）：衣箱。［3］五色云：五种颜色的彩云。古人称之为“祥云”。［4］图：绘图。［5］布之天下：布告天下。［6］神尧皇帝：唐高祖李渊。［7］未受命：未得天命，即未登基之时。［8］《桃李子》：歌谣名。其词为：“桃李子，莫浪语，黄鹄绕山飞，宛转花园里。”见温大雅《大唐创业起居注》卷一。［9］文武皇帝：唐太宗李世民。［10］《秦王破阵乐》：乐曲名。太宗为秦王时，破刘武周，军中相与作《秦王破阵乐》。后常在宴会上演奏。［11］天皇大帝：唐高宗李治。［12］《堂堂》：乐府曲。相传为陈后主所作，唐高宗时常歌唱。高宗时，京城民谣有“侧堂堂，桡堂堂”之言。太常丞李嗣真说：“侧者不正，桡者不安。”非吉祥之言。［13］《妩媚娘》：唐乐曲名。原名《舞媚娘》，南朝陈时即有。高宗永徽年间（650—655），许多人为取悦武则天，以“舞”谐“武”，且武氏为唐太宗才人时曾赐号“武媚”，遂改《舞媚娘》为《武媚娘》，又称《妩媚娘》。不久武氏被立为皇后。［14］应天皇帝：即唐中宗李显。［15］《英王石州》：歌名。唐中宗曾封英王，迦叶志忠于是附会以此曲为受命之符。［16］顺天皇后：即唐中宗皇后韦氏。

[17]《桑条韦》：歌名。《新唐书》卷三十五：永徽末，民歌有“桑条韦也”“女时韦也”乐。迦叶志忠于是附为后妃之德，奏上《桑韦歌》十二篇，称扬韦皇后。[18]乐府：国立的音乐机构。民歌采录归乐府。[19]引而申之：由本意推及他意，借题发挥。[20]赵延禧：事见《旧唐书》卷五十一《中宗韦庶人传》、卷九十二《韦巨源传》，《新唐书》卷七十六《中宗庶人韦氏传》、卷一百零九《宗楚客传》。[21]封陛下为周王：显庆二年（657）二月十二日，封皇子显（即后来的中宗）为周王。[22]唐同泰献《洛水图》：时在垂拱三年，公元687年。[23]丁亥：二月二十四日。[24]萧至忠（?—713）：沂州丞县（今山东枣庄市东南）人。敢于纠擿不法，被推为名臣。官至中书令。传见《旧唐书》卷九十二、《新唐书》卷一百二十三。[25]恩幸：承恩侥幸。[26]金帛：金钱布帛。[27]粱肉：精美的膳食。[28]公器：官位。[29]列位：在职官吏。[30]冗员：没有专职的散官。[31]干求：干谒请求。[32]增数：增加其数目。[33]不赀：无量。[34]台寺：犹台阁。[35]朱紫：穿朱衣紫衣的官员。指五品以上的大官。[36]忽事：玩忽职守。[37]宪章：法律。[38]忝：辱。

三月，丙辰[1]，朔方道大总管张仁愿筑三受降城[2]于河上。

初，朔方军与突厥以河[3]为境，河北有拂云祠[4]，突厥将入寇，必先诣祠祈祷，牧马料兵而后渡河。时默啜悉众西击突骑施，仁愿请乘虚夺取漠南地，于河北筑三受降城，首尾相应，以绝其南寇之路。太子少师唐休璟以为“两汉以来皆北阻大河[5]，今筑城寇境，恐劳人费功，终为虏有。”仁愿固请不已，上竟从之。

仁愿表留岁满镇兵[6]以助其功[7]，咸阳兵[8]二百余人逃归，仁愿悉擒之，斩于城下，军中股栗[9]，六旬[10]而成。以拂云祠为中城，距东西两城各四百余里[11]，皆据津要[12]，拓[13]地三百余里。于牛头朝那山[14]北，置烽候[15]千八百所，以左玉钤卫将军论弓仁[16]为朔方军前锋游弈使[17]，戍诺真水[18]为逻卫[19]。自是突厥不敢渡山畋牧[20]，朔方无复寇掠，减镇兵数万人。

仁愿建三城，不置壅门[21]及备守之具。或问之，仁愿曰：“兵贵进取，不利退守。寇至，当并力出战，回首望城者，犹应斩之，安用守备，生其退恧[22]之心也！”其后常元楷为朔方军总管，始筑壅门。人是以重仁愿而轻元楷。

（以上为第二段，写朔方道大总管张仁愿筑边塞防御突厥。）

【注释】

[1]丙辰：三月二十三日。 [2]三受降城：即中受降城、东受降城和西受降城。中城在今内蒙古包头市西南。东城在今托克托县南、黄河北大黑河东岸。西城在今杭锦后旗北乌加河北岸、狼山口南。 [3]河：黄河。 [4]拂云祠：位于拂云堆上，地势较高。 [5]北阻大河：北境以黄河为险阻。 [6]岁满镇兵：戍边期限已满的士兵。 [7]以助其功：帮助修建三受降城。[8]咸阳兵：从咸阳去的镇兵。 [9]股栗：两腿发抖。形容十分恐惧。 [10]六旬：两个月。[11]距东西两城各四百余里：一说距东城三百里，距西城三百八十里。 [12]津要：水陆交通要冲。 [13]拓：开拓。 [14]牛头朝那山：在今内蒙古乌拉特中旗与达尔罕茂明安联合旗境内。[15]烽候：即烽火台。 [16]论弓仁：吐蕃人。论钦陵之子。圣历二年（699）归唐，授左玉钤卫将军，封酒泉郡公。长期镇守边疆，屡立战功。官至左骁卫大将军、朔方副大使。传见《新唐书》卷一百一十。 [17]游弈使：犹巡逻使。巡候于亭障之外，刺探敌情。 [18]诸真水：在今达尔罕茂明安联合旗北。 [19]逻卫：巡逻守卫。 [20]畋牧：畋猎放牧。 [21]壅门：遮掩城门的短墙。 [22]退恧（nǜ）：退缩惭惧。恧，惭愧。

夏，四月，癸未[1]，置修文馆[2]大学士四员，直学士八员，学士十二员，选公卿以下善为文者李峤等为之。每游幸禁苑，或宗戚宴集，学士无不毕从[3]，赋诗属和[4]，使上官昭容第其甲乙[5]，优者赐金帛；同预宴者，惟中书、门下及长参[6]王公、亲贵数人而已，至大宴，方召八座[7]、九列[8]、诸司五品以上预焉。于是天下靡然争以文华[9]相尚，儒学忠谠[10]之士莫得进矣。

秋，七月，癸巳[11]，以左屯卫大将军、朔方道大总管张仁愿同中书门下三品。

甲午[12]，清源尉吕元泰[13]上疏，以为："边境未宁，镇戍不息，士卒困苦，转输疲弊，而营建佛寺，日广月滋，劳人费财，无有穷极[14]。昔黄帝、尧、舜、禹、汤、文、武惟以俭约仁义立德垂名，晋、宋以降，塔庙[15]竞起，而丧乱相继，由其好尚失所，奢靡相高[16]，人不堪命[17]故也。伏愿回营造之资，充疆埸[18]之费，使烽燧永息，群生富庶，则如来[19]慈悲之施，平等之心，孰过于此！"疏奏，不省。

（以上为第三段，写中宗崇尚浮华和佞佛。）

【注释】

[1]癸未：四月二十一日。 [2]修文馆：置于武德四年（621），在门下省。武德九年改为弘文馆。神龙元年（705）改为昭文馆。次年复称修文馆。官员五品以上称学士，六品以上称直学士。上官昭容劝唐中宗置大学士四员，以象四时；直学士八人，以象八节；学士十二人，以象十二时。 [3]毕从：全从。 [4]属和：连属应和。 [5]第其甲乙：品评其甲乙等第。 [6]长参：长久参谒。 [7]八座：唐人以尚书左右仆射及吏、户、礼、兵、刑、工六部尚书为“八座”。 [8]九列：即太常、光禄、卫尉、宗正、太仆、大理、鸿胪、司农、太府九寺。 [9]文华：辞藻。 [10]忠谠：忠贞直言。 [11]癸巳：七月三日。 [12]甲午：七月四日。 [13]吕元泰：事见《新唐书》卷一百一十八本传及《唐御史台精舍题名考》卷二。 [14]穷极：穷尽。 [15]塔庙：佛寺。 [16]奢靡相高：意即崇尚奢靡。 [17]堪命：犹聊生。 [18]疆埸（yì）：本指国界，此处指边防。 [19]如来：“佛”的十号之一。《大智度论》卷二十四：“如实道来，故名如来。”

安乐、长宁公主[1]及皇后妹郕国夫人、上官婕妤、婕妤母沛国夫人郑氏、尚宫[2]柴氏、贺娄氏，女巫第五英儿、陇西夫人赵氏[3]，皆依势用事，请谒受赇[4]，虽屠沽[5]臧获[6]，用钱三十万，则别降墨敕除官，斜封付中书，时人谓之“斜封官[7]”；钱三万则度[8]为僧尼。其员外、同正、试、摄、检校、判、知官凡数千人[9]。西京、东都各置两吏部侍郎，为四铨[10]，选者岁数万人。

上官婕妤及后宫多立外第[11]，出入无节[12]，朝士往往从之游处，以求进达[13]。安乐公主尤骄横，宰相以下多出其门。与长宁公主竞起第舍[14]，以侈丽相高，拟于宫掖，而精巧过之。安乐公主请昆明池[15]，上以百姓蒲鱼[16]所资，不许。公主不悦，乃更夺民田作定昆池[17]，延袤数里，累石像华山[18]，引水像天津[19]，欲以胜昆明，故名定昆。安乐[20]有织成裙[21]，直钱一亿，花卉鸟兽，皆如粟粒[22]，正视旁视，日中影中，各为一色。

上好击球，由是风俗相尚，驸马武崇训、杨慎交[23]洒油以筑毬场。慎交，恭仁[24]曾孙也。

上及皇后、公主多营佛寺。左拾遗京兆辛替否[25]上疏谏，略曰：“臣闻古之建官，员不必备[26]，士有完行[27]，家有廉节[28]，朝廷有余俸，百姓有余食。伏惟陛下百倍行赏，十倍增官，金银不供其印[29]，束帛不充于锡[30]，遂使富商豪贾，尽居缨冕[31]之流；鬻伎行巫，或涉膏腴[32]之地。”又曰：“公主，陛下之爱女，然而用不合于古义，行不根于人心，将恐变爱成憎，翻福为祸。何者？竭人之力，费人之财，夺人之家；爱数子而取三怨，使边疆之士不尽力，朝廷之士不尽忠，人之散矣，独持所爱，何所恃乎！君以人为本，本固则邦宁[33]，邦宁则陛下之夫妇母子长相保也。”又曰：“若以造寺必为理体[34]，养人[35]不足经邦[36]，则殷、周已往[37]皆暗乱[38]，汉、魏已降[39]皆圣明[40]，殷、周已往为不长[41]，汉、魏已降为不短[42]矣。陛下缓其所急，急其所缓，亲未来而疏见在，失真实而冀虚无，重俗人之为，轻天子之业，虽以阴阳为炭，万物为铜，役不食之人，使不衣之士，犹尚不给，况资[43]于天生地养，风动雨润，而后得之乎！一旦风尘[44]再扰，霜雹荐臻[45]，沙弥[46]不可操干戈[47]，寺塔不足攘[48]饥馑[49]，臣窃惜之。”疏奏，不省。

时斜封官皆不由两省[50]而授，两省莫敢执奏[51]，即宣示所司。吏部员外郎李朝隐前后执破[52]一千四百余人，怨谤纷然，朝隐一无所顾。

冬，十月，己酉[53]，修文馆直学士、起居舍人武平一[54]上表请抑损外戚权宠；不敢斥言韦氏，但请抑损己家。上优制不许。平一名甄，以字行；载德[55]之子也。

（以上为第四段，写中宗放纵安乐、长宁两公主以及韦皇后和其亲族生活淫侈，公然卖官鬻爵，佞佛建寺，挥霍无度，朝官劝谏，中宗不听。）

【注释】

[1]长宁公主：唐中宗之女，韦后所生，下嫁杨慎交。奢侈腐化。传见《新唐书》卷八十三。 [2]尚宫：内官名。正五品，掌导引中宫，总司记、司言、司簿、司闱四司之官属。 [3]赵氏：挟鬼道出入禁宫，深得唐中宗宠信，被封为陇西郡夫人。事见《旧唐书》卷五十一《中宗韦庶人传》，《新唐书》卷一百一十二《柳泽传》、卷一百二十三《赵彦昭传》。 [4]赇（qiú）：贿赂。 [5]屠沽：又作“屠酤”。原指屠户和卖酒的人，后转指职业卑贱或出身寒微的人。 [6]臧获：对奴婢的贱称。 [7]斜封官：唐中宗宠信安乐、长宁等七位公主，令其开府置官属，中宗别降墨敕斜封授之，称斜封官。斜封官非正常途径取得，无定员，多至数千人。屠夫小贩均可纳钱买官。详见《隋唐嘉话》卷下、《新唐书》卷四十五《选举志》下及卷八十三《诸帝公主传》。 [8]度：剃度。 [9]员外、同正、试、摄、检校、判、知官凡数千人：这些是斜封的各种官职，可见当时官制的混乱。员外，指正员以外的官员；同正，指员外同正；试、摄皆非真除；检校与摄相似；

判，指判某官事；知指知某官事。［10］为四铨：比原来增加一铨。唐制，吏部三铨、三注、三唱。［11］外第：外宅。［12］无节：没有节制。［13］进达：飞黄腾达。［14］第舍：第宅。［15］昆明池：位于今西安市西南斗门街道一带。汉武帝元狩三年（前120）准备与昆明作战，为训练水军而凿。周围四十里，广三百三十二顷。十六国时池水涸竭，北魏太武帝时曾进行修浚。［16］蒲鱼：蒲苇鱼鳖。［17］定昆池：位于陕西西安市长安区西南。方四十九里，直抵南山。［18］华山：五岳之一，在今陕西华阴市南。有莲花、落雁、朝阳、玉女、五云等峰，以险峻而著称。［19］天津：指银河。［20］安乐：安乐公主。［21］织成裙：用名贵的丝织物（或鸟羽）做成的裙子。据《旧唐书·五行志》，安乐公主的裙子是用百鸟羽毛织成的，“正视旁视，日中影中，各为一色，百鸟之状，并见裙中。”［22］粟粒：像粟粒一般大小。［23］杨慎交：官至秘书监。尚长宁公主。事见《旧唐书》卷六十二、《新唐书》卷一百。［24］恭仁：即杨恭仁，杨慎交之曾祖，隋末任吏部侍郎，唐初官至中书令，有廉正之名。传见《旧唐书》卷六十二、《新唐书》卷一百。［25］辛替否（约663—742）：字协时，京兆万年人。敢于直谏。官至颍王府长史。传见《旧唐书》卷一百一、《新唐书》卷一百一十八。［26］员不必备：人数不必满员。［27］士有完行：士有完美的德行。［28］廉节：清廉的节操。［29］供其印：供其铸造官印。印，官印。［30］锡：同“赐”。［31］缨冕：喻仕宦。［32］膏腴：本指土地肥沃。此处与缨冕相对，亦指显赫的官位。［33］本固则邦宁：语出《尚书·五子之歌》。原文为“民为邦本，本固邦宁”，意思是说百姓稳定了国家才能安宁。［34］理体：即治体。唐人避高宗讳，改“治”为“理”。［35］养人：养育人民。［36］经邦：治理国家。［37］已往：以前。［38］暗乱：黑暗混乱。［39］已降：以下，以后。［40］圣明：圣哲清明。［41］不长：国祚不长。［42］不短：亦就享国时间而言。［43］资：凭借，依赖。［44］风尘：战乱。［45］荐臻：交至。［46］沙弥：本指七岁以上二十岁以下受过十戒的出家男子。这里泛指僧徒。［47］干戈：兵器。［48］攘：除，去。［49］饥馑：灾荒。［50］两省：中书、门下两省。经正式途径的职官，由科举、门荫、流外出身等取得参选资格，再经吏部（文官）、兵部（武职）考选，合格者上报，由中书、门下两省任命。［51］执奏：坚持上奏。斜封官是皇帝批的条子，中书、门下两省有权审议，上奏抗争，但当时的宰相无人敢执奏。［52］执破：阻弃，压下。指吏部员外郎李朝隐扣下一千四百多个斜封官的墨敕，即委任被搁置，遭到破坏。［53］己酉：十月二十一日。［54］武平一：名甄，以字行。博学多识。中宗时官至考功员外郎。传见《新唐书》卷一百一十九、《嘉定镇江志》卷十七。［55］载德：武士逸之孙，封颍川郡王。

十一月，庚申[1]，突骑施酋长娑葛[2]自立为可汗，杀唐使者御史中丞冯嘉宾，遣其弟遮努等帅众犯塞[3]。

初，娑葛既代乌质勒统众，父时故将阙啜忠节[4]不服，数相攻击。

忠节众弱不能支，金山道行军总管郭元振奏追忠节入朝宿卫。

忠节行至播仙城，经略使[5]、右威卫将军周以悌[6]说之曰："国家不爱高官显爵以待君者，以君有部落之众故也。今脱身入朝[7]，一老胡耳，岂惟[8]不保宠禄，死生亦制于人手。方今宰相宗楚客、纪处讷用事，不若厚赂二公，请留不行，发安西兵及引吐蕃以击娑葛，求阿史那献[9]为可汗以招十姓，使郭虔瓘[10]发拔汗那[11]兵以自助；既不失部落，又得报仇，比于入朝，岂可同日语哉！"郭虔瓘者，历城人，时为西边将。忠节然其言[12]，遣间使[13]赂楚客、处讷，请如以悌之策。

元振闻其谋，上疏，以为："往岁吐蕃所以犯边，正为求十姓、四镇之地不获[14]故耳。比者[15]息兵请和，非能慕悦[16]中国之礼义也，直以[17]国多内难[18]，人畜疫疠，恐中国乘其弊，故且屈志求自昵。使其国小安，岂能忘取十姓、四镇之地哉！今忠节不论国家大计，直欲为吐蕃向导，恐四镇危机，将从此始。顷缘[19]默啜凭陵[20]，所应者多，兼四镇兵疲弊，势未能为忠节经略，非怜突骑施也。忠节不体国家中外之意而更求吐蕃；吐蕃得志，则忠节在其掌握[21]，岂得复事唐也！往年吐蕃无恩于中国，犹欲求十姓、四镇之地；今若破娑葛有功，请分于阗、疏勒，不知以何理抑[22]之！又，其所部诸蛮及婆罗门[23]等方不服，若借唐兵助讨之，亦不知以何词[24]拒之！是以古之智者皆不愿受夷狄之惠，盖豫忧[25]其求请无厌[26]，终为后患故也。又，彼请阿史那献者，岂非以献为可汗子孙，欲依之以招怀十姓乎！按献父元庆，叔父仆罗，兄俀子及斛瑟罗、怀道等，皆可汗子孙也。往者唐及吐蕃偏曾立之以为可汗[27]，欲以招抚十姓，皆不能致[28]，寻自破灭。何则？此属非有过人之才，恩威不足以动众，虽复可汗旧种[29]，众心终不亲附，况献又疏远于其父兄乎？若使忠节兵力自能诱胁十姓，则不必求立可汗子孙也。又，欲令郭虔瓘入拔汗那，发其兵。虔瓘前此[30]已尝与忠节擅入拔汗那发兵，不能得其片甲匹马[31]，而拔汗那不胜侵扰[32]，南引吐蕃，奉俀子，还侵四镇。时拔汗那四旁无强寇为援，虔瓘等恣为侵掠，如独行无人之境，犹引俀子为患[33]。今北有娑葛，急则与之并力，内则诸胡坚壁拒守，外则突厥伺隙邀遮[34]。臣料虔瓘等此行，必不能如往年之得志；

内外受敌，自陷危亡，徒与虏结隙，令四镇不安。以臣愚揣之，实为非计。”

楚客等不从，建议“遣冯嘉宾持节安抚忠节，侍御史吕守素[35]处置四镇，以将军牛师奖[36]为安西副都护，发甘、凉[37]以西兵，兼征吐蕃，以讨娑葛。”娑葛遣使娑腊献马在京师，闻其谋，驰还报娑葛。于是娑葛发五千骑出安西，五千骑出拨换，五千骑出焉耆，五千骑出疏勒，入寇。元振在疏勒，栅[38]于河口，不敢出。忠节逆[39]嘉宾于计舒河口，娑葛遣兵袭之，一擒忠节，杀嘉宾，擒吕守素于僻城，缚于驿柱，冎而杀之。

（以上为第五段，写宗楚客等奸臣误国，招致唐军大败于突骑施。）

【注释】

[1]庚申：十一月二日。 [2]娑葛：乌质勒长子。事见《旧唐书》卷一百九十四下《突厥传》下、《新唐书》卷二百一十五下《突厥传》下。 [3]塞：边塞。 [4]阙啜忠节：又称阿史那阙啜忠节、阿史那忠节。阿史那，姓。阙，部落名。啜，官名。忠节，人名。 [5]经略使：官名。为边防军事长官。此指四镇经略使，在安西府。 [6]周以悌：事见《旧唐书》卷九十七《郭元振传》，《新唐书》卷一百六《孙佺传》、卷一百二十二《郭元振传》、卷二百一十九《奚传》等。 [7]脱身入朝：脱离部落，独身入朝。 [8]岂惟：恐怕不仅。 [9]阿史那献：弥射之孙，元庆之子。事见《旧唐书》卷九十七《郭元振传》、卷一百九十四下《突厥传》下，《新唐书》卷一百二十二《郭元振传》、卷二百一十五下《突厥传》下等。 [10]郭虔瓘：齐州历城（今山东济南市）人。曾任右骁卫将军、北庭都护、安西副大都护等职。官至右威卫大将军。传见《旧唐书》卷一百三、《新唐书》卷一百三十三。 [11]拔汗那：又称破洛那、钹汗、跋贺那。西域古国，在塔吉克斯坦费尔干纳盆地。 [12]然其言：认为他说得对。 [13]间使：负有伺机行事使命的使者。 [14]求十姓、四镇之地不获：吐蕃向唐索求十姓四镇之地遭到拒绝，事在《资治通鉴》卷二百五武后万岁通天元年。 [15]比者：最近。 [16]慕悦：向往喜爱。 [17]直以：只因。 [18]国多内难：指吐蕃赞普南征而死，国中大乱，嫡庶争立，将相争权，自相屠灭。 [19]缘：因。 [20]凭陵：进逼，侵凌。 [21]在其掌握：在其掌握之中。 [22]抑：抑制。 [23]婆罗门：指古印度。 [24]以何词：用什么理由。 [25]豫忧：预先忧虑。 [26]厌：足。 [27]偏曾立之以为可汗：唐立元庆、斛瑟罗、怀道为可汗，仆罗、俀子系吐蕃所立。详见两《唐书·突厥传》。 [28]皆不能致：都不能达到招怀十姓的目的。 [29]旧种：旧族。 [30]前此：在此之前。 [31]片甲匹兵：犹一兵一卒。 [32]侵扰：侵夺骚扰。 [33]犹引俀子为患：指拔汗那而言。 [34]邀遮：阻截。 [35]吕守素：事见《元和姓纂》卷六、《旧唐书》卷九十七《郭元振传》、《新唐书》卷一百二十二

《郭元振传》。［36］牛师奖：事见《旧唐书》卷七《中宗纪》、卷九十七《郭元振传》，《新唐书》卷一百二十二《郭元振传》、卷二百一十五下《突厥传》下。［37］甘、凉：甘州、凉州。地当今甘肃武威市、张掖市一带。［38］栅：建栅。［39］逆：迎。

上以安乐公主将适左卫中郎将武延秀[1]，遣使召太子宾客武攸绪于嵩山。攸绪将至，上敕礼官于两仪殿[2]设别位，欲行问道[3]之礼，听以山服[4]葛巾[5]入见，不名不拜[6]。仗入[7]，通事舍人[8]引攸绪就位[9]；攸绪趋立辞见班[10]中，再拜如常仪。上愕然，竟不成所拟之礼。上屡延之内殿，频烦宠锡，皆谢不受；亲贵谒候，寒温之外[11]，不交一言。

初，武崇训之尚公主也[12]，延秀数得侍宴。延秀美姿仪，善歌舞，公主悦之。及崇训死，遂以延秀尚焉。

己卯[13]，成礼，假皇后仗[14]，分禁兵以盛其仪卫，命安国相王障车[15]。庚辰[16]，赦天下。以延秀为太常卿，兼右卫将军。辛巳[17]，宴[18]群臣于两仪殿，命公主出拜公卿，公卿皆伏地稽首[19]。

（以上为第六段，写安乐公主再嫁。）

【注释】

［1］安乐公主将适左卫中郎将武延秀：安乐公主原嫁武崇训。景龙元年（707）七月六日，武崇训为皇太子所杀，故安乐公主再嫁武延秀。［2］两仪殿：在京师宫城之内。为皇帝常日听朝视事之所，相当于古代的内朝。［3］问道：请教大道。［4］山服：穿山人的服装。［5］巾：戴用葛布制成的头巾。［6］不名不拜：不报名不下拜。［7］仗入：仪仗进入指定位置。胡注：自太极殿前唤仗从东西上阁门入，立于两仪殿前。［8］通事舍人：官名。从六品上。掌朝见引纳等事。［9］就位：引就问道之位。［10］辞见班：胡三省说，凡百官自中朝出为外官，赴朝辞；自外官朝觐，引入见，皆不与百官序班，自为班立，谓之辞见班。［11］寒温之外，不交一言：除寒暄外，什么话也不说。［12］武崇训之尚公主也：此指武崇训尚安乐公主的时候。中宗从房陵还京后，始以公主适崇训。［13］己卯：十一月二十一日。［14］假皇后仗：借皇后仪仗。［15］障车：唐人婚俗，新娘将至，众人拥门塞巷，使车不得前行，称为障车。读障车文后始得通过。见封演《封氏闻见记》卷五。［16］庚辰：十一月二十二日。［17］辛巳：十一月二十三日。［18］宴：设宴招待。［19］稽首：跪拜，叩头到地。

癸未[1]，牛师奖与突骑施娑葛战于火烧城，师奖兵败没。娑葛遂陷安西[2]，断四镇路，遣使上表，求宗楚客头。楚客又奏以周以悌代郭元振统众，征元振入朝；以阿史那献为十姓可汗，置军焉耆以讨娑葛。

娑葛遗元振书[3]，称："我与唐初无恶，但仇阙啜。宗尚书[4]受阙啜金，欲枉破奴[5]部落，冯中丞[6]、牛都护[7]相继而来，奴岂得坐而待死！又闻史献[8]欲来，徒扰军州[9]，恐未有宁日。乞大使商量处置。"元振奏娑葛书。楚客怒，奏言元振有异图，召，将罪之。元振使其子鸿间道具奏其状，乞留定西土，不敢归。周以悌竟坐流白州[10]，复以元振代以悌，赦娑葛罪，册为十四姓可汗[11]。

以婕妤上官氏为昭容[12]。

十二月，御史中丞姚廷筠[13]奏称："比见诸司不遵律令格式[14]，事无大小皆悉闻奏。臣闻为君者任臣[15]，为臣者奉法[16]。万机丛委[17]，不可遍览，岂有修一水窦，伐一枯木，皆取断宸衷[18]！自今若军国大事及条式[19]无文者，听奏取进止，自余各准法处分[20]。其有故生疑滞，致有稽失[21]，望令御史纠弹。"从之。

丁巳晦[22]，敕中书、门下与学士、诸王、驸马入阁守岁[23]，设庭燎[24]，置酒，奏乐。酒酣，上谓御史大夫窦从一曰："闻卿久无伉俪[25]，朕甚忧之。今夕岁除，为卿成礼[26]。"从一但唯唯拜谢。俄而内侍[27]引烛笼、步障、金缕罗扇自西廊而上，扇后有人衣礼衣[28]，花钗，令与从一对坐。上命从一诵《却扇诗》[29]数首。扇却，去花易服而出，徐视[30]之，乃皇后老乳母王氏，本蛮婢也。上与侍臣大笑。诏封莒国夫人，嫁为从一妻。俗谓乳母之婿曰"阿䫜[31]"，从一每谒见及进表状，自称"翊圣皇后[32]阿䫜"，时人谓之"国䫜"，从一欣然有自负之色。

（以上为第七段，写郭元振安抚突骑施，唐中宗主婚嫁韦皇后老奶妈。）

【注释】

[1]癸未：十一月二十五日。[2]安西：安西都护府。治所即今新疆库车市。[3]遗元振书：致信给郭元振。[4]宗尚书：宗楚客。[5]奴：自卑之词。犹清代大臣对皇帝自称奴才。[6]冯中丞：冯嘉宾。[7]牛都护：牛师奖。[8]史献：阿史那献。[9]军州：设有军府的州县。[10]白州：治所在今广西博白县。[11]册为十四姓可汗：胡三省说，西突厥原

有十姓，现合咽面、葛逻禄、莫贺达干、都摩支为十四姓。岑仲勉认为“四”字误衍，当作十姓可汗。详见《通鉴隋唐纪比事质疑》一百四十七页。［12］昭容：女官名。九嫔之一，正二品。［13］姚廷筠：一作姚庭筠。事见《旧唐书》卷九十二《魏元忠传》、《新唐书》卷一百二十二《魏元忠传》。［14］律令格式：属唐代的四种法律形式。律即法律条文。令是政府的有关制度。格是皇帝的敕令。式是各种程式。［15］任臣：信任臣下。［16］奉法：奉行法令。［17］丛委：丛杂委积。［18］宸衷：皇帝之意。［19］条式：条例格式。［20］处分：处置。［21］稽失：稽延愆失。［22］丁巳晦：十二月己丑朔，则丁巳为二十九日，戊午为晦日即三十日。《资治通鉴》作“丁巳晦”，疑误。［23］守岁：阴历除夕终夜不眠以待天明，称作“守岁”。入阁守岁之俗，兴于隋炀帝时。胡三省说：“帝之为此，亡隋之续耳。”［24］庭燎：庭中照明的火炬。［25］伉俪：夫妻。［26］成礼：完成婚礼。［27］内侍：内侍省最高长官。由宦官充任，从四品上。掌在内侍奉及出入宫掖宣传之事。［28］礼衣：礼服。胡注：礼衣为内命妇掌参、外命妇朝参、辞见礼会之服。制用翟衣，加双佩、小绶等。［29］《却扇诗》：古代婚礼，新娘行礼时以扇遮面，交拜后去扇，称为“却扇”。唐人习俗，却扇前新郎诵《却扇诗》。［30］徐视：细看。［31］阿䅟：对乳母的丈夫或父亲的称呼。［32］翊圣皇后：即中宗皇后韦氏。景龙元年八月二十一日，尊韦氏为“顺天翊圣皇后”。

三年（己酉，709年）

春，正月，丁卯[1]，制广东都圣善寺[2]，居民失业者数十家。

长宁、安乐诸公主多纵僮奴掠百姓子女为奴婢，侍御史袁从之[3]收系狱，治之。公主诉于上，上手制释之。从之奏称：“陛下纵奴掠良人，何以理天下！”上竟释之。

二月，己丑[4]，上幸玄武门，与近臣观宫女拔河[5]。又命宫女为市肆[6]，公卿为商旅，与之交易，因为忿争[7]，言辞亵慢，上与后临观为乐。

丙申[8]，监察御史崔琬[9]对仗弹宗楚客、纪处讷潜通戎狄[10]，受其货赂，致生边患[11]。故事，大臣被弹，俯偻[12]趋出，立于朝堂待罪[13]。至是，楚客更愤怒作色[14]，自陈忠鲠[15]，为琬所诬。上竟不穷问，命琬与楚客结为兄弟以和解之，时人谓之“和事天子”。

壬寅[16]，韦巨源为左仆射，杨再思为右仆射，并同中书门下三品。

上数与近臣学士宴集，令各效[17]伎艺以为乐。工部尚书张锡舞《谈容娘》[18]，将作大匠宗晋卿舞《浑脱》[19]，左卫将军张洽[20]舞《黄獐》[21]，左金吾将军杜元谈[22]诵《婆罗门咒》[23]，中书舍人卢藏用效道士上章[24]。国子司业河东郭山恽[25]独曰："臣无所解[26]，请歌古诗。"上许之。山恽乃歌《鹿鸣》[27]、《蟋蟀》[28]。明日，上赐山恽敕，嘉美其意，赐时服一袭。

上又尝宴侍臣，使各为《回波辞》[29]，众皆为谄语[30]，或自求荣禄[31]，谏议大夫李景伯[32]曰："回波尔时酒卮[33]。微臣职在箴规[34]。侍宴既过三爵[35]，喧哗窃恐非仪[36]！"上不悦。萧至忠曰："此真谏官也。"

（以上为第八段，写中宗纵奴为恶，娱乐、宴会纵情违礼，大失天子体统。）

【注释】

[1]丁卯：正月九日。 [2]广东都圣善寺：扩建东都圣善寺。圣善寺两京皆有，系中宗所建，为武则天追福。 [3]袁从之：劳格认为"之"为"一"之误。见《唐御史台精舍题名考》。严衍《资治通鉴补》已改为"袁从一"。 [4]己丑：二月二日。 [5]拔河：双方多人各执巨绳一端所进行的角力运动。这项运动起源较早，在唐代颇为流行。参《荆楚岁时记》《封氏闻见记》等。 [6]市肆：市中店铺。 [7]因为忿争：故意以交易不和而发生忿争。 [8]丙申：二月九日。 [9]崔琬：事见《新唐书》卷一百零九《宗楚客传》,《旧唐书》卷九十二《宗楚客传》及《唐御史台精舍题名考》卷一、卷二。 [10]潜通戎狄：指暗中与阙啜忠节勾结。 [11]致生边患：导致娑葛内侵。关于宗楚客受贿一事，《景龙文馆纪》曾予以否认。见《通鉴考异》卷十二。 [12]俯偻：低头弯腰。 [13]待罪：等待被治罪。 [14]作色：变色。 [15]忠鲠：忠正鲠直。 [16]壬寅：二月十五日。 [17]效：献。 [18]《谈容娘》：舞曲名。又作《踏谣娘》。相传北齐时有位姓苏的人，嗜酒成命，醉后总要殴打他的妻子。其妻衔悲诉于乡里。时人便以此为题，创作此曲。先由一男子穿妇女服装，徐步入场，且歌且舞，然后由其父登场，二人作殴斗之状，以为笑乐。见唐崔令钦《教坊记》。 [19]《浑脱》：舞曲名。唐高宗时，赵公长孙无忌以黑羊毛做浑脱毡帽，人多效仿，并演变成舞。见张鷟《朝野佥载》。 [20]张洽：张大安之子。事见《旧唐书》卷一百八十九下《郭山恽传》,《新唐书》卷七十二下《宰相世系表》二下、卷一百零九《郭山恽传》。 [21]《黄獐》：舞曲名。武则天如意年间，社会上流传着"黄獐黄獐草里藏，弯弓射尔伤"的歌谣。后发展为舞曲。 [22]杜元谈：据《旧唐书》卷一百八十九下及《元和姓纂》卷六，"谈"当为"琰"之误。 [23]《婆罗门咒》：古代印度的宗教咒语。 [24]上章：道士替人上表给天神，祈求消灾除难的迷信活动。 [25]郭山恽：蒲州河东（今山西永济市西）人。精通三《礼》。传见《旧唐书》卷一百八十九下、《新唐书》卷一百零九。 [26]解：习。 [27]《鹿鸣》：《诗经·小雅》篇名。为宴宾乐歌。 [28]《蟋蟀》：《诗经·唐风》篇名。取好乐无荒之意。 [29]《回波辞》：乐府商调曲，又名《回波乐》。每句六

言，首句先用“回波尔时”四字。详见《乐府诗集》卷八十《回波乐》解题。［30］谄语：谄媚之词。［31］荣禄：高官厚禄。［32］李景伯：则天朝宰相李怀远之子。官至右散骑常侍。传见《旧唐书》卷九十、《新唐书》卷一百一十六。［33］酒卮（zhī）：酒器。能容四升。［34］箴规：箴谏规劝。［35］三爵：犹三巡。［36］非仪：非礼。古人认为，臣侍君，宴不过三爵；过三爵，即不合礼仪。

三月，戊午[1]，以宗楚客为中书令，萧至忠为侍中，太府卿韦嗣立为中书侍郎、同中书门下三品。中书侍郎崔湜、赵彦昭[2]并同平章事。崔湜通于上官昭容，故昭容引以为相。彦昭，张掖人也。

时政出多门，滥官[3]充溢，人以为三无坐处[4]，谓宰相、御史及员外官也。韦嗣立上疏，以为：“比者造寺极多，务取崇丽，大则用钱百数十万，小则三五万，无虑[5]所费千万以上，人力劳弊，怨嗟[6]盈路。佛之为教，要在降伏身心[7]，岂雕画土木，相夸壮丽！万一水旱为灾，戎狄构患，虽龙象[8]如云，将何救哉！又，食封之家[9]，其数甚众，昨问户部，云用六十余万丁；一丁绢两匹，凡百二十余万匹。臣顷在太府[10]，每岁庸[11]绢，多不过百万，少则六七十万匹，比之封家，所入殊少。夫有佐命之勋[12]，始可分茅胙土[13]。国初，功臣食封者不过三二十家，今以恩泽食封者乃逾[14]百数；国家租赋，太半私门[15]，私门有余，徒益[16]奢侈，公家不足，坐致忧危[17]，制国之方，岂谓为得！封户之物，诸家自征，僮仆依势，陵轹[18]州县，多索裹头[19]，转行贸易，烦扰驱迫，不胜其苦。不若悉计丁输之太府，使封家于左藏[20]受之，于事为愈。又，员外置官，数倍正阙[21]，曹署典吏，困于祗承，府库仓储，竭于资奉。又，刺史、县令，近年以来，不存简择[22]，京官有犯及声望下者方遣刺州[23]，吏部选人，衰耄无手笔[24]者方补县令，以此理人，何望率化[25]！望自今应除三省[26]、两台[27]及五品以上清望官[28]，皆先于刺史、县令中选用，则天下理矣。”上弗听[29]。

戊寅[30]，以礼部尚书韦温[31]为太子少保、同中书门下三品，太常卿郑愔为吏部尚书[32]、同平章事。温，皇后之兄也。

太常博士唐绍[33]以武氏昊陵、顺陵[34]置守户五百，与昭陵数同，梁宣王、鲁忠王[35]墓守户多于亲王五倍，韦氏褒德庙卫兵多于太庙，上疏请量裁减，不听。绍，临之孙也[36]。

中书侍郎兼知吏部侍郎、同平章事崔湜、吏部侍郎同平章事郑愔俱掌铨衡[37]，倾附[38]势要[39]，赃贿狼籍，数外留人[40]，授拟[41]不足，逆用三年阙[42]，选法大坏。湜父挹为司业[43]，受选人钱，湜不之知，长名放之[44]。其人诉曰："公所亲受某[45]赂，奈何不与官？"湜怒曰："所亲为谁，当擒取杖杀之！"其人曰："公勿杖杀，将使公遭忧[46]。"湜大惭。侍御史靳恒[47]与监察御史李尚隐对仗弹之，上下湜等狱，命监察御史裴漼[48]按之。安乐公主讽漼宽其狱，漼复对仗弹之。夏，五月，丙寅[49]，愔免死，流吉州[50]，湜贬江州[51]司马。上官昭容密与安乐公主、武延秀曲为申理，明日，以湜为襄州刺史。愔为江州司马。

（以上为第九段，写中宗滥施封赏，致使冗官充斥、封邑逾制、选举败坏、贿赂公行，又佞佛造寺，穷奢极侈，给民众带来沉重负担。）

【注释】

[1]戊午：三月一日。 [2]赵彦昭：字奂然。甘州张掖（今甘肃张掖市）人。进士出身。曾任南部尉、新丰丞、左台监察御史，以权幸官至宰相。传见《旧唐书》卷九十二、《新唐书》卷一百二十三。 [3]滥官：虚在其位，名不符实的官吏。 [4]三无坐处：意思是说，宰相、御史和员外官极多，衙门已无空席可坐。 [5]无虑：大略。 [6]怨嗟：怨恨嗟叹。 [7]降伏身心：修心定慧，去除嗜欲。 [8]龙象：佛家用语，本指修行勇猛、力气最大的罗汉，此处转指高僧。[9]食封之家：即食实封的人家。所谓食实封即指受封爵并领有封地，食其封户租赋。 [10]太府：太府寺。太府寺卿掌国家财货，凡四方贡赋、百官俸秩皆属其管理。 [11]庸：赋税的一种。唐制，丁男每年服徭役二十天，如不服役，每天输绢三尺或布三尺七寸五分，称作"庸"。 [12]佐命之勋：辅佐帝王创业的功勋。 [13]分茅胙土：分封为诸侯。古代分封诸侯时，用白茅裹着泥土授予被封者，象征授予土地和权力。胙，赐予。 [14]逾：超过。 [15]太半私门：大半进入私家。 [16]徒益：只会增加。 [17]忧危：忧患危机。 [18]陵轹（lì）州县：欺凌州县百姓。轹，欺凌，凌践。 [19]裹头：以酬答为名，索取财物。 [20]左藏：即左藏库。唐京师及东都皆有左藏库。京师左藏在长安宫城南部，有东西之分。东左藏库在长乐门内，西左藏库在广运门内。唐初旧制，天下财赋，皆纳于左藏库，太府四时上奏收支数目，尚书比部覆其出入，上下相辖。见《旧唐书·杨炎传》。 [21]数倍正阙：比正员多几倍。 [22]简择：犹选择。 [23]刺州：担任州刺史。 [24]无手笔：不善于写作，没有文采。 [25]率化：顺服归化。 [26]三省：尚书、中书、门下。 [27]两台：左右御史台。 [28]清望官：犹清要官。唐代五品以上清望官除内外三品以上官外，还包括中书黄门侍郎、尚书左右丞、诸司侍郎、太常少卿、秘书少监、

太子少詹事、左右庶子、左右率、国子司业、太子左右谕德、左右千牛卫中郎将、左右副率、率府中郎将、御史中丞、谏议大夫、给事中、中书舍人、赞善大夫、太子洗马、国子博士、诸司郎中、秘书丞、著作郎、太常丞、左右卫郎将、左右率府郎将。见《唐六典》卷二。［29］弗听：不采纳。［30］戊寅：三月二十一日。［31］韦温（?—710）：韦后堂兄。曾任宗正卿、礼部尚书。以韦后关系，官至宰相。传见《旧唐书》卷一百八十三、《新唐书》卷二百零六。［32］吏部尚书：《新唐书》卷四《中宗纪》及卷六十一《宰相表》作“吏部侍郎”。“尚书”当为“侍郎”之误。详见严耕望《唐仆尚丞郎表》卷十。［33］唐绍（?—713）：官至给事中兼太常少卿。传见《旧唐书》卷八十五、《新唐书》卷一百一十三。［34］昊陵、顺陵：武则天父母陵墓。［35］梁宣王、鲁忠王：武三思封梁宣王，武崇训封鲁忠王。［36］绍，临之孙也：唐临历仕唐高祖、唐太宗、唐高宗三朝，官至吏部尚书。［37］铨衡：铨选。［38］倾附：倾身结附。［39］势要：权势显要的人。［40］数外留人：额外保留选人。［41］授拟：除授注拟。［42］逆用三年阙：预先支用三年的名额，使后三年名额成为空阙。［43］司业：官名。国子司业的简称。［44］长名放之：唐自高宗总章二年（669）起，以长名榜定留放。留者入选，放者不得入选。［45］某：在生疏人面前的自称，犹“我”。［46］公勿杖杀，将使公遭忧：意即公勿杖杀，若杖杀，将使公忧。［47］靳恒：事见《元和姓纂》卷九、《唐御史台精舍题名考》卷一。［48］裴漼（?—736）：绛州闻喜（今山西闻喜县东北）人。长于敷奏，与张说友善，官至吏部尚书。传见《旧唐书》卷一百、《新唐书》卷一百三十。［49］丙寅：五月十一日。［50］吉州：治所在今江西吉安市。［51］江州：治所浔阳，在今江西九江市。

六月[1]，右仆射、同中书门下三品杨再思薨。

秋，七月，突骑施娑葛遣使请降；庚辰[2]，拜钦化可汗[3]，赐名守忠。

八月，己酉[4]，以李峤同中书门下三品，韦安石为侍中，萧至忠为中书令。

至忠女适皇后舅子崔无诐[5]，成昏[6]日，上主萧氏[7]，后主崔氏，时人谓之“天子嫁女，皇后娶妇”。

上将祀南郊，丁酉[8]，国子祭酒祝钦明、国子司业郭山恽建言：“古者大祭祀，后裸献以瑶爵。皇后当助祭天地。”太常博士唐绍、蒋钦绪[9]驳之，以为：“郑玄注《周礼》‘内司服’，惟有助祭先王先公，无助祭天地之文。皇后不当助祭南郊[10]。”国子司业盐官褚无量[11]议，以为：“祭天惟以始祖为主，不配以祖妣，故皇后不应预祭。”韦巨源定仪注[12]，请依钦明议。上从之，以皇后为亚献，仍以宰相女为斋娘[13]，助执豆笾[14]。钦明又欲以安乐公主为终献，绍、钦绪固争，乃止；以巨源摄太尉为终献。钦绪，胶水人也。

己巳[15]，上幸定昆池，命从官赋诗。黄门侍郎李日知诗曰："所愿暂思居者逸，勿使时称作者劳。"[16]及睿宗即位，谓日知曰："当是时[17]，朕亦不敢言之。"

九月，戊辰[18]，以苏瓌为右仆射、同中书门下三品。

太平、安乐公主各树朋党，更相谮毁[19]，上患之。冬，十一月，癸亥[20]，上谓修文馆直学士[21]武平一曰："比闻内外亲贵多不辑睦[22]，以何法和[23]之？"平一以为："此由谗谄之人阴为离间，宜深加诲谕[24]，斥逐奸险[25]。若犹未已，伏愿舍近图远，抑慈存严，示以知禁，无令积恶。"上赐平一帛而不能用其言。

上召前修文馆学士崔湜、郑愔入陪大礼。乙丑[26]，上祀南郊，赦天下，并十恶[27]咸赦除之；流人并放还；斋娘有婿者，皆改官[28]。

甲戌[29]，开府仪同三司、平章军国重事豆卢钦望薨。

乙亥[30]，吐蕃赞普遣其大臣尚赞咄[31]等千余人逆[32]金城公主。

河南道巡察使、监察御史宋务光，以"于时食实封者[33]凡一百四十余家，应出封户者凡五十四州，皆割上腴之田[34]，或一封分食数州；而太平、安乐公主又取高赀多丁者[35]，刻剥过苦，应充封户者甚于征役；滑州[36]地出绫[37]缣[38]，人多趋射[39]，尤受其弊，人多流亡；请稍分封户散配余州。又，征封使者烦扰公私，请附租庸[40]，每年送纳。"上弗听。

时流人皆放还，均州刺史谯王重福[41]独不得归，乃上表自陈曰："陛下焚柴展礼[42]，郊祀上玄[43]，苍生并得赦除，赤子[44]偏加摈弃[45]，皇天平分之道，固若此乎！天下之人闻者为臣流涕。况陛下慈念，岂不愍臣栖遑[46]！"表奏，不报。

前右仆射致仕唐休璟，年八十余[47]，进取弥锐，娶贺娄尚宫养女为其子妇。十二月，壬辰[48]，以休璟为太子少师、同中书门下三品。

甲午[49]，上幸骊山温汤[50]；庚子[51]，幸韦嗣立庄舍。以嗣立与周高士韦复[52]同族，赐爵逍遥公。嗣立，皇后之疏属[53]也。由是顾赏尤重。乙巳[54]，还宫。

是岁，关中饥，米斗百钱。运山东、江、淮谷输京师，牛死什八九。群臣多请车驾复幸东都，韦后家本杜陵[55]，不乐东迁，乃使巫觋[56]彭君卿[57]等说上云："今岁不利东行。"后复有言者，上怒曰："岂有逐粮天子[58]邪！"乃止。

（以上为第十段，写中宗治国无方，治家无策。韦皇后助祭南郊，违礼听之；太平、安乐公主各树朋党，束手无策。）

【注释】

[1]六月：两《唐书·中宗纪》皆作六月癸卯，即六月十八日。[2]庚辰：七月二十六日。[3]钦化可汗：《册府元龟》卷九百六十四作"归化可汗"。严衍《资治通鉴补》已改"钦化"为"归化"。[4]己酉：两《唐书·中宗纪》皆作"乙酉"，即八月一日。[5]崔无诐：京兆长安人。后官至荥阳太守。传见《旧唐书》卷一百八十七下、《新唐书》卷一百九十一。[6]昏：通"婚"。[7]上主萧氏：皇帝为萧氏主婚人。[8]丁酉：八月十三日。[9]蒋钦绪：莱州胶水（今山东平度市）人。进士及第，颇工文辞。官至魏州刺史。传见《新唐书》卷一百一十二。[10]祭南郊：即在圜丘祭天。圜丘地处都城之南，故祭圜丘的活动又被称为祭南郊或南郊大祀。[11]褚无量（646—720）：字弘度。杭州盐官（今浙江海宁市西南）人。自幼孤贫好学。举明经。曾任国子博士。后官至左散骑常侍兼国子祭酒。主持整理内库图书，对保护古代文化典籍有一定贡献。传见《旧唐书》卷一百零二、《新唐书》卷二百。[12]仪注：礼节制度。[13]斋娘：为皇后办理祭祀事务的女子。[14]豆笾（biān）：又作笾豆。古代供祭祀或宴会之用的礼器。笾用竹制，盛果脯等；豆用木制，盛齑酱等。[15]己巳：八月乙酉朔，无"己巳"。张校，"己"作"乙"。按，《旧唐书》卷七《中宗纪》亦作"乙巳"。乙巳，八月二十一日。[16]诗曰两句：意思是说：希望暂且考虑一下居民的安逸，不要让人们时时感到劳作的辛苦。作者，指被役使劳作的人。劳，辛苦。[17]当是时：在那个时候。[18]戊辰：九月十五日。[19]更相谮毁：互相进谗言诋毁对方。[20]癸亥：十一月十一日。[21]直学士：六品以下的学士称"直学士"。[22]辑睦：安辑和睦。[23]和：敦和。[24]诲谕：训诲告谕。[25]奸险：奸诈险恶的人。[26]乙丑：十一月十三日。[27]十恶：一谋反，二谋大逆，三谋叛，四谋恶逆，五不道，六大不敬，七不孝，八不睦，九不义，十内乱。唐制，凡犯十恶者，不得依议请之例，亦为常赦所不原。见《唐律疏议》及《旧唐书·刑法志》。[28]改官：改变现有官爵，予以晋升。[29]甲戌：十一月二十二日。[30]乙亥：十一月二十三日。[31]尚赞咄：《旧唐书》卷七、卷一百九十六上俱作"尚赞吐"。司马光在《考异》中说：《文馆记》云："吐蕃使其大首领瑟瑟告身赞咄、金告身尚

钦藏以下来迎金城公主。”译者云：“赞咄，犹比左仆射；钦藏犹比侍中。”赞咄即赞吐。［32］逆：迎。［33］食实封者：即有封邑的人。唐初食实封者得真户，每户在三丁以上。［34］上腴之田：最肥沃的土地。［35］高赀多丁者：资产多、丁男多的人家。［36］滑州：治所在今河南滑县东。辖境相当于今河南滑县、延津县、长垣市。［37］绫：有花纹图案的高级丝织物。［38］缣：双丝细绢。［39］趋射：求取。［40］请附租庸：请随租庸交纳的时间。［41］谯王重福：中宗次子。神龙元年贬为濮州员外刺史。后徙合、均二州。［42］展礼：陈布礼仪。［43］上玄：上天。［44］赤子：犹孺子。重福自称。［45］擯弃：擯斥抛弃。［46］栖遑：忙碌不安，到处奔波。亦有窘迫之意。［47］年八十余：据两《唐书》本传，唐休璟时年八十三岁。［48］壬辰：十二月十日。［49］甲午：十二月十二日。［50］骊山温汤：即今陕西西安市临潼区华清池。［51］庚子：十二月十八日。［52］韦敻（xiòng）：人名。传见《周书》卷三十一、《北史》卷六十四。［53］疏属：远亲。［54］乙巳：十二月二十三日。［55］杜陵：地名。本称杜原。因汉宣帝在此筑陵，改为杜陵，位于今陕西西安市长安区。［56］巫觋（xí）：古代称女巫为巫，男巫为觋。巫觋为巫者的合称。［57］彭君卿：《旧唐书》卷七十七、《新唐书》卷一百一十二作“彭君庆”。［58］逐粮天子：随处求食的天子。

睿宗玄真大圣大兴孝皇帝[1]上

景云元年[2]（庚戌，710 年）

春，正月，丙寅夜[3]，中宗与韦后微行观灯于市里[4]，又纵宫女数千人出游，多不归者。

上命纪处讷送金城公主适吐蕃[5]，处讷辞；又命赵彦昭，彦昭亦辞。丁丑[6]，命左骁卫大将军杨矩[7]送之。己卯[8]，上自送公主至始平[9]；二月，癸未[10]，还宫。公主至吐蕃，赞普为之别筑城以居之。

庚戌[11]，上御梨园[12]球场，命文武三品以上抛毬[13]及分朋拔河，韦巨源、唐休璟衰老，随絙踣[14]地，久之不能兴[15]；上及皇后、妃、主临观，大笑。

夏，四月，丙戌[16]，上游芳林园[17]，命公卿马上摘樱桃[18]。

初，则天之世，长安城东隅民王纯家井溢[19]，浸成大池数十顷，号隆庆池[20]。相王子五王[21]列第于其北，望气者言，“常郁郁[22]有帝王气，比日[23]尤盛。”乙未[24]，上幸隆庆池，结彩为楼，宴侍臣，泛舟戏象以厌[25]之。

定州人郎岌[26]上言，“韦后、宗楚客将为逆乱。”韦后白上[27]杖杀之。

五月，丁卯[28]，许州司兵参军[29]偃师燕钦融[30]复上言，“皇后淫乱，干预国政，宗族强盛；安乐公主、武延秀、宗楚客图危宗社。”上召钦融面诘之。钦融顿首抗言，神色不挠；上默然。宗楚客矫制令飞骑扑杀[31]之，投于殿庭石上，折颈而死，楚客大呼称快。上虽不穷问，意颇怏怏[32]不悦；由是韦后及其党始忧惧。

己卯[33]，上宴近臣，国子祭酒祝钦明自请作《八风舞》，摇头转目，备诸丑态；上笑。钦明素以儒学著名，吏部侍郎卢藏用私谓诸学士[34]曰：“祝公《五经》扫地[35]尽矣！”

散骑常侍马秦客以医术，光禄少卿杨均[36]以善烹调[37]，皆出入宫掖，得幸于韦后，恐事泄被诛；安乐公主欲韦后临朝，自为皇太女；乃相与合谋，于饼餤中进毒，六月，壬午[38]，中宗崩于神龙殿[39]。

韦后秘不发丧，自总庶政[40]。癸未[41]，召诸宰相入禁中，征诸府[42]兵五万人屯京城，使驸马都尉韦捷[43]、韦濯[44]、卫尉卿韦璿[45]、左千牛中郎将韦锜[46]、长安令韦播、郎将高嵩分领之。璿，温之族弟；播，从子；嵩，其甥也。中书舍人韦元徼巡[47]六街[48]。又命左监门大将军兼内侍薛思简[49]等将兵五百人驰驿戍均州，以备谯王重福。以刑部尚书裴谈、工部尚书张锡并同中书门下三品，仍充东都留守。吏部尚书张嘉福、中书侍郎岑羲、吏部侍郎崔湜并同平章事。羲，长倩之从子也。

太平公主与上官昭容谋草遗制，立温王重茂[50]为皇太子，皇后知政事，相王旦参谋政事。宗楚客密谓韦温曰：“相王辅政，于理非宜；且于皇后，嫂叔不通问[51]，听朝之际，何以为礼！”遂帅诸宰相表请皇后临朝，罢相王政事[52]。苏瓌曰：“遗诏[53]岂可改邪！”温、楚客怒，瓌惧而从之，乃以相王为太子太师。

甲申[54]，梓宫[55]迁御太极殿[56]，集百官发丧，皇后临朝摄政，赦天下，改元唐隆。进相王旦太尉，雍王守礼为豳王，寿春王成器为宋王，以从人望。命韦温总知内外守捉兵马事[57]。

丁亥[58]，殇帝即位，时年十六。尊皇后为皇太后；立妃陆氏为皇后。壬辰[59]，命纪处讷持节巡抚关内道，岑羲河南道，张嘉福河北道。

（以上为第十一段，写韦皇后发难，毒死中宗。）

【注释】

[1]睿宗玄真大圣大兴孝皇帝：即唐睿宗李旦（662—716）。初名旭轮，封殷王，后徙封豫王、冀王，改名为轮。上元三年（676）正月封相王。永隆二年又封豫王，改名为旦。嗣圣元年（684）二月七日即位，天授元年（690）九月九日降为皇嗣。仍名轮。圣历元年（698）封相王，复名为旦。神龙二年（706）二月改封安国相王。唐隆元年（710）六月二十四日即位。延和元年（712）八月二十五日传位于唐玄宗。开元四年（716）五月二十日死，葬桥陵。谥大圣元真皇帝。天宝十二载（753）二月，加尊为睿宗玄真大圣大兴孝皇帝。传见《旧唐书》卷七、《新唐书》卷五。 [2]景云元年：唐中宗景龙四年六月二日壬午，中宗被韦后毒杀，温王李重茂即位，改元唐隆，七月睿宗即位，改元景云。即景云元年包有景龙四年、唐隆元年。 [3]丙寅夜：正月十四日晚上。 [4]市里：市肆闾里。 [5]适吐蕃：嫁吐蕃赞普。 [6]丁丑：正月二十五日。 [7]杨矩：事见《旧唐书》卷七《中宗纪》、卷九十二《赵彦昭传》、卷一百九十六上《吐番传》上等。 [8]己卯：正月二十七日。 [9]始平：县名。县治在今陕西兴平市。史载中宗送金城公主至此，改县名为“金城”。 [10]癸未：二月二日。 [11]庚戌：二月二十九日。 [12]梨园：教场乐园。在光化门北禁苑之中，约当今西安火车站西北。 [13]抛毬：抛蹴毬。唐人抛毬，先用数丈高的竹竿和网制成球门，然后分两队进行比赛，以进毬多少决定胜负，有点类似于今天的足球比赛。 [14]絙踣：被粗绳绊倒。絙，粗绳，大索。踣，倒。 [15]兴：起。 [16]丙戌：四月五日。 [17]芳林园：在长安宫城西北，芳林门外。西即梨园，北有桃园亭。 [18]樱桃：又名含桃。即今常见的樱桃。《尔雅》称之为楔荆桃。 [19]井溢：井水外溢。 [20]隆庆池：故址在今西安市兴庆公园内。因地处隆庆坊而得名。关于此地的成因，《唐六典》《唐会要》所载与《资治通鉴》略同，即由井溢所致。《长安志》则说是垂拱以后因雨水聚积为小池，后又引龙首渠水注入，形成弥亘数顷、深至数丈的大池。待考。玄宗即位后，改隆庆为“兴庆”。又称此池为龙池。 [21]相王子五王：即相王李旦之子五人皆封王，为寿春王李成器、临淄王李隆基、衡阳王李成义、巴陵王李隆范、彭城王李隆业。 [22]郁郁：气盛的样子。 [23]比日：近来。 [24]乙未：四月十四日。[25]厌：压。 [26]郎岌：传见《旧唐书》卷一百八十七上。 [27]白上：告诉皇上。 [28]丁卯：五月十七日。 [29]司兵参军：官名。从七品下，掌武官选举、兵甲器仗、门户管钥、烽候传驿之事。 [30]燕钦融（?—710）：洛州偃师（今河南洛阳市偃师区东南）人。传见《旧唐书》卷一百八十七上。 [31]扑杀：击杀。 [32]怏怏：因不满而郁郁不乐的样子。 [33]己卯：五月二十九日。 [34]诸学士：指修文馆学士及直学士。 [35]《五经》扫地：犹“斯文扫地”。比喻丧尽大儒体面。 [36]杨均：事见《旧唐书》卷七《睿宗纪》、卷五十一《中宗韦庶人传》，《新唐书》卷五《睿宗纪》、卷七十一下《宰相世系表》一下及卷七十六《中宗庶人韦氏传》。 [37]烹调：犹烹饪。 [38]壬午：六月二日。 [39]神龙殿：在长安宫城东北部。东为凌烟阁，西为甘露殿，

南为大吉殿，北为凝香阁。［40］庶政：各种政务。［41］癸未：六月三日。［42］诸府：各折冲府。［43］韦捷：尚中宗女成安公主。［44］韦灌：据《唐会要》卷六、《新唐书》卷八十三、《旧唐书》卷一百八十三，“灌”当为“濯”之误。韦濯尚定安公主。［45］韦璿：官至职方郎中。见《元和姓纂》卷二、《新唐书》卷七十四上。［46］韦锜：宗正少卿韦令仪之子。［47］徼巡：徼遮巡察。［48］六街：长安城中左右六条大街。六街巡卫本由左右金吾将所掌，中书舍人韦元掌控巡卫，此非常态。［49］薛思简：《旧唐书》卷七《中宗纪》作“薛简”，卷五十一《韦庶人传》作“薛崇简”。待考。［50］温王重茂（?—714）：唐中宗第四子。后在位十七日，追谥殇皇帝。传见《旧唐书》卷八十六。［51］嫂叔不通问：语出《礼记·曲礼》。通问，互相问候，互通音讯。［52］罢相王政事：罢黜相王参与朝政的权力。［53］遗诏：皇帝临死时所发的诏书。［54］甲申：六月四日。［55］梓宫：用梓木为皇帝或皇后做成的棺材。此处指中宗灵柩。［56］太极殿：宫城正殿。［57］知内外守捉兵马事：即掌握全国兵权。［58］丁亥：六月七日。［59］壬辰：六月十二日。

宗楚客与太常卿武延秀、司农卿赵履温、国子祭酒叶静能及诸韦共劝韦后遵武后故事[1]，南北卫军[2]、台阁要司[3]皆以韦氏子弟领之，广聚党众，中外连结。楚客又密上书称引图谶[4]，谓韦氏宜革唐命。谋害殇帝，深忌相王及太平公主，密与韦温、安乐公主谋去之。

相王子临淄王隆基[5]，先罢潞州[6]别驾[7]，在京师，阴聚才勇之士，谋匡复社稷。初，太宗选官户及蕃口[8]骁勇者，著虎文衣[9]，跨豹文鞯[10]，从游猎，于马前射禽兽，谓之百骑；则天时稍增为千骑，隶左右羽林；中宗谓之万骑，置使以领之。隆基皆厚结其豪杰。

兵部侍郎崔日用[11]素附韦、武，与宗楚客善，知楚客谋，恐祸及己，遣宝昌寺[12]僧普润密诣隆基告之，劝其速发。隆基乃与太平公主及公主子卫尉卿薛崇暕[13]，苑总监[14]赣人钟绍京[15]，尚衣奉御王崇晔[16]、前朝邑尉刘幽求[17]、利仁府折冲麻嗣宗[18]谋先事诛之。韦播、高嵩数榜捶[19]万骑，欲以立威，万骑皆怨。果毅葛福顺[20]、陈玄礼[21]见隆基诉之，隆基讽以诛诸韦，皆踊跃请以死自效。万骑果毅李仙凫[22]亦预其谋。或谓隆基当启[23]相王，隆基曰：“我曹[24]为此以徇社稷，事成福归于王，不成以身死之，不以累王也。今启而见从，则王预危事；不从，将败大计。”遂不启。

庚子[25]，晡时[26]，隆基微服与幽求等入苑中[27]，会钟绍京廨舍[28]；绍京悔，欲拒之，其妻许氏曰："忘身徇国，神必助之。且同谋素定[29]，今虽不行，庸[30]得免乎！"绍京乃趋出拜谒[31]，隆基执其手与坐[32]。时羽林将士皆屯玄武门，逮夜[33]，葛福顺、李仙凫皆至隆基所，请号而行[34]。向二鼓[35]，天星散落如雪，刘幽求曰："天意如此，时不可失！"福顺拔剑直入羽林营，斩韦璿、韦播、高嵩以徇，曰："韦后鸩杀先帝，谋危社稷，今夕当共诛诸韦，马鞭以上皆斩之[36]；立相王以安天下。敢有怀两端助逆党者，罪及三族。"羽林之士皆欣然听命。乃送璿等首于隆基，隆基取火视之，遂与幽求等出苑南门[37]，绍京帅丁匠[38]二百余人，执斧锯[39]以从，使福顺将左万骑攻玄德门[40]，仙凫将右万骑攻白兽门[41]，约会于凌烟阁[42]前，即大噪[43]，福顺等共杀守门将，斩关而入。隆基勒兵玄武门外，三鼓[44]，闻噪声，帅总监及羽林兵而入，诸卫兵在太极殿宿卫梓宫者，闻噪声，皆被甲应之。韦后惶惑走入飞骑营，有飞骑斩其首献于隆基。安乐公主方照镜画眉，军士斩之。斩武延秀于肃章门外，斩内将军[45]贺娄氏于太极殿西。

初，上官昭容引其从母[46]之子王昱[47]为左拾遗，昱说昭容母郑氏曰："武氏，天之所废，不可兴也。今婕妤附于三思，此灭族之道也，愿姨思之！"郑氏以戒昭容，昭容弗听。及太子重俊起兵[48]讨三思，索昭容，昭容始惧，思昱言；自是心附帝室，与安乐公主各树朋党。及中宗崩，昭容草遗制立温王，以相王辅政；宗、韦[49]改之。及隆基入宫。昭容执烛帅宫人迎之，以制草示刘幽求。幽求为之言，隆基不许，斩于旗下。

时少帝[50]在太极殿，刘幽求曰："众约今夕共立相王，何不早定！"隆基遽止之，捕索诸韦在宫中及守诸门，并素为韦后所亲信者皆斩之。比晓[51]，内外皆定。辛巳[52]，隆基出见相王，叩头谢不先启之罪。相王抱之泣曰："社稷宗庙不坠于地，汝之力也。"遂迎相王入辅少帝。

闭宫门及京城门[53]，分遣万骑收捕诸韦亲党。斩太子少保、同中书门下三品韦温于东市[54]之北。中书令宗楚客衣斩衰[55]、乘青驴[56]逃出，至通化门[57]，门者曰："公，宗尚书也。"去布帽，执而斩之，并斩其弟晋卿。相王奉少帝御安福门[58]，慰谕百姓。初，赵履温[59]倾国资以奉安乐公主，为之起第舍，筑台穿池无休已，擫[60]紫衫[61]，以项挽公主犊车[62]。公主死，履温驰诣安福楼[63]下舞蹈称万岁，声未绝，相王令万骑斩之。百姓怨其劳役，争割其肉立尽。秘书监汴王邕[64]娶韦后妹崇国夫人，与御史大夫窦从一各手斩[65]其妻首以献。邕，凤之孙也。左仆射、同中书门下三品韦巨源闻乱，家人劝之逃匿，巨源曰："吾位大臣，岂可闻难不赴！"出至都街，为乱兵所杀，时年八十。于是枭马秦客、杨均、叶静能等首，尸韦后于市。崔日用将兵诛诸韦于杜曲[66]，襁褓儿[67]无免者，诸杜滥死[68]非一。

是日，赦天下，云："逆贼魁首已诛，自余支党一无所问。"以临淄王隆基为平王，兼知内外闲厩[69]，押[70]左右厢万骑[71]。薛崇暕赐爵立节王。以钟绍京守中书侍郎，刘幽求守中书舍人，并参知机务。麻嗣宗行右金吾卫中郎将。武氏宗属，诛死流窜殆尽。侍中纪处讷行至华州[72]，吏部尚书同平章事张嘉福行至怀州[73]，皆收斩之。

壬寅[74]，刘幽求在太极殿，有宫人与宦官令幽求作制书立太后，幽求曰："国家大难，人情不安，山陵未毕[75]，遽立太后，不可！"平王隆基曰："此勿轻言。"

遣十道使赍玺书宣抚，及诣均州宣慰谯王重福。贬窦从一为濠州[76]司马。罢诸公主府官[77]。

（以上为第十二段，写平王李隆基诛除韦皇后，安定唐室。）

【注释】

[1]劝韦后遵武后故事：即劝韦后像武则天一样进行改朝换代。 [2]南北卫军：南军，十六卫军。北军，羽林军及万骑军。 [3]台阁要司：尚书省的重要机关。 [4]图谶：图，河图。谶，谶书。宣扬帝王受命征兆的隐语。 [5]临淄王隆基：相王第三子。垂拱元年（685）八月五日生于东都别殿。三年正月封楚王。长寿二年（693）降封为临淄郡王。时年二十五岁。 [6]潞州：治所在今山西长治市。 [7]别驾：官名。为刺史的佐吏。上州别驾从四品下。中州别驾正五品下。下州别驾从五品上。 [8]蕃口：蕃人。 [9]虎文衣：画有虎纹的服装。 [10]豹文鞯：画有豹纹、衬托马鞍的垫子。 [11]崔日用（约673—722）：滑州灵昌（今河南延津县东北）人。进士及第。曾任芮城尉、新丰尉、监察御史。后官至宰相。传见《旧唐书》卷九十九、《新唐书》卷一白二十一。 [12]宝昌寺：在长安外郭城西北部居德坊东南隅，离金光门较近。 [13]薛崇暕：《旧唐书》的《睿宗纪》《玄宗纪》,《新唐书》的《太平公主传》等均作"薛崇简"。 [14]苑总

监：官名。唐两京禁苑各置一总监，从五品下，掌宫苑内馆、园池之事，凡禽鱼草木皆其所掌。［15］钟绍京：虔州赣县（今江西赣州市人）。擅长书法。官至中书令。传见《旧唐书》卷九十七、《新唐书》卷一百二十一、《书小史》卷九。［16］王崇晔：生平不详。其名又见于《新唐书》卷五《玄宗纪》。［17］刘幽求（655—715）：冀州武强（今河北武强县西南）人。诛韦皇后的中坚人物。后官至宰相。赐铁券，免十死。传见《旧唐书》卷九十七、《新唐书》卷一百二十一。［18］麻嗣宗：事见《旧唐书》卷七《睿宗纪》、卷九十七《刘幽求传》、卷一百零六《王琚传》《王毛仲传》等。后赐姓李，名延昌，封凉国公。详见岑仲勉《元和姓纂四校记》卷五、《唐史余沈》卷一。［19］榜捶：捶打。［20］葛福顺：以讨韦氏之功，官至龙武将军，封耿国公。事见《旧唐书》卷八《玄宗纪》上、卷一百零六《王毛仲传》、卷一百九十中《齐浣传》及《新唐书》卷一百二十八《齐浣传》等。［21］陈玄礼：开元年间长期宿卫宫禁。后发动马嵬兵变，跟随唐玄宗入蜀。封蔡国公。事见《旧唐书》卷一百六《王毛仲传》、《新唐书》卷一百二十一《王毛仲传》。［22］李仙凫（fú）：其名又见于《旧唐书》卷八《玄宗纪》上、《新唐书》卷五《玄宗纪》。事迹不详。［23］启：禀告，请示。［24］我曹：我们。［25］庚子：六月二十日。［26］晡时：有二意。一指申时，即下午三至五时。二指傍晚或晚间。此处指黄昏时分。［27］入苑中：进入禁苑中。唐禁苑在宫城之北，东抵灞水，西连汉长安故城，北至渭河。东西二十七里，南北三十里。内有离宫亭观二十四所。［28］廨舍：官吏办事及居住的处所。时钟绍京任苑总监。此处廨舍即指苑总监公廨。［29］素定：早已确定。［30］庸：岂。［31］绍京乃趋出拜谒：钟绍京快步跑出，拜谒李隆基，表示尊奉之为主。［32］隆基执其手与坐：表示不敢当，从平礼待之，与钟绍京交心。［33］逮夜：到了晚上。［34］请号而行：即请令而行。［35］向二鼓：近二更的时候。［36］马鞭以上皆斩之：比马鞭高的皆予以处决。［37］苑南门：即禁苑南门。其南为宫城之玄武门。［38］丁匠：在官府服役的工匠。两《唐书・钟绍京传》作"户奴及丁夫"。二者所载有所不同。［39］斧锯：斧头钢锯。［40］玄德门：宫城北面东端诸门之一。其南为承恩殿。［41］白兽门：即白虎门，避李虎讳改。又称白兽闼。亦为宫城北面诸门之一。［42］凌烟阁：表彰功臣的高阁。位于宫城东北。［43］大噪：大声鼓噪呐喊。［44］三鼓：三更。夜十一时至一时。［45］内将军：韦后所置女官。［46］从母：即姨母。指母亲的姐妹。［47］王昱：事见《新唐书》卷七十六《上官昭容传》。［48］太子重俊起兵：时在景龙元年七月。［49］宗、韦：宗楚客、韦后。［50］少帝：即李重茂。［51］比晓：到天亮时。［52］辛巳：六月一日。按，《新唐书》卷五、卷七均作"辛丑"。辛丑，二十一日，在"庚子"（二十日）之后，从事态发展来看，当以"辛丑"为是。［53］闭宫门及京城门：宫门，指宫城诸门。京城门，指外郭城四面诸门。［54］东市：故址在今陕西西安市乐居场与西安交通大学之间，是唐代最繁华的商业区之一。［55］衣斩衰：穿着最重的丧服。［56］乘青驴：骑着黑色的驴子。［57］通化门：京城东面北端大门。［58］安福门：皇城西面二门之一。《唐六典》卷七，皇城西面二门，北曰安福，南曰顺义。安福门西与开远门相对。［59］赵履温：官至司农卿。曾主持修建定昆池等。事见《新唐书》卷五《睿宗纪》、卷八十三《安乐公主传》、卷一百二十九《裴守真传》、卷二百六《武三思传》,《元和姓纂》卷七,《唐郎官石柱题名考》卷十一等。[60]擫:同擪(yè)。用手指按捺。[61]紫衫:三品以上官服。时赵履温任司农卿。司农卿从三品,服紫。[62]犊车:即牛车。[63]安福楼:安福门楼。[64]汴王邕:虢王凤之孙。事见《新唐书》卷七十九《虢王凤传》。[65]手斩:亲自斩杀。[66]杜曲:地名。在今陕西西安市长安区东南。唐时为大族杜氏聚居之处。[67]襁褓儿:襁褓中的婴儿。[68]滥死:枉滥而死。[69]内外闲厩:厩、闲,均为养马的地方。因分内外两部分,故李隆基兼知内外闲厩。时有十二闲,即左右飞黄、左右吉良、左右龙媒、左右騊駼、左右駃騠、左右天苑。分为二厩,即祥麟厩、凤苑厩。见《唐六典》卷十一。[70]押:主管,统领。[71]左右厢万骑:即前边提到的左万骑、右万骑。[72]华州:州名。治所在今陕西渭南市华州区。[73]怀州:州名。治所在今河南沁阳市。[74]壬寅:六月二十二日。[75]山陵未毕:中宗尚未下葬。[76]濠州:治所在今安徽凤阳县东。[77]罢诸公主府官:中宗时,太平、安乐等七公主皆开府置官。

癸卯[1],太平公主传少帝命,请让位于相王,相王固辞。以平王隆基为殿中监、同中书门下三品,以宋王成器[2]为左卫大将军,衡阳王成义[3]为右卫大将军,巴陵王隆范[4]为左羽林大将军,彭城王隆业[5]为右羽林大将军,光禄少卿嗣道王微[6]检校右金吾卫大将军。微,元庆[7]之孙也。以黄门侍郎李日知、中书侍郎钟绍京并同中书门下三品。太平公主之子薛崇训为右千牛卫将军。隆基有二奴,王毛仲[8]、李守德[9],皆趫勇善骑射,常侍卫左右。隆基之人苑中也,毛仲避匿不从,事定数日方归,隆基不之责,仍超拜将军。毛仲,本高丽也。汴王邕贬沁州[10]刺史,左散骑常侍、驸马都尉杨慎交贬巴州[11]刺史,中书令萧至忠贬许州[12]刺史,兵部尚书、同中书门下三品韦嗣立贬宋州[13]刺史,中书侍郎、同平章事赵彦昭贬绛州[14]刺史,吏部侍郎、同平章事崔湜贬华州刺史。

刘幽求言于宋王成器、平王隆基曰:“相王畴昔已居宸极[15],群望所属。今人心未安,家国事重,相王岂得尚守小节,不早即位以镇[16]天下乎!”隆基曰:“王性恬淡[17],不以代事[18]婴怀[19]。虽有天下,犹让于人[20],况亲兄之子,安肯代之乎!”幽求曰:“众心不可违,王虽欲高居独善[21],其如社稷何!”成器、隆基入见相王,极言其事,相王乃许之。甲辰[22],少帝在太极殿东隅西向,相王立于梓宫旁,太平公主曰:“皇帝欲以此位让叔父,可乎?”幽求跪曰:“国家多难,皇帝仁孝,追踪[23]尧、舜，诚合至公[24]；相王代之任重，慈爱尤厚矣。”乃以少帝制传位相王。时少帝犹在御座，太平公主进曰：“天下之心已归相王，此非儿座！”遂提之下。睿宗即位，御承天门[25]，赦天下。复以少帝为温王。

（以上为第十三段，写相王李旦即位，是为睿宗。）

【注释】

[1]癸卯：六月二十三日。 [2]宋王成器（679—741）：相王（睿宗）长子。曾被立为皇太子、皇孙。长寿二年，改封寿春郡王。中宗即位，迁中正员外卿。唐隆元年进封宗王。后进封太尉兼扬州大都督，避昭成皇后尊号，改名宪。死后追谥为让皇帝。 [3]衡阳王成义（?—724）：相王第二子。后官至司徒，改名㧑。死后追谥为惠庄太子。 [4]巴陵王隆范（?—726）：相王第四子。后避玄宗讳，改名范。封岐王，官至太子太傅。好学工书，雅爱文士。死后追谥为惠文太子。 [5]彭城王隆业（?—734）：相王第五子。后避讳改名业，位至司徒。追谥惠宣太子。以上四人同传，见《旧唐书》卷九十五、《新唐书》卷八十一。 [6]嗣道王微：官至宗正卿。事见《旧唐书》卷六十四《道王元庆传》、《新唐书》卷七十九《道王元庆传》。 [7]元庆：李元庆，唐高祖第十六子，刘婕妤所生。高宗时任州刺史，有政绩。 [8]王毛仲：高丽人。自幼随玄宗。善骑射。后官至辅国大将军，检校内外闲厩，知监牧使。传见《旧唐书》卷一百零六、《新唐书》卷一百二十一。 [9]李守德：本名宜德。事见《王毛仲传》。 [10]沁州：州名。治所在今山西沁源县。 [11]巴州：州名。治所在今四川巴中市。 [12]许州：州名。治所在今河南许昌市。 [13]宋州：州名。治所在今河南商丘市。 [14]绛州：州名。治所在今山西新绛县。 [15]相王畴昔已居宸极：畴昔，从前。宸极，本指北极星，此处比喻帝位。嗣圣元年（684）武则天曾立相王为皇帝。 [16]镇：镇抚。 [17]恬淡：恬静淡泊。 [18]代事：即世事。避太宗名讳。 [19]婴怀：犹萦怀。 [20]虽有天下，犹让于人：先将天下让给其母武则天，后又让于其兄中宗李显。 [21]独善：独善其身。 [22]甲辰：六月二十四日。 [23]追踪：效法。 [24]至公：至公之道。 [25]承天门：京城太极宫（西内）正门。

以钟绍京为中书令。钟绍京少[1]为司农录事[2]，既典[3]朝政，纵情[4]赏罚，众皆恶之。太常少卿薛稷劝其上表礼让，绍京从之。稷入言于上曰：“绍京虽有勋劳，素无才德，出自胥徒[5]，一旦超居元宰[6]，恐失圣朝具瞻[7]之美。”上以为然。丙午[8]，改除户部尚书，寻出为蜀州[9]刺史。

上将立太子，以宋王成器嫡长[10]，而平王隆基有大功，疑不能决。

成器辞曰："国家安则先嫡长，国家危则先有功；苟[11]违其宜[12]，四海失望。臣死[13]不敢居平王之上。"涕泣固请者累日。大臣亦多言平王功大宜立。刘幽求曰："臣闻除天下之祸者，当享天下之福。平王拯社稷之危，救君亲之难，论功莫大，语德[14]最贤，无可疑者。"上从之。丁未[15]，立平王隆基为太子。隆基复表让成器，不许。

则天大圣皇后复旧号为天后[16]。追谥雍王贤曰章怀太子[17]。

戊申[18]，以宋王成器为雍州牧、扬州大都督、太子太师。

置温王重茂于内宅[19]。

以太常少卿薛稷为黄门侍郎，参知机务。稷以工书[20]，事上于藩邸[21]，其子伯阳尚仙源公主[22]，故为相。

追削武三思、武崇训爵谥[23]，斫棺暴尸[24]，平其坟墓。

以许州刺史姚元之为兵部尚书、同中书门下三品，宋州刺史韦嗣立、许州刺史萧至忠为中书令，绛州刺史赵彦昭为中书侍郎，华州刺史崔湜为吏部侍郎，并同平章事。

越州长史宋之问，饶州刺史冉祖雍，坐谄附韦、武，皆流岭表。

己酉[25]，立衡阳王成义为申王，巴陵王隆范为岐王，彭城王隆业为薛王；加太平公主实封满万户。

太平公主沈敏[26]多权略[27]，武后以为类己[28]，故于诸子中独爱幸[29]，颇得预密谋，然尚畏武后之严[30]，未敢招权势[31]；及诛张易之[32]，公主有力焉。中宗之世，韦后、安乐公主皆畏之，又与太子共诛韦氏。既屡立大功，益尊重[33]，上常与之图议大政，每入奏事，坐语移时[34]，或时不朝谒[35]，则宰相就第咨之[36]。每宰相奏事，上辄问："尝与太平议否？"又问："与三郎[37]议否？"然后可[38]之。三郎，谓太子也。公主所欲，上无不听，自宰相以下，进退系其一言，其余荐士骤历清显者不可胜数，权倾人主，趋附其门者如市[39]。子薛崇行、崇敏、崇简皆封王[40]，田园遍于近甸[41]，收市[42]营造诸器玩，远至岭、蜀，输送者相属于路，居处奉养，拟于宫掖[43]。

（以上为第十四段，写平王李隆基因功立为皇太子，并与太平公主共掌国政，睿宗垂拱而已。）

【注释】

[1]少：年轻时。[2]司农录事：秩九品，属流外官。[3]典：执掌。[4]纵情：随心所欲，任意。[5]胥徒：胥吏。[6]元宰：首辅。[7]具瞻：共同瞻仰。[8]丙午：六月二十六日。[9]蜀州：治所晋原，在今四川崇州市。[10]嫡长：正妻所生的长子。[11]苟：若，如果。[12]宜：适宜，合于实际情况。[13]死：至死，虽死。[14]语德：就德性而言。犹论德。[15]丁未：六月二十七日。[16]则天大圣皇后复旧号为天后：武则天上元元年(674)八月十五日称天后。[17]追谥雍王贤曰章怀太子：雍王李贤光宅元年(684)三月在丘神勣逼迫下自杀。[18]戊申：六月二十八日。[19]内宅：宫内住宅。[20]工书：擅长书法。[21]藩邸：亲王府邸。[22]仙源公主：据胡注，"仙源公主，帝女也，后封荆山公主。"帝，指睿宗。按，《新唐书》卷八十三《诸帝公主传》载："凉国公主字华庄，始封仙源，下嫁薛伯阳。"是睿宗第六女。[23]追削武三思、武崇训爵谥：武三思被杀后赠太尉，复封梁王，谥曰宣。武崇训被杀后追封鲁王，谥曰忠。[24]斫棺暴尸：砍毁棺椁，暴露尸体。[25]己酉：六月二十九日。[26]沈敏：深沉聪敏。[27]权略：权谋智略。[28]类己：和自己相似。[29]于诸子中独爱幸：在儿女中唯独宠爱太平公主。武则天与唐高宗生四男一女：李弘(孝敬皇帝)、李贤(章怀太子)、李显(唐中宗)、李旦(唐睿宗)、太平公主。[30]严：严明。[31]招权势：招揽权势。[32]诛张易之：时在神龙元年正月。[33]益尊重：更加尊贵重要。[34]移时：历时，经时。指谈话时间较长。[35]时不朝谒：有时候未去朝谒。[36]就第咨之：到其宅第咨问。[37]三郎：指太子李隆基。李隆基在睿宗诸子中排行第三，故称之为三郎。[38]可：赞同，批准施行。[39]如市：像市廛里的人一样多。[40]子薛崇行、崇敏、崇简皆封王：崇行、崇敏、崇简皆公主之子，但不都姓薛。太平公主先嫁薛绍，后嫁武攸暨。据《元和姓纂》及《新唐书·宰相世系表》，崇行、崇敏系太平公主与武攸暨所生，当姓武。[41]近甸：近郊。[42]收市：收购。[43]宫掖：宫廷。

追赠郎岌、燕钦融[1]谏议大夫。

秋，七月，庚戌朔[2]，赠韦月将宣州刺史[3]。

癸丑[4]，以兵部侍郎崔日用为黄门侍郎，参知机务。

追复故太子重俊位号[5]；雪敬晖、桓彦范、崔玄暐、张柬之、袁恕己、成王千里、李多祚等罪[6]，复其官爵。

丁巳[7]，以洛州长史宋璟检校吏部尚书、同中书门下三品；岑羲罢为右散骑常侍，兼刑部尚书。璟与姚元之协心[8]革中宗弊政，进忠良，退不肖，赏罚尽[9]公，请托不行，纲纪修举，当时翕然[10]以为复有贞观、永徽之风。

壬戌[11]，崔湜罢为尚书左丞，张锡为绛州刺史，萧至忠为晋州[12]刺史，韦嗣立为许州刺史，赵彦昭为宋州刺史。丙寅[13]，姚元之兼中书令，兵部尚书、同中书门下三品李峤贬怀州刺史。

丁卯[14]，太子少师、同中书门下三品唐休璟致仕，右武卫大将军、同中书门下三品张仁愿罢为左卫大将军。

黄门侍郎、参知机务崔日用与中书侍郎、参知机务薛稷争于上前，稷曰："日用倾侧[15]，向附武三思，非忠臣；卖友邀功，非义士。"日用曰："臣往虽有过，今立大功[16]。稷外托国姻[17]，内附张易之、宗楚客，非倾侧而何！"上由是两罢之。戊辰[18]，以日用为雍州长史，稷为左散骑常侍。

己巳[19]，赦天下，改元[20]；凡韦氏余党未施行者[21]，咸赦之。

乙亥[22]，废武氏崇恩庙及昊陵、顺陵[23]，追废[24]韦后为庶人，安乐公主为悖逆庶人。

韦后之临朝也，吏部侍郎郑愔贬江州司马，潜过均州，与刺史谯王重福及洛阳人张灵均谋举兵诛韦氏，未发而韦氏败。重福迁集州[25]刺史，未行，灵均说重福曰："大王地居嫡长，当为天子。相王虽有功，不当继统。东都士庶，皆愿王来。若潜入洛阳，发左右屯营兵[26]，袭杀留守，据东都，如从天而下也。然后西取陕州[27]，东取河南北，天下指麾[28]可定。"重福从之。

灵均乃密与愔结谋，聚徒数十人。时愔自秘书少监左廷沅州[29]刺史，迟留[30]洛阳以俟[31]重福，草制，立重福为帝，改元为中元克复。尊上为皇季叔[32]，以温王为皇太弟，愔为左丞相知内外文事，灵均为右丞相、天柱大将军知武事，右散骑常侍严善思为礼部尚书知吏部事。重福与灵均诈乘驿诣东都，愔先供张[33]驸马都尉裴巽第[34]以待重福。洛阳县官微闻其谋[35]。

（以上为第十五段，写睿宗平反五王冤狱。韦皇后余党引诱谯王李重福阴谋反叛。）

【注释】

[1]追赠郎岌、燕钦融：郎岌、燕钦融因言韦后、宗楚客为乱而被杀。 [2]庚戌朔：七月一

日。［3］赠韦月将宣州刺史：韦月将死于中宗神龙二年。［4］癸丑：七月四日。［5］追复故太子重俊位号：李重俊景龙元年（707）七月起兵被杀。《唐会要》卷四："唐隆元年（710）六月二十五日赠太子。景云元年（710）七月谥节愍，十一月陪葬定陵。"［6］"雪敬晖……等罪"句：平反昭雪敬晖等人的罪行。敬晖、桓彦范、崔玄暐、张柬之、袁恕己等神龙二年以与王同皎通谋等罪被贬、被杀。成王千里、李多祚与李重俊起兵失败被杀，亦同将平反。［7］丁巳：七月八日。［8］协心：同心协力。［9］尽：皆。［10］翕（xī）然：统一协调的样子。［11］壬戌：七月十三日。［12］晋州：治所在今山西临汾市。［13］丙寅：七月十七日。［14］丁卯：七月十八日。［15］倾侧：此指人品不端正。［16］今立大功：指遣宝昌寺僧普润向李隆基告发韦后密谋之事。［17］外托国姻：表面上依托国亲。薛稷子伯阳尚仙源公主，故有此说。［18］戊辰：七月十九日。［19］己巳：七月二十日。［20］改元：改元景云。［21］未施行者：还没有处决或流放的人。［22］乙亥：七月二十六日。［23］废武氏崇恩庙及昊陵、顺陵：中宗景龙元年（707）二月十七日复武氏陵庙，置令、丞、守户如昭陵。至是撤裁废除。［24］追废：废除死人的官爵称追废。［25］集州：治所在今四川南江县。［26］发左右屯营兵：时东都置有左右屯营，以戍卫宫城。［27］陕州：治所在今河南三门峡市西。［28］指麾：同"指挥"，引申为发令调遣。［29］沅州：天授二年（691）由巫州改名而来。治所在今湖南洪江市西南。［30］迟留：逗留。［31］俟：等待。章校："福"下有"为重福"三字。［32］季叔：小叔。古人以伯、仲、叔、季排行兄弟长幼，季为最小。［33］供张：陈设帷帐等用具，以供宴会或行旅所需。［34］驸马都尉裴巽第：在东都宽政坊，与河南县廨为邻。裴巽尚中宗女宜城公主。事见《新唐书》卷七十一上《宰相世系表》一上、卷八十一《谯王重福传》、卷八十三《薛国公主传》。［35］微闻其谋：暗中察访，略知其谋。

【点评】

本卷点评韦后之乱与睿宗登基。

一、韦后之乱。太子李重俊兵败被诛，韦皇后躲过一劫，但她不思悔改，重新集结势力，变本加厉图谋皇权。韦皇后依靠的势力，一是韦氏子弟，二是诸武余孽。韦皇后堂兄韦温，中宗即位后任礼部尚书。武三思死后，韦温入相为同中书门下三品。武崇训死后，安乐公主下嫁武崇训堂弟武延秀。武氏党羽宗楚客，转身投靠韦皇后，任夏官侍郎，入相为同平章事。这样韦氏外戚与武氏外戚再次合流，结成危害唐皇的政治集团。中宗完全被掌控在韦皇后集团中，成为一个被戏耍的傀儡。

韦皇后导引中宗为乐，以迷其心。景云元年（710）正月十四日夜，中宗与韦皇后微行观灯于街市，又纵宫女数千人出游，许多宫女趁机不回皇宫。二月二十九日庚戌，中宗驾临禁苑梨园毬场，命文武百官三品以上抛毬作乐，又命分为两队拔河。中宗与韦皇后、嫔妃、公主临观大笑。

韦皇后外诱中宗逸乐，而暗地里加紧了夺权的活动。当神龙三年（707），太子李重俊死后，宗楚客率领百官上表，加韦皇后为顺天翊圣皇后。景龙二年（708）春，宫中传出韦皇后衣箱中有五色云出，中宗居然相信这一骗局，让画匠画出图形，向百官展示，下诏大赦天下。接着右骁卫将军、知太史事迦叶志忠上表说："从前我大唐高祖神尧皇帝未受令时，天下歌《桃李子》，太宗文武皇帝还没有登基时，天下传颂《秦王破阵乐》，高宗天皇大帝继位之前，天下歌唱《堂堂》，则天皇后即位前，天下歌《妩媚娘》，应天皇帝您登基前，天下歌唱《英王石州》，顺天韦皇后还没有受命，当今天下歌《桑条韦》，这表明上天要接受顺天韦皇后为国母，主蚕桑之事。臣制作《桑韦歌》十二篇，献给陛下，请求编入乐府，当皇后主持祭祀蚕种时演奏。"这样明目张胆替韦皇后问鼎皇权编造祥瑞的事，中宗竟然兴高采烈，重赏迦叶志忠。

景龙三年（709）八月，中宗将到南郊祭天。国子祭酒祝钦明等上奏，皇后助祭。这一违礼行为，也是效法武则天所为，遭到众多大臣反对，中宗最后仍然依从了韦皇后的意愿，以皇后为亚献。

中宗的昏庸与放纵，使朝政大权完全被韦皇后、宗楚客等人掌控，满朝文武噤若寒蝉。但韦皇后的淫行与政治活动，恶名传扬全国，地方的热血之士，冒死上奏。景云元年（710）四月，定州人郎岌上奏，指陈"皇后、宗楚客将为逆乱"，韦皇后报告中宗，活活打死了郎岌。接着五月十七日丁卯，许州司兵参军燕钦融再次上奏，说："皇后淫乱，干预国政，宗族强盛；安乐公主、武延秀、宗楚客图危宗社。"矛头直指韦皇后政变集团。这一次中宗居然召见燕钦融，当面询问，燕钦融直言骂奸，面不改色。中宗沉默不语。宗楚客假传诏令在朝堂上打杀燕钦融，中宗虽然不加追究，但很不高兴。中宗的反常行为，使韦皇后惶恐不安。散骑常侍马秦客以医术，光禄少卿杨均以善烹调，皆出入宫廷，与韦皇后私通，害怕事泄被诛，同时安乐公主急于做皇太女，怂恿韦皇后临朝称制。于是，几个人合谋，在六月二日壬午，在食物里下毒，谋杀了中宗。韦皇后秘不发丧，六月三日癸未，召宰相入皇宫，进行政变部署。京师戒严，征召五万士兵屯入京师，用韦氏子弟掌握禁军。宰相韦温总知内外兵马，守卫宫掖，驸马都尉韦捷、韦濯、卫尉卿韦璿、左千牛中郎将韦锜、长安令韦播、郎将高嵩分领禁军，中书舍人韦元巡行六街。六月四日甲申，韦皇后在太极殿，会集百官发丧，临朝称制，立李重茂为皇太子，进相王李旦为太尉。六月七日，皇太子即帝位，时年十六岁，尊韦皇后为皇太后。至此，韦皇后完成了毒杀中宗的政变。

韦皇后不满足于临朝称制，她急于做女皇帝。安乐公主不甘心公主之位，她急于做皇太女。宗楚客不满足于宰辅地位，他急于做开国元勋。宗楚客与安乐公主丈夫武延秀为首，与诸韦子弟共劝韦皇后遵武后政事，革命称帝，策划谋害少帝李重茂。安乐公主与太平公主早有嫌隙，韦皇后深忌相王李旦。韦皇后政变集团密谋将相王李旦以及太平公主一起诛除。这一阴谋波及的范围实在太大，政变集团的兵部侍郎崔日用，本是韦武集团的核心人物之一,一贯依附韦武集团，深感事态严重，害怕事败灭族，他倒戈反击，暗中派宝昌寺和尚普润向相王之子临淄王李隆基告密。六月二十日庚子，李隆基抢先发难，诛灭了韦武集团。韦皇后、安乐公主为乱兵所杀，韦武两姓被灭族。六月二日中宗被害，六月二十日李隆基诛灭韦武集团，二十天之内，唐王室发生了两场宫廷政变。韦皇后想效法武则天，临朝称制半个月就被诛杀。为何事变如此之速，它带给人们什么思考，这是点评韦后之乱的重点。

如果说武则天是一个杰出的政治家，那么韦皇后只是一个跳梁小丑，两者不可同日而语，因此一个成功，一个失败。比较两人行事，高下立分，且有天壤之别。第一，武则天动心忍性，长期经营，她谋皇后、谋干政，都是一步一步进行，而韦皇后急于求成，谋害中宗已犯大忌，临朝才十几天，就想做皇帝。武则天垂帘近三十年，高宗死后，又临朝称制七年，直到天授二年才革命称帝。如此，武则天多有心机，韦皇后与其相比，是多么的寡谋。第二，武则天不冒天下之大不韪，她利用唐王室旗号渐谋革命。武则天可以杀掉女儿和亲生儿子，但她没有谋杀高宗。韦皇后谋害中宗，犯了大忌，人神共愤，怎能不败！第三，武则天上政事十二策，不时褒奖贤臣，猎取声名。称帝后才公然养蓄男宠，是皇帝所为，臣僚不敢攻讦。韦皇后不守妇道，中宗在世，就敢与武三思、马秦客、杨均等多人淫乱，丑声闻于天下，不孚众望。第四，武则天用贤，得人才辅佐，韦皇后信用武三思、宗秦客，韦氏子弟等一帮纨绔子弟，不是李隆基的对手。第五，武则天拉一派打一派，韦皇后不懂策谋，不与太平公主结盟，反而敌视太平公主，安乐公主与之争长论短，把太平公主推到李隆基一边。第六，武则天两手策略，软硬兼施。她用酷吏打击政敌，又用官禄收买人士，民怨沸腾时候就诛杀酷吏，收买民心。武则天严于控制亲信，如太平公主、武三思、男宠薛怀义等，不敢过分犯法。韦皇后十分轻浮，杀太子李重俊后，飘飘然不知所以，肆无忌惮，大卖官爵，安乐公主抢夺民田，修建苑囿，不得民心。武则天用权谋，韦皇后用暴力，她用重兵戒严京师，人人惶恐，韦氏子弟鞭打禁兵立威，四面树敌。李隆基倡义，士兵哗变，韦皇后失败。最后，从大势上说，武则天刚退下舞台，人心思唐，人心思安，韦皇后立即来重演武后故事，不合时宜。韦皇后的失败，是命中注定的。

二、睿宗登基。唐睿宗即相王李旦登基，完全是历史的偶然。李旦比中宗李显还要懦弱、昏庸，他从来就没有做皇帝的想法和勇气。中宗被废，武则天后来决定传子，立李旦为皇太子，李旦坚决地让给了中宗李显。对于这样一个平庸的好人，韦皇后也容不得。如果韦皇后与李旦联手，办事从容不迫，就不会有临淄王李隆基的发难。李隆基是李旦的第三子，有谋略，办事果决。他首任潞州别驾，在潞州募集一批勇士。景龙四年（710），韦皇后政变前夕，李隆基朝于京师，于是滞留京师。他秘密招集勇士，特别在号称“万骑”的羽林禁军中结识雄豪，等待时机救乱。韦皇后弑中宗，矫诏称制，李隆基便与太平公主、朝邑尉刘幽求、万骑果毅李仙凫、陈玄礼等人密谋。崔日用告密，李隆基立即发动羽林军攻入宫中。这一行动，李隆基没有请示父亲相王李旦。李隆基认为，政变大事是保卫国家，事成归功于相王，事败，自己承担责任，不牵累相王。如果谋及相王，就把相王拖入了政变危事中，设若相王不同意，就要败坏大事。依相王的懦弱性格，肯定是不同意，一定是败坏大事。李隆基的果敢行动，表现了他有政治权谋与政治远见。李隆基入宫杀了韦皇后、安乐公主、武延秀等。接着大杀韦武集团中人，韦家子弟连幼儿都被杀了，全部族灭，武氏子弟基本被杀灭。武则天的余党，只剩下太平公主了。

李隆基诛灭韦武集团，立了大功。李旦即帝位后，是为睿宗。睿宗立李隆基为皇太子，太平公主干政，猜忌李隆基，因此二人水火不容，一场新的斗争又开始了。

韦后之乱，带来了睿宗即位，给李隆基建功创造了机会。可以说韦后之乱为唐朝开元之治扫清了道路。历史的变局就是这样难以预料。